RA-MICRO Online-Kommentar

Rechtsanwaltsvergütungsgesetz

D1700189

RA-MICRO Online-Kommentare
Rechtsanwaltsvergütungsgesetz

bearbeitet von

Gundel Baumgärtel	**Peter Houben**
gepr. **Bürovorsteherin**	**Rechtsanwalt**

Dr. C.S. Hergenröder	**Wolfgang Lompe**
Rechtsanwältin	**Ass. iur.**

Martina Föller (Gesamtredaktion)
Ass. iur.

Der RA-MICRO Online-Kommentar zum RVG wird vierteljährlich neu aufgelegt und befindet sich derzeit auf dem Stand vom 25. Mai 2005. Unter **http://www.rvg.e-buch-verlag.de** können Sie den Online-Kommentar downloaden. Sie erhalten für nur 14,90 € incl. 16 % MwSt eine Netzwerklizenz und können den Kommentar auf beliebig vielen Plätzen in Ihrer Kanzlei nutzen.

Für 50,00 € erhalten Sie das Jahresabonnement des RA-MICRO RVG Online-Kommentars mit vier Ausgaben wahlweise im Acrobat Reader oder im Microsoft E-Buch-Format. Sie erhalten die neueste Auflage jeweils vierteljährlich zum Quartalsende per E-Mail.

Zitiervorschlag: RMOLK RVG/Baumgärtel § 1 Anm. 1

7. Auflage (07/2005)
RA-MICRO E-Buch Verlag Berlin

ISBN 3-86590-012-7

Inhaltsübersicht

V

Abschnitt 5 Mediation und außergerichtliche Tätigkeit

Abschnitt 6 Gerichtliche Verfahren

Abschnitt 7 Straf- und Bußgeldsachen

Abschnitt 8 Beigeordneter oder bestellter Rechtsanwalt, Beratungshilfe

Abschnitt 9 Übergangs- und Schlussvorschriften

Anlage 1 (zu § 2 Abs. 2): Vergütungsverzeichnis

Abschnitt 1. Allgemeine Vorschriften

§ 1 Geltungsbereich
(1) Die Vergütung (Gebühren und Auslagen) für anwaltliche Tätigkeiten der Rechtsanwältinnen und Rechtsanwälte bemisst sich nach diesem Gesetz. Dies gilt auch für eine Tätigkeit als Prozesspfleger nach den §§ 57 und 58 der Zivilprozessordnung. Andere Mitglieder einer Rechtsanwaltskammer, Partnerschaftsgesellschaften und sonstige Gesellschaften stehen einem Rechtsanwalt im Sinne dieses Gesetzes gleich.
(2) Dieses Gesetz gilt nicht für eine Tätigkeit als Vormund, Betreuer, Pfleger, Verfahrenspfleger, Testamentsvollstrecker, Insolvenzverwalter, Sachwalter, Mitglied des Gläubigerausschusses, Nachlassverwalter, Zwangsverwalter, Treuhänder oder Schiedsrichter oder für eine ähnliche Tätigkeit. § 1835 Abs. 3 des Bürgerlichen Gesetzbuchs bleibt unberührt.

Übersicht

Vor 1 Das **Rechtsanwaltsvergütungsgesetz (RVG)** hat zum 1.7.2004 (Übergangsvorschriften s. §§ 60, 61 RVG) die bisherige ges. Regelung der anwaltl. Vergütung, die **BRAGO**, ersetzt. Im Zuge dieser ges. Neuregelung wurden erhebliche Neuerungen für die anwaltl. Vergütung geschaffen. Unverändert muss aber auch das RVG eine Fülle unterschiedlicher anwaltl. Tätigkeiten erfassen und pauschalieren. Diverse Regelungen aus der BRAGO wurden hierzu in fast unveränderter Form in das RVG übernommen.

Soweit das RVG Regelungen der BRAGO übernimmt, wird die zur BRAGO ergangene Rspr. weiterhin anwendbar sein. Insbesondere die Bestimmungen aus Abschnitt 1 (Allgemeine Vorschriften) und Abschnitt 2 (Gebührenvorschriften) waren zumindest in ähnlicher Form in der BRAGO enthalten. In sämtlichen Vorschriften des 1. Abschnitts des RVG finden sich Regelungen aus der BRAGO wieder, wenn auch zT in abgeänderter, erweiterter oder beschränkter Form. Dessen ungeachtet ist ein Großteil der im RVG verwendeten Rechtsbegriffe (Gegenstandswert, Angelegenheit, AG, Vergütung usw) bereits aus der BRAGO bekannt und war zT schon zur Geltungszeit der BRAGO Gegenstand gerichtl. Entscheidungen.

1 Allgemeines. § 1 RVG bestimmt den **Anwendungsbereich des Gesetzes**. Das RVG regelt, welche Vergütung die Rechtsanwältin oder der RA v. seinem AG oder ggf. der Staatskasse gem. §§ 140, 141 StPO, §§ 114ff. ZPO, § 11a ArbGG, dem Vertretenen gem. §§ 57, 58 ZPO oder dem Begünstigten gem. §§ 78b, 78c ZPO usw fordern kann. Die Vorschriften des RVG betreffen also das **Innenverhältnis** zw. RA und AG.

Die **Anspruchsgrundlage** für die Vergütung ergibt sich idR nicht aus dem RVG (Ausnahmen: Pflichtverteidigung, BerHi und im Wege der PKH beigeordneter RA), sondern aus dem **BGB**. Hat der RA mit seinem AG einen **Anwaltsvertrag** abgeschlossen, schuldet der AG grds. die **gesetzliche Vergütung** und nur im Falle einer abweichenden Vereinbarung (§ 4 RVG) die **vereinbarte Vergütung**. Grundsätzlich bestimmt der RA also die Höhe der Vergütung für seine Berufstätigkeit (Besorgung fremder Rechtsangelegenheiten) nach den Vorschriften des RVG. Diese setzen einen **Vergütungsgrund** □ also die Anspruchsgrundlage aus dem BGB □ voraus; fehlt es an einem Vergütungsgrund, kommt die Anwendung des RVG nicht in Betracht.

Das RVG regelt **nicht** einen etwa gegebenen **Kostenerstattungsanspruch**. Ein Anspruch des AG auf Erstattung der Kosten ergibt sich aus den für das jew. Verf. maßgeblichen Verfahrensvorschriften. Der Kostenerstattungsanspruch betrifft also das Außenverhältnis zw. dem AG des RA und den weiteren am Verf. Beteiligten.

2 Ist eine anwaltl. Tätigkeit des RA Gegenstand eines zw. diesem und seinem AG abgeschlossenen Vertrags, so erhält der RA die gem. § 1 Abs. 1 S. 1 RVG hierfür geschuldete **Vergütung**. Die Vergütung setzt sich aus **Gebühren und Auslagen** zusammen. Die Gebühren werden bis auf wenige Ausnahmen (§§ 34-36 RVG) in Teil 1-6 VV RVG bestimmt; die Auslagen in Teil 7 VV RVG. In Vorbem. 7 Abs. 1 VV RVG wird zudem der Begriff der **allgemeinen Geschäftskosten** eingeführt. Diese werden durch die Gebühren abgegolten, soweit in Teil 7 VV RVG nichts anderes bestimmt ist. Neben der Vergütung kann der RA gem. Vorbem. 7 Abs. 1 S. 2 VV RVG auch den Ersatz der entstandenen **Aufwendungen** (§§ 675, 670 BGB) verlangen. Er kann diese ggf. gg. den AG im Wege der Vergütungsfestsetzung (§ 11 Anm. 14f.) festsetzen lassen.

3 Voraussetzung des Vergütungsanspruchs ist ein **Vertragsverhältnis** zw. RA und AG. Der Vertrag wird entspr. den Bestimmungen des BGB, also idR durch Antrag des AG und Annahme des RA (§§ 145ff. BGB) geschlossen. Die Annahme muss nicht schriftlich erfolgen (§ 151 BGB, OLG Stuttgart AnwBl 1976, 439), sondern ist auch durch schlüssiges Handeln (Aufnahme der anwaltl. Tätigkeit durch den RA) möglich. Will der RA den Antrag zum Vertragsschluss nicht annehmen, muss er dies unverzüglich, also ohne schuldhaftes Verzögern, erklären (§ 44 BRAO).

Der **Vergütungsanspruch entsteht nicht** schon bei **Abschluss** des **Vertrags**, sondern erst, wenn der RA eine **anwaltliche Tätigkeit** tatsächlich ausgeübt hat; allerdings kann der RA nach § 9 RVG einen Vorschuss v. AG fordern.

Es ist grds. auch denkbar, dass an die Stelle des Vergütungsanspruchs ein Anspruch aus **ungerechtfertigter Bereicherung** (§§ 812ff. BGB) oder **Geschäftsführung ohne Auftrag** (§§ 677ff. BGB) tritt. Auch ein Vergütungsanspruch aufgrund einer **Anscheinsvollmacht** ist möglich (BGH MDR 1981, 913 = NJW 1981, 1727).

Bei Verstoß gg. ein berufliches Tätigkeitsverbot (zB § 45 BRAO) ist der Anwaltsvertrag nichtig (LG Bielefeld JurBüro 2004, 613). Ein Verstoß gg. ein ges. Verbot iSv § 134 BGB hat zur Folge, dass dem RA kein Vergütungsanspruch zusteht.

4 Die **Beweislast** für den Vertragsschluss liegt grds. beim RA. Hier gilt allerdings der Erfahrungssatz, dass derjenige, der einen RA in Anspruch nimmt, auch die Ausübung anwaltl. Tätigkeit verlangt (OLG Frankfurt AnwBl 1981, 152). Der AG kann diese Vermutung durch konkrete Darlegung jedoch entkräften. Ist dies geschehen, liegt die Beweislast für den Vertragsschluss beim RA. Wendet der AG gg. den geltend gemachten Vergütungsanspruch ein, der RA habe nur unentgeltlich tätig werden sollen, so trägt der AG dafür die Darlegungs- und Beweislast, da anwaltl. Dienstleistungen nur gg. Vergütung zu erwarten sind (BGH MDR 1975, 739 = DB 1975, 1982). Dabei kommt es nicht darauf an, ob bei der Auftragserteilung die Vergütungsfrage besprochen wurde. Auch wenn der RA nicht darauf hingewiesen hat, dass er für seine Tätigkeit eine Vergütung verlangen werde, muss der AG bei Beauftragung eines RA v. einer bestehenden Vergütungspflicht ausgehen.

5 Die **Vergütung** des RA wird grds. **unabhängig v. Erfolg** der anwaltl. Tätigkeit geschuldet. Vom Erfolg der anwaltl. Tätigkeit sind nur wenige Gebühren abhängig (zB Einigungsgebühr, Aussöhnungsgebühr oder Erledigungsgebühr aus Teil 1 VV RVG). Die Erfolgsabhängigkeit ist die Ausnahme; die Erfolgsunabhängigkeit die Regel, da es sich bei dem zw. RA und AG geschlossenen Vertrag idR um einen **Geschäftsbesorgungsvertrag** handelt (§§ 611, 675 Abs. 1 BGB; BGH NJW 1987, 316, AG Köln AnwBl 1989, 624, AG Warendorf JurBüro 2003, 421). Ein **Werkvertrag** (§ 631 BGB) liegt nur in seltenen Ausnahmefällen vor (Hartmann Rn. 12 Grdz RVG). Der BGH hat für die Herstellung eines **Vertragsentwurfs** einen Werkvertrag angenommen (BGH NJW 1996, 661); das AG Suhl für ein **Gutachten** (zB Nr. 2103, 2201, 2203 VV RVG; AG Suhl AGS 1989, 96).

6 Der Vertrag kann sowohl v. RA als auch v. AG **jederzeit fristlos gekündigt** werden (§ 627 BGB). Bereits entstandene Gebühren und Auslagen entfallen dadurch nicht, können sich aber ggf. ermäßigen (BGH NJW 1987, 316; vgl. Komm. zu § 15 RVG).

7 Persönlicher Geltungsbereich. Das RVG ist idR nur für die Tätigkeit deutscher, bei einem deutschen Gericht zugelassener RA anwendbar. Für ausländische RA gilt das RVG idR nicht (zu Ausnahmen für europäische RA vgl. Hartung/Römermann Rn. 88 zu § 1 RVG). Der RA muss als **unabhängiges Organ der Rechtspflege** iSv § 1 BRAO tätig geworden sein. Das RVG ist grds. nur für Personen anwendbar, denen die Erlaubnis zur geschäftsmäßigen Besorgung fremder Rechtsangelegenheiten übertragen wurde.

8 Wegen des Erfordernisses der Unabhängigkeit (§ 46 BRAO) kann die Tätigkeit des RA als **Syndikusanwalt** für ein Unternehmen (Rechtsabteilung oÄ) oder als Geschäftsführer einer GmbH keinen Vergütungsanspruch nach dem RVG auslösen, denn der RA ist nicht als unabhängiges Organ der Rechtspflege tätig. Weil kein Vergütungsanspruch vorliegt, ist in diesen Fällen auch keine Erstattungsfähigkeit gegeben (Hartmann Rn. 25 zu § 1 BRAGO; OLG Stuttgart KostRsp § 46 BRAO Nr. 2, aA OLG Hamburg MDR 1980, 586, LG Bonn Rpfleger 1990, 435).

Auf Rechtsberater, die nicht RA sind, ist das RVG ebenfalls nicht anwendbar.

9 Der RA, der gleichzeitig Notar ist (**Anwaltsnotar** oder Notaranwalt), kann keine Vergütung nach dem RVG verlangen, wenn er Handlungen vornimmt, die dazu dienen, ein **Amtsgeschäft** als Notar vorzubereiten oder auszuführen (§ 24 Abs. 2 BNotO). Dies gilt auch dann, wenn er rechtl. Tätigkeiten ausübt, die seine Amtsgeschäfte betreffen. Tätigkeiten des Notars sind, auch wenn es sich um rechtl. Tätigkeiten handelt, idR notarielle Tätigkeiten und somit Notartätigkeiten. **Notartätigkeit** liegt vor, wenn ein Notar, der gleichzeitig RA ist, den **Vollzug** einer v. ihm beurkundeten oder zur Vorbereitung der Beurkundung oder Beglaubigung entworfenen **Urkunde** betreibt.

Übt der Anwaltsnotar eine notarielle Tätigkeit aus, ist das RVG nicht anwendbar. Die Vergütung richtet sich in diesem Fall ausschließlich nach §§ 140ff. KostO. Betreut und vertritt der Notar die Beteiligten iSv § 24 Abs. 1 BNotO (sonstige Betreuung der Beteiligten auf dem Gebiet der vorsorgenden Rechtspflege, ... Beratung der Beteiligten, Vertretung der Beteiligten vor Gerichten und Verwaltungsbehörden), ist gem. § 24 Abs. 2 BNotO anzunehmen, dass der Anwaltsnotar als Notar tätig ist. Der Umfang typischer Notartätigkeit ergibt sich aus §§ 20-23 BNotO. Bei den hier genannten Tätigkeiten ist davon auszugehen, dass der Anwaltsnotar als Notar tätig ist (zu den Abgrenzungsproblemen OLG Hamm DNotZ 1985, 183). Zur Abgrenzung der Notartätigkeit v. der Anwaltstätigkeit vgl. auch Korintenberg/Lappe Rn. 4 zu § 140 KostO, Rn. 68-170 zu § 146 KostO und Rn. 92-125 zu § 147 KostO, Mümmler JurBüro 1981, 1315; 1982, 1464; 1988, 696.

Nimmt der Anwaltsnotar eine Tätigkeit vor, die **eindeutig nicht notarieller Art ist** (zB Vertretung einseitiger Interessen), ist das RVG anwendbar, weil der Anwaltsnotar als RA tätig ist. Erhält zB ein Anwaltsnotar, der den Kaufvertrag nicht beurkundet hat, den Auftrag, den Rücktritt v. Vertrag zu erklären, so vertritt er einseitige Interessen und ist als RA tätig. Der Anwaltsnotar, der den Kaufvertrag beurkundet hat, kann für keinen der Beteiligten den Rücktritt v. Kaufvertrag erklären, sondern nur Vollzugstätigkeiten vornehmen. Beim Vollzug der Urkunde kann der Notar für die Beteiligten (alle!) Auseinandersetzungen mit den Behörden (Grundbuchamt etc.) führen.

10 Ein **Hochschullehrer**, der Rechtslehrer an einer deutschen Hochschule ist und nach § 67 Abs. 1 S. 1 VwGO auftritt, kann gem. § 162 Abs. 2 S. 1 VwGO Gebühren und Auslagen in derselben Höhe wie ein RA fordern (bejaht: BVerwG NJW 1978, 1173, OLG Düsseldorf MDR 1995, 424). Die BRAGO (jetzt das RVG) ist sinngemäß anwendbar auf Hochschullehrer, die als Verteidiger tätig sind (LG Münster ZMR 1996, 386). Treten Hochschullehrer nicht nach § 67 Abs. 1 S. 1 VwGO auf, ist str., ob das RVG (die BRAGO) anwendbar ist (verneint: OLG Chemnitz NJW 1987, 2421, LG Gießen AnwBl 1987, 499, VG Mannheim NJW 1991, 1195, VG München NJW 1989, 314).

11 Das RVG gilt grds. entspr. für den **Rechtsbeistand**. Hierbei handelt es sich um eine Übergangsregelung, da eine Neuzulassung v. Rechtsbeiständen nicht mehr möglich ist. Der Rechtsbeistand erhält damit keine höhere Vergütung als der RA.

Für **Frachtprüfer** und **Inkassobüros** gilt das RVG nicht. Für Inkassobüros erfolgt auch keine entspr. Anwendung (AG Leer JurBüro 2003, 259, Lappe Rpfleger 1985, 282)

12 Für **Steuerberater** gilt die StBGebV. Ist dem RA ein steuerrechtliches Mandat übertragen und übt er eine der in § 35 RVG genannten Tätigkeiten aus, so handelt es sich um anwaltl. Tätigkeit, die gem. § 35 RVG nach der StBGebV abgerechnet wird. Ist der RA lediglich beratend tätig (zB Nr. 2100, 2102 VV RVG), sind die Vergütungsvorschriften des RVG vorrangig vor den sich aus § 35 RVG ergebenden Vorschriften der StBGebV. Der RA rechnet dann seine Beratungstätigkeiten nach den Vorschriften des RVG ab (Vorbem. 2 Abs. 1 VV RVG).

Ist der **RA gleichzeitig Steuerberater**, kann er nach dem RVG oder nach der StBGebV abrechnen. Die Anwendung der Vergütungsvorschriften bestimmt sich danach, ob der AG den Auftrag dem RA oder dem StB erteilt hat. Der RA, der gleichzeitig StB ist, muss ggü. dem AG klarstellen, ob er als RA oder StB den Auftrag annimmt. Insbesondere die iZw höhere Vergütung für anwaltl. Beratung nach dem RVG kann der RA nur nach entspr. Belehrung des AG berechnen (FG Saarland EFG 1995, 396: "Ein mehrfach qualifizierter Bevollmächtigter kann grds. wählen, nach welcher v. mehreren für ihn in Betracht kommenden Gebührenordnungen er abrechnen will. Unter dem Gesichtspunkt des § 139 Abs. 1 FGO, wonach nur notwendige Kosten erstattungsfähig sind, hat der Kostenbeamte jedoch eine Vergleichsrechnung vorzunehmen und die Höhe der geltend gemachten Gebühren analog des ggfs. niedrigeren höchstmöglichen Gebührenanspruchs nach der für den Bevollmächtigten nicht gewählten Gebührenordnung zu beschränken").

13 Das RVG gilt auch für die **Partnerschaftsgesellschaft** (§ 1 Abs. 2 S. 1 RVG). Die PartG steht einem RA gleich. Entspr. gilt für **sonstige RA-Gesellschaften**.

14 Der sachliche Geltungsbereich des RVG umfasst in erster Linie Tätigkeiten, die zum **berufstypischen Aufgabengebiet** des RA gehören (BGH NJW 1980, 1856). Hierunter ist jede Art des **rechtlichen Beistands** und der **Wahrnehmung rechtlicher Interessen** zu verstehen. Eine Partei erwartet, wenn sie sich an einen RA wendet, dass bei seiner Tätigkeit insbes. ihre rechtl. Interessen betreut. Das RVG bestimmt in §§ 34-36 über die typisch anwaltl. Tätigkeit hinaus weitere Tätigkeitsgebiete (zB Mediation, Hilfeleistung in Steuersachen), die zu den anwaltl. Tätigkeiten gehören. Ohne diese Bestimmungen im RVG wäre für solche Tätigkeiten nicht offenkundig, dass es sich um typische anwaltl. Tätigkeiten handelt.

Mit § 34 (Mediation), § 35 (Hilfeleistung in Steuersachen) und **§ 36 RVG** (Schiedsrichterliche Verfahren und Verf. vor dem Schiedsgericht) wird sowohl der persönliche als auch der sachliche Anwendungsbereich v. § 1 Abs. 1 RVG erweitert. Eine Vergütung nach dem RVG wird nur deshalb auch für Tätigkeiten geschuldet, die zu den anwaltl. Tätigkeiten nur aufgrund jener ausdrücklichen Regelungen im RVG zählen.

15 § 1 Abs. 1 S. 2, 3 RVG stellt klar, dass sich die Vergütung des RA für **anwaltliche Tätigkeiten** auch dann nach dem RVG bestimmt, wenn der RA als **Prozesspfleger** (§§ 57, 58 ZPO) tätig wird.

Ferner gilt das RVG auch für andere Mitglieder einer Rechtsanwaltskanzlei, PartG oder sonstige RA-Gesellschaften (GbR, Sozietät). § 1 Abs. 1 S. 2 RVG erweitert damit die fast gleich lautende Regelung des § 1 Abs. 1 S. 2 BRAGO, um klarzustellen, dass das RVG unmittelbar für den Prozesspfleger anwendbar ist. Liegt keine anwaltl. Tätigkeit vor, ist für keinen der in § 1 RVG genannten Personenkreise das RVG anwendbar.

16 § 1 Abs. 2 RVG nennt verschiedene Tätigkeiten, für die die Bestimmungen des **RVG nicht anwendbar** sind. § 1 Abs. 2 RVG schließt zunächst die Vergütung ehrenamtlicher Tätigkeiten nach dem RVG aus. Daneben werden solche Tätigkeiten nicht nach dem RVG vergütet, für deren Ausübung in anderen Gesetzen eine Vergütung/Entschädigung bestimmt wird (zB Insolvenzverwalter § 1 Abs. 1 InsVV). Die Aufzählung in § 1 Abs. 2 RVG ist nicht abschließend, wie der Zusatz in § 1 Abs. 2 S. 1 1. Hs. RVG zeigt, der "ähnliche Tätigkeiten" in den Ausschluss mit einbezieht.

Das RVG ist ausdrücklich nicht anzuwenden für eine Tätigkeit als

- **Vormund** (etwaige Vergütung richtet sich nach §§ 1836 Abs. 1 S. 1, 1835, 1837 Abs. 1-3 BGB),
- **Betreuer** (etwaige Vergütung richtet sich nach §§ 1908e, 1908h, 1908i Abs. 1, 1836 Abs. 1 S. 1, 1835a, 1837 Abs. 1-3 BGB); nach der Änderung des Betreuungsrechts darf der RA als Verfahrenspfleger in Betreuungs- oder Unterbringungssachen nicht mehr über § 1835 Abs. 3 BGB iVm der BRAGO abrechnen, sondern nur nach Maßgabe des § 1 BVormVG iVm § 1836a BGB (OLG Dresden AnwBl 1999, 701 = JurBüro 2000, 74 = Rpfleger 1999, 539),
- **Pfleger** (etwaige Vergütung richtet sich gem. § 1915 BGB nach den Vorschriften über die Entschädigung des Vormunds),
- **Verfahrenspfleger** (etwaige Vergütung richtet sich nach §§ 1908b-1980e BGB),
- **Testamentsvollstrecker** (Vergütung richtet sich nach § 2221 BGB),
- **Insolvenzverwalter** (Vergütung richtet sich nach der InsVV, insbes. §§ 1 Abs. 1, 2, 3, 4, 5, 7, 9),
- **Sachwalter** (Vergütung richtet sich nach der InsVV, insbes. § 12 Abs. 1, 2),
- **Mitglied des Gläubigerausschusses** (Vergütung richtet sich nach der InsVV, insbes. §§ 17, 18),
- **Nachlassverwalter** (Vergütung richtet sich nach § 1987 BGB),
- **Zwangsverwalter** (etwaige Vergütung richtet sich nach der VO über die Geschäftsführung und Vergütung der Zwangsverwalter; der Schuldner als Zwangsverwalter erhält keine Vergütung, § 150e ZVG),
- **Treuhänder** (Vergütung richtet sich nach der InsVV),
- **Treuhänder**, der **nicht** Treuhänder iSd **InsO** ist (geschuldet wird die vereinbarte Vergütung oder, in Ermangelung einer Vereinbarung, die angemessene übliche Vergütung)
- **Schiedsrichter** (geschuldet wird die vereinbarte Vergütung oder, in Ermangelung einer Vereinbarung, die angemessene übliche Vergütung, § 612 Abs. 2 BGB). Dies ist nicht mit § 36 RVG zu verwechseln, der bestimmt, wann das RVG auf das schiedsrichterliche Verf. und Verf. nach dem Schiedsgericht anzuwenden ist. In allen anderen Fällen einer Tätigkeit als Schiedsrichter ist das RVG nicht anwendbar, näheres s. Komm. zu § 36 RVG).

17 Das RVG ist gem. § 1 Abs. 2 S. 2 RVG ferner nicht anwendbar für eine Tätigkeit des RA, die den Tätigkeiten ähnelt, für die sich die Nichtanwendbarkeit des RVG aus der Aufzählung in § 1 Abs. 2 S. 1 RVG ergibt. Hierzu gehören zB Tätigkeiten des RA als

- **Sequester** (dieser erhält eine angemessene Vergütung),
- **Vermögensverwalter** (BGHZ 46, 268 = MDR 1967, 397 = NJW 1967, 876 = BB 1967, 185),
- **Aufsichtsratsmitglied** (Vergütung gem. § 113 AktG),
- **Liquidator** (BGHZ 139, 312 = NJW 1998, 3567 = AGS 1999, 3 = JurBüro 1999, 134 = MDR 1998, 1435 = Rpfleger 1999, 39 = VersR 1999, 57),
- **Vorstand** (Vergütung gem. § 67 AktG),
- **Abwickler** für einen aufgelösten Verein (LG Hamburg MDR 1971, 298),
- **Anlageberater** (BGH NJW 1980, 1855 = MDR 1980, 914).

Der BGH hat, noch zu § 1 BRAGO, folgende Abgrenzungsformel gewählt (BGH MDR 1980, 914 = NJW 1980, 1855): "Die berufliche Tätigkeit eines RA wird geprägt durch die ihm eigentümliche Aufgabe, der berufene unabhängige Vertreter und Berater in allen Rechtsangelegenheiten zu sein (§ 3 Abs. 1 BRAGO). Die Anwendung der BRAGO ist deshalb danach abzugrenzen, ob die Aufgabe, rechtl. Beistand zu leisten, im Vordergrund steht, oder ob sie bei der Durchführung des erteilten Auftrags zurücktritt, als unwesentlich erscheint und im Ergebnis keine praktisch ins Gewicht fallende Rolle spielt. Gegen das Vorliegen einer anwaltl. Tätigkeit spricht ferner, wenn die betr. Aufgabe idR oder mind. in erheblichem Umfang auch v. Angehörigen anderer Berufe wahrgenommen wird." Hiernach ist im Einzelfall zu entscheiden, ob eine "ähnliche Tätigkeit" iSd § 1 Abs. 2 S. 1 RVG vorliegt.

18 Die Nennung einer Tätigkeit in § 1 Abs. 2 S. 1 RVG hat nicht zur Folge, dass der RA als Betreuer, Pfleger, Verfahrenspfleger, Insolvenzverwalter oÄ in keinem Fall eine Vergütung nach dem RVG fordern kann. Wird der RA in einer **Doppelfunktion** zB sowohl als RA als auch als Testamentsvollstrecker tätig, kann er für die anwaltl. Tätigkeit eine Vergütung nach dem RVG fordern. Dies ergibt sich aus § 1 Abs. 2 S. 3 RVG, der auf § 1835 Abs. 3 BGB verweist. § 1835 Abs. 3 BGB lautet: "Als Aufwendungen gelten auch solche Dienste des Vormunds oder Gegenvormunds, die zu seinem Gewerbe oder seinem Beruf gehören", also etwa die Vergütungsansprüche nach dem RVG. § 1 Abs. 2 S. 3 RVG ist auf alle in § 1 Abs. 2 S. 1 RVG genannten Personen anwendbar. Dies ergibt sich daraus, dass in § 1 Abs. 2 S. 3 RVG der Personenkreis, der Aufwendungen geltend machen kann, nicht eingeschränkt wird. § 1835 Abs. 3 BGB ist daher auch anwendbar, wenn sich für die in § 1 Abs. 2 S. 1 genannten Personen (und dies gilt auch für ähnliche Tätigkeiten iSv § 1 Abs. 2 S. 2 RVG) der Vergütungsanspruch nicht aus der entspr. Regelung des BGB ergibt.

Liegt eine Tätigkeit vor, die ein Nichtjurist einem RA übertragen würde, steht dem RA trotz Ausübung einer in § 1 Abs. 2 RVG genannten Funktion die ges. Vergütung nach dem RVG zu (OLG Köln AnwBl 1976, 246, LG Aachen, Rpfleger 1978, 380, BFH DB 1986, 627), denn er dürfte ebenfalls einen RA beauftragen. Unterlässt er dies und führt die Tätigkeit selbst aus, darf ihm daraus kein finanzieller Nachteil entstehen. Wenn etwa der Insolvenzverwalter, der nicht RA ist, mit der Vertretung einen RA beauftragt hätte, kann auch der RA, der Insolvenzverwalter und gleichzeitig RA ist, einen RA beauftragen.

Das BVerfG (Beschl. v. 7.6.2000 □ 1 BvR 23/00, 111/00, 1 BvL 1/99, 2/99 = AGS 2001, 3 = JurBüro 2000, 44) urteilte hierzu wie folgt: "Der RA, der im Rahmen einer Verfahrenspflegschaft für den Betroffenen solche Dienste erbringt, für die ein nichtanwaltlicher Verfahrenspfleger einen Anwalt zugezogen hätte, kann insoweit einen Aufwendungsersatz nach der BRAGO liquidieren."

Für die in § 1 Abs. 2 RVG aufgeführten Tätigkeiten ist die Vergütung nach dem RVG also nur insoweit ausgeschlossen, als der RA gerade in berufsfremder Weise tätig wird. Muss er dagegen anlässlich der Amtsführung auch anwaltl. Berufstätigkeit ausüben, steht ihm ein Vergütungsanspruch nach dem RVG zu. Dies gilt insbes. für die Führung eines Rechtsstreits (so für den Pfleger, der einen Rechtsstreit für den Pflegling geführt hat: OLG Frankfurt Rpfleger 1974, 312, OLG Nürnberg AnwBl 1974, 372, LG Lübeck Rpfleger 1972, 369, LG Berlin Rpfleger 1973, 169). Ganz unzweifelhaft ist dies, wenn eine der in § 1 Abs. 2 RVG genannten Personen eine Prozesshandlung vornimmt, für die Anwaltszwang gilt.

19 Ist der **Anwalt in eigener Sache tätig**, liegt dieser Tätigkeit kein Auftragsverhältnis zugrunde. Dem für sich selbst tätigen RA würde daher gem. **§ 91 Abs. 2 S. 3 ZPO** nur die Vergütung (Gebühren und Auslagen) erstattet, die er als bevollmächtigter RA erstatten verlangen könnte. Dies setzt voraus, dass er wie ein Bevollmächtigter für sich selbst tätig geworden ist. Dies gilt nicht uneingeschränkt. Vertritt der RA sich selbst als Bevollmächtigter zur Abmahnung eines anderen RA wegen wettbewerbsrechtlicher Ansprüche, erfolgt keine Erstattung der Gebühren des sich selbst vertretenden RA, wenn es sich um einen unschwer zu erkennenden Wettbewerbsverstoß handelt (BGH AGS 2004, 255 mwN =JurBüro 2005, 145).

Teilweise vertritt der BGH auch in **Wettbewerbssachen** die Auffassung, ein Kostenerstattungsanspruch bestehe, beziehe sich jedoch nie auf die Umsatzsteuer (BGH aaO). § 91 Abs. 2 S. 3 ZPO gilt auch für die **Zwangsvollstreckung**. § 91 Abs. 2 S. 3 ZPO ist grds. in allen **Verfahrensordnungen** anwendbar und mit dem GG vereinbar (BVerfG NJW 1980, 167 zu § 91 Abs. 2 S. 4 ZPO aF).

Der RA kann aber grds. in eigener Sache nicht die Gebühren des **Verkehrsanwalts** (zB Nr. 3400 VV RVG) geltend machen, da er idS nicht für sich selbst tätig war (OLG Stuttgart JurBüro 1976, 192, OLG Koblenz VersR 1981, 165, OLG Koblenz VersR 1981, 865). Da der RA in der Lage ist, einen anderen RA selbst zu unterrichten, kann die Hinzuziehung des sich selbst vertretenden RA als Verkehrsanwalt nicht notwendig isv § 91 Abs. 1 S. 1 ZPO sein.

Vertritt sich der RA selbst aus seiner beruflichen Tätigkeit heraus (zB Gebührenklage, Schadenersatzprozess wg. Verletzung des Anwaltsvertrags), ist er zum **Vorsteuerabzug** berechtigt. Der RA ist zwar umsatzsteuerpflichtig (LG Berlin Rpfleger 1998, 173, AG Bielefeld AnwBl 1984, 223), er hat aber keinen Ersatzanspruch gg. sich selbst. Die Vorsteuer wird in diesen Fällen gem. § 104 Abs. 3 S. 2 ZPO nicht v. Kostenerstattungsanspruch umfasst (OLG Düsseldorf JurBüro 1994, 229, LG Bremen Rpfleger 1991, 390, aA OLG Düsseldorf MDR 1993, 483, LG Berlin Rpfleger 1977, 220).

Vertritt der RA sich in einem Verf. selbst, das nicht mit seiner beruflichen Tätigkeit zusammenhängt, sondern in seinem privaten Lebensbereich begründet ist (zB wg. privat genutzter Wohnräume), ist er in dieser Sache nicht zum Vorsteuerabzug berechtigt; die Vorsteuer ist v. Kostenerstattungsanspruch umfasst (OLG Hamm, AnwBl 1986, 452, OVG Münster AnwBl 1989, 399, aA OLG Hamm MDR 1985, 683).

20 Vertritt der RA sich bei der **außergerichtlichen Geltendmachung** seines **Gebührenanspruchs** selbst (Mahnung an den AG), kann er nicht in entspr. Anwendung v. § 91 Abs. 2 S. 3 ZPO einen Vergütungsanspruch geltend machen. § 91 Abs. 2 S. 3 ZPO ist unmittelbar nur für die Vertretung im gerichtl. Verf. anwendbar. Grds. besteht zwar eine materiell-rechtl. Kostenerstattungsgrundlage gem. § 249 BGB (Palandt Rn. 39 zu § 249 BGB), auch wenn der RA sich selbst vertritt. Ein materiell-rechtl. Kostenerstattungsanspruch setzt für die Selbstvertretung des RA aber voraus, dass die Inanspruchnahme eines RA erforderlich ist (Palandt aaO, OLG Karlsruhe NJW-RR 1990, 929). Dies ist bei der außergerichtlichen Geltendmachung eines Gebührenanspruchs nicht der Fall.

21 Ob der RA als Anwalt in eigener Sache eine Kostenerst. in anderen Verf. geltend machen kann, hängt v. den in den jew. Verf. geltenden Grundsätzen der Kostenerst. ab. In der **Freiwilligen Gerichtsbarkeit** (FGG) ist die Erstattung der Kosten in § 13a FGG geregelt; die hM geht davon aus, dass eine Kostenerst. für eine Selbstvertretung des RA ausscheidet, da § 91 Abs. 2 S. 3 ZPO nicht entspr. anwendbar ist (Mümmler JurBüro 82, 1133, OLG Bamberg JurBüro 1980, 1722, und 1980, 1884, OLG Köln DNotZ 1971, 285, LG München JurBüro 1976, 373, EGH Hamm AnwBl 1977, 323).

22 Die Erstattungsfähigkeit der Kosten des RA als **Anwalt in eigener Sache** folgt in **Strafverfahren** (Bußgeldverfahren) nach Freispruch über § 464a Abs. 2 Nr. 2 StPO entspr. § 91 Abs. 2 ZPO. Der Erstattungsanspruch ist aber sehr str. und iZw nicht durchsetzbar. Die Erstattungsfähigkeit wurde bejaht v. OLG Frankfurt Rpfleger 1973, 407, LG Dortmund AnwBl 1979, 244, LG Hamburg AnwBl 1976, 25, LG Itzehoe AnwBl 1980, 47, LG Mainz NJW 1979, 1879, LG Wuppertal NJW 1975, 2309, AG Augsburg AnwBl. 1975, 451, AG Gießen AnwBl 1983, 331, AG Würzburg AnwBl 1977, 82; dagegen aA Mümmler JurBüro 1982, 1131, LG Bonn MDR 1978, 511, LG Darmstadt AnwBl 1979, 82, LG Memmingen JurBüro 1977, 828, LG München JurBüro 1978, 1046, LG Nürnberg-Fürth NJW 1973, 913, LG Nürnberg-Fürth NJW 1974, 2246, LG Würzburg JurBüro 1977, 517, LG Zweibrücken Rpfleger 1989, 330, LG Marburg JurBüro 1978, 1046, LG Osnabrück JurBüro 1978, 1167, LG Darmstadt AnwBl 1979, 82.

Das **Bundesverfassungsgericht** hat die Versagung des Erstattungsanspruchs als nicht verfassungswidrig angesehen (AnwBl 1980, 303), BVerfG MDR 1988, 552, BVerfG NJW 1998, 2205). Der Kostenerstattungsanspruch des RA in eigener Sache wird v. BVerfG mit der Begründung abgelehnt, dass die StPO eine Selbstverteidigung nicht zulässt, denn der Status des Verteidigers sei mit der Stellung des Beschuldigten unvereinbar. Der RA kann daher der wohl hM in Schrifttum und Rspr. zufolge die Funktion eines Verteidigers in eigener Sache nicht wirksam ausüben, weshalb ihm auch keine Vergütung zusteht. Zur Gegenmeinung insbes. H. Schmidt in NJW 1977, 2244, 2247, ders. in AnwBl 1980, 303.

23 Vertritt sich der RA als **Anwalt in eigener Sache als Neben- oder Privatkläger** selbst, hat er Anspruch auf Erstattung der Vergütung nach dem RVG (LG Frankfurt MDR 1970, 785, LG Hanau AnwBl 1982, 390, LG Heidelberg AnwBl 1981, 78).

24 In **finanzgerichtlichen Verfahren** ist dem RA, wenn er **sich selbst vertritt**, die Vergütung nach dem RVG zu erstatten (Mümmler JurBüro 1982, 1134, BFH NJW 1969, 951, FG Baden-Württemberg EFG 1969, 459). Dies gilt nach Auffassung des FG Hamburg (EFG 1971, 209) dann nicht, wenn der RA sich im Einspruchsverfahren selbst vertreten hat.

25 Vertritt der RA sich als **Anwalt in eigener Sache in arbeitsgerichtlichen Verfahren** selbst, ist eine Kostenerst. für das Berufungs- oder Revisionsverfahren möglich. In der 1. Instanz gilt der generelle Ausschluss der Kostenerst. gem. § 12a Abs. 1 S. 1 ArbGG. Zu Einzelfragen s. Mümmler JurBüro 1982, 1134 mwN.

26 Ist ein RA **in eigener Sache Beschwerdeführer vor dem Bundesverfassungsgericht**, wird § 91 Abs. 2 S. 3 ZPO entspr. angewandt (BVerfG AnwBl 1976, 163 zu § 91 ZPO aF).

27 Hat der RA, der Partei ist, einen **weiteren RA als Prozessbevollmächtigten** zugezogen, vertritt er sich also selbst und wird zusätzl. durch einen anderen RA vertreten, gilt § 91 Abs. 2 S. 2 ZPO. Die Kosten mehrerer RA sind nur soweit v. unterlegenen Verfahrensgegner zu erstatten, als sie die Kosten eines RA nicht übersteigen oder als in der Person des RA ein Wechsel eintreten musste. Nimmt der RA den Termin gemeinsam mit dem (zusätzl.) beauftragten RA wahr, kann er dafür keine Termingeb. (oder eine sonstige Vergütung) beanspruchen. Auch die Erstattung v. Reisekosten, Abwesenheitsgeldern oder sonstigen Auslagen nach Teil 7 VV RVG kann der RA nur als Partei entspr. den Regelungen des JVEG berechnen; eine Vergütung nach dem RVG scheidet aus.

28 Der RA ist grds. nicht verpflichtet, dem AG ungefragt eine **Belehrung über die Vergütung** zu erteilen, also darauf hinzuweisen, dass er eine Vergütung fordern wird, deren Höhe nach dem RVG berechnet wird. Eine allg. Pflicht des RA, seinen Mandanten über die Höhe der mit der Rechtsverfolgung verbundenen Kosten und Gebühren zu informieren, ist nicht gegeben (KG AGS 2004, 253). Der RA ist aber gem. **§ 49b Abs. 5 BRAO** verpflichtet, vor Auftragsannahme darüber zu belehren, dass seiner Vergütungsberechnung ein **Gegenstandswert** zugrunde zu legen ist (s. Komm. zu § 10 RVG). Die Belehrungspflicht aus § 49b Abs. 5 BRAO ist nicht auf gerichtl. Verf. beschränkt, sondern gilt immer dann, wenn ein Gegenstandswert neben den jew. Gebührenvorschriften Grundlage der Vergütungsberechnung ist. Sie kann also zB auch bei außergerichtlicher, behördlicher, beratender oder sonstiger Tätigkeit des RA bestehen. Ein solchermaßen belehrter AG wird idR fragen, welche Folgen sich daraus für ihn ergeben. Aus den Gesetzesmotiven (BT-Drs 15/1971 S. 294 zu § 49b Abs. 5 BRAO) geht hervor, dass dies v. Gesetzgeber erwartet und beabsichtigt war.

Fragt der AG nach der Höhe der Vergütung, die sich nach einem Gegenstandswert berechnet (also nicht bei Festgebühren und Betragsrahmengeb.), so muss der RA ihm mitteilen, welche Gebühren und Auslagen in welcher Höhe voraussichtlich für die Ausübung der gesamten anwaltl. Tätigkeit entstehen werden. Verändert sich der Vergütungsanspruch nach der Belehrung (zB in Folge einer Widerklage oder Klageerweiterung), muss der RA den AG über die veränderte Vergütungsfolge ebenfalls belehren.

Fragt der AG den RA (trotz Belehrung nach § 49b Abs. 5 BRAO oder bei Betragsrahmengeb.) nicht nach der Höhe der zu erwartenden Vergütung, **muss** der RA den AG auf deren Höhe hinweisen, wenn sie für die beabsichtigte **Rechtsverfolgung** (oder Rechtsverteidigung) offensichtlich nicht im Verhältnis zum Streitgegenstand steht. Dies ist immer dann der Fall, wenn die Rechtsverfolgung oder Rechtsverteidigung **unwirtschaftlich** ist (BGH NJW 1969, 932, BGH AnwBl 1980, 500 = MDR 1980,

828 = Rpfleger 1980, 340 = NJW 1980, 2128, BGH NJW 1998, 1361, BGH NJW 1998, 3498, BGH WM 2004, 481, OLG Koblenz AnwBl 1988, 88, 64, OLG Köln AGS 1994, 73). Unwirtschaftlich ist eine Rechtsverfolgung zB dann, wenn der AG erkennbar davon ausgeht, dass ihn keine Kostenlast treffe, da der Verfahrensgegner die Kosten zu übernehmen habe. Es ist ein Hinweis erforderlich, dass der Kostenerstattungsanspruch den AG nicht v. seinem Vergütungsanspruch befreit und auch im Wege der Zwangsvollstreckung nicht sicher durchgesetzt werden kann.

Beispiel: Der RA soll für einen Vermieter, der Eigentümer nur einer Eigentumswohnung ist und diese selbst verwaltet, gg. den mit zehn Mietzahlungen in Rückstand befindlichen Mieter das gerichtl. Verf. betreiben, nachdem der Vermieter bereits wirksam gekündigt und ergebnislos zur Zahlung aufgefordert hat. Die Mietzahlungen sind ☐ solange sie gezahlt wurden ☐ durch das zust. Sozialamt gezahlt worden. Der Gegenstandswert und damit das Kostenrisiko erhöhen sich, wenn neben dem Räumungsanspruch der gesamte rückständige Mietzins geltend gemacht wird (§ 23 Abs. 1 RVG, § 41 Abs. 1, Abs. 2 GKG). Ob der sich ggf. ergebende Kostenerstattungsanspruch beigetrieben werden kann, ist fraglich. Der AG ist darauf hinzuweisen, dass die Kosten des Verf. verringert werden können, wenn nicht der gesamte Mietrückstand gerichtl. geltend gemacht wird. Die Geltendmachung des gesamten Mietrückstands ist unwirtschaftlich.

Das Beispiel lässt sich auf fast alle Fälle des Forderungseinzugs (etwa wg. Darlehenskündigung, Kaufpreisforderung) übertragen.

Unwirtschaftlichkeit der (gerichtl. oder sonstigen) Geltendmachung einer Forderung liegt bei bekannter oder vermuteter Insolvenz des Anspruchsgegners vor. Es ist ausreichend, dass noch unbeschiedene Insolvenzanträge vorliegen, aber alsbald mit einer Entscheidung über die Eröffnung des Insolvenzverf. des Anspruchsgegners zu rechnen ist. Der RA verstößt in diesem Fall gg. seine Beratungspflichten, wenn er trotzdem die gerichtl. (oder sonstige) Geltendmachung einer Forderung betreibt (BGH WM 2004, 481).

29 Eine **Belehrungspflicht besteht nicht,** wenn dem AG die **Vergütungsfolge bereits bekannt** ist (Dauermandate) oder der RA annehmen kann, dass der AG sie aus seinem Lebenskreis heraus (Unternehmer, Selbstständiger, Freiberufler...) **kennen muss.** Wann dies der Fall ist, sollte anhand der v. der Rspr. im Rahmen der Auseinandersetzung zur Kostenerst. nach § 91 Abs. 1 ZPO bei der Hinzuziehung mehrerer RAe entwickelten Kriterien abgegrenzt werden. Zu berücksichtigen sind ua die Rechtskundigkeit der Partei. Bei erkennbar einfach gelagerten Fällen oder wenn der RA selbst fernmündlich oder fernschriftlich unterrichtet werden kann, kann auf die Belehrung verzichtet werden. Immer dann, wenn es an einer Kostenerst. wg. der vorgenannten Gründe fehlt, muss es auch möglich sein, die Belehrung über das Kostenrisiko einzuschränken. Sinnvollerweise sollte darüber hinaus auf den Verbraucherbegriff aus § 13 BGB, der auch bei der Erstberatungsgebühr Nr. 2102 VV RVG v. Bedeutung ist, abgestellt werden. Soweit der AG v. Schutzzweck des § 13 BGB tatbestandlich nicht erfasst ist, wäre es geradezu absurd, v. RA die Belehrung über seinen Vergütungsanspruch und die Folgen der Nichtbeitreibbarkeit zu verlangen.

Beispiel: Der RA soll gg. einen Bußgeldbescheid über eine Geldbuße v. 30 EUR Einspruch einlegen. Für die anwaltl. Tätigkeit entstehen mind. die Grundgebühr Nr. 5100 VV RVG (20-150 EUR) und die Verfahrensgeb. Nr. 5101 VV RVG (10-100 EUR). Selbst wenn der RA nur die Mindestgebühren (insgesamt 30 EUR) berechnet, liegt seine Vergütung (mit Auslagen nach Teil 7 VV RVG) über der Geldbuße. Das Verf. ist unwirtschaftlich.

30 Geht der AG davon aus, dass ihn keine Kostenlast trifft, da seine **Rechtsschutzversicherung** die Kosten übernehmen werde, kann es nicht Aufgabe des RA sein, zu prüfen, ob und ggf. in welcher Höhe die Versicherungsgesellschaft leisten wird. Der AG hat als Versicherungsnehmer und Vertragspartner ggü. seiner Rechtsschutzversicherung ein eigenes Auskunfts- und Aufklärungsrecht. Etwas anderes kann nur dann gelten, wenn der AG entweder dem RA den **Auftrag** nur unter der **Bedingung** erteilt, dass seine Rechtsschutzversicherung die gesamten Kosten des voraussichtlichen Verf. übernimmt (also auch evtl. anfallende Gerichtskosten oder Kosten der Gegenseite im Unterliegensfalle) oder den RA zusätzl. beauftragt, die Kostendeckung mit der Rechtsschutzversicherung zu klären. In beiden Fällen ist zunächst eine Belehrung darüber geboten, dass bereits die Tätigkeit ggü. der Rechtsschutzversicherung Vergütungsansprüche entstehen lässt (vgl. Nr. 2400 VV RVG). Erteilt die Rechtsschutzversicherung keine Kostendeckungszusage, ist im ersten Fall kein Anwaltsvertrag zustande gekommen; im zweiten Fall ist der AG über die Höhe der zu erwartenden Vergütung zu belehren.

31 Sind dem RA die (ungünstigen) **Einkommens- und Vermögensverhältnisse** des AG **bekannt,** muss er den AG auf die Möglichkeit der Beantragung v. **Beratungs- oder Prozesskostenhilfe** hinweisen.

In vielen Fällen der anwaltl. Praxis ist dem RA (zB bei einer Kündigungsschutzklage und bei Ehescheidungsverfahren) das Einkommen des AG bekannt. Besteht aufgrund dessen Anlass zu der Vermutung, der AG könne die Vergütung nicht aus seinen finanziellen Mitteln erbringen, muss ein **Hinweis** auf die Möglichkeiten der Beantragung v. BerHi oder PKH erfolgen (OLG Düsseldorf AnwBl 1984, 444 = MDR 1984, 937 = AnwBl 1987, 147, Greißinger AnwBl 1992, 49, OLG Koblenz AnwBl 1990, 164). Die Rspr. geht in zunehmendem Maße v. einer Belehrungspflicht des RA aus. Im Zweifel wird der RA auch dann über die Möglichkeit der Beantragung v. BerHi oder PKH belehren müssen, wenn ihm keine konkreten Anhaltspunkte über die finanziellen und wirtschaftl. Verhältnisse bekannt sind.

32 Darüber hinaus ist der RA in **arbeitsrechtlichen Angelegenheiten in 1. Instanz immer zur Belehrung über das Kostenrisiko** verpflichtet. Hier kann eine doppelte Belehrungspflicht bestehen: Der RA ist ☐ falls es auf einen Gegenstandswert ankommt ☐ zur Belehrung gem. § 49b Abs. 5 BRAO verpflichtet und er muss außerdem darüber belehren, dass eine Kostenerst. in arbeitsrechtlichen Angelegenheiten 1. Instanz (§ 12a Abs. 1 S. 1 ArbGG) selbst im Falle des Obsiegens des AG ausscheidet (§ 12a Abs. 1 S. 2 ArbGG).

§ 2 Höhe der Vergütung
(1) Die Gebühren werden, soweit dieses Gesetz nichts anderes bestimmt, nach dem Wert berechnet, den der Gegenstand der anwaltlichen Tätigkeit hat (Gegenstandswert).
(2) Die Höhe der Vergütung bestimmt sich nach dem Vergütungsverzeichnis der Anlage 1 zu diesem Gesetz. Gebühren werden auf den nächstliegenden Cent auf- oder abgerundet; 0,5 Cent werden aufgerundet.

Übersicht

1 Allgemeines. Die Tätigkeit des RA kann nach unterschiedlichen Grundsätzen vergütet werden. Neben der **angemessenen Vergütung** (Gutachtengebühr Nr. 2103 VV RVG), den **Festgebühren** (zB BerHi Nr. 2601 VV RVG), den **Betragsrahmengebühren** (zB Gebühren in sozialrechtlichen Angelegenheiten gem. § 3 RVG, etwa die Einigungsgebühr in Nr. 1005 VV RVG), den **Satzrahmengebühren** (zB die Geschäftsgebühr der Nr. 2400 VV RVG), den **Gebühren aufgrund besonderer ergänzender Vorschriften** (§ 35 RVG ☐ Verweis auf die StBGebV, § 34 RVG ☐ Mediation mit Verweis auf das BGB), der **vereinbarten Vergütung** (§ 4 RVG ☐ Vergütungsvereinbarung) und der **Hebegebühr** der Nr. 1009 VV RVG können die Gebühren auch nach dem Wert der Angelegenheit berechnet werden, dh nach dem Wert, den der Gegenstand der anwaltl. Tätigkeit hat (Gegenstandswert). Diese Gebühren werden **Wertgebühren** genannt (§ 2 Abs. 1 RVG).

2 Die Wertgeb. gilt nur, soweit das RVG nichts anderes bestimmt. Auf den **Gegenstandswert** ist also zur Ermittlung der Gebührenhöhe immer dann abzustellen, wenn sich aus dem Gesetz keine andere anzuwendende Gebührenart ergibt. Die konkrete Höhe der Gebühr ergibt sich aus der Tabelle zu § 13 Abs. 1 RVG. Allgemein wird der Gegenstandswert durch das Recht oder Rechtsverhältnis bestimmt, auf das sich die auftragsgemäße anwaltl. Tätigkeit bezieht (Hartmann § 7 BRAGO Rn. 4 mwN). Die grds. Regelungen zur Ermittlung des Gegenstandswertes enthält Abschnitt 4 RVG (§§ 22-33). Im VV ist in einigen Vergütungsvorschriften zusätzl. eine eigene Wertvorschrift bestimmt, zB für die Verfahrensgeb. Nr. 3335 Abs. 2 VV RVG (Bewilligungsverfahren PKH) und die Verfahrensgeb. Nr. 3331 VV RVG (Antrag auf Abänderung eines Vollstreckungstitels nach § 665 Abs. 1 ZPO).

3 Das **Vergütungsverzeichnis**, auf das § 2 Abs. 2 S. 2 RVG verweist, ist in 7 Teile gegliedert, wobei die in Teil 1 und Teil 7 getroffenen Regelungen nur **neben** anderen Gebühren aus Teil 2-6 zur Anwendung kommen können.

In einer Überschrift wird jew. der Anwendungsbereich des entspr. Teiles bezeichnet; in den darauf folgenden Vorbem. finden sich neben allgemeinen Voraussetzungen des Entstehens der Gebühren Anrechnungsvorschriften sowie Einschränkungen der Anwendbarkeit des jew. Teiles des VV. Soweit die Teile des Vergütungsverzeichnisses in Abschnitte und Unterabschnitte unterteilt sind (Teil 2-6), sind auch diesen zT Vorbem. vorangestellt.

4 Der numerische Aufbau der **Vorbemerkungen** ermöglicht die Zuordnung zu den jew. Gebührenvorschriften: Die erste Ziff. entspricht dem Teil des VV, die zweite dem Abschnitt und die dritte dem Unterabschnitt. Daraus ergibt sich zB für Vorbem. 3.2.1, dass sie dem 1. Unterabschnitt des 2. Abschnittes des 3. Teils vorangestellt sein muss.

Beispiel 1, Vorbemerkung 2.5: Die erste Zahl der Ziffernfolge verweist auf den entspr. Teil des Vergütungsverzeichnisses. Vorbem. 2.5 ist also in Teil 2 des Vergütungsverzeichnisses zu finden. Die zweite Zahl der Ziffernfolge verweist auf den Abschnitt des entspr. Teils des Vergütungsverzeichnisses. Die Vorbem. 2.5 gehört also zu Abschnitt 5 in Teil 2 des Vergütungsverzeichnisses.

Beispiel 2, Vorbemerkung 3.2.1: Die erste Zahl der Ziffernfolge verweist auf Teil 3 des Vergütungsverzeichnisses. Die zweite Zahl der Ziffernfolge verweist auf den 2. Abschnitt in Teil 3 des Vergütungsverzeichnisses. Die dritte Zahl der Ziffernfolge verweist auf den entspr. Unterabschnitt 1. Die Vorbem. 3.2.1 ist also in Teil 3, Abschnitt 2, Unterabschnitt 1 des Vergütungsverzeichnisses zu finden.

5 Zusätzlich zu den Vorbem. finden sich in den einzelnen Gebührenvorschriften des VV Anmerkungen, Verweisungen und Anrechnungsvorschriften.

Beispiel: Die Einzelheiten zum Entstehen der Terminsgeb. werden in Teil 3, Abschnitt 1 in den Nrn. 3104, 3105 VV RVG für den ersten Rechtszug bestimmt. Grundsätzlich entsteht die volle (1,2) Terminsgeb., es sei denn, in Nr. 3105 VV RVG ist etwas Abweichendes bestimmt, dann ermäßigt sich die Terminsgeb. auf 0,5.

In Teil 3, Abschnitt 2 VV RVG (Berufung, bestimmte Beschwerden und Verf. vor dem FG) werden die Einzelheiten der Nrn. 3104, 3105 VV RVG für das Entstehen der vollen Terminsgebühren (1,2) in den

Nrn. 3202 und 3203 VV RVG nicht wiederholt. Die Terminsgebühren aus Abschnitt 1 und Abschnitt 2 haben das gleiche Anwendungsgebiet. Ersichtlich wird dies durch den Verweis in Nr. 3202 VV RVG auf die Terminsgeb. der Nr. 3104 VV RVG. Sofern der Anwendungsbereich der Terminsgeb. in Abschnitt 2 v. den Terminsgebühren in Abschnitt 1 abweicht, wird dies bes. in den Terminsgebühren in Abschnitt 2 geregelt.

6 Ähnlich wie bei den Vorbem. kann aus den vierstelligen Nummern der einzelnen **Gebührenvorschriften** des VV abgeleitet werden, zu welchem Teil (1. Ziff.) und welchem Abschnitt (2. Ziff.) sie gehören.

Die **erste Ziffer** einer Gebührenvorschrift aus dem VV zeigt, aus welchem **Teil** des Vergütungsverzeichnisses die Gebührenvorschrift stammt. So gehört etwa die Nr. 1003 VV RVG zum 1. Teil des Vergütungsverzeichnisses, während die Nr. 2100 VV RVG aus Teil 2 des Vergütungsverzeichnisses stammt.

Die zweite Ziff. der vierstelligen Zahl verweist auf den entspr. Abschnitt im jew. Teil des Vergütungsverzeichnisses. ZB ist die Nr. 2400 VV RVG in Teil 2 des Vergütungsverzeichnisses im Abschnitt 4 enthalten, die Nr. 2600 VV RVG in Teil 2, Abschnitt 6.

Die dritte und vierte Ziff. dienen ausschließlich der numerischen Darstellung; eine Zuordnung zu einem Unterabschnitt des VV an Hand dieser Ziffern ist nicht möglich. Endet die vierstellige Nummer mit "00", handelt es sich um die Grundnorm (Ausgangsnorm) für die nicht ermäßigte Gebühr des entspr. Teiles und Abschnittes des Vergütungsverzeichnisses. So bezeichnet etwa die Nr. 3100 VV RVG eine Gebührenvorschrift aus Teil 3, Abschnitt 1 als Grundnorm (Ausgangsnorm) für alle Verf., soweit in den nachfolgenden Abschnitten des Vergütungsverzeichnisses nichts Abweichendes bestimmt ist.

7 Teil 1 des Vergütungsverzeichnisses (Allgemeine Gebühren) enthält Regelungen zur

- **Einigungsgebühr** (Nrn. 1000, 1003, 1004 VV RVG),
- **Erledigungsgebühr** (Nrn. 1002, 1003, 1004 VV RVG),
- **Aussöhnungsgebühr** (Nrn. 1001, 1003, 1004 VV RVG),
- Berechnung bei **mehreren Auftraggebern** (§ 7 RVG iVm Nr. 1008 VV RVG),
- **Hebegebühr** (Nr. 1009 VV RVG).

Die Gebührentatbestände des 1. Teiles weisen, wie auch die des 7. Teiles, ggü. denen der Teile 2-6 die Besonderheit auf, ausschließlich neben Vorschriften aus anderen Teilen des Vergütungsverzeichnisses anwendbar zu sein. Grundsätzlich entstehen in allen Verf. so genannte **Betriebsgebühren** (Beratungsgebühr, Geschäftsgebühr, Grundgebühr und Verfahrensgeb.). Die Entstehung einer solchen Betriebsgebühr ist Voraussetzung für das Entstehen einer Gebühr aus Teil 1.

Durch die Regelung der **Einigungsgebühren** im 1. Teil des Vergütungsverzeichnisses soll die zentrale Bedeutung der anwaltl. Tätigkeit zur Herbeiführung einer Einigung hervorgehoben werden. Die Tätigkeit des RA zur Herbeiführung einer Einigung, Aussöhnung oder Erledigung ohne Inanspruchnahme der Gerichte wird wg. dieser Bedeutung höher vergütet als die entspr. Tätigkeit des RA in einem gerichtl. Verf. Damit soll eine Entlastung der Gerichte bewirkt werden.

Kommt es erst im Zuge eines gerichtl. Verf. zur Einigung, Aussöhnung oder Erledigung hängt, wie in allen anderen Teilen des Vergütungsverzeichnisses, die Höhe der Gebühr v. der Ordnung des Gerichts ab.

Beispiel: Der Rahmen der außergerichtlichen Einigungsgebühr beträgt 1,5 (Nr. 1000 VV RVG). Kam es im Zuge eines gerichtl. Verf. zur Einigung, verringert sich der Rahmen auf 1,0 (Nr. 1003 VV RVG). Für ein Berufungs- oder Revisionsverfahren beträgt der Rahmen der Einigungsgebühr 1,3 (Nr. 1004 VV RVG).

Im Teil 1 des Vergütungsverzeichnisses ergeben sich die TB-Merkmale zu den einzelnen Gebühren aus der jew. Grundnorm (Ausgangsnorm, zB Nr. 1000 VV RVG). In der Grundnorm ist jew. die höchstmögliche Gebühr angegeben. Dies gilt für die Einigung in der Nr. 1000 VV RVG, für die Aussöhnung in der Nr. 1001 VV RVG und für die Erledigung in der Nr. 1002 VV RVG. Gemäß den sich den Grundnormen anschließenden Gebührenvorschriften (Nrn 1003, 1004 VV RVG) ermäßigt sich der Rahmen der Gebühren. Die Gebühren werden in diesen Vorschriften nicht mehr erläutert.

8 Teil 2 des Vergütungsverzeichnisses (Außergerichtliche Tätigkeiten einschl. der Vertretung im Verwaltungsverfahren) enthält Regelungen zur

- **Beratungsgebühr** (Nrn. 2100, 2101, 2102 VV RVG),
- **Gutachtengebühr** (Nr. 2103 VV RVG),
- Prüfung der Erfolgsaussichten eines Rechtsmittels (Nrn. 2200, 2201 VV RVG),
- **Herstellung des Einvernehmens** nach § 28 EuRAG (Nrn. 2300, 2301 VV RVG),
- **Geschäftsgebühr** (Nrn. 2400, 2401, 2500, 2501 VV RVG),
- Geschäftsgebühr für das **einfache Schreiben** (Nr. 2402 VV RVG),
- Geschäftsgebühr im **Güteverfahren** (Nr. 2403 VV RVG),
- **Beratungshilfe** (Nrn. 2600-2608 VV RVG).

Ob Gebühren aus Teil 2 des Vergütungsverzeichnisses auf Gebühren aus anderen Teilen oder auf andere Gebühren des 2. Teiles **angerechnet** werden, ergibt sich nicht aus der Vorbem. zu Teil 2. Die Anrechnungsvorschrift kann sich unmittelbar in der jew. Gebührenvorschrift finden (Beispiel: gem. Abs. 2 der Anm. zu Nr. 2100 VV RVG ist die Beratungsgebühr auf eine Gebühr für eine sonstige Tätigkeit, die mit der Beratung zusammenhängt, anzurechnen), aus einem Verweis auf eine andere Gebührenvorschrift resultieren (Beispiel: Die Anrechnung der Beratungsgebühr der Nr. 2101 VV RVG ergibt sich aus dem Verweis in Nr. 2101 VV RVG auf die Anm. zu Nr. 2100 VV RVG) oder auch in einem anderen Teil des Vergütungsverzeichnisses bestimmt sein (Beispiel: Die Anrechnungsvorschrift für die Geschäftsgebühr der Nr. 2400 VV RVG findet sich nicht in Teil 2 des Vergütungsverzeichnisses. Sie ergibt sich auch nicht aus einer Anm. in der Gebührenvorschrift oder einer Verweisung auf eine andere Gebührenvorschrift, in der eine Anrechnung bestimmt ist. Die Anrechnung der Geschäftsgebühr Nr. 2400 VV RVG auf die Verfahrensgebühren aus Teil 3 des Vergütungsverzeichnisses ergibt sich ausschließlich aus der Vorbem. 3 Abs. 4 VV RVG).

9 Teil 3 des Vergütungsverzeichnisses (Bürgerliche Rechtsstreitigkeiten, Verf. der freiwilligen Gerichtsbarkeit, der ör Gerichtsbarkeiten, Verf. nach dem StVollzG und ähnliche Verf.) enthält Regelungen zu folgenden Gebühren:

- **Verfahrensgebühr** (Nr. 3100 VV RVG),
- **vorzeitige Beendigung** des Auftrages (Nr. 3101 Nr. 1 VV RVG),
- Protokollierung der Parteieinigung (Nr. 3101 Nr. 2 VV RVG),
- **Terminsgebühr** (Nrn. 3104, 3105 VV RVG),
- **Verfahrens- und Terminsgebühren für Berufung, Revision** und bestimmte **Beschwerden** (Nrn. 3200, 3202, 3206, 3210 VV RVG, BGH-Anwalt Nrn. 3208 und 3210 VV RVG),
- Verfahrensgebühren des **Mahnverfahrens** (Nrn. 3305-3308 VV RVG),
- **Zwangsvollstreckung**: Verfahrensgebühren und Terminsgeb. (Nrn. 3309, 3310 VV RVG),
- Zwangsversteigerung und Zwangsverwaltung (Nrn. 3311-3312 VV RVG),
- Vertretung in **Insolvenzverfahren** (Nrn. 3313-3321 VV RVG),
- Verfahrensgeb. für sonstige bes. Verf. (Nrn. 3324-3337 VV RVG, darin enthalten: **Prozesskostenhilfe**: § 49 RVG iVm Nr. 3335 VV RVG),
- Verfahrensgeb. für Einzeltätigkeiten (Nrn 3400-3406 VV RVG, darin enthalten: Verfahrensgeb. für den **Verkehrsanwalt**, Nr. 3400 VV RVG),
- Verfahrensgeb. und Terminsgeb. für den **Unterbevollmächtigten** (Nrn. 3401 und 3402 VV RVG),
- Beschwerde/Erinnerung (Nr. 3500 VV RVG, darin enthalten: **Nichtzulassungsbeschwerde**, Nr. 3508 VV RVG).

Teil 3 des Vergütungsverzeichnisses beinhaltet insbes. sämtliche Vorschriften zur Abrechnung in **sozialgerichtlichen Verfahren**. Für das sozialgerichtliche Verf. sind in allen in Frage kommenden Abschnitten und Unterabschnitten jew. eigene Verf.- und Terminsgebühren vorgegeben. Dabei wird die Höhe der Gebühren durch die vorgegebenen Betragsrahmen mit Höchst- und Mindestgeb. gem. § 14 RVG ermittelt.

Der grundlegende Anwendungsbereich der einzelnen Gebührenvorschriften ergibt sich für Teil 3 des Vergütungsverzeichnisses aus der Vorbem. 3 VV RVG. Der Vorbemerkung kann auch entnommen werden, welche Gebührenarten (zB Verfahrensgeb., Terminsgeb.) grds. unterschieden werden müssen. Ferner sind dort die Voraussetzungen für das Entstehen der Gebühren bestimmt. Zu beachten ist aber, dass die Angaben zum möglichen Gebührenanfall in den Vorbem. in Teil 3 VV RVG, ebenso wie in den nachfolgenden Teilen 4 bis 6 VV RVG, nicht abschließend sind. Auch ist durch die generelle Definition der Terminsgeb. in der Vorbem. des Teil 3 nicht ausgeschlossen, dass die Voraussetzungen für das Entstehen der Terminsgeb. in den nachfolgenden Abschnitten und Unterabschnitten des Vergütungsverzeichnisses enger gefasst oder sogar ausgeschlossen werden. So ist beispielsweise das Entstehen der Terminsgeb. im Zwangsvollstreckungsverfahren sowie im Zwangsversteigerungs- und Zwangsverwaltungsverfahren durch die Nr. 3310 VV RVG bzw. die Nr. 3312 VV RVG eingeschränkt. Die Terminsgeb. der Nr. 3402 VV RVG (Vertretung im Termin/Unterbevollmächtigter) kann gem. Vorb. 3.4 Abs. 1 VV RVG nur neben der Verfahrensgeb. der Nr. 3401 VV RVG und nicht neben der Verfahrensgeb. der Nr. 3400 VV RVG erhoben werden, ist also neben Nr. 3400 VV RVG ausgeschlossen.

Vorbem. 3 enthält neben Angaben zur Verf.- und Terminsgeb. (Abs. 2, Abs. 3) die **Anrechnungsvorschrift** für die Geschäftsgebühr aus Teil 2 des Vergütungsverzeichnisses (Abs. 4) sowie Anrechnungsvorschriften für das selbstst. Beweisverfahren und bei Zurückverweisung an ein untergeordnetes Gericht (Abs. 5, Abs. 6). Die Anrechnungsvorschriften in der Vorbem. 3 sind allerdings nicht abschließend. Eine Anrechnung der Verfahrensgebühren findet zB weiterhin aufgrund verschiedener Anm. in den einzelnen Gebührenvorschriften statt. So ist etwa die Bestimmung zur Anrechnung der Verfahrensgeb. Nr. 3305 VV RVG (Mahnverfahren) auf die Verfahrensgeb. Nr. 3100 VV RVG (anschließender Rechtsstreit) als Anm. in Nr. 3305 VV RVG und die Anrechnungsvorschrift für die Verfahrensgeb. des Urkundsverfahrens auf die Verfahrensgeb. des sich anschließenden Prozessverfahrens als Anm. in Nr. 3100 VV RVG enthalten.

10 Teil 4 des Vergütungsverzeichnisses (Strafsachen) enthält Regelungen für den Wahlanwalt und den gerichtl. bestellten oder beigeordneten RA zu folgenden Gebühren:

- **Grundgebühr** (Nr. 4100 VV RVG nebst Anrechnungsvorschrift für Nr. 5100 VV RVG),
- **Terminsgebühr(en)** für Tätigkeiten bis zur Hauptverhandlung (Nr. 4102 VV RVG),
- **Verfahrensgebühr** bis zur Hauptverhandlung (Nr. 4104 VV RVG),
- Verfahrensgebühren erster Rechtszug (Nrn. 4106, 4112, 4118 VV RVG),
- **Terminsgebühren erster Rechtszug** (Nrn. 4108, 4114, 4120 VV RVG),
- Verfahrensgebühr und Terminsgebühren Berufung (Nrn. 4124-4129 VV RVG),
- Verfahrensgebühr und Terminsgebühren Revision (Nrn. 4130-4135 VV RVG),
- **Wiederaufnahmeverfahren** (Nrn. 4136-4140 VV RVG),
- **Zusatzgebühren** (Nrn. 4141-4147 VV RVG),
- **Strafvollstreckung** (Nrn. 4200-4207 VV RVG),
- **Einzeltätigkeiten** (Nrn. 4300-4304 VV RVG).

Dem allgemeinen Muster folgend, finden sich (wie in Teil 3 VV RVG) in Vorbem. 4 das Anwendungsgebiet, die Voraussetzungen für den Anfall der einzelnen Verf.- und Terminsgebühren, die Fälle der generellen Erhöhung der Gebühren um Zuschläge sowie die Einschränkungen der Anwendbarkeit des entspr. Teiles (Vorbem. 4 Abs. 5 Nrn. 1, 2 VV RVG).

In Vorbem. 4 werden nicht alle Gebührenarten erfasst. Der Anwendungsbereich der Grundgebühr ergibt sich nicht aus den Vorbem. zu Teil 4, sondern nur aus der Gebührenvorschrift der Nr. 4100 VV RVG.

11 Teil 5 des Vergütungsverzeichnisses (Bußgeldsachen) enthält Regelungen für den Wahlanwalt oder gerichtl. bestellten oder beigeordneten RA zu folgenden Gebühren:

- **Grundgebühr** (Nr. 5100 VV RVG),

- **Terminsgebühr** für Tätigkeiten **bis zur Hauptverhandlung** (Nrn. 5102, 5104, 5106 VV RVG), der Höhe nach abhängig v. der Höhe des Bußgeldes für die
- Verfahrensgebühr bis zur Hauptverhandlung (Nrn. 5101, 5103, 5105 VV RVG),
- Verfahrensgebühr erster Rechtszug (Nrn. 5107, 5109, 5111 VV RVG),
- **Terminsgebühr** erster Rechtszug (Nrn. 5108, 5110, 5112 VV RVG),
- **Rechtsbeschwerde**, Verf.- und Terminsgeb. (Nrn. 5113, 5114 VV RVG),
- **Zusatzgebühren** (Nr. 5115 VV RVG),
- **Einzeltätigkeiten** (Verfahrensgeb. Nr. 5200 VV RVG).

Vorbem. 5 VV RVG regelt Anwendungsbereich, Voraussetzungen der Verf.- und Terminsgebühren sowie Einschränkungen der Anwendbarkeit des entspr. Teiles (Abs. 4 Nrn. 1, 2 VV RVG). Eine generelle Erhöhung der Gebühren um Zuschläge (vgl. Vorbem. 4 Abs. 4) ist in Teil 5 VV RVG nicht vorgesehen.

In der Vorbem. 5 werden nicht alle Gebührenarten erfasst. Der Anwendungsbereich der Grundgebühr ergibt sich nicht aus den Vorbem. zu Teil 5, sondern nur aus der Gebührenvorschrift der Nr. 5100 VV RVG.

12 Teil 6 des Vergütungsverzeichnisses (Sonstige Verf.) enthält Regelungen für den Wahlanwalt oder gerichtl. bestellten oder beigeordneten RA zu

- Verf. nach dem **Gesetz über internationale Rechtshilfe** (Verf.- und Terminsgeb., Nrn. 6100, 6101 VV RVG),
- **Disziplinarverfahren, berufsgerichtliche** Verfahren wg. Verletzung einer Berufspflicht (Nrn. 6200-6215 VV RVG),
- **gerichtlichen Verfahren** im 1., 2. und 3. Rechtszug (Verf.- und Terminsgeb., Nrn. 6203-6215 VV RVG),
- **Zusatzgebühren** (Nr. 6216 VV RVG),
- Gerichtliche Verf. bei **Freiheitsentziehung** und in **Unterbringungssachen** (Nrn. 6300-6303 VV RVG),
- besonderen Verfahren und Einzeltätigkeiten (Nrn. 6400-6404 VV RVG).

Der Aufbau der Vorbem. 6 entspricht dem Aufbau der Vorbem. zu Teil 4 und 5 VV. Insbesondere sind das Anwendungsgebiet, die Verfahrensgeb. und die Terminsgeb. entspr. geregelt.

13 In Teil 7 (Auslagen) des Vergütungsverzeichnisses sind alle Regelungen über die Erhebung v. Auslagen zusammengefasst. Im Einzelnen sind dies Regelungen

- zur **Dokumentenpauschale** (Nr. 7000 VV RVG), wobei die Dokumentenpauschale unter verschiedenen Voraussetzungen entstehen kann,
- zu **Post- und Telekommunikationsentgelten** (Nrn. 7001, 7002 VV RVG),
- zu **Fahrtkosten** (Nrn. 7003, 7004 VV RVG),
- zu **Tage- und Abwesenheitsgeldern** (Nr. 7005 VV RVG),
- zu **sonstigen Auslagen** anlässlich einer **Geschäftsreise** (Nr. 7006 VV RVG),
- zur Erstattung der **Haftpflichtprämie** (Nr. 7007 VV RVG),
- zur **Umsatzsteuer** (Nr. 7008 VV RVG).

Vorbem. 7 regelt, dass nur die **allgemeinen Geschäftsunkosten** durch die Gebühren abgegolten sind. Ferner definiert Vorbem. 7 Abs. 2 den Begriff der Geschäftsreise. Vorbem. 7 Abs. 3 trifft Regelungen für die Erhebung v. Auslagen nach den Nr. 7003-7006 VV RVG für den Fall, dass eine Reise mehreren Geschäften diente oder der RA seine Kanzlei verlegt.

14 § 2 Abs. 2 S. 2 RVG sieht die **Rundung** der Gebühren vor. Centbeträge unter 0,5 Cent werden abgerundet, während Centbeträge ab 0,5 Cent auf den nächsten vollen Cent aufgerundet werden (Näheres bei Enders in JurBüro 2002, 117). Da eine Übernahme der Regelung aus § 11 Abs. 2 S. 2 BRAGO beabsichtigt war, bezieht sich die Rundungsvorschrift, wie auch schon dort, lediglich auf die Gebührenvorschriften aus Teil 1-6 VV RVG und nicht auf die Auslagen aus Teil 7 des Vergütungsverzeichnisses.

§ 3 Gebühren in sozialrechtlichen Angelegenheiten

(1) In Verfahren vor den Gerichten der Sozialgerichtsbarkeit, in denen das Gerichtskostengesetz nicht anzuwenden ist, entstehen Betragsrahmengebühren. In sonstigen Verfahren werden die Gebühren nach dem Gegenstandswert berechnet, wenn der Auftraggeber nicht zu den in § 183 des Sozialgerichtsgesetzes genannten Personen gehört.
(2) Absatz 1 gilt entsprechend für eine Tätigkeit außerhalb eines gerichtlichen Verfahrens.

Übersicht

1 Allgemeines. Die Sozialgerichtsbarkeit wird durch unabhängige, v. den Verwaltungsbehörden getrennte bes. Gerichte ausgeübt. Dies sind die SG und LSG und das BSG. Die häufigsten Streitigkeiten vor den SG betreffen Angelegenheiten der Arbeitslosen- und der Sozialversicherung. Die SG sind auch zust. für die übrigen Aufgaben der Bundesanstalt für Arbeit und (mit Einschränkungen) für Streitigkeiten aus der Kriegsopferversorgung, nicht jedoch für Streitigkeiten betr. die Kriegsopferfürsorge (Zuständigkeit der VG).

Zu den Angelegenheiten der **Sozialversicherung** zählen insbes. die Streitigkeiten aus:

- Beziehungen zw. (Zahn-) Ärzten und Krankenkassen ("Kassenarztrecht"),
- ör Streitigkeiten, die aufgrund des Entgeltfortzahlungsgesetzes entstehen,
- alle ör Streitigkeiten, für die durch Gesetz der Rechtsweg zu den SG eröffnet ist.

Zu den v. **Privatpersonen** am häufigsten erhobenen Klagen vor den SG gehören Feststellungsklagen dazu, welcher Versicherungsträger (der Sozialversicherung) zust. ist, ob eine Gesundheitsstörung die Folge eines Arbeitsunfalls ist, ob der Tod die Folge eines Arbeitsunfalls war oder ob eine Berufskrankheit die Folge eines Arbeitsunfalls ist.

2 § 3 RVG unterscheidet Verf. vor den Gerichten der Sozialgerichtsbarkeit, in denen der RA **Wertgebühren** erhält, und Verf., in denen er **Betragsrahmengebühren** erhält. Es gibt also grds. zwei Möglichkeiten der Abrechnung v. Verf. vor den Gerichten der Sozialgerichtsbarkeit: Ist das **GKG nicht anwendbar** oder gehört der AG zu den in § **183 SGG** genannten Personen, entstehen **Betragsrahmengebühren**; ist das **GKG anwendbar**, entstehen **Wertgebühren**.

Mit dem Betragsrahmen wird der soziale Schutzzweck verfolgt, die Kostenbelastung der betroffenen Parteien gering zu halten. Häufig ist eine an **wirtschaftlichen Erfordernissen ausgerichtete Vergütung** des RA bei Betragsrahmengeb. (selbst wenn mehrere Betragsrahmengeb. entstanden sind) nicht möglich. Eine wirtschaftl. Vergütung könnte der RA durch Abschluss einer Vergütungsvereinbarung (§ 4 RVG) bewirken. Bei der Vertretung nat. Personen wird dies häufig nicht möglich sein. Der soziale Schutzzweck kommt aber nicht zum Tragen, wenn § 197a SGG auf das GKG verweist. Gehören in einem Rechtszug weder Kl. noch Bekl. zu den in § 183 SGG genannten Personen, bleiben sie also gerichtskostenfrei, steht es dem RA idR frei, die ges. Vergütung durch Abschluss einer Vergütungsvereinbarung zu erhöhen.

3 Jede Gebühr kann entweder als **Wertgebühr oder** als **Betragsrahmengebühr** entstehen. Das **Vergütungsverzeichnis** enthält daher für die Fälle, in denen der Vergütungsberechnung Betragsrahmengeb. zugrunde zu legen sind, jew. eigene Gebührenvorschriften für jeden Verfahrensabschnitt, in dem der RA tätig sein kann. Diese Gebührenvorschriften entsprechen hinsichtlich ihres Anwendungsgebietes jew. den Vorschriften für Wertgeb.

Beispiel: Bei einem Verf. vor dem SG entstehen Wertgeb. Der RA vertritt den Kl. Das Verf. endet mit einem Urteil. Es wurde im Einverständnis mit den Parteien ohne mündl. Verhandlung entschieden. Ist das **GKG anwendbar** und entstehen daher Wertgeb., berechnet der RA

- 1,3 Verfahrensgeb. Nr. 3100 VV RVG
- 1,2 Terminsgeb. Nr. 3104 VV RVG

Ist das **GKG nicht anwendbar**, berechnet der RA

- Verfahrensgeb. Nr. 3102 VV RVG iHv 40 bis 460 EUR
- Terminsgeb. Nr. 3106 VV RVG iHv 20 bis 380 EUR

Im ersten Fall steht die Höhe der Gebühr erst fest, wenn der RA den Gegenstandswert ermittelt hat; im zweiten Fall steht die Höhe der Gebühr fest, wenn der RA diese gem. § 14 RVG bestimmt hat.

In beiden Fällen können zB

- Beratungsgebühren (Wertgeb. = Nr. 2100 VV RVG; Betragsrahmengeb. = 2101 VV RVG),
- Geschäftsgebühren (Wertgeb. = Nr. 2400 VV RVG; Betragsrahmengeb. = 2500/2501 VV RVG),
- Einigungsgebühren (Wertgeb.= 1000 VV RVG; Betragsrahmengeb. = Nr. 1005 VV),
- Erledigungsgebühren (Wertgeb. = 1002 VV RVG; Betragsrahmengeb. = Nr. 1005 VV RVG) und
- Terminsgebühren (Wertgeb. zB Nr. 3104 VV RVG; Betragsrahmengeb. = Nr. 3106 VV RVG)

entstehen.

Ist das GKG nicht anwendbar und entstehen daher Betragsrahmengeb., sind Regelungen im VV zur vorzeitigen Erledigung der Angelegenheit oder ermäßigten Terminsgebühren nicht erforderlich. Ermäßigungstatbestände kann der RA bei Betragsrahmengeb. im Zuge der Bestimmung der Höhe der Gebühr berücksichtigen. Dies ist bei Wertgeb. nicht möglich, da die Höhe der Gebühren feststeht.

4 Die **Bestimmung der Höhe der Gebühr** nimmt der RA bei Betragsrahmengeb. unter Berücksichtigung v. § 14 Abs. 1 RVG vor. Nur in den so genannten Durchschnittsfällen ist dabei die Mittelgebühr (Höchstbetrag + Mindestbetrag ./. 2) anzusetzen. Ein Durchschnittsfall ist gegeben, wenn die

Gesamtschau der einzelnen TB-Merkmale des § 14 Abs. 1 RVG ein Abweichen v. der Mittelgebühr nicht rechtfertigt.
Anders als bei Wertgeb. hat der RA gem. § 14 Abs. 1 S. 3 RVG bei der Bestimmung der Höhe der Gebühr sein **Haftungsrisiko** zu berücksichtigen, da sich Betragsrahmengeb. nicht nach einem Gegenstandswert richten.
Sowohl das Haftungsrisiko als auch die **Bedeutung der Angelegenheit** für den AG rechtfertigen in **sozialgerichtlichen** Angelegenheiten, die den Bezug v. Dauerrenten zum Inhalt haben, das Ansetzen der Hochstgebuhr. Dies gilt insbes. für die jew. Verf.- und etwaigen Einigungsgebühren (oder Erledigungsgebühren); denn die Verfahrensgeb. entsteht für das Betreiben des Geschäfts einschl. der Information. Die Einigungs- oder Erledigungsgebühr beinhalten zwangsläufig ein hohes Haftungsrisiko und eine überdurchschnittliche Bedeutung.
Für die **Terminsgebühren** der entspr. Verf. muss eine eigenständige Abwägung erfolgen. Häufig wird auch der **Umfang und die Schwierigkeit der anwaltlichen Tätigkeit** ein Abweichen v. der Mittelgebühr rechtfertigen, denn idR ist es erforderlich (ggf. mehrere) Gutachten zu prüfen. Der Kontakt und der Umgang mit dem AG ist wg. der bes. **Bedeutung** der Angelegenheit selten durchschnittlich. IdR haben sozialrechtliche Angelegenheiten für den AG eine überragende Bedeutung und erfordern daher ein hohes Maß an Intensität der anwaltl. Tätigkeit, so dass deren Umfang überdurchschnittlich ist (vgl. Hartmann Rn. 7 zu § 116 BRAGO mwN zur Rspr. zur Bestimmung des Rahmens der Gebühr).

5 Betragsrahmengebühren fallen bei **Nichtanwendbarkeit des GKG** an oder wenn der AG zu den in § 183 SGG genannten Personen gehört. Zu diesem Personenkreis gehören als Kl. oder Bekl. Versicherte, Leistungsempfänger oder Hinterbliebenenleistungsempfänger, Behinderte oder Sonderrechtsnachfolger einer solchen Person (§ 56 SGB I) sowie Personen, die im Falle eines Obsiegens zu diesen Personen gehören würden. Gem. § 197a Abs. 1 SGG werden, wenn der Beteiligte nicht zu den in § 183 SGG genannten Personen gehört, Kosten nach den Vorschriften des GKG erhoben.

6 Ist das GKG anwendbar und gehört der AG nicht zu den in § 183 SGG genannten Personen, sind **Wertgebühren** in Ansatz zu bringen. Ist der Gegenstandswert nach dem GKG zu bestimmen, so ist gem. § 23 Abs. 1 S. 1 RVG § 52 GKG anwendbar. Liegt der Klage eine bezifferte Forderung zugrunde, bestimmt diese daher den Gegenstandswert (§ 52 Abs. 3 GKG). Sonst bestimmt sich der Gegenstandswert gem. §§ 52 Abs. 1, Abs. 3 GKG.
Beispiele für Verf., bei denen die Gebühren nach einem Gegenstandswert berechnet werden:
- **Streitigkeiten**, die aufgrund der Beziehungen zw. **Ärzten, Zahnärzten und Krankenkassen im Rechtsweg** zu entscheiden sind (§ 51 Abs. 2 S. 1 SGG), zB über die Krankenhauszulassung (Gegenstandswert: fünffacher Jahresgewinn BSG NZS 2001, 280) oder die Zulassung als Kassenarzt (Gegenstandswert: das zu erwartende oder erzielende Mehreinkommen für mind. fünf Jahre (LSG Baden-Württemberg KostRsp § 13 GKG (aF) Nr. 231, BSG JurBüro 1996, 149 mwN); der Wert des Streits um Honorarkürzungen ist der str. Betrag (LSG Essen JurBüro 1998, 318 LSG Stuttgart JurBüro 1998, 146),
- sozialrechtliche Streitigkeiten zw. jur. Personen des öffentlichen Rechts,
- sozialrechtliche Streitigkeiten zw. Arbeitgebern und jur. Personen des öffentlichen Rechts,
- Verf. gg. Entscheidungen einer obersten Bundes- oder Landesbehörde in Angelegenheiten nach dem SGB V. Hierzu sind insbes. betroffen die Verf., in denen sich Hersteller von Arzneimitteln gg. Entscheidungen nach §§ 34, 35 SGB V wenden.

7 Unternehmen der privaten Pflegeversicherung können Beitragsrückstände im Wege des **Mahnverfahrens** geltend machen (§§ 182a, 184 Abs. 1, 193 Abs. 1 SGG). Es gelten die §§ 699ff. ZPO. Für den Antrag auf Erlass des MB entsteht die 1,0 Verfahrensgeb. der Nr. 3305 VV RVG. Eine andere Gebühr ist für den Antrag auf Erlass des Mahnverfahrens nicht vorgesehen, eine entspr. Betragsrahmengeb. ist nicht im VV bestimmt.

Wird durch den Antragsgegner Widerspruch (§ 697 ZPO) oder Einspruch (§ 700 ZPO) erhoben, ist für das str. gerichtl. Verf. das SG zust. Wird vor dem SG ein Verf. geführt, in dem Betragsrahmengeb. entstehen, entsteht mit Eingang der Akten beim Gericht die Verfahrensgeb. Nr. 3102 VV RVG iHv 40 bis 460 EUR. Auf diese Gebühr ist die Gebühr des Mahnverfahrens (nicht jedoch die Post- und Telekommunikationsentgelte) entspr. der Anm. zu Nr. 3305 VV RVG anzurechnen. Die Verfahrensgeb. für den Antrag auf Erlass des MB wird jedoch im Fall der Anrechnung nicht verringert. Beispiel: Mit dem Antrag auf Erlass des MB wird eine Forderung iHv 25.000 EUR geltend gemacht. Die 1,0 Verfahrensgeb. aus Nr. 3305 VV RVG beträgt 686 EUR. Nach Widerspruch wird das Verf. an das SG abgegeben, es entsteht die Verfahrensgeb. Nr. 3102 VV RVG iHv höchstens 460 EUR. Die im Mahnverfahren entstandene Gebühr verringert sich (§ 15 Abs. 4 RVG) nicht auf 460 EUR. Entspr. gilt, wenn für den Vertreter des Antragsgegners bereits eine höhere 0,5 Verfahrensgeb. gem. Nr. 3307 VV RVG für die Vertretung des Antragsgegners im Mahnverfahren entstanden ist. Auch diese Gebühr verringert sich bei Abgabe des Verf. an das SG nicht. Ist ein Mahnverfahren vorausgegangen, trifft das Gericht gem. § 193 Abs. 1 S. 2 SGG im Urteil eine Entscheidung über die Gerichtskosten des Mahnverfahrens.

8 Vertritt der RA in einer sozialrechtlichen Angelegenheit **mehrere AG**, so erhöhen sich gem. Nr. 1008 VV RVG bei Gebühren, die nur durch einen Mindest- und Höchstbetrag bestimmt sind, der Mindest- und der Höchstbetrag der entspr. Geschäfts- oder Verfahrensgeb. für jeden AG um 30%. Mehrere Erhöhungen dürfen gem. Anm. Abs. 3 1008 VV RVG das Doppelte des Höchst- und Mindestbetrags nicht übersteigen. Auf den Gegenstand der anwaltl. Tätigkeit ist bei Betragsrahmengeb. gem. Anm. Abs. 1 Nr. 1008 VV RVG nicht abzustellen.

9 Die Bewilligung v. **Prozesskostenhilfe** ist auch in sozialgerichtlichen Verf. möglich (§ 73a SGG). Ist dem AG PKH bewilligt, sind auch die Betragsrahmengeb. des gerichtl. Verf. v. der Bewilligung umfasst. Für den im Wege v. PKH beigeordneten RA gibt es anders als bei Teil 4 bis 6 VV RVG (Straf-, Bußgeld- und sonstige Verf.) keine Festgebühren. Eine bes. Tabelle zur Berechnung v. **Betragsrahmengebühren** bei bewilligter PKH enthält das RVG nicht. Der RA bestimmt daher nach den Grds. v. § 14 RVG die Höhe der Betragsrahmengeb.; diese wird nicht gekürzt (Gerold/Schmidt § 3 RVG Rn. 32). Ist dagegen PKH in einem Verf. bewilligt, in dem der RA **Wertgebühren** berechnet, ist § 49 RVG zweifellos anwendbar.

Der RA hat auch bei bewilligter PKH in sozialgerichtlichen Verf. ein **Vorschussrecht** gem. § 47 RVG.

10 Das VV RVG sieht mit Nr. 3336 VV RVG (30 bis 320 EUR) für das **Prozesskostenhilfebewilligungsverfahren** einen eigenen Gebührentatbestand vor, wenn der RA in sozialgerichtlichen Angelegenheiten Betragsrahmengeb. berechnet. Aus **§ 16 Nr. 2 RVG** ergibt sich, dass das PKH-Bewilligungsverfahren und das Verf., für das PKH beantragt wurde, dieselbe Angelegenheit sind. Es entsteht daher insgesamt nur eine Verfahrensgeb. für das PKH-Bewilligungsverfahren und das sich diesem anschließende Verf. Der RA kann in diesen Fällen bei der Bestimmung der **Höhe des Betragsrahmens** der **Verfahrensgebühr** für das sich **anschließende Verfahren** (zB Verfahrensgeb. erster Rechtszug Nr. 3105 VV RVG, Verfahrensgeb. Berufung Nr. 3204 VV RVG, Verfahrensgeb. Revision Nr. 3212 VV RVG, Verfahrensgeb. Nichtzulassungsbeschwerde Berufung Nr. 3511 VV RVG, Verfahrensgeb. Nichtzulassungsbeschwerde Revision Nr. 3512 VV RVG) idR v. der Mittelgebühr abweichen, da der Umfang der anwaltl. Tätigkeit nicht durchschnittlich war.

11 § 17 Nr. 9 RVG bestimmt, dass das **Verfahren über ein Rechtsmittel** und das **Verfahren gegen die Nichtzulassung des Rechtsmittels verschiedene Angelegenheiten** sind. Das VV sieht trotzdem vor, dass die Verfahrensgebühren (Nrn. 3511, 3512 VV RVG), die im Verf. über die Zulassung des Rechtsmittels entstehen, auf die Verfahrensgebühren des Rechtsmittels (Nrn. 3204, 3212 VV RVG) angerechnet werden, unabhängig davon, ob Wertgeb. oder Betragsrahmengeb. entstehen.

Für jede Verfahrensgeb., die im Verf. über die Zulassung des Rechtsmittels entsteht, bestimmt die entspr. Anm. der Gebührenvorschrift eine Anrechnung (Nrn. 3511, 3512 VV RVG). Die Anrechnung ist beschränkt auf die Verfahrensgebühren. Weitere Gebühren und Auslagen (zB Post- und Telekommunikationsentgelte der Nrn. 7001, 7002 VV RVG) werden nicht angerechnet. Der RA kann idR wie im PKH-Bewilligungsverfahren (Anm. 10) wg. des überdurchschnittlichen Umfangs der anwaltl. Tätigkeit im Falle der Anrechnung der Verfahrensgeb. die Höhe des Betragsrahmens abweichend v. der Mittelgebühr bestimmen.

12 Gem. § 2 Abs. 2 Nr. 4 BerHG wird in Angelegenheiten des Sozialrechts **Beratungshilfe** gewährt. Es können die Gebühren nach den Nrn. 2600 (10 EUR Festgebühr), 2601 (Beratungsgebühr), 2603 (Geschäftsgebühr) und Nr. 2608 Einigungs- und Erledigungsgebühr) VV RVG entstehen. UU erhöhen sich Beratungs- und Geschäftsgebühr entspr. § 7 iVm Nr. 1008 VV RVG.

13 Für die im Rahmen des gerichtl. Verf. entstandenen Wertgeb. ist die **Vergütungsfestsetzung** ohne Einschränkung gem. § 11 RVG zulässig. Für die im gerichtl. Verf. entstandenen Betragsrahmengeb. ist die Vergütungsfestsetzung nur mit den Einschränkungen gem. § 11 Abs. 8 RVG möglich (Mindestgebühren oder Zustimmungserklärung vgl. § 11 Anm. 26 und Anm. 28).

14 Gem. § 193 Abs. 1 SGG hat das Gericht im Urteil zu entscheiden, ob und in welchem Umfang die Beteiligten einander **Kosten zu erstatten** haben. Endet das Verf. nicht durch Urteil, entscheidet das Gericht über die Kosten des Verf. durch Beschl. (§ 193 Abs. 1 S. 3 SGG). Die Kostenentscheidung im **Urteil** ergeht **von Amts wegen**; die Kostenentscheidung durch **Beschluss** auf **Antrag.** § 193 Abs. 3 SGG bestimmt die erstattungsfähigen Kosten. Hierzu zählen ua die Gerichtskosten sowie die ges. Gebühren und notwendigen Auslagen eines RA, die Aufwendungen der Beteiligten selbst (§ 193 Abs. 2 SGG entspr. § 91 Abs. 1 ZPO) sowie gem. § 197 Abs. 1 S. 2 SGG die **Zinsen.** § 197 Abs. 1 S. 2 SGG verweist auf § 104 Abs. 1 S. 2 (und Abs. 2) ZPO, der die Verzinsungspflicht für Kostenerstattungsansprüche bestimmt.

Auch die notwendigen Kosten des Vorverfahrens sind erstattungsfähig (BSG NJW 2002, 1972, LSG München VersR 2003, 235), obgleich diese in § 193 SGG selbst nicht genannt werden. Ob die Kosten des Vorverfahrens auch erstattungsfähig sind, wenn sich kein sozialgerichtliches Verf. anschließt, kann nicht anhand § 193 SGG geklärt werden. Die Kostenerst. richtet sich in diesen Fällen nach § 63 SGB X. Allerdings ist für die Kosten des Vorverfahrens eine Verzinsungspflicht nicht gegeben (BSG KostRsp SGB X § 63 Rn. 54 = AGS 2002, 151).

Für das **Kostenfestsetzungsverfahren** ist der Urkundsbeamte der Geschäftsstelle zust. (§ 197 Abs. 1 S. 1 SGG). Liegen dem Kostenerstattungsantrag Betragsrahmengeb. zugrunde, kann der Urkundsbeamte die v. RA getroffene Bestimmung der Höhe der Gebühr nur auf Unbilligkeit prüfen (vgl. § 14 Anm. 10). IdR wird die Unbilligkeit der Gebühr angenommen, wenn diese um 20% und mehr überhöht ist (Hansens JurBüro 1996, 29 mwN, LSG Schleswig AnwBl 1989, 114, SG Nürnberg AnwBl 1992, 399, SG Lübeck MDR 2002, 911); sie kann aber auch in anderen Fällen angenommen werden. Es gibt keine einheitlichen Unbilligkeitsgrenzen.

Gegen die Entscheidung des Urkundsbeamten der Geschäftsstelle kann binnen eines Monats nach Bekanntgabe das Gericht angerufen werden, das endgültig entscheidet (§ 197 Abs. 2 SGG).

15 Die Unterscheidung der Tätigkeit im **sozialgerichtlichen Verfahren** nach Verf., in denen Wertgeb. entstehen, und solche, in denen Betragsrahmengeb. entstehen, gilt gem. **§ 3 Abs. 2 RVG** auch für das Verwaltungsverfahren und sonstige vorgerichtliche sozialrechtliche Verf. Der Anwendungsbereich v. **§ 3 RVG erfasst damit jede sozialrechtliche Tätigkeit** des RA. Daher finden sich im VV neben den Gebührentatbeständen für das sozialgerichtliche Verf. auch Gebührentatbestände für das Verwaltungsverfahren und die sonstige vorgerichtliche Tätigkeit.

16 Auch außerhalb eines gerichtl. Verf. können Wertgeb. oder Betragsrahmengeb. entstehen. Entstehen keine Wertgeb., so berechnet der RA für seine Vergütung außerhalb eines gerichtl. Verf. Betragsrahmengeb.

17 Für **Beratung** berechnet der RA seine Vergütung gem. Nr. 2101 VV RVG (10 bis 260 EUR). Die Beratungsgebühr ist auf die Gebühr eines folgenden vorgerichtlichen und/oder Verwaltungs-

28

verfahrens anzurechnen; denn die Anm. zu Nr. 2101 VV RVG verweist auf die Anm. zu Nr. 2100 VV RVG, so dass sich für die Beratungsgebühr eine Anrechnung gem. Anm. Abs. 2 zu Nr. 2100 VV RVG ergibt.

18 Ist der AG **Verbraucher** isv § 13 BGB, kann der RA für ein **erstes Beratungsgespräch** nicht mehr als 190 EUR (ggf. zzgl. Auslagen nach Teil 7) zzgl. USt nach Nr. 7008 VV RVG berechnen. In der Anm. zu Nr. 2102 VV RVG wird auf die Beratungsgebühr Nr. 2101 VV RVG verwiesen, so dass hier die so genannte Kappungsgrenze v. 190 EUR zu berücksichtigen ist.

Beispiel 1: Der RA berät den AG in einer Rentenangelegenheit. Der AG beabsichtigt die Stellung eines Altersrentenantrags und eines Berufsunfähigkeitsrentenantrags bei der Landesversicherungsanstalt für Angestellte. Der AG ist amerikanischer Staatsbürger und beabsichtigt daher, einen entspr. Antrag bei der amerikanischen Behörde zu stellen. Der AG klärt im ersten Beratungsgespräch mit dem RA, welche Antragserfordernisse zu berücksichtigen und welche Personenstandsurkunden beizubringen sind, ob ein Rentenabkommen zw. den Vereinigten Staaten und der Bundesrepublik Deutschland eine zentrale Zuständigkeit für die Antragstellung vorgibt usw. Das Beratungsgespräch dauert 2½ Stunden.

Unter Berücksichtigung v. § 14 RVG würde der RA den Ansatz des höchsten Betragsrahmens der Beratungsgebühr der Nr. 2101 VV RVG iHv 260 EUR für gerechtfertigt halten. Beschränkt sich die anwaltl. Tätigkeit auf das erste Beratungsgespräch, kann der RA hier jedoch höchstens 190 EUR fordern.

Der RA kann aber nicht in jedem Fall für das erste Beratungsgespräch 190 EUR fordern. Hierzu folgendes **Beispiel 2**:

Der RA berät den AG, der klären will, ob für ihn die Voraussetzungen für die Bewilligung einer Umschulungsmaßnahme gegeben sind. Der RA bestätigt dem AG das Vorliegen der Voraussetzung; das Gespräch endet nach 15 Minuten.

Der RA bestimmt zunächst gem. § 14 RVG die Höhe der Gebühr der Nr. 2101 VV RVG als Mittelgebühr (135 EUR). Die Gebühr liegt unterhalb der Kappungsgrenze der Nr. 2102 VV RVG (190 EUR). Sie erhöht sich nicht auf 190 EUR, da die Erstberatungsgebühr keine Festgebühr, sondern eine Beschränkung der Gebühren nach oben ist, die nur greift, wenn der RA für ein erstes Beratungsgespräch die Höhe der Gebühr mit mehr als 190 EUR bestimmt hat. Ist die Gebühr geringer, ist der geringere Betrag maßgebend.

19 Wurde dem AG **Beratungshilfe** bewilligt, kann der RA ggü. dem AG lediglich die Beratungshilfegebühr Nr. 2600 VV RVG iHv 10 EUR (netto, ohne Auslagen und USt □ BT-Drs 15/2487 S. 184) fordern. Dem RA ist es freigestellt, die Gebühr der Nr. 2600 VV RVG zu erlassen. Neben der Beratungshilfegebühr kann der RA die Beratungsgebühr Nr. 2601 VV RVG iHv 30 EUR gem. § 44 RVG aus der Landeskasse fordern.

20 Denkbar ist im Rahmen der **Beratungstätigkeit** das Entstehen der **Einigungs- oder Erledigungsgebühr** (Nrn. 1000, 1005 VV RVG und Nrn. 1002, 1005 VV RVG) neben den Beratungsgebühren. Beide Gebühren sind in Teil 1 VV RVG geregelt. Vorbem. 1 VV RVG bestimmt, dass die Gebühren aus Teil 1 VV RVG neben den in anderen Teilen bestimmten Gebühren entstehen. Der RA kann, wenn die Tatbestandsvoraussetzungen der Nr. 1000 oder 1002 VV RVG erfüllt sind, auch bei bewilligter BerHi eine Einigungs- und Erledigungsgebühr iHv 125 EUR (Nr. 2608 VV RVG) neben der Beratungsgebühr der Nr. 2101 VV RVG aus der Landeskasse (§ 44 RVG) fordern.

Beispiel: Der AG vertritt sich im sozialrechtlichen Verf. selbst. Die Bundesversicherungsanstalt für Angestellte fordert aufgrund angeblicher Scheinselbstständigkeit des AG erhebliche Beträge zur ges. Rentenversicherung nach. Der AG fertigt alle Schriftsätze, der RA berät den AG über die weitere Vorgehensweise, entwirft aber keine Schriftstücke. Die BfA ändert den Bescheid im Hinblick auf einen Großteil der geforderten Beträge. Die Erledigungsgebühr Nrn. 1002, 1005 VV RVG kann der RA fordern, denn er hat an der Erledigung mitgewirkt.

21 Für die **Prüfung der Erfolgsaussichten eines Rechtsmittels** in sozialrechtlichen Verf. kann der RA, wenn sich die Gebühren nicht nach einem Gegenstandswert richten, die Gebühr der Nr. 2202 VV RVG (10-260 EUR) berechnen, die auf eine Gebühr für das Rechtsmittelverfahren anzurechnen ist (Anm. zu Nr. 2202 VV RVG). Da die Gebühr Nr. 2202 VV RVG als Betragsrahmengeb. nicht nach dem Gegenstandswert berechnet wird, ist es anders als bei Wertgeb. nicht möglich, die Gebühren zu beziffern, die verbleiben, wenn der RA das Rechtsmittel nach Prüfung der Erfolgsaussichten beschränkt. Legt der RA zB nur gg. einen Teil der vorinstanzlichen Entscheidung ein Rechtsmittel ein, kann er die zuvor durchgeführte Prüfung der Erfolgsaussichten des Rechtsmittels nur über die Höhe der Gebühr, die er im Rechtsmittelverfahren berechnen kann, berücksichtigen. Die im Rechtsmittelverfahren entstehende Verfahrensgeb. ist dann idR oberhalb der Mittelgebühr zu bestimmen (Anm. 10).

Die Höhe der Gebühr für die Prüfung der Erfolgsaussichten steigt, wenn die Prüfung der Erfolgsaussichten mit einem schriftlichen Gutachten verbunden ist (Nr. 2203 VV RVG: 40 bis 400 EUR). Auch diese Gebühr ist auf die Verfahrensgeb. des sich anschließenden Rechtsmittelverfahrens anzurechnen. Die obigen Ausführungen zur Anrechnung bei Nr. 2202 VV RVG gelten für Nr. 2203 VV RVG entspr.

2 Richten sich die Gebühren nicht nach einem Gegenstandswert, kann der RA in sozialrechtlichen Angelegenheiten neben den Gebühren aus Teil 2 Abschn. 1 und Abschn. 2 VV RVG die Gebühren aus Teil 2 Abschn. 5 VV RVG fordern. Es entsteht für die vorgerichtliche Vertretung des AG zunächst die **Geschäftsgebühr Nr. 2500 VV RVG.** Ihr Regelungszweck entspricht dem der Geschäftsgebühr Nr. 2400 VV RVG. Bei der Bestimmung der Höhe der Gebühr (40 bis 520 EUR) ist der RA in der Auswahl der anwendbaren TB-Merkmale des § 14 RVG beschränkt. Eine höhere Gebühr als 240 EUR kann nur gefordert werden, wenn die anwaltl. Tätigkeit **umfangreich** oder **schwierig** war. Die Mittelgebühr (280 EUR) kann daher nicht ohne nähere Begründung nach § 14 RVG gefordert werden (zur Bestimmung der Höhe der Gebühr s. Anm. 4).

Zusätzlich kann die **Geschäftsgebühr der Nr. 2501 VV RVG** (40 bis 260 EUR) entstehen, wenn der RA zunächst im sozialrechtlichen Verwaltungsverfahren und anschließend im Nachprüfungsverfahren tätig wird. Die Mittelgebühr kann bei der Geschäftsgebühr Nr. 2501 VV RVG gem. deren Anm. Abs. 2 gleichfalls idR nicht gefordert werden.

Eine Anrechnung der Geschäftsgebühren auf die Verfahrensgebühren eines gerichtl. Verf. findet nicht statt. Angerechnet werden entspr. Vorbem. 3 Abs. 4 VV RVG nur die Geschäftsgebühren der Nrn. 2400-2403 VV RVG.

23 Würden im gerichtl. Verf. Wertgeb. entstehen, entstehen **Wertgebühren auch im außergerichtlichen sozialrechtlichen Verfahren.** Die Gebühren ergeben sich aus Teil 1 und 2 VV RVG. Es können daher □ wie bei den Betragsrahmengeb. □ Beratungsgebühren, Geschäftsgebühren, Einigungs- und Erledigungsgebühren (Anm. 17-21) entstehen. Die Höhe der Gebühr wird abhängig v. ihrem Gebührensatz nach der Tabelle zu § 13 RVG bestimmt.

24 Der **Gegenstandswert** für Tätigkeiten außerhalb eines gerichtl. Verf. (Anm. 6) wird entspr. § 23 Abs. 1 S. 3 RVG bestimmt. Maßgebend ist der Gegenstandswert, der sich für ein gerichtl. Verf. ergeben würde.

§ 4 Vereinbarung der Vergütung

(1) Aus einer Vereinbarung kann eine höhere als die gesetzliche Vergütung nur gefordert werden, wenn die Erklärung des Auftraggebers schriftlich abgegeben und nicht in der Vollmacht enthalten ist. Ist das Schriftstück nicht von dem Auftraggeber verfasst, muss es als Vergütungsvereinbarung bezeichnet und die Vergütungsvereinbarung von anderen Vereinbarungen deutlich abgesetzt sein. Hat der Auftraggeber freiwillig und ohne Vorbehalt geleistet,

kann er das Geleistete nicht deshalb zurückfordern, weil seine Erklärung den Vorschriften der Sätze 1 oder 2 nicht entspricht.

(2) In außergerichtlichen Angelegenheiten können Pauschalvergütungen und Zeitvergütungen vereinbart werden, die niedriger sind als die gesetzlichen Gebühren. Der Rechtsanwalt kann sich für gerichtliche Mahnverfahren und Zwangsvollstreckungsverfahren nach den §§ 803 bis 863 und 899 bis 915b der Zivilprozessordnung verpflichten, dass er, wenn der Anspruch des Auftraggebers auf Erstattung der gesetzlichen Vergütung nicht beigetrieben werden kann, einen Teil des Erstattungsanspruchs an Erfüllungs statt annehmen werde. Der nicht durch Abtretung zu erfüllende Teil der gesetzlichen Vergütung und die sonst nach diesem Absatz vereinbarten Vergütungen müssen in einem angemessenen Verhältnis zu Leistung, Verantwortung und Haftungsrisiko des Rechtsanwalts stehen. Vereinbarungen über die Vergütung sollen schriftlich getroffen werden; ist streitig, ob es zu einer solchen Vereinbarung gekommen ist, trifft die Beweislast den Auftraggeber.

(3) In der Vereinbarung kann es dem Vorstand der Rechtsanwaltskammer überlassen werden, die Vergütung nach billigem Ermessen festzusetzen. Ist die Festsetzung der Vergütung dem Ermessen eines Vertragsteils überlassen, gilt die gesetzliche Vergütung als vereinbart.

(4) Ist eine vereinbarte oder von dem Vorstand der Rechtsanwaltskammer festgesetzte Vergütung unter Berücksichtigung aller Umstände unangemessen hoch, kann sie im Rechtsstreit auf den angemessenen Betrag bis zur Höhe der gesetzlichen Vergütung herabgesetzt werden. Vor der Herabsetzung hat das Gericht ein Gutachten des Vorstands der Rechtsanwaltskammer einzuholen; dies gilt nicht, wenn der Vorstand der Rechtsanwaltskammer die Vergütung nach Absatz 3 Satz 1 festgesetzt hat. Das Gutachten ist kostenlos zu erstatten.

(5) Durch eine Vereinbarung, nach der ein im Wege der Prozesskostenhilfe beigeordneter Rechtsanwalt eine Vergütung erhalten soll, wird eine Verbindlichkeit nicht begründet. Hat der Auftraggeber freiwillig und ohne Vorbehalt geleistet, kann er das Geleistete nicht deshalb zurückfordern, weil eine Verbindlichkeit nicht bestanden hat.

(6) § 8 des Beratungshilfegesetzes bleibt unberührt.

Übersicht

Gebührenteilungsabreden   17
Erstattungsfähigkeit   18

1 Allgemeines. Die Vereinbarung der Vergütung des RA unterliegt den Regelungen des Schuldrechts. Grundsätzlich ist der RA in der Annahme eines Auftrags frei und kann eine Vereinbarung über die Höhe seiner Vergütung treffen. Der RA kann die Annahme eines Auftrags v. dem Abschluss einer Vergütungsvereinbarung abhängig machen. Die freie Vereinbarkeit einer Vergütung wird allerdings durch § 4 RVG, die BRAO (§§ 48, 49, 49a, 49b BRAO) und die BORA eingeschränkt.

Auch **nach Übernahme eines Auftrags** kann eine Vergütungsvereinbarung abgeschlossen werden; allerdings darf die Forderung nach dem Abschluss einer Vergütungsvereinbarung nicht zur Unzeit erfolgen (LG Karlsruhe, KostRsp 3 BRAGO Nr. 27; in Strafsachen kurz vor dem Verhandlungstermin: AG Butzbach JurBüro 1986, 1033 = KostRsp § 3 BRAGO Nr. 16; für die Rechtzeitigkeit der Forderung nach dem Abschluss einer Vergütungsvereinbarung: BGH AnwBl 1978, 227 = MDR 1978, 558). Die Androhung, das Mandat niederzulegen, wenn eine Vergütungsvereinbarung nicht zustande komme, ist nicht grds. gesetz- oder vertragswidrig (BGH NJW 2002, 2774).

Hat der RA den Auftrag angenommen und keine Vereinbarung über die Höhe seiner Vergütung mit dem AG getroffen, ergibt sich die Höhe der **gesetzlichen Vergütung** aus den Vorschriften des RVG. Die ges. Vergütung ist nicht in erster Linie an wirtschaftl. Erfordernissen orientiert. Insbesondere die Anrechnungsvorschriften des RVG, die Ermäßigung der Gebühren sowie beispielsweise die Höhe der Abwesenheitsgelder (Nr. 7005 VV RVG) sind nicht wirtschaftl. Erfordernissen angepasst. Um eine angemessene Vergütung zu erzielen, wird der RA daher in vielen Bereichen gezwungen sein, eine Vergütungsvereinbarung abzuschließen. Die Voraussetzungen hierfür sind in § 4 RVG geregelt.

Für den Abschluss einer Vergütungsvereinbarung ist § 4 RVG nur dann maßgeblich, wenn eine **anwaltliche Tätigkeit** Gegenstand des Auftragsverhältnisses zw. RA und AG ist (vgl. § 1 Abs. 1 RVG). Für andere als anwaltl. Tätigkeiten (§ 1 Abs. 2 RVG) sind die Vorschriften aus § 4 RVG (insbes. die Formvorschriften) nicht anwendbar (BGH NJW 1967, 876 = MDR 1967, 397, JurBüro 1967, 481).

Ausblick: Durch Art. 5 des Gesetzes zur Modernisierung des Kostenrechts (BT-Drs 15/2487) wird wg. der zum 1.7.2006 in Kraft tretenden Fassung des § 34 RVG die Vergütungsvereinbarung für die anwaltl. Tätigkeit an Bedeutung gewinnen. Entsprechend Art. 5 des Gesetzes zur Modernisierung des Kostenrechts entfallen die Gebührenvorschriften für Beratungstätigkeiten und Gutachten. Ein Auffangtatbestand wurde nur für den Fall geschaffen, dass der AG Verbraucher iSd § 13 BGB ist.

2 Eine **höhere Vergütung** als die ges. vorgegebene kann nur aufgrund einer bes. Vereinbarung gefordert werden. Für die Forderung einer höheren Vergütung sieht das RVG eine bes. Form (hierzu Anm. 4) vor. Vereinbart der RA eine höhere Vergütung, muss die Vereinbarung klar und unmissverständlich sein. Es muss anhand der Vereinbarung möglich sein, die ziffernmäßige Höhe der Vergütung zu bestimmen.

Ob eine höhere als die ges. Vergütung gefordert wird, ergibt sich aus dem Vergleich der ges. Vergütung mit der vereinbarten Vergütung.

Beispiel 1: Der RA vereinbart als pauschales Honorar im zivilgerichtlichen Verf. 1. Instanz bei einem Gegenstandswert (§ 2 RVG) v. 3.000,00 EUR einen Betrag iHv 1.500,00 EUR. Die ges. Vergütung im zivilgerichtlichen Verf. 1. Instanz beliefe sich bei dem Gegenstandswert v. 3.000,00 EUR auf

1,3 Verfahrensgeb. Nr. 3100 VV RVG	245,70 EUR
1,2 Terminsgeb. Nr. 3104 VV RVG	226,80 EUR
Post- und Telekomentgelte Nr. 7002 VV RVG	20,00 EUR
16% USt Nr. 7008 VV RVG	78,80 EUR
Summe	571,30 EUR

Der RA hat demnach eine höhere Vergütung vereinbart.

Beispiel 2: Der RA vertritt einen AG (§ 7 RVG). Der Gegenstandswert der anwaltl. Tätigkeit beträgt 35 Mio. EUR. Der RA vereinbart mit dem AG, dass er die Vergütung nach diesem Gegenstandswert abrechnet. Der RA hat eine höhere als die ges. Vergütung vereinbart, da § 22 Abs. 2 S. 1 RVG einen Höchstwert v. 30 Mio. EUR bestimmt, der durch die Vergütungsvereinbarung überschritten wird.

3 Für die erforderliche **Form** der Vergütungsvereinbarung ist zu unterscheiden, wer die Vereinbarung erstellt hat, da § 4 Abs. 1 S. 2 RVG abhängig davon, ob die Vergütungsvereinbarung v. AG oder v. RA gefertigt wurde, unterschiedliche Anforderungen an die Form stellt. Hat der RA die Vergütungsvereinbarung gefertigt, muss diese zusätzl. als solche bezeichnet und die Vereinbarung der Vergütung v. anderen Vereinbarungen deutlich abgesetzt sein.

Die Vereinbarung einer die ges. Vergütung übersteigenden Vergütung bedarf in jedem Fall der **Schriftform**. Der AG muss die Erklärung, aus der sich sein Einverständnis mit der höheren als der ges. Vergütung ergibt, eigenhändig iSd § 126 Abs. 1 BGB unterzeichnen (OLG Düsseldorf AnwBl 2002, 431) und gem. § 126 Abs. 2 BGB schriftlich abgeben. Der Abschluss der Vergütungsvereinbarung nur per **Telefax** reicht nach der hM in Rspr. und Lit. nicht aus, da beim Telefax die "eigenhändige" Unterschrift nicht mit übertragen wird (BGHZ 121, 224 □ für die Bürgschaftserklärung: AG Bonn AGS 1993, 77, aA BSG NJW 1997, 1254, LAG Mecklenburg-Vorpommern MDR 1998, 387). Die Schriftform kann nicht durch ein elektronisches Dokument gem. § 126 Abs. 3 BGB ersetzt werden, da die Vergütungsvereinbarung nicht im SigG genannt ist.

Das Einklagen eines erhöhten Anwaltshonorars aus einer formunwirksamen Honorarvereinbarung stellt aber keine Gebührenüberhebung iSv § 352 StGB dar (OLG Braunschweig AGS 2004, 334 = RVGreport 2004, 393).

Aus der v. RA gefertigten Vergütungsvereinbarung muss sich für den AG ergeben, dass v. ihm die Zahlung einer höheren als der ges. Vergütung verlangt wird (OLG Frankfurt/Main AnwBl 1983, 513, OLG Frankfurt/Main JurBüro 1987, 1029). Die vorgenannten Entscheidungen stammen aus der Zeit der Geltung der Grundsätze des anwaltl. Standesrechts (dort § 51 Abs. 4). Zwar gelten diese Grundsätze nicht mehr, jedoch ist abweichende Rspr. zu der Frage, ob sich aus der Vergütungsvereinbarung ergeben muss, dass der AG sich zu einer höheren als der ges. Vergütung verpflichtet, seit Inkrafttreten der BORA nicht veröffentlicht worden. Gegen die Aufklärungspflicht des RA könnte sprechen, dass die Bestimmungen aus § 51 Abs. 4 der Grundsätze des anwaltl. Standesrechts nicht als inhaltsgleiche Regelung in der BORA enthalten sind. Wegen der allgemein gestärkten Verbraucherschutzregelungen (Inhaltskontrolle gem. § 307 Abs. 1 S. 2 BGB) ist es jedoch weiterhin erforderlich, den AG in der Vergütungsvereinbarung darüber aufzuklären, dass er eine höhere als die ges. Vergütung vereinbart.

4 In die Vergütungsvereinbarung können neben der Vereinbarung über die Vergütung **weitere Vereinbarungen** aufgenommen werden. Die Vergütungsvereinbarung kann jedoch nicht mit jeder anderen denkbaren Vereinbarung verbunden werden. Sie ist unwirksam, wenn sie als Vordruck in der Vollmacht enthalten ist. Für beide Erklärungen (Vollmacht und Vergütungsvereinbarung) sind daher stets verschiedene Vordrucke, Formulare oder sonst zur schriftlichen Fixierung geeignete Unterlagen erforderlich. § 4 RVG gestattet die Kombination der Vergütungsvereinbarung mit jeder anderen erlaubten Erklärung außer der Vollmachtserklärung. Davon ist allerdings abzuraten. Neben der Vereinbarung der Vergütung sind grds. in der Vergütungsvereinbarung (zT in Abkehr v. bisherigen Recht) weitere selbstst. Erklärungen möglich wie

- die Gerichtsstandsvereinbarung für die Geltendmachung v. Honoraransprüchen (BT-Drs 15/2487 S. 231),
- die Gerichtsstandsvereinbarung für etwaige Regressklagen,
- die Quittung über den Erhalt der Vergütungsvereinbarung,
- die Beschränkung der Haftung,
- die Aufbewahrungsfrist der Handakten,
- die Ratenzahlung,

- Nebenabreden über Auslagen und Spesen,
- die Abtretung v. Ansprüchen zur Erfüllung der Vergütungsvereinbarung nebst deren Annahme.

Werden durch den RA für die Vergütungsvereinbarung (selbst erstellte oder im Handel erhältliche) Vordrucke benutzt, unterliegen diese dem Recht der Allgemeinen Geschäftsbedingungen, §§ 305-310 BGB (so zu Honorarvereinbarungen mit Ärzten BGHZ 115, 394). Als AGB gelten solche Vertragsbedingungen, wenn sie für eine Vielzahl v. Verträgen vorformuliert und v. Verwender der anderen Vertragspartei bei Abschluss des Vertrages gestellt werden. Es genügt, wenn Sie für die mehrfache Verwendung schriftlich aufgezeichnet oder in sonstiger Weise (zB in einem Textverarbeitungsprogramm) niedergelegt sind. Im Hinblick auf die Rspr. des BGH zur Honorarvereinbarung (zu § 3 BRAGO □ BGH AGS 2004, 338) ist es empfehlenswert, weitere Vereinbarungen nicht in die Vergütungsvereinbarung, sondern in Vertragsform in allg. Mandatsbedingungen aufzunehmen (Heinze NJW 2004, 3670). Wird später die Unwirksamkeit der allg. Mandatsbedingungen festgestellt, hat dies auf die Vergütungsvereinbarung keine Auswirkung.

5 Ein **Verstoß** gg. die in § 4 Abs. 1 S. 1, 2 RVG vorgesehenen Formvorschriften hat die **Nichtigkeit** der Vergütungsvereinbarung zur Folge. Die Nichtigkeit der Vergütungsvereinbarung bewirkt nicht die Nichtigkeit des Anwaltsvertrags (OLG Düsseldorf AnwBl 2002, 431). Ein Formverstoß bewirkt vielmehr, dass dem RA nur die ges. Vergütung zusteht, da der Anwaltsvertrag v. der Nichtigkeit der Vergütungsvereinbarung nicht berührt wird, da die Vergütungsvereinbarung als solche nicht Teil des Anwaltsvertrags ist. Hat der AG auf die formunwirksame Vergütungsvereinbarung freiwillig und vorbehaltlos geleistet, gilt Anm. 9.

6 Grundsätzlich ist die **Vereinbarung einer niedrigeren als der gesetzlichen Vergütung** unzulässig. Denn § 49b Abs. 1 S. 1 BRAO bestimmt, dass geringere Gebühren und Auslagen nur vereinbart werden dürfen, soweit dies durch das RVG vorgesehen ist.

Eine dieser Ausnahmen regelt § 4 Abs. 2 S. 1 RVG. Danach ist es zulässig, in **außergerichtlichen** Angelegenheiten Pauschalvergütungen und Zeitvergütungen zu vereinbaren, die niedriger sind als die ges. Vergütung. Die Vereinbarung über die pauschale Abgeltung der Anwaltsgebühren bei außergerichtlicher Unfallregulierung stellt eine weitere Ausnahmeregelung dar.

Niedrigere Gebühren als die ges. Gebühren liegen vor, wenn der Betrag der vereinbarten Pauschal- oder Zeitvergütung den Gesamtbetrag der ges. Vergütung (Gebühren und Auslagen) unterschreitet.

Die Tätigkeit des RA ist außergerichtlich, wenn die Tätigkeit entweder nicht ggü. einem Gericht erfolgt (LG Berlin AnwBl 1999, 115) oder sich nicht unmittelbar auf die gerichtl. Tätigkeit bezieht. Der Verkehrsanwalt (Nr. 3400 VV RVG) ist daher nicht außergerichtlich tätig, denn seine Tätigkeit bezieht sich unmittelbar auf die gerichtl. Tätigkeit. Er ist auch deshalb nicht außergerichtlich tätig, da die diesem zustehende Gebühr nach Teil 3 VV RVG entsteht (so bereits zur BRAGO Madert in AGS 1998, 52, Floegel in AnwBl 1998, 148; aA Hartmann Rn. 72 aE zu § 3 BRAGO). Unter den Begriff der **Zeitvergütung** fallen Stundenhonorare. Eine Pauschalvergütung liegt vor, wenn für die gesamte außergerichtliche Tätigkeit ein fester Betrag vereinbart wird. Andere Vereinbarungen als Pauschal- oder Zeitvergütungen können für außergerichtliche Tätigkeiten gem. § 4 Abs. 2 S. 1 RVG nicht vereinbart werden.

Bei den von verschiedenen Rechtsschutzversicherern anlässlich des Inkrafttretens des RVG angebotenen Rationalisierungsabkommen handelt es sich um Vereinbarungen unterhalb der ges. Vergütung. Die Bundesrechtsanwaltskammer weist in ihrem Rundschreiben v. Juli 2004 darauf hin, dass diesen Rationalisierungsabkommen neben wirtschaftlichen auch berufsrechtliche Bedenken entgegenstehen. Dabei ist zu bedenken, dass die von den Rechtsschutzversicherern angebotenen Rationalisierungsabkommen sich teilweise auch auf Gebühren der gerichtlichen Verfahren erstrecken und damit für diesen Teilbereich der anwaltl. Tätigkeit unwirksam sind.

Stellt sich beim Vergleich der ges. Vergütung mit der Pauschal- oder Zeitvergütung heraus, dass die Pauschal- oder Zeitvergütung höher ist als die ges. Vergütung, liegt eine Vergütungsvereinbarung gem. § 4 Abs. 1 RVG vor, die die für die Vereinbarung einer höheren Vergütung maßgeblichen Vorschriften erfüllen muss.

Für gerichtl. Verf. ist gem. § 4 Abs. 2 S. 1 RVG die Vereinbarung niedrigerer als der ges. Gebühren ausgeschlossen. Für die außergerichtliche Tätigkeit sind Vergütungsvereinbarungen zulässig, sofern es sich um die Vereinbarung einer Pauschalvergütung (LG Berlin AnwBl 2001, 516) oder einer Zeitvergütungen handelt.

7 Die Vereinbarung einer niedrigeren Vergütung als der ges. Vergütung unterliegt nicht den Formerfordernissen des § 4 Abs. 1 S. 1, 2 RVG für die Vereinbarung einer höheren Vergütung. Sie **soll** zwar gem. § 4 Abs. 2 S. 3 RVG schriftlich abgeschlossen werden, unterliegt jedoch **keinem Formzwang**. Bei Auseinandersetzungen über die Höhe der vereinbarten Vergütung unterhalb der ges. Gebühren trägt der AG die Beweislast für den Abschluss einer entspr. Vereinbarung (§ 4 Abs. 2 S. 4 RVG).

8 Gem. § 4 Abs. 2 S. 2 RVG kann sich der RA für gerichtl. Mahnverfahren (§§ 688ff. ZPO) und Zwangsvollstreckungsverfahren (§§ 803-863, §§ 899-915b ZPO) einen Teil des Erstattungsanspruchs zur **Annahme an Erfüllungs statt** abtreten lassen. Dies setzt voraus, dass der Anspruch des AG auf Erstattung der ges. Vergütung nicht beigetrieben werden kann. In diesem Fall schließt der RA mit dem AG keine Vereinbarung einer Vergütung unterhalb der ges. Vergütung iSd § 4 Abs. 2 S. 1 RVG. Der Abtretung an Erfüllungs statt unterliegen nur ges. Vergütungsansprüche. Unter den in § 4 Abs. 2 S. 2 RVG genannten Voraussetzungen ist es dem RA freigestellt, ob er einen Teil des Erstattungsanspruchs des AG gg. den Prozess- oder Verfahrensgegner an Erfüllungs statt als Vergütung annehmen möchte; er ist nicht hierzu verpflichtet. Der RA kann für seinen Vergütungsanspruch einen Teil des wirtschaftl. Risikos seiner Tätigkeit nur in den abschließend in § 4 Abs. 2 S. 2 RVG genannten Fällen übernehmen.

Die Vereinbarung kann zw. RA und AG schon vor dem Zeitpunkt abgeschlossen werden, zu dem feststeht, ob ein Erstattungsanspruch besteht. Sie kann ferner abgeschlossen werden, bevor feststeht, dass der Erstattungsanspruch nicht beitreibbar ist.

§ 4 Abs. 2 S. 2 RVG entspricht weitgehend dem § 3 Abs. 5 BRAGO, wurde aber um die Zwangsvollstreckungsmaßnahme des § 915b ZPO erweitert. Damit wurde die Auskunft aus dem Schuldnerverzeichnis in den Regelungsbereich des § 4 Abs. 2 S. 2 RVG einbezogen.

Anders als in § 4 Abs. 2 S. 1 RVG ist gem. § 4 Abs. 2 S. 2 RVG eine Unterschreitung der ges. Gebühren nur in der Form zulässig, dass eine Vereinbarung für den Fall der Nichtbeitreibbarkeit abgeschlossen wird. Die Vereinbarung gem. § 4 Abs. 2 S. 2 RVG ist damit eine **zulässige Form des Erfolgshonorars**. Kann der RA den Kostenerstattungsanspruch nicht beitreiben, trägt er bei Bestehen einer Vereinbarung nach § 4 Abs. 2 S. 2 RVG einen Teil des wirtschaftl. Risikos und verzichtet ggü. dem AG auf die Durchsetzung seiner vollen Gebührenforderung.

Ein **vollständiger Verzicht** auf eine Vergütung ist nicht möglich. § 4 Abs. 2 S. 2 2. Hs. RVG stellt ausdrücklich auf einen Teil der Vergütung ab. Ersichtlich wird dies weiterhin aus § 4 Abs. 2 S. 3 RVG, wonach die Annahme an Erfüllungs statt in angemessenem Verhältnis zur Leistung, Verantwortung und zum Haftungsrisiko des RA stehen muss.

Die Annahme des Erstattungsanspruchs an Erfüllungs statt gem. § 4 Abs. 2 S. 2, 3 RVG bezieht sich nicht auf die zur Durchsetzung der Forderung des AG verauslagten **Aufwendungen** (zB Gerichtskosten und Gerichtsvollzieherkosten).

9 Hat der AG auf eine formunwirksame Vergütungsvereinbarung **freiwillig und vorbehaltlos geleistet**, so kann er gem. § 4 Abs. 1 S. 3 RVG die geleisteten Zahlungen nicht mit der Begründung zurückfordern, dass die Vergütungsvereinbarung nicht der erforderlichen Form entsprach (BGH NJW 2001, 519). Eine Zurückforderung kommt nur gem. §§ 812ff. BGB in den Grenzen des § 814 BGB in Betracht.

Eine **freiwillige Leistung** des AG kann angenommen werden, wenn der Anspruch aus der Vergütungsvereinbarung durch Zahlung erfüllt wird. Von der Rspr. wird darüber hinaus eine freiwillige Leistung auch angenommen, wenn der AG mit einer ihm gg. den RA zustehenden Gegenforderung aufrechnet. Gleiches gilt bei Leistung an Erfüllungs statt (Gerold/Schmidt Rn. 62 zu § 4 RVG mwN). Eine freiwillige Leistung durch den AG liegt immer nur dann vor, wenn dieser in dem Bewusstsein leistete, dass er nicht so viel schulde (BGH NJW 2003, 820; 2001, 519). Wurde auf den AG durch den RA Druck ausgeübt, damit die Zahlung erfolgt, fehlt es an der Freiwilligkeit. Verstößt die Vergütungsvereinbarung gg. die vorgeschriebene Form, kann der RA den über die ges. Vergütung hinausgehenden Betrag nicht gerichtl. geltend machen. Er kann auch nicht aufrechnen und kein Zurückbehaltungsrecht geltend machen. Ein v. AG gezahlter **Vorschuss** kann nur auf die Vergütung aufgrund einer Vergütungsvereinbarung verrechnet werden, wenn der AG erkennbar auf die aus der Vergütungsvereinbarung geforderte Vergütung geleistet hat.

10 Die Vergütungsvereinbarung muss inhaltl. so **bestimmt** sein, dass die Höhe der Vergütung ohne weiteres ermittelbar ist. Zu unbestimmt sind Vereinbarungen, in denen lediglich eine angemessene Vergütung oder ein angemessener Gegenstandswert vereinbart ist. Eine hinreichend bestimmte Vergütung lässt sich erreichen durch die Bestimmung eines Festbetrags.

Hinreichend bestimmt sind auch

- die Vereinbarung eines Mehrfachen der ges. Gebühren, etwa das Doppelte oder Dreifache (BGH NJW 1980, 1852, LG Aachen AnwBl 1999, 412),
- die Vereinbarung des Wegfalls v. Anrechnungsvorschriften (zB Ausschluss der Anrechnungsvorschrift in Vorbem. 3 Abs. 4 VV RVG),
- die Vereinbarung höherer pauschaler Auslagen und Spesen, etwa die Erhöhung der Kopierkosten auf 1,00 EUR pro Seite anstelle v. 0,50 EUR (zu Spesen: BVerfG NJW 2002, 3314),
- die Vereinbarung des Wegfalls der Beschränkung der Erstberatungsgebühr (zB Vereinbarung, dass an Stelle der Erstberatungsgebühr der Nr. 2102 VV RVG die Beratungsgebühr der Nr. 2100 VV RVG geschuldet wird),
- die Vereinbarung einer Erhöhung der vorgegebenen Satz- und Betragsrahmengeb. (zB Vereinbarung einer 5,0 Geschäftsgebühr gem. Nr. 2400 VV),
- die Vereinbarung eines höheren Gegenstandswertes (zB Vereinbarung eines Gegenstandswerts v. 50.000 EUR bei einem ges. Gegenstandswert v. 5.000 EUR, vgl. OLG Hamm AnwBl 1986, 452, LG Düsseldorf JurBüro 1991, 531),
- die Vereinbarung einer neuen Angelegenheit, wenn eine gebührenrechtliche Angelegenheit vorliegt (zB durch Verkürzung der zeitlichen Grenze in § 15 Abs. 5 RVG und Vereinbarung, dass die Angelegenheit bereits nach einem Jahr als neue Angelegenheit abgerechnet wird),
- die Vereinbarung v. Zeithonoraren; üblich sind Stundenhonorare, wobei der zeitliche Gesamtaufwand erkennbar sein muss (OLG Frankfurt/Main NJW-RR 2000, 1368), Beispiel: Vereinbarung eines Stundensatzes v. 300 EUR (BGH NJW 2003, 820, OLG Frankfurt/Main 1998, 661); sind Stundenhonorare vereinbart, muss bei Streit über die aufgewandte Zeit diese iE dargelegt werden (OLG Karlsruhe RR 2001, 854),
- die Vereinbarung, dass zusätzl. zur ges. Vergütung die aus der Staatskasse zu erstattenden Beträge einbehalten werden (damit es sich bei dieser Vereinbarung nicht um ein unzulässiges Erfolgshonorar handelt, sollte die Vereinbarung erst abgeschlossen werden, wenn der Erstattungsbetrag feststeht).

11 Die Vertragsparteien können gem. § 4 Abs. 3 S. 1 RVG vereinbaren, dass der **Vorstand der RAK die Höhe der Vergütung nach billigem Ermessen** bestimmt. Zuständig ist der Vorstand der RAK, der der RA angehört.

Eine ausdrückliche Regelung, ob die Ausübung des Ermessens auch anderen **Dritten** überlassen werden kann, enthält § 4 Abs. 3 RVG nicht. Aus § 4 Abs. 3 S. 2 RVG, wonach die ges. Vergütung als vereinbart gilt, wenn die Festsetzung der Vergütung dem Ermessen eines Vertragsteils überlassen ist, lässt sich allerdings schließen, dass die Ausübung des Ermessens durch Dritte (also andere Personen als den Vorstand der RAK) nicht möglich sein soll. Zudem wurde § 4 Abs. 3 RVG unverändert aus § 3 Abs. 2 BRAGO übernommen. Für die Ermessensausübung wurde in § 4 Abs. 3 S. 1 RVG nur eine Ausnahme v. der Regelung des § 315 BGB (Bestimmung der Leistung durch eine Partei) geschaffen; andere Ausnahmen sind nicht beabsichtigt (Gerold/Schmidt Rn. 93 zu § 4 RVG,

Riedel/Sußbauer Rn. 28 zu § 3 BRAGO). Die Ausübung des Ermessens durch Dritte ist folglich v. § 4 Abs. 3 S. 1 RVG nicht zugelassen. Es ist folglich auch nicht möglich, die Ermessensausübung einem Gutachter (Schiedsgutachter) zu überlassen (aA Hartmann Rn. 31 zu § 4 RVG, Schumann/Geißinger § 3 BRAGO Rn. 27).

Die Vereinbarung, dass die Ausübung des Ermessens dem Vorstand der RAK überlassen wird, muss nicht beim Abschluss der Vergütungsvereinbarung getroffen werden, sondern ist auch nachträglich möglich.

12 Im Rechtsstreit über die Höhe der vereinbarten Vergütung ist die **Herabsetzung der vereinbarten oder vom Vorstand der Rechtsanwaltskammer festgesetzten Vergütung** auf eine angemessene (niedrigere) Vergütung möglich. Die Herabsetzung der Vergütung nach § 4 Abs. 4 S. 1 RVG im Rechtsstreit setzt voraus, dass die vereinbarte Vergütung unter Berücksichtigung aller Umstände unangemessen hoch ist. Ob dies der Fall ist, wird durch ein **Gutachten des Vorstandes der Rechtsanwaltskammer** entschieden, welches vor der Herabsetzung der Vergütung einzuholen ist. Wurde die Vergütung durch Ausübung des Ermessens seitens des Vorstands der RAK festgesetzt, entfällt die Einholung des Gutachtens. Die Einholung eines Gutachtens des Vorstandes der RAK setzt weiterhin voraus, dass die Vergütungsvereinbarung wirksam ist. Bei formunwirksamen Vergütungsvereinbarungen ist ein Gutachten nicht erforderlich.

Vor Herabsetzung der vereinbarten Vergütung im Rechtsstreit muss die **Unangemessenheit** der Vergütung festgestellt sein. Geringfügiges Überschreiten der angemessenen Vergütung bewirkt keine Herabsetzung. Die Vergütung ist unangemessen hoch, wenn zw. der anwaltl. Tätigkeit und der Höhe der Vergütung ein nach Treu und Glauben nicht hinnehmbares Missverhältnis besteht (OLG Hamm JurBüro 2002, 638). Ob eine unangemessen hohe Vergütung vereinbart wurde, wird unter Berücksichtigung der Schwierigkeit und des Umfangs in der Sache (OLG München DB 2000, 919), des Grades der Verantwortlichkeit des RA, der Mühe des RA sowie des erzielten Erfolgs, der Bedeutung der Sache für den AG, der wirtschaftl. Verhältnisse und der verfolgten Absicht des AG bewertet. Die Höhe der ges. Vergütung ist grds. mit zu berücksichtigen. Da die ges. Vergütung insbes. bei Pauschalgebühren diesen Abwägungsmöglichkeiten nicht Rechnung trägt, gibt sie oft keine ausreichenden Anhaltspunkte, ob die vereinbarte Vergütung unangemessen hoch ist. Der fünf- bis sechsfache Satz der ges. Vergütung ist (uA in Strafsachen) mehrfach als nicht unangemessen bewertet worden (LG Berlin AnwBl 1982, 262, OLG Köln NJW 1998, 1961), das Fünffache des ges. Gegenstandswerts ist als unangemessen bewertet worden (LG Düsseldorf JurBüro 1991, 532), 1500 EUR (3000 DM) zusätzl. pro Verhandlungstag sind nicht als unangemessen bewertet worden (LG Karlsruhe AnwBl 1983, 179), das 16fache der ges. Honorars in einem Nachbarrechtsstreit ist nicht als unangemessen bewertet worden (AG Hamburg AGS 2000, 81). Übersteigt das Stundenhonorar die gesetzliche Vergütung um mehr als das 17fache, ist die Vergütungsvereinbarung unwirksam (BGH AGS 2004, 440). Für ein Ermittlungsverfahren mit einem Umfang von über 100 Leitzordnern sind 70000 DM nicht sittenwidrig (OLG München AGS 2004, 478).

Maßgeblicher **Zeitpunkt** zur Bestimmung der Unangemessenheit ist der Zeitpunkt der Fälligkeit der Vergütung (§ 8 Abs. 1 RVG, LG München NJW 1975, 938).

Wird die vereinbarte Vergütung herabgesetzt, ist sie auf den angemessenen Betrag zu reduzieren. Die Vergütung darf dabei nie unter die Höhe der ges. Vergütung herabgesetzt werden (§ 4 Abs. 4 S. 1 RVG). Die Herabsetzung ist auch nach erfolgter Zahlung möglich.

13 Der im Wege der **Prozesskostenhilfe** beigeordnete RA muss idR unabhängig v. seiner Beiordnung einen Vertrag mit dem AG abschließen, wobei das Gestaltungsrecht des RA eingeschränkt ist. Eine Vergütungsvereinbarung für den im Wege der PKH beigeordneten RA begründet keine Verbindlichkeit (§ 4 Abs. 5 RVG). Dies hat zur Folge, dass eine Vergütungsvereinbarung zwar grds. geschlossen werden kann, jedoch keinen durchsetzbaren Erfüllungsanspruch des RA begründet. Ein Erfüllungsanspruch besteht auch dann nicht, wenn PKH mit Ratenzahlung angeordnet worden ist (§ 126 ZPO). Die Bewilligung v. PKH mit Ratenzahlung betrifft nur den ges. Gebührenanspruch, der sich aus der Differenz der Gebühren nach der Tabelle zu § 49 RVG und der Tabelle zu § 13 RVG ergibt.

Ist PKH mit oder ohne Raten bewilligt worden, so ist auch eine Vereinbarung des Inhalts, dass der AG die Differenz der Gebühren nach den unterschiedlichen Tabellen zu § 49 RVG und § 13 RVG zahlen soll, unwirksam. Solange die Beiordnung besteht, kann der RA einen Vergütungsanspruch gg. den AG nicht geltend machen. Der Anspruch des RA auf Zahlung seiner Gebühren und Auslagen besteht ggü. der Staatskasse (§§ 45ff. RVG).

Hat der RA eine Vergütungsvereinbarung mit dem AG getroffen, auf die dieser freiwillig und ohne Vorbehalt geleistet hat, kann das Geleistete v. dem AG nicht mit der Begründung zurückgefordert werden, dass eine Verbindlichkeit nicht bestand. Der RA kann mit Ansprüchen aus der Vergütungsvereinbarung keine Aufrechnung mit Vorschüssen oder sonstigen Ansprüchen erklären, da dann das freiwillige Moment fehlt (zur Freiwilligkeit: Anm. 9).

Eine Vergütungsvereinbarung kann erst wirksam abgeschlossen werden, wenn die Bewilligung v. PKH durch das Gericht gem. § 124 ZPO aufgehoben wurde. Der RA kann nach Aufhebung der Bewilligung v. PKH sowohl die ges. Gebühren in voller Höhe berechnen als auch eine Vergütungsvereinbarung mit dem AG abschließen.

Haben RA und AG bei bewilligter PKH eine Vergütungsvereinbarung abgeschlossen, kann dies standesrechtliche Folgen haben (§ 16 Abs. 2 BORA).

14 Gem. § 4 Abs. 6 RVG bleiben die Vorschriften des BerHG unberührt. § 8 BerHG regelt, dass bei **Beratungshilfe** Vereinbarungen über eine Vergütung nichtig sind. Ist dem AG BerHi bewilligt worden, kann eine Vergütungsvereinbarung also nicht wirksam getroffen werden. Dem RA steht es allerdings gem. Nr. 2600 VV RVG frei, die □ nur v. AG geschuldete □Beratungshilfegebühr ihV 10,00 EUR (Festgebühr) zu erlassen.

15 Nach § 49b Abs. 2 BRAO sind Vereinbarungen, durch die eine Vergütung oder die Höhe der Vergütung v. Ausgang einer Sache oder v. Erfolg der anwaltl. Tätigkeit abhängig gemacht werden, unzulässig. Die Unzulässigkeit eines **Erfolgshonorars** ergibt sich also nicht aus dem RVG, sondern aus der BRAO, deren Regelungen denen des RVG gleichrangig sind. § 49b Abs. 2 BRAO wurde im Zuge des KostRMoG (BT-Drucks. 15/2487, Art. 4 Abs. 18) erweitert. Danach liegt ein Erfolgshonorar iSd S. 1 nicht vor, wenn nur die Erhöhung ges. Gebühren vereinbart wird. Das grds. Verbot eines Erfolgshonorars bleibt jedoch bestehen.

Aus dem Grundgedanken heraus, dass die anwaltl. Tätigkeit regelmäßig eine Dienstleistung iSd §§ 612ff. BGB bzw. eine Geschäftsbesorgung iSv §§ 675ff. BGB zum Inhalt hat und der RA keinen bestimmten Erfolg schuldet (§§ 631ff. BGB), ist die Unzulässigkeit eines Erfolgshonorars vernünftig und geboten. Da der RA als unabhängiges Organ der Rechtspflege tätig wird (§ 1 BRAO, § 1 Abs. 2 BORA, BGH BB 1987, 1066), sind mit dieser Stellung über schuldrechtliche Regelungen hinaus Rechte und Pflichten verbunden. Durch die Zulassung v. Erfolgshonoraren wäre die Unabhängigkeit des RA als Organ der Rechtspflege gefährdet (so auch BGH MDR 2003, 837).

Da es sich bei § 49b Abs. 2 BRAO um ein **gesetzliches Verbot** der Vereinbarung eines Erfolgshonorars handelt, ist eine entspr. Vereinbarung **gem. § 134 BGB nichtig**. Die Nichtigkeit der Vergütungsvereinbarung hat jedoch nicht die Nichtigkeit des Anwaltsvertrags zur Folge. Der Anspruch des RA wird auf die ges. Vergütung beschränkt. Der RA kann die Erfüllung des Anwaltsvertrags nicht v. der Erfüllung des Erfolgshonorars abhängig machen.

Unzulässig ist gem. § 49b Abs. 2 BRAO ferner die Annahme eines Teils des erstrittenen Betrags als Vergütung durch den RA (quota litis).

16 Vereinbart der RA eine **Erhöhung gesetzlicher Gebühren**, deren Entstehen v. dem Erfolg seiner anwaltl. Tätigkeit abhängt (so genannte Erfolgskomponente), liegt darin nicht die Vereinbarung eines unzulässigen Erfolgshonorars mit dem AG. Von Erfolgskomponenten abhängige Gebühren sind insbes. die Einigungsgebühr (Nrn. 1000, 1003, 1004, 1005, 1006, 1007 VV RVG), die Aussöhnungsgebühr (Nrn. 1001, 1003 und 1004 VV RVG), die Erledigungsgebühr (Nrn. 1002, 1003,

1004 VV RVG) und die Zusatzgebühren (Nrn. 4141, 5115, 6216 VV RVG). Für diese Gebühren kann mithin eine höhere als die ges. Gebühr vereinbart werden, ohne dass damit zw. RA und AG ein Erfolgshonorar vereinbart wurde.
Die Möglichkeit der erfolgsabhängigen Gebührenerhöhung aus § 49b Abs. 2 BRAO muss für alle Gebühren gelten, deren Entstehen v. dem Erfolg der anwaltl. Tätigkeit abhängt. In der Gesetzesbegründung (BT-Drucks 15/1971 S. 293f.) ist nur die Einigungsgebühr der Nr. 1000 VV RVG genannt. Da aber auch die anderen og Gebühren in gleicher Weise v. Erfolgskomponenten abhängen, muss die erweiterte Möglichkeit des § 49b Abs. 2 BRAO auch für diese Gebühren gelten.

17 Gebührenteilungsabreden liegen vor, wenn bei Einschaltung mehrerer RA in einer Sache ein RA dem anderen RA Teile seines Vergütungsanspruchs gg. den AG überlässt. Ist ein Auftrag mehreren RA durch den AG zur gemeinsamen Erledigung übertragen, so kann jeder RA für seine Tätigkeit die volle Vergütung geltend machen. Eine Pflicht zur Vereinbarung v. Gebührenteilung ist nicht gegeben. Den RA ist es freigestellt, den eigenen Gebührenanspruch geltend zu machen oder einen Anspruch durch Gebührenteilungsabreden aufzuteilen. Mit der Möglichkeit, Gebührenteilungsabreden zu treffen, kann der unterschiedlichen Verantwortung und dem unterschiedlichen Haftungsrisiko der RA Rechnung getragen werden.
Gebührenteilungsabreden sind nicht im RVG, sondern in § 49b Abs. 3 BRAO iVm § 22 BORA geregelt. Vereinbaren die RA Gebührenteilung, muss eine angemessene Honorierung vereinbart werden. Eine angemessene Honorierung iSd § 49b Abs. 3 S. 2 und 3 der BRAO ist idR eine hälftige Teilung der anfallenden ges. Gebühren ohne Rücksicht auf deren Erstattungsfähigkeit. Vereinbaren die RA nichts zur Teilungsquote, ist die hälftige Teilung der ges. Gebühren die Folge. Weder die BRAO noch die BORA untersagen andere Verteilungsquoten. Es kann angemessen sein, die Gebühren nach anderen Bruchsätzen aufzuteilen (1/3 und 2/3).
Sind für einen AG mehrere RA im gerichtl. Verf. tätig und vereinbaren eine Gebührenteilung nur der erstattungsfähigen Gebühren, so handelt es sich um eine unzulässige Vergütungsvereinbarung unterhalb der ges. Gebühren. Gebührenteilungsabreden beschränkt auf die erstattungsfähigen ges. Gebühren sind nicht v. den in § 4 Abs. 2 RVG geregelten Ausnahmen v. Verbot der Unterschreitung der ges. Gebühren des § 49b Abs. 1 S. 1 BRAO umfasst, welches für alle im gerichtl. Verf. entstehenden Gebühren gilt (Baer in AnwBl 2001, 290, Netzband in AnwBl 2000, 529, Madert in AGS 1998, 52, Floegel in AnwBl 1998, 148, Henssler/Prütting § 49b A 29ff., LG Halle BRAK-Mitt. 1998, 99, Schneider in AnwBl 1996, 566).
Der BGH (NJW 2001, 753) hat für den Fall, dass der RA einen weiteren RA als Terminsvertreter in eigenem Namen als Erfüllungsgehilfen beauftragt, eine abweichende interne Regelung zugelassen und nicht auf die ges. Gebühren (§ 53 BRAGO/ jetzt: Verfahrensgeb. gem. Nr. 3401 VV RVG und Terminsgeb. gem. Nr. 3402 VV RVG) abgestellt. Die Entscheidung des BGH betrifft den Fall, dass ein RA einem anderen RA einen eigenen Auftrag erteilt, für ihn tätig zu werden. Gebührenteilungsabreden betreffen demgegenüber einen Auftrag des AG an mind. zwei RA. Auf diese Fälle hat die Entscheidung des BGH keine Auswirkung.
Gebührenteilungsabreden v. den RA haben auf den Gebührenanspruch ggü. dem AG keine Auswirkung. Hat der AG aber in Kenntnis der Gebührenteilungsabrede den gesamten Gebührenanspruch an den Verkehrsanwalt (auch Korrespondenzanwalt) gezahlt und dieser dem Prozessbev. die ihm nach der Teilungsabrede zustehenden Gebühren weitergeleitet, so kann der Prozessbev. v. dem AG nicht seinen vollen (höheren) ges. Gebührenanspruch fordern. Diese Forderung verstößt gg. Treu und Glauben (OLG Düsseldorf AGS 1998, 113).
Gebührenteilungsabreden mit RA, die nur am BGH zugelassen sind, sind gem. § 49 b Abs. 3 S. 6 BRAO unzulässig.

18 Die Vergütungsvereinbarung regelt ausschließlich das Innenverhältnis zw. dem AG und seinem RA. Die diversen erstattungsrechtlichen Vorschriften (zB §§ 91ff. ZPO, § 464a Abs. 2 Ziff. 2 StPO, § 162 Abs. 2 VwGO, § 193 Abs. 3 SGG, § 139 FGO) sind auf eine vereinbarte Vergütung nicht anwendbar. Der **Kostenerstattungsanspruch** erfasst den ges. Vergütungsanspruch. Der zur

Kostenerst. Verpflichtete schuldet daher die ges. Vergütung auch dann, wenn eine geringere als die ges. Vergütung vereinbart wurde.
Der zur Kostenerst. Verpflichtete kann eine Vereinbarung des Inhalts treffen, dass er die vereinbarte Vergütung erstattet. Dies ist auch im Rahmen eines Prozessvergleichs möglich (§ 98 ZPO, KG Rpfleger 1990, 224). Zweifelhaft ist, ob im Kostenfestsetzungsverfahren eine Festsetzung der vereinbarten Vergütung gg. den Verfahrensgegner möglich ist (bejaht v. Hartmann Rn. 91 zu § 3 BRAGO mwN).

§ 5 Vergütung für Tätigkeiten von Vertretern des Rechtsanwalts
Die Vergütung für eine Tätigkeit, die der Rechtsanwalt nicht persönlich vornimmt, wird nach diesem Gesetz bemessen, wenn der Rechtsanwalt durch einen Rechtsanwalt, den allgemeinen Vertreter, einen Assessor bei einem Rechtsanwalt oder einen zur Ausbildung zugewiesenen Referendar vertreten wird.

Übersicht

1 Aus einem Auftragsverhältnis iSd §§ 613 S. 1, 675 Abs. 1 BGB ergibt sich die grds. Verpflichtung des Beauftragten zur persönlichen Leistung. Hierzu regelt § 5 RVG eine Ausnahme. Kann der RA die Leistung nicht persönlich erbringen, ist anhand der Regelungen im Anwaltsvertrag zu prüfen, ob er anderen Personen die Erbringung der Leistung übertragen darf. Ist im Anwaltsvertrag nicht ausdrücklich geregelt, dass der RA die Dienste persönlich erbringen muss, kann er einen Vertreter beauftragen.
§ 5 RVG, der für alle anwaltl. Tätigkeiten anwendbar ist, ersetzt nicht die og Vorschriften des BGB, sondern regelt nur, ob und für welche Fälle der Stellvertretung die RA die ges. Vergütung verlangen kann. Der ges. Gebührenanspruch des RA setzt voraus, dass die Tätigkeit des RA v. einem Angehörigen des in § 5 RVG genannten Personenkreises ausgeführt wird.
Der RA kann mit dem AG vereinbaren, dass er vertreten werden darf. Der RA kann ferner vereinbaren, dass er durch eine nicht zu dem in § 5 RVG genannte Personenkreis zählende Person vertreten wird. Nach der hM handelt es sich in diesen Fällen nicht um eine Vergütungsvereinbarung, die den Formvorschriften des § 4 Abs. 1 RVG entsprechen muss (Hartmann Rn. 4 zu § 5 RVG, Gerold/Schmidt Rn. 18 zu § 5 RVG). Die Vereinbarung, anderen Personen als den in § 5 RVG genannten die Vertretung zu übertragen, ist daher formlos gültig. Aus praktischen Erwägungen □ insbes. um spätere Auseinandersetzungen zu vermeiden □ sollte diese Vereinbarung schriftlich abgeschlossen werden.
Jeder zugelassene RA (§ 12 BRAO) ist, soweit er für einen anderen RA als Vertreter tätig wird, nach § 5 RVG zu behandeln (KG MDR 88, 787).

2 Die Bestellung eines **allgemeinen Vertreters** ist in § 53 BRAO geregelt. Der allgemeine Vertreter wird somit amtlich bestellt. Bei dem amtlichen Vertreter handelt es sich demnach um den allgemeinen Vertreter (OLG Düsseldorf, NJW 94, 1296). Nach § 53 BRAO soll die Vertretung einem RA übertragen werden. Die Vertretung kann auch anderen Personen übertragen werden, die entweder die Befähigung zum Richteramt haben oder als Referendar seit mind. 12 Monaten im Vorbereitungsdienst beschäftigt sind. Im Umfang seiner Bestellung steht der allgemeine Vertreter dem Anwalt, den er vertritt, gleich. Der allgemeine Vertreter kann deshalb wie der vertretene Anwalt selbst eine in § 5 RVG genannte Person mit seiner Vertretung beauftragen. Durch den allgemeinen Vertreter kann sich der RA stets vertreten lassen. Dies gilt nur dann nicht, wenn der RA mit dem AG vereinbart hat, die anwaltl. Tätigkeit persönlich vorzunehmen. Ist der allgemeine Vertreter tätig, entstehen die ges. Gebühren nach dem RVG.

3 Durch das KostRMoG wurde in § 5 RVG in Abweichung zu § 4 BRAGO der Kreis der Personen erweitert, die als Stellvertreter für den RA tätig werden können. Der **Assessor** wird jetzt ausdrücklich genannt, so dass die Vertretung des RA durch einen Assessor mdF des ges. Gebührenanspruchs zulässig ist. Der BGH (AGS 2004, 237) hat diese ges. Regelung erweitert auf Mandate, für die das RVG noch nicht anwendbar ist, und den ges. Gebührenanspruch in voller Höhe zugebilligt, wenn der Assessor bei dem RA angestellt ist. Für den ges. Gebührenanspruch nach dem RVG ist es unerheblich, ob der Assessor ständig ☐ oder überhaupt ☐ beim vertretenen RA beschäftigt ist. Dies ist sachlich gerechtfertigt, da bereits eine Stellvertretung durch einen Referendar den ges. Gebührenanspruch nach dem RVG entstehen lässt. Im Hinblick auf die Qualifikation eines Assessors ist es gerechtfertigt, dass der RA auch für die Vertretung durch einen Assessor die volle Vergütung beanspruchen kann. Der BGH hat (RVGreport 2004, 272) dessen ungeachtet für Mandate, die nicht unter die Regelung von § 5 RVG fallen, sondern im Hinblick auf die Stellvertretung noch gem. § 4 BRAGO zu bewerten sind, bei Stellvertretung des RA durch den Assessor die vollen ges. Gebühren bejaht.

4 Grundsätzlich wird auch durch die Stellvertretung durch einen **Referendar** der ges. Gebührenanspruch nach dem RVG ausgelöst. Allerdings muss unterschieden werden, ob es sich um den zur **Ausbildung zugewiesenen Stationsreferendar** oder den nicht zur Ausbildung zugewiesenen Referendar handelt, denn nur die Tätigkeit des zur Ausbildung zugewiesenen Referendars (Stationsreferendar) steht der Tätigkeit des vertretenen RA gleich. Es ist nicht erforderlich, dass der Stationsreferendar dem vertretenen RA zugewiesen ist. Notwendig ist nur, dass der Stationsreferendar "einem" RA zur Ausbildung zugewiesen ist. Während der Zeit der Ausbildung durch das Gericht ist § 5 RVG nicht anwendbar.

Wird der RA nicht durch den Stationsreferendar, sondern durch einen anderen Referendar vertreten, so entsteht nicht der ges. Gebührenanspruch. Die Rspr. billigt für diesen Fall 50% der ges. Vergütung zu (zu § 4 BRAGO: OLG Stuttgart, Rpfleger 1996, 83, LG Braunschweig Rpfleger 85, 506, LG Düsseldorf AnwBüro 1987, 1031, LG Bochum, AnwBl 1971, 296, LG Darmstadt JurBüro 1982, 73, AG Freiburg AnwBl 1982, 264 (2/3 der ges. Vergütung), LG Heilbronn MDR 1995, 968, LG Zweibrücken Rpfleger 1977, 114). Abweichendes gilt, wenn der Nicht-Stationsreferendar nach § 53 Abs. 4 S. 2 BRAO zum allg. Vertreter bestellt wurde; hier ist § 5 RVG anwendbar.

5 Lässt sich der RA durch einen **Bürovorsteher** oder einen **Rechtsfachwirt** vertreten, ist § 5 RVG unanwendbar (LG Bückeburg JurBüro 2001, 102, LG Münster MDR 1996, 972, LAG Hamm MDR 1994, 1049). Dabei ist weder auf die Sachkunde des Bürovorstehers oder Rechtsfachwirts noch auf die v. diesem geleistete Arbeit zur Entlastung des RA abzustellen. Bei Vertretung des RA durch einen Bürovorsteher oder Rechtsfachwirt wird nicht die ges. Vergütung geschuldet. Der Vergütungsanspruch des RA folgt in diesen Fällen aus § 612 BGB. Wie die Höhe der Vergütung zu bestimmen ist, gibt § 612 BGB nicht vor, sondern verweist in Abs. 2 auf die übliche Vergütung. In der Rspr. haben sich diesbezüglich ☐ noch zur BRAGO ☐ allgemeine Grundsätze entwickelt. Von der durch die BRAGO vorgegebenen Vergütung wurden jew. feste Abschläge vorgenommen worden. Entsprechendes wird für das RVG gelten. Für die Stellvertretung durch den Bürovorsteher/Rechtsfachwirt wurden 35% der ges. Vergütung als angemessen betrachtet (OLG Düsseldorf AnwBl 1983, 325, OLG Köln JurBüro 1985, 888, LG Saarbrücken JurBüro 1989, 628, LG Wuppertal KostRsp § 4 BRAGO Nr. 14, LG Essen JurBüro 1975, 466; für die Kostenerst. (1/3) LG Münster, JurBüro 1996, 639).

6 Im Wege der **Kostenerstattung** ist gem. § 91 Abs. 2 S. 1 ZPO nur der ges. Gebührenanspruch zu erstatten. Eine Kostenerst. erfolgt bei Stellvertretung nur für die in § 5 RVG genannten Personen. Ob eine sich nach § 612 Abs. 2 BGB oder aufgrund Vereinbarung ergebende Vergütung erstattungsfähig ist, hängt davon ab, ob es sich bei den Kosten um notwendige Kosten zur zweckentsprechenden Rechtsverteidigung oder Rechtsverfolgung handelte. Die Rspr. geht dabei idR davon aus, dass der anstelle der ges. Gebühren gegebene Anspruch auch erstattungsfähig ist.

7 § 5 RVG zählt die Personen **abschließend** auf, die gebührenrechtlich mit dem RA gleichstehen. Bei Vertretung durch andere Personen als den in § 5 RVG genannten wird der ges. Gebührenanspruch nicht ausgelöst.

Lässt sich der RA durch einen **Sachverständigen** vertreten, so erwächst nicht der ges. Gebührenanspruch. Der Sachverständige zählt nicht zu dem in § 5 RVG genannten Personenkreis. Entsprechendes gilt für die Vertretung durch einen Diplomjuristen; auch auf diesen ist § 5 RVG nicht anwendbar (LAG Halle AnwBl 1995, 561 ff). Ebenso ist § 5 RVG nicht auf den **Hochschullehrer** anwendbar.

§ 6 Mehrere Rechtsanwälte
Ist der Auftrag mehreren Rechtsanwälten zur gemeinschaftlichen Erledigung übertragen, erhält jeder Rechtsanwalt für seine Tätigkeit die volle Vergütung.

Übersicht

1 Allgemeines. Mehrere RA können in einer Angelegenheit auf unterschiedliche Weise tätig werden. § 6 RVG regelt die Vergütung der RA nur für den Fall, dass der Auftrag durch einen oder mehrere AG (iSv § 7 RVG) mehreren Rechtsanwälten zur gemeinschaftlichen Erledigung übertragen wurde und stellt die Vergütungspflicht des AG ggü. einem jedem der beauftragten RA klar. Die Höhe der Vergütung hängt dabei v. der Art und dem Umfang der Tätigkeit eines jeden der beauftragten RA ab.

2 § 6 RVG ist nur anwendbar, wenn der AG mehrere rechtl. selbstst. Anwaltsverträge abgeschlossen (= Aufträge erteilt) hat. Voraussetzung ist, dass die RA **nebeneinander** und nicht füreinander tätig werden. Sie müssen darüber hinaus voneinander unabhängig sein und rechtl. selbstst. arbeiten. § 6 RVG ist daher für als Sozietät auftretende RA (auch für die so genannte Außensozietät) nicht anwendbar. Diese werden nicht nebeneinander, sondern füreinander tätig. Für die Außensozietät ist § 6 RVG auch dann unanwendbar, wenn diese im Innenverhältnis etwas Abweichendes vereinbart hat (OLG Karlsruhe NJW-RR 1987, 868, AG Köln DGVZ 1988, 123). Hat der AG einer Sozietät den Auftrag erteilt, so ist die Auftragserteilung nur "an einen RA" erfolgt (BGH NJW 1995, 1841, OLG Brandenburg MDR 1999, 635, OLG Köln NJW-RR 1997, 439). Die ges. Vergütung ist dann nur so hoch wie bei der Erteilung eines Auftrags an einen RA (§ 428 S. 1 BGB), der AG braucht nur einmal zu leisten.

Entsprechendes gilt für die überörtliche Sozietät (OLG Karlsruhe JurBüro 1995, 31, OLG München, AnwBl 1995, 196). Die PartG kann nicht anders beurteilt werden als die Sozietät, wenn v. dieser (oder einem Partner) eine anwaltl. Tätigkeit ausgeübt wird (§ 1 RVG).

§ 6 RVG ist auch unanwendbar, wenn mehrere RA **nacheinander** tätig werden. Als Beispiel hierfür (vgl. Gerold/Schmidt Rn. 2 zu § 6 RVG, Hartmann Rn. 10 zu § 6 RVG) mag der Fall dienen, dass nach dem Tod eines zum Prozessbev. bestellten RA ein zweiter Prozessbev. bestellt wird.

3 Die durch den AG erteilten Aufträge an die nebeneinander tätigen RA müssen sich auf eine **gemeinschaftliche Erledigung** beziehen. Daher ist § 6 RVG unanwendbar, wenn der AG für verschiedene Tätigkeiten Aufträge an mehrere RA erteilt. Dies ist der Fall, wenn der AG einen RA als Prozessbev. beauftragt und einen anderen als Terminsvertreter oder Verkehrsanwalt, weil Prozessbev., Verkehrsanwalt und Terminsanwalt verschiedenartige Tätigkeiten ausüben. Der Prozessbev. nimmt beispielsweise den Termin am zust. Gericht nicht wahr; dies erfolgt durch den ebenfalls beauftragten Terminsanwalt (Unterbevollmächtigten). Der Terminsanwalt erstellt idR keine Schriftsätze; dies geschieht durch den Prozessbev. Liegt verschiedenartige Tätigkeit vor, kann jeder RA nur die Vergütung für die ihm übertragene Tätigkeit beanspruchen.

Zur gemeinschaftlichen Erledigung ist ein Auftrag mehreren RA nur übertragen, wenn sie in derselben (gebührenrechtlichen) Angelegenheit (§ 15 RVG) nebeneinander tätig werden. Das ist beispielsweise dann der Fall, wenn der AG in einem Zivilprozess oder einem Strafverfahren zwei RA seine (gesamte) Vertretung überträgt. Die einzelnen Aufträge müssen die gleiche Aufgabe und die gleiche Tätigkeit zum Gegenstand haben. Ist der Auftrag mehreren RA zur gemeinschaftlichen Vertretung übertragen, so hat jeder RA den Anspruch auf die volle Vergütung nach dem RVG.

4 Auch im Falle des § 6 RVG sind die Kosten mehrerer RA gem. § 91 Abs. 2 S. 3 ZPO nur insoweit zu **erstatten**, als sie die Vergütung (Kosten) eines RA nicht übersteigen oder als in der Person des RA ein Wechsel eintreten musste. Der AG kann grds. nur die Erstattung der Vergütung eines einzelnen RA verlangen (OLG Hamm Rpfleger 1977, 375). Das gilt auch, wenn sich der AG in einer Strafsache v. mehreren RA hat vertreten lassen (Mümmler JurBüro 1978, 1579). Durch die Rspr. ist eine Ausnahme für den Fall gemacht worden, dass die Hinzuziehung eines Spezialisten geboten war (OLG Frankfurt/Main JurBüro 1977, 942).

§ 7 Mehrere Auftraggeber
(1) Wird der Rechtsanwalt in derselben Angelegenheit für mehrere Auftraggeber tätig, erhält er die Gebühren nur einmal.
(2) Jeder der Auftraggeber schuldet die Gebühren und Auslagen, die er schulden würde, wenn der Rechtsanwalt nur in seinem Auftrag tätig geworden wäre; die Dokumentenpauschale nach Nummer 7000 des Vergütungsverzeichnisses schuldet er auch insoweit, wie diese nur durch die Unterrichtung mehrerer Auftraggeber entstanden ist. Der Rechtsanwalt kann aber insgesamt nicht mehr als die nach Absatz 1 berechneten Gebühren und die insgesamt entstandenen Auslagen fordern.

Übersicht

1 Allgemeines. Gem. § 15 Abs. 2 RVG kann der RA die Gebühren in derselben Angelegenheit nur einmal fordern. § 7 Abs. 1 S. 1 RVG bestimmt dies ausdrücklich auch für den Fall, dass der RA mehrere AG vertritt. Nach § 7 Abs. 1 S. 1 RVG erhält der für mehrere AG tätige RA eine Gesamtvergütung, die er insgesamt v. allen AG fordern kann. Die Mehrheit v. AG kann sowohl auf Kl.- als auch auf Beklagtenseite auftreten.

Das RVG berücksichtigt hierbei, dass die Tätigkeit des RA für mehrere AG regelmäßig mit zusätzl. Arbeit, zusätzl. Geschäftsunkosten, erhöhter Verantwortung und erhöhtem Haftungsrisiko verbunden ist (OLG Düsseldorf NJW-RR 2001, 1655, OLG München Rpfleger 1990, 436). Es kommt dabei nicht darauf an, ob im Einzelfall tatsächlich eine Mehrarbeit des RA erforderlich war; sondern es wird nur darauf abgestellt, dass diese Mehrarbeit grds. möglich ist (BGH MDR 1984, 414, OLG Nürnberg JurBüro 2001, 528, OLG Düsseldorf JurBüro 2002, 247).

Zur Kompensation dieser Mehrarbeit sieht das RVG in **Nr. 1008 VV** die **Erhöhung** der Verf.- oder Geschäftsgebühr beim Tätigwerden des RA für mehrere AG vor. Es entstehen keine bes. Gebühren, sondern nur die entstandenen Gebühren werden erhöht. Der RA kann die erhöhten Gebühren nur einmal fordern.

2 Die Anwendbarkeit v. § 7 RVG setzt eine **anwaltliche Tätigkeit** isv § 1 Abs. 1 RVG für mehrere AG voraus. Für den RA als Verkehrsanwalt oder Unterbevollmächtigten ist § 7 RVG abhängig v. erteilten Auftrag anwendbar.

3 Voraussetzung für die Anwendbarkeit v. § 7 RVG ist weiterhin, dass der RA in **einer** gebührenrechtlichen Angelegenheit isv § 15 Abs. 2 RVG tätig wird. Das RVG bestimmt den Begriff der Angelegenheit nicht ausdrücklich, er wird aber an verschiedenen Stellen erwähnt (zB §§ 7, 8, 14, 15 Abs. 1, 15 Abs. 2, 16, 17, 18, 22 Abs. 1, 22 Abs. 2 RVG).

Der Begriff der Angelegenheit grenzt den Tätigkeitsbereich der anwaltl. Tätigkeit ab, der durch eine so genannte Pauschgebühr abgegolten ist (vgl. § 15 RVG). Die Pauschgebühren sollen grds. die gesamte Tätigkeit des RA v. der Erteilung des jew. Auftrags bis zur Erledigung dieses Auftrags abgelten (§ 15 Abs. 1 S. 1 RVG), so dass im wesentlichen auf den erteilten Auftrag abzustellen ist. Daher hängt auch die Anwendung v. § 7 RVG wesentlich v. Umfang des erteilten Auftrags ab. Dieser kann grds. mehrere Gegenstände umfassen (LG Saarbrücken JurBüro 1999, 310). Ob ein oder mehrere Gegenstände vorliegen, ist aber für die Anwendbarkeit v. § 7 RVG nicht erheblich. Nur wenn die Erhöhung der Verf.- und Geschäftsgebühr der Nr. 1008 VV RVG eine Wertgeb. betrifft, ist wg. Anm. 1 zu Nr. 1008 VV RVG neben dem erteilten Auftrag auf den Gegenstand der anwaltl. Tätigkeit abzustellen. Auf die Komm. zu Nr. 1008 VV RVG wird insoweit verwiesen.

4 Auf den **Zeitpunkt der Auftragserteilung** kommt es idR nicht an. Mehrere AG können den Auftrag auch nacheinander erteilen.

5 Auftraggeber iSd § 7 RVG ist derjenige, in dessen Rechtsangelegenheit der RA tätig wird, also die Partei, deren Rechte und Pflichten Gegenstand der anwaltl. Tätigkeit sein sollen. Die Bestimmung des AG ist nicht nach § 662 BGB vorzunehmen. Es kommt nicht darauf an, wer Vertrags-partner des RA ist, sondern nur darauf, wen der RA vertritt. AG kann auch sein, wer kraft Gesetzes in die Rechtsposition des (bisherigen) AG eingetreten ist. AG ist auch nicht ein Dritter, der anstelle oder für den AG für die Vergütung des RA haftet, es sei denn, er erteilt ebenfalls einen Auftrag an den RA. Es kommt in diesem Zusammenhang auch nicht darauf an, wer für den AG dem RA die Informationen übermittelt.

Beispiel: Ein Ehepaar sucht den RA gemeinsam auf. Die Eheleute bewohnen gemeinsam die Ehewohnung; beide sind Vertragspartner des Mietverhältnisses. Der Ehemann ist gleichzeitig allein als Hauswart angestellt. Sein Arbeitsverhältnis ist durch den Arbeitgeber und Vermieter gekündigt worden. Auch der Mietvertrag der Eheleute ist gekündigt worden. In der Folgezeit korrespondiert der RA nur noch mit der Ehefrau. Eine Erhöhung der Geschäftsgebühr der Nr. 2400 VV RVG (oder einer sonstigen etwa angefallenen Betriebsgebühr) im Hinblick auf die Auseinandersetzung über die Beendigung des Arbeitsverhältnisses kann der RA nicht geltend machen; die Ehefrau kann diesbezüglich nicht AG iSv § 7 Abs. 1 RVG iVm Nr. 1008 VV RVG sein.

Für den im Wege der PKH oder nach § 11a ArbGG beigeordneten RA ist AG immer nur die Partei, die der RA vertritt, nicht die Staatskasse, der Bund oder das Land. Für den Fall der Beiordnung im Wege v. PKH muss der RA daher mehreren AG in derselben Angelegenheit beigeordnet sein, damit er die Erhöhung bestimmter Gebühren geltend machen kann.

6 Unerheblich ist, ob der AG den Auftrag persönlich oder durch einen **Vertreter** (ges. oder gewillkürt) erteilt hat. Der Vertreter selbst wird nicht AG.

Beispiel: Eine durch vier Geschäftsführer vertretene GmbH beauftragt den RA, für sie tätig zu werden. Jeder der vier Geschäftsführer überreicht dem RA in der Folgezeit zu unterschiedlichen Zeitpunkten Informationen. Es liegt keine Mehrheit v. AG vor: AG ist nur die GmbH. Bei der GmbH handelt es sich um eine jur. Person, die selbstst. rechtsfähig und daher nur ein AG ist.

Entspr. gilt grds. für alle ges. Vertretungsverhältnisse (zB Vertretung durch Eltern, Vormund, Pfleger oder Betreuer). Es kommt nicht auf die Anzahl der ges. Vertreter an, die für die Vertretenen den Auftrag erteilen, selbst wenn nur mehrere ges. Vertreter gemeinsam den Auftrag erteilen können. Maßgeblich ist nur die **Anzahl der Vertretenen**. Hierbei kommt es nicht darauf an, um welche Art der Vertretung es sich handelt (ges. Vertretung, gewillkürte Vertretung oder Vertretung kraft Versicherungsbedingungen).

7 Erteilt der Vertreter für sich selbst und den Vertretenen einen Auftrag, handelt er also **im eigenen und im fremden Namen**, ist der RA für mehrere AG tätig.

8 Mehrere AG können gem. Nr. 1008 VV RVG mehrere Personen sein. Dabei kann es sich um nat. oder jur. Personen oder sonstige Personenmehrheiten handeln (OLG Düsseldorf NJW-RR 2001, 1655).

9 Beauftragen **Eheleute** den RA in derselben Angelegenheit, handeln sie als mehrere nat. Personen idR als **mehrere AG** (OLG Celle JurBüro 1979, 1005, OLG Köln KostRsp BRAGO § 6 Nr. 51 [Eheleute warin als Gesamtschuldner in Anspruch genommen, aA □ gemeinsame Forderungsberechtigung □ OLG Köln JurBüro 1979, 1815; 1986, 386], LG Aachen JurBüro 1982, 392 = AnwBl 1983, 116 [Wohnungsräumungssache], OVG Lüneburg MDR 1983, 785, Niedersächsisches FG KostRsp BRAGO § 6 Nr. 134 [zusammen veranlagte Eheleute], OLG Köln KostRsp § 6 BRAGO Nr. 136 [negative Feststellungsklage □ gesamtschuldnerische Haftung], aA FG Hamburg KostRsp BRAGO § 6 Nr. 143 [aber: Steuerbescheid richtete sich nur gg. Ehemann, Einspruchsentscheidung betraf auch die Ehefrau], OLG Düsseldorf AnwBl 1988, 70, LG Kiel JurBüro 1980, 1505, Gerold/Schmidt Rn. 13 zu § 6 BRAGO, Hartmann Rn. 8 zu § 6 BRAGO).

Entsprechendes muss für Lebenspartnerschaften und eheähnliche Gemeinschaften gelten.

10 Die **Mitglieder einer Erbengemeinschaft** sind grds. mehrere AG, denn es handelt sich um mehrere nat. Personen oder nat. und jur. Personen. Erbengemeinschaften sind daher Personen-gemeinschaften iSv § 7 Abs. 1 S. 1 RVG (OLG Bamberg JurBüro 1986, 722 = AnwBl 1986, 108,

OLG Saarbrücken JurBüro 1988, 860, OLG Hamburg MDR 1989, 830, LAG Düsseldorf JurBüro 1989, 959). Das zur Frage der Aktiv- und Passivlegitimation der GbR ergangene VU des BGH (BGHZ 146, 341 = MDR 2001, 459 = NJW 2001, 1058) ändert hieran nichts, da die Erbengemeinschaft anderen Regeln folgt als die GbR. Dies gilt auch dann, wenn die Erbengemeinschaft sich im Rechtsstreit durch einen Miterben vertreten lässt (noch zu § 6 BRAGO: BGH JurBüro 2004, 375). Wenn die **Erbengemeinschaft** den **Rechtsstreit für den Erblasser** ohne Erteilung eines neuen Auftrags **fortführt**, handelt es sich jedoch nach der Rspr. idR nicht um eine Mehrheit v. AG (OLG Schleswig JurBüro 1979, 524, OLG Frankfurt AnwBl 1981, 403, OLG Frankfurt JurBüro 1982, 1346, OLG Düsseldorf JurBüro 1989, 795 = Rpfleger 1989, 214 = MDR 1989, 468, OLG Koblenz MDR 1993, 284 = AGS 1993, 9, OLG Hamm AnwBl 1993, 577 = JurBüro 1994, 730, LAG Hamm KostRsp BRAGO § 6 Nr. 127 = JurBüro 1984, 389 = MDR 1984, 174, OLG München JurBüro 1990, 1156 = MDR 1990, 933 = Rpfleger 1990, 436; aA OLG München MDR 1985, 856, OLG Hamburg MDR 1989, 830, OLG Hamm JurBüro 1988, 192 = Rpfleger 1989, 80, OLG Schleswig JurBüro 1989, 1391, LG Göttingen JurBüro 1990, 335 = Rpfleger 1990, 90). Der Auffassung, dass es sich hier um eine Mehrheit von AG handelt, kann insofern nicht gefolgt werden, als für die Frage, ob mehrere AG vorliegen, nicht die Anzahl der erteilten Geschäftsbesorgungsverträge entscheidend ist. Nach dem Wortlaut des § 7 Abs. 1 S. 1 RVG kommt es entscheidend darauf an, ob der RA in derselben Angelegenheit für mehrere AG tätig wird oder tätig werden soll. Durch den Erbfall ist (natürlich) nicht mehr der Erblasser Partei des Rechtsstreits; an seine Stelle treten die Mitglieder der Erbengemeinschaft. Jeder einzelne Miterbe wird v. RA in derselben Angelegenheit vertreten. Von mehreren AG ist daher auch auszugehen, wenn die Erbengemeinschaft den Rechtsstreit ohne neuen Auftrag fortführt.

11 Jedes **Kind** ist grds. ein **eigenständiger Auftraggeber**, unabhängig davon, ob und durch wen es ges. vertreten wird. Das Kind bleibt als AG, selbst wenn es durch mehrere Personen ges. vertreten wird (Anm. 6).

Beispiel: Bei dem Auftrag eines Unterhaltsberechtigten, gg. mehrere Unterhaltspflichtige Ansprüche auf Unterhalt gerichtl. durchzusetzen (das Kind klagt gg. beide Eltern), handelt es sich im gerichtl. Verf. um eine obj. Klagehäufung. Der RA, der das Kind vertritt, vertritt einen AG, der RA, der beide Eltern vertritt, vertritt mehrere AG, für die er in derselben Angelegenheit tätig wird.

Dies gilt auch dann, wenn der Unterhaltsanspruch des Kindes gemeinsam mit dem Unterhaltsanspruch eines ges. Vertreters (zB den anderen ges. Vertreter) gerichtl. geltend gemacht wird (zB Unterhaltsansprüche des Kindes und der Ehefrau werden gemeinsam gerichtl. geltend gemacht). Es liegt eine Angelegenheit iSv § 7 Abs. 1 RVG vor, aber nicht ders. Gegenstand iSv Anm. 1 zu Nr. 1008 VV RVG (OLG Stuttgart KostRsp BRAGO § 6 Nr. 28, OLG Hamm JurBüro 1979, 1311, OLG Frankfurt a. M. MDR 1981, 238, OLG Karlsruhe Rpfleger 1981, 122 = AnwBl 1981, 72, OLG Düsseldorf JurBüro 1982, 712, BGH AnwBl 1991, 54, JurBüro 1991, 534, MDR 1991 341 = Rpfleger 1991, 81, OVG Bremen, Rpfleger 1980, 310, Lappe MDR 1977, 279).

12 Mehrere Mieter sind im Räumungsprozess mehrere AG (OLG Düsseldorf ZMR 1998, 492, LG Bonn Rpfleger 1990, 137, LG Aachen JurBüro 1982, 392, AG Dortmund Rpfleger 1994, 117 aA LG Köln BRAGOreport 2002, 116 m. abl. Anm. v. Schneider).

Dies muss nicht nur im Räumungsprozess, sondern auch in anderen Verf. gelten, die Ansprüche aus dem Mietverhältnis betreffen (Mieterhöhungsverfahren, Zustimmung zur Modernisierung usw.).

13 Die **Wohnungseigentümergemeinschaft** ist weder rechts- noch parteifähig und kann daher im Rechtsverkehr nicht als Einheit auftreten. Auf die WEG ist die Rspr. des BGH zur Geschäftsfähigkeit der GbR nicht anwendbar. Daran ändert auch nichts das zur Frage der Aktiv- und Passivlegitimation einer GbR ergangene VU des BGH (BGHZ 146, 341 = MDR 2001, 459 = NJW 2001, 1058), denn für die WEG gelten nicht die Regeln der GbR. Sie ist keine Personengesellschaft (LG Hamburg ZMR 2001, 856 = BRAGOreport 2001, 22, LG Potsdam JurBüro 2002, 24 = BRAGOreport 2002, 11, LG Hannover KostRsp BRAGO § 6 Nr. 275, KG BRAGOreport 2002, 164, OLG Schleswig RVGreport 2004, 232). Die Wohnungseigentümer können den RA entweder jeder persönlich oder durch einen Verwalter (§ 20 Abs. 2 WEG) als Vertreter beauftragen. Eine WEG benötigt nicht zwingend einen

Verwalter (§ 21 Abs. 1 WEG). Verwaltet sie sich selbst, kann ein Vertreter bestellt werden. Der Verwalter oder sonstige Vertreter beauftragt den RA dann nicht im eigenen Namen, sondern als Vertreter der WEG. AG ist der Vertretene und nicht der Vertreter (Anm. 5). Die Anzahl der AG ergibt sich aus dem Inhalt des Auftrags. Vertritt der RA die WEG wg. Ansprüchen gg. Dritte, sind alle Wohnungseigentümer seine AG. Vertritt er einzelne Eigentümer der WEG gg. den Verwalter oder gg. andere Mitglieder der WEG (zB Anfechtung v. Beschlüssen), so sind nur jene Wohnungseigentümer seine AG.

Zur Frage des Vorliegens mehrerer AG bei der WEG vgl. BGH Rpfleger 1998, 478, LG Hamburg AGS 2004, 475, LG Berlin JurBüro 1989, 629, OLG Düsseldorf JurBüro 1990, 1157, OLG Hamburg ZMR 2002, 299, OLG München ZMR 2003, 451, **aA** (nur ein AG) BayObLG AnwBl 2001, 183, OLG München MDR 1985, 857, LG Aurich Rpfleger 1987, 128. Die abl. Auffassung überzeugt nicht, da wg. der fehlenden Rechts- und Parteifähigkeit v. einer Mehrheit v. AG ausgegangen werden muss.

14 Macht der **Verwalter** (im Gegensatz zur obigen Beauftragung des RA) Ansprüche der WEG als **Prozess- bzw. Verfahrensstandschafter** im eigenen Namen geltend, ist nur er als Partei alleiniger AG des RA (BGH Rpfleger 1987, 397 = JurBüro 1988, 64, BayObLG KostRsp BRAGO § 6 Nr. 226, OLG Stuttgart JurBüro 1983, 381, OLG Hamm AnwBl 1990, 523 = JurBüro 1990, 856 = Rpfleger 1990, 225, OLG Koblenz JurBüro 2000, 529; aA □ auch hier mehrere AG □ OLG Düsseldorf AnwBl 1988, 71 = JurBüro 1987, 1871).

15 Beauftragt der Verwalter den RA in eigenem Namen, hat dies nach der hM zur Folge, dass sich die Gebühren nicht um die Zuschläge nach Nr. 1008 VV RVG erhöhen. Hieraus ergibt sich für die **Kostenerstattung** die Frage, ob der Verwalter den RA im eigenen Namen beauftragen muss, um die Entstehung zusätzl. Kosten zu vermeiden. Diese Pflicht wird im Rahmen der Prüfung der Erstattungsfähigkeit der Kosten zunehmend mit dem Argument bejaht, dass den Verwalter als Partei kraft Amtes kein Risiko für sein eigenes Vermögen treffe, sondern nur das Vermögen der WEG hafte. Berücksichtigt man die Aufgaben und Befugnisse des Verwalters gem. § 27 Abs. 2 Nr. 5 WEG, so ist die Führung eines Prozesses als Partei kraft Amtes hiervon nicht ohne weiteres umfasst. § 27 Abs. 2 Nr. 5 WEG berechtigt den Verwalter bei entspr. Ermächtigung durch ausdrücklichen Beschl. der Wohnungseigentümer zwar, einen RA für die WEG zu beauftragen, aber eine Pflicht zum Tätigwerden im eigenen Namen lässt sich hieraus nicht herleiten.

Das KG (KostRsp § 47 WEG Nr. 20) hat es dem pflichtgemäßen Ermessen des Verwalters überlassen, ob er die WEG in eigenem Namen als Verfahrensstandschafter vertritt oder als Vertreter der WEG auftritt. Lappe führt in seiner Anm. zu KostRsp § 47 WEG Nr. 20 aus, dass es nicht auf das Ermessen des Verwalters, sondern auf die Notwendigkeit des entspr. Handelns und der damit verbundenen Kostenfolge (§ 13a Abs. 1 S. 1 FGG, § 91 Abs. 1 S. 1 ZPO) ankomme. Die Notwendigkeit des entspr. Handelns sei im Wege der Kostengrundentscheidung zu klären und nicht erst bei der Kostenfestsetzung. Diese Auffassung ist zu weitgehend; das pflichtgemäße Ermessen (KG aaO) ist als Abgrenzungskriterium völlig ausreichend.

Die Rspr. verlangt zunehmend, dass die WEG als Klägerin die Kosten für die Erhöhung der Verfahrensgebühren im Zivilprozess (Nr. 1008 VV RVG) vermeidet (LG Braunschweig, JurBüro 1999, 417 LG München JurBüro 1998, 596) und dass ein AG auftritt (aA OLG Koblenz AnwBl 2002, 249, LG Hamburg ZMR 2002, 306). Hierauf kommt es im WEG-Verf. jedoch ohnehin nur an, wenn das Gericht nach § 47 WEG unter Ausübung des Ermessens einem der Beteiligten die außergerichtlichen (Anwalts-) Kosten ganz oder zT auferlegt. §§ 91ff. ZPO sind nicht ohne weiteres auf das WEG-Verf. übertragbar.

Hat der Verwalter den RA nicht in eigenem Namen beauftragt sondern als Vertreter der WEG, kann dies zur Folge haben, dass die Gebühren entstanden sind, aber □ im Fall einer Kostengrundentscheidung und (zumindest teilweisem) Obsiegen □ nicht in entspr. Umfang v. der unterliegenden Partei zu erstatten sind.

16 Zwar besteht die **BGB-Gesellschaft** (GbR) aus mehreren Einzelpersonen, jedoch hat der BGH (BGHZ 146, 341 = MDR 2001, 459 = NJW 2001, 1058) zur Frage der Aktiv- und Passivlegitimation der GbR entschieden, dass diese im Rechtsverkehr wie eine Person auftreten kann. Die GbR ist danach **rechts-, partei- und prozessfähig**. Ob einer oder mehrere AG vorliegen, hängt davon ab, wie und für wen der RA tätig werden soll. Die GbR kann als solche (Außengesellschaft; s. dazu Palandt Rn. 33 zu § 705) auftreten und den RA beauftragen. Es können aber auch die einzelnen Gesellschafter für die Gesellschaft handeln. Ferner können neben der Gesellschaft einzelne Gesellschafter handeln. Tritt die GbR als Außengesellschaft auf, liegt keine Mehrheit v. AG vor; eine Erhöhung der Gebühr entspr. Nr. 1008 VV RVG kommt nicht in Betracht (OLG Karlsruhe MDR 2001, 596 = NJW 2001, 1072, OLG Hamm MDR 2002, 721, OLG Stuttgart MDR 2002, 1457, LG Bremen MDR 2003, 296 aA LG Halle JurBüro 2002, 257). Treten dagegen mehrere Gesellschafter als Einzelpersonen auf, liegt eine Mehrheit v. AG vor (BGH NJW 2002, 2958) mdF, dass sich die Gebühren gem. § 7 RVG iVm Nr. 1008 VV RVG erhöhen. Tritt die Gesellschaft auf und zusätzl. mehrere oder alle Gesellschafter (diese klagen oder werden verklagt), kann bzgl. der auftretenden Gesellschafter eine Mehrheit v. AG vorliegen (OLG Nürnberg JurBüro 2001, 528 = NJW 2001, 3489, OLG Koblenz JurBüro 2002, 417 = MDR 2002, 721 = Rpfleger 2002, 483, auch für die Anwaltssozietät auf Passivseite: OLG Zweibrücken u. OLG Schleswig RVG-Letter 2004, 5). Entscheidend kommt es daher auf die Formulierung in der Klage an.

Als GbR werden nach Rspr. und Lit. folgende Personenmehrheiten behandelt:

- Arbeitsgemeinschaften (ARGE)
- Ärztegemeinschaften (aA LSG Kiel BRAGOreport 2003, 109 ☐ gg. die Entscheidung ist Revision eingelegt worden, Az B6 KA 12/03),
- sonstige Praxisgemeinschaften,
- Architekturbüros,
- RA-Gesellschaften,
- Betriebsgemeinschaften v. Versicherungsunternehmen,
- Bauherrengemeinschaften,
- Steuerberatergesellschaften,
- Ingenieurbüros,
- Vereine (insbes. der nicht rechtsfähige Verein),
- Bietergemeinschaften im Vergabeprüfverfahren (OLG Jena JurBüro 2001, 208),
- Anwaltssozietäten (OLG Hamburg MDR 2001, 73, LG Koblenz VersR 2002, 865, BGH AnwBl 2004, 255). Die Gebühren für den vertretenden RA können erhöht werden, wenn eine Anwaltssozietät und einzelne Sozien verklagt waren (OLG Saarbrücken KostRsp BRAGO § 6 Nr. 288). Ist die Anwaltssozietät aktiv- oder passivlegitimiert, kann zwar jeder RA grds. sich selbst vertreten (Anwalt in eigener Sache); eine Kostenerst. scheidet aber regelmäßig aus (BGH AnwBl 2004, 255 mwN; Übersicht über den Stand der Rspr. bei Zöller § 91 ZPO Rn. 13 "Sozietät" mwN, OLG Schleswig JurBüro 1989, 1257, OLG Karlsruhe JurBüro 1998, 142, aA OLG Düsseldorf JurBüro 1998, 144 für den Fall einer Räumungsklage gg. einen Sozius, der nicht Vertragspartner des Vermieters war), insbes. dann, wenn die Selbstvertretung der einzelnen Sozien als missbräuchlich anzusehen ist. Nach Auffassung des BGH (noch zu § 6 BRAGO JurBüro 2004, 375 mwN zum Stand der Rspr.) hat insbesondere bei Aktivprozessen einer Sozietät von Steuerberatern und Rechtsanwälten bei der Einziehung von Honorarforderungen die Sozietät Vorsorge dafür zu treffen, dass diese Aufgabe durch ein anwaltliches Sozietätsmitglied allein erledigt wird; eine Erhöhung nach Nr. 1008 VV RVG fällt daher nicht an.

Eine Erhöhung der Gebühren bei Vertretung einer GbR wird insbes. für den **Aktivprozess** generell verneint. Wird die GbR auf der **Passivseite** in Anspruch genommen, wird darauf abgestellt, ob die GbR und/oder die Gesellschafter persönlich in Anspruch genommen werden. Im letzteren Fall ist Erhöhungsfähigkeit gegeben.

Beauftragen die Gesellschafter verschiedene RA, erwächst jedem beauftragten RA ein eigener Gebührenanspruch. Allerdings wird es, wenn die Beauftragung verschiedener RA nicht aus der unterschiedlichen Interessenlage der Gesellschafter heraus geboten war, an der **Erstattungs-**

fähigkeit der Kosten fehlen (so für die Anwaltssozietät: OLG Hamburg MDR 1989, 824, OLG Düsseldorf MDR 1997, 981).

17 Mehrere AG sind

- **Kraftfahrzeugführer, -halter und -versicherer** (OLG München AnwBl 1977, 112 = MDR 1977, 413 = Rpfleger 1977, 70, OLG Köln AnwBl 1978, 65 = JurBüro 1978, 221 = NJW 1978, 896, OLG Oldenburg AnwBl 1993, 529, OLG Koblenz JurBüro 1990, 42, am OLG Zweibrücken JurBüro 1988, 354),
- **mehrere Bruchteilseigentümer** (OLG Hamm AGS 2004, 479, OLG Düsseldorf JurBüro 1996, 584, BGH AnwBl 1984, 501),
- **mehrere Nebenkläger** (OLG Hamburg JurBüro 1997, 194, 195, OLG Naumburg JurBüro 1994, 157)
- **mehrere Parteien kraft Amtes** (BGH AnwBl 1994, 196, OLG Düsseldorf AnwBl 1983, 518, OLG Hamburg MDR 1978, 1031; aM OLG Koblenz MDR 1979, 413). Für Parteien kraft Amtes gelten die Ausführungen zur Vertretung (Anm. 5 und 6),
- **mehrere Privatkläger** (LG Krefeld AnwBl 1981, 27, LG Nürnberg-Fürth BB 1981, 1175),
- **mehrere Personen**, die durch einen **Abwesenheitspfleger** gepflegt werden (OLG Frankfurt/Main AnwBl 1980, 260 = JurBüro 1980, 1019 = Rpfleger 1980, 310; gilt auch für Vormund und Betreuer). Erteilt daher ein Pfleger für mehrere Beteiligte den Auftrag, so ist nicht er der AG, sondern die Betreuten. Es besteht eine Mehrheit v. AG. Dieser Grundsatz ist auch anwendbar für die **Nachlasspflegschaft**. Dies gilt dann nicht, wenn die Beteiligten unbekannt sind (zB unbekannte Erben). Ist nur ein (bekannter) AG vorhanden, bleibt es bei einem AG, selbst wenn sich später mehrere Beteiligte ergeben (OLG Hamburg JurBüro 1982, 1505 = MDR 1982, 1030, OLG Koblenz KostRsp § 6 BRAGO Nr. 140, OLG München JurBüro 1990, 1156 = MDR 1990, 933 = Rpfleger 1990, 436).

18 Juristische Personen sind im Rechtsverkehr selbst. rechtsfähig und daher idR nur ein AG. Dies gilt auch, wenn mehrere nat. Personen die jur. Person ges. vertreten (zB mehrere Geschäftsführer einer **GmbH** vertreten diese gemeinsam). Selbstverständlich können mehrere jur. Personen einen Auftrag erteilen; dann liegen mehrere AG vor.

Erteilen die jur. Personen und einer (oder mehrere) der ges. Vertreter den Auftrag, liegen mehrere AG vor (zB einer der Geschäftsführer der GmbH wird gemeinsam mit der GmbH verklagt; die GmbH und der Geschäftsführer erteilen den Auftrag = mehrere AG).

Die Personengesellschaften des Handelsrechts (**OHG, KG**) sind selbst. AG des RA; denn diese können gem. §§ 124, 161 HGB Verbindlichkeiten eingehen. Sie sind in Prozessen sowohl aktiv- als auch passivlegitimiert. Da es sich jew. um einen AG handelt, kommt es auf die Zahl der persönlich haftenden Gesellschafter nicht an (SG Dortmund JurBüro 1994, 731). Etwas anderes muss, wie bei der GmbH, dann gelten, wenn der persönlich haftende Gesellschafter dem RA den Auftrag erteilt, zusätzl. auch in seinem Namen tätig zu werden.

Die Frage, ob eine **GmbH & Co. KG** als Kommanditgesellschaft einen AG, oder als GmbH und KG zwei AG darstellt, wird in der Rspr. nicht einheitlich beantwortet. Für die Annahme, dass es sich um einen AG handelt, spricht, dass die GmbH & Co. KG **eine Kommanditgesellschaft** ist (OLG Hamm MDR 1980, 153, OLG Köln JurBüro 1978, 1183, bestätigt v. OLG Köln JurBüro 1986, 865) und es letztlich nur auf die Anzahl der Vertretenen ankommt. Es kann insbes. nicht darauf ankommen, ob der ges. Vertreter den Auftrag als nat. oder jur. Person erteilt. Dies soll nach einer zT in der Rspr. vertretenen Auffassung aber deshalb nicht gelten, weil der RA einerseits die GmbH & Co. KG und andererseits die GmbH, also mehrere jur. Personen vertritt (KG JurBüro 1979, 846 = MDR 1979, 682 = Rpfleger 1979, 533, OLG Stuttgart AnwBl 1979, 274, OLG Frankfurt a. M. Rpfleger 1982, 441, OLG Koblenz MDR 1985, 773 = Rpfleger 1985, 353, OLG Bamberg AnwBl 1986, 108 = JurBüro 1986, 721, LAG Düsseldorf JurBüro 2001, 358).

19 Die **Haftung des AG** umfasst nach § 7 Abs. 2 S. 1 1. Hs. RVG die Gebühren und Auslagen, die er schulden würde, wenn der RA nur in seinem Auftrag tätig geworden wäre. Insgesamt kann der RA aber nicht mehr fordern als die insgesamt unter Berücksichtigung der Erhöhung entstandenen Gebühren und Auslagen (§ 7 Abs. 2 S. 2 RVG). Jeder AG haftet daher ggü. dem RA für alle Gebühren und Auslagen, die für die Gesamttätigkeit entstanden wären, wenn er allein den Auftrag erteilt hätte. Dies hat zur Folge, dass sie sich nach Nr. 1008 VV RVG ergebende Erhöhung der Wertgeb., Festgebühr oder Betragsrahmengeb. bei einer Geltendmachung dieser Gebühren seitens des RA ggü. nur einem AG nicht berücksichtigt werden kann, denn die gem. Nr. 1008 VV RVG erhöhte Gebühr würde der AG gerade nicht schulden, wenn er den Auftrag allein erteilt hätte (OLG Düsseldorf ZMR 1988, 23, OLG München JurBüro 1978, 1806, LG Berlin Rpfleger 1982, 258).

Beispiel: Die 1,3 Verfahrensgeb. der Nr. 3100 VV RVG hat sich, weil der RA mehrere AG vertreten hat, gem. Nr. 1008 VV RVG um 0,3 auf 1,6 erhöht. Jeder AG schuldet nur die 1,3 Verfahrensgeb. Der RA kann v. keinem der beiden AG die 1,6 Verfahrensgeb. fordern. Hat bereits ein AG die 1,3 Verfahrensgeb. gezahlt, muss der andere AG die Verfahrensgeb. nur in der Höhe zahlen, bis der RA insgesamt 1,6 Verfahrensgeb. erhält, daher nur noch eine 0,3 Verfahrensgeb. (OLG Hamm AGS 2005, 34 zutr. gg. BGH MDR 2003, 1140 ☐OLG Hamm JurBüro 1978, 62, OLG München MDR 1978, 854 = JurBüro 1978, 115), denn der Höhe nach ist die Forderung ggü. den AG auf die sich ergebende Gesamtvergütung beschränkt.

20 Für die **Dokumentenpauschale** sieht § 7 Abs. 2 S. 1. 2. Hs. RVG eine erweiterte **Haftung** des jew. AG vor. Jeder AG schuldet die Dokumentenpauschale nach Nr. 7000 VV RVG auch insoweit, wie diese nur durch die Unterrichtung mehrerer AG entstanden ist. Der RA kann daher nach seiner Wahl v. jedem der AG die gesamte Dokumentenpauschale der Nr. 7000 VV RVG verlangen, selbstverständlich aber nicht über den insgesamt entstandenen Betrag hinaus.

21 Für die anderen **Auslagen** aus Teil 7 VV RVG (zB Post- und Telekommunikationsentgelte, Fahrtkosten, Tage- und Abwesenheitsgelder, USt) gelten die Ausführungen zu Anm. 20 entspr.

22 Hat der RA nur für einen v. mehreren AG eine bestimmte gebührenauslösende Tätigkeit ausgeübt, so haftet für die entspr. zusätzl. Gebühr auch nur dieser AG. Wurde etwa ein Vergleich nur für einen v. mehreren AG geschlossen, so haftet auch nur dieser AG für die entstandene Einigungsgebühr nach Nr. 1000 VV RVG.

23 Ist **nur einem der Auftraggeber Prozesskostenhilfe bewilligt** worden, so erstreckt sich die Bewilligung (aA BGH Rpfleger 1993 452 = MDR 1993, 913, OLG Koblenz AGS 2004, 249) nicht nur auf die Erhöhung der Verfahrensgeb., die sich nach Nr. 1008 VV RVG ergibt. Dies widerspräche § 7 Abs. 2 S. 1 RVG, wonach jeder AG die Gebühren und Auslagen schuldet, die er schulden würde, wenn der RA nur in seinem Auftrag tätig geworden wäre. Der sich aufgrund der Bewilligung v. PKH ggü. der Staatskasse ergebende Vergütungsanspruch des RA kann nicht dadurch verringert werden, dass er noch einen weiteren AG als Wahlanwalt vertritt (OLG Hamm Rpfleger 2003, 447, OLG Köln NJW-RR 1999, 725, LG Wiesbaden JurBüro 2001, 503). Die Staatskasse schuldet die Gebühren, die der AG schulden würde. Der AG, dem nicht PKH bewilligt wurde, schuldet die volle Vergütung (Gebühren und Auslagen); daran ändert sich nichts dadurch, dass anstelle des AG die Staatskasse Schuldner der Anwaltsvergütung ist.

Beispiel: Der RA ist nur einem v. mehreren AG im Wege der PKH beigeordnet. Im Berufungsverfahren sind entstanden:

    1,9 Verfahrensgeb., Nrn. 3200, 1008 VV RVG (1,6 + 0,3),

    1,2 Terminsgeb., Nr. 3202 VV RVG und die

    1,3 Einigungsgebühr, Nrn. 1000, 1004 VV RVG;

    insgesamt also 4,1 Gebühren.

Gegenüber der Staatskasse kann der RA entspr. der erfolgten Bewilligung v. PKH (nach der Tabelle zu § 49 RVG) abrechnen:

1,6 Verfahrensgeb., Nr. 3200 VV RVG,

1,2 Terminsgeb., Nr. 3202 VV RVG sowie eine

1,3 Einigungsgebühr, Nr. 1000, 1004 VV RVG;

insgesamt also 3,8 Gebühren.

Die anteilige Erhöhung der Verfahrensgeb. der Nr. 3200 VV RVG gem. Nr. 1008 VV RVG wird nicht aus der Staatskasse erstattet.

24 Als **Gesamtschuldner** haften mehrere AG gem. §§ 421ff. BGB nur in Höhe des jew. erteilten Auftrags, soweit dieser mit dem durch die übrigen AG erteilten Auftrag übereinstimmt. § 7 RVG regelt nicht die Ausgleichspflicht der Gesamtschuldner untereinander; diese ergibt sich nur aus § 426 BGB (OLG Köln NJW-RR 1999, 726, OLG München JurBüro 1978, 1493). Die Ausgleichspflicht der AG untereinander kann nicht im Rahmen der Vergütungsfestsetzung gem. § 11 RVG berücksichtigt werden. Die Ausgleichspflicht muss ☐ wenn ein freiwilliger Ausgleich nicht erfolgt ☐ gerichtl. durch den in Anspruch genommenen AG ggü. den anderen AG geltend gemacht werden.

25 § 7 RVG hat auf die **Kostenerstattung** keine Auswirkung, sondern betrifft nur das Innenverhältnis zw. RA und AG. Die Kostenerst. wird in der Verfahrensordnung des jew. Gerichts geregelt, wobei im Folgenden vorrangig auf §§ 91ff. ZPO Bezug genommen wird. Die Kostenerst. betrifft nicht das Innenverhältnis und damit den Vergütungsanspruch des RA gg. den AG, sondern das Außenverhältnis. Daher wird im Rahmen der Kostenerst. für das Außenverhältnis nicht auf den Begriff des AG, sondern auf den Begriff der Streitgenossen abgestellt.

26 Die Erstattungspflicht der unterliegenden Partei im Falle des **Obsiegens mehrerer** durch einen RA vertretener **Streitgenossen** wird überaus kontrovers diskutiert. Für diesen Fall trifft die ZPO keine eigene Bestimmung; eine ausdrückliche Bestimmung (§ 100 ZPO) ist lediglich für das Unterliegen der Streitgenossen vorhanden.

Haben die Streitgenossen voll obsiegt, ist daher fraglich, ob jeder Streitgenosse die volle Erstattung derjenigen Gebühren und Auslagen verlangen kann, die er nach § 7 Abs. 2 S. 1 RVG dem RA schuldet. Dies würde dazu führen, dass der zur Kostenerst. verpflichtete Unterlegene schon einem zweiten Streitgenossen, der ebenfalls die volle (v. ihm wg. der Gesamtschuldnerschaft dem RA ggü. geschuldete) Vergütung des RA fordert, mehr erstatten müsste, als der RA nach § 7 Abs. 2 S. 1 RVG insgesamt fordern kann. Dies kann nicht überzeugen. Der zur Kostenerst. Verpflichtete darf nicht mehr erstatten müssen, als der RA insgesamt fordern kann, weil es sonst zu einer Bereicherung der obsiegenden Partei kommen könnte (OLG Koblenz JurBüro 2002, 37, OLG Schleswig JurBüro 1999, 310). Eine etwaige Ausgleichspflicht der Streitgenossen untereinander kann nicht im Rahmen der Kostenerst. durch den unterlegenen Gegner erfolgen. Auch bei Kostenerst. muss der Streitgenosse, der den Vergütungsanspruch voll erfüllt hat, seinen Ausgleichsanspruch gem. §§ 420ff. BGB geltend machen. Er kann nicht die volle auf ihn entfallende Vergütung nach § 7 Abs. 2 S. 1 RVG v. zur Kostenerst. verpflichteten Gegner verlangen.

Dass **obsiegende Streitgenossen die Kostenerstattung** nicht nach dem Gedanken der Gesamtgläubigerschaft geltend machen können, sondern **entsprechend § 100 ZPO** nur nach Kopfteilen (BGH NJW-RR 2003, 1217, OLG Saarbrücken JurBüro 2002, 650), also nach ihrem Anteil an der Hauptsache, wird daher mittlerweile einhellig bejaht. Unter Kopfteilen versteht man nicht gleiche Teile, sondern den entspr. Anteil des Streitgenossen an der Hauptsache. § 100 ZPO wird für alle Fälle der Kostenerst. angewandt (für die einfache, notwendige, anfängliche oder nachträgliche Streitgenossenschaft ☐ Zöller, § 100 ZPO Rn. 1, § 91 ZPO Rn. 13, jew. mwN). Mehrere Streitgenossen sind also nicht Gesamt- sondern Anteilsgläubiger (BGH NJW-RR 2003, 1217, OLG Saarbrücken JurBüro 2002, 650).

In Ausnahmefällen wird dem Streitgenossen eine höhere Kostenerst. als die ihm nach seinem Anteil (Kopfteil) zustehende zugebilligt. Dies kann der Fall sein, wenn er nachweist, dass er im Innenverhältnis allein zahlungspflichtig ist (OLG Koblenz JurBüro 2002, 37), oder mit seinen Streitgenossen eine abweichende Vereinbarung getroffen hat (OLG München MDR 1995, 856). Eine gesonderte Glaubhaftmachung nach § 294 ZPO durch den Streitgenossen ist hierzu erforderlich.

27 Obsiegen die v. demselben RA vertretenen **Streitgenossen nur teilweise**, bleibt die vorstehend diskutierte Problematik (Anm. 26) bestehen, unabhängig davon, ob die Streitgenossen zu verschiedenen oder zu gleichen Teilen teilweise obsiegen und unterliegen, also auch unabhängig davon, ob ein Streitgenosse voll obsiegt und ein anderer voll unterliegt. Die Kostenerst. kann auch hier nur nach Kopfteilen erfolgen. Jeder Streitgenosse kann im Falle seines Obsiegens die Erstattung nur derjenigen Kosten fordern, die auf ihn persönlich entspr. seinem Kopfteil entfallen (BGH NJW-RR 2003, 1217, OLG Saarbrücken JurBüro 2002, 650). Haben die Streitgenossen einen RA mit ihrer gemeinsamen Vertretung beauftragt, können die Streitgenossen zusammen höchstens einmal die vollen Gebühren und Auslagen des gemeinsamen Prozessbev. fordern.

28 Unterliegen mehrere Streitgenossen, so haften sie für die Prozesskosten im Zivilprozess gem. § 100 Abs. 1 ZPO idR nach Kopfteilen. Als Gesamtschuldner haften mehrere Streitgenossen nur, wenn sie als Gesamtschuldner gem. § 100 Abs. 4 ZPO zur Kostentragung verurteilt worden sind.

29 Die Kostenerst. folgt der **Kostengrundentscheidung**. Entgegen der üblichen Kosteneinheit muss das Gericht bei Streitgenossen eine Trennung zw. der Kostenerst. hinsichtlich der Gerichtskosten und den außergerichtlichen Kosten (Vergütung des RA ☐ Gebühren und Auslagen) vornehmen. Jeder Streitgenosse kann nur im Umfang seines Unterliegens berücksichtigt werden; alles andere kann mit den grds. Regelungen der Kostenerst. nicht vereinbart werden.

Die Kostengrundentscheidung muss daher bei mehreren Streitgenossen den jew. Anteil der einzelnen berücksichtigen, denn im Rahmen der Kostenfestsetzung ist der Rechtspfleger an die Kostengrundentscheidung gebunden.

30 Die jew. Anteile können mit Hilfe der **Baumbach'schen Formel** (Baumbach/Lauterbach § 100 ZPO Rn. 52) ermittelt werden, die sich in der Praxis seit langem bewährt hat (BayVerfGH NJW 2001, 2962, LG Bonn Rpfleger 1989, 521, OLG München Rpfleger 1989, 128, OLG Stuttgart Rpfleger 1990, 183). Von der Baumbach'schen Formel wird der Fall erfasst, dass bei einer etwa gleich hohen Beteiligung an der Hauptsache der Bekl. A obsiegt und der Bekl. B unterliegt. Sie lautet:

"Die Gerichtskosten tragen die Kl. und der Bekl. B je zur Hälfte. Von den außergerichtlichen Kosten trägt der Kl. die des Bekl. A voll und ½ der eigenen, der Bekl. B die eigenen und ½ der dem Kl. erwachsenen Kosten."

Die Formel ist ebenfalls anwendbar, wenn Streitgenossenschaft auf Klägerseite gegeben ist und v. zwei Klägern der eine obsiegt und der andere unterliegt. Sind in der Kostengrundentscheidung mehr als zwei Streitgenossen zu berücksichtigen, ist die Quote entspr. abzuändern.

31 Die Berechnung der Erhöhung der erhöhungsfähigen Verf.- oder Geschäftsgebühren ist nicht im Rahmen v. § 7 RVG zu klären. Die Erhöhungsfähigkeit ergibt sich ausschließlich aus Nr. 1008 VV RVG.

§ 8 Fälligkeit, Hemmung der Verjährung
(1) Die Vergütung wird fällig, wenn der Auftrag erledigt oder die Angelegenheit beendet ist. Ist der Rechtsanwalt in einem gerichtlichen Verfahren tätig, wird die Vergütung auch fällig, wenn eine Kostenentscheidung ergangen oder der Rechtszug beendet ist oder wenn das Verfahren länger als drei Monate ruht.
(2) Die Verjährung der Vergütung für eine Tätigkeit in einem gerichtlichen Verfahren wird gehemmt, solange das Verfahren anhängig ist. Die Hemmung endet mit der rechtskräftigen Entscheidung oder anderweitigen Beendigung des Verfahrens. Ruht das Verfahren, endet die Hemmung drei Monate nach Eintritt der Fälligkeit. Die Hemmung beginnt erneut, wenn eine der Parteien das Verfahren weiter betreibt.

Übersicht

1 Die **gerichtliche Geltendmachung** des Gebührenanspruchs sowohl im Wege der Vergütungs-festsetzung gem. § 11 RVG als auch im Wege der klageweisen Geltendmachung einschl. des gerichtl. Mahnverfahrens und des Antrags auf Wertfestsetzung (§§ 32, 33 RVG) setzt die Fälligkeit des Gebührenanspruchs voraus. Vor Eintritt der Fälligkeit kann der RA seine Vergütung nur als **Vorschuss** (vgl. § 9 RVG) fordern. Da die Verjährung erst nach Eintritt der Fälligkeit zu laufen beginnt, kann der Vergütungsanspruch des RA vor Eintritt der Fälligkeit auch nicht verjähren.
§ 8 Abs. 1 RVG regelt (nur) die tatbestandlichen **Voraussetzungen der Fälligkeit** des Vergü-tungsanspruchs des RA. Zwischen der Fälligkeit und der Entstehung des Gebührenanspruchs, die in § 8 Abs. 1 RVG nicht geregelt wird, muss unterschieden werden. Der Gebührenanspruch **entsteht**, sobald der RA begonnen hat, die gebührenauslösende Tätigkeit vorzunehmen. Wenn es sich bei den Gebühren um Pauschgebühren handelt (vgl. § 15 RVG), entsteht der Gebührenanspruch mit der ersten den Gebührentatbestand auslösenden Tätigkeit. Der Gebührenanspruch wird grds. erst **fällig**, wenn eine der Voraussetzungen aus § 8 RVG erfüllt ist.
Sobald eines der fünf in § 8 Abs. 1 RVG aufgeführten TB-Merkmale erfüllt ist, tritt die Fälligkeit des Gebührenanspruchs ein (BGH JurBüro 1998, 645, OLG Braunschweig JurBüro 2001, 309, OLG Naumburg JurBüro 98, 31; aM OLG Hamm JurBüro 2001, 309 □ anders noch OLG Hamm JurBüro 1992, 94).
Die Fälligkeit tritt ggü. dem **Vergütungsschuldner** ein. Dies ist an erster Stelle der AG. Ist der RA im Wege der **Prozesskostenhilfe** oder als **Pflichtverteidiger** beigeordnet, tritt (idR) die Staats-, Landes- oder Bundeskasse an die Stelle des AG. Da § 8 RVG für jede anwaltl. Tätigkeit gilt, ist er auch für den im Wege der PKH gem. § 122 Abs. 1 Ziff. 3 ZPO beigeordneten RA anwendbar; darüber hinaus auch auf die Pauschvergütung gem. §§ 42, 51 RVG und auf § 52 RVG.
§ 8 RVG wirkt auch ggü. **Dritten**, die neben oder anstelle des AG für die Vergütung mithaften. Vertritt der RA mehrere AG (§ 7 RVG iVm Nr. 1008 VV RVG), kann die Fälligkeit diesen ggü. zu unter-schiedlichen Zeitpunkten eintreten. Schließt beispielsweise nur einer v. mehreren AG einen Vergleich ab, wird die v. ihm geschuldete Vergütung eher fällig als die v. den anderen AG geschuldete.
§ 8 RVG betrifft die **gesamte Vergütung** des RA. Hierzu zählen gem. § 1 Abs. 2 RVG Gebühren und Auslagen.
Eine **abweichende Vereinbarung** über die Fälligkeit zw. RA und AG ist nicht möglich (Hartmann Rn. 22 zu § 16 BRAGO).
2 Entgegen den Regelungen in § 8 RVG wird die Vergütung nicht fällig, wenn sie **gestundet** ist. Um die Verjährung auszuschließen, ist jedoch eine einseitige Stundung des Vergütungsanspruchs nicht

ausreichend. Erforderlich ist der Abschluss einer **Stundungsvereinbarung** zw. RA und AG, nach der nicht nur die Fälligkeit erst nach Ablauf der vereinbarten Stundung eintritt, sondern auch der Lauf der Verjährung erst mit Ablauf der Stundungsfrist zu laufen beginnt.

3 Für die **Fälligkeit** des Vergütungsanspruchs kommt es darauf an, ob der RA in einem gerichtl. Verf. oder außerhalb eines gerichtl. Verf. tätig geworden ist. In beiden Fällen wird der Vergütungsanspruch fällig, wenn der Auftrag erledigt oder die Angelegenheit beendet ist. Für die Tätigkeit in einem gerichtl. Verf. kann die Fälligkeit aber außerdem aufgrund der weiteren TB-Merkmale aus § 8 Abs. 1 S. 2 RVG eintreten.

4 Die Vergütung ist in jedem Fall fällig, wenn der **Auftrag erledigt** ist. Maßgeblich ist der Umfang des erteilten Auftrags. War der Auftrag nur auf einen Teil der Angelegenheit iSv §§ 15-18 RVG beschränkt, so endet der Auftrag, bevor die gesamte Angelegenheit beendet ist. Die Erledigung des Auftrags kann also vor Beendigung der Angelegenheit eintreten. Die Erledigung des Auftrags tritt durch vollständige Erfüllung ein, auch wenn die Angelegenheit noch nicht beendet ist.

Auch ohne Erfüllung ist der Auftrag erledigt, wenn der Anwaltsvertrag durch die Parteien vertraglich aufgehoben wird. Gleiches gilt, wenn der Anwaltsvertrag entweder durch den AG oder den RA gekündigt wird. Eine Erledigung tritt idR auch im Fall des Insolvenzverfahrens über das Vermögen des AG ein (Hartmann Rn. 8 zu § 16 BRAGO) sowie bei Tod des Einzelanwalts (aaO mwN). Erledigung des Auftrags tritt ferner ein, wenn der Rechtsstreit an ein Gericht verwiesen oder abgegeben wird, bei dem der RA nicht zugelassen ist.

5 Die Vergütung wird auch fällig, wenn die **Angelegenheit beendet** ist. Der Begriff der Angelegenheit ist dabei in §§ 15-18 RVG (§ 15 RVG Abgeltungsbereich der Gebühren, § 16 RVG dieselbe Angelegenheit, § 17 RVG verschiedene Angelegenheiten, § 18 RVG bes. Angelegenheiten) definiert. Es ist nicht auf die gebührenrechtliche Beendigung der Angelegenheit abzustellen, sondern auf die außergerichtliche oder prozessuale. Wird durch das RVG eine Tätigkeit als verschiedene (§ 17 RVG) oder bes. (§ 18 RVG) Angelegenheit bezeichnet, so kommt es für die Fälligkeit des Gebührenanspruchs auf die Beendigung dieser Tätigkeit an.

Werden Gebühren auf andere Gebühren **angerechnet** (Beispiel: Nr. 2100 VV RVG Anm. 2, Vorbem. 3 Abs. 4 VV RVG), so ist die Anrechnung der Gebühren gleichbedeutend mit der Beendigung der bisherigen Angelegenheit. Für die Gebühren, für die eine Anrechnung vorgesehen ist, tritt die Fälligkeit ein, wenn der Anrechnungstatbestand erfüllt ist.

Mit der Beendigung der Angelegenheit kann auch die Erledigung des Auftrags eingetreten sein. Ist der RA zB mit der Erteilung eines Rates beauftragt und hat er diesen Rat erteilt, so ist die Angelegenheit damit beendet und der Auftrag erledigt. Ist der RA beauftragt, an Vertragsverhandlungen mitzuwirken, so ist die Angelegenheit beendet, wenn die Vertragsverhandlungen erfolgreich waren oder gescheitert sind, gleichzeitig ist der Auftrag erledigt.

6 Die Vergütung wird ferner fällig, wenn im gerichtl. Verf. eine **Kostenentscheidung** ergangen ist. Bei der Kostenentscheidung muss es sich um eine gerichtl. Kostenentscheidung handeln, da § 8 Abs. 1 S. 2 RVG ausdrücklich auf das gerichtl. Verf. abstellt. Ein VA (zB behördliche Kostenentscheidung) ist nicht ausreichend.

Für den Eintritt der Fälligkeit ist **jede gerichtliche Kostengrundentscheidung** ausreichend; darauf, ob sie rechtskräftig oder vorläufig vollstreckbar ist, kommt es nicht an. Eine Kostenentscheidung ist ergangen, sobald das Gericht in irgendeiner Weise eine Regelung über die Kosten getroffen hat. Hierbei ist eine Entscheidung über die Gerichtskosten ausreichend. Über die Erstattung der Anwaltskosten muss keine Entscheidung getroffen worden sein, da in verschiedenen gerichtl. Verf. eine Erstattung der Anwaltskosten nicht vorgesehen ist (zB arbeitsgerichtliche Verf. 1. Instanz gem. § 12a Abs. 1 S. 1 ArbGG) oder nur nach Billigkeitserwägungen erfolgt (zB § 13a Abs. 1 FGG).

Für **einstweilige Anordnungsverfahren** ist umstritten, ob die Kostenentscheidung "Die Kosten des Verfahrens folgen den Kosten der Hauptsache" eine wirksame (= die Fälligkeit des Vergütungsanspruchs auslösende) Kostenentscheidung darstellt, denn die endgültige Kostenentscheidung folgt erst mit der Kostenentscheidung des Hauptverfahrens (für den Eintritt der Fälligkeit Gerold/Schmidt Rn. 46 zu § 8 RVG; dagegen Hartmann Rn. 12 zu § 8 RVG sowie KG AnwBl 1984, 625). Darauf kommt es aber nicht an. Die Fälligkeit tritt nämlich idR bereits wg. der Beendigung der Angelegenheit (vgl. Anm. 5) ein. § 17 Nr. 4 lit. b RVG bestimmt, dass das Verf. in der Hauptsache und ein Verf. über einen Antrag auf einstweilige Anordnung verschiedene Angelegenheiten sind. Daher ist der Vergütungsanspruch fällig mit Erlass der einstweiligen Anordnung, weil die Angelegenheit (s. Rn. 5) beendet ist.

Eine Kostenentscheidung kann ergehen, ohne dass der Rechtszug beendet ist (zB VU). Fällig werden nur die Gebühren und Auslagen, die zum Zeitpunkt der Kostenentscheidung schon entstanden waren.

7 Die Vergütung wird im gerichtl. Verf. fällig, wenn der **Rechtszug beendet** ist. Abzustellen ist hierbei nicht auf den Begriff des Rechtszugs, wie er durch das RVG abweichend v. verfahrensrechtlichen Begriff definiert wird (§ 19 RVG). Die Vergütung ist nicht fällig, wenn der Rechtszug aus gebührenrechtlicher Sicht beendet ist, sondern wenn der Rechtszug aus prozessualer, verfahrensrechtlicher Sicht beendet ist. Dies ist der Fall bei Verkündung des Urteils, Rücknahme der Klage (LG Bonn AnwBl 1992, 239) oder Widerklage, Rücknahme des Rechtsmittels, beiderseitiger Hauptsachenerledigungserklärung, Herausgabe des Vollstreckungsbescheides, außergerichtlichem Vergleich, der das Verf. beendet, einem wirksamen gerichtl. Vergleich oder abschließender Entscheidung des Rechtspflegers (soweit dieser zust. ist). Ein Beschlussverfahren endet mit der Zustellung des Beschl.

Der Rechtszug kann beendet sein, ohne dass eine Kostenentscheidung ergeht (zB einstweilige Anordnung gem. §§ 620ff., 620g ZPO).

Das Grundurteil beendet den Rechtszug nicht, da der Rechtsstreit hinsichtlich der Höhe des Anspruchs weitergeführt werden muss. Entsprechendes gilt auch, wenn das Grundurteil mit einem Rechtsmittel angefochten wird und durch das Rechtsmittelgericht keine sachliche Entscheidung getroffen wird. Ergeht eine sachliche (Grund-) Entscheidung und erfolgt eine Zurückverweisung iSv § 21 RVG, damit über die Höhe entschieden werden kann, erledigt die Zurückverweisung in den bisherigen vorinstanzlichen Rechtszug. Die Gebühren aus dem Verf. (1. oder 2. Instanz) über das Grundurteil sowie die Gebühren des Rechtsmittelverfahrens sind fällig (Riedel/Sußbauer Rn. 13 zu § 16 BRAGO, Schumann/Geißinger Rn. 14 zu § 16 BRAGO, Gerold/Schmidt Rn. 38 zu § 8 RVG, Hartmann Rn. 16 zu § 8 RVG).

Zwischenurteile (§ 303 ZPO) und Vorbehaltsurteile (§ 302 ZPO) beenden den Rechtszug nicht.

Der Vergütungsanspruch des RA im Mahnverfahren wird erst mit der Aufnahme der Gebühren im Vollstreckungsbescheid fällig, nicht mit der Aufnahme in den MB (Gerold/Schmidt Rn. 48 zu § 8 RVG).

Jeder Rechtszug ist einzeln zu bewerten. Für die Fälligkeit des Vergütungsanspruchs kommt es nicht auf die Beendigung des letzten Rechtszugs an. Die Fälligkeit der Vergütung zB für die 1. Instanz tritt mit Beendigung des erstinstanzlichen Rechtszugs ein; wann der zweitinstanzliche Rechtszug endet, ist für die Fälligkeit des Vergütungsanspruchs der 1. Instanz unerheblich.

Für die Fälligkeit aufgrund Beendigung des Rechtszugs kommt es nicht darauf an, ob der RA noch abschließende Arbeiten ausführt. Dies gilt insbes. für das Kostenfestsetzungsverfahren, das nach Erlass des Urteils betrieben wird. Diesbezüglich ist durch § 8 Abs. 2 RVG nur eine Hemmung des Laufs der Verjährungsfrist bestimmt, eine eigene v. § 8 Abs. 1 S. 1, S. 2 RVG abweichende Fälligkeitsvorschrift ist mit § 8 Abs. 2 RVG nicht bestimmt worden.

8 Ruht das Verf. länger als drei Monate, wird der Vergütungsanspruch ebenfalls fällig. Der Begriff **"Ruhen des Verfahrens"** umfasst nicht nur das Ruhen des Verf. iSd § 251 ZPO. Das Ruhen des Verf. ist auch immer dann gegeben, wenn das Gericht in der Angelegenheit längere Zeit hindurch, und zwar länger als drei Monate, nichts veranlasst hat. Für die Fälligkeit des Vergütungsanspruchs kommt es auf das tatsächliche Ruhen des Verf. an (BGH AnwBl 1985, 257, OVG Bremen, JurBüro 1991, 929), welches durch die tatsächliche Untätigkeit des Gerichts bewirkt wird. Die Aussetzung oder Unterbrechung des Verf. sind ebenfalls als Ruhen des Verf. anzusehen. Die Vergütung des RA wird bei Aussetzung, Unterbrechung und tatsächlichem Ruhen des Verf. entweder drei Monate nach Erlass des entspr. Beschl. oder drei Monate nach dem tatsächlichen Ruhen fällig. Auch wenn durch das Gericht eine Bearbeitung (aus welchen Gründen auch immer) nicht erfolgt, tritt die Fälligkeit ein, da tatsächliches Ruhen des Verf. gegeben ist.

Ist die Fälligkeit des Vergütungsanspruchs durch das Ruhen des Verf. einmal eingetreten, wird diese durch eine spätere Fortsetzung des Rechtsstreits nicht beseitigt.

9 Die **Verjährung** des Vergütungsanspruchs ist nicht speziell im RVG geregelt, sondern richtet sich nach dem BGB. Die Verjährungsfrist beträgt gem. § 195 BGB drei Jahre. Andere Verjährungsfristen (alte Zwei-Jahres-Frist) sind für Vergütungsansprüche nach dem RVG nicht denkbar. Dies gilt für den im Wege v. PKH beigeordneten RA (noch zu altem Recht: OLG Celle JurBüro 1983, 699, OLG München JurBüro 1984, 1830 = KostRsp § 16 BRAGO Nr. 8, OLG München AnwBl 1985, 596), für den Anspruch des Pflichtverteidigers gg. die Staatskasse und für Ansprüche aus Vergütungsvereinbarungen (§ 4 RVG □ zu § 3 BRAGO BHGZ 86, 101) und für die Geschäftsführung ohne Auftrag (LG Wiesbaden AnwBl 1979, 390).

Die Verjährungsfrist beginnt gem. § 199 Abs. 1 Ziff. 1, 2 BGB mit dem Ablauf des Kalenderjahres, in dem der Anspruch fällig geworden ist. Für den Beginn des Laufs der Verjährungsfrist kommt es nicht auf das (regelmäßig zeitlich abweichende) Entstehen des Anspruchs gem. § 199 Abs. 1 Ziff. 1 BGB an. Das Entstehen des Anspruchs setzt Klagbarkeit voraus (Palandt Rn. 3 zu § 199 BGB). Für die Klagbarkeit ist entspr. § 10 Abs. 1 S. 1 RVG das Erstellen einer ordnungsgemäßen Gebührenrechnung Voraussetzung. Für den Lauf der Verjährungsfrist ist jedoch nicht auf das Entstehen des Anspruchs, sondern auf dessen Fälligkeit abzustellen. Gem. § 10 Abs. 1 S. 2 RVG ist die Übersendung der Gebührenrechnung für den Lauf der Verjährungsfrist unerheblich. Die Verjährungsfrist beginnt unabhängig v. dem Erstellen der Gebührenrechnung zu laufen, wenn der Vergütungsanspruch fällig ist.

Werden Teile der Vergütung zu unterschiedlichen Zeitpunkten fällig (Beispiel: Scheidung 2003, Folgesache 2004 □ OLG Braunschweig, KostRsp BRAGO § 16 Nr. 12), gilt dies auch für die Verjährungsfrist. Sie beginnt für jeden Teil der Vergütung dann zu laufen, wenn das erste der Fälligkeitstatbestandsmerkmale erfüllt ist. Der Gebührenschuldner kann sich bei der Einrede der Verjährung für jeden einzelnen Teil der Vergütung auf den frühesten Fälligkeitszeitpunkt berufen.

Der Vergütungsanspruch kann nach Eintritt der Verjährung neu entstehen, wenn beim RA nach Eintritt der Fälligkeit (und ggf. Eintritt der Verjährung) ein Anspruch auf die gleichen Gebühren erneut entsteht. Wird zB ein erstinstanzliches Verf., dass länger als drei Monate geruht hat, fortgeführt, entsteht der Anspruch auf die Verfahrensgeb. der Nr. 3100 VV RVG erneut. Entsteht nach Fortführung des Verf. die Terminsgeb. der Nr. 3104 VV RVG nicht erneut, erwirbt der RA auch keinen neuen Vergütungsanspruch mdF, dass Teile der Vergütungsansprüche verjährt sind.

Wegen der in der anwaltl. Praxis oft übersehenen Fälligkeit des Vergütungsanspruchs bei Ruhen des Verf. ist es sinnvoll, v. dem durch § 9 RVG gegebenen Vorschussrecht Gebrauch zu machen.

10 Neben der bes. Verjährungshemmung gem. § 8 Abs. 2 RVG (Rn. 11) tritt die **Hemmung der Verjährung** in den in § 204 BGB genannten Fällen ein. Beispielsweise wird die Verjährung gehemmt durch:

- die Erhebung der Klage (§ 204 Abs. 1 Ziff. 1 BGB),
- die Zustellung des MB (§ 204 Abs. 1 Ziff. 3 BGB),
- die Geltendmachung der Aufrechnung des Anspruchs im Prozess (§ 204 Abs. 1 Ziff. 5 BGB) sowie
- die Anmeldung des Anspruchs im Insolvenzverfahren (§ 204 Abs. 1 Ziff. 10).

Neben der bes. Regelung der Hemmung der Verjährung in § 8 Abs. 2 RVG ist die Hemmung der Verjährung innerhalb des RVG auch in § 11 Abs. 7 RVG geregelt. Durch den Antrag auf Vergütungsfestsetzung wird die Verjährung wie durch Klageerhebung gehemmt. Für die Hemmung der Verjährung durch Klageerhebung ist es unschädlich, wenn der Klage eine Rechnung gem. § 10 RVG nicht beigefügt ist (noch zu altem Recht - § 18 BRAGO: BGH NJW 1998, 3486).

11 Die Fälligkeit der Vergütung hat den Beginn der Verjährung zur Folge (Rn. 9). Um die Verjährung des Vergütungsanspruchs infolge Fälligkeit innerhalb eines anhängigen Gerichtsverfahrens zu verhindern, wurde mit § 8 Abs. 2 RVG eine Sonderregelung zur Hemmung geschaffen. Die Verjährung der Vergütung für eine Tätigkeit im gerichtl. Verf. wird gem. § 8 Abs. 2 RVG **gehemmt**, solange das **Verfahren anhängig** ist. Für § 8 Abs. 2 RVG gab es keine Entsprechung in § 16 BRAGO. Nach § 8 Abs. 2 RVG (vgl. BT-Drs 15/1971, § 8 RVG) endet die Hemmung der Verjährung erst mit der rechtskräftigen Entscheidung oder anderweitigen Beendigung des Verf. Ruht das Verf., so endet die Hemmung drei Monate nach Eintritt der Fälligkeit und beginnt erneut, wenn eine der Parteien das Verf. weiter betreibt.

Die in § 8 Abs. 2 RVG bestimmte Hemmung der Verjährung hat nur Auswirkungen auf das gerichtl. Verf. Für die **außergerichtliche Tätigkeit** des RA ist § 8 Abs. 2 RVG nicht anwendbar. Die Instanz (und damit der Rechtszug) endet ua mit der Verkündung des Urteils. Die anwaltl. Tätigkeit, die durch die Verfahrensgebühren abgegolten wird, ist damit jedoch noch nicht beendet. Insbesondere das Kostenfestsetzungsverfahren kann sich über einen längeren Zeitraum hinziehen. Durch die Fälligkeitsregelung in § 8 Abs. 1. S. 1 , S. 2. 1. und 2. Alt könnte der Vergütungsanspruch des RA verjährt sein, bevor das Kostenfestsetzungsverfahren abgeschlossen ist. Nach Beendigung des ersten Rechtszugs wird häufig das Kostenfestsetzungsverfahren bis zur Beendigung des zweiten Rechtszugs ausgesetzt. Die Verjährung des Vergütungsanspruchs des RA für den ersten Rechtszug könnte daher schon eintreten, bevor der zweite (oder dritte) Rechtszug beendet ist. Durch § 8 Abs. 2 RVG wird vermieden, dass die Verjährung des fälligen Gebührenanspruchs eintritt, obwohl der RA noch anwaltl. Tätigkeit entfalten muss. Selbstverständlich hat die bes. Hemmung der Verjährung gem. § 8 Abs. 2 RVG, nicht zur Folge, dass der RA seinen Vergütungsanspruch (Rn. 1) nicht fordern kann. Der Vergütungsanspruch ist fällig, nur der Lauf der Verjährungsfrist ist gehemmt.

Die Verjährungsfrist ist ferner gehemmt, wenn durch das Rechtsmittelgericht der Streitwert abweichend festgesetzt wird. Nach den Fälligkeitsregeln des § 8 Abs. 1 RVG könnte der Vergütungsanspruch, der v. der abweichenden Streitwertfestsetzung betroffen war, bereits verjährt sein. Dies wird durch § 8 Abs. 2 RVG vermieden.

12 Für die Geltendmachung des **Kostenerstattungsanspruchs** des AG ist § 8 RVG unerheblich. Die Regelungen aus § 8 RVG zur Fälligkeit betreffen die anwaltl. Tätigkeit im Verhältnis zw. dem RA und seinem AG und einer evtl. mithaftenden Person. Der rechtskräftige Kostenerstattungsanspruch verjährt gem. § 197 Abs. 1 Ziff. 3 BGB in 30 Jahren (OLG Frankfurt/Main AnwBl 1989, 106, OLG München, AnwBl 1988, 249, OLG Schleswig JurBüro 1991, 1208).

13 Nach Eintritt der Fälligkeit kann der RA für Mahnungen an den Gebührenschuldner einen **Verzugsschaden** gem. § 288 Abs. 4 BGB nur geltend machen, wenn bereits der Verzug des AG eingetreten ist. Dieser wird jedoch erst durch die erste Mahnung begründet; für diese kann daher kein Verzugsschaden geltend gemacht werden. Hat die Anwaltstätigkeit bereits vor Verzug begonnen, ist auch der Schaden schon vor dem Verzug eingetreten und damit kein Verzugsschaden.

§ 9 Vorschuss
Der Rechtsanwalt kann von seinem Auftraggeber für die entstandenen und die voraussichtlich entstehenden Gebühren und Auslagen einen angemessenen Vorschuss fordern.

Übersicht

1 Allgemeines. Anspruchsgrundlage für die anwaltl. Vergütung ist nicht das RVG, sondern idR der geschlossene Vertrag, ia ein Geschäftsbesorgungsvertrag (§ 675 Abs. 1 BGB). Das Recht auf einen Vorschuss ergibt sich daher bereits aus § 669 BGB. Dieses Recht erstreckt sich aber nur auf die erforderlichen Aufwendungen und damit insbes. auf die Auslagen iSv Teil 7 VV RVG. Über das Vorschussrecht auf Ersatz der erforderlichen Aufwendungen hinaus gibt § 9 RVG dem RA das Recht auf einen Vorschuss für seine Vergütungsansprüche (Gebühren und Auslagen, § 1 Abs. 1 RVG).

Das Vorschussrecht entsteht mit dem Anwaltsvertrag (BGH AnwBl 1989, 228). Es beschränkt sich nicht auf die bereits entstandenen Vergütungsansprüche, sondern gilt gem. § 9 RVG ausdrücklich auch für die voraussichtlich entstehende Vergütung. Aus den Fälligkeitsregelungen in § 8 RVG ergibt sich eine grds. Vorleistungspflicht des RA. Durch § 9 RVG wird die Vorleistungspflicht des RA durch eine Vorleistungspflicht des AG ergänzt. Das Vorschussrecht des RA dient der Sicherung des Vergütungsanspruchs. Eine Verpflichtung, einen Vorschuss zu fordern, bestimmt § 9 RVG nicht. Dem Sicherungsinteresse des RA entspr. ist aber wg. der Fälligkeitsregelungen in § 8 RVG die Forderung eines Vorschusses häufig zweckmäßig.

2 Der Anspruch auf Vorschusszahlung kann **von jedem Rechtsanwalt** geltend gemacht werden, der einen Vertrag abgeschlossen hat, der anwaltl. Tätigkeiten zum Inhalt hat. Das Vorschussrecht steht daher nicht nur dem Prozessbev., sondern dem "Unterbevollmächtigten", dem Wahlanwalt, dem Verkehrs- und Beweisanwalt und den mit der außergerichtlichen Vertretung beauftragten RA zu. Ferner ist ein Vorschussrecht gegeben, soweit der RA im Wege der PKH beigeordnet ist. In diesem Fall wird § 9 RVG durch § 47 RVG ersetzt, der eine Sonderreglung für den Fall trifft, dass der RA bereits im Wege der PKH beigeordnet ist (weitere Ausnahmen s. Anm. 5).

Soll der RA erst beigeordnet werden, so kann er v. AG einen Vorschuss gem. § 9 RVG fordern (Enders JurBüro 2003, 225). Erfolgt eine Beiordnung nach Vorschusszahlung, wird die Verrechnung des geleisteten Vorschusses in § 58 Abs. 2 RVG geregelt. Der nach § 625 ZPO beigeordnete RA kann gem. § 39 RVG die Zahlung eines Vorschusses verlangen. Gleiches gilt gem. § 40 RVG für den nach § 67a Abs. 1 S. 3 VwGO bestellten RA. Ein Vorschussrecht besteht auch im Rahmen v. § 51 Abs. 1 S. 4 RVG bei Festsetzung einer Pauschgebühr in Straf- und Bußgeldsachen.

Das Vorschussrecht besteht auch, wenn der RA in seiner Funktion als Vormund, Betreuer, Pfleger, Verfahrenspfleger, Testamentsvollstrecker, Insolvenzverwalter, Sachwalter, Mitglied des Gläubigerausschusses, Nachlassverwalter, Zwangsverwalter, Treuhänder oder Schiedsrichter anwaltl. Tätigkeit iSv § 1 Abs. 1 RVG ausübt. Der Vorschuss kann dann dem verwalteten Vermögen entnommen werden (für den Vormund KG AnwBl 1984, 71). Schuldner des Vorschusses ist entweder der AG oder die Staatskasse. Gegenüber Dritten, die nur ggü. dem AG vorschusspflichtig sind (§ 1360a BGB), hat der RA kein eigenes Vorschussrecht. Hat der AG ggü. einem Dritten einen Anspruch auf Vorschusszahlung im Hinblick auf die Rechtsanwaltsvergütung, kann der RA den Anspruch des AG ggü. dem Dritten nicht im eigenen Namen geltend machen. Er muss den Vorschuss für den AG geltend machen, eine eigene Anspruchsgrundlage zur Forderung des Vorschusses steht dem RA nicht zur Seite. Dies gilt auch für die ges. Unterhaltspflicht des Minderjährigen. Im Rahmen dieser Unterhaltspflicht kann der RA den Vorschuss nur v. dem oder den ges. Vertretern im Namen des Minderjährigen geltend machen, ihn aber nicht für sich selbst fordern.

3 Die **Vorschussrechnung** muss nicht den **Formvorschriften** des § 10 RVG genügen, allerdings sind bei der Vorschussrechnung die Vorgaben des Zweiten Gesetzes zur Änderung steuerrechtlicher Vorschriften (Steueränderungsgesetz 2003 v. 15.12.2003 BGBl. I S. 2645 □ insbes. die Vergabe einer etwa erforderlichen Rechnungsnummer etc.) zu beachten. Für die Vorschussrechnung ist die Einhaltung der Anforderungen aus § 14 Abs. 4 UStG iVm § 14 Abs. 5 UStG erforderlich.

4 Der RA kann die **Annahme des Auftrags von der Zahlung eines Vorschusses abhängig** machen. Die Annahme hängt dann v. einer Bedingung ab. Der RA kann aber auch den Auftrag annehmen und keinen oder zunächst keinen Vorschuss geltend machen.

Macht der RA die Annahme des Auftrags v. der Zahlung eines Vorschusses abhängig, so ist er verpflichtet, dies dem AG eindeutig zu erklären. Die Erklärung, die Übernahme des Mandats v. der Zahlung eines Vorschusses abhängig zu machen, muss mit der bezifferten Vorschussforderung verbunden werden. Laufen bei Annahme des Auftrags für den Mandanten Fristen (insbes. Not- und Ausschlussfristen), so muss der RA dem AG die an die Auftragsannahme geknüpfte Bedingung der Zahlung eines Vorschusses so rechtzeitig mitteilen, dass eine negative Rechtsfolge für den AG vermieden wird. Nach Auffassung v. Hartmann (Rn. 19 zu § 9 RVG) kann der RA verpflichtet sein, unaufschiebbare Tätigkeiten schon vorher, dh ohne Vorschusszahlung, vorzunehmen. Dies hätte zur Folge, dass das Vorschussrecht des RA immer dann durch den AG eingeschränkt werden könnte, wenn er den Auftrag an den RA spät erteilt. Aus dem Grundgedanken des Vorschussrechts muss aber gelten, dass der RA auch bei unaufschiebbaren Tätigkeiten die Annahme des Auftrags v. der Vorschusszahlung abhängig machen kann. Dies hat zur Folge, dass er einen Auftrag, bei dem eine Vorschusszahlung nicht mehr rechtzeitig möglich ist, unverzüglich ablehnen kann. Nach der Gegenauffassung wäre der RA gezwungen, anwaltl. Tätigkeiten auszuüben und dafür auch zu haften, ohne dass sichergestellt wäre, dass eine Vergütung für seine Tätigkeit zu erlangen ist (so auch Gerold/Schmidt Rn. 7 zu § 9 RVG, Schumann/Geißinger Rn. 3 zu § 17 BRAGO).

Der RA kann andererseits den Auftrag annehmen und anschließend einen Vorschuss fordern. Ist die Auftragsannahme erfolgt und nicht v. der Vorschusszahlung abhängig gemacht, so muss der RA unaufschiebbare Tätigkeiten vor Eingang des Vorschusses ausführen. Es kommt daher darauf an, dass der RA eindeutig erklärt, ob er den Auftrag annimmt und einen Vorschuss fordert, oder ob er die Annahme des Auftrags v. der Zahlung eines Vorschusses abhängig macht.

5 Das RVG macht in einigen Fällen **Ausnahmen** v. dem Recht, einen Vorschuss v. AG zu fordern. Der RA, der gem. §§ 57 oder 58 ZPO dem Bekl. als Vertreter bestellt ist, kann gem. § 41 RVG keinen Vorschuss fordern. Auch bei bewilligter BerHi gem. § 47 Abs. 2 RVG kann kein Vorschuss verlangt werden. Ein Vorschussrecht ist hier weder ggü. dem AG noch der Staatskasse gegeben. Der Pflichtverteidiger hat gem. § 52 Abs. 1 S. 2 RVG gleichfalls kein Vorschussrecht. Ist der Pflichtverteidiger für den Privatkläger, Nebenkläger, Antragsteller im Klageerzwingungsverfahren (oder in sonstigen Angelegenheiten, in denen sich die Gebühren nach Teil 4, 5 und 6 VV RVG bestimmen) bestellt, entfällt ebenfalls ein Vorschussrecht des RA. § 53 S. 1 letzter Hs. RVG verweist insofern auf § 52 Abs. 1 S. 2 RVG.

6 Der RA kann einen **angemessenen Vorschuss** auf die entstehende oder bereits entstandene Vergütung fordern. Der Höhe nach ist der Vorschuss daher an der Gesamtvergütung zu orientieren. Der Vorschuss kann bis zur Höhe der zu erwartenden Gesamtvergütung geltend gemacht werden. Ein höherer Vorschuss sollte nicht verlangt werden; er muss aber auch nicht geringer berechnet sein als die voraussichtlich entstehende ges. Vergütung. Sind Regelgebühren betroffen, können diese abhängig v. Gegenstandswert in voller Höhe berechnet werden und müssen nicht reduziert werden. **Beispiel:** In zivilgerichtlichen Verf. 1. Instanz ist idR v. Entstehen der 1,3 Verfahrensgeb. gem. § 2 Abs. 2, 13, Nr. 3100 VV RVG und der 1,2 Terminsgeb. gem. § 2 Abs. 2, 13, Nr. 3104 VV RVG auszugehen. Neben diesen Gebühren kann der RA die Auslagen (idR pauschale Post- und Telekommunikationsentgelte, Nr. 7002 VV RVG) und die USt gem. Nr. 7008 VV RVG berechnen. Der RA kann bei Einleitung des gerichtl. Verf. die vollen zu erwartenden Gebühren als Vorschuss fordern und muss nicht abwarten, ob mit dem Entstehen der 1,2 Terminsgeb. zu rechnen ist (AG Düsseldorf AnwBl 2003, 58). Die Einigungsgebühr der Nr. 1000/1003 VV RVG kann nicht als Vorschuss gefordert werden, da bei Einleitung des Verf. nicht mit dem voraussichtlichem Entstehen der Einigungsgebühr zu rechnen ist.

Bei der Beurteilung der Höhe eines angemessenen Vorschusses ist in zivilgerichtlichen Angelegenheiten regelmäßig v. Entstehen zweier Gebühren auszugehen (Verf.- und Terminsgeb.). Bei Rahmengebühren (Satzrahmen/Betragsrahmen) kann der RA grds. die Mittelgebühr (§ 14 Rn. 3) als Vorschuss berechnen. Lässt der erteilte Auftrag bereits erkennen, dass die Bewertungskriterien des § 14 RVG ein Abweichen v. der Mittelgebühr rechtfertigen, kann bei Rahmengebühren mehr als die Mittelgebühr als Vorschuss gefordert werden.

Beispiel: Der RA soll den AG außergerichtlich vertreten. Der erteilte Auftrag betrifft ein schwieriges rechtl. Gebiet. Die anwaltl. Tätigkeit wird sich daher voraussichtlich schwieriger als in durchschnittlichen Mandaten gestalten. Der RA kann bei der Vorschussforderung den Satzrahmen der Nr. 2400 VV RVG abweichend v. der Mittelgebühr bestimmen.

7 Ein Vorschussrecht besteht auch für die **vereinbarte Vergütung** (Gerold/Schmidt Rn. 22 zu § 9 RVG, Hartmann Rn. 16 zu § 9 RVG) unabhängig vom Inhalt der Vereinbarung. Hat der RA mit dem AG eine **Vergütungsvereinbarung** gem. § 4 RVG getroffen, kann (und sollte) er also einen Vorschuss fordern. Insofern besteht ein höheres Sicherungsinteresse des RA, denn diese Beträge sind nicht im Wege der Vergütungsfestsetzung (s. § 11 RVG Anm. 16) festsetzbar. Erfüllt der AG den Anspruch des RA aus der Vergütungsvereinbarung nicht, kann dieser nur im Wege der Klage (oder des Mahnverfahrens) geltend gemacht werden. Haben RA und AG in der Vergütungsvereinbarung einen bestimmten Betrag vereinbart, kann (und sollte) der RA diesen Betrag als Vorschuss fordern.

8 Ist der durch den AG gezahlte Vorschuss **verbraucht**, ist es zulässig, einen weiteren Vorschuss zu fordern.

Beispiel: Der RA hat als Vorschuss anstelle einer Vorschussvergütungsberechnung einen Betrag iHv 548 EUR gefordert. Nachdem mehrere Gebühren ausgelöst sind, ergibt sich eine voraussichtliche Vergütungshöhe v. 1.160 EUR. Der RA kann einen weiteren Vorschuss verlangen.

9 Fordert der RA einen Vorschuss in Form eines konkreten bezifferten Betrags, so ist er an die Bestimmungen in § 10 RVG gebunden. Der RA ist allerdings nicht verpflichtet, eine **Vorschussvergütungsberechnung** zu stellen. Damit nachvollziehbar ist, ob der RA einen isV § 9 RVG angemessenen Vorschuss gefordert hat, muss RA in diesem Fall dem AG mitteilen, v. welchem voraussichtlichen Gebührenbetrag er bei der Berechnung des Vorschusses ausgegangen ist.

Beispiel: Der RA geht v. einem Gesamtvergütungsbetrag iHv 5.000 EUR aus. Dabei wurde der Gegenstandswert und der voraussichtliche Gebühren- und Auslagenanfall berücksichtigt. Der RA fordert zunächst einen Vorschuss iHv 2.500 EUR. In der Vorschussforderung hat der RA darzulegen, dass er v. einer entstehenden Gesamtvergütung iHv 5.000 EUR ausgeht.

10 Der Anspruch auf Vorschusszahlung ist grds. auf **Geldzahlung** gerichtet. Es ist jedoch zulässig, andere Besicherungsformen (Sicherheitsleistungen in anderen Formen, zB Abtretungen oÄ) zu vereinbaren (BGH AnwBl 1989, 227 = MDR 1989 368). Stehen dem Standesregeln entgegen, so muss der RA diese beachten.

Ist dem RA bekannt, dass der AG wirtschaftl. nicht in der Lage ist, den verlangten Vorschuss zu leisten, sollte er auf die Möglichkeit v. BerHi oder PKH hinweisen.

11 Die Vorschusspflicht setzt die Mitteilung des verlangten Vorschusses an den AG voraus. Der RA ist zwar nicht verpflichtet, einen Vorschuss zu verlangen; in der Nichtanforderung eines Vorschusses liegt jedoch auch kein **Verzicht**. Der RA kann aber auch auf die Forderung eines Vorschusses verzichten. Der Verzicht des RA auf die Vorschussleistung wird jedoch hinfällig, wenn sich die Vermögenslage des AG erheblich verschlechtert und der RA Kenntnis davon erlangt (Riedel/Sußbauer Rn. 11 zu § 17 BRAGO, Schumann/Geißinger Rn. 18 zu § 17 BRAGO).

12 Der **Verstoß gegen die Zahlungsverpflichtung** hat verschiedene Rechtsfolgen. Der RA ist nicht verpflichtet, ohne eine Vorschusszahlung tätig zu werden (Anm. 2). Er ist auch nicht verpflichtet, die Vorschusszahlung in Raten anzunehmen. Der Vorschuss kann als Ganzes gefordert werden. Wurde der AG ordnungsgemäß zur Zahlung eines angemessenen Vorschusses aufgefordert und kommt dieser Anforderung nicht rechtzeitig (ggf. innerhalb der gesetzten Zahlungsfrist) und vollständig (ggf. nur in Raten) nach, kann der RA die weitere Tätigkeit für den AG ablehnen, bis der Vorschuss vollständig eingegangen ist. Daneben steht dem RA in diesem Fall das Recht zu, die für seine bisherige Tätigkeit bereits entstandene Vergütung zu fordern (§ 628 BGB iVm §§ 15 Abs. 4, 8 Abs. 1 RVG). Gleichzeitig hat der RA in diesem Fall das Recht zur fristlosen Kündigung des Mandatsvertrags gem. § 671 Abs. 2 S. 1 BGB (BGH VersR 1989, 861). Auf § 671 Abs. 3 BGB ist nicht mehr abzustellen; dies ergibt sich ausdrücklich aus § 675 Abs. 1 BGB.

Der RA ist nach der fristlosen Kündigung des Vertrags wg. nicht erfolgter Vorschusszahlung nach § 671 Abs. 2 S. 1 BGB auch nicht mehr verpflichtet, so genannte unaufschiebbare Geschäfte für den AG vorzunehmen. Nimmt er diese unaufschiebbaren Geschäfte für den AG nach Kündigung nicht mehr vor, haftet er nicht für einen etwaigen Schaden (§ 671 Abs. 2 S. 2 BGB). Allerdings muss der RA hier aus dem Grundsatz v. **Treu und Glauben** gem. § 242 BGB und unter Berücksichtigung der BORA eine sorgfältige Abwägung treffen. Das Kündigungsrecht des RA und seine Untätigkeit dürfen, wenn unaufschiebbare Geschäfte zu tätigen wären (zB bei Notfristablauf), nicht zur Unzeit ausgeübt werden. Der RA ist daher verpflichtet, die beabsichtigte Kündigung bzw. die beabsichtigte Untätigkeit anzukündigen. Sinnvollerweise wird der RA den AG in der Vorschussanforderung darauf hinweisen, welche Folgen eine Nichtzahlung des Vorschusses hat. Ferner ist es sinnvoll, den Zugang der Vorschussanforderung, die eine Ankündigung der Untätigkeit oder Androhung der Kündigung enthält, sicherzustellen (§§ 130, 132 BGB).

Die Vorschussforderung wird mit ihrem Zugang beim AG **fällig**. Gem. § 286 Abs. 3 BGB kann der RA daher bei Nichtzahlung nach Ablauf v. 30 Tagen **Verzugszinsen** fordern. Die Verzugszinsen können nur für den Teil des Vorschusses geltend gemacht werden, für den die Vergütung bereits entstanden ist. Ist der Vorschuss höher als die bereits entstandene Vergütung, so sind die Verzugszinsen auf die entstandene Vergütung beschränkt (Hartmann Rn. 21 zu § 9 RVG, Riedel/Sußbauer Rn. 9 zu § 17 BRAGO).

13 Zwischen der Rechtsschutzversicherung des AG und dem RA bestehen keine Rechtsbeziehungen. Der AG hat den Vertrag mit der Vers. abgeschlossen; daher kann nur er Ansprüche ggü. der **Rechtsschutzversicherung** geltend machen. Der AG hat ggü. der Rechtsschutzversicherung im Rahmen der v. dieser erteilten Kostendeckungszusage einen **Anspruch auf Freistellung** v. Vorschussforderungen des RA (§ 1 Abs. 2 Allgemeine Rechtsschutzbedingungen). Erfüllt die Rechtsschutzversicherung für den AG die Vorschussforderung, so erfüllt sie die Verpflichtung aus dem Versicherungsvertrag ggü. dem AG und damit dessen Verpflichtung aus dem Anwaltsvertrag ggü. dem beauftragten RA (§ 267 BGB).

Da die Rechtsschutzversicherung den Freistellungsanspruch des Versicherungsnehmers erfüllt hat, kann sie die an den RA geleisteten Vorschüsse nicht zurückverlangen, wenn die Kostendeckungszusage nach Zahlung widerrufen wird oder aus sonstigen Gründen Ersatzansprüche der

Rechtsschutzversicherung ggü. dem AG (Versicherungsnehmer) bestehen. Die Vers. kann aber verlangen, dass nicht verbrauchte Vorschüsse erstattet werden, wenn die entstandene Vergütung nicht die Höhe des gezahlten Vorschusses erreicht. Das Bestehen einer Rückzahlungspflicht ggü. der Vers. hängt daher v. Rückforderungsgrund ab. Während die Überzahlung eine Rückzahlungsverpflichtung bewirkt, besteht beim Wegfall der Kostendeckungszusage keine Verpflichtung zur Rückzahlung geleisteter Beträge.

Bittet die Rechtsschutzversicherung den beauftragten RA, v. einer Vorschussforderung abzusehen, so besteht für den RA keine Verpflichtung hierzu, weil er nicht verpflichtet ist, ohne Vorschuss für den AG tätig zu werden. Der Verzicht auf eine Vorschussforderung ggü. dem rechtsschutzversicherten AG birgt zudem die Gefahr, dass nach Beendigung des Mandats (und damit Fälligkeit des Gebührenanspruchs iSv § 8 RVG) uU der Versicherungsschutz entfallen sein kann. Insbesondere in Strafsachen hängt der Versicherungsschutz davon ab, dass dem AG nur fahrlässiges Verhalten vorgeworfen wird. Erfolgt eine rechtskräftige Verurteilung wg. Vorsatz, ist der Versicherungsschutz gem. § 4 Abs. 3a Allgemeine Rechtsschutzbedingungen nicht mehr gegeben. In Strafsachen ist es daher geboten, v. der Rechtsschutzversicherung des AG die voraussichtlich entstehende Vergütung als Vorschuss zu fordern.

Beispiel: Der RA hat in einer Strafsache bereits die Grundgebühr gem. Nr. 4100 VV RVG und die Verfahrensgeb. der Nr. 4106 VV RVG als Vorschuss berechnet. Nach Eingang der Ladung zum Hauptverhandlungstermin sollte der RA die Terminsgeb. der Nr. 4108 VV RVG unmittelbar als Vorschuss fordern.

Fordert der RA die Rechtsschutzversicherung auf, den Versicherungsnehmer durch Zahlung v. der Vorschusspflicht freizustellen, so hat er dabei die Vorgaben des Zweiten Gesetzes zur Änderung steuerrechtlicher Vorschriften zu beachten (Steueränderungsgesetz 2003 v. 15.12.2003 BGBl. I S. 2645).

14 Aus §§ 9, 47 RVG ergibt sich, dass der Vorschuss nicht lediglich als Sicherungsmittel dient, sondern eine Vorauszahlung auf bereits entstandene und ggf. voraussichtlich noch entstehende weitere Gebühren und Auslagen darstellt. Mit der Zahlung des Vorschusses sind die bereits angefallenen (und damit entstanden und geschuldeten) Gebühren und Auslagen bis zu seiner Höhe getilgt. Die **Tilgungsfolge** setzt nicht die Fälligkeit gem. § 8 RVG voraus. Der Vorschuss geht in das Vermögen des RA über; dies gilt auch in steuerlicher Hinsicht. Übersteigt der Vorschuss der Höhe nach die bereits angefallenen Gebühren und Auslagen, so bewirkt der gezahlte Vorschuss die Tilgung der Gebühren, die erst nach der Zahlung entstehen (Hartmann Rn. 22 zu § 17 BRAGO mwN).

Ist der RA v. Gericht im Wege der PKH beigeordnet, so wird der gezahlte Vorschuss nach § 58 Abs. 2 RVG verrechnet. Der RA verrechnet den Vorschuss zunächst auf die Vergütung, für die ein Anspruch gg. die Staatskasse nicht besteht. Dies gilt insbes. auch für die sich aus den unterschiedlichen Tabellen zu §§ 13 und 49 RVG ergebenden Differenzbeträge.

15 Über den gezahlten Vorschuss rechnet der RA grds. in der Vergütungsberechnung nach § 10 RVG ab. Eine **Rückzahlungsverpflichtung** kann nur entstehen, wenn feststeht, dass weitere Ansprüche des RA als die, für die er den Vorschuss gefordert hatte, nicht mehr entstehen können oder werden. Eine vorherige Rückzahlungspflicht hätte zur Folge, dass der RA einen Teil des Vorschusses zurückzahle, den er, anschließend erneut □ bei Entstehen weiterer Gebühren und Auslagen □ anfordern könnte.

Eine Rückzahlungspflicht besteht nicht, wenn der Vorschuss geringer ist als die entstandene Vergütung.

Bei der Rückzahlungspflicht handelt es sich um einen vertraglichen Anspruch und nicht um einen Bereicherungsanspruch.

Grundsätzlich sind zurückzuzahlende Vorschüsse nicht zu verzinsen. Nur in wenigen Ausnahmefällen ist v. einer Verzinsungspflicht auszugehen, die sich nur aus dem Grundsatz v. Treu und Glauben (§ 242 BGB) ergeben kann (Hartmann Rn. 25 zu § 9 RVG).

Der Rückforderungsanspruch für den nicht verbrauchten, überzahlten Vorschuss verjährt in drei Jahren (§ 195 BGB). Die Verjährungsfrist beginnt mit Schluss des Kalenderjahres, in dem sich der Auftrag erledigt hat. Gem. § 199 Abs. 1 Ziff. 1 BGB entsteht der Rückforderungsanspruch mit Erledigung des Auftrags. Zu beachten ist, dass gem. § 199 Abs. 1 Ziff. 1 BGB die Verjährung beginnt, wenn der Anspruch entstanden ist und der Gläubiger v. den den Anspruch begründenden Umständen (und der Person des Schuldners) Kenntnis erlangt hat oder ohne grobe Fahrlässigkeit hätte erlangen müssen. Neben § 199 Abs. 1 Ziff. 1 BGB ist daher auch auf §§ 199 Abs. 1 Ziff. 2, 199 Abs. 3 BGB abzustellen.

§ 10 Berechnung

(1) Der Rechtsanwalt kann die Vergütung nur aufgrund einer von ihm unterzeichneten und dem Auftraggeber mitgeteilten Berechnung einfordern. Der Lauf der Verjährungsfrist ist von der Mitteilung der Berechnung nicht abhängig.

(2) In der Berechnung sind die Beträge der einzelnen Gebühren und Auslagen, Vorschüsse, eine kurze Bezeichnung des jeweiligen Gebührentatbestands, die Bezeichnung der Auslagen sowie die angewandten Nummern des Vergütungsverzeichnisses und bei Gebühren, die nach dem Gegenstandswert berechnet sind, auch dieser anzugeben. Bei Entgelten für Post- und Telekommunikationsdienstleistungen genügt die Angabe des Gesamtbetrags.

(3) Hat der Auftraggeber die Vergütung gezahlt, ohne die Berechnung erhalten zu haben, kann er die Mitteilung der Berechnung noch fordern, solange der Rechtsanwalt zur Aufbewahrung der Handakten verpflichtet ist.

Übersicht

1 Allgemeines. Das Entstehen, die Fälligkeit und die Einforderbarkeit des Vergütungsanspruchs sind zu unterscheiden (OLG Düsseldorf AnwBl 1988, 252, LG Köln JurBüro 1997, 203). Der Vergütungsanspruch des RA entsteht mit seiner ersten Tätigkeit nach Übernahme des Auftrags. Der Abschluss des Anwaltsvertrags gibt dem RA gleichzeitig das Recht, einen Vorschuss gem. § 9 RVG zu fordern. Die Vergütung wird erst fällig, wenn die TB-Merkmale des § 8 Abs. 1 RVG erfüllt sind. Die **Einforderbarkeit der Vergütung** hängt gem. § 10 RVG davon ab, dass der RA dem AG eine Berechnung seiner Vergütung übermittelt. Auf das Entstehen des Vergütungsanspruchs, seine Fälligkeit oder das Recht, einen Vorschuss zu fordern, hat § 10 RVG keine Auswirkung. Die Berechnung der Vergütung wird allgemein als **Kostenrechnung** oder **Gebührenrechnung** bezeichnet. § 10 RVG bestimmt nicht, wie die übermittelte Berechnung zu bezeichnen ist. Zulässig ist daher ua die Wahl der Begriffe Kostenrechnung, Gebührenrechnung, Vergütungsberechnung, Rechtsanwaltsgebührenberechnung. § 1 Abs. 1 RVG bestimmt, dass der RA für seine anwaltl. Tätigkeit eine Vergütung erhält, die aus Gebühren und Auslagen besteht. Die genaueste Bezeichnung der Berechnung an den AG ist daher die Bezeichnung als "**Vergütungsberechnung**". Hat der RA mit dem AG eine **Vergütungsvereinbarung** gem. § 4 RVG über einen feste Betrag getroffen, so ist § 10 RVG nicht anwendbar. Auf den Vorschuss gem. § 9 RVG ist § 10 RVG idR nicht anwendbar.

Die in § 10 RVG vorgegebenen Anforderungen an die Berechnung der Vergütung sollen die Nachprüfbarkeit der Rechnung für den Rechnungsempfänger unabhängig davon, ob es sich um den AG oder einen Dritten handelt, gewährleisten.

Neben den Anforderungen aus § 10 RVG sind für die ordnungsgemäße Vergütungsberechnung des RA weitere Erfordernisse zu beachten. Diese ergeben sich aus § 14 Abs. 1a UStG (BMF NJW 2002, 2452, Hartmann NJW 2002, 1853, Streck NJW 2002, 1848) hinsichtlich der Angabe der Umsatzsteuernr. sowie aus § 14 Abs. 4 UStG (Rechnungsnr., Leistungszeitraum, Leistungsbeschreibung).

2 Unter **Einforderung** ist jede Form der Geltendmachung des Vergütungsanspruchs zu verstehen, also jede Handlung des RA, mit der er die Befriedigung des Vergütungsanspruchs v. Vergütungsschuldner erwirken will. Die Mitteilung der Berechnung ist Voraussetzung für die Zulässigkeit des Einforderns; sie ist aber nicht Voraussetzung für das Entstehen des Anspruchs.

Der RA fordert die Vergütung ein, wenn er den AG zur Zahlung auffordert, eine Mahnung erstellt, die Aufrechnung mit einem Geldbetrag über die Zurückbehaltung erklärt. Unter Einforderung ist nicht die gerichtl. Geltendmachung der Forderung im Wege des Mahnverfahrens, der Gebührenklage (BGH AnwBl 1985, 257, KG AnwBl 1982, 71, OLG Köln, KostRsp § 18 BRAGO Nr. 7 = AnwBl 1994, 471, OLG Frankfurt/Main AnwBl 1975, 163) oder der Vergütungsfestsetzung gem. § 11 RVG (OLG Dresden JurBüro 1998, 599, OLG Düsseldorf AnwBl 1988, 253) zu verstehen.

Die Aufrechnung des Vergütungsanspruchs des RA mit einer Geldforderung des AG ist nur zulässig, wenn die Vergütungsansprüche ordnungsgemäß nach § 10 RVG abgerechnet sind (noch zu § 18 BRAGO: BGH BRAGOreport 2002, 137), denn eine Aufrechnung gem. § 387 BGB ist nur möglich, wenn der Aufrechnende die ihm gebührende Leistung fordern darf. Daran fehlt es, wenn der RA keine ordnungsgemäße Vergütungsberechnung erstellt hat. § 215 BGB gilt auch für die Vergütungsforderung des RA. Die Aufrechnung kann daher auf eine verjährte Forderung gestützt werden, soweit diese bei Eintritt der Aufrechnungslage noch nicht verjährt war (zur Verjährung s. Anm. 15).

Der Antrag des RA, den Wert zum Zwecke der anwaltl. Vergütungsberechnung festzusetzen, stellt keine Einforderung der Vergütung dar (Hartmann Rn. 4 zu § 18 BRAGO).

Aus § 10 RVG lassen sich nicht nur Rechte des RA herleiten, sondern es ergeben sich auch Pflichten für ihn. So ist der RA verpflichtet, eine Vergütungsberechnung zu erstellen. Dies gilt nicht nur dann, wenn er auf die Vergütung v. seinem AG oder einem Dritten bereits Vorschüsse erhalten hat. Der AG hat einen Anspruch auf eine Vergütungsabrechnung unabhängig davon, ob er (oder ein Dritter) Vorschüsse geleistet hat (OLG Köln AnwBl 1994, 471).

3 Die Zulässigkeit des Einforderns des Vergütungsanspruchs setzt die **Mitteilung einer Berechnung an den Auftraggeber** voraus. Die Berechnung muss nur dem AG mitgeteilt werden; dieser kann aber verlangen, dass die Berechnung nicht ihm, sondern einem Dritten (zB der Rechtsschutzversicherung) mitgeteilt und übersandt wird. Für das Mitteilen der Berechnung darf der RA keine Post- und Telekommunikationsentgelte gem. Nrn. 7001 oder 7002 VV RVG fordern. Ein

Anspruch auf Ersatz v. Auslagen besteht nur für die Auslagen, die bei der Ausführung des Auftrags entstanden sind, nicht für die Mitteilung der Berechnung (AG Nürtingen AGS 1998, 116, Hartmann Rn. 1 zu Nr. 7002 VV RVG unter Aufgabe der in Rn. 1 zu § 26 BRAGO vertretenen Auffassung). Die Mitteilung der Berechnung und ihre Übersendung an den AG muss nicht zwingend vor der gerichtl. Geltendmachung erfolgt sein. Es ist zulässig, die Mitteilung der Berechnung erst in der Klageschrift oder einem sonstigen zum Vergütungsprozess gehörenden Schriftsatz zu erstellen (BGH NJW 2002, 2775). Die Zustellung des Vergütungsfestsetzungsgesuchs gem. § 11 RVG durch das Gericht (OLG Dresden JurBüro 1998, 599) ist ebenfalls eine ordnungsgemäße Mitteilung der Vergütungsberechnung.

Als Nebenpflicht aus dem Anwaltsvertrag kann der RA im Ausnahmefall zur mehrfachen Mitteilung der Vergütungsabrechnung verpflichtet sein. Benötigt der AG zB die Berechnung zur Geltendmachung v. Ersatzansprüchen oder für seine Steuererklärung, ist mehrfache Mitteilung erforderlich. Nach Hartmann (Rn. 18 zu § 10 RVG) setzt das Erfordernis der mehrfachen Mitteilung der Vergütungsberechnung die Zahlungswilligkeit des AG voraus (aA Gerold/Schmidt in Rn. 13 zu § 18 BRAGO: keine mehrfache Mitteilungspflicht ☐ keine entspr. Komm. in Gerold/Schmidt 16. Aufl. zum RVG). Hat der AG bereits erklärt, die Vergütungsberechnung nicht begleichen zu wollen, fehlt es an der Zahlungswilligkeit. Auch auf Anforderung ist dann kein Erfordernis gegeben, dem AG die Vergütungsberechnung mehrfach zur Verfügung zu stellen.

In der Vergütungsberechnung ist der AG genau und vollständig zu bezeichnen (OVG Hamburg KostRsp Nr. 14 zu § 18 BRAGO). Die Mitteilung kann nicht formlos oder mündl. erfolgen; anders als bei der Vorschussanforderung ist Schriftform erforderlich.

4 Neben der in § 10 Abs. 1 RVG bestimmten Schriftform ist es erforderlich, dass die Berechnung einheitlich für den erteilten Auftrag erstellt wird. § 10 Abs. 2 RVG verlangt als **notwendigen Inhalt der Vergütungsberechnung** weiter, dass diese

- eine kurze Bezeichnung des jew. Gebührentatbestandes,
- die angewandten Nummern des Vergütungsverzeichnisses,
- bei Wertgeb. die Angabe des Gegenstandswertes,
- die Bezeichnung der Auslagen und Gerichtskosten (Aufwendungen),
- und die geleisteten Vorschüsse

enthält und v. RA unterschrieben ist.

5 Anhand der Vergütungsberechnung soll der AG nachvollziehen können, ob der RA die anwaltl. Tätigkeit zutr. abgerechnet hat. Daher muss in der Berechnung der **Gebührentatbestand** bezeichnet sein. Eine Vergütungsberechnung, in der nur die Gebührenvorschriften zu den Auslagen zitiert sind, nicht aber zu den primär geforderten Gebühren, entspricht nicht den formalen Anforderungen des § 10 RVG (noch zu § 18 BRAGO OLG Köln JurBüro 2002, 580 = ZfS 2002, 543). Die Gebührenvorschriften ergeben sich aus dem VV. Daher verweist § 2 Abs. 2 RVG für die anzuwendenden und zu benennenden Gebührentatbestände (bis auf wenige Ausnahmefälle nach §§ 34, 35 RVG) auf das VV. Die im VV genannten Gebührentatbestände müssen in der Vergütungsberechnung kurz bezeichnet werden.

Beispiel 1: Nr. 3106 VV RVG bestimmt die Terminsgeb. in Verf. vor den Sozialgerichten, in denen Betragsrahmengeb. entstehen. Für die Bezeichnung des Gebührentatbestands genügt die Bezeichnung "Terminsgeb.". Der Zusatz "in Verf. vor den Sozialgerichten, in denen Betragsrahmengeb. entstehen..." ist für eine ordnungsgemäße Kostenrechnung nicht erforderlich. Die vollständigen Nummern des Vergütungsverzeichnisses sind anzugeben.

Beispiel 2: Haben sich AG und Prozessgegner im Zivilprozess 1. Instanz wirksam geeinigt, kann der RA die Einigungsgebühr der Nr. 1003 VV RVG iHv 1,0 berechnen. Die Einzelheiten zum Entstehen der Einigungsgebühr ergeben sich nur aus Nr. 1000 VV RVG. Aus der Nr. 1003 VV RVG allein ist nicht ersichtlich, wann eine Einigungsgebühr entsteht. Nr. 1003 VV RVG beschränkt lediglich die Höhe der Einigungsgebühr in den in Nr. 1003 VV genannten Fällen. Für den Gebührentatbestand muss der RA nicht die vollständige Bezeichnung der Gebühr "Einigungsgebühr im gerichtl. Verf." wiedergeben, es ist ausreichend, wenn er die Gebühr mit "Einigungsgebühr" bezeichnet. Die **angewandten Nummern des Vergütungsverzeichnisses** (Nrn. 1000 und 1003 VV RVG) müssen hingegen angegeben werden, da die Einigungsgebühr nur durch diese Angaben hinreichend bestimmt ist.

Beispiel 3: Der RA nimmt im zivilgerichtlichen Berufungsverfahren für den Berufungskläger einen Termin wahr. Der Berufungsbeklagte ist nicht erschienen. Der RA stellt einen Antrag auf Erlass eines VU. Es ist die 1,2 Terminsgeb. der Nr. 3202 VV RVG entstanden. Der RA muss in der Vergütungsberechnung nicht "Terminsgeb. im Berufungsverfahren, Säumnis des Berufungsbeklagten" wiedergeben, es ist ausreichend, wenn der RA die Gebühr mit "Terminsgeb." bezeichnet. Als zutr. Nummern des VV muss der RA nur die Nr. 3202 VV RVG angeben. Er muss nicht noch die Nr. 3203 VV RVG zitieren, da diese die Säumnis des Berufungsbeklagten gerade nicht regelt.

Ordnungsgemäß ist die Kostenrechnung in den Beispielen 1-3 nur, wenn der RA den Gebührentatbestand bezeichnet hat und zusätzl. die angewandten Nummern des Vergütungsverzeichnisses nennt. Es ist in keinem Fall ausreichend lediglich:

    1,2 Terminsgeb.

    1,0 Einigungsgebühr

in der Rechnung anzugeben.

Str. ist, ob es für eine ordnungsgemäße Vergütungsberechnung darüber hinaus erforderlich ist, zusätzl. zum Gebührentatbestand und den Nrn des Vergütungsverzeichnisses die den Gebühren zugeordneten **Vorbemerkungen und Anmerkungen** zu zitieren. So wird zB die Terminsgeb. in Beispiel 2 in Vorbem. 3 Abs. 3 VV RVG definiert. Nach Auffassung v. Hartmann (Rn. 7 zu § 18 BRAGO in Vorschau zum RVG) sind evtl. die amtlichen Vorbem. (für die Terminsgeb. Vorbem. 3 Abs. 3 RVG) und Anm. als Bestandteile der Vorschrift anzugeben. Dagegen spricht jedoch zum einen der Wortlaut v. § 10 Abs. 2 RVG, der nur bestimmt, dass die Nummern des Vergütungsverzeichnisses anzugeben sind. Weiterhin spricht auch die Gesetzesbegründung zu § 10 RVG (BT-Dr. 15/1971, S. 232) dagegen, wonach es genügen soll, wenn der RA anstelle der angewandten Kostenvorschriften die angewandten Nummern des VV angibt, weil diese den Gebührentatbestand ausreichend bestimmt wiedergeben.

Berechnet der RA Wertgeb. (s. Anm. 1 zu § 2 RVG), muss er in der Vergütungsberechnung auf die Tabelle zu § 13 RVG verweisen. Nur aus der Tabelle ergibt sich die Höhe seiner Vergütung. Ergibt sich die Gebühr aus dem VV, muss der RA dies kennzeichnen, indem er in der Vergütungsberechnung zusätzl. § 2 Abs. 2 RVG nennt.

Ordnungsgemäß ist die Vergütungsberechnung nur, wenn der RA § 13 RVG und § 2 Abs. 2 RVG nennt. Um bei Wertgeb. den Hinweis auf die Tabelle zu § 13 RVG sowie auf die Anwendung des Vergütungsverzeichnisses gem. § 2 Abs. 2 RVG nicht bei jeder Gebühr wiederholen zu müssen, ist es sinnvoll, dies als Zusatz in der Überschrift voranzustellen:

"Vergütungsberechnung nach dem Rechtsanwaltsvergütungsgesetz

Gebühren berechnet gem. §§ 2 Abs. 2, 13 RVG".

Hat der RA eine Gebühr bezeichnet, die er **irrtümlich** für anwendbar hält, so wird die Wirksamkeit der Vergütungsberechnung hiervon nicht beeinträchtigt. Eine Zahlungsverpflichtung des AG für die falsche Gebühr wird jedoch nicht ausgelöst (OLG Hamburg AnwBl 1970, 233).

Beispiel 4: Im Zivilprozess 1. Instanz hat der Bekl. seine Verteidigungsabsicht nicht rechtzeitig angezeigt (§ 276 Abs. 1 S. 1, Abs. 2 ZPO), so dass auf entspr. Antrag des RA im schriftlichen Verf. gem. § 331 Abs. 3 ZPO ein VU ergeht. Es entsteht die 0,5 Terminsgeb. der Nr. 3105 Anm. 1 Nr. 2 VV RVG. Der RA geht davon aus, dass die 1,2 Terminsgeb. der Nr. 3104 VV RVG entstanden ist und erstellt eine entspr. Vergütungsberechnung. Die Vergütungsberechnung ist wirksam erstellt; begründet jedoch keine Zahlungsverpflichtung für den AG bzgl. der geforderten Terminsgeb. Eine Zahlungsverpflichtung für die tatsächlich entstandene Terminsgeb. der Nr. 3105 VV RVG anstelle der irrtümlich berechneten Terminsgeb. der Nr. 3104 VV RVG wird erst ausgelöst, wenn der RA die Rechnung entspr. berichtigt. Im Fall der Vergütungsfestsetzung oder der sonstigen gerichtl. Geltendmachung der Gebühr im Wege der Gebührenklage oder des Mahnverfahrens muss es zulässig sein, dass das Gericht die irrtümlich berechnete Gebühr durch die tatsächlich entstandene Gebühr ersetzt. Dies bedeutet für das Vergütungsfestsetzungsverfahren, dass durch den Rechtspfleger der Teil der Gebühren nicht festgesetzt wird, der nicht entstanden ist und durch das Gericht (idR nach entspr. Hinweis) die Klage wg. des überschießenden Teils der Terminsgeb. abgewiesen wird. Die fälschlich berechnete Gebühr kann durch die tatsächlich entstandene Gebühr ersetzt werden.

6 Liegt der Vergütungsberechnung eine Gebühr zugrunde, die nach dem Gegenstandswert berechnet wird (vgl. Anm. 1 zu § 2 RVG), so ist für eine ordnungsgemäße Vergütungsberechnung die **Angabe des Gegenstandswertes** erforderlich. Der Gegenstandswert ist nachvollziehbar darzustellen. § 10 Abs. 2 RVG verlangt nicht, dass der RA die einzelnen Wertvorschriften (zB GKG, KostO) nennt. Um eine nachvollziehbare Vergütungsberechnung zu gewährleisten, sollten aber die wesentlichen Vorschriften zur Bestimmung des Gegenstandswertes in der Vergütungsberechnung genannt werden. Dies gilt dann nicht, wenn der Gegenstandswert auch für einen Laien ohne weiteres nachvollziehbar ist, etwa bei einer bezifferten Geldforderung.

Ist der Vergütungsberechnung des RA ein Gegenstandswert zugrunde zu legen und rechnet der RA infolgedessen Wert- oder Regelgebühren ab, so hat er vor Annahme des Auftrags gem. § 49b Abs. 5 BRAO die Pflicht, den AG darauf hinzuweisen, dass der Vergütungsberechnung ein Gegenstandswert zugrunde zu legen ist. Im Rahmen dieser sich aus der BRAO ergebenden Hinweispflicht ist es sinnvoll, aber nicht erforderlich, dass der RA bereits angibt, welche Vorschriften für den Gegenstandswert maßgeblich sind oder voraussichtlich sein werden.

7 In der ordnungsgemäßen Vergütungsberechnung muss der RA die **Beträge der entstandenen Gebühren und Auslagen beziffern.** Die Höhe der verlangten Gebühr ist in EUR anzugeben. Bei Rahmengebühren muss aus der Vergütungsberechnung erkennbar sein, wie der RA den Gebührenrahmen im konkreten Fall bestimmt hat, da sonst die Vergütungsberechnung nicht nachvollziehbar ist (OLG Köln JurBüro 2002, 580).

Bestimmt der RA lediglich die Mittelgebühr (vgl. Anm. 3ff. zu § 14 RVG, Mittelwerttheorie) oder die so genannte Schwellengebühr (Beispiel Nr. 2400 VV RVG: 1,3 als vorgegebene Schwellengebühr in Abweichung zur Mittelgebühr ihv 1,5), sind Ausführungen zur Bestimmung des Gebührenrahmens in der Vergütungsberechnung idR nicht erforderlich. Weicht der RA bei der Bestimmung des Gebührenrahmens entweder v. der durch das VV vorgegebenen Höhe des Rahmens der Gebühr oder v. der Mittelgebühr ab, ist die Vergütungsberechnung nur dann ordnungsgemäß, wenn er dies unter Berücksichtigung v. § 14 RVG darlegt.

Der v. RA bestimmte Gebührenrahmen in der Vergütungsberechnung ist anders als eine irrtümlich abgerechnete Gebühr nicht im Wege der gerichtl. Geltendmachung (Vergütungsfestsetzungsverfahren/Gebührenklage) durch ein Ersetzen mit der richtigen Gebühr (dem richtigen Gebührenrahmen) zu berichtigen, da der RA bei der Bestimmung des Gebührenrahmens sein Gestaltungsrecht ausgeübt hat (s. Anm. 2 zu § 14 RVG, Gerold/Schmidt Rn. 29 zu § 10 RVG).

8 Die v. RA berechneten **Auslagen** ergeben sich aus Teil 7 VV RVG. Für die geltend gemachten Auslagen ist nach § 10 Abs. 2 RVG die Bezeichnung des Auslagentatbestands nicht erforderlich; die Auslagen müssen lediglich bezeichnet sein. Sinnvoll ist es allerdings, auch für die berechneten Auslagen sowohl den Auslagentatbestand als auch die Nummer des Vergütungsverzeichnisses anzugeben, da ansonsten die Vergütungsberechnung möglicherweise nicht nachvollziehbar ist.

Aus § 10 Abs. 2 RVG ergibt sich, dass es für die Auslagen nicht erforderlich ist, diese "kurz" mit einem Auslagentatbestand zu bezeichnen. Es ist allerdings nicht ausreichend, sämtliche möglichen Auslagen aus Teil 7 VV RVG als "Auslagen" zusammen zu fassen, weil sie damit nicht iSv § 10 Abs. 2 RVG bezeichnet sind, was zumindest erfordert, dass erkennbar ist, um welche Art Auslagen es sich handelt.

Beispiel: Der RA berechnet Fahrtkosten für eine Geschäftsreise mit dem eigenen PKW. Beziffert er die berechneten Auslagen pauschal mit "Auslagen" und der Summe des Betrags für 50 km Hin- und Rückweg mit "15,00" EUR, ist für den Rechnungsempfänger eine Nachprüfbarkeit nicht gegeben. Der RA muss daher in seiner Rechnung die Auslagen mit "Fahrtkosten Nr. 7003 VV 15,00 EUR" bezeichnen.

Nicht nur die Gebühren müssen mit der entspr. Nr. des VV genannt sein. Die Angabe der Nummer des VV ist auch für die Auslagen erforderlich. Aus § 10 Abs. 2 RVG ist durch die Reihenfolge der Anforderungen an die anwaltl. Vergütungsberechnung ersichtlich, dass die Angabe der Nummern des VV sowohl für Gebühren als auch für Auslagen gilt.

Nr. 7001 und 7002 VV RVG geben dem RA ein Wahlrecht, ob er die tatsächlich entstandenen Post- und Telekommunikationsentgelte oder anstelle dessen eine Pauschale fordert. Berechnet er die tatsächlich entstandenen Post- und Telekommunikationsentgelte gem. Nr. 7001 VV RVG, genügt nach § 10 Abs. 2 S. 2 RVG die Angabe des Gesamtbetrags. Etwas anderes gilt, wenn der AG eine Aufschlüsselung dieser Auslagen fordert. Der RA ist dann verpflichtet, die Beträge aufzuschlüsseln und das Entstehen der Auslagen nachzuweisen (Gerold/Schmidt Rn. 18 zu § 9 RVG).

9 Der RA muss in der Berechnung den **Betrag der insgesamt verauslagten Gerichtskosten** beziffern. Gab es für die Zahlung der Gerichtskosten unterschiedliche Grundlagen (Beispiel: Gerichtskostenvorschusspflicht bei Erhebung der Klage, im Verlauf des Verf. dann Zeugengebühren und Sachverständigenkosten, oder Klageerweiterungen ...), genügt es nicht, die Gerichtskosten in einer Gesamtsumme darzustellen, da dies für den Rechnungsempfänger (idR der AG) nicht nachvollziehbar ist. Die Gerichtskosten sollten für diesen Fall sowohl der Höhe nach als auch dem Grunde nach gesondert dargestellt werden.

Die Formvorschrift des § 10 Abs. 2 RVG verlangt nicht die Nennung der entspr. Vorschriften aus dem GKG und der sich aus dem zum GKG gehörenden Kostenverzeichnis (KV) ergebenden Nummern. § 10 Abs. 2 RVG schreibt dem Wortlaut nach lediglich für Gebühren und Auslagen (§ 1 Abs. 1 RVG) vor, die Nummern des Vergütungsverzeichnisses zu nennen. Zweck der Vorschrift ist aber, die Nachvollziehbarkeit der Vergütungsberechnung des RA sicherzustellen. Hierzu ist die Aufschlüsselung der Gerichtskosten dem Grunde und der Höhe nach erforderlich.

Beispiel: Der RA hat für die Klage wg. einer Geldforderung iHv 200,00 EUR 3,0 Gerichtskosten gem. § 2 Abs. 2 GKG (Verweis auf das Kostenverzeichnis des GKG) § 34 GKG (Tabelle des GKG), entspr. der Nr. 1210 GKG KV iHv 75,00 EUR verauslagt.

In der Vergütungsberechnung bezeichnet der RA diese Gerichtskosten mit "Gerichtskosten für die Klage iHv 75,00 EUR". Der RA hat weiterhin für eine ihm zugesandte Akte die Aktenversendungspauschale iHv 12,00 EUR gem. § 2 Abs. 2 GKG Nr. 9003 KV GKG verauslagt. Es ist ausreichend, in der Vergütungsberechnung "Aktenversendungspauschale iHv 12,00 EUR" zu schreiben. Es ist nicht erforderlich "3,0 Gerichtskosten für die Klageerhebung gem. §§ 2 Abs. 2, 34 GKG Nr. 1210 KV " anzugeben.

10 Die Vergütungsberechnung muss **Angaben über gezahlte Vorschüsse** enthalten. Ist kein Vorschuss gezahlt worden, muss dies in der Berechnung nicht erwähnt werden. Etwas anderes gilt, wenn der Vorschuss trotz Anforderung nicht gezahlt wurde und der RA Verzugszinsen berechnet (vgl. Anm. 12 zu § 9 RVG) hat oder berechnen will. Wurde ein Vorschuss gezahlt, muss der Berechnung zu entnehmen sein, v. wem, wann und in welcher Höhe er gezahlt wurde. Der Zahlungszeitpunkt und die Höhe sind auch auszuweisen, wenn ein Dritter den Vorschuss gezahlt hat. Weicht der gezahlte Vorschuss v. dem geforderten Vorschuss ab und macht der RA daher Verzugszinsen geltend, ist dies in der Berechnung darzulegen.

11 Die Vergütungsberechnung muss **vom RA unterzeichnet** sein (OLG Koblenz FamRZ 2002, 1506). Mit der Unterschrift übernimmt der RA die strafrechtliche (§ 352 StGB), standesrechtliche und haftungsrechtliche Verantwortung. Daher kann die Unterschrift nicht durch einen Faksimilestempel oder eine Paraphe ersetzt werden. Die Unterschrift durch einen Bürovorsteher oder Rechtsfachwirt ist nicht ausreichend.

Die Unterschrift eines Partners, Sozius oder allgemeinen Vertreters ist ausreichend (OLG Brandenburg, AnwBl 2001, 306). Die Unterschrift eines aus der Anwaltschaft ausgeschiedenen RA, der Gläubiger des Vergütungsanspruchs ist, genügt gleichfalls (BGH RVGreport 2004, 273). Umstritten ist, ob die Unterschrift nur durch den RA geleistet werden kann, dem der Auftrag erteilt worden ist, oder ob die Unterschrift des Nachfolgers in der Praxis ausreichend ist. Nach Auffassung des AG Waiblingen (AnwBl 1989, 400) ist nur die Unterschrift des RA ausreichend, dem der Auftrag erteilt wurde. Diese Auffassung ist zu weitgehend. Beinhaltet die Übernahme der Praxis durch den Praxisnachfolger auch die Übernahme der Außenstände, muss der Praxisnachfolger berechtigt sein, die Außenstände auch beizutreiben. Mit der Unterschrift übernimmt der Praxisnachfolger dann die Verantwortung für die Vergütungsberechnung (so auch Herget in Anm. zu KostRsp Nr. 6 zu § 18 BRAGO). Als nicht ausreichend wurde die Unterschrift des RA betrachtet, mit dem der beauftragte RA eine Bürogemeinschaft unterhält (AG Waiblingen AnwBl 1991, 54 m. abl. Anm. Madert). Dies gilt dann nicht, wenn es sich um den allgemeinen Vertreter des beauftragten RA handelt.

Zweifelhaft erscheint die Auffassung, dass die Übersendung der Kopie eines Schreibens an die Rechtsschutzversicherung nebst Rechnung, die der RA dem AG zukommen lässt, ausreichend sein soll (Hartmann Rn. 16 zu § 18 BRAGO). Eine Verbindlichkeit des AG wird dadurch nicht begründet, da es in der an die Rechtsschutzversicherung gesandten Rechnung an der genauen Bezeichnung des AG fehlt. Zutreffend muss sein, dass an die Rechtsschutzversicherung ein Exemplar einer unterschriebenen Vergütungsberechnung, adressiert an den AG gesandt wird, verbunden mit der Aufforderung, für diesen die Leistung zu erbringen, und dem AG gleichzeitig eine Rechnung zu übersenden und diesen in einem Begleitschreiben darauf hinzuweisen, dass die Leistung v. der Rechtsschutzversicherung angefordert wurde. In diesen Fällen handelt es sich um ein Einfordern ggü. dem AG, das eine Verbindlichkeit des AG auch für den Fall entstehen lässt, dass die Rechtsschutzversicherung nicht zahlt.

12 Fordert der RA die Vergütung ohne Berechnung, so begründet diese **Einforderung ohne Berechnung** keine Zahlungspflicht des AG. Daher kann der AG auch nicht durch Mahnung in Verzug geraten, wenn der RA die Vergütung ohne Berechnung einfordert.

Sowohl für die Gebührenklage als auch das Vergütungsfestsetzungsgesuch ist es erforderlich, dass der RA erklärt, dass er eine Vergütungsberechnung erstellt und sie dem AG mitgeteilt habe. Ohne diese Erklärung ist die Gebührenklage unschlüssig. Es ist ausreichend, wenn die Mitteilung der Berechnung in der Klageschrift oder einem sonstigen anderen Schriftsatz erfolgt (BGH NJW 2002, 2775, BGH AnwBl 1985, 257, OLG Nürnberg JurBüro 1973, 956, OLG Düsseldorf AnwBl 1988, 252). Damit die Klage nicht abgewiesen wird, muss dies vor Schluss der mündl. Verhandlung geschehen sein. Wird die Mitteilung der Berechnung erst in der Klageschrift nachgeholt, so ist bei sofortigem Anerkenntnis des Bekl. (Gebührenschuldners) davon auszugehen, dass die Kosten des Klageverfahrens dem klagenden RA auferlegt werden (§ 93 ZPO).

13 Hat der AG **trotz fehlerhafter oder fehlender Vergütungsberechnung gezahlt** (freiwillige Zahlung), kann er die Mitteilung der Berechnung noch verlangen, solange der RA verpflichtet ist, die Handakte aufzubewahren (§ 10 Abs. 3 RVG). Die Aufbewahrungspflicht ergibt sich aus § 50 Abs. 2 BRAO. Grundsätzlich erlischt die Aufbewahrungspflicht nach Ablauf v. fünf Jahren nach Beendigung des Auftrags. Sie kann vorher enden, und zwar sechs Monate nach dem Zeitpunkt, in dem der Anwalt den AG aufgefordert hat, die Handakten in Empfang zu nehmen (§ 50 Abs. 2 BRAO). Nach Herausgabe der Handakten an den AG besteht keine Mitteilungspflicht mehr (Gerold/Schmidt Rn. 32 zu § 10 RVG). Bis dahin kann der AG die Mitteilung einklagen. Der AG kann auf die Einhaltung der Erfordernisse aus § 10 RVG ganz oder teilweise ☐ auch stillschweigend ☐ verzichten. Dies ist insbes. dann anzunehmen, wenn der AG unmittelbar auf den erteilten Rat die v. RA mitgeteilte Vergütung begleicht. Hat der AG die geforderte Vergütung geleistet, obwohl eine Vergütungsberechnung fehlte, kann er das Geleistete anschließend nicht zurückfordern, weil eine Vergütungsberechnung nicht erstellt wurde. Er kann aber im Anschluss (an den erteilten Rat und die sofortige Zahlung) noch die Berechnung einfordern. In diesen Fällen muss der RA den Verzicht auf eine Vergütungsrechnung beweisen. Sinnvoll ist es daher, bei Vergütungsberechnung unmittelbar im Anschluss an die Beratung eine Erklärung des AG zu den Akten zu nehmen, dass dieser auf eine Mitteilung der Berechnung gem. § 10 RVG verzichte.

14 Auf die Wirksamkeit der Berechnung ist es ohne Einfluss, wenn diese fehlerhaft war. Ein Anspruch auf Zahlung besteht nur für die tatsächlich entstandenen Gebühren und Auslagen. Der RA kann eine **fehlerhafte Berechnung** nachträglich jederzeit **berichtigen**. Im Vergütungsfestsetzungsverfahren sind die Gebühren durch den Rechtspfleger auf ihre Richtigkeit zu überprüfen, im Rahmen der Gebührenklage durch den Richter. Sind die angewandten Gebührenvorschriften unzutreffend, so ist dies in den entspr. Verf. entweder durch den Richter oder den Rechtspfleger zu berichtigen (OLG Hamburg AnwBl 1970, 233). Dies gilt nicht für das ausgeübte Ermessen des RA bei Rahmengebühren. Insofern ist keine fehlerhafte Berechnung gegeben, sondern es muss das ausgeübte Ermessen (§ 315 Abs. 2 BGB) des RA geprüft werden. Der RA kann die fehlerhafte Berechnung im Gebührenrechtsstreit bis zum Schluss der mündl. Verhandlung heilen (§§ 136 Abs. 4, 296a ZPO). Der AG ist bei offensichtlichen Fehlern (Schreib-, Diktat- oder Rechenfehler) zur Leistung des zutr. Vergütungsbetrags verpflichtet.

Die fehlerhafte Berechnung kann Folgen aus § 43 BRAO haben. Es ist denkbar, dass bei Verschulden des RA (oder seines Personals) eine Schadenersatzpflicht gem. § 278 BGB besteht (Hartmann Rn. 22 zu § 10 RVG; aA □ nur bei Zusicherung der Richtigkeit der Rechnung □ Gerold/Schmidt Rn. 31 zu § 10 RVG).

Zahlt der AG auf eine fehlerhafte Berechnung, so ist davon auszugehen, dass er eine bestehende Schuld erfüllt hat. Unabhängig v. der fehlerhaften Vergütungsberechnung kann ein Vergütungsanspruch entstanden und auch fällig geworden sein. Ein Rückzahlungsanspruch für den AG, der aufgrund einer fehlerhaften Berechnung geleistet hat, ist nicht automatisch gegeben. Ein Rückzahlungsanspruch kommt in Frage, wenn es infolge der fehlerhaften Berechnung zu einer Überzahlung kam (Anm. 17). Aus § 10 Abs. 3 RVG ergibt sich, dass der AG trotz Zahlung einen Anspruch auf eine fehlerfreie Berechnung hat.

15 Der Lauf der Verjährungsfrist ist nach der eindeutigen Regelung in § 10 Abs. 1 S. 2 RVG v. der Mitteilung der Berechnung unabhängig. Die **Verjährung** hängt v. der Fälligkeit des Vergütungsanspruchs gem. § 8 RVG ab (Anm. 9 zu § 8 RVG). Die Verjährungsfrist beginnt mit der Fälligkeit des Vergütungsanspruchs, und zwar unabhängig davon, ob der RA dem AG seine Vergütungsberechnung übermittelt hat. Die Verjährung des Vergütungsanspruchs kann also nicht dadurch verzögert werden, dass dem AG eine Vergütungsberechnung nicht übersandt wird (LG Berlin MDR 1992, 524 = AnwBl 1982, 240). Das LG Berlin ging in seiner Entscheidung davon aus, dass die Hemmung der Verjährung der Vergütung nur eintritt, wenn der RA spätestens mit der Einreichung des MB dem AG auch die Vergütungsberechnung mitteilt. Ohne Übersendung der Vergütungsberechnung ist nach Auffassung des LG Berlin die Wirkung des § 693 Abs. 2 ZPO für die Zustellung des MB nicht herstellbar.

Eine nach Eintritt der Verjährungsfrist erteilte Kostenrechnung entfaltet keine Rückwirkung (OLG Köln AnwBl 1994, 471). Allerdings hemmt die Klage auf Zahlung der Vergütung den Lauf der Verjährung des Vergütungsanspruchs auch dann, wenn der RA dem AG noch keine Berechnung der Vergütung mitgeteilt hat, wenn dies bis zur letzten mündl. Verhandlung der Tatsacheninstanz nachgeholt wird (BGH MDR 1988, 1313 = AGS 1998, 17 – NJW 1998, 3486 = NJW-RR 1999, 934 – Rpfleger 1998, 538 = ZIP 1998, 1801).

Die **Aufrechnung** mit einem verjährten Vergütungsanspruch setzt voraus, dass der RA vor Eintritt der Verjährung eine den Anforderungen des § 10 RVG genügende Kostenrechnung erteilt hatte (OLG Köln KostRsp BRAGO § 18 Nr. 9).

16 Auch wenn der AG eine v. dem RA ausgestellte Rechnung bereits beglichen hat, ist der RA zur **Nachliquidation** einer versehentlich nicht berechneten Gebühr berechtigt (KG JurBüro 1971, 1029,

LG Berlin MDR 1992, 524, BGH ZfS 1995, 269, Enders JurBüro 1996, 561, Madert Anwaltsgebühren in Zivilsachen XVI A 6).

17 Hat der AG auf eine fehlerhafte Berechnung geleistet, die eine Zuvielforderung auswies (s. Anm. 14), kann er den die tatsächlich entstandenen Gebühren übersteigenden Betrag gem. § 812 BGB zurückfordern.

Vor Erhalt einer wirksamen Vergütungsberechnung kann der AG keine wirksame Aufrechnung mit eigenen Ansprüchen gg. den RA erklären. Der RA kann ohne wirksame Vergütungsabrechnung die Vergütung nicht fordern, der AG schuldet (unabhängig v. der evtl. gem. § 8 RVG gegebenen Fälligkeit des Vergütungsanspruchs des RA) nichts iSv § 387 BGB, was er zur Aufrechnung stellen könnte (OLG Frankfurt AnwBl 1975, 163). Der AG muss den Anspruch auf Erteilung einer Berechnung gem. § 10 Abs. 3 RVG gerichtl. geltend machen.

§ 11 Festsetzung der Vergütung

(1) Soweit die gesetzliche Vergütung, eine nach § 42 festgestellte Pauschgebühr und die zu ersetzenden Aufwendungen (§ 670 des Bürgerlichen Gesetzbuches) zu den Kosten des gerichtlichen Verfahrens gehören, werden sie auf Antrag des Rechtsanwalts oder des Auftraggebers durch das Gericht des ersten Rechtszugs festgesetzt. Getilgte Beträge sind abzusetzen.

(2) Der Antrag ist erst zulässig, wenn die Vergütung fällig ist. Vor der Festsetzung sind die Beteiligten zu hören. Die Vorschriften der jeweiligen Verfahrensordnung über das Kostenfestsetzungsverfahren mit Ausnahme des § 104 Abs. 2 Satz 3 der Zivilprozessordnung und die Vorschriften der Zivilprozessordnung über die Zwangsvollstreckung aus Kostenfestsetzungsbeschlüssen gelten entsprechend. Das Verfahren vor dem Gericht des ersten Rechtszugs ist gebührenfrei. In den Vergütungsfestsetzungsbeschluss sind die von dem Rechtsanwalt gezahlten Auslagen für die Zustellung des Beschlusses aufzunehmen. Im Übrigen findet eine Kostenerstattung nicht statt; dies gilt auch im Verfahren über Beschwerden.

(3) Im Verfahren vor den Gerichten der Verwaltungsgerichtsbarkeit, der Finanzgerichtsbarkeit und der Sozialgerichtsbarkeit wird die Vergütung von dem Urkundsbeamten der Geschäftsstelle festgesetzt. Die für die jeweilige Gerichtsbarkeit geltenden Vorschriften über die Erinnerung im Kostenfestsetzungsverfahren gelten entsprechend.

(4) Wird der vom Rechtsanwalt angegebene Gegenstandswert von einem Beteiligten bestritten, ist das Verfahren auszusetzen, bis das Gericht hierüber entschieden hat (§§ 32, 33 und 38 Abs. 1).

(5) Die Festsetzung ist abzulehnen, soweit der Antragsgegner Einwendungen oder Einreden erhebt, die nicht im Gebührenrecht ihren Grund haben. Hat der Auftraggeber bereits dem Rechtsanwalt gegenüber derartige Einwendungen oder Einreden erhoben, ist die Erhebung der Klage nicht von der vorherigen Einleitung des Festsetzungsverfahrens abhängig.

(6) Anträge und Erklärungen können zu Protokoll der Geschäftsstelle abgegeben oder schriftlich ohne Mitwirkung eines Rechtsanwalts eingereicht werden. § 129a der Zivilprozessordnung gilt entsprechend.

(7) Durch den Antrag auf Festsetzung der Vergütung wird die Verjährung wie durch Klageerhebung gehemmt.

(8) Die Absätze 1 bis 7 gelten bei Rahmengebühren nur, wenn die Mindestgebühren geltend gemacht werden oder der Auftraggeber der Höhe der Gebühren ausdrücklich zugestimmt hat. Die Festsetzung auf Antrag des Rechtsanwalts ist abzulehnen, wenn er die Zustimmungserklärung des Auftraggebers nicht mit dem Antrag vorlegt.

Übersicht

1 Allgemeines. § 11 RVG tritt an die Stelle v. § 19 BRAGO, in dem die Vergütungsfestsetzung in ähnlicher Form geregelt war. Er eröffnet dem im gerichtl. Verf. tätig gewordenen RA wie auch seinem AG ein einfaches, kostengünstiges und schnelles Verf. zur gerichtl. Überprüfung der v. RA berechneten Vergütung. Für den RA wird durch das Vergütungsfestsetzungsverfahren ein zur Zwangsvollstreckung geeigneter Titel geschaffen, während es dem AG die Möglichkeit der kostenfreien gerichtl. Nachprüfung der v. RA berechneten Gebühren bietet.
Kann der RA seine Vergütung im Wege der Vergütungsfestsetzung gerichtl. geltend machen, ist die Gebührenklage unzulässig, weil ihr das Rechtsschutzbedürfnis fehlt (BGH NJW 1981, 876). Voraussetzung des vereinfachten Vergütungsfestsetzungsverfahrens ist, dass der RA im gerichtl. Verf. tätig war (Anm. 8).

2 § 11 RVG weist **Ähnlichkeiten** mit dem Kostenfestsetzungsverfahren nach §§ 103ff. ZPO auf, weshalb § 11 Abs. 2 S. S RVG auch □ mit Einschränkungen □ auf die ZPO verweist. Das Vergütungsfestsetzungsverfahren gem. § 11 RVG ist **neben** dem Kostenfestsetzungsverfahren gem. §§ 103ff. ZPO zulässig. Beide Verf. können **unabhängig** voneinander und nebeneinander betrieben werden. IdR ist das Gericht des **ersten Rechtszugs** des Ausgangsverfahrens zust. (iE s. Anm. 31-35). Beide Verf. werden zu demselben Aktenzeichen wie das Ausgangsverfahren geführt.

3 Das Vergütungs- und das Kostenfestsetzungsverfahren betreffen **unterschiedliche Streitgegenstände.** Das Kostenfestsetzungsverfahren gem. §§ 103ff. ZPO betrifft die Kostenerstattungsansprüche der Parteien des Zivilprozesses und damit das Außenverhältnis, während das Vergütungsfestsetzungsverfahren das Innenverhältnis zw. RA und AG und damit die Vergütungsansprüche des RA gg. den AG, betrifft. Auch wenn Kostenerstattungsanspruch und Vergütungsanspruch sich der Höhe nach entsprechen, sind beide Verf. nebeneinander zulässig. Das Vergütungsfestsetzungsverfahren setzt im Gegensatz zum Kostenfestsetzungsverfahren **keine Kostenentscheidung** in der Hauptsache voraus.
Zustellungen im Vergütungsfestsetzungsverfahren sind an die Verfahrensbeteiligten vorzunehmen.
Verfahrensbeteiligte sind der RA und die oder der AG, die im Vergütungsfestsetzungsverfahren als Antragsteller und Antragsgegner bezeichnet werden.
Im **Unterschied** zum Kostenfestsetzungsverfahren ist im Vergütungsfestsetzungsverfahren die **Zwangsvollstreckung** aus dem Vergütungsfestsetzungsbeschluss nicht erst zulässig, wenn das Urteil bereits zugestellt worden ist.

4 Ein wesentlicher **Unterschied** des Vergütungsfestsetzungsverfahrens zum Kostenfestsetzungsverfahren besteht darin, dass gem. § 11 Abs. 2 S. 2 RVG der **§ 104 Abs. 2 S. 3 ZPO** im Vergütungsfestsetzungsverfahren **nicht anwendbar** ist. Für die erforderliche Berücksichtigung der **Umsatzsteuer** gem. Nr. 7008 VV RVG kann der RA die Erklärung zur Vorsteuerabzugsberechtigung nicht abgeben. Durch die ausdrückliche Klarstellung in § 11 Abs. 2 S. 2 RVG, dass die Erklärung zum Vorsteuerabzug im Vergütungsfestsetzungsgesuch nicht abzugeben ist, wird deutlich, dass die USt festgesetzt werden kann (BT-Drs 15/1971 S. 189 zu § 11 RVG).

5 Hat allerdings der RA nach abgeschlossenem Gebührenrechtsstreit, in dem er sich selbst vertreten hat, die Kostenfestsetzung gem. §§ 103ff. ZPO beantragt, so ist die Erklärung zum Vorsteuerabzug gem. § 104 Abs. 3 S. 2 ZPO weiterhin zwingend erforderlich. Die Festsetzung der USt scheidet in diesen Fällen aus. Nach einem Gebührenrechtsstreit erfolgt die Kostenfestsetzung nicht nach § 11 RVG, sondern gem. §§ 103ff. ZPO.

6 Können die Vergütungsansprüche des RA im Wege der Vergütungsfestsetzung gerichtl. festgestellt werden, **fehlt** einer **Gebührenklage das Rechtsschutzbedürfnis** (BGH NJW 1981, 876); sie würde daher als unzulässig abgewiesen. Das Rechtsschutzbedürfnis wird vAw geprüft. Der RA sollte daher sinnvollerweise in der Gebührenklage ausführen, weshalb eine Vergütungsfestsetzung gem. § 11 RVG nicht erfolgt oder nicht erforderlich ist. Die Gebührenklage ist immer dann zulässig, wenn der AG Einwendungen oder Einreden erhebt, die ihren Ursprung nicht im Gebührenrecht haben (§ 11

Abs. 5 S. 2 RVG ☐ vgl. Anm. 47). Erhebt der AG diese Einwendungen außerhalb des Gebührenrechts erst im Zuge des Gebührenrechtsstreits, wird die Gebührenklage dadurch zulässig. Wird die Vergütungsfestsetzung durch das Gericht gem. **§ 11 Abs. 5 S. 1 RVG** durch **Beschluss abgelehnt**, muss der RA diesen Beschl. nicht anfechten; er kann stattdessen die Gebührenklage erheben.

7 Ein nur **mündlich** ggü. dem RA erhobener nicht gebührenrechtlicher **Einwand** (oder eine Einrede) des AG ist ausreichend, um anstelle des Vergütungsfestsetzungsverfahrens die Gebührenklage einzuleiten.

Tipp: Hat der AG die Einwendungen und Einreden nicht schriftlich, sondern nur (fern-) mündl. erhoben, sollte nicht gleich das Klageverfahren (oder Mahnverfahren) eingeleitet werden, sondern der Antrag auf Vergütungsfestsetzung gestellt werden. Wiederholt der AG seine Einwendungen oder Einreden nicht im Vergütungsfestsetzungsverfahren, können so die Kosten (insbes. Gerichtskosten) des gerichtl. Verf. vermieden werden. Wiederholt der AG seine Einwendungen und Einreden, ist die Gebührenklage zulässig und die erhobenen Einreden/Einwendungen sind nachweisbar.

8 Der Vergütungsfestsetzung unterliegen nur Vergütungsansprüche, die im Rahmen eines gerichtl. Verf. entstanden sind und zu den **Kosten des gerichtlichen Verfahrens** gehören (§ 11 Abs. 1 S. 1 RVG). Das gerichtl. Verf. muss **anhängig** gewesen sein, damit eine Vergütungsfestsetzung nach § 11 RVG möglich ist. **Vor der Einleitung** eines gerichtl. Verf. entstandene Gebühren (zB der verbleibende Rest der Geschäftsgebühr nach Einleitung des gerichtl. Verf., Vorbem. 3 Abs. 4 VV RVG) sind nicht festsetzbar (AG Hannover Rpfleger 1992, 175).

Beispiel: Außergerichtlich berät der RA den AG im Hinblick auf die Geltendmachung einer Forderung ihV 5.000 EUR. Er rät v. der gerichtl. Geltendmachung eines Teils der Forderung ab und leitet das gerichtl. Verf. nur wg. 3.000 EUR ein. Der nach Anrechnung gem. Nr. 2100 Anm. 2 VV RVG verbleibende Rest der Beratungsgebühr Nr. 2100 VV RVG ist nicht gg. den AG festsetzbar.

Hat der RA lediglich die **Erfolgsaussichten eines Rechtsmittels geprüft** (zB Nrn. 2200 und 2202 VV RVG) und ist das Verf. über das Rechtsmittel nicht anhängig geworden, so scheidet die Vergütungsfestsetzung aus, da es an einem gerichtl. Verf. fehlt (OLG Düsseldorf MDR 1990, 453 = JurBüro 1990, 604).

War eine **Klage** anhängig, ist jedoch die Rechtshängigkeit durch Rücknahme vor Zustellung nicht eingetreten, so können dennoch die jew. Gebühren (zB Verfahrensgeb. Nr. 3100 VV RVG und Verfahrensgeb. Nr. 3200 VV RVG) gg. den AG festgesetzt werden, da die Gebühr im Rahmen eines gerichtl. Verf. entstanden ist.

9 Ein gerichtl. Verf. liegt nicht vor, wenn der RA nur eine **Schutzschrift** eingereicht hat, der kein gerichtl. Verf. folgt (KG JurBüro 1998, 30 = KostRsp Nr. 160 zu § 19 BRAGO m. abl. Anm. N. Schneider und zust. Anm. v. Eicken).

Ein gerichtl. Verf. liegt auch bei einem schiedsrichterlichen Verf. nicht vor. Die Vergütungsfestsetzung gem. § 11 RVG ist auch bei einem **schiedsrichterlichen Verfahren** nicht möglich (KG JurBüro 1998, 307 = Rpfleger 1998, 171 = MDR 1998, 739 = AGS 1998, 75), denn es fehlt an einem anhängigen gerichtl. Verf.

10 Die Vergütung des RA aus dem **Prozesskostenhilfebewilligungsverfahren** (zB Verfahrensgebühren Nrn. 3335, 3336 VV RVG) ist gem. § 11 RVG festsetzbar, auch wenn kein Hauptverfahren folgt, da es sich um ein gerichtl. Verf. handelt. Auf die Anhängigkeit des Hauptverfahrens ist nicht abzustellen (OLG Koblenz JurBüro 2002, 589, OLG München Rpfleger 1979, 392 = JurBüro 1979, 1508, KG AnwBl 1982, 375 = JurBüro 1982, 1185 = Rpfleger 1982, 310, aA Hartmann Rn. 19 zu § 19 BRAGO).

11 Die Vergütungsfestsetzung setzt nicht voraus, dass die im gerichtl. Verf. entstandenen Gebühren durch eine **Tätigkeit gegenüber dem Gericht** entstanden sind. Daher sind auch festsetzbar:

- die Gebühren des **Verkehrsanwalts** (Nr. 3400 VV RVG),

- die **Einigungsgebühren** für Einigungen über nicht rechtshängige Ansprüche (außergerichtliche Einigungen) nach Nr. 1000 VV RVG (OLG München NJW 1967, 1619 = AnwBl 1967, 90, OLG München AnwBl 1987, 99 = JurBüro 87, 385, OLG Hamm NJW 1970, 2220 = JurBüro 1970, 772, OLG Stuttgart JurBüro 1985, 871),
- die zu der Einigungsgebühr gehörende zusätzl. entstehende **Verfahrensgebühr** (zB Nr. 3101 Nr. 2 VV RVG und Nr. 3201 Nr. 2 VV RVG □ so genannte Differenzverfahrensgebühr oder Gebühr für die Protokollierung der Parteieneinigung),
- die **Terminsgebühr** für die Mitwirkung an auf die Vermeidung oder Erledigung des Verf. gerichteten Besprechungen ohne Beteiligung des Gerichts (Vorbem. 3 Abs. 3, 3. Alt VV RVG),
- die Gebühr für die Erklärung des **Rechtsmittelverzichts** in Ehesachen (OLG München JurBüro 1974, 1388 = MDR 1975, 153; OLG Zweibrücken Rpfleger 1977, 112).

12 Die **Terminsgebühr** nach **Vorbem. 3 Abs. 3 VV RVG** kann nur im gerichtl. Verf. entstehen. Dies folgt daraus, dass Teil 2 VV RVG (außergerichtliche Vertretung einschl. der Vertretung im Verwaltungsverfahren) eine Terminsgeb. nicht vorsieht. Wird eine Terminsgeb. iSd Vorbem. 3 Abs. 3, 3. Alt VV RVG geltend gemacht, muss der Rechtspfleger oder Urkundsbeamte der Geschäftsstelle eine Prüfung vAw vornehmen, ob die Gebühr durch eine im gerichtl. Verf. vorgenommene Tätigkeit ausgelöst wurde (Baumbach/Lauterbach Rn. 39 vor § 128 ZPO, OLG Frankfurt AnwBl 1983, 186, FG Neustadt/W Rpfleger 2002, 167). Ob er auch im Wege der Amtsermittlung vorgehen kann, wird in Rspr. und Lit. unterschiedlich beurteilt (Hartmann Rn. 44 zu § 19 BRAGO mwN). Eine Amtsermittlungspflicht des Rechtspflegers (Lappe in AnwBl 1997, 302) kann aus den ihm funktionell übertragenen Aufgabengebiete jedenfalls nicht hergeleitet werden. Er darf aber alle Beweismittel berücksichtigen und nach § 287 ZPO verfahren (OLG Koblenz VersR 1981, 361). Er kann im Rahmen der Vergütungsfestsetzung die Beweise erheben, die eine Partei angetreten hat (OLG Frankfurt/Main Rpfleger 1980, 70). Wenn es erforderlich ist, kann er Akten beiziehen oder dienstliche Erklärungen anfordern.

13 Die **Terminsgebühr** nach **Vorbem. 5.1.2 Abs. 2 VV RVG** kann nicht festgesetzt werden, da sie nicht im gerichtl. Verf. entstanden ist. Demgegenüber entsteht die Terminsgebühr gem. **Vorbem. 5.1.3 Abs. 1 VV RVG** für die Teilnahme an gerichtl. Terminen außerhalb der Hauptverhandlung. Damit handelt es sich um eine im gerichtl. Verf. entstandene Terminsgeb., die festgesetzt werden kann.

Die Terminsgebühren aus Teil 4, 5 und 6 VV RVG entstehen auch dann, wenn der RA zum anberaumten Termin erschienen ist, dieser aber aus Gründen, die er nicht zu vertreten hat, nicht stattgefunden hat (Vorbem. 4 Abs. 3 S. 2 VV RVG; Vorbem. 5 Abs. 3 S. 2 VV RVG, Vorbem. 6 Abs. 3 S. 3 VV RVG). Der RA sollte unmittelbar im Anschluss an den Termin eine entspr. Aktennotiz fertigen, um die entstandene Terminsgeb. bei der Vergütungsfestsetzung glaubhaft machen zu können.

14 Gegenstand der Vergütungsfestsetzung sind nur die **gesetzliche Vergütung** des RA sowie **Aufwendungen** (Anm. 24f.). Die ges. Vergütung umfasst gem. § 1 Abs. 1 RVG **Gebühren und Auslagen.** Nach § 11 RVG kann eine **vertragliche Vergütung** aus einer Vergütungsvereinbarung gem. § 4 RVG (Anm. 27f.) nicht festgesetzt werden.

Festsetzbar sind Vergütungen, die der RA für eine **Vertretung iSv § 5 RVG** geltend macht, soweit der Vertreter zu dem dort genannten Personenkreis gehört. Für die Vertretung des RA durch andere Personen als die in § 5 RVG genannten (zB Bürovorsteher oder Rechtsfachwirt) kann die Vergütung nicht festgesetzt werden, auch nicht als Auslage (LAG Hamm JurBüro 1994, 732 = Rpfleger 1995, 128).

Die Erhöhung für die Vertretung **mehrerer AG gem. Nr. 1008 VV RVG** ist gem. § 11 RVG festsetzbar, weil sie Teil der ges. Vergütung ist.

15 § 19 Abs. 1 S. 1 BRAGO beinhaltete eine Aufzählung derjenigen RA, für deren Vergütung die Festsetzung ausdrücklich zulässig war (Prozessbev., Beistand, Unterbevollmächtigter oder Verkehrsanwalt). Eine entspr. Auflistung ist in § 11 RVG nicht enthalten; hier werden lediglich RA und

AG als **Antragsberechtigte** genannt, soweit es sich um Kosten des gerichtl. Verf. handelt. Eine Einschränkung der durch § 19 Abs. 1 S. 1 BRAGO gegebenen Möglichkeit zur Vergütungsfestsetzung war allerdings nicht beabsichtigt. In der Gesetzesbegründung zu § 11 Abs. 1 RVG (BT-Drs 15/1971) heißt es sogar, dass für § 11 Abs. 1 S. 1 RVG ein **erweiterter Anwendungsbereich** (Pauschgebühren/Aufwendungen) geschaffen werden sollte. Es ist daher davon auszugehen, dass zumindest der Prozessbev., der Beistand, der Unterbevollmächtigte und der Verkehrsanwalt ihre ges. Vergütung auch gem. § 11 Abs. 1 S. 1 RVG weiterhin als Kosten des gerichtl. Verf. festsetzen lassen können, soweit es sich um Kosten des gerichtl. Verf. handelt. Antragsberechtigt muss jeder RA sein, der in einem gerichtl. Verf. aufgrund eines hierfür erteilten Auftrags tätig geworden ist. IE gilt:

- **Prozessbevollmächtigter** ist immer derjenige, den die Partei mit der Führung des Rechtsstreits im Ganzen beauftragt hat (OLG Hamm JurBüro 1985, 222). Wer v. AG nur den Auftrag zur Vornahme einzelner Handlungen erhalten hat, ist nicht Prozessbev.;
- auch bei den Kosten des Verfahrensbevollmächtigten für Tätigkeiten im Mahnverfahren, FGG-Verfahren, in bestimmten Straf- und Bußgeldsachen, Sozialgerichtssachen und in der Zwangsvollstreckung kann das Vergütungsfestsetzungsverfahren betrieben werden, wenn es sich um Kosten des gerichtl. Verf. handelt;
- der **Unterbevollmächtigte** (zB Verfahrensgeb. Nr. 3401, Terminsgeb. Nr. 3402 VV RVG) kann den Antrag stellen, wenn er v. AG beauftragt wurde. Es genügt, wenn der Prozessbev. (allgemein: Hauptbevollmächtigte) den Unterbevollmächtigten im Namen der Partei beauftragt hat;
- auch ein **Verkehrsanwalt** (zB Verfahrensgeb. Nr. 3400 VV RVG) kann den Antrag stellen (Hartmann Rn. 20 zu § 11 RVG). Es ist lediglich erforderlich, dass die geltend gemachte Vergütung zu den "Kosten" des gerichtl. Verf. gehört. Es ist nicht erforderlich, dass die Vergütung aufgrund einer Prozesshandlung des Verkehrsanwalts entstanden ist;
- der **Patentanwalt** kann einen Festsetzungsantrag nach § 11 RVG stellen, wenn er nach dem RVG abrechnet (noch zur BRAGO: BPatG GRUR 2002, 733, aA OLG München MDR 2001, 353, Gerold/Schmidt Rn. 16 zu § 11 RVG, Hartung/Römermann Rn. 26 zu § 11 RVG);
- **Steuerberater** (Steuerberatungsgesellschaften und Steuerbevollmächtigte) können für ihre Tätigkeit vor Finanzgerichten die Vergütungsfestsetzung gem. § 45 StBGebV beantragen (FG Kassel EFG 1987, 527, Schall BB 1988, 384, Gerold/Schmidt Rn. 15 zu § 11 RVG, Hartmann Rn. 5, 23 zu § 11 RVG, Hartung/Römermann Rn. 26 zu § 11 RVG, aA Lappe NJW 1982, 1439);
- ein Antragsrecht für den RA ist nicht gegeben, wenn er als ges. Vertreter oder **Partei kraft Amtes** tätig geworden ist. In diesen Fällen fehlt es an einem AG.

Antragsberechtigt für das Verf. gem. § 11 RVG sind nur der RA und der oder die AG (BVerfG NJW 1977, 145, FG Neustadt/W Rpfleger 2002, 176). Mehrere RA (Sozietät oder Partnerschaft) können den Antrag gemeinsam stellen. Der Vergütungsfestsetzungsbeschluss ist ein Vollstreckungstitel (§ 794 Abs. 1 Nr. 2 ZPO). Daher müssen die RA der Sozietät (§ 750 Abs. 1 S. 1 ZPO) bezeichnet sein. Antragsberechtigter AG ist der Vertragspartner des RA.

Da § 11 Abs. 1 S. 1 RVG insoweit abschließend ist, kann das Verf. nicht v. der Rechtsschutzversicherung oder einem sonstigen Dritten (zB Bürge, Vermögensübernehmer) betrieben werden, der für den AG den Gebührenanspruch erfüllt hat (Hartmann Rn.. 26 zu § 11 RVG).

16 Der Vergütungsfestsetzung unterliegen alle **Auslagen** (Teil 7 VV RVG), soweit sie im gerichtl. Verf. entstanden sind (zB Dokumentenpauschale Nr. 7000 VV RVG, Post- und Telekommunikationsentgelte Nrn. 7001 und 7002 VV RVG, etc.).

Für die **außerhalb** eines **gerichtlichen Verfahrens** entstandenen Auslagen ist die Vergütungsfestsetzung nicht möglich. Dies hat zur Folge, dass insbes. die bei Anrechnung v. Gebühren als Teil 2 des VV (zB der Beratungsgebühr gem. Nr. 2100 Anm. Abs. 2 VV RVG) auf die Verfahrensgeb. der Nr. 3100 VV RVG (oder eine sonstige Verfahrensgeb., die sich der Beratungstätigkeit unmittelbar anschließt) nicht anzurechnenden Post- und Telekommunikationsentgelte der Nrn. 7001, 7002 VV RVG nicht v. der Vergütungsfestsetzung umfasst sind. Denn es handelt sich nicht um Auslagen, die zu den Kosten des gerichtl. Verf. iSv § 11 Abs. 1 S. 1 RVG gehören. Die Auslagen, die für eine

Tätigkeit des RA für eine Vertretung bereits vor Beginn eines gerichtl. Verf. (oder auch außerhalb eines gerichtl. Verf.) entstanden sind, **können also nicht im Wege der Vergütungsfestsetzung gegen den AG geltend gemacht werden.**

17 § 11 Abs. 8 RVG erlaubt die Vergütungsfestsetzung für jede Art der im gerichtl. Verf. entstandenen **Rahmengebühren** (Betragsrahmen- oder Satzrahmengeb.), also für Gebühren des Strafverteidigers (Teil 4 VV RVG), des Verteidigers vor den Gerichten (Teil 5 VV RVG), des Wahlverteidigers oder Verfahrensbevollmächtigen in sonstigen Verf. (Teil 6 VV RVG) und des Vertreters in sozialgerichtlichen Angelegenheiten (Teil 1 und 3 VV RVG).

Die Festsetzbarkeit v. Rahmengebühren ist gem. § 11 Abs. 8 RVG v. unterschiedlichen Voraussetzungen abhängig.

18 Rahmengebühren sind **uneingeschränkt festsetzbar**, wenn der RA nur die **Mindestgebühr** zur Festsetzung beantragt. Beispielsweise beträgt die Verfahrensgeb. für das Verf. vor Sozialgerichten im ersten Rechtszug gem. Nr. 3102 VV RVG 40 bis 460 EUR. Zahlt der AG die Vergütung nicht, kann der RA in jedem Fall die Mindestgeb. iHv 40 EUR zur Festsetzung beantragen.

19 Hat der RA beantragt, die Mindestgeb. gg. den AG festsetzen zu lassen, kann er **über die Mindestgebühren hinausgehende Beträge** nicht im Wege der Gebührenklage gg. den AG geltend machen, weil er mit der Bestimmung der Mindestgeb. sein Ermessen (§ 14 RVG) gem. § 315 Abs. 3 BGB verbindlich ausgeübt hat (Anm. 2 zu § 14 RVG) und daran gebunden ist. Der RA kann aus dem entspr. Gebührentatbestand keinen weiteren Betrag, unabhängig in welcher Höhe, ggü. dem AG geltend machen. Es ist daher ausgeschlossen ☐ etwa zur Reduzierung des Kostenrisikos der Gebührenklage ☐ hinsichtlich der entstandenen Gebühren für einen Teil derselben die Vergütungsfestsetzung gem. § 11 RVG zu betreiben und zusätzl. die Gebührenklage wg. eines die Mindestgeb. übersteigenden Betrags zu erheben.

20 Für die Festsetzung v. Rahmengebühren, die die Mindestgeb. übersteigen, ist die ausdrückliche **Zustimmung des AG zur Höhe der Gebühr** erforderlich (§ 11 Abs. 8 S. 1 2. Alt. RVG). Der RA muss die Zustimmungserklärung des AG gem. § 11 Abs. 8 S. 2 RVG **mit dem Vergütungsfestsetzungsantrag vorlegen.** Hat der RA die Festsetzung v. Rahmengebühren beantragt und dem Antrag die Zustimmungserklärung nicht beigefügt, ist die Festsetzung abzulehnen. Vor der abl. Entscheidung ist dem RA jedoch rechtl. Gehör zu gewähren; er ist auf die beabsichtigte Ablehnung seines Antrags hinzuweisen (Anm. 52). Daher kann er bis zur Ablehnung des Gesuchs die Zustimmungserklärung nachreichen (ebenso: Hartung/Römermann Rn. 95 zu § 11 RVG). Reicht der RA die Zustimmungserklärung auf Aufforderung des Gerichts nicht nach, ist die Vergütungsfestsetzung abzulehnen.

21 Str. ist, ob die Zustimmungserklärung der **Schriftform** des § 126 BGB genügen muss. Der Gesetzgeber hat dies nicht ausdrücklich geregelt. Nach Auffassung v. Römermann genügt eine E-Mail (Hartung/Römermann Rn. 93 zu § 11 RVG, Römermann RVGreport 2004, 125). Da die Zustimmungserklärung die Festsetzbarkeit v. Rahmengebühren erweitert, erfüllt sie auch einen Schutzzweck, der grds. nur erreicht werden kann, wenn sie der Schriftform des § 126 BGB genügt. Ob die Zustimmungserklärung per E-Mail daher ausreichend ist, wird wohl erst die Rspr. klären. Der RA sollte zur Vermeidung v. Auseinandersetzungen die Zustimmungserklärung dem Vergütungsfestsetzungsgesuch in Schriftform beifügen. Eine Belehrungspflicht des RA, dass die Zustimmungserklärung zur gerichtl. Geltendmachung des Vergütungsanspruchs benötigt wird, besteht nicht; sie kann auch nicht aus standesrechtlichen Pflichten hergeleitet werden.

22 Der AG kann die Zustimmungserklärung erst bei Fälligkeit (§ 8 Abs. 1 RVG) des Gebührenanspruchs abgeben, weil der RA erst zu diesem Zeitpunkt die Abwägungen gem. § 14 RVG treffen und die Höhe der Vergütung mitteilen kann. Eine pauschale Zustimmung des AG zu einer der Höhe nach nicht bekannten Gebühr vor Fälligkeit der Vergütung, etwa in der Vollmacht oder einem sonstigen bei Auftragserteilung übergebenen Vordruck, ist nicht zulässig. Hat sich der AG vor der ausdrücklichen Bestimmung der Gebühr erklärt, kann es sich lediglich um eine Vergütungsvereinbarung zw. AG und

RA handeln, die den Erfordernissen v. § 4 RVG genügen muss. Da es sich dann um keine ges. Vergütung handelt, ist eine Vergütungsfestsetzung nicht möglich (Anm. 14).

23 Gem. § 11 Abs. 1 S. 1 ist die Vergütungsfestsetzung auch für eine nach § 42 RVG **festgestellte Pauschgebühr** zulässig. Ein **Vollstreckungstitel** wird erst durch das **Vergütungsfestsetzungsverfahren** und nicht schon durch die Feststellung der Pauschgebühr gem. § 42 RVG geschaffen. Im Verf. nach § 42 RVG wird nur die Höhe der Gebühr festgestellt; diese ist gem. § 42 Abs. 4 RVG für das Vergütungsfestsetzungsverfahren verbindlich. Im Rahmen des Vergütungsfestsetzungsverfahrens kann der AG daher keine **Einwendungen** zur Höhe der festgestellten Pauschgebühr, wohl aber zum **Grund der Vergütungsforderung** geltend machen, der bei der Feststellung der Pauschgebühr nicht geprüft wird. Nach Feststellung einer Pauschgebühr gem. § 42 RVG und Einleitung des Vergütungsfestsetzungsverfahrens kann eine Gebührenklage folgen, wenn der AG Einwendungen erhebt, die ihren Ursprung außerhalb des Gebührenrechts haben (Anm. 46). Dies eröffnet die Möglichkeit, in den Fällen des § 42 RVG eine v. Gericht der Höhe nach bestimmte Vergütung gg. den AG zur Schaffung eines zur Zwangsvollstreckung geeigneten Titels festsetzen zu lassen.

Aus § 42 Abs. 1 S. 2 RVG ergibt sich, dass § 42 RVG nur für Verf. gilt, in denen Betragsrahmengeb. entstehen. Die nach § 42 Abs. 1 S. 2 RVG festgestellte Pauschgebühr kann dabei das **Doppelte der Höchstbeträge**, die ges. vorgegeben sind, nicht übersteigen (§ 42 Abs. 1 S. 4 RVG). Will der RA darüber hinausgehende Beträge geltend machen, muss er mit dem AG eine Vergütungsvereinbarung gem. § 4 RVG schließen. Die aus einer Vergütungsvereinbarung folgenden Ansprüche des RA sind keine ges. Gebühren und daher nicht festsetzbar.

Obwohl es sich bei der gem. § 42 RVG festgestellten Gebühr um eine Betragsrahmengeb. handelt, ist eine **Zustimmungserklärung** des AG iSv § 11 Abs. 8 S. 2 RVG **nicht erforderlich**. Die **Höhe der Gebühr steht** nach einer Feststellung gem. § 42 RVG **fest** (§ 42 Abs. 4 RVG), da das gem. § 14 Abs. 1 RVG ausgeübte **Ermessen** des RA **keiner Überprüfung** mehr bedarf. Dies gilt sowohl im Vergütungsfestsetzungsverfahren als auch im Gebührenklageverfahren. Im Rahmen einer Gebührenklage ist daher kein Gutachten der RAK gem. § 14 Abs. 2 RVG mehr einzuholen, da die Höhe der Gebühr nicht str. sein kann.

24 § 11 Abs. 1 S. 1 RVG ermöglicht auch die Festsetzung v. **Aufwendungen**, obwohl es sich hierbei nicht um Vergütungsansprüche iSv § 1 Abs. 1 RVG (Gebühren und Auslagen) handelt, da § 11 Abs. 1 RVG auf § 670 BGB verweist. Aufwendungen sind diejenigen Kosten (Vermögensopfer), die der RA zur Ausführung des Auftrags für erforderlich halten durfte. Hierbei handelt es sich um **Wertersatz** und nicht um Schadenersatz.

Nicht alle Aufwendungen sind v. der erleichterten Titulierungsmöglichkeit des § 11 RVG umfasst, sondern nur solche, die zu den Kosten eines **gerichtlichen Verfahrens** gehören, also insbes. die Gerichtskosten, die im Ausgangsverfahren durch den RA verauslagt wurden (BT-Drs 15/1971, S. 189).

Unabhängig v. **Vorschussrecht** nach § 9 RVG hat der RA für Aufwendungen ein Vorschussrecht gem. § 669 BGB.

Aufwendungen unterliegen einer eigenen früher einsetzenden **Verzinsungspflicht** (§ 256 BGB); die entstandenen Zinsen können jedoch nicht festgesetzt werden.

Der RA kann auch die im Rahmen eines Mahnverfahrens oder der Zwangsvollstreckung für den AG verauslagten Gerichtskosten und Gerichtsvollzieherkosten gg. den AG festsetzen lassen, da es sich auch hierbei um Kosten gerichtl. Verf. handelt.

25 Vor Anhängigkeit des gerichtl. Verf. **getätigte Aufwendungen** (Gerichtsvollzieherkosten für Zustellungen vor Einleitung des gerichtl. Verf., Einwohnermeldeamtanfragen, Detekteikosten) sind nicht festsetzbar. Ihre Höhe ergibt sich nicht aus der Gerichtsakte, so dass der Rechtspfleger (oder Urkundsbeamte der Geschäftsstelle, § 11 Abs. 3 RVG) bei der Festsetzung der außergerichtlichen Aufwendungen eine □unzulässige □Prüfung ihrer Erforderlichkeit vornehmen müsste. Dies ist für die anwaltl. Praxis unerfreulich. Aufwendungen, die nicht zu den Aufwendungen des gerichtl. Verf. gehören, müssen klageweise geltend gemacht werden. Bei geringen Aufwendungen (zB für EMA- und HR-Anfragen, Grundbuchauszüge, Zustellkosten des Gerichtsvollziehers) steht das Kostenrisiko für das gerichtl. Verf. in keinem Verhältnis zur geltend zu machenden Forderung; die Gerichtskosten werden die Aufwendungen häufig sogar übersteigen. Selbst die Gerichtskosten des Mahnverfahrens sind wg. der Mindestgeb. iZw höher als die Aufwendungen, die nicht im Wege der Vergütungsfestsetzung geltend gemacht werden können.

Da Zweck des Vergütungsfestsetzungsverfahren auch die Entlastung der Gerichte v. Gebühren-rechtsstreits ist, wäre es sinnvoll, über § 11 Abs. 1 S. 1 RVG hinaus die Festsetzung v. Aufwen-dungen zumindest dann zuzulassen, wenn der RA nachweisen kann, dass diese zur ordnungs-gemäßen Ausführung des Auftrags notwendig waren. So sollte zB die Festsetzung v. Aufwendungen, die der Beschaffung notwendiger Informationen (Beklagtenanschrift, Geschäftsführer einer GmbH, Eigentümer eines Grundstücks) dienten, zugelassen werden. Auch Aufwendungen, die getätigt wurden, um die Wirksamkeit einer für das folgende gerichtl. Verf. erheblichen Willenserklärung herbeizuführen (Zustellung einer einseitig empfangsbedürftigen Willenserklärung durch Boten oder Gerichtsvollzieher) sollten festsetzbar sein. Obwohl diese Aufwendungen nicht zu den Kosten des gerichtl. Verf. gehören, dienen sie doch der Betreibung des gerichtl. Verf. Der AG hat darüber hinaus im Rahmen der Vergütungsfestsetzung die Möglichkeit, Einwendungen gg. diese Forderungen zu erheben, so dass der Klageweg offen bleibt. Es ist allerdings nicht zu erwarten, dass die Rspr. die hier aus rein prozessökonomischen Überlegungen bejahte Festsetzbarkeit v. Aufwendungen bestäti-gen wird.

Hinsichtlich der Aufwendungen **sollte der RA von seinem Vorschussrecht** (§ 669 BGB, § 9 RVG) Gebrauch machen. Für zu erwartende Aufwendungen kann bereits vor Einleitung des gerichtl. Verf. ein angemessener Vorschuss gefordert werden.

26 Gem. § 11 Abs. 1 S. 2 RVG sind **getilgte Beträge** abzusetzen. Hat der AG bereits Zahlungen auf die Vergütung geleistet, muss der RA ggf. eine v. AG getroffene Leistungsbestimmung berücksichti-gen (§§ 366 Abs. 1, 367 Abs. 2 BGB). Eine Verrechnung auf die bis zur Zahlung ggf. entstandenen Zinsen (§ 288 Abs. 4 BGB) und Vergütungsansprüche, die nicht v. der Vergütungsfestsetzung umfasst sind (Aufwendungen des RA außerhalb eines gerichtl. Verf.; nicht im gerichtl. Verf. entstan-dene Gebühren- und Auslagenansprüche) ist nur möglich, wenn dies gem. § 366 Abs. 2 BGB zulässig ist.

Hat der AG auf eine Vorschussanforderung den in der Vorschussrechnung bezifferten Vorschuss gezahlt, kann diese Zahlung v. RA nicht anders verrechnet werden, denn auch ohne Bezeichnung der Überweisung mit "Vorschussrechnung v. ..." hat der AG eine Leistungsbestimmung getroffen (§§ 157, 242 BGB).

Beispiel: Der RA hat dem AG eine Vorschussrechnung für seine außergerichtliche Tätigkeit über-reicht und berechnet

1,3 Geschäftsgebühr gem. §§ 2 Abs. 2, 9 RVG Nr. 2400 VV RVG	1.000,00 EUR
Post- und Telekommunikationsentgelte Nr. 7002 VV RVG	20,00 EUR
16% USt Nr. 7008 VV RVG	163,20 EUR
insgesamt	1.183,20 EUR

Der AG hat den Vorschuss in voller Höhe beglichen. Im Anschluss an die Vorschussrechnung hat der RA noch Aufwendungen (zB Detekteikosten, Einwohnermeldeamtanfrage) iHv 500 EUR verauslagt. Die im gerichtl. Verf. entstandenen Gebühren sowie die für den AG verauslagten Gerichtskosten hat der AG nach Übersendung der Rechnung nicht beglichen. An Verzugszinsen sind bereits 25,70 EUR entstanden. Der RA kann den gezahlten Vorschuss iHv 1.183,20 EUR nicht auf die Detekteikosten und die Verzugszinsen oder auf den Teil der Geschäftsgebühr, der nach Anrechnung noch außerge-richtlich verbleibt, verrechnen. Durch die mit der Vergütungsberechnung aufgestellte Vorschussforderung (§ 10 RVG) hat der AG mit Leistungsbestimmung auf die in der Vorschussberechnung genannten Gebühren und Auslagen geleistet.

Etwas anderes gilt, wenn der RA einen pauschalen Betrag als Vorschuss fordert. Hätte er im Beispiel einen Vorschuss iHv 1.200 EUR gefordert, ohne eine nähere Aufgliederung in Gebühren und Auslagen zu treffen, könnte er gem. § 367 Abs. 1 BGB die Forderung mit Zinsen, Aufwendungen, die nicht v. der Vergütungsfestsetzung umfasst sind oder außergerichtlichen Gebühren- und Vergütungsansprüchen, die nicht angerechnet werden, verrechnen und müsste nur die Differenz bzw. den verbleibenden Vorschussrest als getilgten Betrag im Vergütungsfestsetzungsgesuch in Abzug bringen.

Der RA kann eine Verrechnung mit verauslagten Beträgen nicht geltend machen, es sei denn, der AG erklärt sich ausdrücklich mit der Verrechnung einverstanden (OLG Hamm JurBüro 1979, 1316 = Rpfleger 1979, 436).

27 Die Vergütungsfestsetzung beschränkt sich auf die **gesetzliche Vergütung**, die der AG nach dem RVG schuldet (OLG Koblenz AnwBl 1985, 43, OLG München AnwBl 1993, 576, LG Frankfurt Rpfleger 1992, 271, LAG Hamm MDR 2002, 60). § 11 Abs. 1 RVG ist eindeutig und kann nicht auf die **vertragliche Vergütung** ausgedehnt werden (Gebauer/Schneider Rn. 49 zu § 11 RVG, Riedel/Sußbauer Rn. 12 zu § 19 BRAGO, Gerold/Schmidt Rn. 24 zu § 11 RVG, Hansens Rn. 27 zu § 19 BRAGO, aA Hartung/Römermann Rn. 44 zu § 11 RVG). Eine gem. § 4 RVG vereinbarte höhere oder niedrigere Vergütung kann nicht nach § 11 RVG festgesetzt werden.

Hat der RA eine **höhere** Vergütung als die gesetzliche vereinbart, kann er nicht für die ges. Vergütung die Vergütungsfestsetzung betreiben und für den über der ges. Vergütung liegenden Betrag die Gebührenklage (oder das Mahnverfahren) einleiten (OLG Frankfurt Rpfleger 1989, 303), sondern muss für seinen gesamten Anspruch das Klage- oder Mahnverfahren betreiben.

Wurde eine Vergütungsvereinbarung über ein **Sonderhonorar**, das zur ges. Vergütung hinzutreten soll (zB bes. Vergütung für die Wahrnehmung eines Beweisaufnahmetermins) getroffen, das unstreitig durch den AG bereits beglichen wurde, so kann die verbleibende ges. Vergütung gg. den AG festgesetzt werden (für die Festsetzbarkeit der ges. Vergütung nach Tilgung einer Honorarvereinbarung: OLG Bamberg JurBüro 1963, 538).

Stellt der RA trotz Abschluss einer Vergütungsvereinbarung einen Vergütungsfestsetzungsantrag, so kann darin ein **Verzicht** auf die höhere als die ges. Vergütung gesehen werden (Hartmann Rn. 10 zu § 11 RVG). Liegt ein wirksamer Verzicht auf die vereinbarte Vergütung vor (**Erlassvertrag**, § 397 BGB), kann die ges. Vergütung festgesetzt werden.

28 Eine vereinbarte **niedrigere** als die ges. Vergütung ist nicht gg. den AG festsetzbar. Geht der RA davon aus, dass die vereinbarte niedrigere Vergütung unzulässig ist, kann er die Vergütungsfestsetzung der ges. Gebühren beantragen (Hartmann Rn. 11 zu § 11 RVG). Erhebt der AG im Rahmen des Vergütungsfestsetzungsverfahrens dann den Einwand, eine niedrigere als die ges. Vergütung mit dem RA vereinbart zu haben, führt dieser Einwand zur Ablehnung der Festsetzung, unabhängig davon, ob eine niedrigere als die ges. Vergütung überhaupt zulässig gewesen wäre.

29 Die Parteienbezeichnung im Vergütungsfestsetzungsverfahren ergibt sich aus § 11 Abs. 1 S. 1 RVG. Die Parteien werden **Antragsteller und Antragsgegner** genannt. Um das Verf. v. Kostenfestsetzungsverfahren gem. §§ 103ff. ZPO deutlich abzugrenzen, sollten die Parteibezeichnungen aus dem Ausgangsverfahren (Kl./Bekl.) nicht verwendet werden. Am Vergütungsfestsetzungsverfahren sind auch nicht die "anderen Parteien" aus dem Ausgangsverfahren beteiligt.

Antragsgegner ist, wenn der RA den Antrag gestellt hat, der AG. Hat der AG den Antrag gestellt, ist der RA Antragsgegner (OLG Hamburg MDR 1984, 593) Beantragt der RA, der den Kl. vertreten hat, die Vergütungsfestsetzung gem. § 11 RVG, ist der Bekl. aus dem Ausgangsverfahren nicht am Vergütungsfestsetzungsverfahren beteiligt. An ihn dürfen keine Zustellungen erfolgen.

30 Gem. § 11 Abs. 6 RVG ist der Antrag **mündlich** oder **schriftlich** zu Protokoll des Urkundsbeamten der Geschäftsstelle zulässig. Durch das **Justizkommunikationsgesetz** wurde der Verweis auf § 130a ZPO aufgehoben. Die Antragstellung auf elektronischem Wege richtet sich nunmehr nach dem durch das JKomG neu eingefügten § **12b RVG**.

31 In der **ordentlichen** Gerichtsbarkeit ist jedes **Amtsgericht** gem. § 129a ZPO zur Entgegennahme zust. Der Antrag muss v. einem unzuständigen AG unverzüglich an das zust. Gericht weitergeleitet werden. Nach einer **Verweisung** ist nur noch das Gericht zust., an das verwiesen wurde (SG Stuttgart AnwBl 1979, 188, LAG Düsseldorf JurBüro 1995, 649).

32 Für die Festsetzung des Vergütungsanspruchs des gerichtl. **Mahnverfahrens**, dem sich ein str. gerichtl. Verf. nicht angeschlossen hat, ist das Gericht zust., das nach § 690 Abs. 1 Nr. 5 ZPO das zust. Prozessgericht gewesen wäre (BGH NJW 1991, 2084 = MDR 1991, 998 = Rpfleger 1991, 389 = AnwBl 1991, 596).

Tipp: Dem Vergütungsfestsetzungsgesuch, das Vergütungsansprüche des Mahnverfahrens betrifft, sollte die genannte Entscheidung in Kopie beigefügt werden. Dem Antrag an das bisher nicht mit der Angelegenheit befasste Prozessgericht 1. Instanz muss die Ausfertigung des Vollstreckungsbescheids beigefügt werden.

33 Für die Festsetzung der anwaltl. Vergütung aus Vollstreckungstätigkeiten ist (seit dem 1.1.1999) in entspr. Anwendung v. §§ 799 Abs. 2 S. 1, 764 Abs. 2 S. 1, 802 ZPO nicht das Prozessgericht, sondern ausschließlich das **Vollstreckungsgericht sachlich zuständig** (BayObLG JurBüro 2003, 326, OLG Koblenz JurBüro 2002, 199, aA Hansens JurBüro Sonderheft 1999, 21, ders. BRAGOreport 2001, 57 und Gerold/Schmidt Rn. 37 zu § 11 RVG: Prozessgericht 1. Instanz). Zuständig für alle in der Vollstreckung entstandenen Ansprüche iSv § 11 Abs. 1 S. 1 RVG ist das Gericht, in dessen Bezirk die letzte Vollstreckungshandlung vorgenommen wurde (OLG Köln MDR 2000, 1276 = Rpfleger 2001, 296, aA Hansens aaO).

34 Folgt man der Auffassung, dass für die Zwangsvollstreckung das Vollstreckungsgericht zust. ist, ergibt sich auch keine abweichende Zuständigkeit, wenn Grundlage der Vollstreckung ein Titel war, der nicht im Rahmen eines Erkenntnisverfahrens ergangen ist (zB notarielle Urkunde). Für die Vergütungsfestsetzung ist dann ebenfalls das Vollstreckungsgericht zust. War eine notarielle Urkunde Grundlage der Zwangsvollstreckung und die Vergütung aus daraus erfolgten Vollstreckungstätigkeiten Grundlage der Vergütungsfestsetzung, war bereits vor dem 1.1.1999 nach hM das Vollstreckungsgericht für die Vergütungsfestsetzung zust. (KG Rpfleger 1986, 404 = JurBüro 1986, 1570 = MDR 1986, 856).

35 In Verf. vor den Gerichten der Verwaltungsgerichtsbarkeit, Finanzgerichtsbarkeit und Sozialgerichtsbarkeit wird der Antrag beim jew. Ausgangsgericht gestellt.

36 Hinsichtlich der **funktionalen Zuständigkeit** sind verschiedene Möglichkeiten gegeben. In der ordentlichen Gerichtsbarkeit einschl. der Arbeitsgerichtsbarkeit ist der **Rechtspfleger** des Gerichts des **ersten Rechtszugs** des **Ausgangsverfahrens** zust. (§ 11 Abs. 1 S. 1 RVG, § 21 Nr. 2 RPflG, § 9 Abs. 3 ArbGG). Daher ist evtl. auch der Rechtspfleger des Familiengerichts zust. (BGHZ 97, 81, KG Rpfleger 1978, 231). Der Rechtspfleger des erstinstanzlichen Ausgangsgerichts ist für die Festsetzung der Vergütung für alle Rechtszüge zust. Gegen die Entscheidung des Rechtspflegers ist die **Beschwerde gem. § 11 Abs. 1 RPflG** gegeben.

Im Verf. vor den Verwaltungs- Finanz- und Sozialgerichten ist der **Urkundsbeamte** der Geschäftsstelle desjenigen Gerichts zust. (§ 11 Abs. 3 S. 1 RVG), auf das in der jew. Verfahrensordnung verwiesen wird (§§ 146, 151, 165 VwGO, 128, 133, 149 FGO, 197 Abs. 2, 178 SGG). Dies gilt, da das RPflG für diese Festsetzungsverfahren nicht gilt (§ 26 RPflG). Gegen die Entscheidung des Urkundsbeamten der Geschäftsstelle ist die **Erinnerung** gem. § 11 Abs. 1 RPflG).

37 Für den Antrag auf Vergütungsfestsetzung besteht **kein Anwaltszwang**, selbst wenn im Hauptprozess Anwaltszwang galt (OLG Hamburg NJW-RR 2001, 59). Anwaltszwang besteht auch dann nicht, wenn die Höhe der Vergütungsforderung im Fall einer Gebührenklage im gerichtl. Verf. den Anwaltszwang zur Folge hätte.

38 Der Antrag des RA muss eine **Berechnung der Vergütung** (§ 10 RVG) unter Absetzung der getilgten Beträge (§ 1 Abs. 1 S. 2 RVG) sowie die zur Rechtfertigung der einzelnen Ansätze erforderlichen **Tatsachen und Belege** enthalten und ergeben, welcher **bezifferte Betrag** gg. welche(n) AG festgesetzt werden soll (Engels MDR 2001, 374). Spätestens mit dem Antrag auf Vergütungsfestsetzung muss eine den Anforderungen v. § 10 RVG genügende **Vergütungsberechnung** vorliegen (OLG Düsseldorf AnwBl 1988, 252 = JurBüro 1988, 867). Es ist ausreichend, wenn die Vergütungsberechnung gleichzeitig mit dem Vergütungsfestsetzungsantrag an den AG gesandt wird (Hartmann Rn. 35 zu § 11 RVG).

Aus dem Vergütungsfestsetzungsantrag des AG muss hervorgehen, für welche Tätigkeit welches RA die Vergütung festgesetzt werden soll. Dazu ist es ausreichend, wenn der AG auf eine Vergütungsberechnung des RA Bezug nimmt. Der Antrag des AG richtet sich auch ohne ausdrückliche Erklärung auf die Überprüfung der v. RA berechneten Vergütung. Der AG kann seinen Antrag auch auf Teile der Vergütung des RA beschränken. Der Vergütungsfestsetzungsantrag kann nicht auf die Rückzahlung eines Betrags durch den RA gerichtet sein. Dies geht über den Zweck des Vergütungsfestsetzungsverfahrens hinaus. Einen Anspruch auf Rückzahlung v. Beträgen kann der AG nur über den Klageweg geltend machen.

39 Gem. § 11 Abs. 2 S. 1 RVG ist der Antrag erst **bei Fälligkeit der Vergütung zulässig** (§ 8 RVG; OLG Düsseldorf AnwBl 1988, 252 = JurBüro 1988, 867).

40 Für den Antrag muss ein **Rechtsschutzbedürfnis** gegeben sein. Hieran fehlt es sowohl für den RA als auch für den AG, wenn der AG vorbehaltlos und vollständig die Vergütung bezahlt hat (OLG Schleswig JMBl Schleswig-Holstein 1980, 204).

41 Vor der Festsetzung sind die Beteiligten zu hören (§ 11 Abs. 2 S. 1 RVG). Auf das **rechtliche Gehör** kann nicht verzichtet werden. Grundsätzlich ist eine förmliche Zustellung des Vergütungsfestsetzungsgesuchs nicht erforderlich. Ohne förmliche Zustellung lässt sich der Zugang aber nicht nachweisen (OLG Frankfurt/Main JurBüro 1983, 1517 = NJW 1984, 744). Ein Verstoß kann auf Antrag zur Zurückverweisung führen (§§ 567ff., 538 ZPO). Dem Erfordernis des rechtl. Gehörs ist nicht genüge getan, wenn das Vergütungsfestsetzungsgesuch dem Antrag stellenden RA aufgrund seiner Prozessvollmacht im Ausgangsverfahren zugestellt wird (OLG Hamm JurBüro 1992, 394, OLG Bamberg JurBüro 1994, 160).

Eine Belehrung des Antragstellers durch den Rechtspfleger/Urkundsbeamten der Geschäftsstelle über Rechtsfragen ist mangels ausdrücklicher Anordnung durch das Gesetz nicht erforderlich (BVerfG NJW 1995, 3173, BGH FamRZ 1996, 347, Hartmann Rn. 49 zu § 11 RVG; für eine Belehrungspflicht noch BGH Rpfleger 1976, 354, Lappe Rpfleger 1996, 183).

Tipp: Der RA sollte schon im Vergütungsfestsetzungsantrag die förmliche Zustellung des Vergütungsfestsetzungsgesuchs beantragen. Dadurch werden Auseinandersetzungen über die Wirksamkeit des Vergütungsfestsetzungsbeschlusses vermieden, wenn der Antragsgegner nach dessen Zustellung (und ggf. Ablauf der Rechtsmittel/Rechtsbehelfsfrist) einwendet, das Vergütungsfestsetzungsgesuch nicht erhalten zu haben.

42 Ist der tatsächliche Aufenthalt des Antragsgegners nicht zu ermitteln, muss gem. § 185 ZPO **öffentlich zugestellt** werden (OLG Hamburg MDR 1976, 324, KostRsp BRAGO § 19 Nr. 20, Anm. IV v. E. Schneider).

43 Auch ein **im Ausland befindlicher Schuldner** muss angehört werden (LG Kiel JurBüro 1975, 345). In diesem Fall ist förmliche Zustellung erforderlich. Diese dient dann nicht nur dem Nachweis des Zugangs des Vergütungsfestsetzungsgesuchs, sondern auch der späteren Erteilung der Vollstreckungsklausel durch die zust. ausländischen Behörde (OLG Hamm AGS 1995, 127 = JurBüro 1995, 362 = Rpfleger 1995, 382).

44 Die **Aussetzung** des Verf. ist aus verschiedenen Gründen möglich, zB wg. eines bestrittenen Gegenstandswerts (Anm. 45). Für die Aussetzung oder Unterbrechung des Verf. nach § 11 RVG gelten die allg. Vorschriften (§§ 239ff. ZPO).

45 Bestreitet ein am Verf. nach § 11 RVG Beteiligter einen v. RA angegebenen **Gegenstandswert**, muss der Rechtspfleger das Festsetzungsverfahren gem. § 11 Abs. 4 RVG aussetzen, bis das Gericht (§§ 32, 33 und 38 Abs. 1 RVG) darüber entschieden hat. Die Festsetzung ist in diesen Fällen jedoch nicht gem. § 11 Abs. 5 S. 1 RVG abzulehnen. Das Verf. ist auch dann auszusetzen, wenn der Streit über den Gegenstandswert erst im Beschwerdeverfahren über den Beschl., der im Vergütungsfestsetzungsverfahren ergangen ist, geführt wird.

Wird ein bereits festgesetzter Wert bestritten, ist das Verf. auszusetzen, bis über die Streitwertbeschwerde entschieden ist. Dies gilt auch dann, wenn die Beschwerde gem. § 32 Abs. 3 RVG offensichtlich unzulässig (zB keine Zulassung einer weiteren Beschwerde durch das Beschwerdegericht und Unanfechtbarkeit der Nichtzulassung § 33 Abs. 4 S. 2 RVG) ist, aber dennoch erhoben wurde. Das Verf. ist bis zur Entscheidung des Beschwerdegerichts im Wertfestsetzungsverfahren auszusetzen.

Wird der Gegenstandswert nur zT bestritten, ist auch nur eine Aussetzung des Verf. wg. des auf diesen Teil entfallenden Vergütungsanspruchs erforderlich.

Beispiel: Der RA legt seiner Vergütungsrechnung einen Gegenstandswert v. 100.000 EUR zugrunde. Der Antragsgegner bestreitet den Wert und wendet ein, ein Gegenstandswert v. 50.000 EUR sei zutreffend. Die Vergütungsfestsetzung kann für einen Gegenstandswert iHv 50.000 EUR erfolgen. Nur für den darüber liegenden Differenzbetrag ist das Verf. auszusetzen (Gerold/Schmidt Rn. 42 zu § 11 RVG).

46 Gem. § 11 Abs. 5 S. 1 RVG ist die Festsetzung nur abzulehnen, wenn der Antragsgegner Einwendungen oder Einreden erhebt, die nicht im Gebührenrecht ihren Grund haben. **Gebührenrechtliche Einwendungen oder Einreden** führen dagegen nicht zur Ablehnung der Vergütungsfestsetzung, sondern sind im Vergütungsfestsetzungsverfahren zu klären. Gebührenrechtliche Einwendungen liegen vor, wenn der Antragsgegner geltend macht, die geforderte Vergütung sei nach den Vorschriften des RVG nicht oder nicht in voller Höhe erwachsen. Der Einwand oder die Einrede kann auch dahin gehen, dass die angewandte Gebührenvorschrift tatsächlich nicht anwendbar sei. Ein solcher Einwand liegt vor, wenn er sich auf das kostenrechtliche Verhältnis zw. dem AG und dem RA auswirkt (LAG Stuttgart Rpfleger 1982, 485). Ein gebührenrechtlicher Einwand betrifft nicht das Auftragsverhältnis zw. AG und RA, sondern die geltend gemachten Gebühren oder den Gegenstandswert.

Beispiel 1: Der RA hat nach Säumnis des Berufungsbeklagten die 1,2 Terminsgeb. Nr. 3202 VV RVG berechnet. Der Antragsgegner wendet ein, nicht die 1,2 Terminsgeb. der Nr. 3202 VV RVG sei entstanden, sondern nur die 0,5 Terminsgeb. der Nr. 3203 VV RVG. Es handelt sich um einen gebührenrechtlichen Einwand.

Beispiel 2: Der RA hat für die Protokollierung der Parteieinigung über nicht rechtshängige Ansprüche die 0,8 Verfahrensgeb. gem. Nr. 3101 Nr. 2 VV RVG berechnet. Der Antragsgegner wendet ein, die Gebühr sei nicht entstanden, da neben der 1,5 Einigungsgebühr der Nr. 1000 VV RVG keine weitere Gebühr entstünde. Auch dies ist ein gebührenrechtlicher Einwand. Ebenfalls ein gebührenrechtlicher Einwand ist, dass die Gebühr der Nr. 1000 VV RVG nicht entstanden sei. Diese gehört zu den Gebühren des gerichtlichen Verfahrens (OLG Hamm AGS 2005, 13).

Zu den gebührenrechtlichen Einwendungen/Einreden zählen die Behauptungen,

- die geforderte Gebühr sei auf eine andere Gebühr **anzurechnen** (BGH AGS 1998, 146 = Rpfleger 1997, 231 = MDR 1997, 397, Hartmann Rn. 58 zu § 11 RVG, Stichpunkt Anrechnung),
- der RA nehme eine unzulässige **Nachliquidation** vor (KG AnwBl 1972, 24 = JurBüro 71, 1029),
- die Gebühr dürfe nach § 122 Abs. 1 Nr. 3 ZPO nicht geltend gemacht werden (OLG Hamburg JurBüro 1995, 426),

- die Gebühr sei **nicht fällig,**
- der Vergütungsrechnung **fehle die Unterschrift** des RA (Hartmann Rn. 69 zu § 11 RVG, Stichpunkt Unterschrift).

Nicht gebührenrechtlich ist jeder Einwand oder jede Einrede, die sich nicht nur gg. die Richtigkeit einzelner Ansätze richtet, sondern gg. den Gebührenanspruch als solchen nach dessen Grund oder dessen Höhe (OLG Brandenburg Rpfleger 2003, 539, OLG Karlsruhe MDR 1992, 616, OVG Münster Rpfleger 1986, 320).

47 Erhebt der Antragsgegner des Vergütungsfestsetzungsverfahrens (RA oder AG) eine **nicht gebührenrechtliche Einwendung** oder Einrede, ist die Festsetzung abzulehnen (§ 11 Abs. 5 S. 1 RVG). Erhebt der RA zB die Einwendung, nicht die ges., sondern eine vereinbarte Vergütung sei v. AG geschuldet, handelt es sich um eine Einwendung des RA außerhalb des Gebührenrechts (KG MDR 1959, 403). Die Gebührenklage wird durch einen solchen Einwand oder eine solche Einrede zulässig (BGH NJW 1981, 876).

Zu den häufigsten außergebührenrechtlichen Einwendungen und Einreden zählen:

- das **Bestreiten des Auftrags** (OLG Nürnberg JurBüro 1964, 299, OLG Koblenz JurBüro 1975, 670, OLG Hamm JurBüro 1976, 907, OLG Stuttgart JurBüro 1976, 1648, OLG Frankfurt JurBüro 1982, 227, VG Düsseldorf Rpfleger 1983, 125, OLG Koblenz JurBüro 1994, 733, OLG Zweibrücken JurBüro 194, 733, BayVGH KostRsp BRAGO § 19 Nr. 122, OLG Düsseldorf JurBüro 1994, 425, OLG Koblenz AnwBl 2000, 261 = Rpfleger 2000, 40),
- die **Kündigung des Auftrags** (OLG Koblenz KostRsp BRAGO § 19 Nr. 105),
- die **Verletzung des Mandatsvertrags**; allgemein: Schlechterfüllung des RA (OLG Koblenz AnwBl 1989, 678, LG Berlin JurBüro 1996, 88, OLG Hamburg MDR 2001, 1192, OLG Koblenz KostRsp BRAGO § 19 Nr. 172),
- die **unterlassene Belehrung** über das **Kostenrisiko** und die **Kostenlast** (LAG Baden-Württemberg Rpfleger 1980, 162, OLG Koblenz JurBüro 1986, 1661 = MDR 1986, 1037, LAG Hamburg MDR 1987, 962, OLG Koblenz JurBüro 1998, 308 = NJW-RR 1998, 864 = AGS 1998, 75 = AnwBl 1998, 543),
- die **versäumte Einholung der Kostendeckungszusage** (OLG Koblenz VersR 2002, 778). Der Einwand ist nur beachtlich, wenn er auf die versäumte Einholung der Kostendeckungszusage gerichtet ist. Das Bestehen einer Rechtsschutzversicherung (und auch eine erteilte Kostendeckungszusage) ändern hingegen nichts an der Möglichkeit der Vergütungsfestsetzung (LAG Stuttgart Rpfleger 1982, 485),
- die **versäumte Beantragung von Prozesskostenhilfe** (KG Rpfleger 1969, 100, KG JurBüro 1982, 1185 = Rpfleger 1982, 310 = AnwBl 1982, 375, OLG Bamberg JurBüro 1987, 386, OLG Koblenz JurBüro 1988, 1663 = VersR 1988, 1164),
- der **fehlende Hinweis auf** die Möglichkeit der Beantragung von **Prozesskostenhilfe** (OLG Brandenburg Rpfleger 1996, 41),
- die **Abhängigkeit** des Auftrags v. der **Kostendeckungszusage** durch die Rechtsschutzversicherung,
- die **Abhängigkeit** des Auftrags v. der **Bewilligung von Prozesskostenhilfe** (OLG Koblenz JurBüro 1994, 732),
- der **Abschluss einer Vergütungsvereinbarung** (OLG Naumburg MDR 2002, 238, OVG Bremen AnwBl 1984, 325, OLG Bamberg JurBüro 1988, 1335, OLG Karlsruhe AnwBl 1992, 453 = JurBüro 1992, 740 = MDR 1992, 616, OLG Koblenz AnwBl 1992, 284 = JurBüro 1992, 239 = Rpfleger 1992, 84, OLG Celle AnwBl 1985, 650 = MDR 1986, 157),
- eine **Gebührenteilungsabrede** zw. Prozessbev. und Verkehrsanwalt (OLG Schleswig JurBüro 1983, 1516 = KostRsp BRAGO § 19 Nr. 57 m. Anm. Lappe, OLG Koblenz AnwBl 1985, 43 = JurBüro 1985, 220, OLG Koblenz KostRsp BRAGO § 19 Nr. 81, OLG Koblenz JurBüro 1991, 220; 1992, 239 = AnwBl 1992, 284 = MDR 1992, 309 = Rpfleger 1992, 84 = VersR 1992, 1277, OLG Karlsruhe AnwBl 1992, 453 = JurBüro 1992, 740 = MDR 1992, 616, aA OLG Frankfurt Jur-

Büro 1984, 869); ob es sich bei dem Einwand der Gebührenteilungsabrede um einen Einwand außerhalb des Gebührenrechts handelt, hängt davon ab, ob sie nur das Verhältnis der beteiligten RA betrifft oder ob die Abrede auch zugunsten des AG greift. Nur wenn der AG einwendet, die Gebührenteilungsabrede greife auch zu seinen Gunsten, liegt ein Einwand außerhalb des Gebührenrechts vor (OLG Hamm AGS 2002, 131 = BRAGOreport 2002, 89 m. Anm. Hansens = KostRsp § 19 BRAGO Nr. 210 m. Anm. N. Schneider),

- die **Stundung** der Vergütung (OLG Nürnberg JurBüro 2001, 481 = FamRZ 2001, 1157),
- die Einrede der **Verjährung** der Vergütung (OLG Frankfurt JurBüro 1981, 1517 = KostRsp BRAGO § 19 Nr. 31, OLG Stuttgart MDR 1983, 502 = JurBüro 1983, 700, LAG Düsseldorf Jur-Büro 1992, 799, OLG Köln JurBüro 1998, 200, OLG Naumburg MDR 2001, 114). Dies gilt nicht, wenn diese offensichtlich unbegründet ist (OLG Hamburg JurBüro 1995, 426, OLG Köln KostRsp BRAGO § 19 Nr. 162, LAG Bremen KostRsp BRAGO § 19 Nr. 175, OLG Köln JurBüro 1986, 1525, LAG Düsseldorf JurBüro 1992, 799, LAG Bremen JurBüro 2000, 362),
- die **Aufrechnung** mit Gegenansprüchen (OLG Köln AnwBl 1980, 156, OLG Koblenz JurBüro 2000, 33 = AGS 2000, 37),
- die **Abtretung** (OLG Karlsruhe Rpfleger 1996, 83),
- die **Abtretung ohne Zustimmung** (BGH AnwBl 2005, 145f.),
- die **fehlende Mitwirkung an Vergleichsbemühungen** (jetzt: Einigungsbemühungen □ KG JurBüro 1980, 72 mit krit. Anm. Mümmler; OLG Frankfurt JurBüro 1987, 1799). Bei der Mitwirkung an Einigungsbemühungen ist die Abgrenzung zw. gebührenrechtlichen und nicht gebührenrechtlichen Einwendungen bes. schwierig. Es handelt sich mE um einen gebührenrechtlichen Einwand, weil die Gebühr in Nr. 1000 VV RVG geregelt ist. Aus deren Anm. Abs. 2 ergibt sich das gebührenrechtliche Erfordernis der Ursächlichkeit der Mitwirkung des RA. Daher liegt ein Einwand innerhalb des Gebührenrechts vor, die Festsetzung der Einigungsgebühr muss (ggf. nach Beweiserhebung) im Vergütungsfestsetzungsverfahren erfolgen. Bestreitet daher der AG die Mitwirkung des RA an den Vergleichsverhandlungen oder die Ursächlichkeit der Mitwirkung, darf die Festsetzung nur abgelehnt werden, wenn der RA nicht den Gegenbeweis (etwa durch Anhörung des Verfahrensgegners) führen kann,
- eine behauptete **Zahlung** (OLG Frankfurt AnwBl 1983, 568: die Zahlungsbehauptung muss substantiiert sein, OLG Düsseldorf JurBüro 1985, 1819),
- eine **vereinbarte Ratenzahlung** (OLG Koblenz AGS 2004, 239), wobei die bloße Entgegennahme der Zahlungen durch den RA, ohne dass mit dem Gebührenschuldner eine entspr. Ratenzahlungsvereinbarung getroffen wurde, die Vergütungsfestsetzung gem. § 11 RVG nicht hindert,
- die **Verursachung vermeidbarer Mehrkosten**. Dies gilt zB für den Antrag auf Berufungsrückweisung vor Zustellung der Berufungsbegründungsschrift (OLG Koblenz JurBüro 1990, 45 = Rpfleger 1989, 477).

Der seit dem 1. Juli 2004 mögliche Einwand des AG, der RA habe vor Übernahme des Auftrags **nicht gem. § 49b Abs. 5 BRAO darüber belehrt**, dass sich die Gebühren nach einem **Gegenstandswert** richten, ist ein Einwand außerhalb des Gebührenrechts (Völtz BRAK-Mitt 2004, 104; aA Hartmann NJW 2004, 2482 □ Gebührenfestsetzung: „Im Verf. nach § 11 RVG ist eine Schlechterfüllung durch Veranlassung vermeidbarer Kosten ein gebührenrechtlicher Einwand.") und führt zur Ablehnung der Gebührenfestsetzung. Der Auffassung von Völtz (aaO) ist der Vorzug zu geben. Bei dem Einwand der fehlenden Belehrung gem. § 49b Abs. 5 BRAO handelt es sich um einen nicht gebührenrechtlichen Einwand; die Vergütungsfestsetzung ist daher abzulehnen.

Die Beispiele zeigen, dass nicht gebührenrechtliche Einwendungen oder Einreden sich nicht auf die Vergütungsvorschriften des RVG beziehen, sondern auf Vorschriften des allgemeinen, auch für andere Rechtsbeziehungen maßgeblichen Rechts oder auf bes. Vereinbarungen zw. RA und AG. Die materiellrechtliche Würdigung außergebührenrechtlicher Einwendungen im Vergütungsfestsetzungsverfahren ist unzulässig. Daran ändert sich auch nichts, wenn der RA im Rahmen des Vergütungsfestsetzungsverfahrens zu den durch den Antragsgegner erhobenen Einwendungen

Stellung nimmt oder Urkunden vorlegt (zB Vollmacht), die die Einrede oder Einwendung widerlegen. Der Rechtspfleger oder Urkundsbeamte der Geschäftsstelle darf bei der Vergütungsfestsetzung nicht materiell-rechtl. Streitfragen klären, die dem Hauptverfahren (Gebührenklage) obliegen. Für die Ablehnung der Festsetzung genügt es, wenn der Antragsgegner die genannten Einwendungen oder Einreden erhebt. § 11 Abs. 5 S. 1 RVG stellt nicht auf die Begründetheit der Einwendungen oder Einreden ab (Ausnahmen: offensichtlich aus der Luft gegriffene Einwendungen, Anm. 49).

48 Die **Abgrenzung zwischen gebührenrechtlichen und nicht gebührenrechtlichen Einwendungen oder Einreden** kann schwierig sein, insbes. wenn das Entstehen der Gebühr v. Voraussetzungen abhängt, die sich zT aus dem VV bestimmen lassen, dort aber auf das materielle Recht bezogen sind. Dies ist bei allen Gebühren der Fall, deren Entstehen ausnahmsweise v. Erfolg der anwaltl. Tätigkeit abhängt oder für deren Entstehen es auf weitere TB-Merkmale ankommt, die nicht offensichtlich gebührenrechtlicher Natur sind (zB Ursächlichkeit und Mitwirkung).
Beispiel 1: Die 1,0 Einigungsgebühr der Nrn. 1000, 1003 VV RVG entsteht nach Anm. Abs. 1 und 2 zu Nr. 1000 VV RVG für die ursächliche Mitwirkung des RA beim Abschluss eines Vertrags. Ob der RA an dem Abschluss des Vertrags mitgewirkt hat und seine Mitwirkung ursächlich war, muss anhand der Vorschriften des materiellen Rechts geprüft werden. Erhebt der Antragsgegner den Einwand, die Einigungsgebühr sei nicht entstanden, weil es an der Mitwirkung des RA oder deren Ursächlichkeit fehle, handelt es sich um einen Einwand, der eine Vergütungsvorschrift aus dem VV betrifft, also grds. um einen Einwand innerhalb des Gebührenrechts. Da aber außerhalb des RVG liegende Bewertungsmaßstäbe heranzuziehen sind, gehen Teile der Rspr. davon aus, dass ein Einwand außerhalb des Gebührenrechts vorliege und die Vergütungsfestsetzung gem. § 11 Abs. 5 S. 1 RVG abzulehnen sei (KG JurBüro 1980, 72 mit krit. Anm. Mümmler = KostRsp § 19 BRAGO § 14). Dem ist nicht zu folgen. Die Einreden sind auf das Entstehen der Gebühr bezogen; über sie muss daher im Vergütungsfestsetzungsverfahren entschieden werden (Anm. 47). Vor einer Ablehnung der Vergütungsfestsetzung muss der RA als Antragsteller gehört werden; ihm muss, falls eine Überschneidung v. gebührenrechtlichen Vorschriften mit materiell-rechtl. Vorschriften gegeben ist, Gelegenheit zur Entkräftung des Einwands gegeben werden. Gelingt ihm dies, darf die Festsetzung nicht abgelehnt werden.
Beispiel 2: Die Terminsgeb. gem. Vorbem. 3 Abs. 3, 3. Alt VV RVG kann entstehen, wenn der RA an auf die Vermeidung oder Erledigung des Verf. gerichteten Besprechungen ohne Beteiligung des Gerichts mitgewirkt hat. Die Gebühr ist daher nicht offenkundig aus der Gerichtsakte zu entnehmen. Wendet der Antragsgegner ein, dass der RA nicht mitgewirkt habe, ist dies ein Einwand, der für das Entstehen der Gebühr maßgeblich ist, aber zur Ablehnung der Vergütungsfestsetzung führen könnte, wenn der RA seine Mitwirkung nicht beweisen oder glaubhaft machen kann. Kann der RA zB durch eine Stellungnahme eines an der Besprechung beteiligten weiteren RA seine Mitwirkung belegen oder glaubhaft machen, ist kein Grund für die Ablehnung der Vergütungsfestsetzung erkennbar.

49 Eine "**offensichtlich aus der Luft gegriffene Einwendung** nicht gebührenrechtlicher Art" (OLG Hamm Rpfleger 1976, 408) lässt das Recht und die Pflicht des Rechtspflegers (Urkundsbeamten der Geschäftsstelle) zur Festsetzung der Vergütung **ausnahmsweise** gem. § 11 RVG bestehen. Offensichtlich aus der Luft gegriffene Einwendungen müssen auch nicht einer materiell-rechtl. Prüfung unterzogen werden. Sobald die Einwendungen jedoch einen inhaltl. Kern erkennen lassen, der nicht sofort ohne weitere Prüfung zu verwerfen ist, ist die Festsetzung abzulehnen. Die Möglichkeit, die Vergütungsfestsetzung bei Einwendungen oder Einreden außerhalb des Gebührenrechts zuzulassen, besteht daher nur in ganz wenigen Ausnahmefällen.
Einwendungen sind offensichtlich aus der Luft gegriffen, wenn sich aus dem Vorbringen kein sachlicher Kern ergibt (OLG Koblenz AGS 1997, 43 = MDR 1996, 862 = KostRsp BRAGO § 19 Nr. 157). Dies kann zB der Fall sein, wenn der AG nur ausführt, er fühle sich schlecht beraten (OLG München MDR 1997, 597 = OLGR 1997, 140 = KostRsp BRAGO § 19 Nr. 156) oder die Partei die Einrede erhebt, sie fühle sich nicht gut vertreten, ohne konkret fassbare Umstände zu nennen (OLG Karlsruhe KostRsp BRAGO § 19 Nr. 187 = OLGR 2000, 353). Offensichtlich aus der Luft gegriffen kann

auch der Einwand sein, dem RA keinen Auftrag erteilt zu haben, wenn sich aus der Gerichtsakte aufgrund des Vortrags des Vergütungsschuldners etwas anderes ergibt (OLG Koblenz JurBüro 2004, 592).

Bei offensichtlich aus der Luft gegriffenen Einwendungen nicht gebührenrechtlicher Art wird das Prinzip des § 11 Abs. 5 S. 1 RVG durchbrochen. Die Lit. hierzu lässt erkennen, dass mehr oder weniger sinnloses Geschwätz, querulatorische Tiraden oder Plattheiten nicht zu einer Ablehnung des Vergütungsfestsetzungsverfahrens führen (KostRsp § 19 BRAGO Nr. 11, Anm. v. E. Schneider).

Beispiel: Der RA beantragt Vergütungsfestsetzung im Jahr 2004 hinsichtlich eines im selben Jahr fällig gewordenen Vergütungsanspruchs. Die Hemmung des Laufs der Verjährungsfrist gem. § 8 Abs. 2 RVG ist offensichtlich gegeben, da im Ausgangsverfahren noch keine rechtskräftige Entscheidung ergangen ist. Der Antragsgegner erhebt die Einrede der Verjährung. Es ist offenkundig, dass die Verjährung noch nicht eingetreten sein kann. Die Einrede des Antragsgegners ist "offensichtlich aus der Luft gegriffen". Die Vergütungsfestsetzung ist nicht gem. § 11 Abs. 5 S. 1 RVG abzulehnen.

50 § 11 Abs. 2 S. 3 RVG verweist auf die Vorschriften der jew. Verfahrensordnung des Gerichts. Anwendbar sind ZPO, ArbGG, FGG, FGO, SGG oder VwGO. Für die Zwangsvollstreckung verweist § 11 Abs. 2 S. 3 RVG nur auf die Vorschriften der ZPO. Ist diese im Ausgangsverfahren nicht anwendbar, ist für die Zwangsvollstreckung dennoch auf die ZPO abzustellen, selbst wenn in den jew. Verf. für die Zwangsvollstreckung sonst andere Bestimmungen gelten würden.

Ist im **Vergütungsfestsetzungsverfahren** der Rechtspfleger funktional zust. (ZPO-Verf.), gilt Folgendes:

Der Rechtspfleger kann den Vergütungsfestsetzungsbeschluss erlassen, ihn zurückweisen oder die Festsetzung ablehnen. Wird der **Beschl. erlassen**, darf die Festsetzung nicht über den Antrag hinausgehen (§ 308 Abs. 1 ZPO); ein Austausch v. Positionen ist jedoch zulässig. Ist eine Gebühr zur Festsetzung beantragt worden, die nicht entstanden ist, kann der Rechtspfleger eine andere (nicht geltend gemachte) Gebühr berücksichtigen (Gerold/Schmidt Rn. 63 zu § 11 RVG, Hartmann Rn. 72 zu § 11 RVG). Der Beschl. muss in EUR beziffert und unterschrieben sein und die vollständige Parteienbezeichnung enthalten.

Die **Zurückweisung** des Antrags erfolgt aus gebührenrechtlichen Gründen (eine Gebühr ist nicht oder nicht in voller Höhe entstanden); eine **Ablehnung** des Antrags erfolgt wg. außergebührenrechtlicher Einwendungen oder Einreden. Werden sowohl gebührenrechtliche als auch außergebührenrechtliche Einwendungen oder Einreden erhoben, so muss der Rechtspfleger nicht über die gebührenrechtlichen Einwendungen/Einreden entscheiden, sondern kann die Festsetzung ablehnen. Lehnt der Rechtspfleger die Festsetzung der Vergütung ab, muss er dies begründen (OLG Brandenburg Rpfleger 1999, 175, LG Berlin JurBüro 1999, 481, LG Lüneburg Rpfleger 1999, 491). Die Begründung kann nicht nachträglich erfolgen (OLG Brandenburg Rpfleger 1999, 175).

Der Beschl. wird den Beteiligten **zugestellt** (Antragsteller und Antragsgegner). Dem Antragsteller wird der Vergütungsfestsetzungsbeschluss nur förmlich zugestellt, wenn seinem Antrag ganz oder zT nicht entsprochen wurde (§ 104 Abs. 1 S. 4 Hs. 1 ZPO). Wird seinem Antrag voll entsprochen, ist die förmliche Zustellung an ihn nicht erforderlich (§ 104 Abs. 1 S. 4. Hs. 2 ZPO). Dem Antragsgegner wird der Beschl. förmlich zugestellt, wenn dem Antrag ganz oder teilweise entsprochen wurde (§ 104 Abs. 1 S. 4 Hs. 1 ZPO). Hat der Antragsgegner im Vergütungsfestsetzungsverfahren einen Verfahrensbevollmächtigten bestellt, ist diesem zuzustellen. Der Antrag stellende RA ist (unabhängig v. der Prozessvollmacht für das Ausgangsverfahren) nicht Zustelladressat für den Antragsgegner.

Tipp: Im Vergütungsfestsetzungsantrag sollte zur Vermeidung v. Zustellmängeln und damit Verzögerungen des Verf. der Zusatz enthalten sein, dass die Zustellung des Gesuchs und Beschl. an den Antragsgegner (nebst Angabe der zustellfähigen Anschrift) erfolgen soll. Damit wird vermieden, dass fehlerhaft an den Antragsteller (als Prozessbev. des Ausgangsverfahrens) oder eine falsche Partei des Ausgangsverfahrens zugestellt wird.

51 Der Rechtspfleger kann den erlassenen Festsetzungsbeschluss nicht ohne ges. Grund aufheben oder abändern. Der Beschluss (auch der Ablehnungsbeschluss) erwächst in Hinblick auf den

Gesamtbetrag und die Absetzung bestimmter Rechnungspositionen (Gebühren, Auslagen, Aufwendungen) in innere und äußere Rechtskraft (BGH NJW 1997, 743, KG AnwBl 1994, 84). Der Rechtspfleger kann und muss den Beschl. aber in Anwendung v. § 319 ZPO (Schreibfehler, Rechenfehler und ähnliche offensichtliche Unrichtigkeiten) berichtigen (OLG Hamm MDR 1997, 766). Der "rechtl. Inhalt" des Vergütungsfestsetzungsbeschlusses kann nicht im Wege der Berichtigung abgeändert werden.

Beispiel 1: Der RA hat einen Vergütungsfestsetzungsantrag über einen Gesamtbetrag v. 1.160 EUR gestellt. Im Beschl. werden 160 EUR festgesetzt, ohne dass dieser im Hinblick auf eine Absetzung begründet ist. Der Beschl. ist offensichtlich unrichtig und kann im Wegen v. § 319 ZPO berichtigt werden.

Beispiel 2: Der Vergütungsfestsetzungsantrag endet auf einen Gesamtbetrag v. 1.160 EUR. Der RA hatte die Festsetzung der Verfahrensgeb. und der Terminsgeb. beantragt. Der Rechtspfleger setzt nur 560 EUR fest, da die Terminsgeb. nach seiner Auffassung nicht entstanden ist. Auch wenn die Terminsgeb. sich ohne weiteres aus der Akte ergibt, ist der Beschl. nicht offensichtlich unrichtig. Der Beschl. kann nur mit der sofortigen Beschwerde angefochten werden.

52 Antragsteller und Antragsgegner sind zur **Beschwerde** berechtigt, wenn sie beschwert sind. Der Antragsteller ist beschwert, wenn dem Antrag ganz oder teilweise nicht entsprochen wird. Der Antragsgegner ist beschwert, wenn dem Antrag ganz oder zT entsprochen wird. Allerdings ist das System der Rechtsbehelfe gg. den Vergütungsfestsetzungsbeschluss des Rechtspflegers in der Zivilgerichtsbarkeit unübersichtlich und wenig nachvollziehbar.

Der Vergütungsfestsetzungsbeschluss ist, da § 11 Abs. 2 S. 3 RVG auf die ZPO verweist, in gleicher Weise wie ein Kostenfestsetzungsbeschluss anfechtbar. Nach § 104 Abs. 3 S. 1 ZPO findet gg. die Entscheidung im Kostenfestsetzungsverfahren die sofortige Beschwerde statt, wobei auf die Entscheidung des Richters abgestellt wird. IdR wird aber der Rechtspfleger den Vergütungsfestsetzungsbeschluss (und auch den Kostenfestsetzungsbeschluss) erlassen, weshalb sich das Rechtsmittel vorrangig nach den speziellen Vorschriften des RPflG □ § 11 Abs. 1, 2 RPflG □ richtet.

Wegen der Besonderheiten der funktionalen Zuständigkeit der Rechtspfleger ist § 11 Abs. 2 RPflG eine vorrangige Sondervorschrift. Wäre nach den allgemeinen verfahrensrechtlichen Vorschriften ein Rechtsmittel gg. die v. **Richter** getroffene Entscheidung nicht gegeben, ist eine Anfechtung des Beschl. trotzdem möglich. Ein Rechtsmittel ist dann nicht gegeben, wenn es entweder allgemein unstatthaft oder im Einzelfall unzulässig ist.

Die sofortige Beschwerde ist nur zulässig, wenn der Beschwerdewert v. 200 EUR überschritten wird (§§ 567 Abs. 2, 104 Abs. 3 S. 1 ZPO). Hat der Rechtspfleger die Entscheidung getroffen, ist die Entscheidung dennoch anfechtbar, jedoch nicht mittels der sofortigen Beschwerde, sondern mit der **sofortigen Erinnerung** gem. § 11 Abs. 2 RPflG (Anm. 53).

Die sofortige Beschwerde soll begründet werden (§ 571 Abs. 1 ZPO). Ausreichend ist, wenn auf einen früheren Schriftsatz Bezug genommen wird. Die sofortige Beschwerde ist innerhalb einer Notfrist (§ 224 Abs. 1 S. 2 ZPO) v. zwei Wochen seit Zustellung (iE: § 569 Abs. 1 S. 1 ZPO) einzulegen (§ 11 Abs. 1 RPflG, §§ 104 Abs. 3 S. 1, 567ff. ZPO). Sie muss schriftlich (auch zu Protokoll der Geschäftsstelle oder fernschriftlich etc.) erhoben werden. Anwaltszwang besteht nicht.

Der Rechtspfleger kann der sofortigen Beschwerde selbst abhelfen (Hartmann Rn. 97 zu § 11 RVG) § 572 Abs. 1 S. 1 Hs. 1 ZPO iVm § 11 Abs. 1 RPflG. Hilft er nicht ab, scheidet eine Vorlage an den Richter des Erstgerichts aus (OLG Brandenburg NJW 1999); der Rechtspfleger muss für den Fall der Nichtabhilfe die sofortige Beschwerde an das Beschwerdegericht weiterleiten.

Bei Versäumung der Notfrist ist **Wiedereinsetzung** zulässig (§§ 233-238 ZPO).

53 Die **sofortige Erinnerung** ist innerhalb einer Notfrist v. zwei Wochen (§ 11 Abs. 2 S. 1 RPflG) einzulegen, wenn die ergangene Erstentscheidung ansonsten nicht anfechtbar ist (s. Anm. 52). Der Rechtspfleger hat gem. § 11 Abs. 2 RPflG ein Abhilferecht. Hilft er nicht ab, muss er die Erinnerung dem ihm zugewiesenen Richter des Erstgerichts vorlegen. Hilft auch dieser der Erinnerung nicht ab, darf er die sofortige Erinnerung nicht dem Beschwerdegericht vorlegen, weil mit seiner Entscheidung der Rechtsweg ausgeschöpft ist. Dies gilt, weil die sofortige Erinnerung wg. der funktionalen Zuständigkeit des Rechtspflegers gegeben war. Wäre der Richter v. Anfang an zust. gewesen, wäre eine Anfechtung ohnehin ausgeschlossen. Damit kann der Richter über die sofortige Erinnerung nur selbst entscheiden; eine Vorlage an das nächst höhere Gericht scheidet aus. Die sofortige Erinnerung ist grds. nur bis zu einem Beschwerdewert v. einschl. 200 EUR zulässig; übersteigt der Beschwerdewert 200 EUR, ist die sofortige Beschwerde (s. Anm. 52) einzulegen.

Bei Versäumung der Notfrist ist **Wiedereinsetzung** gem. §§ 233-238 ZPO zulässig.

54 § 11 Abs. 2 S. 3 RVG verweist auf die Vorschriften der jew. Verfahrensordnung und schließt nur § 104 Abs. 2 S. 3 ZPO aus. Damit ist § 104 Abs. 1 S. 2 ZPO, der die **Verzinsungspflicht** regelt, anwendbar. Der festgesetzte Betrag (Vergütung, Aufwendungen und Zustellkosten) ist auf entspr. Antrag ab Eingang des Vergütungsfestsetzungsgesuchs zu verzinsen. Die Zinshöhe richtet sich nach § 247 BGB (jährlich fünf Prozentpunkte über dem Basiszinssatz). Der Verzinsungsantrag kann, wenn er nicht bereits mit dem Vergütungsfestsetzungsantrag gestellt wurde, auch nachträglich gestellt werden. Maßgeblich für den Zinsbeginn ist der Eingang des Vergütungsfestsetzungsantrags. § 104 Abs. 1 S. 2 ZPO stellt nur auf den Eingang des Antrags (gemeint ist der Vergütungsfestsetzungsantrag) ab und nicht auf den Eingang des Verzinsungsantrags.

Dem RA können Zinsen bereits für die Zeit vor dem Antrag auf Vergütungsfestsetzung zustehen. Diese vor Antragstellung entstandenen Zinsen können nicht im Wege der Vergütungsfestsetzung geltend gemacht werden, sondern nur im Wege der Gebührenklage oder des Mahnverfahrens. Bereits durch den AG erfolgte Zahlungen können nicht ohne Weiteres auf die vor Antragstellung entstandenen Zinsen verrechnet werden.

Ist die in einem Vergütungsfestsetzungsbeschluss titulierte Forderung noch nicht vollständig erfüllt, so kann auf Antrag durch Ergänzungsbeschluss ausgesprochen werden, dass die noch offene Vergütungsforderung anstelle v. 4% mit Wirkung zum 1.10.2001 mit fünf Prozentpunkten über dem maßgeblichen Basiszinssatz zu verzinsen ist (LG Chemnitz BRAGOreport 2002, 58 m. Anm. Hansens = KostRsp § 19 BRAGO Nr. 212).

55 Durch Eingang des ordnungsgemäßen Vergütungsfestsetzungsantrags beim zust. Gericht wird die **Verjährung** wie durch Klageerhebung (§ 204 Abs. 1 Ziff. 1 BGB) gem. § 11 Abs. 7 RVG **gehemmt** (OLG Koblenz FamRZ 2002, 1506).

56 Die Zwangsvollstreckung aus dem Vergütungsfestsetzungsbeschluss findet nach § 11 Abs. 2 S. 3 RVG unter sinngemäßer Anwendung der Vorschriften über die Zwangsvollstreckung aus Kostenfestsetzungsbeschlüssen (§ 794 Abs. 1 Nr. 2 ZPO) statt. Die Zwei-Wochen-Wartefrist des § 798 ZPO ist zu beachten. Hat eine der Parteien Erinnerung oder Beschwerde eingelegt, so hat dies keine aufschiebende Wirkung. Eine Anordnung der Aussetzung der sofortigen Vollziehung kann v. dem Gericht, das die angefochtene Entscheidung erlassen hat, und v. Beschwerdegericht erfolgen.

57 Im Vergütungsfestsetzungsverfahren sind stets Zustellkosten zu erheben. Nach zutr. hM ist das Vergütungsfestsetzungsverfahren ein v. der Hauptsache unabhängiges Verf., obwohl es vor dem Gericht der Hauptsache stattfindet (LG Bonn AGS 2000, 210, LG Köln AGS 2000, 209). Dies hat zur Folge, dass Zustellkosten nach Nr. 9002 GKG KV zu erheben sind. Auf die Höhe der in der Hauptsache entstandenen Zustellkosten (Anm. zu Nr. 9002 GKG KV) ist nicht abzustellen. Der Erlass des Vergütungsfestsetzungsbeschlusses darf jedoch nicht davon abhängig gemacht werden, dass die Zustellkosten gezahlt wurden, es kann lediglich die Zustellung des Vergütungsfestsetzungsbeschlusses bis zum Ausgleich der Zustellkosten (derzeit 7,50 EUR pro Gebührenschuldner) unterbleiben. Der Antrag selbst kann nicht mit der Begründung zurückgewiesen werden, die Zahlung der Zustellkosten durch den RA sei nicht erfolgt (OLG Köln AGS 2000, 208). Die v. RA gezahlten Zustellkosten sind gem. § 11 Abs. 2 S. 5 RVG im Vergütungsfestsetzungsbeschluss festzusetzen.

Ist im Vergütungsfestsetzungsverfahren kein zur Zwangsvollstreckung geeigneter Beschl. ergangen (zB Ablehnung der Vergütungsfestsetzung aufgrund außergebührenrechtlicher Einwendungen und Einreden) und schließt sich die Gebührenklage (oder das Mahnverfahren) an, so können die im Vergütungsfestsetzungsverfahren gezahlten Zustellkosten nicht als Kosten des nachfolgenden Prozesses bei der Kostenfestsetzung berücksichtigt werden. Bei den Zustellkosten für das Vergütungsfestsetzungsverfahren handelt es sich nicht um Vorbereitungskosten des nachfolgenden Rechtsstreits iSv § 91 ZPO. Die Zustellkosten müssen (ggf. als Verzugsschaden OLG Karlsruhe KostRsp BRAGO § 19 Nr. 199) im Wege der Gebührenklage als gesonderte Position eingeklagt werden.

58 Das Festsetzungsverfahren vor dem Gericht des ersten Rechtszugs ist gebührenfrei. Gerichtskosten werden nicht erhoben. Die im Vergütungsfestsetzungsverfahren im ersten Rechtszug entstehenden Anwaltskosten sind nicht erstattungsfähig.

59 Das Beschwerdeverfahren ist nicht gebührenfrei; es entstehen Gerichtskosten. Eine Kostenerst. findet nach § 11 Abs. 2 S. 5 RVG im Beschwerdeverfahren nicht statt.

§ 12 Anwendung von Vorschriften für die Prozesskostenhilfe

Die Vorschriften dieses Gesetzes für im Wege der Prozesskostenhilfe beigeordnete Rechtsanwälte und für Verfahren über die Prozesskostenhilfe sind in den Fällen des § 11a des Arbeitsgerichtsgesetzes und des § 4a der Insolvenzordnung entsprechend anzuwenden. Der Bewilligung von Prozesskostenhilfe steht die Stundung nach § 4a der Insolvenzordnung gleich.

Übersicht

Allgemeines	1
Im Wege der Prozesskostenhilfe beigeordneter RA	2
Beiordnung gem. § 11a ArbGG	3
Stundung gem. § 4a InsO	4

1 Allgemeines. § 12 RVG erklärt die Vorschriften des RVG für den im Wege der PKH beigeordneten RA für entspr. anwendbar, wenn der RA auf bestimmte andere Weise (§ 11a ArbGG; § 4a InsO) beigeordnet ist. Die Gesetzesbegründung (BT-Drs 15/1971 S. 233) führt zum Sinn der Norm aus, sie stelle, um ständige Wiederholungen in den Vorschriften, die Regelungen für die PKH, die Beiordnung v. Anwälten nach § 11a ArbGG und die Stundung nach § 4a InsO enthalten, zu ersparen, die Fälle des § 11a ArbGG und des § 4a InsO den Fällen der PKH gleich. Die Vorschriften des 8. Abschnitts RVG, zB § 45 RVG, nehmen auf § 12 RVG nicht ausdrücklich Bezug. Dass § 45 RVG auch für den nach § 11a ArbGG oder § 4a InsO beigeordneten RA gilt, ergibt sich nur aus § 12 RVG.

In allen in § 12 RVG genannten Fällen muss der AG den Vergütungsanspruch des RA nicht (oder nicht in voller Höhe) selbst erfüllen. Das RVG ordnet all diese Verf. gebührenrechtlich nach der selben Systematik wie die Fälle, in denen PKH bewilligt wurde. Auf etwa gegebene Besonderheiten aus den Verf. selbst ist für den Vergütungsanspruch des RA nicht abzustellen.

§ 12 RVG enthält **keine eigenständigen gebührenrechtlichen Regelungen**, weder über den Umfang der Bewilligung v. PKH oder das Vorschussrecht des RA noch über einen etwaigen Vergütungsanspruch des RA ggü. dem AG. Er schafft auch keinen eigenen Vergütungsanspruch gg. die Staatskasse. § 12 RVG enthält schließlich keine Regelungen zu den jew. Ausgangsverfahren (zB §§ 114ff. ZPO, § 11a ArbGG, § 4a InsO). Auch der persönliche und sachliche Geltungsbereich für die Vergütung bei bewilligter PKH ergeben sich nicht aus § 12 RVG.

Die Regelungen, die zur Anwendung kommen, sobald der RA im Wege der PKH (oder einem der in § 12 RVG genannten Verf.) beigeordnet ist, finden sich im **8. Abschnitt des RVG** (Vergütungsanspruch des beigeordneten RA, § 45 RVG, Auslagen, § 46, Vorschussrecht, § 47 RVG, Umfang des Anspruchs und der Beiordnung, § 48 RVG, bes. Tabelle, § 49 RVG, weitere Vergütung, § 50 RVG etc.). Die Komm. erfolgt jew. dort. IÜ ergibt sich die Höhe der Vergütung des RA aus den entspr. Gebührentatbeständen des VV.

2 Die **Beiordnung** eines RA im Wege der PKH erfolgt nicht nach den Vorschriften des RVG, sondern gem. §§ 114ff. ZPO. IdR ist das Verf. über die Bewilligung v. PKH abgeschlossen, wenn der RA seine Vergütung oder Teile seiner Vergütung fordert. Folgerichtig sind die Regelungen des 8. Abschnitts des RVG nur einschlägig, wenn und soweit der RA entspr. §§ 114ff. ZPO beigeordnet wurde. Dort finden sich Regelungen über die Voraussetzung der Bewilligung v. PKH (§ 114 ZPO), den Einsatz v. Einkommen und Vermögen der Partei (§ 115 ZPO), PKH für Parteien kraft Amtes, jur. Personen und parteifähige Vereinigungen (§ 116 ZPO) und den Antrag (§ 117 ZPO).

3 Für den Fall der **Beiordnung gem. § 11a ArbGG** trifft § 12 RVG eine bes. Regelung, weil § 11a ArbGG v. §§ 114ff. ZPO abweichende (zusätzl.) Voraussetzungen für die Bewilligung der PKH aufstellt. Ist eine Partei außerstande, ohne Beeinträchtigung des für sie und ihre Familie notwendigen Unterhalts die Kosten des Prozesses zu bestreiten und kann diese nicht durch ein Mitglied oder einen Angestellten einer Gewerkschaft oder einer Vereinigung v. Arbeitgebern vertreten werden, hat der Vorsitzende des Arbeitsgerichts gem. § 11a ArbGG auf ihren Antrag einen RA beizuordnen, wenn die Gegenpartei durch einen RA vertreten ist. Die Partei ist auf ihr Antragsrecht hinzuweisen.

4 Die **Stundung nach § 4a InsO** ist kein Instrument der PKH iSd §§ 114ff. ZPO. Die Beiordnung des RA gem. § 4a InsO hat für den Vergütungsanspruch des RA zur Folge, dass der RA diesen nicht ggü. dem Schuldner geltend machen kann. Die allgemeinen Grundsätze seines Vergütungsanspruchs (Umfang der Beiordnung etc.) ergeben sich aus dem 8. Abschnitt des RVG. Die Höhe seiner Vergütung ergibt sich idR aus Teil 3, Abschnitt 3, Unterabschnitt 5 VV RVG (Nr. 3313ff. VV RVG).

§ 12a Abhilfe bei Verletzung des Anspruchs auf rechtliches Gehör
(1) Auf die Rüge eines durch die Entscheidung nach diesem Gesetz beschwerten Beteiligten ist das Verfahren fortzuführen, wenn
1.   ein Rechtsmittel oder ein anderer Rechtsbehelf gegen die Entscheidung nicht gegeben ist und
2.   das Gericht den Anspruch dieses Beteiligten auf rechtliches Gehör in entscheidungserheblicher Weise verletzt hat.
(2) Die Rüge ist innerhalb von zwei Wochen nach Kenntnis von der Verletzung des rechlichen Gehörs zu erheben; der Zeitpunkt der Kenntniserlangung ist glaubhaft zu machen. Nach Ablauf eines Jahres nach Bekanntmachung der angegriffenen Entscheidung kann die Rüge nicht mehr erhoben werden. Formlos mitgeteilte Entscheidungen gelten mit dem dritten Tage nach Aufgabe zur Post als bekannt gemacht. Die Rüge ist bei dem Gericht zu erheben, dessen Entscheidung angegriffen wird; § 33 Abs. 7 Satz 1 gilt entsprechend. Die Rüge muss die angegriffene Entscheidung bezeichnen und das Vorliegen der in Absatz 1 Nr. 2 genannten Voraussetzungen darlegen.
(3) Den übrigen Beteiligten ist, soweit erforderlich, Gelegenheit zur Stellungnahme zu geben.
(4) Das Gericht hat von Amts wegen zu prüfen, ob die Rüge an sich statthaft und ob sie in der gesetzlichen Form und Frist erhoben ist. Mangelt es an einem dieser Erfordernisse, so ist die Rüge als unzulässig zu verwerfen. Ist die Rüge unbegründet, weist das Gericht sie zurück. Die Entscheidung ergeht durch unanfechtbaren Beschluss. Der Beschluss soll kurz begründet werden.
(5) Ist die Rüge begründet, so hilft ihr das Gericht ab, indem es das Verfahren fortführt, soweit dies aufgrund der Rüge geboten ist.
(6) Kosten werden nicht erstattet.

§ **12b RVG** Elektronische Akte, elektronisches Dokument   Baumgärtel

1 Mit Wirkung zum 1. Januar 2005 wurden diverse Einzelverfahrensgesetze (ZPO, ArbGG, FGG, GBO, RPflG, StPO) den Anforderungen des **Plenarbeschlusses** (1PBvU 1/02) des BVerfG vom 30. April 2003 entsprechend geändert, nach dem die Rechtsstaatlichkeit es gebietet, in allen Verf. (auch wg. Nebenentscheidungen und in Bagatellverfahren) die Möglichkeit zu eröffnen, Entscheidungen fachlich überprüfen zu lassen, wenn dem Beteiligten kein **rechtliches Gehör** gewährt worden ist (BT-Drs 15/3706 S. 13).

Wegen der engen Verbindung aller Einzelverfahrensgesetze lehnt sich § 12a RVG an §§ 321a ZPO, 69a GKG an. Damit ist sichergestellt, dass die Vorgaben des og Plenarbeschlusses in sämtlichen kostenrechtlichen Verf. durchgesetzt werden. In Verf. nach § 12a RVG sind daher die entspr. Verfahrensvorschriften der vorgenannten Einzelverfahrensgesetze anwendbar, ohne dass dies noch einer weiteren Erwähnung bedarf.

2 Um eine Entlastung des BVerfG zu bewirken, erfolgt die Überprüfung eines Verstoßes gg. das Recht auf rechtliches Gehör zunächst jeweils bei dem Gericht, welches die gerügte **Entscheidung erlassen** hat.

Die Rüge ist nur zulässig, wenn gg. die anzufechtende Entscheidung kein anderes Rechtsmittel oder kein anderer Rechtsbehelf gegeben ist. Sie ist einzulegen bei dem Gericht, das die gerügte Entscheidung erlassen hat. Bei erfolgreicher Rüge ist das Verf. in der Lage fortzusetzen, in der es sich vor der mit der Gehörsrüge angefochtenen Entscheidung befand.

Wird auf die Anhörungsrüge hin die Entscheidung nicht abgeändert, ist gg. die ablehnende Entscheidung kein Rechtsbehelf gegeben.

3 § 12a Abs. 6 bestimmt eindeutig, dass **Kosten nicht erstattet** werden. Wegen der **Gebühren** wird auf die Komm. zu § 19 Abs. 1 Nr. 5 RVG verwiesen.

§ 12b Elektronische Akte, elektronisches Dokument
(1) Die Vorschriften über die elektronische Akte und das gerichtliche elektronische Dokument für das Verfahren, in dem der Rechtsanwalt die Vergütung erhält, sind anzuwenden. Im Fall der Beratungshilfe sind die entsprechenden Vorschriften der Zivilprozessordnung anzuwenden.
(2) Soweit für Anträge und Erklärungen in dem Verfahren, in dem der Rechtsanwalt die Vergütung erhält, die Aufzeichnung als elektronisches Dokument genügt, genügt diese Form auch für Anträge und Erklärungen nach diesem Gesetz. Dasselbe gilt im Fall der Beratungshilfe, soweit nach den Vorschriften der Zivilprozessordnung die Aufzeichnung als elektronisches Dokument genügt. Die verantwortende Person soll das Dokument mit einer qualifizierten elektronischen Signatur nach dem Signaturgesetz versehen. Ist ein übermitteltes elektronisches Dokument für das Gericht zur Bearbeitung nicht geeignet, ist dies dem Absender unter Angabe der geltenden technischen Rahmenbedingungen unverzüglich mitzuteilen.
(3) Ein elektronisches Dokument ist eingereicht, sobald die für den Empfang bestimmte Einrichtung des Gerichts es aufgezeichnet hat.

Übersicht

1 Mit Wirkung zum 1. April 2005 ist das Gesetz über die Verwendung elektronischer Kommunikationsformen in der Justiz (**Justizkommunikationsgesetz** ☐ JKomG; BGBl. I S. 837) in Kraft getreten, dessen Art. 14 die Änderung verschiedener kostenrechtlicher Vorschriften bestimmt. Neben dem RVG werden vor allem die Gerichtsordnungen (ZPO, VwGO, FGO, SGG, ArbGG, StPO, OWiG) und zentrale Kostengesetze wie zB das GKG, die KostO und das JVEG geändert. Im RVG wird § 12b eingefügt; daneben werden noch §§ 11 Abs. 6 S. 2, 33 Abs. 7 S. 1, 56 Abs. 2 S. 1 sowie Nr. 7000 VV RVG geändert.

Das Justizkommunikationsgesetz soll den umfassenden elektronischen Rechtsverkehr mit den Gerichten sowie die Führung elektronischer Gerichtsakten ermöglichen. Hintergrund ist der Wunsch, durch den Einsatz der elektronischen Datenverarbeitung an den Gerichten die Effizienz zu steigern, wodurch die Verfahrensdauer verkürzt werden und mittel- bis langfristig eine Kostenersparnis eintreten soll. Auch der Wegfall von Postlaufzeiten soll eine Beschleunigung der Verfahren bewirken.

2 Abs. 1 bestimmt, dass jeweils die Vorschriften für das Verfahren, in dem der RA die Vergütung erhält, auch im Rahmen des RVG anzuwenden sind. Damit ist jeweils die geltende Verfahrensordnung für das Verfahren, in dem der RA tätig war (Hauptsacheverfahren), heranzuziehen. Abs. 2 trifft eine entspr. Bestimmung für die Anträge und Erklärungen nach dem RVG, für die jeweils die Form ausreicht, die für das Verfahren, in dem der RA tätig war, genügt. Die Beschränkung auf die Form des Hauptsacheverf. war wegen der unterschiedlichen Verordnungsermächtigungen erforderlich (Gesetzentwurf der BReg BT-Drs. 15/4067 S. 56).

3 Anträge und Erklärungen sollen nach Abs. 2 S. 3 mit einer **qualifizierten elektronischen Signatur** nach dem SigG (dort § 2 Nr. 3) versehen werden, um sicher zu stellen, dass die elektronischen Dokumente tatsächlich vom angegebenen Absender stammen. Die Signatur ersetzt die Unterschrift des Absenders (vgl. Zöller Rn. 4 zu § 130a ZPO). Abs. 2 S. 3 entspricht insoweit § 130a Abs. 1 S. 2 ZPO nF.

4 Grundsätzlich trägt der Absender das **Risiko der fehlgeschlagenen Übermittlung** eines elektronischen Dokuments. Den **Zugang** kann der RA anhand der automatisch übermittelten Eingangsbestätigung prüfen; hierzu muss er lediglich sicherstellen, dass er als Absender des Dokuments zu ermitteln ist. Ist ein Dokument nicht zur weiteren elektronischen Bearbeitung bei Gericht geeignet, besteht eine Verpflichtung des Gerichts, den Absender unverzüglich (ohne schuldhaftes Zögern, vgl. § 121 Abs. 1 S. 1 BGB) hierauf hinzuweisen. Das Gericht ist in diesem Fall auch verpflichtet, dem Absender die geltenden technischen Rahmenbedingungen mitzuteilen. Die Regelung entspricht § 130a Abs. 1 S. 3 ZPO nF und soll dem Absender ermöglichen, das Dokument nochmals (ggf. **Frist** wahrend) in geeigneter Form zu übermitteln; uU kann hierauf auch ein Antrag auf **Wiedereinsetzung in den vorigen Stand** gegründet werden (Gesetzentwurf der BReg BT-Drs. S. 31). Viefhues (NJW 2005, 1009, 1011) weist allerdings darauf hin, dass für die Wiedereinsetzung die Fristversäumnis unverschuldet sein muss und hieran ein ähnlich strenger Maßstab anzulegen sein wird wie bei entspr. Fällen, in denen papiergebundene Dokumente verspätet eingegangen sind. Insbesondere die Fristversäumnis infolge des Versands eines beim Empfängergericht nicht lesbaren Dokumentformats könne daher kaum als unverschuldet angesehen werden.

5 Der **Zeitpunkt der Einreichung** ☐ bei vollständiger Aufzeichnung durch die für den Empfang bestimmte Einrichtung des Gerichts ☐ entspricht dem Zeitpunkt des Eingangs bei papiergebundenen Schriftsätzen. Auf den Zeitpunkt eines Ausdrucks kommt es nicht an (vgl. Zöller Rn. 6 zu § 130a ZPO). Die Regelung entspricht § 130a Abs. 3 ZPO nF.

Abschnitt 2. Gebührenvorschriften

§ 13 Wertgebühren
(1) Wenn sich die Gebühren nach dem Gegenstandswert richten, beträgt die Gebühr bei einem Gegenstandswert bis 300 Euro 25 Euro. Die Gebühr erhöht sich bei einem

Gegenstandswert bis ... EUR	für jeden angefangenen Betrag v. weiteren ... EUR	um ... EUR
1500	300	20
5000	500	28
10000	1000	37
25000	3000	40
50000	5000	72
200000	15000	77
500000	30000	118
über 500000	50000	150

Eine Gebührentabelle für Gegenstandswerte bis 500000 Euro ist diesem Gesetz als Anlage 2 beigefügt.
(2) Der Mindestbetrag einer Gebühr ist 10 Euro.

Übersicht

1 Allgemeines. § 13 RVG erfasst alle **Wertgebühren**, dh Gebühren, die sich gem. § 2 Abs. 1 RVG nach einem Gegenstandswert richten. Die Tabelle zu § 13 RVG gilt dabei für alle Wertgeb. unabhängig davon, ob es sich um Rahmengebühren mit nicht feststehendem S. oder um Gebühren mit feststehendem Gebührensatz handelt.
Beispiel: Die Tabelle zu § 13 RVG ist für die Beratungsgebühr Nr. 2100 VV RVG (Satzrahmen v. 0,1-1,0) und die Geschäftsgebühr Nr. 2400 VV RVG (Satzrahmen 0,5-2,5) anwendbar. Bei beiden Gebühren handelt es sich um Wertgeb., obwohl die Höhe des Satzrahmens der Gebühr erst feststeht, wenn der RA sie gem. § 14 RVG bestimmt hat.
Die Tabelle gilt grds. für alle Gebühren aus Teil 1, 2 und 3 VV RVG mit Ausnahme der Gebühren, deren Höhe nicht durch einen Gebührensatz bestimmt wird. Für Festgebühren (Nr. 2600 ff VV RVG), Betragsrahmengeb. (zB Nr. 2101 VV RVG) oder angemessene Gebühren (Nr. 2103 VV RVG) ist § 13 RVG also nicht anwendbar. Bei Festgebühren ist die Höhe der Gebühr vorgegeben, bei Betragsrahmengeb. bestimmt sich die Höhe der Vergütung nach § 14 RVG, bei angemessenen Gebühren bestimmt sich die Höhe der Vergütung idR nach den Bestimmungen des BGB (vgl. § 2 Anm. 1).

2 Während § 11 Abs. 1 S. 1 BRAGO auf die "volle Gebühr (10/10)" abstellte, findet sich dieser Begriff in § 13 Abs. 1 RVG nicht wieder. Das RVG kennt keine volle Gebühr, sondern verschieden hohe Gebührensätze, etwa eine 1,3 Verfahrensgeb. in Nr. 3100 VV RVG, eine 1,2 Terminsgeb. in Nr. 3104 VV RVG für den Zivilprozess 1. Instanz oder eine 1,6 Verfahrensgeb. in Nr. 3200 VV RVG.
§ 13 Abs. 1 S. 1 RVG lässt sich nicht entnehmen, **welche** Gebühr bei einem Gegenstandswert bis 300 EUR 25 EUR beträgt, da § 13 RVG den Gebührensatz nicht angibt. Aus der **Gesetzesbe-**

gründung (BT-Drs 15/1971 S. 233 zu § 13 RVG) ergibt sich, dass eine redaktionelle Anpassung v. § 11 Abs. 1 BRAGO beabsichtigt war, denn dort wird ausgeführt, Abs. 1 entspreche § 11 Abs. 1 S. 1 bis 3 BRAGO, wobei S. 1 redaktionell angepasst worden sei. Dies deutet darauf hin, dass v. einem Gebührensatz v. 1,0 ausgegangen werden soll, was der früheren vollen Gebühr nach der BRAGO entspräche. Vergleicht man hingegen die Gebühren, die nach der BRAGO als volle Gebühr entstehen konnten, mit den Gebühren, die statt dessen nach dem RVG entstehen, deutet dies auf einen anzuwendenden Gebührensatz v. 1,3 hin, denn die Verfahrensgeb., die die Prozessgebühr (§ 31 Abs. 1 Nr. 1 BRAGO) ersetzt, hat einen Gebührensatz v. 1,3 (Nr. 3100 VV RVG). Auch die Schwellengebühr der Geschäftsgebühr der Nr. 2400 VV RVG beträgt 1,3, während die Geschäftsgebühr des § 118 Abs. 1 Nr. 1 BRAGO höchstens mit 10/10 entstehen konnte. Gegen die Zugrundelegung eines Gebührensatzes v. 1,3 spricht jedoch, dass dies eine Verringerung der anwaltl. Vergütung zur Folge hätte, während durch das KostRMoG ua eine angemessene Erhöhung der anwaltl. Vergütung nach 10 Jahren beabsichtigt war. Würde ein Gebührensatz v. 1,3 zur Berechnung der Gebühr nach der Tabelle zugrunde gelegt, ergäbe sich für alle Gebühren, die mit einem geringeren Gebührensatz als 1,3 bestimmt sind, eine geringere Vergütung nach der Tabelle zu § 13 RVG als nach der Tabelle zu § 11 BRAGO, da die Tabelle zu § 13 RVG unverändert aus § 11 BRAGO übernommen wurde. Daher ist davon auszugehen, dass die ehemals "volle Gebühr" und damit der Gebührensatz 1,0 Grundlage der Tabelle ist, die dem RVG als Anlage 2 beigefügt ist.

3 Im VV RVG sind in Teil 1, 2 und 3 VV RVG unterschiedliche **Gebührensätze** v. 0,3 (zB Nr. 3309, 2402) bis 1,6 (zB Nr. 3200, 3206) für die dort geregelten Gebühren (Verfahrensgeb., Terminsgeb., Einigungsgebühr etc.) festgelegt. Weitere Gebührensätze können dadurch entstehen, dass das VV dem RA die Hälfte der dem Verfahrensbevollmächtigten zustehenden Gebühr zubilligt (zB Nr. 3401 VV RVG, Verfahrensgeb. Terminsvertreter [Unterbevollmächtigter] im Zivilprozess 1. Instanz). Der Gebührensatz beträgt in diesem Fall 0,65, da die Gebühr der Nr. 3100 VV (1,3) geteilt wird.

Eine **generelle Erhöhung** der Gebühren **im Berufungs- oder Revisionsverfahren**, wie dies in § 11 Abs. 1 S. 4 BRAGO bestimmt war, ist im RVG nicht vorgesehen. Eine Erhöhung der Gebühren im Berufungs- oder Revisionsverfahren wird in veränderter Form im VV bewirkt. So werden anders als in der BRAGO nicht alle Gebühren im Berufungsverfahren erhöht; zB verändert sich der Gebührensatz der erstinstanzlichen Terminsgebühren (1,2 Nr. 3104 VV RVG und 0,5 Nr. 3105 VV RVG) im Berufungsverfahren (1,2 Nr. 3202 VV RVG und 0,5 Nr. 3203 VV RVG) nicht.

4 Der **Mindestbetrag** einer Gebühr beträgt gem. § 13 Abs. 2 RVG unabhängig v. Gebührensatz 10 EUR. Bei einem Gegenstandswert bis zu 300 EUR erhält der RA zB lediglich die 0,3 Verfahrensgeb. der Nr. 3309 VV RVG (Zwangsvollstreckungsgebühr) iHv 10 EUR.

Die Vergütung des RA besteht aus Gebühren und Auslagen (§ 1 Abs. 1 S. 1 RVG). Für die Auslagen nach Teil 7 VV RVG beträgt der Mindestbetrag nicht 10 EUR.

Bezüglich der Mindestgeb. iHv 10 EUR regelt das VV eine Ausnahme für die Hebegebühr Nr. 1009 VV RVG, deren Höhe prozentual v. der Höhe des aus- oder zurückgezahlten Betrags abhängt: Die Mindestgeb. beträgt hier 1 EUR.

§ 14 Rahmengebühren
(1) Bei Rahmengebühren bestimmt der Rechtsanwalt die Gebühr im Einzelfall unter Berücksichtigung aller Umstände, vor allem des Umfangs und der Schwierigkeit der anwaltlichen Tätigkeit, der Bedeutung der Angelegenheit sowie der Einkommens- und Vermögensverhältnisse des Auftraggebers, nach billigem Ermessen. Ein besonderes Haftungsrisiko des Rechtsanwalts kann bei der Bemessung herangezogen werden. Bei Rahmengebühren, die sich nicht nach dem Gegenstandswert richten, ist das Haftungsrisiko zu berücksichtigen. Ist die Gebühr von einem Dritten zu ersetzen, ist die von dem Rechtsanwalt getroffene Bestimmung nicht verbindlich, wenn sie unbillig ist.

(2) Im Rechtsstreit hat das Gericht ein Gutachten des Vorstands der Rechtsanwaltskammer einzuholen, soweit die Höhe der Gebühr streitig ist; dies gilt auch im Verfahren nach § 495a der Zivilprozessordnung. Das Gutachten ist kostenlos zu erstatten.

Übersicht

1 Neben Festgebühren und Wertgeb., die sich in bezifferter Höhe aufgrund eines Gegenstandswertes berechnen lassen, kennt das RVG **Rahmengebühren,** die in Satzrahmen- und Betragsrahmengeb. zu unterscheiden sind. Das RVG gibt sowohl bei Satzrahmen- als auch bei Betragsrahmengeb. nur den unteren und den oberen Rahmen einer Gebühr vor. Bei Satzrahmengeb. wird der untere und der obere Rahmen jew. durch einen Gebührensatz bestimmt, während bei Betragsrahmengeb. der untere und obere Rahmen jedoch durch einen Gebührenbetrag bestimmt wird.

Beispiele für **Satzrahmengebühren** sind die Beratungsgebühr der Nr. 2100 VV RVG und die Geschäftsgebühr der Nr. 2400 VV RVG. Bei der Beratungsgebühr der Nummer 2100 VV RVG kann der RA den Satzrahmen zw. 0,1 und 1,0; bei der Geschäftsgebühr der Nr. 2400 VV RVG zw. 0,5 und 2,5 festlegen.

Betragsrahmengebühren kennt das RVG insbes. in sozialrechtlichen Verf. iSd § 3 RVG (zB Einigungsgebühr der Nr. 1005 VV RVG zw. 40 und 520 EUR) sowie in Teil 4, Teil 5 und 6 des Vergütungsverzeichnisses für den Wahlanwalt (zB Grundgebühr Nr. 4100 VV RVG 30-300 EUR oder Grundgebühr Nr. 5100 VV RVG 20-150 EUR).

2 Welche Höhe der Rahmen einer Gebühr hat, bestimmt der RA gem. § 14 RVG. Er muss dabei ggü. dem AG sein **Ermessen** ausüben (LG Aachen MDR 1974, 252, LG Mainz Rpfleger 1974, 78), wobei er zur Berücksichtigung aller in § 14 RVG aufgezählten Umstände verpflichtet ist. Bei der Bestimmung der Gebühr im konkreten Einzelfall durch den RA gelten die allg. Grundsätze der Ausübung des Ermessens nach **§ 315 Abs. 2 BGB.** Der RA muss die für seine Ermessensausübung vorgenommenen Erwägungen darlegen (FG Berlin JurBüro 1981, 723).

Hat der RA sein Ermessen ausgeübt und den Rahmen der Gebühr im Einzelfall bestimmt, so ist er an das ausgeübte Ermessen gebunden (KG JurBüro 2004, 484 = AGS 2004, 442, OLG Koblenz, AGS 2000, 88). Eine Bindung ist nur dann nicht gegeben, wenn der RA sich eine Änderung der

Bestimmung des Rahmens ausdrücklich vorbehalten hat (BGH NJW 1987, 3202 = AnwBl 1987, 489, OLG Köln AGS 1993, 34).

3 Um die Ermessensentscheidung des RA zu erleichtern und eine einheitliche Grundlage für Abrechnungen sicher zu stellen, wurde v. der Rspr. (zur BRAGO) die **Mittelgebühr** als Bewertungsgrundlage geschaffen (OLG Köln NJW 1962, 830; zum arithmetischen Mittel OVG Münster NJW 1967, 901). Diese berechnet sich nach der **Mittelwerttheorie** wie folgt:

$$\frac{\text{Mindestgeb. + Höchstgebühr}}{2}$$

Nach Maßgabe der in § 14 RVG genannten Bewertungsmaßstäbe zur Ermittlung des Rahmens kann v. der Mittelgebühr nach oben oder unten abgewichen werden.

4 Bei einzelnen Gebührenvorschriften des Vergütungsverzeichnisses **weicht die Mittelgebühr** v. dem nach der Mittelwerttheorie (Anm. 3) ermittelten Wert nach unten **ab**. Bei der Geschäftsgebühr der Nr. 2400 VV RVG etwa ergibt sich aus dem Satzrahmen v. 0,5-2,5 nach der Mittelwerttheorie eine Mittelgebühr v. 1,5. Das VV bestimmt jedoch nur einen nach unten abweichenden Satzrahmen iHv 1,3.

5 § 14 RVG nennt als ersten Bewertungsmaßstab den **Umfang** der anwaltl. Tätigkeit und modifiziert damit die in § 12 BRAGO gegebene Reihenfolge der Bewertungsmaßstäbe, bei der der Umfang der anwaltl. Tätigkeit an zweiter Stelle genannt wurde. Durch die Neuordnung der Bewertungsmaßstäbe zur Bestimmung des Rahmens der Gebühr in § 14 RVG wird im Vergleich zu § 12 BRAGO eine abweichende Gewichtung geschaffen.

Erläuterungen hierzu finden sich in der Gesetzesbegründung zur Geschäftsgebühr der Nrn. 2400 und 2500 VV RVG (BT-Drs 15/1971 S. 257). Für beide Geschäftsgebühren wird der Rahmen der Gebühr nicht mit der Mittelgebühr bestimmt. Für die Geschäftsgebühr der Nr. 2400 VV RVG wird anstelle der tatsächlichen Mittelgebühr (1,5) ein Satzrahmen v. 1,3 vorgegeben, für Nr. 2500 VV RVG ein Betragsrahmen v. 240 EUR. In beiden Fällen wird v. der Mittelgebühr nach unten abgewichen. Der RA kann für die Geschäftsgebühren der Nrn. 2400 VV und 2500 VV RVG einen höheren Satz- oder Betragsrahmen nur bestimmen, wenn die anwaltl. Tätigkeit umfangreich oder schwierig war.

Bei der Bestimmung des Umfangs ist nicht auf den Umfang der Angelegenheit abzustellen. Maßgebend ist allein der **Umfang der anwaltlichen Tätigkeit**, für den vor allem der zeitliche Aufwand des RA zur Betreuung des Mandats bestimmend ist. Umfangreich sind ferner alle Tätigkeiten, für die im VV eine eigene Gebührenvorschrift fehlt, also immer dann, wenn mehrere unterschiedliche Tätigkeiten durch eine Gebühr im VV abgegolten werden. Beispielsweise wird durch die Geschäftsgebühren der Nrn. 2400, 2500 VV RVG die gesamte außergerichtliche anwaltl. Tätigkeit abgegolten. Es entsteht ohne Rücksicht auf die Art der anwaltl. Tätigkeit (Besprechungstermine, telefonische Besprechungen, Besichtigungen, Ortstermine etc.) eine einheitliche Gebühr. Kann die anwaltl. Tätigkeit in verschiedene Tätigkeitsarten unterschieden werden, ohne dass dafür jew. eine Gebühr entsteht, erhöht dies den Umfang der anwaltl. Tätigkeit.

6 Um den Umfang der anwaltl. Tätigkeit zu ermitteln, ist vor allem auf die aufgewendete **Zeit** abzustellen. Diese ist nicht nur bei den Terminsgebühren aus Teil 4-6 des Vergütungsverzeichnisses (Betragsrahmengeb.) bes. zu berücksichtigen; bei den Terminsgebühren ist der Zeitfaktor allerdings v. bes. Bedeutung, da für den Wahlanwalt ansonsten das Erzielen einer leistungsgerechten Vergütung unmöglich wäre. Die Dauer der Hauptverhandlung in Bezug auf die Ordnung des Gerichts ist erheblich für den Begriff Umfang der anwaltl. Tätigkeit. Weicht beispielsweise die Dauer der Hauptverhandlung in einer Strafsache v. Durchschnitt ab, kann, wenn andere Bewertungskriterien des § 14 RVG nicht in diese Richtung weisen, der Höchstrahmen gewählt werden (OLG Düsseldorf Rpfleger 1993, 41: Höchstgebühr für Hauptverhandlungsdauer v. länger als fünf Stunden; die Dauer des Termins ist maßgeblich für die Höhe der Gebühr □ OLG Bremen JurBüro 1981, 1193, OLG

Düsseldorf, Rpfleger 1993, 41, KG JurBüro 1980, 1022: Über einen erheblichen Zeit- oder Arbeitsaufwand des RA kann die Höchstgebühr gerechtfertigt sein).

7 Für die **Ausübung des Ermessens** im Hinblick auf den Umfang der anwaltl. Tätigkeit hat die Rspr. (zu § 12 BRAGO) eine Reihe v. Grundsätzen entwickelt. So können ua berücksichtigt werden
die Dauer der Vorarbeit des RA (LG Freiburg AnwBl 1998, 213, LG Flensburg, JurBüro 1984, 1038),
die Dauer der Auswertung v. Rspr. und Lit. (LG Wuppertal AnwBl. 1985, 160),
die Dauer v. Besprechungen (OLG Düsseldorf AnwBl 1980, 486, LG Flensburg JurBüro 1983, 560),
die Dauer v. Besichtigungen (OLG Düsseldorf AnwBl 1980, 486, LG Flensburg JurBüro 1983, 560),
die Dauer v. Vertragsverhandlungen (Gerold/Schmidt Rn. 44 zu § 14 RVG),
die Kürze oder Länge der Ausführungen des RA (OLG Köln JurBüro 1998, 540),
die Schwierigkeit bei der Klärung des Sachverhalts,
der Umfang v. geprüften Beiakten,
die Dauer des Verf., wenn sie auf das Verhalten der Parteien oder deren Anwälte zurückzuführen ist (für g) □ i): OLG Bremen JurBüro 1981, 1193, OLG Düsseldorf Rpfleger 1993, 41, OLG Koblenz JurBüro 1999, 247),
die Intensität des Mandatsverhältnisses (bei "intellektueller Minderbegabung", LG Bochum StV 1984, 293, LG Karlsruhe AnwBl 1987, 338),
hohe Sachschäden und schwere Verletzungen des Nebenklägers (LG Homburg/Saar, KostRsp BRAGO § 12 Nr. 40),
Wartezeiten auf einen Anruf (OLG Hamm AGS 1998, 136, OLG Karlsruhe AGS 1993, 77).
Berücksichtigt werden bei der Ermittlung des Umfangs der anwaltlichen Tätigkeit alle Arbeiten, für die der RA Zeit aufwenden musste (weitere Beispiele zB in Hartmann Rn. 4 zu § 14 RVG, Hartung/Römermann Rn. 22ff. zu § 14 RVG, Gebauer/Schneider Rn. 27 zu § 14 RVG, Gerold/Schmidt Rn. 41-47 zu § 14 RVG, Enders JurBüro 2004, 461). Da gem. Vorbem. 7 Abs. 1 S. 1 VV RVG mit den Gebühren auch die allg. Geschäftskosten abgegolten werden, sind insbes. in Ballungszentren auch Fahrtzeiten und Abwesenheiten bei der Ermittlung des Umfangs der anwaltlichen Tätigkeit zu berücksichtigen, wenn weder die Fahrtzeit noch die Abwesenheit durch einen eigenen Auslagentatbestand (Nr. 7003-7005 VV RVG) abgegolten wird.

8 Der Umfang der anwaltl. Tätigkeit in einer gebührenrechtlichen Angelegenheit ist **für jede der entstehenden Rahmengebühren gesondert zu prüfen**. Ist der Umfang der anwaltl. Tätigkeit für eine Tätigkeitsgruppe überdurchschnittlich, so ist dies nur im Rahmen der jew. Gebühren zu berücksichtigen.

Beispiel: Der RA ist außergerichtlich tätig. Bei Übernahme des Mandats hat er sich in unsortierte Unterlagen des AG eingearbeitet. Im Lauf des Mandatsverhältnisses sind sowohl mit dem Mandanten als auch mit der anderen Partei mehrfach lang andauernde telefonische Besprechungen zu führen. Nach mehr als einem Jahr gelingt es dem RA, eine Einigung zw. den Parteien zu erzielen. Die Geschäftsgebühr der Nr. 2400 VV RVG ist hier mit einem höheren Rahmen als 1,3 zu bestimmen. Die anwaltl. Tätigkeit war im Hinblick auf die Einarbeitung in den Streitstoff sowie die Auseinandersetzung mit der anderen Partei umfangreicher als der Durchschnitt. Im Rahmen der Ermessensausübung kann der RA v. der durch das VV vorgegebenen Gebühr iHv 1,3 nach oben abweichen.

Tipp: Um für jede entstehende Rahmengebühr das Ermessen zutr. ausüben zu können, sollte der RA iE **Aktennotizen** über den Umfang der anwaltl. Tätigkeit machen.

9 Umfang und **Schwierigkeit** der anwaltl. Tätigkeit sind nicht identisch. Während der Umfang der anwaltl. Tätigkeit wesentlich durch die zeitliche Inanspruchnahme bestimmt wird, ist die Schwierigkeit der anwaltl. Tätigkeit anhand der Intensität derselben zu bewerten. Die anwaltl. Tätigkeit ist schwierig, wenn Probleme tatsächlicher und rechtl. Art zu klären sind, die in durchschnittlichen Verf. nicht auftreten. Tatsächliche Schwierigkeiten haben dabei idR auch Auswirkungen auf den Umfang der anwaltl. Tätigkeit.

Tatsächliche Schwierigkeit liegt zB vor, wenn RA und AG sprachliche Verständigungsschwierigkeiten haben. Die Rspr. billigt daher idR, wenn Fremdsprachenkenntnisse erforderlich sind, und bei der Hinzuziehung v. Dolmetschern eine überdurchschnittliche Schwierigkeit zu (LG Karlsruhe AnwBl 1980, 121, LG Nürnberg-Fürth AnwBl 1969, 208, AG Köln AnwBl 1979, 63, AG Krefeld AnwBl. 1980, 303, AG Darmstadt AnwBl 1970, 80, AG Wiesbaden AnwBl 1976, 249; aA OLG Düsseldorf JurBüro 2000, 78 = AnwBl 1999, 704 = KostRsp BRAGO § 12 Nr. 50 m. abl. Anm. N. Schneider).

Rechtliche Schwierigkeit liegt zB vor, wenn abgelegene Rechtsgebiete eine bes. Einarbeitung erfordern. Spezialkenntnisse des RA auf bes. Rechtsgebieten ändern nichts daran, dass die anwaltl. Tätigkeit schwierig ist (LG Karlsruhe AnwBl 1980, 121, LG Karlsruhe AnwBl 1973, 367, AG Köln AnwBl 1978, 63). Rechtliche Schwierigkeit ist auch zu bejahen, wenn im Einzelfall bes. rechtl. Probleme zu bewältigen sind, die höhere rechtl. Anforderungen an den RA stellen als durchschnittliche Tätigkeiten (OLG München AnwBl. 1975, 252, SG Nürnberg AnwBl 1968, 132).

10 Für die Auslegung des Begriffs **Bedeutung** ist auf die konkrete Angelegenheit abzustellen. Die Bedeutung ist subj. Bewertungsmerkmal ist abhängig v. der Bedeutung der Angelegenheit für den AG (Mandanten). Hierbei sind neben der tatsächlichen Bedeutung auch die wirtschaftl., rechtl. oder ideelle Bedeutung für den AG zu berücksichtigen. Welche Bedeutung die Angelegenheit für Dritte (also andere Personen als den AG) hat, ist nur soweit erheblich, wie es die Bedeutung für den AG erhöht.

Verfahrensfolgen, die generell eintreten, erhöhen die Bedeutung nicht. Verfahrensfolgen, die nur den AG in seinem Lebensbereich treffen, erhöhen dagegen die Bedeutung. So hat beispielsweise der Verlust des Führerscheins für alle Betroffenen zur Folge, dass auf öffentliche Verkehrsmittel ausgewichen werden muss, sich der Arbeitsweg verlängert etc. Für den Berufskraftfahrer bedeutet der Verlust der Fahrerlaubnis jedoch auch den Verlust der beruflichen Existenz. Für ihn ist die Angelegenheit v. überdurchschnittlicher Bedeutung.

Die Rspr. hat überdurchschnittliche Bedeutung zugesprochen bei

- Auswirkungen auf die wirtschaftl. Verhältnisse oder die gesellschaftliche Stellung (LG Kaiserslautern AnwBl 1964, 289, LG Heidelberg AnwBl 1965, 184, LG Flensburg JurBüro 1976, 1216),
- Verlust der beruflichen Existenz (Höchstgebühr: LG Flensburg JurBüro 1984, 1038),
- querschnittsgelähmtem Nebenkläger (LG Saarbrücken AnwBl 1978, 30),
- drohender erheblicher Freiheitsstrafe aufgrund vielfacher einschlägiger Vorstrafen (LG Flensburg JurBüro 1984, 393),
- möglicherweise folgenden Disziplinarmaßnahmen mit der Gefahr des Verlustes der Beamtenposition (LG Flensburg JurBüro 1977, 1089),
- Einziehung eines approbierten Arztes zum Wehrdienst (BVerwGE 1983, 607),
- erheblicher Auswirkung einer Verurteilung auf das berufliche Fortkommen (LG Limburg, JurBüro 1986, 232),
- Wettbewerbssachen (AG Dortmund KostRsp BRAGO § 12 Nr. 48: Höchstgebühr, AG Lüneburg JurBüro 2003, 250 = AGS 2003, 25 m. Anm. v. Madert),
- Streitigkeiten über Dauerrenten (LSG Jena JurBüro 2002, 420 = MDR 2002, 606 = AGS 2002, 223, 270),
- Führung eines Musterverfahrens zur Klärung v. Vorfragen (Riedel/Sußbauer A 8 zu § 12 BRAGO, Schumann/Geißinger A 7 zu § 12 BRAGO, Gerold/Schmidt Rn. 16 zu § 14 RVG).

11 Aus dem Bewertungskriterium der **Vermögens- und Einkommensverhältnisse des Auftraggebers** ergibt sich, dass der vermögende AG eine höhere Vergütung schuldet als der vermögenslose (AG Ettlingen AGS 2004, 190). Im Umkehrschluss ergibt sich jedoch nicht, dass der vermögenslose AG keine Vergütung schuldet. Auch bei Vermögenslosigkeit kann die Höchstgebühr gerechtfertigt sein, wenn die sonstigen Bewertungskriterien des § 14 RVG ein Abweichen v. der Mittelgebühr rechtfertigen (LSG Jena JurBüro 2002, 420 = MDR 2002, 606 = AGS 2002 223, 270).

Maßgeblich sind die Vermögens- und Einkommensverhältnisse des AG, nicht die eines zur Kostenerst. verpflichteten Dritten (OLG München AnwBl 1979, 74, AG Northeim AnwBl 1983, 230, LG Krefeld JurBüro 1976, 64, LG Paderborn MDR 1990, 1137). Um festzustellen, ob die Vermögens- und Einkommensverhältnisse des AG ein Abweichen v. der Mittelgebühr rechtfertigen, ist auf Durchschnittswerte abzustellen (AG Freiburg AnwBl 1982, 264). Der **Bewertungszeitpunkt** richtet sich nach der Fälligkeit der Vergütung (§ 8 RVG ☐ Schneider in Anm. zu KostRsp BRAGO § 12 Nr. 3). Waren die Vermögens- und Einkommensverhältnisse bei Auftragserteilung besser als bei Beendigung der Angelegenheit, wird auf die Vermögensverhältnisse bei Auftragserteilung abgestellt (LG Krefeld JurBüro 1976, 64 = AnwBl 1976, 136). Nach Auffassung des LG Bayreuth (JurBüro 1985, 1187) ist auf die Entwicklung der Vermögensverhältnisse während der gesamten Angelegenheit abzustellen.

Die Bewertung des Rahmens der Gebühr unter Berücksichtigung der Vermögens- und Einkommensverhältnisse des AG ist verfassungskonform (BayVerfGH JVBl. 1967, 108).

12 Bei **Satzrahmengebühren kann** ein bes. **Haftungsrisiko** des RA bei Bestimmung des Rahmens berücksichtigt werden, bei **Betragsrahmengebühren** (die unabhängig v. einem Gegenstandswert ermittelt werden) **ist** es zu berücksichtigen.

Für Satzrahmengeb. lässt ein hoher Gegenstandswert ein hohes Haftungsrisiko vermuten. Von einem erhöhten Haftungsrisiko ist immer auszugehen, wenn der Gegenstandswert bei Satzrahmengeb. den Höchstwert aus § 22 Abs. 2 RVG iHv 30 Mio. EUR überschreitet. Der Gebührenanspruch nach der Tabelle zu § 13 RVG ist für diese Fälle also beschränkt, es sei denn, der RA hat eine Vergütungsvereinbarung gem. § 4 RVG getroffen. Aber auch bei niedrigen Gegenstandswerten kann ein erhöhtes Haftungsrisiko bestehen, das unabhängig v. der Höhe des Gegenstandswertes zu berücksichtigen ist. Speziell Musterverfahren mit geringen Gegenstandswerten können erhebliche Haftungsrisiken bergen.

Das Haftungsrisiko ist häufig eng verbunden mit den sonstigen Bewertungskriterien aus § 14 RVG. Eine bes. rechtl. Schwierigkeit kann gleichzeitig ein erhöhtes Haftungsrisiko bedeuten. Der größere Umfang der anwaltl. Tätigkeit, insbes. im Hinblick auf Prüfung und Auswertung v. Beiakten oder Schriftverkehr, beinhaltet fast zwangsläufig ein höheres Haftungsrisiko.

Rechtfertigt der Umfang der anwaltl. Tätigkeit allein keine Erhöhung des Rahmens, ist dies ggf. unter zusätzl. Heranziehung des Haftungsrisikos möglich.

Da **Betragsrahmengebühren** nicht v. einem Gegenstandswert abhängen, muss der RA das Haftungsrisiko hier bes. bewerten. Daher ist immer auf das Haftungsrisiko abzustellen, wenn Betragsrahmengeb. gem. § 3 RVG oder aus Teil 4, 5 und 6 VV RVG entstanden sind. Bei Betragsrahmengeb. wird zur Abgrenzung des Haftungsrisikos regelmäßig das Bewertungsmerkmal "Bedeutung der Angelegenheit für den AG" heranzuziehen sein.

13 Für den Ansatz der **Höchstgebühr** müssen nicht alle fünf Bewertungsmerkmale des § 14 RVG erfüllt sein und so auf eine überdurchschnittliche Vergütung hinweisen (Madert in AnwBl 1994, 379ff., 445ff.; zur Höchstgebühr Pre., aaO S. 381, II. 4 mwN in Fn. 21; LSG Jena AGS 2002, 223, 270, JurBüro 2002, 420 = MDR 2002, 602, BayObLG JurBüro 2000, 641, OLG Karlsruhe AnwBl 2000, 133, OLG Saarbrücken, JurBüro 1999, 524; aA LG Berlin JurBüro 1998, 25 und LG Kleve JurBüro 1995, 34 ☐ in beiden Entscheidungen wird der Regelungszweck der Norm [noch zu § 12 BRAGO] verkannt ☐, Höchstgebühr auch über erheblichen Zeit- oder Arbeitsaufwand des RA = KG JurBüro 1980, 1022). Für die Bestimmung des Höchstrahmens (in Anschluss an Madert in AnwBl 1994 (381) ist es vielmehr ausreichend, wenn zwei der Bewertungsmerkmale in überdurchschnittlichem Maße erfüllt sind (OLG Hamm, JurBüro 1999, 525).

Der **Mindestwert** kommt nur bei einer minderbemittelten Person in Betracht, wenn die Angelegenheit gleichzeitig einfach gelagert ist (Schmidt in NJW 1969, 1377).

14 Für den **Rahmen der Geschäftsgebühr** der Nr. 2400 VV RVG ist die Auswahl der Bewertungsmerkmale beschränkt. Das Gesetz schlägt einen Rahmen iHv 1,3 vor. Um v. diesem Rahmen nach oben abweichen zu können, muss die anwaltl. Tätigkeit (es wird erneut auf die Tätigkeit und nicht auf die Angelegenheit abgestellt) entweder bes. umfangreich oder bes. schwierig gewesen sein. Diese Regelung ist bedenklich, da § 14 RVG drei weitere Bewertungsmerkmale nennt und es keinen vernünftigen Grund gibt, die Tatbestandsauswahl des § 14 RVG in einzelnen Gebührenvorschriften zu beschränken. Im Streitfall würde dies bedeuten, dass ein überdurchschnittliches Haftungsrisiko, überdurchschnittliche Bedeutung und überdurchschnittliche Vermögens- und Einkommensverhältnisse des AG sich nicht erhöhend auf den Rahmen der Gebühr auswirken. Dadurch wird die Ermessensausübung des RA und seine freie berufliche Tätigkeit ohne Grund eingeschränkt. Die Gesetzesmotive (BT-Drs 15/1971 S. 257) können nicht überzeugen. Das Erreichen der Höchstgebühr (2,5) soll ermöglicht werden, wenn zwei spezielle Bewertungsmerkmale überdurchschnittlich sind (Umfang oder Schwierigkeit). Fehlt es bei diesen Bewertungsmerkmalen an Überdurchschnittlichkeit, soll es bei einem Rahmen der Gebühr v. 1,3 bleiben. Auch eine **Vergütungsvereinbarung** gem. § 4 RVG des Inhalts, dass die Mittelgebühr anhand anderer (oder aller) Bewertungsmerkmale ermittelt wird, löst das Problem nicht, da generell nur für die ges. Gebühren ein Kostenerstattungsanspruch besteht. Die vereinbarte (höhere) Vergütung wäre nicht erstattungsfähig; ggü. Dritten (insbes. Rechtsschutzversicherungen), die die Gebühren für oder anstelle des AG zahlen, lässt sich aufgrund einer Vergütungsvereinbarung eine Verbindlichkeit nicht herleiten.

15 Die v. RA gem. § 14 Abs. 1 RVG getroffene Bestimmung ist verbindlich, wenn sie billigem Ermessen entspricht. Billiges Ermessen kann nicht auf EUR und Cent genau ausgeübt, sondern nur negativ abgegrenzt werden. Auch mit Hilfe der ☐ uneinheitlichen ☐ Rspr. lässt sich der Begriff der **Unbilligkeit** der Bestimmung einer Gebühr nicht ohne weiteres erfassen.

Um einer missbräuchlichen Bestimmung des Rahmens der Gebühr entgegenzuwirken, bestimmt § 14 Abs. 1 S. 2 RVG, dass ggü. einem erstattungspflichtigen Dritten eine unbillige Bestimmung nicht verbindlich ist. Die Abgrenzung der Billigkeit nach § 14 Abs. 1 S. 1 RVG ggü. § 14 Abs. 1 S. 3 RVG führt dazu, dass die Ausübung des Ermessens ggü. einem Dritten im Gegensatz zur Bestimmung der Gebühr ggü. dem AG eingeschränkt ist.

Das Ermessen des RA wird grds. eingeschränkt, wenn die Gebühr aufgrund eines materiell-rechtl. Kostenerstattungsanspruchs v. einem Dritten (Gegner) zu ersetzen ist (LG Bochum AnwBl 1985, 151, VG Düsseldorf, AnwBl 1984, 322). Dritte idS sind Beteiligte, die aufgrund einer Kostenentscheidung dem AG die Kosten der Verf. zT oder vollständig zu erstatten haben (§ 472 StPO, § 13a Abs. 1 FGG, § 467 Abs. 2 StPO). Dritter ist weder die Staatskasse bei bewilligter PKH noch die Rechtsschutzversicherung, da es hier an einer Kostenentscheidung fehlt; diese sind wie der AG zu behandeln.

Zur Unbilligkeit wurden verschiedene Theorien entwickelt (Kompensationstheorie; Toleranzgrenzen). Unbilligkeit ist jedoch nicht anhand fester Kriterien eindeutig feststellbar. Teilweise wird auf Abweichungen v. der Mittelgebühr in Prozentsätzen abgestellt (Abweichungen v. 20% und 10%), in anderen Fällen auf erhebliche Abweichungen (ohne diese genauer zu bestimmen). Unbilligkeit wird sogar angenommen, wenn überhaupt eine Abweichung v. Mittelwert vorliegt. Einigkeit herrscht nur darin, dass kleinliche Streichungen unterbleiben sollen (wobei der Begriff kleinlich bereits wieder auslegungsbedürftig ist! - OLG München AnwBl 1980, 469, LG Kaiserslautern AnwBl 1977, 41, Mümmler in JurBüro 1975, 1002, Schmidt in AnwBl 1975, 334, AG München JurBüro 1979, 227).

Einigkeit besteht insoweit, dass die Bestimmung unbillig ist, wenn die Abweichung im Interesse der Gebührengerechtigkeit nicht mehr hingenommen werden kann. Nach der Rspr. ist dies zB gegeben, wenn

- der v. RA bestimmte Rahmen die billige Gebühr um mehr als 20% übersteigt (BVerwGE 1962, 196, 201, OLG Düsseldorf JurBüro 1983, 875, OLG Köln JurBüro 1994, 31, SG Münster und SG Nürnberg AnwBl 1992, 399, AG Düsseldorf AGS 2004, 191),
- der v. RA bestimmte Rahmen die billige Gebühr um mehr als 10% überschreitet (LG Krefeld JurBüro 1985, 397, LG Mainz KostRsp BRAGO § 12 Nr. 22),

- die Mittelgebühr überschritten ist und keines der Bewertungskriterien überdurchschnittlich ist (LG Berlin JurBüro 1979, 1012, FG Berlin JurBüro 1981, 723, KG JurBüro 1980, 1022, KG JurBüro 1984, 1847, OLG Koblenz JurBüro 1989, 198) und wenn
- der v. RA bestimmte Rahmen erheblich v. der Mittelgebühr abweicht (LG Hagen AnwBl 1983, 46, LG Memmingen JurBüro 1977, 513, LG Schweinfurth JurBüro 1976, 787, AG Bremen AnwBl 1977, 265).

Gemeinsam ist allen Ansätzen, dass Unbilligkeit immer dann angenommen wird, wenn die Gebührenbestimmung nicht aufgrund der Umstände des Einzelfalls unter Berücksichtigung der (jetzt) fünf Bemessungskriterien erfolgt, unabhängig davon, ob erheblich v. der Mittelgebühr abgewichen wird (KG AGS 2004, 443; LG Düsseldorf AGS 1998, 148).

Erfolgt die Bestimmung der Gebühr ggü. dem AG, trägt der RA die **Beweislast** für die Billigkeit (BGH NJW 1983, 1178, AG München ZfS 1992, 310); erfolgt sie ggü. einem Dritten und behauptet dieser den Ermessensmissbrauch, trifft den Dritten die Beweislast (LG Potsdam JurBüro 2004, 25; Gerold/Schmidt Rn. 21 zu § 14 RVG, Hartmann Rn. 25 zu § 14 RVG).

16 Das Erfordernis der Einholung eines **Gutachtens der Rechtsanwaltskammer** ist in § 14 RVG ähnlich wie in § 4 Abs. 4 RVG geregelt. Anders als bei der Vergütungsvereinbarung ist bei § 14 RVG ein Gutachten der RAK einzuholen, wenn im Gebührenrechtsstreit zw RA und AG die **Angemessenheit** der v. RA abgerechneten Rahmengebühr in Frage steht. Ein Gutachten ist nicht einzuholen, wenn das Entstehen der Gebühren str. ist; darüber muss das erkennende Gericht ohne Einholung eines Gutachtens entscheiden. Ein Gutachten ist ferner nicht einzuholen, wenn der Bestand der Forderung str. ist und der AG Erfüllung, Verjährung oder Aufrechnung geltend macht oder sonstige Einreden und Einwendungen erhebt.

Das Gutachten ist nur in str. gerichtl. Auseinandersetzungen einzuholen. Wählt der RA zur gerichtl. Geltendmachung seiner Gebührenforderung das Mahnverfahren, ist ein Gutachten nur dann einzuholen, wenn das Verf. infolge des Widerspruchs des Antragsgegners (AG) an das für das str. Verf. zust. Gericht abgegeben wird.

Ein Gutachten ist □ bei Streit über die Höhe der Gebühr □ auch im Verf. nach § 495a ZPO einzuholen, da § 14 Abs. 2 S. 2, 2 Hs. RVG dies ausdrücklich bestimmt. Bei Säumnis oder Anerkenntnis des Bekl. besteht kein Streit über die Höhe der Gebühren; ein Gutachten der RAK ist nicht einzuholen. Erkennt der Bekl. an oder äußert er sich nicht, muss das ausgeübte Ermessen des RA als zugestanden gelten.

Ein Gutachten ist insbes. einzuholen, wenn das Gericht beabsichtigt, den v. RA bestimmten Rahmen zu kürzen (zur Honorarvereinbarung: OLG Köln NJW 1998, 1961). Nur mit Hilfe der **Berufsvertretung der Rechtsanwälte** kann das Gericht die Angemessenheit der v. RA bestimmten Gebühr beurteilen. Vom Gericht wird (vermutlich) vor der beabsichtigten Reduzierung des Rahmens der Gebühr ein Hinweis gem. §§ 138, 139 ZPO ergehen. Ist bis dahin v. Gericht das Gutachten der RAK nicht angefordert, muss es auf die Notwendigkeit der Einholung des Gutachtens hingewiesen werden.

Die **Toleranzgrenzen**, die zur Geltungszeit der BRAGO in unterschiedlicher Höhe v. der Rspr. ermittelt wurden, sind für die Rahmengebühren des RVG insbes. dann zu erhöhen, wenn der Satzrahmen der Geb. erheblich vom dem Satzrahmen der Geb. der BRAGO abweicht. Die Geschäftsgeb. der Nr. 2400 VV RVG hat einen Gebührensatzrahmen von 0,5-2,5, während der Geschäftsgeb. des § 118 Abs. 1 Nr. 1 BRAGO einen Gebührensatzrahmen von 0,5-1,0 hatte. Es ist für die Geschäftsgebühr von einer Toleranzgrenze von mind. 30 % auszugehen (Braun RVGreport 2004, 287 mwN). Erst bei Überschreiten dieser Toleranzgrenze ist von einer Nachprüfbarkeit der Ermessensausübung des RA auszugehen; unterhalb der Grenze kann kein Ermessensmissbrauch angenommen werden.

17 Das Gutachten der RAK hat grds. keine Bindungswirkung (KG NJW 1965, 1602, Gerold/Schmidt Rn. 20 zu § 12). Wird es aber entgegen § 14 Abs. 2 RVG nicht eingeholt, kann dies als Verfahrensfehler eine Zurückverweisung gem. § 538 ZPO rechtfertigen (BVerfG FamRZ 2002, 532).

18 Ein Gutachten der RAK ist im Rahmen einer **Vergütungsfestsetzung gem. § 11 RVG** nicht einzuholen. Gem. § 11 RVG ist die Festsetzung v. Rahmengebühren möglich; ein Gutachten der RAK ist dessen ungeachtet nicht erforderlich. § 14 RVG stellt auf den Rechtsstreit ab, der im Rahmen der Vergütungsfestsetzung nicht vorliegt. Auch wg. § 11 Abs. 8 RVG kann ein Gutachten nicht erforderlich werden. Gem. § 11 Abs. 8 RVG ist als erste Alt. die Festsetzung nur der Mindestgeb. möglich, oder, als zweite Alt., bei Vorlage der Zustimmungserklärung des AG, die Festsetzung einer höheren Rahmengebühr als der Mindestgeb. In beiden Fällen kann kein Streit über die Höhe der Gebühr geführt werden: Bei der Mindestgeb. ist es nicht möglich, geringere Gebühren geltend zu machen, so dass es darüber nicht zum Streit kommen kann, und bei Vorlage der Zustimmungserklärung hat der AG der Höhe der Gebühr zugestimmt.

Liegen der str. gerichtl. Auseinandersetzung Rahmengebühren zugrunde, die der RA v. einem Dritten aufgrund eines materiell-rechtl. oder sonstigen Kostenerstattungsanspruchs geltend macht, ist ein Gutachten der RAK nicht erforderlich (BVerwG JurBüro 1982, 857, OLG Hamm ZfS 1992, 23 und 119, Mümmler in JurBüro 1985, 9, BGH DVBl. 1969, 204, Enders JurBüro 2004, 59, AG Düsseldorf AGS 2004, 191 m. Anm. v. N. Schneider).

Erhebt der RA gg. die Rechtsschutzversicherung des AG eine Zahlungsklage, nachdem der AG den Gebührenanspruch erfüllt hat, ist ebenfalls kein Gutachten der RAK einzuholen. Dem Rechtsstreit liegt keine Gebührenforderung zugrunde, Anspruchsgrundlage ist der Freistellungsanspruch des AG ggü. der Vers.

19 Die in § 14 RVG vorgegebenen **Bewertungskriterien** sind **nicht abschließend**. Dies ergibt sich aus dem Zusatz "vor allem" in § 14 Abs. 1 S. 1, 2. Teilsatz RVG. Das Gesetz gibt daher Anhaltspunkte, die für die Ausübung des Ermessens heranzuziehen sind. Alle Faktoren, die die Arbeit des RA erschweren oder erleichtern, sind bei der Bestimmung des Rahmens der Gebühr zu berücksichtigen, soweit sie nicht unter eines der vorgegebenen Bewertungskriterien fallen.

20 Eine zw. RA und AG abgeschlossene **Vergütungsvereinbarung** ist auf ihre Angemessenheit nicht nach § 14 RVG zu prüfen. Diese Prüfung erfolgt nach § 4 Abs. 4 RVG. Die Höhe der sich aus der Vergütungsvereinbarung ergebenden Vergütung kann allerdings für die Prüfung der Bedeutung der Angelegenheit berücksichtigt werden.

21 Für die Bestimmung des Satzrahmens der Gebühr gem. Nr. 2400 VV RVG in Fällen, in denen der RA den AG in **Verkehrsunfallsachen** vertritt, sind bereits Entscheidungen diverser Gerichte ergangen, wonach eine **1,3 Geschäftsgebühr bei durchschnittlicher Tätigkeit** (dh einer Tätigkeit, die **weder schwierig noch umfangreich** ist, vgl. Komm. zu Nr. 2400 Anm. 10ff. VV RVG) **angemessen** ist. Dies ist auf **alle Mandate** in Verkehrsunfallsachen, in denen der RA eine durchschnittliche Tätigkeit entfaltet, übertragbar. Beispielhaft seien folgende Entscheidungen (zitiert nach Henke in AGS 2005, Heft 2, Editorial II) genannt:

- AG Aachen, Urt. v. 20.12.2004 (84 C 591/04), AGS 2005, 107 = RVGreport 2005, 60
- AG Bielefeld, Urteile v. 28.12.2004 (5 C 104/04 und 41 C 1221/04), AGS 2005, Heft 2, Editorial II und RVGreport 2005, 62
- AG Gießen, Urt. v. 1.2.2005 (46 C 2379/04), RVGreport 2005, 148
- AG Hagen, Beschl. v. 3.1.2005 (19 C 572/04), AGS 2005, 62
- AG Karlsruhe, Urt. v. 14.12.2004 (5 C 440/04), AGS 2005, Heft 2, Editorial II, RVGreport 2005, 61
- AG Kelheim, Urt. v. 17.12.2004 (3 C 929/04), AGS 2005, 61, RVGreport 2005, 62
- AG Landstuhl, Urt. v. 23.11.2004 (4 C 189/04), AGS 2005, 62
- AG Lüdenscheid, Urt. v. 30.12.2004 (92 C 321/04), AGS 2005, Heft 2, Editorial II
- AG München, Urt. v. 29.12.2004 (343 C 32462/04) AGS 2005, Heft 2, Editorial II, RVGreport 2005, 62

Weitere Entscheidungen zu dieser Frage finden sich in RVGreport 2005, 146ff.

Die Gegenauffassung (zB AG Gronau, Urt. v. 7.10.2004, 11 C 136/04, RVGreport 2005, 64: 1,0 Geschäftsgebühr in durchschnittlichen Fällen) verstößt gegen die eindeutige gesetzliche Regelung in Nr. 2400 VV RVG und steht im Widerspruch zum Willen des Gesetzgebers, der als Regelgebühr 1,3 vorsah (vgl. Gesetzesbegründung BT-Drs 15/1971 S. 207).

§ 15 Abgeltungsbereich der Gebühren

(1) Die Gebühren entgelten, soweit dieses Gesetz nichts anderes bestimmt, die gesamte Tätigkeit des Rechtsanwalts vom Auftrag bis zur Erledigung der Angelegenheit.

(2) Der Rechtsanwalt kann die Gebühren in derselben Angelegenheit nur einmal fordern. In gerichtlichen Verfahren kann er die Gebühren in jedem Rechtszug fordern.

(3) Sind für Teile des Gegenstands verschiedene Gebührensätze anzuwenden, entstehen für die Teile gesondert berechnete Gebühren, jedoch nicht mehr als die aus dem Gesamtbetrag der Wertteile nach dem höchsten Gebührensatz berechnete Gebühr.

(4) Auf bereits entstandene Gebühren ist es, soweit dieses Gesetz nichts anderes bestimmt, ohne Einfluss, wenn sich die Angelegenheit vorzeitig erledigt oder der Auftrag endigt, bevor die Angelegenheit erledigt ist.

(5) Wird der Rechtsanwalt, nachdem er in einer Angelegenheit tätig geworden ist, beauftragt, in derselben Angelegenheit weiter tätig zu werden, erhält er nicht mehr an Gebühren, als er erhalten würde, wenn er von vornherein hiermit beauftragt worden wäre. Ist der frühere Auftrag seit mehr als zwei Kalenderjahren erledigt, gilt die weitere Tätigkeit als neue Angelegenheit und in diesem Gesetz bestimmte Anrechnungen von Gebühren entfallen.

(6) Ist der Rechtsanwalt nur mit einzelnen Handlungen beauftragt, erhält er nicht mehr an Gebühren als der mit der gesamten Angelegenheit beauftragte Rechtsanwalt für die gleiche Tätigkeit erhalten würde.

Übersicht

1 Allgemeines. § 15 RVG ist die Grundvorschrift zum Abgeltungsbereich der Gebühren des RA in einer Angelegenheit und tritt an die Stelle v. § 13 BRAGO, der damit weitgehend unverändert übernommen wurde. Lediglich zu den in § 13 Abs. 5 S. 2 BRAGO vorhandenen Bestimmungen enthält § 15 Abs. 5 S. 2 RVG eine klarstellende Veränderung (Anm. 25). § 15 RVG gilt einheitlich für alle Gebühren.

2 Gem. § 15 Abs. 1 RVG gelten die Gebühren grds. die gesamte Tätigkeit des RA v. der Erteilung des Auftrags bis zur Erledigung der Angelegenheit ab. Erfüllt der RA den Auftrag, entsteht ein Anspruch auf Vergütung nach den Vorschriften des RVG. Die für ein Verf. entstehenden Gebühren gelten eine bestimmte Tätigkeitsart pauschal ab; es entstehen also **Pauschgebühren**. Dabei fasst das VV mehrere Tätigkeitsarten jew. zu einem Gebührentatbestand zusammen, zB die Gebühren für das Einholen der erforderlichen Informationen und das Betreiben des Geschäfts mit den Verfahrensgebühren, so dass sich wiederholende gleichartige Tätigkeiten des RA durch eine Gebühr abgegolten werden. Der Grundsatz, dass die Gebühren Pauschgebühren und nicht Einzelaktgebühren sind, gilt für alle Gebührenarten des RVG unabhängig davon, ob es sich um eine Wertgeb. (auch Regelgebühr), Rahmengebühr oder Festgebühr handelt. Der RA kann die in derselben Angelegenheit entstandenen Gebühren einer bestimmten Gebührengruppe nur einmal fordern. Ist einer der Gebührentatbestände des Vergütungsverzeichnisses zum RVG nach Erteilung des Auftrags erstmalig erfüllt, entsteht die dort vorgesehene Gebühr. Auch bei mehrmaligem Erfüllen des Gebührentatbestands kann die Gebühr nur einmal gefordert werden.

3 Bei **Rahmengebühren** ist für die Bestimmung der Höhe der Gebühr maßgebend, wie häufig ein Gebührentatbestand erfüllt wurde. Gem. § 14 RVG kann der RA bei Rahmengebühren über das Tatbestandsmerkmal "Umfang der anwaltl. Tätigkeit" die **Höhe** der Gebühr abweichend bestimmen. Es bleibt aber dabei, dass für eine bestimmte Tätigkeitsgruppe die Gebühr insgesamt nur einmal gefordert werden kann.

Beispiel: Ist der TB der Geschäftsgebühr der Nr. 2400 VV RVG einmal erfüllt, so ist die Gebühr entstanden. Die Geschäftsgebühr entsteht jedes Mal erneut, wenn der entspr. Gebührentatbestand erfüllt ist, kann v. RA insgesamt aber nur einmal iHv bis zu maximal 2,5 gefordert werden. Der RA kann die Höhe der Geschäftsgebühr nach Nr. 2400 VV RVG zw. 0,5-2,5 bestimmen; dabei kommt es für die Höhe darauf an, wie häufig der entspr. Gebührentatbestand erfüllt wurde.

Für das Entstehen einer **Wertgebühr** (zB 1,2 Terminsgeb. Nr. 3104 VV RVG) genügt das einmalige Erfüllen des Gebührentatbestands; die Höhe der Gebühr steht fest. Für das Entstehen einer **Rahmengebühr** reicht ebenfalls das einmalige Erfüllen des TB, die Höhe der konkreten Gebühr wird aber unter Berücksichtigung v. § 14 RVG und damit auch nach dem Umfang der anwaltl. Tätigkeit bestimmt. Der Umfang der anwaltl. Tätigkeit hängt auch davon ab, wie oft eine Gebühr entstanden ist.

4 Für manche Gebührentatbestände kommt es neben der Verrichtung der anwaltl. Tätigkeit noch darauf an, dass der RA einen bestimmten **Erfolg** erreicht hat. Dies gilt insbes. für die Gebühren aus Teil 1 VV RVG (Einigungsgebühr, Aussöhnungsgebühr, Erledigungsgebühr). Auch diese sind Pauschgebühren.

5 Das VV kennt **Bruchteilsgebühren** (zB 0,8 Verfahrensgeb. Nr. 3101 Nr. 1 VV RVG, 0,5 Terminsgeb. Nr. 3105 VV RVG), bei denen durch das mehrmalige Erfüllen eines Gebührentatbestands sich der Bruchteil der Gebühr bis auf den jew. höchsten Bruchteil des entspr. Abschnitts des VV erhöhen kann. Auch kann das mehrfache Erfüllen eines Gebührentatbestands dazu führen, dass die zunächst nur auf einem Teilgegenstandswert entstandene Gebühr jetzt auf dem vollen Gegenstandswert entsteht.

6 Gem. § 15 RVG entgelten die Gebühren die gesamte Tätigkeit des RA v. der Erteilung des Auftrags bis zur Erledigung der Angelegenheit. Der RA kann die Gebühren in **derselben Angelegenheit** grds. nur **einmal** fordern (§ 15 Abs. 2 S. 1 RVG). Der Begriff der Angelegenheit, der im RVG nicht ausdrücklich bestimmt wird, ist im gebührenrechtlichen Sinne zu verstehen. Dies ist bei der Auslegung zu berücksichtigen. Der Begriff dient zur Abgrenzung derjenigen anwaltl. Tätigkeit, die durch eine Pauschgebühr abgegolten sein soll. Die Angelegenheit wird durch den Auftrag des AG bestimmt; der Umfang des dem RA erteilten Auftrags entscheidet über den Umfang der gebührenrechtlich vorliegenden Angelegenheit.

Eine Angelegenheit liegt vor, wenn der Tätigkeit des RA ein **einheitlicher Auftrag** zugrunde lag, die Tätigkeit des RA sich im **selben Rahmen** hält und zw. den einzelnen Handlungen oder Gegenständen ein **innerer Zusammenhang** besteht (so zB OLG München OLGR 2003, 206 = KostRsp § 13 BRAGO Nr. 168). Eine Angelegenheit ist demnach ein **einheitlicher Lebensvorgang oder Lebenssachverhalt**. Ein einheitlicher Lebensvorgang liegt vor, wenn dies im konkreten Einzelfall nach den gesamten Umständen zu vermuten ist und ein innerer Zusammenhang der Tätigkeit besteht (KG Rpfleger 1979, 435, LG Tübingen ZMR 2002, 128, BVerfG NJW-RR 2001, 139, LG Kleve Rpfleger 2003, 304, BGH AnwBl 2004, 251). Zur Abgrenzung der Angelegenheit ist also vor allem der Umfang des Auftrags zu berücksichtigen. Dabei kann der AG den Auftrag aber auch auf einen Teil der Angelegenheit beschränken. Zum Begriff der Angelegenheit vgl. Schneider AnwBl 2004, 130, Schneider/Mock, AGS-Sonderheft 2004 RVG-Spezial 7ff.

7 Nur wenn der Tätigkeit des RA ein **einheitlicher Auftrag** zugrunde liegt, handelt es sich um eine Angelegenheit (OLG München OLGR 2003, 206 = KostRsp § 13 BRAGO Nr. 168). Es ist darauf abzustellen, ob dem RA ein einheitlicher Auftrag oder zwei verschiedene Aufträge erteilt wurden. Hierbei gestaltet der AG durch entspr. Auftragserteilung die Angelegenheit (BVerfG NJW-RR 2001, 139, BGH AnwBl 1984, 501). Ein einheitlicher Auftrag kann auch dann vorliegen, wenn der RA zu verschiedenen Zeitpunkten beauftragt worden ist und Einigkeit darüber besteht, dass die Ansprüche gemeinsam behandelt werden sollen. Ein neuer Auftrag leitet demgegenüber grds. eine neue Angelegenheit ein.

Führt der RA auftragsgemäß mit verschiedenen Partnern Verhandlungen, die zum Abschluss verschiedener Verträge führen sollen, liegen auch dann zwei Angelegenheiten vor, wenn der Vollzug und das Wirksamwerden des einen Vertrags vom Zustandekommen des anderen Vertrags abhängt (OLG Frankfurt RVG-Letter 2004, 115). Verschiedene Aufträge und damit verschiedene Angelegenheiten sind die Klage auf Fortbestand eines Anstellungsverhältnisses und gleichzeitige (außergerichtliche) Vergleichsverhandlungen über rückständige Vergütung (LG Bonn AGS 2004, 194).

8 Die Tätigkeit muss sich im **gleichen Rahmen** bewegen (OLG München OLGR 2003, 206 = KostRsp § 13 BRAGO Nr. 168). Der Rahmen der Tätigkeit wird zB gewahrt, wenn der RA verschiedene Ansprüche in einem Anspruchsschreiben geltend macht oder in einem Schreiben abwehrt. Gleiches gilt, wenn die Ansprüche in einer Klage (oder ggf. MB) geltend gemacht werden. Dabei wird der Rahmen nicht durch die Bearbeitung durch den RA bestimmt, denn der RA darf nicht durch die Art der Bearbeitung des Auftrags v. sich aus (zB durch Fertigung mehrerer MB gg. den Antragsgegner ohne entspr. Auftrag) die Anzahl der Angelegenheiten und damit den Abgeltungsbereich der Gebühren verändern.

Beispiel: Dem AG stehen mehrere Forderungen gg. den Anspruchsgegner zu. Da Teile der Ansprüche verjährt sind, rät der RA zu getrennten gerichtl. Verf. Der RA muss dann den AG vorab über die sich daraus ergebenden gebührenrechtlichen und kostenerstattungsrechtliche Folgen belehren (BGH AnwBl 2004, 251).

9 Zwischen den einzelnen Handlungen bzw. Gegenständen muss ein **innerer Zusammenhang** bestehen (OLG München OLGR 2003, 206 = KostRsp § 13 BRAGO Nr. 168). Dies ist insbes. dann zu bejahen, wenn die verschiedenen Gegenstände im Falle einer gerichtl. Geltendmachung in einem Verf. verfolgt werden könnten.

Beispiel: Der AG sucht den RA auf, weil er sich sowohl gg. die Kündigung seines Mietverhältnisses als auch gg. die Kündigung seines Arbeitsverhältnisses zur Wehr setzen will. Beide Gegenstände können nicht innerhalb eines gerichtl. Verf. verfolgt werden. Da kein innerer Zusammenhang besteht, liegen verschiedene Angelegenheiten vor.

10 Zur Klarstellung bei solchen Tätigkeiten, bei denen es zweifelhaft wäre, ob sie eine gemeinsame Angelegenheit bilden, enthalten die §§ 16, 17 RVG Beispiele für Tätigkeiten des RA in einer Angelegenheit bzw. in verschiedenen Angelegenheiten. Die in § 16 RVG genannten Beispiele für Tätigkeiten in ein und derselben Angelegenheit sind nicht abschließend. Die Aufzählung soll nach der Gesetzesbegründung (BT-Drs 15/1971 S. 234) in Zweifelsfällen lediglich Klarheit schaffen. Die Aufzählung in § 17 RVG für das Vorliegen verschiedener Angelegenheiten soll demgegenüber abschließend sein (aaO S. 236).

Sofern sich aus §§ 16, 17 RVG nichts anderes ergibt, wird weiterhin die zu dem § 15 Abs. 1 RVG gleich lautenden § 13 Abs. 1 BRAGO ergangene Rspr. zu berücksichtigen sein (Übersicht bei Hartmann zu § 15 RVG Rn. 22-50).

11 Die Gebühren gelten nach § 15 Abs. 1 RVG die gesamte Tätigkeit des RA v. Auftrag bis zur Erledigung der Angelegenheit ab, soweit das **Gesetz nichts anderes bestimmt.** § 18 RVG regelt, wann bes. Angelegenheiten vorliegen, die einen bes. Gebührenanspruch auslösen. Hierzu wird in BT-Drs 15/1971 S. 237 ausgeführt: "In dieser Vorschrift sollen solche Tätigkeiten abschließend aufgezählt werden, die grds. selbstst. Angelegenheiten bilden sollen, gleichgültig mit welchen anderen Tätigkeiten des Anwalts sie in Zusammenhang stehen". Die Aufzählung in § 18 RVG ist demnach eine abschließende Regelung. Zu Einzelfragen vgl. Komm. zu §§ 16-18 RVG.

12 Gem. § 15 Abs. 2 S. 2 RVG kann der RA in gerichtl. Verf. die Gebühren in **jedem Rechtszug** fordern. Im RVG wird der Begriff des Rechtszugs nicht definiert. Zur Auslegung des □ **gebühren-rechtlichen** □ Begriffs des Rechtszugs können auch nicht die Regelungen der ZPO herangezogen werden, und auch aus dem GKG (§ 35 GKG) lässt sich hierzu nichts herleiten. Der Rechtszug beginnt nämlich im gerichtl. Verf. mit der Erhebung der Klage, während für den RA der gebühren-rechtlich relevante Rechtszug schon mit der Vorbereitung der Klage beginnt (§ 19 Nr. 1 RVG). In der ZPO gehört zum Begriff des Rechtszugs zB noch das Kostenfestsetzungsverfahren als das Verf. vor einem Vollstreckungsgericht. Im RVG gehört die Tätigkeit des RA in der Zwangsvollstreckung dagegen nicht mehr zum Rechtszug (§ 19 RVG); der RA erhält bes. Gebühren (zB Nr. 3309 VV RVG). Der abweichende gebührenrechtliche Begriff des Rechtszugs folgt auch daraus, dass der gebührenrechtliche Rechtszug noch andauern kann, wenn der prozessuale Rechtszug bereits beendet ist und § 8 Abs. 2 RVG eine bes. Hemmung des Laufs der Verjährungsfrist für den anwaltl. Vergütungsanspruch vorsieht.

Bezeichnet das RVG bestimmte Tätigkeiten des RA in §§ 17 und 18 als verschiedene oder bes. Tätigkeiten, so gehören sie nicht zum Rechtszug, auch wenn sie nach den Vorschriften der ZPO oder des GKG anders zu beurteilen wäre.

In Zusammenhang mit dem Begriff des Rechtszugs bestimmt § 19 RVG, dass alle dort geregelten Tätigkeiten noch zum jew. Rechtszug oder Verf. gehören. § 19 RVG ersetzt insbes. die Vorschriften aus §§ 37, 58 Abs. 2 BRAGO. Ergänzende Bestimmungen zum Umfang des gebührenrechtlichen Rechtszugs enthalten die Vorschriften über Verweisung (§ 20 RVG) und Zurückverweisung (§ 21 RVG). Diese werden an entspr. Stelle kommentiert.

Der Rechtszug kann auch wieder aufleben, wenn sich zB herausstellt, dass einer der Anträge nicht vollständig erledigt war. Dies ist insbes. dann der Fall, wenn die Parteien in demselben (nicht in einem neuen!) gerichtl. Verf. über die Wirksamkeit eines in diesem zuvor abgeschlossenen Vergleichs streiten (OLG Koblenz NJW 1978, 2399, OLG München AnwBl 1977, 111, OLG Stuttgart JurBüro 1978, 1654 □ für die Ausübung eines Rücktrittsrechts: OLG Hamm JurBüro 1986, 293 = Rpfleger 1985, 415). Bei einem unter Widerruf abgeschlossenen Vergleich lebt der Rechtszug wieder auf, wenn eine der Parteien den Vergleich innerhalb der Frist widerruft.

Soweit in § 19 RVG nichts Abweichendes geregelt ist, wird die zur BRAGO ergangene Rspr. zu der Frage des Vorliegens desselben Rechtszugs weiterhin zu beachten sein (Übersicht zB bei Hartmann zu § 15 RVG Rn. 57-75). Die entspr. Einzelheiten werden bei § 19 RVG kommentiert.

13 Wird der RA in einem **gerichtlichen Verfahren** tätig, ist gem. § 15 Abs. 2 S. 2 RVG **jeder Rechtszug** eine **besondere Angelegenheit.** Der RA kann daher, wenn er in mehreren Rechtszügen tätig wird, die Gebühren (und Auslagen), die er bereits im niedrigeren Rechtszug erhalten hat, im nächsten Rechtszug erneut fordern. Das VV bestimmt für jeden Rechtszug eigene Verf.- und Terminsgebühren (vgl. § 2 RVG).

14 § 15 Abs. 4 RVG bestimmt, dass es für bereits entstandene Gebühren, soweit es das Gesetz nichts anders bestimmt, ohne Einfluss ist, wenn sich die Angelegenheit **vorzeitig erledigt oder der Auftrag endigt,** bevor die Angelegenheit erledigt ist. Aus dem Pauschcharakter der Gebühren folgt konsequent, dass sich die Gebühren nicht deshalb ermäßigen, weil die Erledigung der Angelegenheit einen geringeren Aufwand verursacht hat als bei Auftragserteilung angenommen.

Verringert sich der Gegenstandswert, hat dies auf bereits entstandene Gebühren keine Auswirkung, sondern nur auf künftig entstehende Gebühren. Dieser Grundsatz gilt jedoch nicht uneingeschränkt. Insbesondere bei den Verfahrensgebühren bestimmt das **Vergütungsverzeichnis** verschiedentlich eine **Verringerung der Verfahrensgebühr** im Falle der vorzeitigen Erledigung der Angelegenheit (zB Nrn. 3101, 3207, 3301, 3306, 3337, 3405, 3509 VV RVG). Auch in Verf., in denen der RA **Rahmengebühren** berechnet, gilt der Grundsatz aus § 15 Abs. 4 RVG **auch ohne ausdrückliche Bestimmung** im Gesetz **nicht uneingeschränkt.** Hierbei kommt es nicht darauf an, ob der RA Satzrahmen- oder Betragsrahmengeb. berechnet. Berechnet der RA Rahmengebühren, so hat er bei der Bestimmung der Höhe der Gebühr gem. **§ 14 RVG** den **Umfang** der anwaltl. Tätigkeit zu berücksichtigen. Bei einer vorzeitigen Erledigung der Angelegenheit wird der Umfang der anwaltl. Tätigkeit idR geringer ausfallen als bei vollständiger Durchführung der Angelegenheit. Der Mindestsatz oder Mindestbetrag einer Gebühr ist jedoch nicht zu unterschreiten.

15 § 15 Abs. 4 RVG, der auf dem Pauschcharakter für **gesetzliche Gebühren** basiert, kann **nicht** ohne weiteres auf die aus einer **Vergütungsvereinbarung** geschuldete Vergütung **übertragen** werden. Ist ein Festbetrag als Vergütung vereinbart und erledigt sich die Angelegenheit vorzeitig, ist nicht § 15 Abs. 4 RVG anwendbar, sondern § 628 Abs. 1 S. 1 BGB (BGH NJW 1987, 315 = JurBüro 1987, 373, OLG Düsseldorf AnwBl 1985, 201, OLG Düsseldorf AnwBl 1985, 259), wonach der RA einen seinen bisherigen Leistungen entsprechenden **Teil der Vergütung** verlangen kann.

16 § 15 Abs. 4 unterscheidet zw. der **vorzeitigen Erledigung** der Angelegenheit und dem **Ende des Auftrags** vor Erledigung der Angelegenheit. Eine vorzeitige Erledigung einer Angelegenheit liegt vor, wenn der Auftrag vor Ausführung durch den RA gegenstandslos wird. Der Auftrag endet vorzeitig, wenn der Anwaltsvertrag aufgehoben oder gekündigt wird, bevor der RA alle v. Auftrag umfassten Tätigkeiten für den AG vorgenommen hat. Der Anwaltsvertrag hat regelmäßig die Verpflichtung des RA zum Inhalt, die durch den AG bestimmte Rechtsangelegenheit bis zu ihrem völligen Abschluss zu bearbeiten. Als Dienstvertrag kann er jedoch grds. v. jedem der Vertragspartner ohne Einhaltung v. Kündigungsfristen gekündigt werden (§ 627 BGB); eine Einschränkung gilt insoweit für Dauermandate.

17 Gem. § 628 Abs. 1 S. 2 BGB, der auf die Dienstleistung eines RA anwendbar ist, kann eine **bereits entstandene Gebühr entfallen,** wenn der kündigende RA nicht durch vertragswidriges Verhalten zur Kündigung veranlasst wurde oder selbst durch sein vertragswidriges Verhalten die Kündigung des AG veranlasst hat und seine bisherigen Leistungen in Folge der Kündigung für den AG nicht mehr v. Interesse sind. Umgekehrt bedeutet dies, dass § 15 Abs. 4 nur dann uneingeschränkt gilt, wenn der RA den Auftrag aufgrund vertragswidrigen Verhaltens des AG kündigt oder der AG kündigt, ohne hierzu ein vertragswidriges Verhalten des RA veranlasst worden zu sein.

18 Kündigt der RA aufgrund **vertragswidrigen Verhaltens des AG,** so kann er alle bis zu Kündigung entstandenen Gebühren v. AG auch dann fordern, wenn dieser infolge der Beauftragung eines weiteren RA die Gebühren in voller Höhe oder teilweise erneut zahlen muss. Die Frage, wer für das vertragswidrige Verhalten des AG die **Beweislast** trägt, wurde unter der Geltung der BRAGO v. der Rspr. nicht einheitlich entschieden. Der BGH (MDR 1997, 197) sieht die Beweislast beim AG, während das OLG Düsseldorf (AGS 1993, 74) den RA als darlegungs- und beweispflichtig ansah. Sollen Störungen des Vertrauensverhältnisses zw. RA und AG Grundlage der Kündigung sein, sollte der RA, wenn es ihm zumutbar ist (nicht bei völlig haltlosen Drohungen oder Beschimpfungen des AGs), den AG **auf die drohende Kündigung hinweisen**.

19 Einzelfälle. Vertragswidriges Verhalten des AG wird bejaht für den Fall, dass der AG seiner sich aus § 9 RVG ergebenden Pflicht zur Zahlung eines **Vorschusses** nicht nachkommt (Gerold/Schmidt Rn. 190 mwN zu § 15 RVG, Hartmann Rn. 84 zu § 15 RVG). Hierbei ist nach hM der **Verzug** des AG mit der Leistung des Vorschusses **nicht ausreichend**. Vertragswidriges Verhalten wird vielmehr erst angenommen, wenn der AG nicht geleistet hat, obwohl die Kündigung des Anwaltsvertrags durch den RA ausdrücklich angedroht wurde. Vertragswidriges Verhalten des AG liegt nur vor, wenn die **Vorschussforderung nicht überhöht** war (BGH AnwBl 2004, 251, 254).

Der AG handelt auch vertragswidrig, wenn er das **Vertrauensverhältnis** zw. ihm und dem RA **zerstört**. Dies kann der Fall sein, wenn der AG unbegründete Vorwürfe erhebt, Ersatzansprüche geltend macht, angeforderte Informationen nicht erteilt oder vor Beendigung des Auftrags einem anderen RA das Mandat überträgt, ohne den RA davon in Kenntnis zu setzen. Im letzteren Fall ist die Rückfrage des ersten RA geboten, ob sein eigener Auftrag als beendet betrachtet werden kann. Die Hinzuziehung eines weiteren RA allein rechtfertigt idR nicht die Annahme vertragswidrigen Verhaltens.

Auch **unzumutbar hohe Anforderungen** an den RA können die Kündigung rechtfertigen. Fordert der AG v. RA die v. diesem gefertigten Schriftsätze zur Korrektur und verlangt sachlich nicht zu rechtfertigende Änderungen, so kann □ wenn der RA auf die Unzumutbarkeit dieses Ansinnens hingewiesen hat □ vertragswidriges Verhalten vorliegen.

20 Kündigt der Rechtsanwalt, ohne dass ein **vertragswidriges Verhalten des Auftraggebers** vorausgegangen ist, hat er auf bereits entstandene **Gebühren keinen Anspruch**, falls seine bisherigen Leistungen infolge seiner Kündigung kein Interesse mehr für den AG haben. Dies gilt auch, wenn ein wichtiger Kündigungsgrund vorlag, sofern nicht gleichzeitig vertragswidriges Verhalten des AGs vorliegt. Kein Interesse hat die Leistung des RA für den AG, wenn dieser einen anderen RA beauftragt und bei diesem die Gebühren erneut in voller Höhe entstehen. Der Gebührenanspruch des RA erlischt bei Wegfall des Interesses, ohne dass es einer Aufrechnungs- mit einer Gegenforderung durch den AG bedarf (BGH NJW 1985, 41). In der Höhe, in der Gebühren beim zweiten RA nicht erneut entstehen (zB die Terminsgebühren im Ermittlungsverfahren), bleibt der Gebührenanspruch des RA bestehen, sofern die bisherige Tätigkeit des RA ihren Wert behält.

21 Hat der Rechtsanwalt die Kündigung des Auftrags durch den AG **verschuldet**, kann er keine Gebühren verlangen, die bei einem anderen RA erneut entstehen. Der Anspruch des RA bleibt zwar grds. gem. § 628 Abs. 1 S. 1 iVm § 627 Abs. 1 BGB bestehen; diesem Anspruch können aber die sich aus § 682 Abs. 2 S. 1 BGB ergebenden **Schadenersatzansprüche** gegenüber gestellt werden. Die Aufrechnung ist zulässig.

Vertragswidriges Verhalten des RA liegt insbes. vor, wenn dieser eine **Frist** oder einen **Gerichtstermin versäumt** (BGH NJW 1982, 438 = AnwBl 1982, 67 = MDR 1982, 386), **verspätet vorträgt**, so dass der Vortrag nicht mehr berücksichtigt wird (BGH aaO), fehlerhaft berät, sich wg. Veruntreuung v. Mandantengeldern (auch anderer Mandanten) in Untersuchungshaft befindet (BGH MDR 1995, 854 = VersR 1996, 99) oder ohne ausreichenden Grund eine dem AG nachteilige Tatsache vorträgt (Papst MDR 1979, 449 mwN).

Ist str., ob der RA die Kündigung des Anwaltsvertrags durch den AG durch ein ihm vorzuwerfendes vertragswidriges Verhalten zu verantworten hat, trägt der AG die **Beweislast** für das Vorliegen vertragswidrigen Verhaltens und den Wegfall des Interesses an den bisherigen Leistungen des RA (BGH NJW 1982, 438 = AnwBl 1982, 67 = MDR 1982, 386).

22 Kündigt der Auftraggeber, ohne durch vertragswidriges Verhalten des RA dazu **veranlasst** worden zu sein, behält der RA seine bereits entstandenen Vergütungsansprüche in vollem Umfang, auch wenn er einem anderen RA eine Vergütung in entspr. Höhe erneut zahlen muss (OLG Düsseldorf AnwBl 1985, 259).

23 § 15 Abs. 3 RVG bestimmt die **Begrenzung von Gebühren.** Sind für Teile eines Gegenstands verschiedene Gebührensätze anzuwenden, entstehen nach § 15 Abs. 3 RVG für diese Teile gesonderte Gebühren. Die Höhe des Gebührenanspruchs übersteigt in diesem Fall jedoch nicht die aus dem Gesamtbetrag der Teile nach dem höchsten Gebührensatz berechnete Gebühr. Zu differenzieren sind dabei die Begriffe Angelegenheit und Gegenstand. Der **Gegenstand** ist das Recht oder Rechtsverhältnis, auf das sich die anwaltl. Tätigkeit nach dem erteilten Auftrag bezieht (BGH AnwBl 1984, 501). Eine Angelegenheit kann mehrere Gegenstände umfassen; in diesem Fall werden die Werte gem. § 22 Abs. 1 RVG zusammengerechnet.

Der RA berechnet die unterschiedlichen, aber gleichartigen Gebühren für jeden Teilwert zunächst gesondert und rechnet die ermittelten Einzelgebühren zusammen. Der sich ergebenden Summe wird der Betrag gegenübergestellt, der sich ergäbe, wenn nur eine Gebühr aus dem Gesamtgegenstandswert nach dem höchsten in Frage kommenden Gebührensatz berechnet worden wäre. Der letztere Betrag begrenzt die Summe, die der RA fordern kann.

Verschiedene Gebührensätze können zB bei Einigungsgebühren (Aussöhnungs- und Erledigungsgebühren Teil 1 VV RVG) entstehen.

Beispiel 1: Im erstinstanzlichen gerichtl. Verf. wurden 3.000 EUR als Klageforderung geltend gemacht (rechtshängige Ansprüche). Die beteiligten Anwälte schließen für die Parteien einen Vergleich und einigen sich gleichzeitig über nicht rechtshängige Ansprüche. Der Vergleichswert übersteigt den Gegenstandswert um 5.000 EUR.

Im Hinblick auf die **Einigungsgebühren** berechnen die Anwälte

1,5 Einigungsgeb. Nr. 1000 VV RVG / Gegenstandswert 5.000 EUR	451,50 EUR
1,0 Einigungsgeb. Nr. 1003 VV RVG / Gegenstandswert 3.000 EUR	189,00 EUR
Insgesamt	640,50 EUR
Gem. § 15 Abs. 3 RVG darf der RA jedoch nicht mehr fordern als eine 1,5 Einigungsgeb. nach einem Gegenstandswert v. 8.000 EUR, also	618,00 EUR

Die Einzelgebühren der Einigungsgebühren werden durch § 15 Abs. 3 RVG also auf **618,00 EUR begrenzt**.

Nach demselben Muster sind auch die entstandenen **Verfahrensgebühren** der Nrn. 3100 (1,3) und 3101 Nr. 2 VV RVG (0,8) zu prüfen. Der RA erhält hier nicht mehr als 1,3 Verfahrensgeb. auf einem Gegenstandswert v. 8.000,00 EUR.

Trifft eine reduzierte **Terminsgebühr** auf die volle in der gleichen Instanz entstehende Terminsgeb. (zB 0,5 Terminsgeb. Nr. 3202 VV und 1,2 Terminsgeb. Nr. 3203 VV RVG), so darf der RA nicht mehr fordern als eine volle Terminsgeb. aus den addierten Gegenstandswerten.

Beispiel 2: Im erstinstanzlichen ersten Termin zur mündl. Verhandlung ist auf der Beklagtenseite weder die Partei noch ein Vertreter erschienen. Gegen den Bekl. ergeht antragsgemäß VU, mit dem der Bekl. zur Zahlung v. 7.000 EUR verurteilt wird. Der Bekl. legt form- und fristgerecht gg. das VU Einspruch ein; dem Einspruch wird durch Beschl. stattgegeben und ein neuer Termin zur mündl. Verhandlung anberaumt. Im Termin erörtern die Parteien die Sach- und Rechtslage; der Bekl. nimmt den Einspruch anschließend zurück. Auf Klägerseite sind entstanden:

0,5 Terminsgeb. Nr. 3105 VV RVG / Gegenstandswert 7.000 EUR	187,50 EUR
1,2 Terminsgeb. Nr. 3104 VV RVG / Gegenstandswert 7.000 EUR	450,00 EUR
Insgesamt	637,50 EUR
Der RA darf jedoch gem. § 15 Abs. 3 RVG nicht mehr fordern als eine 1,2 Terminsgeb. nach einem Gegenstandswert v. 7.000 EUR, also	450,00 EUR

Gleiches gilt, wenn die einzelnen **Terminsgebühren zu Teilgegenstandswerten** entstehen.

§ 15 Abs. 3 RVG ist auch anwendbar, wenn sich der **Auftrag zum Teil vorzeitig erledigt** und daher unterschiedlich hohe Verfahrensgebühren entstehen.

Beispiel 3: Der AG erteilt dem RA Prozessauftrag wg. einer Forderung iHv 12.000 EUR. Die Klage wird jedoch (wg. teilweiser Verjährung des Anspruchs) nur iHv 4.000 EUR erhoben. Der RA berechnet eine 1,3 Verfahrensgeb. Nr. 3100 VV RVG nach einem Gegenstandswert v. 4.000 EUR sowie eine 0,8 Verfahrensgeb. Nr. 3101 Nr. 1 VV RVG nach einem Gegenstandswert v. 8.000 EUR, jedoch nicht mehr als 1,3 Verfahrensgeb. aus 12.000 EUR.

24 Eine Prüfung nach § 15 Abs. 3 RVG findet nur statt, wenn verschiedene Gebührentatbestände aufeinander treffen. Wird **derselbe Gebührentatbestand** berührt, werden die **Gegenstandswerte addiert**. Werden in einem Rechtsstreit zB mehrere Teilvergleiche geschlossen, so dass mehrfach die Einigungsgebühren entstehen, ist § 15 Abs. 3 RVG nicht anwendbar, sondern die Gegenstandswerte sind zu addieren.

Entsprechendes gilt für **Klageerweiterungen**. Wird zunächst eine Forderung iHv 1.000 EUR klageweise verfolgt und erweitert der Kl. die Klage um 3.000 EUR, entsteht eine Gebühr aus den addierten Gegenstandswerten (§ 22 Abs. 1 RVG). Dies gilt nicht nur für die Gebühren gem. den "vollen" oder höchsten Gebührensatzrahmen (zB 1,3 Verfahrensgeb.), sondern auch für die Gebühren nach geringeren Gebührensatzrahmen (zB 0,5 Terminsgeb. oder 0,8 Verfahrensgeb.).

Beispiel: Der RA hat bereits für die Protokollierung der Parteieneinigung eine Gebühr nach Nr. 3101 Nr. 2 VV RVG berechnet. Der zunächst protokollierte Vergleich wurde widerrufen. Eine Einigungsgebühr gem. Nr. 1000 VV RVG ist in diesem Fall nicht entstanden, wohl aber die Verfahrensgeb. für die Protokollierung der Parteieneinigung gem. Nr. 3101 Nr. 2 VV RVG, die nicht v. der Wirksamkeit der Einigung abhängt. In einem neuen Termin einigen sich die Parteien über im Gegenstandswert höhere, nicht rechtshängige Ansprüche. Der RA erhält nicht zwei 0,8 Verfahrensgebühren gem. Nr. 3101 Nr. 2 VV RVG, sondern eine auf der Grundlage der addierten Gegenstandswerte. Sind alle Tatbestandsvoraussetzungen der Einigungsgebühr für die Nr. 1000 VV RVG erfüllt, erhält der RA zusätzl. noch die Einigungsgebühr Nr. 1000 VV RVG.

25 Wird ein RA, der bereits in einer Angelegenheit tätig war, v. demselben AG beauftragt, in dieser Angelegenheit weiter tätig zu werden, so erhält er nach § 15 Abs. 5 S. 1 RVG nicht mehr an Gebühren, als er erhielte, wenn er v. vornherein auch mit der weiteren Tätigkeit beauftragt worden wäre. Wurde dem RA also zunächst ein Einzelauftrag und später der Auftrag für die gesamte Vertretung erteilt, begründet der neue Auftrag keine neue Angelegenheit (zum Begriff der Angelegenheit vgl. Komm. zu §§ 16ff.). Dabei darf jedoch die ursprüngliche Tätigkeit des RA noch nicht endgültig erledigt gewesen sein.

26 Nach § 15 Abs. 5 S. 2 RVG gilt die weitere Tätigkeit iSd § 15 Abs. 5 S. 1 RVG als neue Angelegenheit, wenn der frühere Auftrag seit mehr als zwei Kalenderjahren erledigt ist. Der RA kann in diesem Fall alle Gebühren ohne Berücksichtigung der für den früheren Auftrag entstandenen Gebühren fordern; eine Anrechnung kommt insoweit nicht in Betracht. Da das RVG auf **Kalenderjahre** abstellt, kann die Frist im Einzelfall wesentlich länger als zwei Jahre dauern. Wurde der Auftrag zB im Juli 2004 erstmalig erteilt und erledigte sich im November 2004, liegt erst dann eine neue Angelegenheit iSv § 15 Abs. 5 RVG vor, wenn die Kalenderjahre 2005 und 2006 abgelaufen sind.

27 Der RA, der mit **Einzelhandlungen** beauftragt ist, erhält gem. § 15 Abs. 6 RVG nicht mehr Gebühren als ein mit der gesamten Angelegenheit beauftragter RA für die gleiche Tätigkeit erhielte (vgl. Gerold/Schmidt Rn. 269 zu § 15 RVG). Die Pauschgebühr für eine bestimmte Tätigkeitsart begrenzt damit die Gesamtgebührenhöhe in einer Angelegenheit. Für den mit Einzelhandlungen in einem gerichtl. Verf. beauftragten RA kann zB höchstens eine Verf.- oder Terminsgeb. entstehen, unabhängig davon wie viele Schriftsätze er nach Einzelaufträgen erstellt oder wie viele Termine er wahrgenommen hat.

28 In den Anm. zu den einzelnen Gebührentatbeständen im **Vergütungsverzeichnis** finden sich auch bei den bes. oder verschiedenen Angelegenheiten **Anrechnungsvorschriften** für die **Verfahrensgebühren.** Dies ändert nichts daran, dass die Angelegenheit als solche eine bes. Angelegenheit darstellt. Die Anrechnung hat zwar Auswirkung auf die Anzahl der Verfahrensgebühren, die der RA fordern kann, aber keinen Einfluss auf das Vorliegen einer bes. oder verschiedenen Angelegenheit. Sind daher neben den Verfahrensgebühren weitere Gebühren entstanden, hat die durch das VV bestimmte Anrechnung der Verfahrensgeb. auf die weiteren Gebühren keinen Einfluss. Andere Gebühren als die in der Anrechnung bestimmten, bleiben bestehen. Anrechnungsvorschriften (zB Anm. Abs. 2 zur Beratungsgebühr Nr. 2100 VV RVG) sind grds. ein Indiz dafür, dass die anwaltl. Tätigkeiten, für die eine Anrechnung v. Gebühren erfolgt, zu bes. Angelegenheiten gehören, da sie sonst überflüssig wären. Die im VV vorgesehene Anrechnung ist daher neben den Bestimmungen in §§ 17, 18 RVG ein Hinweis darauf, dass nicht nur eine Angelegenheit gegeben ist.

Abschnitt 3. Angelegenheit

§ 16 Dieselbe Angelegenheit
Dieselbe Angelegenheit sind
1. das **Verwaltungsverfahren auf Aussetzung oder Anordnung der sofortigen Vollziehung sowie über einstweilige Maßnahmen zur Sicherung der Rechte Dritter und jedes Verwaltungsverfahren auf Abänderung oder Aufhebung in den genannten Fällen,**
2. das **Verfahren über die Prozesskostenhilfe und das Verfahren, für das die Prozesskostenhilfe beantragt worden ist,**
3. mehrere **Verfahren über die Prozesskostenhilfe in demselben Rechtszug,**
4. eine **Scheidungssache und die Folgesachen (§ 621 Abs. 1 Nr. 1 bis 9, § 623 Abs. 1 bis 3, 5 der Zivilprozessordnung),**
5. ein **Verfahren über die Aufhebung der Lebenspartnerschaft und die Folgesachen (§ 661 Abs. 2, § 623 Abs. 1 und 5 der Zivilprozessordnung),**
6. das **Verfahren über einen Antrag auf Anordnung eines Arrests, einer einstweiligen Verfügung, auf Erlass einer einstweiligen oder vorläufigen Anordnung, auf Anordnung oder Wiederherstellung der aufschiebenden Wirkung, auf Aufhebung der Vollziehung oder Anordnung der sofortigen Vollziehung eines Verwaltungsakts und jedes Verfahren auf deren Abänderung oder Aufhebung,**
7. das **Verfahren nach § 3 Abs. 1 des Gesetzes zur Ausführung des Vertrages zwischen der Bundesrepublik Deutschland und der Republik Österreich vom 6. Juni 1959 über die gegenseitige Anerkennung und Vollstreckung von gerichtlichen Entscheidungen, Vergleichen und öffentlichen Urkunden in Zivil- und Handelssachen in der im Bundesgesetzblatt Teil III, Gliederungsnummer 319-12, veröffentlichten bereinigten Fassung, das zuletzt durch Artikel 23 des Gesetzes vom 27. Juli 2001 (BGBl. I S. 1887) geändert worden ist, und das Verfahren nach § 3 Abs. 2 des genannten Gesetzes,**
8. das **Aufgebotsverfahren und das Verfahren über den Antrag auf Anordnung der Zahlungssperre nach § 1020 der Zivilprozessordnung,**

9. das Verfahren über die Zulassung der Vollziehung einer vorläufigen oder sichernden Maßnahme und das Verfahren über einen Antrag auf Aufhebung oder Änderung einer Entscheidung über die Zulassung der Vollziehung (§ 1041 der Zivilprozessordnung),
10. das schiedsrichterliche Verfahren und das gerichtliche Verfahren bei der Bestellung eines Schiedsrichters oder Ersatzschiedsrichters, über die Ablehnung eines Schiedsrichters oder über die Beendigung des Schiedsrichteramtes, zur Unterstützung bei der Beweisaufnahme oder bei der Vornahme sonstiger richterlicher Handlungen,
11. das Verfahren vor dem Schiedsgericht und die gerichtlichen Verfahren über die Bestimmung einer Frist (§ 102 Abs. 3 des Arbeitsgerichtsgesetzes), die Ablehnung eines Schiedsrichters (§ 103 Abs. 3 des Arbeitsgerichtsgesetzes) oder die Vornahme einer Beweisaufnahme oder einer Vereidigung (§ 106 Abs. 2 des Arbeitsgerichtsgesetzes),
12. im Kostenfestsetzungsverfahren einerseits und im Kostenansatzverfahren andererseits jeweils mehrere Verfahren über
    a)   die Erinnerung,
    b)   die Beschwerde in demselben Beschwerderechtszug,
13. das Rechtsmittelverfahren und das Verfahren über die Zulassung des Rechtsmittels; dies gilt nicht für das Verfahren über die Beschwerde gegen die Nichtzulassung eines Rechtsmittels; und
14. das Verfahren über die Privatklage und die Widerklage und zwar auch im Falle des § 388 Abs. 2 der Strafprozessordnung.

Übersicht

1 Allgemeines. § 16 RVG ist in Zusammenhang mit § 15 Abs. 2 S. 1 RVG zu sehen, der festlegt, dass der RA die Gebühren in derselben Angelegenheit nur einmal fordern kann (bisher § 13 Abs. 2 S. 1 BRAGO). Dieser Grundsatz bildet □ wie bisher auch in der BRAGO □ die wesentliche Grundlage für das Gebührensystem des RVG. Wird der RA in verschiedenen Angelegenheiten tätig, verdient er die Gebühren □ ebenso wie die Auslagenpauschale nach Nr. 7002 VV RVG □ mehrmals, sofern keine Anrechnung vorgesehen ist. Aus diesem Grunde kommt dem Begriff der Angelegenheit eine zentrale Bedeutung zu, was den Gesetzgeber veranlasst hat, den Umfang der Angelegenheit iSd RVG in einem eigenen Abschnitt des RVG festzulegen (Abschnitt 3 RVG, §§ 16-21 RVG). Eine vergleichbare, abschließende Regelung fand sich in der BRAGO nicht. Diese enthielt vielmehr an zahlreichen Stellen Bestimmungen darüber, wann dieselbe bzw. mehrere Angelegenheiten vorlagen. § 16 RVG ordnet nunmehr mehrere Vorgänge gebührenrechtlich einer einzigen Angelegenheit zu mit der Folge, dass der Anwalt auch nur einmal abrechnen kann (Bischof/Jungbauer Rn. 5 zu § 16 RVG). Rehberg/Xanke stellen zu „Angelegenheit" unter Nr. 1ff. die Rspr. zum Begriff der „Angelegenheit" zusammen.

2 § 16 Nr. 1 RVG ist in Zusammenhang mit § 17 Nr. 1 RVG zu sehen, welcher festlegt, dass die dort genannten **Verwaltungsverfahren** jew. verschiedene Angelegenheiten sind (vgl. § 17 RVG Anm. 2). In Abgrenzung hierzu bestimmt § 16 Nr. 1 RVG, dass die in dieser Vorschrift genannten Verf. untereinander jew. dieselbe Angelegenheit sind. Von seinem Geltungsbereich her geht § 16 Nr. 1 RVG über den Regelungsbereich des bisherigen § 119 Abs. 3 BRAGO hinaus. Dieser erfasste lediglich Verwaltungsverfahren auf Aussetzung der Vollziehung oder auf Beseitigung der aufschiebenden oder hemmenden Wirkung und legte fest, dass diese zusammen mit dem Verwaltungssowie Vorverfahren eine Angelegenheit waren (Gerold/Schmidt Rn. 7 zu § 119 BRAGO). Demgegenüber betrifft § 16 Nr. 1 RVG auch Verf. auf einstweilige Maßnahmen zur Sicherung der Rechte Dritter nebst Aufhebung oder Abänderung der entspr. Entscheidungen.

3 Das **Prozesskostenhilfeverfahren** ist ein eigenständiges Verf. Deshalb bestimmt § 16 Nr. 2 RVG, dass das Verf. über die PKH und das Verf., für das die PKH beantragt worden ist, gebührenrechtlich dieselbe Angelegenheit sind. Diese Regelung entspricht § 37 Nr. 3 BRAGO, wonach das Verf. über die PKH zu dem Rechtszug des Verf. gehört, für welches PKH beantragt wird. Der RA kann als Prozessbev. für die Beantragung der PKH damit keine gesonderte Gebühr verlangen, sofern er den Mandanten auch im Hauptsacheverfahren vertritt (Nr. 3335 VV RVG Anm. 2). Auch die Auslagenpauschale nach Nr. 7002 VV RVG kann nur einmal verdient werden (Onderka AGS 2004, 461). Vertritt der RA den Mandanten ausschließlich im PKH-Verf., verdient er die Gebühren nach Nr. 3335ff. VV RVG. Voraussetzung für die Behandlung beider Verfahren als dieselbe Angelegenheit ist, dass derselbe Prozessbev. tätig wird, dass es sich um denselben Streitgegenstand handelt und beide Verf. in derselben Instanz stattfinden (Mayer/Kroiß Rn. 4 zu § 16 RVG). Vertritt der Anwalt den Mandanten erstinstanzlich und stellt sodann einen PKH-Antrag für das Berufungsverfahren, liegt nicht mehr dieselbe Angelegenheit vor (§ 15 Abs. 2 RVG; hierzu Onderka AGS 2004, 462).

4 Nach § 16 Nr. 3 RVG sind mehrere Verf. über die PKH in demselben Rechtszug dieselbe Angelegenheit. Dies gilt zB dann, wenn der RA für seinen Mandanten mehrfach PKH beantragt, mit der Änderung der Bewilligung betraut wird oder die Ratenzahlungsaufforderung durch das Gericht überprüft (Riedel/Sußbauer Rn. 12 zu § 51 BRAGO). § 16 Nr. 3 RVG betrifft auch den Fall, dass der RA nach Ablehnung eines Antrags auf Bewilligung, Änderung oder Aufhebung der PKH den gleichen Antrag mit neuer Begründung stellt. Gleiches gilt, sofern der RA für seinen Mandanten PKH beantragt und diesen auch im PKH-Verf. des Gegners zu derselben Angelegenheit vertritt (Gerold/Schmidt Rn. 5 zu § 16 RVG). § 16 Nr. 3 RVG entspricht dem bisherigen § 51 Abs. 1 S. 2 BRAGO. Der RA verdient damit auch bei mehreren Verf. über die PKH in demselben Rechtszug die Gebühr nach Nr. 3335 VV RVG nur einmal. Wird der PKH-Antrag abgelehnt und wird der Anwalt in einem Beschwerdeverfahren tätig, liegt nach § 18 Nr. 5 RVG eine besondere Angelegenheit vor.

5 Nach § 16 Nr. 4 RVG bilden die **Scheidung** (§ 606 Abs. 1 S. 1 ZPO) sowie die **Folgesachen** (§§ 621 Abs. 1 Nr. 1-9, 623 Abs. 1-3, 5 ZPO) dieselbe Angelegenheit. Ihre Werte werden nach § 22 Abs. 1 RVG addiert (§ 22 RVG Anm. 2). Der RA verdient damit die 1,3 Verfahrensgeb. nach Nr. 3100 VV RVG sowie die 1,2 Terminsgeb. nach Nr. 3104 VV RVG nur einmal. Die Vorschrift entspricht wortgleich dem bisherigen § 7 Abs. 3 BRAGO. Werden Folgesachen erst nach Abschluss des Verbundverfahrens anhängig gemacht, sind sie selbstständige Angelegenheiten (Hartung/Römermann § 16 Rn. 13). Wird bei einer Familiensache ein Dritter Verfahrensbeteiligter, so wird diese Familiensache gem. § 623 Abs. 1 S. 2 ZPO abgetrennt. Das Verfahren kann □ nach einer Klageänderung □ zu einer selbstständigen Familiensache werden. Es bildet in diesem Fall eine neue Angelegenheit, die auch gesonderte Gebühren entstehen lässt (Mayer/Kroiß Rn. 15 zu § 16 RVG).

6 Nach § 16 Nr. 5 RVG (bisher § 7 Abs. 3 Hs. 2 BRAGO) bilden auch das Verf. über die **Aufhebung der Lebenspartnerschaft** (§ 661 Abs. 1 ZPO) und die **Folgesachen** (§ 661 Abs. 2 iVm § 623 Abs. 1, 5 ZPO) dieselbe Angelegenheit. Die Komm. zu § 16 Nr. 4 VV RVG gilt entspr.

7 Vorläufige Verfahren. § 16 Nr. 6 RVG bestimmt, dass jedes Verf. auf Abänderung oder Aufhebung des Arrestes oder der einstweiligen Verfügung zusammen mit dem Verf. auf Anordnung des Arrestes oder der einstweiligen Verfügung dieselbe Angelegenheit darstellt (vgl. §§ 922, 924, 925, 926 Abs. 2, 927, 939, 942 ZPO). Der RA kann in diesen Verf. die Gebühren nur einmal verdienen. Dies gilt selbst dann, wenn zw. den Verf. ein längerer Zeitraum liegt (Onderka AGS 2004, 463), wobei die zeitliche Grenze die Zwei-Jahres-Frist des § 15 Abs. 5 S. 2 RVG bildet. § 16 Nr. 6 RVG entspricht § 40 Abs. 2 BRAGO für den Arrest und die einstweilige Verfügung sowie § 114 Abs. 6 BRAGO, der auf § 40 Abs. 2 BRAGO verweist, für die einstweilige Anordnung in Verf. vor den Gerichten der ör Gerichtsbarkeit.

§ 16 Nr. 6 RVG erfasst nunmehr auch ausdrücklich Verf. nach den §§ 80, 80a VwGO. Soweit im FGG-Verf. einstweilige Anordnungen vorgesehen sind, gilt § 16 Nr. 6 RVG ebenfalls (Mayer/Kroiß Rn. 20 zu § 16 RVG). Die Vorschrift greift auch bei vorläufigen Anordnungen, weil diese nach § 17 Nr. 4 RVG ggü. der Hauptsache eine bes. Angelegenheit bilden. Wirtschaftlicher Grund für die Regelung in Nr. 6 ist die Tatsache, dass der RA in Abänderungs- und Aufhebungsverfahren auf seine frühere Tätigkeit zurückgreifen kann und keine bes. Einarbeitungszeit benötigt (Gebauer/Schneider Rn. 52 zu § 16 RVG). Stellt der RA mehrere gesonderte Anträge auf Arrest- oder Verfügungsverfahren, liegen jew. bes. Angelegenheiten vor. Er verdient die Gebühren mehrfach (Schneider/Mock § 16 Rn. 65). Wird ein Gesuch zurückgewiesen und stellt der RA erneut einen Antrag, entstehen für den zweiten Antrag die Gebühren erneut (OLG Hamburg JurBüro 1991, 1084). Arrest- und einstweilige Verfügungsverfahren sind bürgerliche Rechtsstreitigkeiten, in denen der RA die Gebühren nach Teil 3 VV RVG verdient (Verfahrensgeb. nach Nr. 3100 VV RVG, Terminsgeb. nach Nr. 3105 VV RVG, evtl. Einigungsgebühr nach Nr. 1000ff. VV RVG).

8 § 47 Abs. 3 BRAGO bestimmte, dass die Prozessgebühr, die der Anwalt für **Verfahren nach § 3 Abs. 1 des Gesetzes zur Ausführung des Vertrages zwischen der BRD und der Republik Österreich** vom 6.6.1959 über die gegenseitige Anerkennung und Vollstreckung von gerichtlichen Entscheidungen, Vergleichen und öffentlichen Urkunden in Zivil- und Handelssachen vom 8.3.1960 erhält, auf die gleiche Gebühr des Verf. nach § 3 Abs. 2 zu zwei Dritteln angerechnet wird. Betroffen ist der Fall, dass auf Antrag des Gläubigers eine bisher nur vorläufige Vollstreckbarkeit in eine endgültige umgewandelt werden soll. Nach § 16 Nr. 7 RVG bilden nunmehr die Verf. nach § 3 Abs. 1 und Abs. 2 des genannten Gesetzes eine Angelegenheit. Damit verdient der Anwalt die Gebühren nur einmal, eine Anrechnungsvorschrift ist entbehrlich (Schneider AGS 2004, 8; Bischof/Jungbauer Rn. 18 zu § 16 RVG).

9 Nach § 45 BRAG0 entstanden bisher im **Aufgebotsverfahren** neben der Prozessgebühr jew. gesonderte Gebühren für den Antrag auf Erlass des Aufgebots sowie für den Antrag auf Anordnung der **Zahlungssperre** nach § 1020 ZPO iHv 5/10. Für diese Tätigkeit verdient der RA nunmehr nach Nr. 3324 VV RVG eine 1,0 Verfahrensgeb. (Nr. 3324 VV RVG Anm. 2) sowie □ bei Vorliegen der ges. Voraussetzungen (hierzu ausführlich Nr. 3332 VV RVG Anm. 2) eine 0,5 Terminsgeb. Daneben kann eine Einigungsgebühr nach Nr. 1000ff. VV RVG entstehen. Auf eine Sonderregelung für das Aufgebotsverfahren □ wie in § 45 BRAGO enthalten □ hat der Gesetzgeber ausdrücklich verzichtet. § 16 Nr. 8 RVG legt fest, dass die Gebühren nur einmal anfallen.

10 § 16 Nr. 9 RVG bestimmt, dass das Verf. vor dem Schiedsgericht über die **Zulassung der Vollziehung** einer vorläufigen oder sichernden Maßnahme und das Verf. über einen Antrag auf Aufhebung oder Änderung einer Entscheidung über die Zulassung der Vollziehung dieselbe Angelegenheit sind. Die Vorschrift entspricht § 46 Abs. 3 S. 2 BRAGO. Damit verdient der RA die Gebühr für beide Verf. nur einmal.

11 § 16 Nr. 10 RVG entspricht § 46 Abs. 4 BRAGO. Danach erhält der RA im **schiedsrichterlichen Verfahren** eine Vergütung für die Tätigkeit in gerichtl. Verf. bei der Bestellung eines (Ersatz) Schiedsrichters, über dessen Ablehnung oder über die Beendigung eines Schiedsrichteramtes, zur Unterstützung bei der Beweisaufnahme oder bei der Vornahme sonstiger richterlicher Handlungen nur dann, wenn seine Tätigkeit auf diese Verf. beschränkt ist. In diesem Fall verdient er eine 0,75 Verfahrensgeb. nach Nr. 3327 VV RVG (vgl. iE Nr. 3327 VV RVG Anm. 1). Ordnet das Gericht eine mündl. Verhandlung an, verdient der RA zusätzl. eine 0,5 Terminsgeb. (Nr. 3332 VV RVG Anm. 2). Nach § 16 Nr. 10 RVG sind das schiedsrichterliche Verf. und das gerichtl. Verf. in den genannten Fällen dieselbe Angelegenheit, so dass die Gebühren nur einmal entstehen. Ist der Anwalt als Prozessbev. im schiedsrichterlichen Verf. tätig, entstehen die Gebühren nach Nr. 10 nicht (Mayer/Kroiß Rn. 32 zu § 16 RVG).

12 In Verf. vor den **Gerichten für Arbeitssachen** verdient der RA nach Nr. 3326 VV RVG eine 0,75 Verfahrensgeb., wenn sich die Tätigkeit auf eine gerichtl. Entscheidung über die Bestimmung einer Frist (§ 102 Abs. 3 ArbGG), die Ablehnung eines Schiedsrichters (§ 103 Abs. 3 ArbGG) oder die Vornahme einer Beweisaufnahme oder einer Vereidigung (§ 106 Abs. 2 ArbGG) beschränkt (Nr. 3326 VV RVG Anm. 1). § 16 Nr. 11 RVG legt fest, dass das Verf. vor dem Schiedsgericht und die genannten Einzeltätigkeiten dieselbe Angelegenheit sind. Die Vorschrift entspricht § 62 Abs. 3 BRAGO.

13 Nach Nr. 3500 VV RVG verdient der RA im Verf. über Erinnerungen und sofortigen Beschwerden im **Kostenfestsetzungsverfahren sowie im Verfahren gegen den Kostenansatz** eine 0,5 Verfahrensgeb. (vgl. iE Nr. 3500 VV RVG). Insoweit regelte bisher § 61 Abs. 1 Nr. 2 BRAGO, dass der RA in Verf. über die Erinnerung gg. die Kostenfestsetzung und gg. den Kostenansatz die Gebühren nur einmal erhielt. § 16 Nr. 12 RVG übernimmt diese Vorschrift und weitet sie auf Beschwerden in den genannten Verf. aus. Dieselbe Angelegenheit sind damit mehrere Verf. über die Beschwerde bzw. Erinnerung gg. die Kostenfestsetzung einerseits sowie den Kostenansatz andererseits, soweit diese im selben Rechtszug erfolgen. Auch Tätigkeiten in verschiedenen Verf. über Erinnerungen gg. mehrere Kostenansätze der Gerichtskasse bilden eine Angelegenheit (Mayer/Kroiß Rn. 42 zu § 16 RVG). Nach § 22 Abs. 1 RVG werden allerdings die Werte zusammengerechnet (§ 22 RVG Anm. 2). § 16 Nr. 12 VV RVG regelt eine Ausnahme im Hinblick auf § 18 Nr. 5 VV RVG, wonach grds. jedes Beschwerde- und Erinnerungsverfahren eine bes. Angelegenheit bildet. Beispiele für den Anwendungsbereich von § 16 Nr. 12 RVG finden sich bei Bischof/Jungbauer Rn. 28 zu § 16 RVG).

14 Nach § 16 Nr. 13 RVG (bisher § 14 Abs. 2 BRAGO) sind das **Rechtsmittelverfahren** und das **Verfahren über die Zulassung des Rechtsmittels** dieselbe Angelegenheit. Ob das Rechtsmittel zugelassen wird oder nicht, ist dabei ohne Bedeutung. Entscheidet über die Zulassung des Rechtsmittels das Gericht, dessen Entscheidung durch das Rechtsmittel angefochten werden soll, wird das Verf. bis zur Entscheidung über die Zulassung des Rechtsmittels durch die allgemeinen Gebühren abgegolten. Lässt das Gericht das Rechtsmittel nicht zu, ist das Verf. über die Nichtzulassungsbeschwerde nach § 16 Nr. 13 Hs. 2 RVG eine bes. Angelegenheit, in welcher der Anwalt die Gebühren neu verdient (Nr. 3504ff. VV RVG).

15 § 16 Nr. 14 RVG übernimmt die Regelung des § 94 Abs. 2 BRAGO, wonach sich durch die Widerklage die Gebühren des RA als Beistand oder Vertreter des **Privatklägers** und des **Widerbeklagten** sowie des Verteidigers des Angeklagten auch dann nicht erhöhen, wenn der Privatkläger nicht der Verletzte ist. Damit sind sowohl das Verf. über die Privatklage als auch das Verf. über die Widerklage dieselbe Angelegenheit. Dies gilt für § 16 Nr. 14 Hs. 2 RVG auch im Falle des § 388 Abs. 2 StPO. Verteidigt der RA mithin nicht nur den Privatkläger, sondern auch den Verletzten, der mit dem Privatkläger nicht identisch ist, gg. eine Widerklage des Beschuldigten, liegt ebenfalls dieselbe Angelegenheit vor. Da der RA in diesem Fall indes zwei Personen vertritt, erhöhen sich der Mindest- und Höchstbetrag der Verfahrensgeb. nach § 1008 VV RVG um 30% (Mayer/Kroiß Rn. 31 zu § 16 RVG).

§ 17 Verschiedene Angelegenheiten
Verschiedene Angelegenheiten sind
1. jeweils das Verwaltungsverfahren, das einem gerichtlichen Verfahren vorausgehende und der Nachprüfung des Verwaltungsakts dienende weitere Verwaltungsverfahren (Vorverfahren, Einspruchsverfahren, Beschwerdeverfahren, Abhilfeverfahren), das Verwaltungsverfahren auf Aussetzung oder Anordnung der sofortigen Vollziehung sowie über einstweilige Maßnahmen zur Sicherung der Rechte Dritter und ein gerichtliches Verfahren,
2. das Mahnverfahren und das streitige Verfahren,
3. das vereinfachte Verfahren über den Unterhalt Minderjähriger und das streitige Verfahren,
4. das Verfahren in der Hauptsache und ein Verfahren über einen Antrag auf
    a) Anordnung eines Arrests,
    b) Erlass einer einstweiligen Verfügung, einer einstweiligen Anordnung oder einer vorläufigen Anordnung in Verfahren der freiwilligen Gerichtsbarkeit,
    c) Anordnung oder Wiederherstellung der aufschiebenden Wirkung, auf Aufhebung der Vollziehung oder Anordnung der sofortigen Vollziehung eines Verwaltungsakts sowie
    d) Abänderung oder Aufhebung einer in einem Verfahren nach den Buchstaben a bis c ergangenen Entscheidung,
5. der Urkunden- oder Wechselprozess und das ordentliche Verfahren, das nach Abstandnahme vom Urkunden- oder Wechselprozess oder nach einem Vorbehaltsurteil anhängig bleibt (§§ 596, 600 der Zivilprozessordnung),
6. das Schiedsverfahren und das Verfahren über die Zulassung der Vollziehung einer vorläufigen oder sichernden Maßnahme sowie das Verfahren über einen Antrag auf Aufhebung oder Änderung einer Entscheidung über die Zulassung der Vollziehung (§ 1041 der Zivilprozessordnung),
7. das gerichtliche Verfahren und ein vorausgegangenes
    a) Güteverfahren vor einer durch die Landesjustizverwaltung eingerichteten oder anerkannten Gütestelle (§ 794 Abs. 1 Nr. 1 der Zivilprozessordnung) oder, wenn die Parteien den Einigungsversuch einvernehmlich unternehmen, vor einer Gütestelle, die Streitbeilegung betreibt (§ 15a Abs. 3 des Einführungsgesetzes zur Zivilprozessordnung),
    b) Verfahren vor einem Ausschuss der in § 111 Abs. 2 des Arbeitsgerichtsgesetzes bezeichneten Art,
    c) Verfahren vor dem Seemannsamt zur vorläufigen Entscheidung von Arbeitssachen und
    d) Verfahren vor sonstigen gesetzlich eingerichteten Einigungsstellen, Gütestellen oder Schiedsstellen,
8. das Vermittlungsverfahren nach § 52a des Gesetzes über die Angelegenheiten der freiwilligen Gerichtsbarkeit und ein sich anschließendes gerichtliches Verfahren,
9. das Verfahren über ein Rechtsmittel und das Verfahren über die Beschwerde gegen die Nichtzulassung des Rechtsmittels,
10. das strafrechtliche Ermittlungsverfahren und ein nach dessen Einstellung sich anschließendes Bußgeldverfahren,
11. das Strafverfahren und das Verfahren über die im Urteil vorbehaltene Sicherungsverwahrung und
12. das Wiederaufnahmeverfahren und das wiederaufgenommene Verfahren, wenn sich die Gebühren nach Teil 4 oder 5 des Vergütungsverzeichnisses richten.

Übersicht

1 Allgemeines. § 17 RVG ist das Gegenstück zu § 16 RVG. Während dort festgelegt wurde, welche Verf. jew. dieselbe Angelegenheit sind, regelt § 17 RVG, welche Vorgänge jew. verschiedene Angelegenheiten sind und damit die Gebühren des RA gesondert entstehen lassen. Eine dieser Bestimmung vergleichbare Vorschrift fand sich ☐ was auch für § 16 RVG gilt ☐ bisher in der BRAGO nicht. Diese enthielt vielmehr an verschiedenen Stellen Einzelregelungen, die mit § 17 RVG übereinstimmen. Die neue Bestimmung zählt nunmehr die Fälle abschließend auf, bei denen es ohne diese Vorschrift zumindest zweifelhaft wäre, ob sie verschiedene Angelegenheiten darstellen. So verdient der Anwalt in den nachfolgend genannten Fällen, die bislang str. bzw. nicht geklärt waren, jew. gesonderte Gebühren. Vertritt er mehrere AG, erhöht sich die Verfahrens- bzw. Geschäftsgebühr um 0,3 pro AG bis zu einer Maximalerhöhung von 2,0 (Nr. 1008 VV RVG Anm. 10).

2 Im Gegensatz zu § 119 Abs. 1 und 3 BRAGO bestimmt § 17 Nr. 1 RVG, dass die in dieser Bestimmung genannten **Verwaltungsverfahren** und Verf. auf Aussetzung oder Anordnung der sofortigen Vollziehung und das **gerichtliche Verfahren** jew. verschiedene Angelegenheiten sind. Der Gesetzgeber sah sich zu dieser Neuregelung veranlasst, da die alte Regelung der oft komplexen Tätigkeit des RA in diesen Verf. nicht gerecht wurde, ist doch der im Verwaltungsverfahren und im Widerspruchsverfahren anfallende Arbeitsaufwand idR erheblich. So werden uU eine Ortsbesichtigung bzw. Besprechungen sowohl mit der Ausgangs- als auch der Widerspruchsbehörde erforderlich. Diese regelmäßig arbeitsintensive Tätigkeit des RA rechtfertigt es nicht, das Verwaltungsverfahren und das einer abl. Entscheidung folgende Widerspruchsverfahren gebührenrechtlich wie bisher als eine Angelegenheit zu betrachten. Es ist § 16 Nr. 1 RVG zu beachten. Verweist das VG die Angelegenheit an die Verwaltungsbehörde zurück, ist str., ob es sich um dieselbe Angelegenheit handelt (vgl. Riedel/Sußbauer § 15 BRAGO Rn. 10 mwN). Richtiger Ansicht nach wird man es vertreten müssen, dass in diesem Fall das neue Verwaltungsverfahren gebührenrechtlich eine neue Angelegenheit darstellt (so auch Hartung/Römermann Rn. 9 zu § 17). Wird das Verf. an ein untergeordnetes Gericht zurückverwiesen, gilt nunmehr § 21 RVG. Die Geschäftsgebühr für das vorgerichtliche Verf. wird zur Hälfte, höchstens jedoch mit einem Gebührensatz v. 0,75 auf die Verfahrensgeb. des gerichtl. Verf. angerechnet (Vorbem. 3 VV RVG Anm. 16). Für die Höhe der Gebühren ist nach § 2 Abs. 1 RVG der Gegenstandswert maßgebend.

3 Nach § 17 Nr. 2 RVG sind das **Mahnverfahren** und das **streitige Verfahren** jew. verschiedene Angelegenheiten. Eine entspr. Vorschrift war bisher in der BRAGO nicht enthalten. Lediglich aus der Anrechnungsvorschrift des § 43 Abs. 2 BRAGO ergab sich, dass es sich jew. um verschiedene Angelegenheiten handelt. Da die §§ 17, 18 RVG als abschließende Aufzählungen ausgestaltet sind, war nach Ansicht des Gesetzgebers eine ausdrückliche Bestimmung für das Mahnverfahren erforderlich. Im Mahnverfahren verdient der RA für die Vertretung des Antragstellers eine 1,0 Verfahrensgeb. nach Nr. 3305 VV RVG, die allerdings nach der Anm. zu dieser Vorschrift auf die Verfahrensgeb. für den nachfolgenden Rechtsstreit angerechnet wird (Nr. 3305 VV RVG Anm. 3). Eine vergleichbare Regelung findet sich in Nr. 3307 VV RVG für die Vertretung des Antragsgegners im Mahnverfahren, wofür der RA eine 0,5 Verfahrensgeb. verdient (Nr. 3307 VV RVG Anm. 2). Eine Anrechnung der Gebühren scheidet allerdings aus, wenn das streitige Verf. zwei Jahre nach dem Mahnverfahren betrieben wird (Gebauer/Schneider Rn. 94 mwN zu § 17 RVG). Da das Mahnverfahren und das str. Verf. damit kraft ausdrücklicher Regelung zwei verschiedene Angelegenheiten sind, fällt auch die Auslagenpauschale nach Nr. 7002 VV RVG doppelt an (AG Köln AGS 2004, 667). Fraglich ist allerdings, ob entspr. der Anrechnungsvorschrift der Nr. 3305 VV RVG auch die Auslagenpauschale anzurechnen ist (Mayer/Kroiß Rn. 12 zu § 17 RVG). Dies ist abzulehnen (ebenso Bischof/Jungbauer Rn. 15 zu § 17 RVG; Gebauer/Schneider Rn. 93 zu § 17 RVG).

4 § 17 Nr. 3 RVG regelt, dass das **vereinfachte Verfahren über den Unterhalt Minderjähriger** und das **streitige Verfahren** verschiedene Angelegenheiten sind. Dies ergab sich bisher aus der Anrechnungsvorschrift des § 44 Abs. 2 BRAGO. Allerdings sieht Nr. 3100 Abs. 1 VV RVG vor, dass die Verfahrensgebühren für diese beiden Verf. aufeinander angerechnet werden (Nr. 3100 VV RVG Anm. 4).

5 Nach § 17 Nr. 4 RVG sind das Verf. in der **Hauptsache** sowie die näher genannten **vorläufigen Verfahren** jew. verschiedene Angelegenheiten. Dies gilt selbst dann, wenn das vorläufige Verf. parallel zum Hauptsacheverfahren betrieben wird (Kroiß RVG-Letter 2005, 18). In Erweiterung der bisherigen Regelung im BRAGO (§§ 40 Abs. 1, 114 Abs. 6 S. 1 iVm § 40 Abs. 1 BRAGO) bilden nunmehr auch einstweilige sowie vorläufige Anordnungen in **FGG-Verfahren** verschiedene Angelegenheiten (§ 17 Nr. 4b RVG). Nach dem Willen des Gesetzgebers gilt die Vorschrift indes nicht für vorläufige Anordnungen in Verf. nach der StPO. Grund für die Gesetzesnovelle ist die Tatsache, dass FGG-Verf. nunmehr Wertgeb. entstehen, welche den Mehraufwand des RA für einstweilige und vorläufige Anordnungen im FGG-Verf. im Gegensatz zu den bisherigen Rahmengebühren nicht berücksichtigen können. Aus diesem Grunde ist die gebührenmäßige Verselbstständigung der vorläufigen Anordnung nach Ansicht des Gesetzgebers gerechtfertigt. § 17 Nr. 4 RVG ist in Zusammenhang mit § 16 Nr. 6 RVG zu sehen. Dieser bestimmt, dass ein Verf. auf Abänderung oder Aufhebung des Arrestes oder der einstweiligen Verfügung zusammen mit dem Verf. auf Anordnung des Arrestes oder der einstweiligen Verfügung dieselbe Angelegenheit darstellt (§ 16 RVG Anm. 7). Arrest- und einstweilige Verfügungssachen sind bürgerliche Rechtsstreitigkeiten, in denen der RA die Gebühren nach Teil 3 VV RVG verdient. Die Gebühren entstehen allerdings nicht aus dem Wert der Hauptsache, sondern nur aus einem Bruchteil dieses Wertes. Wenn sich dieser nicht nach den für die Gerichtsgebühren geltenden Wertvorschriften richtet, weil die KostO für die einstweilige oder vorläufige Anordnung keine Gebühr vorsieht, ist dieser nach § 23 Abs. 3 S. 2 RVG nach billigem Ermessen zu bestimmen. Da das Verf. in der Hauptsache sowie das vorläufige Verf. verschiedene Angelegenheiten sind, kann der RA für jedes Verf. eine Auslagenpauschale nach Nr. 7002 VV RVG verlangen (Kroiß RVG-Letter 2005, 19).

6 § 17 Nr. 5 RVG legt fest, dass der **Urkunden- oder Wechselprozess** und das **ordentliche Verfahren**, das nach Abstandsnahme v. Urkunden- oder Wechselprozess oder nach einem Vorbehaltsurteil anhängig bleibt (§§ 596, 600 ZPO), verschiedene Angelegenheiten sind (bisher § 39 S. 1 BRAGO). Nach Nr. 3100 Abs. 2 VV RVG werden allerdings die jew. Verfahrensgebühren aufeinander angerechnet (Nr. 3100 VV RVG Anm. 6). Diese Regelung fand sich bisher in § 39 S. 2 ZPO. § 17 Nr. 5 RVG gilt auch für den **Scheckprozess** (Baumbach/Lauterbach Rn. 1 zu § 39 ZPO).

7 § 17 Nr. 6 RVG bestimmt, dass das **Schiedsverfahren** und das Verf. über die **Zulassung der Vollziehung** einer v. Schiedsgericht angeordneten vorläufigen oder sichernden Maßnahme oder über einen Antrag auf Aufhebung oder Änderung einer solchen Zulassungsentscheidung (§ 1041 ZPO) verschiedene Angelegenheiten sind. § 17 Nr. 6 RVG ist in Zusammenhang mit § 16 Nr. 9 RVG zu sehen (vgl. § 16 RVG Anm. 10). Die Gebühren für das schiedsrichterliche Verf. und das Verf. vor dem Schiedsgericht bestimmen sich nach § 36 RVG. Bei Maßnahmen des einstweiligen Rechtsschutzes im Schiedsgerichtsverfahren entstehen die Gebühren nach Nrn. 3309, 3310 VV RVG (Gebauer/Schneider § 17 RVG Rn. 200).

8 Nach § 17 Nr. 7 RVG sollen die verschiedenen in Nr. 7a-7d genannten **Güte- und Schlichtungsverfahren** sowie die nachfolgenden **gerichtlichen Verfahren** verschiedene Angelegenheiten bilden. Die Vorschrift entspricht § 65 BRAGO. In diesen Verf. verdient der RA nach Nr. 2403 VV RVG eine 1,5 Geschäftsgebühr. Sie wird grds. zur Hälfte, höchstens mit einem Gebührensatz v. 0,75 auf die Verfahrensgeb. des nachfolgenden Rechtsstreits angerechnet (Nr. 2403 VV RVG). Dies gilt auch für die obligatorischen Güteverfahren nach § 15a ZPO, für welche § 65 Abs. 1 S. 2 BRAGO bisher eine vollständige Anrechnung vorsah.

9 Im Gegensatz zu der bisherigen Regelung in der BRAGO legt § 17 Nr. 8 RVG fest, dass das **Vermittlungsverfahren** nach § 52a FGG und ein sich anschließendes **gerichtliches Verfahren** verschiedene Angelegenheiten sind. In FGG-Verf. entstehen nunmehr die Gebühren des Teil 3 VV RVG. Die Verfahrensgebühr des Vermittlungsverfahrens wird auf die des nachfolgenden Verf. angerechnet (Nr. 3100 Abs. 3 VV RVG Anm. 8).

10 Entsprechend der Regelung in § 14 Abs. 2 S. 1 BRAGO sind das Verf. über ein **Rechtsmittel** und das Verf. über die **Beschwerde gegen die Nichtzulassung der Beschwerde** verschiedene Angelegenheiten. Damit liegen stets drei gebührenrechtliche Angelegenheiten vor: das Ausgangsverfahren, die Nichtzulassungsbeschwerde und ☐ sofern diese erfolgreich ist ☐ das Rechtsmittelverfahren. Hingegen sind das Rechtsmittelverfahren und das Verf. über die Zulassung des Rechtsmittels dieselbe Angelegenheit (§ 16 RVG Anm. 14). Mit der Vorschrift des § 17 Nr. 9 RVG soll der zusätzl. Arbeitsaufwand des RA für das Beschwerdeverfahren honoriert werden.

11 Bisher war str., ob das **strafrechtliche Ermittlungsverfahren** und ein nach dessen Einstellung sich anschließendes **Bußgeldverfahren** verschiedene Angelegenheiten sind (zum Streitstand Gerold/Schmidt Rn. 26 zu § 17 RVG). Diese Frage wollte der Gesetzgeber mit § 17 Nr. 10 RVG abschließend dahingehend klären, dass es sich bei beiden Verf. um verschiedene Angelegenheiten handelt. Allerdings entsteht im Bußgeldverfahren die Grundgebühr nicht mehr bes. (Nr. 5100 Abs. 2 VV RVG).

12 Entsprechend der Regelung in § 87 S. 3 BRAGO legt § 17 Nr. 11 RVG fest, dass das **Strafverfahren** und das Verf. über die **im Urteil vorbehaltene Sicherungsverwahrung** verschiedene Angelegenheiten sind. Die Gebühren in Strafsachen bestimmen sich nach Teil 4 VV RVG.

13 Nach § 17 Nr. 12 RVG bilden das **Wiederaufnahmeverfahren** und das **wieder aufgenommene, neue Strafverfahren** verschiedene Angelegenheiten. Diese Regelung entspricht der allgemeinen Rechtsauffassung zu § 90 BRAGO (Gerold/Schmidt Rn. 31 zu § 17 RVG). Die BRAGO enthielt keine vergleichbare Vorschrift, weshalb Nr. 12 der Klarstellung dient.

§ 18 Besondere Angelegenheiten

Besondere Angelegenheiten sind

1. **jedes Verfahren über eine einstweilige Anordnung nach**
   a) **§ 127a der Zivilprozessordnung,**
   b) **den §§ 620, 620b Abs. 1, 2 der Zivilprozessordnung, auch in Verbindung mit § 661 Abs. 2 der Zivilprozessordnung,**
   c) **§ 621f der Zivilprozessordnung, auch in Verbindung mit § 661 Abs. 2 der Zivilprozessordnung,**
   d) **§ 621g der Zivilprozessordnung, auch in Verbindung mit § 661 Abs. 2 der Zivilprozessordnung,**

d)   § 621g der Zivilprozessordnung, auch in Verbindung mit § 661 Abs. 2 der Zivilprozessordnung,

e)   § 641d der Zivilprozessordnung,

f)   § 644 der Zivilprozessordnung, auch in Verbindung mit § 661 Abs. 2 der Zivilprozessordnung,

g)   § 64b Abs. 3 des Gesetzes über die Angelegenheiten der freiwilligen Gerichtsbarkeit;

mehrere Verfahren, die unter demselben Buchstaben genannt sind, sind jedoch eine Angelegenheit; die Gegenstandswerte sind zusammenzurechnen; dies gilt auch dann, wenn die mehreren Verfahren denselben Gegenstand betreffen;

2.   nicht in Nummer 1 genannte Verfahren über eine einstweilige oder vorläufige Anordnung in Verfahren der freiwilligen Gerichtsbarkeit; mehrere Anordnungen in derselben Hauptsache sind eine Angelegenheit; die Gegenstandswerte sind zusammenzurechnen; dies gilt auch dann, wenn die mehreren Verfahren denselben Gegenstand betreffen;

3.   jede Vollstreckungsmaßnahme zusammen mit den durch diese vorbereiteten weiteren Vollstreckungshandlungen bis zur Befriedigung des Gläubigers; dies gilt entsprechend im Verwaltungszwangsverfahren (Verwaltungsvollstreckungsverfahren) und für jede Maßnahme nach § 33 des Gesetzes über die Angelegenheiten der freiwilligen Gerichtsbarkeit;

4.   jede Vollziehungsmaßnahme bei der Vollziehung eines Arrests oder einer einstweiligen Verfügung (§§ 928 bis 934 und 936 der Zivilprozessordnung), die sich nicht auf die Zustellung beschränkt;

5.   jedes Beschwerdeverfahren und jedes Verfahren über eine Erinnerung gegen eine Entscheidung des Rechtspflegers in Angelegenheiten, in denen sich die Gebühren nach Teil 3 des Vergütungsverzeichnisses richten, soweit sich aus § 16 Nr. 12 nichts anderes ergibt;

6.   das Verfahren über Einwendungen gegen die Erteilung der Vollstreckungsklausel, auf das § 732 der Zivilprozessordnung anzuwenden ist;

7.   das Verfahren auf Erteilung einer weiteren vollstreckbaren Ausfertigung;

8.   jedes Verfahren über Anträge nach den §§ 765a, 813b, 851a oder § 851b der Zivilprozessordnung und jedes Verfahren über Anträge auf Änderung der getroffenen Anordnungen;

9.   das Verfahren auf Zulassung der Austauschpfändung (§ 811a der Zivilprozessordnung);

10. das Verfahren über einen Antrag nach § 825 der Zivilprozessordnung;

11. die Ausführung der Zwangsvollstreckung in ein gepfändetes Vermögensrecht durch Verwaltung (§ 857 Abs. 4 der Zivilprozessordnung);

12. das Verteilungsverfahren (§ 858 Abs. 5, §§ 872 bis 877, 882 der Zivilprozessordnung);

13. das Verfahren auf Eintragung einer Zwangshypothek (§§ 867, 870a der Zivilprozessordnung);

14. die Vollstreckung der Entscheidung, durch die der Schuldner zur Vorauszahlung der Kosten, die durch die Vornahme einer Handlung entstehen, verurteilt wird (§ 887 Abs. 2 der Zivilprozessordnung);

15. das Verfahren zur Ausführung der Zwangsvollstreckung auf Vornahme einer Handlung durch Zwangsmittel (§ 888 der Zivilprozessordnung), das Verfahren zur Ausführung einer Verfügung des Gerichts auf Vornahme, Unterlassung oder Duldung einer Handlung durch Zwangsmittel und einer besonderen Verfügung des Gerichts zur Anwendung von Gewalt (§ 33 des Gesetzes über die Angelegenheiten der freiwilligen Gerichtsbarkeit);

16. jede Verurteilung zu einem Ordnungsgeld gemäß § 890 Abs. 1 der Zivilprozessordnung;

17. die Verurteilung zur Bestellung einer Sicherheit im Falle des § 890 Abs. 3 der Zivilprozessordnung;

18. das Verfahren zur Abnahme der eidesstattlichen Versicherung (§§ 900 und 901 der Zivilprozessordnung, § 33 Abs. 2 Satz 5 und 6 des Gesetzes über die Angelegenheiten der freiwilligen Gerichtsbarkeit);

19. das Verfahren auf Löschung der Eintragung im Schuldnerverzeichnis (§ 915a der Zivilprozessordnung);

20. das Ausüben der Veröffentlichungsbefugnis;

21. das Verfahren über Anträge auf Zulassung der Zwangsvollsteckung nach § 17 Abs. 4 der Schifffahrtsrechtlichen Verteilungsordnung und

22. das Verfahren über Anträge auf Aufhebung von Vollstreckungsmaßregeln (§ 8 Abs. 5 und § 41 der Schifffahrtsrechtlichen Verteilungsordnung).

Übersicht

1 Allgemeines. § 18 RVG zählt solche Tätigkeiten des RA abschließend auf, die grds. selbstst. Angelegenheiten bilden, gleichgültig mit welchen anderen anwaltl. Tätigkeiten sie in einem Zusammenhang stehen. In der BRAGO fand sich bislang keine vergleichbare Vorschrift. Entsprechende Regelungen waren vielmehr an verschiedenen Stellen vorhanden. Neu ist, dass der Einspruch gg. ein VU künftig keine bes. Angelegenheit mehr ist (vgl. aber § 38 Abs. 1 BRAGO). Hingegen bildet künftig das selbstst. Beweisverfahren eine eigene Angelegenheit (Vorbem. 3 VV RVG Anm. 18).

2 Die in § 18 Nr. 1 RVG genannten Verf. über **einstweilige Anordnungen in Familiensachen** sind nach § 17 Nr. 4 RVG ggü. der Hauptsache eine eigene Angelegenheit (§ 17 RVG Anm. 5), untereinander indes nach Nr. 1 bes. Angelegenheiten (vgl. § 41 Abs. 1 BRAGO). Neu ist § 18 Nr. 1 Hs. 2 RVG, wonach in derselben Angelegenheit die Werte mehrerer Gegenstände zusammengerechnet werden, und zwar auch dann, wenn die mehreren Verf. denselben Gegenstand betreffen. Dies ist eine Sonderregelung ggü. § 22 Abs. 1 RVG und neu ggü. der Regelung im bisherigen § 41 Abs. 1 S. 2 BRAGO, wonach der RA in mehreren Verf., die denselben Gegenstand betreffen, nicht mehr an Gebühren als in einem einzigen Verf. erhielt. Mit dieser Regelung möchte der Gesetzgeber dem zusätzl. Arbeitsaufwand des RA für die weiteren Verf. Rechnung tragen. Die Gebühren in Verf. über einstweilige Anordnungen berechnen sich nach Teil 3 VV RVG, so dass der RA jew. eine 1,3 Verf.- und eine 1,2 Terminsgeb., im Falle einer Einigung zudem eine 1,0 Einigungsgebühr verdienen kann.

3 § 18 Nr. 2 RVG erfasst alle nicht in § 18 Nr. 1 RVG erfassten Verf. über **einstweilige oder vorläufige Anordnungen in FGG-Verfahren.** Auch für diese gilt die Regelung in Nr. 1, da kein sachlicher Grund besteht, diese Verf. anders zu behandeln als die in § 64b FGG ausdrücklich geregelten einstweiligen Anordnungen (vgl. iE § 18 RVG Anm. 2). Die BRAGO enthielt keine vergleichbare Vorschrift.

4 Nach § 18 Nr. 3 RVG ist jede **Vollstreckungsmaßnahme** zusammen mit den durch diese vorbereiteten weiteren Vollstreckungshandlungen bis zur Befriedigung des Gläubigers eine bes. Angelegenheit. Diese Regelung entspricht § 58 Abs. 1 BRAGO. Gleiches gilt für das Verwaltungsvollstreckungsverfahren (bisher § 58 Abs. 1 iVm § 114 BRAGO). Auch jede Maßnahme nach § 33 FGG ist eine bes. Angelegenheit. In § 58 Abs. 3 BRAGO war festgelegt, welche Vollstreckungsmaßnahmen jew. bes. Angelegenheiten waren. Diese Regelungen finden sich im Wesentlichen in § 18 Nr. 6-20 RVG wieder. Hingegen wurde in § 58 Abs. 2 BRAGO geregelt, welche Vollstreckungshandlungen keine bes. Angelegenheiten sind. Diese negative Abgrenzung findet sich nunmehr zB in § 19 Abs. 1 Nr. 1, 11, 12, 15 sowie in Abs. 2 RVG. Für Zwangsvollstreckungsmaßnahmen verdient der RA eine 0,3 Verfahrensgeb. nach Nr. 3309 VV RVG sowie ggf. eine 0,3 Terminsgeb. nach Nr. 3310 VV RVG (vgl. iE Nr. 3309 VV RVG Anm. 1). Zusätzlich entstehen in den Verf. nach § 18 Nr. 6-20 RVG gesonderte Gebühren, da es sich jew. um bes. Angelegenheiten der Zwangsvollstreckung handelt. Es ist allerdings dahingehend zu unterscheiden, ob der Anwalt bereits im Erkenntnisverfahren tätig war oder nicht. Wird er nach Erwirkung eines Vollstreckungstitels mit der Einleitung der Zwangsvollstreckung beauftragt, beginnt diese nach Auftragserteilung mit Tätigkeiten, welche die Zwangsvollstreckung vorbereiten wie zB die erstmalige Erteilung einer Vollstreckungsklausel (§ 19 Abs. 1 Nr. 12 RVG) bzw. die Erteilung des Notfrist- oder Rechtskraftzeugnisses (§ 19 Abs. 1 Nr. 9 RVG). War der Anwalt bereits im Erkenntnisverfahren tätig, entstehen keine gesonderten Gebühren. Diese Tätigkeiten sind vielmehr durch die Gebühren des Erkenntnisverfahrens abgegolten (§ 19 Abs. 1 S. 1 RVG; hierzu Volpert RVGreport 2005, 127).

5 Unter "**Vollstreckungsmaßnahme**" iSd § 18 Nr. 3 RVG versteht man die konkrete Vollstreckungsart, welche der RA für den Gläubiger ergreift, zB die Pfändung einer Geldforderung. Demgegenüber sind "**Vollstreckungshandlungen**" alle Einzeltätigkeiten, welche aufgrund der gewählten Vollstreckungsmaßnahme bis zur Befriedigung des Gläubigers zu erfolgen haben (Riedel/Sußbauer Rn. 4 zu § 58 BRAGO). Bei dem gewählten Beispiel der Pfändung einer Geldforderung sind zB der Antrag auf Überweisung an Zahlungs statt oder zur Einziehung, die Aufforderung an den Drittschuldner zur Erklärung nach § 840 ZPO und die Pfändungsankündigung gem. § 845 ZPO einzelne Vollstreckungshandlungen (Mümmler JurBüro 1987, 1328). Alle diese Vollstreckungshandlungen gehören zur Vollstreckungsmaßnahme und lassen die Gebühr des RA nur einmal entstehen. Beantragt der RA die Pfändung mehrerer Forderungen desselben Schuldners gg. einen oder mehrere Drittschuldner in einem einheitlichen Antrag, liegt nur eine Angelegenheit vor (KG AnwBl 1974, 187; OLG Köln Rpfleger 2001, 149). War die erste Vollstreckungsmaßnahme erfolglos und ergreift der RA eine weitere, liegt gebührenrechtlich nach § 18 Nr. 3 RVG eine bes. Angelegenheit auch dann vor, wenn es sich um eine gleichartige Vollstreckungsmaßnahme handelt (Gerold/Schmidt Rn. 45 zu Nr.

3309 VV RVG). Wird eine Erinnerung wiederholt eingelegt, hat sie aber eine einheitliche Vollstreckungsmaßnahme zum Gegenstand, entsteht die Gebühr nur einmal (BGH RVG-Letter 2004, 131f.).
Auch eine Anfrage beim Einwohnermeldeamt zwecks Ermittlung des Aufenthalts des Schuldners wird
von der Verfahrensgebühr der Nr. 3309 VV RVG erfasst und lässt keine weitere Gebühr entstehen
(BGH RVGreport 2004, 108). Ist der Schuldner verzogen und wird die Zwangsvollstreckung nach
Ermittlung des neuen Aufenthaltes fortgesetzt, liegt ebenfalls nur eine einheitliche Vollstreckungsmaßnahme vor (BGH RVGreport 2004, 34). Wechselt der Anwalt indes die Art der Vollstreckung,
liegen zwei verschiedene gebührenrechtliche Angelegenheiten vor (Volpert RVGreport 2005, 130).

6 Nach § 18 Nr. 4 RVG ist jede **Vollziehungsmaßnahme bei der Vollziehung eines Arrestes oder
einer einstweiligen Verfügung** eine bes. Angelegenheit (bisher § 59 Abs. 1 iVm § 58 Abs. 1
BRAGO). Dies gilt nicht, wenn sich die Tätigkeit des RA auf die Zustellung beschränkt, da diese nach
§ 19 Abs. 1 Nr. 15 RVG zum Rechtszug gehört. Als bes. Vollziehungsmaßnahmen kommen zB in
Betracht die Eintragung einer Vormerkung, eines Widerspruchs, einer Sicherungshypothek oder
einer Verfügungsbeschränkung in das Grundbuch. Keine Vollzugsgebühr entsteht nach hM für
Anträge auf Eintragung in das HR oder andere öffentliche Register (Riedel/Sußbauer Rn. 7 zu § 59
BRAGO; aA Römermann/Hartung Rn. 32 zu § 18). Für Vollziehungsmaßnahmen nach Nr. 4 verdient
der RA die Gebühren nach Nr. 3309, 3310 VV RVG.

7 Mit § 18 Nr. 5 RVG bestätigt der Gesetzgeber die alte Rechtslage, wonach jedes **Beschwerde-
und Erinnerungsverfahren** gg. eine Entscheidung des Rechtspflegers grds. eine bes. Angelegenheit bildete. Dies gilt nicht für Straf- und Bußgeldsachen sowie für Beschwerde- und Erinnerungsverfahren gg. die Kostenfestsetzung bzw. den Kostenansatz (§ 16 RVG Anm. 13). Diese
Regelung gilt nur für Angelegenheiten, in denen sich die Gebühren nach Teil 3 des VV RVG richten.
In diesen Verf. verdient der RA eine 0,5 Verfahrensgeb. nach Nr. 3500 VV RVG sowie ggf. eine 0,5
Terminsgeb. nach Nr. 3513 VV RVG.

8 Nach Nr. 19 Abs. 1 Nr. 12 RVG gehört die erstmalige Erteilung der Vollstreckungsklausel zum
Rechtszug, soweit deswegen keine Klage erhoben wird. Diese Tätigkeit des RA wird mit der Verfahrensgeb. des Hauptverfahrens abgegolten. Hingegen ist nach § 18 Nr. 6 RVG das Verf. über **Einwendungen gegen die Erteilung der Vollstreckungsklausel**, auf welches § 732 ZPO (zum Verf.
Baumbach/Lauterbach Rn. 1ff. zu § 732 ZPO) anzuwenden ist, eine bes. Angelegenheit (bisher § 58
Abs. 3 Nr. 1 BRAGO). Der Grund für diese Regelung liegt darin, dass dieses Verf. regelmäßig mit
einem höheren Arbeitsaufwand verbunden ist. Der RA verdient die Verfahrensgeb. bereits durch die
auftragsgemäße Prüfung der Einwendungen. Es ist nicht unbedingt erforderlich, dass er eine Stellungnahme abgibt (OLG Koblenz JurBüro 2000, 77).

9 Entsprechend der Regelung in § 58 Abs. 3 Nr. 2 BRAGO legt § 18 Nr. 7 fest, dass das **Verfahren
auf Erteilung einer weiteren vollstreckbaren Ausfertigung** eine bes. Angelegenheit ist. Unerheblich ist, ob der Prozessbev. des Hauptprozesses oder der mit der Zwangsvollstreckung beauftragte
RA den Antrag stellt. Die Vorschrift greift auch dann, wenn der Antrag deshalb gestellt wird, weil die
erste vollstreckbare Ausfertigung weder der Partei noch deren Bevollmächtigten zugegangen ist
(Gerold/Schmidt Rn. 349 zu Nr. 3309 VV RVG). Erhält der RA des Schuldners den Auftrag, den
Antrag des Gläubigers auf Erteilung einer weiteren vollstreckbaren Ausfertigung zu prüfen, verdient
er hierfür ebenfalls eine Verfahrensgeb. nach Nr. 3309 VV RVG (Riedel/Sußbauer Rn. 23 zu § 58
BRAGO).

10 Nach § 18 Nr. 8 RVG (bisher § 58 Abs. 3 Nr. 3 BRAGO) bildet jedes der genannten Verf. des
gerichtlichen Vollstreckungsschutzes gebührenrechtlich eine bes. Angelegenheit. Der RA verdient
gesonderte Gebühren auch dann, wenn er eine oder mehrere der in Nr. 8 aufgeführten Verf. nacheinander
einleitet. Betreiben mehrere Schuldner gemeinsam ein Vollstreckungsschutzverfahren, liegen
verschiedene Angelegenheiten vor, die Anwaltsgebühren entstehen mehrfach (Gerold/Schmidt Rn.
359 zu Nr. 3309 VV RVG). Für Fälle der Gewährung **außergerichtlichen Vollstreckungsschutzes**
□ zB der Aufschub, den ein Gerichtsvollzieher nach § 765a Abs. 2 ZPO gewährt bzw. der durch

diesen zu gewährende Aufschub der Verwertung nach § 813a ZPO ☐ gilt § 18 Nr. 8 RVG nicht (Volpert RVGreport 2005, 131).

11 Entsprechend der Regelung in § 58 Abs. 3 Nr. 4 BRAGO sieht § 18 Nr. 9 RVG vor, dass das **gerichtliche** Verf. nach § 811a ZPO eine bes. Angelegenheit bildet, nicht jedoch die außergerichtliche **Zulassung der Austauschpfändung** durch den Gerichtsvollzieher nach § 811b ZPO (Riedel/Sußbauer Rn. 26 zu § 58 BRAGO). Die Aufzählung in Nr. 8 ist abschließend. Stellt der RA für den Gläubiger nach Ablehnung des ersten Antrags einen neuen Antrag auf Austauschpfändung bzgl. eines anderen Objektes, entstehen die Gebühren hierfür erneut (str.; Nachweise bei Gerold/Schmidt, Rn. 177 zu Nr. 3309 VV RVG).

12 Stellt der RA einen **Antrag auf anderweitige Verwertung** nach § 825 ZPO, liegt nach § 18 Nr. 10 RVG (bisher § 58 Abs. 3 Nr. 4a BRAGO) gebührenrechtlich eine bes. Angelegenheit vor, welche die Gebühr nach Nr. 3309 VV RVG gesondert entstehen lässt. Vertritt der RA einen Gläubiger und beantragt er, einen bei Ehegatten als Gesamtschuldnern gepfändeten Gegenstand anderweitig zu verwerten, verdient er für diesen Antrag die Verfahrensgeb. doppelt (str., vgl. Nachweise bei Gerold/Schmidt Rn. 338 zu Nr. 3309 VV RVG).

13 Nach § 18 Nr. 11 RVG (bisher § 58 Abs. 3 Nr. 5 BRAGO) ist die Ausführung der **Zwangsvollstreckung in ein gepfändetes Vermögensrecht durch Verwaltung nach § 857 Abs. 4 ZPO** eine bes. Angelegenheit. Nach § 857 Abs. 4 S. 2 Hs. 2 ZPO wird die Pfändung durch Übergabe der zu benutzenden Sache an den Verwalter bewirkt. In diesem Fall ist sowohl die Pfändung als auch die Ausführung der Verwaltung eine eigene Angelegenheit (Gerold/Schmidt Rn. 331 zu Nr. 3309 VV RVG).

14 Neu ggü. der Regelung in der BRAGO ist § 18 Nr. 12 RVG. Nach dieser Vorschrift bilden die genannten **Verteilungsverfahren** eine bes. Angelegenheit. Das entspricht inhaltl. der Vorschrift des § 60 BRAGO. Die Aufzählung in Nr. 12 ist abschließend. Für Verteilungsverfahren in der Zwangsverwaltung bzw. in der Zwangsversteigerung gilt Nr. 12 nicht (Hartung/Römermann Rn. 62 zu § 18 RVG).

15 Entsprechend der Regelung in § 58 Abs. 3 Nr. 6 BRAGO legt § 18 Nr. 13 fest, dass das Verf. auf **Eintragung einer Zwangshypothek** nach §§ 867, 870a ZPO ggü. der sonstigen Tätigkeit des RA im Rahmen der Zwangsvollstreckung eine bes. Angelegenheit bildet. Der RA verdient eine gesonderte Verfahrensgeb., welche auch die Beschaffung der Vollstreckungs- und Eintragungsvoraussetzungen (Vollstreckungsklausel, Zustellungsurkunde, Verteilen der Forderung auf mehrere Grundstücke nach § 867 Abs. 2 ZPO) abgilt (Hartung/Römermann Rn. 65 zu § 18 RVG). Nimmt der Anwalt vorbereitende Tätigkeiten vor, die nicht zur Zwangsvollstreckung gehören (zB die Erteilung eines Erbscheins gem. § 792 ZPO, eine Grundbuchberichtigung nach § 14 GBO, die Erteilung eines Zeugnisses nach § 27 Abs. 2 ZVG), verdient er gesonderte Gebühren (Volpert RVGreport 2005, 131f.).

16 Nach § 887 Abs. 2 ZPO kann der Gläubiger beantragen, den Schuldner zur Vorauszahlung der voraussichtlich durch eine Ersatzvornahme nach § 887 Abs. 1 ZPO entstehenden Kosten zu verurteilen. Die Vollstreckung der entspr. Entscheidung ist nach § 18 Nr. 14 RVG (bisher § 58 Abs. 3 Nr. 7 BRAGO) eine bes. Angelegenheit, die mit der Vollstreckung wg. der vorauszuzahlenden Kosten beginnt. Es gelten die allg. Regeln der Vollstreckung. Beantragt der RA zB die Abgabe der eidesstattlichen Versicherung (§ 900 ZPO), entstehen für diese Verf. die Gebühren gesondert (Riedel/Sußbauer Rn. 30 zu § 58 BRAGO). Haften für die Zahlung des Kostenvorschusses zwei Schuldner und wird gg. beide die Zwangsvollstreckung betrieben, erhält der RA die Verfahrensgeb. doppelt (Gerold/Schmidt Rn. 230 zu Nr. 3309 VV RVG). Hingegen bilden das Ermächtigungsverfahren nach § 887 Abs. 1 ZPO und das Verfahren nach § 887 Abs. 2 ZPO dieselbe Angelegenheit (Volpert RVGreport 2005, 131f.).

17 § 18 Nr. 15 RVG erste Alt. (Verf. nach § 888 ZPO) entspricht dem bisherigen § 58 Abs. 3 Nr. 8 BRAGO. Neu in das RVG aufgenommen wurden die bes. gerichtl. Verf. zur Ausführung einer bes. Verfügung des Gerichts auf **Vornahme, Unterlassung oder Duldung einer Handlung durch**

Zwangsmittel sowie zur Anwendung v. Gewalt (§ 33 FGG). Zu dieser Neuregelung sah sich der Gesetzgeber veranlasst, weil in dem Verf. über die bes. Verfügung des Gerichts zur Anwendung v. Gewalt nach § 33 Abs. 2 FGG ähnlich wie in § 888 ZPO ein bes. gerichtl. Verf. stattfindet. Die genannten Verf. bilden jew. eine bes. Angelegenheit und lösen damit die Gebühren des RA gesondert aus. Die Verfahrensgeb. entsteht bereits durch die Aufforderung an den Schuldner zur Vornahme der Handlung unter Androhung eines Antrags auf Festsetzung v. Zwangsmitteln. Kommt es zu mehreren Verurteilungen, liegt lediglich eine bes. Angelegenheit vor (Volpert RVGreport 2005, 132 mwN). Diese umfasst auch das Verf. zur Vollstreckung des Zwangsgeldes bzw. der Zwangshaft (Hartung/Römermann Rn. 74 zu § 18 RVG). Nach Hartmann (Rn. 47 zu § 18 RVG) liegen bei der mehrfachen Festsetzung v. Zwangsmitteln jew. neue Angelegenheiten vor. § 18 Nr. 15 RVG gilt auch für das Verf. auf Abgabe einer eidesstattlichen Vers. nach § 889 ZPO, da sich dieses ebenfalls nach § 888 ZPO richtet (Hartung/Römermann Rn. 77 zu § 18 RVG).

18 Nach § 18 Nr. 16 RVG (bisher § 58 Abs. 3 Nr. 9 BRAGO) ist jede **Verurteilung zu einem Ordnungsgeld** gem. § 890 Abs. 1 ZPO eine bes. Angelegenheit. Dies soll auch für jede Verurteilung zu einer Ordnungshaft gelten (Volpert RVGreport 2005, 133 mwN). Die Angelegenheit beginnt mit dem Antrag auf Festsetzung eines Ordnungsgeldes. Sie umfasst auch die Erwirkung der Androhung nach § 890 Abs. 2 ZPO und endet mit der Verurteilung zur Zahlung eines Ordnungsgeldes (Volpert RVGreport 2005, 133). Handelt der Schuldner nach erfolgter Verurteilung erneut dem Ge- oder Verbot zuwider, kann er ein weiteres Mal verurteilt werden. Der entspr. Antrag des Gläubigers lässt eine neue Vollstreckungsangelegenheit entstehen. Werden mehrere Anträge betr. die Verurteilung des Schuldners zur Zahlung eines Ordnungsgeldes gestellt, über welche das Gericht mit einem einheitlichen Beschl. entscheidet, so ist str., ob eine oder mehrere Vollstreckungsangelegenheiten vorliegen (zum Streitstand Riedel/Sußbauer Rn. 33 zu § 58 BRAGO mwN).

19 Die **Verurteilung zur Bestellung einer Sicherheit** im Falle des § 890 Abs. 3 ZPO stellt nach § 18 Nr. 17 RVG (bisher § 58 Abs. 3 Nr. 10 BRAGO) eine bes. Angelegenheit dar, für welche der RA die Vollstreckungsgebühren gesondert verdient. Die Angelegenheit beginnt mit der Antragstellung und endet mit der Verurteilung. Beantragt der RA die Zwangsvollstreckung zur Bewirkung der Sicherheitsleistung, liegt ein weiteres Vollstreckungsverfahren vor (Riedel/Sußbauer Rn. 33 zu § 58 BRAGO).

20 Nach § 18 Nr. 18 RVG ist das Verf. über die **Abnahme der eidesstattlichen Versicherung** nach §§ 900, 901 ZPO (bisher § 58 Abs. 3 Nr. 1 BRAGO) sowie nach § 33 Abs. 2 S. 5, 6 FGG eine bes. Angelegenheit. Das zuletzt genannte Verf. wurde neu in das RVG aufgenommen, weil die Vorschriften über die Abgrenzung der Angelegenheiten auch für FGG-Verf. unmittelbar gelten. Der RA verdient die Verfahrensgeb. bereits mit dem Antrag auf Erteilung einer Auskunft aus dem Schuldnerverzeichnis nach § 915b ZPO (str., zum Meinungsstand Gerold/Schmidt Rn. 197 zu Nr. 3309 VV RVG). Die bes. Angelegenheit beginnt mit dem Antrag des RA auf Abgabe der eidesstattlichen Vers. Für die Entstehung der Verfahrensgeb. ist es unmaßgeblich, ob es auch tatsächlich zur Abgabe der eidesstattlichen Vers. kommt (Hartung/Römermann Rn. 93 zu § 18 RVG). Der RA verdient die Gebühr auch für die Stellung eines Antrags auf Erteilung einer Abschrift aus dem Vermögensverzeichnis (AG Würzburg JurBüro 1983, 1197 mit zutr. Anm. Mümmler). Das Verfahren auf Erteilung einer eidesstattlichen Versicherung nach bürgerlichem Recht unterfällt hingegen der Vorschrift des § 18 Nr. 15 RVG (Volpert RVGreport 2005, 133).

21 Entsprechend der Vorschrift im bisherigen § 58 Abs. 3 Nr. 12 BRAGO legt § 18 Nr. 19 RVG fest, dass das Verf. auf **Löschung der Eintragung im Schuldnerverzeichnis** nach § 915a ZPO gebührenrechtlich eine bes. Angelegenheit ist. Stellt der RA für den Schuldner nach Ablauf der Drei-Jahres-Frist den Antrag auf Löschung der Eintragung, verdient er die 0,5 Verfahrensgeb. der Nr. 3309 VV RVG. Das Verf. endet mit der Entscheidung des Gerichts bzw. der sonstigen Erledigung des Antrags. Wird später ein neuer Löschungsantrag gestellt, liegt eine neue Angelegenheit vor (Gerold/Schmidt Rn. 300 zu Nr. 3309 VV RVG). Der RA des Gläubigers verdient die Gebühr spätestens mit der Anhörung zum Antrag des Schuldners auf Löschung (Riedel/Sußbauer Rn. 36 zu § 58 BRAGO).

22 Nach § 18 Nr. 20 RVG (bisher § 58 Abs. 3 Nr. 13 BRAGO) bildet das **Ausüben der Veröffentlichungsbefugnis** eine bes. Angelegenheit. Veröffentlicht der RA das Urteil in mehreren Zeitungen, entstehen die Gebühren nur einmal (Gerold/Schmidt Rn. 328 zu Nr. 3309 VV RVG; Riedel/Sußbauer Rn. 37 zu § 58 BRAGO). Der Gegenstandswert für die Gebührenbemessung ist nach dem Interesse des Gläubigers an der Bekanntmachung zu schätzen und nicht auf die Veröffentlichungskosten beschränkt (OLG Hamm JurBüro 1954, 502).

23 Nach **§ 17 Abs. 4 SVertO** kann das Gericht auf Antrag des Gläubigers unter bestimmten Umständen die **Einzelzwangsvollstreckung** zulassen. Dieses Verf. bildet nach § 18 Nr. 21 RVG (bisher § 81 Abs. 2 Nr. 3 BRAGO) eine bes. Angelegenheit. Der Vertreter des Schuldners verdient die Verfahrensgeb. zB durch die Mitwirkung bei der Anhörung. Maßgebend ist, dass der Antrag auf § 17 Abs. 4 SVertO gestützt wird.

24 Wie bereits nach § 81 Abs. 2 Nr. 2 BRAGO ist die Tätigkeit des RA in den Verf. nach §§ 8 Abs. 5, 41 SVertO vor dem Vollstreckungs- oder Prozessgericht eine bes. Angelegenheit (§ 18 Nr. 22 RVG). Der Bevollmächtigte des Schuldners verdient die 0,5 Verfahrensgeb. in aller Regel durch die Antragstellung, der Vertreter des Gläubigers durch die Mitwirkung bei der Anhörung.

§ 19 Rechtszug; Tätigkeiten, die mit dem Verfahren zusammenhängen
(1) Zu dem Rechtszug oder dem Verfahren gehören auch alle Vorbereitungs-, Neben- und Abwicklungstätigkeiten und solche Verfahren, die mit dem Rechtszug oder Verfahren zusammenhängen, wenn die Tätigkeit nicht nach § 18 eine besondere Angelegenheit ist. Hierzu gehören insbesondere
1. **die Vorbereitung der Klage, des Antrags oder der Rechtsverteidigung, soweit kein besonderes gerichtliches oder behördliches Verfahren stattfindet;**
2. **außergerichtliche Verhandlungen;**
3. **Zwischenstreite, die Bestimmung des zuständigen Gerichts, die Bestellung von Vertretern. durch das in der Hauptsache zuständige Gericht, die Ablehnung von Richtern, Rechtspflegern, Urkundsbeamten der Geschäftsstelle oder Sachverständigen, die Festsetzung des Streit- oder Geschäftswerts;**
4. **das Verfahren vor dem beauftragten oder ersuchten Richter;**
5. **das Verfahren über die Erinnerung (§ 573 der Zivilprozessordnung) und die Rüge wegen Verletzung des Anspruchs auf rechtliches Gehör;**
6. **die Berichtigung und Ergänzung der Entscheidung oder ihres Tatbestandes;**
7. **Verfahren wegen Rückgabe einer Sicherheit;**
8. **die für die Geltendmachung im Ausland vorgesehene Vervollständigung der Entscheidung;**
9. **die Zustellung oder Empfangnahme von Entscheidungen oder Rechtsmittelschriften und ihre Mitteilung an den Auftraggeber, die Einwilligung zur Einlegung der Sprungrevision, der Antrag auf Entscheidung über die Verpflichtung, die Kosten zu tragen, die nachträgliche Vollstreckbarerklärung eines Urteils auf besonderen Antrag, die Erteilung des Notfrist- und des Rechtskraftzeugnisses, die Ausstellung einer Bescheinigung nach § 48 des Internationalen Familienrechtsverfahrensgesetzes oder § 56 des Anerkennungs- und Vollstreckungsausführungsgesetzes;**
10. **die Einlegung von Rechtsmitteln bei dem Gericht desselben Rechtszugs in Verfahren, in denen sich die Gebühren nach Teil 4, 5 oder 6 des Vergütungsverzeichnisses richten; die Einlegung des Rechtsmittels durch einen neuen Verteidiger gehört zum Rechtszug des Rechtsmittels;**
11. **die vorläufige Einstellung, Beschränkung oder Aufhebung der Zwangsvollstreckung, wenn nicht eine abgesonderte mündliche Verhandlung hierüber stattfindet;**

12. die erstmalige Erteilung der Vollstreckungsklausel, wenn deswegen keine Klage erhoben wird;
13. die Kostenfestsetzung und die Einforderung der Vergütung;
14. die Festsetzung des für die Begründung von Rentenanwartschaften in einer gesetzlichen Rentenversicherung zu leistenden Betrages nach § 53e Abs. 2 des Gesetzes über die Angelegenheiten der freiwilligen Gerichtsbarkeit;
15. die Zustellung eines Vollstreckungstitels, der Vollstreckungsklausel und der sonstigen in § 750 der Zivilprozessordnung genannten Urkunden;
16. die Aussetzung der Vollziehung (§ 24 Abs. 2 und 3 des Gesetzes über die Angelegenheiten der freiwilligen Gerichtsbarkeit) und die Anordnung der sofortigen Wirksamkeit einer Entscheidung und
17. die Herausgabe der Handakten oder ihre Übersendung an einen anderen Rechtsanwalt.
(2) Zu den in § 18 Nr. 3 und 4 genannten Verfahren gehören ferner insbesondere
1. gerichtliche Anordnungen nach § 758a der Zivilprozessordnung,
2. die Bestimmung eines Gerichtsvollziehers (§ 827 Abs. 1 und § 854 Abs. 1 der Zivilprozessordnung) oder eines Sequesters (§§ 848 und 855 der Zivilprozessordnung),
3. die Anzeige der Absicht, die Zwangsvollstreckung gegen eine juristische Person des öffentlichen Rechts zu betreiben,
4. die einer Verurteilung vorausgehende Androhung von Ordnungsgeld und
5. die Aufhebung einer Vollstreckungsmaßnahme.

Übersicht

1 Allgemeines. Maßgebend für das Entstehen der Anwaltsgebühren ist der **Gebührenrechtszug**, der mit der Instanz iSd Prozessrechts nicht übereinstimmt (Gerold/Schmidt Rn. 2 zu § 19 RVG). Die Gebühren des RA entstehen in jedem Rechtszug nur einmal und gelten seine gesamte Tätigkeit ab (vgl. hierzu iE § 15 Abs. 2 S. 2 RVG Anm. 2). Der Gebührenrechtszug beginnt mit dem Erhalt des Auftrags (Gebauer/Schneider § 19 RVG Rn. 2), ohne dass zu diesem Zeitpunkt das Gericht bereits eingeschaltet werden muss. Gebührenmäßig endet der Rechtszug erst mit dem Erlass einer Entscheidung, welche die Gerichtsinstanz abschließt. Zum Gebührenrechtszug gehören insbes. auch die Erwirkung der Vollstreckungsklausel bzw. des Rechtskraftzeugnisses (Riedel/Sußbauer Rn. 6ff. zu § 37 BRAGO; vgl. § 19 Abs. 1 S. 2 Nr. 12 RVG). Es ist allerdings dahingehend zu unterscheiden, ob der Anwalt bereits im Erkenntnisverfahren tätig war oder nicht. Wird er nach Erwirkung eines Vollstreckungstitels mit der Einleitung der Zwangsvollstreckung beauftragt, beginnt diese nach Auftragserteilung mit Tätigkeiten, welche die Zwangsvollstreckung vorbereiten wie zB die erstmalige Erteilung einer Vollstreckungsklausel (§ 19 Abs. 1 Nr. 12 RVG) bzw. die Erteilung des Notfrist- oder Rechtskraftzeugnisses (§ 19 Abs. 1 Nr. 9 RVG). War der Anwalt bereits im Erkenntnisverfahren tätig, entstehen keine gesonderten Gebühren. Diese Tätigkeiten sind vielmehr durch die Gebühren des Erkenntnisverfahrens abgegolten (§ 19 Abs. 1 S. 1 RVG, hierzu Volpert RVGreport 2005, 127).

Das RVG enthält keine Definition des "Rechtszugs". § 19 RVG legt jedoch fest, dass alle Vorbereitungs-, Neben- und Abwicklungstätigkeiten sowie Nachverfahren zum Rechtszug gehören. Soweit es sich um Prozessverfahren vor den ordentlichen Gerichten handelt, tritt die Vorschrift an die Stelle des § 37 BRAGO. Sind Tätigkeiten in der Zwangsvollstreckung betroffen, ersetzt § 19 RVG die Vorschrift des § 58 Abs. 2 BRAGO. Hinsichtlich der sonstigen Verf. ist die Vorschrift entspr. ergänzt und aus diesem Grunde neu gefasst worden. Eine vergleichbare, zusammenhängende Regelung fand sich bisher in der BRAGO nicht.

2 § 19 Abs. 1 S. 1 RVG umschreibt den Regelungszweck der Vorschrift allg. dahingehend, dass zum Rechtszug bzw. dem Verf. auch die damit **zusammenhängenden Tätigkeiten und Verfahren** gehören. Mit "Verfahren" sind ausweislich der Gesetzesbegründung die Verf. der Zwangsvollstreckung gemeint, die v. Regelungsbereich des § 19 RVG auch erfasst werden sollen. Welche Tätigkeiten und Verf. insbes. mit dem Rechtszug oder Verf. zusammenhängen, hat der Gesetzgeber in § 19 Abs. 1 S. 1 sowie Abs. 2 RVG exemplarisch aufgeführt. **Die Aufzählung ist nicht abschließend** (Gebauer/Schneider § 19 RVG Rn. 4). § 19 Abs. 1 S. 1, Hs. 2 RVG stellt die Regelung in 19 RVG zudem unter den **Vorbehalt**, dass ein zusammenhängendes Verf. nur dann gegeben ist, wenn die Tätigkeit nicht nach § 18 RVG eine bes. Angelegenheit ist. Soweit die genannten Tätigkeiten zum Rechtszug gehören, werden sie gebührenmäßig mit den Gebühren der Hauptsache abgegolten. Wird ein RA nicht zum Prozessbev. bestellt, sondern mit einer Einzeltätigkeit beauftragt, kann er eine 0,8 Verfahrensgeb. nach Nr. 3403 VV verdienen.

3 Entsprechend der Regelung in § 37 Nr. 1 BRAGO legt § 19 Abs. 1 S. 2 Nr. 1 RVG fest, dass die Vorbereitung der Klage, des Antrags oder der Rechtsverteidigung zum Rechtszug gehören, soweit kein bes. gerichtl. oder behördliches Verf. stattfindet. Hierbei handelt es sich um Anwaltstätigkeiten vor Beginn der gerichtl. Instanz, zB die Fertigung v. Mahn- bzw Kündigungsschreiben, die Aufnahme der Information bzw. Beratung des AG sowie zB die Durchführung einer Ortsbesichtigung. Diese gehören gebührenrechtlich bereits zum Gebührenrechtszug, der mit der Entgegennahme des Auftrags beginnt (Gerold/Schmidt Rn. 10 zu § 19 RVG; aA Hartung/Römermann Rn. 22 zu § 19). Wird der RA indes zunächst nur mit der außergerichtlichen Geltendmachung v. Ansprüchen beauftragt, verdient er eine Geschäftsgebühr nach Nr. 2400 VV RVG. Erhält er später in der gleichen Angelegenheit einen Prozessauftrag, wird die Geschäftsgebühr zur Hälfte, höchstens mit einem Gebührensatz v. 0,75 auf die spätere Verfahrensgeb. angerechnet (Vorbem. 3 VV RVG Anm. 13). Erhält der RA sofort einen Prozessauftrag, ist für die Anwendung der Nr. 2400 VV RVG kein Raum. Findet ein **besonderes gerichtliches oder behördliches Verfahren** statt (zB Bestellung eines Pflegers vor dem Vormundschaftsgericht bzw. ein Verf. vor der Hinterlegungsstelle), so entstehen in diesem bes. Gebühren, auf welche der RA neben der Verfahrensgeb. für das Hauptverfahren Anspruch hat (Gerold/Schmidt Rn. 12 zu § 19 RVG).

4 Nach § 19 Abs. 1 S. 2 Nr. 2 RVG gehören **außergerichtliche Verhandlungen** zum Rechtszug. § 37 Nr. 2 BRAGO bestimmte dies bisher für außergerichtliche Vergleichsverhandlungen. Mit dem Wegfall des Worts "Vergleichs" ist indes keine inhaltl. Änderung verbunden, da die Verhandlungen nach Nr. 2 mit dem Ziel einer möglichen Einigung geführt werden. Beziehen sich die Verhandlungen auf eine Angelegenheit, für welche der RA bereits einen Prozessauftrag hat, werden sie mit der Verfahrensgeb. für das Gerichtsverfahren abgegolten. Hat der RA noch keinen Prozessauftrag erhalten, ist für die Anwendung v. § 19 Abs. 1 S. 2 Nr. 2 RVG kein Raum. Es entstehen vielmehr die Gebühren v. Teil 2 VV RVG. Hat der RA den Auftrag, im Wege einer **Generalbereinigung** auch über nicht anhängige Ansprüche zu verhandeln, kommt es darauf an, ob der bestehende Prozessauftrag erweitert wird. Auch wenn es in diesem Fall nicht zur Anhängigkeit der weiteren Ansprüche kommt, werden diese Verhandlungen v. der Verfahrensgeb. des erweiterten Prozessauftrags erfasst (Gerold/Schmidt Rn. 13 zu § 19 RVG). Hat der RA indes nur den Auftrag, **außergerichtlich** eine Generalbereinigung zu versuchen, entsteht eine Geschäftsgebühr nach Nr. 2400 VV RVG, die auf die Verfahrensgeb. für einen nachfolgenden Rechtsstreit zur Hälfte, höchstens mit einem Gebührensatz v. 0,75 angerechnet wird, sofern später doch noch Prozessauftrag erteilt wird (Vorbem. 3 VV RVG Anm. 13). Wird lediglich beantragt, eine Einigung der Parteien oder mit Dritten über in diesem Verf. nicht rechtshängige Ansprüche zu Protokoll zu nehmen oder festzustellen (§ 278 Abs. 6 ZPO), entsteht eine 0,8 Verfahrensgeb. (Nr. 3101 VV RVG Anm. 4). Verhandeln die Parteien nach einem ergangenen Urteil zwecks Vermeidung der Berufung, bezieht sich diese Tätigkeit noch auf die 1. Instanz, sofern keine Berufung eingelegt wird (Riedel/Sußbauer Rn. 9 zu § 37 BRAGO). Hat ein RA bereits eine Berufungsauftrag und tritt sodann in Verhandlungen mit der Gegenseite ein, gehört diese Tätigkeit bereits zum Berufungsrechtszug. Dies gilt für beide Anwälte auch dann, wenn bereits Berufung eingelegt worden ist (Gerold/Schmidt Rn. 16 zu § 19 RVG).

5 § 19 Abs. 1 S. 2 Nr. 3 RVG legt fest, dass insbes. die dort genannten Verf. zum Rechtszug gehören:

- Zwischenstreite, zB über Zeugnisverweigerungsrecht (§ 387 ZPO), über Zulassung der Nebenintervention (§ 71 ZPO), über Gutachtensverweigerungsrecht des Sachverständigen (§§ 402, 408 ZPO),
- Bestimmung des zust. Gerichts nach § 36 ZPO,
- Bestellung v. Vertretern durch das in der Hauptsache zust. Gericht (zB §§ 57 Abs. 1, 2, 58, 494, 779 Abs. 2, 787 ZPO),
- Ablehnung v. Richtern, Rechtspflegern, Urkundsbeamten der Geschäftsstelle oder Sachverständigen (§§ 42-49, 406 ZPO, § 10 RPflG),
- Festsetzung des Streit- oder Geschäftswerts (§ 33 Abs. 1, 2 RVG).

Die genannten Verf. gehören zur Hauptsache und werden durch die allgemeine Verfahrensgeb. nach Nr. 3100 VV RVG abgegolten.

6 Die Vorschrift entspricht § 37 Nr. 3 BRAGO, nennt aber folgende Verf. nicht mehr:

- das selbstst. Beweisverfahren, das nach dem RVG eine eigene Angelegenheit bildet (Vorbem. 3 VV RVG Anm. 18),
- das Verf. über die PKH, das nunmehr in den Nr. 3335-3337 VV RVG als eigene Angelegenheit geregelt ist (§ 16 RVG Anm. 3, 4),

- die vorläufige Einstellung, Beschränkung oder Aufhebung der Zwangsvollstreckung, wenn nicht eine abgesonderte mündl. Verhandlung hierüber stattfindet (nunmehr in § 19 Abs. 1 S. 2 Nr. 11 RVG geregelt),
- das Verf. wg. Rückgabe einer Sicherheit (§§ 109 Abs. 1, 2, 715 ZPO; jetzt in § 19 Abs. 1 S. 2 Nr. 7 RVG geregelt).

In den genannten Verf. entstehen künftig die Anwaltsgebühren gesondert. Nach der Vorbem. 3 Abs. 5 VV RVG werden jedoch die Verfahrensgebühren des selbstständigen Beweisverfahrens und des sich anschließenden Rechtsstreits aufeinander angerechnet (Vorbem. 3 VV RVG Anm. 18). Vertritt der Anwalt den Mandanten im PKH-Verf. sowie im anschließenden Rechtsstreit, bilden beide Verf. gem. § 16 Nr. 2 RVG dieselbe Angelegenheit mdF, dass die im PKH-Verf. entstandenen Gebühren in den Gebühren des Rechtsstreits aufgehen (Nr. 3335 VV RVG Anm. 2; § 16 RVG Anm. 3).

7 Entsprechend der Regelung in § 37 Nr. 4 BRAGO legt § 19 Abs. 1 S. 2 Nr. 4 RVG fest, dass das **Verfahren vor dem beauftragten oder ersuchten Richter** zum Rechtszug gehört. Die Wahrnehmung diesbezüglicher Termine ist Aufgabe des Prozessbev. und wird v. der allgemeinen Verfahrensgeb. abgegolten. Dies gilt nicht für Reisekosten, die abgerechnet werden können (Nr. 7003-7006 VV RVG).

8 § 19 Abs. 1 S. 2 Nr. 5 RVG betrifft **Erinnerungsverfahren** nach § 573 ZPO sowie die **Rüge wegen Verletzung des Anspruchs auf rechtliches Gehör** (§ 321a ZPO). Die Vorschrift entspricht § 37 Nr. 5 BRAGO, jedoch wird die Erinnerung nach § 11 Abs. 2 RPflG nicht mehr genannt. Diese stellt künftig nach Nr. 18 Nr. 5 RVG eine bes. Regelung dar (§ 18 RVG Anm. 7). Dem Gesetzgeber erschien es sachgerecht, Erinnerungsverfahren gebührenrechtlich wie Beschwerdeverfahren zu behandeln, da die Arbeit des RA mit der Vorbereitung und Einreichung der Beschwerde vergleichbar ist. Die in Nr. 5 genannten Verf. gehören zum Rechtszug und lassen keine gesonderten Gebühren entstehen. Wird der RA allerdings nur mit der Einlegung einer Rüge wg. Verletzung des rechtl. Gehörs beauftragt, verdient er eine 0,5 Verfahrensgeb. nach Nr. 3330 VV RVG sowie uU eine 0,5 Terminsgeb. nach Nr. 3332 VV RVG.

Am 1.1.2005 ist das Anhörungsrügengesetz in Kraft getreten (BGBl. I Nr. 66 S. 3220). Mit diesem Gesetz ist in diversen Verfahrensvorschriften die Anhörungsrüge eingeführt worden (ZPO, ArbGG, GBO, StPO, RPflG, FGO). Auch im RVG sowie im Vergütungsverzeichnis wurden Änderungen vorgenommen. So wurde ein neuer § 12a RVG eingefügt; in § 19 Abs. 1 S. 2 Nr. 5 RVG wurde die Angabe „§ 321a der Zivilprozessordnung" gestrichen. Gleiches gilt für den Gebührentatbestand der Nr. 3330 VV RVG (Nr. 3330 VV RVG Anm. 1). Ausweislich der Gesetzesbegründung erfolgte die Streichung, weil die jeweiligen neuen Vorschriften der Verfahrensordnungen nunmehr ebenfalls einschlägig werden. Die Zitierung dieser Vorschriften hielt der Gesetzgeber für entbehrlich, weil die Bezeichnung der Verf. auch so eindeutig sei (BT-Drs 15/3706 S. 24). Mit der Änderung in § 19 Abs. 1 S. 2 Nr. 5 RVG wird klargestellt, dass sämtliche Verf. wg. Verletzung des rechtlichen Gehörs zum Gebührenrechtszug gehören. Eine besondere Gebühr entsteht für den Prozess- und Verfahrensbevollmächtigten nicht (vgl. hierzu etwa Hansens RVGreport 2005, 65). Wird dieser jedoch ausschließlich im Verf. über eine Anhörungsrüge tätig, verdient er eine Verfahrensgebühr nach Nr. 3330 VV RVG (Nr. 3330 VV RVG Anm. 1).

9 § 19 Abs. 1 S. 2 Nr. 6 RVG legt fest, dass die genannten **Verfahren nach §§ 319 bis 321 ZPO** "Berichtigung oder Ergänzung der Entscheidung oder ihres TB" zum Rechtszug gehören und keine gesonderten Gebühren entstehen lassen. Die Vorschrift entspricht § 37 Nr. 6 BRAGO. Das dort weiter genannte Verf. nach § 53e Abs. 2 FGG wurde wg. seiner Eigenständigkeit als eigene Nr. 14 in § 19 Abs. 1 S. 2 RVG aufgenommen. Wird der RA ausschließlich mit der Durchführung des Urteilsergänzungsverfahrens beauftragt, ohne Prozessbev. zu sein, verdient er eine 0,8 Verfahrensgeb. nach Nr. 3403 VV RVG (Gebauer/Schneider § 19 RVG Rn. 59). Anderer Ansicht nach verdient der Anwalt in diesem Fall die Gebühren die Nrn. 3100ff. RVG nach einem Gegenstandswert in Höhe des Berichtigungs- und Ergänzungsanspruchs (Hartmann Rn. 23 zu § 19 RVG).

10 Das Verf. wg. **Rückgabe einer Sicherheit** (§ 109 Abs. 1, 2, 715 ZPO) gehört nach § 19 Abs. 1 S. 2 Nr. 7 RVG ebenfalls zum Rechtszug (bisher § 37 Nr. 3 BRAGO). Die Tätigkeit des RA in diesem Verf. wird durch die Gebühren des Hauptprozesses abgegolten. Dies gilt auch für den Antrag des Prozessbev., Sicherheitsleistung durch Bankbürgschaft nachzulassen bzw. für die Übergabe oder Zustellung der Bürgschaftsurkunde (vgl. ie Gerold/Schmidt Rn. 34 zu § 19 RVG mwN).

11 Für die **Geltendmachung im Ausland** müssen Entscheidungen teilweise nach dem Recht des ausländischen Staates eine Begründung enthalten, um die Nachprüfung im Ausland zu ermöglichen. Versäumnis- bzw. Anerkenntnisurteile müssen nachträglich mit TB und Entscheidungsgründen versehen werden (vgl. zB für Belgien BGBl. 1959 I 425, für Großbritannien BGBl. 1961 I 301, für die Niederlande BGBl. 1965 I 17). Die diesbezügliche Tätigkeit des RA gehört nach § 19 Abs. 1 S. 2 Nr. 8 RVG zum Rechtszug und lässt keine gesonderten Gebühren entstehen (bisher § 37 Nr. 6a BRA-GO).

12 § 19 Abs. 1 S. 2 Nr. 9 RVG legt fest, dass folgende Tätigkeiten des RA **gebührenmäßig zum Rechtszug gehören:**

▪ Zustellung oder Empfangnahme v. Entscheidungen oder Rechtsmittelschriften und ihre Mitteilung an den AG. Dazu gehört insbes. auch die Zustellung des Kostenfestsetzungsbeschlusses. Dies gilt gleichermaßen für die Zustellung der Entscheidung über die Verlängerung der Begründungsfrist bzw. des die Berufung verwerfenden Beschl. (Koblenz AnwBl 1988, 415). Wird dem RA ein entspr. Tätigwerden als Einzeltätigkeit übertragen, verdient er eine 0,8 Verfahrensgeb. nach Nr. 3403 VV RVG (Gerold/Schmidt Rn. 38 zu § 19 RVG);

▪ die Einwilligung zur Einlegung der Sprungrevision (§ 566 Abs. 1 ZPO) gehört zum Rechtszug und wird sowohl v. der Verfahrensgeb. des Prozessbev. der ersten und zweiten Instanz abgegolten, je nachdem wer den Antrag auf Einwilligung gestellt hat;

▪ der Antrag auf Entscheidung über die Verpflichtung, die Kosten zu tragen (§§ 91a, 269 Abs. 3 S. 2, 516 Abs. 3, 566 ZPO). Beantragt der erstinstanzliche Prozessbev. den Erlass des Kostenbeschlusses nach § 516 Abs. 3 ZPO, verdient er eine 1,6 Verfahrensgeb. nach Nr. 3200 VV RVG nach dem Wert der Kosten des Berufungsverfahrens, da diese Tätigkeit nicht mehr zum erstinstanzlichen Rechtszug gehört (OLG Frankfurt AnwBl 1983, 523; OLG Nürnberg AnwBl 1985, 206).

▪ die nachträgliche Vollstreckbarerklärung eines Urteils auf bes. Antrag nach §§ 537, 558 ZPO, soweit es nicht durch Berufungs- oder Revisionsanträge angefochten wird, gehört ebenfalls zum Rechtszug und löst keine gesonderte Gebühr aus. Voraussetzung ist, dass sich der Gegenstand des Antrags mit dem Verf. iÜ deckt, was nicht unbedingt der Fall ist. So beschränkt sich der Berufungsauftrag nur auf die Teile des Urteils, die anfochten werden sollen. Der Antrag auf Vollstreckbarerklärung nach § 537 ZPO bezieht sich demgegenüber auf den nicht angefochtenen Teil des Urteils. Bei einer Divergenz der Gegenstände verdient der RA für den Antrag nach § 537 ZPO eine 0,5 Verfahrensgeb. nach Nr. 3329 VV RVG;

▪ für die Erteilung eines Notfrist- bzw Rechtskraftzeugnisses nach § 706 ZPO verdient der Prozessbev. ebenfalls keine gesonderten Gebühren, da diese Tätigkeit zum Rechtszug gehört;

▪ Gleiches gilt für die Tätigkeit im Rahmen der Ausstellung einer Bescheinigung nach § 56 AVAG sowie § 48 des zum 1. März 2005 in Kraft getretenen Gesetzes zum Internationalen Familienrecht vom 26.1.2005 (BGBl I S. 162, 173).

Auslagen (zB Reisekosten oder Schreibauslagen), die dem RA bei diesen Tätigkeiten entstehen, kann er fordern (Gebauer/Schneider § 19 RVG Rn. 65).

13 Die Vorschrift entspricht § 37 Nr. 7 BRAGO für die genannten Tätigkeiten des RA aE des Rechtsstreits bzw § 58 Abs. 2 Nr. 1 BRAGO in redaktionell angepasster Form für die Verf. der Zwangsvollstreckung. Gegenüber der bisherigen Rechtslage sind **folgende Verfahren nicht mehr enthalten:**

▪ die erstmalige Erteilung der Vollstreckungsklausel, wenn deswegen keine Klage nach § 731 ZPO erhoben wird (nunmehr § 19 Abs. 1 S. 2 Nr. 12 RVG);

- die Kostenfestsetzung (§§ 104, 107 ZPO) ausschließlich der Erinnerung gg. den Kostenfestsetzungsbeschluss (nunmehr § 19 Abs. 1 S. 2 Nr. 13);
- der Ausspruch, eines Rechtsmittels verlustig zu sein. Dieser Ausspruch bedarf nach dem durch das ZPO-Reformgesetz v. 27.7.2001 (BGBl. I S. 1887, 3138) neu gefassten § 516 ZPO keines Antrags mehr.

14 § 19 Abs. 1 S. 2 Nr. 10 RVG entspricht der Regelung in § 87 BRAGO, nach welcher die **Einlegung von Rechtsmitteln** bei dem Gericht desselben Rechtszugs durch den Verteidiger, der in dem Rechtszug als Vollverteidiger tätig war, zum selben Rechtszug gehört. Die Begründung des Rechtsmittels gehört demgegenüber zum neuen Rechtszug (Mayer/Kroiß Rn. 83 zu § 19 RVG). Wird der RA erst mit der Einlegung des Rechtsmittels beauftragt, gehört für ihn die Rechtsmitteleinlegung zum Rechtsmittelrechtszug. Auch die Beratung des Rechtsmittelgegners über die Aussichten des eingelegten Rechtsmittels gehört bereits zur Rechtsmittelinstanz (str., vgl. Hartung/Römermann Rn. 94ff. zu § 19 RVG mwN). Wird der Anwalt nur mit der Beratung über die Aussichten eines Rechtsmittels beauftragt und nicht auch mit der Vertretung im Rechtsmittelverfahren, verdient er eine Gebühr nach Nr. 2202 VV RVG. Vertritt er den Mandanten später im Rechtsmittelverfahren, wird diese Gebühr nach der Anm. zu Nr. 2202 VV RVG auf die Gebühr des Rechtsmittelverfahrens angerechnet. Nr. 10 betrifft nur Verf., in welchen sich die Gebühren nach Teil 4, 5 oder 6 VV RVG richten. Für die Verweisung bzw. Zurückverweisung der Angelegenheit gelten nunmehr die §§ 20, 21 RVG.

15 Entsprechend der Regelung in § 37 Nr. 3 BRAGO sieht § 19 Abs. 1 S. 2 Nr. 11 RVG vor, dass die **vorläufige Einstellung** (zB nach § 765a Abs. 1 ZPO), die **Beschränkung** (zB nach § 775 ZPO) sowie die **Aufhebung der Zwangsvollstreckung** (zB nach §§ 765a As. 1, 776 ZPO) noch zum Rechtszug gehören. Dies gilt dann nicht, wenn über diese Zwangsvollstreckungsmaßnahmen eine abgesonderte mündl. Verhandlung stattfindet. In diesem Fall verdient der RA eine 0,5 Verfahrensgeb. nach Nr. 3328 VV RVG sowie ggf. eine 0,5 Terminsgeb. nach Nr. 3332 VV RVG (Nr. 3328 VV RVG Anm. 1).

16 Beantragt der RA die **erstmalige Erteilung der Vollstreckungsklausel**, gehört diese Tätigkeit nach § 19 Abs. 1 S. 2 Nr. 12 RVG (bisher § 37 Nr. 7 bzw. § 58 Abs. 2 Nr. 1 BRAGO) noch zum Rechtszug. Dies gilt allerdings nur dann, wenn deswegen keine Klage gem. § 731 ZPO erhoben wird bzw. es sich nicht mehr um die erstmalige Erteilung der Vollstreckungsklausel handelt. Hingegen bildet das Verf. über Einwendungen gg. die Erteilung der Vollstreckungsklausel (§ 732 ZPO) eine bes. Angelegenheit (§ 18 Nr. 6 RVG Anm. 8). In diesem Fall verdient der Anwalt eine Gebühr nach Nr. 3309 VV RVG. War der Anwalt weder in dem Verf., in welchem der Vollstreckungstitel erlangt wurde, noch in dem Verf. der Zwangsvollstreckung hinsichtlich dieses Titels bereits tätig, verdient er durch eine Tätigkeit im Klauselerteilungsverfahren die Verfahrensgebühr nach Nr. 3309 VV RVG (Gebauer/Schneider § 19 RVG Rn. 102). Das Verfahren nach § 733 ZPO (Erteilung einer weiteren vollstreckbaren Ausfertigung) bildet nach § 18 Nr. 7 RVG eine besondere Angelegenheit (Volpert RVGreport 2005, 131).

17 Nach § 19 Abs. 1 S. 2 Nr. 13 RVG (bisher Teil v. § 37 Nr. 7 BRAGO) gehört die Tätigkeit des RA im **Kostenfestsetzungsverfahren** (§§ 104, 107 ZPO) noch zum Rechtszug und wird v. der allgemeinen Verfahrensgeb. nach Nr. 3100 VV RVG abgegolten. Dies gilt auch für die Berechnung und Einforderung der Vergütung nach §§ 10, 11 RVG. Hingegen bildet das Erinnerungsverfahren gg. den Kostenfestsetzungsbeschluss nach § 18 Nr. 5 RVG eine bes. Angelegenheit (§ 18 RVG Anm. 7). Ist der RA nicht Prozessbev. und erhält er den Antrag auf Durchführung des Kostenfestsetzungsverfahrens, verdient er eine 0,8 Verfahrensgeb. nach Nr. 3403 VV RVG.

18 Sofern der RA bereits in der Ehesache tätig war, verdient er nach § 19 Abs. 1 S. 2 Nr. 14 RVG (bisher § 37 Nr. 6 BRAGO) für das **Verfahren nach § 53e Abs. 2 FGG** keine gesonderten Gebühren. Hingegen ist die Tätigkeit des RA im Änderungsverfahren nach § 53e Abs. 3 FGG gesondert zu vergüten (Gerold/Schmidt Rn. 49 zu § 19 RVG). Gleiches gilt nach Nr. 3403 VV RVG, wenn der RA nur einen **Einzelauftrag** zur Durchführung des Verf. nach § 53e Abs. 2 FGG erhalten hat.

19 Nach § 19 Abs. 1 S. 2 Nr. 15 RVG (bisher § 58 Abs. 2 BRAGO) gehört die **Zustellung** der dort näher genannten Vollstreckungsurkunden des RA noch zum Rechtszug. Dies war bisher auch schon einhellige Auffassung (Gerold/Schmidt Rn. 388 zu Nr. 3309 VV RVG).

20 Entsprechend der Regelung in § 19 Abs. 1 S. 2 Nr. 11 RVG legt Nr. 16 der Vorschrift fest, dass die mit dieser Bestimmung vergleichbaren Tätigkeitsbereiche im FGG-Verf. zum Rechtszug gehören und keine bes. Gebühren auslösen. In der BRAGO hat eine entspr. Bestimmung bisher gefehlt. Nunmehr gehört die **Aussetzung der Vollziehung** nach § 24 Abs. 2, 3 FGG sowie die Anordnung der sofortigen Wirksamkeit der Entscheidung nach § 26 FGG noch zum Rechtszug.

21 Nach § 19 Abs. 1 S. 2 Nr. 17 RVG (bisher Teil v. § 37 Nr. 7 BRAGO) gehören die **Herausgabe der Handakten des Rechtsanwalts** (§ 50 BRAO) sowie ihre **kommentarlose** Übersendung an einen anderen RA zum Rechtszug. Dies gilt nicht, wenn der RA die Aktenübersendung auftragsgemäß mit gutachterlichen Äußerungen verbindet (Gerold/Schmidt Rn. 51 zu § 19 RVG). Fertigt der RA eine Ablichtung diverser Dokumente, gilt Nr. 7000 VV RVG.

22 Entsprechend der bisherigen Regelung in § 58 Abs. 2 Nr. 3 BRAGO sind nach § 19 Abs. 2 Nr. 1 RVG **gerichtliche Anordnungen nach § 758a ZPO** (richterliche Durchsuchungsanordnung, Vollstreckung zur Unzeit) keine bes. Angelegenheiten der Zwangsvollstreckung. Diese gehören vielmehr zu den Vollstreckungs- und Vollziehungsmaßnahmen iSd § 18 Nr. 3, 4 RVG. Wird der RA ausschließlich mit der Beantragung einer Anordnung nach § 758a ZPO beauftragt, verdient er eine 0,8 Verfahrensgeb. nach Nr. 3403 VV RVG.

23 Auch das Verf. über die **Bestimmung eines Gerichtsvollziehers** (§§ 827 Abs. 1, 854 Abs. 1 ZPO) bzw. eines **Sequesters** (§§ 848, 855 ZPO) gehört nach § 19 Abs. 2 Nr. 2 RVG (bisher § 58 Abs. 2 Nr. 4 BRAGO) zu den in § 18 Nr. 3, 4 RVG genannten Vollstreckungs- und Vollziehungsmaßnahmen und bilden keine bes. Angelegenheit.

24 Gleiches gilt für die Anzeige der Absicht nach § 882a ZPO, die Zwangsvollstreckung gg. eine jur. Person des öffentlichen Rechts zu betreiben (§ 19 As. 2 Nr. 3 RVG, bisher § 58 Abs. 2 Nr. 5 BRAGO).

25 Nach § 890 Abs. 2 ZPO muss der Verurteilung zur Zahlung eines Ordnungsgeldes nach § 890 Abs. 1 ZPO die Androhung des Ordnungsgeldes vorausgehen. Dieses Verf. gehört nach § 19 Abs. 2 Nr. 4 RVG (bisher § 58 Abs. 2 Nr. 6 BRAGO) zu den Vollstreckungs- und Vollziehungsmaßnahmen iSd § 18 Nr. 3, 4 RVG und lässt keine gesonderten Gebühren entstehen. Dies gilt nicht im Falle eines Einzelauftrags (Nr. 3403 VV RVG). Die Vorschrift gilt auch für die Androhung v. **Ordnungshaft** (Gerold/Schmidt Rn. 21 zu § 58 BRAGO).

26 Auch die Aufhebung einer Vollstreckungsmaßnahme gehört zu den Vollstreckungs- und Vollziehungsmaßnahmen iSd § 18 Nr. 3, 4 RVG und lässt keine gesonderten Gebühren entstehen (§ 19 Abs. 2 Nr. 5 RVG, § 58 Abs. 2 Nr. 7 BRAGO). Dies gilt sowohl für den RA, welcher die Vollstreckungsmaßnahme veranlasst hat als auch für den RA, der mit dem Betrieb der weiteren Zwangsvollstreckung beauftragt ist (Mayer/Kroiß Rn. 114 zu § 19 RVG). Im Falle eines Einzelauftrags gilt Nr. 3403 VV RVG.

§ 20 Verweisung, Abgabe
Soweit eine Sache an ein anderes Gericht verwiesen oder abgegeben wird, sind die Verfahren vor dem verweisenden oder abgebenden und vor dem übernehmenden Gericht ein Rechtszug. Wird eine Sache an ein Gericht eines niedrigeren Rechtszugs verwiesen oder abgegeben, ist das weitere Verfahren vor diesem Gericht ein neuer Rechtszug.

1 Systematik. § 20 RVG regelt die Gebühren des RA bei Verweisung oder Abgabe der Sache an ein anderes Gericht. Die Vorschrift gilt für alle gerichtl. Verf. und stellt eine Ausnahmeregelung zu § 15

Abs. 2 RVG dar, wonach der RA die Gebühren in derselben Angelegenheit sowie in jedem Rechtszug nur einmal fordern kann. § 20 RVG entspricht inhaltl. dem bisherigen § 14 Abs. 1 BRAGO, während sich § 14 Abs. 2 S. 1 BRAGO nunmehr in § 17 Nr. 9 RVG findet und § 14 Abs. 2 S. 2 BRAGO in § 16 Nr. 13 RVG eingestellt worden ist. § 20 RVG regelt zusammen mit § 21 RVG, ob bei der Verweisung einer Sache durch ein Gericht v. einem oder mehreren Gebührenrechtszügen auszugehen ist. Nach § 20 S. 1 und S. 2 RVG ist zw. zwei verschiedenen Arten der Abgabe bzw. Verweisung zu unterscheiden: der Horizontal- und der Diagonalverweisung.

2 In § 20 S. 1 RVG ist die Verweisung oder Abgabe einer Sache an ein anderes Gericht der gleichen Instanzenstufe geregelt (so genannte **Horizontalverweisung**). Das betrifft die Fälle der Verweisung oder Abgabe wg. sachlicher, örtlicher oder funktioneller Unzuständigkeit bzw. wg. Anrufung eines nicht zust. Gerichts. Diese Verf. bilden sowohl vor dem verweisenden bzw. abgebenden als auch dem übernehmenden Gericht einen Gebührenrechtszug. Der RA verdient die Gebühren nur einmal (§ 15 Abs. 2 S. 1 RVG). Findet infolge der Verweisung ein **Wechsel von Wertgebühren** (zB vor dem VG) **zu Betragsrahmengebühren** (vor dem SG) statt, sind zunächst die Anwaltsgebühren zu berechnen, die vor dem abgebenden Gericht bis zur Verweisung entstanden sind. Sodann werden die Gebühren vor dem annehmenden Gericht berechnet. Erreichen die vor dem VG entstandenen Wertgeb. den Wert des Betragsrahmens der sozialgerichtlichen Gebühren oder überschreiten diesen, verdient der RA die Wertgeb. Liegt hingegen der Betragsrahmen höher als die Summe der Wertgeb., kann der RA noch einen weiteren angemessenen Betrag verlangen (vgl. iE Hartung/Römermann Rn. 17 ff., 21 zu § 20 RVG). **Wechselt der Anwalt** infolge der Verweisung bzw. Abgabe, kann er gesonderte Gebühren verlangen (Riedel/Sußbauer Rn. 25 zu § 14 BRAGO). Eine gebührenrechtliche Sonderregelung entsteht auch bei einer **Änderung des Betragsrahmens** infolge der Verweisung, was insbes. in Strafsachen denkbar ist. In diesem Fall ist für das gesamte Verf. v. der höchsten Verfahrensgeb. auszugehen. Die Terminsgeb. entsteht in dem Verf., in welchem der Termin stattfindet (Hartung/Römermann Rn. 15f. zu § 20 RVG).

3 Wird hingegen eine Sache v. einem Rechtsmittelgericht an ein Gericht eines niedrigeren Rechtszuges **eines anderen örtlichen oder sachlichen Rechtszugs** abgegeben oder verwiesen (so genannte **Diagonalverweisung**), ist das Verf. vor dem übernehmenden Gericht gebührenrechtlich ein neuer Rechtszug, der die Gebühren gesondert entstehen lässt. Erfolgt die Zurückverweisung an ein Gericht des niedrigeren Rechtszugs innerhalb desselben Instanzenzugs, ist ein Fall des § 21 RVG gegeben (hierzu Schneider/Mock Rn. 93 zu § 4).

§ 21 Zurückverweisung
(1) Soweit eine Sache an ein untergeordnetes Gericht zurückverwiesen wird, ist das weitere Verfahren vor diesem Gericht ein neuer Rechtszug.
(2) In den Fällen des § 629b der Zivilprozessordnung, auch in Verbindung mit § 661 Abs. 2 der Zivilprozessordnung, bildet das weitere Verfahren vor dem Familiengericht mit dem früheren einen Rechtszug.

Übersicht

1 Systematik. § 21 RVG ist im Zusammenhang mit § 20 RVG zu sehen, welcher in S. 1 die Rechtsfolge der Horizontalverweisung und in S. 2 die Rechtsfolge der Diagonalverweisung im Hinblick auf die Gebühren des RA regelt. § 21 RVG betrifft die Zurückverweisung einer Sache an ein Gericht niedrigerer Instanz, die so genannte **Vertikalverweisung.**

2 Wird eine Sache an ein untergeordnetes Gericht der gleichen Instanz **zurückverwiesen,** ist das weitere Verf. vor diesem Gericht **gebührenrechtlich ein neuer Rechtszug.** Eine Zurückverweisung iSd Vorschrift liegt vor, wenn eine Sache durch ein Rechtsmittel an das zurückverweisende Gericht gelangt ist und v. diesem nunmehr an das untergeordnete Gericht zurückgegeben wird (Hartmann Rn. 3 zu § 21 RVG). Dabei ist es nach §§ 563 Abs. 1 S. 2 ZPO, 354 Abs. 2 S. 2, Abs. 3 StPO, 144 Abs. 5 VwGO, 170 Abs. 3 SGG nicht erforderlich, dass an das Gericht zurückverwiesen wird, gg. dessen Entscheidung das Rechtsmittel eingelegt worden ist. Liegt ein Fall der Zurückverweisung vor, ist das weitere Verf. vor diesem Gericht gebührenrechtlich ein neuer Rechtszug; die Gebühren entstehen erneut. Dies gilt auch für die Auslagenpauschale.

3 Weist das LG einen Teil des Klageanspruchs durch Teilurteil ab und wird auch die Berufung des Kl. gg. dieses Teilurteil zurückgewiesen, werden die Akten zur Verhandlung über den Restanspruch an das LG zurückgegeben. In diesem Fall liegt **keine Zurückverweisung** iSd § 21 Abs. 1 RVG vor (München JurBüro 1981, 1677). **Zwischenstreite** können uU im Beschwerdeweg durch ein höheres Gericht entschieden werden. Gleichwohl bleibt die Sache beim Prozessgericht anhängig, eine Zurückverweisung liegt nicht vor. Nach § 19 Abs. 1 S. 2 Nr. 3 RVG gehören Zwischenstreite zum Rechtszug (§ 19 RVG Anm. 5). **Vergleichen** sich die Parteien in der Rechtsmittelinstanz über den Grund des Anspruchs und wird die Sache zur abschließenden Entscheidung an das erstinstanzliche Gericht zurückgegeben, ist str., ob eine Zurückverweisung vorliegt (zum Meinungsstand Gerold/Schmidt Rn. 20 zu § 21 RVG mwN). Dies ist mit der hM zu bejahen mdF, das für das weitere Verf. neue Gebühren entstehen.

4 § 21 Abs. 1 RVG entspricht § 15 Abs. 1 S. 1 BRAGO. Nach S. 2 v. § 15 BRAGO war bestimmt, dass der RA die Prozessgebühr nur erhält, wenn die Sache an ein Gericht zurückverwiesen wird, welches mit der Sache noch nicht befasst war. An die Stelle dieser Vorschrift tritt nun Vorbem. 3 Abs. 6 VV RVG, welche in diesem Fall die Anrechnung der bereits entstandenen Verfahrensgeb. auf die Verfahrensgeb. für das erneute Verf. vorsieht (Vorbem. 3 VV RVG Anm. 19). Damit entsteht die Verfahrensgeb. entgegen der früheren Rechtslage erneut, wodurch künftig viele Abrechnungsschwierigkeiten vermieden werden. Eine Anrechnung kommt nicht in Betracht, wenn mehr als zwei Kalenderjahre vergangen sind (§ 15 Abs. 5 S. 2 RVG). Richten sich die Gebühren nicht nach Teil 3 VV RVG, ist bei der Gebührenbemessung nach der Rückverweisung die bisherige Tätigkeit in dieser Instanz uU mindernd im Rahmen des § 14 Abs. 1 RVG zu berücksichtigen (Schneider/Mock Rn. 95 zu § 4).

5 Nach § 623 ZPO ist in **Scheidungs-Verbundverfahren** grds. eine einheitliche Endentscheidung zu treffen. Wird der Scheidungsantrag abgewiesen, werden die Folgesachen nach § **629 Abs. 3 ZPO** gegenstandslos. Wird das Urteil, mit welchem der Scheidungsantrag abgewiesen worden ist, v. Rechtsmittelgericht aufgehoben, so ist nach § 629b Abs. 1 ZPO die Sache an das Gericht zurückzuverweisen, das die Abweisung ausgesprochen hat. Für diesen Fall bestimmt § 21 Abs. 2 RVG (bisher § 15 Abs. 2 BRAGO), dass das weitere Verf. vor dem Familiengericht mit dem früheren ein Rechtszug ist. Die Gebühren entstehen mithin nur einmal (§ 15 Abs. 2 RVG). Diese Regelung gilt auch in **Lebenspartnerschaftssachen** (§ 629b iVm § 661 Abs. 2 ZPO).

Abschnitt 4. Gegenstandswert

§ 22 Grundsatz

(1) In derselben Angelegenheit werden die Werte mehrerer Gegenstände zusammengerechnet.

(2) Der Wert beträgt in derselben Angelegenheit höchstens 30 Millionen Euro, soweit durch Gesetz nichts anderes bestimmt ist. Sind in derselben Angelegenheit mehrere Personen Auftraggeber, beträgt der Wert für jede Person höchstens 30 Millionen Euro, insgesamt jedoch nicht mehr als 100 Millionen Euro.

Übersicht

1 Systematik. Nach § 2 Abs. 1 RVG (bisher § 7 Abs. 1 BRAGO) werden die Gebühren, soweit das RVG nichts anderes bestimmt, nach dem Wert berechnet, den der Gegenstand der anwaltl. Tätigkeit hat (Gegenstandswert; vgl. § 2 RVG Anm. 2). Abschnitt 4 des RVG fasst hierfür alle Wertvorschriften zusammen, welche für die anwaltl. Gebührenbemessung maßgebend sind. In diesem Zusammenhang ist § 22 Abs. 1 zu sehen, wonach in derselben Angelegenheit die Werte mehrerer Gegenstände zusammengerechnet und die Gebühren aus den zusammengerechneten Werten entnommen werden. Allerdings sieht das RVG an verschiedenen Stellen eine **Ausnahme vom Additionsgebot** vor, vgl. zB Nr. 3335 Abs. 2 VV RVG.

2 Nach § 15 Abs. 2 RVG kann der RA die Gebühren in derselben Angelegenheit nur einmal fordern (§ 15 RVG Anm. 2). Allerdings sind nach § 22 Abs. 1 RVG die **Werte mehrerer Gegenstände zusammenzurechnen,** was zur einer Verringerung der anwaltl. Gebühren führt. Fällt während der Tätigkeit des RA ein Gegenstand weg und wird ein anderer eingeführt, werden die Anwaltsgebühren nach dem zusammengerechneten Wert dieser Gegenstände berechnet, deren Tatbestände der RA für diese Gegenstände erfüllt (Gerold/Schmidt Rn. 15 zu § 22 RVG). So kann zB nach einer teilweisen Klagerücknahme noch vor der mündl. Verhandlung die Terminsgeb. nach einem geringeren Wert zu berechnen sein als die Verfahrensgeb. Für die Bewertung des Gegenstandes ist der Zeitpunkt des Entstehens der Gebühr maßgebend (Gerold/Schmidt Rn. 9 zu § 22 RVG).

3 § 22 Abs. 2 RVG führt eine **Wertbegrenzung** entspr. § 39 GKG nF auf 30 Mio. EUR in derselben Angelegenheit ein. Dies gilt nur, "soweit das Gesetz nichts anderes bestimmt". Diese Regelung läuft bislang ins Leere, da keine ges. Ausnahmen geregelt sind (Gerold/Schmidt Rn. 19 zu § 22 RVG). Sind in derselben Angelegenheit **mehrere Personen** AG, wird die Höchstgrenze für jeden AG so bemessen, als habe er den Auftrag allein erteilt. Insgesamt darf der Gegenstandswert 100 Mio. EUR nicht übersteigen.

4 Da § 22 RVG **dispositiv** ist, können abweichende Vereinbarungen zwischen RA und Mandant getroffen werden. So kann zwar vertraglich der Wert der Angelegenheit nicht auf 35 Mio. festgelegt, wohl aber können **Gebühren** iHv 500000 EUR **vereinbart** werden (Hartung/Römermann Rn. 22f. zu § 22 RVG). Möglich ist auch die Vereinbarung, aus einer Angelegenheit gebührenrechtl. mehrere Angelegenheiten zu machen. Diese Gebührenvereinbarung muss allerdings der Form des § 4 RVG entsprechen (Bischof/Jungbauer Rn. 27 zu § 22 RVG).

5 Dieser Gebührenbegrenzung wurde ein **neuer Auslagentatbestand gegenüber gestellt.** Nach **Nr. 7007 VV RVG** kann der RA nunmehr die im Einzelfall gezahlte **Prämie für eine Vermögensschadenshaftpflichtversicherung** fordern, soweit die Prämie auf Haftungsbeträge oberhalb des jew. Höchstwertes entfällt (hierzu iE Nr. 7007 VV RVG). Der Anwalt muss sich allerdings tatsächlich entspr. versichern; eine fiktive Abrechnung ist nicht möglich (vgl. Anm. 4 zu Nr. 7007 VV RVG; Gerold/Schmidt RVG Rn. 144 zu Nr. 7007 VV RVG).

§ 23 Allgemeine Wertvorschrift
(1) Soweit sich die Gerichtsgebühren nach dem Wert richten, bestimmt sich der Gegenstandswert im gerichtlichen Verfahren nach den für die Gerichtsgebühren geltenden Wertvorschriften. In Verfahren, in denen im Gerichtskostengesetz Festgebühren bestimmt sind, sind die Wertvorschriften des Gerichtskostengesetzes entsprechend anzuwenden. Diese Wertvorschriften gelten auch entsprechend für die Tätigkeit außerhalb eines gerichtlichen Verfahrens, wenn der Gegenstand der Tätigkeit auch Gegenstand eines gerichtlichen Verfahrens sein könnte. § 22 Abs. 2 Satz 2 bleibt unberührt.

(2) In Beschwerdeverfahren, in denen Gerichtsgebühren unabhängig vom Ausgang des Verfahrens nicht erhoben werden oder sich nicht nach dem Wert richten, ist der Wert unter Berücksichtigung des Interesses des Beschwerdeführers nach Absatz 3 Satz 2 zu bestimmen, soweit sich aus diesem Gesetz nichts anderes ergibt. Der Gegenstandswert ist durch den Wert des zugrunde liegenden Verfahrens begrenzt. In Verfahren über eine Erinnerung oder eine Rüge wegen Verletzung des rechtlichen Gehörs richtet sich der Wert nach den für Beschwerdeverfahren geltenden Vorschriften.

(3) Soweit sich aus diesem Gesetz nichts anderes ergibt, gelten in anderen Angelegenheiten für den Gegenstandswert § 18 Abs. 2, §§ 19 bis 23, 24 Abs. 1, 2, 4, 5 und 6, §§ 25, 39 Abs. 2 und 3 sowie § 46 Abs. 4 der Kostenordnung entsprechend. Soweit sich der Gegenstandswert aus diesen Vorschriften nicht ergibt und auch sonst nicht feststeht, ist er nach billigem Ermessen zu bestimmen; in Ermangelung genügender tatsächlicher Anhaltspunkte für eine Schätzung und bei nichtvermögensrechtlichen Gegenständen ist der Gegenstandswert mit 4000 Euro, nach Lage des Falles niedriger oder höher, jedoch nicht über 500000 Euro anzunehmen.

Übersicht

1 Systematik. § 23 Abs. 1 und 3 RVG haben die allgemeinen Wertvorschriften der § 8 Abs. 1 und Abs. 2 S. 1 und 2 BRAGO übernommen. § 23 Abs. 1 S. 2 RVG wurde nach der Gesetzesbegründung zusätzl. aufgenommen, weil nach dem neuen GKG zT die Wertgeb. durch Festgebühren ersetzt worden sind. In diesem Fall sind die Wertvorschriften des GKG entspr. anzuwenden. Neu sind die Vorschriften in § 23 Abs. 2 RVG.

2 Vorrangig sind **Wertvorschriften** zu beachten, die im RVG enthalten sind. Solche finden sich zB in den §§ 24, 25 Abs. 1 Nr. 4, 37 Abs. 2 RVG.

3 Ist der RA in einem **gerichtlichen Verfahren** tätig, bestimmt sich nach § 23 Abs. 1 S. 1 RVG der für die Anwaltsgebühren maßgebliche Gegenstandswert grds. nach den für Gerichtsgebühren geltenden Wertvorschriften. Voraussetzung ist, dass sich die Gerichtsgebühren nach dem **Wert** bestimmen. Ein **gerichtliches Verfahren** liegt immer dann vor, wenn es bei einem Gericht anhängig ist. Hierzu zählen auch Verf. der freiwilligen Gerichtsbarkeit sowie die Verf. vor den Verfassungs,- Verwaltungs- und Finanzgerichten (Gerold/Schmidt Rn. 8 zu § 23 RVG).

4 Ist der RA in einem gerichtl. Verf. tätig, in welchem im GKG **Festgebühren** bestimmt sind (vgl. zB die Gebühren für die Vollstreckbarerklärung ausländischer Titel nach Nr. 1510 bis 1520 GKG nF), sind die Wertvorschriften des GKG nach § 23 Abs. 1 S. 2 RVG entspr. anzuwenden. Aufgrund der Verweisung in § 48 Abs. 1 GKG nF sind damit auch die Wertvorschriften der Verfahrensgesetze entspr. anwendbar.

5 Könnte die **außergerichtliche Tätigkeit** eines RA Gegenstand eines gerichtl. Verf. sein, bemessen sich die Anwaltsgebühren ebenfalls nach den für die Gerichtsgebühren geltenden Wertvorschriften (§ 23 Abs. 1 S. 3 RVG). Hierbei handelt es sich im Wesentlichen um Tätigkeiten, die einem gerichtl. Verf. vorausgehen (Mahnungen, Kündigungen, Zahlungsaufforderungen etc). Von Satz 3 wird zB auch ein vergaberechtliches Nachprüfungsverfahren erfasst, welches vor einer mündlichen Verhandlung durch Antragsrücknahme endet (BayObLG RVGreport 2005, 144). Wurde dem RA bereits ein Prozessauftrag zur Führung eines Rechtsstreits erteilt, werden die entspr. Tätigkeiten bereits v. der Verfahrensgeb. erfasst (Gerold/Schmidt Rn. 28 zu § 23 RVG).

6 Wird der RA außerhalb eines gerichtl. Verf. tätig und könnte diese Tätigkeit nicht Gegenstand eines gerichtl. Verf. sein, ist der Gegenstandswert für die Bemessung der Anwaltsgebühren nach § 23 Abs. 3 RVG zu ermitteln (hierzu unten Anm. 11, 12). Die Tätigkeit des RA könnte immer dann auch Gegenstand eines gerichtl. Verf. sein, wenn der Mandant bzw. der Gegner einen materiellrechtl. Anspruch hat. Ohne eine entspr. Anspruchsgrundlage kann kein Rechtsstreit geführt werden.

7 Soweit sich der Gegenstandswert nach § 23 Abs. 1 S. 1 RVG nach den **für Gerichtsgebühren geltenden Wertvorschriften** richtet, muss jew. zunächst geprüft werden, welche Wertvorschriften für Gerichtsgebühren gelten, bevor man den für die Anwaltsgebühren maßgebenden Gegenstandswert festsetzen kann. Insoweit finden sich in den §§ 39ff. GKG nF Wertvorschriften ua für bürgerliche Rechtsstreitigkeiten, Familien- und Lebenspartnerschaftssachen (§ 48 GKG nF), Verf. über den Versorgungsausgleich (§ 49 GKG nF), Verf. vor Gerichten der Verwaltungs-, Finanz- und Sozialgerichtsbarkeit (§ 52 GKG nF) usw. Daneben kommen Vorschriften der ZPO über § 48 Abs. 1 S. GKG zur Anwendung, nämlich die §§ 3 bis 9 ZPO. Für den Arbeitsgerichtsprozess bestimmen sich die Gerichtsgebühren nach § 12 ArbGG, in Wohnungseigentumssachen nach § 48 WEG. Zudem ist die KostO insbes. in Verf. der freiwilligen Gerichtsbarkeit (§ 1 KostO) anzuwenden.

8 Nach § 23 Abs. 1 S. 4 RVG bleibt die Vorschrift des § 22 Abs. 2 S. 2 RVG unberührt. Damit darf der **Gegenstandswert** für die Bemessung der Anwaltsgebühren bei mehreren AG **nicht mehr als 100 Millionen EUR** betragen (§ 22 RVG Anm. 3). Für die gerichtl. Tätigkeit des RA, bei welcher sich der Gegenstandswert nach den für die Gerichtsgebühren maßgebenden Wertvorschriften bestimmt (§ 23 Abs. 1 S. 1 BRAGO), ergibt sich dies bereits aus § 39 S. 2 GKG iVm § 22 Abs. 2 S. 2 RVG.

9 Neu ist die Regelung in § 23 Abs. 2 RVG für **Beschwerdeverfahren**, in denen Gerichtsgebühren unabhängig v. Ausgang des Verf. nicht erhoben werden und sich auch nicht nach dem Wert des Verf. richten. In diesem Fall ist der Wert nach billigem Ermessen unter Berücksichtigung des Interesses des Beschwerdeführers nach § 23 Abs. 3 S. 2 RVG zu bestimmen, soweit sich aus dem RVG nichts anderes ergibt. Der Gegenstandswert ist allerdings durch den Wert des zugrunde liegenden Verf. begrenzt. **Voraussetzung für die Anwendung dieser Vorschrift** ist, dass in dem Beschwerdeverfahren Gerichtsgebühren nicht erhoben werden. § 23 Abs. 2 RVG ist aus diesem Grunde dann nicht anzuwenden, wenn in einem Beschwerdeverfahren Gerichtsgebühren nur erhoben werden, wenn die Beschwerde zurückgewiesen oder verworfen wird (zB Gebühr nach Nr. 1811 KV GKG). Dies gilt auch dann, wenn im konkreten Fall keine Gebühr erhoben wird. In diesen Fällen gilt § 23 Abs. 1 S. 1 RVG.

10 In Verf. über eine **Erinnerung oder Rüge wegen Verletzung des rechtlichen Gehörs** nach § 321a ZPO oder der Gegenvorstellung (vgl. Schneider/Mock Rn. 15 zu § 6) richtet sich der Wert nach den für das Beschwerdeverfahren geltenden Vorschriften (§ 23 Abs. 2 S. 3 RVG). Der Grund für diese Regelung liegt darin, dass in Erinnerungsverfahren grds. keine Gerichtsgebühren erhoben werden. Bei Verf. über die Rüge wg. Verletzung des rechtl. Gehörs ist nach Nr. 1700 KV GKG eine Festgebühr vorgesehen.

11 § 23 Abs. 3 S. 1 RVG legt fest, dass für "andere Angelegenheiten" □die nicht bereits v. § 23 Abs. 1, 2 RVG erfasst sind □ bestimmte **Vorschriften der Kostenordnung entsprechend gelten.** Dies gilt nur, soweit sich aus dem RVG nichts anderes ergibt. Die Aufzählung ist abschließend. Die Verweisung auf § 39 Abs. 3 sowie § 46 Abs. 4 KostO ist neu ggü. der BRAGO. Durch die Bezugnahme auf § 39 Abs. 3 KostO soll erreicht werden, dass auch für die anwaltl. Wertberechnung die Schulden abgezogen werden müssen. Soweit auf § 46 Abs. 4 KostO Bezug genommen wird, soll sichergestellt werden, dass bei der Bestimmung des Gegenstandswertes zur Berechnung der Anwaltsgebühren Verbindlichkeiten in Abzug gebracht werden. Ein Abzug v. Schulden bzw. Verbindlichkeiten war nach dem Recht der BRAGO bisher nicht vorgesehen.

12 Ergibt sich der Gegenstandswert aus den genannten Vorschriften der KostO nicht, ist er nach **billigem Ermessen** zu schätzen. Sofern es keine Anhaltspunkte dafür gibt, dass der Wert im konkreten Fall niedriger oder höher als **4000 EUR** ist, ist er mit diesem Wert anzusetzen. Dieser **Hilfswert** kann je nach den Umständen vervielfältigt werden (LAG Berlin RVGreport 2004, 194f.). Dies gilt auch bei nichtvermögensrechtlichen Gegenständen. Der Gegenstandswert darf nicht über 500000 EUR liegen. Im arbeitsgerichtlichen Beschlussverf. in Verf. nach § 103 Abs. 2 BetrVG ist nicht der Regelwert von 4000 EUR anzusetzen. Der Gegenstandswert richtet sich vielmehr nach dem Vierteljahresverdienst des Betriebsratsmitglieds (LAG Rheinland-Pfalz RVG-Letter 2004, 69). Ist ein Anspruch bereits rechtskräftig tituliert, ist der Gegenstandswert für das Interesse der Parteien an der Stundung durch vergleichsweise vereinbarte Ratenzahlung und Verzicht auf Zinsen auf 10% des Anspruchs anzusetzen (KG RVG-Letter 2004, 35). Bei einem durchschnittlich gelagerten Betriebsratswahlanfechtungsverfahren bestimmt sich der Gegenstandswert nach dem Hilfswert v. 4000 EUR für die Bewertung der Frage der Existenz des Gremiums an sich, beginnend gem. § 9 BetrVG mit dem ersten Betriebsratsmitglied. Für jedes weitere Mitglied des Betriebsrats kommen 1000 EUR hinzu (LAG Kiel RVG-Letter 2004, 20f.). Zur Streitwertbemessung in Ehesachen vgl. Madert, AGS 2004, 56ff.

§ 24 Gegenstandswert für bestimmte einstweilige Anordnungen
Im Verfahren über eine einstweilige Anordnung der in § 620 Nr. 1, 2, 3 oder § 621g der Zivilprozessordnung, jeweils auch in Verbindung mit § 661 Abs. 2 der Zivilprozessordnung, bezeichneten Art ist von einem Wert von 500 Euro auszugehen. Wenn die einstweilige Anordnung nach § 621g der Zivilprozessordnung eine Familiensache nach § 621 Abs. 1 Nr. 7 der Zivilprozessordnung, auch in Verbindung mit § 661 Abs. 2 der Zivilprozessordnung, betrifft, ist jedoch § 53 Abs. 2 Satz 2 des Gerichtskostengesetzes entsprechend anzuwenden. Betrifft die Tätigkeit eine einstweilige Anordnung nach § 64b des Gesetzes über die Angelegenheiten der freiwilligen Gerichtsbarkeit, gelten die Sätze 1 und 2 entsprechend.

Übersicht

1 Systematik. § 24 RVG regelt die Wertbestimmung für eine anwaltl. Tätigkeit, die eine einstweilige Anordnung in bestimmten familienrechtlichen Angelegenheiten betrifft. Diese einstweiligen Anordnungen sind nach § 17 Nr. 4b RVG eigene Angelegenheiten. Sie werden idR erlassen, ohne dass

Gerichtsgebühren anfallen. Da es aus diesem Grunde an speziellen Wertvorschriften für Gerichtsgebühren fehlt, war für die Bestimmung der Anwaltsgebühren eine Regelung erforderlich. Die Vorschrift des § 24 RVG entspricht § 8 Abs. 3 BRAGO und sollte nach dem Willen des Gesetzgebers aus systematischen Gründen in eine eigene Vorschrift eingestellt werden. Eine inhaltl. Änderung ist damit nicht verbunden. Die **Aufzählung in § 24 RVG ist abschließend.** In Verf. über einstweilige Anordnungen bestimmen sich die Gebühren nach Teil 3 VV RVG, so dass der RA eine 1,3 Verf.-, eine 1,2 Termins- sowie uU eine 1,0 Einigungsgebühr verdienen kann.

2 § 620 Nr. 1, 2, 3 ZPO regelt **einstweilige Anordnungen in Bezug auf die elterliche Sorge** für ein gemeinschaftliches Kind, den Umgang eines Elternteils mit dem Kind sowie die Herausgabe des Kindes an den anderen Elternteil. Aber auch Verfahren betreffend eine einstweilige Anordnung über das Aufenthaltsbestimmungsrecht unterfallen der Vorschrift des § 24 Abs. 1 S. 1 RVG (OLG Frankfurt RVGreport 2005, 158). In diesen Verf. soll □ wie bisher auch □ v. einem Wert v. 500 EUR ausgegangen werden. Die Wortwahl "ausgehen" zeigt, dass der Gesetzgeber keine feste Gebühr vorschreiben wollte. Da sich zudem ausweislich der Gesetzesbegründung mit dem neuen § 24 RVG eine Änderung ggü. der bisherigen Rechtslage nicht ergeben sollte, kann der Wert im konkreten Einzelfall angepasst werden und bei einem überdurchschnittlichen Umfang der Angelegenheit auch verdoppelt werden (OLG Koblenz FamRZ 1999, 386). Gebührenmäßig zu beachten ist, dass nach § 18 Nr. 1b RVG jedes Verf. über eine einstweilige Anordnung nach § 620 ZPO eine bes. Angelegenheit ist und die Gebühren gesondert entstehen lässt. Die Regelung in S. 1 betrifft auch einstweilige Anordnungen nach § 621g ZPO. Durch das Gesetz zur Überarbeitung des Lebenspartnerschaftsrechts (BGBl I S. 3369, 3405) wurde die Vorschrift dahingehend ausgedehnt, dass sie nunmehr für die in S. 1 genannten Gesetzesvorschriften „jeweils auch in Verbindung mit § 661 Abs. 2 der Zivilprozessordnung" gilt. Diese Erweiterung des Anwendungsbereichs des § 24 S. 1 RVG ist vor dem Hintergrund zu sehen, dass die Lebenspartnerschaft mit dem Gesetz zur Überarbeitung des Lebenspartnerschaftsrechts weitgehend an das Institut der Ehe angeglichen worden ist.

3 Grundsätzlich gilt für einstweilige Anordnungen die Wertvorschrift v. § 24 S. 1 RVG. Hiervon macht S. 2 eine Ausnahme: Betrifft eine einstweilige Anordnung nach § 621g ZPO eine **Familiensache nach § 621 Abs. 1 Nr. 7 ZPO** (Regelung nach der VO über die Behandlung der Ehewohnung und des Hausrats), ist § 53 Abs. 2 S. 2 GKG entspr. anzuwenden. Der Wert für die Benutzung der Wohnung beträgt mithin 2.000 EUR, der Wert für die Benutzung des Hausrats 1.200 EUR. Dasselbe gilt in den gleichen Verf. in Lebenspartnerschaftssachen (§ 661 Abs. 2 iVm § 621 Abs. 1 Nr. 7 ZPO). Hingegen ist im Verf. betr. die Wohnungsüberlassung in der Hauptsache nach § 100a Abs. 2 KostO v. einem Regelwert v. 3.000 EUR auszugehen.

4 Für **einstweilige Anordnungen im Verfahren nach dem Gewaltschutzgesetz** (§ 64b FGG) gelten die Vorschriften v. § 24 S. 1 und 2 RVG entspr. Zwecks Vermeidung v. Wiederholungen wird auf die Ausführungen in Anm. 2, 3 verwiesen.

§ 25 Gegenstandswert in der Zwangsvollstreckung
(1) In der Zwangsvollstreckung bestimmt sich der Gegenstandswert

1. nach dem Betrag der zu vollstreckenden Geldforderung einschließlich der Nebenforderungen; soll ein bestimmter Gegenstand gepfändet werden und hat dieser einen geringeren Wert, ist der geringere Wert maßgebend; wird künftig fällig werdendes Arbeitseinkommen nach § 850d Abs. 3 der Zivilprozessordnung gepfändet, sind die noch nicht fälligen Ansprüche nach § 42 Abs. 1 und 2 des Gerichtskostengesetzes zu bewerten; im Verteilungsverfahren (§ 858 Abs. 5, §§ 872 bis 877 und 882 der Zivilprozessordnung) ist höchstens der zu verteilende Geldbetrag maßgebend;

2. nach dem Wert der herauszugebenden oder zu leistenden Sachen; der Gegenstandswert darf jedoch den Wert nicht übersteigen, mit dem der Herausgabe- oder Räumungsanspruch nach den für die Berechnung von Gerichtskosten maßgeblichen Vorschriften zu bewerten ist;

3. nach dem Wert, den die zu erwirkende Handlung, Duldung oder Unterlassung für den Gläubiger hat, und

4. in Verfahren über den Antrag auf Abnahme der eidesstattlichen Versicherung nach § 807 der Zivilprozessordnung nach dem Betrag, der einschließlich der Nebenforderungen aus dem Vollstreckungstitel noch geschuldet wird; der Wert beträgt jedoch höchstens 1500 Euro.

(2) In Verfahren über Anträge des Schuldners ist der Wert nach dem Interesse des Antragstellers nach billigem Ermessen zu bestimmen.

Übersicht

1 Systematik. § 25 RVG betrifft die Bestimmung des Gegenstandswertes für die anwaltl. Tätigkeit in den näher genannten Verf. der Zwangsvollstreckung. Diese Regelung war notwendig, weil die entspr. Gerichtsgebühren nicht nach Wert berechnet werden. § 25 RVG hat inhaltl. die Regelung des bisherigen § 57 Abs. 2 und 3 BRAGO übernommen. Im Gegensatz zu § 57 Abs. 3 BRAGO ist in § 25 RVG eine Regelung für Beschwerdeverfahren nicht erforderlich, weil insoweit § 23 Abs. 2 RVG gilt. Für Tätigkeiten in der Zwangsvollstreckung verdient der RA die Gebühren nach Nr. 3309, 3310 VV RVG. Der Anwalt kann die Gebühren im Verf. nach § 33 RVG festsetzen lassen (Volpert RVGreport 2005, 10).

2 Vollstreckt der RA Geldforderungen, bestimmt sich der Wert für die Anwaltsgebühren nach dem Betrag der zu vollstreckenden Geldforderung einschl. Nebenforderungen (§ 25 Abs. 1 Nr. 1 Hs. 1 RVG). Wird nur wg. einer Teilforderung vollstreckt, ist dieser Betrag maßgebend (Volpert RVGreport 2005, 11). Nebenforderungen sind insbes. die Zinsen (bis zum Tag der Ausführung der Zwangsvollstreckung, Gerold/Schmidt Rn. 6 zu § 25 RVG), die bisherigen Anwaltskosten sowie Kosten für bisherige Vollstreckungsmaßnahmen (Mock AGS 2004, 183). Hierzu zählen auch die Kosten der aktuellen Vollstreckung (Gebauer/Schneider § 25 RVG Rn. 2). Beauftragt der RA den Gerichtsvollzieher mit der **Pfändung eines bestimmten Gegenstandes** (Sache, Forderung, sonstiges Recht, vgl. Gebauer/Schneider § 25 Rn. 5), ist dessen Wert maßgebend (Volpert RVGreport 2005, 11). Hat die Sache einen geringeren Wert, ist dieser maßgebend (§ 25 Abs. 1 Nr. 1 Hs. 2 RVG). Problematisch kann die Bewertung des Gegenstandes sein. Die hM stellt hierbei auf den Wert ab, der sich nach Durchführung der Zwangsvollstreckung herausstellt (Hartung/Römermann Rn. 9 ff. zu § 25 RVG mit Nachweisen zum Streitstand). Ist die Zwangsvollstreckung erfolglos, weil der zu pfändende Gegenstand nicht existiert, ist nur der Mindestwert von 10 EUR gem. § 13 Abs. 2 RVG anzusetzen (Volpert RVGreport 2005, 11 mwN). Wird **künftig fälliges Arbeitsentgelt** nach § 850d Abs. 3 ZPO gepfändet, sind die noch nicht fälligen Ansprüche nach § 42 Abs. 1, 2 GKG zu bewerten (§ 25 Abs. 1 Nr. 1 Hs. 3 RVG). Maßgebend für die Ermittlung des Jahresbetrags ist das Arbeitseinkommen, welches der Schuldner nach den Angaben des Gläubigers im Zeitpunkt der Antragstellung bezieht. Hiervon sind die Beträge abzuziehen, welche dem Schuldner nach § 850d Abs. 1 S. 2 ZPO zu belassen sind (vgl. Gerold/Schmidt Rn. 9 zu § 25 RVG mwN). § 25 Abs. 1 Nr. 1 Hs. 3 RVG betrifft nur die Vorratspfändung nach § 850d Abs. 3 ZPO und nicht die Pfändung nach § 832 ZPO (Volpert

RVGreport 2005, 12). Die bei Antragstellung bereits fälligen Ansprüche werden nach § 42 Abs. 5 GKG nF hinzu addiert, die noch nicht fälligen Ansprüche nach § 42 Abs. 1, 2 GKG bewertet (Mock AGS 2004, 183). Wird der RA im Verteilungsverfahren nach § 858 Abs. 5, §§ 872 bis 877, 882 ZPO tätig, bemisst sich der Wert grds. nach dem Betrag der zu vollstreckenden Forderung einschließlich Nebenforderung. Es ist höchstens der zu verteilende Geldbetrag (= hinterlegter Betrag zzgl. Zinsen) maßgebend (§ 25 Abs. 1 Nr. 1 Hs. 4 RVG).

3 ist die Zwangsvollstreckung auf **Herausgabe oder Leistung einer Sache** (§§ 883 bis 885 ZPO) gerichtet, bemisst sich der Gegenstandswert nach dem Wert der Sache (§ 25 Abs. 1 Nr. 2 Hs. 1 RVG). Nach Hs. 2 besteht hinsichtlich der **Herausgabe oder Räumung** nach Beendigung eines Miet- bzw Nutzungsverhältnisses eine Einschränkung dahingehend, dass der Gegenstandswert den Wert des Jahresbetrags der zu entrichtenden Miete bzw. des zu entrichtenden Nutzungsentgelts nach § 41 Abs. 2 GKG nF nicht überschreiten darf. Nach § 41 Abs. 2 S. 2 GKG nF gilt dies entgegen § 16 Abs. 2 GKG aF auch dann, wenn die Räumung oder Herausgabe aus einem anderen Rechtsgrund verlangt wird, zB nach §§ 90 ZGB, 985 BGB wg. Eigentumserwerb in der Zwangsversteigerung. Beruht das Herausgabeverlangen ausschließlich auf einem anderen Rechtsgrund, ist der Verkehrswert der Sache maßgebend (Hartmann Rn. 10 zu § 25 RVG; Hartung/Römermann Rn. 24 zu § 25 RVG). Nach § 41 Abs. 2 S. 1 Hs. 2 iVm § 41 Abs. 1 GKG nF ist der geringere Betrag maßgebend, wenn die fragliche Zeit weniger als ein Jahr beträgt.

4 Richtet sich die **Zwangsvollstreckung auf die Erwirkung einer Handlung, Duldung oder Unterlassung** (§§ 887 bis 890 ZPO), ist nach § 25 Abs. 1 Nr. 3 RVG der für die Anwaltsgebühren maßgebliche Gegenstandswert nach dem Wert zu bemessen, welchen die Handlung, Duldung oder Unterlassung für den Gläubiger hat. Dieses Interesse ist unter Berücksichtigung des Hauptsachewertes gem. § 3 ZPO zu schätzen (Volpert RVGreport 2005, 14 mwN). Es wird regelmäßig geringer sein als der Wert der Hauptsache. Betreibt der RA die Vollstreckung eines nach § 887 Abs. 2 ZPO festgesetzten Vorschusses, ist dessen Betrag maßgebend. Hingegen ist ein nach §§ 888, 890 ZPO festgesetztes Zwangs- oder Ordnungsmittel für das Interesse des Gläubigers unbeachtlich (OLG Karlsruhe MDR 2000, 229).

5 Im Verf. über den Antrag auf **Abnahme einer eidesstattlichen Versicherung** (§ 807 ZPO) ist der Betrag für die Wertbestimmung maßgebend, der einschl. Nebenforderungen (Zinsen, Kosten früherer Vollstreckungen) aus dem Vollstreckungstitel noch geschuldet wird. Es kommt also nicht auf den Betrag an, der im Rahmen der Zwangsvollstreckung geltend gemacht wird. Nach Hs. 2 beträgt der Wert höchstens 1.500 EUR. Die Vorschrift gilt nicht für die eidesstattliche Vers. nach materiellem Recht (§§ 259, 260 BGB).

6 Nach § 25 Abs. 2 RVG ist der Wert im **Verfahren über Anträge des Schuldners** nach dem Interesse des Antragstellers nach billigem Ermessen zu schätzen. Dieses Interesse ist im konkreten Einzelfall unter Berücksichtigung des Antrags des Schuldners und des mit diesem Antrag verfolgten Zieles zu schätzen. Der Wert der Vollstreckungsmaßnahme, gg. welche sich der Antrag richtet, kann ein Anhaltspunkt sein (Gerold/Schmidt Rn. 20 zu § 25 RVG). Damit können der Tätigkeit des RA in der Zwangsvollstreckung verschiedene Gegenstandswerte zugrunde liegen, je nachdem, ob er den Gläubiger oder den Schuldner vertritt (hierzu Volpert RVGreport 2005, 15).

§ 26 Gegenstandswert in der Zwangsversteigerung
In der Zwangsversteigerung bestimmt sich der Gegenstandswert

1. **bei der Vertretung des Gläubigers oder eines anderen nach § 9 Nr. 1 und 2 des Gesetzes über die Zwangsversteigerung und die Zwangsverwaltung Beteiligten nach dem Wert des dem Gläubiger oder dem Beteiligten zustehenden Rechts; wird das Verfahren wegen einer Teilforderung betrieben, ist der Teilbetrag nur maßgebend, wenn es sich um einen nach § 10 Abs. 1 Nr. 5 des Gesetzes über die Zwangsversteigerung und die Zwangsverwaltung zu befriedigenden Anspruch handelt; Nebenforderungen sind mitzurechnen; der**

Wert des Gegenstands der Zwangsversteigerung (§ 66 Abs. 1, § 74a Abs. 5 des Gesetzes über die Zwangsversteigerung und die Zwangsverwaltung), im Verteilungsverfahren der zur Verteilung kommende Erlös, sind maßgebend, wenn sie geringer sind;

2. bei der Vertretung eines anderen Beteiligten, insbesondere des Schuldners, nach dem Wert des Gegenstands der Zwangsversteigerung, im Verteilungsverfahren nach dem zur Verteilung kommenden Erlös; bei Miteigentümern oder sonstigen Mitberechtigten ist der Anteil maßgebend;

3. bei der Vertretung eines Bieters, der nicht Beteiligter ist, nach dem Betrag des höchsten für den Auftraggeber abgegebenen Gebots, wenn ein solches Gebot nicht abgegeben ist, nach dem Wert des Gegenstands der Zwangsversteigerung.

Übersicht

1 Systematik. § 26 RVG entspricht den bisherigen Wertvorschriften für die Zwangsversteigerung in § 68 Abs. 3 BRAGO. In diesen Verf. verdient der RA die Gebühren nach Nr. 3311, 3312 VV RVG.

2 Vertritt der RA den **Gläubiger oder einen anderen nach § 9 Nr. 1, 2 ZVG Beteiligten**, bestimmt sich der für die Anwaltsgebühren maßgebende Gegenstandswert nach dem Wert des dem Gläubiger oder Beteiligten zustehenden Rechts. Hinzuzurechnen sind die Nebenforderungen wie Kosten, Zinsen etc. (Mock AGS 2004, 184). Gläubiger iSd Vorschrift ist derjenige, der das Verf. beantragt hat bzw dem Antrag später beigetreten ist. Wer Beteiligter ist, ergibt sich aus § 9 Nr. 1, 2 ZVG. Wie der Wert zu bestimmen ist, ergibt sich aus der Vorschrift nicht und ist str. (vgl. Riedel/Sußbauer Rn. 23 zu § 68 BRAGO mwN). Mit Mümmler (JurBüro 1972, 751) wird man richtigerweise die für bürgerliche Rechtsstreitigkeiten geltenden allgemeinen Wertvorschriften heranziehen können (§§ 41, 42, 48 GKG nF, §§ 3 bis 9 ZPO). Wird die Zwangsvollstreckung nur wg. einer **Teilforderung** betrieben, ist der Teilbetrag nur maßgebend, wenn es sich um einen persönlichen Anspruch nach § 10 Abs. 1 Nr. 5 ZVG handelt (§ 26 Nr. 1 Hs. 2 RVG). Diese Vorschrift betrifft den Anspruch eines Gläubigers, soweit er nicht in einer der vorgehenden Klassen zu befriedigen ist. In allen übrigen Fällen ist der volle Wert der dem Gläubiger bzw. Beteiligten zustehenden Forderung zugrunde zu legen, auch wenn nur eine Teilforderung geltend gemacht wird (Gerold/Schmidt Rn. 5 zu § 26 RVG; Mock AGS 2004, 184). Etwas anderes gilt nur, wenn der RA nur wg. einer Teilforderung mandatiert wird. Vertritt der RA den Beteiligten wg. mehrerer Forderungen, so sind die Werte zusammenzurechnen (Riedel/Sußbauer Rn. 20 zu § 68 BRAGO). Nach § 26 Nr. 1 Hs. 3 RVG sind **Nebenforderungen** bei der Wertermittlung mitzurechnen. Nebenforderungen sind Kosten bisheriger Zwangsvollstreckungs- bzw. Zwangsversteigerungsverfahren sowie die Zinsen bis zum Erlass des Anordnungs- bzw Beitrittsbeschlusses (Gerold/Schmidt Rn. 9 zu § 26 RVG). Hs. 4 sieht einen **Höchstwert** vor und begrenzt den Wert nach § 26 Nr. 1 RVG in zwei Fällen: Ist der Wert des Grundstücks, den das Gericht nach § 66 Ab. 1, 74a Abs. 5, 162 ZVG festgesetzt hat, geringer als der Gegenstandswert nach Nr. 1, ist dieser maßgebend. Gleiches gilt im Verteilungsverfahren, wenn der zur Verteilung kommende Erlös geringer ist. Von diesem Wert werden die nach § 109 Abs. 1 ZVG aus der Teilungsmasse vorweg zu entnehmenden Kosten nicht abgezogen. Bestehen bleibende Rechte werden nicht hinzugezählt, weil über diese nicht zu befinden ist (Hartmann Rn. 5 zu § 26 RVG).

3 Vertritt der RA den Schuldner oder einen **anderen Beteiligten** (Insolvenzverwalter, Testamentsvollstrecker, Nachlassverwalter, Miteigentümer etc.) in der Zwangsversteigerung, ist der Wert des Gegenstandes (§§ 66 Abs. 1, 74a Abs. 5, 162 ZVG), also regelmäßig der Verkehrswert des zu versteigernden Objekts, maßgebend (§ 26 Nr. 2 RVG). Grundstücksbelastungen sind nicht in Abzug zu bringen (Mock AGS 2004, 184). Im Verteilungsverfahren bestimmt sich der Wert nach dem zu verteilenden Erlös. Die nach § 109 Abs. 1 ZVG vorweg zu entnehmenden Kosten des gerichtl. Verf. sind nicht in Abzug zu bringen. Bei **Miteigentümern** und **sonstigen Mitberechtigten** ist nicht der Gesamtwert, sondern nach § 26 Nr. 2 Hs. 2 RVG der Anteil am Gegenstandwert maßgebend. Dies gilt auch für den Erlös (Mümmler JurBüro 1978, 1462). Betrifft die Tätigkeit des Anwalts mehrere Grundstücke in einem Verf., ist für jedes ein gesonderter Wert zu ermitteln. Die einzelnen Werte werden für die Gebührenbemessung zusammengerechnet (Mock AGS 2004, 184).

4 Bei der Vertretung eines **Bieters, der nicht Beteiligter** ist, berechnet sich der Wert nach dem Betrag des höchsten für den AG abgegebenen Gebots. Dies ist das Bargebot nach § 49 ZVG zzgl. der Werte aller bestehen bleibenden Rechte (Riedel/Sußbauer Rn. 32 zu § 68 BRAGO). Wird ein solches Gebot nicht abgegeben, bestimmt sich der Gegenstandswert nach dem Wert des Gegenstands der Zwangsversteigerung.

§ 27 Gegenstandswert in der Zwangsverwaltung
In der Zwangsverwaltung bestimmt sich der Gegenstandswert bei der Vertretung des Antragstellers nach dem Anspruch, wegen dessen das Verfahren beantragt ist; Nebenforderungen sind mitzurechnen; bei Ansprüchen auf wiederkehrende Leistungen ist der Wert der Leistungen eines Jahres maßgebend. Bei der Vertretung des Schuldners bestimmt sich der Gegenstandswert nach dem zusammengerechneten Wert aller Ansprüche, wegen derer das Verfahren beantragt ist, bei der Vertretung eines sonstigen Beteiligten nach § 23 Abs. 3 Satz 2.

Übersicht

1 Vertritt der RA den **Antragsteller** in der Zwangsverwaltung, bestimmt sich nach § 27 RVG (bisher § 69 Abs. 2 BRAGO) der für die Anwaltsgebühren maßgebende Gegenstandswert nach dem Anspruch, wg. dessen das Verf. beantragt ist. **Ausschlaggebend ist mithin der Antrag.** Wird die Zwangsverwaltung nur wg. eines Teils der Forderung beantragt, ist der Teilbetrag maßgebend (Gerold/Schmidt Rn. 2 zu § 27 RVG). Bei der Berechnung des Wertes sind nach § 27 S. 1 Hs. 2 RVG **Nebenforderungen** mitzurechnen. Hierzu zählen die aufgelaufenen Zinsen bis zum Erlass des Anordnungs- oder Beitrittsbeschlusses. Werden die Kosten der Rechtsverfolgung angemeldet, sind sie bei der Wertberechnung mitzurechnen (Riedel/Sußbauer Rn. 11 zu § 69 BRAGO). Nach S. 1 Hs. 3 ist bei Ansprüchen auf **wiederkehrende Leistungen** der Wert der Leistungen eines Jahres maßgebend. Dies gilt nicht nur bei Miet- oder Pachtzinsen, sondern bei allen wiederkehrenden Leistungen einschl. laufender Zinsen (Gerold/Schmidt Rn. 3 zu § 27 RVG). Allerdings ist der Jahresbetrag nur der Höchstbetrag. Ist der Gesamtbetrag der wiederkehrenden Leistungen, wg. derer die Anordnung der Zwangsverwaltung erfolgt ist, geringer, so ist dieser Betrag der Wertberechnung zugrunde zu legen (str., zum Meinungsstand Hartung/Römermann Rn. 10f. zu § 27). Die Vorschrift gilt allerdings nur für wiederkehrende Leistungen, die nach diesem Zeitpunkt fällig werden. Der Betrag der rückständigen und bis zur Beschlagnahme nach § 13 ZVG fällig werdenden wiederkehrenden Leistungen ist voll in den Geschäftswert einzurechnen (Riedel/Sußbauer Rn. 12 zu § 69 BRAGO).

2 Bei der **Vertretung des Schuldners** in der Zwangsverwaltung bestimmt sich der Gegenstandswert nach dem zusammengerechneten Wert aller Ansprüche, wg. derer das Verf. beantragt ist (§ 27 S. 2 Hs. 1 RVG). Maßgebend ist wiederum der Antrag. Aus diesem Grunde werden auch solche Ansprüche hinzugerechnet, wg. derer der Anwalt das Verf. beantragt hat, eine Anordnung indes nicht erfolgt ist (Gerold/Schmidt Rn. 6 zu § 27 RVG). Wurde der RA erst nach der Rücknahme oder Ablehnung v. Ansprüchen mandatiert, werden diese in die Wertberechnung nicht einbezogen.

3 Vertritt der RA einen sonstigen Beteiligten, bestimmt sich der Gegenstandswert nach § 23 Abs. 3 S. 2 RVG (§ 27 S. 2 Hs. 2 RVG). Er ist v. Vollstreckungsgericht nach billigem Ermessen zu bestimmen, wobei der Mindestwert 4.000 EUR beträgt. Es kann nur ein Wert bis 500.000 EUR festgesetzt werden (§ 23 RVG Anm. 12).

4 Im Verf. der Zwangsverwaltung verdient der RA die Gebühren nach Nr. 3311, 3312 VV RVG.

§ 28 Gegenstandswert im Insolvenzverfahren

(1) Die Gebühren der Nummern 3313, 3317 sowie im Falle der Beschwerde gegen den Beschluss über die Eröffnung des Insolvenzverfahrens der Nummern 3500 und 3513 des Vergütungsverzeichnisses werden, wenn der Auftrag vom Schuldner erteilt ist, nach dem Wert der Insolvenzmasse (§ 58 des Gerichtskostengesetzes) berechnet. Im Falle der Nummer 3313 des Vergütungsverzeichnisses beträgt der Gegenstandswert jedoch mindestens 4000 Euro.

(2) Ist der Auftrag von einem Insolvenzgläubiger erteilt, werden die in Absatz 1 genannten Gebühren und die Gebühr nach Nummer 3314 nach dem Nennwert der Forderung berechnet. Nebenforderungen sind mitzurechnen.

(3) Im Übrigen ist der Gegenstandswert im Insolvenzverfahren unter Berücksichtigung des wirtschaftlichen Interesses, das der Auftraggeber im Verfahren verfolgt, nach § 23 Abs. 3 Satz 2 zu bestimmen.

Übersicht

1 § 28 RVG hat die in § 77 BRAGO enthaltenen Wertvorschriften für das Insolvenzverfahren in redaktionell angepasster Form übernommen. Der in § 77 Abs. 1 BRAGO enthaltene Mindestwert v. 3.000 EUR wurde entspr. dem allgemeinen Auffangwert des § 23 Abs. 3 S. 2 RVG auf 4.000 EUR angehoben. Im Insolvenzverfahren verdient der RA die Gebühren nach Nr. 3313ff. VV RVG.

2 Nach § 28 Abs. 1 RVG bemisst sich der für die Anwaltsgebühren der Nr. 3313, 3317 VV RVG (Verfahrensgeb. für das Eröffnungs- bzw Insolvenzverfahren) maßgebende Gegenstandswert bei der **Vertretung des Schuldners** im Insolvenzverfahren nach § 58 GKG nach dem Wert der Insolvenzmasse. Maßgebender Zeitpunkt für die Wertermittlung ist nach § 58 Abs. 1 GKG nF der Zeitpunkt der Beendigung des Verf. Dies gilt allerdings nur dann, wenn der RA zu diesem Zeitpunkt noch mandatiert ist. Andernfalls ist der Wert der Insolvenzmassen zum Zeitpunkt der Beendigung des Mandats zu ermitteln (Hartmann Rn. 6 zu § 28 RVG). Nach § 35 InsO gehört zur Insolvenzmasse das gesamte Vermögen, das dem Schuldner zur Zeit der Eröffnung des Verf. gehört und das er während des Verf. erlangt (so genannter Neuerwerb: Gegenstände, Früchte, Nutzungen, Zinsen). Der Aussonderung unterliegende Gegenstände (§ 47 InsO) gehören nicht zur Insolvenzmasse (Gerold/Schmidt Rn. 6 zu § 28 RVG). Massekosten und Masseschulden werden nicht in Abzug gebracht (Riedel/Sußbauer Rn. 4 zu § 77 BRAGO).

3 Dieser Wert gilt auch im Falle der **Beschwerde gegen den Beschluss über die Eröffnung des Insolvenzverfahrens** für die Gebühren nach Nr. 3500, 3513 VV RVG (Verf.- sowie Terminsgeb. im Beschwerdeverfahren). Nicht maßgebend ist, ob die Beschwerde v. dem Schuldner oder dem Gläubiger eingelegt worden ist (Riedel/Sußbauer Rn. 3 zu § 77 BRAGO mwN).

4 Nach § 28 Abs. 1 S. 2 RVG beträgt der Wert für die Gebühr für die Vertretung des Schuldners im Eröffnungsverfahren nach Nr. 3313 VV RVG mind. 4.000 EUR. Dieser Betrag kommt insbes. bei masselosen bzw. massearmen Insolvenzverfahren zum Tragen.

5 Die Verweisung in § 28 Abs. 1 S. 1 RVG auf § 58 GKG nF betrifft nur die Insolvenzmasse und erfasst nicht die Wertbegrenzung v. § 58 Abs. 2 GKG (str., vgl. die Nachweise bei Riedel/Sußbauer Rn. 4 zu § 77 BRAGO). Die Gebühren des Schuldnervertreters bemessen sich damit auch dann nach der Insolvenzmasse und nicht nach der Forderung des Gläubigers, wenn der Gläubiger den Insolvenzantrag gestellt hat.

6 Vertritt der RA einen **Insolvenzgläubiger**, werden die Gebühren der Nr. 3314 VV RVG (Verfahrensgeb. für die Vertretung des Gläubigers im Eröffnungsverfahren), der Nr. 3317 VV RVG (Verfahrensgeb. für das Insolvenzverfahren) sowie der Nrn. 3500, 3513 VV RVG (Verf.- und Terminsgeb. im Beschwerdeverfahren) nach dem Nennwert der Forderung des Gläubigers berechnet. Dies gilt bei der Beschwerdegebühr unabhängig davon, ob die Beschwerde v. Schuldner oder v. Gläubiger eingelegt worden ist (Mayer/Kroiß Rn. 16 zu § 28 RVG).

7 Maßgebend ist der **Nennwert der Forderung**. Zu diesem sind nach § 28 Abs. 2 S. 2 RVG die Nebenforderungen hinzuzurechnen. Das sind die bisherigen Kosten sowie Zinsen bis zur Eröffnung des Insolvenzverfahrens. Werden Kosten im Insolvenzverfahren nicht erstattet, bleiben sie unberücksichtigt (Gerold/Schmidt Rn. 16 zu § 28 RVG). Stützt der RA im Namen des Gläubigers den Insolvenzantrag auf einen **Teilbetrag der Forderung**, ist dieser maßgebend (str., so wie hier Gerold/Schmidt Rn. 12 zu § 28 RVG mwN).

8 Soweit Fälle nicht v. § 28 Abs. 1 und 2 RVG erfasst werden, bestimmt sich der Gegenstandswert im Insolvenzverfahren "iÜ" nach § 23 Abs. 3 S. 2 RVG. Hierunter fällt die Vertretung sonstiger Beteiligter (nicht des Schuldners bzw. des Gläubigers) im Eröffnungs- und Insolvenzverfahren bzw. Beschwerdeverfahren. Erfasst wird zB auch die Vertretung eines Beteiligten im Verf. über den Schuldenbereinigungsplan bzw. im Verf. über einen Antrag auf Versagung oder Widerruf der Restschuldbefreiung (Hartung/Römermann Rn. 27 zu § 28). Der Gegenstandswert ist nach der genannten Vorschrift nach den wirtschaftl., nicht den rechtl. Interessen des AG zu schätzen. Entscheidend ist das billige Ermessen des Vollstreckungsgerichts. Der Mindestwert beträgt 4.000 EUR. Der Wert darf den Betrag v. 500.000 EUR nicht übersteigen.

§ 29 Gegenstandswert im Verteilungsverfahren nach der Schifffahrtsrechtlichen Verteilungsordnung

Im Verfahren nach der Schifffahrtsrechtlichen Verteilungsordnung gilt § 28 entsprechend mit der Maßgabe, dass an die Stelle des Werts der Insolvenzmasse die festgesetzte Haftungssumme tritt.

Übersicht

1 § 29 RVG übernimmt die in § 81 Abs. 1 S. 2 BRAGO enthaltene Wertberechnung in schifffahrtsrechtlichen Verteilungsverfahren in redaktionell angepasster Form. Danach gilt § 28 RVG entspr. mit der Maßgabe, dass an die Stelle des Werts der Insolvenzmasse die festgesetzte Haftungssumme tritt. Diese wird nach § 5 SVertO v. dem zust. Gericht durch Beschl. festgesetzt.

2 Vertritt der RA den **Schuldner**, bestimmt sich der Wert nach der Haftungssumme, höchstens jedoch nach dem Betrag sämtlicher Forderungen. Bei der Vertretung des **Gläubigers** ist der Nennbe-

trag der Forderung zzgl. der Nebenansprüche bis zum Tag vor der Eröffnung des Verteilungsverfahrens maßgebend (Gerold/Schmidt Rn. 9 zu § 29 RVG).
3 Im Verteilungsverfahren nach der SVertO verdient der RA die Gebühren nach den Nrn. 3313, 3314, 3317, 3320 VV RVG (vgl. jew. die amtliche Anm. zu den einzelnen Gebührentatbeständen). Weitere Vorschriften des Vergütungsverzeichnisses sind im Verteilungsverfahren nach der schifffahrtsrechtlichen Verteilungsordnung nicht anzuwenden (Vorbem. 3.3.5 Abs. 1 VV RVG). Da für die Ermittlung des Gegenstandswertes § 28 RVG entspr. gilt, wird zwecks Vermeidung v. Wiederholungen auf die dortige Komm. verwiesen.

§ 30 Gegenstandswert in gerichtlichen Verfahren nach dem Asylverfahrensgesetz
In Streitigkeiten nach dem Asylverfahrensgesetz beträgt der Gegenstandswert in Klageverfahren, die die Asylanerkennung einschließlich der Feststellung der Voraussetzungen nach § 51 Abs. 1 des Ausländergesetzes und die Feststellung von Abschiebungshindernissen betreffen, 3000 Euro, in sonstigen Klageverfahren 1500 Euro. In Verfahren des vorläufigen Rechtsschutzes wegen aufenthaltsbeendender Maßnahmen nach dem Asylverfahrensgesetz beträgt der Gegenstandswert 1500 Euro, im Übrigen die Hälfte des Wertes der Hauptsache. Sind mehrere natürliche Personen an demselben Verfahren beteiligt, erhöht sich der Wert für jede weitere Person in Klageverfahren um 900 Euro und in Verfahren des vorläufigen Rechtsschutzes um 600 Euro.

Übersicht

1 § 30 RVG übernimmt die derzeit in § 83b Abs. 2 AsylVfG enthaltene Regelung zur Bestimmung des Gegenstandswerts in gerichtl. Verf. nach dem AsylVfG ohne inhaltl. Änderung.
2 Danach beträgt der Gegenstandswert in den in S. 1 Hs. 1 genannten Klageverfahren 3 000 EUR, in sonstigen Klageverfahren 1 500 EUR (S. 1 Hs. 2). Zu den sonstigen Klageverfahren zählen insbes. Streitigkeiten über die Unterbringung, Aufenthaltsgestattung, Passherausgabe bzw. den Abschiebungsschutz nach § 53 AuslG, während Klagen auf Leistung v. Hilfe zum Lebensunterhalt bzw. auf eine Duldungserteilung nicht unter § 30 RVG fallen (Marx Rn. 6f. zu § 83b AsylVfG).
3 In Verf. des vorläufigen Rechtsschutzes wg. aufenthaltsbeendender Maßnahmen nach dem AsylVfG berechnen sich die Anwaltsgebühren nach einem Gegenstandswert v. 1 500 EUR. Wird der RA in sonstigen Verf. des vorläufigen Rechtsschutzes tätig, beträgt der Gegenstandswert die Hälfte des Wertes der Hauptsache (§ 30 S. 2 RVG). Hierzu zählen zB Verf. des vorläufigen Rechtsschutzes auf Passherausgabe, auf Erteilung der Sondergenehmigung nach § 58 AsylVfG (vgl. iE Marx Rn. 9 zu § 83b).
4 Sind mehrere nat. Personen an demselben Verf. beteiligt, erhöht sich der Gegenstandswert für jede Person im Klageverfahren um 900 EUR und im Verf. des vorläufigen Rechtsschutzes um 600 EUR (§ 30 S. 3 RVG). Dies wird zB dann der Fall sein, wenn mehrere Familienmitglieder als Kl. auftreten.

§ 31 Gegenstandswert in gerichtlichen Verfahren nach dem Spruchverfahrensgesetz
(1) Vertritt der Rechtsanwalt im Verfahren nach dem Spruchverfahrensgesetz einen von mehreren Antragstellern, bestimmt sich der Gegenstandswert nach dem Bruchteil des für die Gerichtsgebühren geltenden Geschäftswerts, der sich aus dem Verhältnis der Anzahl der

Anteile des Auftraggebers zu der Gesamtzahl der Anteile aller Antragsteller ergibt. Maßgeblicher Zeitpunkt für die Bestimmung der auf die einzelnen Antragsteller entfallenden Anzahl der Anteile ist der jeweilige Zeitpunkt der Antragstellung. Ist die Anzahl der auf einen Antragsteller entfallenden Anteile nicht gerichtsbekannt, wird vermutet, dass er lediglich einen Anteil hält. Der Wert beträgt mindestens 5000 Euro.

(2) Wird der Rechtsanwalt von mehreren Antragstellern beauftragt, sind die auf die einzelnen Antragsteller entfallenden Werte zusammenzurechnen; Nummer 1008 des Vergütungsverzeichnisses ist insoweit nicht anzuwenden.

Übersicht

1 § 31 RVG übernimmt inhaltsgleich die Vorschrift des § 8 Abs. 1a BRAGO in der am 1. September 2003 in Kraft getretenen Fassung. Er regelt den Gegenstandswert in gerichtl. Verf. nach dem SpruchG.

2 Vertritt der RA **einen von mehreren Antragstellern** im Verf. nach dem SpruchG, bestimmt sich der für die Anwaltsgebühren maßgebende Gegenstandswert nach § 31 Abs. 1 S. 1 RVG. Um diesen Wert berechnen zu können, ist zunächst festzustellen, in welchem Verhältnis die Anzahl die Anteile des v. RA vertretenen Antragstellers zu der Gesamtzahl der Anteile aller Antragsteller steht. Dieser Bruchteil wird sodann mit dem für die Gerichtsgebühren festgesetzten Geschäftswert multipliziert. Der Geschäftswert beträgt nach § 15 SpruchG mind. 200.000 EUR, höchstens 7,5 Mio EUR.

3 Nach § 31 Abs. 1 S. 2 RVG ist **maßgeblicher Zeitpunkt für die Bestimmung der auf die einzelnen Antragsteller entfallenden Anzahl** der Anteile der jew. Zeitpunkt der Antragstellung. Damit gilt der ermittelte Wert für die gesamte Dauer des Verf., unabhängig davon, ob sich die Anzahl der Anteile bis zur Entscheidung noch ändert. Abs. 1 S. 3 stellt eine Vermutungsregel auf. Ist die Zahl der auf einen Antragsteller entfallenden Anteile nicht gerichtsbekannt, wird vermutet, dass er nur einen Anteil hält. Nach Hartung/Römermann Rn. 14 zu § 31 soll diese Vermutung nicht im Verhältnis v. RA und Mandant gelten. Abs. 1 S. 4 legt fest, dass der Wert eines Anteils mind. 5.000 EUR beträgt.

4 Gibt es in dem Verf. nur einen Antragsteller, findet § 31 RVG keine Anwendung. In diesem Fall bestimmt sich der für die Anwaltsgebühren maßgebende Gegenstandswert nach dem für die Gerichtsgebühren festgesetzten Wert (§ 32 Abs. 1 RVG).

5 Vertritt der RA **mehrere Antragsteller**, ist ausweislich § 31 Abs. 2 Hs. 2 RVG die Nr. 1008 VV RVG nicht anwendbar. Aus diesem Grunde erhöhen sich die Gebühren nicht für jeden Antragsteller. Vielmehr werden die auf die einzelnen Antragsteller entfallenden Anteile zusammengerechnet (§ 31 Abs. 2 Hs. 1 RVG). Ist der Wert der einzelnen Anteile nicht bekannt, gilt für jeden Anteil der Mindestwert v. 5.000 EUR (§ 31 Abs. 1 S. 4 RVG).

6 Halten mehrere Personen, zB zwei Ehegatten, einen Anteil gemeinschaftlich, findet keine Wertaddition statt. Es bleibt vielmehr bei der Anwendbarkeit v. Nr. 1008 VV RVG. In diesem Fall vertritt der RA nur einen Antragsteller, aber mehrere AG.

7 § 31 RVG regelt den für die Anwaltsgebühren maßgebenden Gegenstandswert, sofern der RA einen oder mehrere Antragsteller vertritt. Bei der Vertretung des **Antragsgegners** gilt § 32 Abs. 1 RVG.

§ 32 Wertfestsetzung für die Gerichtsgebühren

(1) Wird der für die Gerichtsgebühren maßgebende Wert gerichtlich festgesetzt, ist die Festsetzung auch für die Gebühren des Rechtsanwalts maßgebend.

(2) Der Rechtsanwalt kann aus eigenem Recht die Festsetzung des Werts beantragen und Rechtsmittel gegen die Festsetzung einlegen. Rechtsbehelfe, die gegeben sind, wenn die Wertfestsetzung unterblieben ist, kann er aus eigenem Recht einlegen.

Übersicht

1 § 32 RVG entspricht § 9 BRAGO. Nach der Vorschrift ist der gerichtl. für die Gerichtsgebühren festgesetzte Wert auch für die Anwaltsgebühren maßgebend. Berechnen sich die Gebühren in einem gerichtl. Verf. nicht nach dem für die Gerichtsgebühren maßgebenden Wert oder fehlt es an einem solchen, setzt das Gericht auf Antrag den Wert des Gegenstandes der anwaltl. Tätigkeit durch Beschl. selbstst. fest. Außerhalb eines Gerichtsverfahrens bestimmt der RA den Gegenstandswert seiner Tätigkeit nach billigem Ermessen und legt diesen seiner Kostennote nach § 10 RVG zugrunde. Im Gebührenprozess ist die Frage der korrekten Bemessung des Gegenstandswertes sodann als Vorfrage zu klären (Gerold/Schmidt Rn. 5 zu § 32 RVG). Der für die Gerichtsgebühren festgesetzte Wert ist für die Gebühren des Anwalts im Verhältnis zu seinem Mandanten dann nicht maßgebend, wenn eine Gebührenvereinbarung getroffen worden ist (Mayer/Kroiß Rn. 60 zu § 32 RVG).

2 § 32 RVG gilt für alle Gerichtsbarkeiten. Es muss jedoch ges. ein **gerichtliches Verfahren vorgeschrieben sein, in dem ein für die Gerichtsgebühren maßgebender Wert festgesetzt werden kann**. Für die bürgerlich-rechtl. Gerichtsverfahren finden sich entspr. Vorschriften in den §§ 61 bis 65 GKG nF. Sind Gebühren, die sich nach dem Streitwert richten, mit Klageeinreichung fällig, setzt das Gericht gem. § 63 Abs. 1 S. 1 GKG nF vAw sogleich den Wert durch Beschluss vorläufig fest. Dieser ist zu begründen (Gebauer/Schneider § 32 RVG Rn. 7). Einwendungen gg. die Höhe der vorläufigen Streitwertfestsetzungen können nach § 63 Abs. 1 S. 2 GKG nF im Verf. über die Beschwerde geltend gemacht werden (hierzu Mayer/Kroiß Rn. 41ff. zu § 32 RVG). Ist der Streitwert für die Entscheidung über die Zuständigkeit des Prozessgerichts festgesetzt, ist diese Festsetzung nach § 62 GKG nF auch für die Berechnung der Gebühren maßgebend. Die Festsetzung des Zuständigkeitsstreitwerts kann vom Prozessbev. des Kl. nicht mit der Streitwertbeschwerde angefochten werden (OLG Koblenz AGS 2004, 160f. gg. OLG Bremen AnwBl 1988, 71). Soweit eine Entscheidung nach § 62 S. 1 GKG nF nicht ergeht oder nicht bindet, setzt das Prozessgericht den Wert für die zu erhebenden Gebühren abschließend gem. § 63 Abs. 2 GKG nF fest. Die Entscheidung ergeht als **Beschluss** (Mayer/Kroiß Rn. 27 zu § 32 RVG). Gg. den Beschl. ist die Einlegung einer Beschwerde möglich, sofern der Wert des Beschwerdegegenstands 200 EUR übersteigt (Mayer/Kroiß Rn. 46ff. zu § 32 RVG). Die Streitwertfestsetzung kann von dem Gericht, welches sie getroffen hat, unter den Voraussetzungen des § 63 Abs. 3 GKG nF vAw geändert werden. In Verf. der freiwilligen Gerichtsbarkeit bestimmt das Gericht gem. § 31 KostO den Geschäftswert durch Beschl. Für die Wertfestsetzung ist immer das Gericht des Rechtszugs **zuständig**, für welchen der Streitwert festgesetzt werden soll (Mayer/Kroiß Rn. 10 zu § 32 RVG). **§ 32 RVG greift jedoch nicht**, wenn in einem Verf. keine Gerichtsgebühren erhoben werden. Dies gilt zB nach § 2 Abs. 2 GKG nF für das arbeitsgerichtliche Beschlussverfahren. In diesem Fall greift § 33 RVG. Auch in der Sozialgerichtsbarkeit findet § 32 RVG keine Anwendung, weil idR Rahmengebühren entstehen.

richtsbarkeit findet § 32 RVG keine Anwendung, weil idR Rahmengebühren entstehen. Fallen Rahmengebühren an, greift § 33 RVG (Volpert RVGreport 2004, 170). Hingegen kommt § 32 RVG zur Anwendung, wenn ein Fall der **persönlichen Gebührenfreiheit** gegeben ist, vgl. zB § 2 GKG nF (Riedel/Sußbauer Rn. 7 zu § 9 BRAGO).

3 Voraussetzung für die Anwendung v. § 32 RVG ist, dass die anwaltl. sowie gerichtl. Tätigkeit den gleichen Gegenstand haben (hierzu Volpert RVGreport 2004, 172). Dies ist zB nicht der Fall, wenn bei einem außergerichtlichen Vergleich der Prozess- und der Vergleichsgegenstand nicht übereinstimmen (OLG Hamburg MDR 1961, 158). In diesem Fall ist der Wert nach § 33 RVG zu bestimmen (Riedel/Sußbauer Rn. 10 zu § 9 BRAGO).

4 Die von § 32 Abs. 1 RVG angeordnete **Bindungswirkung der gerichtlichen Wertfestsetzung für die Anwaltsgebühren** ist in mehrfacher Hinsicht begrenzt. So dauert die Wirkung nur so lange, wie die gerichtl. Wertfestsetzung für die Gerichtsgebühren wirkt. Wird diese geändert ☐ zB nach § 63 Abs. 3 GKG nF ☐, ist die Änderung auch für die Anwaltsgebühren maßgebend. In **sachlicher Hinsicht** gilt die Wertfestsetzung nur für Anwaltsgebühren, die in gerichtl. Verf. entstanden sind, mithin nicht für die Gebühren des RA für die Verrichtung außergerichtlicher Tätigkeiten. Auch ist die Wirkung auf die jew. Instanz beschränkt. In **persönlicher Hinsicht** erstreckt sich die Wirkung auf den AG, die Mithaftenden, den betroffenen RA sowie im Rahmen der PKH auf die Staatskasse. § 32 RVG gilt auch für den Rechtsbeistand, sofern diesem die Erlaubnis zur geschäftsmäßigen Besorgung fremder Rechtsangelegenheiten erteilt worden ist (Volpert RVGreport 2004, 171). Auch die Gerichte sind zB im Rahmen des Vergütungsfestsetzungsverfahrens an die Wertfestsetzung gebunden (vgl. iE Riedel/Sußbauer Rn. 13ff. zu § 9 BRAGO). Trifft der RA mit dem Mandanten nach § 4 RVG eine Honorarvereinbarung, kann anstelle des gerichtl. festgesetzten Wertes ein anderer vereinbart werden. So ist zB eine Vereinbarung dahingehend möglich, dass die Gebühren aus enem höheren Streitwert berechnet werden (Gebauer/Schneider § 32 RVG Rn. 37). Ist der Gegner zur Kostenerstattung verpflichtet, ist allerdings der gerichtl. festgesetzte Wert maßgebend (Volpert RVGreport 2004, 173).

5 Nach § 32 Abs. 2 RVG kann der RA aus eigenem Recht die Festsetzung des Werts beantragen. Dieses Antragsrecht besteht in den Fällen, in denen das in Frage kommende Verfahrensrecht eine gerichtl. Wertfestsetzung vorsieht. Es steht auch dem RA des Gegners der Partei zu (Gerold/Schmidt Rn. 254 zu § 32 RVG), bezieht sich allerdings immer nur auf die Instanz, in welcher der RA tätig geworden ist. Das eigene Antragsrecht des Anwalts kann zB dann zum Tragen kommen, wenn den Parteien PKH bewilligt worden ist und sie deshalb keine Gerichtsgebühren zahlen müssen (Volpert RVGreport 2004, 170). Eine **Frist** ist für den Antrag nicht vorgesehen; das Recht zur Antragstellung kann allerdings verwirkt sein (Hartung/Römermann Rn. 35 zu § 32 RVG).

6 Gegen die Wertfestsetzung kann der RA Rechtsmittel einlegen (§ 32 Abs. 2 S. 1 RVG). Dies setzt voraus, dass er durch die Entscheidung nachteilig in seinen eigenen Rechten betroffen ist und ein eigenes Interesse an der Änderung der Festsetzung hat. Dieses ist gegeben, wenn die Wertfestsetzung zu niedrig ist. Legt der RA eine Beschwerde mit dem Ziel einer Reduzierung des Wertes ein, ist davon auszugehen, dass es sich um eine im Namen des Mandanten eingelegte Beschwerde und nicht um eine nach § 32 Abs. 2 handelt (Hartung/Römermann Rn. 39 zu § 32 RVG). Nach § 63 Abs. 2 iVm § 68 Abs. 1 GKG nF muss der Wert des **Beschwerdegegenstands** 200 EUR übersteigen. Dieser ist aus der Differenz zw. den Gebühren, die der RA nach der erfolgten Wertfestsetzung und den Gebühren aus dem Wert, dessen Festsetzung mit der Beschwerde begehrt wird, zu berechnen. Die USt ist bei der Berechnung der Beschwerdesumme mitzuberechnen (Gerold/Schmidt Rn. 265 zu § 32 RVG). Dies gilt nicht für die Gerichtskosten, da sie nicht dem Anwalt zufließen (Gebauer/Schneider § 32 RVG Rn. 62). Im Falle eines Rechtsmittelverzichts ist die Einlegung einer Beschwerde ausgeschlossen. Sieht die jeweilige Verfahrensordnung im Beschwerdeverfahren gegen eine Streitwertfestsetzung eine Beschwerdefrist vor, ist diese auch dann maßgebend, wenn der Anwalt aus eigenem Recht Beschwerde einlegt (Volpert RVGreport 2004, 174).

7 Nach § 32 Abs. 2 S. 2 RVG kann der RA Rechtsbehelfe, die gegeben sind, wenn die Wertfestsetzung unterblieben ist, aus eigenem Recht einlegen. Dieser Fall ist insbesondere dann gegeben, wenn die Streitwertfestsetzung abgelehnt worden ist. Zu diesen Rechtsbehelfen zählen ua Anträge auf Berichtigung und Ergänzung von Entscheidungen (§§ 319, 321 ZPO), welche für die Wertfestsetzung insbesondere im arbeitsgerichtlichen Verfahren Bedeutung erlangen können (Riedel/Sußbauer Rn. 24 zu § 9 BRAGO). Es kommt auch eine Untätigkeitsbeschwerde in Betracht (Schneider/Mock Rn. 20 zu § 6). Voraussetzung ist aber stets, dass der RA in der fraglichen Instanz auch tätig war. Möglich ist auch eine Gegenvorstellung, mit welcher der Anwalt die noch ausstehende Beschlussfassung anregen kann (Gebauer/Schneider § 32 RVG Rn. 109).

§ 33 Wertfestsetzung für die Rechtsanwaltsgebühren

(1) Berechnen sich die Gebühren in einem gerichtlichen Verfahren nicht nach dem für die Gerichtsgebühren maßgebenden Wert oder fehlt es an einem solchen Wert, setzt das Gericht des Rechtszugs den Wert des Gegenstands der anwaltlichen Tätigkeit auf Antrag durch Beschluss selbstständig fest.

(2) Der Antrag ist erst zulässig, wenn die Vergütung fällig ist. Antragsberechtigt sind der Rechtsanwalt, der Auftraggeber, ein erstattungspflichtiger Gegner und in den Fällen des § 45 die Staatskasse.

(3) Gegen den Beschluss nach Absatz 1 können die Antragsberechtigten Beschwerde einlegen, wenn der Wert des Beschwerdegegenstands 200 Euro übersteigt. Die Beschwerde ist auch zulässig, wenn sie das Gericht, das die angefochtene Entscheidung erlassen hat, wegen der grundsätzlichen Bedeutung der zur Entscheidung stehenden Frage in dem Beschluss zulässt. Die Beschwerde ist nur zulässig, wenn sie innerhalb von zwei Wochen nach Zustellung der Entscheidung eingelegt wird.

(4) Soweit das Gericht die Beschwerde für zulässig und begründet hält, hat es ihr abzuhelfen; im Übrigen ist die Beschwerde unverzüglich dem Beschwerdegericht vorzulegen. Beschwerdegericht ist das nächsthöhere Gericht, in bürgerlichen Rechtsstreitigkeiten der in § 119 Abs. 1 Nr. 1, Abs. 2 und 3 des Gerichtsverfassungsgesetzes bezeichneten Art jedoch das Oberlandesgericht. Eine Beschwerde an einen obersten Gerichtshof des Bundes findet nicht statt. Das Beschwerdegericht ist an die Zulassung der Beschwerde gebunden; die Nichtzulassung ist unanfechtbar.

(5) War der Beschwerdeführer ohne sein Verschulden verhindert, die Frist einzuhalten, ist ihm auf Antrag von dem Gericht, das über die Beschwerde zu entscheiden hat, Wiedereinsetzung in den vorigen Stand zu gewähren, wenn er die Beschwerde binnen zwei Wochen nach der Beseitigung des Hindernisses einlegt und die Tatsachen, welche die Wiedereinsetzung begründen, glaubhaft macht. Nach Ablauf eines Jahres, von dem Ende der versäumten Frist an gerechnet, kann die Wiedereinsetzung nicht mehr beantragt werden. Gegen die Ablehnung der Wiedereinsetzung findet die Beschwerde statt. Sie ist nur zulässig, wenn sie innerhalb von zwei Wochen eingelegt wird. Die Frist beginnt mit der Zustellung der Entscheidung. Absatz 4 Satz 1 bis 3 gilt entsprechend.

(6) Die weitere Beschwerde ist nur zulässig, wenn das Landgericht als Beschwerdegericht entschieden und sie wegen der grundsätzlichen Bedeutung der zur Entscheidung stehenden Frage in dem Beschluss zugelassen hat. Sie kann nur darauf gestützt werden, dass die Entscheidung auf einer Verletzung des Rechts beruht; die §§ 546 und 547 der Zivilprozessordnung gelten entsprechend. Über die weitere Beschwerde entscheidet das Oberlandesgericht. Absatz 3 Satz 3, Absatz 4 Satz 1 und 4 und Absatz 5 gelten entsprechend.

(7) Anträge und Erklärungen können zu Protokoll der Geschäftsstelle gegeben oder schriftlich eingereicht werden; § 129a der Zivilprozessordnung gilt entsprechend. Die Beschwerde ist bei dem Gericht einzulegen, dessen Entscheidung angefochten wird.

(8) Das Gericht entscheidet über den Antrag durch eines seiner Mitglieder als Einzelrichter; dies gilt auch für die Beschwerde, wenn die angefochtene Entscheidung von einem Einzelrichter oder einem Rechtspfleger erlassen wurde. Der Einzelrichter überträgt das Verfahren der Kammer oder dem Senat, wenn die Sache besondere Schwierigkeiten tatsächlicher oder rechtlicher Art aufweist oder die Rechtssache grundsätzliche Bedeutung hat. Das Gericht entscheidet jedoch immer ohne Mitwirkung ehrenamtlicher Richter. Auf eine erfolgte oder unterlassene Übertragung kann ein Rechtsmittel nicht gestützt werden.

(9) Das Verfahren über den Antrag ist gebührenfrei. Kosten werden nicht erstattet; dies gilt auch im Verfahren über die Beschwerde.

Übersicht

1 § 33 RVG regelt das Verf., nach dem der Wert für die Berechnung der Rechtsanwaltsgebühren in solchen Fällen festzusetzen ist, in denen sich die gerichtl. Anwaltsgebühren nicht nach dem für die Gerichtsgebühren maßgebenden Wert berechnen. Es muss ein gerichtliches Verf. tatsächlich betrieben worden sein (Gebauer/Schneider § 33 RVG Rn. 5). § 33 RVG ergänzt die Regelung des § 32 RVG und ist ggü. dieser Vorschrift **subsidiär** (LAG Schleswig-Holstein AnwBl. 2002, 186). § 33 RVG kommt damit nur dann zur Anwendung, wenn nach § 32 RVG keine Wertfestsetzung möglich ist. Ein Wahlrecht besteht nicht (Volpert RVGreport 2004, 418).

2 § 33 RVG kommt nur zur **Anwendung**, wenn der RA in einem gerichtl. Verf. tätig war. Hierfür ist es ausreichend, wenn der Anwalt in einem anhängigen Rechtsstreit einen außergerichtlichen Vergleich unter Einbeziehung nicht rechtshängiger Ansprüche geschlossen hat (Kroiß RVG-Letter 2004, 74). Weitere Voraussetzung ist, dass sich die Anwaltsgebühren nicht nach dem für die Gerichtsgebühren maßgebenden Wert richten, sondern für die Anwaltsgebühren bes. Vorschriften bestehen (vgl. zB die §§ 22 bis 29 RVG). So fallen zB im PKH-Verf. keine Gerichtsgebühren, wohl aber Anwaltsgebühren nach Nr. 3335ff. VV RVG an. In diesem Fall ist der Wert für die Anwaltsgebühren nach § 33 RVG festzusetzen (Riedel/Sußbauer Rn. 4 zu § 10 BRAGO). § 33 RVG kommt weiterhin dann zur Anwendung, wenn es an einem für Gerichtsgebühren maßgeblichen Wert fehlt (zB bei einem Verfahren nach Art. 7 § 2 FamR-ÄndG, hierzu Kroiß RVG-Letter 2004, 74). Dies ist der Fall, wenn die Gerichtsgebühren nach Pauschalsätzen berechnet werden bzw. wenn Gerichtsgebühren überhaupt nicht erhoben werden (zB im arbeitsgerichtlichen Beschlussverfahren, vgl. § 2 Abs. 2 GKG, § 2a Abs. 1 ArbGG, hierzu Volpert RVGreport 2004, 419). Genießen nur die Parteien Gebührenfreiheit (zB nach § 2 GKG), ist das gerichtl. Verf. als solches nicht gebührenfrei (Gerold/Schmidt Rn. 13 zu § 33 RVG). Die Wertfestsetzung erfolgt dann durch Beschl. des Gerichts des Rechtszugs. Das ist das Gericht, bei welchem das Verf. anhängig war, für welches Wertfestsetzung beantragt wird. Hat der Rechtspfleger in der Hauptsache entschieden (§ 4 Abs. 1 RPflG), so ist er auch für das Wertfestsetzungsverfahren zust.

3 Das Gericht entscheidet in den genannten Fällen auf **Antrag** und nie vAw (Kroiß RVG-Letter 2004, 74). **Antragsberechtigt** ist nach § 33 Abs. 2 RVG nicht nur der RA, sondern auch der AG selbst, ein erstattungspflichtiger Gegner sowie in den Fällen des § 45 RVG die Staatskasse (Kroiß RVG-Letter 2004, 75). Auch ein Verkehrsanwalt kann den Antrag auf Wertfestsetzung stellen. Voraussetzung ist, dass er nachweisen kann, überhaupt tätig geworden zu sein, und dass sich die Streitwerte für die Tätigkeit des Gerichts und die des Verkehrsanwalts nicht decken. Ansonsten wäre ein Fall des § 32 RVG gegeben (Gerold/Schmidt Rn. 15 zu § 33 RVG). Wie bisher ist der **Antrag erst zulässig**, wenn die Vergütung fällig ist (§ 8 RVG). Er muss nicht beziffert werden (Gebauer/Schneider § 33 RVG Rn. 24). Ein Gebührenvorschuss kann verlangt werden. Allerdings kommt eine Wertfestsetzung nur für den Gebührenvorschuss nicht in Frage (Volpert RVGreport 2004, 421). Der Antrag kann nach § 33 Abs. 7 S. 1 RVG zu Protokoll der Geschäftsstelle gegeben oder schriftlich eingereicht werden. § 129a ZPO gilt entspr. Anwaltszwang besteht für den Antrag nicht (Kroiß RVG-Letter 2004, 75). Damit kann der Antrag auch in Form eines elektronischen Dokuments gestellt werden, sofern dieses für die Bearbeitung durch das Gericht geeignet ist (Volpert RVGreport 2004, 423). Eine **Frist für den Antrag** ist ges. nicht vorgesehen. Das Recht zur Antragstellung kann allerdings nach den allgemeinen Grundsätzen verwirkt werden. Eine **Begründung** des Antrags ist nur erforderlich, soweit Tatsachen für das Gericht nicht offenkundig sind.

4 Nach § 33 Abs. 8 S. 1 RVG **entscheidet** das Gericht über den Antrag durch eines seiner Mitglieder durch Beschluss, der begründet werden muss (Gebauer/Schneider § 33 Rn. 49). Weist das Verf. bes. Schwierigkeiten tatsächlicher oder rechtl. Art auf oder hat die Rechtssache grds. Bedeutung, überträgt der Einzelrichter das Verf. der Kammer (Volpert RVGreport 2004, 422). Diese entscheidet immer ohne Mitwirkung ehrenamtlicher Richter (§ 33 Abs. 8 S. 2, 3 RVG). Die Beteiligten sind zu hören. Eine mündl. Verhandlung ist nicht erforderlich (Riedel/Sußbauer Rn. 18 zu § 10 BRAGO). Erfolgt keine Verkündung in der mündl. Verhandlung, ist der Beschl. nach § 329 Abs. 2 S. 2 ZPO vAw zuzustellen, damit eine Frist in Lauf gesetzt wird (hierzu iE Riedel/Sußbauer Rn. 18f. zu § 10 BRAGO). Gegen den Beschl. kann nach Maßgabe des § 33 Abs. 3 RVG Beschwerde eingelegt werden (Anm. 5). Auf eine erfolgte oder überlassene Übertragung kann kein Rechtsmittel gestützt werden (§ 33 Abs. 8 S. 4 RVG).

5 Nach § 33 Abs. 3 RVG können die Antragsberechtigten gg. den Beschl. nach Abs. 1 innerhalb einer **Frist** v. zwei Wochen nach Zustellung der Entscheidung **Beschwerde** einlegen. Dies kann entweder schriftlich oder zu Protokoll der Geschäftsstelle geschehen. Auf § 12a RVG wird Bezug genommen. Die Beschwerde ist bei dem Gericht einzulegen, dessen Entscheidung angefochten wird (§ 33 Abs. 7 RVG). Sie ist zulässig, wenn der Wert des **Beschwerdegegenstands 200 EUR** übersteigt (Volpert RVGreport 2004, 422) bzw. das Gericht, welches die angefochtene Entscheidung erlassen hat, nach § 33 Abs. 3 S. 2 die Beschwerde zugelassen hat (OLG Koblenz RVGreport 2005, 158). Der Wert des Beschwerdegegenstands errechnet sich aus der Differenz zw. dem festgesetzten und dem mit der Beschwerde erstrebten Wert der berechneten Gebühren zzgl. der ges. USt (Gerold/Schmidt Rn. 41 zu § 33 RVG). Die Beschwerde ist so zu begründen, dass das Gericht den Wert der Beschwerde überprüfen kann. Sie kann auf neue Tatsachen und Beweise gestützt werden (Riedel/Sußbauer Rn. 26 zu § 10 BRAGO). Wird kein bestimmter Antrag gestellt und lässt auch der weitere Vortrag nicht erkennen, in welcher Höhe der Streitwert nach Auffassung des Beschwerdeführers festgesetzt werden soll, kann die Beschwerdekammer den Beschwerdewert nicht errechnen. Die Beschwerde ist in diesem Fall unzulässig (LAG Bremen AGS 2005, 126). Der Wert des Beschwerdegegenstandes ist irrelevant, wenn das Gericht, welches die angefochtene Entscheidung erlassen hat, die Beschwerde wg. der grds. Bedeutung zur Entscheidung stehenden Frage in dem Beschl. zulässt (§ 33 Abs. 3 S. 2 RVG). Gleiches gilt, wenn die Wertfestsetzung aus verfahrensrechtlichen Gründen abgelehnt worden ist (KG NJW 1966, 1369). Das Beschwerdegericht ist an die Zulassung der Beschwerde gebunden. Die **Nichtzulassung** ist unanfechtbar (§ 33 Abs. 4 S. 4 RVG).

6 Neu ist, dass das **Erstgericht der Beschwerde abhelfen** kann, sofern es sie für zulässig und begründet hält (Volpert RVGreport 2004, 423). Im Übrigen ist die Beschwerde unverzüglich dem

Beschwerdegericht vorzulegen (§ 33 Abs. 4 S. 1 RVG). Dies ist nach Abs. 4 S. 2 Hs. 1 das nächsthöhere Gericht. Hs. 2 macht für bürgerliche Rechtsstreitigkeiten nach § 119 Abs. 1 Nr. 1, Abs. 2, 3 GVG eine Ausnahme insofern, als in diesen Beschwerdeverfahren stets das Oberlandesgericht zust. ist. Nach S. 3 kann bei einem obersten Gerichtshof des Bundes keine Beschwerde eingelegt werden. Wurde die angefochtene Entscheidung v. einem Einzelrichter oder einem Rechtspfleger erlassen, entscheidet der Einzelrichter nach § 33 Abs. 8 S. 1 Hs. 2 RVG über die Beschwerde. Hinsichtlich Abs. 8 S. 2, 3 gilt das oben Gesagte (vgl. Anm. 4). Vor der Entscheidung sind die Beteiligten zu hören. Eine mündl. Verhandlung ist freigestellt (Riedel/Sußbauer Rn. 28 zu § 10 BRAGO). Das Beschwerdegericht entscheidet gem. § 572 Abs. 4 ZPO durch Beschl. Es gilt das **Verschlechterungsverbot** (str., vgl. zum Meinungsstand Gerold/Schmidt Rn. 33 zu § 33 RVG mwN).

7 Nach § 33 Abs. 5 RVG ist dem Beschwerdeführer auf Antrag **Wiedereinsetzung in den vorigen Stand** zu gewähren, wenn er ohne Verschulden verhindert war, die zweiwöchige Frist des Abs. 3 S. 3 einzuhalten (hierzu Kroiß RVG-Letter 2004, 75). Über den Antrag befindet das Gericht, welches über die Beschwerde zu entscheiden hat. Voraussetzung ist, dass der Beschwerdeführer die Beschwerde binnen zwei Wochen nach Beseitigung des Hindernisses einlegt und die Tatsachen glaubhaft macht, welche die Wiedereinsetzung begründen. Ein Verschulden liegt zB nicht vor, wenn der Beschwerdeführer vorübergehend v. der ständigen Wohnung abwesend war. Dies gilt auch außerhalb der allgemeinen Urlaubszeit (vgl. die Nachweise bei Baumbach/Lauterbach Rn. 15 zu § 233 ZPO). Nach Ablauf eines Jahres, v. dem Ende der versäumten Frist ab gerechnet, kann Wiedereinsetzung nicht mehr beantragt werden. Gibt das Gericht dem Wiedereinsetzungsantrag statt, ist gg. diese Entscheidung kein Rechtsmittel gegeben. Gegen die Ablehnung der Wiedereinsetzung findet indes nach § 33 Abs. 5 S. 3 RVG die Beschwerde statt. Sie muss innerhalb v. zwei Wochen ab Zustellung der Entscheidung eingelegt werden. Nach S. 6 gilt Abs. 4 S. 1 bis 3 entspr., so dass auf die obige Anm. 6 verwiesen werden kann.

8 Nach § 33 Abs. 6 RVG (bisher § 10 Abs. 3 S. 5, 6 BRAGO) ist eine **weitere Beschwerde** zulässig, sofern das LG als Beschwerdegericht entschieden und diese wg. der grds. Bedeutung der zur Entscheidung stehenden Frage in dem Beschl. zugelassen hat. In diesem Fall kommt es auf einen bestimmten Wert des Beschwerdegegenstandes nicht an (Gerold/Schmidt Rn. 51 zu § 33 RVG). Die Zulassung erfolgt in der Beschwerdeentscheidung und kann □ außer im Fall einer Berichtigung nach § 319 ZPO □ nicht nachgeholt werden. Die Nichtzulassung ist unanfechtbar (OLG Köln JurBüro 1997, 474). Das Gericht der weiteren Beschwerde ist an die Zulassungsentscheidung gebunden (Riedel/Sußbauer Rn. 32 zu § 10 BRAGO). Nach S. 2 kann die weitere Beschwerde nur darauf gestützt werden, dass die Entscheidung des Landgerichts auf einer Gesetzesverletzung beruht (vgl. §§ 546, 547 ZPO). Für die Form der weiteren Beschwerde gilt § 33 Abs. 7 RVG (vgl. oben Anm. 5). Hierbei ist zu beachten, dass durch das Justizkommunikationsgesetz in Abs. 7 S. 1 ein zweiter Halbsatz eingefügt worden ist. Danach gilt § 129a ZPO entsprechend. Das bedeutet, dass Anträge und Erklärungen, deren Abgabe vor dem Urkundsbeamten der Geschäftsstelle zulässig ist, vor der Geschäftsstelle **jeden Amtsgerichts** zu Protokoll gegeben werden können. Die Geschäftsstelle hat das Protokoll unverzüglich an das Gericht zu übermitteln, an welches der Antrag oder die Erklärung gerichtet ist. Die Wirkung der Prozesshandlung tritt allerdings erst mit Protokolleingang ein. Die weitere Beschwerde ist innerhalb v. **zwei Wochen** nach Zustellung der Entscheidung einzulegen (§ 33 Abs. 6 S. 4 iVm § 33 Abs. 3 S. 3 RVG). Dies gilt auch dann, wenn nach der jeweils anzuwendenden Verfahrensordnung sonst andere Fristen für weitere Beschwerden gelten (Volpert RVGreport 2004, 424). Im Falle der Fristversäumnis kann nach § 33 Abs. 6 S. 4 iVm Abs. 5 RVG **Wiedereinsetzung in den vorigen Stand** beantragt werden (vgl. hierzu oben Anm. 7). Die weitere Beschwerde ist zu begründen. Über sie entscheidet das zust. OLG nach Maßgabe v. § 33 Abs. 8 RVG (hierzu oben Anm. 6). Die Beteiligten sind vor Erlass der Entscheidung zu hören. Eine mündl. Verhandlung muss nicht stattfinden. Das Oberlandesgericht entscheidet durch Beschl. Der BGH ist nie zust.

9 Nach § 33 Abs. 9 S. 1 RVG ist das Verf. über den Antrag gerichtsgebührenfrei. Beantragt der RA für die Bemessung seiner Gebühren Wertfestsetzung, handelt er im eigenen Interesse, so dass keine

Gebühren entstehen. Vertritt er einen **sonstigen Beteiligten**, verdient er grds. eine Verfahrensgeb. nach Nr. 3100 VV RVG, bemessen nach dem Wert der Anwaltsgebühren, die sich aus dem beantragten Wert ergeben. Da das Wertsetzungsverfahren nach § 19 Abs. 1 S. 2 Nr. 13 RVG zum Rechtszug gehört, erhält der RA für dieses Verf. keine bes. Gebühren, sofern er bereits Prozessbev. war. Im **Verfahren über die Beschwerde** entsteht eine Gerichtsgebühr nach Nr. 1811 KV GKG. Der RA erhält indes keine Gebühr, wenn er aus eigenem Recht Beschwerde einlegt. Geschieht dies im Auftrag eines sonstigen Beteiligten, entsteht eine Gebühr nach Nr. 3500 VV RVG nur dann, wenn der RA nicht bereits als Prozessbev. in der Hauptsache tätig war (§ 19 Abs. 1 S. 2 Nr. 3 RVG). Anwaltssowie Gerichtskosten werden **nicht erstattet**, dies gilt auch im Verf. über die Beschwerde.

10 Im Verf. nach § 33 RVG besteht **kein Anwaltszwang**, auch nicht in der Beschwerdeinstanz (Riedel/Sußbauer Rn. 17 zu § 10 BRAGO).

Abschnitt 5. Mediation und außergerichtliche Tätigkeit

§ 34 Mediation
Für die Tätigkeit als Mediator soll der Rechtsanwalt auf eine Gebührenvereinbarung hinwirken. Wenn keine Vereinbarung getroffen worden ist, bestimmt sich die Gebühr nach den Vorschriften des bürgerlichen Rechts.

Übersicht

1 Allgemeines. In § 34 RVG wird die Tätigkeit des RA als Mediator gebührenrechtlich erfasst. Eine entspr. Vorschrift gab es in der BRAGO nicht. Dort wurde die Mediation durch RA gar nicht erwähnt. Aufgrund ihrer zunehmenden Bedeutung und wg. der streitverhütenden und damit justizentlastenden Wirkung hat der Gesetzgeber die Mediation nunmehr in das RVG aufgenommen (Gesetzesbegründung zu § 34 RVG, BT-Drs 15/1971 S. 196). Die Vorschrift enthält keinen eigenen Gebührentatbestand, sondern empfiehlt dem als Mediator tätigen RA lediglich, auf eine Gebührenvereinbarung hinzuwirken (§ 34 S. 1 RVG).

2 Mediation findet auf vielen Konfliktfeldern Anwendung. Daher überrascht es nicht, dass sich eine Vielzahl v. Definitionen des Begriffs Mediation herausgebildet hat. Folgende Merkmale sind für den **Begriff der Mediation** aber iA charakterisierend: Mediation ist ein freiwilliges und außergerichtliches Verf. der Bearbeitung und Lösung eines Konfliktes. Die Konfliktparteien werden dabei v. einem neutralen Helfer ohne Entscheidungsbefugnis in der Sache, dem Mediator, unterstützt. Hauptaufgabe des Mediators ist es, den Beteiligten die unterschiedlichen Interessen hinter den jew. vertretenen Positionen klar zu machen, damit sie leichter einen Konsens finden können, bei dem die eine Partei nicht auf Kosten der anderen gewinnt (vgl. Mähler in: Beck'sches Rechtsanwaltshandbuch 2001/2002 C8 S. 1186).

3 Durch § 34 RVG wird nunmehr klargestellt, dass die Mediation durch einen RA als **anwaltliche Tätigkeit iSd § 1 Abs. 1 RVG** anzusehen ist. Dadurch erübrigt sich die bisher umstrittene Frage, ob Mediation eine berufsspezifische bzw. originär anwaltl. Tätigkeit ist (siehe zum alten Streit: Gebauer/Schneider § 1 BRAGO Rn. 35).

4 Nach § 34 S. 1 RVG soll der RA für seine Tätigkeit als Mediator auf eine **Gebührenvereinbarung gem. § 4 RVG** hinwirken. Dieser Bestimmung liegt der Gedanke zugrunde, dass für den AG leicht erkennbar sein soll, was er dem Anwalt für dessen Tätigkeit schuldet (Gesetzesbegründung zu § 34 RVG, BT-Drs 15/1971 S. 196). Auch kann die Soll-Vorschrift des § 34 RVG für den RA mitunter eine Hilfe dabei sein, Mandanten v. Abschluss einer entspr. Vergütungsvereinbarung zu überzeugen. Bezüglich der Voraussetzungen einer wirksamen Gebührenvereinbarung vgl. die Komm. zu § 4 RVG.

5 Das Honorar eines Mediators bemisst sich in der Praxis üblicherweise nach der aufgewendeten Zeit. Da der **Zeitaufwand** für die Vorbereitung und Durchführung der Mediation vorab nur schwer abzuschätzen ist, werden idR keine Pauschalhonorare vereinbart (vgl. Haft/Schlieffen § 32 Rn. 14 mit ausführlichen Erläuterungen). Es ist vielmehr üblich, den Mediator nach Stunden- oder Tagessätzen zu vergüten, die den Honorarsätzen v. beratend tätigen Anwälten entsprechen.

6 In den Fällen, in denen keine Gebührenvereinbarung getroffen wird, bestimmt sich die anwaltl. Vergütung nach den Vorschriften des bürgerlichen Rechts (§ 34 S. 2 RVG). Hier ist § 612 BGB einschlägig. Ist die Höhe der Vergütung unbestimmt, so ist gem. **§ 612 Abs. 2 BGB** bei Bestehen einer Taxe die taxmäßige Vergütung, in Ermangelung einer Taxe aber die **ortsübliche Vergütung** als vereinbart anzusehen. Üblich ist eine Vergütung, die für die gleiche oder ähnliche Dienstleistung an dem betr. Ort unter Berücksichtigung der persönlichen Verhältnisse gewöhnlich bezahlt wird (Palandt § 612 BGB Rn. 8).

7 Anhand der Definition zur "üblichen Vergütung" kann man erkennen, wie schwierig es in der Praxis häufig sein wird, die angemessene Höhe der Gebühr gerichtsfest zu bestimmen. Zwar nimmt das Interesse in der Anwaltschaft an dem Tätigkeitsfeld Mediation stetig zu, aber in nur wenigen Städten werden inzwischen schon so viele Anwälte als Mediator tätig sein, dass eine ortsübliche Vergütung verlässlich zu bestimmen ist. Auch kann es angesichts der unterschiedlichen Konfliktbereiche, in denen die Mediation Anwendung findet, Schwierigkeiten bereiten, das Definitionsmerkmal "der ähnlichen Dienstleistung" zu konkretisieren. Schon um eine spätere Auseinandersetzung über die Angemessenheit der veranschlagten Vergütung zu vermeiden, ist der Abschluss einer Gebührenvereinbarung dringend anzuraten (so auch Schneider/Mock § 12 Rn. 9).

§ 35 Hilfeleistung in Steuersachen
Für die Hilfeleistung bei der Erfüllung allgemeiner Steuerpflichten und bei der Erfüllung steuerlicher Buchführungs- und Aufzeichnungspflichten gelten die §§ 23 bis 39 der Steuerberatergebührenverordnung in Verbindung mit den §§ 10 und 13 der Steuerberatergebührenverordnung entsprechend.

Übersicht

1 Allgemeines. In Zeiten des immer stärker werdenden Konkurrenzdrucks innerhalb der Anwaltschaft und auch ggü. anderen freien Berufen besinnen sich zunehmend mehr Anwälte auf ihre Berechtigung zur unbeschränkten geschäftsmäßigen Hilfeleistung in Steuersachen, § 3 Nr. 1 StBerG.

2 Vor Inkrafttreten des RVG fehlte eine Vergütungsregelung für die steuerberatende Tätigkeit der Anwälte, da die StBGebV explizit nur für Steuerberater galt und im Rahmen des anwaltl. Mandats nur über eine entspr. **Gebührenvereinbarung** zur Anwendung kam (sofern der RA nicht zugleich auch Steuerberater iSd StBGebV ist). Die BRAGO selbst sah keine speziellen Regelungen für die Vergütung der Hilfeleistung bei der Erfüllung allg. Steuerpflichten, der Ermittlung des Überschusses der Betriebseinnahmen über die Betriebsausgaben und weiterer typischer steuerberatender Tätigkeiten vor. Auch Versuche, die über eine **Funktionalisierung des Gegenstandswerts** zu einer angemessenen Vergütung des RA bei Hilfeleistungen in Steuersachen auf Basis der geltenden Vorschriften der BRAGO gelangen wollten (vgl. Schall BB 1988, 1363), führten zu **keinen zufrieden stellenden Lösungen** (BT-Drucks. 15/1971, S. 196f. zu § 35).

3 Diesem Missstand wurde mit der Einführung des § 35 RVG abgeholfen. Mittels **Rechtsfolgenverweis** auf die Vergütungsregelung der **§§ 23-39 StBGebV** und **§§ 10, 13 StBGebV** wird die StBGebV insoweit für anwendbar erklärt, als die zu vergütenden Tätigkeiten nicht auch zutr. durch entspr. Bestimmungen des RVG erfasst werden können. Dieses **Primat der Anwendung der Vorschriften des RVG** für die Berufstätigkeit des RA gem. § 1 Abs. 1 RVG verhindert beispielsweise, dass entgegen dem Bestreben des Bundesrates (BT-Drs 15/2403 S. 15 zu Art. 3) aus dem 4. Abschnitt der StBGebV § 21 (Rat, Auskunft) und § 22 (Gutachten) Anwendung findet. Mit Ausnahme der Vorschriften über die Wertgeb. gem. § 10 StBGebV und der Zeitgebühr § 13 StBGebV gilt dieses Primat auch für die allg. Vorschriften und die Vorschriften über die Gebührenberechnung.

4 Grundlage der Gebührenberechnung für RA bei der Erfüllung allg. Steuerpflichten und steuerlicher Buchführungs- und Aufzeichnungspflichten ist die StBGebV. Sie unterteilt die Gebühren des Berufsträgers in **Wertgebühren, Betragsrahmengebühren und Zeitgebühren** (so auch Eckert § 1 Anm. 4.1). Die Geb. in den Verf. vor dem FG ist in Teil 3 Abschnitt 2 Unterabschnitt 1 Nr. 3200ff. VV RVG geregelt (vgl. Anm. 2 zu Vorbem. 3.2.1 VV RVG).

5 Zeitgebühr. Die **Aufzählung** der Fälle, in denen nach der StBGebV eine Zeitgebühr abgerechnet werden darf, ist **abschließend**. Für den RA ist diese Aufzählung in der StBGebV nochmals über das Primat des RVG beschränkt wurden. Somit kann der **Rechtsanwalt** in Anwendung der StBGebV für folgende Tätigkeiten eine **Zeitgebühr** in Ansatz bringen:

- die Anfertigung einer Erklärung zur Hauptfeststellung, Fortschreibung oder Nachfeststellung der Einheitswerte für Grundbesitz (§ 35 RVG iVm §§ 24 Abs. 4 Nr. 1, 13 S. 1 Nr. 1 StBGebV),
- die Arbeiten zur Feststellung des verrechenbaren Verlustes gem. § 15a EStG (gem. § 35 RVG iVm §§ 24 Abs. 4 Nr. 2, 13 S. 1 Nr. 1 StBGebV),
- die Anfertigung einer Meldung über die Beteiligung an ausländischen Körperschaften, Vermögensmassen und Personenvereinigungen und an ausländischen Personengesellschaften (§ 35 RVG iVm §§ 24 Abs. 4 Nr. 3, 13 S. 1 Nr. 1 StBGebV),
- die Anfertigung eines Erstattungsantrags nach § 50 Abs. 5 S. 4 Nr. 3 EStG (§ 35 RVG iVm §§ 24 Abs. 4 Nr. 4, 13 S. 1 Nr. 1 StBGebV),
- die Anfertigung einer Anmeldung nach § 50a Abs. 5 EStG, § 73e EStG-DV (§ 35 RVG iVm §§ 24 Abs. 4 Nr. 5, 13 S. 1 Nr. 1 StBGebV)
- Vorarbeiten zur Ermittlung des Überschusses der Betriebseinnahmen über die Betriebsausgaben, sofern diese über das übliche Maß erheblich hinausgehen (§ 35 RVG iVm §§ 25 Abs. 2, 13 S. 1 Nr. 1 StBGebV),
- die Prüfung eines Steuerbescheids (§ 35 RVG iVm §§ 28, 13 S. 1 Nr. 1 StBGebV),
- die Teilnahme an einer Prüfung, insbes. an einer Außenprüfung gem. § 193 AO einschl. der Schlussbesprechung und der Prüfung des Prüfungsberichts, an einer Ermittlung der Besteuerungsgrundlagen gem. § 208 AO oder an einer Maßnahme der Steueraufsicht gem. §§ 209-217 AO (§ 35 RVG iVm §§ 29 Nr. 1, 13 S. 1 Nr. 1 StBGebV),
- die Hilfeleistung bei der Einrichtung einer Buchführung (§ 35 RVG iVm §§ 32, 13 S. 1 Nr. 1 StBGebV),

- die Hilfeleistung bei sonstigen Tätigkeiten im Zusammenhang mit der Buchführung (§ 35 RVG iVm §§ 33 Abs. 7, 13 S. 1 Nr. 1 StBGebV),
- die Hilfeleistung bei sonstigen Tätigkeiten im Zusammenhang mit dem Lohnsteuerabzug und der Lohnbuchführung (§ 35 RVG iVm §§ 34 Abs. 5, 13 S. 1 Nr. 1 StBGebV),
- die Anfertigung oder Berichtigung v. Inventurunterlagen und sonstige Abschlussvorarbeiten bis zur abgestimmten Saldenbilanz (§ 35 RVG iVm §§ 35 Abs. 3, 13 S. 1 Nr. 1 StBGebV),
- die Prüfung einer Buchführung, einzelner Konten oder einer Überschussrechnung für steuerliche zwecke und Berichterstattung hierüber (§ 35 RVG iVm §§ 36 Abs. 1, 13 S. 1 Nr. 1 StBGebV),
- die Hilfeleistung bei bestimmten weiteren Tätigkeiten im Zusammenhang mit der Buchführung □ neben einer Wertgeb.□ (§ 35 RVG iVm §§ 36 Abs. 2 Nr. 1, 13 S. 1 Nr. 1 StBGebV)
- die Berichterstattung über eine Tätigkeit nach § 36 Abs. 2 Nr. 1 StBGebV (§ 35 RVG iVm §§ 36 Abs. 2 Nr. 2, 13 S. 1 Nr. 1 StBGebV),
- die Mitwirkung an der Erteilung v. Steuerbescheinigungen (§ 35 RVG iVm §§ 38 Abs. 2, 13 S. 1 Nr. 1 StBGebV).

Eine Zeitgebühr kann gem. § 35 RVG iVm § 13 S. 1 Nr. 2 StBGebV außerdem in Ansatz gebracht werden, wenn für eine Schätzung des Gegenstandswerts zur Bestimmung der Wertgeb. keine genügenden Anhaltspunkte vorliegen und es sich nicht um Tätigkeiten nach § 23 StBGebV handelt.

6 Die **Höhe der Zeitgebühr** bestimmt sich aus dem Produkt der Anzahl der mind. angefangenen halben Stunden Zeitaufwand mit einem Betrag **zwischen 19 und 46 Euro**. Daraus ergibt sich, dass der abzurechnende Mindestzeitabschnitt eine halbe Stunde ist. Abweichend zu dieser Regelung kann der RA jedoch gem. § 4 Abs. 1 S. 1 RVG höhere Zeitgebühren vereinbaren, sofern der Gebührenrahmen v. 19 bis 46 EUR nicht ausreichend ist.

7 Berechnung der Wertgebühr. In einem ersten Schritt wird, wie auch im RVG, der **Gegenstandswert** ermittelt. Dies ist der Wert, den der Gegenstand der beruflichen Tätigkeit hat, § 10 Abs. 1 S. 2 StBGebV. Gem. § 10 Abs. 1 S. 3 StBGebV ist dies der "Wert des Interesses", sofern er nicht explizit in den einzelnen Gebührentatbeständen der Leistungspositionen angegeben ist. Gem. § 10 Abs. 2 StBGebV werden in derselben Angelegenheit die Werte mehrerer Gegenstände zusammengerechnet, sofern es sich nicht um in §§ 24 bis 27, 30, 35 und 37 StBGebV bezeichneten Tätigkeiten handelt. In einem zweiten Schritt erfolgt die Bestimmung der Höhe einer **vollen Gebühr** des RA mittels der als Anlage zu § 10 Abs. 1 StBGebV beigefügten **Tabellen A, B, C oder D.** Entsprechend dem jew. Gegenstandswert lässt sich aus der individuell anzuwendenden Tabelle die zugehörige volle Gebühr auslesen. In einem dritten Schritt ist aus dem jew. Gebührenrahmen der **konkrete Gebührensatz** zu bestimmen. Diese Bestimmung erfolgt unter **Anwendung von § 14 Abs. 1 S. 1, 2 RVG.** Schließlich ist die im zweiten Schritt ermittelte volle Gebühr mit dem v. RA im dritten Schritt ermittelten Gebührensatz zu **multiplizieren.**

8 Betragsrahmengebühr. Bei den Betragsrahmengeb. wird im Gegensatz zu den Wertgeb. kein Gebührenrahmen sondern ein konkreter Betragsrahmen vorgegeben, aus dem die konkrete, im Einzelfall anzuwendende Gebühr zu ermitteln ist. Ihr Anwendungsbereich ist gem. §§ 1 Abs. 1, 35 RVG für den RA auf § 34 Absätze 1 bis 4 StBGebV beschränkt und berücksichtigt Tätigkeiten im Zusammenhang mit der Lohnbuchführung.

§ 36 Schiedsrichterliche Verfahren und Verfahren vor dem Schiedsgericht
(1) Teil 3 Abschnitt 1 und 2 des Vergütungsverzeichnisses ist auf die folgenden außergerichtlichen Verfahren entsprechend anzuwenden:
1. schiedsrichterliche Verfahren nach dem Zehnten Buch der ZPO und
2. Verfahren vor dem Schiedsgericht (§ 104 des ArbGG).
(2) Im Verfahren nach Absatz 1 Nr. 1 erhält der Rechtsanwalt die Terminsgebühr auch, wenn der Schiedsspruch ohne mündliche Verhandlung erlassen wird.

Übersicht

1 Allgemeines. § 36 Abs. 1 RVG regelt die anwaltl. Vergütung in schiedsrichterlichen Verf. nach dem Zehnten Buch der ZPO und in Verf. vor dem Schiedsgericht gem. den §§ 104ff. ArbGG. Danach ist für beide Verfahrensarten Teil 3 Abschnitt 1 und 2 VV RVG entspr. anwendbar. Der RA erhält hier also die gleichen Gebühren wie in einem Verf. vor den ordentlichen Gerichten. § 36 Abs. 1 Nr. 1 RVG entspricht der bisherigen Regelung des § 67 Abs. 1 BRAGO und die Nr. 2 dem bisherigen § 62 BRAGO. § 36 Abs. 2 RVG übernimmt die Regelung des § 67 Abs. 2 BRAGO.

2 Nach § 36 Abs. 1 Nr. 1 RVG gilt die Vorschrift für **schiedsrichterliche Verfahren nach dem Zehnten Buch der ZPO.** Dies sind vor allem Verf. vor privaten Schiedsgerichten in bürgerlichen Rechtsstreitigkeiten. Solche Schiedsgerichte können aufgrund einer **Schiedsvereinbarung gem. § 1029 ZPO,** einer letztwilligen Verfügung oder einer anderen im Wege der Vereinbarung beruhender **Verfügung gem. § 1066 ZPO** entstehen. Darüber hinaus erstreckt sich § 36 Abs. 1 Nr. 1 RVG auch auf Verf. vor **gesetzlich errichteten Schiedsgerichten** (vgl. zB § 8 des Gesetzes über die Verbände der ges. Krankenkassen und Ersatzkassen v. 17.8.1955, BGBl. I S. 524), sofern in diesen Verf. die Vorschriften der §§ 1025ff. ZPO gelten (vgl. Gebauer/Schneider § 36 RVG Rn. 1; Gerold/Schmidt § 36 RVG Rn. 3). Gebührenrechtlich beginnt das schiedsrichterliche Verf. mit der Erteilung des Auftrags an den RA. Es endet nach § 1056 ZPO mit dem Schiedsspruch oder durch einen Beschl., der die Beendigung des schiedsrichterlichen Verf. feststellt.

3 Nach § 36 Abs. 1 Nr. 2 RVG erstreckt sich der Anwendungsbereich der Vorschrift auf die **Verfahren vor dem Schiedsgericht nach den §§ 104ff. ArbGG.** Dabei handelt es sich um Verf., in denen die Parteien eines Tarifvertrags, die sonst bestehende Arbeitsgerichtsgerichtsbarkeit durch die ausdrückliche Vereinbarung im Tarifvertrag, dass die Entscheidung durch ein Schiedsgericht erfolgen soll, ausgeschlossen haben.

4 § 36 RVG findet dagegen **keine Anwendung** auf die in den Nrn. 3326, 3327 VV RVG geregelten Verf. und Einzeltätigkeiten. Diese Gebührentatbestände beinhalten verschiedene Verf. und Tätigkeiten, die mit dem schiedsrichterlichen Verf. iSd § 36 Abs. 1 Nr. 1 und dem Verf. vor dem Schiedsgericht nach § 104ff. ArbGG in Zusammenhang stehen. Für diese Tätigkeiten gilt eine andere Gebührenregelung (Terminsgeb. mit einem Gebührensatz iHv 0,75). Zu den weiteren Einzelheiten vgl. die Komm. zu den Nrn. 3326, 3327 VV RVG. Auch die Tätigkeit des RA als Schiedsrichter fällt nicht unter § 36 RVG; hier richtet sich die Vergütung nach dem Schiedsrichtervertrag (Riedel/Sußbauer § 67 BRAGO Rn. 3). Ferner kommt § 36 nicht in Verf. zur Anwendung, in denen sich die Parteien auf die Einholung eines Schiedsgutachtens geeinigt haben (Gebauer/Schneider § 36 RVG Rn. 2).

5 Gem. § 36 Abs. 1 RVG ist auf die dort genannten Verf. **Teil 3 Abschnitt 1 und 2 VV RVG** entspr. anzuwenden. Der bevollmächtigte RA erhält für seine Tätigkeit in diesen Verf. daher die gleiche Vergütung wie in einem Rechtsstreit vor den ordentlichen Gerichten.

6 Teil 3 Abschnitt 1 VV RVG regelt die Gebühren des ersten Rechtszugs. Von den aufgeführten Gebührentatbeständen (Nrn. 3100-3106 VV RVG) können die **Verfahrensgebühr** (Nr. 3100 VV RVG) und die **Terminsgebühr** (Nrn. 3104 und 3105 VV RVG) entstehen. Daneben kann auch die

Einigungsgebühr nach Nr. 1000 VV RVG anfallen. Einer ausdrücklichen Verweisung auf Teil 1 des VV bedarf es dafür nicht, weil die Einigungsgebühr in jedem Verf. in Betracht kommt, unabhängig davon, nach welchen weiteren Teilen des VV Gebühren anfallen (vgl. die Komm. zu Vorbem. 1 VV RVG).

7 Die Gebührentatbestände der Nrn. 3102 und 3106 VV RVG, die sich auf Verf. vor den Sozialgerichten beziehen, kommen dagegen nicht für eine entspr. Anwendung in Betracht. Gleiches gilt für die Nr. 3103 VV RVG (Verf. mit vorausgegangenem Verwaltungsverfahren).

8 In Teil 3 Abschnitt 2 VV RVG sind die **Gebühren für Rechtsmittelverfahren** geregelt. Gebühren nach diesem Abschnitt des VV können im schiedsrichterlichen Verf. iSd § 36 Abs. 1 Nr. 1 RVG daher nur dann entstehen, wenn das Schiedsverfahren mehrere Rechtszüge vorsieht. Bei dem Verf. vor dem Schiedsgericht iSd § 36 Abs. 1 Nr. 2 RVG ist daher die Anwendung des Teil 3 Abs. 2 VV RVG v. vornherein ausgeschlossen, da der Schiedsspruch nach § 108 Abs. 4 ArbGG die gleichen Wirkungen hat wie ein rechtskräftiges Urteil des Arbeitsgerichts.

9 Für die Tätigkeit des RA in einem schiedsrichterlichen Rechtsmittelverfahren können die **Verfahrensgebühr** (Nrn. 3200, 3201, 3206 und 3207 VV RVG), die **Terminsgebühr** (Nr. 3202, 3203, 3210 und 3211 VV RVG) und die **Einigungsgebühr** (Nr. 1000 VV RVG) entstehen.

10 Dagegen finden die Gebührentatbestände für Verf. vor dem BSG oder den Landessozialgerichten (Nrn. 3204, 3205, 3212 und 3213 VV RVG) keine Anwendung.

11 Nach § 36 Abs. 2 RVG erhält der RA die Terminsgeb. auch dann, wenn ein Schiedsspruch ohne vorherige mündl. Verhandlung erlassen wird. Hintergrund dieser Regelung ist, dass für das schiedsrichterliche Verf. eine mündl. Verhandlung nicht vorgeschrieben ist. Vielmehr kann das Schiedsgericht vorbehaltlich einer Vereinbarung der Parteien grds. seine Verfahrensregeln nach freiem Ermessen bestimmen (§ 1042 Abs. 3 ZPO) und darüber entscheiden, ob mündl. verhandelt werden soll (§ 1047 Abs. 1 ZPO). Die Terminsgeb. ohne vorherige mündl. Verhandlung entsteht jedoch nur, wenn der RA schriftsätzlich zur Sache vorgetragen hat (vgl. Gebauer/Schneider § 36 RVG Rn. 9).

Abschnitt 6. Gerichtliche Verfahren

§ 37 Verfahren vor den Verfassungsgerichten
(1) Die Vorschriften für die Revision in Teil 4 Abschnitt 1 Unterabschnitt 3 des Vergütungsverzeichnisses gelten entsprechend in folgenden Verfahren vor dem Bundesverfassungsgericht oder dem Verfassungsgericht (Verfassungsgerichtshof, Staatsgerichtshof) eines Landes:
1.   **Verfahren über die Verwirkung von Grundrechten, den Verlust des Stimmrechts, den Ausschluss von Wahlen und Abstimmungen,**
2.   **Verfahren über die Verfassungswidrigkeit von Parteien,**
3.   **Verfahren über Anklagen gegen den Bundespräsidenten, gegen ein Regierungsmitglied eines Landes oder gegen einen Abgeordneten oder Richter und**
4.   **Verfahren über sonstige Gegenstände, die in einem dem Strafprozess ähnlichen Verfahren behandelt werden.**
(2) In sonstigen Verfahren vor dem Bundesverfassungsgericht oder dem Verfassungsgericht eines Landes gelten die Vorschriften in Teil 3 Abschnitt 2 Unterabschnitt 2 des Vergütungsverzeichnisses entsprechend. Der Gegenstandswert ist unter Berücksichtigung der in § 14 Abs. 1 genannten Umstände nach billigem Ermessen zu bestimmen; er beträgt mindestens 4000 Euro.

Übersicht

1 Allgemeines. § 37 RVG regelt die anwaltl. Vergütung in Verf. vor den Verfassungsgerichten. Die Vorschrift übernimmt im Wesentlichen die bisherige Regelung in § 113 BRAGO. Neu ist, dass sich die Vergütung für die in § 37 Abs. 1 RVG genannten Verf. nunmehr nach den Gebühren für die Revision in Strafsachen in Teil 4 Abschnitt 1 Unterabschnitt 3 VV RVG richtet. Demgegenüber sah die BRAGO in den gleichen Fällen die Anwendung der Gebührenvorschriften für Strafsachen erster Instanz vor dem Oberlandesgericht vor.

2 Der **Anwendungsbereich** v. § 37 RVG umfasst sämtliche Verf. und anwaltl. Tätigkeiten vor den Verfassungsgerichten des Bundes und der Länder. § 13 BVerfGG führt die Verf. auf, in denen das BVerfG zust. ist. Für die Landesverfassungsgerichte (Staatsgerichtshöfe, Verfassungsgerichtshöfe) sind die entspr. landesgesetzlichen Bestimmungen einschlägig.

3 Jedes verfassungsrechtliche Verf. ist als **selbstständige Angelegenheit iSd § 15 Abs. 2 S. 1 RVG** anzusehen. Das gilt auch für das Verf. der konkreten Normenkontrolle nach Art. 100 Abs. 1 GG (BVerfGE 53, 332, 334).

4 § 37 RVG unterscheidet hinsichtlich der anwaltl. Vergütung **zwei Verfahrensarten** voneinander. Die Vergütung eines RA für die Tätigkeit in **strafprozessähnlichen Verfahren** bestimmt sich nach § 37 Abs. 1 RVG, die Vergütung in **verwaltungsprozessähnlichen Verfahren** hingegen nach § 37 Abs. 2 RVG.

5 § 37 Abs. 1 RVG betrifft die wichtigsten **strafprozessähnlichen Verfahren** vor den Verfassungsgerichten. Dies sind Verf., in denen allg. oder für einzelne Verfahrensabschnitte, zB für die Vernehmung v. Zeugen und Sachverständigen, Vorschriften der StPO anzuwenden sind (vgl. § 28 Abs. 1 BVerfGG). Darüber hinaus ähneln sie einem Strafverfahren insoweit, als v. dem Verfassungsgericht über die angeklagte Person oder Personengruppe wg. verfassungswidrigen Verhaltens Rechtsnachteile verhängt werden können (Gerold/Schmidt § 37 RVG Rn. 4; Gebauer/Schneider § 37 RVG Rn. 5).

6 Zu den **strafprozessähnlichen Verfahren** nach § 37 Abs. 1 RVG zählen vor allem die in **§ 13 Nr. 1, 2, 4 und 9 BVerfGG** genannten Verf. vor dem BVerfG, aber auch ähnliche in den Verfassungsgerichtsgesetzen der Länder geregelte Verf., wie zB das Verf. auf Erzwingung der Strafverfolgung wg. eines Verfassungsbruchs oder eines auf Verfassungsbruch gerichteten Unternehmens nach § 38 StGHG Hessen und das Verf. über Anklagen gg. ein Mitglied des Rechnungshofes nach § 14 Nr. 6 VerfGG Hamburg (Gebauer/Schneider § 37 RVG Rn. 6).

7 Für die Tätigkeit in den strafprozessähnlichen Verf. iSd § 37 Abs. 1 RVG werden die **Vorschriften für die Revision in Strafsachen in Teil 4 Abschnitt 1 Unterabschnitt 3 VV RVG** entspr. angewendet. Die anwaltl. Vergütung richtet sich daher nach den Gebührentatbeständen der Nrn. 4130-4135 VV RVG. Für das Betreiben des Geschäfts erhält der RA in diesen verfassungsrechtlichen Verf. eine **Verfahrensgebühr** (Nr. 4130 VV RVG). Ist der RA in einer mündl. Verhandlung vor dem Verfassungsgericht tätig, so erhält er je Verhandlungstag eine **Terminsgebühr** (Nr. 4132 VV RVG). Wird der RA seinem AG beigeordnet, gelten auch in verfassungsgerichtlichen Verf. die entspr. geringeren Gebührensätze der Nrn. 4130-4135 VV RVG.

8 Die anwaltl. Vergütung für die sonstigen Verf. vor den Verfassungsgerichten ist in **§ 37 Abs. 2 RVG** geregelt. **Sonstige Verfahren** sind alle Verf. vor den Verfassungsgerichten, die nicht zu den strafprozessähnlichen Verf. iSd § 37 Abs.1 RVG gehören. Da diese Verf. nach ihrem Gegenstand und prozessualen Ablauf den Verf. vor den Verwaltungsgerichten ähneln, werden sie auch als **verwaltungsprozessähnliche Verfahren** bezeichnet. Hierzu zählen insbes. Organstreitigkeiten (§ 13 Nr. 5 BVerfGG), Normenkontrollverfahren (§ 13 Nr. 6 und 11 BVerfGG), Streitigkeiten zw. Bund und Ländern (§ 13 Nr. 7 und 8 BVerfGG), und Verfassungsbeschwerden (§ 13 Nr. 8a BVerfGG).

9 Nach § 37 Abs. 2 RVG gelten in sonstigen Verf. vor den Verfassungsgerichten die **Vorschriften in Teil 3 Abschnitt 2 Unterabschnitt 2 VV RVG** entspr. Der RA erhält also dieselben Gebühren wie ein Prozessbev. im Revisionsverfahren. Für das Betreiben des Geschäfts fällt eine **Verfahrensgebühr** nach Nr. 3206 VV RVG an. Daneben kann der RA eine **Terminsgebühr** nach Nr. 3210 erhalten. Zu den einzelnen Voraussetzungen der Verf.- und Terminsgeb. vgl. die Komm. zu Vorbem. 3 VV RVG.

10 Keine Anwendung finden hingegen die Nrn. 3208 und 3209 VV RVG, da sie sich auf den beim BGH zugelassenen RA beziehen (so auch Schneider/Mock § 23 Rn. 3; dagegen für die grds. Anwendung der Nr. 3208 VV RVG: Hartung/Römermann § 37 RVG Rn. 11ff.). Ebenso unanwendbar sind wohl die Nrn. 3212 und 3213 VV RVG, da § 37 Abs. 2 RVG erkennbar auf Verf. abstellt, in denen sich die Gebühren nach dem Gegenstandswert bestimmen.

11 Da das Verf. vor dem BVerfG kostenfrei ist (§ 34 Abs. 1 BVerfGG), wird der **Gegenstandswert** üblicherweise nicht durch das Gericht festgesetzt. Nur im Streitfall erfolgt die Streitwertfestsetzung durch das Gericht im Rahmen des Verf. nach § 33 RVG, der dem früheren § 10 BRAGO entspricht (Riedel/Sußbauer § 113 BRAGO Rn. 9). Für die Festsetzung anwaltl. Vergütung nach § 19 RVG ist der Urkundsbeamte beim Verfassungsgericht zust. (Gerold/Schmid § 37 RVG Rn. 18). Dies folgt aus § 21 RPflG.

12 Der **Gegenstandswert** für die sonstigen Verf. ist nach § 37 Abs. 2 S. 2 RVG unter **Berücksichtigung der in § 14 Abs. 1 RVG aufgeführten Umstände** nach billigem Ermessen zu bestimmen, mind. aber beträgt er 4000 EUR. Zusätzlich zu den bisher in § 12 Abs. 1 BRAGO genannten Umständen, also der Bedeutung der Angelegenheit, dem Umfang und der Schwierigkeit der anwaltl. Tätigkeit sowie den Vermögens- und Einkommensverhältnissen des AG, kann nach § 14 Abs. 1 RVG nunmehr auch ein **besonderes Haftungsrisiko** bei der Bemessung herangezogen werden. Zu den Einzelheiten vgl. die Komm. zu § 14 RVG.

13 Die **Kostenerstattung** in Verf. vor dem BVerfG bemisst sich nach § 34a BVerfGG.

§ 38 Verfahren vor dem Gerichtshof der Europäischen Gemeinschaften

(1) In Vorabentscheidungsverfahren vor dem Gerichtshof der Europäischen Gemeinschaften gelten die Vorschriften in Teil 3 Abschnitt 2 des Vergütungsverzeichnisses entsprechend. Der Gegenstandswert bestimmt sich nach den Wertvorschriften, die für die Gerichtsgebühren des Verfahrens gelten, in dem vorgelegt wird. Das vorlegende Gericht setzt den Gegenstandswert auf Antrag durch Beschluss fest. § 33 Abs. 2 bis 9 gilt entsprechend.

(2) Ist in einem Verfahren, in dem sich die Gebühren nach Teil 4, 5 oder 6 des Vergütungsverzeichnisses richten, vorgelegt worden, sind in dem Vorabentscheidungsverfahren die Nummern 4130 und 4132 des Vergütungsverzeichnisses entsprechend anzuwenden.

(3) Die Verfahrensgebühr des Verfahrens, in dem vorgelegt worden ist, wird auf die Verfahrensgebühr des Verfahrens vor dem Gerichtshof der Europäischen Gemeinschaften angerechnet, wenn nicht eine im Verfahrensrecht vorgesehene schriftliche Stellungnahme gegenüber dem Gerichtshof der Europäischen Gemeinschaften abgegeben wird.

Übersicht

1 Allgemeines. § 38 RVG regelt die Vergütung des RA in Vorabentscheidungsverfahren vor dem EuGH nach Art. 234 EGV. Inhaltlich entspricht die Vorschrift im Wesentlichen der früheren Regelung in § 113a BRAGO. Die anwaltl. Vergütung richtet sich wie bisher nach der Art des Ausgangsrechtsstreits. Nach § 38 Abs. 1 S. 1 RVG gelten in Vorabentscheidungsverfahren die Vorschriften in Teil 3 Abschnitt 2 VV RVG entspr. Dies gilt aber nur für diejenigen Ausgangsverfahren, in denen sich die Gebühren nach dem Gegenstandswert richten. Umfasst sind hiervon die Vorabentscheidungen in bürgerlichen Rechtsstreitigkeiten und in Verf. der Finanz-, Verwaltungs- und Sozialgerichtsbarkeit. In Verf. nach Teil 4, 5 oder 6 des VV, also vor allem in Straf- und Bußgeldsachen, finden nach § 38 Abs. 2 RVG hingegen die Nrn. 4130 und 4132 VV RVG entspr. Anwendung.

2 § 38 RVG betrifft das **Vorabentscheidungsverfahren** vor dem EuGH nach **Art. 234 EGV.** Nach Art. 234 Abs. 1 EGV entscheidet der EuGH im Wege der Vorabentscheidung über die Auslegung des EGV, die Gültigkeit oder Auslegung der Handlungen v. Gemeinschaftsorganen oder die Auslegung der Satzung einer durch den Rat geschaffenen Einrichtung. Die nationalen Gerichte sind berechtigt und sofern ihre Entscheidungen nicht mehr mit Rechtsmitteln angefochten werden können sogar verpflichtet, derartige Fragen dem EuGH zur Entscheidung vorzulegen, wenn die Frage nach ihrer Auffassung für den Rechtsstreit entscheidungserheblich ist. Der EuGH trifft im Wege des Vorabentscheidungsverfahrens keine Entscheidung über den vor dem nationalen Gericht anhängigen Ausgangsrechtsstreit, so dass das Verf. nur einen **Zwischenstreit** im anhängigen Rechtsstreit darstellt.

3 Obwohl die Überschrift "Verf. vor dem EuGH" missverständlich ist, bezieht sich die Vorschrift des § 38 RVG lediglich auf das Vorabentscheidungsverfahren nach Art. 234 EVG. Nach wie vor ungeregelt ist auch im RVG die anwaltl. Vergütung für die **Nichtigkeitsklage (Art. 230 EGV)** und die **Untätigkeitsklage (Art. 232 EGV)** v. nat. und jur. Personen gg. Organe der Europäischen Gemeinschaft. Es erscheint geboten, bei diesen Klagearten den § 38 Abs. 1 RVG analog anzuwenden (so auch Gebauer/Schneider § 38 RVG Rn. 4). Im Geltungsbereich der BRAGO bestimmte sich die anwaltliche Vergütung bei Nichtigkeits- oder Untätigkeitsklagen nach hM gem. §§ 113a, 114, 31 BRAGO analog (vgl. dazu Bischof AGS 1998, 49; Gebauer/Schneider § 113a BRAGO Rn. 4; aA Hartmann § 113a BRAGO Rn. 1, der für die analoge Anwendung des § 113 BRAGO plädierte).

4 § 38 Abs. 1 S.1 RVG findet auf **bürgerliche Rechtsstreitigkeiten und Verfahren der Finanz-, Verwaltungs- und Sozialgerichtsbarkeit** Anwendung. Danach erhält der RA seine **Vergütung** für die Tätigkeit in Vorabentscheidungsverfahren entspr. der Vorschriften in **Teil 3 Abschnitt 2 VV RVG.** Dieser Verweis ist aber ungenau. Teil 3 Abschnitt 2 VV RVG erstreckt sich sowohl auf die Gebühren für die Berufung als auch die Revision und darüber hinaus auf Verf. vor dem FG und bestimmt Beschwerden. Der Gesetzgeber hat hier im Gegensatz zu § 37 Abs. 2 S. 1 RVG nicht genau bestimmt, welcher Unterabschnitt zur Anwendung kommen soll. Aufgrund der vergleichbaren Regelung in § 37 Abs. 2 S. 1 RVG ist aber davon auszugehen, dass auch hier für die anwaltl. Vergütung die

Gebührentatbestände **für das Revisionsverfahren in Teil 3 Abschnitt 2 Unterabschnitt 2 VV RVG** gelten (zust. Schneider/Mock § 24 Rn. 4).

5 Als anwaltl. Gebühren im Vorabentscheidungsverf. vor dem EuGH können sowohl eine Verfahrensgebühr der **Nr. 3206 VV RVG** als auch eine Terminsgeb. der **Nr. 3210 VV RVG** entstehen. Die erhöhte Verfahrengeb. nach Nr. 3208 VV RVG ist hingegen nicht einschlägig. Die Auffassung, wonach der RA in Vorabentscheidungsverf. diese erhöhte Verfahrensgeb. erhalten soll (Hartung/Römermann § 38 RVG Rn. 7), ist abzulehnen, da sich die Parteien im Verf. nicht nur durch einen beim BGH zugelassenen RA vertreten lassen können. In sozialgerichtlichen Verf., in denen nach § 3 Abs. 1 S. 1 RVG Betragsrahmengeb. entstehen, erhält der RA die Verfahrensgeb. nach Nr. 3212 VV RVG iHv 80 bis 800 EUR und eine Terminsgeb. nach Nr. 3213 VV RVG iHv 40 bis 700 EUR.

6 Der **Gegenstandswert** für die Gebühren nach Abs. 1 bestimmt sich nach den Wertvorschriften für das Ausgangsverfahren (§ 38 Abs. 1 S. 2 RVG). Daher stimmt der Gegenstandswert des Vorabentscheidungsverfahrens iA mit dem Wert des Ausgangsrechtsstreits überein. Soweit sich aber die dem EuGH vorgelegte Frage nur auf einen Teil des Streitgegenstandes im Ausgangsverfahren bezieht, ist ein entspr. geringerer Gegenstandswert für das Vorabentscheidungsverfahren festzusetzen (BFHE 119, 397; Gebauer/Schneider § 38 Rn. 11). Das vorlegende Gericht setzt den Gegenstandswert durch Beschl. fest (§ 38 Abs. 1 S. 3 RVG). Nach § 38 Abs. 1 S. 4 RVG gilt § 33 Abs. 2 bis 9 RVG entspr. Zu den Einzelheiten wird auf die Komm. zu § 33 RVG verwiesen.

7 § 38 Abs. 2 RVG gilt für Verf., in denen sich die Gebühren des Ausgangsrechtsstreits nach Teil 4, 5 oder 6 des VV richten. Dazu zählen vor allem **Straf- und Bußgeldsachen**, aber auch Verf. nach dem IRG, Disziplinar- und berufsgerichtliche Verf. sowie gerichtl. Verf. bei Freiheitsentziehung und in Unterbringungssachen. In diesen Verf. finden die für die Revision in Strafsachen geltenden **Nrn. 4130 und 4132 VV RVG** Anwendung. Der RA kann also eine Verf.- und eine Terminsgeb. erhalten. Die bisherige Regelung des § 113a BRAGO enthielt eine solche Unterscheidung nicht, sondern sah nur eine einzige Betragsrahmengeb. vor.

8 Die in § 38 Abs. 3 RVG enthaltene **Anrechnung der Verfahrensgebühr** entspricht inhaltl. der bisherigen Regelung in § 113a Abs. 1 S. 1 BRAGO. Danach wird die Verfahrensgeb. des Verf., in dem vorgelegt wird, auf die Verfahrensgeb. des Vorabentscheidungsverfahrens angerechnet, wenn nicht der RA eine im Verfahrensrecht vorgesehene schriftliche Stellungnahme ggü. dem EuGH abgegeben hat. Eine solche schriftliche Stellungnahme kann der RA nach Art. 20 der Satzung des EuGH nur binnen zwei Monaten nach Zustellung des Vorlagebeschlusses des vorlegenden Gerichts durch den Kanzler des EuGH abgeben. Eine Versäumung dieser Frist führt zur Anrechnung der Verfahrensgeb. Im Gegensatz zur bisherigen Regelung in § 113a BRAGO gilt die Anrechnung nunmehr auch in Verf. mit Betragsrahmengeb., namentlich also in den Verf. nach Teil 4, 5 und 6 VV RVG und in sozialgerichtlichen Verf.

9 Der EuGH trifft im Vorabentscheidungsverfahren keine Entscheidung über die Kosten dieses Verfahrens, da das Verfahren vor ihm für die Parteien des Ausgangsverfahrens nur ein Zwischenstreit im vor dem nationalen Gericht anhängigen Rechtsstreit ist (vgl. Anm. 2). Die Kostenentscheidung obliegt daher dem Gericht des Ausgangsverfahrens. Sie umfasst auch die Kosten des Vorabentscheidungsverfahrens. Der Umfang der Kostenerstattung bestimmt sich nach den für das Ausgangsverfahren einschlägigen Vorschriften des nationalen Rechts.

§ 39 In Scheidungs- und Lebenspartnerschaftssachen beigeordneter Rechtsanwalt
Der Rechtsanwalt, der nach § 625 der Zivilprozessordnung dem Antragsgegner beigeordnet ist, kann von diesem die Vergütung eines zum Prozessbevollmächtigten bestellten Rechtsanwalts und einen Vorschuss verlangen. Die für einen in einer Scheidungssache beigeordneten Rechtsanwalt geltenden Vorschriften sind für einen in einer Lebenspartnerschaftssache beigeordneten Rechtsanwalt entsprechend anzuwenden.

Übersicht

1 Allgemeines. § 39 RVG regelt die Vergütung des nach § 625 ZPO in einer Scheidungs- oder Lebenspartnerschaftssache beigeordneten RA. Danach kann der RA v. dem Antragsgegner, dem er beigeordnet ist, die Vergütung eines zum Prozessbev. bestellten RA fordern. Die Vorschrift entspricht im Wesentlichen dem früheren § 36a Abs. 1 BRAGO. Abweichend v. der bisherigen Regelung kann der RA jedoch nunmehr auch einen Vorschuss verlangen.

2 Grundgedanke der Regelung. In den Verf. vor dem Familiengericht in Ehe- und Folgesachen besteht gem. § 78 Abs. 2 S. 1 ZPO Anwaltszwang. Während der Kl. bzw. Antragsteller eines RA bedarf, um das Verf. zu beginnen und zu betreiben, kann der Antragsgegner den Anwaltszwang in der Praxis umgehen, indem er keinen Prozessbev. bestellt (Gerold/Schmidt § 39 RVG Rn. 2). Prozessual ist dagegen grds. nichts einzuwenden; ein VU gg. den Antragsgegner ist nach § 612 Abs. 4 ZPO unzulässig. Allerdings kann sich dieses Vorgehen für den Antragsgegner als nachteilig erweisen, da er ohne Anwalt weder durch Anträge noch durch eigenen Sachvortrag auf das Verf. Einfluss nehmen kann (vgl. Riedel/Sußbauer § 36a BRAGO Rn. 1). Daher ordnet das Gericht in einer Scheidungssache dem anwaltl. nicht vertretenen Antragsgegner vAw zur Wahrnehmung seiner Rechte einen RA bei, wenn diese Maßnahme nach der freien Überzeugung des Gerichts zum Schutz des Antragsgegners notwendig erscheint (§ 625 ZPO).

3 Der beigeordnete RA hat die **Stellung eines Beistands** (§§ 90, 625 Abs. 2 ZPO), solange ihm der Antragsgegner keine Prozessvollmacht erteilt hat. Er ist dann darauf beschränkt, den Antragsgegner über die Bedeutung und Konsequenzen der Ehescheidung zu beraten (Gebauer/Schneider § 39 RVG Rn. 4). Zwar kann er auch neben dem Antragsgegner schriftlich oder mündl. vortragen (vgl. § 90 Abs. 2 ZPO), ihm obliegt es aber nicht, den Antragsgegner in dem Scheidungsverfahren und den Folgesachen zu vertreten. Dafür bedarf es einer entspr. Prozessvollmacht.

4 Der **Vergütungsanspruch** des beigeordneten RA richtet sich **gegen den Antragsgegner**, selbst wenn dieser mit der Beiordnung nicht einverstanden war. Der RA kann gem. § 39 RVG die Vergütung eines zum Prozessbev. bestellten RA verlangen. Dies sind die Gebühren in Teil 3 Abschnitt 1 VV. Hier können die **Verfahrensgebühr (Nr. 3100 VV RVG)** und die **Terminsgebühr (Nr. 3104 VV RVG)** anfallen. Eine Einigungsgebühr (Nr. 1000 VV RVG) kommt nur für das Folgeverfahren zur Regelung der elterlichen Sorge in Betracht, nicht aber für das Scheidungsverfahren, weil die Ehescheidung nicht zur Disposition der Parteien steht.

5 Der RA kann seine Vergütung erst nach Eintritt der **Fälligkeit** v. dem Antragsgegner fordern. Gem. § 8 Abs. 1 S. 2 RVG wird die Vergütung fällig, wenn eine Kostenentscheidung ergangen ist oder der Rechtszug beendet ist oder das Verf. länger als drei Monate ruht.

6 Abweichend v. der bisherigen Regelung in der BRAGO hat der beigeordnete RA nunmehr gg. den Antragsgegner einen Anspruch auf **angemessenen Vorschuss** gem. § 9 RVG. Zu den Voraussetzungen des angemessenen Vorschusses vgl. die Komm. zu § 9 RVG.

7 Der nach § 625 ZPO beigeordnete Anwalt kann seine **Vergütung aus der Landeskasse** verlangen, wenn der Antragsgegner sich mit der Zahlung der Vergütung in Verzug befindet (§ 45 Abs. 2 RVG). Der Anspruch auf angemessenen Vorschuss richtet sich diesbezüglich nach § 47 Abs. 1 S. 2 RVG. Die Landeskasse steht als Gebührenschuldner neben dem Antragsgegner. Die Höhe der Vergütung bemisst sich hier nach § 49 RVG; der RA hat in diesem Fall also nur einen Anspruch auf Vergütung wie ein im Wege eines Prozesskostenhilfeverfahrens beigeordneter Anwalt.

8 Der Vergütungsanspruch aus der Landeskasse setzt den **Zahlungsverzug des Antragsgegners** voraus. Hierfür gelten die allg. Regeln des BGB (§§ 286ff. BGB). Die Fälligkeit des Vergütungsanspruchs bestimmt sich nach § 8 Abs. 1 S. 2 RVG. Zu den Einzelheiten vgl. die Komm. zu § 8 RVG.

9 Der beigeordnete RA wird **Prozessbevollmächtigter**, wenn der Antragsgegner ihm **Prozessvollmacht erteilt**. Danach erhält der RA die entspr. ges. oder mit dem AG vertraglich vereinbarte Vergütung. Die Beiordnung behält dennoch ihre Wirkung. Sofern die Prozessvollmacht den Umfang der Beiordnung übersteigt und sich zB auch noch auf andere Scheidungsfolgesachen erstreckt, bleibt der Anspruch gg. die Landeskasse (s. Anm. 7) bestehen. Jedoch beschränkt sich der Vergütungsanspruch in diesem Fall auf den Umfang der Beiordnung.

10 Zu den **Anwaltspflichten** des beigeordneten RA gehört es, den Antragsgegner darauf hinzuweisen, dass er einen **Prozesskostenhilfeantrag** stellen kann, sofern er zur Übernahme der Anwaltsvergütung wirtschaftl. nicht in der Lage ist.

11 Gem. § 39 S. 2 RVG gelten die für den in Scheidungssachen beigeordneten RA anwendbaren Vorschriften für den in einer **Lebenspartnerschaftssache** (§ 661 ZPO) beigeordneten RA entspr.

§ 40 Als gemeinsamer Vertreter bestellter Rechtsanwalt
Der Rechtsanwalt kann von den Personen, für die er nach § 67a Abs. 1 Satz 2 der Verwaltungsgerichtsordnung bestellt ist, die Vergütung eines von mehreren Auftraggebern zum Prozessbevollmächtigten bestellten Rechtsanwalts und einen Vorschuss verlangen.

Übersicht

1 Allgemeines. § 40 RVG regelt die Vergütung des in einem Verf. nach § 67a VwGO gerichtl. bestellten RA. Die Vorschrift übernimmt im Wesentlichen die bisherige Regelung des § 115 BRAGO. Nach § 67a Abs. 1 S. 2 VwGO kann das Gericht, wenn an einem Rechtsstreit mehr als 20 Personen im gleichen Interesse beteiligt sind, ohne durch einen Prozessbev. vertreten zu sein, den Beteiligten durch Beschl. aufgeben, einen gemeinsamen Bevollmächtigten zu bestellen, wenn sonst die ordnungsgemäße Durchführung des Rechtsstreits beeinträchtigt wäre. Kommen die Beteiligten dieser Anordnung innerhalb der gesetzten Frist nicht nach, kann das Gericht durch Beschl. einen RA als gemeinsamen Vertreter bestellen, der allein befugt ist, für sie Verfahrenshandlungen vorzunehmen (§ 67a Abs. 1 S. 2 und 3 VwGO).

2 Der nach § 67a VwGO gerichtl. bestellte RA kann v. den Personen, für die er bestellt ist, die Vergütung eines v. mehreren Auftraggebern zum Prozessbev. bestellten RA verlangen. Der RA hat also einen **unmittelbaren Vergütungsanspruch gegen die Vertretenen**, obwohl er v. ihnen nicht beauftragt wurde. Der Vergütungsanspruch besteht auch unabhängig davon, ob die Vertretenen dem RA eine Prozessvollmacht erteilt haben oder mit der Bestellung nicht einverstanden sind.

3 Soweit durch seine Tätigkeit die Tatbestandsvoraussetzungen erfüllt sind, kann der RA alle Gebühren eines Prozessbev. fordern, der v. mehreren Auftraggebern bestellt ist. Die Gebühren des Prozessbev. sind in Teil 3 des VV RVG geregelt. Im ersten Rechtszug können die **Verfahrensgebühr** (Nrn. 3100 und 3101 VV RVG), die **Terminsgebühr** (Nrn. 3104 und 3105 VV RVG) und die **Einigungsgebühr** (Nr. 1000 VV RVG) anfallen. Ebenso kommt eine **Erledigungsgebühr** (Nrn. 1000-1004 VV RVG) in Betracht. In Rechtsmittelverfahren bestimmt sich der Vergütungsanspruch aus den entspr. Gebührentatbeständen für die Berufung und die Revision (Teil 3 Abschnitt 2 Unterabschnitt 1 und 2 VV RVG). Entstehen können hier die Verfahrensgeb. der Nrn. 3200, 3201 VV RVG (Berufungsinstanz) und der Nrn. 3206, 3207 VV RVG (Revisionsinstanz), die Terminsgeb. der Nrn. 3202, 3203 VV RVG (Berufungsinstanz) und der Nrn. 3210, 3211 VV RVG (Revisionsinstanz) sowie die Einigungsgebühr der Nr. 1000 VV RVG, die in jedem Verfahrensabschnitt anfallen kann.

4 Da der nach § 67a VwGO gerichtl. bestellte RA die Vergütung eines **von mehreren Auftraggebern** zum Prozessbev. bestellten RA erhält, kommt hinsichtlich der Verfahrensgeb. die **Nr. 1008 VV RVG** zur Anwendung. Danach erhöht sich die angefallene Verfahrensgeb. je weiterem AG, den der RA in derselben Angelegenheit vertritt, bei Wertgeb. um 0,3. Die höchstmögliche **Erhöhung beträgt 2,0** (Anm. Abs. 3 zu Nr. 1008 VV RVG). Da der nach § 67a VwGO gerichtl. bestellte RA jedenfalls mind. 20 Personen vertritt, erhält er die maximale Erhöhung v. 2,0, so insgesamt eine Verfahrensgeb. iHv 3,0 anfällt. Wegen der Einzelheiten wird auf die Komm. zu Nr. 1008 VV RVG ff. verwiesen. Nach Nr. 1008 VV RVG erhöht sich ausschließlich die Verfahrensgeb. Alle anderen Gebühren (Termins- Einigungs- und Erledigungsgebühr) fallen nur in Höhe des normalen Gebührensatzes an.

5 Der RA kann seinen Vergütungsanspruch erst nach Eintritt der **Fälligkeit** gem. § 8 Abs. 1 S. 1 RVG geltend machen. Nach dieser Vorschrift wird die Vergütung erst fällig, wenn eine Kostenentscheidung ergangen ist oder der Rechtszug beendet ist oder das Verf. länger als drei Monate ruht.

6 Nunmehr kann der gerichtl. bestellte RA nach § 40 RVG auch einen **Vorschuss** verlangen. Die bisherige Regelung des § 115 BRAGO gab ihm einen solchen Anspruch noch nicht. Wegen der Einzelheiten zu den Voraussetzungen eines angemessenen Vorschusses vgl. die Komm. zu § 9 RVG.

7 Nach § 45 Abs. 2 RVG kann der im Verf. nach § 67a Abs. 1 VwGO gerichtl. bestellte RA seine **Vergütung aus der Landeskasse** verlangen, wenn sich die Vertretenen mit der Zahlung im Verzug befinden. Eine entspr. Vorschrift für den Anspruch auf angemessenen Vorschuss findet sich in § 47 Abs. 1 S. 2 RVG. Der RA muss seinen Vergütungsanspruch also erst einmal bei den Vertretenen geltend machen. **Zahlungsverzug** liegt vor, wenn die Vertretenen die fällige Vergütung trotz Mahnung oder zugestelltem Vergütungsfestsetzungsbeschluss (§ 11 RVG) nicht zahlen.

8 Kontrovers diskutiert wurde schon im Geltungsbereich der BRAGO, ob der Vergütungsanspruch gg. die Landeskasse bereits beim Zahlungsverzug eines Vertretenen besteht (dafür v. Eicken, AnwBl 1991, 187; Gebauer/Schneider § 40 RVG Rn. 8) oder ob dafür der Verzug aller Vertretenen erforderlich ist (so Hansens, NJW 1991, 1137). Die erstgenannte Auffassung ist überzeugend. Da jeder AG dem RA gem. § 7 Abs. 2 RVG die Gebühren und Auslagen schuldet, die er schulden würde, wenn der RA nur in seinem Auftrag tätig geworden wäre, hat der gerichtl. bestellte RA bereits für einen Vertretenen, der sich im Verzug befindet, einen Anspruch auf Vergütung aus der Landeskasse.

9 Der anwaltl. Vergütungsanspruch gg. die Landeskasse beschränkt sich auf die **Gebühren eines im Wege der PKH beigeordneten Anwalts**. Die Höhe der Gebühren bemisst sich nach § 49 RVG.

Jedoch kann der RA nach Zahlung der Vergütung aus der Landeskasse v. den Vertretenen den Unterschied zur Wahlanwaltsvergütung verlangen.

§ 41 Prozesspfleger

Der Rechtsanwalt, der nach § 57 oder § 58 der Zivilprozessordnung dem Beklagten als Vertreter bestellt ist, kann von diesem die Vergütung eines zum Prozessbevollmächtigten bestellten Rechtsanwalts verlangen. Er kann von diesem keinen Vorschuss fordern. § 126 der Zivilprozessordnung ist entsprechend anzuwenden.

Übersicht

1 Allgemeines. § 41 RVG regelt die Vergütung eines nach den **§§ 57, 58 ZPO zum Prozesspfleger bestellten Rechtsanwalts**. Nach dieser Vorschrift erhält der gerichtl. bestellte RA einen Vergütungsanspruch gg. den v. ihm vertretenen Bekl., der mit den Regelungen in den §§ 39, 40 RVG vergleichbar ist. Eine entspr. Vorschrift enthielt die BRAGO nicht. Angesichts der geringen Anzahl v. Bestellungen nach §§ 57, 58 ZPO in der Praxis, wird die Vorschrift wohl nur selten zur Anwendung kommen.

2 Die Regelung des § 41 RVG bezieht sich auf den nach den §§ 57, 58 ZPO zum Prozesspfleger bestellten RA. Nach § 57 ZPO hat das Gericht einer **nicht prozessfähigen Partei**, die verklagt werden soll, aber ohne ges. Vertreter ist, einen Prozesspfleger zu bestellen. Die Regelung des § 58 ZPO hingegen betrifft die Bestellung zum Prozesspfleger für den Aneignungsberechtigten eines **herrenlosen Grundstücks** (Abs. 1) oder **Schiffes** (Abs. 2) bis dieser Eigentum erlangt.

3 Der zum Prozesspfleger bestellte RA kann gem. § 41 RVG die Vergütung eines zum Prozessbev. bestellten RA verlangen. Für zivilrechtliche Streitigkeiten gelten die Gebühren in Teil 3 Abschnitt 1 und 2 des VV. Hier können für den Prozesspfleger in der ersten Instanz die **Verfahrensgebühr** (Nrn. 3100 und 3101 VV RVG) die **Terminsgebühr** (Nr. 3104, 3105 VV RVG) und eine **Einigungsgebühr** (Nr. 1000 VV RVG) anfallen. Für die Rechtsmittelverfahren kommen jew. die entspr. geltenden Gebührentatbestände für die Verf.- und die Terminsgeb. in der Berufung oder Revision in Betracht. Auch die Einigungsgebühr der Nr. 1000 VV RVG ist hier einschlägig (vgl. die Komm. zu Nr. 1000 VV RVG.

4 Im Gegensatz zu den Regelungen der §§ 39, 40 RVG hat der zum Prozesspfleger bestellte RA keinen Anspruch auf **Vorschuss** gg. die v. ihm vertretene Partei (§ 41 Abs. 2 RVG).

5 Nach § 41 S. 3 RVG findet **§ 126 ZPO entsprechende Anwendung**. Danach kann der gerichtl. bestellte RA seine Gebühren und Auslagen v. dem in die Prozesskosten verurteilten Gegner im eigenen Namen beitreiben (§ 126 Abs. 1 ZPO). Eine Einrede aus der Person der Partei ist unzulässig und der Gegner kann allein mit Kosten aufrechnen, die nach der Kostenentscheidung desselben Rechtsstreits v. der Partei zu erstatten sind (§ 126 Abs. 2 ZPO). Der zum Prozesspfleger bestellte RA kann also seinen Vergütungsanspruch auch ggü. dem zur Zahlung der Prozesskosten verurteilten Gegner geltend machen. Zahlungen des Gegners führen zur entspr. Verringerung des anwaltl. Vergütungsanspruchs gg. den Vertretenen und die Staatskasse.

6 Der zum Prozesspfleger bestellte RA kann seine **Vergütung auch aus der Staatskasse** verlangen (§ 45 Abs. 1 RVG). Die Staatskasse ist Gebührenschuldner neben dem Vertretenen. Abweichend v. den Regelungen der §§ 39, 40 RVG setzt der Vergütungsanspruch gg. die Staatskasse nach § 41 RVG keinen Zahlungsverzug der vertretenen Partei voraus. Dies ist auch nachvollziehbar. Denn im Falle des Bestellung nach § 57 ZPO kann die nichtprozessfähige Partei mangels ges. Vertreters gar nicht in Verzug kommen. Im Fall des § 58 ZPO wird der RA ja gerade gerichtl. bestellt, weil es noch keinen Eigentümer des Grundstücks bzw. Schiffes gibt. Es kommt also jedenfalls in Betracht, dass für den RA die Person des Aneignungsberechtigten iSd § 58 ZPO, gg. den sein Vergütungsanspruch ja besteht, nur sehr schwer zu bestimmen ist. Angesichts dieser möglichen Schwierigkeiten bei der Durchsetzung seines Vergütungsanspruchs, wäre es kaum verständlich, wenn die Voraussetzung bestünde, dass der RA den Aneignungsberechtigten erst einmal in Zahlungsverzug setzen müsste, bevor er seine Vergütung aus der Staatskasse erlangen kann.

7 Der RA kann die Vergütung aus der Staatskasse vielmehr schon nach Eintritt der **Fälligkeit** fordern. Gem. § 8 Abs. 1 S. 2 RVG wird die Vergütung fällig, wenn eine Kostenentscheidung ergangen ist oder der Rechtszug beendet ist oder das Verf. länger als drei Monate ruht.

Abschnitt 7. Straf- und Bußgeldsachen

§ 42 Feststellung einer Pauschgebühr
(1) In Strafsachen, gerichtlichen Bußgeldsachen, Verfahren nach dem Gesetz über die internationale Rechtshilfe in Strafsachen und in Verfahren nach dem IStGH-Gesetz stellt das Oberlandesgericht, zu dessen Bezirk das Gericht des ersten Rechtszugs gehört, auf Antrag des Rechtsanwalts eine Pauschgebühr für das ganze Verfahren oder für einzelne Verfahrensabschnitte durch unanfechtbaren Beschluss fest, wenn die in den Teilen 4 bis 6 des Vergütungsverzeichnisses bestimmten Gebühren eines Wahlanwalts wegen des besonderen Umfangs oder der besonderen Schwierigkeit nicht zumutbar sind. Dies gilt nicht, soweit Wertgebühren entstehen. Beschränkt sich die Feststellung auf einzelne Verfahrensabschnitte, sind die Gebühren nach dem Vergütungsverzeichnis, an deren Stelle die Pauschgebühr treten soll, zu bezeichnen. Die Pauschgebühr darf das Doppelte der für die Gebühren eines Wahlanwalts geltenden Höchstbeträge nach den Teilen 4 bis 6 des Vergütungsverzeichnisses nicht übersteigen. Für den Rechtszug, in dem der Bundesgerichtshof für das Verfahren zuständig ist, ist er auch für die Entscheidung über den Antrag zuständig.

(2) Der Antrag ist zulässig, wenn die Entscheidung über die Kosten des Verfahrens rechtskräftig ist. Der gerichtlich bestellte oder beigeordnete Rechtsanwalt kann den Antrag nur unter den Voraussetzungen des § 52 Abs. 1 Satz 1, Abs. 2, auch in Verbindung mit § 53 Abs. 1, stellen. Der Auftraggeber, in den Fällen des § 52 Abs. 1 Satz 1 der Beschuldigte, ferner die Staatskasse und andere Beteiligte, wenn ihnen die Kosten des Verfahrens ganz oder zum Teil auferlegt worden sind, sind zu hören.

(3) Der Strafsenat des Oberlandesgerichts ist mit einem Richter besetzt. Der Richter überträgt die Sache dem Senat in der Besetzung mit drei Richtern, wenn es zur Sicherung einer einheitlichen Rechtsprechung geboten ist.

(4) Die Feststellung ist für das Kostenfestsetzungsverfahren, das Vergütungsfestsetzungsverfahren (§ 11) und für einen Rechtsstreit des Rechtsanwalts auf Zahlung der Vergütung bindend.

(5) Die Absätze 1 bis 4 gelten im Bußgeldverfahren vor der Verwaltungsbehörde entsprechend. Über den Antrag entscheidet die Verwaltungsbehörde. Gegen die Entscheidung kann gerichtliche Entscheidung beantragt werden. Für das Verfahren gilt § 62 des Gesetzes über Ordnungswidrigkeiten.

Übersicht

1 § 42 RVG enthält eine echte Neuerung. Die Vorschrift gibt dem **Wahlanwalt** die Möglichkeit, seine Gebühren der Höhe nach feststellen zu lassen, wenn seine Tätigkeit wg. der bes. Schwierigkeit oder des bes. Umfangs der Sache durch die Wahlanwaltsgebühren nicht ausreichend vergütet wird. Im Geltungsbereich der BRAGO war dies nur für den gerichtl. bestellten RA, also regelmäßig den Pflichtverteidiger, vorgesehen (§ 99 BRAGO). Mit dem auf Antrag des Verteidigers in Gang gesetzten Verf. wird die **Pauschgebühr** nur festgestellt, nicht wie in der Parallelregelung des § 51 RVG bewilligt. Die zentralen Begriffe des „besonderen Umfangs" und der "besonderen Schwierigkeit" sind in § 42 RVG und § 51 RVG identisch. Bei der Ermittlung, ob ein besonderer Umfang oder eine besondere Schwierigkeit vorliegt, empfiehlt es sich, insbesondere auch die Rspr. zu § 51 RVG zu überprüfen. Die Feststellung stellt keinen Vollstreckungstitel dar (Gesetzesbegründung zu § 42 RVG, BT-Drs 15/1971 S. 198). Das Verf. vor dem OLG beschränkt sich deshalb allein auf die Feststellung der Höhe der dem Verteidiger zustehenden Gebühr. Einwendungen zum Grund der Vergütungsforderung werden hierbei nicht berücksichtigt. So wird verhindert, dass divergierende Entscheidungen des OLG einerseits und des im Vergütungsprozess entscheidenden Gerichts andererseits getroffen werden (Gesetzesbegründung zu § 42 RVG, aaO). § 42 RVG hat den Nebeneffekt, dass im Gegensatz zur früheren Rechtslage die Erstattung vereinbarter Honorare, die über die ges. Vergütung des Wahlanwalts hinausgehen, zumindest teilweise möglich sein wird (Gesetzesbegründung zu § 42 RVG, aaO).

2 Der **sachliche Anwendungsbereich** der Vorschrift umfasst Straf- und hiermit verwandte Verf. Er erstreckt sich über sämtliche Instanzen. Durch § 42 Abs. 1 S. 2 RVG wird klargestellt, dass nur Tätigkeitsbereiche erfasst werden, in denen Betragsrahmengeb. anfallen. Die Pauschgebühr tritt deshalb nicht an die Stelle der Gebühren nach den Nrn. 4142-4146 VV RVG (Gesetzesbegründung zu § 42, aaO).

3 Persönlich findet die Vorschrift **Anwendung** auf die Tätigkeit v. RA. Sofern Hochschullehrer als Verteidiger tätig werden, wird § 42 RVG nach seinem Wortlaut nicht angewandt. Wegen der vergleichbaren Interessenlage und der offensichtlichen Regelungslücke ist die Vorschrift in diesem Fall analog anzuwenden. Den Feststellungsantrag kann der Wahlverteidiger sowie der gerichtl. bestellte oder beigeordnete RA jew. unter der Voraussetzung des § 52 Abs. 2 RVG stellen.

4 Zur Tätigkeit des Verteidigers in Strafsachen gehören die Entgegennahme der Informationen, die Beratung des AG, die Einsicht in die Strafakten, die Beschaffung v. Material, die Ermittlung v. Zeugen, sämtliche Besprechungen, die Besuche in der Haftanstalt, die Teilnahme an Terminen, insbes. an Haftprüfungsterminen, sowie die Anfertigung v. Schriftsätzen, ferner die Einlegung v. Rechtsmitteln und die sich aus dem Rechtsmittelverfahren ergebenden Tätigkeiten (Gerold/Schmidt, 15. Aufl., § 87 BRAGO Rn. 1 und 2).

5 Das **gerichtliche Bußgeldverfahren** beginnt mit dem Eingang der Akten bei Gericht. Es erstreckt sich über das gesamte Verf. bei dem AG und beginnt aus Verteidigersicht mit der Entgegennahme der Information durch den AG über die Akteneinsicht, die Wahrnehmung gerichtl. Termine bis zur Durchführung des Rechtsbeschwerdeverfahrens vor dem Bußgeldsenat des OLG.

6 Das **Verfahren nach dem Gesetz über die internationale Rechtshilfe (IRG)** behandelt im Wesentlichen die Auslieferung v. Personen fremder Staatsangehörigkeit an Behörden fremder Staaten zur Strafverfolgung oder Strafvollstreckung und die Durchlieferung v. Ausländern durch das Gebiet der Bundesrepublik. Die §§ 40 und 45 Abs. 6 IRG geben den Betroffenen das Recht, sich jederzeit des Beistands eines RA zu bedienen. Tätigkeiten im Verf. nach dem IRG sind die Entgegennahme v. Informationen, die Einsicht in Gerichtsakten, die Kommunikation mit dem Betroffenen, Verhandlungen mit der Staatsanwalt oder dem Gericht, die Einreichung v. Schriftsätzen, Einwendungen gg. einen Haftbefehl oder die Vorbereitung der mündl. Verhandlung (Hartmann, 33. Aufl., § 106 BRAGO Rn. 4 und 5).

7 Verfahren nach dem Gesetz über die Zusammenarbeit mit dem Internationalen Strafgerichtshof (IStGHG) beschäftigen sich in ähnlicher Form wie Verf. nach dem IRG mit der Überstellung v. Personen an den Internationalen Strafgerichtshof auf dessen Ersuchen hin. Auch hier steht es dem Verfolgten frei, sich eines Beistands insbes. in Person eines RA zu bedienen (§ 31 IStGHG). Vom Geltungsbereich des § 42 RVG umfasst sind insoweit auch Tätigkeiten wie die Akteneinsicht, die Kommunikation mit dem Verfolgten, Verhandlungen mit Auslieferungsbehörden und Gericht, das Fertigen und Einreichen v. Schriftsätzen sowie die Auseinandersetzung mit einem gg. den Verfolgten gerichteten Überstellungs- oder Haftbefehl.

8 In Bußgeldverfahren vor der Verwaltungsbehörde finden gem. § 42 Abs. 5 RVG die Absätze 1-4 entspr. Anwendung, mit dem Unterschied, dass über den Antrag die Verwaltungsbehörde entscheidet. Hiergegen kann gerichtl. Entscheidung beantragt werden, § 42 Abs. 5 RVG iVm § 62 OWiG.

9 Die Feststellung einer Pauschvergütung kommt in Betracht, wenn die Strafsache bes. umfangreich oder bes. schwierig ist und es dem Verteidiger deshalb unzumutbar ist, sich mit der Wahlanwaltsgebühr zu begnügen. Die **Strafsache** ist insbes. dann **besonders umfangreich**, wenn sie gegenüber anderen gleichartigen Verf. einen erheblich überdurchschnittlichen Zeitaufwand erfordert. Zum Vergleich sind nur gleichartige Verf. heranzuziehen. So ist eine Schwurgerichtssache dann bes. umfangreich, wenn sie erheblich v. dem zeitlichen Aufwand für ein normales Schwurgerichtsverfahren abweicht (BGH Rpfleger 1996, 169; NStZ 1997, 98). Ein überdurchschnittlicher Zeitaufwand kann sich auch daraus ergeben, dass überdurchschnittlich viele Besuche beim Inhaftierten in der Justizvollzugsanstalt erforderlich sind. Das gleiche gilt, wenn der Zeitaufwand für Geschäftsreisen überdurchschnittlich hoch ist, weil der Vertretene in einer v. Gerichtsort weit entfernten Justizvollzugsanstalt einsitzt. Der bes. Umfang der Angelegenheit kann sich aber auch aus dem tatsächlichen Aktenumfang ergeben; er ist ein gewichtiges Indiz dafür, ob die Sache bes. umfangreich ist (Burhoff, ZAP Fach 24, S. 625, 641). Eine verbindliche Richtlinie dafür, wann die Strafsache bes. umfangreich ist, kann jedoch nicht ausgemacht werden. Die Bandbreite der v. der Rspr. als bes. umfangreich angesehenen Strafsachen beginnt bei einem Aktenumfang v. mehr als 200 Blatt bis zur Hauptverhandlung im amtsgerichtlichen Verf. (OLG Dresden AGS 2000, 109) und lässt sich nach oben hin unbegrenzt fortsetzen.

10 Eine **Strafsache** ist insbes. dann als **besonders schwierig** anzusehen, wenn ihre Bewältigung die Spezialkenntnisse bestimmter abgelegener Rechtsgebiete erfordert (OLG Hamm AGS 2000, 26) oder für die Bearbeitung der Strafsache bes. technische Spezialkenntnisse notwendig sind (OLG Brandenburg AGS 1999, 41). Auch wenn die Persönlichkeit des Beschuldigten eine schwierige Struktur aufweist, liegen bes. tatsächliche Schwierigkeiten der Strafsache vor. Das ist der Fall, wenn der Beschuldigte sich bes. uneinsichtig zeigt und persönlich sehr schwierig ist (OLG Bamberg JurBüro 1974, 862) □ sofern in einem solchen Fall eine Wahlverteidigung überhaupt möglich ist. Schließlich kann es eine bes. Schwierigkeit der Strafsache bedeuten, wenn die Verständigung mit dem Beschuldigten infolge sprachlicher Hürden schwierig ist und zB die Hinzuziehung eines Dolmetschers erfordert (OLG Koblenz KostRsp BRAGO § 99 Nr. 11).

11 Die Feststellung der Pauschvergütung kommt schon dann in Betracht, wenn die Sache **alternativ** entweder bes. schwierig oder bes. umfangreich ist. Es ist nicht erforderlich, dass beide Voraussetzungen kumulativ zusammentreffen (Gerold/Schmidt, 15. Aufl., § 99 BRAGO Rn. 2).

12 Die Feststellung einer Pauschgebühr setzt ferner voraus, dass wg. der genannten Kriterien, des bes. Umfangs oder der bes. Schwierigkeit der Sache, die **Wahlanwaltsgebühr nicht zumutbar** ist. Das ist der Fall, wenn die dem Wahlanwalt ohne Feststellung der Pauschgebühr zustehende Gebühr in einem unangemessenen Verhältnis zur Schwierigkeit oder zum Umfang der Sache steht. Es sind nur wenige Fälle denkbar, in denen eine Sache zwar bes. umfangreich oder bes. schwierig iSd Kriterien des § 42 RVG ist und die Wahlanwaltsgebühr aber dennoch dem Verteidiger zuzumuten wäre. Das Zumutbarkeitskriterium übernimmt deshalb die Funktion eines Korrektivs für bes. Ausnahmefälle. Denkbar wäre zB der Fall, dass die Voraussetzungen "bes. Schwierigkeit" oder "bes. Umfang" zwar grds. vorliegen, der Verteidiger aber mit dem Betroffenen eine Honorarvereinbarung geschlossen hat, die der Höhe nach die Pauschvergütung noch übertrifft und die vom Mandanten auch bedient werden kann. Kommt es dann zu einem Erstattungsanspruch, würde die Festsetzung einer Pauschgebühr einzig der Entlastung des Betroffenen dienen. Dies würde aber nicht mehr im Einklang mit dem Zweck der Norm, den bes. Einsatz des Bevollmächtigten zu honorieren, stehen.

13 Die Feststellung einer Pauschgebühr kann sich entweder auf das gesamte Verf. erstrecken oder auf **einzelne Verfahrensabschnitte** beschränken. Unter einem einzelnen Verfahrensabschnitt ist jeder Teil des Verf. zu verstehen, für den bes. Gebühren bestimmt sind (Gesetzesbegründung zu § 42 RVG, BT-Drs 15/1971 S.198). Auch die einzelnen Rechtszüge des Verf. sind als Verfahrensabschnitte anzusehen. Durch die ausdrückliche Aufnahme der Abrechnungsmöglichkeit für Verfahrensabschnitte in den Gesetzeswortlaut ist der diesbezügliche frühere Streit zu § 99 BRAGO obsolet. Zu beachten ist allerdings, dass eine Gesamtschau der erbrachten Tätigkeit des Verteidigers dazu führen kann, dass eine überdurchschnittliche Beanspruchung in einem Verfahrensabschnitt durch eine weitere Tätigkeit im Verfahrensverlauf mit geringerem Arbeits- und Zeitaufwand ausgeglichen werden kann. Dies rechtfertigt sich aus dem Charakter der Pauschvergütung als Vergütung für die gesamte Tätigkeit des RA heraus (Burhoff, ZAP Fach 24, S. 625, 632, OLG Hamm StraFo 1997, 286).

14 Ihre **Obergrenze** findet die Pauschgebühr im Doppelten der Höchstbeträge nach Teil IV des VV. Auch dies stellt eine Begrenzung des sachlichen Anwendungsbereichs v. § 42 RVG dar. In Verf., in denen - absehbar - auch die Höchstgrenze der möglichen Pauschvergütung nicht ausreicht, um eine angemessene und damit zumutbare Vergütungshöhe festzulegen, wird der Verteidiger die Übernahme des Mandats v. Abschluss einer Honorarvereinbarung abhängig machen müssen.

15 Zuständig im Feststellungsverfahren ist das dem Gericht des ersten Rechtszuges übergeordnete OLG. Die Feststellung der Pauschgebühr im Verf. vor dem BGH erfolgt durch diesen. Im

Bußgeldverfahren vor der Verwaltungsbehörde entscheidet ebenfalls die mit der Sache befasste Behörde über die Feststellung der Gebühr. Im Übrigen ergeht die Entscheidung durch unanfechtbaren Beschl. Hiergegen kann lediglich eine Gegenvorstellung erhoben werden (OLG Nürnberg AnwBl. 1974, 356). Dieser entspricht der bislang geltenden Rechtslage zu § 99 BRAGO (BGH NJW 1960, 1218). Der über den Feststellungsantrag entscheidende Strafsenat ist mit einem Richter, in Ausnahmefällen mit drei Richtern besetzt, § 42 Abs. 3 RVG.

16 Der **Antrag auf Feststellung** der Pauschgebühr kann erst **nach Eintritt der Rechtskraft der Kostenentscheidung** des Verf. gestellt werden. Das ist systematisch nachvollziehbar, denn erst dann steht fest, wer am Feststellungsverfahren, insbes. durch die Gewährung rechtl. Gehörs, beteiligt werden muss (Gesetzesbegründung zu § 42 RVG, BT-Drs 15/1971 S.198). Der Antrag sollte eingehend begründet werden. Wird der Antrag vom Pflichtverteidiger gestellt, gehört für ihn dazu, die Voraussetzungen von § 52 Abs. 1 Satz 1, Abs. 2 RVG darzulegen.

17 Das Verf. nach § 42 RVG stellt keinen Ersatz für die Vergütungsfestsetzung (**§ 11 RVG**), die Kostenfestsetzung oder den Vergütungsprozess vor dem AG dar. Die Entscheidung nach § 51 RVG stellt keinen Vollstreckungstitel dar (Bischof/Jungbauer § 42 RVG Rn. 4). Soweit der Mandant Einwendungen zum Grund der Vergütungsforderung des RA erhebt, etwa die Einrede der Verjährung oder den Einwand der Erfüllung, steht ihm dies auch nach Feststellung der Vergütungshöhe zu.

17a Gem. **§ 11 Abs. 1 S. 1 RVG** besteht die Möglichkeit, die **Pauschgebühr** des Wahlanwalts **festsetzen** zu lassen. Diese Möglichkeit steht nicht nur dem Anwalt, sondern auch seinem Auftraggeber zu (Hansens ZAP Fach 24, 831). Es kann so ein Vollstreckungstitel geschaffen werden. Die bloße Feststellung der Höhe der Pauschgebühr reicht dazu nicht aus. Allerdings ist es dem Mandanten nicht mehr möglich, nach Feststellung der Höhe der Pauschvergütung Einwendungen im Festsetzungsverfahren nach § 11 RVG zu erheben. An die Feststellung der Höhe sind die Parteien gebunden. Nur wenn der Mandant Einwendungen erhebt, die außerhalb des Gebührenrechts anzusiedeln sind, muss die Festsetzung abgelehnt werden und dem Anwalt bleibt nur, seine Forderung im ordentlichen Verfahren beizutreiben. Der offensichtlich aus der Luft gegriffene Einwand, dem Anwalt keinen Auftrag erteilt zu haben, stellt allerdings keinen nach § 11 Abs. 5 S. 1 RVG zu beachtenden Einwand dar (OLG Koblenz JurBüro 2004, 592). Soweit eine Vergütungsfestsetzung möglich ist, fehlt einer Honorarklage des Rechtsanwalts das Rechtsschutzbedürfnis. Eine solche Klage wäre deshalb als unzulässig abzuweisen. Verteidigt sich aber der Beklagte mit außergebührenrechtlichen Einwendungen, wird die Klage nachträglich zulässig (Hansens ZAP Fach 24, 831).

18 Muster

"An das Oberlandesgericht ...
über das Amtsgericht/Landgericht ...

In der Strafsache ...
Aktenzeichen ...

wird beantragt, gem. § 42 RVG eine Pauschvergütung in Höhe von ... zu bewilligen.

Begründung:

In dem Verfahren wurde eine Entscheidung über die Kosten des Verfahren am ... getroffen. Die Entscheidung ist rechtskräftig. Nach den Vorschriften des Rechtsanwaltsvergütungsgesetzes beläuft sich die Höhe der Wahlanwaltsgebühren auf ... Euro. Die Vergütung ist der Höhe nach unzumutbar niedrig. Dies ergibt sich aus folgenden Gesichtspunkten:

...

Hieraus folgt, dass eine Pauschvergütung iHv ... für das Verfahren/für folgende Verfahrensabschnitte angemessen ist: ...

Es wird darum gebeten, Gelegenheit zur Erwiderung auf die Stellungnahme der Verfahrensbeteiligten zu geben.

Rechtsanwalt"

§ 43 Abtretung des Kostenerstattungsanspruchs

Tritt der Beschuldigte oder der Betroffene den Anspruch gegen die Staatskasse auf Erstattung von Anwaltskosten als notwendige Auslagen an den Rechtsanwalt ab, ist eine von der Staatskasse gegenüber dem Beschuldigten oder dem Betroffenen erklärte Aufrechnung insoweit unwirksam, als sie den Anspruch des Rechtsanwalts vereiteln oder beeinträchtigen würde. Dies gilt jedoch nur, wenn zum Zeitpunkt der Aufrechnung eine Urkunde über die Abtretung oder eine Anzeige des Beschuldigten oder des Betroffenen über die Abtretung in den Akten vorliegt.

Übersicht

1 § 43 S. 1 RVG übernimmt die bisherige Regelung des § 96a BRAGO. Zweck der Vorschrift ist es, den Verteidiger zu privilegieren und zu verhindern, dass die Staatskasse gg. Kostenerstattungsansprüche des Angeschuldigten (§§ 464b, 464a Abs. 2 Nr. 2 StPO) mit ihren Forderungen, zB nach einer Geldstrafe, aufrechnet. Ausgangssituation der Vorschrift ist eine **Aufrechnungslage** zw. einem Geldanspruch der Staatskasse einerseits und einem Anspruch des Angeschuldigten auf (teilweise) Erstattung seiner Auslagen. Hierzu kommt es, wenn der Angeschuldigte v. einem Teil der gg. ihn erhobenen Vorwürfe freigesprochen wird oder ein v. ihm geführtes Rechtsmittel teilweise zum Erfolg geführt hat. In diesem Zusammenhang ist es üblich, dass die Staatskasse ggü. dem Auslagenerstattungsanspruch des Betroffenen mit der gg. ihn verhängten Geldstrafe aufrechnet. Zu beachten sind in diesem Zusammenhang §§ 406, 407 BGB. Dadurch, dass die Unwirksamkeit der Aufrechung von dem Vorliegen einer Urkunde abhängig gemacht wird, ist gleichzeitig gewährleistet, das die Staatskasse von der Abtretung Kenntnis haben muss; die Voraussetzungen von §§ 406, 407 BGB liegen dann nicht vor. Über den Wortlaut der Vorschrift hinaus gilt § 43 RVG auch bei der Aufrechnung der Staatskasse gegenüber dem RA (vgl. § 406 BGB; Burhoff Rn. 10 zu § 43 RVG; Gesetzesbegründung zu § 43 RVG, BT-Drs. 15/1971 S. 199). Rechtsfolge des § 43 RVG ist die relative Unwirksamkeit v. der Staatskasse erklärten Aufrechnung ggü. dem Verteidiger, dem Auslagenerstattungsansprüche abgetreten wurden, gem. § 135 Abs. 1 S. 1 BGB. In § 43 S. 2 RVG wird der Versuch unternommen, die Streitfrage zu entscheiden, bis zu welchem Zeitpunkt die Abtretung erfolgen kann.

2 Die **Forderung der Staatskasse** muss nicht aus dem Verf. stammen, aus dem der RA seinen Vergütungsanspruch herleitet. Eine Aufrechnungslage besteht auch dann, wenn sich ein Auslagenerstattungsanspruch einerseits sowie eine Geldstrafe andererseits aus unterschiedlichen Verf. ergeben (Gebauer/Schneider § 43 RVG Rn. 10). Die Forderung der Staatskasse kann sich zum einen auf eine gg. den Angeklagten verhängte Geldstrafe beziehen. Zum anderen kann Sie sich aus Verfahrenskosten zusammensetzen. Es ist auch nicht zwingend erforderlich, dass der abgetretene Erstattungsanspruch aufgrund eines Teilfreispruchs entstanden ist (OLG Nürnberg JurBüro 1990, 1167).

3 Besonders privilegiert sind nur die Ansprüche des Angeschuldigten auf Erstattung v. **Anwaltskosten** als notwendige Auslagen nach § 464a Abs. 2 S. 2 StPO. Forderungen des RA gg. den Betroffenen aus einem anderen Rechtsgrund, zB aus einem Darlehen oder aus einer Vergütungsforderung, die aus einer anderen Angelegenheit resultiert, sind hiervon nicht umfasst (Gerold/Schmidt § 43 RVG Rn. 8). Auch die Erstattung der Reisekosten oder des Verdienstausfalls sowie privater Gutachterkosten des Angeklagten fallen nicht in den Schutzbereich v. § 43 RVG. Soweit zw. Angeklagtem und Verteidiger eine Honorarvereinbarung besteht, erstreckt sich die Schutzwirkung v. § 43 RVG lediglich auf die ges. Gebühren (OLG München AnwBl 1979,71; KG JurBüro 1992, 99). Hierzu zählen auch vorgelegte Gerichtskosten sowie Aktenversendungsgebühren (Gebauer/Schneider § 43 RVG Rn. 17).

4 Wird der Betroffene v. **mehreren Rechtsanwälten** vertreten (§ 6 RVG), so hängt es v. Umfang der Abtretungen ab, welche Gebührenforderung in welchem Umfang v. § 43 geschützt wird.

5 Zur relativen Unwirksamkeit der Aufrechnung durch die Staatskasse ist es erforderlich, dass die Erstattungsforderung des Mandanten gem. § 398 BGB an den RA **abgetreten** wurde. Die bloße Geldempfangsbevollmächtigung im Rahmen der Mandatserteilung genügt hierfür nicht. Ebenfalls **nicht ausreichend ist eine Inkassovollmacht**, mit der der Angeschuldigte den RA damit beauftragt, den Erstattungsbetrag einzuziehen und ihn gleichzeitig dazu ermächtigt, über die Forderung zu verfügen (KG AnwBl 1980, 379, LG Hannover, NdsRpfl 1983, 97). Die Abtretung sollte separat erfolgen: die Aufnahme in die Prozessvollmacht ist unzulässig (OVG Münster NJW 1987, 3029).

6 Durch § 43 S. 2 RVG ist der Rechtsstreit über die Frage entschieden, ob die Vergütungsforderung des RA auch noch dann in den Schutzbereich der Privilegierung kommen kann, wenn die Abtretung erst nach der Aufrechnungserklärung der Staatskasse erfolgt (zum alten Streitstand vgl. Gerold/Schmidt § 96a BRAGO Rn. 2). Der Gesetzgeber hat den Streit zugunsten der Meinung entschieden, die schon immer eine **Abtretung nach der Aufrechnungserklärung** durch die Staatskasse für **nicht mehr wirksam** gehalten hat. Diese Lösung des Gesetzgebers steht im Interesse der Systematik des bürgerlichen Rechts (Gesetzesbegründung zu § 43, BT-Drs 15/1971 S. 199), nach der eine Forderung im Zeitpunkt der Abtretung noch bestehen muss. Der Gesetzgeber hat dabei wohl auch die Interessen der Staatskasse vor Augen gehabt, der in Zukunft sicherlich die eine oder andere Aufrechnungslage "erspart" bleibt. Zwar soll nach dem Willen des Gesetzgebers die Neuregelung in § 43 S. 2 RVG den Schutzinteressen der Anwaltschaft dienen. Denn eine Aufrechnung gg. den Erstattungsanspruch nach rechtskräftigem Abschluss des Verf. wird entgegen § 406 BGB dadurch dauerhaft vereitelt, dass der RA zum Zeitpunkt der Aufrechnung eine Urkunde über die Abtretung oder eine Anzeige des Beschuldigten oder Betroffenen über die Abtretung an den Akten reicht. So wie es aber in der Vergangenheit häufig vorgekommen sein muss, dass der Verteidiger erst nach Aufrechnung der Staatskasse gg. Erstattungsansprüche auf die Idee gekommen ist, sich diese abtreten zu lassen, so wird es in Zukunft gehäuft vorkommen, dass eine Abtretungsanzeige nicht oder nur verspätet wird vorgelegt werden können.

7 Die **Durchsetzung eines** durch § 43 RVG erhaltenen **Erstattungsanspruchs** erfolgt im Fall der Aufrechnung mit einer Geldstrafe über die Herbeiführung einer gerichtl. Entscheidung. Die Einwendungen des RA gg. die Aufrechnung sind als Einwendung gg. die Zulässigkeit der Strafvollstreckung seitens der StA als Vollstreckungsbehörde gem. § 458 Abs. 1 StPO zu behandeln. Zuständig über die Entscheidung ist das Gericht des ersten Rechtszuges gem. § 462a Abs. 2 S. 1 StPO als das die Geldstrafe verhängende Gericht. Gegen die gerichtl. Entscheidung ist die sofortige Beschwerde gem.

§ 462 Abs. 3 StPO gegeben (zum Verf. BGH Rpfleger 1998, 304). In anderen Fällen ist die Aufrechnung durch schriftlichen Antrag des RA (nicht für den Mandanten!) auf gerichtl. Entscheidung nach Art. XI § 1 KostÄndG 1957 zu beanstanden. Der Antrag sollte alle relevanten Daten beinhalten (Anspruchshöhe, geleistete Vorschüsse, Abtretungserklärung) und darauf gestützt werden, dass der Verteidiger durch die Aufrechnung in seinen Rechten verletzt wird. Das Verf. stellt ein Zivilverfahren dar (OLG Frankfurt JurBüro 1982, 89).

Abschnitt 8. Beigeordneter oder bestellter Rechtsanwalt, Beratungshilfe

§ 44 Vergütungsanspruch bei Beratungshilfe
Für die Tätigkeit im Rahmen der Beratungshilfe erhält der Rechtsanwalt eine Vergütung nach diesem Gesetz aus der Landeskasse, soweit nicht für die Tätigkeit in Beratungsstellen nach § 3 Abs. 1 des Beratungshilfegesetzes besondere Vereinbarungen getroffen sind. Die Beratungshilfegebühr (Nummer 2600 des Vergütungsverzeichnisses) schuldet nur der Rechtsuchende.

Übersicht

Allgemeines	1
Geltungsbereich	2
Voraussetzungen für den Anspruch auf Vergütung nach dem BerHG	3
Anspruch auf Vergütung gegen die Landeskasse	4
Vergütungsvereinbarung mit einer Beratungshilfestelle	5
Versagung der Beratungshilfe	6
Mehrere Auftraggeber	7

1 In § 44 RVG trifft der Gesetzgeber eine **Nachfolgeregelung zu § 131 BRAGO**. Es wird klargestellt, dass der RA, der im Bereich des BerHG für den bedürftigen Mandanten tätig wird, grds. nach den Vorschriften des RVG abzurechnen hat. Die Gebühren werden in Teil 2 Abschnitt 6 des VV genannt (Nrn. 2600 bis 2608 VV RVG). § 44 S. 2 RVG stellt klar, dass Schuldner der Beratungshilfegebühr Nr. 2600 VV RVG ausschließlich der Rechtsuchende ist. Diese Klarstellung ist aufgrund der Aufhebung v. § 8 Abs. 1 BerHG erforderlich. Die übrige Vergütung erhält der RA v. der Landeskasse. Für die Abrechung im Rahmen der BerHi ist ein bestimmtes Formular zu verwenden (§ 13 BerHG iVm der BeratungshilfevordruckVO).

2 Die Regelung betrifft die **beratende Tätigkeit des RA auf der Grundlage des BerHG**. Auch die Beratung durch einen Rechtsbeistand wird hiervon erfasst, § 1 Abs. 1 S. 2 RVG. In sachlicher Hinsicht umfasst die BerHi die beratende wie die vertretende Tätigkeit des RA im außergerichtlichen Bereich. Hiermit ist insbes. auch die Einholung v. Informationen oder die Mitwirkung des RA bei der Gestaltung eines Vertrags (Nr. 2603 VV RVG) gemeint. Auch die Tätigkeit im Rahmen des Versuchs, mit Gläubigern eine außergerichtliche Einigung nach § 305 Abs. 1 Nr. 1 InsO zu erzielen kann auf der Basis des BerHG erfolgen; die Vergütung nach dem VV ist in diesem Fall nach der Anzahl der Gläubiger gestaffelt (vgl. Nrn. 2602, 2605 bis 2608 VV RVG).

3 Voraussetzung für einen **Anspruch auf Vergütung nach dem BerHG** (Nrn. 2600ff. VV RVG) ist es, dass dem Rat Suchenden BerHi bewilligt wurde und ihm ein Berechtigungsschein ausgestellt worden ist (§ 6 BerHG). Es ist ihm gem. §§ 4, 7 BerHG freigestellt, bereits vor der Ausstellung eines Berechtigungsscheins einen RA aufzusuchen. Das Risiko, dass ihm später kein Berechtigungsschein ausgestellt wird, liegt beim RA: der Rechtsrat erteilende RA hat keinen Anspruch auf die übliche

Vergütung nach dem RVG, wenn er im Vertrauen darauf, dass BerHi bewilligt werden wird, solchen erteilt. Ein Anwaltsvertrag ist nämlich nur unter der Bedingung zustande gekommen, dass BerHi gewährt wird (Gebauer/Schneider, 1. Aufl., § 131 BRAGO Rn. 9). Allenfalls die Gebühr der Nr. 2600 VV RVG schuldet der Rechtsuchende dem RA. Dieser kann aber die Erteilung der BerHi davon abhängig machen, dass der Rechtsuchende zuvor einen Berechtigungsschein beim AG beantragt (Gerold/Schmidt § 44 RVG Rn. 4).

4 Wird dem Rechtsuchenden der Berechtigungsschein erteilt, hat der RA einen **Anspruch auf Vergütung gegen die Landeskasse**, die ihrerseits nicht mehr einwenden kann, die Voraussetzungen der BerHi hätten nicht vorgelegen (Gerold/Schmidt aaO; Riedel/Sußbauer § 131 BRAGO Rn. 7). Wenn nachträglich BerHi bewilligt wird, erwirbt der RA, der bereits BerHi erteilt hat, nachträglich einen Anspruch gg. die Landeskasse für diese Tätigkeit (LG Berlin Rpfleger 1982, 239). Es ist nicht erforderlich, dass der Beratungshilfeantrag vor der anwaltl. Beratung gestellt wird. Es genügt, dass der Antrag nachträglich gestellt wird (OLG Oldenburg BRAGOreport 2001, 14). Der RA ist dazu verpflichtet, den Rat Suchenden auf die Möglichkeit der BerHi hinzuweisen, wenn er im Laufe der Beratung erkennt, dass deren Voraussetzungen vorliegen (Riedel/Sußbauer § 131 BRAGO Rn. 5). Unterlässt er dies, verstößt er gg. seine Verpflichtungen aus dem Anwaltsvertrag und verliert seinen Anspruch auf Vergütung nach dem RVG.

5 Vom Geltungsbereich des § 44 RVG ausgeschlossen ist die Tätigkeit des RA, der **BerHi in einer Beratungsstelle** gewährt, die aufgrund einer Vereinbarung mit der Landesjustizverwaltung eingerichtet wurde und für die eine bes. Vereinbarung über die Entlohnung der beratenden RA getroffen worden ist. Fehlt es an der letztgenannten Voraussetzung, steht dem beratenden RA die Vergütung nach den Nrn. 2600ff. VV RVG zu.

6 Wird die Gewährung von Beratungshilfe nach Antrag versagt, ist die **Erinnerung** statthafter Rechtsbehelf gem. § 6 Abs. 2 BerHG.

7 Nr. 1008 VV RVG findet Anwendung, wenn **mehrere** Mandanten in ders. Sache beraten werden. Erscheinen mehrere Mandanten mit je einem Beratungshilfeschein und bitten um Gewährung von BerHi, findet eine separate Abrechnung für jeden **Auftraggeber** gesondert statt, ohne Rückgriff auf Nr. 1008 VV RVG (Schneider, Fälle und Lösungen § 9 Rn. 5).

§ 45 Vergütungsanspruch des beigeordneten oder bestellten Rechtsanwalts
(1) Der im Wege der Prozesskostenhilfe beigeordnete oder nach § 57 oder § 58 der Zivilprozessordnung zum Prozesspfleger bestellte Rechtsanwalt erhält, soweit in diesem Abschnitt nichts anderes bestimmt ist, die gesetzliche Vergütung in Verfahren vor Gerichten des Bundes aus der Bundeskasse, in Verfahren vor Gerichten eines Landes aus der Landeskasse.
(2) Der Rechtsanwalt, der nach § 625 der Zivilprozessordnung beigeordnet oder nach § 67a Abs. 1 Satz 2 der Verwaltungsgerichtsordnung bestellt ist, kann eine Vergütung aus der Landeskasse verlangen, wenn der zur Zahlung Verpflichtete (§§ 39 oder 40) mit der Zahlung der Vergütung im Verzug ist.
(3) Ist der Rechtsanwalt sonst gerichtlich bestellt oder beigeordnet worden, erhält er die Vergütung aus der Landeskasse, wenn ein Gericht des Landes den Rechtsanwalt bestellt oder beigeordnet hat, im Übrigen aus der Bundeskasse. Hat zuerst ein Gericht des Bundes und sodann ein Gericht des Landes den Rechtsanwalt bestellt oder beigeordnet, zahlt die Bundeskasse die Vergütung, die der Rechtsanwalt während der Dauer der Bestellung oder Beiordnung durch das Gericht des Bundes verdient hat, die Landeskasse die dem Rechtsanwalt darüber hinaus zustehende Vergütung. Dies gilt entsprechend, wenn zuerst ein Gericht des Landes und sodann ein Gericht des Bundes den Rechtsanwalt bestellt oder beigeordnet hat.

(4) Wenn der Verteidiger von der Stellung eines Wiederaufnahmeantrags abrät, hat er einen Anspruch gegen die Staatskasse nur dann, wenn er nach § 364b Abs. 1 Satz 1 der Strafprozessordnung bestellt worden ist oder das Gericht die Feststellung nach § 364b Abs. 1 Satz 2 der Strafprozessordnung getroffen hat. Dies gilt auch im gerichtlichen Bußgeldverfahren (§ 85 Abs. 1 des Gesetzes über Ordnungswidrigkeiten).
(5) Absatz 3 ist im Bußgeldverfahren vor der Verwaltungsbehörde entsprechend anzuwenden. An die Stelle des Gerichts tritt die Verwaltungsbehörde.

Übersicht

1 § 45 RVG enthält eine **Zusammenfassung zuvor an verschiedenen Stellen in der BRAGO getroffener Regelungen.** § 45 Abs.1 RVG ersetzt den bisherigen § 121 BRAGO. Gem. § 12 RVG sind die nach § 11a ArbGG oder § 4a InsO beigeordneten RA den im Wege der PKH beigeordneten Rechtsanwälten gleichgestellt und finden keine bes. Erwähnung in § 45 Abs. 1 RVG. Neu aufgenommen in den Anwendungsbereich wurde der Prozesspfleger gem. §§ 57, 58 ZPO. § 45 Abs. 2 RVG fasst die bisherigen Regelungen der §§ 36a Abs. 2, 115 BRAGO in einer Vorschrift zusammen, ohne dass damit inhaltl. Änderungen verbunden sein sollen (Gesetzesbegründung zu § 45, BT-Drs 15/1971 S. 200). § 45 Abs. 3 S. 1 und 2 RVG ersetzen die bisherigen Regelungen in § 103 Abs. 1 und 2 BRAGO, deren Regelungsgehalt sich im Wesentlichen in Justizorganisationsnormen erschöpft. § 45 Abs. 4 RVG tritt an die Stelle der bisherigen Regelungen in § 90 Abs. 1 S. 2, 97 iVm § 105 Abs. 1 BRAGO. § 45 Abs. 5 RVG erweitert den Anwendungskreis v. Abs. 3 auch auf das Bußgeldverfahren vor der Verwaltungsbehörde und ersetzt so die bisherigen Regelungen (§§ 105 Abs. 1, 103 Abs. 2 BRAGO).

2 § 45 Abs. 1 RVG regelt, **wer** dem beigeordneten Anwalt dessen **Vergütung schuldet.** Voraussetzung dafür, dass eine Vergütungsschuld der Bundes- oder Landeskasse besteht, ist die Beiordnung des RA. Diese erfolgt im Zivilprozessverfahren nach den §§ 114ff. ZPO. Dort finden sich die Regeln über die **Prozesskostenhilfe.** Die PKH setzt ihrerseits voraus, dass die vertretene Partei wg. ihrer persönlichen und wirtschaftl. Verhältnisse nicht in der Lage ist, die Prozesskosten zu tragen. Im

Obsiegensfall kann der Anwalt seine Vergütung gem. § 126 ZPO gegen den Gegner in eigenem Namen festsetzen lassen. Er muss sich allerdings bereits erhaltene PKH-Beträge anrechnen lassen.

3 § **11a Arbeitsgerichtsgesetz** bestimmt, dass einer anwaltl. nicht vertretenen Partei, die zur Übernahme der Prozesskosten aus dem gleichen Grund wie der Prozesskostenhilfeempfänger nicht in der Lage ist, ein Anwalt beizuordnen ist, wenn die Gegenseite anwaltl. vertreten ist. Die Beiordnung nach den Vorschriften über die PKH und diejenige vor dem ArbG unterscheiden sich dadurch, dass im zuerst genannten Fall die Beiordnung nur erfolgt, wenn die beabsichtigte Rechtsverfolgung oder Rechtsverteidigung hinreichende Aussicht auf Erfolg bietet und nicht mutwillig erscheint (§ 114 ZPO).

4 Unter der Voraussetzung, dass das Vermögen des Insolvenzschuldners nicht ausreichen wird, um die Kosten eines Restschuldbefreiungsantrages zu decken, kann ihm im Insolvenzverfahren auf Antrag ein zur Vertretung bereiter RA seiner Wahl beigeordnet werden (§ 4a Abs. 2 InsO). Auch ihm schulden Landes- bzw. Bundeskasse über die Verweisung in § 12 RVG die ges. bestimmte Vergütung.

5 Die Aufnahme des **Prozesspflegers** nach den §§ 57, 58 ZPO stellt eine Neuerung dar. Ein Prozesspfleger wird für eine nichtprozessfähige Partei (§ 57 ZPO) oder ein herrenloses Grundstück oder Schiff (§ 58 ZPO) auf Antrag durch den Vorsitzenden des Prozessgerichts bestellt.

5a Die Bestellung eines **Pflichtverteidigers**, § 45 Abs. 3 RVG, erfolgt nach Maßgabe der §§ 140ff StPO. Sie kann auch durch schlüssiges Verhalten des Gerichts erfolgen (LG Koblenz NJW 2004, 962). Eine Beschränkung des Umfangs der Vergütung durch gerichtliche Bedingungen der Bestellung ist nicht möglich (OLG Frankfurt NJW 1980, 1704).

6 § 45 Abs. 1 RVG ist als Nachfolgeregelung zu § 121 BRAGO und in Kontinuität zur dortigen Diskussion mangels ausdrücklicher Anspruchsgrundlage wie eine **Anspruchsnorm** zu behandeln (Gebauer/Schneider § 45 RVG Rn. 4). § 45 Abs. 1 RVG regelt somit, dass die dort aufgeführten RA eine gleichgestellte Vergütung erhalten. Ebenso bestimmt die Vorschrift, v. wem die Vergütung beansprucht werden kann.

7 Das gilt natürlich auch in **weiteren Anwendungsbereichen**, nämlich überall dort, wo die Vorschriften über die PKH durch einzelne Verfahrensordnungen für entspr. anwendbar erklärt werden, so zB nicht nur in arbeitsgerichtlichen Verf. (§ 11a Abs. 3 ArbGG ☐ dort neben dem Beiordnungsverfahren!) sondern auch in Verf. der Freiwilligen Gerichtsbarkeit (§ 14 FGG), im Finanzgerichtsverfahren (§ 142 Abs. 1 FGO), Gebrauchsmusterverfahren (§ 21 Abs. 2 GebrMG), in Geschmacksmustersachen (§ 10b GeschmMG), in Patentsachen (§§ 130, 133, 135 bis 138 PatG), Sortenschutzsachen (§ 36 SortSchG), Sozialgerichtsverfahren (§ 73a SGG) und Verwaltungsgerichtsverfahren (§ 166 VwGO).

8 Die Beiordnung alleine begründet den Vergütungsanspruch des Anwalts noch nicht. Hinzutreten muss der Abschluss eines **Anwaltsvertrags** mit dem Mandanten (BGHZ 2, 227; BGH JurBüro 1973, 629). Der beigeordnete RA erwirbt einen Vergütungsanspruch grds. nur für Tätigkeiten, die er nach der Beiordnung durchgeführt hat (LG Köln Rpfleger 1967, 69). Etwas anderes gilt nur, wenn die PKH sich ausdrücklich auch auf Tätigkeiten vor dem Bewilligungszeitpunkt erstreckt (Hartmann, 33. Aufl., § 121 BRAGO Rn 13).

9 Die **Höhe der Vergütung** ergibt sich aus § 49 RVG.

10 Der Anspruch des beigeordneten RA auf Vergütung **verjährt mit Ablauf des dritten Kalenderjahres** auf das Jahr, in dem die Fälligkeit der Vergütung eingetreten ist (Gebauer/Schneider § 45 RVG Rn. 55). Die Justizverwaltung des Landes Nordrhein-Westfalen erhebt die Verjährungseinrede regelmäßig dann nicht, wenn der Anspruch zweifelsfrei begründet ist und die Verjährungsfrist erst verhältnismäßig kurze Zeit abgelaufen oder aus verständlichen Gründen (längeres Ruhen des Verf., Tod des Anwalts), die in einem Sachzusammenhang mit dem Erstattungsantrag stehen müssen, nicht beachtet worden ist (Gebauer/Schneider aaO). Auf den Rechtsgedanken kann sich der betroffene Anwalt auch außerhalb Nordrhein-Westfalens berufen. Bezüglich der Hemmung der Verjährung vgl. § 8 Abs. 2 RVG.

11 Die **Fälligkeit** der Vergütung tritt mit der Erledigung des Auftrags oder der Angelegenheit ein, bzw. mit dem Ergehen einer Kostenentscheidung, der Beendigung des Rechtszuges oder dem Ruhen des Verf. für eine längere Zeit als drei Monate (§ 8 Abs. 1 RVG).

12 Wird ein Anwalt nach § 625 ZPO dem Gegner eines Scheidungsantrags **beigeordnet**, so kann er seine Vergütung v. der Staatskasse verlangen, wenn der Antragsgegner sich mit der Zahlung der Vergütung in Verzug befindet. Die Höhe der Vergütung bemisst sich nach § 49 RVG. Der beigeordnete RA hat den ihm zugeordneten Antragsgegner darauf hinzuweisen, dass er einen Prozesskostenhilfeantrag stellen kann, sofern er zur Übernahme der Vergütung des beigeordneten RA wirtschaftl. nicht in der Lage ist. Für den Fall, dass der Anwalt nur noch einen Teil seiner Vergütung v. der Staatskasse einfordert, gilt § 58 Abs. 2 RVG.

13 § 67a Abs. 1 S. 2 VwGO regelt die **Beiordnung** eines Anwalts für den Fall, dass mehr als 20 Personen im gleichen Interesse an einem Rechtsstreit beteiligt sind und diese nicht innerhalb einer v. Gericht zu bestimmenden Frist einen gemeinsamen Bevollmächtigten bestellen. Fraglich ist, ob der RA die Vergütung aus der Landeskasse schon dann fordern kann, wenn sich nur einer der v. ihm Vertretenen in Verzug befindet (vgl. § 47 Abs. 1 S. 2 RVG). Gemäß § 7 Abs. 2 RVG schuldet jeder AG die Gebühren und Auslagen, die er schulden würde, wenn der RA nur in seinem Auftrag tätig geworden wäre. Entsprechend muss es dem Anwalt möglich sein, bereits dann eine Vergütung aus der Landeskasse zu verlangen, wenn sich nur einer der v. ihm Vertretenen in Verzug befindet (v. Eicken, AnwBl 1991, 187, 190; Hartmann, 33. Aufl., § 115 BRAGO Rn. 2; Gebauer/Schneider § 45 RVG Rn. 18; aA Hansens, NJW 1991, 1137, 1140). Befinden sich mehrere AG in Verzug, so ist die Obergrenze des § 7 Abs. 2 S. 2 RVG zu beachten.

14 § 45 Abs. 3 RVG ordnet die **Zuständigkeit** für die Vergütungszahlung der Bundeskasse bzw. der Landeskasse desjenigen Bundeslandes zu, dessen Gericht den RA bestellt oder beigeordnet hat. Zahlungspflichtig ist grds. die Kasse des Gerichts, das die Bestellung oder Beiordnung vorgenommen hat. Unerheblich ist, vor welchem Gericht der bestellte bzw. beigeordnete RA anschließend tätig geworden ist (Hartmann, 33. Aufl., § 103 BRAGO Rn. 2). Ausschlaggebend für die Verteilung der Vergütung auf die Landes- bzw. Bundeskasse ist allein deren Entstehung. Auf die Fälligkeit kommt es nicht an; entscheidend ist der erstmalige Gebührenanfall (Hansens § 103 BRAGO Rn. 3).

15 Sofern vor verschiedenen Gerichten jew. eigene Angelegenheiten vorliegen, wie etwa im Falle des § 20 S. 2 RVG, erfolgt die **Abrechnung** für jede Angelegenheit **gesondert** mit den jew. Landeskassen. Sind verschiedene Gebührentatbestände gegeben (§ 20 S. 1 RVG), so werden Gebühren und Auslagen v. der Landeskasse des zuerst bestellenden Gerichts getragen und die darüber hinausgehenden Beträge dann v. der Kasse des weiteren Gerichts. Ist eine Trennung nach Gebühren nicht möglich, trägt die Kasse des weiteren Gerichts evtl. Mehrkosten.

16 § 45 Abs. 4 RVG betrifft den Sonderfall, dass der Verteidiger **von der Stellung eines Wiederaufnahmeantrages abrät**. Voraussetzung für einen Vergütungsanspruch gg. die Staatskasse ist in diesem Fall, dass zuvor dem Verurteilten, der bislang keinen Verteidiger hatte, ein Anwalt zur Vorbereitung des Wiederaufnahmeverfahrens bestellt wurde. Dem gleichgestellt ist der Fall, dass der Verurteilte bereits über einen Pflichtverteidiger verfügt und das Gericht feststellt, dass die Voraussetzungen für die Bestellung eines Pflichtverteidigers wie bei einem Verurteilten vorliegen, der bislang nicht anwaltl. vertreten wurde. Hierdurch wird sichergestellt, dass der Verteidiger nicht nur deshalb zur Durchführung des Wiederaufnahmeverfahrens rät, um sicher in den Genuss der Pflichtverteidigervergütung zu gelangen. Die Höhe der Geb. bestimmt sich nach Nr. 4136 VV RVG. § 45 Abs. 4 S. 2 RVG erstreckt den Geltungsbereich auch auf die Wiederaufnahme des durch rechtskräftige Bußgeldentscheidung abgeschlossenen Bußgeldverfahrens gem. § 85 OWiG.

17 Gemäß § 45 Abs. 5 RVG ist die in Abs. 3 getroffene Regelung und Zuordnung der Vergütungszahlung auch im **Bußgeldverfahren** mit der Maßgabe anzuwenden, dass an die Stelle des bestellenden oder beiordnenden Gerichts die jew. Verwaltungsbehörde tritt.

§ 46 Auslagen und Aufwendungen

(1) Auslagen, insbesondere Reisekosten, werden nicht vergütet, wenn sie zur sachgemäßen Durchführung der Angelegenheit nicht erforderlich waren.

(2) Wenn das Gericht des Rechtszugs auf Antrag des Rechtsanwalts vor Antritt der Reise feststellt, dass eine Reise erforderlich ist, ist diese Feststellung für das Festsetzungsverfahren (§ 55) bindend. Im Bußgeldverfahren vor der Verwaltungsbehörde tritt an die Stelle des Gerichts die Verwaltungsbehörde. Für Aufwendungen (§ 670 des Bürgerlichen Gesetzbuchs) gelten Absatz 1 und die Sätze 1 und 2 entsprechend; die Höhe zu ersetzender Kosten für die Zuziehung eines Dolmetschers oder Übersetzers ist auf die nach dem Justizvergütungs- und ⌐entschädigungsgesetz zu zahlenden Beträge beschränkt.

(3) Auslagen, die durch Nachforschungen zur Vorbereitung eines Wiederaufnahmeverfahrens entstehen, für das die Vorschriften der Strafprozessordnung gelten, werden nur vergütet, wenn der Rechtsanwalt nach § 364b Abs. 1 S. 1 der Strafprozessordnung bestellt worden ist oder wenn das Gericht die Feststellung nach § 364b Abs. 1 S. 2 der Strafprozessordnung getroffen hat. Dies gilt auch im gerichtlichen Bußgeldverfahren (§ 85 Abs. 1 des Gesetzes über Ordnungswidrigkeiten).

Übersicht

1 Gemäß § 45 Abs. 1 RVG steht dem beigeordneten oder bestellten RA die ges. Vergütung zu. Nach der Legaldefinition des § 1 Abs. 1 S. 1 RVG besteht diese aus Gebühren und Auslagen. § 46 Abs. 1 RVG **begrenzt den Auslagenerstattungsanspruch** des beigeordneten oder bestellten RA. Hiernach wird die Grenze der erstattungsfähigen Auslagen durch das Erfordernis der sachgerechten Durchführung der Angelegenheit gezogen. Besonders erwähnt werden die Reisekosten als spezielle Auslagen. § 46 Abs. 1 RVG übernimmt damit eine Schutzfunktion zu Gunsten der Staatskasse vor überhöhten Nebenkosten (Gebauer/Schneider, § 46 RVG Rn. 5). § 46 Abs. 1 RVG ist bewusst negativ formuliert. Hieraus resultiert eine **Beweislastverteilung zu Lasten der Staatskasse** (vgl. Anm. 5). Diese muss den Nachweis führen, dass Auslagen zur sachgemäßen Wahrnehmung der Interessen einer Partei nicht erforderlich waren (Gesetzesbegründung zu § 46, BT-Drs 15/1971 S. 200). Nach dem Willen des Gesetzgebers ist iZw auf die Notwendigkeit der Auslagen zu erkennen, weil es nicht Aufgabe des Urkundsbeamten oder des auf die Erinnerung entscheidenden Gerichts sein soll, seine Auffassungen an die Stelle der Meinung des RA zu setzen, der den Rechtsstreit geführt hat und für die sachgemäße Wahrnehmung der Interessen der Partei verantwortlich ist (Gesetzesbegründung zu § 46, BT-Drs 15/1971 S. 200). § 46 Abs. 1 RVG löst § 126 Abs. 1 S. 1 BRAGO ab. Die Vorschrift gibt dem RA die Möglichkeit, schon **vor Antritt einer Reise gerichtlich feststellen zu lassen, dass diese erforderlich ist**, um eine für das Festsetzungsverfahren nach

§ 55 RVG verbindliche Feststellung treffen zu lassen. Im Bußgeldverfahren soll die diesbezügliche Entscheidung durch die Verwaltungsbehörde getroffen werden. In Strafsachen, Bußgeldsachen, Verf. nach dem IStGHG, Disziplinarverfahren, berufsgerichtlichen Verf., gerichtl. Verf. bei Freiheitsentziehung, Unterbringungssachen und bes. Verf. und Einzeltätigkeiten gem. den Teilen 4 bis 6 des VV RVG kann das Feststellungsverfahren auch für andere Auslagen vor deren Anfall durchgeführt werden. § 46 Abs. 3 RVG trifft die Komplementärregelung für Auslagen zum Vergütungsanspruch im Fall des Abratens v. der Stellung eines Wiederaufnahmeantrags (§ 45 Abs. 4 RVG).

2 Die Auslagen werden in Teil 7 des VV behandelt. § 46 RVG findet somit nur im Rahmen des Teils 7 VV RVG unmittelbare Anwendung. Allgemeine Geschäftskosten sind v. Vergütungsbegriff nicht umfasst. Diese werden mit den Gebühren abgegolten. Auslagen sind vom Anwalt verauslagte Gelder, die in oder zur Erfüllung der jeweiligen Angelegenheit angefallen oder verauslagt wurden (Ernst § 46 RVG Rn. 1). Der **Begriff der Auslagen** umfasst die beim RA entstandenen Aufwendungen iSd § 675 iVm. 670 BGB (vgl. die Komm. zu Vorbem. 7 VV RVG). Diese sind somit ebenfalls den gesetzlichen Grenzen des § 46 Abs. 1 sowie Abs. 2 S. 1 und 2 RVG unterworfen. Der Auslagenbegriff ist nicht nur auf die Reisekosten begrenzt. Diese werden lediglich exemplarisch genannt.

3 Die Erstattungspflicht der Staatskasse tritt nicht ein, wenn die **Auslagen** zur sachgemäßen Durchführung der Angelegenheit **nicht erforderlich** waren. In diesem Fall entfällt allerdings lediglich der Erstattungsanspruch ggü. der Staatskasse. Ein Vergütungsanspruch des Anwalts ggü. dem AG kann insbes. dann weiter bestehen, wenn die Auslagen v. AG ausdrücklich gewünscht wurden. In diesem Zusammenhang ist es insbes. möglich, die Zahlung der Auslagen v. einem diesbezüglichen Vorschuss abhängig zu machen. § 122 Abs. 1 Nr. 3 ZPO greift insofern nicht. Die Beiordnung des RA erstreckt sich nämlich nicht auf die nicht erforderlichen Auslagen (Gerold/Schmidt, 15. Aufl., § 126 BRAGO Rn. 4). Umstritten ist, ob vor der Beiordnung gemachte Auslagen aus der Staatskasse zu vergüten sind. Von der herrschenden Meinung wird dies dann bejaht, wenn die PKH rückwirkend bewilligt wird oder soweit die Auslagen ansonsten zwingend nach der Beiordnung hätten getätigt werden müssen (OLG Düsseldorf JurBüro 1978, 1535, OLG Koblenz Rpfleger. 1981, 246). Von einer weitergehenden Meinung wird angenommen, dass schon vor der Beiordnung getätigte Auslagen zu erstatten sind (LG Bielefeld AnwBl. 79, 185).

4 Die **Beweislast im Erstattungsverfahren** ist hinsichtlich der Auslagen so verteilt, dass die Staatskasse beweisen muss, dass die geltend gemachten Auslagen nicht erforderlich waren. Hiermit wird bezweckt, dass die unabhängige Stellung des RA nicht durch kleinliche Handhabung der Ersatzfrage beeinträchtigt wird (Gerold/Schmidt § 46 RVG Rn.3). Zu berücksichtigen ist allerdings, dass jede Partei und jeder für sie tätige Anwalt die Kosten und Auslagen möglichst niedrig halten soll (OLG Naumburg JurBüro 2001, 482; Hartmann § 46 RVG Rn. 14). § 46 RVG soll im Ergebnis dazu dienen, augenscheinlichen Missbräuchen zu begegnen. Es soll verhindert werden, dass nicht notwendige Sonderwünsche einer Partei aus der Staatskasse erstattet werden müssen (OLG Saarbrücken JurBüro 1986, 1213). Für die Beurteilung der Erforderlichkeit ist auf eine Sichtweise ex ante abzustellen. Stellt sich nachher anhand des Prozessergebnisses heraus, dass beispielsweise Reisekosten überflüssig waren, führt dies nicht dazu, dass der Auslagenerstattungsanspruch entfällt. Hinterher erscheinen Aufwendungen oft als überflüssig, die im Zeitpunkt ihrer Entstehung notwendig erschienen (Gerold/Schmidt § 46 RVG Rn. 8).

5 Reisekosten fallen an, wenn der RA eine Geschäftsreise unternimmt. Eine solche liegt vor, wenn das Reiseziel außerhalb der Gemeinde liegt, in der sich die Kanzlei oder die Wohnung des RA befindet (Vorbem. 7 Abs. 2 VV RVG). Im Gegensatz zur früher geltenden Regelung in § 126 Abs. 1 S. 2 BRAGO stellt § 46 RVG eine Verbesserung der Möglichkeit zur Abrechnung von Reisekosten dar. Die früher ausgeschlossene Erstattung v. Mehrkosten, die dadurch entstehen, dass der RA seinen Wohnsitz oder seine Kanzlei nicht am Ort des Prozessgerichts hat, ist entfallen. Entsprechend muss eine Beiordnung "zu den Bedingungen eines ortsansässigen Rechtsanwalts" künftig unterbleiben (OLG Nürnberg RVGreport 2005, 157). Die Grenze bildet aber weiterhin § 121 Abs. 3 ZPO, wonach ein nicht beim Prozessgericht zugelassener RA nur beigeordnet werden kann, wenn dadurch keine weiteren Kosten entstehen. Das ist aber nur dann der Fall, wenn die Kosten eines Verkehrs-anwalts geringer wären als die Reisekosten des PKH-Anwalts (vgl. KG, Urt. v. 7.4.2005 - 16 WF 21/05 = LNRO 2005, 13143).

6 Der RA hat vor der Auslage v. Aufwendungen ein bes. Interesse daran zu erfahren, ob diese später erstattet werden. Für Reisekosten stellt § 46 Abs. 2 dem RA ein Feststellungsverfahren zur Verfügung. Hiernach ist die **Feststellung, dass eine Reise erforderlich ist**, für das spätere Fest-stellungsverfahren verbindlich. Der diesbezügliche Antrag ist beim Gericht des Rechtszuges zu stellen. Der Hinweis auf die Bindungswirkung im Festsetzungsverfahren nach § 55 RVG stellt klar, dass die Möglichkeit der **Festsetzung von Reisekosten** im Festsetzungsverfahren v. Verf. der vorherigen Feststellung der Notwendigkeit unberührt bleibt. Entsprechend kommt der Entscheidung nur Bindungswirkung zu, wenn das Gericht die Erforderlichkeit der Reise feststellt; einem abl. Beschl. wird man jedoch faktische Bindungswirkung nicht absprechen können (Gebauer/Schneider § 46 RVG Rn. 48). In Strafsachen und verwandten Verf., deren Gebühren sich nach den Teilen 4 bis 6 des VV RVG bestimmen □und nur in diesen Bereichen □besteht die Möglichkeit eines Verf. zur Feststellung der Erforderlichkeit nicht bloß isoliert für Reisekosten, sondern auch für andere Auslagen. Eine Ausdehnung dieser Praxis auf zivilrechtliche Verf. wird v. der herrschenden Meinung abgelehnt (OVG Niedersachen JurBüro 1995, 526; BVerWG NJW 1994, 3243). Zur Begründung wird auf die fehlende ges. Grundlage verwiesen. Im übrigen fehlt es für einen solchen Antrag am Rechtsschutzbedürfnis, da die Frage nach der Erforderlichkeit v. Auslagen auch in der Art geklärt werden kann, dass der RA einen diesbezüglichen Vorschuss nach § 47 RVG anfordert (Gebauer/Schneider § 46 RVG Rn. 55).

7 Weitere erstattungsfähige Kosten können zB solche eines Dolmetschers sein, wenn der Anwalt ihn zur Verständigung mit dem Mandanten benötigt (LG Bochum Rpfleger 1986, 155). Dolmetscher-kosten werden in § 46 Abs. 2 S. 3 RVG ausdrücklich genannt. Unter der Voraussetzung ihrer Erforderlichkeit ist ihre Erstattung allerdings auf die nach dem JVEG vorgesehene Vergütung beschränkt. Kosten einer EMA-Anfrage oder einer Auskunft aus dem HR sind regelmäßig erstat-tungsfähig. Bei der Einschaltung eines Detektivs oder der Beauftragung eines Sachverständigen ist ein strenger Prüfungsmaßstab hinsichtlich der Erforderlichkeit einzuhalten (OVG Niedersachsen JurBüro 1995, 526). Für Ablichtungen und die Überlassung elektronisch gespeicherter Dateien gilt Nr. 7000 VV RVG.

8 Eine Erstattung von **Auslagen im Wiederaufnahmeverfahren** ist an die Voraussetzungen des § 364b Abs. 1 Satz 1 oder 2 StPO gebunden. Auf das Kriterium der Erforderlichkeit hat der Gesetz-geber in diesem Fall verzichtet. Bei mangelnden Erfolgsaussichten wird es schon an den Vorausset-zungen zur Bestellung fehlen und bei hinreichenden Erfolgsaussichten erscheint es als zu aufwändig, nachträglich noch die Erforderlichkeit des Aufwendungen uU zu widerlegen (vgl. Har-tung/Römermann § 46 RVG Rn. 71).

§ 47 Vorschuss

(1) Wenn dem Rechtsanwalt wegen seiner Vergütung ein Anspruch gegen die Staatskasse zusteht, kann er für die entstandenen Gebühren und die entstandenen und voraussichtlich entstehenden Auslagen aus der Staatskasse einen angemessenen Vorschuss fordern. Der Rechtsanwalt, der nach § 625 der Zivilprozessordnung beigeordnet oder nach § 67a Abs. 1 S. 2 der Verwaltungsgerichtsordnung bestellt ist, kann einen Vorschuss nur verlangen, wenn der zur Zahlung Verpflichtete (§ 39 oder § 40) mit der Zahlung des Vorschusses im Verzug ist. (2) Bei Beratungshilfe kann der Rechtsanwalt keinen Vorschuss fordern.

Übersicht

1 Gemäß § 9 RVG steht dem RA in Abweichung v. dem ansonsten bestehenden ges. Grundsatz, dass der Dienstleister zur Vorleistung verpflichtet ist, ein Anspruch auf **Vorschuss** gg. den AG für die entstandenen und voraussichtlich entstehenden Gebühren und Auslagen **in angemessener Höhe** zu. § 47 RVG erstreckt diesen Anspruch auch auf das ör Rechtsverhältnis zw. Landes- bzw. Bundeskasse einerseits und beigeordnetem RA andererseits. Die Vorschusspflicht erstreckt sich auf die Gebühren sowie Auslagen. Die Gebühren, auf die sich der Vorschuss bezieht, müssen zum Zeitpunkt der Anforderung bereits entstanden sein. Die Fälligkeit des Gebührenanspruchs ist hingegen nicht erforderlich. Anders verhält es sich mit den Auslagen. Diese müssen entweder bereits entstanden sein oder voraussichtlich entstehen. Der Regelungsbereich der Vorschrift erstreckt sich auf die Geltendmachung v. Vorschüssen auf Wertgeb. (früher § 127 S. 1 BRAGO), Betragsrahmengeb. (früher § 97 Abs. 4 BRAGO), die Gebühren des in einer Scheidungssache nach § 625 ZPO beigeordneten RA (früher § 36a Abs. 1 BRAGO) und die Gebühren des nach § 67a Abs. 1 S. 2 VwGO bestellten gemeinsamen Bevollmächtigten (früher § 115 BRAGO). In den beiden letztgenannten Fällen ist weitere Voraussetzung des anwaltl. Anspruchs auf Vorschuss, dass sich der Mandant mit der Vorschusszahlung in Verzug befindet. Die §§ 39 und 40 RVG bestimmen ausdrücklich, dass auch in Scheidungs- und Lebenspartnerschaftssachen beigeordnete RA einerseits und als gemeinsame Vertreter in Verwaltungsgerichtssachen bestellte RA andererseits für ihre Tätigkeit v. ihren Mandanten einen Vorschuss verlangen können. Etwas anderes ergibt sich bei Beratungshilfemandaten; diesbezüglich ist in § 47 Abs. 2 RVG ausdrücklich geregelt, dass ein Vorschuss nicht gefordert werden kann.

2 Es besteht **keine Begrenzung des Vorschussanspruchs**. Der RA kann mit dem Vorschuss bereits sämtliche ihm zustehenden Gebühren und Auslagen geltend machen (Schmidt, AnwBl 1981, 114). Ein Anspruch auf Vorschuss im Hinblick auf eine weitere Vergütung nach § 50 RVG besteht nicht. Dieser Anspruch kann erst aE des Verf. geltend gemacht werden. Da dann aber bereits die Abrechnungsvoraussetzungen vorliegen, bedarf es keines Vorschusses mehr (Gebauer/Schneider § 47 RVG Rn. 12).

3 § 47 RVG gewährt dem beigeordneten RA einen Anspruch gg. die Staatskasse. Der Anspruch ist im **Verfahren nach § 55 RVG** durchzusetzen. Der ordentliche Rechtsweg ist ausgeschlossen (Hartmann § 47 RVG Rn. 3). Der Anspruch auf Vorschuss wird ggü. dem Urkundsbeamten geltend gemacht. Wird der Antrag auf Vorschuss abgelehnt, ist hiergegen die Erinnerung zulässig. Diese ist bei dem Gericht des Rechtszuges, bei dem die Vergütung festgesetzt wird, einzulegen. Es gilt § 56 RVG.

4 Das Gesetz enthält keine näheren Angaben zur Frage der **Angemessenheit des Vorschusses**. Zweck der Vorschussregelung ist die Sicherung des Anwalts wg. seiner Gesamtvergütung. Die Grenze der Angemessenheit ist da zu ziehen, wo der Vorschuss den voraussichtlich entstehenden Gesamtbetrag übersteigt. Es besteht andererseits keine Veranlassung dazu, nur einen Bruchteil der entstandenen Vergütung als Vorschuss zu verlangen (aA AG Alzey AnwBl. 1981, 113: Grenze der Angemessenheit 4/5 der entstandenen Vergütung).

5 Auch der **Auslagenvorschuss** kann grds. in voller Höhe anerkannt, aber auch der voraussichtlich entstehenden Auslagen geltend gemacht werden (Gerold/Schmidt § 47 RVG Rn. 4: "stets in voller Höhe"). Bei der Frage, ob voraussichtlich Auslagen entstehen, ist ein obj. Maßstab anzulegen (Hartmann § 47 RVG Rn. 5). Fragen der Prozesstaktik spielen nur allenfalls eingeschränkt eine Rolle (Gebauer/Schneider, 1. Aufl., § 127 BRAGO Rn. 6, 7).

6 Mit dem Anspruch des Anwalts, einen angemessenen Vorschuss fordern zu dürfen, korreliert ein **Rückforderungsanspruch der Staatskasse**, soweit der RA einen, wie sich später herausstellt, zu hohen Vorschuss angefordert hat. Zu denken ist etwa an eine spätere Reduktion des Gegenstandswertes, wenn zunächst ein Vorschuss auf Wertgeb. nach einem höheren Gegenstandwert eingefordert wurde (OVG Niedersachsen JurBüro 1991, 1348). Der Anwalt, der erkennt, dass eine Überzahlung vorliegt, ist dazu verpflichtet, bei der Abrechnung den Urkundsbeamten der Geschäftsstelle hierauf hinzuweisen. Dies ergibt sich aus dem Rechtsgedanken v. § 55 Abs. 5 S. 2 Hs. 2, Abs. 6 aE RVG. Die Überzahlung ist im Festsetzungsverfahren nach § 55 RVG zu berücksichtigen.

7 Soweit § 47 Abs. 2 RVG bestimmt, dass **kein Vorschuss bei Beratungshilfe** gefordert werden kann, entspricht dies der auch zuvor geltenden Rechtslage nach der BRAGO und stellt keine Neuerung oder Änderung dar.

§ 48 Umfang des Anspruchs und der Beiordnung
(1) Der Vergütungsanspruch bestimmt sich nach den Beschlüssen, durch die die Prozesskostenhilfe bewilligt und der Rechtsanwalt beigeordnet oder bestellt worden ist.
(2) In Angelegenheiten, in denen sich die Gebühren nach Teil 3 des Vergütungsverzeichnisses bestimmen und die Beiordnung eine Berufung oder Revision betrifft, wird eine Vergütung aus der Staatskasse auch für die Rechtsverteidigung gegen eine Anschlussberufung oder eine Anschlussrevision und, wenn der Rechtsanwalt für die Erwirkung eines Arrests, einer einstweiligen Verfügung, einer einstweiligen oder vorläufigen Anordnung beigeordnet ist, auch für deren Vollziehung oder Vollstreckung gewährt. Dies gilt nicht, wenn der Beiordnungsbeschluss ausdrücklich etwas anderes bestimmt.
(3) Die Beiordnung in einer Ehesache erstreckt sich auf den Abschluss eines Vertrags im Sinne der Nummer 1000 des Vergütungsverzeichnisses, der den gegenseitigen Unterhalt der Ehegatten, den Unterhalt gegenüber den Kindern im Verhältnis der Ehegatten zueinander, die Sorge für die Person der gemeinschaftlichen minderjährigen Kinder, die Regelung des Umgangs mit einem Kind, die Rechtsverhältnisse an der Ehewohnung und dem Hausrat und die Ansprüche aus dem ehelichen Güterrecht betrifft. Satz 1 gilt im Falle der Beiordnung in Lebenspartnerschaftssachen nach § 661 Abs. 1 Nr. 1 bis 3 der Zivilprozessordnung entsprechend.
(4) In anderen Angelegenheiten, die mit dem Hauptverfahren nur zusammenhängen, erhält der für das Hauptverfahren beigeordnete Rechtsanwalt eine Vergütung aus der Staatskasse nur dann, wenn er ausdrücklich auch hierfür beigeordnet ist. Dies gilt insbesondere für
1.   die Zwangsvollstreckung und den Verwaltungszwang;
2.   das Verfahren über den Arrest, die einstweilige Verfügung und die einstweilige sowie die vorläufige Anordnung;
3.   das selbstständige Beweisverfahren;
4.   das Verfahren über die Widerklage, ausgenommen die Rechtsverteidigung gegen die Widerklage in Ehesachen und in Verfahren über Lebenspartnerschaftssachen nach § 661 Abs. 1 Nr. 1 bis 3 der ZPO.
(5) Wird der Rechtsanwalt in Angelegenheiten nach den Teilen 4 bis 6 des Vergütungsverzeichnisses im ersten Rechtszug bestellt oder beigeordnet, erhält er die Vergütung auch für seine Tätigkeit vor dem Zeitpunkt seiner Bestellung, in Strafsachen einschließlich seiner Tätigkeit vor Erhebung der öffentlichen Klage und in Bußgeldsachen einschließlich der Tätigkeit vor der Verwaltungsbehörde. Wird der Rechtsanwalt in einem späteren Rechtszug beigeordnet, erhält er seine Vergütung in diesem Rechtszug auch für seine Tätigkeit vor dem Zeitpunkt seiner Bestellung. Werden Verfahren verbunden, kann das Gericht die Wirkungen des Satzes 1 auch auf diejenigen Verfahren erstrecken, in denen vor der Verbindung keine Beiordnung oder Bestellung erfolgt war.

Übersicht

1 § 48 RVG regelt den **Umfang des Vergütungsanspruchs des beigeordneten Rechtsanwalts.** Dieser bestimmt sich nach dem die PKH bewilligenden Beschl., der sowohl den Gegenstand der hinreichend Erfolg versprechenden Rechtswahrnehmung als auch deren Umfang festlegt (Gebauer/Schneider § 48 RVG Rn. 3). Der RA, der über den Bewilligungsbeschluss hinaus tätig wird, hat, soweit er den Beschl. überschreitet, keinen Vergütungsanspruch gg. die Staatskasse, es sei denn, dass nachträglich eine rückwirkende Erweiterung des Beiordnungsumfangs durch das Gericht beschlossen wird (Rehberg/Xanke "Prozesskostenhilfe", Nr. 5.2).

2 Die Begriffe **Bewilligung und Beiordnung** sind grds. deckungsgleich. Das bedeutet, dass die Bewilligung v. PKH sowohl Voraussetzung für die Beiordnung als auch Bestimmungsgröße des Auftragsvolumens ist, für das die Staatskasse einstehen muss (Gebauer/Schneider § 48 RVG Rn. 3). PKH-Bewilligung und Beiordnung gelten nur für den jew. Rechtszug (§ 119 Abs. 1 S. 1 ZPO). Auch für die Durchführung v. Zwangsvollstreckungsmaßnahmen ist die gesonderte Beantragung und Bewilligung v. PKH erforderlich (§ 48 Abs. 4 RVG). Eine Ausnahme bildet die Vollziehung oder Vollstreckung eines Arrests, einer einstweiligen Verfügung oder einer einstweiligen oder vorläufigen Anordnung nach § 48 Abs. 2 S. 1 Hs. 2 RVG.

3 Es ist grds. denkbar, dass die **Bewilligung** der PKH bzw. die **Beiordnung** des RA sich **nur auf einzelne Verfahrenshandlungen** erstreckt. Insbesondere wird dies in Betracht kommen, wenn die Beiordnung so spät wirksam wird, dass Tätigkeiten, die in der Zeit vor dem (möglicherweise taggenauen, vgl. Bischof/Jungbauer § 48 RVG Rn. 7) Beginn der Beiordnung liegen, nicht mehr erfasst werden und/oder sich der Auftrag nur auf die Vornahme einzelner Verfahrenshandlungen erstreckt (Gerold/Schmidt § 48 RVG Rn. 8).

4 Eine Ausnahme bildet § 48 Abs. 5 RVG. Hierin wird bestimmt, dass sich in **Strafsachen die Wirkung der Beiordnung auf die gesamte Tätigkeit im ersten Rechtszug** erstreckt. Es werden nicht nur die Tätigkeiten v. Moment der Beiordnung an erfasst. Die Beiordnung umfasst somit ausnahmsweise rückwirkend die Tätigkeit des Verteidigers bereits vor Erhebung der Anklage in Strafsachen bzw. seine Tätigkeit vor der Verwaltungsbehörde in Bußgeldsachen. Der Anwalt erhält also auch die Gebühren, die im gerichtlichen Verfahren und im vorbereitenden Verfahren vor seiner Bestellung entstanden sind (Hansens/Braun/Schneider Teil 14 Rn. 125). § 48 Abs. 5 S. 2 RVG stellt klar, dass die Beiordnung in einem späteren Rechtszug sich nur auf die Vergütung in diesem Rechtszug bezieht (Gesetzesbegründung zu § 48 RVG, BT-Drs 15/1971 S. 200). § 48 Abs. 5 S. 3 RVG beinhaltet die Befugnis des Gerichts, die Beiordnung auch auf verbundene Verf. zu erstrecken, in denen bisher kein Pflichtverteidiger bestellt war. Es ist klargestellt, dass sich die Rückwirkung nicht automatisch auf verbundene Verf. erstreckt. Nicht gemeint ist aber die Verbindung nach § 237 StPO zum Zweck der gemeinsamen Verhandlung (Gesetzesbegründung zu § 48 RVG, BT-Drs 15/1971 S.

201). Bei der Verbindung mehrerer Verfahren stehen dem Verteidiger mehrere Grund- und Verfahrensgebühren aus der Staatskasse nur zu, wenn er in den jeweiligen Verfahren bereits zuvor zum Pflichtverteidiger bestellt worden war. Die Verbindung eines Verfahrens, in dem eine Pflichtverteidigerbestellung vorliegt, mit einem anderen Verfahren, in dem es daran fehlt, reicht nicht, um im letztgenannten Verfahren auch vorhergehende Tätigkeiten abrechnen zu können (LG Berlin, Beschl. v. 20.1.2005 - 534 Qs 6/05).

5 Ein Vergütungsanspruch des beigeordneten RA scheidet insoweit aus, als der Anwalt **Prozesshandlungen** vorgenommen hat, die **überflüssig** waren und offenkundig dazu dienen, Gebührentatbestände zu erzeugen (KG NJW 1969, 2022, OLG Düsseldorf NJW 71, 2180, OLG Bamberg JurBüro 1986, 235).

6 Die **Beiordnung des Rechtsanwalts endet** mit Aufhebung der Bewilligung der PKH oder der Beiordnung (§ 124 ZPO). Sie endet ebenfalls, wenn die bedürftige Partei stirbt, wobei ein Vergütungsanspruch des RA entspr. § 674 BGB entsteht, wenn er in Unkenntnis dieses Umstandes handelt (Rehberg/Xanke "Prozesskostenhilfe", Nr. 5.4). Auch wenn der Auftrag durch die Partei gekündigt wird, endet die Beiordnung. Dies hat jedoch nur Wirkung für die Zukunft (OLG Düsseldorf MDR 1999, 830; LG Bielefeld JurBüro 1989, 1288; aA OLG Frankfurt JurBüro 1996, 141). Etwas anderes gilt bei der Aufhebung der Bewilligung v. PKH gem. § 124 ZPO. Diese wirkt auf den Beginn der Bewilligung zurück, da alle Vergünstigungen v. § 122 ZPO entfallen, als wären sie nie gewährt worden (OLG Düsseldorf MDR 1989, 365). Keinen Anlass zur Aufhebung der Bewilligung gibt eine Änderung der Voraussetzungen v. § 114 ZPO. Eine solche Situation kann allerdings eine Anpassung der Zahlungen nach sich ziehen, die bis hin zur Übernahme sämtlicher Kosten der Staatskasse reichen kann (Gebauer/Schneider § 48 RVG Rn. 25).

7 Die **Teilbewilligung der PKH** bewirkt, dass die Beiordnung auch nur diesen Teil betrifft. Um einen Vergütungsanspruch gg. die Partei, die einen weitergehenden Auftrag erteilt hat, zu erhalten, muss der RA sie darüber belehren, dass sie die über die Beiordnung hinausgehenden Tätigkeiten zu vergüten hat (Gerold/Schmidt, 15. Aufl., § 122 BRAGO Rn. 8). In einem solchen Fall ist es umstritten, in welchem Umfang dem Anwalt eine Vergütung zusteht. Nach einer Auffassung bemisst sich der Vergütungsanspruch nach der Differenz zw. der Wahlanwaltsvergütung nach dem gesamten Auftragswert und der Wahlanwaltsvergütung nach dem Wert, zu dem PKH bewilligt wurde (BGHZ 13, 337; Riedel/Sußbauer, § 13 BRAGO Rn. 31). Nach anderer Auffassung bemisst sich der Vergütungsanspruch in diesem Fall nach der Differenz zw. der Wahlanwaltsvergütung nach Gesamtwert und der PKH-Anwaltsvergütung nach dem Wert der Beiordnung (OLG Köln JurBüro 1981, 1011).

7a Die Abrechnung der PKH in Fällen, in denen von mehreren Auftraggebern nur einer PKH erhält, ist problematisch. Unstreitig besteht ein Anspruch gegen die vermögende(n) Partei(en) in der Höhe, die gegeben wäre, wenn nur diese den Auftrag erteilt hätte(n), vgl. § 7 Abs. 2 RVG. Hinsichtlich der Vergütung gegen die bedürftige Partei wird zum einen vertreten, es bestehe ebenfalls ein Anspruch in vollem Umfang unter Beachtung von § 7 Abs. 2 RVG; allerdings aus den Gebührensätzen nach § 49 RVG (OLG Düsseldorf MDR 1997, 1071; LAG Mainz MDR 1997, 1166). Die Gegenansicht steht auf dem Standpunkt, nur die Erhöhung nach Nr. 1008 VV RVG sei von der PKH abgedeckt (BGH MDR 1993, 913). Nach einer vermittelnden Auffassung soll dem beigeordneten Anwalt die Hälfte der (nach Nr. 1008 VV RVG angehobenen) Gebühren aus den Sätzen nach §49 RVG zustehen (Schneider, Fälle und Lösungen § 3 Rn. 10).

8 Die **Beiordnung** umfasst nur die im Beschl. bezeichneten **Gegenstände**. Findet ein **Übergang von der Feststellungs- zur Leistungsklage** statt, bedarf es der erneuten PKH-Bewilligung und Beiordnung (Gerold/Schmidt § 48 RVG Rn. 20f.). Ebenfalls ist PKH bes. zu beantragen für eine **Klageerweiterung**, die **Verteidigung gegen eine Klageerweiterung** oder für die **Erweiterung des Rechtsmittels und die Verteidigung dagegen** (Gerold/Schmidt § 48 RVG Rn. 9; ArbG Koblenz, Beschl. v. 12.12.2000, 2 Ca 922/00). In den Geltungsbereich der Bewilligung fällt dagegen der Abschluss eines **außergerichtlichen Vergleichs** durch den beigeordneten Anwalt, solange der

Rechtszug noch nicht beendet ist (BGH NJW 1988, 494; OLG Kiel JurBüro 1989, 1397). Etwas anderes gilt allerdings bei **nicht anhängigen Ansprüchen**, die in einen Vergleich mit einbezogen werden. In diesem Zusammenhang ist es erforderlich, die Beiordnung gegenständlich und funktional darauf zu erstrecken (soweit es nicht um die in § 48 Abs. 3 RVG ausdrücklich genannten Fälle geht). Im Falle der PKH-Bewilligung für eine **Stufenklage** erstreckt sich die Beiordnung auf alle anhängig gemachten Ansprüche inklusive des noch nicht bezifferten Zahlungsanspruchs (OLG Köln NJW 62, 814; OLG Köln JurBüro 1983, 285). Dies stellt jedoch die Ausnahme dar, wie sich auch im Zusammenhang mit § 121 Abs. 3 ZPO ergibt, der nur in den dort genannten Fällen die Beschränkung der Beiordnung vorsieht (Gerold/Schmidt, 15. Aufl., § 122 BRAGO Rn. 9). Im Hinblick auf § 48 Abs. 5 S.3 RVG sollte **ausdrücklich die Erstreckung** beim beiordnenden Gericht **beantragt** werden (Burhoff ZAP Fach 22R, 372).

9 § 48 Abs. 2 S. 1 Hs. 1 RVG stellt klar, dass die Wirkung der Beiordnung sich im Falle einer **Berufung oder Revision in Strafsachen** auch auf die Verteidigung gg. die Anschlussberufung bzw. Anschlussrevision erstreckt.

10 Gemäß § 48 Abs. 3 S. 1 RVG erstreckt sich die **Beiordnung in einer Ehesache** auch auf den Abschluss eines Vertrages iSd Nr. 1000 VV RVG über eine Folgesache, wenn dieser sich nicht ausschließlich auf ein Anerkenntnis oder einen Verzicht beschränkt. Werden andere, darüber hinausgehende und nicht aufgeführte Gegenstände zw. den Eheleuten aus Anlass der Auflösung der Ehe vertraglich geregelt, so wird dies nicht v. der Beiordnung umfasst. Will der RA diesbezüglich Vergütung beanspruchen, bedarf es eines gesonderten Beschl. des Gerichts. Ausdrücklich wurde der Abschluss eines Vertrages über das Umgangsrecht eines Elternteils mit in die ges. Regelung aufgenommen. Mangels entgegenstehenden Wortlauts werden hiervon auch Fälle umfasst, in denen die Eltern das Umgangsrecht eines Dritten, zB der Großeltern, durch eine Abmachung regeln (Gerold/Schmidt § 48 RVG Rn. 60). Fraglich ist es, ob § 48 Abs. 3 RVG auch auf die Terminsgebühr bei Abschluss einer Folgevereinbarung im Verbundverfahren erstreck, oder ob der Bevollmächtigte diesbezüglich einen gesonderten PKH-Antrag stellen muss. Die größere Praktikabilität und das sonstige (teilweise) leer laufen der Regelung des § 48 Abs.3 RVG sprechen für erstere Absicht (Schneider, AGS 2004, 381).

§ 49 Wertgebühren aus der Staatskasse
Bestimmen sich die Gebühren nach dem Gegenstandswert, werden bei einem Gegenstandswert von mehr als 3000 Euro anstelle der Gebühr nach § 13 Abs. 1 folgende Gebühren vergütet:

Gegenstandswert bis ... Euro	Gebühr ... Euro	Gegenstandswert bis ... Euro	Gebühr ... Euro
3500	195	10000	242
4000	204	13000	246
4500	212	16000	257
5000	219	19000	272
6000	225	22000	293
7000	230	25000	318
8000	234	30000	354
9000	238	über 30000	391

Übersicht

1 Gemäß § 45 RVG erhält der beigeordnete oder zum Prozesspfleger bestellte RA die ges. Vergütung, sofern nichts anderes bestimmt ist. Eine **solche andere Regelung stellt § 49 RVG** dar, sobald ein Gegenstandswert v. 3500 EUR überschritten wird. § 49 RVG bestimmt die Höhe der dem beigeordneten RA zustehenden (PKH)-Vergütung. Die Regelung stellt also dar, in welchem Umfang die Staatskasse zu Gunsten des RA für den Mandanten eintritt und die Gebührenschuld übernimmt.

2 Die **Höhe der Gebühren** nach § 49 RVG orientiert sich, entspr. der auch schon vorher geltenden Regelungen in der BRAGO, an dem Gegenstandswert. Die Gebührenhöhe steigt dabei degressiv an. Dies erfolgt in drei Staffeln. Bis zu einem Gegenstandswert v. 3500 EUR ergeben sich keine Unterschiede zw. der Vergütung nach § 13 RVG und nach § 49 RVG. Ab 3500 EUR bis einschl. 30000 EUR findet die bes. Staffel des § 49 RVG Anwendung. In einer dritten Stufe bei Gegenstandswerten über 30000 EUR verbleibt es bei einer Einheitsgebühr ihv 391 EUR. Im Ergebnis führt dies dazu, dass die Gebührendifferenz zw. Regelvergütung und Vergütung des beigeordneten RA umso größer wird, je höher der Gegenstandswert einer Angelegenheit ist.

3 Die **Erhöhung** des Gebührensatzes **im Rechtsmittelverfahren** ist in den Nr. 1004, 3200, 3208 VV RVG, Vorbem. 3.2 Abs. 1 VV RVG geregelt. Festgebühren, zB in Strafsachen, werden entspr. erhöht ausgewiesen.

4 Das **Ziel des Gesetzgebers**, die Gebühren und Vergütungen an die wirtschaftl. Entwicklung anzupassen (vgl. Gesetzesbegründung, BT-Drs 15/1971 S. 139), hat jedenfalls, was die Höhe der PKH angeht, keinen Niederschlag gefunden. § 49 RVG übernimmt inhaltsgleich und bzgl. der Höhe der Vergütung die seit 1994 geltende Regelung v. § 123 BRAGO. Um so mehr ist der beigeordnete RA gehalten, allg. Empfehlungen und Strategien zu folgen, um zumindest einen teilweisen Ausgleich des mit der Beibehaltung der bisherigen Gebührenhöhe verbundenen Kaufkraftverlustes auszugleichen. Zu beachten ist hier einerseits, dass keine Verpflichtung des Anwalts dazu besteht, ein vorhandenes Mandat um weitere Gegenstände aufzustocken. Der Anwalt sollte vielmehr in den Grenzen der ordnungsgemäßen Mandatsführung darum bemüht sein, bei Mandaten, die **mehrere Gegenstände** beinhalten, diese einzeln aufzuführen und auf separate Beiordnungen hinzuwirken (Gebauer/Schneider § 49 RVG Rn. 19). Weiterhin ist es ratsam, im Hinblick auf § 58 Abs. 2 RVG v. der Möglichkeit Gebrauch zu machen, Vorschüsse in einer Größenordnung zu verlangen, die geeignet ist, die entstehende Gebührenlücke bei der Beiordnung zu schließen.

5 Die sich ergebende Differenz der Vergütung des beigeordneten RA zur Vergütung nach § 13 RVG wird insbes. für die **Bemessung einer weiteren Vergütung** gem. § 50 RVG relevant (vgl. die Komm. zu § 50 RVG).

6 Wird der RA **mehreren Auftraggebern** beigeordnet, findet eine Gebührenerhöhung unter Berücksichtigung v. Nr. 1008 VV RVG statt. Bei Gegenstandswerten über 30000 EUR schuldet die Staatskasse dem beigeordneten RA nur noch eine Einheitsgebühr v. 391 EUR (vgl. Anm. 2). Dies führt bei der Vertretung mehrerer AG dazu, dass der Vertreter unechter Streitgenossen weniger an Gebühren erhält, als der Vertreter echter Streitgenossen, bei denen sich die Gebühr nach Nr. 1008 VV RVG erhöht. Zur Vermeidung unbilliger Härten wird deshalb dem beigeordneten RA auch bei verschiedenen Gegenständen die Erhöhung nach Nr. 1008 VV RVG zuzusprechen sein (BGH JurBüro 1981, 1658).

7 Die Gewährung der **Prozesskostenhilfe** schützt den Antragsteller nicht davor, beim teilweisen oder vollständigen Unterliegen im Prozess die **Kosten des Gegners** je nachdem ganz oder teilweise **erstatten** zu müssen, § 123 ZPO. Zu beachten ist, dass bei einer hälftigen Kostenteilung (Quote 50:50) auch der Prozessbeteiligte, dem Prozesskostenhilfe gewährt wurde, die Hälfte der gegnerischen Anwaltskosten übernehmen muss (Minwegen ZAP Fach 24, 825f.). Hieraus ergibt sich ein deutlicher Unterschied zur Aufhebung der Kosten gegeneinander (§ 98 ZPO). In diesem Fall trägt jede Partei die Kosten des eigenen Bevollmächtigten selbst. Das ist im Regelfall für denjenigen, dem Prozesskostenhilfe gewährt wurde, die günstigere Variante.

8 Eine Festsetzung der gesetzlichen Vergütung nach bewilligter Prozesskostenhilfe kommt wegen § 122 Abs. 1 Nr. 3 ZPO nicht in Betracht. Wird allerdings nur zum Teil Prozesskostenhilfe bewilligt, kann wegen des Bestandteils der Vergütung, für den keine Prozesskostenhilfe eintritt, die Festsetzung durchgeführt werden (Hansens ZAP Fach 24, 831).

§ 50 Weitere Vergütung bei Prozesskostenhilfe

(1) Nach Deckung der in § 122 Abs. 1 Nr. 1 der Zivilprozessordnung bezeichneten Kosten und Ansprüche hat die Staatskasse über die Gebühren des § 49 hinaus weitere Beträge bis zur Höhe der Gebühren nach § 13 einzuziehen, wenn dies nach den Vorschriften der Zivilprozessordnung und nach den Bestimmungen, die das Gericht getroffen hat, zulässig ist. Die weitere Vergütung ist festzusetzen, wenn das Verfahren durch rechtskräftige Entscheidung oder in sonstiger Weise beendet ist und die von der Partei zu zahlenden Beträge beglichen sind oder wegen dieser Beträge eine Zwangsvollstreckung in das bewegliche Vermögen der Partei erfolglos geblieben ist oder aussichtslos erscheint.

(2) Der beigeordnete Rechtsanwalt soll eine Berechnung seiner Regelvergütung unverzüglich zu den Prozessakten mitteilen.

(3) Waren mehrere Rechtsanwälte beigeordnet, bemessen sich die auf die einzelnen Rechtsanwälte entfallenden Beträge nach dem Verhältnis der jeweiligen Unterschiedsbeträge zwischen den Gebühren nach § 49 und den Regelgebühren; dabei sind Zahlungen, die nach § 58 auf den Unterschiedsbetrag anzurechnen sind, von diesem abzuziehen.

Übersicht

1 § 50 RVG gibt dem beigeordneten RA die Möglichkeit, unter bestimmten Voraussetzungen eine **weitere Vergütung** zu erhalten, die **über die in § 49 RVG festgelegten Gebühren hinausgeht.** § 50 RVG regelt als materiell-rechtl. Anspruchsnorm Entstehung, Höhe und Fälligkeit eines zusätzlichen Vergütungsanspruchs (Gebauer/Schneider § 50 RVG Rn. 2).

2 § 50 RVG findet unter der **Voraussetzung** Anwendung, dass einer Partei PKH bei gleichzeitiger **Anordnung von Ratenzahlung** bewilligt wurde. Erforderlich ist ferner, dass der Gegenstand einen

Wert von über 3.000,00 EUR aufweist. Nur in diesem Fall ergibt sich eine Differenz zw. der Regelvergütung und den Wertgeb. aus der Staatskasse nach § 49 RVG.

3 Normzweck des § 50 RVG ist es, einen Ausgleich dafür zu ermöglichen, dass der im Wege der PKH beigeordnete RA nach § 122 Abs. 1 Nr. 3 ZPO während des Bestehens der PKH seine Ansprüche auf Vergütung gg. die Partei nicht geltend machen kann, selbst wenn sie in der Lage ist, Ratenzahlungen zu leisten oder in zumutbarer Weise ihr Vermögen einzusetzen, § 115 ZPO (Bischof/Jungbauer § 50 RVG Rn. 8; vgl. auch KG MDR 84, 410). Für den beigeordneten RA besteht nur dann eine Möglichkeit, seine Regelvergütung gg. die Partei festzusetzen, wenn die Bewilligung der PKH nachträglich aufgehoben wurde. Die Voraussetzungen hierzu regelt § 124 ZPO. § 50 Abs. 1 RVG ordnet deshalb an, dass der beigeordnete RA Gebühren bis zur Höhe der Regelgebühren erhält, soweit die v. der Bundes- oder Landeskasse eingezogenen Beträge den Betrag übersteigen, der zur Deckung der in § 122 Abs. 1 Nr. 1 ZPO bezeichneten Kosten und Ansprüche, also der Gerichts- und Gerichtsvollzieherkosten, erforderlich ist. Die Staatskasse zieht insoweit die Ratenzahlungen der Partei ein. Sie tritt als Treuhänder für den beigeordneten Anwalt auf und leitet die eingezogenen Gelder letztendlich an ihn weiter. Diese beruhen nämlich auf Zahlungen der Partei, die dieser wirtschaftl. zumutbar waren. Deshalb gibt es diesbezüglich keinen sachlichen Grund für eine reduzierte Entlohnung des beigeordneten Anwalts nur in Höhe der Grundvergütung (Gebauer/Schneider § 50 RVG Rn. 3, Bischof/Jungbauer § 50 RVG Rn. 8). Übersteigen die Ratenzahlungen der Partei aber sowohl die Kosten der Staatskasse als auch den Differenzbetrag zw. PKH-Vergütung gem. § 49 RVG und Regelgebühren, so wird der verbleibende Überschuss an die Partei zurückgezahlt (Gebauer/Schneider § 50 RVG Rn. 5).

4 Der **Anwendungsbereich** der Vorschrift ist begrenzt durch die Höhe der Regelvergütung nach § 13 RVG, die dem RA zustehen würde, wenn er nicht als beigeordneter RA, sondern als Wahlanwalt für die vertretene Partei tätig geworden wäre. Keine Wirkung entfaltet § 50 RVG zudem im Bereich der Gegenstandswerte bis 3000 EUR. Hier besteht kein Unterschied zw. der Regelgebühr nach § 13 und der Gebühr des beigeordneten RA (vgl. Komm. zu § 49 RVG. Ebenso wenig ist § 50 RVG anwendbar, wenn die PKH ratenfrei bewilligt wird und somit keine Zahlungsverpflichtung der Partei besteht. In einem solchen Fall ist die Staatskasse nur im Rahmen der begrenzten Grundvergütung dazu bereit, den Anwalt zu vergüten. Eine Grenze wird weiterhin durch § 115 Abs. 1 S. 4 ZPO bestimmt. Danach sind einer Partei, die PKH erhält, höchstens Ratenzahlungen im Umfang v. 48 Monaten aufzuerlegen. Reicht dieser Zeitraum nicht aus, um neben den Kosten der Staatskasse auch die weitere Vergütung des Anwalts zu decken, geht der RA insoweit leer aus.

5 § 50 Abs. 1 RVG stellt klar, dass die **Staatskasse** dazu verpflichtet ist, die gerichtl. angeordneten **Beiträge und Raten einzuziehen**, bis auch die weitere Vergütung des beigeordneten RA gedeckt ist, soweit dies nach der ZPO und den v. Gericht getroffenen Bestimmungen zulässig ist. Es besteht eine diesbezügliche Amtspflicht zur Einziehung; wird sie verletzt, kommen Schadensersatzansprüche nach § 839 BGB in Betracht (Mayer/Kroiß § 50 RVG Rn. 14). Durch diese Klarstellung hat sich der frühere Rechtsstreit zu der Frage erledigt, ob die Staatskasse hierzu verpflichtet ist oder ob es noch unter Berücksichtigung v. § 120 Abs. 3 Ziff. 1 ZPO zulässig ist, die vorläufige Einstellung der Zahlungen zu bestimmen, wenn lediglich die Kosten der Staatskasse gedeckt sind (zum Streitstand Rehberg/Xanke "Prozesskostenhilfe" Nr. 11.1). Die Formulierung in Abs. 1 macht deutlich, dass die Staatskasse über die Deckung der eigenen Kosten und Ansprüche hinaus auch zugunsten des beigeordneten RA die Zahlung der gerichtl. festgelegten Beträge überwachen und nötigenfalls auch durchsetzen muss (Gesetzesbegründung zu § 50, BT-Drs 15/1971 S. 201). Dementsprechend sind vorzeitig nach § 120 Abs. 3 ZPO eingestellte Ratenzahlungen wieder aufzunehmen, wenn die Regelvergütung des beigeordneten RA noch nicht gedeckt ist (OLG München AnwBl 84, 105).

6 Gemäß § 50 Abs. 2 RVG ist durch den beigeordneten RA eine **Berechnung der Vergütung** zum Zweck der Festsetzung vorzulegen. Dies hat unverzüglich zu erfolgen. Die Obliegenheit entsteht erst, wenn der Anwalt sich entschließt, eine weitere Vergütung einzufordern. Hieraus folgt, dass ein

Verstoß gg. die Pflicht zur unverzüglichen Mitteilung **keine Sanktion** auslöst (Riedel/Sußbauer § 124 BRAGO Rn. 9).

7 Im Rahmen des Festsetzungsverfahrens kann gem. § 55 Abs. 6 RVG v. Urkundsbeamten die **Aufforderung an den Rechtsanwalt** ergehen, einen **Antrag auf Festsetzung derjenigen Vergütungen einzureichen**, für die ihm noch Ansprüche gg. die Staatskasse zustehen. Hierzu ist dem RA eine Frist v. einem Monat zu setzen. Die Frist ist deshalb v. Bedeutung, weil nach ihrem Ablauf Ansprüche des RA gg. die Staatskasse erlöschen (§ 55 Abs. 6 RVG). Es erscheint deshalb sinnvoll, Anträge auf Festsetzung weiterer Vergütungen stets mit dem Antrag auf Festsetzung der PKH-Vergütung zu verbinden.

8 Der **Antrag auf Festsetzung** setzt voraus, dass das Verf. beendet wurde, sei es durch rechtskräftige Entscheidung des Gerichts oder auf andere Weise, und zusätzl. die v. der Partei zu zahlenden Beträge beglichen wurden. Ersatzweise tritt an die Stelle der letztgenannten Voraussetzung die Tatsache, dass eine Zwangsvollstreckung wg. dieser Beträge entweder ergebnislos verlaufen ist oder keine Erfolgschancen bietet. Letzteres ist zB dann der Fall, wenn Antrag auf Eröffnung des Insolvenzverfahrens über das Vermögen der Partei gestellt wurde oder gerichtsbekannt in jüngster Zeit Zwangsvollstreckungsversuche gg. die Partei ergebnislos verlaufen waren.

9 § 50 Abs. 3 RVG regelt den Fall, dass **mehrere Rechtsanwälte beigeordnet** wurden, die Zahlungen der Partei aber nicht ausreichen, um sämtliche Gebührenansprüche der beteiligten RA abzudecken. In einem solchen Fall (s. zB § 91 Abs. 2 S. 3 ZPO) ist für jeden Anwalt der Differenzbetrag zw. Grundvergütung und Regelvergütung abzüglich hierauf erbrachter Zahlungen festzustellen. Dann ist zu ermitteln, welchen Prozentsatz dieser Anteil jew. ausmacht. Anschließend sind die Zahlungen der Partei nach Maßgabe der festgestellten prozentualen Anteile auf die beteiligten RA zu verteilen. War der Partei in erster Instanz PKH ohne Ratenzahlung, in zweiter Instanz jedoch mit Ratenzahlung unter Beiordnung eines anderen Anwalts bewilligt, so ist auch der erstinstanzlich beigeordnete RA in die Auszahlung mit einzubeziehen (OLG Hamm Rpfleger 94, 464; aA OLG München OLGR 95, 156).

§ 51 Festsetzung einer Pauschgebühr in Straf- und Bußgeldsachen

(1) In Straf- und Bußgeldsachen, Verfahren nach dem Gesetz über die internationale Rechtshilfe in Strafsachen und in Verfahren nach den IStGH-Gesetz ist dem gerichtlich bestellten oder beigeordneten Rechtsanwalt für das ganze Verfahren oder für einzelne Verfahrensabschnitte auf Antrag eine Pauschgebühr zu bewilligen, die über die Gebühren nach dem Vergütungsverzeichnis hinausgeht, wenn die in den Teilen 4 bis 6 des Vergütungsverzeichnisses bestimmten Gebühren wegen des besonderen Umfangs oder der besonderen Schwierigkeit nicht zumutbar sind. Dies gilt nicht, soweit Wertgebühren entstehen. Beschränkt sich die Bewilligung auf einzelne Verfahrensabschnitte, sind die Gebühren nach dem Vergütungsverzeichnis, an deren Stelle die Pauschgebühr treten soll, zu bezeichnen. Eine Pauschgebühr kann auch für solche Tätigkeiten gewährt werden, für die ein Anspruch nach § 48 Abs. 5 besteht. Auf Antrag ist dem Rechtsanwalt ein angemessener Vorschuss zu bewilligen, wenn ihm insbesondere wegen der langen Dauer des Verfahrens und der Höhe der zu erwartenden Pauschgebühr nicht zugemutet werden kann, die Festsetzung der Pauschgebühr abzuwarten.

(2) Über die Anträge entscheidet das Oberlandesgericht, zu dessen Bezirk das Gericht des ersten Rechtszugs gehört, und im Falle der Beiordnung einer Kontaktperson (§ 34a des Einführungsgesetzes zum Gerichtsverfassungsgesetz) das Oberlandesgericht, in dessen Bezirk die Justizvollzugsanstalt liegt, durch unanfechtbaren Beschluss. Der Bundesgerichtshof ist für die Entscheidung zuständig, soweit er den Rechtsanwalt bestellt hat. In dem Verfahren ist die Staatskasse zu hören. § 42 Abs. 3 ist entsprechend anzuwenden.

(3) Absatz 1 gilt im Bußgeldverfahren vor der Verwaltungsbehörde entsprechend. Über den Antrag nach Absatz 1 Satz 1 bis 3 entscheidet die Verwaltungsbehörde gleichzeitig mit der Festsetzung der Vergütung.

Übersicht

1 § 51 RVG sieht die **Festsetzung einer Pauschvergütung** für gerichtl. bestellte oder beigeordnete RA in Straf-, Bußgeldsachen und internationalen Strafsachen vor. Die Vorschrift ist somit eine Komplementärregelung zu § 42 RVG für die Vergütung des Pflichtverteidigers. Auch § 51 RVG gibt dem Verteidiger das Recht, unter der Voraussetzung des bes. Umfangs oder der bes. Schwierigkeit der Sache eine über die Gebühr nach dem VV des RVG hinausgehende, so genannte Pauschgebühr bewilligt zu erhalten.

2 Der **Anwendungsbereich** v. § 51 RVG verkleinert sich im Vergleich zur früheren Regelung des § 99 BRAGO. Dies liegt darin begründet, dass verschiedene Tätigkeiten und Umstände, die unter der Geltung v. § 99 BRAGO eine bes. Schwierigkeit oder den bes. Umfang der Sache begründet haben, nunmehr im VV des RVG gesondert geregelt sind. Beispielsweise lösen die Teilnahme an Vernehmungen im Ermittlungsverfahren oder die Teilnahme an Haftprüfungsterminen (vgl. Nr. 4102 Nrn. 1-3 VV RVG) einen gesonderten ges. Gebührenanspruch aus. Sie werden deshalb nur noch in bes. Ausnahmefällen auch bei der Beurteilung der Frage eine Rolle spielen können, ob eine Sache einen bes. Umfang oder eine bes. Schwierigkeit aufweist (Gesetzesbegründung zu § 51 RVG, BT-Drs 15/1971 S. 201, Burhoff § 51 RVG Rn. 11). Insbesondere das Zeitmoment, also die zeitliche Dauer v. Vernehmungen oder Verhandlungen, das v. den Oberlandesgerichten früher wesentlich für die Bewilligung einer Pauschgebühr herangezogen wurde, steht nur noch in Ausnahmefällen zur Verfügung (Gesetzesbegründung zu § 51 RVG, aaO). So findet § 51 RVG seinen bes. Anwendungsbereich noch dort, wo der Pflichtverteidiger im Ermittlungsverfahren in weit überdurchschnittlichem Ausmaß tätig geworden ist, also zB in Fällen, in denen bes. umfangreiche Akten oder Beiakten zu sichten waren. § 51 RVG erhält so den Charakter einer Ausnahmevorschrift und trägt den Vorgaben der Rspr. des Bundesverfassungsgerichts Rechnung (Gesetzesbegründung zu § 51 RVG, aaO). Hiernach darf die Inanspruchnahme des Pflichtverteidigers mit den im Vergleich zum Wahlverteidiger geringeren Gebühren nicht zu einem Sonderopfer führen (BVerfGE 68, 237).

3 Voraussetzung für die Festsetzung einer Pauschgebühr ist, dass die Strafsache bes. umfangreich oder bes. schwierig ist. Es genügt, wenn **einer** der vorgenannten Umstände vorliegt (Burhoff, ZAP Fach 24, S. 625, 627). Die Prüfung, ob ein Anspruch auf eine Pauschgebühr besteht, erfolgt durch das Gericht. Regelmäßig hängt dies davon ab, ob und inwieweit die besondere Schwierigkeit und/oder der besondere Umfang der anwaltlichen Tätigkeit hinsichtlich einzelner Gebührenanteile zu berücksichtigen ist (OLG Jena, Beschl. v. 11.1.05 - AR S 185/04 = LNRO 2005, 10041). Die Prüfung hat in zwei Stufen zu erfolgen. In einem ersten Schritt sind die jew. Verfahrensabschnitte auf ihre

Schwierigkeit bzw. ihren Umfang hin zu überprüfen. Wenn die einzelnen Verfahrensabschnitte an sich nicht die Schwelle des bes. Umfangs oder der bes. Schwierigkeit überschreiten, ist in einem zweiten Schritt anhand einer Gesamtschau festzustellen, ob sich nicht aus der Kombination der einzelnen Verfahrensabschnitte anderes ergibt. Würden zwar nicht die einzelnen Abschnitte eine bes. Schwierigkeit/bes. Umfang aufweisen, aber das Verfahren insgesamt, so wäre eine Pauschgebühr für das gesamte Verfahren zu bestimmen (OLG Hamm, Beschl. v. 17.2.2005 - 2 s Sbd/ VIII 11/05 = LNRO 2005, 10796). Eine bes. umfangreiche Strafsache liegt insbes. dann vor, wenn sie einen bes. zeitlichen Aufwand mit sich bringt. Dies ist nach obj. Kriterien zu entscheiden (OLG Hamburg Rpfleger 1990, 479). Die bisher zu diesen Fragestellungen ergangene Rspr. kann weiter zur Beurteilung herangezogen werden; sie ist aber sorgfältig darauf zu prüfen, ob Umstände eine tragende Rolle gespielt haben, die nunmehr eine eigene Geb. nach dem RVG auslösen (Burhoff § 51 RVG Rn. 11, 67).

4 Der **besondere Umfang einer Strafsache** bestimmt sich im Vergleich zu anderen vergleichbaren Strafsachen bzw. gleichartigen Verf. Unter Berücksichtigung der oben stehenden Ausführungen (vgl. Anm. 2) muss vor allem ein überdurchschnittlicher Zeitaufwand in einem nicht im VV des RVG geregelten Fall gegeben sein, um die Festsetzung einer Pauschvergütung zu rechtfertigen. Es ist sorgfältig zu überprüfen, ob und inwieweit Tätigkeiten, für die das RVG einen bes. Gebührentatbestand geschaffen hat, jew. für die Annahme des bes. Umfangs mitbestimmend gewesen sind (OLG Hamm, aaO). Die diesbezügliche Prüfung kann sich im Einzelfall, zB in umfangreichen Wirtschaftsstrafverfahren, in einer pauschalen Betrachtung erschöpfen (OLG Jena, aaO; OLG Hamm, Beschl. v. 17.2.2005 - 2 s Sbd/ VIII 11/05 = LNRO 2005, 10796) Durch die Aufnahme bestimmter Gebührentatbestände in das VV (vgl. Nr. 4102, Nrn. 1-3 VV RVG), aber auch bestimmter Kriterien für die Erhöhung ges. Gebühren, wie zB in den Nrn. 4122 und 4123 VV RVG, hat der Gesetzgeber klargestellt, dass das Vorliegen eines bes. Aufwandes kategorisiert ist und grds. der Entscheidungskompetenz des Gesetzgebers unterliegt. Bes. Umstände, die nunmehr bereits nach dem VV abgegolten sind, können für eine Pauschvergütung regelmäßig nicht mehr herangezogen werden (OLG Celle, Beschl. v. 11.2.2005 - 1 ARs 293/04 P). In Fällen, in denen eine ges. Erhöhung der Pflichtverteidigergebühr vorgesehen ist, bleibt für die Festsetzung einer darüber hinausgehenden Pauschvergütung grds. kein Raum. Die Vorgabe ges. Kriterien bestimmt aber auch die Grenze zur Festsetzung einer Pauschgebühr in vergleichbaren Fällen. So kann der zeitliche Umfang der Dauer einer Hauptverhandlung, der zu einer Gebührenerhöhung führt, auch im Ermittlungsverfahren als Maßstab herangezogen werden. An einen bes. Umfang der Sache kann insbesondere aber auch dann zu denken sein, wenn beispielsweise mehrere zeitnah terminierte, längere Hauptverhandlungen stattfinden, für die dem Verteidiger jew. im Einzelnen kein so genannter Längenzuschlag zusteht (OLG Hamm, aaO). Eine bes. umfangreiche Sache liegt auch dann vor, wenn es die Tätigkeit des Verteidigers mit sich bringt, den Mandanten mehrfach (5-mal) in der Haftanstalt zu besuchen und diese Besuche unter Berücksichtigung der Fahrtzeit jeweils mehr als vier Stunden gedauert haben (OLG Hamm, aaO). Eine bes. Schwierigkeit kann sich aber auch aus gesteigertem Medieninteresse und der hierdurch bedingten Teilnahme an den vom Gericht begleiteten Pressekonferenzen ergeben (OLG Celle, Beschl. v. 11.2.05 - 1 ARs 293/04 = LNRO 2005, 11115). Kein bes. Schwierigkeiten indizierender Faktor ist hingegen das Gewähren von Interviews außerhalb der offiziellen Pressekonferenzen (OLG Celle, aaO).

5 Das Merkmal der **besonderen Schwierigkeit einer Sache** gem. § 51 Abs. 1 RVG weist im Vergleich zur bisherigen Rechtslage keine wesentlichen Veränderungen auf. Hier gilt, dass sich Schwierigkeiten aus rechtlichen oder tatsächlichen Gründen ergeben können. Bes. schwierig ist ein Verfahren, das aus rechtlichen bzw. tatsächlichen oder rechtlichen Gründen über das Normalmaß hinaus bes. verwickelt ist (OLG Hamm, Beschl. v. 10.3.2005 - 2 s Sbd VIII 33/05 = LNRO 2005, 11528). In tatsächlicher Hinsicht können diese ihren Grund darin finden, dass der Umgang mit dem Angeklagten bes. schwierig ist, weil er uneinsichtig oder persönlich sehr schwierig ist (OLG Bamberg JurBüro 1974, 862), oder auch weil sprachliche Verständigungsschwierigkeiten einer Kommunikation zw. Verteidiger und Mandant im Wege stehen (OLG Koblenz KostRsp BRAGO, § 99 Nr. 11). Schwierigkeiten in rechtl. Hinsicht werden insbes. dann anzunehmen sein, wenn es für den Pflichtverteidiger gilt, sich in abgelegene Rechtsgebiete einzuarbeiten (BayObLG MDR 1987, 870; OLG Nürnberg StV 2000, 441) oder wenn zahlreiche Gutachten eingeholt werden müssen (OLG Nürnberg, aaO). Eine bes. schwierige Sache liegt auch dann vor, wenn sich die Schwierigkeit aus dem Umstand ergibt, das eine größere Zahl von Personen angeklagt wird und deshalb zahlreiche, sich unter Umständen widersprechende Aussagen erheblichen Umfangs überprüft und gewertet werden müssen (OLG Hamm, Beschl. v. 17.02.2005 - 2 (s) Sbd. 11/05). Weitere Umstände, die eine besondere Schwierigkeit der Sache rechtfertigen, können sein: wiederholte und nicht einfache Vorbesprechungen mit dem jugendlichen Mandanten und den Mitangeklagten; kurzfristig notwendig werdendes Umarbeiten bereits vorbereiteter, schriftlicher Einlassungen des Mandanten zur Nachtzeit oder auch gesteigertes Medieninteresse (OLG Celle, Beschl. v. 11.02.2005 - 1 ARs 293/04 P = LNRO 2005, 11115). Keine besondere Schwierigkeit ergibt sich aus folgenden Umständen: die Prüfung, ob Mordmerkmale vorliegen; die eingehende Prüfung der subjektiven Tatseite bzw. dass Einarbeiten in ein psychiatrisches Sachverständigengutachten oder in den Bericht der Jugendgerichtshilfe; das Gewähren von Interviews oder die Entfernung zwischen Kanzlei- und Gerichtsort sowie die hiermit verbundenen Fahrtzeiten (OLG Celle, aaO).

6 Gemäß § 51 Abs. 1 S. 2 RVG ist klargestellt, dass die **Pauschgebühr begrenzt** nur für diejenigen Tätigkeitsbereiche anzusetzen ist, in denen der RA als Pflichtverteidiger Festgebühren erhält. Diese Pauschgebühr soll nicht an die Stelle der Gebühren nach den Nrn. 4142 bis 4146 VV RVG treten (Gesetzesbegründung zu § 51 RVG, BT-Drs 15/1971 S. 201).

7 In der Vergangenheit herrschte Streit darüber, ob die Pauschvergütung nur für das ganze Verf. (vgl. OLG Hamburg, JurBüro 1989, 1556) oder auch für einzelne Teile des Verf. bewilligt werden kann (Hansens § 99 BRAGO Rn. 3). Dieser Streit erübrigt sich nach dem Wortlaut v. § 51 RVG. Nunmehr ist ausdrücklich klargestellt, dass die **Bewilligung** auf einzelne **Verfahrensabschnitte begrenzt** werden kann. Die betroffenen Gebühren nach dem VV sind in der Bewilligung genau zu bezeichnen.

8 In § 48 Abs. 5 RVG ist bestimmt, dass die Vergütung des Pflichtverteidigers im Falle der Beiordnung oder Bestellung auch für seine **Tätigkeit vor der Bestellung** gewährt wird. § 51 Abs. 1 S. 4 stellt klar, dass auch für diese Tätigkeit, die erst v. einem späteren Bewilligungs- oder Beiordnungsbeschluss erfasst wird, eine Pauschvergütung festgesetzt werden kann. Praktisch bedeutet dies im Wesentlichen, dass auch die Tätigkeit des Pflichtverteidigers im Ermittlungsverfahren, in dem er noch als Wahlverteidiger tätig wird, bei der Bemessung und Gewährung der Pauschgebühr berücksichtigt werden kann (Gesetzesbegründung zu § 51 RVG, BT-Drs 15/1971 S. 201). Der beigeordnete Pflichtverteidiger wird sich deshalb in Zukunft auf die gesamte, auch als erst später beigeordneter RA auf ein erhöhtes Gebührenvolumen zurückgreifen können. Dies soll, auch nach dem Willen des Gesetzgebers, die Stellung des (Pflicht-)Verteidigers im Ermittlungsverfahren stärken (Gesetzesbegründung zu § 51 RVG, BT-Drs 15/1971 S. 202).

9 In Ergänzung zum Anspruch des beigeordneten RA auf Vorschuss nach § 47 RVG sind in § 51 Abs. 1 S. 5 RVG ein **Anspruch auf Vorschuss** und dessen Voraussetzungen auch für den Pflichtverteidiger geregelt, der eine Pauschvergütung zu erwarten hat. Der Vorschuss setzt voraus, dass es dem beigeordneten RA wg. der langen Dauer des Verf. und im Hinblick auf die Höhe der zu erwartenden Pauschgebühr nicht zugemutet werden kann, die Festsetzung der Pauschgebühr abzuwarten. Gedacht ist der Vorschussanspruch insbes. für Verf., die erst nach mehreren Jahren rechtskräftig abgeschlossen werden, so dass der beigeordnete RA erst dann die Pauschvergütung beantragen könnte (Gesetzesbegründung zu § 51 RVG, BT-Drs 15/1971 S. 202). Weitere, im Gesetz nicht festgeschriebene Voraussetzung des Vorschussanspruchs auf die Pauschvergütung dürfte sein, dass das Verf. bereits längere Zeit andauert. Erst dann steht nämlich fest, ob überhaupt eine Pauschvergütung in Rede steht. Abschlagszahlungen sind erst zu bewilligen, wenn eine Pauschvergütung mit Sicherheit zu erwarten ist und durch den weiteren Verfahrensverlauf auch keine Reduzierung mehr erfolgen kann (zur früheren Rechtslage OLG Hamm StV 1997, 427). Auch eine länger andauernde vorläufige Einstellung des Verf. nach § 205 StPO begründet einen Vorschussanspruch (OLG Celle AGS 1993, 69). Bei der Höhe des Vorschusses sind die bisher geleistete Arbeit sowie die voraussichtlich zu erbringenden Leistungen zu berücksichtigen. Das Recht des Verteidigers, einen Vorschuss nach § 47 RVG zu beantragen, bleibt v. der Möglichkeit des § 51 Abs. 1 S. 5 RVG unberührt.

10 Über den Antrag auf Festsetzung der Pauschgebühr **entscheidet der Strafsenat** des Oberlandesgerichts in der Besetzung mit einem Richter (§ 51 Abs. 2 S. 4 iVm § 42 Abs. 3 RVG). Nur dann, wenn es zur Sicherung einer einheitlichen Rspr. geboten ist, wird die Sache einem Senat in Besetzung mit drei Richtern übertragen. Örtlich zust. ist das Oberlandesgericht, zu dessen Bezirk das Gericht des ersten Rechtszuges gehört, bzw. bei der Beiordnung einer Kontaktperson, das Oberlandesgericht, in dessen Bezirk die JVA liegt. Der Beschl. über den Antrag auf Festsetzung einer Pauschgebühr ist unanfechtbar.

11 Muster

„An das OLG ...
über das Amtsgericht/Landgericht ...

In der Strafsache ...
Aktenzeichen ...

wird beantragt, gemäß § 51 RVG eine Pauschvergütung in Höhe von ... Euro zu bewilligen.

Begründung:

Gemäß Beschluss vom ... wurde ich zum Pflichtverteidiger bestellt. Vor der Bestellung war ich bereits im Ermittlungsverfahren ab dem ... tätig. Die Pflichtverteidigervergütung beläuft sich auf ... Euro. Diese Vergütung reicht nicht aus, um die Tätigkeit in der Sache ausreichend zu vergüten. Es liegt eine besonders umfangreiche/besonders schwierige Strafsache im Sinne von § 51 Abs. 1 RVG vor. Dies gründet auf folgenden Umständen:

...

Eine Pauschvergütung in Höhe von ... Euro ist für das erstinstanzliche Verfahren/für folgende Verfahrensabschnitte angemessen:

...

Es wird um Gelegenheit dazu gebeten, auf die Stellungnahme der Staatskasse und der übrigen Beteiligten zu reagieren.

Rechtsanwalt"

§ 52 Anspruch gegen den Beschuldigten oder den Betroffenen
(1) Der gerichtlich bestellte Rechtsanwalt kann von dem Beschuldigten die Zahlung der Gebühren eines gewählten Verteidigers verlangen; er kann jedoch keinen Vorschuss fordern.

Der Anspruch gegen den Beschuldigten entfällt insoweit, als die Staatskasse Gebühren gezahlt hat.

(2) Der Anspruch kann nur insoweit geltend gemacht werden, als dem Beschuldigten ein Erstattungsanspruch gegen die Staatskasse zusteht oder das Gericht des ersten Rechtszugs auf Antrag des Verteidigers feststellt, dass der Beschuldigte ohne Beeinträchtigung des für ihn und seine Familie notwendigen Unterhalts zur Zahlung oder zur Leistung von Raten in der Lage ist. Ist das Verfahren nicht gerichtlich anhängig geworden, entscheidet das Gericht, das den Verteidiger bestellt hat.

(3) Wird ein Antrag nach Absatz 2 Satz 1 gestellt, setzt das Gericht dem Beschuldigten eine Frist zur Darlegung seiner persönlichen und wirtschaftlichen Verhältnisse; § 117 Abs. 2 bis 4 der Zivilprozessordnung gilt entsprechend. Gibt der Beschuldigte innerhalb der Frist keine Erklärung ab, wird vermutet, dass er leistungsfähig im Sinne des Absatzes 2 Satz 1 ist.

(4) Gegen den Beschluss nach Absatz 2 ist die sofortige Beschwerde nach den Vorschriften der §§ 304 bis 311a der Strafprozessordnung zulässig.

(5) Der für den Beginn der Verjährung maßgebende Zeitpunkt tritt mit der Rechtskraft der das Verfahren abschließenden gerichtlichen Entscheidung, in Ermangelung einer solchen mit der Beendigung des Verfahrens ein. Ein Antrag des Verteidigers hemmt den Lauf der Verjährungsfrist. Die Hemmung endet sechs Monate nach der Rechtskraft der Entscheidung des Gerichts über den Antrag.

(6) Die Absätze 1 bis 3 und 5 gelten im Bußgeldverfahren entsprechend. Im Bußgeldverfahren vor der Verwaltungsbehörde tritt an die Stelle des Gerichts die Verwaltungsbehörde.

Übersicht

1 Während der im Rahmen der PKH in Zivilsachen beigeordnete RA auf der Grundlage eines mit dem Mandanten abgeschlossenen Anwaltsvertrages tätig wird, ist dies im Fall der Pflichtverteidigung ausgeschlossen. Der Anwalt kann nämlich nicht gleichzeitig Pflichtverteidiger und Wahlverteidiger sein. Dies macht es erforderlich, dem gerichtl. bestellten RA einen **Vergütungsanspruch gegen den Mandanten** zuzusprechen, wie dies durch § 52 RVG erfolgt ☐ denn aus Vertrag schuldet der Mandant ja kein Honorar. Ohne bes. ges. Anordnung würde es dem beigeordneten RA ansonsten an einer Anspruchsgrundlage für seinen Honoraranspruch fehlen. Der beigeordnete RA kann also die Gebühren eines gewählten Verteidigers v. dem Beschuldigten verlangen, selbst wenn er gg. den Willen des Beschuldigten bestellt worden ist (BGH NJW 1983, 1047; Hansens § 100 BRAGO Rn. 2). Das ist auch sachgerecht. Die Bestellung zum Pflichtverteidiger ist nämlich nicht von der Bedürftigkeit des Beschuldigten, sondern grds. von der ihm zur Last gelegten Tat abhängig. Die finanzielle Leistungsfähigkeit des Betroffenen wird im Verf. des § 52 Abs. 2 RVG überprüft. Es besteht also kein Grund, ihn hinsichtlich der Geb. zu privilegieren. Auch der Ausgang des Verf. hat

keinen Einfluss auf den Anspruch nach § 52 RVG (Hansens § 100 BRAGO Rn. 2). Der Gebührenanspruch des beigeordneten RA tritt neben den Vergütungsanspruch gg. die Staatskasse. Aus der ör Natur des Anspruchs nach § 52 RVG folgt, dass der Mandant es dem Anwalt nicht als Pflichtverletzung vorwerfen kann, wenn dieser den Weisungen des Mandanten nicht nachgekommen ist. Die Tätigkeit des Pflichtverteidigers ist nicht v. Auftrag, sondern nur v. der gerichtl. Bestellung umgrenzt (Gerold/Schmidt § 52 RVG Rn. 4). Um eine Aufrechnung der Staatskasse mit Geldstrafen oder Verfahrenskosten gegen Ansprüche auf Kostenerstattung nach Teilfreisprüchen zu verhindern, liegt es im Interesse des Verteidigers, sich möglichst frühzeitig solche Ansprüche vom Mandanten abtreten zu lassen und die Abtretungsurkunde zu den Akten zu reichen, vgl. § 43 RVG. Ebenso sollte eine Geldempfangsvollmacht vom Mandanten erteilt werden (Burhoff § 52 RVG Rn. 42).

2 § 52 Abs. 1 S. 2 RVG stellt klar, dass der beigeordnete RA **neben der Vergütung aus der Staatskasse nicht auch noch Vergütung vom Mandanten** verlangen kann. Sein **Anspruch** gg. den Beschuldigten **geht** insoweit **unter**, als er die Gebühren schon aus der Staatskasse erhalten hat. Der Anspruch setzt voraus, dass der Beschuldigte entweder wirtschaftl. in der Lage ist, den Anspruch zu bedienen, oder ihm ein Erstattungsanspruch gg. die Staatskasse zusteht. Die wirtschaftl. Leistungsfähigkeit wird gerichtl. festgestellt. Der Beschuldigte ist dazu verpflichtet, Angaben zu seinen persönlichen und wirtschaftl. Verhältnissen zu machen. Unterlässt er dies, wird seine Leistungsfähigkeit zugunsten des RA vermutet. Die Regelung des § 52 RVG gilt entspr. in Bußgeldverfahren vor der Verwaltungsbehörde, wobei die Verwaltungsbehörde dort an die Stelle des Gerichts tritt.

3 § 52 RVG gilt für die **Gebühren**, die dem Anwalt während seiner Zeit **als Pflichtverteidiger** erwachsen sind. Gebühren, die der RA vor Bestellung zum Pflichtverteidiger als für den Mandanten tätiger Wahlverteidiger ausgelöst hat, kann er ohne Rücksichtnahme auf § 52 RVG beanspruchen. Wird der vorherige Wahlverteidiger während des vorbereitenden Verf. zum Pflichtverteidiger bestellt, steht ihm ein Gebührenanspruch für das vorbereitende Verf. gg. den Mandanten unmittelbar und ein solcher gg. die Landeskasse unter Berücksichtigung der Vorschriften über die Beiordnung und deren Umfang zu. Eine höhere als die ges. Vergütung kann der RA jedoch nicht verlangen. Zahlungen der Staatskasse muss er sich deshalb auf die Vergütung anrechnen lassen.

4 Dem RA bleibt unbenommen, mit dem Beschuldigten eine **Honorarvereinbarung** zu treffen (BGH NJW 1980, 1394). Die mit dem Mandanten vereinbarte Vergütung kann jederzeit ohne Rücksichtnahme auf § 52 RVG geltend gemacht werden.

5 § 52 bezieht sich nicht auf die **Zahlung von Auslagen**. Hierzu besteht auch kein Anlass. Der gerichtl. bestellte RA hat gem. § 45 Abs. 1 S. 1 RVG einen Anspruch auf Auslagenerstattung (in den Grenzen des § 46 RVG). Da eine unterschiedliche Behandlung des Wahl- bzw. Pflichtverteidigers bzgl. der Auslagen nicht vorgesehen ist, bedarf es keines unmittelbaren Anspruchs des Pflichtverteidigers gg. den Beschuldigten auf Auslagenerstattung (Riedel/Sußbauer § 100 BRAGO Rn. 11; OLG Düsseldorf AnwBl 1987, 339).

6 Der Pflichtverteidiger kann den **Beschuldigten** nur in Anspruch nehmen, wenn gerichtl. festgestellt wurde, dass er **zur Zahlung der Wahlverteidigergebühren finanziell in der Lage ist**. Leistungsfähigkeit des Beschuldigten ist dann gegeben, wenn er Raten zahlen kann, ohne seinen eigenen Lebensunterhalt oder denjenigen seiner Familie zu gefährden (vgl. § 52 Abs. 1 S. 1 RVG). Ähnlich wie im Unterhaltsrecht sind dabei die Einkommensverhältnisse des Beschuldigten zu berücksichtigen, also ua, ob er einer Erwerbstätigkeit nachgeht oder sich ggf. fiktiven Unterhalt anrechnen lassen muss (LG Kiel AnwBl 1971, 25). Zur Feststellung der Leistungsfähigkeit muss der Pflichtverteidiger den Antrag stellen, die Zahlungsfähigkeit des Beschuldigten feststellen zu lassen. Der Antrag kann sich hierauf beschränken. Die Angabe der Gebühren ist nicht erforderlich (Gebauer/Schneider § 52 RVG Rn. 39). Die Höhe der Vergütung wird nicht geprüft. Die Prüfung beschränkt sich auf die Frage, in welcher Höhe der Beschuldigte leistungsfähig ist. Den Zeitpunkt der Antragstellung hat der Pflichtverteidiger selbst in der Hand. Der Antrag ist nicht fristgebunden. Besteht ein Erstattungsanspruch gg. die Staatskasse, so fehlt einem Antrag auf Feststellung der Leistungsfähigkeit das notwendige Rechtsschutzbedürfnis. Ist ein Antrag abgelehnt worden, kann ein neuer Antrag gestellt werden, wenn sich die Verhältnisse des Beschuldigten geändert haben (Riedel/Sußbauer § 100 BRAGO Rn. 26). Folglich sind die **wirtschaftlichen Verhältnisse des Beschuldigten** im Zeitpunkt der gerichtl. Entscheidung v. maßgeblicher Bedeutung (Burhoff § 52 RVG Rn. 35; Mayer/Kroiß § 52 RVG Rn. 17; Hansens § 100 BRAGO Rn. 13; OLG Bamberg JurBüro 90, 482; OLG Düsseldorf AnwBl 74, 88; OLG Zweibrücken MDR 74, 66; aA Hartmann § 52 RVG Rn. 26). Stellt das Gericht fest, dass der Beschuldigte die ges. Höchstgebühr nicht zahlen kann, so ist zu bestimmen, bis zu welcher Höhe er zahlungsfähig ist. Das Gericht bestimmt in seinem Beschl. dann die Teilbeträge und Termine der Ratenzahlungen, zu denen der Beschuldigte wirtschaftl. in der Lage ist. (Gerold/Schmidt § 52 RVG Rn. 25; Riedel/Sußbauer § 100 BRAGO Rn. 21).

7 Nach Eingang des Antrags auf Feststellung der Leistungsfähigkeit setzt das Gericht dem **Beschuldigten** eine Frist zur Mitteilung der persönlichen und wirtschaftl. Verhältnisse, § 52 Abs. 2 RVG. Der Beschuldigte hat insoweit am Verf. **mitzuwirken**. Dies hat in Anlehnung an die Vorschriften der PKH auf einem hierfür vorgesehenen Vordruck zu erfolgen. § 52 Abs. 3 RVG verweist auf die entspr. Vorschriften in der ZPO (§ 117 Abs. 2-4 ZPO). Der Beschuldigte, der dieser ör Pflicht zur Offenlegung seiner persönlichen und wirtschaftl. Verhältnisse nicht innerhalb der gerichtl. gesetzten Frist nachkommt, sieht sich der unwiderlegbaren Vermutung ausgesetzt, leistungsfähig zu sein. Wirkt der Beschuldigte bei der Ermittlung seiner Leistungsfähigkeit nicht in der gebotenen Weise mit, soll dieses Verhalten nämlich nicht zu Lasten des RA gehen (Gesetzesbegründung zu § 52 RVG, BT-Drs 15/1971 S. 202).

8 Der Beschl. über die Leistungsfähigkeit nach § 52 Abs. 2 RVG kann gerichtl. durch **sofortige Beschwerde** nach den Vorschriften der §§ 304-311a StPO überprüft werden. Die Beschwerdefrist beträgt eine Woche ab der Bekanntmachung der Entscheidung (§ 311 Abs. 2 StPO). Die Beschwerde steht dem Verteidiger und dem Beschuldigten offen. Die Staatskasse kann keine Beschwerde einlegen, selbst dann nicht, wenn ihr die notwendigen Auslagen des Angeklagten auferlegt worden sind (Hartmann § 52 RVG Rn. 38; OLG Düsseldorf JMBl NRW 79, 67). Nach hM ist die Beschwerde eine solche über die Kosten. Der Wert des Beschwerdegegenstandes muss deshalb gem. § 304 Abs. 3 StPO 200 EUR überschreiten (Hartmann § 52 RVG Rn. 39; OLG Karlsruhe Rpfleger 1977, 335). Dem steht aber grundsätzlich entgegen, dass das Gericht eine Entscheidung über die Leistungsfähigkeit und nicht über die Kosten trifft. Daher spricht einiges für die Annahme, dass eine Beschwerdesumme nicht erforderlich ist (Gerold/Schmidt § 52 RVG Rn. 38; OLG München AnwBl 78, 265).

9 Ansprüche iSv § 52 Abs. 1 RVG **verjähren** innerhalb v. **drei Jahren** (§ 195 BGB). Die Verjährung beginnt nach § 52 Abs. 5 RVG mit Ablauf des Jahres, in dem die verfahrensabschließende gerichtl. Entscheidung rechtskräftig wird oder das Verf. beendet ist. Stellt der Verteidiger den Antrag auf Feststellung der Leistungsfähigkeit, hemmt dies die Verjährung für die Dauer v. sechs Monaten nach Rechtskraft der Entscheidung über den Antrag. Die Verjährung v. Gebühren neben der Pflichtverteidigung, die aus einem früheren Wahlanwaltsvertrag oder einer Honorarvereinbarung anfallen, bestimmt sich nach allgemeinen Regeln, wird aber für die Dauer der Pflichtverteidigung gehemmt (BGH NJW 1983, 1047).

10 Im Rahmen der Einbeziehung v. Wahlanwaltsgebühren gg. den Beschuldigten oder den Betroffenen kann der bestellte RA auch die **Festsetzung einer Pauschgebühr** beantragen. Zwar findet sich in § 52 RVG kein ausdrücklicher Hinweis auf § 51 RVG. Aus der Gesetzesbegründung ist jedoch ersichtlich, dass § 52 Abs. 1 RVG den Regelungsgehalt des früheren § 100 Abs. 1 BRAGO übernehmen soll. Dort fand sich ein Verweis auf die Möglichkeit der Festsetzung einer Pauschgebühr nach dem früheren § 99 BRAGO. Es ist also davon auszugehen, dass der Gesetzgeber beabsichtigt, auch die Möglichkeit der Festsetzung einer Pauschgebühr im Rahmen der Geltendmachung v. Wahlanwaltsgebühren gg. den Beschuldigten oder den Betroffenen beizubehalten.

§ 53 Anspruch gegen den Auftraggeber, Anspruch des zum Beistand bestellten Rechtsanwalts gegen den Verurteilten

(1) Für den Anspruch des dem Privatkläger, dem Nebenkläger, dem Antragsteller im Klageerzwingungsverfahren oder des sonst in Angelegenheiten, in denen sich die Gebühren nach Teil 4, 5 oder 6 des Vergütungsverzeichnisses bestimmen, beigeordneten Rechtsanwalts gegen seinen Auftraggeber gilt § 52 entsprechend.

(2) Der dem Nebenkläger oder dem nebenklageberechtigten Verletzten als Beistand bestellte Rechtsanwalt kann die Gebühren eines gewählten Beistands nur von dem Verurteilten verlangen. Der Anspruch entfällt insoweit, als die Staatskasse die Gebühren bezahlt hat.

Übersicht

1 § 53 RVG erweitert den Anwendungsbereich des § 52 RVG. Der RA, der einem Privatkläger, Nebenkläger oder Antragsteller im Klageerzwingungsverfahren im Rahmen der PKH beigeordnet wurde, hat einen Anspruch gg. seinen AG im Wege entspr. Anwendung des § 52 RVG. § 53 Abs. 2 RVG trifft eine Sonderregelung für den RA, der einem Nebenkläger oder nebenklageberechtigten Verletzten als Beistand bestellt wird. Die Anwendung des § 53 RVG setzt die Bestellung dem Grunde nach voraus und regelt den **Umfang der Vergütung** der Höhe nach.

2 § 379 Abs. 3 StPO regelt die **Beiordnung** eines Vertreters des Privatklägers. Die Beiordnung eines Vertreters des Nebenklägers wird v. § 397a Abs. 2 StPO bestimmt. Die Beiordnung eines Vertreters des Antragstellers im Klageerzwingungsverfahren ist in § 172 Abs. 3 S. 2 Hs. 2 StPO geregelt. Als weitere Angelegenheiten, in denen eine Beiordnung erfolgen kann und die Gebühren sich nach den Teilen 4, 5 oder 6 des Vergütungsverzeichnisses bestimmen, kommen insbes. in Betracht: die Beiordnung eines Bevollmächtigten des Beschuldigten als Widerkläger im Privatklageverfahren nach den §§ 388, 379 Abs. 3 StPO, die Beiordnung eines Vertreters des Antragstellers im Adhäsionsverfahren oder eines Beschuldigten, der im Adhäsionsverfahren auf vermögensrechtliche Ansprüche in Anspruch genommen wird (jew. nach § 404 StPO).

3 Im Unterschied zum Geltungsbereich des § 52 RVG wird der RA in den v. § 53 RVG umfassten Fällen im Rahmen eines Prozesskostenhilfeverfahrens beigeordnet. Die **Beiordnung** erfolgt also im Rahmen eines bereits bestehenden oder noch abzuschließenden **schuldrechtlichen Rechtsverhältnisses zwischen RA und Mandant**. Das wird im Wesentlichen der zw. den beiden Parteien abgeschlossene Dienstvertrag sein. In Betracht kommt aber auch ein Tätigwerden des Anwalts im Rahmen einer Geschäftsführung ohne Auftrag (Gerold/Schmidt § 53 RVG Rn. 8). Der beigeordnete RA ist daran gehindert, den aus seinem mit dem Mandanten abgeschlossenen Vertrag resultierenden Vergütungsanspruch geltend zu machen, §§ 379 Abs. 3, 397a Abs. 2 StPO, § 122 Abs. 1 Nr. 3 ZPO. Der beigeordnete RA kann den Antrag auf Festsetzung einer Pauschgebühr nach § 51 RVG und gem. §§ 53 Abs. 1, 42 Abs. 2 S. 2, 52 Abs. 1 S. 1, Abs. 2 RVG stellen.

4 § 53 Abs. 2 RVG gibt dem RA, der dem Nebenkläger oder nebenklageberechtigten Verletzten als Beistand bestellt wurde, einen **Anspruch auf Zahlung der Wahlverteidigergebühren gegen den Verurteilten**. Dieser Anspruch wird durch Zahlungen begrenzt, die der Anwalt aus der Staatskasse erhalten hat. Der Anspruch entfällt erst bei erfolgter Zahlung und nicht schon mit der Zahlungspflicht oder Festsetzung (Gebauer/Schneider § 53 RVG Rn. 7).

§ 54 Verschulden eines beigeordneten oder bestellten Rechtsanwalts

Hat der beigeordnete oder bestellte Rechtsanwalt durch schuldhaftes Verhalten die Beiordnung oder Bestellung eines anderen Rechtsanwalts veranlasst, kann er Gebühren, die auch für den anderen Rechtsanwalt entstehen, nicht fordern.

Übersicht

1 § 54 RVG trifft eine klarstellende Regelung für das **zwischen Partei, Staatskasse und zunächst beigeordnetem Rechtsanwalt** bestehende Rechtsverhältnis und die sich daraus ergebenden **Haftungsregeln**. Es gilt der allgemeine Grundsatz, dass der Anwalt für schuldhaft verursachte Mehrkosten einzustehen hat. Diesbezüglich bedarf es an sich keiner bes., ges. Klarstellung (Gebauer/Schneider § 54 RVG Rn. 2). § 54 RVG gilt für den beigeordneten und den bestellten RA. Somit gilt die Vorschrift auch für den nach § 67a Abs. 1 S. 2 VwGO bestellten RA unmittelbar (Gesetzesbegründung zu § 54 RVG, BT-Drs 15/1971 S. 202). Die Vorschrift führt nicht dazu, dass bestimmte Geb. nicht entstehen, sondern zu einer Verringerung der vom Erstanwalt verdienten Geb. um die deckungsgleichen Geb. des Folgeanwalts. Deshalb besteht kein Widerspruch zu § 15 Abs. 4 RVG (Burhoff § 54 RVG Rn. 22).

2 Die Anwendung v. § 54 RVG setzt voraus, dass infolge **schuldhaften Verhaltens** des beigeordneten oder bestellten RA ein weiterer RA bestellt werden musste. Ein solches schuldhaftes Verhalten kann bereits darin bestehen, dass der RA nicht auf Umstände hinweist, die ihn voraussichtlich daran hindern werden, die Angelegenheit zu Ende zu führen. Ein solcher Fall liegt zB vor, wenn der RA die Vorlage einer Interessenkollision nicht hinreichend sorgfältig prüft (OLG Oldenburg Rpfleger 68, 314). Die Aufgabe der Zulassung kann nur dann zum Erlöschen eines Gebührenanspruchs führen, wenn sie auf ein Verschulden des RA zurückzuführen ist. Dementsprechend ist die Aufgabe der Zulassung wg. Krankheit oder hohen Alters nicht auf ein Verschulden des RA zurückzuführen (OLG Frankfurt JurBüro 1974, 1599). Zum (teilweisen) Verlust des Vergütungsanspruches führt es auch, dass der RA durch eigenes schuldhaftes Verhalten Anlass dazu gibt, dass seine Partei das Mandatsverhältnis aus wichtigem Grund aufkündigt. Kein Verschulden liegt vor, wenn der Anwalt unvorhersehbar in die gegnerische Sozietät eintritt (OLG Düsseldorf JurBüro 1993, 731).

3 Der Anspruchsverlust erstreckt sich auf die **deckungsgleichen Gebühren des Erst- und des Folgeanwalts**. Dem Folgeanwalt stehen sämtliche Gebühren zu, die im Rahmen der Beiordnung aufgrund seiner anwaltl. Tätigkeit anfallen. Er erhält zunächst die **Prozessgebühr**, weil diese immer wieder neu zur Entstehung gelangt (OLG Zweibrücken NJW-RR 1999, 436). Eine **Verhandlungsgebühr** erwächst dem Folgeanwalt auch für die bloße Teilnahme an einer erneuten mündl. Verhandlung, auch wenn keine Anträge gestellt werden (OLG Hamburg JurBüro 1985, 1655). Eine **Terminsgebühr** steht dem Folgeanwalt für jede Vertretung in einem gerichtl. anberaumten Termin zu. Ferner entsteht eine Terminsgebühr bei jeder Wahrnehmung eines v. einem gerichtl. bestellten Sachverständigen anberaumten Termins und bei jeder Mitwirkung an Besprechungen, die auch ohne Beteiligung des Gerichts auf die Vermeidung und Erledigung des Verf. gerichtet sind.

4 Die v. **Folgeanwalt** verdienten Gebühren sind den Gebühren des **Erstanwalts gegenüberzustellen**. Diejenigen Gebühren, die auch ohne Anwaltswechsel lediglich einmal hätten anfallen können, etwa die Verfahrensgeb., stehen dann allein dem Folgeanwalt zu. Zweck der Vorschrift ist nämlich nur, dass der Staatskasse durch ein Anwaltsverschulden keine Mehrkosten entstehen. Eine

Kostenersparnis zu Lasten des ersten Anwalts ist nicht Normzweck (Gebauer/Schneider § 54 RVG Rn. 17).

§ 55 Festsetzung der aus der Staatskasse zu zahlenden Vergütungen und Vorschüsse

(1) Die aus der Staatskasse zu gewährende Vergütung und der Vorschuss hierauf werden auf Antrag des Rechtsanwalts von dem Urkundsbeamten der Geschäftsstelle des Gerichts des ersten Rechtszugs festgesetzt. Ist das Verfahren nicht gerichtlich anhängig geworden, erfolgt die Festsetzung durch den Urkundsbeamten der Geschäftsstelle des Gerichts, das den Verteidiger bestellt hat.

(2) In Angelegenheiten, in denen sich die Gebühren nach Teil 3 des Vergütungsverzeichnisses bestimmen, erfolgt die Festsetzung durch den Urkundsbeamten des Gerichts des Rechtszugs, solange das Verfahren nicht durch rechtskräftige Entscheidung oder in sonstiger Weise beendet ist.

(3) Im Falle der Beiordnung einer Kontaktperson (§ 34a des Einführungsgesetzes zum Gerichtsverfassungsgesetz) erfolgt die Festsetzung durch den Urkundsbeamten der Geschäftsstelle des Landgerichts, in dessen Bezirk die Justizvollzugsanstalt liegt.

(4) Im Falle der Beratungshilfe wird die Vergütung von dem Urkundsbeamten der Geschäftsstelle des in § 4 Abs. 1 des Beratungshilfegesetzes bestimmten Gerichts festgesetzt.

(5) § 104 Abs. 2 der Zivilprozessordnung gilt entsprechend. Der Antrag hat die Erklärung zu enthalten, ob und welche Zahlungen der Rechtsanwalt bis zum Tag der Antragstellung erhalten hat; Zahlungen, die er nach diesem Zeitpunkt erhalten hat, hat er unverzüglich anzuzeigen.

(6) Der Urkundsbeamte kann vor einer Festsetzung der weiteren Vergütung (§ 50) den Rechtsanwalt auffordern, innerhalb einer Frist von einem Monat bei der Geschäftsstelle des Gerichts, dem der Urkundsbeamte angehört, Anträge auf Festsetzung der Vergütungen, für die ihm noch Ansprüche gegen die Staatskasse zustehen, einzureichen oder sich zu den empfangenen Zahlungen (Abs. 5 S. 2) zu erklären. Kommt der Rechtsanwalt der Aufforderung nicht nach, erlöschen seine Ansprüche gegen die Staatskasse.

(7) Die Absätze 1 und 5 gelten im Bußgeldverfahren vor der Verwaltungsbehörde entsprechend. An die Stelle des Urkundsbeamten der Geschäftsstelle tritt die Verwaltungsbehörde.

Übersicht

1 § 55 RVG ist die **Zentralnorm für Verfahrensfragen bei der Festsetzung der zu zahlenden Vergütung**. Die Zuständigkeit für die Durchführung des Festsetzungsverfahrens wird funktional und örtlich festgelegt. Es werden Vorgaben für den Inhalt eines Kostenfestsetzungsantrags gemacht.

Dem beigeordneten oder bestellten RA wird die Verpflichtung auferlegt, Zahlungen des Mandanten vor und nach Festsetzung seiner Gebühren mitzuteilen. Die v. § 55 RVG gemachten Vorgaben werden auch für die Vergütungsfestsetzung im Verwaltungsverfahren für entspr. anwendbar erklärt.

2 Der **sachliche Anwendungsbereich** v. § 55 RVG erstreckt sich auf alle Fälle, in denen der RA, weil er beigeordnet oder bestellt wurde, einen Vergütungsanspruch gg. die Staatskasse besitzt. Nicht v. der Reichweite der Vorschrift umfasst ist demnach der Vergütungsanspruch des Anwalts gg. den eigenen Mandanten. Ebenso wenig ist der Erstattungsanspruch des Mandanten gg. einen anderen Beteiligten oder die Staatskasse nach § 464b StPO gemeint, der v. Anwalt im Namen des Mandanten geltend gemacht werden kann. Auch der Erstattungsanspruch, den der RA im eigenen Namen ggü. anderen Beteiligten geltend macht (vgl. § 126 ZPO), ist v. der Reichweite des § 55 RVG nicht umfasst. Soweit der beigeordnete oder bestellte RA einen eigenen Anspruch gg. den Mandanten besitzt, steht es ihm frei, ob er sich an die Staatskasse wendet oder ob er auf andere Weise versucht, sein Honorar zu liquidieren (Gebauer/Schneider § 55 RVG Rn. 5). Wurde der Rechtsanwalt vor In-Kraft-Treten des RVG vom Mandanten beauftragt, aber erst danach zum Pflichtverteidiger bestellt, richtet sich seine Vergütung nach dem RVG (OLG Schleswig, Beschl. v. 30.11.2004 □ 1 Ws 132/04 = LNRO 2004, 26151; KG, Beschl. v. 17.1.2005 □ (1) 2 StE 10/03 □ 2 (4/03) = LNRO 2005, 10069; Jungbauer JurBüro 2005, 32; aA LG Berlin JurBüro 2005, 31; vgl. auch Anm. 9 zu Nr. 4100 VV RVG). Maßgeblich hierfür ist der Zugang des Beiordnungsbeschlusses. Erfolgt dieser nach dem 1.7.2004, findet das RVG Anwendung (LG Lübeck AGS 2005, 69 m. Anm. Schneider).

3 Antragsberechtigt ist der **beigeordnete oder bestellte Rechtsanwalt**. Die v. RA vertretene Partei oder der Prozessgegner haben kein Antragsrecht und sind auch am Festsetzungsverfahren nicht beteiligt. Die Festsetzung der Vergütung entfaltet deshalb keine Rechtskraftwirkung gg. sie. Werden sie v. der Staatskasse gem. § 59 RVG in Rückgriff genommen, können sie diesem Anspruch entgegenhalten, der RA habe eine zu hohe Vergütung erhalten (Gerold/Schmidt, 15. Aufl., § 128 BRAGO Rn. 2).

4 Der **Antrag ist formlos** zu stellen. Die Verwendung v. Antragsformularen ist nicht vorgeschrieben. Auch formlos gestellte Anträge sind wirksam (LAG Hamm AnwBl. 1985, 106; OLG Frankfurt JurBüro 1992, 683). Das gilt auch bei der Beantragung von Beratungshilfe: die gegenteilig lautende Verordnung nach § 13 BerHG wurde aufgehoben und eine neue Verordnung wurde nicht erlassen (vgl. Schaefer, AGS 2004, 373). Auch wenn der Antrag formlos ergehen kann, ist es insbes. dann zweckgemäß, zu kennzeichnen, dass ein Festsetzungsantrag nach § 55 RVG gestellt wird, wenn mehrere Vergütungsgründe nebeneinander bestehen können. Dies kommt in Betracht, wenn neben dem Anspruch des Pflichtverteidigers der Erstattungsanspruch des freigesprochenen Angeklagten gem. § 464b StPO ggü. der Staatskasse geltend gemacht wird oder gleichzeitig ein Antrag auf Bewilligung einer Pauschvergütung gestellt wird.

5 Der **Antrag ist an keine Frist gebunden**. Er kann jederzeit nach Fälligkeit der Vergütung gestellt werden. Allerdings unterliegt die Vergütung des beigeordneten oder bestellten RA der **Verjährung** nach § 195 BGB (3 Jahre, Verjährungsbeginn mit Ablauf des Jahres, in welchem die Leistung verlangt werden kann). Zum Teil wird v. den Landesverwaltungen der Ablauf der Verjährungsfrist aber nicht zwingend zum Anlass genommen, die Verjährungseinrede auch zu erheben. Hiervon soll etwa in Nordrhein-Westfalen abgesehen werden, wenn der Vergütungsanspruch zweifelsfrei begründet und entweder die Verjährungsfrist erst kurze Zeit abgelaufen oder der Anwalt aus verständlichen Gründen mit der Geltendmachung seines Anspruchs gewartet hat. In engen Grenzen kann insbes. auch eine Nachliquidation verwirken, insbes. dann, wenn sie nach Ablauf des auf die Abrechnung folgenden Kalenderjahres betrieben wird (LAG Hamm MDR 1994, 72).

5a In bestimmten Konstellationen kann für den PKH-Anwalt der Verlust des Vergütungsanspruchs wegen Verwirkung in Betracht kommen. Dabei handelt es sich um Fälle, in denen der Anwalt zunächst auf die Prozesskostenhilfevergütung verzichtet, um sie später dann doch zu beanspruchen. Hierzu kann es kommen, wenn der RA seinen Vergütungsanspruch nach gewonnenem Prozess auf sich selbst (vgl. § 126 ZPO) festsetzen lässt und auf entsprechende Anfrage des Gerichts erklärt, auf die PKH zu verzichten. Beantragt er dann später noch die Festsetzung der PKH-Vergütung gegen die Staatskasse, zB weil der Gegner den Kostenerstattungsanspruch durch Aufrechnung vereitelt hat, steht dem die Verwirkungseinrede durch die Staatskasse entgegen. Anders verhält es sich, wenn der PKH-Anwalt zunächst lediglich eine Kostenfestsetzung auf die Partei durchführt (vgl. OLG Saarbrücken, Beschl. v. 21.01.05 - 2 W 3/05 = LNRO 2005, 11123).

6 Im Rahmen der Bearbeitung eines Antrags auf **Festsetzung weiterer Vergütung** nach § 50 RVG kann der RA v. Urkundsbeamten der Geschäftsstelle dazu gezwungen werden, einen Antrag auf Festsetzung der zustehenden Vergütung zu stellen, § 55 Abs. 6 RVG. Der RA erhält hierzu eine Frist v. einem Monat. Sanktion dafür, dass der Anwalt der Aufforderung nicht fristgerecht nachkommt, ist das Erlöschen seiner Ansprüche. Diese Frist ist eine Ausschlussfrist. Eine Wiedereinsetzung in den vorigen Stand ist ebensowenig möglich, wie eine Fristverlängerung (Gerold/Schmidt § 55 RVG Rn. 32).

7 Zuständiges Gericht für den Festsetzungsantrag in allen beendeten Verf. ist das Gericht des ersten Rechtszugs (§ 55 Abs. 1 S. 1 RVG). Wenn ein Verf. nicht gerichtl. anhängig geworden ist, ist nach § 55 Abs. 1 S. 2 RVG dasjenige Gericht zust., das den Verteidiger bestellt hat. In bürgerlichen Rechtsstreitigkeiten, Verf. der freiwilligen Gerichtsbarkeit, Verf. vor Gerichten der ör Gerichtsbarkeit und ähnlichen Verf. ist das Gericht des Rechtszugs zust. (§ 55 Abs. 2 RVG). Die Vergütung der beigeordneten Kontaktperson (Nr. 4304 VV RVG) wird v. örtlich zust. LG der jew. Justizvollzugsanstalt festgesetzt. Zuständig bei BerHi ist das Gericht, in dem der Rechtssuchende seinen allgemeinen Gerichtsstand hat (§ 4 Abs. 1 BerHG). Die Festsetzung erfolgt jew. durch den Urkundsbeamten der Geschäftsstelle des zust. Gerichts. Er prüft die formellen Voraussetzungen. Der Urkundsbeamte ist nicht dazu befugt, über die Anträge hinauszugehen (§ 308 Abs. 1 S. 1 ZPO). Wird dem Antrag in voller Höhe stattgegeben, erfährt dies der Anwalt nur dadurch, dass er eine Gutschrift der Vergütung auf sein Konto erhält. Eine Benachrichtigung erfolgt nicht. Nur bei einer abweichenden Entscheidung ist diese zu begründen und schriftlich mitzuteilen. Rechtsmittel gg. die Festsetzung ist die Erinnerung (§ 56 RVG).

8 Stellt der Urkundsbeamte fest, dass die **Voraussetzungen der Verjährung der Vergütungsforderung** des beigeordneten oder bestellten RA **vorliegen**, legt er die Akten mit einem diesbezüglichen Hinweis dem zur Vertretung der Staatskasse zust. Beamten vor, der über die Erhebung der Verjährungseinrede zu entscheiden hat (Ausführungsvorschrift über die Festsetzung der aus der Staatskasse zu gewährenden Vergütung der RA und Steuerberater, Nrn. 1.2.2 und 1.4.4). Der Urkundsbeamte setzt die Vergütung in voller Höhe fest oder erlässt eine Zwischenverfügung, mit der er dem Antragsteller Gelegenheit dazu gibt, evtl. behebbare Mängel zu korrigieren. Hieran schließt sich die Bescheidung des Festsetzungsantrags an.

9 Im Rahmen des Festsetzungsverfahrens ist der beigeordnete oder bestellte RA gehalten, **Zahlungen der Partei anzugeben**. Soweit diese vor Antragstellung erfolgt sind, müssen sie im Antrag aufgeführt werden. Danach eingehende Zahlungen sind unverzüglich anzuzeigen. Auch wenn keine Zahlungen erfolgt sind, ist eine diesbezügliche Erklärung in den Antrag aufzunehmen. Die Anzeigepflicht ist umfassend und beinhaltet sämtliche Zahlungen und Vorschüsse, gleichgültig, ob diese sich im Ergebnis auch auf die Festsetzung oder Rückzahlung auswirken. Nur so kann der Urkundsbeamte seiner Aufgabe nachkommen, zu prüfen, ob und inwieweit evtl. Anrechnungen vorzunehmen sind (OLG Hamburg AnwBl. 1987, 246; OLG Düsseldorf JurBüro 1991, 1091). Im Übrigen ergibt sich eine solche Verpflichtung auch aus Standesrecht (Anwaltsgerichtshof Baden Württemberg NJW-RR 1998, 1374). Gemäß §§ 55 Abs. 5 S. 1 RVG, 104 Abs. 2 ZPO sind angesetzte Vergütungstatbestände, das Entstehen und der Umfang der Auslagen sowie die Tatsache, dass bei der Berücksichtigung v. Umsatzsteuerbeträgen diese v. Anwalt als Antragsteller nicht v. der Vorsteuer abgezogen werden können, für die Glaubhaftmachung erforderlich aber auch ausreichend. Dies stellt eine Beweiserleichterung für den antragstellenden RA dar.

10 Für die Durchführung des **Festsetzungsverfahrens** erwächst dem RA **kein Vergütungsanspruch.**

§ 56 Erinnerung und Beschwerde
(1) Über Erinnerungen des Rechtsanwalts und der Staatskasse gegen die Festsetzung nach § 55 entscheidet das Gericht des Rechtszugs, bei dem die Festsetzung erfolgt ist, durch Beschluss. Im Falle des § 55 Abs. 3 entscheidet die Strafkammer des Landgerichts. Im Falle der Beratungshilfe entscheidet das nach § 4 Abs. 1 des Beratunghilfegesetzes zuständige Gericht.
(2) Im Verfahren über die Erinnerung gilt § 33 Abs. 4 Satz 1, Abs. 7 und 8 und im Verfahren über die Beschwerde gegen die Entscheidung über die Erinnerung § 33 Abs. 3 bis 8 entsprechend. Das Verfahren über die Erinnerung und über die Beschwerde ist gebührenfrei. Kosten werden nicht erstattet.

Übersicht

1 § 56 RVG weist die **Zuständigkeit** zur Entscheidung über **Erinnerungen gegen die Festsetzung nach § 55 RVG** dem Gericht des Rechtszugs zu, bei dem die Festsetzung erfolgt ist. Die Entscheidung erfolgt durch Beschl. Bei der Festsetzung der Gebühren des als Kontaktperson beigeordneten RA hat das LG, in dessen Bezirk die Justizvollzugsanstalt liegt, die Kompetenz zur Entscheidung über die Erinnerung. Bei Festsetzungen v. Beratungshilfeansprüchen gilt das für das AG, in dessen Bezirk der Rechtsuchende seinen allgemeinen Gerichtsstand hat (§ 4 Abs. 1 BerHG).

2 Es entscheidet nunmehr grds. der **Einzelrichter** (§§ 56 Abs. 2 S. 1, 33 Abs. 3 bis 8 RVG). Die bisherige Differenzierung zw. der Erinnerung nach § 98 Abs. 2 BRAGO und derjenigen nach § 128 Abs. 3 BRAGO wurde aufgegeben. Im Geltungsbereich der BRAGO war für Erinnerungen nach 98 Abs. 2 BRAGO (Pflichtverteidiger oder dem Privatkläger, Nebenkläger oder Antragsteller im Klageerzwingungsverfahren beigeordneten RA) eine Entscheidung des Vorsitzenden erforderlich. Erinnerungen gem. § 128 Abs. 3 BRAGO (im Rahmen der PKH beigeordneter RA) fielen demgegenüber in die Zuständigkeit des Gerichts.

3 Die Erinnerung gg. die Festsetzung kann sich sowohl gg. den abl. Beschl. als auch gg. die Höhe der Festsetzung richten. **Erinnerungsbefugt** sind der RA sowie die Bundes- oder Landeskasse. Eine Erinnerungsbefugnis der Parteien oder des kostenpflichtigen Gegners besteht nicht. Die Bundes- oder Landeskasse ist nicht befugt zu Gunsten des RA Erinnerung einzulegen. Im Falle der Abtretung eines Vergütungsanspruchs gg. die Staatskasse ist auch der Rechtsnachfolger des abtretenden RA, zB der Sozietätskollege als Zessionar, erinnerungs- und beschwerdebefugt (OLG Düsseldorf FamRZ 1997, 532).

4 Die Erinnerung bedarf keiner bestimmten **Form**. Sie kann zu Protokoll der Geschäftsstelle gegeben oder schriftlich eingereicht werden, §§ 56 Abs. 2 S. 1, 33 Abs. 7 RVG. Wie sich aus der Verweisung auf § 130 a ZPO ergibt, kann die Erinnerung auch als elektronisches Dokument an das Gericht gesandt werden.

5 Die Erinnerung ist ferner **nicht fristgebunden.** Sie kann jedoch dem Verwirkungseinwand begegnen, wenn sie erst nach Ablauf des auf die Festsetzung folgenden Kalenderjahres erhoben wird (OLG Hamm JurBüro 1982, 877).

6 Die Erinnerung setzt in jedem Fall eine **Beschwer** des Erinnerungsführers voraus. Ansonsten fehlt es hier am Rechtsschutzbedürfnis. Eine Mindestbeschwer ist nicht erforderlich. Eine Mindestbeschwer ist mangels entsprechender Verweisung auf § 33 Abs. 3 RVG in § 56 Abs. 2 S. 1 RVG bei der Erinnerung nicht erforderlich.

7 Das Gericht **hilft der Erinnerung ab**, wenn es sie für begründet hält. **Anderenfalls** ergeht ein die Erinnerung ganz oder nur teilweise **zurückweisender Beschluss.** Hiergegen ist die Beschwerde zulässig. Die Zulässigkeit der Beschwerde setzt voraus, dass der Wert des Beschwerdegegenstandes 200 EUR übersteigt (§§ 56 Abs. 2 S. 1, 33 Abs. 3 RVG). Diese Mindestbeschwer gilt für Beschwerden in allen Kostenfestsetzungsverfahren, in denen nach dem 1.7.2004 gegen eine Entscheidung Beschwerde eingelegt wird (OLG Dresden JurBüro 2004, 593). Denkbar ist auch, dass das Gericht die Beschwerde wg. der grds. Bedeutung der Rechtsfrage für zulässig erklärt (§§ 56 Abs. 2 S. 1, 33 Abs. 3 S. 2 RVG). Die Beschwerde muss binnen einer Frist v. zwei Wochen ab Zustellung des über die Erinnerung ergehenden Beschl. erfolgen (§§ 56 Abs. 2 S. 1, 33 Abs. 3 S. 3 RVG). Der Beschwerde ist entweder abzuhelfen oder sie ist dem nächsthöheren Gericht als Beschwerdegericht vorzulegen. In Familiensachen hat dies jedoch davon abweichend an das Oberlandesgericht zu erfolgen (§§ 56 Abs. 2 S. 1, § 33 Abs. 4 RVG). Unter den Voraussetzungen v. § 33 Abs. 6 RVG ist auch eine weitere Beschwerde zulässig. Die Beschwerde ist jew. bei dem Gericht einzureichen, dessen Entscheidung angefochten wird (§§ 56 Abs. 2 S. 1, 33 Abs. 7 S. 2 RVG). Die Möglichkeit, weitere Beschwerde gg. die Entscheidungen des Beschwerdegerichts einzulegen, trägt dem Anliegen Rechnung, die Verf. über Erinnerung und Beschwerde in Kostensachen möglichst weitgehend einheitlich zu gestalten (Gesetzesbegründung zu § 56 Abs. 2 RVG, BT-Drs 15/1971 S. 203).

8 Die Verf. über Erinnerung und Beschwerde und ggf. auch über weitere Beschwerde sind insgesamt **gebührenfrei.** Weder im Erinnerungsverfahren noch im Beschwerdeverfahren findet eine Kostenerst. statt.

9 Ergibt sich nachträglich, dass eine zu hohe Vergütung festgesetzt wurde, besteht auch für die Staatskasse die Möglichkeit, gg. die Festsetzung Erinnerung mit dem Ziel einzulegen, die Vergütung zu verringern (OLG Köln JurBüro 1983, 97). Es liegt dann eine so genannte "**Rückfestsetzung**" vor. Diese kann nach § 1 Abs. 1 Ziff. 8 Justizbeitreibungsordnung gg. den betroffenen RA vollstreckt werden und hat somit die Bedeutung eines Vollstreckungstitels. Die Berufung auf Entreicherung ist dem Anwalt verwehrt. Als ör Erstattungsanspruch ist auf den Rückforderungsanspruch der Staatskasse § 818 Abs. 3 BGB nicht entspr. anzuwenden (OLG München Rpfleger 1972, 114).

---

§ 57 Rechtsbehelf in Bußgeldsachen vor der Verwaltungsbehörde
Gegen Entscheidungen der Verwaltungsbehörde im Bußgeldverfahren nach den Vorschriften dieses Abschnitts kann gerichtliche Entscheidung beantragt werden. Für das Verfahren gilt § 62 des Gesetzes über Ordnungswidrigkeiten.

Übersicht

1 § 57 RVG trägt dem Umstand Rechnung, dass an verschiedenen Stellen des achten Abschnitts des RVG die dortigen Regelungen für entspr. anwendbar erklärt werden, wenn Entscheidungen der Verwaltungsbehörde im Bußgeldverfahren ergehen. Entsprechende **Verweisungen** finden sich in den §§ 45 Abs. 5, 46 Abs. 2 S. 2, 51 Abs. 3, 52 Abs. 6 und 55 Abs. 8 RVG.

2 In § 57 RVG ist geregelt, dass die im Bußgeldverfahren durch die Verwaltungsbehörde erfolgte Festsetzung der anwaltl. Vergütung **durch gerichtliche Entscheidung** überprüft werden kann. § 57 RVG verweist auf § 62 OWiG. Die Regelung entspricht so auch der in § 108 OWiG getroffenen Rechtswegzuweisung.

3 Nach den §§ 62 Abs. 2 S. 1, 68 Abs. 1 S. 1 OWiG ist die gerichtl. Entscheidung bei dem **Amtsgericht, in dessen Bezirk die Verwaltungsbehörde ihren Sitz hat**, zu beantragen. Besondere **Formvorschriften** gelten nicht. Der Antrag ist insbesondere **nicht fristgebunden** (Ausn.: § 108 Abs. 2 S. 2 OWiG).

§ 58 Anrechnung von Vorschüssen und Zahlungen

(1) Zahlungen, die der Rechtsanwalt nach § 9 des Beratungshilfegesetzes erhalten hat, werden auf die aus der Landeskasse zu zahlende Vergütung angerechnet.

(2) In Angelegenheiten, in denen sich die Gebühren nach Teil 3 des Vergütungsverzeichnisses bestimmen, sind Vorschüsse und Zahlungen, die der Rechtsanwalt vor oder nach der Beiordnung erhalten hat, zunächst auf die Vergütungen anzurechnen, für die ein Anspruch gegen die Staatskasse nicht oder nur unter den Voraussetzungen des § 50 besteht.

(3) In Angelegenheiten, in denen sich die Gebühren nach den Teilen 4 bis 6 des Vergütungsverzeichnisses bestimmen, sind Vorschüsse und Zahlungen, die der Rechtsanwalt vor oder nach der gerichtlichen Bestellung oder Beiordnung für seine Tätigkeit für bestimmte Verfahrensabschnitte erhalten hat, auf die von der Staatskasse für diese Verfahrensabschnitte zu zahlenden Gebühren anzurechnen. Hat der Rechtsanwalt Zahlungen empfangen, nachdem er Gebühren aus der Staatskasse erhalten hat, ist er zur Rückzahlung an die Staatskasse verpflichtet. Die Anrechnung oder Rückzahlung erfolgt nur, soweit der Rechtsanwalt durch die Zahlungen insgesamt mehr als den doppelten Betrag der ihm ohne Berücksichtigung des § 51 aus der Staatskasse zustehenden Gebühren erhalten würde.

Übersicht

1 § 58 RVG regelt, wie **Vorschüsse** und Zahlungen, die der beigeordnete oder bestellte RA erhalten hat, **im System der Vergütung aus der Staatskasse behandelt** werden. Während § 58 Abs. 1 RVG die Behandlung v. Zahlungen betrifft, die der im Wege der BerHi tätige RA v. kostenerstattungspflichtigen Gegner erhalten hat, bezieht sich § 58 Abs. 2 RVG auf die Behandlung v.

Vorschüssen und Zahlungen durch den Mandanten selbst, dem der RA beigeordnet wurde. § 58 Abs. 3 RVG regelt die Behandlung v. Vorschüssen und Zahlungen, die im Bereich der Beiordnung eines Pflichtverteidigers geleistet wurden. Dabei bestimmt § 58 Abs. 3 RVG, wann Zahlungen des Beschuldigten oder eines Dritten vor oder nach der Bestellung oder Beiordnung anzurechnen sind. Ferner wird eine Regelung darüber getroffen, wann eine Rückzahlung an die Staatskasse zu erfolgen hat, wenn der RA nach der Empfangnahme v. Gebühren aus der Staatskasse nochmals Zahlungen des Betroffenen oder eines Dritten erhält. Diese Rückzahlungsverpflichtung wird begrenzt durch das Doppelte dessen, was dem Pflichtverteidiger an Gebühren zusteht.

2 § 58 Abs. 1 RVG nimmt Bezug auf **Zahlungen**, die **nach § 9 des BerHG** an den RA geleistet wurden. Nach dieser Vorschrift hat der Gegner in einer Beratungshilfesache dem RA die diesem ges. zustehenden Gebühren nach dem RVG zu erstatten, wenn der AG des RA einen entspr. Kostenstattungsanspruch gg. ihn hat. Eine Beschränkung der Kostenerstattungspflicht lediglich auf die Beratungshilfegebühren findet nicht statt. § 9 S. 2 BerHG leitet diesen Erstattungsanspruch des Beratenen auf den RA im Wege einer cessio legis über, was nicht zum Nachteil des Rechtsuchenden geltend gemacht werden kann. Der Anwalt erlangt also einen vollständigen Erstattungsanspruch, so als ob er nicht im Wege der BerHi tätig geworden wäre. In diesem Zusammenhang ist es nur billig, v. der Gegenseite erhaltene Gebühren auf Zahlungen aus der Staatskasse anzurechnen. Anderenfalls würde dem RA ein doppelter Vergütungsanspruch zustehen, nämlich einerseits der aus der Staatskasse und andererseits der Erstattungsanspruch gg. die Gegenseite in voller Höhe. Ein Grund hierfür ist nicht ersichtlich. Klarstellende Regelungen hierzu trifft § 58 Abs. 1 RVG.

3 § 58 Abs. 2 RVG trifft eine **Anrechnungsregelung in Angelegenheiten nach Teil 3 des Vergütungsverzeichnisses**. Hier wird sinngemäß angeordnet, dass aus Vorschüssen und Zahlungen zunächst die Lücke zu schließen ist, die zw. der Vergütung und der Vergütung des im Wege der PKH beigeordneten RA entsteht, wenn der Streitwert mehr als 3000 EUR beträgt. Der beigeordnete RA kann Vorschüsse und Zahlungen insoweit zunächst auf den Unterschied zw. der Anwaltsvergütung nach § 49 RVG und derjenigen aus § 13 Abs. 1 RVG sowie auf die Auslagen, die die Staatskasse gem. § 46 RVG nicht vergütet, anrechnen (Gerold/Schmidt § 58 RVG Rn. 7). Dieser Verrechnungsmodus betrifft Vorschüsse und Zahlungen. Vorschüsse sind Zahlungen auf noch nicht in Rechnung gestellte Leistungen, Zahlungen sind auf die Erfüllung einer bereits erhobenen Forderung hin getätigte Zuwendungen (Gebauer/Schneider § 58 RVG Rn. 11).

4 Die Vorschrift v. § 58 Abs. 2 RVG unterscheidet nicht danach, ob die **Zahlung vom Mandanten oder von einem Dritten**, insbes. v. dem unterlegenen Gegner erfolgt. Zur Frage, worauf sich die Zahlung bezieht, ob auf die Hauptforderung oder die Kosten des Anwalts, ist auf die jew. Tilgungsbestimmung des Leistenden abzustellen. Fehlt eine solche, wird auf § 366 Abs. 2 BGB zurückgegriffen.

5 Haben **Anwalt und Partei eine Honorarvereinbarung** abgeschlossen, die über die ges. Vergütung des RVG hinausgeht, so finden Vorschüsse und Zahlungen zunächst Anrechnung auf die Lücke zw. der Vergütung nach § 49 RVG und der Vergütung aus der Honorarvereinbarung (Gebauer/Schneider § 58 RVG Rn. 27; aA Hartmann § 58 RVG Rn. 10).

6 § 58 Abs. 3 RVG regelt die **Anrechnung und Rückzahlung im Bereich der Pflichtverteidigervergütung** (gerichtlich bestellter Rechtsanwalt) sowie im Bereich der Vergütung beigeordneter Rechtsanwälte (zB PKH-Anwalt). Abs. 3 findet auch dann Anwendung, wenn der RA nach Niederlegung des Wahlverteidigermandats bestellt oder beigeordnet wird (OLG Dresden BRAGOreport 2002, 186). Anders als im Bereich der zivilrechtlichen Vertretung findet in Strafsachen keine vergleichbare Anrechnung v. Vorschüssen zunächst auf den Differenzbetrag zw. Pflichtverteidigergebühr und Wahlverteidigergebühr statt. Vielmehr verringern eine Vorschusszahlung den v. der Staatskasse zu erbringenden Gebührenbetrag in voller Höhe. Die Regelung unterscheidet nicht nach der Person des Zahlenden. Die Anrechnung findet statt, gleich, ob sie v. Beschuldigten oder v. einem Dritten erfolgt ist. Auch Vorschüsse und Zahlungen v. Rechtsschutzversicherungen sind zu berücksichtigen und anzurechnen (Gebauer/Schneider § 58 RVG Rn. 33). Voraussetzung der Anrechnungen ist die Leistung v. Vorschüssen und Zahlungen in dem Verfahrensabschnitt, in dem auch die Staatskasse Gebühren zahlt. Somit scheidet eine Anrechnung aus, wenn Vorschüsse oder Zahlungen in anderen Instanzen geleistet wurden (Hansens § 101 BRAGO Rn. 5).

7 Der **Pflichtverteidiger ist zur Rückzahlung** an die Staatskasse **verpflichtet**, wenn er nach deren Empfang Zahlungen des Beschuldigten oder eines Dritten erhält.

8 Den Anwalt trifft insgesamt bzgl. der erhaltenen Zahlungen und Vorschüsse und des Zeitraums des Erhalts in jedem Fall eine **Mitteilungspflicht** an die Staatskasse. Die Angabe, anrechnungspflichtige Vorschüsse oder Zahlungen seien nicht geleistet worden, reicht insoweit nicht; erhaltene Beträge sind beziffert zu nennen (Gerold/Schmidt § 58 RVG Rn. 29).

9 Begrenzt werden Anrechnung und Rückzahlungspflicht durch das Doppelte der sich aus den Vorschriften des Vergütungsverzeichnisses ergebenden Gebühren. Es ist also zunächst die dem Pflichtverteidiger zustehende Gebühr zu ermitteln. Diese ist zu verdoppeln. Anschließend sind die Zahlungen der Staatskasse und die Vorschüsse und Zahlungen des Vertretenen oder eines Dritten zu addieren. Nur der sich hieraus ergebende Spitzenbetrag, also derjenige Betrag, der die mit zwei multiplizierte Vergütung des Pflichtverteidigers übersteigt, ist anzurechnen bzw. zurückzuerstatten. Der RA kann sich in diesem Zusammenhang nicht darauf berufen, dass ihm eine Pauschvergütung zustand. § 51 RVG hat bei der Ermittlung des doppelten Gebührenbetrages ausdrücklich keine Berücksichtigung zu finden (§ 58 Abs. 3 S. 2 aE RVG).

10 § 58 RVG wird im **Festsetzungsverfahren** gem. § 55 RVG berücksichtigt. Werden die Anrechnungsvorschriften aus Anwaltssicht falsch angewandt, so steht diesem die Erinnerung sowie in nächster Instanz die Beschwerde gg. den Kostenansatz zu. Für den Fall, dass der Anwalt Zahlungen zurückzuerstatten hat, ergibt sich der Anspruch der Staatskasse unmittelbar aus § 58 Abs. 3 S. 1 RVG. Ein Rückgriff auf § 1 Abs. 1 Nr. 8 Justizbeitreibungsordnung ist nicht erforderlich.

§ 59 Übergang von Ansprüchen auf die Staatskasse

(1) Soweit dem im Wege der Prozesskostenhilfe oder nach § 625 der Zivilprozessordnung beigeordneten oder nach § 67a Abs. 1 Satz 2 der Verwaltungsgerichtsordnung bestellten Rechtsanwalt wegen seiner Vergütung ein Anspruch gegen die Partei oder einen ersatzpflichtigen Gegner zusteht, geht der Anspruch mit der Befriedigung des Rechtsanwalts durch die Staatskasse auf diese über. Der Übergang kann nicht zum Nachteil des Rechtsanwalts geltend gemacht werden.

(2) Für die Geltendmachung des Anspruchs gelten die Vorschriften über die Einziehung der Kosten des gerichtlichen Verfahrens entsprechend. Ansprüche der Staatskasse werden bei dem Gericht des ersten Rechtszugs angesetzt. Ist das Gericht des ersten Rechtszugs ein Gericht des Landes und ist der Anspruch auf die Bundeskasse übergegangen, wird er insoweit bei dem jeweiligen obersten Gerichtshof des Bundes angesetzt. Für die Entscheidung über eine gegen den Ansatz gerichtete Erinnerung und über die Beschwerde gilt § 66 des Gerichtskostengesetzes entsprechend.

(3) Abs. 1 gilt entsprechend bei Beratungshilfe.

Übersicht

Geltendmachung des Anspruchs der Staatskasse   6

Erinnerung und Beschwerde gegen Kostenansatz   7

Anwendbarkeit bei Beratungshilfe   8

1 § 59 RVG regelt den **Übergang der Forderung** des Prozesskostenhilfeanwalts, des nach § 625 ZPO beigeordneten oder nach § 67a Abs. 1 S. 2 VwGO bestellten RA gg. seinen Mandanten oder die kostenerstattungspflichtige Gegenseite auf die Staatskasse für den Fall, dass diese **Leistungen an den beigeordneten Anwalt** erbringt. Die Situation der Staatskasse im Fall einer Beiordnung des RA gleicht dem eines Bürgen. Auch ist die Konstruktion vergleichbar mit der Situation in den §§ 90, 91 BSHG. Wie im Fall einer Bürgschaft (vgl. § 774 Abs. 1 BGB), findet ein ges. Forderungsübergang für den Fall statt, dass der zur Leistung verpflichtete Dritte (hier also die Staatskasse) außerhalb der eigentlichen vertraglichen Beziehung, Zahlungen leistet. Der Forderungsübergang tritt kraft Gesetzes ein und macht eine sonst notwendige Abtretung überflüssig (Hartmann § 59 RVG Rn. 2). Auf den insoweit stattfindenden ges. Forderungsübergang (§ 412 BGB) findet wg. der dortigen Verweisung § 401 BGB Anwendung. Somit gehen bestehende Sicherungsrechte auf die Staatskasse mit über. Das können insbes. Prozesskostensicherheiten gem. § 110 ZPO oder Pfändungspfandrechte sein, wenn aufgrund der Vergütungsforderung des beigeordneten RA gem. § 126 ZPO gg. die unterliegende Gegenseite bereits in dessen Vermögen gepfändet worden ist.

2 Ein Anspruch des RA gg. die Partei, der er beigeordnet wurde, besteht auch im Fall der Bewilligung v. PKH. Allerdings steht dem Anspruch eine dauerhafte Einrede entgegen, (§ 122 Abs. 1 Nr. 1b ZPO). Der Vergütungsanspruch des RA ist somit grds. nicht durchsetzbar (Gebauer/Schneider § 59 RVG Rn. 15). Nur für den Fall, dass die Bewilligung wieder aufgehoben wird (§ 124 ZPO), ist der Vergütungsanspruch wieder einredefrei und darf geltend gemacht werden. Das hat im Ergebnis zur Folge, dass der auf die Staatskasse übergehende Vergütungsanspruch des Anwalts so gut wie **keine praktische Bedeutung** hat (Gebauer/Schneider § 59 RVG Rn. 15).

3 Wesentlich größere Relevanz kommt in der Praxis dem **Anspruch des Rechtsanwalts gegen die unterlegene Gegenpartei** nach § 126 ZPO zu. Dieser Erstattungsanspruch besteht, soweit dem Gegner die Kosten auferlegt wurden oder er sie übernommen hat. Einreden gg. den Anspruch sind beschränkt (§ 126 Abs. 2 ZPO). Dieser Anspruch geht auf die Staatskasse in der Qualität über, wie er besteht. Das bedeutet einerseits, dass die Einredebeschränkungen nach § 126 Abs. 2 ZPO mit übergehen (OLG Köln JurBüro 1987, 920; OLG München AnwBl 1991, 167; aA OLG Zweibrücken JurBüro 84, 1044). Ferner ist der Erstattungsanspruch auflösend bedingt, wenn die Kostenentscheidung nur vorläufig vollstreckbar ist (Gerold/Schmidt § 59 RVG Rn. 11). Auch dann, wenn auch dem Gegner PKH bewilligt wurde, ist die Beitreibung der v. ihm zu erstattenden Kosten zulässig (BGH MDR 1997, 887, aA OLG Hamburg JurBüro 1983, 612).

4 Gemäß § 59 Abs. 1 S. 2 RVG kann der **Übergang nicht zum Nachteil des Rechtsanwalts** geltend gemacht werden. Dem beigeordneten RA wird somit ein Vorrang eingeräumt. Das hat vorwiegend im Fall der Kostenerstattungspflicht der (teilweise) unterlegenen Gegenseite zur Folge, dass der beigeordnete RA alle Zahlungen der Gegenseite behalten kann, bis hierdurch die Lücke zw. ges. Vergütung und Vergütung des beigeordneten RA geschlossen ist. Erst den diese Differenz übersteigenden Betrag muss der RA an die Staatskasse erstatten. Dies gilt insbes. auch bei einer Verteilung der Kosten nach Quoten. Auch die diesbezüglichen Zahlungen der quotenmäßig zur Erstattung verpflichteten Gegenseite sind erst dann an die Staatskasse weiterzuleiten, wenn sie den Unterschiedsbetrag zw. ges. Vergütung und Vergütung des beigeordneten RA übersteigen. Der Übergang des Anspruchs auf die Staatskasse wird dadurch an sich nicht berührt, es wird lediglich seine Berücksichtigung bis zur Befriedigung des RA ausgeschlossen (OLG München AnwBl 82, 115). Zahlungen der Partei nach § 120 Abs. 1 ZPO sind nicht iSv § 59 Abs. 1 S. 2 RVG privilegiert.

5 § 126 ZPO gibt dem RA das Recht, seine Gebühren und Auslagen in eigenem Namen v. Gegner beizutreiben. Lässt der beigeordnete RA aber die Erstattungspflicht auf den Namen der Partei festsetzen und **ermöglicht so die Aufrechnung mit einer Gegenforderung durch den erstat-**

tungspflichtigen Gegner, kann die Staatskasse seinem Anspruch auf Vergütung die Einrede der Arglist entgegensetzen (OLG München AnwBl 98, 282; LG Berlin JurBüro 84, 74).

6 Der **Anspruch der Staatskasse** wird unter Berücksichtigung und nach Vorgabe der Justizbeitreibungsordnung geltend gemacht (§ 59 Abs. 2 S. 1 RVG). Grundlage ist ein entspr. Vermerk im Kostenfestsetzungsbeschluss. Erfolgt keine freiwillige Zahlung, wird durch die Gerichtskasse als Vollstreckungsbehörde bzw. durch die Justizbeitreibungsstelle des jew. Bundesgerichts vollstreckt (§ 2 Justizbeitreibungsordnung).

7 Gegen den Kostenansatz sind gem. § 59 Abs. 2 S. 4 RVG **Erinnerung und Beschwerde** nach § 66 GKG statthaft. Die Zulässigkeit der Beschwerde gg. die Entscheidung über die Erinnerung erfordert einen Beschwerdegegenstand, dessen Wert 200 EUR übersteigt (§§ 59 Abs. 2 S. 4 RVG, 66 Abs. 2 S. 1 GKG).

8 § 59 Abs. 3 RVG erklärt § 59 Abs. 1 RVG bei **Beratungshilfe für entsprechend anwendbar.** Nimmt man die Verweisung wörtlich, bedeutet dies im Umkehrschluss die fehlende Anwendbarkeit v. § 59 Abs. 2 RVG. Fraglich bleibt, wie und nach welchen Vorgaben dann ein Anspruch geltend gemacht werden soll. Jedenfalls ist eine Erinnerung über den Kostenansatz und die Beschwerde im weiteren nicht statthaft.

Abschnitt 9. Übergangs- und Schlussvorschriften

§ 60 Übergangsvorschrift
(1) Die Vergütung ist nach bisherigem Recht zu berechnen, wenn der unbedingte Auftrag zur Erledigung derselben Angelegenheit im Sinne des § 15 vor dem Inkrafttreten einer Gesetzesänderung erteilt oder der Rechtsanwalt vor diesem Zeitpunkt gerichtlich bestellt oder beigeordnet worden ist. Ist der Rechtsanwalt im Zeitpunkt des Inkrafttretens einer Gesetzesänderung in derselben Angelegenheit und, wenn ein gerichtliches Verfahren anhängig ist, in demselben Rechtszug bereits tätig, ist die Vergütung für das Verfahren über ein Rechtsmittel, das nach diesem Zeitpunkt eingelegt worden ist, nach neuem Recht zu berechnen. Die Sätze 1 und 2 gelten auch, wenn Vorschriften geändert werden, auf die dieses Gesetz verweist.
(2) Sind Gebühren nach dem zusammengerechneten Wert mehrerer Gegenstände zu bemessen, gilt für die gesamte Vergütung das bisherige Recht auch dann, wenn dies nach Absatz 1 nur für einen der Gegenstände gelten würde.

Übersicht

1 Allgemeines. Die Vorschrift entspricht im Wesentlichen der bisherigen Übergangsregelung des § 134 BRAGO. Sie regelt bei künftigen Änderungen des RVG, für welche Fälle noch das RVG idF vor der Änderung anzuwenden ist und für welche schon das neue Recht. Keine Anwendung findet § 60 RVG hingegen auf Übergangsfälle, die das Inkrafttreten des RVG zum 1. 7. 2004 betreffen. Hierfür gilt die spezielle Übergangsbestimmung des § 61 RVG. Daher hat § 60 RVG zur Zeit noch keinen Anwendungsbereich.

2 Grundsätzlich soll ein Mandatsverhältnis gebührenrechtlich nach den Vorschriften abgewickelt werden, die bei seiner Begründung galten (Riedel/Sußbauer § 134 BRAGO Rn. 3). Deshalb stellt § 60 Abs. 1 S. 1 RVG für die Bestimmung des anzuwendenden Gebührenrechts auch auf den **Zeitpunkt der Auftragserteilung** ab. Nach § 60 Abs. 1 S. 1 1. Alt. RVG ist das bisherige Gebührenrecht anzuwenden, wenn dem RA der unbedingte Auftrag zur Erledigung einer Angelegenheit iSd § 15 RVG vor dem Inkrafttreten der Gesetzesänderung erteilt worden ist. Der Auftrag ist erst mit der Annahmeerklärung des RA und nicht bereits mit dem Antrag des Mandanten auf Übernahme des Mandats erteilt (Gebauer/Schneider § 61 RVG Rn. 5). Auch auf den Zeitpunkt der Vollmachtserteilung kommt es nicht an (Gerold/Schmidt § 60 RVG Rn. 8). Vertritt sich ein RA in eigener Sache, so ist mangels eines Auftragsverhältnisses immer auf den Beginn seiner Tätigkeit abzustellen (KG JurBüro 1976, 762; Rehberg/Xanke „Übergangsregelung" 3.9, S. 970).

3 Der Auftrag muss **unbedingt** erteilt worden sein. Erfolgt der Auftrag unter einer Bedingung, so ist der Zeitpunkt des Bedingungseintritts maßgeblich (OLG Bamberg JurBüro 1987, 1678). Tritt eine aufschiebende Bedingung nach Inkrafttreten einer Änderung des RVG ein, so ist die Vergütung nach dem neuen Recht abzurechnen.

4 Für den **im Rahmen der PKH** (§ 121 ZPO) oder nach § 11a ArbGG **beigeordneten RA** ist ebenso erst einmal der Zeitpunkt der Auftragserteilung an den RA entscheidend, sofern die Beiordnung, wie gewöhnlich, erst nach der Erteilung des Auftrags stattfand. Liegt dieser Zeitpunkt noch vor dem Inkrafttreten der Gesetzesänderung, so bemisst sich die Vergütung des Beigeordneten nach bisherigem Recht. Gleiches gilt auch für den Fall, dass ihm vor dem Stichtag zunächst nur der Auftrag für das Prozesskostenhilfeverfahren erteilt worden ist und nur für den Fall der Bewilligung von PKH in diesem Verf. auch der Prozessauftrag für das sich anschließende gerichtl. Hauptsacheverfahren (Gebauer/Schneider § 61 RVG R. 39). Denn das Prozesskostenhilfeverfahren bildet gem. § 16 Nr. 2 RVG gebührenrechtlich dieselbe Angelegenheit mit dem Hauptsacheverfahren, für das die PKH beantragt wird, und gehört gem. § 37 Nr. 3 BRAGO zum Rechtszug. Wird die Prozesskostenhilfe bewilligt, erhält der RA dadurch den unbedingten Klageauftrag. Dieses ist jedoch nur als eine Erweiterung des Auftrags in derselben gebührenrechtlichen Angelegenheit anzusehen, die nicht dazu führt, dass sich die Vergütung des Hauptsacheverfahrens nunmehr nach dem RVG richtet (Gebauer/Schneider § 61 RVG R. 39). Anders sieht dies die hM, die demgegenüber auf den Zeitpunkt der Bewilligung abstellt. Danach sollen sich die Gebühren für das Hauptsacheverfahren nach neuem Recht bestimmen, wenn die Beiordnung erst nach dem 1. 7. 2004 erfolgt (Gerold/Schmidt § 60 RVG Rn. 31; Hansens § 134 BRAGO Rn. 11).

5 Dagegen bemisst sich das für den **Pflichtverteidiger** anwendbare Gebührenrecht allein nach dem Zeitpunkt seiner Bestellung (§ 60 Abs. 1 S. 1 2. Alt. RVG). In Fällen, in denen der RA vor dem Inkrafttreten der Gesetzesänderung bereits als Wahlverteidiger tätig war und nach diesem Stichtag dann zum Pflichtverteidiger bestellt wird, erhält er die Wahlverteidigervergütung aus altem Recht und die Pflichtverteidigervergütung aus neuem Recht. (Gebauer/Schneider § 61 Rn. 19; Gerold/Schmidt § 60 RVG Rn. 32). Dies entspricht auch dem Willen des Gesetzgebers (Gesetzesbegründung zu § 60 RVG, BT-Drs 15/1971 S. 203). Sofern der RA erst nach Inkrafttreten einer Änderung des RVG zum Pflichtverteidiger bestellt wurde, soll er seine Vergütung auf jeden Fall nach dem RVG in der neuen, geänderten Fassung erhalten.

6 Nach § 60 Abs. 1 S. 1 RVG ist die Anwendung des einschlägigen Gebührenrechts für **jede Angelegenheit iSd § 15 RVG gesondert** zu bestimmen. Zum Begriff der Angelegenheit vgl. die Komm. zu § 15 RVG. Wird der RA also in verschiedenen bzw. bes. Angelegenheiten beauftragt, ist für jede Angelegenheit einzeln zu prüfen, ob sie nach altem oder neuem Recht abzurechnen sind. Zur Klarstellung bei solchen Tätigkeiten, bei denen es zweifelhaft sein könnte, ob sie eine gemeinsame Angelegenheit bilden, enthalten die **§§ 16-18 RVG** Beispiele für Tätigkeiten des RA in einer Angelegenheit bzw. in verschiedenen oder bes. Angelegenheiten. Zu den einzelnen Beispielen vgl. die Komm. zu § 16 RVG (dieselbe Angelegenheit), zu § 17 RVG (verschiedene Angelegenheiten) und zu § 18 RVG (bes. Angelegenheiten).

7 Für **Rechtsmittelverfahren** bestimmt § 60 Abs. 1 S. 2 RVG eine Ausnahme v. dem Grundsatz, dass sich das anzuwendende Recht nach dem Zeitpunkt der Auftragserteilung richtet. Sofern der RA bereits in der ersten Instanz tätig war, kann er seine Vergütung nach dem geänderten Recht abrechnen, wenn das Rechtsmittel erst nach dem Inkrafttreten der Gesetzesänderung eingelegt wird. Die Regelung stellt also nicht auf die Erteilung des Auftrags, sondern auf die Einlegung des Rechtsmittels ab. Demgegenüber ist für den erstmals im Rechtsmittelverfahren tätig werdenden RA der Zeitpunkt der Auftragserteilung maßgeblich, so dass das neue Recht nur dann gelten soll, wenn der Auftrag nach Inkrafttreten des geänderten Gesetzes erteilt worden ist (Hartung/Römermann § 60 RVG Rn. 33). § 60 Abs. 1 S. 2 RVG entspricht der bisherigen Regelung des § 134 Abs. 1 S. 2 BRAGO. Schon im Geltungsbereich der BRAGO war die Vorschrift wg. ihrer Unstimmigkeiten sehr umstritten. Ein Teil der Lit. spricht sich sogar dafür aus, die Regelung in der Praxis nicht zu beachten und auch für das Rechtsmittelverfahren nur § 60 Abs. 1 S. 1 RVG anzuwenden (Schneider/Mock § 34 Rn. 15; vgl. die ausführliche Darstellung zu den Widersprüchen und Unklarheiten der Vorschrift bei Gebauer/Schneider § 61 RVG Rn. 7ff.).

8 Die Regelungen des § 60 Abs. 1 S. 1 und 2 RVG gelten nicht nur für Änderungen des RVG selbst, sondern auch für **Änderungen von Vorschriften auf die das RVG** jew. **verweist** (§ 60 Abs. 1 S. 3 RVG). Hierzu gehören insbesondere Vorschriften des GKG und der KostO.

9 In Fällen, in denen die Gebühren des RA nach dem **zusammengerechneten Wert mehrerer Gegenstände** zu bemessen sind, gilt für die gesamte Vergütung das bisherige Recht selbst dann, wenn es eigentlich nur für einen der Gegenstände Anwendung fände (§ 60 Abs. 2 RVG). Praktisch kommt die Vorschrift nur in den Fällen der **Verfahrensverbindung** zur Anwendung (Schneider/Mock § 34 Rn. 17). Bei einer Verbindung verschiedener Verf. berechnen sich die Gebühren aus den zusammengerechneten Werten der verbundenen Verf. Sofern für die eine Verf. das bisherige Recht und für das andere Verf. schon das Gesetz in der geänderten Fassung gelten würde, bestimmen sich nach § 60 Abs. 2 RVG die Gebühren für das verbundene Verf. allein nach altem Recht.

§ 61 Übergangsvorschrift aus Anlass des Inkrafttretens dieses Gesetzes
(1) Die Bundesgebührenordnung für Rechtsanwälte in der im Bundesgesetzblatt Teil III, Gliederungsnummer 368-1, veröffentlichten bereinigten Fassung, zuletzt geändert durch Artikel 2 Abs. 6 des Gesetzes vom 12. März 2004 (BGBl I S. 390), und Verweisungen hierauf sind weiter anzuwenden, wenn der unbedingte Auftrag zur Erledigung derselben Angelegenheit im Sinne des § 15 vor dem 1. Juli 2004 erteilt oder der Rechtsanwalt vor diesem Zeitpunkt gerichtlich bestellt oder beigeordnet worden ist. Ist der Rechtsanwalt am 1. Juli 2004 in derselben Angelegenheit und, wenn ein gerichtliches Verfahren anhängig ist, in demselben Rechtszug bereits tätig, gilt für das Verfahren über ein Rechtsmittel, das nach diesem Zeitpunkt eingelegt worden ist, dieses Gesetz. § 60 Abs. 2 ist entsprechend anzuwenden.
(2) Auf die Vereinbarung der Vergütung sind die Vorschriften dieses Gesetzes auch dann anzuwenden, wenn nach Absatz 1 die Vorschriften der Bundesgebührenordnung für Rechtsanwälte weiterhin anzuwenden und die Willenserklärungen beider Parteien nach dem 1. Juli 2004 abgegeben worden sind.

Übersicht

Unbedingter Auftrag	3
Beiordnung	4
Bestellung zum Pflichtverteidiger	5
Dieselbe Angelegenheit	6, 7
Rechtsmittelverfahren	8
Zusammengerechneter Wert mehrerer Gegenstände	9
Vergütungsvereinbarungen	10

1 Allgemeines. Mit § 61 RVG hat der Gesetzgeber eine spezielle **Vorschrift für den Übergang von der BRAGO zum RVG** geschaffen. Nach ihr bestimmt sich, in welchen Fällen nach wie vor die BRAGO gilt und in welchen Fällen schon das RVG anzuwenden ist. Die Regelungen des § 61 Abs. 1 RVG entsprechen inhaltl. im Wesentlichen der Dauerübergangsregelung des § 60 RVG. Nach § 61 Abs. 2 RVG sind die Vorschriften des RVG auch auf solche Vergütungsvereinbarungen nach § 4 RVG anzuwenden, bei denen für die ges. Vergütung gem. § 60 Abs. 1 RVG zwar die Vorschriften der BRAGO Anwendung fänden, die Vergütungsvereinbarung jedoch erst nach dem 1. 7. 2004 abgeschlossen worden ist.

2 Grundgedanke der Übergangsregelung ist es, dass ein Mandatsverhältnis gebührenrechtlich nach den Vorschriften abgewickelt werden soll, die bei seiner Begründung galten (Riedel/Sußbauer § 134 BRAGO Rn. 3). Deshalb stellt die Vorschrift für die Bestimmung des anzuwendenden Gebührenrechts grds. auch auf den **Zeitpunkt** ab, zu dem der RA den **unbedingten Auftrag** zur Erledigung derselben Angelegenheit iSd § 15 RVG erhält. Wurde der Auftrag vor dem 1. 7. 2004 erteilt, so findet noch die BRAGO Anwendung. Abzustellen ist dabei auf die Annahmeerklärung des RA. Der Auftrag ist nicht etwa schon mit dem Antrag des Mandanten auf Übernahme des Mandats erteilt (vgl. die Komm. zu § 60 RVG Anm. 2). Vertritt sich ein RA in eigener Sache, so ist mangels eines Auftragsverhältnisses immer auf den Beginn seiner Tätigkeit abzustellen (KG JurBüro 1976, 762; Rehberg/Xanke „Übergangsregelung" 3.9, S. 970).

3 Der Auftrag muss auch **unbedingt** erteilt worden sein. Erfolgte der Auftrag unter einer aufschiebenden Bedingung, dann ist der Zeitpunkt des Bedingungseintritts entscheidend (OLG Bamberg JurBüro 1987, 1678). Tritt die Bedingung erst nach dem 1. 7. 2004 ein, so ist die Vergütung nach dem RVG abzurechnen.

4 Für den **im Rahmen der PKH** (§ 121 ZPO) oder nach § 11a ArbGG **beigeordneten RA** ist ebenso erst einmal der Zeitpunkt der Auftragserteilung maßgeblich, sofern die Beiordnung, wie gewöhnlich, erst nach der Erteilung des Auftrags an den RA stattfand. Liegt der Zeitpunkt der Auftragserteilung noch vor dem Inkrafttreten der Gesetzesänderung, so bemisst sich die Vergütung des Beigeordneten nach bisherigem Recht. Gleiches gilt auch für den Fall, dass ihm vor dem Stichtag zunächst nur der Auftrag für das Prozesskostenhilfeverfahren erteilt worden ist und nur für den Fall der Bewilligung von PKH in diesem Verf. auch der Prozessauftrag für das sich anschließende gerichtl. Hauptsacheverfahren (Gebauer/Schneider § 61 RVG Rn. 39). Denn das Prozesskostenhilfeverfahren bildet gem. § 16 Nr. 2 RVG gebührenrechtlich dieselbe Angelegenheit mit dem Hauptsacheverfahren, für das die PKH beantragt wird, und gehört gem. § 37 Nr. 3 BRAGO zum Rechtszug. Wird die Prozesskostenhilfe bewilligt, erhält der RA dadurch den unbedingten Klageauftrag. Dieses ist jedoch nur als eine Erweiterung des Auftrags in derselben gebührenrechtlichen Angelegenheit anzusehen, die nicht dazu führt, dass sich die Vergütung des Hauptsacheverfahrens nunmehr nach dem RVG richtet (Gebauer/Schneider § 61 RVG Rn. 39). Anders sieht dies die hM, die demgegenüber auf den Zeitpunkt der Bewilligung abstellt. Danach sollen sich die Gebühren für das Hauptsacheverfahren nach neuem Recht bestimmen, wenn die Beiordnung erst nach dem 1. 7. 2004 erfolgt (Gerold/Schmidt § 60 RVG Rn. 31; Hansens § 134 BRAGO Rn. 11).

5 Für den **gerichtlich bestellten RA**, also hauptsächlich den **Pflichtverteidiger**, ordnet § 61 Abs. 1 S. 1 2. Alt. RVG eine Ausnahme v. Grundsatz der unbedingten Auftragserteilung an. Das anwendbare Gebührenrecht für den Pflichtverteidiger bestimmt sich allein nach dem Zeitpunkt seiner Bestellung. Auch in Fällen, in denen der RA schon vor dem 1.7.2004 als Wahlanwalt tätig war und nach diesem Stichtag dann zum Pflichtverteidiger bestellt wird, erhält er die gesetzlichen Gebühren nach dem RVG, da allein der Bestellungszeitpunkt maßgeblich ist (OLG Schleswig RVG-Letter 2005, 8; OLG Hamm RVG-Letter 2005, 21; KG Beschl. v. 17.1.2005 ☐ (1) 2 StE 10/03 ☐ 2 (4/03); OLG Celle Beschl. v. 11.2.2005 ☐ 1 ARs 293/04 P; Gebauer/Schneider § 61 Rn. 19; Gerold/Schmidt § 60 RVG Rn. 32; aA LG Berlin AGS 2005, 16). Dies entspricht auch dem Willen des Gesetzgebers (Gesetzesbegründung zu § 60 RVG, BT-Drs 15/1971 S. 203). Danach soll der RA, der erst nach Inkrafttreten des RVG zum Pflichtverteidiger bestellt wurde, seine Vergütung auf jeden Fall nach dem RVG erhalten.

6 Ferner muss der Auftrag sich nach § 61 Abs. 1 RVG auf die Erledigung **derselben Angelegenheit iSd § 15 RVG** beziehen. Danach ist für jede Angelegenheit gesondert zu beurteilen, ob die Vergütung noch nach der BRAGO oder schon nach dem RVG abzurechnen ist. Zum Begriff der Angelegenheit vgl. die Komm. zu § 15 RVG. Zur Klarstellung bei solchen Tätigkeiten, bei denen es zweifelhaft sein könnte, ob sie eine gemeinsame Angelegenheit bilden, enthalten die **§§ 16-18 RVG** Beispiele für Tätigkeiten des RA in einer Angelegenheit bzw. in verschiedenen oder bes. Angelegenheiten. Zu den Einzelheiten vgl. zu § 16 RVG (dieselbe Angelegenheit), zu § 17 RVG (verschiedene Angelegenheiten) und zu § 18 RVG (bes. Angelegenheiten).

7 Für den Übergang des Vergütungsrechts v. der BRAGO zum RVG sind hier vor allem die Fälle interessant, in denen BRAGO und RVG den Begriff der Angelegenheit unterschiedlich weit bestimmen. Hatte der RA bereits vor dem 1. 7. 2004 v. seinem Mandanten einen Auftrag erhalten und wird nun nach dem Inkrafttreten des RVG weiter für den Mandanten tätig, so ist fraglich, ob es sich bei der weiteren Tätigkeit noch um dieselbe Angelegenheit handelt. In Fällen, in denen die weitere anwaltl. Tätigkeit nach der BRAGO eine neue Angelegenheit bildet, nach dem RVG jedoch als dieselbe Angelegenheit anzusehen ist, gilt für die anwaltl. Vergütung noch die BRAGO. Hier ist § 61 RVG einschlägig. Denn bei dem erteilten Auftrag handelte es sich nicht um einen Auftrag zu einer **Angelegenheit iSd § 15 RVG**. Auch in den Fällen, in denen die weitere Tätigkeit nach der BRAGO noch zu derselben Angelegenheit gehört, nach dem RVG jedoch eine neue Angelegenheit vorliegt, soll sich die Vergütung weiterhin nach der BRAGO bestimmen, obwohl der Wortlaut des § 61 Abs. 1 S. 1 RVG eigentlich dagegen spricht (so Schneider/Mock § 34 Rn. 11, mit guten Argumenten).

8 Für **Rechtsmittelverfahren** bestimmt § 61 Abs. 1 S. 2 RVG eine Ausnahme v. dem Grundsatz, dass sich das anzuwendende Recht nach dem Zeitpunkt der Auftragserteilung richtet. Sofern der RA bereits in der ersten Instanz tätig war, kann er seine Vergütung nach dem RVG abrechnen; wenn das Rechtsmittel erst nach dem Inkrafttreten des RVG eingelegt wird. Die Regelung stellt also nicht auf die Erteilung des Auftrags, sondern auf die Einlegung des Rechtsmittels ab. Demgegenüber ist für den erstmals im Rechtsmittelverfahren tätigen RA der Zeitpunkt der Auftragserteilung maßgeblich, so dass die Vorschriften des RVG nur gelten sollen, wenn der Auftrag nach dem 1.7.2004 erteilt worden ist (Hartung/Römermann § 61 RVG Rn. 6). § 61 Abs. 1 S. 2 RVG entspricht der bisherigen Regelung des § 134 Abs. 1 S. 2 BRAGO. Schon im Geltungsbereich der BRAGO war die Vorschrift wg. ihrer Unstimmigkeiten sehr umstritten. Ein Teil der Lit. spricht sich sogar dafür aus die Regelung in der Praxis nicht zu beachten und auch für das Rechtsmittelverfahren nur § 61 Abs. 1 S. 1 RVG anzuwenden (Schneider/Mock § 34 Rn. 15; vgl. die ausführliche Darstellung zu den Widersprüchen und Unklarheiten der Vorschrift bei Gebauer/Schneider § 61 RVG Rn. 7ff.).

9 Gem. § 61 Abs. 1 S. 3 RVG ist der § 60 Abs. 2 RVG entspr. anzuwenden. Die Vorschrift besagt, dass in Fällen, in denen die Gebühren des RA nach dem **zusammengerechneten Wert mehrerer Gegenstände** zu bemessen sind, für die gesamte Vergütung das bisherige Recht gilt, und zwar auch dann, wenn es eigentlich nur für einen der Gegenstände Anwendung fände. Praktisch kommt die Vorschrift nur in Fällen der Verfahrensverbindung zur Anwendung (Schneider/Mock § 34 Rn. 17). Bei einer Verbindung verschiedener Verf. berechnen sich die Gebühren aus den zusammengerechneten Werten der verbundenen Verf. Sofern sich die anwaltl. Vergütung für das eine Verf. nach der BRAGO und für das andere Verf. nach dem RVG berechnen würde, gilt nach den §§ 61 Abs. 1 S. 3 iVm 60 Abs. 2 RVG für die Bestimmung der Vergütung des ganzen verbundenen Verf. die BRAGO.

10 Für **Vergütungsvereinbarungen** regelt der § 61 Abs. 2 RVG eine Ausnahme zu § 61 Abs. 1 S. 1 RVG. Die Vorschriften des RVG gelten auch dann, wenn zwar der Auftrag an den RA vor dem 1.7.2004 erteilt worden ist, die Honorarvereinbarung jedoch erst nach Inkrafttreten des RVG abgeschlossen wurde. Entscheidend für die Bestimmung des anwendbaren Rechts ist hier also nicht der Zeitpunkt der Auftragserteilung, sondern der Zeitpunkt der Willenserklärungen beider Parteien beim Abschluss der Vergütungsvereinbarung.

Anlage 1 (zu § 2 Abs. 2):
Vergütungsverzeichnis

Teil 1. Allgemeine Gebühren

Vorbemerkung 1:
Die Gebühren dieses Teils entstehen neben den in anderen Teilen bestimmten Gebühren.

1 Allgemeines. Teil 1 des Vergütungsverzeichnisses enthält die Gebühren, die generell unabhängig davon entstehen, welchen Tätigkeitsbereich der dem RA erteilte Auftrag umfasst und nach welchen weiteren Teilen (2-7) des VV Gebühren anfallen.

Teil 1 VV RVG enthält ua Bestimmungen für Gebühren, die v. Erfolg der anwaltl. Tätigkeit abhängen, insbes. die Einigungsgebühr, die Aussöhnungsgebühr und die Erledigungsgebühr. Für diese Gebühren wird in Teil 1 VV RVG die Höhe des Gebührensatzes oder die Höhe des Rahmens der Gebühr jew. abhängig davon, ob die Gebühren erst im Zuge eines gerichtl. Verf. oder außerhalb eines gerichtl. Verf. entstehen, unterschiedlich bestimmt. Teil 1 VV RVG sieht für alle vorgenannten Gebühren immer dann den jew. höchsten Gebührensatz oder höchsten Gebührenbetragsrahmen vor, wenn die Gebühren ohne Inanspruchnahme der Gerichte entstanden sind.

Daneben sind in Teil 1 VV RVG Gebühren erfasst, die grds. in allen Verf. entstehen können, so dass eine Zuordnung zu den einzelnen Teilen des VV nicht möglich wäre.

Teil 1 VV regelt neben den Erfolgsgebühren auch die konkrete Erhöhung der Gebühr für den Fall, dass der RA mehrere AG vertritt (Nr. 1008 VV RVG) sowie die Hebegebühr (Nr. 1009 VV RVG), die entsteht, wenn der RA auftragsgemäß Auszahlungen oder Rückzahlungen v. entgegen genommenen Beträgen vorgenommen hat.

2 Die Gebührentatbestände aus Teil 1 VV RVG können **nicht isoliert ohne andere Gebühren aus Teil 2-6 VV RVG entstehen.** Voraussetzung für das Entstehen einer Gebühr aus Teil 1 VV RVG ist also, dass zuvor oder gleichzeitig eine andere Gebühr aus Teil 2-6 VV RVG entstanden ist. Das VV sieht als erste entstehende Gebühr für alle Fälle die Betriebsgebühr vor, die für das Betreiben des Geschäfts entsteht (Beratungsgebühr, Geschäftsgebühr, Verfahrensgeb.). Ohne dass zumindest eine Betriebsgebühr entstanden ist, können die Gebühren aus Teil 1 VV RVG also nicht entstehen.

Neben den aus Teil 1 VV RVG und den aus Teil 2-6 entstandenen Gebühren können noch Auslagen nach Teil 7 VV RVG entstehen.

Nr.	Gebührentatbestand	Gebühr oder Satz der Gebühr nach § 13 RVG
1000	**Einigungsgebühr**	1,5
	(1) Die Gebühr entsteht für die Mitwirkung beim Abschluss eines Vertrags, durch den der Streit oder die Ungewissheit der Parteien über ein Rechtsverhältnis beseitigt wird, es sei denn, der Vertrag beschränkt sich ausschließlich auf ein Anerkenntnis oder einen Verzicht. Dies gilt auch für die Mitwirkung bei einer Einigung der Parteien in einem der in § 36 RVG bezeichneten Güteverfahren. Im Privatklageverfahren ist Nummer 4146* anzuwenden.	
	(2) Die Gebühr entsteht auch für die Mitwirkung bei Vertragsverhandlungen, es sei denn, dass diese für den Abschluss des Vertrags nicht ursächlich war.	

> (3) Für die Mitwirkung bei einem unter einer aufschiebenden Bedingung oder unter dem Vorbehalt des Widerrufs geschlossenen Vertrag entsteht die Gebühr, wenn die Bedingung eingetreten ist oder der Vertrag nicht mehr widerrufen werden kann.
>
> (4) Soweit über die Ansprüche vertraglich verfügt werden kann, gelten die Absätze 1 und 2 auch bei Rechtsverhältnissen des öffentlichen Rechts.
>
> (5) Die Gebühr entsteht nicht in Ehesachen (§ 606 Abs. 1 Satz 1 ZPO) und in Lebenspartnerschaftssachen (§ 661 Abs. 1 Nr. 1 bis 3 ZPO). Wird ein Vertrag, insbesondere über den Unterhalt, im Hinblick auf die in Satz 1 genannten Verfahren geschlossen, bleibt der Wert dieser Verfahren bei der Berechnung der Gebühr außer Betracht.

*Seit dem 1.9.2004 müsste hier eigentlich auf die Nr. 4147 VV RVG Bezug genommen werden. Durch das Opferrechtsreformgesetz (BGBl I 2004, 1354, 1357) wurde der neue Gebührentatbestand der Nr. 4145 VV RVG zum 1.9.2004 in das RVG eingefügt. Die bisherigen Nr. 4145 und 4146 VV RVG wurden dadurch zu Nr. 4146 und 4147 VV RVG. Die erforderliche Änderung in Nr. 1000 VV RVG hat der Gesetzgeber aber wohl übersehen.

Übersicht

1 Allgemeines. Nr. 1000 VV RVG ersetzt die bisherige außergerichtliche Vergleichsgebühr nach § 23 Abs. 1 S. 1, 2 BRAGO, dem sie im Wesentlichen entspricht. Die Einigungsgebühr der Nr. 1000 VV RVG hat allerdings im Vergleich zu § 23 Abs. 1 BRAGO einen weiteren Anwendungsbereich. Für das Entstehen einer Einigungsgebühr ist kein echter Vergleich iSv § 779 BGB mehr erforderlich (BT-Drs 15/1971 S. 204). Es genügt daher bereits eine Einigung der Parteien; auf ein gegenseitiges Nachgeben ist nicht abzustellen. Selbstverständlich ist jeder Vergleich zugleich eine Einigung iSd Nr. 1000 VV RVG.

Zweck der Einigungsgebühr ist es, die außergerichtliche anwaltl. Tätigkeit zur Beilegung einer Auseinandersetzung zw. den Parteien bes. zu vergüten. Sie fördert die streitvermeidende oder - beendende Tätigkeit des RA und wirkt damit gerichtsentlastend. Der RA erhält eine Einigungsgebühr zwar auch, wenn eine Einigung im gerichtl. Verf. erfolgt, jedoch nicht in der in Nr. 1000 VV RVG bestimmten **Höhe**: Der Gebührensatz der **Einigungsgebühr** ist in diesem Falle idR (vgl. Nr. 1003, 1004 VV RVG □ auch zu den Ausnahmen) **geringer**.

Die Einigungsgebühr Nr. 1000 VV RVG wird durch die Gebührentatbestände Nr. 1001 (Aussöhnungsgebühr) und Nr. 1002 (Erledigungsgebühr) VV RVG ergänzt.

2 Aus Vorbem. 1 VV RVG ergibt sich zum **Anwendungsbereich** der Nr. 1000 VV RVG, dass die Einigungsgebühr grds. in **jedem Tätigkeitsbereich** des RA entstehen kann. Das Entstehen der Einigungsgebühr ist für keinen Teil des VV ausgeschlossen. Durch die Neufassung der Gebühren in sozialrechtlichen Angelegenheiten kann der RA auch eine Einigungsgebühr in sozialrechtlichen Angelegenheiten fordern. Gem. Vorbem. 1 VV RVG kann die Einigungsgebühr aber nur neben anderen Gebühren entstehen; daher muss mind. eine weitere Gebühr, idR eine so genannte Betriebsgebühr, zB aus Teil 2, 3 oder 4 des VV, zB die Verfahrensgeb. Nr. 4143 VV RVG, entstanden sein.

3 Bei **Rechtsverhältnissen des öffentlichen Rechts** kann eine Einigungsgebühr gem. Anm. Abs. 4 zu Nr. 1000 VV RVG nur entstehen, soweit über einen Anspruch vertraglich verfügt werden kann. Fehlt es an einer vertraglichen Verfügung der Parteien, ist das Entstehen der Einigungsgebühr ausgeschlossen. Anstelle der Einigungsgebühr kann die Erledigungsgebühr Nr. 1002 VV RVG entstehen; insoweit wird auf die Komm. zu Nr. 1002 VV RVG verwiesen.

4 In **Ehesachen** (§ 606 Abs. 1 S. 1 ZPO) und **Lebenspartnerschaftssachen** (§ 661 Abs. 1 Nr. 1-3 ZPO) kann keine Einigungsgebühr entstehen (Anm. Abs. 5 zu Nr. 1000 VV RVG). Stattdessen kann die Aussöhnungsgebühr Nr. 1001 VV RVG entstehen. Nr. 1001 VV RVG ist eine vorrangige Spezialregelung, die bisher in § 36a BRAGO enthalten war. Auf die Komm. zu Nr. 1001 VV RVG wird verwiesen.

Eine **Einigungsgebühr** kann demgegenüber in **Scheidungsverbundverfahren** entstehen, wenn im Hinblick auf die Ehesache über eine Folgesache ein Vertrag geschlossen und eine Einigung erzielt wird. Für diese Einigungsgebühr bleibt der Wert der Ehesache bei der Berechnung der Einigungsgebühr außer Betracht. Anm. Abs. 5 zu Nr. 1000 VV RVG entspricht § 36 Abs. 1 BRAGO (Gerold/Schmidt Rn. 6 zu Nr. 1000 VV RVG, Rn. 24-26 zu Nr. 1001 VV RVG).

5 Für den Abschluss einer Einigung in **Privatklageverfahren** bzgl. des Strafanspruchs und des Kostenerstattungsanspruchs erhält der RA vorrangig die Einigungsgebühr der Nr. 4147 VV RVG. Schließt der RA einen Vertrag über sonstige Ansprüche im Privatklageverfahren ab, entsteht eine weitere Einigungsgebühr nach Nr. 1000 VV RVG (Anm. zu Nr. 4147 VV RVG). Die Höhe der Einigungsgebühr richtet sich nach Nr. 1003 VV RVG; denn es ist ein anderes gerichtl. Verf. als ein selbstst. Beweisverfahren anhängig.

6 Werden im **Strafverfahren** vermögensrechtliche Ansprüche geltend gemacht (Nrn. 4143, 4144 VV RVG), kann die Einigungsgebühr der Nr. 1000 VV RVG entstehen. Die Höhe der Gebühr richtet sich jedoch entweder nach Nr. 1003 VV RVG oder Nr. 1004 VV RVG; denn es ist ein anderes gerichtl. Verf. als ein selbstst. Beweisverfahren anhängig.

7 Eine **Einigung** ist ein **Vertrag** der Parteien, durch den der Streit oder die Ungewissheit der Parteien über ein bereits bestehendes Rechtsverhältnis beseitigt wird. Die Einigungsgebühr ist eine **Erfolgsgebühr** (OLG München Rpfleger 1992, 272); ihr Entstehen setzt den Vertragschluss voraus. Der Begriff "Rechtsverhältnis" ist weit auszulegen. Auf die Art des der Einigung zugrunde liegenden Rechtsverhältnisses ist nur insoweit abzustellen, als die Parteien über die daraus erwachsenden Ansprüche verfügen können müssen. Es kann sich zB um schuldrechtliche, dingliche, familienrechtliche, erbrechtliche oder ör Rechtsverhältnisse handeln. Unerheblich ist, wie die Parteien den

Vertrag bezeichnen und ob die Parteien erkennen, dass eine Einigung erfolgt ist (Hartmann Rn. 6 zu Nr. 1000 VV RVG). **Parteien** der Einigung sind nicht notwendigerweise die streitenden Parteien. Ausreichend ist eine Einigung mit einem Dritten, zB der Haftpflichtversicherung oder dem Bürgen (Gebauer/Schneider Rn. 31 zu Nr. 1000 VV RVG, Hartmann Rn. 6 zu Nr. 1000 VV RVG, Gerold/Schmidt Rn. 27 zu § 23 BRAGO).

8 Wirkt der RA bei der **Gestaltung eines** (noch nicht bestehenden) **Rechtsverhältnisses** mit (zB Verhandlungen über den Abschluss eines Miet- oder Grundstückskaufvertrags, so genannte rechtsbegründende Tätigkeiten), kann keine Einigungsgebühr entstehen, weil es noch keinen Streit und keine Ungewissheit über den Inhalt des Rechtsverhältnisses geben kann. Bei der Begründung v. Rechtsverhältnissen wird der RA anders als bei bestehenden idR wirtschaftl. und nicht rechtl. Interessen vertreten. Für das Aushandeln eines Vertrags steht dem RA eine Einigungsgebühr nur zu, wenn sich zuvor ein Vertragspartner einer Rechtsposition gerühmt hat (OLG Düsseldorf KostRsp § 23 BRAGO Nr. 172 m. Anm. N. Schneider). Bloße Verhandlungen der Parteien, ohne dass Streit oder Ungewissheit über ein Rechtsverhältnis gegeben ist, lösen die Einigungsgebühr nicht aus (OLG Düsseldorf JurBüro 2001, 87). Behauptet eine der Parteien ein bestehendes Rechtsverhältnis und leitet daraus Ansprüche ab, während die andere Partei das Bestehen oder Zustandekommen des Rechtsverhältnisses bestreitet, so genügt schon die Behauptung der einen Partei, dass ein Rechtsverhältnis bestehe, für das Entstehen der Einigungsgebühr (noch zur Vergleichsgebühr § 23 BRAGO BGH NJW 1972, 157 = JurBüro 1973, 41 = MDR 1972, 217 = AnwBl 1972, 130; BHGZ 59, 69 = NJW 1972, 1218 = JurBüro 1972, 873 = MDR 1972, 771; BGH JurBüro 1979, 1796 = MDR 1980, 128, OLG Düsseldorf JurBüro 2001, 87). Der Abschluss eines Mietaufhebungsvertrags löst zB für sich noch keine Einigungsgebühr aus. Etwas anderes gilt, wenn durch den Mietaufhebungsvertrag der Streit oder die Ungewissheit über ein Rechtsverhältnis beseitigt werden sollte (LG Köln AGS 2002, 64, 210 = JurBüro 2001, 641).

Beispiel 1: Der Käufer möchte v. Verkäufer ein Grundstück erwerben. Der Verkäufer fordert einen Kaufpreis v. 750.000 EUR. Im Zuge der Vertragsverhandlungen einigen sich die Parteien auf einen Kaufpreis v. 700.000 EUR. Eine Einigungsgebühr ist nicht entstanden, da es an einem str. Rechtsverhältnis fehlt. Streiten sich die Parteien jedoch nach Abschluss des Kaufvertrags über die Höhe des Kaufpreises, so kann bezogen auf den Gegenstand des Streits eine Einigungsgebühr entstehen.

Beispiel 2: Der Vermieter und der Mieter einer Eigentumswohnung führen einen Räumungsrechtsstreit wg. Eigenbedarfs. Im Zuge dieses Rechtsstreits einigen sich die Parteien, dass der Mieter die Eigentumswohnung käuflich erwirbt. Eine Einigung ist nur im Hinblick auf den Räumungsanspruch erfolgt. Der Wert der Einigung erstreckt sich nicht auf den Kaufpreis der Eigentumswohnung. Es ist nur eine Einigungsgebühr nach dem Gegenstandswert des Räumungsanspruchs (§ 23 Abs. 1 RVG iVm. § 41 GKG) entstanden.

9 Das Entstehen der Einigungsgebühr setzt den **Streit** oder die **Ungewissheit** der Parteien über ein Rechtsverhältnis voraus. Ein Rechtsverhältnis ist ungewiss, wenn die Verwirklichung des diesem zugrunde liegenden Anspruchs unsicher ist. Die Ungewissheit über ein Rechtsverhältnis kann sowohl in rechtl. als auch in tatsächlicher Hinsicht bestehen. Die Ungewissheit muss nicht den Hauptanspruch betreffen; es ist ausreichend, wenn Ungewissheit über Nebenleistungen besteht. Ungewissheit liegt auch vor, wenn die Fälligkeit des Anspruchs, die Höhe der Zinsen oder die Zahlungsfähigkeit des Schuldners ungewiss ist. Ungewissheit über ein Rechtsverhältnis liegt auch vor, wenn die Durchsetzbarkeit eines Anspruchs nicht sicher ist. Es ist nicht erforderlich, dass die Einigung zur Beilegung eines Rechtsstreits geschlossen wird.

10 Der Abschluss der Einigung ist grds. nicht an eine **Form** gebunden; die Einigung ist formfrei, insbes. auch mündl. möglich. Sie kann auch stillschweigend (OLG Naumburg AGS 2004, 446; LG Stuttgart AnwBl 2000, 375) oder durch konkludentes Handeln der Parteien erfolgen. Das Entstehen der Einigungsgebühr hängt nicht von einem formalen Vergleichsabschluss ab (noch zu § 23 BRAGO OLG Naumburg JurBüro 2004, 593). Allerdings ist Formfreiheit dann nicht gegeben, wenn für den abzuschließenden Vertrag eine bestimmte Form ges. vorgeschrieben ist. Wird ein Prozessvergleich iSd § 794 Nr. 1 ZPO geschlossen und die Einigung gerichtl. protokolliert, ersetzt die gerichtl. Protokollierung gem. § 127a BGB die grds. zu beachtende Form. Erfolgt keine gerichtl. Protokollierung, sind insbes. die Formvorschriften der § 311b BGB (Grundstücksgeschäfte □ LG Hanau AnwBl 1987, 243), § 1378 Abs. 3 S. 1 BGB (Zugewinnausgleich), § 1587o Abs. 2 S. 1 BGB (Versorgungsausgleich) oder § 2033 Abs. 1 S. 2 BGB (Verfügung über einen Anteil am Nachlass) zu beachten (Schneider/Mock § 10 Rn. 14).

Wurde die Einigung ohne Berücksichtigung der Form geschlossen, ist sie (Ausnahme: gerichtl. Protokollierung) unwirksam. In diesem Falle entsteht keine Einigungsgebühr.

11 Ist die Wirksamkeit des Vertrags v. einer **Genehmigung** abhängig (zB durch Vormund, Pfleger, Gericht, Behörde oÄ), kann die Einigungsgebühr erst mit wirksamer Genehmigung entstehen (OLG Koblenz JurBüro 1982, 1829 = Rpfleger 1982, 441). Holt der RA die Genehmigung ein, liegt darin bereits ein Mitwirken an der Einigung (Hartmann Rn. 69 zu Nr. 1000 VV RVG).

12 Hängt die Wirksamkeit der Einigung v. einer **Bedingung** ab, ist zw. aufschiebender und auflösender Bedingung zu unterscheiden.

Im Falle der **aufschiebenden Bedingung** (§ 158 Abs. 1 BGB) entsteht die Einigungsgebühr erst mit Eintritt der Bedingung (Anm. Abs. 3 zu Nr. 1000 VV RVG). Insbesondere bei **Scheidungsfolgenvereinbarungen** hängt daher das Entstehen der Einigungsgebühr v. der Rechtskraft des Scheidungsurteils ab (OLG Bamberg JurBüro 1980, 1347, OLG Hamm JurBüro 1980, 1518 = Rpfleger 1980, 445, OLG Düsseldorf FamRZ 1999, 1683).

Die Folge einer Einigung unter **auflösender Bedingung** (§ 158 Abs. 2 BGB) ist in Anm. Abs. 3 zu Nr. 1000 VV RVG nicht ausdrücklich geregelt. Die Auffassungen hierzu gingen auch schon zu § 23 BRAGO auseinander. Nach Gerold/Schmidt (Rn. 19 zu Nr. 1000 VV RVG) entsteht die Einigungsgebühr, da der Vertrag rechtsgültig zustande gekommen ist. Nach Auffassung v. Hartmann (Rn. 14 zu Nr. 1000 VV RVG) soll die Einigungsgebühr erst entstehen, wenn endgültig feststeht, dass die auflösende Bedingung nicht eintreten wird. Der Auffassung v. Gerold/Schmidt ist der Vorzug zu geben, da eine Einigung zumindest "zunächst" wirksam erzielt wurde. Dies ergibt sich auch daraus, dass die Abhängigkeit des Entstehens der Einigungsgebühr v. einer auflösenden Bedingung in Anm. Abs. 3 zu Nr. 1000 VV RVG nicht genannt wird und schon in § 23 Abs. 2 BRAGO fehlte. Dies lässt den Schluss zu, dass eine Einschränkung des Entstehens der Einigungsgebühr für den Fall einer auflösenden Bedingung nicht beabsichtigt war. Aus diesem Grund entfällt die Einigungsgebühr auch nicht, wenn die auflösende Bedingung eintritt (so auch Gerold/Schmidt Rn. 19 zu Nr. 1000 VV RVG).

13 Bei einem unter dem **Vorbehalt des Widerrufs** abgeschlossenen Einigungsvertrag hängt das Entstehen der Einigungsgebühr davon ab, dass ein wirksamer Widerruf nicht mehr möglich ist (Anm. Abs. 3 zu Nr. 1000 VV RVG). Das Wirksamwerden des Vertrags und der Einigung wird hier □ wie bei der aufschiebenden Bedingung □ an eine weitere Voraussetzung geknüpft (aufschiebende Bedingung: OLG München Rpfleger 1976, 104; aA Schneider/Mock Rn. 18 zu § 10 □ vertragliches Rücktrittsrecht, der Vertrag ist bereits wirksam zustande gekommen, aA: Hartmann Rn. 15 zu § 23 BRAGO □ auflösende Bedingung mwN).

14 Die Folgen der Vereinbarung eines **Rücktrittsrecht** oder einer **Verwirkungsklausel** werden in der Lit. unterschiedlich beurteilt. Während nach Gerold/Schmidt (Rn. 24 zu § 23 BRAGO) die Einigungsgebühr entstanden ist und auch nicht wieder entfällt, wenn der Rücktritt erfolgt oder die Folge der Verwirkungsklausel greift, geht Hartmann (Rn. 15 zu § 23 BRAGO) v. einem wirksamen Vertrag aus. Nach dieser Auffassung entfällt die Einigungsgebühr bei Ausübung des Rücktrittsrechts oder Verwirkung. Die Auffassung v. Gerold/Schmidt ist der Vorzug zu geben, da im Gegensatz zu einer aufschiebenden Bedingung der Vertrag bei vereinbartem Rücktrittsrecht oder vereinbarter Verwirkungsklausel rechtsgültig zustande gekommen ist. Die Einigungsgebühr entfällt daher nicht. Dies gilt nicht, wenn der Inhalt des Rücktrittsrechts oder der Verwirkungsklausel ergeben, dass das Rücktrittsrecht den Vorbehalt des Widerrufs enthält, etwa weil das Rücktrittsrecht an eine Frist gebunden ist. In diesem Fall kann eine aufschiebende Bedingung gegeben sein, so dass gem. Anm. Abs. 3 zu Nr. 1000 VV RVG die Einigungsgebühr erst entsteht, wenn die aufschiebende Bedingung entfallen ist (Gerold/Schmidt aaO).

15 Wird ein zunächst wirksam zustande gekommener Einigungsvertrag **angefochten**, bleibt die Einigungsgebühr nach überwiegender Auffassung bestehen (OLG Karlsruhe, KostRsp Nr. 121 zu § 23 BRAGO, KG AnwBl 1974, 183 = Rpfleger 1974, 231, OLG Schleswig KostRsp Nr. 61 zu § 23 BRAGO, Hartmann Rn. 21 zu Nr. 1000 VV RVG, Gerold/Schmidt Rn. 22 zu Nr. 1000 VV RVG, Gebauer/Schneider Rn. 51 zu Nr. 1000 VV RVG jeweils mwN). Nach Auffassung des OLG München (KostRsp Nr. 59 zu § 23 BRAGO, m. Anm. v. Herget = AnwBl 1991, 273 = MDR 1991, 263) entsteht im Falle der Anfechtung die Einigungsgebühr dann nicht, wenn sich aufgrund der Anfechtung herausstellt, dass die Einigung unwirksam ist. Dieser Auffassung ist nicht zu folgen. Es ist darauf abzustellen, ob der Einigungsvertrag zunächst wirksam (rechtsgültig) zustande gekommen ist. Nur wenn der Einigungsvertrag v. Anfang an nichtig bzw. unwirksam war (zB wg. Sittenwidrigkeit, § 134 BGB oder Verstoß gg. ein ges. Verbot, § 138 BGB), ist die Einigungsgebühr nicht entstanden (iE s. Gerold/Schmidt Rn. 23 zu Nr. 1000 VV RVG).

16 Wird der durch die Einigung zunächst beendete **Rechtsstreit** durch die Parteien wg. des Streits um die Wirksamkeit des Einigungsvertrages **fortgesetzt**, entstehen gem. § 15 Abs. 2 S. 1 RVG weder die Verf.- und Terminsgeb. noch die Einigungsgebühr erneut, wenn sich die Parteien in dem fortgesetzten Rechtsstreit erneut einigen. Dies gilt dann nicht, wenn der Rechtsstreit durch einen **anderen RA** fortgesetzt wird oder wenn die Einigung im **nächsten Rechtszug** erfolgt; denn gem. § 15 Abs. 2 S. 2 RVG kann der RA die Gebühren in jedem Rechtszug fordern (noch zur Vergleichsgebühr: Mümmler JurBüro 1985, 1631).

Wird über die Wirksamkeit der Einigung ein **eigenständiger neuer Rechtsstreit** geführt, entstehen sämtliche Gebühren erneut. Es handelt sich um eine neue Angelegenheit iSv § 15 Abs. 1 RVG. Einigen sich die Parteien im neuen Verf., so entsteht auch die Einigungsgebühr erneut (Gerold/Schmidt Rn. 26 zu § 23 BRAGO, Hartmann Rn. 17 zu § 23 BRAGO).

Wird über die **Wirksamkeit** einer **außergerichtlich geschlossenen Einigung** ein Rechtsstreit geführt, so entstehen alle Gebühren erneut. Einigen sich die Parteien im Rechtsstreit, entsteht auch die Einigungsgebühr erneut. Die außergerichtlichen Einigungsverhandlungen und die gerichtl. sich anschließende Auseinandersetzung um die Wirksamkeit der Einigung sind verschiedene Angelegenheiten (Gerold/Schmidt Rn. 26 zu § 23 BRAGO). Nur die Geschäftsgebühr der Nr. 2400 VV RVG (oder eine andere Geschäftsgebühr) ist nach Vorbem. 3 Abs. 4 VV RVG auf die Verfahrensgeb. des gerichtl. Verf. anzurechnen. Für die bereits entstandene Einigungsgebühr ist eine Anrechnung in Vorbem. 3 Abs. 4 VV RVG nicht vorgesehen; die Einigungsgebühr entsteht daher erneut.

17 Anders als die Vergleichsgebühr gem. § 23 BRAGO iVm § 779 BGB setzt das Entstehen der Einigungsgebühr nicht ein gegenseitiges Nachgeben voraus. Allerdings darf der abgeschlossene Vertrag nicht lediglich ein **vollständiges Anerkenntnis** oder einen **vollständigen Verzicht** (BT-Drs 15/1971, S. 204) enthalten; in diesem Fall ist das Entstehen der Einigungsgebühr ausgeschlossen. Ein vollständiges Anerkenntnis liegt auch in der Erfüllung des geltend gemachten Anspruchs. Eine Einigungsgebühr fällt ferner nicht an, wenn wg. des vollständigen Verzichts die Weiterverfolgung des Anspruchs nicht erfolgt. Entscheidend hängt das Entstehen der Einigungsgebühr v. den Erklärungen der Parteien (oder Dritten) ab. Eine Einigung kann auch in der Vereinbarung liegen, den Rechtsstreit in der Hauptsache übereinstimmend für erledigt zu erklären. Auch die Vereinbarung, dass eine Partei die Klage teilweise zurücknimmt und die andere Partei die Klageforderung teilweise anerkennt (OLG Stuttgart FamRZ 2001, 693), kann eine Einigung sein.

Auch bei einer vollständigen Verzichtserklärung oder einem vollständigen Anerkenntnis betr. einen Klageanspruch kann eine Einigungsgebühr entstanden sein, wenn neben dem Verzicht oder dem Anerkenntnis weitere Abreden der Parteien getroffen wurden (Gerold/Schmidt Rn. 10 zu § 23 BRAGO). Es ist hierbei auf den gesamten Inhalt der Einigung abzustellen.

18 Auch ein **Teilvergleich** oder ein **Zwischenvergleich** können die Einigungsgebühr auslösen. Dazu ist es nur erforderlich, dass der Teil- oder Zwischenvergleich die Streitfragen mit Wirkung für die gerichtl. Entscheidung endgültig regelt. Der Rechtsstreit muss hingegen nicht abgeschlossen sein. Der Zwischenvergleich kann auch einen rein prozessualen Inhalt haben (Ruhen des Verf., Aussetzung des Verf., Verweisung des Rechtsstreits oÄ). In diesem Fall ist der Gegenstandswert für die Einigungsgebühr nicht mit dem Wert der Hauptsache zu bestimmen, sondern v. Wert der Hauptsache ist ein Abschlag vorzunehmen. Für diesen Abschlag gibt es keine feste Höhe; idR werden aber 20% angemessen sein.

Eine Einigungsgebühr entsteht auch, wenn sich die Parteien in einem Schadensersatzfall zwar nicht über die **Haftung dem Grunde nach**, aber über die Höhe des Schadens einigen.

19 Die Einigungsgebühr kann insbes. auch für den Abschluss einer **Ratenzahlungsvereinbarung** entstehen (Gesetzesbegründung zur Terminsgeb. Nr. 3310 VV RVG, BT-Drs 15/1971 S. 215). Damit wird der bisherige Streit hierüber hinfällig, da es auf ein gegenseitiges Nachgeben auf Schuldner- und Gläubigerseite nicht mehr ankommt. Dies gilt auch, wenn die Ratenzahlungsvereinbarung nach Einleitung v. Vollstreckungsmaßnahmen aufgrund eines zur Zwangsvollstreckung geeigneten Titels erfolgt. Fehlt es in diesem Fall auch an einem Streit über ein Rechtsverhältnis, so ist doch die Verwirklichung unsicher und damit ungewiss, so dass eine Einigungsgebühr entsteht.

Durch den Wegfall des TB-Merkmals "gegenseitiges Nachgeben" ist zwar die Entstehung der Einigungsgebühr für Teilzahlungsvereinbarungen unstreitig; nicht geregelt wurde jedoch, ob und in welchem Umfang diese notwendig und damit v. Schuldner zu erstatten ist. Es bleibt dabei, dass der Abschluss einer Ratenzahlungsvereinbarung für den Gläubiger kaum notwendig iSd § 91 ZPO gewesen sein dürfte (KostRsp Nr. 152 zu § 57 BRAGO in der Anm. v. v. Eicken). Um diesbezügliche Auseinandersetzungen zu vermeiden, sollte im Rahmen der Ratenzahlungsvereinbarung auch eine Vereinbarung darüber getroffen werden, wer die Kosten dieser Vereinbarung tragen soll (idR der Schuldner). Hat der Schuldner die Einigungsgebühren für die Ratenzahlungsvereinbarung ausdrücklich übernommen, sind die Kosten auch erstattungsfähig (Hartmann Rn. 88 zu Nr. 1000 VV RVG mwN, Enders JurBüro 1999, 59, AG Bayreuth JurBüro 2000, 600). Fehlt eine solche Vereinbarung, gelten die Kosten gem. § 98 ZPO als gegeneinander aufgehoben (OLG Düsseldorf, KostRsp Nr. 267 zu § 788 ZPO = MDR 1994, 1052 = Rpfleger 1994, 264 = DGVZ 1994, 139). Die Frage der Beitreibbarkeit und Notwendigkeit der Einigungsgebühr dürfte trotz der geringeren Anforderungen an ihr Entstehen weiterhin kontrovers diskutiert werden (vgl. die Übersicht bei Gerold/Schmidt Rn. 206-210 zu Nr. 3309 VV RVG mwN, Schneider/Gebauer Rn. 110-112 zu Nr. 3309 VV RVG).

20 Die Einigungsgebühr entsteht für die **Mitwirkung** beim Abschluss eines Vertrags sowie unter weiteren Voraussetzungen auch für die Mitwirkung bei Vertragsverhandlungen. Der RA hat mitgewirkt, wenn er seine Partei im Zuge der Verhandlungen beraten hat und aufgrund seiner Bemühungen die Einigung zustande kam. Eine Mitwirkung des RA ist bereits gegeben, wenn er den Einigungs- oder Vergleichsvorschlag prüft und begutachtet und die eigene Partei berät. Ein bes. Bemühen des RA um die Einigung muss nicht ersichtlich sein (LSG Erfurt JurBüro 2001, 474). Mitwirkung liegt auch vor, wenn der RA nicht direkt und persönlich mit der anderen Partei Verhandlungen geführt hat. Beruft sich der RA auf seine Mitwirkung an der Einigung, liegt die Beweislast grds. bei ihm (Anm. Abs. 1 zu Nr. 1000 VV RVG). Hat der RA allerdings an den Einigungsverhandlungen teilgenommen, wird seine Mitwirkung an der Einigung angenommen (Anm. Abs. 2 zu Nr. 1000 VV RVG); in diesem Fall hat der AG die fehlende Ursächlichkeit der Mitwirkung des RA zu beweisen (OLG Karlsruhe AnwBl 2003, 116, Gerold/Schmidt Rn. 37 zu § 23 BRAGO). Da die Bestimmungen in Anm. Abs. 1 zu Nr. 1000 VV RVG und Anm. Abs. 2 zu Nr. 1000 VV RVG den Regelungen in § 23 BRAGO entsprechen, behält die zur Mitwirkung ergangene Rspr. ihre Gültigkeit.

21 Auch beim **Verkehrsanwalt** (Nr. 3400 VV RVG) kann die Einigungsgebühr entstehen, wenn dieser an der Einigung mitgewirkt hat (noch zu § 23 BRAGO: OLG Düsseldorf JurBüro 1993, 728, OLG Frankfurt a. M. MDR 1991, 450, OLG Oldenburg JurBüro 1992, 100, OLG Bamberg JurBüro 1982, 1513, AG Hamburg, AnwBl 1989, 399, KG JurBüro 1978, 1659, OLG Stuttgart AnwBl 1980,

263 aa: OLG Düsseldorf MDR 1983, 327 = JurBüro 1983, 564). Dies ist anzunehmen, wenn der Verkehrsanwalt einen Einigungsvorschlag mit der Partei bespricht und zur Annahme rät (OLG Bamberg AnwBl. 1980, 298) oder nach einer unter Widerrufvorbehalt abgeschlossenen Einigung der Partei v. Widerruf abrät (KG aaO, LG Hanau AnwBl. 1980, 298). War der Verkehrsanwalt im Termin anwesend und berät gemeinsam mit dem Prozessbev. die Partei über die vorgeschlagene Einigung, ist v. seiner ursächlichen Mitwirkung auszugehen (OLG Frankfurt AnwBl 1980, 512). Entspr. gilt, wenn der **Unterbevollmächtigte** an der Einigung ursächlich mitgewirkt hat.

Der RA eines **Streithelfers** kann eine Einigungsgebühr nur fordern, wenn er an der Einigung mitwirkt, die nicht lediglich das Rechtsverhältnis zw. den Hauptparteien regelt (OLG München JurBüro 1963, 409, OLG Hamm MDR 1975, 943 = JurBüro 1975, 913, OLG München JurBüro 1990, 1619, OLG Bamberg JurBüro 1990, 1449). Nur wenn das Rechtsverhältnis des Nebenintervenienten ebenfalls v. der Einigung umfasst ist, kann der RA des Streithelfers eine Einigungsgebühr fordern (OLG Hamburg AnwBl 1979, 437 = JurBüro 1979, 1013).

22 Die Tätigkeit des RA muss im Fall der Mitwirkung an Vertragsverhandlungen für die Einigung **ursächlich** oder zumindest mitursächlich gewesen sein. Sind die Einigungsverhandlungen zunächst gescheitert und einigen sich die Parteien anschließend ohne Beteiligung des RA, entsteht die Einigungsgebühr, selbst wenn die Parten die entspr. Vereinbarung selbst abschließen (OLG München AnwBl. 1997, 119). Dies gilt jedoch nicht uneingeschränkt. Liegt zw. dem Scheitern der Verhandlungen und dem Abschluss eines Einigungsvertrags ein Zeitraum, der das Vorliegen einer neuen Angelegenheit rechtfertigen würde (§ 15 Abs. 5 S. 2 RVG), kann nicht mehr v. Ursächlichkeit der anwaltl. Tätigkeit ausgegangen werden.

Für die Ursächlichkeit kommt es nicht darauf an, ob die Parteien den v. RA unterbreiteten Vorschlag folgen oder v. diesem abweichen. Ausreichend ist, dass die getroffene Einigung im Großen und Ganzen dem Rat des RA entspricht (Gerold/Schmidt Rn. 30 zu § 23 BRAGO mwN). Hat der RA v. der Einigung abgeraten, entsteht keine Einigungsgebühr. Hat der RA v. Widerruf abgeraten, so hat er ursächlich mitgewirkt, wenn auf seinen Rat hin der Widerruf unterblieben ist. Dies gilt auch für den Verkehrsanwalt oder Unterbevollmächtigten. Leitet der RA Einigungsvorschläge ohne eigene Stellungnahme an den AG weiter, hat er nicht ursächlich an einer zustande gekommenen Einigung mitgewirkt.

Ursächlichkeit kann nicht vorliegen, wenn der RA erst nach Abschluss des Einigungsvertrags tätig wird.

23 Die **Beweislast** für die Mitwirkung an der Einigung liegt grds. beim RA. Die Mitwirkung im gerichtl. Verf. ergibt sich bereits aus dem Terminsprotokoll. Gem. Anm. Abs. 2 zu Nr. 1000 VV RVG besteht die Vermutung, dass die Mitwirkung des RA an den Einigungsverhandlungen auch für die Einigung ursächlich war. Der Beweis für die fehlende Ursächlichkeit ist dann v. AG zu führen.

24 Die Einigungsgebühr entsteht gem. § 15 Abs. 1 RVG in jeder Angelegenheit nur einmal. Werden in einer Angelegenheit mehrere Einigungen getroffen, entsteht die Einigungsgebühr insgesamt nur einmal aus dem Gesamtwert aller Gegenstände; die Einzelwerte sind zu addieren (§ 22 Abs. 1 RVG). In mehreren (gebührenrechtlichen) Angelegenheiten kann die Einigungsgebühr mehrfach entstehen. Werden mehrere Angelegenheiten im Zuge einer Gesamteinigung erledigt, entstehen mehrfach Einigungsgebühren, hierbei sind die Einigungsgebühren unter Berücksichtigung v. § 15 Abs. 3 RVG zu berechnen. Zusätzlich entstehen in letzterem Fall bes. Geschäfts- oder Verfahrensgebühren (zB Nr. 3101 Nr. 2 VV RVG) und ggf. die Terminsgeb. (ebenfalls auf dem Gesamtwert, zB Nr. 3104 VV RVG).

25 Die Einigungsgebühr Nr. 1000 VV RVG beträgt **1,5**. Das Entstehen des Gebührensatzes iHv 1,5 setzt grds. voraus, dass die Einigung **außergerichtlich** erfolgt; bei Anhängigkeit eines Gerichtsverfahrens beträgt der Gebührensatz gem. Nrn. 1003, 1004 VV RVG grds. nur 1,0 bzw. 1,3.

26 Eine höhere Einigungsgebühr als 1,5 kann der RA nur im Wege einer **Vergütungsvereinbarung** gem. § 4 RVG erzielen. Eine Erhöhung der Einigungsgebühr im Wege der Vergütungsvereinbarung ist gem. § 49b Abs. 2 BRAO ausdrücklich zulässig. In diesem Fall handelt es sich nicht um ein unzulässiges Erfolgshonorar (BT-Drs 15/1971 S. 232).

27 Der RA erhält auch im **gerichtlichen Verfahren** eine bes. Vergütung, wenn der Rechtsstreit durch eine Einigung beigelegt wird. Der Gebührensatz ist beim gerichtl. anhängigen Verf. aber grds. geringer als 1,5, weil die Vermeidung des gerichtl. Verf. bes. honoriert werden soll. Wird die Einigung erst im gerichtl. Verf. erzielt, ist der Gebührensatz oder Betragsrahmen geringer (zB **1,0** bei Nr. 1003 VV RVG oder **1,3** bei Nr. 1004 VV RVG sowie geringere Betragsrahmen in Nrn. 1006, 1007 VV RVG). Die Verringerung des Gebührensatzes tritt ein, wenn das Verf. zum Zeitpunkt der Einigung noch anhängig ist. Ist das Verf. nicht mehr anhängig (zB bei Klagerücknahme, Erledigungserklärung, Rechtsmittelrücknahme oÄ), beträgt die Einigungsgebühr 1,5 (aA AG Hildesheim JurBüro 99, 138). Zur Anhängigkeit iE vgl. Gebauer/Schneider Rn. 125-128 zu Nr. 1000 VV RVG.

28 Von der Verringerung des Gebührensatzes bei Anhängigkeit des gerichtl. Verf. auf 1,0 ergeben sich aus Nr. 1003 VV RVG **Ausnahmen**. Das frühere Problem des Antrags auf **Erstreckung** der für die anhängigen Gegenstände bewilligten **Prozesskostenhilfe** und Beiordnung auf im Vergleich (der Einigung) mitzuregelnde nicht anhängige Ansprüche ist durch die klarstellende Formulierung der Anm. zu Nr. 1003 VV RVG nicht mehr gegeben. Durch den Verweis auf **§ 48 Abs. 3 RVG** (ehemals § 122 Abs. 3 BRAGO) entsteht in diesen Fällen eine **1,5** Einigungsgebühr. Beantragt eine Partei PKH nur für die Protokollierung eines Vergleichs (einer Einigung), entsteht die Einigungsgebühr iHv **1,5** (Anm. zu Nr. 1003 VV RVG). Wird hingegen nur im anhängigen PKH-Bewilligungsverfahren ein Vergleich (Einigung) wg. der dem Prozesskostenhilfeverfahren unterliegenden Gegenstände geschlossen, entsteht die Einigungsgebühr gem. Nr. 1003 VV RVG iHv 1,0. Erstreckt sich die Beiordnung auf den Abschluss eines Vertrags gem. § 48 Abs. 3 RVG, entsteht die Einigungsgebühr iHv 1,5. Maßgeblich ist, ob in dem Verf., für das PKH beantragt und bewilligt wurde, eine Einigung über die diesem Verf. unterliegenden Ansprüche getroffen wird; in diesem Fall beträgt der Gebührensatz der Einigungsgebühr 1,0 (Nr. 1003 VV RVG).

Eine weitere Ausnahme gilt für die Einigung im **selbstständigen Beweisverfahren**. Der Gebührensatz der Nr. 1000 VV RVG verringert sich in diesem Fall nicht, sondern beträgt **1,5** (Anm. zu Nr. 1003 VV RVG).

29 Wird im **gerichtlichen Verfahren** eine Einigung auch über in diesem Verf. **nicht anhängige Ansprüche** getroffen, beträgt der **Gebührensatz 1,5**. Da § 11 Abs. 1 S. 4 BRAGO nicht in das VV übernommen wurde, ist eine Erhöhung des Gebührensatzes für den Fall der Einbeziehung **nichtanhängiger Ansprüche** in eine Einigung im **Berufungs- oder Revisionsverfahren** nicht vorgesehen. Der Gebührensatz beträgt daher für alle Fälle der Einbeziehung nicht anhängiger Ansprüche 1,5, unabhängig in welcher Instanz diese einbezogen werden. Für die Höhe der Einigungsgebühr über nicht anhängige Ansprüche kommt es daher nur noch darauf an, ob die Gegenstände dieser Einigung nicht anhängig sind.

30 Ein **geringerer Gebührensatz als 1,0** ist für die Einigungsgebühr nicht vorgesehen. Die Einigungsgebühr entsteht daher auch dann iHv mind. 1,0 wenn die gerichtl. Verfahrensgeb. geringer ist (zB Verfahrensgeb. in der Zwangsvollstreckung Nr. 3309 VV RVG: 0,3).

Einigen sich die Parteien im Rahmen der **Zwangsvollstreckung**, kann der Gebührensatz der Einigungsgebühr in unterschiedlicher Höhe entstehen. Einigen sich die Parteien **vor Einleitung von Vollstreckungsmaßnahmen** (zB Ratenzahlungsvereinbarung nach einer Vollstreckungsandrohung), so entsteht die Einigungsgebühr mit einem Gebührensatz iHv **1,5**. Ist im Zwangsvollstreckungsverfahren ein gerichtl. Verf. anhängig, beträgt der Gebührensatz 1,0. Nicht immer eindeutig ist, wann im Vollstreckungsverfahren ein gerichtl. Verf. anhängig ist. Auf das der Vollstreckung vorausgehende Erkenntnisverfahren ist nicht abzustellen, da die Zwangsvollstreckung gebührenrechtlich eine bes. Angelegenheit iSv § 18 RVG darstellt. Ist ein Zwangsvollstreckungsverfahren beim Vollstreckungsgericht, Prozessgericht 1. Instanz oder Grundbuchamt anhängig, entsteht nur die 1,0 Einigungsgebühr gem. Nr. 1003 VV RVG. Eine Erhöhung des Gebührensatzes auf 1,3 gem. Nr. 1004

VV RVG im Erinnerungs- oder sofortigen Beschwerdeverfahren findet nicht statt; denn es ist weder ein Berufungs- noch ein Revisionsverfahren anhängig.

Streitig kann sein, ob die Einigungsgebühr auch mit einem Gebührensatz v. 1,5 gem. Nr. 1000 VV RVG entsteht, wenn der Gerichtsvollzieher mit der Zwangsvollstreckung beauftragt wurde und mit dem Schuldner nach Beauftragung des Gerichtsvollziehers eine Einigung getroffen wird. In diesem Fall ist kein gerichtl. Verf. iSv Nr. 1003 VV RVG anhängig. Wird der Gebührensatz der Gebühr bei Einschaltung des Gerichtsvollziehers mit 1,5 gem. Nr. 1000 VV RVG angesetzt, so wird dieses Verf. anders bewertet als bei Einleitung v. Vollstreckungsmaßnahmen ggü. dem Vollstreckungsgericht, Prozessgericht 1. Instanz uA. Dies ist nicht sachgerecht. Zweck der höheren Einigungsgebühr der Nr. 1000 VV RVG mit einem Gebührensatz v. 1,5 ist die Vermeidung jeglicher gerichtl. Verf., wozu im weitesten Sinne auch die Einschaltung des Gerichtsvollziehers zählt. Daher entsteht im Fall einer Einigung nach Beauftragung des Gerichtsvollziehers die Einigungsgebühr lediglich mit einem Gebührensatz v. 1,0 entspr. Nr. 1003 VV RVG (ausführlich: Gerold/Schmidt Rn. 27 zu § 57 BRAGO, aA ☐ 1,5 ☐ Enders JurBüro 1999, 59).

31 Sind die Rechtsstreitigkeiten, über die die Parteien eine Einigung treffen, in **verschiedenen Instanzen** anhängig, ist str., nach welchem Gebührensatz die Einigungsgebühr zu berechnen ist.

Beispiel: Die Parteien führen mehrere Rechtsstreits gegeneinander. In einem Fall ist bereits ein Berufungsverfahren anhängig. Der Gegenstandswert im Berufungsverfahren beträgt 10.000 EUR. Die Parteien einigen sich in einem erstinstanzlichen Verf. (Klageforderung 5.000 EUR) auch über die Gegenstände, die bereits in jenem Berufungsverfahren anhängig sind.

Nach einer Auffassung ist die Einigungsgebühr nach dem Gesamtwert auf einem Gebührensatz iHv 1,0 (Nr. 1003 VV RVG) für ein erstinstanzliches Verf. zu berechnen. Die zweite Auffassung berechnet die Einigungsgebühr nach den entspr. Teilwerten und führt eine Prüfung gem. § 15 Abs. 3 RVG durch (vgl. Komm. zu § 15 Abs. 3 RVG). Die dritte Auffassung berechnet die Einigungsgebühr nach dem Gesamtwert entspr. dem Gebührensatz des Berufungsverfahrens iHv 1,3 (Nr. 1004 VV RVG).

Zutr. dürfte die zweite Auffassung sein (so auch Gerold/Schmidt Rn. 54 zu § 23 BRAGO, Schneider/Mock § 10 Rn. 58). Dass die Einigung im erstinstanzlichen Verf. erfolgt, ändert nichts daran, dass Teile der Gegenstände im Berufungsverfahren anhängig waren. Abzustellen ist darauf, welche Gebühren bei Einzeleinigungen entstehen würden. Der Umstand, dass die Einigung in einem Verf. erfolgt, wird durch die Anrechnung gem. § 15 Abs. 3 RVG berücksichtigt.

Die Einigungsgebühr im obigen Beispiel wird daher wie folgt berechnet:

1,0 Einigungsgebühr gem. §§ 2 Abs. 2, 13 RVG Nr. 1000, 1003 VV RVG, Geschäftswert 5.000 EUR	301,00 EUR
1,3 Einigungsgebühr gem. §§ 2 Abs. 2, 13 RVG Nr. 1000, 1004 VV RVG, Geschäftswert 10.000 EUR	631,80 EUR
gem. § 15 Abs. 3 RVG nicht mehr als 1,3 nach einem Geschäftswert v. 15.000 EUR	735,80 EUR

32 Umfasst die Einigung zusätzl. zu einem bereits gerichtl. anhängigen Anspruch einen **weiteren, nicht anhängigen Anspruch**, so wird der bis dahin nichtanhängige Anspruch durch die Einigung nicht anhängig, denn über den nichtanhängigen Anspruch kann das Gericht keine Entscheidung treffen. Für diesen Anspruch wird also nur eine außergerichtliche Einigung erzielt. Der Gebührensatz der Einigungsgebühr beträgt daher für die nichtanhängigen Ansprüche weiterhin 1,5.

Beispiel: In einem zivilrechtlichen Berufungsrechtsstreit einigen sich die Parteien im Termin über alle bestehenden Ansprüche. Wegen 10.000 EUR ist ein Mahnverfahren anhängig. Wegen 5.000 EUR führen die Parteien einen Berufungsrechtsstreit. Wegen weiterer 8.000 EUR, für die ein Klageauftrag nicht erteilt ist, treffen die Parteien im Zuge des Berufungsrechtsstreit eine Einigung. Die Einigung erfasst somit alle Ansprüche der Parteien.

Die Einigungsgebühren werden wie folgt berechnet:

1,0 Einigungsgebühr gem. §§ 2 Abs. 2, 13 RVG Nr. 1000, 1003 VV RVG, Geschäftswert 10.000 EUR	486,00 EUR
1,3 Einigungsgebühr gem. §§ 2 Abs. 2, 13 RVG Nr. 1000, 1004 VV RVG, Geschäftswert 5.000 EUR	391,30 EUR
1,5 Einigungsgebühr gem. §§ 2 Abs. 2, 13 RVG Nr. 1000 VV RVG, Geschäftswert 8.000 EUR	618,00 EUR
gem. § 15 Abs. 3 RVG nicht mehr als 1,5 aus 23.000 EUR (Gesamtwert)	1.212,80 EUR

33 Zusätzlich zu den Einigungsgebühren entstehen jew. (Vorbem. 1 VV RVG) entspr. **Verfahrens- und/oder Geschäftsgebühren.** Daneben entsteht grds. für den Fall der gerichtl. Protokollierung die Terminsgeb. (Nr. 3104 VV RVG) des entspr. Verf. Umfasst die Einigung auch im Rechtsstreit nicht anhängige Ansprüche ☐ für die dem RA bereits ein Prozessauftrag erteilt war - entsteht neben der Verfahrensgeb. (zB 1,3 Verfahrensgeb. Nr. 3100 VV RVG oder 1,6 Verfahrensgeb. Nr. 3200 VV RVG) noch die Verfahrensgeb. der Nr. 3101 Nr. 2 VV RVG oder Nr. 3201 Nr. 2 VV RVG. Da unterschiedliche Gebührensätze anfallen, sind zunächst nach den jew. Gebührensätzen die Einzelgebühren zu berechnen. Die Einzelgebühren dürfen gem. § 15 Abs. 3 RVG nicht mehr betragen als die "volle" (höchste) Verfahrensgeb. (1,3 oder 1,6) nach dem Gesamtwert.

Beispiel: Die Parteien einigen sich im erstinstanzlichen Termin über anhängige 10.000 EUR und nicht anhängige weitere 8.000 EUR. Der RA kann berechnen:

1,3 Verfahrensgeb. gem. §§ 2 Abs. 2, 13 RVG, Nr. 3100 VV RVG, Geschäftswert 10.000 EUR	631,80 EUR
0,8 Verfahrensgeb. gem. §§ 2 Abs. 2, 13 RVG, Nr. 3101 Nr. 2 VV RVG, Geschäftswert 8.000 EUR	329,60 EUR
jedoch nicht mehr als 1,3 Verfahrensgeb. aus 18.000 EUR	787,80 EUR

Zusätzlich entsteht die 1,2 Terminsgeb. gem. Nr. 3104 VV RVG nach einem Geschäftswert v. 18.000 EUR.

Hatte der RA wg. der nichtanhängigen Ansprüche **keinen Prozessauftrag** oder nur einen bedingten Klageauftrag, so hat er idR Anspruch auf die **Geschäftsgebühr** Nr. 2400 VV RVG, etwa wenn der RA den Auftrag hatte, neben einem bereits anhängigen gerichtl. Verf. in außergerichtlichen Verhandlungen über nichtanhängige Ansprüche eine Einigung herbeizuführen. Die Geschäftsgebühr Nr. 2400 VV RVG entfällt nicht, wenn die Parteien keine Einigung erzielen. Wird eine Einigung im anhängigen gerichtl. Verf. noch zu Protokoll gegeben, wird die Geschäftsgebühr der Nr. 2400 VV RVG auf die entspr. Verfahrensgeb. (zB Nr. 3101 Nr. 2 VV RVG, Nr. 3201 Nr. 2 VV RVG) gem. Vorbem. 3 Abs. 4 VV RVG angerechnet (zur Geschäftsgebühr: Gerold/Schmidt Rn. 28 zu Nr. 2400 VV RVG, Rn. 52 zu Nr. 1000 VV RVG, Rn. 90 zu Nr. 3101 VV RVG, Hartmann Rn. 66 zu Nr. 3101 VV RVG, Rn. 8 zu Nr. 2400 VV RVG).

34 Der Gegenstand einer Einigung kann stets auch Gegenstand eines gerichtl. Verf. sein; denn ansonsten fehlte es an einem str. Rechtsverhältnis oder der Ungewissheit (vgl. Anm. 9, 10). Der **Gegenstandswert** bestimmt sich daher idR gem. **§ 23 Abs. 1 RVG** nach den maßgeblichen Vorschriften des GKG (§§ 39ff. GKG). Bezieht sich die Einigung auch auf nicht im gerichtl. Verf. anhängige Ansprüche, so ist der Wert dieser Ansprüche bes. zu bestimmen. Die Höhe der Einigungsgebühr berechnet sich nach dem Einigungsgegenstand. Entscheidend ist das Rechtsverhältnis, über das sich die Parteien geeinigt haben, und nicht der Inhalt der Einigung. Dieser Grundsatz gilt auch, wenn die Parteien, etwa zur Schaffung eines zur Zwangsvollstreckung geeigneten Titels, eine bereits getroffene Einigung protokollieren. Der Gegenstandswert bestimmt sich nicht nach dem so genannten Protokollierungsinteresse.

35 Umstritten ist, wie der Gegenstandswert der Einigung zu bestimmen ist, wenn eine bezifferte **Kapitalabfindung bei wiederkehrenden Leistungen** wie Rentenansprüchen und ges. Unterhaltsansprüchen vereinbart wird.

Beispiel: Die geschiedene Ehefrau macht Unterhaltsansprüche ihv monatlich 500 EUR geltend. Die Parteien schließen eine Einigung über eine Abfindung ihv 50.000 EUR, ein höherer Abfindungsbetrag wurde v. der Ehefrau nicht gefordert. Str. ist, ob der Gegenstandswert 6.000 EUR (12 x 500 EUR) oder 50.000 EUR beträgt.

Es kommt zunächst darauf an, ob die Kapitalabfindung aufgrund ges. Unterhaltsverpflichtungen vereinbart wird. Für Kapitalabfindungen, die **nicht eine gesetzliche Unterhaltsverpflichtung** zur Grundlage haben, kommt eine Beschränkung des Wertes nicht in Betracht (Hartmann Rn. 7 zu § 17 GKG aF = § 42 Abs. 1 GKG nF). Bei der Bestimmung des Gegenstandswerts für die Einigungsgebühr ist ferner darauf abzustellen, ob überhaupt eine wiederkehrende Leistung Grundlage des Kapitalabfindungsvertrags war. Ist dies nicht der Fall, ergibt sich der Gegenstandswert aus dem geforderten Betrag und nicht aus der vereinbarten Abfindung.

Ist eine wiederkehrende Leistung Grundlage des Kapitalabfindungsvertrags und handelt es sich um eine **gesetzliche Unterhaltspflicht**, ist str., wonach sich der Gegenstandswert bestimmt. Gerold/Schmidt (Rn. 45 zu § 23 BRAGO mwN; vgl. Hartmann Rn. 7 zu § 17 GKG aF mwN) gehen davon aus, dass sich der Gegenstandswert gem. § 23 Abs. 1 RVG iVm § 42 Abs. 1 GKG bestimmt. Damit ist der Gegenstandswert auf den Jahresbetrag der wiederkehrenden Leistung beschränkt. Für das vorstehende Beispiel ergäbe dies einen Gegenstandswert v. 6.000 EUR. Die Gegenauffassung setzt als Gegenstandswert die vereinbarte Kapitalabfindung an. Im Beispiel ergäbe dies einen Gegenstandswert v. 50.000 EUR. Zur Begründung dieser Auffassung wird angeführt, dass sich mit der Vereinbarung der Kapitalabfindung der Charakter der ges. Unterhaltspflicht verändere und durch eine Kapitalabfindung andere Folgen einträten als bei der Vereinbarung einer laufend wiederkehrenden Unterhaltsverpflichtung: Eine vereinbarte Kapitalabfindung kann nicht im Wege v. § 323 ZPO abgeändert werden; es entfällt zudem sowohl das Rückforderungsrecht der Erben des Unterhaltsschuldners bei dessen frühzeitigem Tod als auch ein Rückforderungsrecht bei frühzeitigem Tod des Unterhaltsgläubigers (Gerold/Schmidt aaO mwN).

Zutr. dürfte sein, dass sich der Gegenstandswert bei einer vereinbarten Kapitalabfindung zur Abgeltung ges. Unterhaltsansprüche nach §§ 23 Abs. 1 RVG, 42 Abs. 1 GKG nach dem **Jahresbetrag der geforderten Unterhaltsansprüche** richtet. Einigungsgegenstand ist der ges. Unterhaltsanspruch und nicht die Kapitalabfindung (OLG Düsseldorf JurBüro 1992, 51, OLG Hamburg FamRZ 1987, 184, Mümmler JurBüro 1978, 787 aM: OLG Frankfurt/Main Rpfleger 1980, 239, Schmidt AnwBl 1977, 444). Es ist davon auszugehen, dass die Beschränkung auf den Jahreswert des ges. Unterhaltsanspruches uneingeschränkt bestehen bleiben soll, da das KostRMoG weder die Wertvorschriften für den Anwaltsgebührenwert noch die Wertvorschriften für die Gerichtsgebühren geändert hat.

Mit der Beschränkung des Wertes auf den Jahresbetrag des geforderten Unterhaltes wird das Haftungsrisiko des RA nicht angemessen berücksichtigt. Hierbei ist § 14 Abs. 1 S. 2 RVG keine Hilfe; denn zum einen ist das Haftungsrisiko bei der Bestimmung des Gebührensatzrahmens der Geschäftsgebühr für Nr. 2400 VV RVG als Erhöhungstatbestand nicht ausdrücklich vorgesehen und zum anderen stehen der Gebührensätze im gerichtl. Verf. fest, so dass der Satzrahmen v. RA nicht abweichend bestimmt werden kann. Höhere Gebühren kann der RA daher nur im Wege einer **Vergütungsvereinbarung** gem. § 4 RVG erreichen.

36 Der Gegenstandswert der Einigungsgebühr kann sich durch vorheriges Teilanerkenntnis oder Teilerledigung ermäßigen.

Beim **Teilanerkenntnis** ermäßigt sich der Gegenstandswert der Einigungsgebühr im gerichtl. Verf. erst bei Verkündung des Anerkenntnisurteils (Schneider/Herget Rn. 152 mwN). Eine Ermäßigung des Gegenstandswerts tritt nicht ein, wenn das Anerkenntnis oder die Erledigung lediglich in einem Schriftsatz angekündigt sind. Im Falle des außergerichtlichen Anerkenntnisses ermäßigt sich der

Gegenstandswert erst, wenn der "zugestandene" Betrag geleistet wurde (Schneider/Herget Rn. 152-154).

Wurde der Rechtsstreit durch die Parteien übereinstimmend **teilweise für erledigt erklärt**, ist anzunehmen, dass die erledigten Ansprüche nicht Gegenstand der in dem Rechtsstreit anschließend geschlossen Einigung sein sollen. Der erledigte Teil der Hauptforderung bestimmt den Gegenstandswert nicht mehr (Schneider/Herget Rn. 1522). Wird der Rechtsstreit nur einseitig für erledigt erklärt, bestimmt der Wert der Hauptsache den Gegenstandswert (Schneider/Herget Rn. 1518, 1527).

Einigen sich die Parteien nur über einen Teil der str. Ansprüche, wird der Gegenstandswert für die Einigungsgebühr auch nur nach diesem Teil der Ansprüche bestimmt.

Wird eine Einigung in der Hauptsache und dem Arrest- oder einstweiligen Verfügungsverfahren getroffen, handelt es sich um nur eine Einigung, die mehrere Gegenstände umfasst. Der RA erhält nur eine Einigungsgebühr (Gerold/Schmidt Rn. 49 zu Nr. 1000 VV RVG, Hartmann Rn. 86 zu Nr. 1000 VV RVG). Der Gegenstandswert für die Einigungsgebühr wird nach hM aus den zusammengerechneten Werten der Hauptsache und dem Arrest- (einstweiligen Verfügungs-)verfahren berechnet. Die Gegenstandswerte werden addiert, da die Hauptsache der Befriedigung des Anspruchs und das Arrest- (einstweilige Verfügungs)verfahren der Sicherung des Anspruchs dient (Gerold/Schmidt aaO mwN). Wird in der Hauptsache auch eine Einigung über die Kosten des Arrest- oder einstweiligen Verfügungsverfahrens getroffen, erhöht sich der Gegenstandswert um die Summe der Kosten (Gerold/Schmidt aaO, Hartmann Rn. 86 zu Nr. 1000 VV RVG).

37 Kostenerstattung. Einigen sich die Parteien in einem Rechtsstreit, ohne eine Vereinbarung über die Kosten des Verf. und der Einigung zu treffen, ist davon auszugehen, dass die Kosten gem. § 98 ZPO als gegeneinander aufgehoben gelten sollen. Bei Kostenaufhebung werden außergerichtliche Kosten nicht erstattet, die Gerichtskosten werden geteilt. § 98 ZPO ist in Ermangelung einer abweichenden Vereinbarung auch auf den außergerichtlichen Vergleich anwendbar (Hartmann Rn. 88 zu Nr. 1000 VV RVG).

Die Parteien können eine v. § 98 ZPO abweichende Vereinbarung treffen. Vereinbaren sie, dass eine Partei die Kosten des Rechtsstreits übernimmt, beinhaltet dies auch die Kosten der Einigung nebst den jew. Verfahrensgebühren. Dies gilt iZw auch dann, wenn mehrere RA an der Einigung (Verkehrsanwalt, Unterbevollmächtigter) beteiligt waren, wobei die Kostenübernahme sich idR nur auf die notwendigen Kosten erstreckt (OLG Schleswig AGS 1996, 129 m. Anm. v. Eicken, OLG Hamm JurBüro 1988, 492, OLG Hamburg JurBüro 1988, 759, KG AnwBl 1994, 86). In der Vereinbarung sollten die Parteien die Gebühren, die der Erstattungspflicht unterliegen, genau bezeichnen und beziffern.

Vereinbaren die Parteien unterschiedliche Kostentragungspflichten wg. der Kosten des Rechtsstreits einerseits und der Kosten der Einigung andererseits, bezieht sich die vereinbarte Kostentragungspflicht wg. der Kosten der Einigung auch auf die Kosten der neben der Einigungsgebühr entstehenden Verfahrensgebühren (OLG München AGS 1998, 175, OLG Schleswig AGS 1998, 175).

Sind für eine Partei mehrere RA an der Einigung beteiligt, hängt die Erstattungsfähigkeit der bei diesen entstandenen Einigungsgebühren davon ab, dass die Mitwirkung jedes RA an der Einigung notwendig war. Hat der Verkehrsanwalt (oder Unterbevollmächtigte) an der Einigung mitgewirkt, ist die bei diesem entstandene Einigungsgebühr nur erstattungsfähig, wenn seine Mitwirkung dazu geführt hat, dass die Einigung zustande gekommen ist (Gerold/Schmidt Rn. 95f. zu Nr. 3400 VV RVG).

Nr.	Gebührentatbestand	Gebühr oder Satz der Gebühr nach § 13 RVG
1001	**Aussöhnungsgebühr** Die Gebühr entsteht für die Mitwirkung bei der Aussöhnung, wenn der ernstliche Wille eines Ehegatten, eine Scheidungssache oder ein Verfahren auf Aufhebung der Ehe anhängig zu machen, hervorgetreten ist und die Ehegatten die eheliche Lebensgemeinschaft fortsetzen oder die eheliche Lebensgemeinschaft wieder aufnehmen. Dies gilt entsprechend bei Lebenspartnerschaften.	1,5

Übersicht

1 Allgemeines. Nr. 1001 VV RVG übernimmt die Regelungen aus § 36 Abs. 2 BRAGO; erhöht jedoch die Gebühr v. 10/10 (= 1,0) auf 1,5 (= 15/10). Die Aussöhnungsgebühr kann nur entstehen, wenn zuvor oder gleichzeitig eine andere Geschäfts- oder Verfahrensgeb. aus Teil 2-6 VV RVG entstanden ist oder entsteht (Vorbem. 1 VV RVG). Sie ist v. Erfolg der anwaltl. Tätigkeit abhängig (Erfolgsgebühr).

Wie bei der Einigungs- und der Erledigungsgebühr ist die Höhe der Gebühr gem. Nr. 1003 VV RVG davon abhängig, ob bereits ein gerichtl. Verf. anhängig ist. In erstinstanzlichen Verf. beträgt die Gebühr gem. Nr. 1003 VV RVG 1,0; im Berufungs- oder Revisionsverfahren gem. Nr. 1004 VV RVG 1,3. Die höchste Gebühr kann der RA also fordern, wenn er eine Aussöhnung erwirkt, ohne dass ein gerichtl. Verf. anhängig war.

Die Aussöhnungsgebühr wurde als bes. Gebührentatbestand im RVG beibehalten, um der Bedeutung der Ehe oder Lebenspartnerschaft Rechnung zu tragen. Eine bes. Aussöhnungsgebühr war erforderlich, da eine Aussöhnung kein Vertrag iSd Anm. Abs. 1 S. 1 zu Nr. 1000 VV RVG ist (BT-Drs 15/1971 Nr. 1001 VV RVG).

2 Die **Erhöhung des Gebührensatzrahmens** entspricht dem Zweck der Regelung. Die ☐ gerichtsentlastende ☐ frühzeitige Aussöhnung ohne Inanspruchnahme der Gerichte soll eine Entsprechung in der Höhe der Gebühr finden. Das bes. Engagement des RA wird daher höher honoriert als eine gleichartige Tätigkeit ggü. einem Gericht (BT-Drs 15/1971 S. 253 zu Nr. 1001 VV RVG).

3 Das Entstehen der Gebühr ist v. **drei Voraussetzungen** abhängig (Gerold/Schmidt Rn. 3ff. zu Nr. 1001 VV RVG; Gebauer/Schneider Rn. 11 zu Nr. 1001 VV RVG, Hartmann Rn. 3ff. zu Nr. 1001 VV RVG), die nebeneinander erfüllt sein müssen.

Die **erste Voraussetzung** ist der **ernstliche Wille** eines Ehegatten, eine Scheidungssache oder ein Verf. auf Aufhebung der Ehe anhängig zu machen. Dieser Wille muss nach außen erkennbar hervorgetreten sein (Gerold/Schmidt aaO). Dies ist zB der Fall, wenn ein Ehegatte den RA beauftragt hat, einen Scheidungsantrag einzureichen. Ausreichend ist auch, wenn der RA auftragsgemäß ein Verf. auf Gewährung v. PKH für ein Scheidungs- oder Aufhebungsverfahren eingeleitet hat. Ist der Scheidungsantrag als typischer Indikator bereits eingereicht, ist der Wille deutlich nach außen erkennbar hervorgetreten.

Erteilt der RA lediglich eine Auskunft über die Voraussetzungen und Folgen einer Ehescheidung, entsteht die Aussöhnungsgebühr nicht (Gerold/Schmidt aaO, Hartung/Römermann Rn. 27 zu VV Teil 1).

4 Zweite Voraussetzung für das Entstehen der Aussöhnungsgebühr ist die **Fortsetzung oder Wiederaufnahme der ehelichen Lebensgemeinschaft** iSd §§ 1353ff. BGB durch die Ehegatten. Indikatoren für die □ schwer zu beurteilende □ Fortsetzung oder Wiederaufnahme der ehelichen Lebensgemeinschaft können zB sein:

*   die Rücknahme des Scheidungsantrags,
*   der ausdrückliche Verzicht auf die Weiterverfolgung des Scheidungsantrags,
*   die Wiederherstellung der häuslichen Gemeinschaft oder Wiederherstellung der gemeinschaftlichen Wirtschaft,
*   der Widerruf des erteilten Scheidungsauftrags,
*   die Wiederaufnahme der geschlechtlichen Beziehungen.

Auf die **Dauer** der Aussöhnung kommt es grds. nicht an, solange diese zumindest ernsthaft erfolgte. Eindeutige Abgrenzungen lassen sich nicht finden. Entscheidend ist der Einzelfall und die Aussöhnungsbereitschaft der Eheleute. Nach Gerold/Schmidt (Rn. 13 zu Nr. 1001 VV RVG) muss der Wille, die eheliche Lebensgemeinschaft wieder aufzunehmen, länger als nur ganz kurze Zeit angehalten haben und über ein bloßes Versuchsstadium hinaus gediehen sein. Eine eindeutige Abgrenzung dürfte so indes kaum vorzunehmen sein. Umgangssprachlich ausgedrückt muss der Wille der Ehegatten vorhanden sein, nochmals "von vorne anzufangen", sich "wieder zusammenzuraufen", oder "es noch mal miteinander zu probieren". Scheitern sie, waren sie dennoch (wie lange auch immer) ausgesöhnt. Zusätzlich auf ein Versuchsstadium abzustellen, erleichtert die Abgrenzung nicht. Eine zu kleinliche Auslegung des Begriffs "Fortsetzen der ehelichen Lebensgemeinschaft" widerspräche jedenfalls dem Zweck der Regelung und der bes. Bedeutung der Ehe (Hartung/Römermann Rn. 27 zu Teil VV Teil 1; aA: Gebauer/Schneider Rn. 17 zu Nr. 1001 VV RVG, Gerold/Schmidt Rn. 13 zu Nr. 1001 VV RVG, Hartmann Rn. 10 zu Nr. 1001 VV RVG).

5 Dritte Voraussetzung für das Entstehen der Gebühr ist die **Mitwirkung** des RA an der Aussöhnung. Auf den Umfang der Mitwirkung kommt es nicht an. Mitwirkung setzt voraus, dass der RA die Aussöhnung gefördert hat, was der Fall ist, wenn er eine entspr. Tätigkeit entfaltet hat und die Aussöhnung eintritt. Da die Aussöhnungsgebühr eine Erfolgsgebühr ist, entsteht sie nur dann, wenn eine Aussöhnung auch tatsächlich erfolgt ist. Die Mitwirkung allein rechtfertigt das Entstehen der Aussöhnungsgebühr nicht. Das Pfälz. OLG Zweibrücken (JurBüro 2000, 199) hat Mitwirkung wie folgt definiert: "Die Mitwirkung eines RA an der Aussöhnung setzt weder dessen Teilnahme an den Aussöhnungsgesprächen noch ein Verhalten voraus, das maßgeblich zum Erfolg beigetragen hat. Es genügt eine Tätigkeit, die geeignet war, diesen (mit) herbeizuführen." Es reicht daher aus, wenn die Beratung des AG dessen Versöhnungsbereitschaft gefördert hat (Pfälz. OLG Zweibrücken aaO).

6 Gem. § 15 Abs. 4 RVG entfällt die Aussöhnungsgebühr nicht dadurch, dass die Aussöhnung später scheitert und sich die Ehepartner aus denselben oder anderen Gründen wieder trennen. Dies soll nach Gerold/Schmidt (Rn. 12 zu § 36 BRAGO) dann nicht gelten, wenn der Wille, die eheliche Gemeinschaft wieder aufzunehmen, nur kurze Zeit angehalten hat und nicht über ein bloßes Versuchsstadium hinaus ging. Gegen das Abstellen auf die Dauer der Aussöhnung oder ein Versuchsstadium spricht, dass es grds. auf die Ernsthaftigkeit des Willens der Ehegatten abkommt. Ob die Ehegatten die Aussöhnung als Versuch bezeichnen oder als Aussöhnung, kann auf das Entstehen der Gebühr keinen Einfluss haben. Auch wenn die Ehegatten nur "versuchen", die Gemeinschaft wiederherzustellen, haben sie den ernsthaften Willen, die Lebensgemeinschaft fortzusetzen.

7 Für die **Lebenspartnerschaft** gelten die vorstehenden Ausführungen gem. Nr. 1001 S. 2 VV RVG entspr.

Nr.	Gebührentatbestand	Gebühr oder Satz der Gebühr nach § 13 RVG
1002	**Erledigungsgebühr, soweit nicht Nummer 1005 gilt** Die Gebühr entsteht, wenn sich eine Rechtssache ganz oder teilweise nach Aufhebung oder Änderung des mit einem Rechtsbehelf angefochtenen Verwaltungsakts durch die anwaltliche Mitwirkung erledigt. Das Gleiche gilt, wenn sich eine Rechtssache ganz oder teilweise durch Erlass eines bisher abgelehnten Verwaltungsakts erledigt.	1,5

Übersicht

1 Allgemeines. Nr. 1002 VV RVG entspricht § 24 BRAGO. Wie bereits zur Geltungszeit der BRAGO ist die Erledigungsgebühr neben der Einigungsgebühr der Nr. 1000 VV RVG erforderlich, da letztere nicht in allen Fällen entstehen kann. Bei Rechtsverhältnissen des öff. Rechts iSv Anm. Abs. 4 der Nr. 1000 VV RVG kann eine Einigungsgebühr zB nur entstehen, soweit über die Ansprüche vertraglich verfügt werden kann. In anderen Fällen entsteht die Einigungsgebühr der Nr. 1000 VV RVG nicht, so dass die Erledigungsgebühr der Nr. 1002 VV als **Ergänzung und Ersatz** (FG Hamburg KostRsp BRAGO § 24 Nr. 12) zur Einigungsgebühr erforderlich ist. Die Erledigungsgebühr ist eine **Erfolgsgebühr** (VG Stuttgart KostRsp § 24 Nr. 15 = JurBüro 1983, 1518 = AnwBl 1983, 283). Sie kann grds. in allen **Verwaltungsangelegenheiten** anfallen (vgl. Gerold/Schmidt Rn. 4 zu Nr. 1002 VV RVG). Sie setzt voraus, das der VA angefochten wurde.

2 Die Erledigungsgebühr kann gem. Vorbem. 1 VV RVG nicht isoliert ohne andere Gebühren entstehen, sondern **nur neben anderen Gebühren** aus Teil 2-6 VV RVG. IdR werden neben der Erledigungsgebühr der Nr. 1002 VV RVG Gebühren aus **Teil 2 VV RVG** entstehen. Es reicht aus, wenn zB die **Beratungsgebühr** der Nr. 2100 VV RVG entsteht. Die Erledigungsgebühr der Nr. 1002 VV RVG kann neben diversen **Geschäftsgebühren** (zB 2400, 2401 VV RVG) entstehen. Die Erledigungsgebühr kann auch **neben** den Gebühren aus **Teil 3 VV RVG** entstehen, allerdings nicht in Höhe von 1,5. Die Gebühren des Teil 3 VV RVG entstehen ua in bürgerlichen Rechtsstreitigkeiten, FGG-Verf. sowie ör Rechtsstreitigkeiten, in erster Linie also in gerichtl. Verf. In gerichtl. Verf. kann eine Erledigungsgebühr jedoch nur iHv 1,0 gem. Nr. 1003 oder iHv 1,3 gem. Nr. 1004 RVG entstehen.

3 Gem. § 3 Abs. 2 RVG kann der RA die Erledigungsgebühr der Nr. 1002 VV RVG auch in **sozialrechtlichen Angelegenheiten** fordern, wenn Wertgeb. und nicht Betragsrahmengeb. entstehen (vgl. Komm. zu § 3 RVG). Entstehen gem. § 3 RVG in sozialrechtlichen Angelegenheiten Betragsrahmengeb., so entsteht vorrangig die Erledigungsgebühr der Nr. 1005 VV RVG.

4 Wurde dem AG **Beratungshilfe** bewilligt, verdrängt Nr. 2608 VV RVG als Spezialnorm die Nr. 1002 VV RVG.

5 Die **Einigungsgebühr** Nr. 1000 VV RVG und die **Erledigungsgebühr** Nr. 1002 VV RVG können für dieselbe anwaltl. Tätigkeit hinsichtlich des gleichen Gegenstands in einer gebührenrechtlichen Angelegenheit **nicht nebeneinander** entstehen.

6 Die **Höhe der Gebühr** der Nr. 1002 VV RVG beträgt **1,5**. Der Gebührensatz wurde damit im Vergleich zu § 24 BRAGO (10/10 = 1,0) erhöht. Der Gebührensatz der Erledigungsgebühr beträgt allerdings nur dann 1,5, wenn über den Gegenstand **kein** Verwaltungs**rechtsstreit** bzw. **kein PKH-Verfahren** anhängig ist und dieses vermieden wird (BT-Drs 15/1971 S. 254 zu Nr. 1002 VV RVG). In diesen Fällen entspricht der Gebührensatz der Erledigungsgebühr dem Gebührensatz der Einigungsgebühr der Nr. 1000 VV RVG. Die Höhe des Gebührensatzes der Erledigungsgebühr fördert damit in gleicher Weise wie die Einigungsgebühr das anwaltl. Bestreben, Streitigkeiten möglichst ohne Anrufung des Gerichts beizulegen.

7 Die Erledigungsgebühr entsteht gem. Anm. zu Nr. 1002 VV RVG, wenn der RA an der Erledigung mitgewirkt hat und

- sich eine Rechtssache ganz oder teilweise nach Aufhebung oder Änderung des mit dem Rechtsbehelf angefochtenen VA erledigt oder
- wenn sich eine Rechtssache ganz oder teilweise durch Erlass eines bisher abgelehnten VA erledigt.

Die Rechtssache erledigt sich ganz oder teilweise **nach Aufhebung oder Änderung** des mit dem **Rechtsbehelf angefochtenen Verwaltungsaktes**, wenn die Verwaltungsbehörde ihre bisherige Entscheidung ganz oder zumindest teilweise geändert hat (Gerold/Schmidt Rn. 11-14 zu Nr. 1002 VV RVG mwN, Gebauer/Schneider Rn. 14 zu Nr. 1002 VV RVG, Hartmann Rn. 7-10 zu Nr. 1002 VV RVG) und keine Entscheidung in der Sache ergehen muss. Eine geringfügige Änderung ist ausreichend.

8 Die Anm. zu Nr. 1002 VV RVG regelt nunmehr ausdrücklich den Fall, dass sich eine Verwaltungsangelegenheit durch den **Erlass eines früher abgelehnten Verwaltungsakts** erledigt. Damit wurde die bereits zu § 24 BRAGO in Lit. und Rspr. vertretene Auffassung (BT-Drs 15/1971 zu Nr. 1002 VV RVG mit Hinweis auf Gerold/Schmidt Rn. 4 zu § 24 BRAGO) übernommen.

9 Der hier verwendete **Mitwirkungsbegriff** entspricht im Wesentlichen dem der Nr. 1000 VV RVG. Mitwirkung erfordert eine bes., auf die Beilegung der Sache ohne gerichtl. Entscheidung gerichtete Tätigkeit (Hartmann Rn. 11 zu Nr. 1002 VV RVG mwN) des RA. Die Tätigkeit des RA muss zur Erledigung nicht nur unwesentlich beigetragen haben.

10 Die Verwaltungsangelegenheit ist **erledigt**, wenn der AG durch die Aufhebung des VA zufrieden gestellt ist (Gerold/Schmidt Rn. 6 zu § 24 BRAGO mwN). In Lit. und Rspr. zu § 24 BRAGO wurde kontrovers diskutiert, ob Erledigung eingetreten ist, wenn die **Rechtssache** erledigt ist, oder ob es ausreicht, dass das durch die Anfechtung des VA eingeleitete Verf. erledigt ist (Gerold/Schmidt Rn. 6 zu § 24 BRAGO). Die Formulierung in Nr. 1002 VV RVG ist hierzu eindeutig; Nr. 1002 VV RVG bestimmt (wie bereits zu § 24 BRAGO), dass die Rechtssache und nicht nur der angefochtene VA erledigt sein muss.

Nr.	Gebührentatbestand	Gebühr oder Satz der Gebühr nach § 13 RVG
1003	Über den Gegenstand ist ein anderes gerichtliches Verfahren als ein selbstständiges Beweisverfahren anhängig: Die Gebühren 1000 bis 1002 betragen:	1,0

Dies gilt auch, wenn ein Verfahren über die Prozesskostenhilfe anhängig ist, soweit nicht lediglich Prozesskostenhilfe für die gerichtliche Protokollierung des Vergleichs beantragt wird oder sich die Beiordnung auf den Abschluss eines Vertrags im Sinne der Nummer 1000 erstreckt (§ 48 Abs. 3 RVG).

1 Allgemeines. Grds. hat die Einigungsgebühr gem. Nr. 1000 VV RVG eine Höhe v. 1,5. Dies gilt auch für die Aussöhnungs- und Erledigungsgebühren (Nrn. 1001, 1002 VV RVG) Nr. 1003 VV RVG reduziert die Höhe der Einigungs-, Aussöhnungs- oder Erledigungsgebühr für den Fall der Anhängigkeit eines erstinstanzlichen gerichtl. Verf. auf 1,0. Gleichzeitig werden Ausnahmen bestimmt, in denen trotz Anhängigkeit eines gerichtl. Verf. die Höhe der Einigungsgebühr 1,5 beträgt.

Ist über den Gegenstand ein **selbstständiges Beweisverfahren** anhängig, entsteht die Einigungsgebühr der Nr. 1000 VV RVG iHv 1,5. Dies wird v. Nr. 1003 VV RVG ausdrücklich vorgegeben. Um die Streiterledigung zu fördern, wurde das selbstst. Beweisverfahren v. der Verringerung der Gebühr gem. Nr. 1003 VV RVG ausgenommen.

2 Ist ein **Verfahren über die Bewilligung von Prozesskostenhilfe anhängig**, beträgt die Einigungsgebühr 1,0 (Anm. 1. Hs. zu Nr. 1003 VV RVG), ggf. 1,3 bei Anhängigkeit im Berufungs- oder Revisionsverfahren (Nr. 1004 VV RVG).

Ist kein Verf. über die Bewilligung v. PKH anhängig und wird PKH lediglich für die Protokollierung des Vergleichs beantragt, beträgt die Einigungsgebühr nach Nr. 1000 VV RVG iHv 1,5. Die Einigungsgebühr entsteht auf dem Wert der insofern nicht anhängigen Ansprüche iHv 1,5.

Erstreckt sich die Beiordnung gem. § 48 Abs. 3 RVG (früher: § 122 Abs. 3 BRAGO) auf den Abschluss des Vertrags iSd Nr. 1000 VV RVG, beträgt die Einigungsgebühr trotz eines Antrags auf Gewährung v. PKH 1,5.

3 Einigen sich die Parteien über **anhängige und nichtanhängige Ansprüche**, entsteht die Einigungsgebühr für die nicht anhängigen Ansprüche iHv 1,5. Für die anhängigen Ansprüche hängt die Höhe der Einigungsgebühr davon ab, ob die Einigung im erstinstanzlichen Verf. (Nr. 1003 VV RVG) oder im Berufungs- oder Revisionsverfahren (Nr. 1004 VV RVG) erfolgt. Da die Gebühren dann zu unterschiedlichen Gebührenansätzen anfallen, ist nach § 15 Abs. 3 RVG zu verfahren (vgl. § 15 RVG Anm. 23f.).

Nr.	Gebührentatbestand	Gebühr oder Satz der Gebühr nach § 13 RVG
1004	Über den Gegenstand ist ein Berufungs- oder Revisionsverfahren anhängig: Die Gebühren 1000 bis 1002 betragen:	1,3

1 Die **Höhe der Einigungs-, Aussöhnungs- oder Erledigungsgebühr** beträgt gem. Nr. 1004 VV RVG 1,3, wenn über den Gegenstand ein Berufungs- oder Revisionsverfahren anhängig ist. Ist kein Berufungs- oder Revisionsverfahren, sondern ein anderes gerichtl. Verf. anhängig, bestimmt Nr. 1003 VV RVG die Höhe der Gebühr.

2 Für **Verfahren vor den Finanzgerichten** entstehen in der 1. Instanz gem. Vorbem. 3.2.1 Abs. 1 Nr. 1 VV RVG Gebühren nach Teil 3 Abschn. 2 Unterabschn. 1 VV RVG. Die **Verfahrens- und Terminsgebühren entstehen** in Höhe der Gebühren des Berufungsverfahrens (zB 1,6 Verfahrensgeb. Nr. 3200 VV RVG, 1,2 Terminsgeb. Nr. 3202 VV RVG). Über den Gegenstand muss kein Berufungs- oder Revisionsverfahren anhängig sein; nur die Höhe der Gebühr wird so bestimmt, als ob ein entspr. Verf. anhängig wäre.

Für die **Einigungs- und Erledigungsgebühr** fehlt es an einer ausdrücklichen Regelung. Die Begründung für die Gleichstellung der finanzgerichtlichen Verf. mit Berufungsverfahren kann über die Verf.- und Terminsgebühren hinaus jedoch auch auf die Erledigungs- und Einigungsgebühr übertragen werden. In der Gesetzesbegründung (BT-Drs 15/1971 S. 213) wird darauf abgestellt, dass das FG seiner Struktur nach ein Obergericht wie das OVG (bzw. der VGH) sei. Danach seien die höheren Gebühren auch gerechtfertigt, weil das FG die erste und gleichzeitig letzte Tatsacheninstanz sei und idR auch die einzige und letzte gerichtl. Instanz darstelle. Die Tätigkeit des RA sei insoweit nicht vergleichbar seinen Tätigkeiten vor den sonstigen erstinstanzlichen Gerichten, sondern eher mit der anwaltl. Tätigkeit vor Berufungsgerichten. Dies gilt aber nicht nur im Hinblick auf die Verf.- und Terminsgebühren, sondern im Hinblick auf alle entstehenden Gebühren. Daher beträgt im Falle einer Einigung oder Erledigung im Verf. vor dem FG die Gebühr gem. Nr. 1004 VV RVG 1,3. Die Komm. zur BRAGO hat infolge der Gleichstellung des Verf. vor dem FG mit dem Verf. vor dem Berufungsgericht keine Gültigkeit mehr.

3 Gem. Nr. 1004 VV RVG erhält der RA eine 1,3 Gebühr, wenn ein Berufungs- oder Revisionsverfahren anhängig ist. Es war beabsichtigt, die Regelung aus § 11 Abs. 1 S. 4 BRAGO zu übernehmen. Nach der Formulierung der Regelung scheint diese abschließend zu sein. Ergänzend zu § 11 Abs. 1 S. 4 bestimmte § 11 Abs. 1 S. 6 BRAGO die entspr. Anwendbarkeit des § 11 Abs. 1 S. 4 BRAGO auf **Verfahren vor dem Rechtsmittelgericht über die Zulassung des Rechtsmittels.** Diese Regelung ist in Nr. 1004 VV RVG nicht mehr ausdrücklich enthalten. Offensichtlich wurde das Problem, das sich im Wesentlichen für die Einigungsgebühren ergibt, im Zuge der Neugliederung des VV übersehen. Die Regelung muss aber weiterhin gelten, weil es nicht darauf ankommen kann, ob ein höheres Gericht zust. ist, weil eine Berufung oder Revision eingelegt wurde, sondern nur darauf, dass die Einigung oder Erledigung nicht vor dem Eingangsgericht zustande kommt. Kommt es also im Verf. über die Nichtzulassung, die Sprungrevision, die sofortige Beschwerde oder die weitere sofortige Beschwerde (zB in FGG-Verf.) zur Einigung oder Erledigung, muss Nr. 1004 VV RVG **entsprechend anwendbar** sein, auch wenn weder ein Berufungs- noch ein Revisionsverfahren anhängig ist.

Nr.	Gebührentatbestand	Gebühr oder Satz der Gebühr nach § 13 RVG
1005	Einigung oder Erledigung in sozialrechtlichen Angelegenheiten, in denen im gerichtlichen Verfahren Betragsrahmengebühren entstehen (§ 3 RVG): Die Gebühren 1000 und 1002 betragen:	40,00 bis 520,00 EUR

1 Allgemeines. Eine der Nr. 1005 VV RVG vergleichbare Regelung war in der BRAGO (§ 116 Abs. 4) nicht enthalten. Die Regelung ist im Zusammenhang mit § 3 RVG zu sehen, der bestimmt, dass Betragsrahmengeb. in Verf. vor den Gerichten der Sozialgerichtsbarkeit immer dann entstehen, wenn das GKG nicht anzuwenden ist.

Nr. 1005 bestimmt nur die Höhe der Gebühr; **ob** die Gebühren entstehen, ergibt sich aus dem TB der jew. **Grundnorm**, also **Nr. 1000 bzw. 1002 VV RVG.**

In **sozialrechtlichen Angelegenheiten,** in denen sich die Gebühren nicht nach einem Gegenstandswert richten (vgl. Komm. zu § 3 RVG), bestimmt sich der anwendbare Betragsrahmen nach Nrn. 1005-1007 VV RVG. Der RA muss die Höhe der Gebühren jew. gem. § 14 Abs. 1 RVG bestimmen.

2 Bei **Betragsrahmengebühren** gelten für die Frage, ob die Angelegenheit nicht anhängig, anhängig oder im Rechtsmittelverfahren anhängig ist, die gleichen Grundsätze wie für die Bestimmung in Nr. 1003 und 1004 VV RVG.

Ist **kein gerichtliches Verfahren anhängig**, entstehen die Einigungs- oder Erledigungsgebühren gem. Nr. 1005 VV RVG iHv 40-520 EUR. Die Mittelgebühr beträgt 280 EUR. Ist ein gerichtliches Verfahren **nicht im Rechtsmittelverfahren anhängig**, beträgt die Höhe der Gebühr gem. Nr. 1006 VV RVG 30-350 EUR. Die Mittelgebühr beträgt 190 EUR. Ist ein gerichtl. Verf. **im Rechtsmittelverfahren anhängig**, beträgt die Gebühr gem. Nr. 1007 VV RVG 40-460 EUR. Die Mittelgebühr beträgt 250 EUR.

Nr.	Gebührentatbestand	Gebühr oder Satz der Gebühr nach § 13 RVG
1006	**Über den Gegenstand ist ein gerichtliches Verfahren anhängig:** **Die Gebühr 1005 beträgt:**	30,00 bis 350,00 EUR

1 Für den Fall, dass ein gerichtl. Verf. anhängig ist, bestimmt Nr. 1006 VV RVG eine eigene Gebühr. Es wird auf die Komm. zu Nr. 1005 VV RVG verwiesen.

Nr.	Gebührentatbestand	Gebühr oder Satz der Gebühr nach § 13 RVG
1007	**Über den Gegenstand ist ein Berufungs- oder Revisionsverfahren anhängig:** **Die Gebühr 1005 beträgt:**	40,00 bis 460,00 EUR

1 Es wird auf die Komm. zu Nr. 1005 VV RVG verwiesen.

Nr.	Gebührentatbestand	Gebühr oder Satz der Gebühr nach § 13 RVG
1008	**Auftraggeber sind in derselben Angelegenheit mehrere Personen:** **Die Verfahrens- oder Geschäftsgebühr erhöht sich für jede weitere Person um**	0,3 oder 30% bei Festgebühren, bei Betragsrahmengebühren erhöhen sich der Mindest- und Höchstbetrag um 30%
	(1) Dies gilt bei Wertgebühren nur, soweit der Gegenstand der anwaltlichen Tätigkeit derselbe ist. (2) Die Erhöhung wird nach dem Betrag berechnet, an dem die Personen gemeinschaftlich beteiligt sind. (3) Mehrere Erhöhungen dürfen einen Gebührensatz von 2,0 nicht übersteigen; bei Festgebühren dürfen die Erhöhungen das Doppelte der Festgebühr und bei Betragsrahmengebühren das Doppelte des Mindest- und Höchstbetrages nicht übersteigen.	

Übersicht

1 Allgemeines. Nr. 1008 VV RVG entspricht der Regelung in § 6 Abs. 1 BRAGO. Nr. 1008 VV RVG ist im Zusammenhang mit § 7 RVG zu sehen, der bestimmt, dass der RA, der in derselben Angelegenheit für mehrere AG tätig ist, die Gebühren nur einmal erhält. Die Regelungen sind nebeneinander anwendbar und ergänzen sich insoweit, als Nr. 1008 VV RVG bestimmt, welche gebührenrechtlichen Folgen es hat, wenn der RA mehrere AG vertritt.

2 Nr. 1008 VV RVG setzt voraus, dass **mehrere Personen** AG sind. Anders als nach den Regelungen der BRAGO kommt es nicht mehr auf die Zahl der Personen an, die dem RA ggü. auftreten und den Auftrag oder das Mandat erteilen, sondern auf die Zahl der Personen, die tatsächlich AG sind (vgl. BT-Drs 15/1971 Nr. 1008 VV RVG, 3. Abs.). Bevollmächtigt zB eine Personenmehrheit eine Person dazu, sie ggü. dem RA zu vertreten, wird der RA für mehrere AG tätig. Dies ist auch gerechtfertigt, da sich bei mehreren AG für den RA das Haftungsrisiko erhöhen kann.

3 Bei **Betragsrahmengebühren** erhöht sich der Mindest- und der Höchstbetrag der Gebühr um 30%. Die Erhöhung darf das Doppelte des Mindest- und Höchstbetrages nicht übersteigen.

4 Bei **Festgebühren** erhöht sich die Festgebühr um 30%. Die Erhöhung darf das Doppelte der Festgebühr nicht übersteigen.

5 Anm. Abs. 1 zu Nr. 1008 VV RVG bestimmt, dass eine Erhöhung v. **Wertgebühren** nur erfolgt, wenn der Gegenstand der anwaltl. Tätigkeit ders. ist. Dann erhöht sich die Verf.- oder Geschäftsgebühr für jede weitere Person, die der RA vertritt, um 0,3.

6 Nach einem **Gegenstandswert** werden Gebühren gem. § 2 Abs. 1 RVG berechnet, wenn das Gesetz nichts anderes bestimmt. Etwas anderes bestimmt das Gesetz für Festgebühren und Betragsrahmengeb. Auf denselben Gegenstand kommt es daher für eine Erhöhungsfähigkeit v. Betragsrahmengeb. und Festgebühren nicht an.

7 Der **Gegenstand** wird, anders als die Angelegenheit, nicht durch den erteilten Auftrag bestimmt. Es handelt sich nur dann um denselben Gegenstand, wenn der RA für mehrere AG wg. desselben Rechts oder Rechtsverhältnisses tätig wird (zu den Einzelheiten Gerold/Schmidt Rn. 68ff. zu Nr. 1008 VV RVG). Es kommt nicht darauf an, ob der RA den Auftrag hatte, verschiedene Gegenstände als Gesamtanspruch zu verfolgen.

Derselbe Gegenstand ist gegeben, wenn der RA Gesamtschuldner, Gesamtgläubiger und Gesamthandsgläubiger vertritt (vgl. Komm. zu § 7 RVG).

8 Liegen **verschiedene Gegenstände** vor, so werden die Werte nach § 22 Abs. 1 RVG zusammengerechnet. Machen zB die Ehefrau und das minderjährige Kind gg. den Ehemann und Kindsvater im Rahmen der Klage jew. eigene Unterhaltsansprüche geltend, vertritt der RA sowohl die Frau als auch das Kind (vertreten durch die Mutter). Es handelt sich um **mehrere Auftraggeber**, aber **verschiedene Gegenstände**, denn jeder Unterhaltsanspruch beruht auf einem eigenen Rechtsverhältnis. Der Gegenstandswert der Gegenstände wird gem. § 22 Abs. 1 RVG addiert; die Verfahrensgeb. erhöht sich nicht gem. Nr. 1008 VV RVG um 0,3 (OLG Koblenz NJW 1978, 2399 = JurBür0 1978, 702, OLG Stuttgart JurBüro 1982, 1358, OLG Karlsruhe AnwBl 1981, 72 = Rpfleger 1981, 122, OLG Frankfurt MDR 1981, 238, OLG Hamburg JurBüro 1982, 1179, OLG Bamberg JurBüro 1983, 129, BGH NJW-RR 1991, 119 = MDR 1991, 342 = JurBüro 1991, 534). Dies gilt auch, wenn der RA mehrere Parteien gg. inhaltlich gleichlautende Auskunftsansprüche vertritt. Es handelt sich um mehrere Gegenstände, da die Streitgenossen nicht gesamtschuldnerisch die Auskunft erteilen können, sondern jeder für sich die verlangte Auskunft erteilen muss (noch zu § 6 BRAGO: OLG München JurBüro 2004, 376).

9 Berechnet der RA eine **Wertgebühr**, beträgt die **Erhöhung** für jede weitere von ihm vertretene Person **0,3**. Der Faktor 0,3 wird zu dem Satz der Gebühr, die erhöht wird, **hinzugerechnet**. Im Gegensatz zu der Regelung des § 6 Abs. 1 S. 2 BRAGO ist nicht mehr auf den Begriff der "Ausgangsgebühr" abzustellen. Erhöht wird bei Wertgeb. immer der zugrunde liegende Gebührensatz um 0,3.

Die Veränderung im Vergleich zur BRAGO mag am folgenden **Beispiel** deutlich werden: Der RA vertritt zwei AG in einer Zwangsvollstreckungsangelegenheit. Nach der BRAGO ergab sich eine 3/10 Gebühr gem. §§ 11, 57 BRAGO zzgl. 9/100 anteilige Erhöhung gem. § 6 Abs. 1 S. 2 BRAGO = 3,9/10 Vollstreckungsgebühr (Darstellung nach RVG = 0,39). Die Gebührenhöhe war in der BRAGO auf das Doppelte der Ausgangsgebühr beschränkt. Es konnte also zB maximal 9/10 (= 0,9) gefordert werden, wenn die Ausgangsgebühr 3/10 betrug.

Nach dem RVG kann der RA eine 0,3 Verfahrensgeb. gem. §§ 2 Abs. 2, 13 RVG, Nr. 3309 VV RVG zzgl. 0,3 Erhöhung (1 x 0,3) gem. Nr. 1008 VV RVG nach der Tabelle zu § 13 RVG (volle Gebühr) fordern, also 0,6 Verfahrensgeb. in der Zwangsvollstreckung insgesamt (= entspr. 6/10 nach BRAGO). Für die anwaltl. Tätigkeit im Rahmen der Zwangsvollstreckung führt jeder weitere AG (bis zur "Kappungsgrenze v. 2,0") zu einer Erhöhung der Gebühren um 100%, da sich die Gebühren jew. um 0,3 und damit genau um die Höhe der Ausgangsgebühr erhöhen.

Die Erhöhung wird nach dem **Betrag** berechnet, an dem die AG gemeinschaftlich beteiligt sind.

Fraglich ist die **Berechnung der Erhöhung** gem. Nr. 1008 VV RVG, wenn der RA zB „die Hälfte der Verfahrensgeb." berechnen kann, die einem anderen RA zusteht. Dies gilt insbes. für die Verfahrensgeb. der Nr. 3400 und 3401 VV RVG. Denn der Faktor wird zu dem Satz der Gebühr, die erhöht wird, hinzugerechnet. Der Terminsvertreter berechnet die Hälfte der Verfahrensgeb., die dem Prozessbevollmächtigten zusteht. Es ist im Gesetz nicht geklärt, ob der RA die Hälfte der erhöhten Verfahrensgeb. (zB 1,3 gem. Nr. 3100 VV RVG + 0,3 gem. Nr. 1008 VV RVG bei der Vertretung von zwei AG = 1,6 ./. 2) = 0,8 berechnet oder die Hälfte der Verfahrensgeb. (1,3 ./. 2 = 0,65) zzgl. Erhöhung gem. Nr. 1008 VV RVG (+ 0,3) und somit 0,95. Gleiches gilt für die „Kappungsgrenze" der Verfahrensgeb. auf 1,0 in Nr. 3400 VV RVG. Fraglich ist, ob sich diese Gebühr noch um 0,3 gem. Nr. 1008 VV RVG erhöht, oder ob mit 1,0 ein nicht zu erhöhender Höchstgebührensatz festgeschrieben wurde.

Da die Erhöhung der Nr. 1008 VV RVG für jede Gebühr und jeden RA eigenständig zu prüfen ist, ist im Hinblick auf die Verfahrensgeb. der Nr. 3401 VV RVG der zweiten Auffassung der Vorzug zu geben. Dies muss insbes. gelten, weil nicht ohne weiteres feststeht, dass der RA, der die Gebühr der Nr. 3401 VV RVG fordern kann, auch von allen AG bevollmächtigt ist. Daher ist eine etwaige Erhöhung zur Hälfte der nicht erhöhten Verfahrensgeb. hinzuzurechnen.

Für die Verfahrensgeb. der Nr. 3400 VV RVG gilt Entsprechendes. Die Verfahrensgeb., die der Prozessbevollmächtigte fordern kann, wird auf 1,0 begrenzt. Hinzu kommt ☐ entspr. der Anzahl der tatsächlich vertretenen AG □ der Erhöhungsbetrag der Nr. 1008 VV RVG (zu ähnlichen Ergebnissen □ jedoch mit anderer Begründung □ kommen Wolf JurBüro 2004, 518, Henke AnwBl 2005, 135).

10 Die **höchstmögliche Erhöhung** beträgt bei Wertgeb. 2,0 (Anm. Abs. 3 zu § 1008 VV RVG). Dies entspricht § 6 Abs. 1 S. 2 Hs. 3 und S. 3 Hs. 2 BRAGO. Vertritt der RA mehr als acht AG, beträgt die Erhöhung gleichwohl nicht mehr als 2,0. Die Erhöhung wird zu der Gebühr, zu der sie hinzutritt, hinzugerechnet. Vertritt also der RA mehr als acht AG in einer Zwangsvollstreckungsangelegenheit, beträgt die Erhöhung 2,0. Insgesamt entstehen in diesem Fall als Verfahrensgeb. gem. Nr. 3309 VV RVG höchstens 0,3 (Grundgebühr) + 2,0 (Erhöhung) = 2,3 (LG Frankfurt/Main AGS 2005, 18 = RVGreport 2005, 65).

11 Im Unterschied zu den Regelungen der BRAGO erhöhen sich die Wertgeb. bei mehreren AG nicht mehr um 3/10 der Ausgangsgebühr, sondern um einen feststehenden S. v. 0,3. Für Verfahrensgebühren, die einen geringeren Gebührensatz als 1,0 haben, führt die Erhöhung gem. Nr. 1008 VV RVG ggü. der BRAGO zu einer Erhöhung des Gebührenanspruchs. Für Verfahrensgebühren, deren Gebührensatz 1,0 übersteigt, führt Nr. 1008 VV RVG im Vergleich zur der BRAGO dagegen zu einer Verringerung des Gebührenaufkommens.

Da nicht mehr die sog. Ausgangsgebühr erhöht wird, sondern 0,3 zur zugrunde liegenden Verf.- oder Geschäftsgebühr hinzugerechnet werden, beträgt die Erhöhung für mehrere AG bei Wertgeb.:

2 AG	3 AG	4 AG	5 AG	6 AG	7 AG	8 und mehr AG
+ 0,3	+ 0,6	+0,9	+ 1,2	+ 1,5	+ 1,8	+ 2,0

12 Der **Vorteil der Neuregelung** der Erhöhung in Nr. 1008 VV RVG liegt in der Erleichterung der Berücksichtigung mehrerer AG im Vergleich zur BRAGO. Die Folge dieser Erleichterung ist aber bei Verf.- oder Geschäftsgebühren, deren Gebührensatz geringer als 1,0 ist (zB 0,3 Geschäftsgebühr für ein einfaches Schreiben gem. Nr. 2402 VV RVG), eine Erhöhung der Gebühren (vgl. Beispiel in Anm. 11). Infolgedessen entsteht im Hinblick auf die Höhe der Gebühren ein deutliches Ungleichgewicht, wenn der RA mehrere AG vertritt. Fraglich ist daher, ob Nr. 1008 VV RVG die AG bei niedrigen Gebührensätzen nicht unangemessen benachteiligt. Es bleibt daher abzuwarten, ob die Regelung im Hinblick auf die Gebührengerechtigkeit (vgl. zum Begriff BT-Drs 15/1971 S. 258 zu Nr. 2400 VV RVG l. Abs.) einer verfassungsgerichtlichen Überprüfung standhält.

13 Grundsätzlich ist die Gebühr, die der RA fordern kann, eine einheitliche Gebühr. Die Regelungen aus Nr. 1008 VV RVG werden aber häufig als Zuschlag oder Erhöhungsgebühr dargestellt. Nicht alle Gebühren des VV sind erhöhungsfähig. Erhöhungsfähig sind die **Verfahrens- oder Geschäftsgebühr**, ohne dass es dabei auf den Teil des VV, in dem die Verfahrensgeb. entsteht, ankäme. Teil 1 des VV ist auf alle anderen Teile anwendbar. Wenn die Voraussetzungen vorliegen, sind also auch die Verf.- oder Geschäftsgebühren aus Teil 4, 5 und 6 VV RVG erhöhungsfähig. Dies gilt dann nicht, wenn im VV RVG etwas Abweichendes zu einer Verf.- oder Geschäftsgebühr bestimmt wird (s. Anm. 16).

Die Einigungsgebühr, die Erledigungsgebühr, die Aussöhnungsgebühr, die Hebegebühr, die Terminsgeb. oder sonstige andere Gebühren, die bereits v. ihrem Abgeltungsbereich der Geschäfts- oder Verfahrensgebühr. nicht entsprechen, sind nicht erhöhungsfähig. Dies galt auch schon unter der Geltung v. § 6 BRAGO.

14 Eine ausdrückliche Ausnahme v. der Erhöhungsfähigkeit enthält Nr. 3308 VV RVG für die **Verfahrensgebühren für den Antrag auf Erlass eines Vollstreckungsbescheids**. Die 0,5 Verfahrensgeb. gem. Nr. 3308 VV RVG erhöht sich gem. Nr. 1008 VV RVG bei der Vertretung mehrerer AG entspr. S. 2 der Anm. zu Nr. 3308 VV RVG nur, wenn der RA nicht bereits die 1,0 Verfahrensgeb. der Nr. 3305 VV RVG (Verfahrensgeb. für die Vertretung des Antragstellers im Mahnverfahren) erhöht hat. Die Verfahrensgeb. gem. Nr. 3308 VV RVG erhöht sich somit nur dann, wenn der RA nicht bereits im Mahnverfahren die Erhöhung für die Vertretung mehrerer AG geltend gemacht hat.

15 Zur Geltungszeit der BRAGO waren auch andere Gebühren erhöhungsfähig, wenn sie einen der Geschäfts- oder Prozessgebühr vergleichbaren Abgeltungsbereich hatten. Insoweit ist fraglich, ob die **Aufzählung** der erhöhungsfähigen Gebühren in Nr. 1008 VV RVG ("Verfahrens- oder Geschäftsgebühr") **abschließend** ist. Für die Gebühren, die bereits in ihrem Abgeltungsbereich v. der Geschäfts- oder Verfahrensgeb. abweichen, also für ganz andere Tätigkeiten des RA entstehen, stellt sich diese Frage allerdings nicht. Wäre die Aufzählung abschließend, hätte dies zur Folge, dass insbes. die Gebühren aus Teil 2 Abschnitt 1 und 2 VV RVG, also die Beratungsgebühren, die Gutachtengebühren und die Gebühren für die Prüfung der Erfolgsaussichten eines Rechtsmittels, nicht erhöhungsfähig wären. Auch die Grundgebühren Nr. 4100 und 5100 VV RVG wären nicht erhöhungsfähig. Die **Erhöhungsfähigkeit** dieser Gebühren (bis auf die der Grundgebühr, die im RVG neu eingeführt wurde) war bereits zur Geltungszeit der BRAGO umstritten, wurde jedoch v. der ganz hM (Gerold/Schmidt Rn. 32 zu § 6 BRAGO mwN, Hartmann Rn. 41 zu § 6 BRAGO, OLG Saarbrücken JurBüro 1988, 860, LG Braunschweig AGS 1999, 100, N. Schneider BRAGOreport 2001, 17 mwN; aA Hansens Rn. 6 zu § 20 BRAGO; zum RVG: Schneider/Gebauer Rn. 39, 43 zu Nr. 1008 VV RVG, Rehberg/Xanke „Rat" 5 und 6.2, Gerold/Schmidt Rn. 37 zu Nr. 2100-2103 VV RVG und im Widerspruch hierzu verneinend in Rn. 81 zu Nr. 1008 VV RVG (in Abkehr zur bisher vertretenen Auffassung); bejahend: Hansens RVGreport 2004, 331) für die **Beratungsgebühr** (incl. Erstberatungsgebühr) und damit auch die Gebühr für die Prüfung der Erfolgsaussichten eines Rechtsmittels bejaht. Die Gründe hierfür gelten mE unverändert fort.

Die Gebühren für einen **Rat oder eine Auskunft** (Nr. 2100, 2101 VV RVG), ein **erstes Beratungsgespräch** (Nr. 2102 VV RVG) oder die **Prüfung der Erfolgsaussichten eines Rechtsmittels** (Nrn. 2201, 2202 VV RVG) haben zB mit den Geschäfts- oder Verfahrensgebühren weiterhin gemeinsam, dass durch die Gebühr die Entgegennahme der Information abgegolten wird. Diese Gebühren könnte man daher im weitesten Sinne als **Betriebsgebühren** bezeichnen.

Die Erhöhungsfähigkeit gem. § 6 BRAGO wurde insbes. dann bejaht, wenn die fragliche Gebühr auf eine Geschäfts- oder Prozessgebühr (jetzt Verfahrensgeb.) **angerechnet** wurde. Die Beratungsgebühren der Nrn. 2100-2102 VV RVG werden weiterhin gem. Anm. Abs. 2 zu Nr. 2100 VV RVG auf die Gebühren für eine sonstige Tätigkeit angerechnet. Die Gebühren für die Prüfung der Erfolgsaussichten der Nr. 2200, 2202 VV RVG werden nach der Anm. zu Nr. 2200 VV RVG auf die Gebühren des Rechtsmittelverfahrens angerechnet. Dies gilt unabhängig davon, ob es sich bei den Gebühren um Betrags- oder Satzrahmengeb. handelt. Durch die Anrechnung wird verdeutlicht, dass es sich um grds. gleichartige Gebühren handelt, denn die Anrechnung soll ja bewirken, dass der RA für gleichartige Tätigkeiten nicht mehrfach Gebühren in einer gebührenrechtlichen Angelegenheit erhält. Die Anrechnung ist damit ein Anhaltspunkt dafür, welche Gebühren entspr. Nr. 1008 VV RVG erhöhungsfähig sind.

Auch der Gesetzesbegründung (BT-Drs 15/1971 zu Nr. 1008 VV RVG) lässt sich nicht entnehmen, dass die Änderung der Formulierung in "Geschäfts- oder Verfahrensgeb." in der Absicht erfolgte, im Hinblick auf die erhöhungsfähigen Gebühren eine abschließende Bestimmung zu treffen.

Wegen der weiterhin gegebenen Ähnlichkeiten der Beratungsgebühren und der Gebühren für die Prüfung der Erfolgsaussichten eines Rechtsmittels mit der Verf.- oder Geschäftsgebühr sind diese gleichfalls erhöhungsfähig. Dies gilt unabhängig davon, ob es sich bei der zugrunde liegenden Gebühr um eine **Satz- oder Betragsrahmengebühr** handelt.

Sofern in der BRAGO Gründe für eine Erhöhungsfähigkeit v. Gebühren gegeben waren, gelten diese also für die Erhöhungsfähigkeit nach dem RVG fort. Nr. 1008 VV RVG ist damit nicht als abschließende Bestimmung zu werten, sondern nur als beispielhafte Aufzählung.

16 Auch die **Grundgebühren** der Nrn. 4100 und 5100 VV RVG sind erhöhungsfähig. Beide Gebühren entstehen für die einmalige Übernahme des Mandats, also das erste Gespräch mit dem Mandanten und die Beschaffung der erforderlichen Information. Für eine Erhöhungsfähigkeit der Grundgebühr spricht weiterhin, dass die Grundgebühren aufeinander angerechnet werden.

17 Erstellt der RA ein **Gutachten**, bestimmt er gem. Nr. 2100 VV RVG eine angemessene Gebühr. Schon zur Geltungszeit der BRAGO wurde die Erhöhungsfähigkeit dieser Gebühr verneint, weil der RA bei der Bestimmung der angemessenen Gebühr gem. § 14 RVG über das Kriterium des Umfangs der anwaltl. Tätigkeit angemessen berücksichtigen kann, dass er mehrere AG vertreten hat. Eine Erhöhung gem. Nr. 1008 VV RVG scheidet aus diesem Grund aus (Gerold/Schmidt Rn. 32 zu § 6 BRAGO).

18 Durch die Erhöhung der Geschäftsgebühren der Nrn. 2400ff. RVG gem. Nr. 1008 VV RVG ergeben sich für den Fall einer nachfolgenden gerichtl. Auseinandersetzung erhebliche Unklarheiten darüber, wie die Anrechnung zu erfolgen hat. Diesbezüglich wird auf die Komm. zu Nr. 2400 VV RVG Anm. 17ff. verwiesen.

Nr.	Gebührentatbestand	Gebühr oder Satz der Gebühr nach § 13 RVG
1009	**Hebegebühr**	
	1. bis einschließlich 2500 EUR	1,0%
	2. von dem Mehrbetrag bis einschließlich 10000 EUR	0,5%
	3. von dem Mehrbetrag über 10000 EUR	0,25%
		des aus- oder zurückgezahlten Betrages □ mindestens 1,00 EUR
	(1) Die Gebühr wird für die Auszahlung oder Rückzahlung von entgegengenommenen Geldbeträgen erhoben.	
	(2) Unbare Zahlungen stehen baren Zahlungen gleich. Die Gebühr kann bei der Ablieferung an den Auftraggeber entnommen werden.	
	(3) Ist das Geld in mehreren Beträgen gesondert ausgezahlt oder zurückgezahlt, wird die Gebühr von jedem Betrag besonders erhoben.	
	(4) Für die Ablieferung oder Rücklieferung von Wertpapieren und Kostbarkeiten entsteht die in den Absätzen 1 bis 3 bestimmte Gebühr nach dem Wert.	
	(5) Die Hebegebühr entsteht nicht, soweit Kosten an ein Gericht oder eine Behörde weitergeleitet oder eingezogene Kosten an den Auftraggeber abgeführt oder eingezogene Beträge auf die Vergütung verrechnet werden.	

Übersicht

Entnahmerecht	7
Vergütungsberechnung	8
Auszahlung in Teilbeträgen	9
Ablieferung von Wertpapieren oder Kostbarkeiten	10
Weiterleitung von Kosten an Gerichte oder Behörden	11
Weiterleitung eingezogener Kosten	12
Verrechnung eingezogener Beträge auf die Vergütung	13
Wert	14
Höhe der Gebühr/Mindestgebühr/Auf-/Abrundung	15
Erstattungsfähigkeit	16

1 Allgemeines. Die Hebegebühr der Nr. 1009 VV RVG entspricht inhaltl. der bisherigen Regelung aus § 22 BRAGO (BT-Drs 15/1971 zu Nr. 1009 VV RVG).

2 Durch die Hebgebühr wird die **über die Rechtsberatung hinausgehende Tätigkeit** des RA abgegolten. Erforderlich für das Entstehen der Hebegebühr ist, dass der RA daneben anwaltliche Tätigkeit iSv § 1 Abs. 1 VV RVG ausübt.

Auslagen (Teil 7 VV RVG) erhält der RA gesondert. Kontoführungsgebühren oder **andere Aufwendungen**, die mit der Aus- oder Rückzahlung der Beträge in Zusammenhang stehen, kann der RA nicht zusätzl. fordern. Diese Aufwendungen zählen zu den allg. Geschäftskosten (Vorbem. 7 Abs. 1 VV RVG).

3 Die Hebegebühr setzt idR einen gesonderten **Auftrag** des AG voraus (BGHZ 70, 247, 251, Gerold/Schmidt Rn. 4 zu Nr. 1009 VV RVG, Hartmann Rn. 4 zu Nr. 1009 VV RVG, Gebauer/Schneider Rn. 6 zu Nr. 1009 VV RVG). Der Auftrag wird aber idR schon anzunehmen sein, wenn dem RA ein Prozessführungsauftrag erteilt wird (Hartung/Römermann Rn. 66 zu Teil 1 VV RVG; konkludent erteilter Auftrag: Schneider Gebauer Rn. 7 zu Nr. 1009 VV RVG). Hartung/Römermann (aaO Rn. 67) weisen zutr. darauf hin, dass es nicht darauf ankommt, ob die Prozessvollmacht auch die Geldempfangsvollmacht beinhaltet, sondern nur darauf, ob dem RA eine ausreichende (ggf. auch konkludente) Vollmacht erteilt wurde.

4 Die Gebühr **entsteht** nach der ausdrücklichen Regelung in der Anm. Abs. 1 erst **bei Aus- oder Rückzahlung** der entgegengenommenen Beträge. Folglich kann sie auch erst bei Aus- oder Rückzahlung isV § 8 RVG **fällig** werden.

5 Die Gebühr entsteht **unabhängig** davon, wer auftragsgemäß der **Aus- oder Rückzahlungsempfänger** ist. Erfolgt die Rückzahlung auf Weisung des AG nicht an diesen, sondern an einen Dritten, entsteht also die Hebegebühr.

6 Für das Entstehen der Hebegebühr ist es unerheblich, wie die Aus- oder Rückzahlung erfolgt. Nach der Anm. Abs. 2 S. 1 zu Nr. 1009 VV RVG **stehen unbare Zahlungen der baren Zahlung gleich**. Der RA kann die Hebegebühr daher unabhängig davon fordern, ob den Betrag auf ein Sparkonto, Geldkonto oder sonstiges Konto überweist oder bar an den AG aus- oder zurückzahlt. Wird Bargeld ausgezahlt, kommt es für das Entstehen der Gebühr nicht darauf an, ob es sich um **inländische oder ausländische Währung** handelt (Gerold/Schmidt Rn. 19 zu Nr. 1009 VV RVG).

7 Der RA kann die Hebegebühr (nebst etwaigen Auslagen) gem. Anm. Abs. 2 S. 2 zu Nr. 1009 VV RVG **dem zurück- oder auszuzahlenden Betrag entnehmen**. Ein Entnahmerecht besteht gem. Abs. 2 S. 2 der Anm. zu Nr. 1009 VV RVG ausdrücklich nicht, soweit die **Beträge an einen Dritten gezahlt** werden (Hartmann Rn. 17 zu Nr. 1009 VV RVG, Gerold/Schmidt Rn. 40 zu Nr. 1009 VV RVG), etwa wenn der AG Beträge (zB Vergleichsbeträge oder Unterhaltsbeträge) an den RA zum Zwecke der Weiterleitung an einen Dritten zahlt. Er kann auch die Weiterleitung der Beträge nicht davon abhängig machen, dass die Hebegebühr durch den AG vor Weiterleitung gezahlt ist (Hartmann aaO; aa Gerold/Schmidt Rn. 42 zu Nr. 1009 VV RVG).

8 Das Entnahmerecht befreit den RA nicht v. der **Pflicht**, seine Gebührenansprüche gem. § 10 RVG zu beziffern. Er muss daher dem AG eine den Formvorschriften entspr. **Berechnung** gem. § 10 RVG über die Hebegebühr erteilen. Das Erstellen der Vergütungsberechnung sollte sich unmittelbar an die Entnahme des Betrags anschließen. Das Entnahmerecht befreit nur v. der vorherigen Erstellung einer Berechnung.

9 Erfolgt die Aus- oder Rückzahlung in **mehreren Einzelbeträgen**, wird gem. Anm. Abs. 3 zu Nr. 1009 VV RVG die Gebühr v. jedem zurück- oder ausgezahlten Betrag bes. erhoben. Es muss ein sachlicher Grund für die Aus- oder Zurückzahlung in Einzelbeträgen vorliegen. Ein solcher Grund kann insbes. vorliegen, wenn der RA die Beträge bei Vertretung mehrerer AG an die jew. AG weiterleitet. Vertritt der RA nur einen AG, ist er "im Kosteninteresse des AG verpflichtet, die Auszahlung, Zurückzahlung, Ablieferung oder Zurücklieferung grundsätzlich in einem Arbeitsgang vorzunehmen" (Hartmann Rn. 11 zu Nr. 1009 VV RVG).

10 Für die **Ablieferung oder Rücklieferung von Wertpapieren und Kostbarkeiten** erhält der RA nach Anm. Abs. 4 zu Nr. 1009 VV RVG ebenfalls die Hebegebühr nach den Bestimmungen der Abs. 1-3. Die Höhe der Gebühr bestimmt sich in diesem Fall nach dem Wert der Wertpapiere oder Kostbarkeiten.

Wertpapiere sind Urkunden, die Träger des in ihnen verbrieften Rechts sind, wie zB Schuldverschreibungen auf den Inhaber, Pfandbriefe, Aktien, Kuxe, Konnossements, Wechsel und Schecks (auch Verrechnungsschecks). Ausweispapiere wie zB Hypothekenbriefe, Versicherungsscheine oder bloße Beweisurkunden, Schuldscheine und Legitimationspapiere sind keine Wertpapiere (Gerold/Schmidt Rn. 14 zu § 22 BRAGO).

Kostbarkeiten sind Sachen, deren Wert im Verhältnis zu Größe und Gewicht bes. hoch ist oder deren Wert die allgemeinen Werte in ungewöhnlicher Weise übersteigt, zB Edelmetall, Schmuckstücke, seltene Briefmarken v. hohem Wert oder Edelsteine (Gerold/Schmidt Rn. 15 zu § 22 BRAGO).

11 Der RA erhält nach Abs. 5 Anm. zu Nr. 1009 VV RVG die **Hebegebühr nicht**, soweit er **Kosten** an ein **Gericht** oder eine **Behörde weiterleitet** oder **eingezogene Kosten** an den AG **abführt** oder **eingezogene Beträge** auf seine Vergütung **verrechnet**.

Hat der AG Gerichtskosten als Vorschuss an den RA geleistet, entsteht für die Weiterleitung der Gerichtskosten an das Gericht gem. Abs. 5 Anm. zu Nr. 1009 VV RVG keine Hebegebühr. Dies gilt für alle Kosten, die der AG zur Weiterleitung durch den RA an ein Gericht oder Behörde an diesen leistet.

Der RA kann die Hebegebühr fordern, wenn er eingezogene Gerichtskosten an den AG aus- oder zurückzahlt (die Gerichtskosten wurden nicht in voller Höhe verbraucht, die Gerichtskasse zahlt nicht verbrauchte Gerichtskosten zurück, Gerold/Schmidt Rn. 12 zu § 22 BRAGO mwN). Nach Auffassung v. Madert (Gerold/Schmidt Nr. 12 aE zu § 22 BRAGO) entsteht die Hebegebühr auch, wenn der RA einen nicht verbrauchten Gebührenvorschuss an den AG zurückzahlt. Dieser Auffassung ist mE zumindest immer dann nicht zu folgen, wenn der AG den Vorschuss auf bezifferte Anforderung durch den RA gezahlt hat. ME lässt sich aus Anm. Abs. 5 zu Nr. 1009 VV RVG ein Anspruch auf die Hebegebühr bei Rückzahlung v. Vorschüssen an den AG aber auch sonst nicht herleiten. Der Gebührenvorschuss an den RA diente nicht der Weiterleitung an ein Gericht oder eine Behörde, sondern dem Sicherungsinteresse des RA. Ergibt sich, dass dieses Sicherungsinteresse des RA nicht in vollem Umfang gegeben war, kann daraus zu Lasten des AG kein Anspruch auf die Hebegebühr hergeleitet werden.

12 Leitet der RA **eingezogene Kosten** (zB aus einem Kostenfestsetzungsbeschluss) an den AG weiter, entsteht keine Hebegebühr (Abs. 5 der Anm. zu Nr. 1009 VV RVG).

13 Verrechnet der RA **eingezogene Beträge** (also nicht nur eingezogene Kosten, sondern auch sonstige eingezogene Beträge wie zB die Hauptforderung) mit eigenen Gebührenansprüchen, entsteht insoweit keine Hebegebühr (Abs. 5 der Anm. zu Nr. 1009 VV RVG). **Beispiel:** Der RA hat für den AG einen Betrag ihv 5.000 EUR eingezogen. Der RA hat noch einen Vergütungsanspruch v. 970,00 EUR gg. den AG, den er mit dem eingezogenen Betrag verrechnet. Post- und Telekommunikationsentgelte gem. Nr. 7002 VV RVG sind nicht entstanden. Es verbleibt ein Betrag ihv 4.030 EUR, v. dem der RA die Hebegebühr berechnet:

Hebegebühr Nr. 1009 VV RVG	32,65 EUR
USt Nr. 7008 VV RVG	5,22 EUR
Summe	**37,87 EUR**

Die Summe behält der RA ein, so dass er 3.992,13 EUR (4.030,00 EUR □ 37,87 EUR) an den AG auszahlt.

14 Der **Gegenstandswert** zur Berechnung der Hebegebühr (§ 2 Abs. 1 RVG) bestimmt sich bei Bargeld nach dem Nominalbetrag. Zahlt der RA in ausländischer Währung, wird der Gegenstandswert durch den Kurswert zum Zeitpunkt der Abbuchung v. Konto des RA oder □ bei Barzahlung □ zum Zeitpunkt der Aushändigung an den AG bestimmt. Entspr. gilt für Wertpapiere. Für Kostbarkeiten ist auf den Verkehrswert abzustellen.

15 Die **Höhe der Gebühr** ist abhängig v. der Höhe des zurückgezahlten Betrags und ergibt sich aus Nr. 1009 VV RVG (so). Sie beträgt **mind. 1,00 EUR**. Die Gebühr ist gem. § 2 Abs. 2 RVG auf- oder abzurunden. Die Höhe der Gebühr beträgt bei ausgezahlten Geldbeträgen bis zu einschl. 2.500 EUR 1% der aus- oder zurückgezahlten Summe (Nr. 1009 Nr. 1 VV RVG). Von dem Mehrbetrag v. 2.500 EUR bis einschl. 10.000 EUR beträgt die Hebegebühr 0,5% (Nr. 1009 Nr. 2 VV RVG) der aus- oder zurückgezahlten Summe. Von dem Mehrbetrag über 10.000 EUR beträgt die Hebegebühr 0,25% (Nr. 1009 Nr. 3 VV RVG) der aus- oder zurückgezahlten Summe.

16 Die **Erstattungsfähigkeit** der Hebegebühr hängt davon ab, ob es notwendig iSv § 91 Abs. 1 ZPO war, den RA bei der Empfangnahme, Aus- oder Rückzahlung der Beträge hinzuziehen. Zu den Einzelheiten s. Gerold/Schmidt Rn. 50f. zu Nr. 1009 VV RVG, Hartmann Rn. 18-26 zu Nr. 1009 VV RVG mwN, KostRsp § 91 ZPO (A) 5.0.6.).

Teil 2. Außergerichtliche Tätigkeiten einschließlich der Vertretung im Verwaltungsverfahren

Vorbemerkung 2:

(1) Die Vorschriften dieses Teils sind nur anzuwenden, soweit nicht die §§ 34 bis 36 RVG etwas anderes bestimmen.

(2) Für die Tätigkeit als Beistand für einen Zeugen oder Sachverständigen in einem Verwaltungsverfahren, für das sich die Gebühren nach diesem Teil bestimmen, entstehen die gleichen Gebühren wie für einen Bevollmächtigten in diesem Verfahren. Für die Tätigkeit als Beistand eines Zeugen oder Sachverständigen vor einem parlamentarischen Untersuchungsausschuss entstehen die gleichen Gebühren wie für die entsprechende Beistandsleistung in einem Strafverfahren des ersten Rechtszugs vor dem Oberlandesgericht.

(3) Die Vorschriften dieses Teils mit Ausnahme der Gebühren nach Abschnitt 1 und nach den Nummern 2202, 2203, 2600 und 2601 gelten nicht für die in den Teilen 4 bis 6 geregelten Angelegenheiten.

Übersicht

1 Allgemeines. Vorbem. 2 dient hauptsächlich der **Einschränkung des Anwendungsbereichs des 2. Teils VV RVG.** Sie gilt für alle folgenden Abschnitte des 2. Teils vorbehaltlich der abweichenden Bestimmung in Vorbem. 2 Abs. 3 VV RVG.

2 Die in Teil 2 bestimmten Gebühren wie Beratungsgebühren, Geschäftsgebühren, Gutachtengebühren, Gebühren für die Prüfung der Erfolgsaussichten eines Rechtsmittels können gem. Vorbem. 2 Abs. 1 VV RVG nicht entstehen, wenn in den **§§ 34 (Mediation), 35 (Hilfeleistung in Steuersachen) und 36 RVG (schiedsrichterliche Verfahren und Verfahren vor dem Schiedsgericht)** etwas anderes bestimmt ist, da diese Bestimmungen vor denen des 2. Teil VV RVG **Vorrang** haben. § 34 RVG bestimmt, dass der RA, der keine Vergütungsvereinbarung (§ 4 RVG) getroffen hat, Gebühren nach den Vorschriften des BGB erhält (übliche Vergütung iSv § 612 BGB). § 35 RVG verweist auf die speziellen Vorschriften der StBGebV. § 36 Abs. 1 RVG bestimmt die Anwendbarkeit v. Teil 3 Abschnitt 1 und 2 des VV RVG in bestimmten außergerichtlichen Verf. Zu den weiteren Einzelheiten der vorgenannten Verf. wird auf die entspr. Komm. verwiesen.

3 Die Beratungsgebühren aus Teil 2 VV RVG entstehen gem. **Vorbem. 2 Abs. 2 VV RVG** nicht, wenn sich die Tätigkeit des RA auf eine **Beistandsleistung für Zeugen oder Sachverständigen** in einem Verwaltungsverfahren bezieht. In diesen Fällen bestimmt sich die Vergütung des RA nach der Vergütung, die ein Bevollmächtigter in diesen Verf. erhielte. Es ist im VV RVG grds. vorgesehen, dass diese Tätigkeiten des RA wie die Tätigkeit eines Bevollmächtigten oder Vertreters entgolten werden.

Vorbem. 2 Abs. 2 S 1 VV RVG schließt allerdings die Entstehung der **Geschäftsgebühr** nicht aus, denn durch Nr. 2400 VV RVG wird auch die anwaltl. Tätigkeit als **Beistand für Zeugen und Sachverständige** in einem **Verwaltungsverfahren** abgegolten, wenn sich die Gebühren nach Teil 2 des VV RVG richten. Die Gebühren richten sich nicht nach Teil 2 des VV RVG, wenn sich die anwaltl. Tätigkeit auf die Beistandsleistung für einen Zeugen oder Sachverständigen vor einem **parlamentarischen Untersuchungsausschuss** bezieht. In diesen Fällen entstehen die gleichen Gebühren wie für die entspr. Beistandsleistung des RA in einem Strafverfahren des ersten Rechtszugs vor dem OLG (zB Grundgebühr Nr. 4100 VV RVG, Verfahrensgeb. Nr. 4118 VV RVG).

4 Aus **Vorbem. 2 Abs. 3 VV RVG** ergibt sich die Anwendbarkeit bestimmter Gebührenvorschriften für außergerichtliche Tätigkeiten des RA in den in **Teil 4-6 VV RVG** geregelten Angelegenheiten. In **Strafsachen, Bußgeldsachen und sonstigen Verfahren** aus Teil 6 VV RVG können nur folgende Gebühren aus **Teil 2 VV RVG** entstehen:

- Beratungsgebühren (Nr. 2100-2103 VV RVG) sowie
- Gutachtengebühren (Nr. 2103 VV RVG) aus Abschnitt 1 Teil 2 VV RVG,
- die Gebühr für die Prüfung der Erfolgsaussichten eines Rechtsmittels (Nr. 2202 VV RVG) sowie die Gebühr für die Prüfung der Erfolgsaussichten eines Rechtsmittels in Form eines Gutachtens (Nr. 2203 VV RVG) aus Abschnitt 2 Teil 2 VV RVG,
- die Beratungshilfegebühr (netto 10 EUR) gem. Nr. 2600 VV RVG,
- die Beratungsgebühr (bei bewilligter BerHi: Festgebühr iHv 30 EUR) Nr. 2601 VV RVG sowie
- Gebühren aus Abschnitt 6 Teil 2 VV RVG.

Alle sonstigen Gebührenvorschriften aus Teil 2 VV RVG sind in den Teilen 4-6 VV RVG nicht anwendbar.

Abschnitt 1. Beratung und Gutachten

Nr.	Gebührentatbestand	Gebühr oder Satz der Gebühr nach § 13 RVG
2100	Beratungsgebühr, soweit in Nummer 2101 nichts anderes bestimmt ist	0,1 bis 1,0
	(1) Die Gebühr entsteht für einen mündlichen oder schriftlichen Rat oder eine Auskunft (Beratung), wenn die Beratung nicht mit einer anderen gebührenpflichtigen Tätigkeit zusammenhängt.	
	(2) Die Gebühr ist auf eine Gebühr für eine sonstige Tätigkeit anzurechnen, die mit der Beratung zusammenhängt.	

Übersicht

1 Allgemeines. Nr. 2100 VV RVG ist der erste Gebührentatbestand in Teil 2 VV RVG. Sie bestimmt die Vergütung des RA, dessen Tätigkeit sich entspr. dem ihm erteilten Auftrag auf die Erteilung eines mündl. oder schriftlichen Rates oder einer Auskunft beschränkt. Die Beratungsgebühr setzt die Erteilung eines entspr. Auftrags des AG voraus. Ist dem RA kein Beratungsauftrag erteilt worden, entsteht keine Beratungsgebühr. Kommt es nach Erteilung des Beratungsauftrags nicht mehr zu einer Beratung, kann die Beratungsgebühr dennoch entstanden sein (Hansens RVGreport 2004, 291 mwN). Die Höhe der in diesem Fall entstehenden Beratungsgebühr ist unter Berücksichtigung von § 14 RVG zu bestimmen.

Die Beratungsgebühr der Nr. 2100 VV RVG kann grds. in allen Angelegenheiten entstehen, in denen der RA anwaltl. Tätigkeit ausübt. Zwar ist fast jede anwaltl. Tätigkeit mit einer Raterteilung verbunden; eine Beratungsgebühr entsteht jedoch nur, wenn die Tätigkeit des RA mit dem Rat oder der Auskunft beendet ist. Schließt sich eine weitere Tätigkeit des RA an, die mit der Raterteilung in einem Zusammenhang steht, hat die Beratungsgebühr gebührenrechtlich idR keine Bedeutung. Die Beratungsgebühr wird durch jede speziellere Gebühr, die mit der Beratungsgebühr in einem Zusammenhang steht, verdrängt (vgl. Anm. 9).

2 Zu beachten sind die Fälle der Nichtanwendbarkeit der Nr. 2100 VV RVG:

Fehlt es an einer **anwaltlichen Tätigkeit** iSv § 1 Abs. 2 RVG, kann die Beratungsgebühr nicht entstehen.

Erteilt der RA einen Rat oder eine Auskunft im Rahmen der **Beratungshilfe** nach dem BerHG, ist Nr. 2100 VV RVG nicht anwendbar. Es entstehen ausschließlich die Beratungsgebühren der Nrn. 2600 und 2601 VV RVG. Aus **Vorbem. 2 Abs. 1 u. Abs. 2 VV RVG** ergeben sich weitere **Einschränkungen** der Anwendbarkeit der Beratungsbebühr (s. Anm. 2-4 zu Vorbem. 2).

3 Der RA kann ausdrücklich oder stillschweigend mit der Erteilung einer Auskunft oder eines Rates beauftragt werden (Gerold/Schmidt Rn. 4 zu § 20 BRAGO). Der **Auftrag** des AG muss gerade auf die Erteilung eines Rates oder einer Auskunft bezogen gewesen sein. Erteilt der AG einen über eine Beratung iSd Anm. Abs. 1 zu Nr. 2100 VV RVG hinausgehenden Auftrag, entsteht nicht die Beratungsgebühr, sondern die dem Auftrag entspr. Gebühr.

Beispiel 1: Der AG erteilt dem RA den Auftrag zur außergerichtlichen Vertretung. Von diesem Vertretungswunsch nimmt der AG nach der Beratung durch den RA Abstand. Es entsteht nicht die Beratungsgebühr der Nr. 2100 VV RVG, sondern eine Geschäftsgebühr.

Beispiel 2: Der AG erteilt dem RA den Prozessauftrag. Der RA rät v. der Führung eines Prozesses ab. Es entsteht nicht die Beratungsgebühr der Nr. 2100 VV RVG, sondern die 0,8 Verfahrensgeb. der Nr. 3101 Nr. 1 VV RVG.

4 Unter einem **Rat** ist eine Empfehlung des RA an den AG zu verstehen, wie er sich in einer bestimmten Situation, deretwegen er sich an den RA gewandt hat, verhalten soll (BGHZ 7, 351).

Beispiel: Der AG hat eine Abmahnung v. seinem Arbeitgeber erhalten. Der AG, der den Konflikt mit seinem Arbeitgeber nicht verschärfen will, wünscht eine Empfehlung dazu, wie er eine Entfernung der Abmahnung aus der Personalakte erreichen kann. Der RA erteilt einen Rat iSv Nr. 2100 VV RVG.

5 Die Erteilung des Rates ist nicht an eine bestimmte **Form** gebunden. Der RA kann den Rat schriftlich, mündl. oder fernmündlich erteilen. Berät der RA den AG schriftlich, ist die Gebühr für eine Beratung v. der Gebühr für die Erstellung eines Gutachtens abzugrenzen. Hat der RA (auftragsgemäß) ein Gutachten erstellt, entsteht anstelle der Beratungsgebühr der Nr. 2100 VV RVG die Gutachtengebühr der Nr. 2103 VV RVG.

Der Rat muss sich auf rechtl. Fragen beziehen und kann auch in einem Abraten v. einem bestimmten Verhalten bestehen.

6 Eine **Auskunft** ist die Antwort auf eine bestimmte Frage allgemeiner Art; sie kann eine gegebene oder nicht gegebene Rechtslage betreffen. Der Auskunft fehlt in Abgrenzung zum Rat eine Empfehlung des RA für ein bestimmtes Verhalten. Die Auskunft kann selbstverständlich zu einem Rat führen, dies ist aber nicht zwingend.

Beispiel: Der AG als Arbeitgeber fragt den RA, ob die Kündigungsfristen v. Arbeitsverhältnissen für Arbeitgeber und Arbeitnehmer gleich lang sind. Der RA verneint diese Frage unter Hinweis auf § 622 BGB, ohne dem AG konkrete Verhaltensvorschläge zu geben.

7 Die Gebühr der Nr. 2100 VV RVG entsteht nur, wenn der RA den Rat entweder dem AG persönlich oder einer der in § 5 RVG genannten Personen (**Stellvertreter**) für den AG erteilt.

8 Geben Kanzleiangestellte des RA die v. diesem erteilten Auskünfte oder Ratschläge weiter, entsteht die Gebühr, wenn die Kanzleiangestellten als Erklärungsboten handeln, weil die Erteilung durch den **Erklärungsboten** der persönlichen Erteilung rechtl. gleichgestellt ist (Hartmann Rn. 8 zu Nr. 2100 VV RVG).

9 Die Gebühr der Nr. 2100 VV RVG kann der RA gem. Anm. Abs. 1 zu Nr. 2100 VV RVG nur fordern, wenn die Beratung nicht mit einer anderen gebührenpflichtigen Tätigkeit zusammenhängt, da in diesem Fall der Rat oder die Auskunft des RA mit der für die Angelegenheit vorgesehenen Gebühr abgegolten wird. Dieser Grundsatz gilt für alle gebührenpflichtigen Tätigkeiten, die mit der

Beratung zusammenhängen. Liegt zB eine Angelegenheit vor, in der der RA die Geschäftsgebühr der Nr. 2400 VV RVG fordern kann, kann er in derselben Angelegenheit wg. desselben Gegenstands nicht noch die Beratungsgebühr fordern (zu § 20 BRAGO OLG Schleswig JurBüro 1981, 1347 = KostRsp BRAGO § 20 Rn. 4, OLG Düsseldorf JurBüro 1999, 287, OLG Koblenz VersR 1982, 1011, AG Hamburg AnwBl 1980, 80). Der Rat bzw. die Auskunft wird durch die in der Angelegenheit entstandene Gebühr abgegolten. Vertritt der RA den AG im gerichtl. Verf. und entsteht eine Verfahrensgeb., kann er wg. desselben Gegenstands keine Beratungsgebühr fordern. Da Anm. Abs. 1 zu Nr. 2100 VV RVG § 20 Abs. 1 S. 1 BRAGO entspricht, werden Rspr. und Lit. hierzu ihre Gültigkeit behalten.

10 Geht der Gegenstand des Rates oder der Auskunft über den Gegenstand der anderen mit dem Rat oder Auskunft in Zusammenhang stehenden Tätigkeit hinaus, entsteht die **Beratungsgebühr besonders**. Dies ist immer dann der Fall, wenn der RA im Anschluss an den Beratungsauftrag v. der außergerichtlichen oder gerichtl. Geltendmachung der Gesamtforderung abrät und der AG die Geltendmachung der Forderung aufgrund des erteilten Rates beschränkt.

Wurde dem RA allerdings in vollem Umfang der Klageauftrag erteilt und ist er infolgedessen Prozessbev., entsteht in dem Fall, dass er die Weisung erhält nur eine Teilforderung gerichtl. geltend zu machen (zB wg. des Kostenrisikos oder der sich ergebenden sachlichen Zuständigkeit), nicht die Beratungsgebühr Nr. 2100 VV RVG, sondern die Verfahrensgeb. Nr. 3101 Nr. 1 VV RVG (Gerold/Schmidt Rn. 9 zu § 20 BRAGO). Entscheidend ist der Auftrag des AG.

11 Soweit sich die Gebühren nach einem Gegenstandswert (§ 2 Abs. 1 RVG) berechnen, hat die Beratungsgebühr der Nr. 2100 VV RVG einen Gebührensatzrahmen v. 0,1-1,0. Die **Mittelgebühr** (vgl. § 14 RVG) beträgt 0,55. Die Höhe des Gebührensatzrahmens bestimmt der RA gem. § 14 RVG.

12 Die Beratungsgebühr ist auf eine Gebühr für eine sonstige Tätigkeit **anzurechnen**, die mit der Beratung zusammenhängt (Anm. Abs. 2 zu Nr. 2100 VV RVG). War der RA zunächst nur beratend tätig und wird ihm später in derselben Angelegenheit ein weitergehender Auftrag erteilt, werden die Gebühren für die Beratungstätigkeit auf die folgenden Gebühren angerechnet, soweit nicht seit der Erledigung des früheren Auftrags mehr als zwei Kalenderjahre vergangen sind (§ 15 Abs. 5 S. 5 RVG).

13 Str. ist, ob die Beratungsgeb. Nr. 2100 VV RVG gem. Nr. 1008 VV RVG **erhöhungsfähig** (vgl. Anm. 15 zu Nr. 1008 VV RVG) ist. Dies ist mE der Fall (ebenso: Gebauer/Schneider Rn. 44ff. zu Nr. 2100-2101 VV RVG, Bischof/Jungbauer § 7 Rn. 17, Hansens RVGreport 2004, 331 mwN.

14 Gem. Vorbem. 2 Abs. 3 VV RVG erhält der RA auch bei **wertunabhängigen Gebühren** eine Vergütung nach Abschnitt 1 des 2. Teils VV RVG (vgl. Komm. zu Vorbem. 2). Richten sich die Gebühren nicht nach einem Gegenstandswert (Betragsrahmengeb. aus Teil 4, 5 und 6 VV RVG und für bestimmte Beratungen in sozialrechtlichen Angelegenheiten gem. § 3 Abs. 2 RVG), entsteht nicht die Beratungsgebühr gem. Nr. 2100 VV RVG, sondern die Gebühr Nr. 2101 VV RVG.

15 Die Beratungsgebühr der Nr. 2100 VV RVG ist auf eine Höchstgrenze (auch **Kappungsgrenze** genannt) für den Fall beschränkt, dass der RA ein **erstes Beratungsgespräch** mit seinem AG führt und der AG Verbraucher ist (zu den Einzelheiten vgl. Komm. zu Nr. 2102 VV RVG). Die Beratungsgebühr der Nr. 2100 VV RVG beträgt dann höchstens 190 EUR. Die Kappungsgrenze aus Nr. 2102 VV RVG ist auch für die Beratungsgebühr Nr. 2101 VV RVG anzuwenden.

Nr.	Gebührentatbestand	Gebühr oder Satz der Gebühr nach § 13 RVG
2101	**Beratungsgebühr in Angelegenheiten, in denen im gerichtlichen Verfahren Betragsrahmengebühren entstehen (§ 3 RVG)** Die Anmerkung zu Nummer 2100 gilt entsprechend.	10,00 bis 260,00 EUR

Baumgärtel   **VV RVG Nr. 2102**

1 Die Beratungsgebühr Nr. 2101 VV RVG ergänzt die Beratungsgebühr Nr. 2100 VV RVG für alle **Angelegenheiten**, bei denen im gerichtl. Verf. **Betragsrahmengebühren** entstehen (Teil 4, 5 und 6 VV RVG sowie bestimmte sozialrechtliche Verf. gem. § 3 Abs. 2 RVG). Es entsteht dann anstelle der Gebühr der Nr. 2100 VV RVG die Gebühr gem. Nr. 2101 VV RVG. Auf die Komm. zu Nr. 2100 VV RVG wird verwiesen.

Nr.	Gebührentatbestand	Gebühr oder Satz der Gebühr nach § 13 RVG
2102	**Der Auftraggeber ist Verbraucher und die Tätigkeit beschränkt sich auf ein erstes Beratungsgespräch:** **Die Gebühren 2100 und 2101 betragen höchstens**	190,00 EUR

Übersicht

1 Allgemeines. Nr. 2102 VV RVG ersetzt die in § 20 Abs. 1 S. 2 BRAGO geregelte Erstberatungsgebühr. Schon zur Geltungszeit der BRAGO wurde die Beschränkung der Höhe der Gebühr gem. § 20 Abs. 1 S. 2 BRAGO häufig als eigene Gebühr dargestellt (OLG München AnwBl. 1999, 228 = JurBüro 1999, 298 = NJW-RR 2000, 653 = KostRsp § 20 BRAGO Nr. 24 m. Anm. N. Schneider). Es handelt sich bei Nr. 2102 VV RVG jedoch nicht um eine eigene Gebühr, sondern um eine **Beschränkung der Höhe der Beratungsgebühren** Nr. 2100 und 2101 VV RVG. Nr. 2102 VV RVG regelt also eine Ausnahme betr. Nr. 2100 und 2101 VV RVG und ist keine **selbstständige Gebührenbestimmung**. Die Gebühr ist auch **keine Festgebühr** iHv 190 EUR für ein erstes Beratungsgespräch. Die Beschränkung auf 190 EUR greift nur ein, wenn der RA nach den Nrn. 2100, 2101 VV RVG höhere Beratungsgebühren berechnen würde. Man spricht daher v. einer **Kappungsgrenze** (Gerold/Schmidt Rn. 13 zu § 20 BRAGO, AG Jena AnwBl 1998, 539 = KostRsp BRAGO § 20 Nr. 18, AG Dresden AGS 1999, 53).

2 Obwohl Nr. 2102 VV RVG die bisherige Regelung in § 20 Abs. 1 S. 2 BRAGO ersetzt, wurde sie nicht wörtlich übernommen. Anders als diese "Erstberatungsgebühr" begrenzt Nr. 2102 VV RVG die Beratungsgebühr nur dann auf 190 EUR, wenn der AG **Verbraucher** ist **und** sich die Tätigkeit des RA auf ein **erstes Beratungsgespräch** beschränkt. Sind nicht beide Tatbestandsmerkmale erfüllt, kann Nr. 2102 VV RVG nicht zur Anwendung kommen.

3 Das **erste Beratungsgespräch** dient einer **Einstiegsberatung**, also einer pauschalen überschlägigen Beratung (AG Aschaffenburg AGS 1999, 132, KostRsp § 20 BRAGO Nr. 22). Nach Auffassung des BGH (noch zu § 20 BRAGO: NJW 2004, 847) muss eine erste Beratung qualifiziert sein. Der BGH begründet dies damit, dass ansonsten Gefahr bestünde, dass der Rechtsuchende anderenfalls von ihm ggf. offen stehenden Angriffs-, Verteidigungs- oder Gestaltungsmöglichkeiten überhaupt keine Kenntnis erlange. Das Erstberatungsgespräch muss aber nicht über die o. g. Anforderungen hinausgehen.

Ein erstes Beratungsgespräch kann nur vorliegen, wenn sich der AG wg. des Gegenstands, dessentwegen er einen Rat oder eine Auskunft wünscht, zum ersten Mal an diesen RA wendet.

Bereits für die Erstberatungsgebühr nach der BRAGO war anerkannt, dass diese nicht die gesamte Beratungstätigkeit des RA bis zur Erteilung eines verbindlichen Rechtsrats zu der v. Rechtsuchenden aufgeworfenen Frage abgalt (KG AGS 2002, 244 = KostRsp § 20 BRAGO Nr. 27). Daran wird sich nichts ändern. Ist die Beratung oder die Auskunftserteilung nach dem ersten Beratungsgespräch abgeschlossen und folgt keine weitere Tätigkeit, greift die Kappungsgrenze; der RA kann gem. Nr. 2102 VV RVG keine höhere Vergütung als 190 EUR fordern. Wird der AG wg. desselben Gegenstands schriftlich, fernmündlich oder persönlich weitergehend beraten, liegt kein erstes Beratungsgespräch mehr vor (KG aaO). Ein erstes Beratungsgespräch liegt gleichfalls nicht vor, wenn sich nach diesem (oder einer ersten Auskunft) eine **weitere Tätigkeit** des RA anschließt. Dies gilt auch dann, wenn die sich anschließende Tätigkeit des RA mit der ersten Beratung in engem Zusammenhang steht.

4 Ein erstes Beratungsgespräch liegt nicht vor, wenn der RA den AG bereits wg. desselben Gegenstands **gerichtlich vertreten** hat. Schließt sich der Vertretung im gerichtl. Verf. eine Beratung (zB über die Erfolgsaussichten eines Rechtsmittels) an, liegt kein erstes Beratungsgespräch mehr vor. Es ist die jew. speziellere Norm (zB Nr. 2200 VV RVG) anwendbar (so zur Erstberatungsgebühr KG JurBüro 1998, 20, AG Essen AnwBl 1998, 214).

5 Ein erstes Beratungsgespräch kann der RA **persönlich** mit dem AG führen. Darüber hinaus muss auch bei **telefonischer Beratung** v. einem ersten Beratungsgespräch ausgegangen werden, da der Gesprächscharakter auch bei telefonischen Unterredungen gegeben ist.

Eine **schriftliche Beratung** erfüllt nicht die Voraussetzungen eines ersten Beratungsgesprächs. Wünscht der AG einen schriftlichen Rat oder eine schriftliche Auskunft, greift Nr. 2102 VV RVG nicht, und der RA kann die Beratungsgebühren der Nrn. 2100, 2101 VV RVG ohne Berücksichtigung der Kappungsgrenze der Nr. 2102 VV RVG fordern, auch wenn es sich um eine erste (und damit einmalige) Beratung handelt (so auch Madert in AGS 2005, 3f.).

6 Wer **Verbraucher** ist, wird nicht im RVG, sondern in § 13 BGB definiert, wonach Verbraucher jede **natürliche Person** ist, die ein Rechtsgeschäft zu einem Zwecke abschließt, der **weder ihrer gewerblichen noch ihrer selbstständigen Tätigkeit** zugerechnet werden kann. Der Verbraucherbegriff wurde durch das Gesetz über Fernabsatzverträge und andere Fragen des Verbraucherrechts sowie zur Umstellung von Vorschriften auf EUR vom 27.6.2000 (BGBl. I 897) in das BGB eingeführt. Ziel des Gesetzes war, den Verbraucherbegriff und den des Unternehmers zu vereinheitlichen (BT-Drs 14/2658 S. 47). Die Auslegung des Verbraucherbegriffs wird jedoch seit Inkrafttreten des Gesetzes zT kontrovers diskutiert. Diese Diskussion hat auch für das Gebührenrecht Bedeutung, kann wg. der Fülle der Lit. aber nur im Ansatz dargestellt werden. Auf die weitere Kommentarliteratur zum BGB wird insoweit verwiesen.

Für Beratungsgespräche in **Familien- und Lebenspartnerschaftssachen** kann nicht davon ausgegangen werden, dass der AG Verbraucher ist (Mock AGS 2004, 230). Mock, der sich auf Dörner (in: Dörner/Ebert/Eckert, 1. Aufl., § 14 Rn. 2) beruft, führt aus, dass Verbrauchereigenschaft nur angenommen werden könne, wenn eine nat. Person ein Rechtsgeschäft zum Zwecke des privaten Konsums und nicht zu solchen Zwecken abschließe, die zu ihrer gewerblichen oder selbstst. beruflichen Tätigkeit gehöre. Zutr. verweist Mock darauf, dass darunter nicht die sich aus familien- bzw.

lebenspartnerschaftlichen Beziehungen ergebenden Probleme wie zB Ehescheidung, elterliche Sorge und Unterhalt zählen können, da diese sich gerade nicht aus dem für die Annahme des Verbraucherbegriffs erforderlichen Rechtsgeschäft ableiten, denn die Verbrauchereigenschaft hängt nach der Gesetzesdefinition sowohl v. der Person des Handelnden als auch v. Zweck des Rechtsgeschäfts ab.

Hansens (RVGreport 2004, 327) stellt vorrangig darauf ab, dass der **AG in Bezug auf den Abschluss des Anwaltsdienstvertrags Verbraucher** ist und nicht in Bezug auf den Beratungsgegenstand. Daher sei die Verbrauchereigenschaft auch für Beratungstätigkeiten in familien- oder lebenspartnerschaftsrechtlichen Angelegenheiten anzunehmen. Die Verbrauchereigenschaft ist nach Hansens nur dann nicht gegeben, wenn der RA einen Unternehmer über eine sein Unternehmen betr. Rechtslage berät. Hier wird die Rspr. klären müssen, ob für die Kappung der Gebühr auf 190 EUR für ein erstes Beratungsgespräch die Verbrauchereigenschaft bezogen auf den Beratungsgegenstand oder auf den Abschluss des Anwaltsdienstvertrags festzustellen ist.

Das OLG Hamm (Urt. v. 3.8.2004 ☐ 4 U 94/04 ☐ RVGreport 2004, 432) kommt zu dem Ergebnis, dass eine **Verbrauchereigenschaft des Arbeitnehmers** nicht anzunehmen sei, weil dieser nicht als Verbraucher iSd § 13 BGB anzusehen sei (so auch Palandt § 13 BGB Rn. 3 und Madert AGS 2005, 2ff.). In der Lit. wird dagegen die Verbrauchereigenschaft des Arbeitnehmers überwiegend bejaht (Hansens in Hansens/Braun/Schneider Teil 7 Rn. 37; Burhoff/Kindermann Rn. 111 zu Nr. 2100 VV RVG, Kroiß in RVG-Letter 2004, 112). Soweit für die Feststellung der Verbrauchereigenschaft auf den Abschluss des Anwaltsvertrags abgestellt wird, ist der Arbeitnehmer als Verbraucher anzusehen (Schneider in Hansens/Braun/Schneider Teil 8 Rn. 8). Das BAG hat die Frage, ob der Arbeitnehmer Verbraucher ist, offen gelassen (BAG DB 2004, 1208 = NJW 2004, 2401 = MDR 2004, 948) und stellte lediglich den Meinungsstand dazu dar. Da in Nr. 2102 VV RVG der Verbraucherbegriff ohne die Bezugnahme auf den Abschluss des Anwaltvertrags in das Gesetz eingeführt wurde, ist mE auf die Verbrauchereigenschaft im Hinblick auf das abgeschlossene Rechtsgeschäft abzustellen. Eine andere Auslegung würde dazu führen, dass die Kappungsgrenze bei nahezu allen nat. Personen zur Anwendung käme, da im Hinblick auf den Abschluss des Anwaltsvertrags regelmäßig von der Verbrauchereigenschaft des AG auszugehen wäre. Damit wäre diese Vorschrift in viel weiterem Maße anwendbar als wenn auf das der anwaltlichen Beratung zugrunde liegende Rechtsgeschäft abgestellt würde. Diese Folge lässt sich insbes. aus der Gesetzesbegründung an keiner Stelle herleiten. Beabsichtigt war vielmehr die Übernahme des Verbraucherbegriffs des § 13 BGB mit der Konsequenz, dass eine Beschränkung der Gebühr nur dann eintritt, wenn der AG im Hinblick auf das zugrunde liegende Rechtsgeschäft Verbraucher ist.

7 Gem. § 13 BGB können **nur natürliche Personen** Verbraucher sein. Der Verbraucherschutz gilt folglich für alle natürlichen Personen, soweit diese außerhalb ihres gewerblichen oder beruflichen Betätigungskreises handeln (Palandt § 13 BGB Rn. 2). Juristische Personen wie rechtsfähige Vereine, Stiftungen, GmbH, Aktiengesellschaften, eG, KGaA sowie ör Körperschaften, Stiftungen und Anstalten des öffentlichen Rechts können nicht Verbraucher iSd § 13 BGB sein (Erman, Rn. 5 zu § 13 BGB).

Auch Gesamthandgemeinschaften (zB Personengesellschafen, Erbengemeinschaften, Gütergemeinschaften), die aus einem Zusammenschluss mehrerer natürlicher Personen bestehen, sind Verbraucher. Wegen der Rechtsfähigkeit der Gesellschaft bürgerlichen Rechts (BGH NJW 2001, 1056) gibt es verschiedene Auffassungen dazu, ob sie Verbraucher iSv § 13 BGB ist. Nach wohl hM (Palandt Rn. 2 zu § 13 BGB, Erman Rn. 6 zu § 13 BGB) kann auch die GbR eine nat. Person iSd § 13 BGB sein, wenn sie zu den in § 13 BGB genannten Zwecken tätig wird. Die Rechtsfähigkeit der GbR führt demnach nicht dazu, dass sie den Status einer jur. Person innehat.

8 Gem. § 13 BGB gilt der AG nicht als Verbraucher, wenn die Angelegenheit einer gewerblichen Tätigkeit zugeordnet werden kann. **Gewerbliche Tätigkeit** ist jede planmäßig auf Dauer angelegte selbstst. wirtschaftl. Tätigkeit unter Teilnahme am Wettbewerb (Erman Rn. 9 zu § 14 BGB mwN); sie setzt Selbstständigkeit voraus. Gewerblich tätig sind Einzelkaufleute, Freiberufler, Land- und Forstwirte (Erman § 14 BGB Rn. 5) sowie Kleingewerbebetriebe und Handwerker (Erman § 14 Rn. 9). Angehörige der **freien Berufe**, die kein Gewerbe betreiben (zB Ärzte, RA, Steuerberater), üben eine selbstst. berufliche Tätigkeit aus.

9 § 13 BGB bestimmt, dass das v. Verbraucher vorgenommene Rechtsgeschäft einem **privaten Zweck** dienen muss; es darf nicht einer gewerblichen oder selbstst. beruflichen Tätigkeit zuzuordnen sein. Einem privaten Zweck dienen zB Rechtsgeschäfte im Hinblick auf Urlaub, Freizeit, Sport, Gesundheitsvorsorge und ähnliche Vorsorgemaßnahmen (Unfall- und Lebensversicherung) sowie die private Verwaltung und Anlage v. Vermögen (Palandt Rn. 3 zu § 13 BGB mit weiteren Beispielen). Bei der Verwaltung und Anlage des eigenen Vermögens liegt nur dann keine gewerbliche Tätigkeit vor, wenn der Umfang der Verwaltung des eigenen Vermögens nicht bes. organisatorische Maßnahmen (zB Einrichtung eines Büros für die Verwaltung v. Wohnungseigentum) erfordert. Abgrenzungskriterium ist der Umfang der betriebenen Geschäfte (Erman § 13 BGB Rn. 14 mwN).

10 Sind Zweifel an der Verbrauchereigenschaft des AG vorhanden, trifft die **Beweislast** die nat. Person, die sich auf den Verbraucherschutz beruft (Erman, § 13 BGB Rn. 20).

11 Das erste Beratungsgespräch **endet mit Abschluss des Gesprächs** zw. RA und AG. Daneben endet es faktisch bei **Unterbrechung** oder **Vertagung**. Unterbrochen □ und damit beendet □ wird das erste Beratungsgespräch auch dann, wenn es die Sach- und Rechtslage nicht geklärt hat, etwa weil der AG noch Unterlagen beibringen muss, oder der RA vor Rat oder Auskunfterteilung erst die Sach- und Rechtslage prüfen muss. Der Grund der Unterbrechung ist grds. unerheblich. Ob die Beschränkung der Gebühr aufgrund der Unterbrechung wegfällt, ist izw davon abhängig, wer die Unterbrechung veranlasste.

12 Hat der **Auftraggeber** die **Unterbrechung veranlasst**, besteht für die Anwendung der Kappungsgrenze der Nr. 2102 VV RVG kein Anlass. Bei der Fortführung der Beratung handelt es sich dann nicht mehr um ein erstes Beratungsgespräch; die Beratungsgebühren entstehen ohne die Beschränkung der Nr. 2102 VV RVG. Dabei ist unerheblich, ob das Gespräch beendet war (weil zunächst alle Fragen des AG geklärt waren) oder v. AG (aus welchen Gründen auch immer) unterbrochen wurde.

Schließt sich dem ersten Beratungsgespräch **auf Veranlassung des Auftraggebers ein weiteres Gespräch**, eine schriftliche Beratung oder eine sonstige Fortsetzung an, weil der AG Zusatzfragen stellt (OLG Jena AGS 2000, 62, KostRsp § 20 BRAGO Nr. 24, KG AGS 2002, 244 = KostRsp § 20 BRAG Nr. 27), entfällt die Kappungsgrenze. Dies gilt auch, wenn das Gespräch auf Veranlassung des AG unterbrochen wurde, etwa weil er nicht alle für die Beratung wesentlichen Unterlagen vorlegen konnte.

13 Endete das erste **Beratungsgespräch auf Veranlassung des Rechtsanwalts**, ist str., ob es sich im Fall der Fortsetzung der Beratung gebührenrechtlich weiterhin um ein „erstes Beratungsgespräch" oder eine „weitere Beratung" handelt. Letzteres hätte das Entfallen der Kappungsgrenze zur Folge. Das AG Brühl (zu § 20 Abs. 1 S. 2 BRAGO □ Erstberatungsgebühr □ JurBüro 1998, 136 = NJW-RR 1998, 493 = Zfs 1998, 310 = KostRsp § 20 BRAGO Nr. 15) hat entschieden, dass weiterhin die Kappungsgrenze greift, ohne die Unterbrechung (Vertagung) durch den RA verursacht wurde. Dem ist nur insofern zuzustimmen, als der AG auf Unterbrechungen, die durch den RA verursacht werden, keinen Einfluss hat und der Wegfall der Kappungsgrenze grds. auf ein Verhalten zurückzuführen sein muss, dass dem AG zuzuschreiben ist. Handelt es sich jedoch um einen Beratungsgegenstand, der aufgrund seiner Komplexität nicht in einem ersten Beratungsgespräch zu klären ist (der AG übergibt umfangreiche Unterlagen, eine Beratung ist erst nach Durchsicht aller Unterlagen möglich), muss der RA die Möglichkeit haben, nach einer kurzen Einstiegsberatung (Anm. 3) das Gespräch zu unterbrechen und eine weitere Beratung später durchzuführen. In diesem Fall wird der RA den AG über die Kostenfolge der Unterbrechung der Beratung **belehren** müssen (vgl. Anm. 14).

Für die Unterbrechung des ersten Beratungsgesprächs auf Veranlassung des RA gibt es keinen einheitlichen Maßstab. Unterbrechungen außerhalb der Sache (Mittagspause) werden die Kappungsgrenze nicht entfallen lassen, wenn der RA das Beratungsgespräch anschließend fortführt. Selbst dies ist jedoch dann nicht eindeutig, wenn die dadurch beendete Beratung bereits einen geraumen Zeitraum andauerte. Hartmann (Rn. 6 zu Nr. 2102 VV RVG) führt hierzu zutr. aus: „Sobald die Tätigkeit des Anwalts über die bloße Raterteilung hinausgeht, sei es auch nur durch ein Telefonat usw., ist der als Sonderregel eng auslegbare VV 2102 unanwendbar (KG AnwBl. 2002, 305). Das darf natürlich nicht zu keiner (muss heißen: einer) Umgehung und Unterwanderung durch irgendwelche in Wahrheit keineswegs angezeigten Aktivitäten führen. Man sollte den Verstoß gg. eine derart gebotene Zurückhaltung allerdings auch nicht durch eine systematisch unhaltbare Ausweitung des Begriffs der bloßen Beratung ahnden".

14 Will der RA die Beratung zu den beschränkten Gebühren fortführen, muss er den AG **über die gebührenrechtliche Folge der Fortführung der Beratung belehren** (zu § 20 Abs. 1 S. 2 BRAGO: LG Braunschweig, AGS 1999, 100 = KostRsp § 20 BRAGO Nr. 21). Dies gilt insbes., wenn der AG davon ausging (etwa durch vorheriges Erfragen der Kosten der Beratung), höchstens die Gebühr nach Nr. 2102 VV RVG zu schulden. Erst nach der Belehrung kann der AG entscheiden, ob er die Beratung ☐ggf. mit höheren Kosten ☐fortsetzen will oder auf eine weitere Beratung verzichtet.

Bittet der AG nach Abschluss des ersten Beratungsgesprächs um weitere Beratung, ist ebenfalls ein Hinweis auf die gebührenrechtliche Folgen geboten. Nur nach erfolgter Belehrung kann der AG eine vernünftige Entscheidung darüber treffen, ob er die Beratung zu den gegebenen Bedingungen fortführen will (LG Braunschweig, AGS 1999, 100 = KostRsp § 20 Nr. 21).

Erteilt der AG dem RA den Auftrag, den Inhalt des Beratungsgesprächs schriftlich festzuhalten, liegt kein Erstberatungsgespräch mehr vor (AG Augsburg AGS 1999, 132 = KostRsp § 20 BRAGO Nr. 22). Kommt der RA dem Auftrag des AG nach, ist daher eine vorherige Belehrung über die entstehenden höheren Gebühren geboten, aber nicht zwingend erforderlich.

15 Nach § 22 Abs. 1 RVG werden die Werte **mehrerer Gegenstände** zusammengerechnet. Die Kappungsgrenze v. 190 EUR bezieht sich auf die Gegenstandswertsumme und nicht auf die einzelnen Gegenstände der Beratung. Liegen der Beratung also verschiedene gebührenrechtliche Gegenstände zugrunde (Kündigung des Mietverhältnisses und rückständiger Mietzins), so handelt es sich gem. § 15 RVG um dieselbe Angelegenheit. Die Beratungsgebühr entsteht aus den addierten Gegenstandswerten (§ 23 Abs. 1 S. 3 RVG iVm § 41 GKG). Bei der Gegenstandswertaddition ist auf den einheitlichen Lebenssachverhalt abzustellen, so dass nicht zwei Beratungen zu verschiedenen Gegenständen, sondern nur eine Beratung in derselben Angelegenheit (Lebenssachverhalt) erfolgt.

Erweitert sich der Gegenstand aus dem gegebenen Lebenssachverhalt nach Abschluss des ersten Beratungsgesprächs (Beispiel: Der AG wird nach einem Verkehrsunfall im Hinblick auf Schadenersatz beraten. In einem weiteren Gespräch ergibt sich die Beratung wg. Schmerzensgeld), ist die Kappungsgrenze nicht erneut anwendbar, sondern die Gegenstandswerte werden gem. § 22 Abs. 1 RVG addiert. Der RA kann seine Vergütung gem. Nr. 2100 VV RVG ohne die Beschränkung der Nr. 2102 VV RVG fordern.

16 Da die Gebühr für ein erstes Beratungsgespräch keine eigenständige Gebühr ist (Anm. 1), sondern eine Begrenzung der Beratungsgebühr der Nr. 2100 VV RVG, ist sie gem. Anm. Abs. 2 zu Nr. 2100 VV auf eine andere Gebühr für eine sonstige Tätigkeit **anzurechnen**, die mit der Beratung zusammenhängt. Die von Madert (AGS 2005, 3) geäußerte Anregung, diese Gebühr wg. der fehlenden Anrechnungsvorschrift in der Anmerkung gar nicht anzurechnen, lässt sich nur vertreten, wenn man der Auffassung ist, es handele sich her um eine eigenständige Gebühr. Dies lässt sich jedoch aus der Entstehungsgeschichte der Gebühr nicht herleiten, so dass weiterhin von einer Begrenzung der Nr. 2100 VV RVG und nicht von einer eigenständigen Gebühr auszugehen ist. Die Anrechnung der Gebühr ist problemlos, wenn der Gegenstandswert der ersten Beratungstätigkeit und der Gegenstand der sich anschließenden Tätigkeit sich entsprechen oder der Gegenstandswert der sich anschließenden Tätigkeit höher ist. Ist der **Gegenstandswert für die erste Beratungstätigkeit höher**

als der Gegenstandswert der sich anschließenden Tätigkeit, werden verschiedene Auffassungen dazu vertreten, wie anzurechnen ist.
Eine Auffassung (Gebauer/Schneider Rn. 23 zu Nr. 2102 VV RVG und Hansens in Hansens/Braun/Schneider Teil 7 Rn. 85ff.) lässt den Gebührenbetrag von der Anrechnung unberücksichtigt, der sich aus der Differenz der Berechnung der Beratungsgebühr der Nr. 2100 VV RVG (unbegrenzt) auf den vollen Gegenstandswert abzüglich der Beratungsgebühr der Nr. 2100 VV RVG (unbegrenzt) auf den sich anschließenden Teilwert ergibt. Ist diese Differenz größer als die Kappungsgrenze der Nr. 2102 VV RVG, erfolgt nach dieser Auffassung keine Anrechnung der Gebühr der Nr. 2102 VV RVG. Allerdings kann auch so nicht eine höhere Gebühr als 190 EUR für das erste Beratungsgespräch gefordert werden (Gebauer/Schneider Rn. 23 zu Nr. 2102 VV RVG). Ist die Differenz nach Anrechnung größer als 190 EUR, werden die 190 EUR nicht angerechnet; es kann jedoch nicht der höhere Anrechnungsrest gefordert werden. Diese Anrechnungsmethode wird damit begründet, dass nur so die Mehrtätigkeit des RA, die über den Gegenstand der Erstberatung hinausgeht, bei der sich anschließenden Tätigkeit angemessen berücksichtigt werden kann.
Die zweite Auffassung ermittelt den nicht anzurechnenden Rest der Erstberatungsgesprächsgebühr gem. Nr. 2102 VV RVG (Mayer/Kroiß Rn. 40 zu Nr. 2100 VV RVG), indem die Beratungsgebühr nach dem niedrigeren Gegenstandswert, dessentwegen sich eine weitere Tätigkeit des RA anschließt, von der Erstberatungsgesprächsgebühr (gekappt auf 190 EUR) in Abzug gebracht wird. Der so verbleibende Rest wird nicht angerechnet. Die zweite Auffassung begründet diese Anrechnung damit, dass der AG sonst den Vorteil der Kappung der Beratungsgebühr verliert, wenn er sich entschließt, den RA mit einer weiteren Tätigkeit zu beauftragen. Der ersten Auffassung ist der Vorzug zu geben, sie stellt auch keinen „Systembruch" dar (so Kroiß in RVG-Letter 2004, 113).
Gegen die zweite Auffassung spricht, dass ein Abzug der Gebühr (Nr. 2100 VV RVG) mit dem geringeren Gegenstandswert von der Erstberatungsgesprächsgebühr (Nr. 2102 VV RVG) zur Folge hat, dass die Degression der Tabelle des § 13 RVG immer dazu führte, dass in vielen Fällen keine Gebührenreste verblieben.
Beispiel: Der AG sucht den RA auf und lässt sich darüber beraten, ob er einen Anspruch iHv 50.000 EUR verfolgen soll. Der RA rät nur zur Geltendmachung von 20.000 EUR. Dementsprechend schließt sich eine weitere Tätigkeit des RA an (Gebauer/Schneider Rn. 23 zu Nr. 2102 VV RVG).
Berechnung nach Auffassung 1:

0,55 Beratungsgebühr ungekappt Nr. 2100 VV RVG; Gegenstandswert 50.000 EUR	575,30 EUR
- 0,55 Beratungsgebühr; Gegenstandswert 20.000 EUR	355,30 EUR
Rest:	**220,00 EUR**

Fazit: Es verbleiben anrechnungsfrei 190 EUR, da die Differenz der Gebühren aus den unterschiedlichen Gegenstandswerten 190 EUR übersteigt (Gebauer/Schneider aaO).

Berechnung nach Auffassung 2:

Erstberatungsgesprächsgebühr Nr. 2102 VV RVG	190,00 EUR
- 0,55 Beratungsgebühr Nr. 2100 VV RVG; Gegenstandswert 20.000 EUR	355,30 EUR
Anrechnungsrest:	**0,00 EUR**

Nach der zweiten Auffassung verblieben immer dann keine Gebührenreste, sobald die Beratungsgebühr der Nr. 2100 VV RVG auf den Gegenstandswert der sich nur zT anschließenden weiteren Tätigkeit die Höhe von 190 EUR übersteigt. Dies kann nicht richtig sein. Zutreffend ist daher mE die erste Auffassung, wobei der Nr. 2102 VV RVG damit Genüge getan ist, dass höchstens 190 EUR von der Anrechnung unberücksichtigt bleiben. Ist die tatsächliche Gebührendifferenz höher, wird so vermieden, dass der AG die Vorteile der Kappung der Gebühren der Nr. 2102 VV RVG bei sich anschließender Tätigkeit verliert.

17 Die Gebühr für ein erstes Beratungsgespräch ist gem. Nr. 1008 VV RVG **erhöhungsfähig** (Hansens RVGreport 2004, 331 ☐ vgl. Anm. 15 zu Nr. 1008 VV RVG), da die Verbrauchereigenschaft auch bei einer Mehrheit v. nat. Personen gegeben sein kann.

18 Greift die Kappungsgrenze der Nr. 2102 VV RVG, wird diese **wie eine Festgebühr** um 30% für jeden weiteren AG **erhöht**. Für jeden zusätzl. AG beträgt die Erhöhung damit 57 EUR. Die Erhöhung darf das Doppelte der Festgebühr und damit 380 EUR nicht übersteigen (Anm. Abs. 3 zu Nr. 1008 VV RVG). Insgesamt können daher bei Vertretung mehrerer AG höchstens 190 EUR + 380 EUR = 570 EUR für das erste Beratungsgespräch gefordert werden.

19 Die ges. Beschränkung der Höhe der Gebühr kann durch eine **Vergütungsvereinbarung** iSd § 4 RVG ausgeschlossen werden. Hierbei ergibt sich im Vergleich zw. RVG und BRAGO keine Einschränkung. Schon für die Erstberatungsgebühr nach § 20 Abs. 1 S. 2 BRAGO war die Zulässigkeit einer Vergütungsvereinbarung allg. anerkannt (Gerold/Schmidt Rn. 15 zu § 20 BRAGO). Insbesondere wenn der RA zB an der Verbrauchereigenschaft des AG oder daran, dass das Rechtsgeschäft privaten Zwecken dient, zweifelt, ist der Abschluss einer Vergütungsvereinbarung zu empfehlen.

Nr.	Gebührentatbestand	Gebühr oder Satz der Gebühr nach § 13 RVG
2103	**Gutachtengebühr** (1) Die Gebühr entsteht für die Ausarbeitung eines schriftlichen Gutachtens. (2) § 14 ist entsprechend anzuwenden.	**angemessene Gebühr**

Übersicht

1 Allgemeines. Nr. 2103 VV RVG ist eine spezielle Vergütungsvorschrift für den Fall, dass der RA auftragsgemäß ein **schriftliches Gutachten** ausarbeitet. Nr. 2103 VV RVG entspricht nach der Regierungsbegründung dem § 21 BRAGO.

2 Wie in § 21 BRAGO wird **keine konkrete Höhe der Gebühr** für die Ausarbeitung eines Gutachtens vorgegeben. Der RA kann eine angemessene Gebühr fordern. Wie vormals § 21 BRAGO verweist Nr. 2103 VV RVG damit auf die Vorschrift, die immer dann anzuwenden ist, wenn der RA Satzrahmen- oder Betragsrahmengeb. berechnet, also § 14 RVG (vormals § 12 BRAGO). Auf die Komm. zu § 14 RVG wird insoweit verwiesen.

3 Das **Gutachten** ist **schriftlich** zu erstellen und **muss sich an den AG wenden.** Es soll diesem ermöglichen, eine Entscheidung über sein weiteres Vorgehen zu treffen (OLG Köln, JurBüro 1978, 870). Daher muss das Gutachten bestimmte Bedingungen erfüllen. Es muss eine verständliche geordnete Darstellung des durch den RA zu beurteilenden Sachverhalts, die Darstellung und bes.

Kennzeichnung der rechtl. Probleme, die Aufarbeitung der bisherigen Rspr. und Lit. zu dem zu begutachtenden Rechtsproblem und eine eigene rechtl. Würdigung des RA enthalten (Gerold/Schmidt Rn. 71-74 zu Nr. 2100-2103 VV RVG; OLG München MDR 1992, 193, OLG München AnwBl. 1999, 228). Erforderlich ist, dass der RA seine eigene Auffassung begründet. Ohne eigene Stellungnahme des RA liegt kein Gutachten vor. Das Gutachten erfordert wissenschaftliche Arbeit des RA (Hartmann Rn. 1 zu Nr. 2103 VV RVG). Mit dem Gutachten übernimmt der RA die Verantwortung dafür, dass seine Überlegungen und die erarbeiteten Ergebnisse einer wissenschaftlichen Überprüfung standhalten (OLG München MDR 1992, 193). Im Gegensatz zu einem Rat oder einer Auskunft hat das Gutachten nicht die Interessen des AG in den Vordergrund zu stellen, sondern es soll unparteiisch sein. Ein bloßes Gefälligkeitsgutachten widerspräche einem wissenschaftlichen Anspruch.

4 Nr. 2103 VV RVG weicht sprachlich v. § 21 BRAGO ab, der bestimmte, dass die Gutachtengebühr „für die Ausarbeiten eines schriftlichen Gutachtens **mit juristischer Begründung**" entstand. Ein solcher klarstellender Zusatz ist in Nr. 2103 VV RVG nicht mehr enthalten. Damit war jedoch keine inhaltl. Abweichung beabsichtigt, wie aus der Regierungsbegründung (BT-Drs 15/1971 S. 256 zu Nr. 2103 VV RVG) hervorgeht, in der es lediglich heißt: „Die Regelung entspricht § 21 BRAGO". Letztlich wird diese Frage erst die Rspr. klären.

5 Es ist nicht ersichtlich, dass zum **Abgeltungsbereich** der Gebühr eine Änderung ggü. der Gutachtengebühr nach § 21 BRAGO beabsichtigt war. Insoweit wird auf die einschlägige Komm. zu § 21 BRAGO (zB Hartmann zu § 21 BRAGO Rn. 1-30 ☐ jetzt: Rn. 1-30 zu Nr. 2103 VV RVG, Gerold/Schmidt zu § 21 BRAGO Rn. 1-14 ☐ jetzt: Rn. 69-99 zu Nr. 2100-2103 VV RVG) verwiesen.

Abschnitt 2. Prüfung der Erfolgsaussicht eines Rechtsmittels

Nr.	Gebührentatbestand	Gebühr oder Satz der Gebühr nach § 13 RVG
2200	Gebühr für die Prüfung der Erfolgsaussicht eines Rechtsmittels, soweit in Nummer 2202 nichts anderes bestimmt ist	0,5 bis 1,0
	Die Gebühr ist auf eine Gebühr für das Rechtsmittelverfahren anzurechnen.	

Übersicht

1 Allgemeines. Der RA hat Anspruch auf eine bes. Vergütung, wenn er auftragsgemäß die Erfolgsaussichten eines Rechtsmittels prüft.

2 Die Gebühr der Nr. 2200 VV RVG ist eine Wertgeb. mit einem Gebührensatzrahmen v. 0,5-1,0. Die Mittelgebühr beträgt 0,75. Der RA bestimmt die Höhe der konkreten Gebühr gem. § 14 Abs. 1 RVG.

3 Die Gebühr für die Prüfung der Erfolgsaussichten des Rechtsmittels weicht v. der alten Regelung in § 20 BRAGO ab. Zur Geltungszeit der BRAGO konnte der RA gem. § 20 Abs. 2 BRAGO eine Gebühr für die Prüfung der Erfolgsaussichten eines Rechtsmittels nur fordern, wenn er bisher mit der Angelegenheit noch nicht befasst war und v. der Durchführung des Rechtsmittels abriet. Nach Nr. 2200 VV RVG kann jeder RA, der auftragsgemäß die Erfolgsaussichten eines Rechtsmittels prüft, die Gebühr fordern. Die Gebühr ist nicht mehr als „Abrategebühr" gestaltet.

4 Da es nicht mehr darauf ankommt, ob der RA v. der Einlegung des Rechtsmittels abrät oder zu der Einlegung des Rechtsmittels rät, ist die Gebühr folgerichtig auf eine Gebühr für das Rechtsmittelverfahren anzurechnen (Anm. zu Nr. 2200 VV RVG), wenn der RA das Rechtsmittelverfahren durchführt. Die Anrechnung erfolgt auf die jew. Verfahrensgeb. des Rechtsmittelverfahrens.

Wenn der RA hinsichtlich eines Teils des Gegenstands v. der Einlegung des Rechtsmittels abrät und nur wg. des verbleibenden Teils das Rechtsmittelverfahren durchführt, erfolgt die Anrechnung nur für den Teil der Gegenstände, die sich entsprechen.

5 Post- und Telekomentgelte werden nicht angerechnet, da die Anm. zu Nr. 2200 VV RVG ausdrücklich die Anrechnung der Gebühr auf eine Gebühr bestimmt.

6 Nach zutr. Auffassung des AG Brühl (KostRsp Nr. 11 zu § 20 BRAGO) erhält der an den RA erteilte **Auftrag**, ein Rechtsmittel (im entschiedenen Fall eine Nichtzulassungsbeschwerde) einzulegen, notwendigerweise auch den Auftrag, zunächst die Erfolgsaussicht des Rechtsmittels zu überprüfen, weil es zu den selbstverständlichen Pflichten eines RA gehört, bei jedem Auftrag zunächst die Erfolgsaussicht des jew. Begehrens seines Mandanten zu überprüfen. Anderenfalls würde sich der RA sogar schadenersatzpflichtig machen (AG Brühl aaO). Daraus folgt, dass der RA grds. in allen Rechtsmittelverfahren Post- und Telekommunikationsentgelte (Anm. 5) zweimal fordern kann.

7 Der RA kann die Gebühr für die Prüfung der Erfolgsaussichten für alle Rechtsmittel fordern, also nicht nur für Berufung und Revision, sondern auch für Nichtzulassungsbeschwerden (AG Brühl, KostRsp Nr. 11 zu § 20 BRAGO; Madert unter Abgrenzung des gebührenrechtl. Begriffs „Rechtsmittel" in AGS 2005, 4), Rechtsbeschwerden, sofortige Beschwerden und sonstige in Frage kommende Rechtsmittel.

8 Wird dem RA, der mit der Angelegenheit bereits befasst war, der Auftrag erteilt, die Aussichten eines Rechtsmittels zu prüfen, greift die Kappungsgrenze der Nr. 2102 VV RVG nicht (Anm. 4 zu Nr. 2102 VV RVG). Auch für den RA, der bisher nicht mit der Angelegenheit befasst war, ist die Kappungsgrenze der Nr. 2102 VV RVG (Erstes Beratungsgespräch) nicht anwendbar, weil Nr. 2200 VV RVG als speziellere Norm Nr. 2100 VV RVG vorgeht (zur Erstberatungsgebühr: AG Essen AnwBl 98, 214).

9 Die Gebühr für die Prüfung der Erfolgsaussichten ist gem. Nr. 1008 VV RVG erhöhungsfähig (Anm. 18 zu Nr. 1008 VV RVG).

10 Eine ausdrückliche ges. Regelung zu der Frage, ob für den Gebührentatbestand, der mit dem RVG am 1.7.2004 neu geschaffen wurde, **Prozesskostenhilfe** bewilligt werden kann, fehlt. Es spricht jedoch nichts dagegen, dass der RA bei dem Erstantrag auf Bewilligung von PKH gleichzeitig beantragt, für den Fall der Ablehnung der PKH für die Prüfung der Erfolgsaussichten der dann erforderlichen sofortigen Beschwerde ebenfalls PKH zu bewilligen (so auch Hartung AnwBl. 2005, 206).

Nr.	Gebührentatbestand	Gebühr oder Satz der Gebühr nach § 13 RVG
2201	Die Prüfung der Erfolgsaussicht eines Rechtsmittels ist mit der Ausarbeitung eines schriftlichen Gutachtens verbunden: Die Gebühr 2200 beträgt	1,3

Übersicht

1 Allgemeines. Ist die auftragsgemäße Prüfung der Erfolgsaussichten (vgl. Nr. 2200 VV RVG) mit der Ausarbeitung eines schriftlichen Gutachtens verbunden, kann der RA eine Gebühr iHv 1,3 fordern. Damit die Gebühr Nr. 2201 VV RVG entstehen kann, muss der RA einen ausdrücklichen Gutachtenauftrag erhalten haben. Andernfalls entsteht ☐ auch wenn der RA ein Gutachten erstellt hat ☐ nur die Gebühr Nr. 2200 VV RVG (Gerold/Schmidt Rn. 6 zu § 21 BRAGO, Riedel/Sußbauer A 4, 5 zu § 21 BRAGO, Schumann/Geißinger A 1 zu § 21 BRAGO). Nr. 2201 VV RVG entspricht inhaltl. § 21a BRAGO. Nr. 2201 VV RVG ist ggü. Nr. 2200 VV RVG die speziellere Norm. Sie enthält keinen eigenen Gebührentatbestand, sondern modifiziert lediglich den Gebührensatzrahmen v. Nr. 2200 VV RVG. Die Gebühr kann nur in denen Verf. entstehen, in denen sich die Gebühren nach dem Gegenstandswert richten (§ 2 Abs. 1 RVG).

2 Das Gutachten ist ein Gutachten iSd Nr. 2103 VV RVG. Es ist **schriftlich** zu erstellen und muss die Aussichten eines Rechtsmittels (zB Berufung, Revision, sofortige Beschwerde, Nichtzulassungsbeschwerde, Rechtsbeschwerde) beurteilen. Sie entsteht unabhängig v. der Art des Rechtsmittels (vgl. Anm. 7 zu Nr. 2200 VV RVG). Da es dem AG ermöglichen soll, eine Entscheidung über sein weiteres Vorgehen zu treffen (OLG Köln, JurBüro 1978, 870), muss es bestimmte Bedingungen erfüllen, iE vgl. Anm. 3 zu Nr. 2103 VV RVG.

Im Übrigen haben sich ggü. der BRAGO keine Änderungen ergeben, es wird insoweit auf die bisherige Lit. zu § 21 BRAGO verwiesen (Gerold/Schmidt Rn. 6, Riedel/Sußbauer A 4, 5, Schumann/Geißinger A 1).

3 Die Gutachtengebühr der Nr. 2201 VV RVG ist auf die Verfahrensgebühr des sich anschließenden Rechtsmittels anzurechnen. Während für das reine Gutachten gem. Nr. 2103 VV RVG eine **Anrechnung** nicht hergeleitet werden kann, weil es immer eine besondere Angelegenheit ist (so auch Gerold/Schmidt Rn. 90 zu Nr. 2100-2103 VV RVG), gilt etwas anderes für das schriftliche Gutachten über die Erfolgsaussichten eines Rechtsmittels nach Nr. 2201 und Nr. 2203 VV RVG. Wegen des Verweises in Nr. 2201 VV RVG auf Nr. 2200 VV RVG, welche in der Anm. die Anrechnung der Gebühr Nr. 2200 VV RVG bestimmt, muss hier angerechnet werden (Gerold/Schmidt Rn. 20 zu Nr. 2200-2203 VV RVG, Gebauer/Schneider Rn. 17 zu Nr. 2201 VV RVG). Dies gilt sowohl für den Prozessbevollmächtigten als auch für den Verkehrsanwalt (aA ☐ keine Anrechnung ☐ Hartmann Rn. 7 zu Nr. 2201 VV RVG). Die Anrechnung ist auch angemessen, da die Nr. 2201 VV RVG § 21a BRAGO entspricht, deren S. 2 gleichfalls eine Anrechnung der Gebühr für ein Gutachten über die Erfolgsaussichten einer Berufung oder Revision vorsah (Meyer zu § 21a BRAGO in JurBüro 2004, 16), und nicht ersichtlich ist, dass der Gesetzgeber mit Nr. 2201 VV RVG eine Änderung beabsichtigte.

4 Die Gebühr ist gem. Nr. 1008 VV RVG **erhöhungsfähig**, obwohl sie für ein Gutachten entsteht. Da die Gebühr der Nr. 2200 VV RVG erhöhungsfähig ist (Anm. 8 zur Nr. 2200 VV RVG mwN), muss dies auch für die korrespondierende Norm der Nr. 2201 VV RVG gelten. Dem steht auch nicht entgegen, dass die Gutachtengebühr der Nr. 2103 VV RVG nach hM nicht erhöhungsfähig ist, denn die Gründe, die die Erhöhungsfähigkeit der Gutachtengebühr der Nr. 2103 VV RVG ausschließen, liegen bei Nr. 2201 VV RVG nicht vor. Zum einen ist die Gebühr für ein Gutachten über die Erfolgsaussichten eines Rechtsmittels auf eine andere (Verf.-) Gebühr anzurechnen (Anm. 3), während für die Gutachtengebühr Nr. 2103 VV RVG eine Anrechnung nicht vorgesehen ist, weil es sich dabei nicht um einen eigenen Gebührentatbestand handelt. Zum anderen bestimmt der RA anders als bei der Gutachtengebühr der Nr. 2103 VV RVG (Anm. Abs. 2 Nr. 2103 VV RVG) für das Gutachten über die Erfolgsaussichten eines Rechtsmittels keine angemessene Gebühr unter entspr. Anwendung des § 14 RVG, weil der **Gebührensatz** und damit die Gebührenhöhe bei der Gebühr der Nr. 2201 VV RVG **vorgegeben** sind. Ohne Erhöhungsfähigkeit der Gebühr könnte der RA für die Gutachtengebühr der Nr. 2201 VV RVG aber den Mehraufwand bei der Vertretung mehrerer AG nicht angemessen berücksichtigen.

Nr.	Gebührentatbestand	Gebühr oder Satz der Gebühr nach § 13 RVG
2202	**Gebühr für die Prüfung der Erfolgsaussicht eines Rechtsmittels in sozialrechtlichen Angelegenheiten, in denen im gerichtlichen Verfahren Betragsrahmengebühren entstehen (§ 3 RVG), und in Angelegenheiten, die in den Teilen 4 bis 6 geregelt sind** Die Gebühr ist auf eine Gebühr für das Rechtsmittelverfahren anzurechnen.	**10,00 bis 260,00 EUR**

1 Gem. Nr. 2202 VV RVG beträgt die **Gebühr** für die Prüfung der Erfolgsaussichten eines Rechtsmittels in sozialrechtlichen Angelegenheiten, in denen im gerichtl. Verf. Betragsrahmengeb. (§ 3 RVG) entstehen, und in allen Angelegenheiten, die in Teil 4 bis 6 VV RVG (Strafsachen, Bußgeldsachen, Sonstige Verf.) geregelt sind, 10-260 EUR. Der RA bestimmt die Höhe der Gebühr gem. § 14 RVG. Die Mittelgebühr beträgt 135 EUR.

Auf die Komm. zu Nr. 2200 VV RVG wird verwiesen.

Nr.	Gebührentatbestand	Gebühr oder Satz der Gebühr nach § 13 RVG
2203	**Die Prüfung der Erfolgsaussicht eines Rechtsmittels ist mit der Ausarbeitung eines schriftlichen Gutachtens verbunden:** **Die Gebühr 2202 beträgt**	**40,00 bis 400,00 EUR**

1 Nr. 2203 VV RVG ist **kein eigener Gebührentatbestand**. Sie ist wie die Nr. 2201 VV RVG die spezielle Norm, wenn der RA die Erfolgsaussichten in Angelegenheiten prüft, in denen gem. Nr. 2202 VV RVG Betragsrahmengeb. entstehen. Der RA erhält auch in diesem Fall eine höhere Gebühr, da der Betragsrahmen der Nr. 2203 VV RVG 40-400 EUR beträgt. Der RA bestimmt die Höhe der Gebühr gem. § 14 RVG. Die Mittelgebühr beträgt 220 EUR.

Auf die Komm. zu Nr. 2201 VV RVG wird verwiesen.

Abschnitt 3. Herstellung des Einvernehmens

Nr.	Gebührentatbestand	Gebühr oder Satz der Gebühr nach § 13 RVG
2300	Geschäftsgebühr für die Herstellung des Einvernehmens nach § 28 EuRAG	in Höhe der einem Bevollmächtigten oder Verteidiger zustehenden Verfahrensgebühr

Übersicht

1 Allgemeines. Nr. 2300 VV RVG ersetzt die bisherige Regelung in § 24a BRAGO, dem sie inhaltl. im Wesentlichen entspricht. Ein europäischer RA kann gem. § 28 EuRAG in gerichtl. und behördlichen Verf. wg. Straftaten, Ordnungswidrigkeiten, Dienstvergehen oder Berufspflichtverletzungen, in denen der Mandant nicht selbst den Rechtsstreit führen oder sich verteidigen kann, als Vertreter oder Verteidiger eines Mandanten nur im Einvernehmen mit einem inländischen RA (so genannter Einvernehmensanwalt) handeln. IdR besteht in diesen Verf. Anwaltszwang. Der Einvernehmensanwalt muss zur Vertretung oder Verteidigung bei dem Gericht (oder der Behörde) befugt sein (Gerold/Schmidt Rn. 2 zu Nr. 2300 VV RVG, Hartung/Römermann Rn. 31 zu Teil 2 VV RVG, Hartmann Rn. 1 zu Nr. 2300 VV RVG).

2 Gem. § 28 Abs. 3 kommt zw. Einvernehmensanwalt und AG kein Vertrag zustande, soweit die Parteien nicht etwas anderes bestimmen (vgl. v. Eicken AnwBl 1991, 187). Daher setzt das Entstehen der Gebühr Nr. 2300 VV RVG nicht voraus, dass der Einvernehmensanwalt einen **Auftrag** v. AG erhalten hat.

3 Bei der ersten Handlung ggü. dem Gericht oder der Behörde ist gem. § 29 Abs. 1 EuRAG der schriftliche **Nachweis des Einvernehmens** erforderlich.

4 Die Anwendung der **Geschäftsgebühr** wird im Vergleich zu § 24a Abs. 2 BRAGO insoweit vereinfacht, als es im Hinblick auf die Höhe der Gebühr nicht mehr darauf ankommt, ob die Gebühren nach einem Gegenstandswert berechnet werden. Für den Fall, dass die Gebühren nicht nach dem Gegenstandswert berechnet wurden, bestimmte § 24a Abs. 2 BRAGO, dass der Einvernehmensanwalt lediglich die Hälfte der entspr. Gebühr fordern konnte. Für diese Ungleichbehandlung gibt es lt. Gesetzesbegründung jedoch keinen Grund (BT-Drs 15/1971 S. 206 zu Nr. 2300 VV RVG). Nach Nr. 2300 VV RVG erhält der Einvernehmensanwalt daher jetzt immer die **Geschäftsgebühr in Höhe der einem Bevollmächtigten oder Verteidiger zustehenden Verfahrensgebühr** unabhängig davon, ob es sich um eine Wert- oder Betragsrahmengebühr handelt.

5 Eine weitere Änderung im Vergleich zu § 24a BRAGO ist der Wegfall der **Anrechnung** v. Gebühren für den Fall, dass der Einvernehmensanwalt als Bevollmächtigter oder Verteidiger tätig war. Der Gesetzgeber hielt es für geboten, diese Anrechnungsvorschrift nicht zu übernehmen (BT-Drs 15/1971 S. 206 zu Nr. 2300 VV RVG), weil er aufgrund der Neufassung v. § 28 EuRAG und den sich daraus ergebenden Pflichten des Einvernehmensanwalts die Anrechnung nicht mehr für angemessen hielt. Hinzugetreten sind neue Aufsichtspflichten des Einvernehmensanwalts ggü. dem dienstleistenden RA. Gem. § 28 Abs. 2 S. 2 EuRAG hat der Einvernehmensanwalt darauf hinzuwirken, dass der dienstleistende europäische RA bei der Vertretung oder Verteidigung die Erfordernisse einer geordneten Rechtspflege beachtet. Er muss mit dem dienstleistenden RA künftige Verfahrensentwicklungen vorab besprechen und sich vergewissern, wie das Verf. sich entwickelt. Da sich die Zielrichtung der Tätigkeit des Einvernehmensanwalts geändert hat, ist die Anrechnung der dafür angesetzten Gebühren auf Gebühren für eine völlig anders strukturierte Tätigkeit als Bevollmächtigter oder Verteidiger nicht mehr gerechtfertigt (BT-Drs aaO).

6 Im Falle der **Herstellung des Einvernehmens** nach § 28 EuRAG kann der Einvernehmensanwalt die Geschäftsgebühr nach Nr. 2300 VV RVG geltend machen. Die Höhe der Gebühr entspricht der einem Bevollmächtigten oder Verteidiger zustehenden Verfahrensgeb. Der Einvernehmensanwalt berechnet allerdings keine Verf.-, sondern eine **Geschäftsgebühr**. Die konkrete **Höhe der Gebühr** hängt davon ab, welche Verfahrensgeb. der Bevollmächtigte oder Verteidiger nach der entspr. Bestimmung in Teil 3–6 VV RVG hätte fordern können. Könnte der Bevollmächtigte RA eine Verfahrensgeb. iHv 1,3 gem. Nr. 3100 VV RVG fordern, steht dem Einvernehmensanwalt eine Geschäftsgebühr zu einem Gebührensatz iHv 1,3 zu. Es ist grds. jede Verfahrensgeb. denkbar, wenn die Hinzuziehung eines Einvernehmensanwalts erforderlich ist.

7 Die Gebühr ist gem. Nr. 1008 VV RVG **erhöhungsfähig**, da der Einvernehmensanwalt eine Geschäftsgebühr erhält.

8 Da es sich bei der Gebühr gem. Nr. 2300 VV RVG um eine Geschäftsgebühr handelt, können **zusätzlich** die Gebühren aus Teil 1 VV RVG entstehen. Insbesondere eine Einigungsgebühr gem. Nr. 1000 VV RVG und die Erledigungsgebühr gem. Nr. 1002 VV RVG können neben der Geschäftsgebühr gem. Nr. 2300 VV RVG entstehen.

9 Die Erstattungsfähigkeit der Gebühr des Einvernehmensanwalts ist abhängig davon, ob seine Hinzuziehung iSv § 91 Abs. 1 ZPO notwendig war (Gerold/Schmidt Rn. 8 zu § 24a BRAGO).

10 Die Möglichkeit der Vergütungsfestsetzung gem. § 11 RVG ist zu bejahen (vgl. Anm. 4 zu Nr. 2301 VV RVG).

Nr.	Gebührentatbestand	Gebühr oder Satz der Gebühr nach § 13 RVG
2301	Das Einvernehmen wird nicht hergestellt: Die Gebühr 2300 beträgt	0,1 bis 0,5 oder Mindestbetrag der einem Verteidiger zustehenden Verfahrensgebühr

Übersicht

1 Allgemeines. Nr. 2301 VV RVG entspricht § 24a Abs. 3 BRAGO. Sie ergänzt Nr. 2300 VV RVG durch die Bestimmung der Höhe der Geschäftsgeb. Nr. 2300 VV RVG für den Fall, dass das Einvernehmen nicht hergestellt wird.

2 Wird das Einvernehmen nicht hergestellt, erhält der Einvernehmensanwalt bei **Satzrahmengebühren** einen Gebührensatz zw. 0,1-0,5 der einem Bevollmächtigten oder Verteidiger zustehenden Verfahrensgeb. Die Bestimmung der konkreten Höhe der Gebühr erfolgt auch in diesem Fall ☐ wie bei allen Rahmengebühren ☐ unter Berücksichtigung des § 14 RVG. **Beispiel:** Einem Bevollmächtigten stünde die Verfahrensgeb. gem. Nr. 3100 VV RVG iHv 1,3 zu. Der Einvernehmensanwalt kann eine Verfahrensgeb. gem. Nrn. 3100, 2301 VV RVG mit einem Gebührensatz v. 0,1-0,5 fordern.

3 Könnte der Bevollmächtigte oder Verteidiger **Betragsrahmengebühren** fordern, erhält der Einvernehmensanwalt nur den Mindestbetrag der entspr. Gebühr. Da der Einvernehmensanwalt nur den Mindestbetrag fordern kann, kommt § 14 RVG nicht zur Anwendung. **Beispiel:** Der Verteidiger könnte eine Verfahrensgeb. gem. Nr. 4119 VV RVG iHv 80-725 EUR fordern. Der Einvernehmensanwalt kann 80 EUR (= Mindestbetrag) fordern.

4 Die **Vergütungsfestsetzung** der Gebühren der Nr. 2300 VV RVG und 2301 VV RVG gem. § 11 RVG ist grds. möglich, wenn der Einvernehmensanwalt in einem gerichtl. Verf. tätig war. Bei den Gebühren, die der Einvernehmensanwalt fordern kann, handelt es sich um ges. Gebühren. Der Einvernehmensanwalt übt anwaltl. Tätigkeiten iSv § 1 Abs. 1 RVG aus. Die Festsetzbarkeit muss daher unabhängig v. der Frage bejaht werden, ob ein Auftragsverhältnis zw. RA und AG besteht, weil es unsinnig wäre, den Einvernehmensanwalt für seinen ges. Gebührenanspruch auf die Gebührenklage zu verweisen.

Bei **Betragsrahmengebühren** isd Nr. 2301 VV RVG ist die Festsetzung uneingeschränkt möglich, da der Einvernehmensanwalt nur die Mindestgeb. fordern kann (§ 11 Abs. 8 S. 1 RVG). Bei **Satzrahmengebühren** ist, wenn der Einvernehmensanwalt eine höhere Gebühr als die Mindestgeb. iHv 0,1 geltend macht, die Zustimmungserklärung gem. § 11 Abs. 8 S. 1 2. Alt RVG erforderlich.

Abschnitt 4. Vertretung

Vorbemerkung 2.4:
(1) Im Verwaltungszwangsverfahren ist Teil 3 Abschnitt 3 Unterabschnitt 3 entsprechend anzuwenden.
(2) Dieser Abschnitt gilt nicht für die in Abschnitt 5 genannten Angelegenheiten.
(3) Die Geschäftsgebühr entsteht für das Betreiben des Geschäfts einschließlich der Information und für die Mitwirkung bei der Gestaltung eines Vertrags.

Übersicht

1 Allgemeines. Abschnitt 4 des Teil 2 VV RVG fasst nahezu alle Fälle der außergerichtlichen Vertretung zusammen.

2 Teil 2 Abschnitt 4 VV RVG ist **nicht anwendbar**, wenn bes. Gebührentatbestände in Teil 4 (Strafsachen), Teil 5 (Bußgeldsachen) und Teil 6 VV RVG (Sonstige Verf.) für die außergerichtliche Vertretung den Bestimmungen in Teil 2 Abschnitt 4 VV RVG vorgehen (s. Vorbem. 2 Abs. 3 VV RVG). Durch die Gebühren aus Teil 2 VV RVG werden **alle bürgerlich-rechtlichen und öffentlich-rechtlichen Streitigkeiten** und solche **Angelegenheiten, für die im gerichtlichen Verfahren das FGG gilt**, abgegolten.

3 Vorbem. 2.4 Abs. 1 VV RVG bestimmt, dass in **Verwaltungszwangverfahren** Teil 3 Abschnitt 3 Unterabschnitt 3 VV RVG entspr. anzuwenden ist. Teil 3 Abschnitt 3 Unterabschnitt 3 VV RVG enthält die Gebührenvorschriften für Zwangsvollstreckungsverfahren und die Gebühren für die Vollziehung einer im Wege des einstweiligen Rechtsschutzes ergangenen Entscheidung. Vorbem. 3.3.3 bestimmt, dass der genannte Unterabschnitt auch für Verf. nach § 33 FGG und für gerichtl. Verf. über einen Akt der Zwangsvollstreckung (des Verwaltungszwangs) gilt. In Verwaltungszwangsverfahren entstehen daher die 0,3 Verfahrensgeb. der Nr. 3309 VV RVG und ggf. die 0,3 Terminsgeb. der Nr. 3310 VV RVG. Selbstverständlich können die Gebühren aus Teil 1 VV RVG auch im Verwaltungszwangsverfahren entstehen (zB Einigungs- oder Erledigungsgebühr). Dies ist durch Vorbem. 2.4 Abs. 1 VV RVG nicht ausgeschlossen; diese dient nur der Klarstellung, denn das Verwaltungszwangsverfahren ist eine außergerichtliche Angelegenheit, für die Teil 2 VV RVG nicht anwendbar ist.

4 Kann der RA in **sozialrechtlichen Angelegenheiten** gem. § 3 Abs. 2 RVG für eine Tätigkeit außerhalb eines gerichtl. Verf. Betragsrahmengeb. fordern, erhält er nicht die in Teil 2 Abschnitt 4 VV RVG bestimmten Geschäftsgeb. Nr. 2400-2403 VV RVG. Bei diesen Gebühren handelt es sich um Wertgeb. Für den Fall, dass der RA für eine Tätigkeit außerhalb eines gerichtl. Verf. Betragsrahmengeb. fordern kann, sind in Teil 2 Abschnitt 5 VV RVG dafür eigene Geschäftsgeb. als Betragsrahmengeb. bestimmt. Die Vorbem. 2.4 Abs. 2 VV RVG hat lediglich klarstellende Funktion.

5 Vorbem. 2.4 Abs. 3 bestimmt den Abgeltungsbereich der **Geschäftsgebühr**, die für das Betreiben des Geschäfts einschl. der Information (Vorbem 2.4 Abs. 3. 1. Alt. VV RVG) und für die Mitwirkung bei der Gestaltung eines Vertrags (Vorbem. 2.4 Abs. 3. 2. Alt. VV RVG) entsteht. Der Abgeltungsbereich entspricht dem der **Verfahrensgebühr** (vgl. Vorbem. 3 Abs. 2 VV RVG).

6 Die Geschäftsgeb. (Vorbem. 2.4 Abs. 3) modifiziert § 118 Abs. 1 Nr. 1 BRAGO, der die Geschäftsgeb. für das Betreiben des Geschäfts einschl. der Information, dem Einreichen, Fertigen oder Unterzeichnen v. Schriftsätzen oder Schreiben und für das Entwerfen v. Urkunden bestimmte. Eine wörtliche Übereinstimmung liegt nur betr. § 118 Abs. 1 Nr. 1 1. Alt BRAGO vor. Eine ausdrückliche Abgrenzung zur Beratungsgebühr wie § 118 Abs. 1 Nr. 1 BRAGO ist nicht mehr enthalten. Dass die Gebühr nicht für einen Rat oder eine Auskunft entsteht, ergibt sich nur noch aus Anm. Abs. 1 zu Nr. 2100 VV RVG.

7 Geschäftsgeb. werden allg. „Betriebsgebühren" genannt. Bei Geschäftsgeb. handelt es sich um Pauschgebühren (vgl. Anm. 1 zu Nr. 2400 VV RVG), mit denen eine Reihe v. Einzeltätigkeiten abgegolten wird (vgl. § 15 RVG). Von der Geschäftsgeb. werden sämtliche Tätigkeiten des RA abgegolten, die er im Rahmen eines vor- oder außergerichtlichen Auftrags ausübt, sofern das VV keine des. Gebührenvorschrift enthält. Zu diesen Tätigkeiten gehören zB die Entgegennahme der Information, die schriftliche oder (fern-) mündl. Information des AG, die Einsichtnahme in Register (zB HR, GBA), die Beratung des AG, das Führen v. Vergleichsverhandlungen sowie (fern-) mündl. Besprechungen mit dem Gegner, Dritten oder dem AG. Das Einreichen, Fertigen oder Unterzeichnen v. Schriftsätzen oder Schreiben sowie das Entwerfen v. Urkunden sind auch ohne ausdrückliche Nennung weiterhin v. der Geschäftsgeb. abgegolten.

8 Für die Mitwirkung bei der Gestaltung eines Vertrags entsteht gem. Vorbem. 2.4 Abs. 3 2. Alt VV RVG die Geschäftsgeb. Die **Mitwirkung bei der Gestaltung eines Vertrags** liegt nicht erst dann vor, wenn der RA Urkunden oder Verträge entwirft. Der RA kann auch mündl. an der Gestaltung mitwirken. Wirkt der RA an der Gestaltung eines Vertrags mit, hängt es v. Auftrag ab, ob die Beratungsgebühr Nr. 2100 VV RVG oder die Geschäftsgeb. Nr. 2400 VV RVG entsteht.

Beispiel: Der AG sucht den RA auf und bittet diesen, den vorgelegten Vertragsentwurf auf seine rechtl. Tragweite zu prüfen. Der RA prüft den Vertrag und erläutert dem AG die rechtl. Schwierigkeiten. Beauftragt der AG im Anschluss an die Beratung den RA, den Vertrag umzuformulieren, wirkt der RA an der Gestaltung eines Vertrags mit. Geschieht dies (fern-) mündl., liegt eine Tätigkeit des RA vor, die über die Tätigkeit einer Beratung oder Auskunft hinausgeht, es entsteht die Geschäftsgeb. (Nr. 2400 VV RVG) und nicht die Beratungsgebühr Nr. 2100 VV RVG (Gebauer/Schneider Rn. 24 zu Vorbem. 2.4 VV RVG, Hartmann Rn. 16, 17 zu Nr. 2400 VV RVG; aA □ noch Beratungsgebühr Nr. 2100 VV RVG □ Gerold/Schmidt Rn. 53 zu Nr. 2400-2403 VV RVG).

Die **Abgrenzung zwischen Beratungs- und Geschäftsgebühr** ist im Einzelfall schwierig. Die Motive der Änderung des Abgeltungsbereichs der Geschäftsgebühr (BT-Drs 15/1971, S. 206) sind so zu verstehen, dass die Beratungsgebühr nur dann entsteht, wenn sich die Tätigkeit auch nur auf eine Beratung bezieht. Das bei der Bestimmung des Rahmens der Gebühr nach § 14 RVG zu berücksichtigte Haftungsrisiko lässt den Umkehrschluss zu, dass bei vertragsgestaltender Tätigkeit aufgrund des erhöhten Haftungsrisikos des RA die Geschäftsgebühr und nicht nur die Beratungsgebühr entsteht. Madert (AGS 2005, 5) stellt auf die entfaltete Tätigkeit des RA ab. Darauf kann es jedoch nicht ankommen. Es ist unerheblich ob der RA ein Schreiben verfasst hat oder nicht. Auch bei der Abgrenzung zw. Beratungs- und Geschäftsgebühr kommt es auf den **erteilten Auftrag** an.

Nr.	Gebührentatbestand	Gebühr oder Satz der Gebühr nach § 13 RVG
2400	**Geschäftsgebühr** Eine Gebühr von mehr als 1,3 kann nur gefordert werden, wenn die Tätigkeit umfangreich oder schwierig war.	0,5 bis 2,5

Übersicht

1 Allgemeines. Die **Vergütung für außergerichtliche Tätigkeiten** des RA wurde durch das RVG gänzlich neu gestaltet. Die in § 118 Abs. 1 BRAGO getroffene Differenzierung in Geschäfts-, Bespre- chungs- und Beweisaufnahmegebühr wurde nicht übernommen, sondern diese drei Gebührentatbe- stände wurden durch einen einzigen Gebührentatbestand ersetzt: Für die außer- oder vorgerichtliche Vertretung des AG entsteht grds. **eine** Geschäftsgeb. Nr. 2400 VV RVG. Die Geschäftsgeb. ist eine Pauschgebühr, durch die **in einer Angelegenheit** grds. die gesamte außer- oder vorgerichtliche Tätigkeit des RA ☐ zB für str. außergerichtliche Angelegenheiten, rechtsgestaltende oder vorsorgen- de Rechtsbetreuung ☐ abgegolten wird (vgl. Anm. 9). Die Geschäftsgeb. entsteht in jeder gebühren- rechtlichen Angelegenheit grds. nur einmal.
Die Geschäftsgeb. entsteht gem. Vorbem. 2.4 Abs. 3 VV RVG für das **Betreiben des Geschäfts** (Betriebsgebühr) einschl. der Information und für die **Mitwirkung bei der Gestaltung eines Ver- trags**.

2 Die Entstehung der Geschäftsgeb. Nr. 2400 VV RVG setzt **anwaltliche Tätigkeit** des RA voraus (vgl. § 1 Abs. 2 RVG). Tätigkeiten, die gem. § 1 Abs. 2 RVG nicht nach dem RVG zu vergüten sind, lösen keine Geschäftsgeb. Nr. 2400 VV RVG aus.

3 Ob die Geschäftsgeb. Nr. 2400 VV RVG ein- oder mehrmals entsteht, hängt davon ab, ob der anwaltl. Tätigkeit eine oder mehrere **Angelegenheiten** (vgl. §§ 15-18 RVG) zugrunde liegen. Ist der RA außergerichtlich nicht nur in einer Angelegenheit tätig, entsteht die Geschäftsgeb. entspr. der Anzahl der vorliegenden Angelegenheiten.

4 Nach § 119 Abs. 1 und 3 BRAGO waren das **Verwaltungsverfahren** und das dem Rechtsstreit vorausgehende Verf., das der Nachprüfung eines VA diente, sowie das Verwaltungsverfahren auf Aussetzung der Vollziehung oder auf Beseitigung der aufschiebenden oder hemmenden Wirkung eine Angelegenheit. Diese Bestimmung wurde durch § 17 Nr. 1 RVG modifiziert, der bestimmt, dass das Verwaltungsverfahren, das Nachprüfungsverfahren, das Verwaltungsverfahren auf Aussetzung oder Anordnung der sofortigen Vollziehung sowie über einstweilige Maßnahmen zur Sicherung der Rechte Dritter sowie das sich anschließende gerichtl. Verf. **verschiedene Angelegenheiten** sind. Bei außer- oder vorgerichtlichen Tätigkeiten vor Behörden können daher **zwei Geschäftsgebühren** entstehen (Nr. 2400 VV RVG und Nr. 2401 VV RVG). Das Entstehen der Geschäftsgeb. Nr. 2401 VV RVG (0,5-1,3) setzt dabei das Entstehen der Geschäftsgeb. Nr. 2400 VV RVG voraus.

5 Durch die Geschäftsgeb. Nr. 2400 VV RVG werden außergerichtliche Tätigkeiten in sozialrecht- lichen Angelegenheiten nicht abgegolten, wenn sich die Gebühren in sozialrechtlichen Angele- genheiten nicht nach einem Gegenstandswert richten (vgl. § 3 RVG Anm. 16). Entstehen **in sozial- rechtlichen Angelegenheiten Betragsrahmengebühren**, entsteht in diesen Verf. gem. Vorbem. 2.4 Abs. 2 VV RVG zunächst die Geschäftsgeb. Nr. 2500 VV RVG und ggf. zusätzl. die Geschäftsgeb. Nr. 2501 VV RVG.

6 Nr. 2400 VV RVG ist nicht anwendbar, wenn **speziellere Gebührenvorschriften in Teil 2 VV RVG** vorhanden sind. Hat der RA den AG zB auftragsgemäß **beraten**, ein **Gutachten** erstellt oder die **Erfolgsaussichten** für ein Rechtsmittel **geprüft**, gehen die jew. speziellen Gebührenvorschriften der Nr. 2400 VV RVG vor. Zu beachten ist auch die **spezielle Geschäftsgebühr Nr. 2403 VV RVG** (zB für **Güteverfahren** vor einer Gütestelle nach § 794 Abs. 1 S. 1 ZPO). Wurde **Beratungshilfe**

bewilligt, ist für die anwaltl. Tätigkeit nicht Nr. 2400 VV RVG anwendbar, sondern nur Nr. 2603 VV RVG.

7 Die **Geschäftsgebühr Nr. 2402 VV RVG** ergänzt Nr. 2400 VV RVG für den Fall, dass der Auftrag nur auf ein Schreiben einfacher Art gerichtet war. Nr. 2402 VV RVG entspricht grds. dem § 120 BRAGO; der Gebührensatz wurde dabei v. 2/10 (= 0,2) auf 0,3 (Mindestgeb. im RVG) erhöht. Zwischen den Anwendungsbereichen der Nrn. 2400 und 2402 VV RVG ist eine randscharfe **Abgrenzung** erforderlich. Ob die Geschäftsgeb. Nr. 2400 VV RVG oder die Gebühr für das einfache Schreiben Nr. 2402 VV RVG entsteht, hängt v. **Auftrag** des AG ab. In der Gesetzesbegründung (BT-Drs 15/1971 S. 207) wird zur Abgrenzung auf die v. BGH (NJW 1983, 2541 = JurBüro 1983, 1498) zu § 120 BRAGO entwickelten Grundsätze abgestellt. Danach soll das Entstehen der Geschäftsgeb. gem. (jetzt) Nr. 2400 VV RVG (vormals § 118 BRAGO) oder nach (jetzt) Nr. 2402 VV RVG (vormals § 120 BRAGO) nicht v. der tatsächlich ausgeführten Tätigkeit des RA abhängen, sondern allein v. erteilten Auftrag. Erteilt der AG dem RA nur einen Auftrag zur Erstellung eines einfachen Schreibens, kann nicht die Geschäftsgeb. der Nr. 2400 VV RVG entstehen. Nach der Urteilsbegründung kommt es auch nicht darauf an, ob sich die Tätigkeit des RA auf ein einfaches Schreiben beschränkt, wenn der dem RA erteilte Auftrag weiter gefasst war. Der v. RA aufgrund des Auftrags entfaltete Arbeitsaufwand muss sich nicht notwendig auf die Abfassung eines einfachen Schreibens beschränkt haben, selbst wenn er dem Gegner nur ein solches Schreiben zugesandt hat. Allerdings ist lt. Urteilsbegründung idR davon auszugehen, dass ein RA in Angelegenheiten, die nur zu einem einfachen Schreiben geführt haben, auch keinen weitergehenden Auftrag gehabt habe. Der RA muss daher, wenn er eine Gebühr nach Nr. 2400 VV RVG beansprucht, obwohl er nicht mehr als ein einfaches Schreiben hergestellt hat, darlegen, dass und warum der erteilte Auftrag umfassender war und daher mehr Arbeitsaufwand erforderte als die Abfassung eines einfachen Schreibens.

Ein RA, der aufgrund eines umfangreichen und schwierigen Auftrags nur ein einfaches Schreiben verfasst, wendet demgegenüber nicht stets so geringe Mühe auf, dass eine Vergütung mit einer Gebühr in einem Gebührensatzrahmen v. 0,5-2,5 nicht gerechtfertigt sein kann. Der tatsächlich erforderliche Arbeitsaufwand und die nach außen hin entfaltete Tätigkeit des RA müssen einander nicht entsprechen. Auch in einer tatsächlich und rechtl. schwierigen Angelegenheit kann es angezeigt sein, dem Gegner zunächst nicht mehr als eine kurze Mahnung, eine einfache Kündigung oÄ zukommen zu lassen. Es wäre in solchen Fällen unangemessen, den RA stets mit einer 0,3 Geschäftsgeb. abzufinden.

8 Das Entstehen einer Geschäftsgeb. setzt die Erteilung eines entspr. **Auftrags** durch den AG an den RA voraus. Ob die Geschäftsgeb. und nicht nur die Gebühr Nr. 2402 VV RVG entstanden ist, bestimmt allein der **Inhalt** des Auftrags. Der RA ist nicht verpflichtet, über den Auftrag hinaus tätig zu werden, ohne dafür eine Gebühr beanspruchen zu können. Beschränkt der AG den Auftrag auf ein **einfaches Schreiben,** muss der RA nur prüfen, ob ein solches Schreiben nach der geschilderten Sachlage rechtl. in Betracht kommt. Die Prüfung dieser Frage hat zwangsläufig einen über die Fertigung eines einfachen Schreibens hinausgehenden Auftrag zum Inhalt. Der RA kann nicht □ ohne Schadensersatzansprüche befürchten zu müssen □ ohne rechtl. Prüfung ein einfaches Schreiben erstellen. IdR wird der erteilte Auftrag daher zumindest **auch die Beratung** zum Inhalt haben, so dass eine Beratungsgebühr gem. Nr. 2100 VV RVG mit einem Gebührensatzrahmen v. 0,5-1,0 entsteht. In diesen Fällen geht die höhere Beratungsgebühr der Nr. 2100 VV RVG durch die Geschäftsgeb. für das einfache Schreiben der Nr. 2402 VV RVG im Wege der Anrechnung (Anm. Abs. 2 zu Nr. 2100 VV RVG) nicht unter (vgl. § 15 Abs. 4, Abs. 3 RVG). Nur wenn eine Beratung und rechtl. Würdigung wg. der klaren Sachlage nicht erforderlich ist, ist davon auszugehen, dass der Auftrag des AG auf das Erstellen eines einfachen Schreibens beschränkt war.

Ist der erteilte Auftrag auf eine **umfassende Vertretung** gerichtet, entsteht die Geschäftsgeb. Nr. 2400 VV RVG. Hatte der RA den Auftrag, die Sach- und Rechtslage zu prüfen und ergibt die Prüfung, dass mit einem einfachen Schreiben der begehrte Erfolg herbeigeführt werden kann, entsteht daher die Geschäftsgeb. Nr. 2400 VV RVG und nicht die Geschäftsgeb. Nr. 2402 VV RVG. Allerdings hat der BGH (Anm. 7) ausdrücklich ausgeführt, dass der **Rechtsanwalt**, wenn seine Tätigkeit sich nicht auf ein einfaches Schreiben beschränkt hat, **darlegen muss**, weshalb der erteilte Auftrag über ein einfaches Schreiben hinausging. Der RA muss daher iZw den ihm erteilten **Auftrag nachweisen** können, insbes., aus welchen Gründen etwa eine Beratung, eine Prüfung der Rechtslage oÄ erforderlich waren.

9 Da Nr. 2400 VV RVG eine Pauschgebühr ist, gilt sie auch **Nebentätigkeiten** in der Angelegenheit mit ab. Hierzu gehören insbes. alle Tätigkeiten, die das Betreiben des Geschäfts fördern sollen, zB die Einsicht in Register oder Akten, das Entwerfen, Fertigen oder Einreichen v. Schriftsätzen oder Urkunden. Der **Umfang** der anwaltl. Nebentätigkeit **kann bei der Bestimmung der Höhe der Gebühr berücksichtigt** werden.

10 Die Geschäftsgeb. der Nr. 2400 VV RVG ist eine Satzrahmengeb. mit einem Rahmen v. 0,5-2,5. Die Höhe der Gebühr ist nach § 14 RVG zu bestimmen. Die **Mittelgebühr** beträgt 1,5 (Rehberg/Xanke Stichwort „Geschäftsgebühr" unter 8.1; Mayer/Kroiß Rn. 6ff. zu Nr. 2400 VV RVG; Hartung/Römermann Rn. 56 zu Teil 2 VV RVG; Hartmann Rn. 24 zu Nr. 2400 VV RVG; Gerold/Schmidt Rn. 95 zu Nr. 2400 VV RVG; Hansens RVGreport 2004, 209, 210; Hartung NJW 2004, 1410ff., Drasdo MDR 2004, 428ff.). Gem. der Anm. zu Nr. 2400 VV RVG kann der RA allerdings eine Gebühr v. mehr als 1,3 (**Kappungsgrenze**) nur fordern, wenn die Tätigkeit umfangreich oder schwierig war. Damit wird die Geschäftsgeb. in allen Fällen, in denen die anwaltl. Tätigkeit weder umfangreich noch schwierig war, auf einen Gebührensatz v. 1,3 (Regelgebühr) begrenzt. Diese **Regel- oder Schwellengebühr** ist neu. Eine Entsprechung kannte die BRAGO nicht. In der Gesetzesbegründung wird sowohl der Begriff der Schwellengebühr als auch der Begriff der Regelgebühr verwendet (BT-Drs 15/1971 S. 207). Maßgeblich ist danach, dass die Schwellengebühr (1,3) zur Regelgebühr wird. Nur wenn der Umfang der anwaltl. Tätigkeit **außergewöhnlich hoch oder überdurchschnittlich schwierig** ist (vgl. § 14 RVG), kann der RA einen höheren Gebührensatzrahmen als 1,5 bestimmen.

11 Es wird zT die Auffassung vertreten, dass sich aus der Schwellen-/Regelgebühr in der Anm. zu Nr. 2400 VV RVG eine „abweichende Regelgebühr" v. (1,3 + 0,5 = 1,8 ./. 2 =) **0,9** in durchschnittlichen Fällen ergebe (Braun, S. 62; ders. in DAR 2004, S. 61). Dieser Auffassung kann nicht gefolgt werden. Die Geschäftsgeb. der Nr. 2400 VV RVG hat einen Satzrahmen v. 0,5-2,5, der durch die Beschränkung auf die Regelgebühr iHv 1,3 eine einmalige Begrenzung erfahren hat. Es gibt keinen Grund, den Gebührensatzrahmen darüber hinaus weiter nach unten zu begrenzen. Dies ist nicht angemessen und lässt sich **weder dem Gesetzestext noch der Gesetzesbegründung** (BT-Drs 15/1971 S. 207 zur Nr. 2400 VV RVG) entnehmen. Gegen eine Begrenzung spricht auch, dass das **RVG** gerade **keine Verringerung des anwaltl. Gebührenaufkommens** zur Folge haben sollte, was die Auffassung v. Braun jedoch zur Folge hätte, zB in den Fällen, in denen der RA bisher eine Geschäftsgeb. nach dem höchsten Gebührensatz (10/10) bestimmt hatte. Eine Verringerung des Gebührenaufkommens würde auch dann eintreten, wenn der RA neben der Geschäftsgeb. des § 118 Abs. 1 Nr. 1 BRAGO die Besprechungsgebühr des § 118 Abs. 1 Nr. 2 BRAGO (Mittelgebühren 2 x 7,5/10 = 15/10) hätte fordern können. Da das VV auch noch andere Regelgebühren bestimmt, ist davon auszugehen, dass die iaw. Bestimmung der Höhe der Regelgebühren endgültig ist. Eine weitere Begrenzung der Schwellengebühr unter einen Gebührensatzrahmen v. 1,3 kann daher nicht in Betracht kommen (so auch Hansens RVG-Report 2004, 59, N. Schneider AnwBl 2004, 129 ff, 137).

12 Die **Kappungsgrenze** iHv. 1,3 begrenzt den Rahmen der Gebühr nur dann, wenn die anwaltl. Tätigkeit weder umfangreich noch schwierig war. Der RA bestimmt grds. die Höhe einer Rahmengebühr unter Berücksichtigung der in § 14 Abs. 1 S. 1, 2 RVG genannten TB-Merkmale. Bei der Bestimmung des Gebührensatzrahmens der Geschäftsgeb. Nr. 2400 VV RVG ist das **Überschreiten der Regelgebühr** v. 1,3 dem RA jedoch nur gestattet, wenn die anwaltl. Tätigkeit umfangreich oder schwierig war. Die Gebühr wird daher zunächst mit der Mittelgebühr iHv 1,5 bestimmt. Anschließend ist zu prüfen, ob die Tätigkeit umfangreich oder schwierig war. Ist dies der Fall, ist die Regelgebühr v.

1,3 nicht anwendbar und der RA kann einen höheren Gebührensatzrahmen bestimmen. Zu beachten ist, dass es sich bei dem Satzrahmen der Regelgebühr iHv 1,3 nicht um einen festen Gebührensatz handelt. Sind alle Bewertungskriterien des § 14 RVG unterdurchschnittlich, kann die Regelgebühr v. 1,3 unterschritten werden. Nur in einfach gelagerten Fällen ist von einem Gebührensatz von 1,3 auszugehen (AG Kelheim AnwBl 2005, 152 = BRAK-Mitt 2005, 48; AG Landstuhl NJW 2005, 161 = RVGreport 2005, 61, AG Aachen RVGreport 2005, 60 m. Anm. Hansens; AG Karlsruhe RVGreport 2005, 61 m. Anm. Hansens, AG Bielefeld RVGreport 2005, 62, AG Kelheim RVGreport 2005, 62, AG München RVGreport 2005, 63, AG Jülich RVGreport 2005, 63).

Die allein stehende Auffassung des AG Berlin Mitte (1,0; RVGreport 2005, 64 m. Anm. Hansens und AG Gronau RVGreport 2005, 64) ist abzulehnen, da sie den gesetzgeberischen Zweck verkennt.

13 An der vorgegebenen **Regelgebühr** iHv 1,3 und der damit verbundenen **Beschränkung** des Bestimmungsrechts des RA ist wg. einer Vielzahl v. Gründen Kritik zu üben. Gegen die Ein-schränkung der Bestimmung des Rahmens der Gebühr durch den RA spricht zunächst die **zentrale Stellung des § 14 Abs. 1 RVG**, der auf eine **Vielzahl zu beurteilender Faktoren** abstellt. Werden einzelne Faktoren dabei bes. hervorgehoben, wird das Gesamtsystem gestört. Der vorgegebene Gebührensatzrahmen v. 0,5-2,5 sollte eine **flexiblere Gebührengestaltung** ermöglichen (BT-Drs 15/1971 S. 207), was durch die Beschränkung der Höhe der Gebühr durch die Schwellengebühr gerade verhindert wird.

Auch die in der **Gesetzesbegründung** (BT-Drs 15/1971 S. 207) genannten Motive für die Be-schränkung des Gebührensatzrahmens auf 1,3 überzeugen nicht. Dort heißt es: „Eine nach Abwä-gung der unterschiedlichen Kriterien des § 14 RVG in der Summe gänzlich durchschnittliche Ange-legenheit würde also nur dann einen Gebührensatz v. mehr als 1,3 (…) rechtfertigen, wenn die Tätigkeit des Anwalts im Hinblick auf Umfang oder Schwierigkeit über dem Durchschnitt liegt, dies jedoch allein in der Gesamtschau nach § 14 Abs. 1 RVG unberücksichtigt bleiben müsste, weil andere Merkmale vergleichsweise unterdurchschnittlich ins Gewicht fallen. Ist eine Sache danach schwierig oder umfangreich, steht eine Ausnutzung des Gebührenrahmens unter den Voraussetzun-gen des § 14 Abs. 1 RVG (…) im billigen Ermessen des Anwalts. Sind auch Umfang und Schwierig-keit der Sache jedoch nur durchschnittlicher Natur, verbleibt es bei der Regelgebühr (1,3)." Dies bedeutet für eine in allen Tatbestandsmerkmalen durchschnittliche Angelegenheit einen Gebüh-rensatzrahmen v. 1,3. Es ist jedoch nicht nachvollziehbar, warum in diesen Fällen v. der Mittelgebühr abgewichen wird.

Die Regelgebühr hat weiterhin zur Folge, dass, wenn die übrigen **Tatbestandsmerkmale des § 14 Abs. 1 RVG** (Bedeutung, Haftung, Einkommens- und Vermögensverhältnisse des AG) über-durchschnittlich sind, ein Abweichen v. der Regel- oder Schwellengebühr nicht möglich ist, wenn der Umfang oder die Schwierigkeit der anwaltl. Tätigkeit durchschnittlich waren. Warum diese TB-Merkmale keine Erhöhung rechtfertigen sollen, lässt sich der Gesetzesbegründung nicht entnehmen.

Infolge der Beschränkung der Geschäftsgeb. Nr. 2400 VV RVG auf einen Gebührensatzrahmen v. 1,3 wird umfangreiche Auseinandersetzungen zu der Frage zu erwarten, ob eine anwaltl. Tätigkeit umfangreich oder schwierig war. Es werden damit **keine Streitpunkte aus der BRAGO entschärft**. Im Dezember 2003 wurde in der Stellungnahme der BRAK und des DAV zum Referentenentwurf des KostRMoG daher auch der Rahmen der Geschäftsgeb. (Nr. 2400 VV RVG) als Regel- oder Schwel-lengebühr kritisiert. Es wird auch keine **Vereinfachung** (siehe auch die gemeinsame Erklärung der BRAK und des DAV zur Novelle des Anwaltsgebührenrechts v. 25.9.2003) erreicht, denn die Be-stimmung des Gebührensatzrahmens wurde durch die Einführung der Regelgebühr noch erschwert (vgl. Anm. 12).

Beabsichtigt war mehr **Gebührengerechtigkeit** (BT-Drs 15/1971 S. 207). Auch dies wird durch die Einführung der Regelgebühr nicht erzielt, weil diese nicht für alle Rahmengebühren einheitlich eingeführt wurde. So ist das Bestimmungsrecht des RA zB bei der Beratungsgebühr der Nr. 2100 VV RVG nicht eingeschränkt; er kann (und muss) sämtliche TB-Merkmale des § 14 Abs. 1 RVG berück-sichtigen. Für die Geschäftsgeb. der Nr. 2400 VV RVG gilt dies nicht. Damit wird also vielmehr eine

„Gebührenungerechtigkeit" hergestellt. Gegenüber einem AG, der nur beraten wird, kann der RA ggf. die Höhe der Gebühr mit dem Höchstrahmen bestimmen, auch wenn die anwaltl. Tätigkeit weder umfangreich noch schwierig war, was bei der Geschäftsgeb. Nr. 2400 VV RVG nicht möglich ist. Mit der Einführung der pauschalen Geschäftsgeb. Nr. 2400 VV RVG sollte die Notwendigkeit des Abschlusses einer **Vergütungsvereinbarung** zw. RA und AG vermieden werden (BT-Drs 15/1971 S. 207). Um eine höheren Gebührensatzrahmen als 1,3 fordern zu können, muss der RA jedoch, wenn der Umfang der anwaltl. Tätigkeit oder die Schwierigkeit derselben durchschnittlich waren, eine Vergütungsvereinbarung gem. § 4 RVG mit dem AG treffen. Ohne eine solche Vereinbarung kann er izw lediglich die Gebühr mit einem Gebührensatzrahmen v. 1,3 v. AG fordern. Der RA wird daher bei Erteilung eines Auftrags zur außergerichtlichen Vertretung immer abwägen, ob er, um eine Beschränkung des Gebührensatzrahmens und anschließenden Auseinandersetzungen mit dem AG zu vermeiden, im Wege einer Vergütungsvereinbarung v. Anfang an einen abweichenden Gebührensatzrahmen bestimmt.

Gegen die Regel-/Schwellengebühr iHv 1,3 spricht schließlich, dass die anwaltl. Gebühren seit 1994 nicht erhöht wurden. In allen durchschnittlichen Fällen, in denen der RA zur Geltungszeit der BRAGO eine Geschäfts- und Besprechungsgebühr nach § 118 Abs. 1 Nr. 1 und § 118 Abs. 1 Nr. 2 BRAGO fordern konnte, wurde diese Tätigkeit mit zweimal 7,5/10 (15/10) abgegolten. Sind im Hinblick auf die Geschäftsgeb. der Nr. 2400 VV RVG die TB-Merkmale des § 14 Abs. 1 RVG in ihrer Gesamtheit durchschnittlich, würde dies durch die Regel-/Schwellengebühr zu einem Gebührensatz v. 1,3 (13/10) führen. Dies führt zu einer **Verringerung des Gebührenaufkommens**, was erklärtermaßen gerade nicht die Intention des RVG war. Eine Verringerung der Gebühren kann nur vermieden werden, indem der Umfang der anwaltl. Tätigkeit (und/oder die Schwierigkeit derselben) anders als bisher bewertet wird (mit ähnlichen Überlegungen zur Berücksichtigung des Einkommens bei der Bestimmung des Rahmens der Gebühr Madert in AGS 2005, 5ff.).

14 Umfang und Schwierigkeit der anwaltl. Tätigkeit sind im Hinblick auf die Geschäftsgeb. der Nr. 2400 VV RVG neu zu definieren. Für die Geschäftsgeb. der Nr. 2400 VV RVG muss unter Umfang der anwaltl. Tätigkeit ☐ und damit für eine Erhöhung des Satzrahmens ☐ all dies fallen, was **zur Geltungszeit der BRAGO eine eigenständige Gebühr ausgelöst** hätte. Hätte der RA nach den Vorschriften der BRAGO die Besprechungs- und oder die Beweisaufnahmegebühr fordern können, ist für die Geschäftsgeb. der Nr. 2400 VV RVG v. einem über dem Durchschnitt liegenden Umfang der anwaltl. Tätigkeit auszugehen, so dass die Gebühr nicht mehr auf 1,3 zu beschränken ist. Hätte der RA zur Geltungszeit der BRAGO etwa 30/10 (3 x 10/10 Geschäfts-, Besprechungs- und Beweisaufnahmegebühr) fordern können, muss es möglich sein, den höchsten Gebührensatzrahmen der Geschäftsgeb. der Nr. 2400 VV RVG (2,5) anzusetzen. Demgegenüber schränkt die Gesetzesbegründung (BT-Drs 15/1971 S. 207) die Möglichkeit, den Rahmen der Gebühr abweichend v. der Regelgebühr iHv 1,3 zu bestimmen, ein. Danach soll die Besprechung selbst keine weitere Gebühr auslösen, sondern allenfalls im bestehenden Rahmen zur Erhöhung der angemessenen Gebühr führen. Gleichzeitig wird ausgeführt, dass ein einzelnes kurzes Telefongespräch kaum ins Gewicht falle. Dies überzeugt nicht, weil die Art des Gesprächs nichts daran ändert, dass das Gespräch den Umfang der anwaltl. Tätigkeit erhöht. Ein Abweichen v. der Regelgebühr muss unabhängig v. der Art des Gesprächs möglich sein.

Zur Bestimmung des Begriffs „Umfang der anwaltl. Tätigkeit" auf Gebührentatbestände abzustellen, die nicht im RVG, sondern in der nicht mehr geltenden BRAGO geregelt sind, mag für eine Übergangszeit hilfreich sein. Eine dauerhafte Regelung sollte dies jedoch nicht bleiben, da dann die Anwaltschaft auf ein Gesetz zurückgreifen müsste, dass binnen überschaubarer Zeit vielen Anwälten unbekannt sein wird. Anders als durch Umstrukturierung und Zurückgreifen auf die BRAGO lässt sich dieses Problem derzeit jedoch nicht lösen. Es bleibt abzuwarten, ob die ges. Regelung in Zukunft anders gestaltet wird oder ob die Rspr. die vorgegebene Regelgebühr ebenso ablehnt wie die Anwaltschaft.

15 Die **Tatbestandsmerkmale des § 14 Abs. 1 RVG**, die nach Nr. 2400 VV RVG nicht das Überschreiten der Regelgebühr rechtfertigen, können sich allerdings auch auf Umfang und Schwierigkeit der Tätigkeit auswirken und so die Erhöhung der Regelgebühr rechtfertigen. So kann sich die **Bedeutung** der Angelegenheit für den AG auf den Umfang der anwaltl. Tätigkeit auswirken, denn idR wird eine überragende Bedeutung für den AG zu einem **erhöhten Umfang** der anwaltl. Tätigkeit führen. Auch das Haftungsrisiko kann auf diesem Wege berücksichtigt werden, denn in den Fällen mit erhöhtem Haftungsrisiko wird idR eine überdurchschnittliche Schwierigkeit der anwaltl. Tätigkeit gegeben sein.

Die **Einkommens- und Vermögensverhältnisse** des AG lassen sich dagegen nicht ohne weiteres unter Umfang oder Schwierigkeit der Angelegenheit einordnen. Liegen überdurchschnittlich gute Einkommens- und Vermögensverhältnisse des AG vor, kann der RA daher iZw nur über eine Vergütungsvereinbarung für eine höhere Vergütung Sorge tragen.

16 Vertritt der RA **mehrere Auftraggeber** (vgl. § 7 RVG), **erhöht** sich die Geschäftsgeb. Nr. 2400 VV RVG um 0,3. Dabei beträgt die **Erhöhung immer 0,3 absolut** für jeden zusätzl. AG, unabhängig davon, welchen Gebührensatzrahmen (zB 0,5; 0,8; 1,1 oder 1,3) der RA bestimmt hat. Die Erhöhung darf aber gem. Anm. Abs. 3 zu Nr. 1008 VV RVG insgesamt nicht mehr als 2,0 betragen. Der RA kann daher, wenn er den Gebührensatzrahmen zB mit 2,5 bestimmt hat, insgesamt nicht mehr als 4,5 fordern (2,5 + 2,0 = 4,5). Hat er den Gebührensatzrahmen mit 1,3 bestimmt, so kann er insgesamt nicht mehr als 3,3 fordern.

17 Die Geschäftsgeb. aus Nr. 2400-2403 VV RVG sind gem. Vorbem. 3 Abs. 4 VV RVG auf die Verfahrensgeb. des gerichtl. Verf. **anzurechnen**. Vorbem. 3 Abs. 4 VV RVG soll verhindern, dass der RA für die gleiche Tätigkeit (Betreiben des Geschäfts) in einer Angelegenheit zweimal Gebühren fordern kann. Dies gilt immer dann, wenn der RA die Angelegenheit zunächst außergerichtlich und anschließend gerichtl. betrieben hat. Da es nur noch eine pauschale Geschäftsgeb. gibt, wird die Geschäftsgeb. nur zur Hälfte (maximal 0,75) angerechnet, um den unterschiedlichen außergerichtlichen Tätigkeiten des RA Rechnung zu tragen. Eine Anrechnung der Geschäftsgeb. erfolgt nicht, wenn das gerichtl. Verf. der außergerichtl. Tätigkeit vorausgegangen ist (Hansens, RVGreport 2004, 90; Enders JurBüro 2004, 349). Die Geschäftsgeb. wird nur nach dem Wert des Gegenstands angerechnet, der in das gerichtliche Verfahren übergegangen ist (arg. § 15 Abs. 4 RVG, Hansens aaO S. 94). Haben die außergerichtliche und die nachfolgende gerichtl. Tätigkeit nicht denselben Gegenstand, erfolgt keine Anrechnung. Nur wenn die gerichtl. die außergerichtl. Tätigkeit tatsächlich fortführt, erfolgt eine Anrechnung der Geschäftsgeb. (Beispiele bei Enders JurBüro 2004, 351).

18 Die **Höhe der Anrechnung** ergibt sich aus Vorbem. 3 Abs. 4 VV RVG. Die Geschäftsgeb. aus Nr. 2400 VV RVG wird **zur Hälfte auf die Verfahrensgebühr** des gerichtl. Verf. angerechnet, jedoch höchstens mit 0,75. Ist die Hälfte der Gebühr **kleiner als 0,75**, wird der **geringere Betrag angerechnet**. Ist die Hälfte der Geschäftsgeb. **größer als 0,75** werden lediglich **0,75** angerechnet.

Beispiel 1: Der RA hat die Höhe der Gebührensatzrahmens der Geschäftsgeb. der Nr. 2400 VV RVG mit **1,3** bestimmt. Der außergerichtlichen Tätigkeit schließt sich eine gerichtl. Auseinandersetzung an. Die Geschäftsgeb. wird mit 0,65 auf die entspr. Verfahrensgeb. des gerichtl. Verf. angerechnet, denn die Hälfte v. 1,3 ist kleiner als 0,75. Der nach Anrechnung verbleibende Rest der Geschäftsgeb. iHv **0,65** bleibt bestehen.

Beispiel 2: Der RA hat seiner außergerichtlichen Vergütungsberechnung einen Gebührensatzrahmen von **1,8** zugrunde gelegt. Es schließt sich der außergerichtlichen Tätigkeit eine gerichtl. Tätigkeit an. Die Gebühr wird zu einem Gebührensatz v. **0,75** angerechnet, denn der hälftige Betrag der Geschäftsgeb. (0,9) übersteigt die Anrechnungshöchstgrenze v. 0,75. Es verbleibt ein **Rest der Geschäftsgebühr iHv 1,05**.

19 Die **Anrechnung** erfolgt auf die **Verfahrensgebühr** des gerichtl. Verf. Unerheblich ist, welche Verfahrensgeb. für das gerichtl. Verf. entsteht. Die Anrechnung erfolgt nicht nur auf die "vollen" oder auch höchsten Verfahrensgebühren (zB 1,3 Verfahrensgeb. gem. Nr. 3100 VV RVG, 1,0 Verfahrensgeb. gem. Nr. 3305 VV RVG oder 1,0 Verfahrensgeb. PKH-Bewilligungsverfahren gem. Nr. 3335 VV RVG), sondern auch auf ermäßigte Verfahrensgebühren zB bei vorzeitiger Erledigung (0,8 Verfahrensgeb. gem. Nr. 3101 VV RVG, 0,5 Verfahrensgeb. (Vertretung des Antragsgegners im Mahnverfahren) gem. Nr. 3307 VV RVG oder 0,5 Verfahrensgeb. PKH-Bewilligungsverfahren gem. Nr. 3337 VV RVG).

20 Sind die **Gegenstandswerte** für die außergerichtliche Tätigkeit und die sich anschließende gerichtl. Tätigkeit **unterschiedlich**, wird dies bei der Anrechnung gem. § 15 Abs. 3, 4 RVG berücksichtigt.

Beispiel: Der RA fordert auftragsgemäß den Schuldner (zukünftigen Bekl.) zur Zahlung v. 1.500 EUR auf. Der Gegner reagiert nicht. Der Auftrag war nicht nur auf die Fertigung eines einfachen Schreibens gerichtet. Im gerichtl. Verf. macht der RA 2.500 EUR klageweise geltend. Er bestimmt den Rahmen der Geschäftsgeb. der Nr. 2400 VV RVG abweichend v. der Mittelgebühr mit 1,0. Der RA berechnet 1,0 Geschäftsgeb. Nr. 2400 VV RVG auf den Gegenstandswert v. 1.500 EUR sowie 1,3 Verfahrensgeb. Nr. 3100 VV RVG auf den Gegenstandswert v. 2.500 EUR. Angerechnet werden 0,5 Geschäftsgeb. Nr. 2400 VV RVG (Vorbem. 3 Abs. 4 VV RVG) nach einem Gegenstandswert v. 1.500 EUR. Der RA halbiert die ausgerechnete Geschäftsgeb. und rechnet dieses Ergebnis an.

Das vorstehende Beispiel ist auch anwendbar, wenn sich die Angelegenheit nach Klageauftrag durch Zahlung des Schuldners vor Klageeinreichung erledigt und der RA daher neben der Geschäftsgeb. die 0,8 Verfahrensgeb. nach Nr. 3101 Nr. 1 VV RVG fordern kann.

Der Gegenstandswert für die außergerichtliche Tätigkeit kann auch höher sein als der Gegenstandswert für die gerichtl. Tätigkeit. Dies ist bei der Anrechnung zu berücksichtigen.

21 Zur Anrechnung bei **mehreren Auftraggebern** vgl. die Komm. zu Vorbem. 3 Abs. 4 (dort Anm. 17).

22 Die Geschäftsgeb. der Nr. 2400 VV RVG kann nicht im Wege der **Vergütungsfestsetzung** geltend gemacht werden, weil gem. § 11 Abs. 1 S. 1 RVG nur die im Rahmen eines gerichtl. Verf. entstandene Vergütung festgesetzt werden kann. Daher kommt auch eine Festsetzung der Mindestgebühren gem. § 11 Abs. 8 S. 1 RVG nicht in Betracht.

23 Durch die Anrechnung der Geschäftsgeb. nach Vorbem. 3 Abs. 4 VV RVG verbleiben nach dem Übergang von der außergerichtl. zur gerichtl. Tätigkeit □unabhängig davon, in welcher Höhe der RA den Gebührensatzrahmen bestimmt hatte □ immer Gebührenreste der Geschäftsgeb. Angerechnet wird v. der Geschäftsgeb. der Nrn. 2400-2403 VV RVG die Hälfte, höchstens 0,75. Je höher der RA den Gebührensatzrahmen bestimmt hatte, um so größer ist demnach der verbleibende Rest der Geschäftsgeb. Diese Gebührenreste sind nach wohl hM (noch zur BRAGO zB OLG Frankfurt JurBüro 2003, 201, OLG München MDR 2002, 237, OLG Naumburg JurBüro 2002, 371, OLG Rostock JurBüro 1998, 199, OLG Bamberg KostRsp ZPO § 91 Nr. 456 = JurBüro 1991, 704, OLG Koblenz JurBüro 1985, 1880, NJW 1978, 1751, KG JurBüro 1965, 383, LG Tübingen JurBüro 1989, 122, LG Koblenz JurBüro 1982, 80, LG Schleswig JurBüro 1980, 1855) **nicht vom Kostenerstattungsanspruch** eines nachfolgenden gerichtl. Verf. umfasst (§§ 91ff. ZPO), weil es sich dabei nicht um Prozesskosten und damit Kosten des Rechtsstreits handelt. Die für die Geschäftsgebühr der BRAGO aufgestellten Grundsätze wurden für die Geschäftsgebühr der Nr. 2400 VV RVG mit gleichem Tenor bestätigt vom OLG Köln (RVGreport 2005, 76) sowie vom AG Hamburg (RVGreport 2005, 75). Dem angeschlossen hat sich der BGH (AGS 2005, 100ff. □XII ZB 94/04). Die Geltendmachung der Geschäftsgebühr ist idR nur über eine materiell-rechtl. Anspruchsgrundlage möglich, zB aus Verzug oder positiver Vertragsverletzung (pVV). Die Berücksichtigung im Kostenfestsetzungsverfahren widerspricht nach der hM dessen Zweck, da der Rechtspfleger in diesem Fall materiell-rechtl. prüfen muss, ob die vorprozessualen oder außergerichtlichen Kosten zum einen prozessbezogen und zum anderen □aus materiell-rechtl. Sicht □überhaupt erstattungsfähig sind.

Gegen eine Berücksichtigung im Kostenfestsetzungsverfahren spricht auch, dass der ggf. bestehende Anspruch bei einer Kostenquote nicht in voller Höhe berücksichtigt wird, so dass der Anspruch im Nachhinein geschmälert werden könnte.

Die Gegenauffassung (dazu Enders JurBüro 1999, 617, Dittmar NJW 1986, 2088, Hünnekens Rpfleger 2004, 447) geht v. der Festsetzbarkeit aus und bejaht damit die Erstattungsfähigkeit v. Gebührenresten, die auf vorgerichtlicher Tätigkeit basieren. Begründet wird dies damit, dass § 91 Abs. 1 S. 1 ZPO bestimmt, dass die unterlegene Partei die dem Gegner erwachsenen Kosten des Rechtsstreits zu tragen hat, soweit sie zur zweckentsprechenden Rechtsverfolgung oder Rechtsverteidigung notwendig waren. Daraus gehe hervor, dass zu den Kosten des Rechtsstreits nicht nur die Kosten der eigentlichen Prozessführung □ also die durch die Tätigkeit des RA im gerichtl. Verf. entstandenen Gebühren □ gemeint seien, sondern auch vorprozessuale prozessbezogene Tätigkeiten. Daher könnten ggf. auch bereits vor dem Rechtsstreit für vorprozessuale oder außergerichtliche Tätigkeiten entstandene Gebühren nach Nr. 2400 VV RVG □ soweit sie prozessbezogen und erstattungsfähig sind □ im gerichtl. Kostenfestsetzungsverfahren festgesetzt werden. Dem Kl. werde dadurch nichts gewährt, was er nicht auch aufgrund materiellen Rechts fordern könne. Die Prozessökonomie gebiete daher, derartige Kosten mit festzusetzen. Bei dieser Auffassung handelt es sich um eine Mindermeinung, die □obwohl stichhaltig und nachvollziehbar □häufig nicht durchsetzbar ist. Der Auffassung ist aus prozessökonomischen Gründen dennoch der Vorzug zu geben.

Das OLG Frankfurt (RVGreport 2004, 237) hat die Festsetzbarkeit gem. § 104 ZPO der außergerichtl. Besprechungsgebühr des § 118 Abs. 1 Nr. 2 BRAGO mit Beschl. v. 10.3.2004 bejaht. Der BGH hat über die Frage der Festsetzbarkeit der Besprechungsgebühr des § 118 Abs. 1 Nr. 2 BRAGO in zwei Rechtsbeschwerdeverfahren (VII ZB 13/04 und XII ZB 94/04) entschieden. Die Entscheidung zu VII ZB 13/04 führte nicht zur Festsetzbarkeit der Besprechungsgebühr, da diese in diesem Fall nach Auffassung des BGH nicht entstanden war. Mit der Entscheidung zu XII ZB 94/04 (AGS 2005, 100ff.) hat der BGH die Festsetzbarkeit der Geschäfts- und Besprechungsgebühr nach § 104 ZPO gem. § 118 Abs. 1 Nr. 2 BRAGO abgelehnt. Dies gilt auch für die nicht anrechnungsfähigen verbleibenden Gebührenreste der Geschäftsgebühr der Nr. 2400 VV RVG (vgl. Vorbem. 3 Abs. 4 VV RVG). Die Geltendmachung kann daher nur klageweise erfolgen (aA Stöber in AGS 2005, 46).

Schließt sich der außergerichtlichen (bzw. vorgerichtlichen) Tätigkeit des RA das **Mahnverfahren an**, so hat eine Schlüssigkeitsprüfung der Gebührenanrechnung (noch zu § 118 Abs. 2 BRAGO) durch den Rechtspfleger nicht zu erfolgen (AG Stuttgart RVGreport 2005, 38).

24 Dem RA bleibt daher idR nur die Möglichkeit, die außergerichtlich entstandenen Kosten, die iZw nicht festsetzbar sind, zusammen **mit der Hauptforderung gerichtlich geltend zu machen** (in der Klage oder dem MB), wenn eine entspr. Anspruchsgrundlage vorhanden ist.

Dies wirft mehrere Probleme auf: Eine zentrale Frage ist, ob die gesondert geltend gemachten Kosten den **Streitwert** erhöhen. Nach Auffassung v. Enders (JurBüro 2004, 58 mwN) ist dies nicht der Fall, da es sich bei den außergerichtlich entstandenen Kosten, die nach Anrechnung als Rest verbleiben, um eine Nebenforderung iSv § 4 ZPO handelt. Dies gilt auch dann, wenn die Kosten als eigenständiger Klageantrag geltend gemacht werden. Nach der hM sind die außergerichtlichen Kosten, die nicht der Anrechnung unterliegen, daher Nebenforderungen iSv § 4 ZPO (Enders aaO).

Für den **Gegenstandswert** der anwaltl. Gebühren gilt Entsprechendes, denn aus §§ 23 RVG, 43 GKG ergibt sich im Hinblick auf die Behandlung der Nebenleistungen für die Bestimmung des Gegenstandswerts nichts Abweichendes. Die **Nebenleistungen** bestimmen den Gegenstandswert daher nur, wenn diese im Wege der gerichtl. Geltendmachung ohne die **Hauptforderung** (etwa nach Abschluss des Verf. im Wege einer eigenen Klage oder eines eigenen Mahnverfahrens) geltend gemacht werden (§ 4 Abs. 1 2. Hs. ZPO). Werden die nach Anrechnung verbliebenen Gebührenreste in einem gesonderten Verf. geltend gemacht (vgl. dazu Rn. 23), besteht im Obsiegensfalle das Risiko, dass die Kosten für die Führung dieses gesonderten Rechtsstreits nicht als notwendige Kosten iSv § 91 Abs. 1 S. 1 ZPO anerkannt werden. Bei einer gleichzeitigen Geltendmachung der Gebührenreste mit dem Hauptanspruch wären keine höheren Kosten entstanden.

25 Da es sich bei der Geschäftsgeb. der Nr. 2400 VV RVG um eine Satzrahmengeb. handelt, ist für den Fall einer gerichtl. Auseinandersetzung über den **Vergütungsanspruch** des RA gem. § 14 Abs. 2 S. 1 RVG ein **Gutachten der Rechtsanwaltskammer** einzuholen, wenn die Höhe der Gebühr str. ist (zu den Einzelheiten vgl. § 14 RVG Anm. 16ff.). Der in § 14 Abs. 1 S. 1 RVG benutzte Begriff des Rechtsstreits ist auf den **Gebührenrechtsstreit** zw. RA und AG zu beschränken (Gerold/Schmidt Rn. 112 zu § 14 RVG, Gebauer/Schneider Rn. 96 zu § 14 RVG). Ein **Gutachten** der RAK ist daher nicht einzuholen, wenn Satzrahmengeb. Grundlage eines **materiell-rechtlichen Kostenerstattungsanspruchs** sind (BVerwG JurBüro 1982, 857, OLG Frankfurt FamRZ 1992, 711, OLG Hamm ZfS 1992, 24, LG Köln GRUR 1987, 657, Mümmler JurBüro 1995, 9, Gerold/Schmidt Rn. 119 zu § 14 RVG, Gebauer/Schneider Rn. 99 zu § 14 RVG; aA □ Gutachten erforderlich □ Enders JurBüro 2004, 59).

Nr.	Gebührentatbestand	Gebühr oder Satz der Gebühr nach § 13 RVG
2401	**Es ist eine Tätigkeit im Verwaltungsverfahren vorausgegangen:** **Die Gebühr 2400 für das weitere, der Nachprüfung des Verwaltungsakts dienende Verwaltungsverfahren beträgt** (1) Bei der Bemessung der Gebühr ist nicht zu berücksichtigen, dass der Umfang der Tätigkeit infolge der Tätigkeit im Verwaltungsverfahren geringer ist. (2) Eine Gebühr von mehr als 0,7 kann nur gefordert werden, wenn die Tätigkeit umfangreich oder schwierig war.	0,5 bis 1,3

Übersicht

1 Allgemeines. Anders als bei § 119 Abs. 1 BRAGO bilden gem. § 17 Nr. 1 RVG das Verwaltungsverfahren und das einem gerichtl. Verf. vorausgehende und der Nachprüfung des VA dienende weitere Verwaltungsverfahren (Vorverfahren, Einspruchsverfahren, Beschwerdeverfahren, Abhilfeverfahren) verschiedene Angelegenheiten. Mit der Geschäftsgebühr Nr. 2401 VV RVG wird eine Ausnahmeregelung zur Geschäftsgebühr der Nr. 2400 VV RVG geschaffen. Die Gebühr Nr. 2401 VV RVG entsteht nur, wenn zunächst die Geschäftsgebühr der Nr. 2400 VV RVG angefallen ist. Die Geschäftsgebühr der Nr. 2401 VV RVG kann ausschließlich im Verwaltungsverfahren entstehen.

2 Neben dem Verwaltungsverfahren und dem Nachprüfungsverfahren ist ein Verf. auf Aussetzung der Vollziehung sowie über einstweilige Maßnahmen zur Sicherung der Rechte Dritter eine weitere selbstst. gebührenrechtliche Angelegenheit (§ 17 Nr. 1 RVG). In diesen Verf. entsteht die Geschäftsgebühr der Nr. 2400 VV RVG auch dann, wenn der RA bereits im Verwaltungsverfahren tätig war. Nr. 2401 VV RVG regelt abschließend den Gebührenanfall für das vorausgegangene Verwaltungsverfahren, wenn sich diesem ein Verf. anschließt, das der Nachprüfung des VA dient. Das Verf. auf Aussetzung der Vollziehung sowie über einstweilige Maßnahmen zur Sicherung Rechte Dritter dient nicht der Nachprüfung des VA, es fällt daher nicht unter Nr. 2401 VV RVG.

Gem. § 16 Nr. 1 RVG gehören zu der Gebührenangelegenheit des Verf. auf Aussetzung der Vollziehung sowie über einstweilige Maßnahmen zur Sicherung der Rechte Dritte auch alle weiteren Verwaltungsangelegenheiten auf Abänderung oder Aufhebung. Es handelt sich um dieselbe Angelegenheit. Für diese Tätigkeiten entstehen keine weiteren Gebühren.

3 Wird der **Rechtsanwalt erstmalig im Nachprüfungsverfahren tätig**, entsteht nicht die Geschäftsgebühr Nr. 2401 VV RVG, sondern die (höhere) Geschäftsgebühr Nr. 2400 VV RVG. Die insofern eindeutige Formulierung für den Anwendungsbereich v. Nr. 2401 VV RVG lautet: „Es ist eine Tätigkeit im Verwaltungsverfahren vorausgegangen".

4 War der **Rechtsanwalt bereits im vorausgegangenen Verwaltungsverfahren tätig** und schließt sich dieser Tätigkeit eine Tätigkeit im Nachprüfungsverfahren an, entsteht für die Tätigkeit im Nachprüfungsverfahren die Geschäftsgebühr Nr. 2401 VV RVG.

5 Die Gebühr der Nr. 2401 VV RVG hat einen **Satzrahmen** v. 0,5-1,3. Die Mittelgebühr beträgt 0,9.

6 Die **Höhe des Gebührensatzrahmens** ist nach § 14 RVG zu bestimmen. Eines der TB-Merkmale des § 14 RVG ist der Umfang der anwaltl. Tätigkeit. Dieser ist idR geringer, wenn der RA im Nachprüfungsverfahren tätig ist und diesem Verf. bereits ein Verwaltungsverfahren vorausgegangen ist. Bei der Bestimmung der Höhe des Gebührensatzes ist jedoch entspr. der Anm. 1 zu Nr. 2401 VV RVG nicht zu berücksichtigen, dass der Umfang der anwaltl. Tätigkeit infolge der vorausgegangenen Tätigkeit im Verwaltungsverfahren geringer ist, weil dort ausdrücklich klargestellt wird, dass der durch die vorangegangene Tätigkeit ersparte Aufwand ausschließlich durch die Anwendung des geringeren Gebührenrahmens und nicht mehr bei der Bemessung der konkreten Gebühr zu berücksichtigen ist (BT-Drs 15/1971 S. 258 zu Nr. 2401 VV RVG). Wegen dieser Erleichterung beträgt die Gebühr für das weitere Verf. nur 0,5 bis 1,3, während die Geschäftsgebühr Nr. 2400 VV RVG einen Gebührensatzrahmen v. 0,5-2,5 hat.

7 Anm. 2 zu Nr. 2401 VV RVG bestimmt eine Regel- oder Schwellengebühr v. 0,7. Eine höhere Gebühr kann nur gefordert werden, wenn die Tätigkeit umfangreich oder schwierig war. Auf die Komm. zu Nr. 2400 VV RVG verwiesen.

8 Die Gebühr ist gem. Nr. 1008 VV RVG **erhöhungsfähig**, denn es handelt sich um eine Geschäftsgebühr (vgl. Anm. 13 zu Nr. 1008 VV RVG).

9 Die Gebühr der Nr. 2401 VV RVG ist zur Hälfte auf Verfahrensgebühren des sich anschließenden Rechtsstreits **anzurechnen**. Die Anrechnung erfolgt höchstens mit einem Gebührensatz v. 0,75 (Vorbem. 3 Abs. 4 VV RVG). Sind sowohl die Geschäftsgebühr der Nr. 2400 VV RVG als auch die Geschäftsgebühr der Nr. 2401 VV RVG entstanden, wird die zuletzt entstandene Gebühr angerechnet (Vorbem. 3 Abs. 4 S. 2 VV RVG).

Beispiel: Der RA ist zunächst in einem Verwaltungsverfahren tätig. Der Umfang und die Schwierigkeit der anwaltl. Tätigkeit des Verf. sind überdurchschnittlich, so dass er den Gebührensatzrahmen der Geschäftsgebühr Nr. 2400 VV RVG mit 2,0 bestimmt. Der RA legt gg. den ergangenen Bescheid auftragsgemäß Widerspruch ein. Der RA bestimmt den Gebührensatzrahmen der Geschäftsgebühr der Nr. 2401 VV RVG im Widerspruchsverfahren mit 0,7. Dem Widerspruch wird nicht abgeholfen. Der RA erhebt Klage. Nach nochmaliger Rücksprache mit dem AG nimmt der RA die Klage zurück. Die Vergütungsberechnung lautet:

2,0 Geschäftsgebühr Nr. 2400 VV RVG

Post- und Telekommunikationsentgelte Nr. 7002 VV RVG

0,7 Geschäftsgebühr Nr. 2401 VV RVG

Post- und Telekommunikationsentgelte Nr. 7002 VV RVG

1,3 Verfahrensgeb. Nr. 3100 VV RVG

Post- und Telekommunikationsentgelte Nr. 7002 VV RVG

- 0,35 Geschäftsgebühr (= Hälfte der Gebühr der Nr. 2401 VV RVG) gem. Vorbem. 3 Abs. 4 S. 2 VV RVG

zzgl. 16% USt Nr. 7008 VV RVG

10 Zur **Anrechnung bei Vertretung mehrerer Auftraggeber** wird auf Anm. 17 zu Vorbem. 3 VV RVG verwiesen.

Nr.	Gebührentatbestand	Gebühr oder Satz der Gebühr nach § 13 RVG
2402	**Der Auftrag beschränkt sich auf ein Schreiben einfacher Art: Die Gebühr 2400 beträgt** Es handelt sich um ein Schreiben einfacher Art, wenn dieses weder schwierige rechtliche Ausführungen noch größere sachliche Auseinandersetzungen enthält.	**0,3**

Übersicht

1 Allgemeines. Nr. 2402 VV RVG tritt an die Stelle v. § 120 BRAGO. Der Gebührensatz wurde v. 2/10 (0,2) auf 0,3 erhöht, da ein geringerer Gebührensatz als 0,3 im RVG nicht vorgesehen ist. Der Verweis auf Nr. 2400 VV RVG stellt klar, dass es sich bei der Gebühr □ anders als in der BRAGO □ um eine Geschäftsgebühr handelt, die Nr. 2400 VV RVG ergänzt.

Durch Nr. 2402 VV RVG werden lediglich einfache Schreiben, die weder schwierige rechtliche Ausführungen noch größere sachliche Auseinandersetzungen enthalten, abgegolten (Gerold/Schmidt Rn. 105 zu Nr. 2400-2403 VV RVG). Es kann sich daher bei einem einfachen Schreiben lediglich um Bagatellsachen handeln. Eine Mahnung oder eine Kündigung, der Prüfung einer Reihe von Rechtsfragen vorausging (Fälligkeit, Zustellung, mögliche Einreden, Zulässigkeit der Kündigung etc.) ist kein einfaches Schreiben, da der erteilte Auftrag über die Fertigung des einfachen Schreibens hinausging (und hinausgehen musste). Daher kommt es nicht nur auf das äußere Erscheinungsbild des Schreibens an (Schneider/Gebauer Rn. 6 zu Nr. 2402 VV RVG), sondern auch auf den □ zweckmäßigerweise □ zu erteilenden Auftrag (Schneider/Gebauer Rn. 9 zu Nr. 2402 VV RVG, Hartmann Rn. 5 zu Nr. 2402 VV RVG).

2 Die bisherige Beschränkung der Gebühr auf die **Mindestgebühr** (§ 120 Abs. 2 BRAGO: 10 EUR) für den Fall, dass das Schreiben nur dem äußeren Betreiben eines Verf. dient, wurde nicht in das RVG übernommen. Dient das Schreiben nur dem äußeren Betreiben eines Verf. (zB Sachstands-nachfragen, Benachrichtigungen, Beschleunigungsgesuch, Abschriften oder Ausferti-gungserteilungen), entsteht die Geschäftsgebühr der Nr. 2402 VV RVG.

3 Die Geschäftsgebühr für das einfache Schreiben gem. Nr. 2403 VV RVG entsteht nur, wenn der Auftrag des RA sich lediglich auf ein Schreiben einfacher Art beschränkte. Für den **Abgeltungs-bereich der Gebühr** ist nicht auf die entfaltete anwaltl. Tätigkeit abzustellen, sondern ausschließlich auf den erteilten Auftrag. Der Wortlaut der Geschäftsgebühr der Nr. 2402 VV RVG greift damit die Rspr. des BGH (AnwBl 1983, 512 = NJW 1983, 2541 = Rpfleger 1983, 458 = JurBüro 1983, 1498 □ noch zu § 120 BRAGO) auf, wonach es nicht auf das äußere Erscheinungsbild eines des durch den RA verfassten Schreibens, sondern auf den ihm erteilten Auftrag ankommt (vgl. Anm. 7f. zu Nr. 2400 VV RVG). Ist das Ergebnis der anwaltl. Tätigkeit ein Schreiben einfacher Art, liegen diesem Schrei-ben aber umfangreiche Prüfungen zugrunde, entsteht nicht die Gebühr Nr. 2402 VV RVG, sondern die Gebühr Nr. 2400 VV RVG.

4 Aus der Anm. zu Nr. 2402 VV RVG geht hervor, dass ein **Schreiben einfacher Art** nur vorliegt, wenn es weder schwierige rechtl. Ausführungen noch größere sachliche Auseinandersetzungen enthält.

5 In der Anm. zu Nr. 2402 VV RVG werden **Kündigung und Mahnung**, die in § 120 BRAGO genannt wurden, nicht aufgeführt. Dadurch wird klargestellt, dass die Geschäftsgebühr der Nr. 2402 VV RVG für diese Beispielsfälle nicht mehr ohne Weiteres anwendbar ist. Mahnungen und Kündi-gungen setzen izw eine rechtl. Prüfung voraus. Ist dies der Fall, ist anzunehmen, dass der dem RA erteilte Auftrag auch die Prüfung der rechtl. Voraussetzungen erfasste, so dass nicht die Geschäfts-gebühr Nr. 2402 VV RVG entsteht, sondern die Geschäftsgebühr Nr. 2400 VV RVG.

6 Die Geschäftsgebühr der Nr. 2402 VV RVG ist auf die Gebühren für ein sich anschließendes gerichtl. Verf. gem. Vorbem. 3 Abs. 4 S. 1 2. Hs. VV RVG **zur Hälfte anzurechnen**.

Erhöht sich der Gebührensatz aufgrund der Erhöhung für die Vertretung mehrerer AG gem. Nr. 1008 VV RVG, ist auch die Erhöhung auf die Verfahrensgeb. des sich anschließenden gerichtl. Verf. anzurechnen.

7 Die **Geschäftsgebühr** Nr. 2402 VV RVG ist auf eine Geschäftsgebühr der Nr. 2400 VV RVG anzurechnen, soweit sich die Gegenstände beider Tätigkeiten entsprechen. § 15 Abs. 5 RVG ist anwendbar.

8 Zur **Anrechnung bei Vertretung mehrerer Auftraggeber** wird auf Anm. 17 zu Vorbem. 3 VV RVG verwiesen.

Nr.	Gebührentatbestand	Gebühr oder Satz der Gebühr nach § 13 RVG
2403	**Geschäftsgebühr für** 1. **Güteverfahren vor einer durch die Landesjustizverwal-tung eingerichteten oder anerkannten Gütestelle (§ 794 Abs. 1 Nr. 1 ZPO) oder, wenn die Parteien den Eini-gungsversuch einvernehmlich unternehmen, vor einer Gütestelle, die Streitbeilegung betreibt (§ 15a Abs. 3 EGZPO),** 2. **Verfahren vor einem Ausschuss der in § 111 Abs. 2 des Arbeitsgerichtsgesetzes bezeichneten Art,**	

3.	Verfahren vor dem Seemannsamt zur vorläufigen Entscheidung von Arbeitssachen und	
4.	Verfahren vor sonstigen gesetzlich eingerichteten Einigungsstellen, Gütestellen oder Schiedsstellen	1,5

Soweit wegen desselben Gegenstandes eine Geschäftsgebühr nach Nummer 2400 entstanden ist, wird die Hälfte dieser Gebühr nach dem Wert des Gegenstandes, der in das Verfahren übergegangen ist, jedoch höchstens mit einem Gebührensatz von 0,75, angerechnet.

Übersicht

1 Allgemeines. Die Geschäftsgebühr Nr. 2403 VV RVG ist eine spezielle Geschäftsgebühr für die Fälle, in denen der RA in einem der in Nr. 2403 VV Nr. 1-4 VV RVG genannten Verf. tätig ist. Dabei werden zum größten Teil die Regelungen aus § 65 Abs. 1 BRAGO übernommen. Insbesondere für den Anwendungsbereich und den Normzweck der Gebühr gilt nichts anderes als bisher. Die Rspr. zu § 65 BRAGO bleibt anwendbar.

2 Unter den Abgeltungsbereich v. Nr. 2403 VV RVG fallen vier Verfahren. **Nr. 2403 Nr. 1 VV RVG** enthält zwei alternative Regelungen. Nach der 1. Alt. entsteht die Geschäftsgebühr für Güteverfahren vor einer durch die Landesjustizverwaltung eingerichteten oder anerkannten Gütestelle (§ 794 Abs. 1 Nr. 1 ZPO; zu Einzelheiten: Hartmann Rn. 27-34 zu § 17 RVG, Gerold/Schmidt Rn. 118 zu Nr. 2400-2403 VV RVG). Die 2. Alt. betrifft Güteverfahren vor einer Gütestelle, v. der nach § 15a EGZPO die Streitlegung betrieben wird, wenn die Parteien einvernehmlich versuchen, eine Einigung zu erzielen (zu den Einzelheiten s. Hartmann aaO). **Nr. 2403 Nr. 2 VV RVG** bestimmt die Anwendung der Gebühr für Verf., die vor einem Ausschuss der in § 111 Abs. 2 ArbGG bezeichneten Art geführt werden. Hierbei handelt es sich insbes. um Verf. zur Beilegung v. Streitigkeiten im Berufsausbildungsverhältnis, also zw. Ausbildern und Auszubildenden (zu Einzelheiten Gerold/Schmidt Rn. 122 zu Nr. 2400-2403 VV RVG). **Von Nr. 2403 Nr. 3 VV RVG** sind die Verf. vor dem Seemannsamt zur vorläufigen Entscheidung v. Arbeitssachen umfasst. Hierbei ist auf § 111 Abs. 1 S. 2 ArbGG iVm § 69 Seemannsgesetz (Hartmann aaO, Gerold/Schmidt Rn. 123 zu Nr. 2400-2403 VV RVG) abzustellen. **Nr. 2403 Nr. 4 VV RVG** erfasst alle Verf. vor sonstigen ges. eingerichteten Einigungsstellen, Gütestellen oder Schiedsstellen (zu Einzelheiten: Hartmann aaO, Gerold/Schmidt Rn. 118 zu Nr. 2400-2403 VV RVG).

3 Die **Geschäftsgebühr** Nr. 2403 VV RVG beträgt in allen genannten Verf. einheitlich **1,5.** Abweichungen zu den Bestimmungen der BRAGO ergeben sich, wenn die Parteien den **Einigungsversuch** einvernehmlich **vor einer Gütestelle**, die Streitbeilegung betreibt, unternehmen (§ 15a EGZPO); für diesen Fall wurde die Gebühr v. 10/10 (1,0) auf 1,5 erhöht. Mit der Erhöhung wird bezweckt, die außergerichtliche Streitbeilegung zu fördern.

4 Für alle Gebühren gleichermaßen verändert wurde die **Anrechnung** (Anm. zu Nr. 2403 VV RVG). § 65 BRAGO sah eine Anrechnung der Geschäftsgebühr nur für die obligatorischen Güteverfahren nach § 15a EGZPO vor. Die Gebühr wurde in voller Höhe sowohl auf ein folgendes Verf. als auch auf eine **Geschäftsgebühr** gem. § 118 Abs. 1 Nr. 1 BRAGO angerechnet (§ 65 Abs. 1 S. 2 iVm § 118 Abs. 2 BRAGO, Gerold/Schmidt Rn. 10 zu § 65 BRAGO mwN). In allen anderen Verf. erfolgte keine

Anrechnung. Das RVG bestimmt für alle Verfahren der Nr. 2403 VV RVG, dass, wenn wegen **desselben Gegenstands** vor der Geschäftsgebühr Nr. 2403 VV RVG die Geschäftsgebühr Nr. 2400 VV RVG entstanden ist, diese auf die Gebühr Nr. 2403 VV RVG **zur Hälfte angerechnet** wird. Die Anrechnung erfolgt höchstens zu einem Gebührensatz v. 0,75 (Anm. zu Nr. 2403 VV RVG).

5 Schließt sich einem der in Nr. 2403 VV RVG genannten Verf. ein **gerichtliches Verfahren** an, ist die **Geschäftsgebühr** Nr. 2403 VV RVG auf die Verfahrensgeb. des sich anschließenden gerichtl. Verf. nach Vorbem. 3 Abs. 4 VV RVG zur Hälfte anzurechnen. Die Anrechnung erfolgt höchstens iHv 0,75. Darin weicht die Anrechnungsvorschrift v. § 65 Abs. 1 S. 2 BRAGO ab, der nur für das obligatorische Güteverfahren nach § 15a EGZPO eine volle Anrechnung der Geschäftsgebühr vorsah. Alle anderen Gebühren wurden nicht angerechnet.

6 Es sind zwei verschiedene **Anrechnungsvorschriften** zu berücksichtigen.

Beispiel: Der RA wird beauftragt, eine Forderung iHv 400 EUR außergerichtlich geltend zu machen. Das sich anschließende obligatorische Schlichtungsverfahren bleibt erfolglos. Das daraufhin eingeleitete str. gerichtl. Verf. endet im schriftlichen Verf. mit einem klageabweisenden Urteil. Die Vergütungsberechnung lautet:

1,3 Geschäftsgebühr Nr. 2400 VV RVG, Geschäftswert: 400,00 EUR

Post- und Telekommunikationsentgelte Nr. 7002 VV RVG

1,5 Geschäftsgebühr Nr. 2403 VV RVG, Geschäftswert: 400,00 EUR

Post- und Telekommunikationsentgelte Nr. 7002 VV RVG

1,3 Verfahrensgeb. Nr. 3100 VV RVG, Geschäftswert: 400,00 EUR

1,2 Terminsgeb. Nr. 3104 VV RVG

Post- und Telekommunikationsentgelte Nr. 7002 VV RVG

- 0,65 Anrechnung Geschäftsgebühr (Anm. zur Nr. 2403 VV RVG)

- 0,75 Geschäftsgebühr (Vorbem. 3 Abs. 4 VV RVG)

7 Die Geschäftsgebühr Nr. 2403 VV RVG wird nur angerechnet, wenn sich der Gegenstand der anwaltl. Tätigkeit und der des nachfolgenden gerichtl. Verf. entsprechen. Handelt es sich nicht um **denselben gebührenrechtlichen Gegenstand** (vgl. Komm. zu § 15 RVG), findet keine Anrechnung statt.

8 Zur **Anrechnung bei Vertretung mehrerer Auftraggeber** wird auf Anm. 17 zu Vorbem. 3 VV RVG verwiesen.

9 Einigen sich die Parteien im Schlichtungsverfahren (Nr. 2403 Nr. 1 VV RVG), entsteht zusätzl. die **Einigungsgebühr** der Nr. 1000 VV RVG iHv 1,5, da kein gerichtl. Verf. iSd Nr. 1003 VV RVG anhängig ist.

Abschnitt 5. Vertretung in bestimmten sozialrechtlichen Angelegenheiten

Vorbemerkung 2.5:
(1) Im Verwaltungszwangsverfahren ist Teil 3 Abschnitt 3 Unterabschnitt 3 entsprechend anzuwenden.
(2) Vorbemerkung 2.4 Abs. 3 gilt entsprechend.

1 Allgemeines. Vorbem. 2.5 wiederholt die Bestimmungen aus Vorbem. 2.4 Abs. 1 und verweist auf Vorbem. 2.4 Abs. 3 VV RVG. Dies ist erforderlich, um auch für die Vertretung in bestimmten sozial-

rechtlichen Angelegenheiten, in denen nicht die Gebühren nach Teil 2 Abschnitt 4 VV RVG, sondern Gebühren nach Teil 2 Abschnitt 5 VV RVG (Betragsrahmengeb.) entstehen, Verwaltungszwangverfahren aus dem Anwendungsgebiet auszuschließen und den Abgeltungsbereich der Geschäftsgeb. zu bestimmen.
Auf die Komm. zu Vorbem. 2.4 VV RVG wird verwiesen.

Nr.	Gebührentatbestand	Gebühr oder Satz der Gebühr nach § 13 RVG
2500	**Geschäftsgebühr in sozialrechtlichen Angelegenheiten, in denen im gerichtlichen Verfahren Betragsrahmengebühren entstehen (§ 3 RVG)** Eine Gebühr von mehr als 240,00 EUR kann nur gefordert werden, wenn die Tätigkeit umfangreich oder schwierig war.	**40,00 bis 520,00 EUR**

Übersicht

1 Allgemeines. Für die außer- oder vorgerichtliche Vertretung erhält der RA in sozialrechtlichen Angelegenheiten entweder die Geschäftsgeb. Nr. 2400 VV RVG oder die Geschäftsgeb. Nr. 2500 VV RVG.

2 Die Geschäftsgeb. der Nr. 2500 VV RVG entsteht nur, wenn in sozialrechtlichen Angelegenheiten das **GKG nicht anwendbar** ist (vgl. § 3 RVG), weil nur dann Betragsrahmengeb. entstehen können. Die Regelung, nach der sich in bestimmten sozialrechtlichen Angelegenheiten die Höhe der Geschäftsgeb. nach einem Betragsrahmen richtet, ist neu. Eine Entsprechung gab es in der BRAGO nicht. § 118 Abs. 1 Nr. 1 BRAGO sah Betragsrahmengeb. für außergerichtliche Tätigkeiten nicht vor.

3 Abgeltungsbereich. Nach Vorbem. 2.5 Abs. 2 VV iVm Vorbem. 2.4 Abs. 3 VV RVG entsteht die Geschäftsgeb. für das Betreiben des Geschäfts einschl. der Information und für die Mitwirkung bei der Gestaltung eines Vertrags (s. Komm. zu Vorbem. 2.4 VV RVG).

4 Auch in sozialrechtlichen Angelegenheiten sind das **Verwaltungs- und das Nachprüfungsverfahren** gem. § 17 Nr. 1 RVG zwei bes. Angelegenheiten. Eine bes. Angelegenheit ist das Verf. auf Aussetzung oder Anordnung der sofortigen Vollziehung sowie über einstweilige Maßnahmen zur Sicherung der Rechte Dritter gem. § 17 Nr. 1 RVG.
Ist der RA bereits im Antragsverfahren tätig und schließt sich diesem Verf. das Widerspruchsverfahren an, entsteht für die erste Tätigkeit die Geschäftsgeb. Nr. 2500 VV RVG, für die zweite Tätigkeit die Geschäftsgeb. Nr. 2501 VV RVG.

5 Der Betragsrahmen der Gebühr beträgt 40-520 EUR. Die **Mittelgebühr** beträgt 280 EUR.

6 Die Regel- oder Schwellengebühr der Geschäftsgeb. Nr. 2500 VV RVG weicht v. der Mittelgebühr ab. Die Regelgebühr beträgt 240 EUR. Der RA kann eine höhere Gebühr als die Regelgebühr nur fordern, wenn die anwaltl. Tätigkeit umfangreich oder schwierig war. Zu den Einzelheiten wird auf Anm. 11-28 zu Nr. 2400 VV RVG verwiesen.

7 Die Geschäftsgeb. wird **nicht angerechnet**. Ihre Entstehung hat nur Auswirkungen auf die Höhe der Verfahrensgeb. des sich anschließenden gerichtl. Verf. Die vorherige außergerichtliche Tätigkeit des RA wird durch unterschiedlich hohe Verfahrensgebühren im anschließenden gerichtl. Verf. berücksichtigt. Hat der RA bereits die Gebühren Nr. 2500 oder 2501 VV RVG berechnet, entsteht in dem sich anschließenden gerichtl. Verf. eine nur für diesen Fall anwendbare Verfahrensgeb., nämlich Nr. 3103 VV RVG iHv 20-320 EUR. Die Mittelgebühr beträgt 170 EUR. Sie ist damit niedriger als die Verfahrensgeb., die entsteht, wenn der RA nicht bereits außer- oder vorgerichtlich tätig war. Ging dem gerichtl. Verf. keine außer- oder vorgerichtliche Tätigkeit voraus, entsteht die Verfahrensgeb. Nr. 3102 VV RVG iHv 40-460 EUR. Die Mittelgebühr beträgt 250 EUR.

8 Die Gebühr ist gem. Nr. 1008 VV RVG **erhöhungsfähig**. Es erhöht sich der Mindest- und Höchstbetrag um 30%.

9 Neben der Geschäftsgeb. Nr. 2500 VV RVG kann die Einigungs- oder Erledigungsgebühr gem. Nr. 1005 VV RVG iHv 40-520 EUR entstehen. Die Mittelgebühr beträgt 280 EUR.

Nr.	Gebührentatbestand	Gebühr oder Satz der Gebühr nach § 13 RVG
2501	**Es ist eine Tätigkeit im Verwaltungsverfahren vorausgegangen:** **Die Gebühr 2500 für das weitere, der Nachprüfung des Verwaltungsakts dienende Verwaltungsverfahren beträgt** (1) Bei der Bemessung der Gebühr ist nicht zu berücksichtigen, dass der Umfang der Tätigkeit infolge der Tätigkeit im Verwaltungsverfahren geringer ist. (2) Eine Gebühr von mehr als 120,00 EUR kann nur gefordert werden, wenn die Tätigkeit umfangreich oder schwierig war.	**40,00 bis 260,00 EUR**

1 Allgemeines. Die Geschäftsgeb. der Nr. 2501 VV RVG ergänzt die Geschäftsgeb. Nr. 2500 VV RVG. Da es sich um eine Betragsrahmengeb. handelt, kann sie nur in Angelegenheiten entstehen, in denen im gerichtl. Verf. das GKG nicht anwendbar ist. Der Anwendungsbereich entspricht dem der Geschäftsgeb. Nr. 2401 VV RVG. Auf die Komm. zu Nr. 2401 VV RVG wird verwiesen.

2 Die Gebühr der Nr. 2501 VV RVG ist eine Betragsrahmengeb. Im Gegensatz zur Gebühr der Nr. 2401 VV RVG ist die Gebühr der Nr. 2501 VV RVG nicht auf die Gebühren des gerichtl. Verf. **anzurechnen**, weil sie in Vorbem. 3 Abs. 4 VV RVG nicht genannt wird. Anstelle der Anrechnung bestimmt Nr. 3103 VV RVG für den Fall, dass dem gerichtl. Verf. ein der Nachprüfung des VA dienendes Verwaltungsverfahren vorausgegangen ist, eine bes. Verfahrensgeb. Der Betragsrahmen dieser Verfahrensgeb. ist niedriger, um die fehlende Anrechnung auszugleichen.

Abschnitt 6. Beratungshilfe

Vorbemerkung 2.6:
Im Rahmen der Beratungshilfe entstehen Gebühren ausschließlich nach diesem Abschnitt.

Übersicht

1 Die Nrn. 2600-2608 VV RVG regeln die **Vergütung** des **im Rahmen der Beratungshilfe tätig werdenden** RA und die Tätigkeit des RA, der für einen Schuldner **Verhandlungen mit Gläubigern** führt, deren Ziel eine außergerichtliche Einigung über die Schuldenbereinigung des Mandanten nach Maßgabe eines auszuverhandelnden Plans iSv § 305 Abs. 1 Nr. 1 InsO ist. Während die Nrn. 2600, 2601 und 2608 VV RVG sämtliche Tätigkeiten des RA im Rahmen der Beratungshilfetätigkeit abdecken, regeln die Nrn. 2602-2607 VV RVG speziell eine Tätigkeit des RA im Zusammenhang mit der Vorbereitung des Restschuldbefreiungsverfahrens eines privaten Schuldners. Die Nrn. 2604-2607 VV RVG regeln den Vergütungsanspruch des RA, der versucht, mit einer bestimmten Anzahl v. Gläubigern eine außergerichtliche Einigung über die Schuldenbereinigung des Mandanten auf der Grundlage eines Plans iSv § 305 Abs. 1 Nr. 1 InsO herbeizuführen. Die Gebühren sind nach der Anzahl der Gläubiger gestaffelt. Die Vorbem. 2.6 VV RVG bestimmt, dass neben den in den Nrn. 2600⌐2608 VV RVG geregelten Gebührentatbeständen im Rahmen der Beratungshilfetätigkeit keine weiteren Gebühren entstehen oder erhoben werden können.

2 Das VV spricht v. Gebühren. Dabei liquidiert der im Rahmen der BerHi tätig werdenden RA streng genommen keine Vergütung, sondern macht einen **öffentlich-rechtlichen Entschädigungsanspruch** geltend (Hansens § 131 BRAGO Rn. 7; Gerold/Schmidt § 131 BRAGO Rn. 1).

3 Die **Voraussetzungen eines Beratungshilfeanspruchs** werden durch das BerHG geregelt. Es bestimmt die persönlichen Voraussetzungen der Inanspruchnahme v. BerHi (§ 1 BerHG). Weiterhin wird geregelt, welche Angelegenheiten Gegenstand der BerHi sein können (§ 2 BerHG). Die Träger der BerHi werden festgelegt, namentlich RA, Beratungsstellen sowie die AG (§ 3 BerHG). Das Verf. wird näher geregelt. Der auf BerHi gerichtete Antrag kann münd. oder schriftlich beim AG unter Angabe des Sachverhalts, für den Rat erbeten wird, gestellt werden (§ 4 BerHG). Ferner werden die Rechtsbehelfe für die Zurückweisung des auf die BerHi gerichteten Antrags genannt (§ 6 Abs. 2 BerHG).

4 Voraussetzung der Gewährung v. BerHi ist nach § 6 BerHG, dass dem Rat Suchenden ein Berechtigungsschein ausgestellt wurde. Nach den §§ 4, 7 BerHG besteht aber auch die Möglichkeit, dass **erst** die **Beratung** erfolgt und der **Antrag nachträglich** gestellt wird (§ 4 Abs. 2 S. 4 BerHG). Falls in einem solchen Fall die BerHi später nicht bewilligt wird, hat der beratende RA keinen Vergütungsanspruch. Einen solchen kann er nur geltend machen, wenn er den Rat Suchenden zuvor auf diese Möglichkeit hingewiesen und mit ihm für den Fall, dass der Beratungshilfeantrag abgelehnt wird, eine Vergütung vereinbart hat. (Gebauer/Schneider § 44 RVG Rn. 12). Wird **Beratungshilfe nachträglich bewilligt**, steht dem RA der Vergütungsanspruch nach den Nrn. 2600ff. VV RVG zu. Einen Anspruch gg. den Rat Suchenden kann er nicht mehr geltend machen. Stellt sich erst im Verlauf der Beratung oder Vertretung heraus, dass angesichts der Einkommens- und Vermögensverhältnisse des Mandanten Bedürftigkeit und damit die Voraussetzung der BerHi vorliegt, so muss der beratende RA den Mandanten hierauf hinweisen (Riedel/Sußbauer § 131 BRAGO Rn. 5). Dem RA steht es dann frei, entweder die weitere Tätigkeit abzulehnen, bis über das Beratungshilfegesuch entschieden ist, oder im Vertrauen hierauf weiter tätig zu sein ⌐ wobei allerdings das Risiko besteht, dass kein Beratungshilfeschein erteilt wird und der RA aus der Staatskasse keine Vergütung erhält. Vom

Mandanten kann der RA dann lediglich bei einer entspr. diesbezüglichen Vereinbarung eine Vergütung fordern.

5 Die **nachträgliche Aufhebung der Beratungshilfe** ändert nichts am Anspruch des RA gg. die Landeskasse; er genießt insoweit Vertrauensschutz (LG Osnabrück, AnwBl 1983, 143). Umstritten ist allerdings, ob dies auch gilt, wenn der RA schon vor der Bewilligung der BerHi tätig war. Die Rspr. nimmt diesbezüglich den Standpunkt ein, dass kein schützenswertes Vertrauen vorliegt, weil v. RA das Risiko in Kauf genommen wurde, dass die BerHi nachträglich nicht bewilligt wird (LG Münster, JurBüro 1985, 844, LG Frankenthal, JurBüro 1986, 1379). Nach der Gegenauffassung ist das Vertrauen des RA in die Bewilligung der BerHi um so schützenswerter, wenn sie tatsächlich später erteilt wird, auch wenn dies nachträglich wieder korrigiert wird (KostRsp § 132 BRAGO Nr. 53).

6 Gem. § 9 BerHG besteht die Verpflichtung des Gegners, soweit vorhanden, dem RA die ges. Vergütung zu erstatten, soweit eine **Erstattungspflicht** besteht. Befand sich der Gegner also zB im Verzug, steht dem Anwalt ein eigener Schadenersatzanspruch zu. Der insoweit in der Person des Rechtsuchenden entstandene Anspruch auf Erstattung der ges. Vergütung geht kraft Gesetzes auf den RA über. Nur dieser kann den Anspruch deshalb geltend machen, der Rechtsuchende selbst ist nicht aktiv legitimiert. Der Anwalt ist also befugt, beim Gegner zwischen Beratungshilfeanspruch und Wahlanwaltsvergütung geltend zu machen. § 9 S. 4 BerHG bestimmt, dass hierauf geleistete Zahlungen unmittelbar auf die Vergütung aus der Landeskasse angerechnet werden. Eine Privilegierung des RA wie im vergleichbaren Fall der PKH, wonach die Zahlung der Gegenseite zunächst auf die Differenz zw. Wahlanwaltsvergütung und Vergütung des beigeordneten RA erfolgen muss, findet im Beratungshilfefall nicht statt.

Nr.	Gebührentatbestand	Gebühr oder Satz der Gebühr nach § 13 RVG
2600	**Beratungshilfegebühr**	**10,00 EUR**
	Neben der Gebühr werden keine Auslagen erhoben. Die Gebühr kann erlassen werden.	

Übersicht

Höhe der Beratungshilfegebühr	1
Pauschalgebühr	2
Umsatzsteuer	3
Gebührenerlass	4
Nichtigkeit anderweitiger Honorarvereinbarung	5
Vereinbarung gesetzlicher Vergütung	6
Keine Festsetzung nach § 11 RVG	7

1 In Nr. 2600 VV RVG wird die **Beratungshilfegebühr der Höhe nach festgelegt**. Diese Gebühr bezeichnet den Anspruch des RA gg. den Rechtsuchenden (so genannte Schutzgebühr). Sie entsteht neben den Gebühren der Nrn. 2601-2608 VV RVG, die der RA nach § 44 RVG für die Tätigkeit im Rahmen der BerHi aus der Landeskasse erhält. Die Beratungshilfegebühr nach Nr. 2600 VV RVG beträgt 10,00 EUR.

2 Die Beratungshilfegebühr stellt eine **Pauschalgebühr** dar. Nr. 2600 VV RVG regelt ausdrücklich, dass neben der Gebühr **keine Auslagen** erhoben werden können.

3 In der Gebühr Nr. 2600 VV RVG ist die **Umsatzsteuer bereits enthalten** und fällt nicht erneut an.

4 Nach Nr. 2600 VV RVG steht es dem RA frei, die **Gebühr** v. 10,00 EUR zu **erlassen**. Die diesbezügliche Entscheidung ist eine freie Ermessensentscheidung des Rat erteilenden RA. Sie kann nicht gerichtl. überprüft werden (Gebauer/Schneider Nr. 2600 VV RVG Rn. 4).

5 Nr. 2600 VV RVG übernimmt die zuvor geltende Regelung des § 8 Abs. 1 BerHG, der insoweit aufgehoben wird (Gesetzesbegründung zu Nr. 2600 VV RVG, BT-Drs 15/1971 S. 208). § 8 Abs. 2 BerHG bleibt gültig. Hiernach ist eine mit dem Rat Suchenden getroffene **Honorarvereinbarung nichtig**. Von der Nichtigkeit ist insbes. eine Vereinbarung über die Zahlung der ges. Vergütung umfasst, da diese gerade nicht v. Beratungshilfeberechtigten geschuldet wird (Gebauer/Schneider, Vorbem. 2.6 VV RVG Rn. 34). Auch die Vereinbarung über die Erstattung v. Auslagen ist unwirksam, da sie im Widerspruch zur Schutzvorschrift der Nr. 2600 VV RVG steht.

6 RA und Rechtsuchender können aber vereinbaren, dass die **gesetzliche Vergütung geschuldet** wird, wenn die Voraussetzungen der BerHi nicht vorliegen. Dann nämlich ist der Recht Suchende gerade nicht schutzwürdig und § 8 Abs. 2 BerHG findet keine Anwendung (Kalthoener/Büttner Rn. 696).

7 Die Beratungshilfegebühr gehört nicht zu den Kosten eines gerichtlichen Verfahrens. Sie kann deshalb **nicht** nach § 11 **RVG festgesetzt** werden. Das gilt auch dann, wenn der Rechtsanwalt später als Prozessbevollmächtigter oder Verfahrensbevollmächtigter tätig geworden ist. (Hansens ZAP Fach 24, 831).

Nr.	Gebührentatbestand	Gebühr oder Satz der Gebühr nach § 13 RVG
2601	**Beratungsgebühr** (1) Die Gebühr entsteht für eine Beratung, wenn die Beratung nicht mit einer anderen gebührenpflichtigen Tätigkeit zusammenhängt. (2) Die Gebühr ist auf eine Gebühr für eine sonstige Tätigkeit anzurechnen, die mit der Beratung zusammenhängt.	30,00 EUR

Übersicht

Vergütung für Beratung	1
Anpassung der Gebührenhöhe	2
Begriff der Beratung	3
Abraten	4
Erfolgsgebühr	5
Entstehung der Gebühr	6
Auslagen	7
Beratung mehrerer Personen	8
Keine gebührenpflichtige Tätigkeit in derselben Angelegenheit	9
Anrechnung	10

1 Nr. 2601 VV RVG regelt den Anspruch des im Rahmen der BerHi tätig werdenden RA auf **Vergütung für eine Beratung**, die nicht mit einer anderen gebührenpflichtigen Tätigkeit zusammenhängt. Der Begriff „Gebühr" ist streng genommen nicht zutr. Die Gebühr nach Nr. 2601 VV RVG stellt nämlich einen ör Entschädigungsanspruch des auf BerHi in Anspruch genommen RA dar (Hansens,

§ 131 BRAGO Rn. 7, vgl. Anm. 2 zu Vorb. 2.6 VV RVG). Der Gesetzgeber wählt dennoch den Begriff der Gebühr und hat ihn aus früheren Rechtslage vor Geltung des RVG übernommen.

2 Im Rahmen der BerHi hat der Gesetzgeber die sich ihm bietende Gelegenheit genutzt, die **Höhe der Gebühren** den wirtschaftl. veränderten Rahmendaten **anzupassen** (vgl. Gesetzesbegründung zu Nr. 2601 VV RVG, BT-Drs 15/1971 S. 208). Warum der Gesetzgeber es an anderer Stelle versäumt hat, ebenfalls so vorzugehen, bleibt sein Geheimnis. Wenn der Gesetzgeber es im Rahmen der BerHi für angemessen gehalten hat, eine Gebührenanpassung um mehr als 30 % nach oben durchzuführen, muss er sich die Frage gefallen lassen, warum dies etwa im Bereich der PKH nicht erforderlich gewesen sein soll.

3 Die Gebühr entsteht für eine **beratende Tätigkeit** des RA, wobei der Rat mündl. oder schriftlich erteilt werden kann. Ein Rat stellt die für die Beurteilung einer Rechtsangelegenheit bedeutsame Empfehlung des RA dar, wie der AG sich in einer bestimmten Lage verhalten soll (BGHZ 7, 351). Eine Auskunft erteilt der RA, wenn er losgelöst v. der Frage nach dem Verhalten des AG in einer bestimmten Lage Antworten auf bestimmte Fragen allgemeiner Art gibt, zB welche Rechtsvorschriften auf einem bestimmten Rechtsgebiet bestehen, oder welche Rechtslage bei einem bestimmten Sachverhalt gegeben ist (Riedel/Sußbauer § 20 BRAGO Rn. 1).

4 Einen Rat erteilt der RA auch dann, wenn er v. einer bestimmten v. Rechtsuchenden ins Auge gefassten Vorgehensweise **abrät**.

5 Die Gebühr nach Nr. 2601 VV RVG ist ihrem Charakter nach eine **Erfolgsgebühr**. Dennoch steht dem RA auch eine Beratungsgebühr zu, wenn es nicht zur Rats- oder Auskunftserteilung kommt. Die Gebühr entsteht mit der ersten Tätigkeit nach Erteilung des Auftrags und somit idR mit der Entgegennahme der Information (Gebauer/Schneider Nr. 2100-2101 VV RVG Rn. 19, aA AG Raststadt AnwBl 1997, 677).

6 Für das **Entstehen der Gebühr** Nr. 2601 VV RVG kommt es nicht darauf an, dass sich Rechtsuchender und Anwalt persönlich ggü. gestanden haben. Rat und Auskunft können auch fernmündlich erteilt werden und so den Vergütungsanspruch auslösen (Gerold/Schmidt § 20 BRAGO Rn. 2).

7 Neben der Gebühr entstehende **Auslagen** sind nach Nr. 7000ff. VV RVG zu erstatten.

8 Bei der **Beratung mehrerer Personen** findet eine Erhöhung nach Nr. 1008 VV RVG statt. Das gilt nicht, wenn mehrere Personen jew. mit einem Beratungshilfeschein beraten werden; in diesem Fall wird separat und jew. gesondert abgerechnet (Schneider § 9 Rn. 5).

9 Negative Voraussetzung für die Entstehung der Gebühr nach Nr. 2601 VV RVG ist es, dass die Beratung **nicht mit einer anderen gebührenpflichtigen Tätigkeit zusammenfällt**. Eine solche Situation ist insbes. dann gegeben, wenn sich der Rechtsuchende zugleich v. RA vertreten lässt, zB wenn er im Zusammenhang mit der Anfechtung eines Kaufvertrages über das weitere Vorgehen beraten wird (Gebauer/Schneider Nr. 2601 VV RVG Rn. 9), oder er den RA trotz dessen vorhergehenden Abratens damit beauftragt, einen Prozess zu führen (Gerold/Schmidt § 20 BRAGO Rn. 8).

10 Gem. Abs. 2 der Anm. in Nr. 2601 VV RVG hat eine **Anrechnung** stattzufinden. Wird der RA nach der Beratung für den Rechtsuchenden in einer mit der Erteilung des Rats zusammenhängenden Sache tätig, findet eine Anrechnung seiner Beratungsgebühr auf die Gebühr für die nachfolgende Tätigkeit statt. Voraussetzung hierfür ist, dass es sich um eine unmittelbar nachfolgende Angelegenheit handelt. Die einmal erfolgte Beratung führt nicht dazu, dass der RA sich die Beratungsgebühr auf jede weitere Gebühr anrechnen lassen muss; zB findet keine Gebührenanrechnung statt, wenn der RA vor dem Rechtsstreit beraten hat, der Rechtsstreit durch einen anderen RA geführt wird und der erste RA dann wieder mit der Durchführung der Berufung beauftragt wird (Gebauer/Schneider Nr. 2100-2101 VV RVG Rn. 53). Folgt auf die BerHi in der sich anschließenden anwaltl. Tätigkeit die Bewilligung v. PKH, so findet eine volle Anrechnung statt, § 58 Abs. 1 RVG. Diese Sonderregelung verdrängt die ansonsten bestehenden Anrechnungsvorschriften v. § 58 Abs.

2, 3 RVG. Die BerHi wird immer voll angerechnet, auch dann, wenn Gegenstand der sonstigen Tätigkeit nur noch ein Teil des ursprünglichen Gegenstandes bleibt (AG Aschaffenburg JurBüro 1988, 1351).

Nr.	Gebührentatbestand	Gebühr oder Satz der Gebühr nach § 13 RVG
2602	Beratungstätigkeit mit dem Ziel einer außergerichtlichen Einigung mit den Gläubigern über die Schuldenbereinigung auf der Grundlage eines Plans (§ 305 Abs. 1 Nr. 1 InsO): Die Gebühr 2601 beträgt	60,00 EUR

1 Nr. 2602 VV RVG regelt **keinen eigenständigen Gebührentatbestand.** Die Vorschrift modifiziert vielmehr die dem RA für eine Beratungstätigkeit im Rahmen der außergerichtlichen Einigung im Insolvenzverfahren zustehende Gebühr nach Nr. 2601 VV RVG auf die doppelte Höhe v. 60,00 EUR. Nr. 2602 VV RVG regelt die **reine Beratungstätigkeit** des RA ggü. dem Schuldner. Eine Tätigkeit nach außen ist hiervon nicht umfasst, sondern wird lediglich v. den nachfolgenden Nummern des Vergütungsverzeichnisses abgedeckt.

2 § 305 Abs. 1 Nr. 1 InsO sieht vor, dass der Schuldner, der eine Schuldenbereinigung erreichen will, gleichzeitig mit dem Antrag auf Eröffnung des Insolvenzverfahrens oder unverzüglich danach eine **Bescheinigung** vorlegen muss, aus der sich ergibt, dass eine außergerichtliche Einigung mit den Gläubigern über die **Schuldenbereinigung** auf der Grundlage eines Plans innerhalb der letzten 6 Monate vor dem Eröffnungsantrag **erfolglos versucht** worden ist.

3 Die **Gebühr** nach Nr. 2602 VV RVG **umfasst** hierbei die **Beratung des Schuldners** über das Verf., die Sichtung und Ordnung des Schuldenbestandes des Schuldners und die Mitwirkung des RA bei der Erstellung des Schuldenbereinigungsplans, **ohne dass der RA nach außen hin auftritt.** Die beratende Tätigkeit kann insbes. auch die Erstellung eines Musterschreibens umfassen, mit dem der Schuldner □ ohne dass der RA ihn nach außen vertritt □ an die Gläubiger herantritt, um den zuvor gemeinsam mit dem RA erarbeiteten Plan vorzuschlagen.

Nr.	Gebührentatbestand	Gebühr oder Satz der Gebühr nach § 13 RVG
2603	Geschäftsgebühr	70,00 EUR
	(1) Die Gebühr entsteht für das Betreiben des Geschäfts einschließlich der Information oder die Mitwirkung bei der Gestaltung eines Vertrags. (2) Auf die Gebühren für ein anschließendes gerichtliches oder behördliches Verfahren ist diese Gebühr zur Hälfte anzurechnen. Auf die Gebühren für ein Verfahren auf Vollstreckbarerklärung eines Vergleichs nach den §§ 796a, 796b und 796c Abs. 2 Satz 2 ZPO ist die Gebühr zu einem Viertel anzurechnen.	

Übersicht

Anrechnung   5

Anrechnung im Verfahren auf Vollstreckbarerklärung von Anwaltsvergleichen   6

1 Die Nr. 2603 VV RVG erfasst die **Vertretung des Schuldners durch den RA nach außen.** Umfasst wird die im Anschluss an die Beratung des Schuldners erfolgte Kontaktaufnahme mit den Gläubigern durch Unterbreitung des Plans zur Einigung mit den Schuldnern. Die Gebühr wird schon dadurch ausgelöst, dass der RA nach außen hin auftritt. Es ist nicht erforderlich, dass der Plan auch v. nach außen hin auftretenden RA erstellt worden ist.

2 Soweit in Abs. 1 der Anm. zu Nr. 2603. VV RVG keine Konkretisierung der Tätigkeit erfolgt, entspricht dies der **allgemeinen** Ausgestaltung der **Geschäftsgebühr** in Nr. 2400 VV RVG (Gesetzesbegründung zu Nr. 2603 VV RVG, BT-Drs 15/1971 S. 208).

3 Die **Gebühr entsteht** mit der Annahme des Auftrags und der Entgegennahme der diesbezüglichen Information (Riedel/Sußbauer § 118 BRAGO Rn. 35). Eine vorzeitige Beendigung des Auftrags führt nicht zum Wegfall der Geschäftsgebühr. Dies gilt auch dann, wenn es nur zur Erteilung eines Rats gekommen ist und keine Tätigkeit nach außen entfaltet wurde. Ausschlaggebend für den Anfall der Geschäftsgebühr ist nur der an den RA erteilte Auftrag (Gerold/ Schmidt § 118 BRAGO Rn. 5). Abs. 1 der Anm. zu Nr. 2603 VV RVG stellt klar, dass v. Betreiben des Geschäfts bereits die Entgegennahme der Information und die Mitwirkung bei der Gestaltung eines Vertrages umfasst sind, auch wenn keine weitere Tätigkeit erfolgt.

4 Da es sich bei der Geschäftsgebühr nach Nr. 2603 VV RVG um eine Festgebühr handelt, kommt es auf den **Umfang der** v. RA entfalteten **Tätigkeit** nicht an.

5 Abs. 2 der Anm. zu Nr. 2603 VV RVG bestimmt die hälftige **Anrechnung** der Gebühr auf ein sich anschließendes, gerichtl. oder behördliches Verf. Auch hieraus wird deutlich, dass die Gebühr nach Nr. 2603 VV RVG der Geschäftsgebühr nach Nr. 2400 VV RVG nachgebildet ist. Die Regelung in Abs. 2 der Anm. entspricht der Anrechnungsregel in Nr. 2403 VV RVG aE.

6 Abs. 2 S. 2 der Anm. zu Nr. 2603 VV RVG stellt eine Sonderregel für das **Verfahren auf Vollstreckbarerklärung von Anwaltsvergleichen** dar (§ 796a, 796b, 796c Abs. 2 S.2 ZPO). In einem solchen Fall wird die Gebühr nach Nr. 2603 VV RVG nur zu einem Viertel angerechnet. Hierdurch wird ein bes. Anreiz dafür geschaffen, einen Anwaltsvergleich im Rahmen der Schuldenbereinigung auf der Grundlage des Plans nach § 305 Abs. 1 Nr. 1 InsO abzuschließen, da die Vergütungsanrechnung im Verf. auf die Vollstreckbarerklärung nochmals um die Hälfte begrenzt ist. Die Gebühr des in einem solchen Verf. tätigen RA ergibt sich aus Nr. 3327 VV RVG.

Nr.	Gebührentatbestand	Gebühr oder Satz der Gebühr nach § 13 RVG
2604	**Tätigkeit mit dem Ziel einer außergerichtlichen Einigung mit den Gläubigern über die Schuldenbereinigung auf der Grundlage eines Plans (§ 305 Abs. 1 Nr. 1 InsO):** Die Gebühr 2603 beträgt bei bis zu 5 Gläubigern	224,00 EUR

1 Nr. 2604 VV RVG regelt die dem RA zustehende Vergütung für den Fall, dass über die beratende Tätigkeit (Nr. 2602 VV RVG) hinaus im Rahmen einer außergerichtlichen Einigung mit den Gläubigern über die Schuldenbereinigung auf der Grundlage eines diesbezüglichen Plans nach § 305 Abs. 1 Nr. 1 InsO eine **vertretende Tätigkeit für den Schuldner nach außen** ggü. den Gläubigern erfolgt. Unter einer Tätigkeit iSd Nr. 2604 VV RVG ist jedes Tätigwerden ggü. den Gläubigern mit der genannten Zielsetzung zu verstehen, also insbes. die schriftliche Korrespondenz sowie das Führen v. Besprechungen und Verhandlungen. Die Gebühr nach Nr. 2604 VV RVG entsteht **nicht zusätzlich** zur Grundgebühr Nr. 2603 VV RVG, sondern tritt an ihre Stelle.

2 Es kommt nicht darauf an, dass der RA ggü. jedem einzelnen Gläubiger als Vertreter des Rechtsuchenden auftritt. Entscheidend für das Auslösen der erhöhten Gebühr ist der Umstand, dass die in der Nr. des VV bestimmte **Anzahl von Gläubigern** vorhanden ist. Die Prüfung des RA im Rahmen seiner Tätigkeit nach Nr. 2603 VV RVG kann ergeben, dass einzelne Gläubiger, etwa weil ihre Forderung verjährt ist, über keine Ansprüche gg. den Rechtsuchenden mehr verfügen. Es ist nicht iSd Regelung, dem RA dann die erhöhte Gebühr zu versagen, da sich qualitativ kein Unterschied in der v. ihm zu erbringenden Arbeit ergibt.

Nr.	Gebührentatbestand	Gebühr oder Satz der Gebühr nach § 13 RVG
2605	**Es sind 6 bis 10 Gläubiger vorhanden:** **Die Gebühr 2603 beträgt**	336,00 EUR

1 Die Nr. 2605 VV RVG enthält **keinen eigenen Gebührentatbestand**. Sie regelt lediglich die Höhe der Gebühr **Nr. 2603 VV RVG** für den Fall, dass eine Tätigkeit ggü. 6 bis 10 Gläubigern erfolgt. Zum Grund der Forderung (Tätigkeit nach außen) wird auf die Komm. zu Nr. 2604 VV RVG verwiesen.

2 Es kommt nicht darauf an, dass der RA ggü. jedem einzelnen Gläubiger als Vertreter des Rechtsuchenden auftritt. Entscheidend für das Auslösen der erhöhten Gebühr ist der Umstand, dass die in der Nr. des VV bestimmte **Anzahl von Gläubigern** vorhanden ist. Die Prüfung des RA im Rahmen seiner Tätigkeit nach Nr. 2603 VV RVG kann ergeben, dass einzelne Gläubiger, etwa weil ihre Forderung verjährt ist, über keine Ansprüche gg. den Rechtsuchenden mehr verfügen. Es ist nicht iSd Regelung, dem RA dann die erhöhte Gebühr zu versagen, da sich qualitativ kein Unterschied in der v. ihm zu erbringenden Arbeit ergibt.

Nr.	Gebührentatbestand	Gebühr oder Satz der Gebühr nach § 13 RVG
2606	**Es sind 11 bis 15 Gläubiger vorhanden:** **Die Gebühr 2603 beträgt**	448,00 EUR

1 Die Nr. 2606 VV RVG enthält **keinen eigenen Gebührentatbestand**. Sie regelt lediglich die Höhe der Gebühr **Nr. 2603 VV RVG** für den Fall, dass eine Tätigkeit ggü. 11 bis 15 Gläubigern erfolgt. Zum Grund der Forderung (Tätigkeit nach außen) wird auf die Komm. zu Nr. 2604 VV RVG verwiesen (vgl. Anm. 1 und 2 zu Nr. 2604 VV RVG).

2 Es kommt nicht darauf an, dass der RA ggü. jedem einzelnen Gläubiger als Vertreter des Rechtsuchenden auftritt. Entscheidend für das Auslösen der erhöhten Gebühr ist der Umstand, dass die in der Nr. des VV bestimmte **Anzahl von Gläubigern** vorhanden ist. Die Prüfung des RA im Rahmen seiner Tätigkeit nach Nr. 2602ff. VV RVG kann ergeben, dass einzelne Gläubiger, etwa weil ihre Forderung verjährt ist, über keine Ansprüche gg. den Rechtsuchenden mehr verfügen. Es ist nicht iSd Regelung, dem RA dann die erhöhte Gebühr zu versagen, da sich qualitativ kein Unterschied in der v. ihm zu erbringenden Arbeit ergibt.

Nr.	Gebührentatbestand	Gebühr oder Satz der Gebühr nach § 13 RVG
2607	**Es sind mehr als 15 Gläubiger vorhanden:** **Die Gebühr 2603 beträgt**	560,00 EUR

1 Die Nr. 2607 VV RVG enthält **keinen eigenen Gebührentatbestand**. Sie regelt lediglich die Höhe der Gebühr **Nr. 2603 VV RVG** für den Fall, dass eine Tätigkeit ggü. mehr als 15 Gläubigern erfolgt. Zum Grund der Forderung (Tätigkeit nach außen) wird auf die Komm. zu Nr. 2604 VV RVG verwiesen.

2 Es kommt nicht darauf an, dass der RA ggü. jedem einzelnen Gläubiger als Vertreter des Rechtsuchenden auftritt. Entscheidend für das Auslösen der erhöhten Gebühr ist der Umstand, dass die in der Nr. des VV bestimmte **Anzahl von Gläubigern** vorhanden ist. Die Prüfung des RA im Rahmen seiner Tätigkeit nach Nr. 2603 VV RVG kann ergeben, dass einzelne Gläubiger, etwa weil ihre Forderung verjährt ist, über keine Ansprüche gg. den Rechtsuchenden mehr verfügen. Es ist nicht iSd Regelung, dem RA dann die erhöhte Gebühr zu versagen, da sich qualitativ kein Unterschied in der v. ihm zu erbringenden Arbeit ergibt.

Nr.	Gebührentatbestand	Gebühr oder Satz der Gebühr nach § 13 RVG
2608	**Einigungs- und Erledigungsgebühr**	125,00 EUR
	(1) Die Anmerkungen zu Nummern 1000 und 1002 sind anzuwenden.	
	(2) Die Gebühr entsteht auch für die Mitwirkung bei einer außergerichtlichen Einigung mit den Gläubigern über die Schuldenbereinigung auf der Grundlage eines Plans (§ 305 Abs. 1 Nr. 1 InsO).	

Übersicht

Erfolgshonorar	1
Einigung	2
Mitwirkung bei Vertragsverhandlungen	3
Abschluss eines Vergleichs nicht (zwingend) erforderlich	4
Bedingter Vertrag/Widerrufsvorbehalt	5
Einigung in Ehesachen oder Lebenspartnerschaftssachen ☐ keine Gebühr	6
Erledigung in einem verwaltungsrechtlichen Verfahren	7
Gebührenreduktion	8
Einigung mit den Gläubigern über die Schuldenbereinigung	9
Keine Erhöhung bei Tätigkeit für mehrere AG	10

1 Nr. 2608 VV RVG regelt ein dem RA zustehendes **Erfolgshonorar**. Voraussetzung ist, dass die Sache, in der BerHi erteilt wurde, durch Einigung oder sonstige Erledigung abgeschlossen wird. Die Einigungsgebühr entspricht in ihrer Höhe nunmehr der Erledigungsgebühr. Eine Unterscheidung zw. Einigung bzw. Vergleich und Erledigung wie noch nach der BRAGO wird nicht mehr getroffen. Nr. 2608 VV RVG verweist auf die Anm. zu den Nrn. 1000 und 1002 VV RVG. Liegen also die Voraussetzungen der dortigen Nrn. des VV vor, ist eine Gebühr nach Nr. 2608 VV RVG entstanden.

2 Zwischen den Parteien kommt eine **Einigung** zustande, wenn durch eine Verständigung der Parteien ein zw. ihnen herrschender Streit oder die Ungewissheit über ein Rechtverhältnis beseitigt wird, sei es durch den Abschluss eines Vertrages oder im Rahmen eines der in § 36 RVG bezeichneten Güteverfahren.

3 Gem. Abs. 2 der Anm. zu Nr. 1000 VV RVG entsteht die Gebühr schon dann, wenn der RA lediglich bei den **Vertragsverhandlungen** mitwirkt. Voraussetzung ist allerdings, dass diese Mitwirkung für den Abschluss des späteren Vertrages ursächlich war.

4 Im Gegensatz zur früher geltenden Rechtlage, die eine Vergleichsgebühr vorsah (§ 132 Abs. 3 BRAGO), ist der **Abschluss eines Vergleichs isv** § 797 BGB jetzt **nicht** mehr **erforderlich.**

5 Wird der **Vertrag unter einer aufschiebenden Bedingung oder unter Widerrufsvorbehalt** geschlossen, entsteht die Gebühr erst dann, wenn der Vergleich bestandskräftig geworden ist, Abs. 1 der Anm. zu Nr. 2608 VV RVG ivm Abs. 3 der Anm. zu Nr. 1000 VV RVG.

6 Die **Einigung in Ehesachen oder Lebenspartnerschaftssachen** ist v. der Regelung nicht umfasst, Abs. 1 der Anm. zu Nr. 2608 ivm Abs. 5 der Anm. zu Nr. 1000 VV RVG.

7 Bei einer **Erledigung in einem verwaltungsrechtlichen Verfahren** kann der RA ebenfalls eine Gebühr nach Nr. 2608 VV RVG verlangen. Insoweit verweist Nr. 2608 VV RVG auf Nr. 1002 VV RVG. Die Gebühr entsteht hiernach, wenn ein angegriffener VA in Folge der anwaltl. Intervention aufgehoben oder geändert wird. Die Gebühr fällt auch an, wenn ein früher abgelehnter VA nunmehr erlassen wird und die Sache hierdurch ihre Erledigung findet.

8 Nach Nr. 1003 VV RVG **reduziert** sich die **Gebühr** nach Nr. 1000 und 1002 VV RVG um 1/3, wenn über den Gegenstand ein anderes gerichtl. Verf., also ein selbstst. Beweisverfahren anhängig ist. Der Gebührensatz beträgt dann statt 1,5 nur noch 1,0. Da eine ausdrückliche Verweisung auf Nr. 1003 VV RVG in Nr. 2608 Abs. 1 VV RVG fehlt, findet eine Reduzierung der Beratungshilfegebühr in einem solchen Fall nicht statt.

9 Abs. 2 der Anm. zu Nr. 2608 VV RVG nimmt ausdrücklich die außergerichtliche **Einigung mit den Gläubigern über die Schuldenbereinigung** auf der Grundlage eines Plans nach § 305 Abs. 1 InsO in die Vorschrift auf. Die gesonderte Erwänung wäre nicht erforderlich gewesen, da auch insoweit ein Vertragsschluss stattfindet und schon die Einigungsgebühr nach Abs. 1 der Anm. zu Nr. 2608 VV RVG ivm Nr. 1000 VV RVG in einem solchen Fall entsteht.

10 Bei der Vergütung nach Nr. 2608 VV RVG handelt es weder um eine Verf.- noch um eine Geschäftsgebühr. Eine **Erhöhung** nach Nr. 1008 VV RVG **scheidet** somit **aus,** auch wenn der RA **für mehrere Personen** tätig wird.

Teil 3. Bürgerliche Rechtsstreitigkeiten, Verfahren der freiwilligen Gerichtsbarkeit, der öffentlich-rechtlichen Gerichtsbarkeiten, Verfahren nach dem Strafvollzugsgesetz und ähnliche Verfahren

Vorbemerkung 3:

(1) Für die Tätigkeit als Beistand für einen Zeugen oder Sachverständigen in einem Verfahren, für das sich Gebühren nach diesem Teil bestimmen, entstehen die gleichen Gebühren wie für einen Verfahrensbevollmächtigten in diesem Verfahren.

(2) Die Verfahrensgebühr entsteht für das Betreiben des Geschäfts einschließlich der Information.

(3) Die Terminsgebühr entsteht für die Vertretung in einem Verhandlungs-, Erörterungs- oder Beweisaufnahmetermin oder die Wahrnehmung eines von einem gerichtlich bestellten Sachverständigen anberaumten Termins oder die Mitwirkung an auf die Vermeidung oder Erledigung des Verfahrens gerichteten Besprechungen ohne Beteiligung des Gerichts; dies gilt nicht für Besprechungen mit dem Auftraggeber.

(4) Soweit wegen desselben Gegenstands eine Geschäftsgebühr nach den Nummern 2400 bis 2403 entstanden ist, wird diese Gebühr zur Hälfte, jedoch höchstens mit einem Gebührensatz

von 0,75, auf die Verfahrensgebühr des gerichtlichen Verfahrens angerechnet. Sind mehrere Gebühren entstanden, ist für die Anrechnung die zuletzt entstandene Gebühr maßgebend. Die Anrechnung erfolgt nach dem Wert des Gegenstandes, der in das gerichtliche Verfahren übergegangen ist.

(5) Soweit der Gegenstand eines selbstständigen Beweisverfahrens auch Gegenstand eines Rechtsstreits ist oder wird, wird die Verfahrensgebühr des selbstständigen Beweisverfahrens auf die Verfahrensgebühr des Rechtszugs angerechnet.

(6) Soweit eine Sache an ein untergeordnetes Gericht zurückverwiesen wird, das mit der Sache bereits befasst war, ist die vor diesem Gericht bereits entstandene Verfahrensgebühr auf die Verfahrensgebühr für das erneute Verfahren anzurechnen.

(7) Die Vorschriften dieses Teils sind nicht anzuwenden, soweit Teil 6 besondere Vorschriften enthält.

Übersicht

1 Allgemeines. Im dritten Teil des Vergütungsverzeichnisses sind die Gebühren für alle Tätigkeiten des RA in gerichtl. Verf. geregelt, sofern sie nicht in den Teilen 4-6 VV RVG enthalten sind. Teil 3 gilt damit für alle bürgerlichen Gerichtsverfahren, Verf. vor den Arbeits- sowie Verwaltungs-, Finanz- und Sozialgerichten. Neu ist, dass der RA nun auch in Verf. der freiwilligen Gerichtsbarkeit die Gebühren der bürgerlichen Gerichtsverfahren anstatt der bisherigen Geschäftsgebühr nach § 118 BRAGO verdient. Dadurch entfällt im Kostenfestsetzungsverfahren die zeitintensive Prüfung der Ermessenskriterien des § 14 RVG. Auch kann die Vergütung gg. den eigenen Mandanten nunmehr ohne Einschränkung nach § 11 RVG festgesetzt werden. Geregelt sind zudem die Gebühren für bes. Verf. (Mahnverfahren, Zwangsvollstreckung, Gebühren für die Vollziehung einer im Wege des einstweiligen Rechtsschutzes ergangenen Entscheidung, Gebühren für die Zwangsversteigerung und -verwaltung, für Insolvenzverfahren, für Tätigkeiten im Rahmen des PKH-Verfahrens). Der Abschnitt 4 regelt sodann die Vergütung diverser Einzeltätigkeiten des RA, während Abschnitt 5 die Beschwerde, Nichtzulassungsbeschwerde sowie Erinnerung gebührenrechtlich abdeckt.

2 Vorbem. 3 Abs. 1 VV RVG legt fest, dass für die **Tätigkeit als Beistand für einen Zeugen oder Sachverständigen** in einem Verf., für das sich Gebühren nach Teil 3 bestimmen, die gleichen Gebühren entstehen wie für einen Verfahrensbevollmächtigten in diesem Verf. Diese Anwaltstätigkeit war bisher nicht gebührenrechtlich geregelt (Mayer RVG-Letter 2004, 26). Zu beachten ist allerdings, dass diese Gebühren nicht aus dem Gegenstandswert des Verf. entstehen, in welchem der Zeuge aussagt bzw. der Sachverständige beigezogen wird. In diesem Verf. wird der RA nicht tätig. Seine Mitwirkung bezieht sich vielmehr auf den Inhalt der Zeugenaussage bzw. auf die Tätigkeit des Sachverständigen. Der Wert der Tätigkeit des RA bestimmt sich in diesem Fall nach § 23 Abs. 3 S. 2 RVG und beträgt damit im Regelfall 4000 EUR (Gebauer/Schneider Vorbem. 3 VV RVG Rn. 7).

3 Anstelle der bisherigen Prozessgebühr erhält der RA zukünftig nach Nr. 3100 VV RVG iVm Vorbem. 3 Abs. 2 VV RVG eine **Verfahrensgebühr.** Diese entsteht nach Vorbem. 3 Abs. 2 VV RVG für das Betreiben des Geschäfts einschl. der Information. Hierunter fallen zB Besprechungen, die laufende Beratung des Mandanten, die Fertigung, Einreichung bzw. Rücknahme von Schriftsätzen usw. (hierzu Hansens JurBüro 2004, 249). Es handelt sich um eine Pauschalgebühr, die alle prozessualen Tätigkeiten abdeckt, für welche im RVG keine sonstige Gebühr vorgesehen ist (Rehberg/Xanke zu „Verfahrensgebühr Teil 3 RVG" unter 2.2). Erfolgt eine Besprechung zur gütlichen Streitbeilegung, entsteht unter den Voraussetzungen der Vorbem. 3 Abs. 3 VV RVG bereits die Terminsgeb. (hierzu unten Anm. 9). Hierzu zählen auch Maßnahmen vor Beginn bzw. nach Beendigung des prozessualen Rechtszugs (Riedel/Sußbauer Rn. 20 zu § 31 BRAGO). Auch das Erlangen v. Informationen kann die Verfahrensgeb. auslösen (Koblenz JurBüro 2000, 77). Die Geb. entsteht, sobald der Prozessbev. eine bestimmte Tätigkeit zur Ausführung eines prozessbezogenen Auftrags vorgenommen hat (VG Dessau JurBüro 1999, 79). Ausreichend ist auch die Entgegennahme v. Informationen nach Erteilung des Prozessauftrags, wobei es nicht notwendig ist, dass sich der RA schon bei Gericht als Prozessbev. bestellt hat (LG Karlsruhe AnwBl 1967, 125). Nimmt der Anwalt innerhalb eines laufenden Verfahrens eine Anschriftenprüfung vor, wird diese Tätigkeit von der Verfahrensgeb. abgegolten (Hansens RVGreport 2004, 225).

4 Für das Entstehen der Verfahrensgeb. ist es gleichgültig, wann die anwaltl. Tätigkeit erfolgt. Dies kann nach Anhängigkeit, auch schon vor Rechtshängigkeit der Fall sein (KG MDR 1988, 1067). Selbst wenn das Verf. nur noch wg. der Kosten anhängig ist, entsteht durch ein entspr. Tätigwerden des RA die Verfahrensgeb., dann allerdings nur aus dem verminderten Wert. Wird der RA erst nach Erlass des Urteils zum Prozessbev. bestellt, ist str., ob noch ein Verfahrensauftrag erteilt werden kann oder ein Fall der Nr. 3403 VV RVG gegeben ist (Gerold/Schmidt Rn. 25 zu Nr. 3100 VV RVG mwN).

5 Erhebt der Prozessgegner des Mandanten **Widerklage**, entsteht die Verfahrensgeb. nicht bereits mit der Zustellung der Widerklage. Es ist vielmehr erforderlich, dass der Prozessbev. den Auftrag erhält, seinen Mandanten auch im Verf. über die Widerklage zu vertreten (Koblenz JurBüro 1991, 860). Das Gleiche gilt, wenn der Prozessbev. im Rahmen der Prozessvollmacht nach § 81 ZPO über seinen bisherigen Auftrag hinaus tätig wird. Allerdings ist eine **stillschweigende Erweiterung des Auftrags** zwar möglich, aus Beweisgründen indes nicht empfehlenswert (Gerold/Schmidt Rn. 27 zu Nr. 3100 VV RVG). **Endet der Prozessauftrag,** bevor der RA Klage eingereicht hat, beträgt die Gebühr der Nr. 3100 VV RVG nach Nr. 3101 VV RVG nur 0,8. Wird die Klage zurückgenommen und reicht der Prozessbev. des Bekl. einen Schriftsatz mit Anträgen bei Gericht ein, hat er die Verfahrensgeb. verdient, sofern er die Rücknahme der Klage nicht kannte bzw. nicht kennen musste (Gerold/Schmidt Rn. 135 zu Nr. 3100 VV RVG). Wird der bisherige **Verkehrsanwalt** Prozessbev., verdient er die Verfahrensgeb. der Nr. 3100 VV RVG mit seinem ersten Tätigwerden als Prozessbev. Schließt der RA während des Gerichtsverfahrens einen **Vergleich** oder wirkt er an einer Einigung mit, erhält er neben der Verfahrensgeb. eine 1,5 Einigungsgebühr (Nr. 1000 VV RVG).

6 Erhält der RA den Auftrag, einen Antrag auf **Bewilligung von Prozesskostenhilfe** zu stellen, ohne dass ein Prozessauftrag erteilt wird, entsteht eine Gebühr nach Nr. 3335 VV RVG und keine Verfahrensgeb. Dies gilt selbst dann, wenn der PKH-Antrag bereits in Form einer Klageschrift gestellt wird. Bei Unsicherheit über den Auftragsumfang ist idR davon auszugehen, dass der RA zunächst nur mit der Stellung eines Antrags auf Bewilligung v. PKH beauftragt worden ist (KG JurBüro 1973, 314). Wird dem RA indes sogleich ein Prozessauftrag erteilt, entsteht mit der Stellung des PKH-Gesuchs die Verfahrensgeb. (Gerold/Schmidt Rn. 7 zu Nr. 3335 VV RVG). Die Verfahrensgeb. bei **Berufung** und **Revision** ist in Nr. 3200 VV RVG sowie in Nr. 3206 VV RVG geregelt. Die Tätigkeit des RA im **Mahnverfahren** ist nunmehr in Nr. 3305ff. VV RVG geregelt. Wird der RA im Rahmen der **Zwangsvollstreckung** tätig, enthalten die Nr. 3309ff. VV RVG Sondervorschriften. Diese Tätigkeit wird nicht v. der Verfahrensgeb. abgedeckt (Hartmann Rn. 48 zu Nr. 3100 VV RVG).

7 Erhält der RA einen Prozessauftrag und nimmt sodann eine **Akteneinsicht** vor, kann dadurch eine Verfahrensgeb. entstehen (München AnwBl 1976, 168). Dies gilt auch dann, wenn er aufgrund seines Prozessauftrags eine **Besprechung** mit dem Mandanten durchführt (Hartmann Rn. 22 zu Nr. 3100 VV RVG), **Ermittlungen** vornimmt, den Antrag auf **Kostenfestsetzung** stellt oder **Prozesserklärungen** abgibt (vgl. die umfangreichen Nachweise bei Hartmann Rn. 35f. zu Nr. 3100 VV RVG). Auch das Fertigen eines **Schriftsatzes** kann die Verfahrensgeb. auslösen. Gleiches gilt für das Stellen eines **Streitwertantrags** bzw. die Vornahme einer **Urkundeneinsicht**. Keine Verfahrensgeb. entsteht, wenn der RA für seinen Mandanten die **Streitsumme in Empfang nimmt**. Für die Auszahlung der Summe kann vielmehr eine Hebegebühr gem. Nr. 1009 VV RVG entstehen (Hartmann Rn. 24 zu Nr. 3100 VV RVG). Umstritten ist, ob bereits das Anlegen der **Handakten** eine Verfahrensgeb. entstehen lässt (zum Streitstand Hartmann Rn. 28 zu Nr. 3100 VV RVG). Teilt der RA dem Gericht lediglich die **Niederlegung des Mandats** mit, entsteht keine Verfahrensgeb. (OLG Hamm Rpfleger 1977, 458). Erhebt der Prozessbev. eine Klage beim **unzuständigen Gericht**, entsteht gleichwohl eine Verfahrensgeb. (OLG Hamburg MDR 1986, 679).

8 Der RA erhält die Verfahrensgeb. für das Betreiben des Geschäfts einschl. der Information. Sie deckt sämtliche Tätigkeiten des RA ab, die zu dem jew. Rechtszug (§ 19 RVG) gehören und nicht eine verschiedene (§ 17 RVG) oder eine bes. Angelegenheit (§ 18 RVG) sind. Unerheblich ist, in welchem Zeitpunkt der RA zum Prozessbev. bestellt wird. Auch wenn der Rechtsstreit bereits anhängig ist, entsteht mit dem ersten Tätigwerden des RA die Verfahrensgeb. Führt der RA Korrespondenz in einer Fremdsprache, wird diese Tätigkeit grds. v. der Verfahrensgeb. abgegolten. Dies gilt auch dann, wenn der Prozessbev. im Rahmen eines Prozessauftrags ein Schreiben zur Aufenthaltsermittlung fertigt (BGH AGS 2004, 151). Str. ist, ob das auch dann zu gelten hat, wenn es sich um die genaue Übersetzung einer bes. schwierigen Urkunde handelt (zum Streitstand Hartmann Rn. 26 zu Nr. 3100 VV RVG). Verkündet der Prozessbev. während des Verf. einer dritten Person den Streit, entsteht keine bes. Gebühr. Diese Prozesshandlung wird vielmehr durch die Verfahrensgeb. abgegolten (Hartmann Rn. 42 zu Nr. 3100 VV RVG). Vertritt der RA wg. desselben Gegenstands mehrere AG (hierzu ausführlich Rehberg/Xanke zu „Mehrere Auftraggeber" unter 6.2f.), erhöht sich die Verfahrensgeb. nach Nr. 1008 VV RVG um 0,3 je weiteren AG, jedoch um höchstens 2,0 (Nr. 1008 VV RVG Anm. 9f.). Bei vorzeitiger Beendigung des Auftrags ermäßigt sich die Verfahrensgeb. nach Nr. 3101 VV RVG auf 0,8.

9 Die bisherige Verhandlungs- (§ 31 Abs. 1 Nr. 2 BRAGO) und Erörterungsgebühr (§ 31 Abs. 1 Nr. 4 BRAGO) sowie die Beweisgebühr (§ 31 Abs. 1 Nr. 3 BRAGO) entfallen (hierzu Keske FuR 2004, 193, 199ff.). An ihre Stelle tritt eine Terminsgeb. (Vorbem. 3 Abs. 3 VV RVG). Sie kann in jedem Rechtszug (zum Begriff Rechtszug § 19 RVG Anm. 1) nur einmal entstehen und zwar mit einem Gebührensatz v. 1,2. Allerdings ersetzt die neue Terminsgeb. nicht nur die bisherige Verhandlungs-, Erörterungs- sowie Beweisgebühr. Sie wurde vielmehr sowohl v. der Höhe als auch v. Anwendungsbereich her neu gestaltet.

Die Terminsgeb. entsteht

- für die Vertretung in einem Verhandlungs-, Erörterungs- oder Beweisaufnahmetermin,
- für die Wahrnehmung eines v. einem gerichtl. bestellten Sachverständigen anberaumten (Orts-) Termins (vgl. hierzu Gebauer/Schneider Vorbem. 3 VV RVG Rn. 115ff.),
- für die Mitwirkung an Besprechungen, mit welchen das Verf. vermieden oder erledigt werden soll, ohne dass das Gericht an diesen teilnimmt (dies gilt nicht für Besprechungen mit dem AG; hierzu Gebauer/Schneider Vorbem. 3 VV RVG Rn. 119ff.),
- bei einer Entscheidung ohne mündl. Verhandlung (Nr. 3104 VV RVG Anm. 3),
- bei einer Protokollierung nach § 278 Abs. 6 S. 2 ZPO (Nr. 3104 VV RVG Anm. 4).

Nicht notwendig ist, dass der RA in dem Termin einen Antrag stellt oder dass die Sache erörtert wird. Für das Entstehen der Terminsgeb. ist es vielmehr ausreichend, wenn der RA den Termin in Verhandlungsbereitschaft wahrnimmt (Hansens JurBüro 2004, 250; Enders JurBüro 2005, 113). So genügt es zB, wenn im Termin übereinstimmende Erledigungserklärungen abgegeben werden (Enders JurBüro 2005, 114) oder vom Urkundenprozess Abstand genommen wird (Schneider AGS 2005, 99f.). Eine passive Anwesenheit des Anwalts lässt keine Terminsgeb. entstehen (Gebauer/Schneider Vorbem. 3 VV RVG Rn. 91). Gleiches gilt für den Fall, dass in der Gerichtsverhandlung ausschließlich ein Terminsvertreter verhandelt. In diesem Fall verdient der Verfahrensbevollmächtigte keine Terminsgeb. (Mayer RVG-Letter 2005, 39). Aus Gründen der Verfahrensvereinfachung entfallen weitgehend die Unterschiede zw. einer str. oder nichtstr. Verhandlung, zw. Verhandlungen zur Sache oder nur zur Prozess- oder Sachleitung sowie zw. ein- und zweiseitiger Erörterung (Ausnahme: Nr. 3105 VV RVG; vgl. iE Ebert BRAK-Mitt 2001, 285, 287). Durch den erweiterten Anwendungsbereich der Terminsgeb. kann ein langwieriges und kostspieliges Verf. erspart werden (Mock AGS 2004, 45, 54).

10 Um die Justiz zu entlasten, soll der Prozessbev. in jeder Phase des Verf. bemüht sein, zur Beendigung des Verf. beizutragen. Konnte parallel zu einem Gerichtsverf. eine Einigung unter Mitwirkung der Prozessbev. erzielt werden, wurde in der Praxis bisher um die Anberaumung eines Verhandlungstermins gebeten. In diesem wurde sodann der ausgehandelte Vergleich „nach Erörterung der Sach- und Rechtslage" protokolliert, um die Verhandlungs- bzw. Erörterungsgeb. (§ 31 Abs. 2 Nr. 2, 4 BRAGO) entstehen zu lassen. Um diesen Umweg zu vermeiden und den Verwaltungsaufwand der Justiz zu verringern sieht das RVG nun vor, dass bereits die Mitwirkung an Besprechungen, mit welchen das Verf. vermieden oder durch eine gütliche Einigung erledigt werden soll, die Terminsgeb. entstehen lässt, selbst wenn das Gericht an den Verhandlungen nicht teilgenommen hat. Eine gerichtl. Verhandlung muss nicht stattfinden (Schneider/Mock § 14 Rn. 68). Allerdings lässt eine Besprechung mit dem AG die Terminsgeb. nicht entstehen (Ebert BRAK-Mitt. 2001, 285, 287). Es ist vielmehr eine Besprechung mit der Gegenseite bzw. mit Dritten □ zB dem Haftpflichtversicherer, dem Leiter der übergeordneten Dienststelle der gegnerischen Behörde, dem mithaftenden Architekten bei Ansprüchen aus Bauvertrag etc. □ erforderlich (Hansens JurBüro 2004, 250; 2005, 85). Es ist nicht notwendig, dass bereits ein gerichtl. Verf. anhängig ist. Der Anwalt muss allerdings bereits einen Prozessauftrag erhalten haben (Mayer/Kroiß Nr. 3104 VV RVG Rn. 7). Haben die Prozessbevollm. vor dem Termin zur mündl. Verhandlung die Angelegenheit übereinstimmend für erledigt erklärt und findet anschließend eine Besprechung zwischen den Verfahrensbevollmächtigten statt, so entsteht die Terminsgebühr nur nach dem Wert der Kosten (Enders JurBüro 2005, 115).

11 Der Gesetzgeber erläutert nicht, was er unter der „Wahrnehmung" eines Termins versteht. Muss der RA körperlich anwesend sein oder genügt auch eine telefonische Unterredung (bejahend Schneider/Mock § 14 Rn. 68)? Muss der Termin v. den Beteiligten festgelegt und vereinbart worden sein oder genügt auch eine Unterredung anlässlich eines zufälligen Zusammentreffens der Prozessbev.? Im Hinblick auf die Intention des Gesetzgebers, dass die Prozessbev. möglichst frühzeitig auf eine einvernehmliche Beendigung des Verf. hinwirken sollen, soll nach Mayer (RVG-Letter 2004, 2) eine Verfahrensgeb. auch dann ausgelöst werden, wenn eine Besprechung anlässlich eines zufälligen Zusammentreffens stattfindet. Hierbei ist es ausreichend, wenn der Anwalt den Äußerungen des

Gegners zuhört, eine eigene Stellungnahme muss nicht erfolgen (Hansens JurBüro 2004, 250). Eine schriftliche Korrespondenz zwecks Vermeidung des Rechtsstreits ist allerdings nicht ausreichend (Hansens RVGreport 2005, 84).

12 Ob die neue Gebührenregelung tatsächlich zu einer Entlastung der Justiz führt, muss abgewartet werden. Da ein außergerichtl. Vergleich kein Vollstreckungstitel iSd § 794 ZPO ist, muss dieser vollstreckbar gemacht werden, sofern sich die Parteien nicht an die Absprache halten. Dies kann durch notarielle Urkunde (§ 794 Abs. 1 Nr. 5 ZPO), durch den Abschluss eines Anwaltsvergleichs (§ 796a ZPO) oder durch Protokollierung in Form eines gerichtl. Vergleichs (§ 794 Abs. 1 Nr. 1 ZPO) geschehen. Wird ein außergerichtlicher Vergleich während eines laufenden Gerichtsverfahrens geschlossen, liegt es auf der Hand, dass die Parteien die zuletzt erwähnte Möglichkeit wählen, so dass die beabsichtigte Entlastung der Justiz wohl eher nicht eintreten wird.

13 Eine Geschäftsgebühr (vgl. ie Nr. 2400ff. RVG) entsteht für das Betreiben des Geschäfts einschl. der Information und für die Mitwirkung bei der Gestaltung des Vertrags. Erwächst daneben eine Verfahrensgebühr, wird die Geschäftsgebühr nach Vorbem. 3 Abs. 4 VV RVG, die wg. desselben Gegenstandes entstanden ist, **zur Hälfte** auf die Verfahrensgeb. des gerichtl. Verf. angerechnet, jedoch **höchstens mit einem Gebührensatz von 0,75** (Mayer/Kroiß Rn. 40 zu Vorbem. 3 VV RVG). Ausweislich der Gesetzesbegründung soll die vorgesehene Anrechnung die außergerichtl. Erledigung fördern. Der außergerichtl. tätige Anwalt soll nicht deshalb ein Gerichtsverfahren anstreben, weil er in diesem Fall die Gebühren doppelt erhält. Vielmehr soll der weite Gebührenrahmen v. bis zu 2,5 ein Anreiz sein, eine außergerichtl. Einigung zu fördern. In **Übergangsfällen** wird die **Geschäftsgebühr nach § 118 Abs. 1 Nr. 1 BRAGO** gem. § 118 Abs. 2 S. 1 BRAGO im vollen Umfang angerechnet (ArbG Freiburg RVGreport 2005, 107f. m. zust. Anm. Hansens). Ist die Geschäftsgebühr durch eine außergerichtliche Tätigkeit vor einer Behörde entstanden, schließt § 118 Abs. 2 BRAGO eine Anrechnung aus. Gilt für das str. Verfahren nunmehr das RVG, scheidet wegen § 118 Abs. 2 BRAGO eine Anrechnung aus (Schneider AGS 2005, 50).

Entsteht die Geschäftsgeb. für ein **erfolglos gebliebenes Vermittlungsverfahren nach § 52a FGG**, wird die insoweit entstandene Geschäftsgeb. nach Nr. 3100 Abs. 3 VV RVG in voller Höhe angerechnet.

Die **Auslagenpauschale** nach Nr. 7002 VV RVG wird nicht in Anrechnung gebracht (BGH RVGreport 2004, 347; Gebauer/Schneider Vorbem. 3 VV RVG Rn. 189).

13a Voraussetzung für die Anrechnung ist die Identität der Gegenstände für beide Gebühren (Hergenröder RVGreport 2004, 362). Eine Anrechnung kommt nicht nur auf die Verfahrensgeb. eines sich anschließenden gerichtlichen Verf. in Betracht, sondern zB auch auf die Geb. des Mahnverf. (Nrn. 3305ff. VV RVG), auf die Verfahrensgeb. des Hauptsacheprozesses nach einem Abschlussschreiben in einer Wettbewerbssache (OLG Hamburg MDR 1981, 944), die Verfahrensgeb. für ein PKH-Bewilligungsverf. (Nrn. 3335ff. VV RVG) usw. (hierzu Hansens RVGreport 2004, 89f.; ders. JurBüro 2004, 247). Sind **mehrere Geschäftsgebühren** entstanden, wird die zuletzt entstandene zur Hälfte angerechnet.

14 Dabei erfolgt die Anrechnung nach dem Wert des Gegenstandes, der in das gerichtl. Verf. übergegangen ist. Wird im Anschluss an die außergerichtl. Tätigkeit nur wegen einer Teilforderung Klage erhoben, erfolgt die Anrechnung wegen des Wertes, der in das gerichtl. Verf. übergegangen ist (vgl. etwa Enders JurBüro 2004, 349). Ist die Verfahrensgeb. niedriger als die anzurechnende Geschäftsgeb., ist diese höchstens bis zu dem Betrag der Verfahrensgeb. anzurechnen. Das gilt auch dann, wenn der anzurechnende Betrag geringer ist als die Hälfte der Geschäftsgeb. (Enders JurBüro 2004, 348; Hansens RVGreport 2004, 92). Eine Anrechnung findet jedoch nur statt, wenn die Verfahrensgeb. des nachfolgenden Verf. in Teil 3 VV RVG geregelt ist (Hansens RVGreport 2004, 90).

14a Ist der frühere Auftrag seit mehr als zwei Kalenderjahren erledigt, findet nach § 15 Abs. 5 S. 2 RVG keine Anrechnung statt (hierzu ausführlich Rehberg/Xanke zu „Geschäftsgebühr" unter 10.1).

Eine Anrechnung scheidet auch dann aus, wenn der Anwalt seinen Mandanten zunächst in einem Gerichtsverf. und in derselben Angelegenheit im Anschluss daran außergerichtl. vertritt (zB, wenn der Anwalt mit der Gegenseite außergerichtl. über die freiwillige Erfüllung des titulierten Anspruchs verhandelt). Eine Anrechnung kommt nach Vorbem. 3 Abs. 4 VV RVG nämlich nur in Betracht, wenn sich ein gerichtl. Verf. **anschließt** (Hansens RVGreport 2004, 90; zust. Enders JurBüro 2004, 349). Eine Anrechnung scheidet mangels Vorliegens des gleichen Gegenstandes zB auch dann aus, wenn der durch einen Straßenverkehrsunfall Geschädigte außergerichtl. die Haftpflichtversicherung des Unfallgegners in Anspruch nimmt und im Anschluss daran den Fahrer und Halter des gegnerischen Pkw verklagt (LG Bonn JurBüro 2004, 77).

15 Wird der sich anschließende Rechtsstreit gewonnen, erstattet der Prozessgegner die gerichtl. Geb., nicht jedoch die nicht angerechnete Geschäftsgeb. Vorprozessuale Kosten können nach derzeit hM auch nicht nach §§ 103, 104 ZPO festgesetzt werden (vgl. die Nachweise bei Enders JurBüro 2004, 571; aA zB Stöber AGS 2005, 47). Dies hat zwischenzeitlich der BGH für eine außergerichtlich entstandene Vergleichsgebühr bestätigt (BGH RVGreport 2005, 114f.). Gleicher Auffassung sind das OLG Köln (RVGreport 2005, 76) sowie das OLG Frankfurt (RVGreport 2005, 156; aA zB das OLG Frankfurt RVGreport 2004, 237 sowie das AG Hamburg RVGreport 2005, 75 für den Fall, dass gegenüber der Gegenseite ein Verzugsschaden mangels Verzugs nicht besteht). Seit kurzer Zeit liegt nun dem BGH (Az. I ZB 21/05) eine Rechtsbeschwerde zur Festsetzbarkeit der durch eine vorgerichtliche Abmahnung entstandenen Geschäftsgebühr nach Nr. 2400 VV RVG zur Entscheidung vor. Es bleibt abzuwarten, welchen Standpunkt der BGH in diesem Falle vertreten wird. Nach der derzeitigen Rechtslage müsste der Mandant die nicht angerechnete Geschäftsgebühr gesondert bzw. im laufenden Prozess als Nebenforderung (hierzu Henke AnwBl 2005, 62; Stöber AGS 2005, 45) geltend machen. Voraussetzung ist das Vorliegen eines materiell-rechtlichen Kostenerstattungsanspruchs, welcher auf Ansprüchen aus unerlaubter Handlung, wegen Verzugs (hierzu Rehberg/Xanke zu „Mahnungen" unter 1.2) oder aber wegen positiver Vertragsverletzung basieren kann. Im Regelfall entsteht die Geschäftsgeb. für die Fertigung eines ersten Schreibens an die Gegenseite durch den Anwalt. Aus diesem Grunde ist fraglich, ob ein Erstattungsanspruch gegeben ist, da es an einer materiell-rechtlichen Anspruchsgrundlage fehlen kann (Enders JurBüro 2004, 170). Dem Anwalt ist aus diesem Grunde anzuraten, den Mandanten dahingehend aufzuklären, dass er auch im Falle des Obsiegens im Rechtsstreit auf einem Teil seiner außergerichtl. Kosten „sitzen bleiben" kann (hierzu Schiebel NJW-Spezial 2004, 104). UU kann auch eine vertragliche Übernahme dieser Kosten durch den Gegner erreicht werden (hierzu Enders JurBüro 2004, 573). Denkbar wäre auch, dass sich der Anwalt den materiell-rechtlichen Erstattungsanspruch von seinem Mandanten abtreten lässt und diesen aus abgetretenem Recht in eigenem Namen geltend macht (so Henke AnwBl 2005, 62).

Um diese Problematik zu umgehen, kann der Anwalt ☐ wenn es zunächst um eine Einigung mit der Gegenseite geht ☐ uU direkt einen Prozessauftrag erteilen lassen. In diesem Falle entstehen die Gebühren nach Teil 3 VV RVG. Führt der Anwalt nach Erhalt des Prozessauftrags Verhandlungen zwecks Einigung mit der Gegenseite oder einem Dritten ohne Beteiligung des Gerichts, entsteht nach Vorbem. 3 Abs. 3 VV RVG eine Terminsgeb. (vgl. oben Rn. 9). In diesem Fall verbleiben keine Gebührenreste, von der Sache her wird in diesem Fall das gleiche Ergebnis erzielt (vgl. hierzu die Entscheidungen des AG München JurBüro 2004, 427 sowie des AG Düsseldorf JurBüro 2004, 426 mit Anm. Enders zur vergleichbaren Problematik unter der Geltung der BRAGO zum Entstehen einer Besprechungsgeb. nach § 118 Abs. 1 Nr. 2 BRAGO, die bei einem sofortigen Prozessauftrag nicht gesondert anfallen würde. Nach dem AG München sei der RA verpflichtet, seinen Mandanten über diese Kostenproblematik zu belehren und darauf hinzuwirken, dass sogleich ein Prozessauftrag erteilt wird). Gegen eine entspr. Vorgehensweise spricht jedoch die Intention des RVG, die außergerichtliche Streitbeilegung zu fördern. Zudem ist gebührenmäßig darauf hinzuweisen, dass im Falle einer außergerichtlichen Beauftragung des RA sowie einer Einigung „nur" eine 1,5 Geschäftsgeb. (Mittelgeb.) nach Nr. 2400 VV RVG sowie eine 1,5 Einigungsgeb. nach Nr. 1000 VV RVG entsteht. Erhält der Anwalt direkt einen Prozessauftrag und führt sodann Besprechungen zur Vermeidung des

Rechtsstreits, die zu einer Einigung führen, entstehen in diesem Falle eine 0,8 Verfahrensgeb. nach Nr. 3101 Nr. 1 VV RVG, eine 1,2 Terminsgeb. nach Nr. 3104 VV RVG iVm Vorbem. 3 Abs. 3 3. Alt. VV RVG sowie eine 1,5 Einigungsgeb. nach Nr. 1000 VV RVG. Gebührenmäßig stellt sich der Anwalt mithin besser, wenn er sich sogleich einen Prozessauftrag erteilen lässt. Damit stellt sich die Gebührenlage genau anders dar als unter der Geltung der BRAGO. In Anlehnung an die genannte Entscheidung des AG München wird man in diesem Fall eine **Belehrungspflicht** des Anwalts über die Kostenfolge bei sofortiger Erteilung eines Prozessauftrags annehmen müssen. Hier wird die Rspr. zeigen, wie künftig korrekt zu verfahren ist.

16 Die Anrechnungsvorschrift gilt auch bei **verwaltungsrechtlichen Mandaten** (Nr. 2401 VV RVG). Dies ist vor dem Hintergrund der Regelung des § 17 Nr. 1 RVG zu sehen, der im Vergleich zu der bisherigen Rechtslage (§ 119 Abs. 1 BRAGO) eine spürbare Verbesserung der Vergütung des RA zur Folge hat. Zur Frage der Anrechnung einer anlässlich des **vergaberechtlichen Nachprüfungsverfahrens** entstandenen Geschäftsgebühr hat sich das Kammergericht (Beschl. v. 14.2.2005 RVG-Letter 2005, 30ff.) dahingehend geäußert, dass diese Gebühr nicht auf die anwaltliche Verfahrensgebühr des anschließenden Beschwerdeverfahrens angerechnet wird. Diese Entscheidung hat das Gericht ua damit begründet, dass ein vergaberechtliches Beschwerdeverfahren mit einem herkömmlichen Verfahren nicht zu vergleichen sei. Es handele sich vielmehr um ein echtes Rechtsmittelverfahren, dem eine Anrechnung fremd sei.

16a Praktische Probleme bei der **Umsetzung der Anrechnungsvorschriften** des RVG ergeben sich, wenn ein RA **zunächst außergerichtl. tätig** wird, die „Gegenseite" sodann einen MB beantragt und der RA im Anschluss daran für seinen Mandanten Widerspruch gg. den MB einlegt. Folgt sodann das str. Verf., ergibt sich folgende Gebührenlage:

1,3 Geschäftsgebühr gem. Nr. 2400 VV RVG

0,5 Verfahrensgebühr für den Widerspruch nach Nr. 3307 VV RVG

Nach Vorbem. 3 Abs. 4 VV RVG wird die Geschäftsgebühr grds. zur Hälfte auf die Verfahrensgebühr angerechnet, im konkreten Fall jedoch nur mit 0,5.

Im str. Verf. entsteht nun eine 1,3 Verfahrensgebühr gem. Nr. 3100 VV RVG. Auf diese wird die 0,5 Gebühr der Nr. 3307 VV RVG iHv 0,5 angerechnet.

Damit hat der Anwalt eine 0,15 Gebühr mehr verdient, als wenn er sofort im gerichtl. Verf. tätig geworden wäre. Dies ist nach § 15 RVG unzulässig. Mit dem OLG Hamburg (JurBüro 1977, 375) wird man in diesem Fall anzunehmen haben, dass die Anrechnung nicht nur auf die Gebühren für ein unmittelbar anschließendes, sondern auch für das nächstfolgende gerichtliche Verf. erfolgen muss (so im Ergebnis auch Gerold/Schmidt Rn. 182 zu Nrn. 2400-2403 VV RVG). Voraussetzung ist nach dem OLG Hamburg allerdings, dass ein inhaltlicher und zeitlicher Zusammenhang zw. den verschiedenen Angelegenheiten besteht, in welchen der Anwalt tätig geworden ist. Das bedeutet im konkreten Fall, dass der bei der „ersten" Anrechnung nicht berücksichtigte Gebührenteil von 0,15 im Rahmen der zweiten Anrechnung Berücksichtigung finden muss, so dass der Anwalt „unter dem Strich" nicht mehr verdient, als wenn er sogleich im gerichtl. Verf. tätig geworden wäre.

17 Vertritt der RA **mehrere Auftraggeber in derselben Angelegenheit**, erhöht sich die Geschäftsgeb. nach Nr. 1008 VV RVG um 0,3 für jede weitere Person bis zur Maximalerhöhung v. 2,0 nach Abs. 3 der Vorschrift. Dies ist zB auch dann der Fall, wenn sich im Prozess eine Erbengemeinschaft durch ein Mitglied vertreten lässt. In diesem Fall sind AG alle Mitglieder der Erbengemeinschaft; der RA kann Erhöhungsgeb. geltend machen (BGH RVG-Letter 2004, 67f.). Vertritt der RA in dem sich anschließenden Rechtsstreit ebenfalls mehrere AG, wurde die erhöhte Geschäftsgeb. bisher nach § 118 Abs. 2 BRAGO voll auf die Prozessgeb. angerechnet. Vorbem. 3 Abs. 4 VV RVG sieht nunmehr nur noch eine teilweise Anrechnung mit einem maximalen Gebührensatz v. 0,75 vor. Nach dem reinen Gesetzeswortlaut blieben damit die Erhöhungsgeb. der Nr. 1008 VV RVG anrechnungsfrei. Dies könnte für den Anwalt ein Anreiz sein, die Angelegenheit auf jeden Fall gerichtl. auszutragen. Diese Folge kann der Gesetzgeber nicht beabsichtigt haben, da er mit dem RVG die Justiz gerade entlasten wollte. Da nach Vorbem. 3 Abs. 4 VV RVG der Mittelwert der Geschäftsgeb. nur bis maximal zur Hälfte angerechnet wird, wird man analog dieser Vorschrift die Erhöhungsgeb. nach Nr. 1008 VV RVG ebenfalls zur Hälfte, also mit 0,15 pro weiteren AG in Anrechnung bringen müssen (so im Ergebnis auch Schneider/Mock § 14 Rn. 60; Gebauer/Schneider Vorbem. 3 VV RVG Rn. 188; Hergenröder RVGreport 2004, 363). Hansens (RVGreport 2004, 96) steht demgegenüber auf dem Standpunkt, dass auch bei mehreren Auftraggebern maximal eine 0,75 Geschäftsgeb. in Anrechnung zu bringen ist (so neuerdings auch Mayer RVG-Letter 2004, 87 mwN). Es bleibt abzuwarten, wie die Rechtsprechung diese Frage entscheiden wird.

18 § 19 RVG übernimmt Teile des § 37 Nr. 3 BRAGO und erweitert die Vorschrift gleichzeitig. Nicht mehr genannt wird das **selbstständige Beweisverfahren**. Dieses bildet somit immer eine selbstst. Angelegenheit (Rehberg/Xanke zu „Selbstständiges Beweisverfahren unter 2.). Teil 3 des VV RVG ist auf das selbstst. Beweisverfahren unmittelbar anwendbar. Damit kann der RA idR. sowohl im selbstst. Beweisverfahren als auch im Rechtsstreit gesondert verdienen. Auch die Auslagenpauschale fällt doppelt an (hierzu Schneider AGS 2004, 267). Lediglich die Verfahrensgeb. werden nach Vorbem. 3 Abs. 5 VV RVG aufeinander angerechnet (hierzu Ebert BRAK-Mitt 2001, 285, 287), während eine evtl. angefallene Terminsgebühr bestehen bleibt (Scheungrab RVGprofessionell 2004, 205). Voraussetzung hierfür ist, dass sowohl die Gegenstände beider Verfahren identisch sind (Hergenröder RVGreport 2004, 365) als auch die Parteien beider Verf. (Gebauer/Schneider Vorbem. 3 VV RVG Rn. 195). Sachliche Rechtfertigung für die Anrechnungsvorschrift ist die Tatsache, dass der Anwalt für die Durchführung des Rechtsstreits weniger Vorarbeiten leisten muss, wenn er für den Mandanten bereits ein selbständiges Beweisverfahren durchgeführt hat (Mayer/Kroiß Vorbem. 3 VV RVG Rn. 47). Ist der Gegenstandswert des nachfolgenden Rechtsstreits geringer als der des Beweisverfahrens, dürfte Vorbem. 3 Abs. 4 VV RVG entspr. anwendbar sein. Danach ist nur nach dem Wert anzurechnen, der sich im Rechtsstreit fortsetzt (so auch Schneider AGS 2004, 268). Die Terminsgeb. bleibt hingegen anrechnungsfrei (Bischof/Jungbauer Teil 3 VV RVG S. 504; Hergenröder RVGreport 2004, 365). Verdient der Anwalt □ abweichend vom Normalfall □ zunächst die Verfahrensgeb. des Rechtsstreits und führt sodann ein selbstst. Beweisverfahren durch, ist die Verfahrensgeb. des Hauptsacheverfahrens auf die des Beweisverfahrens anzurechnen, da nur die zunächst entstandene Geb. auf die später entstehende angerechnet werden kann (Hergenröder RVGreport 2004, 365; Schneider/Mock § 16 Rn. 8; aA Hansens/Braun/Schneider Teil 7 Rn. 694). Sind seit Beendigung des selbstst. Beweisverfahrens zwei Kalenderjahre verstrichen, wird die Geschäftsgeb. nach § 15 Abs. 5 S. 2 RVG nicht auf die Verfahrensgeb. des Rechtsstreits angerechnet (OLG Zweibrücken JurBüro 1999, 419). Der Gegenstandswert des selbstst. Beweisverf. ist in den §§ 22, 23 RVG nicht gesondert geregelt. Er ist nach dem mutmaßlichen Hauptsacheinteresse des Antragstellers zu bemessen (OLG Celle RVG-Letter 2004, 35). Der Anwalt kann zusätzlich eine Einigungsgebühr verdienen (Rehberg/Xanke zu „Selbstständiges Beweisverfahren" unter 2.3).

19 § 21 Abs. 1 RVG legt fest, dass bei Zurückverweisung einer Sache an ein untergeordnetes Gericht das weitere Verf. vor diesem Gericht ein neuer Rechtszug ist (vgl. bisher § 15 Abs. 1 S. 1 BRAGO). Hierzu bestimmte bisher § 15 Abs. 1 S. 2 BRAGO, dass der RA die Prozessgeb. nur erhielt, wenn die Sache an ein Gericht zurückverwiesen wurde, das mit der Sache noch nicht befasst war. An die Stelle v. § 15 Abs. 1 S. 2 BRAGO tritt Vorbem. 3 Abs. 6 VV RVG. Soweit danach eine Sache an ein untergeordnetes Gericht zurückverwiesen wird, das mit der Sache bereits befasst war, ist die vor diesem Gericht entstandene Verfahrensgeb. auf die Verfahrensgeb. für das bisherige Verf. anzurechnen (Hansens JurBüro 2004, 255).

20 Vorbem. 3 Abs. 6 VV RVG betrifft nur den Fall der **Zurückverweisung**. Dieser ist gegeben, wenn eine Sache durch ein Rechtsmittel an das zurückverweisende Gericht gelangt ist und v. diesem nunmehr an das untergeordnete Gericht zurückgegeben wird (OLG Hamburg JurBüro 1983, 1515). Dabei ist es nach §§ 563 Abs. 1 S. 2 ZPO, 354 Abs. 2 S. 2, Abs. 3 StPO, 144 Abs. 5 VwGO, 170

Abs. 3 SGG nicht erforderlich, dass an das Gericht zurückverwiesen wird, gg. dessen Entscheidung das Rechtsmittel eingelegt worden ist. Eine Anrechnung kommt allerdings nur in Betracht, wenn der Anwalt vor der Zurückverweisung bereits vor dem untergeordneten Gericht tätig war und die Verfahrensgeb. verdient hat (Hergenröder RVGreport 2004, 366). Verweist das Revisionsgericht eine Sache nicht an das Berufungsgericht, sondern an das Gericht erster Instanz zurück, so bildet ein etwaiges neues Berufungsverfahren kostenrechtlich eine neue Instanz (KG NJW 1969, 2151). Fälle der so genannten Diagonalverweisung werden von Vorbem. 3 Abs. 6 VV RVG nicht erfasst, sondern bilden nach § 20 S. 2 RVG gebührenrechtlich einen neuen Rechtszug (Bischof/Jungbauer Teil 3 VV RVG S. 505; Rehberg/Xanke zu „Anrechnungen von Gebühren aufeinander" unter 16.).

21 Teil 6 VV RVG enthält Gebührenvorschriften für sonstige Verf. (zB Disziplinarverfahren, berufsgerichtliche Verf. wg. Verletzung einer Berufspflicht, gerichtl. Verf. bei Freiheitsentziehung und in Unterbringungssachen, bes. Verf. und Einzeltätigkeiten). Aus diesem Grunde bestimmt Vorbem. 3 Abs. 7 VV RVG, dass die Geb. nach Teil 3 VV RVG nicht entstehen, soweit nach Teil 6 VV RVG bes. Gebührenvorschriften bestehen.

Abschnitt 1. Erster Rechtszug

Vorbemerkung 3.1:
(1) Die Gebühren dieses Abschnitts entstehen in allen Verfahren, für die in den folgenden Abschnitten dieses Teils keine Gebühren bestimmt sind.
(2) Dieser Abschnitt ist auch für das Rechtsbeschwerdeverfahren nach § 1065 ZPO anzuwenden.

Übersicht

1 Abschnitt 1 v. Teil 3 VV RVG regelt die Gebühren des ersten Rechtszugs. Diese wurden neu strukturiert. Das RVG sieht keine Beweisgebühr mehr vor. Die Verfahrensgeb. (Vorbem. 3 Abs. 2 VV RVG) mit einem Gebührensatz v. 1,3 ersetzt die bisherige Prozessgebühr gem. § 31 Abs. 1 Nr. 4 BRAGO. An die Stelle der Verhandlungs-/Erörterungsgebühr (§§ 31 Abs. 1 Nr. 2, 4 BRAGO) tritt gem. Vorbem. 3 Abs. 3 VV RVG die Terminsgeb. mit einem Gebührensatz v. 1,2. Im Abschnitt 1 v. Teil 3 VV RVG sind ua die Gebühr für die Wahrnehmung eines Termins, in dem eine Partei nicht erschienen oder nicht ordnungsgemäß vertreten ist und lediglich ein Antrag auf VU oder zur Prozessoder Sachleitung gestellt wird, sowie die Terminsgeb. in Verf. vor den Sozialgerichten geregelt.

2 In der Vergangenheit gab es erhebliche Schwierigkeiten bei der Anwendung der Beweisgebühr des § 31 Abs. 1 Nr. 3 BRAGO, wie der Umfang der Komm. dieser Vorschrift in den gängigen Kommentaren zur BRAGO belegt. Mit der Abschaffung der Beweisgebühr bezweckt der Gesetzgeber deshalb eine erhebliche Vereinfachung des anwaltl. Gebührenrechts. Zudem soll mit der Abschaffung der Beweisgebühr unter gleichzeitiger Erhöhung der Verfahrensgeb. auf einen Gebührensatz v. 1,3 eine **Entlastung der Gerichte** erreicht werden (Mayer RVG-Letter 2004, 26). Der Gesetzgeber geht davon aus, dass der „Anreiz" zur Durchführung einer Beweisaufnahme mit dem Wegfall dieser Gebühr nicht mehr gegeben ist und damit gleichzeitig die Bereitschaft zur Einigung vor einer gerichtl. Beweisaufnahme gefördert wird. Aufgrund erster Erfahrungen mit dem RVG werden allerdings

Stimmen laut, dass dieser gesetzgeberische Zweck wohl nicht erreicht werden wird (vgl. zB Scharder DRiZ 2004, 158).

3 Mit der Erhöhung des Gebührensatzes auf 1,3 für die Verfahrensgeb. sollen der Umfang und die Bedeutung der Vorarbeiten des Prozessbev. honoriert werden. Gerade die Tätigkeit des RA vor Beginn eines Verf. und außerhalb der mündl. Verhandlung vor Gericht ist bes. anspruchsvoll und zeitaufwändig. Sobald dieser den Auftrag erhalten hat, ein gerichtl. Verf. einzuleiten bzw. für seinen Mandanten einen Klageabweisungsantrag zu stellen, werden umfangreiche Vorarbeiten erforderlich. Zunächst muss der RA die Angelegenheit ausführlich und unter jedem erdenklich möglichen Gesichtspunkt mit dem Mandanten bzw. ☐ soweit notwendig ☐ auch mit Dritten besprechen. Dabei muss er das vorhandene Material (Urkunden, Belege, frühere Gerichtsakten, Gutachten, Bescheinigungen etc.) sichten, auswerten und nötigenfalls neue aussagekräftige Unterlagen beschaffen. Hierfür sind Gespräche bzw. Korrespondenz mit Dritten (Behörden, Geschäftspartnern, Versicherungen etc.) erforderlich. UU muss der RA das „Objekt des Streites" auch persönlich „vor Ort" in Augenschein nehmen, Bilder oder Skizzen anfertigen sowie ☐ zB im Rahmen eines Bauprozesses ☐ mit sämtlichen Beteiligten (Architekt, Bauherr, Sachverständigen. Behörden etc.) Gespräche führen. Diese Tätigkeit setzt voraus, dass der RA eine umfassende und genaue jur. Vorprüfung vorgenommen hat, damit er zielgerichtet forschen kann und sämtliche Gesichtspunkte auslotet, die zur Lösung eines jur. Sachverhaltes notwendig sind.

4 So ist zB in Familiensachen der Arbeitsaufwand unverhältnismäßig hoch. Soweit es um das Umgangs- sowie Sorgerecht geht, können Gespräche mit allen Beteiligten sowie den zust. Behörden notwendig sein. UU muss sogar ein Sachverständigengutachten in Auftrag gegeben werden. Auch die Berechnung v. Unterhaltsansprüchen sowie der Zugewinn- und Versorgungsausgleichsansprüche ist schwierig und erfordert Spezialkenntnisse. Es können umfangreiche Besprechungen sowie Bewertungen v. Unterlagen (Bilanzen, Gewinn- und Verlustrechnungen sowie Sachverständigengutachten zB über Grundstücks- und Gebäudewerte) notwendig sein. Möglicherweise müssen auch alte Verfahrensakten ausgewertet werden. Im Bereich der Hausratsregelung sowie Wohnungszuweisung sind regelmäßig auch intensive Gespräche und Auswertungen alter Unterlagen etc. notwendig.

5 Auch Verf. in Erbstreitigkeiten können bes. aufwändig sein. So kann es vorkommen, dass Erben erst ermittelt werden müssen. Auch ist oftmals der Umfang des Nachlasses str., so dass der RA schnell und umfassend tätig werden muss, um den Mandanten im Hinblick auf die sechswöchige Ausschlagungsfrist beraten zu können. Hierzu kann es erforderlich werden, umfangreiche Ermittlungen bei Banken, dem Steuerberater etc. anzustellen.

6 Sobald der RA alle notwendigen Informationen gesammelt hat, muss er diese auswerten und ordnen. Bei dieser Tätigkeit wird je nach Schwierigkeit des Falls ein sorgfältiges Studium der jur. Lit. und Rspr. erforderlich sein. Erst nach diesen Vorarbeiten ist der RA in der Lage, das Ergebnis seiner Forschungen schriftsätzlich zu Papier bringen. Hierbei wird er auch überlegen müssen, welche Beweismittel er dem Gericht anbietet. Die bes. Schwierigkeit besteht darin, dass sich oftmals erst im Laufe eines Rechtsstreits zeigt, welche Tatsachen und Beweismittel für die Entscheidungsfindung durch das Gericht relevant sind, so dass ggf. Nacharbeiten erforderlich werden. Um einen Regress zu vermeiden, muss der RA alles vortragen, was wichtig ist und alle notwendigen Beweismittel anbieten, um den Rechtsstreit nicht ☐ verschuldet ☐ zu verlieren.

7 Nach dem Willen des Gesetzgebers sollen jedoch nicht nur die im Zusammenhang mit dem gerichtl. Verf. notwendigen Besprechungen mit dem AG, Behörden, Gerichten, Sachverständigen oder Dritten v. der Verfahrensgeb. abgegolten werden. Auch der notwendige Schriftwechsel mit den betr. Personen und Behörden, der zur Vorbereitung des Verf. notwendig ist, unterfällt der Verfahrensgeb. Gleiches gilt für die Beschaffung und Auswahl v. Beweismitteln (Zeugen, Urkunden, Sachverständigen). Zu beachten ist die Vorbem. 3 Abs. 3 VV RVG. Danach kann eine Terminsgeb.

entstehen, sofern der RA ohne Beteiligung des Gerichts an einer Besprechung mitwirkt, welche die Vermeidung oder Erledigung des Verf. zum Gegenstand hat.

8 Aufgrund der geschilderten Schwierigkeiten liegt oftmals der Schwerpunkt der Tätigkeit des RA vor dem Beginn des Verf. und außerhalb der mündl. Verhandlung vor Gericht. Diese Tatsache hat den Gesetzgeber veranlasst, die Verfahrensgeb. auf einen Gebührensatz v. 1,3 anzuheben. Letztendlich ist die Erhöhung der Verfahrensgeb. auch gerechtfertigt, da das RVG nach der Vorbem. 3 Abs. 4 VV RVG die teilweise Anrechnung der Geschäftsgebühr, die wg. desselben Gegenstandes entstanden ist, vorsieht.

9 Die Terminsgeb. soll die bisherige Verhandlungs-, Erörterungs- sowie Beweisgebühr (§ 31 Abs. 1 Nr. 2-4 BRAGO) ersetzen. Sie hat grds. einen Gebührensatz v. 1,2. Neu ist, dass die Terminsgeb. auch für die Mitwirkung an Besprechungen entsteht, mit welchen das Verf. vermieden oder erledigt werden soll, ohne dass das Gericht an diesen teilnimmt (Vorbem. 3 Rn. 9; Meyer JurBüro 2004, 575).

10 Nach der Vorbem. 3.1 Abs. 1 VV RVG sollen die Gebühren dieses Abschnitts in allen Verf. entstehen, soweit in den folgenden Abschnitten dieses Teils keine bes. Gebühren bestimmt sind. Damit gelten diese Gebührenvorschriften in allen gerichtl. Verf., auf die Teil 3 VV RVG anzuwenden ist, sofern die folgenden Abschnitte dieses Teils keine bes. Gebühren vorsehen. Abschnitt 1 ist damit eine **Auffangregelung** für alle gerichtl. Verf., die nicht unter eine bes. Gebührenregelung fallen (Mayer RVG-Letter 2004, 26).

11 Vorbem. 3.1 Abs. 2 VV RVG legt fest, dass Abschnitt 1 auch auf das Rechtsbeschwerdeverfahren nach § 1065 ZPO anzuwenden ist. Damit wird die Bestimmung des § 46 Abs. 2 BRAGO übernommen, wonach der RA bisher im Verf. über die Rechtsbeschwerde die gleichen Gebühren erhalten hat wie im ersten Rechtszug. Das Rechtsbeschwerdeverfahren richtet sich gg. die in § 1062 Abs. 1 Nr. 2 und 4 ZPO genannten Entscheidungen. Die Gebühren entstehen auch dann, wenn eine unzulässige Rechtsbeschwerde eingelegt wird (Gerold/Schmidt Rn. 5 zu Vorbem. 3.1 VV RVG). Im Übrigen regeln die Nr. 3500ff. VV RVG die Gebührensätze für die sonstigen Beschwerdeverfahren. Nach Nr. 3502 VV RVG beträgt die Verfahrensgeb. für das Verf. über die Rechtsbeschwerde nach § 574 ZPO 1,0 (Nr. 3502 VV RVG Anm. 2).

Nr.	Gebührentatbestand	Gebühr oder Satz der Gebühr nach § 13 RVG
3100	**Verfahrensgebühr, soweit in Nummer 3102 nichts anderes bestimmt ist**	1,3
	(1) Die Verfahrensgebühr für ein vereinfachtes Verfahren über den Unterhalt Minderjähriger wird auf die Verfahrensgebühr angerechnet, die in dem nachfolgenden Rechtsstreit entsteht (§§ 651 und 656 ZPO).	
	(2) Die Verfahrensgebühr für einen Urkunden- oder Wechselprozess wird auf die Verfahrensgebühr für das ordentliche Verfahren angerechnet, wenn dieses nach Abstandnahme vom Urkunden- oder Wechselprozess oder nach einem Vorbehaltsurteil anhängig bleibt (§§ 596, 600 ZPO).	
	(3) Die Verfahrensgebühr für ein Vermittlungsverfahren nach § 52a FGG wird auf die Verfahrensgebühr für ein sich anschließendes Verfahren angerechnet.	

Übersicht

1 Anstelle der bisherigen Prozessgebühr erhält der RA nach Nr. 3100 VV RVG iVm Vorbem. 3 Abs. 2 VV RVG nunmehr eine Verfahrensgeb. mit einem Satz v. 1,3. Demgegenüber war die bisherige Prozessgebühr eine volle Gebühr (§ 31 Abs. 1 Nr. 1 BRAGO). Mit dieser Erhöhung des Gebührensatzes sollen der Umfang und die Bedeutung der Vorarbeiten des RA honoriert werden (Vorbem. 3.1 VV RVG Anm. 3). Die Verfahrensgeb. entsteht für das Betreiben des Geschäfts einschl. der Information (hierzu ausführlich Vorbem. 3 VV RVG Anm. 3-7). Neben der Verfahrensgeb. erhält der RA bei Vorliegen der ges. Voraussetzungen eine Terminsgeb. (Vorbem. 3 VV RVG Anm. 9-12). Zusätzlich kann er nach Nr. 1000, 1002 VV RVG eine Erledigungs- bzw Einigungsgebühr verdienen. Vertritt der RA **mehrere Auftraggeber** in derselben Angelegenheit, erhöht sich die Verfahrensgeb. nach Nr. 1008 Abs. 1 VV RVG um 0,3 für jede weitere Person bis zur Maximalerhöhung v. 2,0 (Nr. 1008 Abs. 3 VV RVG). Beschränkt sich die Tätigkeit des RA auf die Führung des Verkehrs der Partei mit dem Verfahrensbevollmächtigten, erhält er eine Gebühr in Höhe der dem Verfahrensbevollmächtigten zustehenden Verfahrensgeb., höchstens jedoch mit einem Satz v. 1,0 (Nr. 3400 VV RVG Anm. 3). Der **Terminsvertreter** verdient nach Nr. 3401 VV RVG eine Gebühr in Höhe der Hälfte der jew. Verfahrensgeb. des Hauptbevollmächtigten (Nr. 3401 VV RVG Anm. 2). Endet der Auftrag vorzeitig, reduziert sich die Gebühr auf 0,8 (Nr. 3101 VV RVG Anm. 1). Im Verf. der freiwilligen Gerichtsbarkeit entsteht eine 1,3 Verfahrensgeb. nur, wenn der RA für seinen Mandanten zur Sache vorträgt. Stellt er lediglich einen Antrag oder nimmt eine Entscheidung entgegen, verdient er eine 0,8 Verfahrensgeb. (Nr. 3101 VV RVG Anm. 7, 8).

2 Nach § 645 ZPO ist es möglich, den **Unterhalt eines minderjährigen Kindes**, das mit dem in Anspruch genommenen Elternteil nicht in einem Haushalt lebt, im vereinfachten Verfahren festzusetzen. In diesem Verfahren verdient der RA eine volle 1,3 Verfahrensgebühr (Schneider/Mock § 18 Rn. 12). Sofern es eine Partei beantragt, wird ein str. Verf. durchgeführt, in welchem wie nach Eingang einer Klage zu verfahren ist (§ 651 ZPO).

3 Des Weiteren können im vereinfachten Verf. nach § 655 ZPO Vollstreckungstitel durch Beschluss abgeändert werden, die auf wiederkehrende Leistungen gerichtet sind und in denen ein Betrag der nach den §§ 1612b, 1612c BGB anzurechnenden Leistungen festgelegt ist, wenn sich ein für die Berechnung dieses Betrags maßgebender Umstand geändert hat. In diesem Abänderungsverfahren verdient der RA nach Nr. 3331 VV RVG eine 0,5 Verfahrensgebühr (Nr. 3331 VV RVG Anm. 1). Nach § 656 ZPO kann jede Partei im Wege der Klage eine Abänderung des ergangenen Beschlusses verlangen, sofern die Abänderung nach § 655 PO zu einem Unterhaltsbetrag führt, der wesentlich von dem abweicht, der der Entwicklung der besonderen Verhältnisse der Parteien Rechnung trägt (Änderungskorrekturklage). In diesem Verf. verdient der RA die Regelgebühren.

4 Nach Nr. 3100 Abs. 1 VV RVG werden sowohl die 1,3 Verfahrensgebühr im Verf. nach § 645 ZPO als auch die 0,5 Verfahrensgebühr nach Nr. 3331 VV RVG auf die Verfahrensgebühr angerechnet, die in dem nachfolgenden Rechtsstreit entsteht (§§ 651 und 656 ZPO; Hergenröder RVGreport 2004, 364). Diese Vorschrift entspricht dem bisherigen § 44 Abs. 2 BRAGO. Damit trägt die Vorschrift den Verknüpfungen beider Verfahrensarten mit einen sich etwa anschließenden str. Verf. Rechnung. Zu beachten ist, dass lediglich die Gebühr angerechnet wird, nicht jedoch die Auslagenpauschale zzgl. Mehrwertsteuer. Es liegen gem. § 17 Nr. 3 RVG gebührenrechtlich verschiedene Angelegenheiten vor. Erledigt sich der Auftrag vorzeitig, gilt Nr. 3101 VV RVG. Bei Vorliegen der gesetzlichen Voraussetzungen kann der RA zusätzlich eine Einigungsgebühr nach Nr. 1000 VV RVG verdienen.

5 Nach § 596 ZPO kann der Kl. ohne Einwilligung des Bekl. bis zum Schluss der mündl. Verhandlung v. Urkundenprozess absehen und in das ordentliche Verf. überwechseln. Hat der Bekl. im **Urkunden- und Wechselprozess** dem geltend gemachten Anspruch widersprochen, muss das Gericht ihm vAw im Falle seiner Verurteilung die Ausführung seiner Rechte im Nachverfahren vorbehalten (§ 599 ZPO). In diesem Falle bleibt der Rechtsstreit im ordentlichen Verf. anhängig. Bei beiden Verf. handelt es sich nach § 17 Nr. 5 RVG um **verschiedene Angelegenheiten.**

6 Nr. 3100 Abs. 2 VV RVG legt fest, dass in beiden Fällen die Verfahrensgeb. für den Urkunden- oder Wechselprozess auf die gleiche Gebühr des ordentlichen Verf. angerechnet wird (hierzu Hergenröder RVGreport 2004, 364). Diese Regelung entspricht dem bisherigen § 39 S. 2 BRAGO. Damit kann die Terminsgeb. nochmals gefordert werden, während die Verfahrensgeb. angerechnet wird (Gerold/Schmidt Rn. 238 zu Nr. 3100 VV RVG). Die Anrechnung gilt lediglich für die Gebühr, während die Auslagenpauschale in beiden Verf. entstehen kann (LG Kiel AnwBl 1979, 354; LG Aachen AnwBl 1969, 414).

7 Erhöht sich der **Streitwert** im Nachverfahren zB durch Klageerweiterung, kann der RA für das Nachverfahren die Verfahrensgeb. aus dem erhöhten Streitwert verlangen. Er muss sich auf diese allerdings die im Urkunden- oder Wechselprozess entstandene Verfahrensgeb. anrechnen lassen (Gerold/Schmidt Rn. 252 zu Nr. 3100 VV RVG; Berechnungsbeispiel bei Schneider/Mock § 16 Rn. 22). Auf **andere Nachverfahren** (zB das Verf. auf Verlängerung der Räumungsfrist nach § 721 Abs. 3 ZPO ist diese Vorschrift nicht anwendbar (Hamm MDR 1975, 1029; Nürnberg AnwBl 1972, 161). Die Vorschrift gilt auch für den **Scheckprozess.**

8 Eine Neuerung bringt das RVG insoweit, als **FGG-Verfahren** nunmehr gebührenmäßig wie bürgerliche Rechtsstreitigkeiten behandelt werden. Der RA kann nunmehr anstelle der Gebühren des § 118 BRAGO die vollen Gebühren des Teils 3 des VV RVG verdienen (Vorbem. 3 VV RVG Anm. 1). Macht ein Elternteil geltend, dass der andere Elternteil die Durchführung einer gerichtl. Verfügung über den Umgang mit dem gemeinschaftlichen Kind vereitelt oder erschwert, so vermittelt das Familiengericht auf Antrag eines Elternteils zw. den Eltern (§ 52a FGG). Scheitert das Vermittlungsverfahren, wird die insoweit entstehende Verfahrensgeb. nach Nr. 3100 Abs. 3 VV RVG auf die Verfahrensgeb. für ein sich anschließendes Verf. angerechnet (vgl. hierzu Mayer/Kroiß Nr. 3100 VV RVG Rn. 9). Die Vorschrift entspricht § 118 Abs. 2 S. 2 BRAGO (OLG Naumburg FamRZ 2001, 782). Eine Nr. 3100 Abs. 3 VV RVG entsprechende Norm findet sich im FGG nicht. Die Angelegenheiten der freiwilligen Gerichtsbarkeit sind vielmehr mit den streitigen Zivilsachen in den Nrn. 3100 ff. VV RVG zusammengefasst (BT-Drs. 15/1971 S. 145; hierzu Bischof/Jungbauer Teil 3 VV RVG S. 514).

Nr.	Gebührentatbestand	Gebühr oder Satz der Gebühr nach § 13 RVG
3101	1. Endigt der Auftrag, bevor der Rechtsanwalt die Klage, den ein Verfahren einleitenden Antrag oder einen Schriftsatz, der Sachanträge, Sachvortrag, die Zurücknahme der Klage oder die Zurücknahme des Antrags enthält, eingereicht oder bevor er für seine Partei einen Termin wahrgenommen hat,	
	2. soweit lediglich beantragt ist, eine Einigung der Parteien oder mit Dritten über in diesem Verfahren nicht rechtshängige Ansprüche zu Protokoll zu nehmen oder festzustellen (§ 278 Abs. 6 ZPO), oder soweit lediglich Verhandlungen vor Gericht zur Einigung über solche Ansprüche geführt werden, oder	

3. **soweit in einem Verfahren der freiwilligen Gerichtsbarkeit lediglich ein Antrag gestellt und eine Entscheidung entgegengenommen wird,**
    beträgt die Gebühr 3100   0,8

    (1) Soweit in den Fällen der Nummer 2 der sich nach § 15 Abs. 3 RVG ergebende Gesamtbetrag der Verfahrensgebühren die Gebühr 3100 übersteigt, wird der übersteigende Betrag auf eine Verfahrensgebühr angerechnet, die wegen desselben Gegenstands in einer anderen Angelegenheit entsteht.
    (2) Nummer 3 ist in streitigen Verfahren der freiwilligen Gerichtsbarkeit, insbesondere in Familiensachen, in Verfahren nach § 43 des Wohnungseigentumsgesetzes und in Verfahren nach dem Gesetz über das gerichtliche Verfahren in Landwirtschaftssachen, nicht anzuwenden.

Übersicht

1 Nr. 3101 VV RVG sieht eine 0,8 Verfahrensgeb. vor, sofern der Auftrag des RA vorzeitig endet oder eine Einigung protokolliert oder versucht werden soll. Dies entspricht im Wesentlichen der Regelung in § 32 BRAGO mit der Besonderheit, dass an die Stelle einer halben Prozessgebühr eine 0,8 Verfahrensgeb. tritt. Zwar sieht § 15 Abs. 4 RVG vor, dass der RA einen Anspruch auf bereits entstandene Gebühren auch dann hat, wenn sich die Angelegenheit vorzeitig erledigt oder der Auftrag endigt, bevor die Angelegenheit erledigt ist (§ 15 RVG Anm. 14ff.). Hiervon macht Nr. 3101 VV RVG in den genannten Fällen eine Ausnahme dergestalt, dass sich die bereits mit Auftragserteilung entstandene Verfahrensgeb. ermäßigt (Gebauer/Schneider Nr. 3101 VV RVG Rn. 2). Einzige Bedingung ist, dass der RA einen Prozessauftrag erhalten hat und in dessen Ausführung auch bereits tätig geworden ist. Die Regelung in Nr. 3 ist neu gegenüber der BRAGO.

2 Nr. 3101 Nr. 1 VV RVG legt iE fest, in welchen Stadien des Verf. der RA bei **vorzeitiger Beendigung** nur eine 0,8 Verfahrensgeb. erhält (vor Einreichung der Klage, eines das Verf. einleitenden Antrags etc). Die Gründe für eine vorzeitige Beendigung des Auftrags sind vielfältig: Der Prozessauftrag kann v. dem Mandanten bzw. dem Anwalt gekündigt werden, die Angelegenheit hat sich erledigt, die Parteien einigen sich gütlich, der RA verliert seine Zulassung oder stirbt (hierzu ausführlich Rehberg/Xanke zu „Verfahrensgebühr Teil 3 RVG" unter 4.3; Gebauer/Schneider Nr. 3101 VV RVG Rn. 14). Hierher gehört auch der Fall, dass dem Anwalt bereits ein Prozessauftrag erteilt worden ist, der Schuldner nach Erhalt des Mahnschreibens aber zahlt (vgl. Rehberg/Xanke zu „Mahnungen" unter 1.1). Gerade im Hinblick auf Nr. 1000 VV RVG, der eine außergerichtliche Einigungsgebühr v. 1,5 vorsieht, wird der RA auch noch nach Klageauftrag bemüht sein, sich im Namen seines Mandanten mit der Gegenseite gütlich zu einigen. Diese Tätigkeit des RA ist anspruchsvoll und idR zeitaufwändig, was mit einer im Vergleich zu § 32 BRAGO erhöhten Verfahrensgeb. honoriert werden soll. Vertritt der Anwalt **mehrere Auftraggeber**, erhöht sich die Verfahrensgebühr nach Nr. 1 um 0,3 pro weiteren AG bis zu einer Maximalerhöhung von 2,0 (Gebauer/Schneider Nr. 3101 VV RVG Rn. 67). Str. ist, ob es bei Beendigung des Auftrags auf die objektive Verfahrenslage oder aber auf die subjektive Kenntnis des Anwalts ankommt. Die überwiegende Meinung in Rspr. und Lit. stellt darauf ab, ob der Anwalt die Beendigung des Auftrags kennt bzw. kennen muss (vgl. die Nachweise bei Rehberg/Xanke zu „Verfahrensgebühr Teil 3 VV RVG" unter 4.3, Gebauer/Schneider Nr. 3101 VV RVG Rn. 14).

3 Nimmt der Kl. die Klage zurück und reicht der Gegenanwalt nach diesem Zeitpunkt einen Klageerwiderungsschriftsatz ein, verdient er die volle Verfahrensgeb. nach Nr. 3100 VV RVG, wenn er die Klagerücknahme weder kannte noch kennen musste (OLG Nürnberg NJW 1964, 304). Endet der Prozessauftrag **zum Teil**, weil der Schuldner nach dessen Erteilung, aber vor Einreichung der Klage einen Teil der Streitsumme bezahlt, erhält der RA die volle Verfahrensgeb. nach Nr. 3100 VV RVG aus dem Wert des Klageverfahrens und die Gebühr nach Nr. 3101 VV RVG nach dem Wert des erledigten Teils, nach § 15 Abs. 3 RVG (bisher § 13 Abs. 3 BRAGO) zusammen aber nicht mehr als die volle Verfahrensgeb. nach dem ursprünglichen Streitwert (Gerold/Schmidt Rn. 70 zu Nr. 3101 VV RVG). Hat sich der Auftrag hinsichtlich der Hauptsache erledigt und bleibt der Rechtsstreit wg. der Kosten anhängig, entsteht die volle Verfahrensgeb. der Nr. 3100 VV RVG aus dem Wert der Kosten (Gerold/Schmidt Rn. 73 zu Nr. 3101 VV RVG), die 0,8 Verfahrensgeb. der Nr. 3101 VV RVG aus dem Wert der Hauptsache. Die Höchstgrenze ist hier nach § 15 Abs. 3 RVG wiederum die volle Verfahrensgeb. nach dem Wert der Hauptsache.

4 Nach Nr. 3101 Nr. 2 VV RVG erhält der RA die 0,8 Verfahrensgeb. auch für den Antrag, eine Einigung der Parteien oder mit Dritten über in diesem Verf. nicht rechtshängige Ansprüche zu **protokollieren** (zum Begriff der Einigung Gebauer/Schneider Nr. 3101 VV RVG Rn. 86). Die Vorschrift tritt an die Stelle v. § 32 Abs. 2 BRAGO, erfasst nun aber auch Vergleiche mit Dritten, zB mit Streithelfern. Sie betrifft auch die Einigung über in einem anderen Verf. anhängige Ansprüche, zB die Protokollierung eines in einem PKH-Bewilligungsverfahren geschlossenen Vergleichs (KG MDR 1988, 787). Die Gebühr nach Nr. 3101 Nr. 2 VV RVG entsteht neben der Verfahrensgeb. in dem weiteren Verf., wird aber angerechnet (Gerold/Schmidt Rn. 93 zu Nr. 3101 VV RVG). Ausreichend ist der Antrag, eine entspr. Einigung zu protokollieren, wobei es unerheblich ist, ob die ins Auge gefasste Einigung scheitert. Es handelt sich um eine Antragsgebühr (Mock AGS 2004, 46). Die Gebühr wird auch dann verdient, wenn die getroffene Einigung wieder entfällt, zB bei Widerrufsvergleichen (Schneider/Mock § 14 Rn. 36). Die 0,8 Verfahrensgeb. nach Nr. 3101 VV RVG entsteht auch für Vergleiche, die im Rahmen eines Verf. nach § 278 Abs. 6 ZPO geschlossen werden. Der Grund für diese Regelung liegt darin, dass ein diesbezüglicher Vergleich den RA in aller Regel erhebliche Bemühungen kostet, womit die 0,8 Gebühr gerechtfertigt ist. Zudem führt die diesbezügliche Verfahrensweise zu einer Entlastung der Gerichte, weshalb die entspr. Tätigkeit des RA mit der Gebühr der Nr. 3101 VV RVG honoriert werden soll.

5 Sind die in die Einigung einbezogenen Ansprüche in einem weiteren Verf. anhängig, erhält der RA nach Nr. 3101 Nr. 2 VV RVG eine 0,8 Gebühr und in dem weiteren Verf. ebenfalls eine Verfahrensgeb. Dabei kann der sich nach § 15 Abs. 3 RVG (vgl. § 15 RVG Anm. 24) ergebende Gesamtbetrag die Verfahrensgebühren der Nr. 3100 VV RVG übersteigen. In diesem Fall wird der übersteigende Betrag auf eine Verfahrensgeb. **angerechnet**, die wg. desselben Gegenstands in einer anderen Angelegenheit entsteht (vgl. die ausführlichen Berechnungsbeispiele bei Schneider/Mock § 14 Rn. 38). Es gilt folgende Formel:

> Gesamtbetrag der Verfahrensgebühren (ggf. gekürzt nach § 15 Abs. 3 RVG)
>
> ☐   Verfahrensgebühr aus dem Wert der anhängigen Gegenstände
>
> =   anzurechnender Betrag gem. Nr. 1301 Abs. 1 VV RVG (vgl. hierzu Mayer/Kroiß Nr. 3101 VV RVG Rn. 46).

Die Anrechnung kann zu „Verschiebungen" bei den Kosten der jeweiligen Rechtsstreite führen, was bei der Kostenregelung in einem Vergleich zu beachten ist (Hansens RVGreport 2004, 111). Eine Anrechnung findet nicht statt, wenn die anderweitige Verfahrensgeb. bereits entstanden ist (Schneider/Mock aaO aE, Mock AGS 2004, 47; aA Mayer RVG-Letter 2004, 55; Gerold/Schmidt Rn. 110 zu

Nr. 3101 VV RVG; Mayer/Kroiß Nr. 3101 VV RVG Rn. 48 mit der Begründung, dass der Gesetzgeber eine zeitliche Differenz der Anrechnungsbestimmungen nicht vornehmen wollte). Entsteht die Verfahrensgeb. in dem anderen Rechtsstreit durch die Tätigkeit eines anderen Anwalts, müsste nach dem reinen Gesetzeswortlaut ebenfalls eine Anrechnung erfolgen. Dies dürfte praktisch kaum durchführbar sein. Aus diesem Grunde ist Nr. 3101 Nr. 2 VV RVG nur dann anzuwenden, wenn ein und derselbe Anwalt in beiden Fällen tätig wird (ebenso Mock AGS 2004, 45, 47; Mayer/Kroiß Nr. 3101 VV RVG Rn. 49; Hergenröder RVGreport 2004, 367). Eine Anrechnung scheidet auch aus, wenn die „in diesem Verfahren nicht rechtshängigen Ansprüche" anderweitig nicht rechtshängig sind.

6 Der RA verdient eine 0,8 Gebühr nach Nr. 3101 Nr. 2, 2. Alt. VV RVG auch dann, wenn er über **nicht rechtshängige Ansprüche** vor Gericht Verhandlungen über eine Einigung führt. Voraussetzung hierfür ist, dass er von seinem Mandanten den Auftrag erhalten hat, über diese Ansprüche gerichtlich zu verhandeln. Hat er hinsichtlich dieser Ansprüche lediglich den Auftrag zur außergerichtlichen Vertretung erhalten, entsteht keine Differenzverfahrensgebühr, sondern eine Geschäftsgebühr nach Nr. 2400 VV RVG (Gerold/Schmidt Nr. 3101 VV RVG Rn. 90). Der Begriff „Verhandlung" ist im RVG nicht näher definiert. Richtigerweise wird man darunter eine Besprechung über in diesem Verf. nicht rechtshängige Ansprüche mit dem Ziel einer Einigung zu verstehen haben (vgl. hierzu Mayer RVG-Letter 2004, 54). Zu beachten ist, dass die Einigung zw. den Prozessparteien oder zw. einer Prozesspartei und einem Dritten stattfinden kann (Gebauer/Schneider Nr. 3101 VV RVG Rn. 94f.). Verhandelt der Anwalt außerhalb des Gerichts über nicht rechtshängige Ansprüche, muss Nr. 3101 Nr. 2 VV RVG analog angewendet werden (so auch Schneider/Mock § 14 Rn. 42). Der RA verdient in diesem Fall also eine 0,8 Verfahrensgeb. nach Nr. 3101 Nr. 2 VV RVG analog und eine 1,2 Terminsgeb. nach Nr. 3104 VV RVG iVm Vorbem. 3 Abs. 3 VV RVG.

7 Stellt der RA in einem Verf. der **freiwilligen Gerichtsbarkeit** lediglich einen Antrag und nimmt eine Entscheidung entgegen, verdient er anstelle der 1,3 Gebühr der Nr. 3100 VV RVG eine 0,8 Verfahrensgeb. Diese Regelung hängt mit der Tatsache zusammen, dass in allg. Zivilsachen die Parteien durch die Stellung v. Anträgen infolge der Partei- und Dispositionsmaxime den Ablauf des Verf. bestimmen. Diese Tätigkeit ist anspruchsvoll und mit einem hohen Haftungsrisiko verbunden, da die Stellung korrekter Anträge ursächlich für das Obsiegen bzw. Unterliegen der vertretenen Partei sein kann. Damit rechtfertigt sich nach der Auffassung des Gesetzgebers die 1,3 Verfahrensgeb. der Nr. 3100 VV RVG.

8 Im FGG-Verf. müssen hingegen keine Anträge gestellt werden, diese sind im Hinblick auf § 12 FGG auch wesentlich unbedeutender, das Haftungsrisiko des RA ist geringer. Aus diesem Grunde verdient der RA im FGG-Verf. erst dann die volle Verfahrensgeb. der Nr. 3100 VV RVG, wenn er für seinen Mandanten in der Sache vorträgt (so auch Schneider/Mock § 14 Rn. 45), also in str. FGG-Verf. (Mock AGS 2004, 45, 49). Nr. 3101 Nr. 3 VV RVG soll in diesem Kontext nach dem Willen des Gesetzgebers „verhindern", dass die volle 1,3 Verfahrensgeb. in einem FGG-Verf. erwächst, in welchem der RA lediglich einen Antrag stellt und die Entscheidung des Gerichts entgegennimmt. Dies gilt zB, wenn der RA einen Antrag auf Erteilung einer vormundschaftsgerichtlichen Genehmigung stellt und die Entscheidung entgegennimmt. Bittet das Gericht den RA jedoch um Sachverhaltsaufklärung und trägt dieser zur Sache vor, entsteht eine 1,3 Verfahrensgeb. nach Nr. 3100 VV RVG (Schneider/Mock § 14 Rn. 46). Nr. 3101 Nr. 3 VV RVG stellt insoweit klar, dass Nr. 3 nicht anwendbar ist, sofern der RA in str. Verf. der freiwilligen Gerichtsbarkeit (zB in Familiensachen, in Verf. nach § 43 WEG oder in Verf. nach dem Gesetz über das gerichtl. Verf. in Landwirtschaftssachen) tätig wird. Im Hinblick auf diese Tatsache kann Anwälten nur empfohlen werden, im FGG-Verf. im Antragsschriftsatz direkt auch zur Sache vorzutragen (Mock AGS 2004, 45, 49).

Nr.	Gebührentatbestand	Gebühr oder Satz der Gebühr nach § 13 RVG
3102	Verfahrensgebühr für Verfahren vor den Sozialgerichten, in denen Betragsrahmengebühren entstehen (§ 3 RVG)	40,00 bis 460,00 EUR

Übersicht

Betragsrahmengebühren nach § 3 RVG	1
Höhe der Verfahrensgebühr, sofern Betragsrahmengebühr entsteht	2-5
Erledigung oder Einigung	6

1 Im sozialgerichtlichen Verf. ist zu beachten, ob sich die Gebühren nach dem Gegenstandswert richten, also das GKG anwendbar ist. In diesem Fall verdient der RA die Gebühren des VV Teil 3 wie in einem Zivilrechtsstreit. Hingegen entstehen nach § 3 Abs. 1 RVG vor den Gerichten der Sozialgerichtsbarkeit, in denen das GKG nicht anzuwenden ist, Betragsrahmengeb. (hierzu ausführlich § 3 RVG Anm. 2ff.). Dies entspricht der Regelung für die außergerichtliche Vertretung in sozialrechtlichen Angelegenheiten. Würde im gerichtl. Verf. das GKG Anwendung finden, richten sich die Gebühren des RA nach Teil 2 Abschnitt 4 VV RVG. Würde das GKG keine Anwendung finden, entstehen Betragsrahmengeb. nach Teil 2 Abschnitt 5 VV RVG (Nr. 2500, 2501 VV RVG).

2 Findet das GKG in Verf. vor den Sozialgerichten keine Anwendung, erhält der RA als Verfahrensgeb. eine Betragsrahmengeb. nach Nr. 3102 VV RVG. Diese beträgt in der **ersten Instanz** zw. 40 und 460 EUR (Mittelgebühr 250 EUR). War der RA bereits vorgerichtlich tätig, reduziert sich die Verfahrensgeb. gem. Nr. 3103 VV RVG. Die Verfahrensgeb. beträgt nach Nr. 3106 VV RVG zw. 20 und 380 EUR.

3 Vertritt der RA im Verf. vor den Sozialgerichten **mehrere Auftraggeber**, erhöht sich die Verfahrensgeb. nach Nr. 1008 VV RVG um 30% für jeden weiteren AG. Sofern in sozialgerichtlichen Verf. Betragsrahmengeb. entstehen, ermäßigt sich die Verfahrensgeb. bei einer **vorzeitigen Beendigung des Auftrags** nicht. Der geringere Umfang der anwaltl. Tätigkeit wird in diesem Fall bei der Bemessung der Rahmengebühr im Einzelfall nach § 14 Abs. 1 RVG berücksichtigt (so auch Schneider/Mock § 22 Rn. 31).

4 In der **zweiten Instanz** (LSG) entsteht eine Verfahrensgeb. in einer Höhe zw. 50 und 570 EUR (Nr. 3204 VV RVG Anm. 2), während die Terminsgeb. mit einem Betrag v. 20 bis 380 EUR in Ansatz gebracht wird (Nr. 3205 VV RVG Anm. 2).

5 Hingegen beträgt die Verfahrensgeb. in der dritten Instanz (BSG) zw. 80 und 800 EUR (Nr. 3212 VV RVG Anm. 2), während sich die Terminsgeb. auf einen Betrag zw. 40 und 700 EUR (Nr. 3213 VV RVG Anm. 2) beläuft.

6 Auch in Verf. vor den Sozialgerichten, in den Betragsrahmengeb. entstehen, kann der RA eine Einigungsgebühr bzw. eine Erledigungsgebühr nach Nr. 1005 VV RVG verdienen. Diese beträgt zw. 40 und 460 EUR (Nr. 1005 VV RVG Anm. 2). Eine vergleichbare Vorschrift fand sich in der BRAGO nicht. Statt dessen erhöhte sich der Gebührenrahmen gem. § 116 Abs. 4 BRAGO um 50%.

Nr.	Gebührentatbestand	Gebühr oder Satz der Gebühr nach § 13 RVG
3103	Es ist eine Tätigkeit im Verwaltungsverfahren oder im weiteren, der Nachprüfung des Verwaltungsakts dienenden Verwaltungsverfahren vorausgegangen:	

Die Gebühr 3102 beträgt	20,00 bis 320,00 EUR
Bei der Bemessung der Gebühr ist nicht zu berücksichtigen, dass der Umfang der Tätigkeit infolge der Tätigkeit im Verwaltungsverfahren oder im weiteren, der Nachprüfung des Verwaltungsakts dienenden Verwaltungsverfahren geringer ist.	

1 Sofern der RA im sozialgerichtlichen Verf. Wertgeb. verdient, ist bei einer **vorgerichtlichen Tätigkeit** eine **Anrechnung der Geschäftsgebühr** vorgesehen (Vorbem. 3 VV RVG Anm. 13-16). Erhält der RA Betragsrahmengeb. (Nr. 3102 VV RVG Anm. 1), sieht Nr. 3103 VV RVG anderweitige Berücksichtigung der vorgerichtlichen Tätigkeit dergestalt vor, dass sich der Gebührenrahmen für die Verfahrensgeb. im gerichtl. Verf. auf 20 bis 320 EUR reduziert. Der Grund hierfür liegt darin, dass nach § 17 Nr. 1 RVG das Verwaltungsverfahren, das einem gerichtl. Verf. vorausgehende und der Nachprüfung des VA dienende weitere Verwaltungsverfahren gebührenrechtlich verschiedene Angelegenheiten sind. Da sich der Arbeitsaufwand für den RA verringert, wenn er bereits vorgerichtlich tätig war, ist die Gebührenreduzierung für das nachfolgende Gerichtsverfahren gerechtfertigt.

2 Nach der Anm. zu Nr. 3103 soll bei der **Bemessung der Gebühr** nach § 14 RVG nicht berücksichtigt werden, dass der Umfang der Tätigkeit im Verf. durch die „Vortätigkeit" des RA geringer ist. Mit dieser Anm. soll verdeutlicht werden, dass der durch die Vortätigkeit des RA im Gerichtsverfahren ersparte Aufwand durch die Anwendung des geringeren Rahmens aufgefangen wird und nicht nochmals zusätzl. bei der Bemessung der konkreten Gebühr berücksichtigt werden soll.

Nr.	Gebührentatbestand	Gebühr oder Satz der Gebühr nach § 13 RVG
3104	**Terminsgebühr, soweit in Nummer 3106 nichts anderes bestimmt ist**	1,2
	(1) Die Gebühr entsteht auch, wenn in einem Verfahren, für das mündliche Verhandlung vorgeschrieben ist, im Einverständnis mit den Parteien oder gemäß § 307 Abs. 2 oder § 495a ZPO ohne mündliche Verhandlung entschieden oder in einem solchen Verfahren ein schriftlicher Vergleich geschlossen wird, nach § 84 Abs. 1 Satz 1, § 130a VwGO oder § 105 Abs. 1 SGG ohne mündliche Verhandlung durch Gerichtsbescheid entschieden wird oder das Verfahren vor dem Sozialgericht nach angenommenem Anerkenntnis ohne mündliche Verhandlung endet.	
	(2) Sind in dem Termin auch Verhandlungen zur Einigung über in diesem Verfahren nicht rechtshängige Ansprüche geführt worden, wird die Terminsgebühr, soweit sie den sich ohne Berücksichtigung der nicht rechtshängigen Ansprüche ergebenden Gebührenbetrag übersteigt, auf eine Terminsgebühr angerechnet, die wegen desselben Gegenstands in einer anderen Angelegenheit entsteht.	
	(3) Die Gebühr entsteht nicht, soweit lediglich beantragt ist, eine Einigung der Parteien oder mit Dritten über nicht rechtshängige Ansprüche zu Protokoll zu nehmen.	

Übersicht

1 Nach der neuen Gebührenstruktur des RVG ersetzt die Terminsgeb. die bisherige Verhandlungs-, Erörterungs- sowie Beweisgebühr nach § 31 Abs. 1 Nr. 2-4 BRAGO (Vorbem. 3 VV RVG Anm. 9). Sie beträgt 1,2 und liegt damit um 0,2 höher als bisher. Die Terminsgeb. kann in jedem Rechtszug nur einmal verdient werden und entsteht nach Vorbem. 3 Abs. 3 VV RVG ua für die Vertretung in einem Verhandlungs-, Erörterungs- oder Beweisaufnahmetermin (zum Abgeltungsbereich der Terminsgeb. ausführlich Vorbem. 3 VV RVG Anm. 9-12). Selbst wenn der Anwalt mehrere Termine wahrgenommen und auch noch eine Besprechung geführt hat, verdient er die Gebühr nur einmal (OLG Celle RVGreport 2005, 150). Eine dem § 33 BRAGO entspr. Regelung fehlt im RVG. Demzufolge verdient der Anwalt die Terminsgebühr nur, wenn er den Termin wahrgenommen hat. Anträge müssen nicht gestellt werden. Es genügt das Auftreten des Anwalts mit Verhandlungsbereitschaft (Rehberg/Xanke zu „Terminsgebühr des Teils 3" unter 2.). Die Gebühr entsteht auch, wenn der Anwalt in der Verhandlung „verhandlungsbereit" auftritt und nach Aufruf der Sache erklärt, er trete nicht auf, so dass auf Antrag der Gegenseite ein Versäumnisurteil ergeht. In diesem Fall verdient der Anwalt die volle Terminsgebühr bereits mit dem Aufruf der Sache, auch wenn er aufgrund eines Hinweises des Kammervorsitzenden aus prozessualen Gründen die „Flucht in die Säumnis" antritt (OLG Koblenz RVG-Letter 2005, 50f.). Demgegenüber ist es nicht ausreichend, wenn der Anwalt die Vertretung in der mündlichen Verhandlung im Einverständnis der Partei einem anderen Anwalt überträgt (Hansens RVGreport 2004, 377; zur alten Rechtslage Gerold/Schmidt, 15. Aufl., Rn. 35ff. zu § 33 BRAGO). Tritt in der mündlichen Verhandlung ein Terminsvertreter auf, verdient der Verfahrensbevollmächtigte die Terminsgebühr nur, wenn er die Entstehungsvoraussetzungen dieses Gebührentatbestandes in seiner Person erfüllt (Vorbem. 3 VV RVG Anm. 9-12; Mayer RVG-Letter 2005, 39).

2 § 128 Abs. 1 ZPO sieht grds. eine mündl. Verhandlung vor. Die Terminsgeb. nach Nr. 3104 VV RVG entsteht mithin idR nur, wenn tatsächlich mündl. verhandelt wurde, also der RA den Mandanten in einer der in Vorbem. 3 Abs. 3 VV RVG genannten mündl. Verhandlungen vertreten hat. Von diesem Grundsatz macht Nr. 3104 Abs. 1 VV RVG eine Ausnahme. Entsprechend der Regelung in § 35 BRAGO erhält der RA die volle Terminsgeb. auch dann, wenn in den genannten Fällen **ohne mündliche Verhandlung** entschieden wird (§ 128 Abs. 3 ZPO). Voraussetzung ist jedoch, dass eine mündl. Verhandlung vorgeschrieben und nicht nur freigestellt ist, die Parteien mit einer Entscheidung ohne mündl. Verhandlung einverstanden sind (oder dass ein Fall des § 307 Abs. 2 bzw. § 495a ZPO vorliegt) und dass das Gericht auch tatsächlich eine Entscheidung erlässt. Grund für diese Regelung ist, dass in der mündl. Verhandlung idR die Sach- und Rechtslage geklärt wird. Bei einer Entscheidung ohne mündl. Verhandlung trifft den RA insoweit eine höhere Verantwortung, weshalb er in diesem Fall die Terminsgeb. verdienen soll. Voraussetzung ist jedoch, dass der Anwalt eine schriftsätzliche oder sonstige Tätigkeit zur Förderung der Angelegenheit vorgenommen hat (Gebauer/Schneider Nr. 3104 VV RVG Rn. 4 mwN). So verdient nun auch der nicht streitig verhandelnde Anwalt des Beklagten die ganze Terminsgeb., indem er im schriftlichen Vorverfahren oder im Termin ein Anerkenntnis nach § 307 Abs. 2 ZPO erklärt (Bischof/Jungbauer Teil 3 VV RVG S. 543 mwN). Das Einverständnis der Parteien muss grds. eindeutig und unbedingt sein. Trifft das Gericht eine Entscheidung ohne mündliche Verhandlung, obwohl das Einverständnis der Parteien nicht vorliegt, entsteht gleichwohl eine Terminsgeb., sofern die Parteien den Mangel nicht rügen (Mayer/Kroiß Nr. 3104 VV RVG Rn. 17 mwN). Dabei ist es gleichgültig, ob das Gericht eine Endentscheidung oder nur eine Entscheidung trifft, welche die Endentscheidung sachlich vorbereitet (BGH NJW 1955, 988). Eine Verfügung über die Prozess- oder Sachleitung ist jedoch keine die Terminsgeb. auslösende Entscheidung (uU entsteht hierfür aber eine 0,5 Terminsgeb. nach Nr. 3105 VV RVG, Schneider/Mock § 14 Rn. 75), wohl aber der Erlass eines Verweisungsbeschlusses (Gerold/Schmidt Rn. 24 zu Nr. 3104 VV RVG). Ein **Beweisbeschluss nach § 358a ZPO** lässt die Terminsgeb. nicht entstehen (KG JurBüro 1982, 684). Nr. 3104 VV RVG ist im **arbeitsgerichtlichen Beschlussverfahren** anwendbar, weil das Gericht nach § 83 Abs. 4 S. 3 ArbGG im Einverständnis der Parteien ohne Verhandlung entscheiden kann. In **Verfahren nach dem WEG** kann der RA ebenfalls die Terminsgeb. nach Nr. 3104 Nr. 1 VV RVG verdienen, nicht jedoch in sonstigen **Verfahren nach dem FGG**. In diesem Verf. entsteht eine Terminsgeb. nur, wenn auch tatsächlich eine mündl. Verhandlung stattgefunden hat (Schneider/Mock § 14 Rn. 74).

3 Nach § 84 Abs. 1 S. 1 VwGO kann das VG unter den dort genannten Umständen ohne mündl. Verhandlung durch **Gerichtsbescheid** entscheiden. § 130a VwGO räumt dem OVG die Möglichkeit einer Entscheidung durch **Beschluss ohne mündliche Verhandlung** ein. In beiden Fällen verdient der RA im Vergleich zu dem bisherigen § 114 Abs. 3 BRAGO die volle Terminsgeb. Der Gesetzgeber hat die Anhebung der Gebühren für die genannten Verf. damit begründet, dass kein Grund vorliege, diese Verf. anders zu behandeln als die in Nr. 3104 Abs. 1 Nr. 1 VV RVG genannten. Voraussetzung für das Entstehen der Terminsgeb. ist allerdings, dass nach der VwGO grds. eine Entscheidung aufgrund mündl. Verhandlung ergeht und das Gericht im Einverständnis der Parteien auch tatsächlich eine Entscheidung ohne mündl. Verhandlung trifft. Hingegen ist es nicht ausreichend, wenn die Parteien ihr Einverständnis mit einer schriftlichen Entscheidung erklären und die Entscheidung vorbereitende Schriftsätze einreichen.

4 Nach Nr. 3104 Abs. 1 Nr. 1, 2. Alt. VV RVG verdient der RA eine volle Terminsgeb. nunmehr auch für den Abschluss eines **schriftlichen Vergleichs** in einem Verf., für welches eine mündl. Verhandlung vorgeschrieben ist. Ob für diese Tätigkeit eine Gebühr entsteht, war bisher in Rspr. und Lit. umstritten (vgl. die Nachweise bei Schneider/Mock § 14 Rn. 76 sowie bei OLG Stuttgart RVGreport 2004, 31). Hat das Gericht gem. § 278 Abs. 6 ZPO einen schriftlichen Vergleichsvorschlag unterbreitet, welchen der Anwalt im Auftrag des Mandanten ebenfalls schriftlich annimmt, ist fraglich, ob hierdurch ebenfalls eine Terminsgebühr entsteht. Mit Hansens (RVGreport 2004, 31) wird man darauf abstellen müssen, ob für dieses Verfahren eine mündliche Verhandlung vorgesehen ist (ebenso BGH RVG-Letter 2004, 100). Für die Güteverhandlung selbst ist keine mündliche Verhandlung vorgesehen, da diese gem. § 278 Abs. 2 S. 1 ZPO der Güteverhandlung vorausgeht. Hingegen ist für den Zivilrechtsstreit an sich gem. § 128 Abs. 1 ZPO die mündliche Verhandlung vorgesehen. Demzufolge hat das OLG Nürnberg nunmehr mit Beschluss vom 15.12.2004 (RVG-Letter 2005, 32) präzisierend festgestellt, dass für den Abschluss eines Vergleichs nach § 278 Abs. 6 ZPO ohne mündliche Verhandlung keine Terminsgebühr anfällt, soweit es sich nicht um Verfahren handelt, die nach § 128 Abs. 2 oder § 495a ZPO keine mündliche Verhandlung erfordern. Mayer (RVG-Letter 2005, 26) überzeugt die Argumentation des OLG Nürnberg nicht. Der Abschluss eines privatschriftlichen außergerichtlichen Vergleichs löst die Gebühr der Nr. 3104 VV RVG aus (Gebauer/Schneider Nr. 3104 VV RVG Rn. 31).

5 Nach § 105 SGG kann das SG unter den in der Vorschrift genannten Voraussetzungen ohne mündl. Verhandlung durch Gerichtsbescheid entscheiden. In diesem Fall verdient der RA im Gegensatz zu dem bisherigen § 116 Abs. 2 S. 2 BRAGO eine volle Terminsgeb. Ausdrücklich v. dieser

Regelung ausgenommen hat der Gesetzgeber § 153 Abs. 4 SGG, der bisher ebenfalls in § 116 Abs. 2 S. 2 BRAGO genannt war. Nach dieser Vorschrift kann das LSG die Berufung ohne mündl. Verhandlung durch Beschl. zurückweisen, wenn es sie einstimmig für unbegründet hält. Begründet hat der Gesetzgeber seine Entscheidung damit, dass in diesem Fall kein bes. Aufwand des RA ersichtlich ist und die Parteien zudem eine Entscheidung ohne mündl. Verhandlung nicht verhindern können.

6 Nach § 101 Abs. 2 SGG erledigt das **angenommene Anerkenntnis** den Rechtsstreit in der Hauptsache. Endet in diesem Fall das Verf. ohne mündl. Verhandlung, verdient der RA nach Nr. 3104 Abs. 1 Nr. 3 VV RVG die volle Terminsgeb.

7 Einen **neuen Gebührentatbestand** enthält Nr. 3104 Abs. 2 VV RVG. Entspr. der Differenzverfahrensgebühr nach Nr. 3101 Nr. 2 VV RVG (vgl. dort Anm. 6) verdient der RA nunmehr eine Terminsgeb. auch dann, wenn er in dem Termin eine Verhandlung zur Einigung über in diesem Verf. nicht rechtshängige Ansprüche führt. Allerdings sieht Nr. 3104 Abs. 2 VV RVG eine **Anrechnung** der Terminsgebühren vor. Mit dieser Vorschrift will der Gesetzgeber verhindern, dass der RA für ein und dieselbe Sache eine doppelte Terminsgeb. verdient (Mayer RVG-Letter 2004, 55). Verhandelt der RA im Auftrag des AG in dem Termin auch über nicht rechtshängige Ansprüche mit dem Ziel einer Einigung, soll die insoweit verdiente Gebühr, soweit sie den sich ohne Berücksichtigung der nicht rechtshängigen Ansprüche ergebenden Gebührenbetrag übersteigt, auf eine Terminsgeb. angerechnet werden, die wg. desselben Gegenstandes in einer anderen Angelegenheit entsteht (vgl. hierzu die ausführlichen Berechnungsbeispiele bei Schneider/Mock § 14 Rn. 79). Es gilt die Formel: „1,2 Terminsgebühr aus dem Gesamtstreitwert abzüglich 1,2 Terminsgebühr aus dem rechtshängigen Wert" (Mock AGS 2004, 45, 54). Das Gesetz spricht nunmehr von einer anderen „Angelegenheit" und nicht wie ursprünglich vorgesehen von einem anderen „Verfahren". Eine Anrechnung findet damit auch dann statt, wenn in einer anderen Angelegenheit zwar ein Prozessauftrag erteilt worden ist, sodann aber ohne Beteiligung des Gerichts eine außergerichtliche Besprechung mit dem Ziel einer Einigung stattgefunden hat (Mayer RVG-Letter 2004, 54, 56), da in diesem Fall nach Vorbem. 3 Abs. 3 VV RVG ebenfalls eine Terminsgebühr entsteht (Vorbem. 3 VV RVG Anm. 9). Voraussetzung für die Anrechnung ist jedoch, dass wegen der in diesem Verf. nicht anhängigen Ansprüche bereits ein Prozessauftrag erteilt worden ist, da andernfalls keine Terminsgebühr, sondern nur eine Geschäftsgebühr nach Nr. 2400 VV RVG entstehen kann (Mayer RVG-Letter 2004, 56). Allerdings findet eine Anrechnung nur statt, wenn die Terminsgeb. wegen desselben Gegenstandes in einer anderen Angelegenheit entsteht (Mayer/Kroiß Nr. 3104 VV RVG Rn. 40, 42). Wurde jeweils ein anderer RA beauftragt, scheidet eine Anrechnung aus (Bischof/Jungbauer Teil 3 VV RVG S. 546; differenzierend Gebauer/Schneider Nr. 3104 VV RVG Rn. 45). Unwesentlich ist, wann die Terminsgeb. wegen der in diesem Verfahren nicht anhängigen Ansprüche entsteht. Sie kann im Zeitpunkt der Verhandlungen auch bereits entstanden sein (Mayer/Kroiß Nr. 3104 VV RVG Rn. 42 mwN).

8 Beantragt der RA lediglich, eine Einigung der Parteien oder mit Dritten über nicht rechtshängige Ansprüche zu Protokoll zu nehmen, entsteht nach Nr. 3104 Abs. 3 VV RVG für diesen Antrag keine Terminsgeb. Für diese Tätigkeit erhielt der RA auch nach der BRAGO keine Verhandlungs- oder Erörterungsgebühr. Führt der RA über diese Ansprüche außerhalb des Gerichts Besprechungen mit dem Ziel einer Einigung, verdient er damit eine 1,2 Terminsgeb. (Vorbem. 3 VV RVG Anm. 9). Beantragt der RA hingegen, eine bereits ausgehandelte Einigung über anhängige Gegenstände zu protokollieren, entsteht eine Terminsgeb. (Schneider/Mock § 14 Rn. 65).

9 Eine Regelungslücke liegt vor, sofern das Gericht ein unechtes Versäumnisurteil erlässt (§ 331 Abs. 3 ZPO). Nr. 3105 Abs. 1 Nr. 2 VV RVG sieht zwar vor, dass eine 0,5 Terminsgebühr für den Fall des Erlasses eines echten Versäumnisurteils nach § 331 Abs. 3 ZPO entsteht. Diese reduzierte Gebühr hat der Gesetzgeber damit begründet, dass der Anwalt in diesem Fall weniger Arbeitsaufwand hat. Wird die Klage durch ein unechtes Versäumnisurteil abgewiesen, greift dieser Gesichtspunkt gerade nicht mit der Folge, dass der Anwalt in diesem Fall eine 1,2 Terminsgebühr nach Nr. 3104 VV RVG verdient (so auch Gebauer/Schneider Nr. 3104 VV RVG Rn. 6, 12).

Nr.	Gebührentatbestand	Gebühr oder Satz der Gebühr nach § 13 RVG
3105	**Wahrnehmung nur eines Termins, in dem eine Partei nicht erschienen oder nicht ordnungsgemäß vertreten ist und lediglich ein Antrag auf Versäumnisurteil oder zur Prozess- oder Sachleitung gestellt wird:** **Die Gebühr 3104 beträgt**	0,5
	(1) Die Gebühr entsteht auch, wenn das Gericht bei Säumnis lediglich Entscheidungen zur Prozess- oder Sachleitung von Amts wegen trifft oder eine Entscheidung gemäß § 331 Abs. 3 ZPO ergeht. (2) Absatz 1 der Anmerkung zu Nummer 3104 gilt entsprechend. (3) § 333 ZPO ist nicht entsprechend anzuwenden.	

Übersicht

1 Nach Nr. 3105 VV RVG entsteht ausnahmsweise eine **reduzierte Terminsgebühr** iHv 0,5, sofern eine Partei nicht erschienen oder ordnungsgemäß vertreten ist und der gegnerische RA lediglich einen Antrag auf VU oder einen Antrag zur Prozess- oder Sachleitung stellt. Hierbei ist es unerheblich, ob das Gericht das VU auch tatsächlich erlässt oder eine Entscheidung zur Prozess- oder Sachleitung fasst.

Beantragt der RA den Erlass eines **zweiten Versäumnisurteils**, entsteht keine weitere Terminsgebühr (OLG Celle RVGreport 2005, 150).

2 Eine **volle Terminsgebühr** verdient der RA, wenn im Anwaltsprozess beide anwaltl. vertretenen Parteien nicht erscheinen. Dies gilt selbst dann, wenn ein VU ergeht. Ist die gegnerische Partei erschienen oder ordnungsgemäß vertreten, entsteht immer die volle Terminsgeb. nach Nr. 3104 VV RVG, auch wenn ein VU ergeht oder das Gericht nur zu Prozess- oder Sachleitung entscheidet. Dies soll auch dann gelten, wenn zwar die gegnerische Partei nicht erschienen oder ordnungsgemäß vertreten ist, der klägerische RA indes die Sach- und Rechtslage vor Erlass des VU einseitig mit dem Gericht erörtert (Schneider/Mock § 14 Rn. 83).

3 Eine reduzierte 0,5 Terminsgeb. entsteht nach Nr. 3105 Abs. 1 Nr. 1 VV RVG auch dann, wenn das Gericht vAw lediglich eine **Entscheidung zur Prozess- oder Sachleitung** trifft. Voraussetzung ist auch hier, dass die gegnerische Partei nicht erschienen oder ordnungsgemäß vertreten ist (Schneider/Mock § 14 Rn. 87). Sind indes beide Parteien, nicht jedoch der geladene Zeuge erschienen und vertagt das Gericht die Sache, entsteht die volle 1,2 Terminsgeb.

4 Zeigt der Bekl. entgegen § 276 Abs. 1 S. 1, Abs. 2 ZPO nicht rechtzeitig an, dass er sich gg. die Klage verteidigen will, kann gg. ihn ein **Versäumnisurteil im schriftlichen Vorverfahren** nach § 331 Abs. 3 ZPO ergehen. In diesem Fall verdient der RA eine reduzierte 0,5 Terminsgeb. nach Nr. 3105 Abs. 1 Nr. 2 VV RVG. Wird die Klage in diesem Fall durch ein unechtes Versäumnisurteil abgewiesen, verdient der Anwalt eine 1,2 Terminsgebühr nach Nr. 3104 VV RVG (vgl. dort Rn. 9).

5 Nach Nr. 3105 Abs. 2 VV RVG gilt Nr. 3104 Abs. 1 VV RVG entspr. Nach dieser Vorschrift entsteht die volle Terminsgeb. auch dann, wenn trotz vorgeschriebener mündl. Verhandlung im Einverständnis mit den Parteien schriftlich entschieden wird, wenn ohne mündl. Verhandlung durch Beschl. bzw. Gerichtsbescheid (§§ 84 Abs. 1 S. 1, 130a VwGO, § 105 Abs. 1 SGG) entschieden oder aber das Verf. vor dem SG nach angenommenen Anerkenntnis ohne mündl. Verhandlung endet (Nr. 3104 VV RVG Anm. 2ff.). In diesen Verf. entsteht in den in Nr. 3105 Abs. 1, 2 VV RVG genannten Fällen nur eine 0,5 Verfahrensgeb.

6 Nach Nr. 3105 Abs. 3 VV RVG ist **§ 333 ZPO nicht entsprechend** anzuwenden. Nach dieser Vorschrift ist auch die Partei als nicht erschienen anzusehen, die in dem Termin zwar erscheint, aber nicht verhandelt. Dies gilt nicht bei Anwendung v. Nr. 3105 VV RVG. Mithin entsteht eine volle Verfahrensgeb. auch dann, wenn eine Partei zum Termin erscheint, aber nicht mit str. Anträgen zur Sache verhandelt.

Nr.	Gebührentatbestand	Gebühr oder Satz der Gebühr nach § 13 RVG
3106	**Terminsgebühr in Verfahren vor den Sozialgerichten, in denen Betragsrahmengebühren entstehen (§ 3 RVG)** Die Gebühr entsteht auch, wenn in einem Verfahren, für das mündliche Verhandlung vorgeschrieben ist, im Einverständnis mit den Parteien ohne mündliche Verhandlung entschieden wird, nach § 105 Abs. 1 SGG ohne mündliche Verhandlung durch Gerichtsbescheid entschieden wird oder das Verfahren nach angenommenem Anerkenntnis ohne mündliche Verhandlung endet.	20,00 bis 380,00 EUR

Übersicht

Höhe der Terminsgebühr, sofern Betragsrahmengebühr entsteht	1
Entscheidung ohne mündliche Verhandlung	2
Entscheidung durch Gerichtsbescheid	3
Angenommenes Anerkenntnis	4

1 In Verf. vor den Sozialgerichten entsteht nach dem RVG künftig sowohl eine Verf.- als auch eine Terminsgeb., während der RA nach § 116 Abs. 1 BRAGO für jede Instanz nur eine Gebühr berechnen konnte. Während die Verfahrensgeb. nach Nr. 3102 VV RVG zw. 40 und 460 EUR ausmacht, beträgt die Terminsgeb. nach Nr. 3106 VV RVG zw. 20 und 380 EUR.

2 Soweit nichts anderes bestimmt ist, entscheidet das Gericht nach § 124 Abs. 1 SGG auf Grund mündl. Verhandlung. Es gilt der Grundsatz der notwendigen mündl. Verhandlung, v. dem nur mit vorherigem Einverständnis der Beteiligten abgewichen werden kann (Schickedanz SGb 1978, 520). Aus diesem Grunde kann nach § 124 Abs. 2 SGG im Einverständnis mit den Parteien auch ohne mündl. Verhandlung entschieden werden. In diesem Fall entsteht nach Nr. 3106 Abs. 1 VV RVG auch ohne mündl. Verhandlung eine Verhandlungsgebühr. Voraussetzung ist allerdings, dass alle Beteiligten (§ 69 SGG) zustimmen, also auch die Beigeladenen (BSG Breith 1979, 288). Im Falle des § 126 SGG ist kein Einverständnis erforderlich (Meyer-Ladewig Rn. 3 zu § 124 SGG).

3 Das SG kann ohne mündl. Verhandlung durch **Gerichtsbescheid** entscheiden, wenn die Sache keine bes. Schwierigkeiten tatsächlicher oder rechtl. Art aufweist und der Sachverhalt geklärt ist.

Zuvor sind die Beteiligten zu hören (§ 105 Abs. 1 SGG). In diesem Fall entsteht nach Nr. 3106 Abs. 2 VV RVG eine Verfahrensgeb.

4 Nach § 101 Abs. 2 SGG erledigt das **angenommene Anerkenntnis** des geltend gemachten Anspruchs den Rechtsstreit in der Hauptsache. Erfolgt dieses Anerkenntnis ohne mündl. Verhandlung, entsteht nach Nr. 3106 Abs. 3 VV RVG gleichwohl eine Verfahrensgeb.

Abschnitt 2. Berufung, Revision, bestimmte Beschwerden und Verfahren vor dem Finanzgericht

Vorbemerkung 3.2:

(1) Dieser Abschnitt ist auch in Verfahren vor dem Rechtsmittelgericht über die Zulassung des Rechtsmittels anzuwenden.

(2) Wenn im Verfahren über einen Antrag auf Anordnung, Abänderung oder Aufhebung eines Arrests oder einer einstweiligen Verfügung das Berufungsgericht als Gericht der Hauptsache anzusehen ist (§ 943 ZPO), bestimmen sich die Gebühren nach Abschnitt 1. Dies gilt entsprechend im Verfahren vor den Gerichten der Verwaltungs- und Sozialgerichtsbarkeit auf Anordnung oder Wiederherstellung der aufschiebenden Wirkung, auf Aussetzung oder Aufhebung der Vollziehung oder Anordnung der sofortigen Vollziehung eines Verwaltungsakts und in Verfahren auf Erlass einer einstweiligen Anordnung.

Übersicht

Grund für die Neuregelung	1
Verfahren vor dem Rechtsmittelgericht über die Zulassung des Rechtsmittels	2
Verfahren vor dem Gericht der Hauptsache	3
Entsprechende Anwendung vor Gerichten der Verwaltungs- und Sozialgerichtsbarkeit	4

1 Der Abschnitt 2 v. Teil 3 VV RVG legt die Gebühren für die Berufung, die Revision, für bestimmte Beschwerden sowie für Verf. vor dem FG fest. Diese Gebühren sind im Vergleich zu Abschnitt 1 höher. Dies entspricht dem bisherigen § 11 Abs. 1 S. 4-6 BRAGO. Nach dieser Vorschrift erhöhten sich die Gebühren für das Berufungs- und Revisionsverfahren grds. um drei Zehntel, die Prozessgebühr bei der Vertretung durch einen beim BGH zugelassenen RA um zehn Zehntel. Diese Regelung galt auch in Verf. vor dem Rechtsmittelgericht über die Zulassung des Rechtsmittels. Die Berechnung der Gebühren für die höheren Instanzen führte damit teilweise zu „krummen Brüchen". So betrug zB die 15/10 Gebühr nach Erhöhung 19,5/10, wodurch sich die Berechnung der Gebühren iE schwierig gestaltete. Im Gegensatz hierzu sieht Abschnitt 2 v. Teil 3 VV RVG Gebühren mit einem Gebührensatz vor, der nur eine Stelle hinter dem Komma hat. Mit der Neuregelung im VV des RVG bezweckt der Gesetzgeber eine Vereinfachung der Gebührenberechnung.

2 Nach Vorbem. 3.2 Abs. 1 VV RVG gilt der Abschnitt 2 auch in Verf. vor dem Rechtsmittelgericht über die Zulassung des Rechtsmittels. Diese Regelung fand sich bisher in § 11 Abs. 1 S. 6 BRAGO. Mit dieser Regelung wird festgelegt, dass die erhöhten Gebührensätze des eigentlichen Rechtsmittelverfahrens auch in dem Verf. über die Zulassung bzw. die Nichtzulassung des Rechtsmittels gelten (BVerwG JurBüro 1996, 416; BAG DB 1996, 840), nicht jedoch für die Nichtzulassungsbeschwerde, die in Nr. 3504f. VV RVG geregelt ist (Gerold/Schmidt Rn. 5 zu Vorbem. 3.2 VV RVG).

3 Die Vorbem. 3.2 Abs. 2 S. 1 VV RVG legt fest, dass Gebühren nach Abschnitt 1 entstehen, sofern das Berufungsgericht als Gericht der Hauptsache (§ 943 ZPO) anzusehen ist. Dies entspricht § 40 Abs. 3 BRAGO. Wird demnach ein Antrag auf Anordnung eines Arrestes beim Berufungsgericht als Gericht der Hauptsache gestellt, ist das Arrestverfahren ein erstinstanzliches Verf. Der Wert der

Verfahrensgeb. bestimmt sich nach Nr. 3100 VV RVG. Ordnet das Berufungsgericht eine mündl. Verhandlung an, bestimmt sich der Wert der Terminsgeb. v. 1,2 nach Nr. 3104 VV RVG und nicht mit einer Höhe v. 1,6 nach Nr. 3200 VV RVG (Gerold/Schmidt Rn. 9 zu Vorbem. 3.2 VV RVG). Eine Zusammenstellung der Fallkonstellationen, in welchen das Berufungsgericht als Gericht der Hauptsache anzusehen ist, findet sich bei Hartung/Römermann VV Teil 3 Rn. 81.

4 Die Regelung der Vorbem. 3.2 Abs. 2 S. 1 VV RVG gilt nach S. 2 der Vorschrift auch vor Gerichten der Verwaltungs- und Sozialgerichtsbarkeit in den dort genannten Fällen. Dies entspricht § 116 Abs. 3 iVm § 114 Abs. 6 S. 1 BRAGO. Vorbem. 3.2 Abs. 2 S. 2 VV RVG erfasst auch Verf. nach den §§ 80, 80a VwGO.

Unterabschnitt 1. Berufung, bestimmte Beschwerden und Verfahren vor dem Finanzgericht

Vorbemerkung 3.2.1:
(1) Dieser Unterabschnitt ist auch anzuwenden
1. in Verfahren vor dem Finanzgericht,
2. in Verfahren über Beschwerden oder Rechtsbeschwerden gegen die den Rechtszug beendenden Entscheidungen
   a) in Familiensachen,
   b) in Lebenspartnerschaftssachen,
   c) in Verfahren nach § 43 des Wohnungseigentumsgesetzes,
   d) in Verfahren nach dem Gesetz über das gerichtliche Verfahren in Landwirtschaftssachen und
   e) im Beschlussverfahren vor den Gerichten für Arbeitssachen,
3. in Beschwerde- und Rechtsbeschwerdeverfahren gegen den Rechtszug beendende Entscheidungen über Anträge auf Vollstreckbarerklärung ausländischer Titel oder auf Erteilung der Vollstreckungsklausel zu ausländischen Titeln sowie Anträge auf Aufhebung oder Abänderung der Vollstreckbarerklärung oder der Vollstreckungsklausel,
4. in Beschwerde- und Rechtsbeschwerdeverfahren nach dem GWB,
5. in Beschwerdeverfahren nach dem WpÜG,
6. in Beschwerdeverfahren nach dem WpHG
7. in Verfahren vor dem Bundesgerichtshof über die Beschwerde oder Rechtsbeschwerde gegen Entscheidungen des Bundespatentgerichts,
8. in Verfahren über die Rechtsbeschwerde nach § 116 StVollzG.
(2) Für die in Absatz 1 genannten Verfahren ist Unterabschnitt 2 anzuwenden, wenn sich die Parteien nur durch einen beim Bundesgerichtshof zugelassenen Rechtsanwalt vertreten lassen können.

Übersicht

Rechtsbeschwerdeverfahren nach § 116 StVollzG   9

Vertretung durch einen beim BGH zugelassenen Anwalt   10

Beschwerdeverfahren nach dem WpHG   11

1 Der Unterabschnitt 1 des 2. Abschnitts v. Teil 3 VV RVG bestimmt die Gebühren für das **Berufungsverfahren** sowie für die einem Berufungsverfahren vergleichbaren Beschwerde- und Rechtsbeschwerdeverfahren. Die Aufzählung in der Vorbem. 3.2.1 VV RVG ist abschließend (Hartmann Rn. 3 zu Nr. 3200 VV RVG). Die Gebühren für die übrigen Beschwerdeverfahren, für die Nichtzulassungsbeschwerde sowie für die Erinnerung sind in Teil 3 Abschnitt 5 Nr. 3500ff. VV RVG geregelt (ausführlich zur neuen Gebührenstruktur im Bereich der Rechtsmittel und Rechtsbehelfe Gerold/Schmidt Rn. 1f. zu Vorbem. 3.2.1 VV RVG).

2 Im Gegensatz zur bisherigen Rechtslage erhält der RA nach Vorbem. 3.2.1 Abs. 1 Nr. 1 VV RVG nunmehr für die Vertretung vor dem FG erster Instanz die **erhöhten Gebühren** für das Rechtsmittelverfahren nach Abschnitt 2. Der Grund für diese Regelung liegt darin, dass das FG die erste und gleichzeitig letzte Tatsacheninstanz ist. In der Praxis zeigt sich, dass das FG zudem regelmäßig die einzige und letzte gerichtl. Instanz darstellt. Das hat zur Folge, dass die Tätigkeit des RA im Verf. vor dem FG regelmäßig vergleichbar ist mit seinem Tätigwerden vor dem Rechtsmittelgericht und nicht vor einem sonstigen Gericht erster Instanz. Da das FG die letzte Tatsacheninstanz ist, muss der RA in Verf. vor diesem umfassend und ausführlich vortragen, da sein Sachvortrag stets zwingend abschließend ist. Gleiches gilt im Regelfall für die rechtl. Begründung. An die Tätigkeit des RA vor dem erstinstanzlichen FG werden aus diesem Grunde bes. Anforderungen gestellt, weshalb die höheren Gebühren für dieses Verf. gerechtfertigt sind. Dies gilt auch aus formalen Gründen, da das FG seiner Struktur nach ein Obergericht ist □ vergleichbar zB mit dem OVG. Auch werden die Richter am FG wie die Richter an anderen Obergerichten besoldet. Aus diesen Erwägungen heraus hält der Gesetzgeber den erhöhten Gebührenrahmen für die Tätigkeit des RA vor dem FG für gerechtfertigt. Erfolgt die Vertretung vor dem Finanzgericht durch einen Steuerberater, was nach § 62 FGO möglich ist, verdient dieser nach § 45 StBGebV die Gebühren des RVG (hierzu Mayer/Kroiß Rn. 3 zu Vorbem. 3.2.1 VV RVG).

3 Nach Vorbem. 3.2.1 Abs. 1 Nr. 2 a-e VV RVG erhält der RA in bestimmten Beschwerde- oder Rechtsbeschwerdeverfahren gg. die den Rechtszug beendenden Entscheidungen die erhöhten Gebühren für das Rechtsmittelverfahren. Damit sollen die erhöhten Anforderungen an die Tätigkeit des RA in den genannten Beschwerdeverfahren honoriert werden. Auch werden die höheren Gebühren der Bedeutung der Sache für die Betroffenen besser gerecht. Zudem sollen aus Gründen der Vereinfachung grds. in allen Beschwerderechtszügen in der Hauptsache eines str. Verf., die einem Berufungsverfahren vergleichbar sind, die gleichen Gebühren anfallen. Dies gilt auch, wenn sich dieses nach den Vorschriften des FGG richtet.

4 Die Regelung in Nr. 2 entspricht § 61a BRAGO für Scheidungsfolgesachen sowie Folgesachen eines Verf. über die Aufhebung der Lebenspartnerschaft sowie § 62 Abs. 2 BRAGO für das Beschlussverfahren vor den Arbeitsgerichten. Schon bisher erhielt der RA für befristete Beschwerden gem. § 621e ZPO gg. Scheidungsfolgesachen die Beschwerdegebühren in Höhe der Gebühren des Berufungsverfahrens, da Scheidungsfolgesachen wg. ihrer Dauerwirkung und bes. Schwierigkeit eine erhöhte Verantwortung des RA bedingen (Gerold/Schmidt Rn. 10 zu Vorbem. 3.2.1 VV RVG). Nach der Neuregelung in Vorbem. 3.2.1 Abs. 1 Nr. 2 VV RVG verdient der RA nunmehr auch für Beschwerde- oder Rechtsbeschwerdeverfahren in sonstigen Familiensachen, in Lebenspartnerschaftssachen, in Verf. nach § 43 WEG und in Verf. nach dem Gesetz über die gerichtl. Verf. in Landwirtschaftssachen die erhöhten Gebühren für das Berufungsverfahren. Nach § 62 Abs. 2 BRAGO war das Beschwerde- (§§ 87ff. ArbGG) sowie das Rechtsbeschwerdeverf. (§§ 92ff. ArbGG) gebührenmäßig dem Berufungs- und Revisionsverf. gleichgestellt (Riedel/Sußbauer Rn. 17 zu § 62 BRAGO). Nunmehr gilt Vorbem. 3.2.1 Abs. 1 Nr. 2e VV RVG für das arbeitsgerichtliche Beschlussverf. nach §§ 2a, 80f. ArbGG, also die sofortige Beschwerde nach § 87f. ArbGG sowie die Rechtsbeschwerde nach § 92a ArbGG. Die Beschwerde nach § 78 ArbGG gehört nicht zum Beschlussverf. Bei ihr gilt Nr. 3500f. VV RVG (Gerold/Schmidt Rn. 21 zu Vorbem. 3.2.1 VV RVG; Mayer/Kroiß Rn. 4 zu Vorbem. 3.2.1 VV RVG).

5 Nach § 47 Abs. 2 BRAGO erhält der RA im Verf. über die Beschwerde gg. eine den Rechtszug beendende Entscheidung die gleichen Gebühren wie im ersten Rechtszug. Nach Vorbem. 3.2.1 Abs. 1 Nr. 3 BRAGO entstehen nun im Beschwerde- und Rechtsbeschwerdeverfahren in den näher genannten Verfahren bei ausländischen Titeln die erhöhten Gebühren der Nrn. 3200f. VV RVG. Voraussetzung ist, dass es sich um ein auf einem Staatsvertrag beruhendes vereinfachtes Verf. handelt (Gebauer/Schneider Vorbem. 3.2.1 Rn. 36). Damit soll der erhöhte Arbeitsaufwand des RA für das Beschwerdeverfahren honoriert werden, da er in diesem den Sachverhalt erneut prüfen und rechtl. bewerten muss. Unter diese Vorschrift fallen Beschwerden nach §§ 11ff. AVAG. Das Rechtsbeschwerdeverf. nach § 15 AVAG kann nur ein beim BGH zugelassener Anwalt durchführen, der nach Vorbem. 3.2.1 Abs. 2 VV RVG die Gebühren nach Unterabschnitt 2 verdient (hierzu Mayer/Kroiß Rn. 9 zu Vorbem. 3.2.1 VV RVG).

6 In Beschwerde- und Rechtsbeschwerdeverfahren nach dem GWB erhält der RA ebenfalls die erhöhten Gebühren für das Berufungsverfahren (Vorbem. 3.2.1 Abs. 1 Nr. 4 VV RVG). Diese Regelung entspricht § 65a BRAGO. Der RA verdient in diesen Verf. die höheren Gebühren, da die Materie idR schwierig ist und ein hohes wirtschaftl. Einfühlungsvermögen erfordert, weshalb dem RA eine bes. Verantwortung abverlangt wird. Von der Vorschrift erfasst werden Beschwerden gg. Verfügungen der Kartellbehörde nach §§ 63ff. GWB zum OLG, Rechtsbeschwerden nach §§ 74ff. GWB zum BGH, ferner sofortige Beschwerden gg. Entscheidungen der Vergabekammern nach §§ 116ff. GWB zum OLG. Unanwendbar ist die Vorschrift in dem vorangegangenen Verwaltungsverfahren nach §§ 54-62 bzw. § 97ff. GWB (Gebauer/Schneider Vorbem. 3.2.1 Rn. 50).

7 Nach Vorbem. 3.2.1 Abs. 1 Nr. 5 VV RVG verdient der RA in Verf. nach dem WpÜG ebenfalls die höheren Gebühren des Berufungsverfahrens.

8 Auch in Verf. vor dem BGH über die Beschwerde oder Rechtsbeschwerde gg. Entscheidungen des Bundespatentgerichts erhält der RA nach Nr. 7 die höheren Gebühren des Berufungsverfahrens. Eine entspr. Regelung fand sich bisher in § 66 Abs. 1 BRAGO (hierzu Schumann MDR 1961, 902). Unter die Vorschrift fallen die Beschwerdeverf. nach den §§ 100f., 110ff., 122 PatG, § 13 WZG, § 18 GebrMG, §§ 83ff. MarkenG, §§ 35, 36 SortSchG (Gebauer/Schneider Rn. 70 zu Vorbem. 3.2.1 VV RVG).

9 Die Gebühren des Berufungsverfahrens verdient der RA auch in Verf. über die Rechtsbeschwerde nach § 116 StVollzG. Über die Rechtsbeschwerde entscheidet das OLG (§ 117 StVollzG).

10 Können sich die Parteien der in Vorbem. 3.2.1 Abs. 1 VV RVG genannten Verf. in diesen nur durch einen beim BGH zugelassenen RA vertreten lassen, erhält dieser die höheren Gebühren des Revisionsverfahrens. Maßgeblich sind Nr. 3208, 3209, 3210 sowie 3211 VV RVG.

11 Die jetzige Nr. 6 wurde durch das Bilanzkontrollgesetz vom 15.12.2004 (BGBl I S. 3408, 3415) zum 1. Januar 2005 in das Gesetz eingefügt. Damit verdient der RA auch in Verf. über die Beschwerde nach dem WpHG die höheren Gebühren des Berufungsverfahrens.

Nr.	Gebührentatbestand	Gebühr oder Satz der Gebühr nach § 13 RVG
3200	**Verfahrensgebühr, soweit in Nummer 3204 nichts anderes bestimmt ist**	1,6

1 Allgemeines. Wie im erstinstanzlichen Verf. kann der RA in der Berufungsinstanz ☐ neben weiteren Gebühren (hierzu Gerold/Schmidt Rn. 21 zu Nr. 3200 VV RVG) ☐ eine Verfahrens-, Termins- sowie Einigungsgebühr verdienen. Nr. 3200 VV RVG regelt die Verfahrensgeb. für das Berufungsverfahren. Dieses ist nach § 15 Abs. 2 S. 2 RVG gebührenrechtlich eine eigene Angelegenheit und beginnt mit der Einlegung der Berufung bzw. der Entgegennahme der Berufungsschrift der Gegenseite im Auftrag des Mandanten. Legen beide Seiten Berufung ein und werden die Verf. miteinander verbunden, liegt nur eine Angelegenheit vor. In diesem Fall entstehen die Gebühren aus den zusammengerechneten Werten nur einmal (LG Berlin JurBüro 1988, 462). § 19 RVG legt fest, welche Tätigkeiten zum Rechtszug gehören. Die Verfahrensgeb. wird mit der Einreichung des Berufungsschriftsatzes verdient, ohne dass die Berufung sogleich begründet werden muss (Rehberg/Xanke zu „Berufung" unter 1.2.1).

2 Nach Nr. 3100 VV RVG beträgt die **Verfahrensgebühr** in der ersten Instanz nunmehr 1,3 und wurde damit um 0,3 **erhöht** (Nr. 3100 VV RVG Anm. 1). Diese Erhöhung hängt nach der Gesetzesbegründung auch damit zusammen, dass die ZPO-Reform die erste Instanz stärken wollte. Aufgabe der Verfahrensbeteiligten des Eingangsrechtszugs ist eine möglichst umfassende Klärung des Sachverhalts, damit das Berufungsgericht seine Tätigkeit auf die Fehlerkontrolle und ggf. - beseitigung in Sachverhalt und Entscheidungsgründen beschränken kann. Nach Nr. 3200 VV RVG beträgt die Verfahrensgeb. für die dem Unterabschnitt 1 unterfallenden Verf. nunmehr grds. 1,6 und liegt damit ggü. der bisherigen Rechtslage (vgl. § 11 Abs. 1 S. 4 BRAGO) um 0,3 höher. Eine andere Regelung gilt nach Nr. 3204 VV RVG für Verf. vor den Landessozialgerichten, in welchen Betragsrahmengeb. (§ 3 RVG) entstehen. Zur Ermittlung des Gegenstandswerts vgl. Gerold/Schmidt Rn. 22ff. zu Nr. 3200 VV RVG sowie ausführlich Rehberg/Xanke unter „Berufung" zu Nr. 2. Bei mehreren AG erhöht sich die Gebühr gem. Nr. 1008 VV RVG um 0,3 je AG (hierzu Kroiß RVG-Letter 2004, 87). Eine Ermäßigung der Gebühr kommt nicht in Betracht, wenn die Berufung mangels Begründung verworfen wird, ohne dass der Verfahrensbevollmächtigte einen Berufungsantrag eingereicht hat (OLG Koblenz MDR 1986, 1038; Rehberg/Xanke zu „Berufung" unter 1.2.1).

3 Wann ein **Berufungsverfahren** vorliegt, regeln die Prozessgesetze, so zB die §§ 511ff. ZPO, §§ 64ff. ArbGG, §§ 132ff. VwGO, §§ 160ff. SGG sowie die §§ 115ff. FGO. Der RA verdient die erhöhte Verfahrensgeb. für das Berufungsverfahren, sobald er in diesem Verf. (zulässigerweise) tätig geworden ist; sie hängt nicht v. weiteren Umständen □ etwa der Zulassung beim OLG □ ab (Frankfurt AnwBl 1983, 523; Gerold/Schmidt Rn. 71 zu Nr. 3200 VV RVG). Die Erhöhung der Gebühr nach Nr. 3200 VV RVG gilt nicht nur für Tätigkeiten des Prozessbev., sondern auch für die Gebühren für Einzeltätigkeiten, sofern diese in einem Berufungsverfahren ausgeübt werden und nicht Teil 3 Abschnitt 4 VV RVG Sondervorschriften enthält (Gerold/Schmidt Rn. 10 zu Nr. 3200 VV RVG). Zum Entstehen der Verfahrensgeb. allg. vgl. Vorbem. 3 VV RVG Anm. 3ff. Zur Erstattungsfähigkeit der Verfahrensgebühr im Berufungsverfahren ausführlich Rehberg/Xanke unter „Berufung" Rn. 3.1ff.

Nr.	Gebührentatbestand	Gebühr oder Satz der Gebühr nach § 13 RVG
3201	**Vorzeitige Beendigung des Auftrags:** **Die Gebühr 3200 beträgt** Eine vorzeitige Beendigung liegt vor, wenn der Auftrag endigt, bevor der Rechtsanwalt das Rechtsmittel eingelegt oder einen Schriftsatz, der Sachanträge, Sachvortrag, die Zurücknahme der Klage oder die Zurücknahme des Rechtsmittels enthält, eingereicht oder bevor er für seine Partei einen Termin wahrgenommen hat, oder soweit lediglich beantragt ist, eine Einigung der Parteien oder mit Dritten über in diesem Verfahren nicht rechtshängige Ansprüche zu Protokoll zu nehmen oder festzustellen (§ 278 Abs. 6 ZPO),	1,1

oder soweit lediglich Verhandlungen zur Einigung über solche Ansprüche geführt werden. Soweit in den Fällen der Nummer 2 der sich nach § 15 Abs. 3 RVG ergebende Gesamtbetrag der Verfahrensgebühren die Gebühr 3200 übersteigt, wird der übersteigende Betrag auf eine Verfahrensgebühr angerechnet, die wegen desselben Gegenstands in einer anderen Angelegenheit entsteht.

Übersicht

1 Nr. 3201 VV RVG **reduziert die Verfahrensgebühr** in den in Nr. 1 und Nr. 2 genannten Fällen. Die Vorschrift entspricht dem alten Recht (§ 32 BRAGO) sowie der Regelung für die erste Instanz. Auf Nr. 3101 VV RVG Anm. 1ff. wird Bezug genommen. Die Verfahrensgeb. wird wie in der ersten Instanz um 0,5 auf 1,1 ermäßigt. Ggü. § 32 BRAGO nimmt Nr. 3201 VV RVG eine Erweiterung insofern vor, als eine Verfahrensgeb. auch mit einem Schriftsatz verdient werden kann, der nur einen Sachvortrag, nicht jedoch einen Sachantrag enthält (hierzu Bischof/Jungbauer Teil 3 VV RVG S. 563).

2 Eine **vorzeitige Beendigung** des Berufungsverfahrens liegt zB vor, wenn der RA im Auftrag des Mandanten Berufung einlegt, diese später jedoch weisungsgemäß wieder zurücknimmt. Denkbar ist auch der Fall, dass eine Berufung zur fristwahrend ohne nähere Begründung eingelegt wird und die Gegenseite sogleich einen RA bestellt. Wird die Berufung später zurückgenommen, entsteht eine reduzierte Verfahrensgeb. nach Nr. 3201 Nr. 1 VV RVG. Bestellt sich nach Einlegung der Berufung für den Berufungsbeklagten ein RA und beantragt schon in seinem Bestellungsschriftsatz, die Berufung zurückzuweisen, und nimmt daraufhin der Berufungskläger sein Rechtsmittel zurück, bevor er es begründet hat, dann steht dem Prozessbev. des Berufungsbeklagten die volle Gebühr nach Nr. 3200 VV RVG zu (BAG AGS 2004, 82). Dies wird damit begründet, dass der Antrag auf Zurückweisung der Berufung als Sachantrag iSd Gebührenrechts verstanden wird, so dass eine volle Gebühr ausgelöst wird (Gerold/Schmidt Rn. 9f. zu Nr. 3201 VV RVG und Rn. 47f. zu Nr. 3200 VV RVG). Erhält der RA indes lediglich den Auftrag, die Erfolgsaussichten einer Berufung zu prüfen und rät er dem Mandanten v. der Durchführung des Berufungsverfahrens ab, entsteht keine Gebühr nach Nr. 3201 Nr. 1 VV RVG, sondern eine Ratsgebühr nach Nr. 2200 bzw. Nr. 2202 VV RVG. Ist die Prüfung der Erfolgsaussicht des Berufungsverfahrens mit der Ausarbeitung eines schriftlichen Gutachtens verbunden, entsteht eine Gebühr nach Nr. 2201 bzw. Nr. 2203 VV RVG.

3 Soweit lediglich beantragt wird, eine Einigung der Parteien über in diesem Verf. nicht rechtshängige Ansprüche zu Protokoll zu nehmen oder soweit Verhandlungen über solche Ansprüche geführt werden, entsteht für den RA zusätzl. eine 1,1 Verfahrensgeb. nach Nr. 2 (vergleichbar mit § 32 Abs. 2 BRAGO). Nicht notwendig ist, dass die Einigung tatsächlich protokolliert wird (Mayer/Kroiß Rn. 9 zu Nrn. 3200-3205 VV RVG). Nach § 15 Abs. 3 RVG darf allerdings die Summe der Verfahrensgeb. nach Nr. 3200 VV RVG sowie nach Nr. 3201 VV RVG den Gebührensatz v. 1,6 aus dem Gesamtwert nicht übersteigen.

4 Übersteigt in den Fällen der Nr. 2 der sich nach § 15 Abs. 3 RVG ergebende Gesamtbetrag der Verfahrensgebühren die Gebühr nach Nr. 3200 VV RVG, wird der übersteigende Betrag auf eine Verfahrensgeb. **angerechnet**, die wg. desselben Gegenstandes in einer anderen Angelegenheit entsteht (ein Berechnungsbeispiel für die Anrechnung findet sich zB in Gerold/Schmidt Rn. 32 zu Nr. 3201 VV RVG).

Nr.	Gebührentatbestand	Gebühr oder Satz der Gebühr nach § 13 RVG
3202	**Terminsgebühr, soweit in Nummer 3205 nichts anderes bestimmt ist** (1) Die Anmerkung zu Nummer 3104 gilt entsprechend. (2) Die Gebühr entsteht auch, wenn gemäß § 79a Abs. 2, § 90a oder § 94a FGO ohne mündliche Verhandlung entschieden wird.	1,2

1 Die **Terminsgebühr in der zweiten Instanz** entspricht hinsichtlich der Voraussetzungen ihrer Entstehung sowie ihres Anwendungsbereichs der erstinstanzlichen Terminsgeb. (vgl. hierzu Vorbem. 3 VV RVG Anm. 9-12; Rehberg/Xanke zu „Berufung" unter 1.2.2). Für das Entstehen ist es ausreichend, wenn der Anwalt bei Aufruf der Sache vertretungsbereit anwesend ist (Gerold/Schmidt Rn. 3 zu Nr. 3202 VV RVG). Die Terminsgeb. erhöht sich ggü. der ersten Instanz (Nr. 3104 VV RVG) in der zweiten Instanz nicht. Sie beträgt in beiden Fällen 1,2 und liegt damit deutlich unter der Verfahrensgeb. v. 1,3 in der ersten (Nr. 3100 VV RVG) und 1,6 in der zweiten Instanz (Nr. 3206 VV RVG). Der Grund für diese Differenzierung hängt damit zusammen, dass die ZPO-Reform die erste Instanz stärken wollte (Gerold/Schmidt Rn. 6 zu Nr. 3202 VV RVG). Von den beteiligten Anwälten wird erwartet, dass sie erstinstanzlich ausführlich und umfassend vortragen, um den Sachverhalt in der Eingangsinstanz abschließend zu klären (vgl. hierzu Nr. 3200 VV RVG Anm. 2). Wird der Gegenstand der Berufung nach Aufruf der Sache eingeschränkt, erhält der Anwalt die Terminsgeb. aus dem vollen Wert der ursprünglichen Berufungssumme (Gerold/Schmidt Rn. 8 zu Nr. 3202 VV RVG). Bei Zurückverweisung der Berufung durch Beschluss nach § 522 Abs. 2 ZPO entsteht für den Antrag des Berufungsbeklagten keine Terminsgeb., wenn dieser ☐ ohne eigenständige Berufungserwiderung ☐ lediglich unter Bezugnahme auf das erstinstanzliche Verf. die Beschlusszurückweisung angeregt hat (OLG Schleswig RVGreport 2004, 312f. zur vergleichbaren Rechtslage unter Geltung der BRAGO; Gerold/Schmidt Rn. 10 zu Nr. 3202 VV RVG). Eine Terminsgeb. erwächst in diesem Falle nur, wenn das Gericht ganz ausnahmsweise zuvor mündlich verhandelt (Hansens RVGreport 2004, 313). Entstehen im Verf. vor dem LSG Betragsrahmengeb. nach § 3 RVG, verdient der RA die Gebühren der Nr. 3205 VV RVG.

2 Nach Nr. 3202 Abs. 1 VV RVG gilt die **Anm. zu Nr. 3104 VV RVG entsprechend.** Damit verdient der Anwalt in den in Nr. 3104 Abs. 1 VV RVG genannten Fällen eine Terminsgeb. ohne mündliche Verhandlung (vgl. hierzu Nr. 3104 VV RVG Anm. 2ff.). Bei einer Verhandlung über in diesem Verf. nicht rechtshängige Ansprüche gilt die Anrechnungsvorschrift der Nr. 3104 Abs. 2 VV RVG (hierzu Nr. 3104 VV RVG Anm. 7). Für die Protokollierung einer Einigung über nicht rechtshängige Ansprüche entsteht keine Terminsgeb. (Nr. 3104 VV RVG Anm. 8).

3 Nach Nr. 3202 Abs. 2 VV RVG entsteht eine Terminsgeb. auch, wenn das **Finanzgericht** ohne mündl. Verhandlung durch **Gerichtsbescheid** entscheidet (hierzu Bischof/Jungbauer Teil 3 VV RVG S. 565). Das ist eine Erweiterung ggü. Nr. 3104 VV RVG, wo dies nur für Verf. vor dem Sozial- bzw. VG vorgesehen ist (Nr. 3104 Abs. 1 Nr. 2 VV RVG). Diese Regelung basiert auf Vorbem. 3.2.1 Abs. 1 Nr. 1 VV RVG, wonach vor dem FG die Anwaltsgebühren für das Berufungsverfahren entstehen (Vorbem. 3.2.1 VV RVG Anm. 2).

Nr.	Gebührentatbestand	Gebühr oder Satz der Gebühr nach § 13 RVG
3203	**Wahrnehmung nur eines Termins, in dem eine Partei, im Berufungsverfahren der Berufungskläger, nicht erschienen oder nicht ordnungsgemäß vertreten ist und lediglich ein**	

Antrag auf Versäumnisurteil oder zur Prozess- oder Sachleitung gestellt wird: Die Gebühr 3202 beträgt	0,5
Die Anmerkung zu Nummer 3105 und Absatz 2 der Anmerkung zu Nummer 3202 gelten entsprechend.	

1 Nach Nr. 3203 VV RVG **reduziert** sich die **Terminsgebühr** auf 0,5, sofern im Verhandlungstermin eine Partei nicht erscheint. Im Beschwerdeverfahren bzw. im Verf. vor dem FG ist es unerheblich, welche der Parteien dies ist. Hiervon macht die Vorschrift eine Ausnahme für das Berufungsverfahren. In diesem verdient der RA die reduzierte Terminsgeb. nur dann, wenn der Berufungskläger nicht erschienen ist und der RA des Berufungsbeklagten lediglich einen Antrag auf VU oder zur Prozessbzw. Sachleitung stellt (Kroiß RVG-Letter 2004, 88). Dies entspricht der Regelung in § 33 Abs. 1 S. 2 Nr. 2 BRAGO. Erscheint der Berufungsbeklagte nicht und beantragt der RA im Namen des Berufungsklägers ein VU (§ 539 Abs. 2 ZPO), muss eine sachliche Entscheidung ergehen (§§ 542 Abs. 2, 557, 331 ZPO). Der Termin stellt in diesem Fall an den RA des Berufungsklägers größere Anforderungen, weshalb die volle Terminsgeb. nach Nr. 3202 VV RVG entsteht (Gerold/Schmidt Rn. 6 zu Nr. 3203 VV RVG). Stellt der RA in den genannten Fällen einen str. Antrag, entsteht die Terminsgeb. nach Nr. 3202 VV RVG. Die gleichen Grundsätze gelten auch im Falle einer Anschlussberufung (Mayer/Kroiß Rn. 12 zu Nrn. 3206-3213 VV RVG). Nr. 3203 VV RVG gilt auch im erstinstanzlichen Verfahren vor dem Finanzgericht, wobei unerheblich ist, ob der Kläger oder der Beklagte nicht anwesend sind (Gerold/Schmidt Rn. 5 zu Nr. 3203 VV RVG).

2 Nach der Anm. zu Nr. 3203 gelten **Nr. 3105 Abs. 1-3 VV RVG entsprechend**. Damit entsteht die 0,5 Gebühr auch, wenn das Gericht bei Säumnis lediglich Entscheidungen zur Prozess- und Sachleitung vAw trifft oder eine Entscheidung gem. § 331 Abs. 3 ZPO ergeht. Zudem gilt Abs. 1 der Anm. zu Nr. 3104 entspr. § 333 ZPO ist nicht entspr. anwendbar (vgl. Nr. 3105 VV RVG Anm. 3ff.).

3 Nach der Anm. zu Nr. 3203 VV RVG gilt **Nr. 3202 Abs. 2 VV RVG entsprechend**. Diese Vorschrift betrifft die Entscheidungen des Finanzgerichts durch Gerichtsbescheid (vgl. Nr. 3202 VV RVG Anm. 3).

Nr.	Gebührentatbestand	Gebühr oder Satz der Gebühr nach § 13 RVG
3204	Verfahrensgebühr für Verfahren vor den Landessozialgerichten, in denen Betragsrahmengebühren entstehen (§ 3 RVG)	50,00 bis 570,00 EUR

1 Allgemeines. Bemessen sich die Gebühren des RA im Verf. vor dem LSG nach dem Gegenstandswert, erhält dieser die gleichen Gebühren wie im Berufungsverfahren in einer Zivilrechtsstreitigkeit. Ist das GKG hingegen nicht anwendbar, verdient der RA Betragsrahmengeb. nach § 3 RVG (vgl. iE Nr. 3102 VV RVG Anm. 1).

2 Insoweit bestimmt Nr. 3204 VV RVG, dass der RA vor dem **Landessozialgericht** eine **Verfahrensgebühr** iHv 50 bis 570 EUR erhält. Diese ist ggü. der erstinstanzlichen Gebühr moderat erhöht. Sie entsteht nach allg. Grundsätzen (Vorbem. 3 VV RVG Anm. 3ff.). Es ist bei der Bemessung der Gebühr grds. von der Mittelgeb. iHv 310 EUR auszugehen (Mayer/Kroiß Rn. 13 zu Nrn. 3206-3213 VV RVG). Es gilt § 14 RVG. Daneben kann nach Nr. 3205 VV RVG eine Terminsgeb. entstehen.

3 Auch in Verf. vor den Landessozialgerichten, in den Betragsrahmengeb. nach § 3 RVG entstehen, kann der RA eine **Einigungsgebühr** bzw. eine **Erledigungsgebühr** nach Nr. 1005 VV RVG verdienen. Diese beträgt zw. 40 und 460 EUR. Eine vergleichbare Vorschrift enthielt die BRAGO nicht. Statt dessen erhöhte sich der Gebührenrahmen gem. § 116 Abs. 4 BRAGO um 50%.

Nr.	Gebührentatbestand	Gebühr oder Satz der Gebühr nach § 13 RVG
3205	Terminsgebühr in Verfahren vor den Landessozialgerichten, in denen Betragsrahmengebühren entstehen (§ 3 RVG)	20,00 bis 380,00 EUR
	Die Anmerkung zu Nummer 3106 gilt entsprechend.	

1 Allgemeines. Bemessen sich die Gebühren des RA im Verf. vor dem LSG nach dem Gegenstandswert, verdient dieser die gleichen Gebühren wie im Berufungsverfahren in einer Zivilrechtsstreitigkeit. Ist das GKG hingegen nicht anwendbar, erhält der RA Betragsrahmengeb. nach § 3 RVG (vgl. hierzu Nr. 3102 VV RVG Anm. 1).

2 Im Gegensatz zu § 116 Abs. 2 BRAGO erhält der RA nach dem RVG sowohl eine Verfahrens- als auch eine **Terminsgebühr**, sofern ein Termin zur mündl. Verhandlung stattgefunden hat oder ein Fall der Nr. 3106 Abs. 1-3 VV RVG gegeben ist (Nr. 3106 VV RVG Anm. 2-4). Vor dem LSG beträgt die Terminsgeb. zw. 20 und 380 EUR (Mittelgebühr 200 EUR). Sie wird damit ggü. der ersten Instanz nicht erhöht (Nr. 3106 VV RVG). Die Terminsgeb. entsteht nach allg. Grundsätzen (Vorbem. 3 VV RVG Anm. 9-12). Wird ohne mündl. Verhandlung entschieden, muss der RA nicht zum Termin anreisen. Ein dadurch entstehender geringer Aufwand ist bei der Bestimmung der Gebühr nach § 14 Abs. 1 RVG zu berücksichtigen. Zusätzlich kann eine Einigungsgeb. nach Nr. 1007 VV RVG entstehen (Mayer/Kroiß Rn. 14 zu Nrn. 3206-3213 VV RVG).

Unterabschnitt 2. Revision

Vorbemerkung 3.2.2:
Dieser Unterabschnitt ist auch auf die in Vorbemerkung 3.2.1 Abs. 1 genannten Verfahren anzuwenden, wenn sich die Parteien nur durch einen beim Bundesgerichtshof zugelassenen Rechtsanwalt vertreten lassen können.

1 Der RA verdient in der dritten Instanz die Gebühren nach Teil 3 Abschnitt 2 Unterabschnitt 2 VV RVG (Nr. 3206 bis 3213 VV RVG). Wie in der ersten und zweiten Instanz kann er im Revisionsverfahren ua eine Verf.-, Termins- sowie Einigungsgebühr verdienen. Nach § 15 Abs. 2 S. 2 RVG ist das Revisionsverf. eine eigene Angelegenheit, weshalb die Gebühren gesondert entstehen. Wird die Sache auf die Revision an ein untergeordnetes Gericht zurückverwiesen, ist das weitere Verf. vor diesem gem. § 21 Abs. 1 RVG ein neuer Rechtszug (vgl. hierzu § 21 RVG Anm. 2; Kroiß RVG-Letter 2004, 88).

2 Der Unterabschnitt 1 bestimmt die Gebühren für das Berufungsverfahren sowie für die einem Berufungsverfahren vergleichbaren Beschwerde- und Rechtsbeschwerdeverfahren. Nach Vorbem. 3.2.1 Abs. 2 VV RVG entstehen in diesen Verf. die für das Revisionsverfahren bestimmten Gebühren, sofern sich die Parteien in diesen Verf. nur durch einen beim BGH zugelassenen RA vertreten lassen können (Vorbem. 3.2.1 VV RVG Anm. 10). Insoweit dient die Vorbem. 3.2.2 nur der Klarstellung.

Nr.	Gebührentatbestand	Gebühr oder Satz der Gebühr nach § 13 RVG
3206	Verfahrensgebühr, soweit in Nummer 3212 nichts anderes bestimmt ist	1,6

1 Allgemeines. Das Revisionsverfahren ist nach § 15 Abs. 2 S. 2 RVG gebührenrechtlich eine eigene Angelegenheit. Es beginnt mit der Einlegung der Revision bzw. der Entgegennahme der

Revisionsschrift der Gegenseite im Auftrag des Mandanten. Legen beide Seiten Revision ein und werden die Verf. miteinander verbunden, liegt nur eine Angelegenheit vor. Die Gebühren entstehen in diesem Fall aus den zusammengerechneten Werten nur einmal (LG Berlin JurBüro 1988, 462). § 19 RVG legt fest, welche Tätigkeiten zum Rechtszug gehören. Wird hingegen das Berufungsurteil aufgehoben und die Sache zur weiteren Entscheidung zurückverwiesen und sodann gg. das zweite Berufungsurteil wiederum Revision eingelegt, liegen verschiedene Angelegenheiten vor. Der RA verdient in diesem Fall die Gebühren gesondert, ohne dass eine Anrechnung vorgesehen ist (Schneider/Mock § 15 Rn. 43). Auch der erstinstanzliche Anwalt kann die Gebühr nach Nr. 3206 VV RVG verdienen, sofern er auftragsgemäß eine Tätigkeit im Revisionsverf. ausübt (Rehberg/Xanke unter 1.1.1 zu „Revision" mwN). Für den Fall der vorzeitigen Auftragsbeendigung sehen die Nrn. 3207 sowie 3209 VV RVG eine Gebührenermäßigung vor.

2 Für seine Tätigkeit im Revisionsverfahren erhält der RA grds. eine **1,6 Gebühr** wie im Berufungsverfahren nach Nr. 3200 VV RVG. Dies entspricht § 11 Abs. 2 S. 4 BRAGO, der sowohl für das Berufungs- als auch für das Revisionsverfahren eine Gebührenerhöhung um 3/10 vorsah. Soweit sich eine Partei im Revisionsverfahren nur durch einen beim BGH zugelassenen Anwalt vertreten lassen kann, was im Hinblick auf § 78 Abs. 1 S. 4 ZPO der Regelfall ist, entsteht eine 2,3 Verfahrensgeb. gem. Nr. 3208 VV RVG.

3 Wann ein **Revisionsverfahren** vorliegt, regeln die Prozessgesetze, so zB die §§ 542ff. ZPO, die §§ 72ff. ArbGG sowie die §§ 143ff. VwGO. Die Gebühr entsteht, wenn der RA die zu vergütende Tätigkeit in einem Revisionsverfahren vorgenommen hat. Es kann sich auch um eine Einzeltätigkeit handeln, soweit Teil 3 Abschnitt 4 V RVG keine Sonderregelung enthält. Zum Entstehen der Verfahrensgeb. allgemein vgl. Vorbem. 3 VV RVG Anm. 3ff., auf den zwecks Vermeidung v. Wiederholungen verwiesen wird. Verdient der RA im Verf. vor dem BSG Betragsrahmengeb., enthält Nr. 3212 VV RVG eine bes. Gebührenvorschrift.

Nr.	Gebührentatbestand	Gebühr oder Satz der Gebühr nach § 13 RVG
3207	**Vorzeitige Beendigung des Auftrags:** **Die Gebühr 3206 beträgt** Die Anmerkung zu Nummer 3201 gilt entsprechend.	1,1

1 Bei **vorzeitiger Beendigung** eines Auftrags verdient der RA wie im Berufungsverfahren **lediglich eine 1,1 Verfahrensgebühr**. Wann eine vorzeitige Beendigung vorliegt, ergibt sich aus Nr. 3201 Nr. 1, 2 VV RVG, der entspr. gilt. Die Vorschrift entspricht § 32 BRAGO sowie der Regelung für die erste und zweite Instanz. Auf die Komm. zu Nr. 3201 VV RVG Anm. 1ff. wird verwiesen. Eine vorzeitige Beendigung des Auftrags in der Revisionsinstanz ist insbes. dann denkbar, wenn der Auftrag zur Einlegung der Revision zurückgezogen wird, bevor der Anwalt Revision einlegen konnte. Können sich die Parteien im Revisionsverfahren nur durch einen beim BGH zugelassenen Anwalt vertreten lassen, entsteht im Falle der vorzeitigen Beendigung des Auftrags eine 1,8 Verfahrensgeb. nach Nr. 3209 VV RVG.

2 Soweit lediglich nach **§ 278 Abs. 6 ZPO** beantragt wird, eine Einigung der Parteien oder mit Dritten über in diesem Verf. nicht rechtshängige Ansprüche zu Protokoll zu nehmen oder soweit Verhandlungen über solche Ansprüche geführt werden, verringert sich ebenfalls die Gebühr nach Nr. 3201 Nr. 2 VV RVG, der entspr. gilt (vergleichbar mit § 32 Abs. 2 BRAGO). In diesem Fall wird die Gebühr nach dem Wert der nicht rechtshängigen Ansprüche auf die Verfahrensgeb. angerechnet, die wg. desselben Gegenstandes in einem anderen Verf. entsteht (Nr. 3201 VV RVG Anm. 4).

3 Erklärt der RA das Antragsgegners nach § 566 Abs. 1 S. 1 Nr. 1, Abs. 2 S. 4 ZPO die **Einwilligung zur Sprungrevision**, ist diese Erklärung nicht ggü. dem Gericht, sondern ggü. dem gegnerischen

Anwalt abzugeben. Es handelt sich hierbei um keinen Sachvortrag, weshalb die Erklärung nicht durch einen beim BGH zugelassenen Anwalt erfolgen muss. Mit der Erklärung der Einwilligung verdient der Anwalt damit nur eine 1,1 Verfahrensgeb. (Gerold/Schmidt Rn. 3 zu Nr. 3207 VV RVG mwN).

Nr.	Gebührentatbestand	Gebühr oder Satz der Gebühr nach § 13 RVG
3208	**Im Verfahren können sich die Parteien nur durch einen beim Bundesgerichtshof zugelassenen Rechtsanwalt vertreten lassen:** Die Gebühr 3206 beträgt	2,3

Übersicht

Vertretung durch einen beim BGH zugelassenen Rechtsanwalt	1
Höhe der Verfahrensgebühr	2
Entsprechende Geltung der Nr. 3208 VV RVG	3
Höhe der weiteren Gebühren	4

1 Vor dem BGH besteht Anwaltszwang. Daher regelt § 78 Abs. 1 S. 4 ZPO, dass sich die Parteien vor dem BGH durch einen bei diesem zugelassenen RA vertreten lassen müssen. Eine BGH-Zulassung ist auch für die Einlegung einer Rechtsbeschwerde zum BGH erforderlich (BGH NJW 2002, 2181). Ausnahmsweise kein Anwaltszwang herrscht vor dem BGH als Disziplinargericht (BGH MDR 1989, 257). Zum Anwendungsbereich der Vorschrift vgl. Gerold/Schmidt Rn. 4ff. zu Nr. 3208 VV RVG.

2 Nach Nr. 3208 VV RVG entsteht für die Vertretung durch einen beim BGH zugelassenen RA eine 2,3 Verfahrensgeb. Diese Regelung entspricht dem bisherigen § 11 Abs. 1 S. 5 BRAGO. Voraussetzung für den erhöhten Gebührenrahmen ist, dass ein beim BGH zugelassener RA tätig werden **musste**. Hätte der Mandant auch irgendeinen anderen RA beauftragen können (zB in FGG-Sachen), entsteht nur eine Verfahrensgeb. nach Nr. 3206 VV RVG (Hartung/Römermann VV Teil 3 Rn. 125). Mit der erhöhten Gebühr soll den höheren Anforderungen, die im Revisionsverf. an den BGH-Anwalt gestellt werden, Rechnung getragen werden (Mayer/Kroiß Rn. 5 zu Nrn. 3206-3213 VV RVG).

3 Nr. 3208 VV RVG gilt entspr. für die in Vorbem. 3.2.1 Abs. 1 VV RVG genannten Verf. (vgl. Vorbem. 3.2.1 Abs. 1 VV RVG Anm. 1-9). Dies ergibt sich aus Vorbem. 3.2.1 Abs. 2 VV RVG. Soweit damit in den in Abs. 1 genannten Verf. eine Vertretung durch einen beim BGH zugelassenen RA erfolgen muss, erhält dieser eine 2,3 Verfahrensgeb. nach Nr. 3208 VV RVG.

4 Im Revisionsverf. können neben der Verfahrensgeb. u. a. eine Termins- bzw. Einigungsgeb. entstehen. Diese erhöhen sich für den beim BGH zugelassenen Anwalt nicht. So beträgt die Terminsgebühr nach Nr. 3210f. VV RVG 1,5 bzw. 0,8 und die Einigungsgeb. nach Nr. 1004, 1000 VV RVG 1,3 bzw. 1,5 (Gerold/Schmidt Rn. 3, 12 zu Nr. 3208 VV RVG).

Nr.	Gebührentatbestand	Gebühr oder Satz der Gebühr nach § 13 RVG
3209	**Vorzeitige Beendigung des Auftrags, wenn sich die Parteien nur durch einen beim Bundesgerichtshof zugelassenen Rechtsanwalt vertreten lassen können:** Die Gebühr 3206 beträgt	1,8
	Die Anmerkung zu Nummer 3201 gilt entsprechend.	

1 Nr. 3208 VV RVG entspricht der Nr. 3207 bzw. Nr. 3201 VV RVG und gilt für Revisionsverfahren vor dem BGH. Erfasst werden auch Verf. über eine unzulässige Revision, auf Zulassung der Sprung-revision sowie die in Vorbem. 3.2.1 Abs. 1 VV RVG genannten Rechtsbeschwerden zum BGH (Gerold/Schmidt Rn. 4f., 7 zu Nr. 3208 VV RVG). Können sich Parteien nur durch einen **beim BGH zugelassenen** RA vertreten lassen (§ 78 Abs. 1 S. 4 ZPO) und **endet der Auftrag vorzeitig**, erhält der RA eine 1,8 Verfahrensgeb. Wann eine vorzeitige Beendigung vorliegt, ergibt sich aus Nr. 3201 Nr. 1, 2 VV RVG, der entspr. gilt. Auf die Komm. zu Nr. 3201 VV RVG Anm. 1ff. wird verwiesen. Die weiteren Gebühren (zB Termins- oder Einigungsgeb.) werden nicht nach Nr. 3208 VV RVG erhöht (vgl. Nr. 3208 VV RVG Anm. 4), sie werden von der Regelung der Nr. 3209 VV RVG nicht erfasst (Gerold/Schmidt Rn. 12 zu Nr. 3209 VV RVG).

2 Soweit lediglich beantragt wird, eine Einigung der Parteien oder mit Dritten über nicht in diesem Verf. rechtshängige Ansprüche zu Protokoll zu nehmen oder soweit Verhandlungen über solche Ansprüche geführt werden, **reduziert** sich die Gebühr ebenfalls auf 1,8 (vergleichbar mit § 32 Abs. 2 BRAGO). In diesem Fall wird die Gebühr nach dem Wert der nicht rechtshängigen Ansprüche auf die Verfahrensgeb. angerechnet, die wg. desselben Gegenstandes in einem anderen Verf. entsteht (Nr. 3201 VV RVG Anm. 4).

Nr.	Gebührentatbestand	Gebühr oder Satz der Gebühr nach § 13 RVG
3210	**Terminsgebühr, soweit in Nummer 3213 nichts anderes bestimmt ist** Die Anmerkung zu Nummer 3104 gilt entsprechend.	1,5

1 Sowohl in der ersten (Nr. 3104 VV RVG) als auch in der zweiten Instanz (Nr. 3202 VV RVG) entsteht die Terminsgeb. (hierzu iE Vorbem. 3 VV RVG Anm. 9-12) mit einem Wertansatz v. **1,2**. In der Revisionsinstanz ist wg. der bes. Bedeutung und wg. der an eine Revision gestellten hohen Anforderungen eine 1,5 Gebühr vorgesehen (Mayer/Kroiß Rn. 5 zu Nrn. 3206-3213 VV RVG). Können sich die Parteien im Revisionsverfahren nur durch einen beim BGH zugelassenen RA vertreten lassen, ist eine Erhöhung der Terminsgeb. nicht vorgesehen (wie bisher in § 11 Abs. 2 S. 5 BRAGO; hierzu Mayer RVG-Letter 2004,88). Soweit im Verf. vor dem BSG Betragsrahmengeb. nach § 3 RVG entstehen, verdient der RA eine Terminsgeb. nach Nr. 3213 VV RVG.

2 Die **Anm. zu Nr. 3104 VV RVG gilt entsprechend.** Damit wird iE geregelt, dass die Terminsgeb. auch in den genannten Fällen ohne mündl. Verhandlung entsteht. Wird lediglich beantragt, eine Einigung der Parteien oder mit Dritten über nicht rechtshängige Ansprüche zu Protokoll zu nehmen, entsteht die Terminsgeb. nicht. Wegen der Einzelheiten wird auf Nr. 3104 VV RVG Anm. 2ff. Bezug genommen.

Nr.	Gebührentatbestand	Gebühr oder Satz der Gebühr nach § 13 RVG
3211	**Wahrnehmung nur eines Termins, in dem der Revisionskläger nicht ordnungsgemäß vertreten ist und lediglich ein Antrag auf Versäumnisurteil oder zur Prozess- oder Sachleitung gestellt wird:** **Die Gebühr 3210 beträgt** Die Anmerkung zu Nummer 3105 und Absatz 2 der Anmerkung zu Nummer 3202 gelten entsprechend.	0,8

1 Ist der Revisionskläger im Verhandlungstermin nicht oder nicht ordnungsgemäß vertreten und stellt der RA des Revisionsbeklagten daraufhin lediglich einen **Antrag auf Erlass eines VU oder zur Prozess- oder Sachleitung**, entsteht nach Nr. 3211 VV RVG eine **reduzierte 0,8 Terminsgebühr**. Die Vorschrift setzt nur die nicht ordnungsgemäße Vertretung des Revisionsklägers voraus und nicht dessen Nichterscheinen (Mayer/Kroiß Rn. 5 zu Nrn. 3206-3213 VV RVG). Sie entspricht Nr. 3105 VV RVG für die erste und Nr. 3203 VV RVG für die zweite Instanz. Allerdings entsteht in den unteren Instanzen nur eine 0,5 Gebühr. Die erhöhte Gebühr in der Revisionsinstanz wird der bes. Bedeutung und der an eine Revision gestellten hohen Anforderungen gerecht. Die verminderte Terminsgeb. ist allerdings wie bereits in § 33 Abs. 1 S. 2 Nr. 2 BRAGO auf die Fälle beschränkt, in denen der Revisionskläger säumig ist. Der Termin im umgekehrten Fall, in welchem der Revisionsbeklagte nicht erscheint, stellt an den RA des Revisionsklägers größere Anforderungen. In diesem Fall wäre eine reduzierte Terminsgeb. nicht gerechtfertigt (vgl. hierzu ausführlich Nr. 3203 VV RVG Anm. 1).

2 Nach der Anm. zu Nr. 3211 VV RVG gelten **Nr. 3105 Abs. 1-3 VV RVG entsprechend**. Damit entsteht die 0,8 Terminsgebühr. auch, wenn das Gericht bei Säumnis lediglich Entscheidungen zur Prozess- oder Sachleitung vAw trifft bzw. eine Entscheidung gem. § 331 Abs. 3 ZPO ergeht. Darüber hinaus entsteht die 0,8 Terminsgeb. auch in den in Nr. 3104 Abs. 1 VV RVG genannten Fällen. § 333 ZPO ist nicht entspr. anzuwenden (ausführlich Nr. 3105 VV RVG Anm. 1ff. sowie Nr. 3104 VV RVG Anm. 1-6 sowie Gerold/Schmidt Rn. 2 zu Nr. 3211 VV RVG mwN).

3 Auch **Nr. 3202 Abs. 2 VV RVG gilt entsprechend**. Diese Vorschrift betrifft die Entscheidungen des Finanzgerichts durch Gerichtsbescheid (vgl. Nr. 3202 VV RVG Anm. 3). In diesen Verf. entsteht ebenfalls eine 0,8 Terminsgeb.

Nr.	Gebührentatbestand	Gebühr oder Satz der Gebühr nach § 13 RVG
3212	Verfahrensgebühr für Verfahren vor dem Bundessozialgericht, in denen Betragsrahmengebühren entstehen (§ 3 RVG)	80,00 bis 800,00 EUR

1 Vor dem **Bundessozialgericht müssen** sich die Beteiligten, soweit es sich nicht um Behörden oder Körperschaften des öffentlichen Rechts oder Anstalten des öffentlichen Rechts handelt, durch Prozessbev. **vertreten** lassen (§ 166 Abs. 1 SGG).

2 Sofern in der Revisionsinstanz Betragsrahmengeb. nach § 3 RVG entstehen (Nr. 3102 VV RVG Anm. 1, 2), betragen diese zw. 80 und 800 EUR (Mittelgeb. 440 EUR). Diese **Verfahrensgebühr** ist ggü. der Gebühr für die zweite Instanz nach Nr. 3204 VV RVG angemessen erhöht. Für das Entstehen der Verfahrensgeb. gelten die allg. Grundsätze (Vorbem. 3 VV RVG Anm. 3ff.). Wegen der Einzelheiten wird auf die Komm. zu Nr. 3102 VV RVG Bezug genommen. Der Abschluss einer Gebührenvereinbarung (§ 4 RVG) ist auch im Verf. vor dem BSG zulässig (Rehberg/Xanke 1.1 zu „Sozialgerichtssachen").

Nr.	Gebührentatbestand	Gebühr oder Satz der Gebühr nach § 13 RVG
3213	Terminsgebühr in Verfahren vor dem Bundessozialgericht, in denen Betragsrahmengebühren entstehen (§ 3 RVG) Die Anmerkung zu Nummer 3106 gilt entsprechend.	40,00 bis 700,00 EUR

1 Vor dem **Bundessozialgericht müssen** sich die Beteiligten, soweit es sich nicht um Anstalten oder Körperschaften des öffentlichen Rechts oder Behörden handelt, durch Prozessbev. **vertreten** lassen (§ 166 Abs. 1 SGG).

2 Sofern in der Revisionsinstanz Betragsrahmengeb. nach § 3 RVG entstehen (Nr. 3102 VV RVG Anm. 1), beträgt die **Terminsgebühr** zw. 40 und 700 EUR und ist damit ggü. den Terminsgeb. im Berufungsverfahren nach Nr. 3205 VV RVG nahezu verdoppelt. Die Terminsgeb. fällt an, sofern ein Termin zur mündl. Verhandlung stattgefunden hat oder ein Fall der Nr. 3106 Abs. 1-3 VV RVG gegeben ist (Nr. 3106 VV RVG Anm. 2-4). Findet das GKG Anwendung, verdient der RA die gleiche Wertgeb. als Terminsgeb. wie in Zivilrechtsstreitigkeiten. Für das Entstehen der Terminsgeb. gelten die allg. Grundsätze (Vorbem. 3 VV RVG Anm. 9-12). Die Anm. zu Nr. 3106 VV RVG gilt entspr.

Abschnitt 3. Gebühren für besondere Verfahren

Unterabschnitt 1. Besondere erstinstanzliche Verfahren

Vorbemerkung 3.3.1:
Die Terminsgebühr bestimmt sich nach Abschnitt 1.

1 Während Abschnitt 1 v. Teil 3 des VV RVG die Gebühren des ersten Rechtszugs und Abschnitt 2 die Gebühren verschiedener Rechtsmittelverfahren regelt, fasst Abschnitt 3 in insgesamt 6 Unterabschnitten die Gebühren für bes. Verf. zusammen. Unterabschnitt 1 ist bes. erstinstanzlichen Verf. gewidmet.

2 Am 01.01.2005 ist das **Anhörungsrügengesetz** in Kraft getreten (BGBl I Nr. 66, S. 3220). Mit diesem Gesetz hat der Gesetzgeber auch Änderungen im RVG sowie im Vergütungsverzeichnis vorgenommen. Im Zuge dieser Novellierung wurde die Vorbem. 3.3.1. in das Gesetz eingefügt. Diese Vorschrift hat die Nr. 3304 VV RVG entbehrlich gemacht. Sie wurde gestrichen.

3 Die Vorbem. 3.3.1. VV RVG legt fest, dass sich in den durch Unterabschnitt 1 des Abschnitts 3 geregelten besonderen erstinstanzlichen Verf. die Terminsgebühr nach Abschnitt 1 bestimmt. Dies sind Verfahren über einen Antrag nach § 115 Abs. 2 S. 2 und 3, § 118 Abs. 1 S. 3 und nach § 121 GWB (hierzu Nr. 3300 VV RVG Anm. 3). Findet in diesen Verf. eine mündliche Verhandlung statt, entsteht eine Terminsgebühr nach Nr. 3104 VV RVG (hierzu Nr. 3104 VV RVG Anm. 1ff.). Eine Terminsgebühr entsteht auch dann, wenn der Anwalt an einer Besprechung mitwirkt, mit welcher das Verf. erledigt oder vermieden werden soll, ohne dass das Gericht an dieser teilnimmt (Vorbem. 3 VV RVG Anm. 9).

Nr.	Gebührentatbestand	Gebühr oder Satz der Gebühr nach § 13 RVG
3300	**Verfahrensgebühr für das Verfahren über einen Antrag nach § 115 Abs. 2 Satz 2 und 3, § 118 Abs. 1 Satz 3 oder nach § 121 GWB**	2,3

Übersicht

1 Nach Vorbem. 3.3.1 VV RVG bestimmt sich die Terminsgebühr in den durch Unterabschnitt 1 des Abschnitts 3 geregelten bes. erstinstanzlichen Verf. nach Abschnitt 1. Damit kann in diesen Verf. eine Terminsgebühr nach Nr. 3104 VV RVG entstehen (Vorbem. 3.3.1 VV RVG Anm. 3). Demgegenüber ist die Verfahrensgeb. in den Nrn. 3300 bis 3302 VV RVG geregelt.

2 Nr. 3300 VV RVG sieht in bestimmten kartellrechtlichen Verf. eine **2,3 Verfahrensgebühr** vor. Die Vorschrift entspricht § 65a S. 2, 3 BRAGO. Nach dieser Vorschrift hat sich bisher die 13/10 Prozessgebühr des RA um die Hälfte erhöht. Damit hat dieser nach § 65a S. 2, 3 BRAGO eine 19,5/10 Prozessgebühr verdient. Nr. 3300 VV RVG übernimmt dieses Regelung. Da die Verfahrensgeb. nach der Gebührenstruktur des RVG grds. um 0,3 über der derzeitigen Prozessgebühr liegen soll, würde sich eine Gebühr v. 2,25 ergeben, die auf 2,3 aufgerundet wurde. Die Gebührenerhöhung hängt mit Vorbem. 3.2.1 Abs. 1 Nr. 4 VV RVG zusammen, wonach der RA in Beschwerde- und Rechtsbeschwerdeverfahren nach dem GWB die erhöhten Gebühren für das Berufungsverfahren erhält (Vorbem. 3.2.1 VV RVG Anm. 6). Diese Verfahrensgeb. entsteht für das Betreiben des Geschäfts einschl. der Information, wobei es ausreicht, dass der RA Informationen entgegennimmt, sobald ihm der Auftrag erteilt worden ist (Vorbem. 3 VV RVG Anm. 3ff.).

3 Nach Nr. 3300 VV RVG verdient der RA in folgenden **kartellrechtlichen Angelegenheiten** eine 2,3 Verfahrensgeb.:

- Verf. nach § 115 Abs. 2 S. 2 GWB über den Antrag, im Vergabeverfahren das Verbot des Zuschlags nach § 115 Abs. 1 GWB durch das Beschwerdegericht wiederherzustellen,
- Antrag beim Beschwerdegericht im Vergabeverfahren, den sofortigen Zuschlag zu gestatten (§ 115 Abs. 2 S. 3 GWG),
- Antrag an das Beschwerdegericht, die aufschiebende Wirkung der sofortigen Beschwerde gg. Entscheidungen der Vergabekammer bis zur Entscheidung über die Beschwerde zu verlängern (§ 118 Abs. 1 S. 3 GWB),
- Verf. über den Antrag auf Vorabentscheidung über den Zuschlag im Vergabeverfahren nach § 121 GWB.

Aktuell hatte sich nun das Kammergericht mit dem Gebührentatbestand der Nr. 3300 VV RVG zu befassen (Beschl. v. 14.2.2005, RVG-Letter 2005, 30ff.). Dieses hat sich auf den Standpunkt gestellt, dass beim Antrag nach § 118 Abs. 1 S. 3 GWB der Gebührensatz der Nr. 3300 VV RVG für die anwaltliche Tätigkeit ☐ im Wege einer teleologischen Reduktion des verfehlten, da zu weit gefassten Wortlauts ☐ anstatt 2,3 nur 0,7 betrage. Dieser Auffassung kann im Hinblick auf den eindeutigen Gesetzeswortlaut nicht gefolgt werden.

4 Erledigt sich der Auftrag **vorzeitig**, verdient der RA eine 1,8 Verfahrensgeb. (Nr. 3301 VV RVG Anm. 1).

Nr.	Gebührentatbestand	Gebühr oder Satz der Gebühr nach § 13 RVG
3301	**Vorzeitige Beendigung des Auftrags in den Fällen der Nummer 3300:**	
	Die Gebühr 3300 beträgt	1,8
	Die Anmerkung zu Nummer 3201 gilt entsprechend.	

1 Nr. 3301 VV RVG übernimmt die Regelung der Nr. 3201 VV RVG für Verf. über Anträge nach § 115 Abs. 2 S. 3 und 3, § 118 Abs. 1 S. 3 sowie § 121 GWB. Bei vorzeitiger Beendigung seines Auftrags erhält der RA eine 1,8 Verfahrensgeb. Wann eine vorzeitige Beendigung vorliegt, regelt Nr. 3201 Nr. 1, 2 VV RVG, der entspr. gilt. Auf die Komm. zu Nr. 3201 VV RVG Anm. 1ff. wird verwiesen.

2 Soweit lediglich beantragt wird, eine Einigung der Parteien zu Protokoll zu nehmen oder soweit Verhandlungen über solche Ansprüche geführt werden, verringert sich die Gebühr der Nr. 3300 VV RVG nach Nr. 3201 Nr. 2 VV RVG, der entspr. gilt (vergleichbar mit § 32 Abs. 2 BRAGO) ebenfalls auf 1,8. Übersteigt in den Fällen der Nr. 3301 iVm Nr. 3201 Nr. 2 VV RVG der sich nach § 15 Abs. 3 RVG ergebende Gesamtbetrag der Verfahrensgebühren die Gebühr nach Nr. 3300 VV RVG, wird der übersteigende Betrag auf eine Verfahrensgeb. angerechnet, die wg. desselben Gegenstandes in einer anderen Angelegenheit entsteht.

Nr.	Gebührentatbestand	Gebühr oder Satz der Gebühr nach § 13 RVG
3302	**Verfahrensgebühr** 1. **für das Verfahren vor dem Oberlandesgericht nach § 16 Abs. 4 des Urheberrechtswahrnehmungsgesetzes und** 2. **für das erstinstanzliche Verfahren vor dem Bundesverwaltungsgericht und dem Oberverwaltungsgericht (Verwaltungsgerichtshof)**	**1,6**

1 Nr. 3302 VV RVG legt in zwei Fällen die Verfahrensgeb. mit einem **Gebührensatz von 1,6** fest. Dies entspricht von der Gebührenhöhe her derjenigen des Berufungsverfahrens.

2 Der RA verdient eine 1,6 Verfahrensgeb. einmal im Verf. vor dem Oberlandesgericht nach § 16 Abs. 4 UrhWahrnG (Nr. 3302 Nr. 1 VV RVG). Bisher entstand für diese Tätigkeit eine 13/10 Gebühr nach § 65b BRAGO. Des Weiteren kann der RA für das erstinstanzliche Verf. vor dem BVerwG und dem OVG bzw. VGH (Nr. 3302 Nr. 2 VV RVG) ebenfalls eine 1,6 Verfahrensgeb. beanspruchen (bisher § 114 Abs. 2 BRAGO).

3 Endet der Auftrag des RA **vorzeitig**, reduziert sich die Gebühr der Nr. 3302 VV RVG auf 1,0 (Nr. 3303 VV RVG).

Nr.	Gebührentatbestand	Gebühr oder Satz der Gebühr nach § 13 RVG
3303	**Vorzeitige Beendigung des Auftrags in den Fällen der Nummer 3302:** **Die Gebühr 3302 beträgt** Die Anmerkung zu Nummer 3201 gilt entsprechend.	**1,0**

1 Endet der Auftrag des RA in Verf. vor dem Oberlandesgericht nach § 16 Abs. 4 UrhWahrnG bzw. im erstinstanzlichen Verf. vor dem BVerwG oder dem OVG bzw. dem VGH vorzeitig, **ermäßigt sich die Verfahrensgebühr auf 1,0**. Wann eine vorzeitige Beendigung vorliegt, ergibt sich aus Nr. 3201 Nr. 1, 2 VV RVG, der entspr. gilt. Auf die Komm. zu Nr. 3201 VV RVG Anm. 1ff. wird verwiesen.

2 Nach Nr. 3303 iVm 3201 Nr. 2 VV RVG liegt eine vorzeitige Beendigung auch dann vor, wenn der RA beantragt, eine **Einigung** der Parteien oder mit Dritten über in diesem Verf. nicht rechtshängige Ansprüche zu Protokoll zu nehmen oder festzustellen, oder soweit lediglich Verhandlungen zur Einigung über solche Ansprüche geführt werden (vergleichbar mit § 32 Abs. 2 BRAGO). Übersteigt in den Fällen der Nr. 3303 iVm 3201 Nr. 2 VV RVG der sich nach § 15 Abs. 3 RVG ergebende Gesamtbetrag der Verfahrensgebühren die Gebühr nach Nr. 3302 VV RVG, wird der übersteigende Betrag auf eine Verfahrensgeb. angerechnet, die wg. desselben Gegenstandes in einer anderen Angelegenheit entsteht.

Nr.	Gebührentatbestand	Gebühr oder Satz der Gebühr nach § 13 RVG
3304	(weggefallen)	

Unterabschnitt 2. Mahnverfahren

Vorbemerkung 3.3.2:
Die Terminsgebühr bestimmt sich nach Abschnitt 1.

1 Der Unterabschnitt 2 des Abschnitts 3 VV RVG regelt die Gebühren des RA im Mahnverfahren. Diese Gesetzesbestimmungen lösen den bisherigen § 43 BRAGO ab, übernehmen seine Inhalte jedoch im Wesentlichen. Auch die Höhe der Gebühren wird nur geringfügig geändert. Am 01.01.2005 ist nun das **Anhörungsrügengesetz** in Kraft getreten (BGBl I S. 3220). Mit diesem Gesetz hat der Gesetzgeber auch Änderungen im RVG sowie im Vergütungsverzeichnis vorgenommen. Im Zuge dieser Novellierung wurde dem Unterabschnitt 2 des Abschnitts 3 VV RVG die Vorbem. 3.3.2 VV RVG vorangestellt.

2 Die Vorbem. 3.3.2 VV RVG beinhaltet eine wichtige **Änderung im Mahnverfahren**. Bisher war unklar, ob im **Mahnbescheidsverfahren** überhaupt eine **Terminsgebühr** entstehen kann. Dies wurde zB verneint von Gerold/Schmidt, Nrn. 3305-3308 VV RVG Rn. 68 sowie von Gebauer/Schneider Nrn. 3305☐3306 VV RVG, Rn. 17). Im Hinblick auf diese Literaturmeinungen wollte der Gesetzgeber klarstellen, dass auch im Mahnverfahren eine Terminsgebühr entstehen kann (hierzu auch Kroiß RVG-Letter 2005, 6 mwN). Denkbar ist zB der Fall, dass der Anwalt den Auftrag erhält, einen Mahnbescheid zu beantragen. Wirkt er sodann an einer Besprechung zur Vermeidung oder Erledigung des Verfahrens ohne Beteiligung des Gerichts mit, kann er nach der Vorbem. 3 Abs. 3 VV RVG eine Terminsgebühr verdienen (Vorbem. 3 VV RVG Anm. 9). Nach Vorbem. 3.3.2. VV RVG bestimmt sich diese nach Abschnitt 1. Der Anwalt verdient damit eine Terminsgebühr nach Nr. 3104 VV RVG.

3 Voraussetzung für das Entstehen der Terminsgebühr nach Vorbem. 3.3.2 ist, dass der Anwalt bereits einen Auftrag für das Mahnverfahren erhalten hat (Gebauer/Schneider Vorbem. 3 VV RVG Rn. 128). Ein Mahnbescheidsantrag muss noch nicht eingereicht worden sein (Hansens RVGreport 2005, 84). Andernfalls entsteht für das Führen einer Besprechung zur Vermeidung oder Erledigung des Verfahrens eine Geschäftsgebühr nach Nr. 2400 VV RVG. Auch der **Anwalt des Antragsgegners** kann durch die Teilnahme an derartigen Verhandlungen eine Terminsgebühr verdienen, sofern bereits ein Mahnbescheidsantrag zugestellt worden ist. Andernfalls greift Nr. 2400 VV RVG (Hansens RVGreport 2005, 86). Hat der Anwalt seinen Mandanten zunächst im Mahnverfahren und anschließend im str. Verfahren vertreten, kann er eine zweite Terminsgebühr verdienen, da nach § 17 Nr. 2 RVG das Mahnverfahren und das str. Verfahren verschiedene Angelegenheiten sind (Hansens RVGreport 2005, 87). Eine der Anm. zu Nr. 3305 VV RVG vergleichbare Anrechnungsvorschrift fehlt für die Terminsgebühr. Hansens (aaO S. 89) weist allerdings darauf hin, dass es mit der Kostenfestsetzung der neuen Terminsgebühr nach Vorbem. 3.3.2 VV RVG praktische Probleme geben wird und die Gerichte gefordert sind, sich mit der neuen Problematik auseinander zu setzen.

Nr.	Gebührentatbestand	Gebühr oder Satz der Gebühr nach § 13 RVG
3305	**Verfahrensgebühr für die Vertretung des Antragstellers** Die Gebühr wird auf die Verfahrensgebühr für einen nachfolgenden Rechtsstreit angerechnet.	1,0

Übersicht

1 Während die Vorbem. 3.3.2 VV RVG klarstellt, dass der Anwalt auch im Mahnverfahren eine Terminsgeb. verdienen kann (s. dort Anm. 2), regeln die Nrn. 3305 bis 3308 VV RVG die Modalitäten des Entstehens einer **Verfahrensgebühr im Mahnverfahren**.

2 Nach Nr. 3305 VV RVG entsteht für die Vertretung des Antragstellers im Mahnverfahren eine Verfahrensgeb. mit einem Gebührensatz v. 1,0. Diese Regelung entspricht dem bisherigen § 43 Abs. 1 Nr. 1 BRAGO, wonach der RA eine 10/10 Gebühr für das Verf. über den Antrag auf Erlass des MB in Rechnung stellen konnte. Die Verfahrensgeb. nach Nr. 3305 VV RVG deckt die gesamte Tätigkeit des RA im Mahnverfahren ab □ wie zB das Einreichen des Mahnbescheidsantrags, die Mitteilung des Widerspruchs an den Auftraggeber, die Erledigung von Beanstandungen des Mahngerichts etc. (Hansens JurBüro 2004, 253). Die Geb. entsteht mit der ersten Tätigkeit des Anwalts, die auf den Erlass eines MB gerichtet ist, regelmäßig also durch die Entgegennahme der erforderlichen Informationen nach Mandatserteilung (Mayer/Kroiß Nr. 3305 VV RVG Rn. 5). Sie bleibt bestehen, wenn der Antrag zurückgenommen oder zurückgewiesen wird (Rehberg/Xanke zu „Mahnverfahren" unter 2.1). Lediglich für die Stellung des Antrags auf Erlass eines Vollstreckungsbescheids entsteht nach Nr. 3308 VV RVG eine weitere 0,5 Verfahrensgeb. Verdient wird die Gebühr mit der Einreichung des Antrags, unabhängig davon, ob dieser später wieder zurückgenommen oder zurückgewiesen wird. Wird der Rechtsanwalt erst nach Erlass des Mahnbescheids im Mahnverfahren tätig, erhält er gleichwohl eine 1,0 Gebühr nach Nr. 3305 VV RVG (Schmidt RVGreport 2004, 51; Gerold/Schmidt Rn. 8 zu Nrn. 3305-3308 VV RVG). Gleiches gilt, wenn der Anwalt nach Antragstellung tätig wird und zB einen Neuzustellungsantrag für den MB stellt (Bischof/Jungbauer Teil 3 VV RVG S. 575). Fällt die Wirkung des Mahnbescheids nach § 701 ZPO weg und beantragt der RA einen neuen MB, handelt es sich um zwei Angelegenheiten mdF, dass die Gebühren und Auslagen für ein weiteres Mahnverfahren entstehen (Schmidt RVGreport 2004, 51 mwN). Hat der RA den Antrag auf Erlass des MB nicht gestellt, aber nach Widerspruchseinlegung durch den Antragsgegner die Abgabe des Verf. an das Prozessgericht beantragt, verdient er dadurch die Verfahrensgeb. nach Nr. 3305 VV RVG (OLG Frankfurt AnwBl 1999, 413).

3 Die Verfahrensgeb. nach Nr. 3305 wird □ wie bisher □ auf die Verfahrensgeb. für einen nachfolgenden Rechtsstreit angerechnet (Anm. zu Nr. 3305 VV RVG), wobei der „nachfolgende Rechtsstreit" immer nur die 1. Instanz ist und nicht eine höhere (Mayer/Kroiß Nr. 3305 VV RVG Rn. 9 mwN). Hieraus folgt, dass es sich um jew. gebührenrechtlich verschiedene Angelegenheiten handelt (§ 17 Nr. 2 RVG). Das hat zur Folge, dass die Auslagenpauschale nach Nr. 7002 VV RVG (bisher § 26 S. 2 BRAGO) zweimal anfällt, was bisher umstritten war (vgl. die Nachweise bei Schneider/Mock § 14 Rn. 1; so nun aber BGH RVG-Letter 2004, 104 = RVGreport 2004, 347). Obwohl eine der Vorbem. 3 Abs. 4 S. 3 VV RVG entspr. Regelung fehlt, erfolgt eine Anrechnung nur nach dem Wert des Gegenstandes, der in das gerichtliche Verfahren übergegangen ist (Schneider/Mock § 14 Rn. 18; Hergenröder RVGreport 2004, 364). Ist der Streitwert des Rechtsstreits höher als der des Mahnverfahrens, kann der Anwalt nur die höhere Gebühr verlangen (Mayer/Kroiß Nr. 3305 VV RVG Rn. 14). Eine Anrechnung scheidet aus, wenn zwischen dem Rechtsstreit und dem Mahnverfahren eine erhebliche Zeitspanne liegt; § 15 Abs. 5 S. 2 RVG wird analog angewandt (OLG München JurBüro 2000, 469; Mayer/Kroiß Nr. 3305 VV RVG Rn. 10).

4 War der RA vor dem Mahnverfahren wg. desselben Gegenstandes für den Mandanten tätig, ist die insoweit entstandene Geschäftsgebühr (Nr. 2400 VV RVG) nach Vorbem. 3 Abs. 4 VV RVG zur Hälfte, höchstens jedoch mit einem Gebührensatz v. 0,75% auf die Verfahrensgeb. nach Nr. 3305 VV RVG anzurechnen (Bischof/Jungbauer Teil 3 VV RVG S. 578).

5 Vertritt der RA mehrere Antragsteller, erhält er nach § 7 RVG die Gebühren nur einmal. Diese erhöhen sich indes nach Nr. 1008 VV RVG für jede weitere Person um 0,3 bis zur Maximalerhöhung v. 2,0 nach Nr. 1008 Abs. 3 VV RVG. Im Gegensatz zu der bisherigen Regelung in § 6 BRAGO wird nach Nr. 1008 VV RVG jede Gebühr unabhängig v. ihrem Gebührensatz um 0,3 erhöht. Entsteht eine Gebühr 1,0 erhöht sich diese auf 1,3; eine Gebühr v. 0,5 erhöht sich auf 0,8. Da eine der Vorbem. 3 Abs. 4 VV RVG entsprechende Regelung fehlt, ist die volle Geb. □ einschließlich der Erhöhungsgeb. □ auf die Verfahrensgeb. für den nachfolgenden Rechtsstreit anzurechnen. Ist die Verfahrensgeb. des nachfolgenden Rechtsstreits geringer (es sind zB mehrere AG zum Wegfall gekommen), kann nur eine Anrechnung in der Höhe erfolgen, in welcher eine Verfahrensgeb. im Prozess entsteht.

6 Erledigt sich der Auftrag, bevor der RA den verfahrenseinleitenden Antrag eingereicht hat, entsteht nach Nr. 3306 VV RVG eine 0,5 Verfahrensgeb.

7 Das Mahnverfahren ist ein dem gerichtlichen Streitverfahren vorgeschaltetes nichtstreitiges Verf. In diesem kann eine anwaltliche Vertretung keine bes. Rechtswirkungen entfalten. Das Widerspruchsverfahren ist gerichtsgebührenfrei. Aus diesem Grunde hat eine arme Partei im Mahnverfahren weder für die Stellung des Mahnbescheidsantrags noch für die Einlegung des Widerspruchs einen Anspruch auf Beiordnung eines Anwalts (Gebauer/Schneider Nrn. 3305-3306 Rn. 11).

Nr.	Gebührentatbestand	Gebühr oder Satz der Gebühr nach § 13 RVG
3306	**Beendigung des Auftrags, bevor der Rechtsanwalt den verfahrenseinleitenden Antrag eingereicht hat:** Die Gebühr 3305 beträgt	0,5

1 Endet der Auftrag, bevor der RA den verfahrenseinleitenden Antrag eingereicht hat, reduziert sich die Verfahrensgeb. auf 0,5. Die Vorschrift entspricht dem bisherigen § 43 Abs. 3 BRAGO. Voraussetzung ist jedoch, dass der RA den Auftrag erhalten hat, einen MB zu beantragen. Ist dieser lediglich damit beauftragt worden, den Mandanten außergerichtlich zu vertreten, entsteht eine **Geschäftsgebühr nach Nr. 2400 VV RVG**. Hat der Mandant den Mahnbescheidsantrag selbst gestellt und sodann den Anwalt beauftragt, erhält dieser bei vorzeitiger Erledigung ebenfalls nur die reduzierte 0,5 Mahnverfahrensgebühr (Rehberg/Xanke zu „Mahnverfahren" unter 2.3 mwN). Die Vorschrift ist in Zusammenhang mit Nr. 3101 VV RVG zu sehen, wonach bei einer vorzeitigen Auftragsbeendigung im erstinstanzlichen Verf. nur eine reduzierte 0,8 Verfahrensgeb. entsteht.

2 Die **Gründe für die vorzeitige Auftragsbeendigung** sind vielfältig (vgl. iE Nr. 3101 VV RVG Anm. 2) und für das Entstehen der reduzierten Verfahrensgeb. nach Nr. 3306 VV RVG unerheblich. Wichtig ist nur, dass der Auftrag endet, bevor der RA den Mahnbescheidsantrag gestellt hat.

Nr.	Gebührentatbestand	Gebühr oder Satz der Gebühr nach § 13 RVG
3307	**Verfahrensgebühr für die Vertretung des Antragsgegners** Die Gebühr wird auf die Verfahrensgebühr für einen nachfolgenden Rechtsstreit angerechnet.	0,5

Übersicht

1 Nach bisherigem Recht erhielt ein RA für die Vertretung des Antragsgegners im Mahnverfahren nach § 43 Abs. 1 Nr. 2 BRAGO drei Zehntel der vollen Gebühr für die Erhebung des Widerspruchs. Diese Vorschrift wird durch Nr. 3307 VV RVG ersetzt, welche gleichzeitig den Gebührensatz auf 0,5 anhebt. Hintergrund der Gebührenanhebung ist die Tatsache, dass sich die Tätigkeit eines RA, der einen Antragsgegner im Mahnverfahren vertritt, in den seltensten Fällen auf die Einlegung des Widerspruchs beschränkt. Der verantwortungsvoll handelnde RA wird zunächst eine Besprechung mit dem Mandanten durchführen, die Erfolgsaussichten eines Klageverfahrens prüfen, die weitere Vorgehensweise mit dem Mandanten absprechen und etwa bemüht sein, eine gütliche Einigung mit der Gegenseite herbeizuführen. Diesem Arbeitsumfang soll die Erhöhung der Widerspruchsgebühr gerecht werden. Mit der 0,5 Verfahrensgeb. ist die gesamte Tätigkeit des Anwalts bei der Vertretung des Antragsgegners abgegolten (Entgegennahme der Information, Prüfung der Erfolgsaussichten, Einlegung des Widerspruchs etc.; Bischof/Jungbauer Teil 3 VV RVG S. 576). Der Anwalt verdient die Gebühr auch, wenn er im Urkunden- oder Wechselprozess den Widerspruch auf den Vorbehalt der Ausführung der Rechte im Nachverfahren (§ 703a Abs. 2 Nr. 4 ZPO) beschränkt (Rehberg/Xanke zu „Mahnverfahren" unter 3.1).

2 Die Gebühr für die Vertretung des Antragsgegners nach Nr. 3307 VV RVG wird auf die Verfahrensgeb. nach Nr. 3100 VV RVG für einen nachfolgenden Rechtsstreit angerechnet (Anm. zu Nr. 3307 VV RVG). Obwohl eine der Vorbem. 3 Abs. 4 S. 3 VV RVG entspr. Regelung fehlt, ist anzunehmen, dass eine Anrechnung nur nach dem Wert des Gegenstandes erfolgt, der in das gerichtliche Verfahren übergegangen ist (Hergenröder RVGreport 2004, 364; Mayer/Kroiß Nr. 3307 VV RVG Rn. 25; ebenso Rehberg/Xanke zu „Mahnverfahren" unter 3.7). Legt der Prozessbev. des Antragsgegners in dessen Auftrag **Einspruch gegen den Vollstreckungsbescheid** ein, entsteht sogleich die Verfahrensgeb. (München MDR 1992, 617; Hansens RVG-Report 2004, 123).

3 Legt der RA nur gg. einen Teil der mit dem MB geltend gemachten Forderung Widerspruch ein, entsteht die Gebühr auch nur nach dem Teilwert (Schmidt RVGreport 2004, 52; Mayer/Kroiß Rn. 8 zu Nr. 3307 VV RVG). Etwas anderes gilt dann, wenn der RA den Auftrag erhält, gg. den gesamten MB Widerspruch einzulegen und nach einer entspr. Beratung des Mandanten dann doch nur einen Teilwiderspruch einlegt. In diesem Fall entsteht eine Gebühr nach dem Gesamtwert, da die gesamte Tätigkeit des RA abgegolten werden soll (Gerold/Schmidt Rn. 76 zu Nrn. 3305-3308 VV RVG). Dies gilt auch dann, wenn der RA nach entspr. Beratung empfiehlt, keinen Widerspruch einzulegen. Der Gegenstandswert der Widerspruchsgebühr richtet sich allg. nach § 23 RVG nach dem Gegenstand der anwaltlichen Tätigkeit in diesem Verfahrensstadium (hierzu Rehberg/Xanke zu „Mahnverfahren" unter 3.3 mwN).

4 Legt der Antragsgegner den Widerspruch persönlich ein und beauftragt er sodann einen RA, den Widerspruch zurückzunehmen, entsteht eine Verfahrensgeb. nach Nr. 3100 VV RVG (Schmidt RVGreport 2004, 52; OLG München Rpfleger 1986, 167).

5 Legt der RA Widerspruch ein und beantragt gleichzeitig die Durchführung des str. Verf., handelt es sich um einen Sachantrag, der die Verfahrensgeb. nach Nr. 3100 VV RVG entstehen lässt (Mayer/Kroiß Rn. 15 zu Nr. 3307 VV RVG; zur Erstattungsfähigkeit dieser Kosten Schmidt RVGreport 2004, 52 mwN). Legt der RA hingegen Widerspruch ein und beantragt gleichzeitig, die Klage abzuweisen, entsteht keine Verfahrensgeb., sondern nur eine 0,8 Gebühr nach Nr. 3101 VV RVG (str.;

hierzu ausführlich Hansens BRAGOreport 2002, 149). Wird auf den Klageabweisungsantrag hin die Sache alsbald an das Streitgericht abgegeben, so entsteht eine Verfahrensgeb. nach Nr. 3100 VV RVG (OLG Koblenz JurBüro 2002, 305).

6 Vertritt der RA mehrere Antragsgegner, erhält er nach § 7 RVG die Gebühren nur einmal. Diese erhöhen sich jedoch nach Nr. 1008 Abs. 1 VV RVG für jede weitere Person um 0,3 und zwar unabhängig v. ihrem Gebührensatz (bis zur Maximalerhöhung v. 2,0 nach Nr. 1008 Abs. 3 VV RVG). Damit erhöht sich eine Gebühr v. 1,0 auf 1,3 bzw. eine Gebühr v. 0,5 auf 0,8 (Gerold/Schmidt Rn. 10 zu Nrn. 3305-3308 VV RVG).

7 Nimmt der Antragsteller den Mahnbescheidsantrag zurück, nachdem der RA des Antragsgegners Widerspruch eingelegt hat, entsteht für die Stellung des Antrags auf Kostenentscheidung nach § 269 Abs. 3 ZPO eine Verfahrensgeb. nach Nr. 3100 VV RVG mit einem Wert v. 1,0 nach dem Wert der bisher entstandenen Kosten (Schmidt RVGreport 2004, 52).

8 Der Anwalt des Antragsgegners verdient die 0,5 Verfahrensgebühr nach Nr. 3307 VV RVG auch, wenn der Auftrag endet, bevor er einen Widerspruch beim zust. Mahngericht eingereicht hat. Eine Gebührenermäßigung für den Fall der vorzeitigen Beendigung des Auftrags sieht nämlich nur Nr. 3306 VV RVG, nicht jedoch Nr. 3307 VV RVG vor (Bischof/Jungbauer zu Teil 3 VV RVG S. 577; Mayer/Kroiß Rn. 7 zu Nr. 3307 VV RVG).

9 Vertritt der Anwalt den Antragsgegner im Verf. über den Antrag auf Erlass eines Vollstreckungsbescheids, sieht das RVG entgegen der bisherigen Vergütungsvorschrift des § 43 Abs. 1 Nr. 3 BRAGO keine besondere Vergütung vor. Nr. 3308 VV RVG gilt lediglich für die Vertretung des Antragstellers im Verf. über den Antrag auf Erlass eines Vollstreckungsbescheids. Die Tätigkeit des Anwalts des Antragsgegners im Verf. über den Antrag auf Erlass eines Vollstreckungsbescheids wird durch die Gebühr der Nr. 3307 abgegolten (Hansens RVGreport 2004, 123; Schmidt RVGreport 2004, 47, 51).

Nr.	Gebührentatbestand	Gebühr oder Satz der Gebühr nach § 13 RVG
3308	**Verfahrensgebühr für die Vertretung des Antragstellers im Verfahren über den Antrag auf Erlass eines Vollstreckungsbescheids** Die Gebühr entsteht neben der Gebühr 3305 nur, wenn innerhalb der Widerspruchsfrist kein Widerspruch erhoben oder der Widerspruch gemäß § 703a Abs. 2 Nr. 4 ZPO beschränkt worden ist. Nummer 1008 ist nicht anzuwenden, wenn sich bereits die Gebühr 3305 erhöht.	0,5

Übersicht

Antrag auf Erlass eines Vollstreckungsbescheids	1
Kein Widerspruch innerhalb der Widerspruchsfrist	2
Gebühr nur für den Vertreter des Antragstellers	3
Vertretung mehrerer Auftraggeber	4
Keine Anrechnung der Verfahrensgebühr	5

1 Vertritt der RA den Antragsteller im Verf. über den Antrag auf Erlass eines Vollstreckungsbescheids, entsteht neben der Verfahrensgeb. nach Nr. 3305 VV RVG eine 0,5 Gebühr nach Nr. 3308 VV RVG. Die Vorschrift löst den bisherigen § 43 Abs. 1 Nr. 3 BRAGO ab. Nach § 699 Abs. 1 S. 2 ZPO kann der Antrag auf Erlass des Vollstreckungsbescheides allerdings nicht vor Ablauf der Widerspruchsfrist gestellt werden. Reicht der RA vor Ablauf dieser Frist einen entspr. Antrag bei

Gericht ein, ist dieser wirkungslos und lässt keine Gebühr entstehen (Gerold/Schmidt Rn. 20 zu Nrn. 3305-3308 VV RVG). Die Gebühr entsteht frühestens mit Eingang des Antrags bei Gericht (OLG Bamberg JurBüro 1980, 721). Legt der Antragsgegner **nach Ablauf der Widerspruchsfrist** Widerspruch ein, erhält der RA die Gebühr nach Nr. 3308 auch, wenn er v. der Widerspruchseinlegung keine Kenntnis hatte, der Vollstreckungsbescheid infolge des Widerspruchs jedoch nicht erlassen wird (hM; OLG Karlsruhe Rpfleger 1996, 421; LG Berlin JurBüro 1984, 882). Der Gegenstandswert für die Bemessung der Gebühr nach Nr. 3308 VV RVG richtet sich nach der Höhe des Antrags auf Erlass des Vollstreckungsbescheids (Hartmann Nr. 3308 VV RVG Rn. 16).

2 Die Gebühr des Nr. 3308 VV RVG entsteht neben der Gebühr der Nr. 3305 VV RVG nur, wenn innerhalb der Widerspruchsfrist kein Widerspruch erhoben oder der Widerspruch nach § 703a Abs. 2 Nr. 4 ZPO beschränkt worden ist. Dies entspricht der bisherigen Regelung in § 43 Abs. 1 Nr. 3 BRAGO. Wird nur wg. eines **Teils der Forderung** ein Vollstreckungsbescheid beantragt, bemisst sich die Gebühr nach dem Wert dieses Teils (Riedel/Sußbauer Rn. 11 zu § 43 BRAGO). Die Gebühr entsteht mit dem ersten Tätigwerden des Anwalts nach Erhalt des Auftrags, den Vollstreckungsbescheid zu beantragen. Die tatsächliche Antragstellung ist nicht Voraussetzung für das Entstehen der Gebühr (Schmidt RVGreport 2004, 85 mwN). Bei einer **vorzeitigen Auftragsbeendigung** findet keine Gebührenreduzierung statt (Schneider/Mock § 14 Rn. 7; Hartmann Nr. 3308 VV RVG Rn. 16).

3 Mit Nr. 3308 VV RVG wird klargestellt, dass nur für den Vertreter des Antragstellers eine weitere Gebühr entsteht. Der Vertreter des Antragsgegners erhält unabhängig v. Zeitpunkt seiner Beauftragung nur die Gebühr nach Nr. 3307 VV RVG.

4 Vertritt der RA **mehrere Auftraggeber**, erhöht sich entgegen Nr. 1008 VV RVG die Gebühr nicht, wenn sich bereits die Verfahrensgeb. nach Nr. 3305 VV RVG erhöht hat (Anm. S. 2 zu Nr. 3308 VV RVG).

5 Nach den Anm. zu Nr. 3305 sowie Nr. 3307 VV RVG wird die Mahngebühr auf die Verfahrensgebühr für einen nachfolgenden Rechtsstreit angerechnet. Eine entsprechende Vorschrift fehlt bei Nr. 3308 VV RVG. Aus diesem Grunde bleibt die 0,5 Verfahrensgebühr nach Nr. 3308 VV RVG nach einhelliger Meinung **anrechnungsfrei** (Bischof/Jungbauer Teil 3 VV RVG S. 578).

Unterabschnitt 3. Zwangsvollstreckung und Vollziehung einer im Wege des einstweiligen Rechtsschutzes ergangenen Entscheidung

Vorbemerkung 3.3.3:
Dieser Unterabschnitt gilt auch für Verfahren auf Eintragung einer Zwangshypothek (§§ 867 und 870a ZPO), Verfahren nach § 33 FGG und für gerichtliche Verfahren über einen Akt der Zwangsvollstreckung (des Verwaltungszwangs).

Übersicht

1 Allgemeines. Unterabschnitt 3 v. Teil 3 VV RVG regelt die Gebühren, welche der RA für seine Tätigkeit im Rahmen der Zwangsvollstreckung erhält. Die Gebühren entstehen unabhängig davon, ob der RA den Gläubiger oder den Schuldner vertritt. Er kann auch mit einer Einzeltätigkeit beauftragt worden sein. Unterabschnitt 3 entspricht den bisherigen §§ 57-60 BRAGO. Für Tätigkeiten in der Zwangsvollstreckung erhält der RA nunmehr eine 0,3 Verfahrensgeb. nach Nr. 3309 VV RVG sowie für die Teilnahme an einem gerichtl. Termin oder einem Termin zur Abnahme der eidesstattlichen Vers. eine 0,3 Terminsgeb. Daneben kann der RA eine Einigungsgebühr nach Nr. 1000ff. VV RVG verdienen. Die Vorschriften über die Auslagen (Nr. 7000ff. VV RVG) gelten ebenfalls. Vertritt der RA in der Zwangsvollstreckung mehrere AG, erhöhen sich seine Gebühren nach Maßgabe v. Nr. 1008 VV RVG. Für die Verf. nach § 33 FGG gelten nunmehr ebenfalls die Gebührenbestimmungen der Zwangsvollstreckung (Vorbem. 3.3.3 VV RVG Anm. 5).

2 Unterabschnitt 3 regelt die Gebühren der Zwangsvollstreckung. Hierzu gehört insbes. die Zwangsvollstreckung wg. Geldforderungen (§§ 803ff. ZPO), die Zwangsvollstreckung zur Erwirkung der Herausgabe v. Sachen und zur Erwirkung v. Handlungen oder Unterlassungen (§§ 883ff. ZPO) sowie das Verf. zur Abnahme der eidesstattlichen Vers. und Verhängung v. Zwangshaft (§§ 899ff. ZPO). Voraussetzung für das Betreiben der Zwangsvollstreckung ist das Vorliegen eines Vollstreckungstitels, der nach den Vorschriften der ZPO zu vollstrecken ist. Es gilt § 18 Nr. 3 RVG. Danach ist jede Vollstreckungsmaßnahme zusammen mit den durch sie vorbereiteten weiteren Vollstreckungshandlungen bis zur Befriedigung des Gläubigers eine bes. Angelegenheit.

3 Der RA erhält eine 0,3 Verfahrensgeb. auch für die Vollziehung eines Arrests oder einer einstweiligen Verfügung (bisher § 59 BRAGO). Die Gebühr entsteht, wenn der RA einen Vollziehungsauftrag erhalten hat und entspr. tätig geworden ist. Zu beachten ist, dass nach § 18 Nr. 4 RVG jede Vollziehungsmaßnahme bei der Vollziehung eines Arrests oder einer einstweiligen Verfügung (§§ 928-934, 936 ZPO), die sich nicht auf die Zustellung beschränkt, eine bes. Angelegenheit ist. Von der Vollziehungsgebühr ist die Anordnungsgebühr nach Nr. 3100 VV RVG (§ 17 Nr. 4b RVG) zu unterscheiden. Diese erhält der RA für den Antrag auf Anordnung des Arrests bzw. der einstweiligen Verfügung. Wird gleichzeitig mit dem Anordnungsantrag die Vollziehung beantragt, erhält der RA sowohl eine Anordnungsgebühr nach Nr. 3100 VV RVG als auch eine Vollziehungsgebühr nach Nr. 3309 VV RVG, sofern der Arrest erlassen wird. Letztere fällt in diesem Fall nicht an, wenn der Anordnungsantrag abgelehnt wird (Gerold/Schmidt Rn. 156 zu Nr. 3309 VV RVG mwN). Wird der Arrestbefehl antragsgemäß erlassen, indes der Vollziehungsantrag abgelehnt bzw. zurückgenommen, entsteht gleichwohl eine Vollziehungsgebühr (LG Berlin AnwBl 1982, 122). Da nach § 932 Abs. 3 ZPO der Antrag auf **Eintragung einer Sicherungshypothek** als Vollziehung des Arrestbefehls iSd § 929 Abs. 2, 3 ZPO gilt, erhält der RA für diesen Antrag ebenfalls die Verfahrensgeb. nach Nr. 3309 VV RVG (Gerold/Schmidt Rn. 241 zu Nr. 3309 VV RVG). Hingegen löst die Zustellung einer einstweiligen Verfügung keine Vollziehungsgebühr aus, da sie noch zum Anordnungsverfahren gehört und deshalb nach Nr. 3100 VV RVG vergütet wird (Gerold/Schmidt Rn. 390 zu Nr. 3309 VV RVG). Etwas anderes gilt, wenn der RA nur mit der Entgegennahme der Zustellung beauftragt worden ist (OLG Koblenz JurBüro 1984, 887).

4 Nach § 867 ZPO wird die Sicherungshypothek auf Antrag des Gläubigers in das Grundbuch eingetragen, während § 870a ZPO für die Zwangsvollstreckung in ein Schiff oder Schiffsbauwerk eine vergleichbare Vorschrift enthält. Diese Tätigkeit des RA unterfällt der Gebührenregelung des Unterabschnitts 3 (bisher § 58 Abs. 3 Nr. 6 BRAGO) und bildet nach § 18 Nr. 13 RVG eine bes. Angelegenheit der Zwangsvollstreckung. Mit der Gebühr nach Nr. 3309 VV RVG wird auch die Beschaffung der Vollstreckungs- und Eintragungsvoraussetzungen (Vollstreckungsklausel, Zustellungsurkunde) abgegolten (Gerold/Schmidt Rn. 348 zu Nr. 3309 VV RVG).

5 Nach der bisherigen Rechtslage erhielt der RA für eine Tätigkeit im Zwangsverfahren nach § 33 FGG die Gebühren des § 118 BRAGO (Gerold/Schmidt, 15. Aufl., Rn. 1 zu § 57 BRAGO). Nunmehr wird seine Tätigkeit in diesem Verf. mit den Gebühren nach Nr. 3309, 3310 VV RVG abgegolten.

6 Für die Anfechtung einer Maßnahme der Verwaltungsvollstreckung (des Verwaltungszwangs) beim Verwaltungs- oder Finanzgericht erhielt der RA bisher gem. § 114 Abs. 7 BRAGO drei Zehntel der in § 31 BRAGO bestimmten Gebühren. Nunmehr entstehen für diese Tätigkeit die Gebühren nach Nr.

3309, 3310 VV RVG in gleicher Höhe. Str. ist, ob ein Verf. vor dem Verwaltungsgericht, in welchem isoliert um eine Aussetzung der Abschiebung nach §§ 53, 54 AuslG bzw. um die Erteilung einer entspr. Duldung gestritten wird, unter Nr. 3309f. VV RVG oder unter Nr. 3100f. VV RVG fällt (vgl. die Nachweise bei Gerold/Schmidt Rn. 173 zu Nr. 3309 VV RVG).

Nr.	Gebührentatbestand	Gebühr oder Satz der Gebühr nach § 13 RVG
3309	Verfahrensgebühr	0,3
	Die Gebühr entsteht für die Tätigkeit in der Zwangsvollstreckung, soweit nachfolgend keine besonderen Gebühren bestimmt sind.	

Übersicht

Verfahrensgebühr für Tätigkeit in der Zwangsvollstreckung	1
Keine Tätigkeit in der Zwangsvollstreckung	2
Beginn der Tätigkeit in der Zwangsvollstreckung	3
Vorzeitige Beendigung der Zwangsvollstreckung	4

1 Für seine Tätigkeit in der Zwangsvollstreckung erhält der RA eine 0,3 Verfahrensgeb., soweit insbes. im Unterabschnitt 4 Teil 3 VV RVG nichts anderes bestimmt ist. Die Vorschrift gilt auch für Verf. nach § 33 FGG (Mock AGS 2004, 177; Rehberg/Xanke zu „Eidesstattliche Versicherung" unter 1.1). Zur Zwangsvollstreckung gehört insbes. die Zwangsvollstreckung wg. Geldforderungen (§§ 803ff. ZPO), die Zwangsvollstreckung zur Erwirkung der Herausgabe v. Sachen und zur Erwirkung v. Handlungen oder Unterlassungen (§§ 883ff. ZPO) sowie das Verf. zur Abnahme der eidesstattlichen Vers. und Verhängung v. Zwangshaft nach §§ 899ff. ZPO (vgl. hierzu ausführlich Rehberg/Xanke zu „Eidesstattliche Versicherung" unter 1.1ff.). Die Vorschrift gilt auch für die Vollstreckung im Verf. der Freiwilligen Gerichtsbarkeit (Kroiß RVG-Letter 2004, 125). Voraussetzung für das Betreiben der Zwangsvollstreckung ist das Vorliegen eines Vollstreckungstitels, der nach den Vorschriften der ZPO zu vollstrecken ist. Beantragt der RA eine Vorpfändung nach § 845 ZPO, erhält er hierfür die Verfahrensgeb. nach Nr. 3309 VV RVG (Gerold/Schmidt Rn. 365 zu Nr. 3309 VV RVG). Vertritt der RA **mehrere Mandanten im Rahmen der Zwangsvollstreckung**, erhöht sich die Verfahrensgeb. für jeden AG nach Maßgabe v. Nr. 1008 VV RVG (Mümmler JurBüro 1981, 1147). **Wird gegen mehrere Schuldner vollstreckt**, so stellt die Vollstreckung gg. jeden Schuldner eine eigene Angelegenheit dar, die gesonderte Gebühren auslöst (BGH BRAGOreport 2003, 200 = NJW-RR 2003, 1581). Dies gilt selbst dann, wenn aus demselben Titel vollstreckt wird (OLG Frankfurt a. M. AGS 2004, 69; OLG Koblenz JurBüro 1986, 1838; aA OLG Schleswig JurBüro 1996, 89). Zum Entstehen der Verfahrensgeb. vgl. Vorbem. 3 VV RVG Anm. 3-7. Nach § 18 Nr. 3 RVG ist jede Zwangsvollstreckungsmaßnahme eine bes. Angelegenheit (hierzu § 18 RVG Rn. 4 mwN; Mock AGS 2004, 178). Die Vorschrift findet auf Gläubiger- wie Schuldnervertreter Anwendung (Volpert RVGreport 2004, 451).

2 Der RA erhält eine Gebühr nach Nr. 3309 VV RVG nur für eine Tätigkeit in der Zwangsvollstreckung. Eine solche liegt zB nicht vor, wenn der RA für seinen Mandanten einen Antrag auf Vornahme einer Eintragung in das Grundbuch stellt, zu deren Bewilligung der Schuldner rechtskräftig verurteilt worden ist. Die Erklärung gilt nach § 894 ZPO als abgegeben, sobald das Urteil die Rechtskraft erlangt hat, so dass für eine Tätigkeit des RA kein Raum bleibt. Gleiches gilt, sofern der RA betragt, eine vollstreckbare Ausfertigung des rechtskräftigen Urteils zu erteilen (Gerold/Schmidt Rn. 348 zu Nr. 3309 VV RVG). Auch die Zustellung des Vollstreckungstitels ist keine Vollstreckungsmaßnahme, sondern gehört noch zur Tätigkeit im Rechtszug (Kroiß RVG-Letter 2004, 126). Nach § 19 Nr. 12 VV RVG gehört die erstmalige Erteilung der Vollstreckungsklausel zum Rechtszug, weshalb die entspr.

Tätigkeit des RA mit den Gebühren nach Nr. 3100ff. VV RVG abgegolten ist (OLG Karlsruhe JurBüro 1990, 349). Betreibt der RA aufgrund eines Urteils des Prozessgerichts nach § 16 Abs. 1 HGB die Eintragung in das **Handelsregister**, liegt ebenfalls keine Tätigkeit in der Zwangsvollstreckung vor (KG MDR 1971, 1020). Zur Frage des Anwendungsbereichs der Nr. 3309 VV RVG vgl. vertiefend Mayer/Kroiß Rn. 3ff. zu Nr. 3309 VV RVG sowie ☐ mit zahlreichen Fallbeispielen ☐ Kroiß RVG-Letter 2004, 126ff.

3 Der RA verdient die Gebühr nach Nr. 3309 VV RVG mit dem ersten Tätigwerden nach Erteilung des Vollstreckungsauftrags. Sie kann uU bereits mit der Entgegennahme der Information entstehen (Hamburg MDR 1976, 56; Kroiß RVG-Letter 2004, 125) bzw durch eine Zahlungsaufforderung mit Vollstreckungsandrohung (BGH Rpfleger 2003, 596). Nicht notwendig ist, dass der RA bereits einen Antrag auf Zwangsvollstreckung gestellt hat (Gerold/Schmidt Rn. 19 zu Nr. 3309 VV RVG). Die Verfahrensgeb. entsteht zB durch die **Ermittlung des Aufenthaltes des Schuldners** (str.; so wie hier LG Konstanz Rpfleger 1992, 365; aA AG Westerstede AnwBl 1987, 246). Während des Vollstreckungsverfahrens wird die Ermittlung des Aufenthalts des Schuldners gegenüber durch die Verfahrensgebühr nach Nr. 3309 VV RVG abgegolten (BGH NJW 2004, 1101). Der **Rechtsanwalt des Schuldners** verdient die Verfahrensgeb. nach Nr. 3309 VV RVG für dessen Vertretung in dem Zwangsvollstreckungsverfahren (Mümmler JurBüro 1982, 29). Dabei ist es für das Entstehen der Gebühr unerheblich, ob der Anwalt für den Gläubiger, den Schuldner oder einen Dritten tätig wird (Mayer/Kroiß Rn. 14 zu Nr. 3309 VV RVG).

4 Die Verfahrensgebühr der Nr. 3309 VV RVG ist eine Pauschgebühr mit einem Satz von 0,3. Diese deckt die gesamte Tätigkeit des Anwalts in derselben Vollstreckungsangelegenheit ab (Gebauer/Schneider Nrn. 3309-3310 VV RVG Rn. 67). Kann die Zwangsvollstreckung wegen eines Wohnungswechsels des Schuldners nicht durchgeführt werden, bildet das weitere Verfahren nach Ermittlung der neuen Anschrift dieselbe Angelegenheit. Dies gilt selbst dann, wenn der Zwangsvollstreckungsauftrag einem anderen Gerichtsvollzieher erteilt wird (BGH RVGreport 2004, 34). Der Mindestbetrag der Gebühr beträgt 10 EUR (Volpert RVGreport 2004, 453). Verdient der Anwalt durch eine vorbereitende Tätigkeit ☐ wie zB die Entgegennahme der Information ☐ eine Verfahrensgebühr und endet die Zwangsvollstreckung sodann vorzeitig, sieht Unterabschnitt 3 keine Ermäßigung der 0,3 Gebühr vor (Mayer/Kroiß Rn. 15 zu Nr. 3309 VV RVG; Kroiß RVG-Letter 2004, 126). Bei der **Vertretung von mehreren Auftraggebern** erhöht sich die Gebühr um 0,3 gem. Nr. 1008 VV RVG bis zu einer Maximal-Erhöhung auf 2,0. Der Gegenstandswert kann nach § 33 RVG festgesetzt werden (Kroiß RVG-Letter 2004, 128). Neben der Verfahrensgebühr nach Nr. 3309 VV RVG kann der Anwalt insbes. auch eine Einigungsgebühr (Nr. 1000 VV RVG) verdienen (hierzu Mock AGS 2004, 177). Sofern die Voraussetzungen der Vollstreckungsreife erfüllt sind, sind die Kosten grds. erstattungsfähig, sofern sie notwendig waren und das Verbot der Schikane nicht verletzt ist (hierzu ausführlich Rehberg/Xanke zu „Eidesstattliche Versicherung" unter 1.4 mwN).

Nr.	Gebührentatbestand	Gebühr oder Satz der Gebühr nach § 13 RVG
3310	**Terminsgebühr**	0,3
	Die Gebühr entsteht nur für die Teilnahme an einem gerichtlichen Termin oder einem Termin zur Abnahme der eidesstattlichen Versicherung.	

1 Nimmt der RA in einem Verf., welches v. Regelungsbereich des Unterabschnitts 3 v. Teil 3 VV RVG erfasst wird, an einem gerichtl. Termin oder an einen Termin vor dem Gerichtsvollzieher zur Abnahme der eidesstattlichen Vers. teil, so erhält er eine **0,3 Terminsgebühr**. Hierbei ist es unerheblich, ob der Anwalt als Vertreter des Gläubigers oder des Schuldners anwesend ist (Rehberg/Xanke zu „Eidesstattliche Versicherung" unter 1.1.2). Führt der Anwalt für seinen Mandanten außergerichtlich Verhandlungen bzw. Besprechungen mit dem Ziel einer Einigung (zB mit dem Ziel der Erledigung der Zwangsvollstreckung durch Abschluss einer Ratenzahlungsvereinbarung), kann zusätzl. eine Einigungsgebühr nach Nr. 1000 VV RVG entstehen (Kroiß RVG-Letter 2004, 126). Die Terminsgebühr kann auch im Verteilungsverfahren nach §§ 858 Abs. 5, 872-877, 882 ZPO entstehen (Volpert RVGreport 2004, 455).

2 Nach der Anm. zu Nr. 3310 VV RVG entsteht die Gebühr „nur" für die Teilnahme an einem gerichtl. Termin oder einem Termin zur Abnahme der eidesstattlichen Vers., welchen der Gerichtsvollzieher durchführt. Anderweitige Termine beim Gerichtsvollzieher unterfallen der Vorschrift der Nr. 3310 VV RVG nicht (Gebauer/Schneider Nrn. 3309-3310 VV RVG Rn. 78). Während die Terminsgeb. nach Nr. 3104 VV RVG auch für Besprechungen außerhalb des Gerichts mit dem Ziel einer Erledigung des Verf. verdient werden kann (Vorbem. 3 VV RVG Anm. 9), gilt dies nicht für die Terminsgeb. nach Nr. 3310 VV RVG. Nicht notwendig ist allerdings, dass der Anwalt im Termin verhandelt. Die **bloße Wahrnehmung des Termins** lässt die Gebühr entstehen (Kroiß RVG-Letter 2004, 126). Der Anwalt verdient die Gebühr auch, wenn der Schuldner die eidesstattliche Versicherung ohne Widerspruch leistet oder der Termin vertagt wird (Rehberg/Xanke zu „Eidesstattliche Versicherung" unter 1.2.2 mwN).

Unterabschnitt 4. Zwangsversteigerung und Zwangsverwaltung

Nr.	Gebührentatbestand	Gebühr oder Satz der Gebühr nach § 13 RVG
3311	Verfahrensgebühr	0,4
	Die Gebühr entsteht jeweils gesondert	
	für die Tätigkeit im Zwangsversteigerungsverfahren bis zur Einleitung des Verteilungsverfahrens;	
	im Zwangsversteigerungsverfahren für die Tätigkeit im Verteilungsverfahren und zwar auch für eine Mitwirkung an einer außergerichtlichen Verteilung;	
	im Verfahren der Zwangsverwaltung für die Vertretung des Antragstellers im Verfahren über den Antrag auf Anordnung der Zwangsverwaltung oder auf Zulassung des Beitritts;	
	im Verfahren der Zwangsverwaltung für die Vertretung des Antragstellers im weiteren Verfahren einschließlich des Verteilungsverfahrens;	
	im Verfahren der Zwangsverwaltung für die Vertretung eines sonstigen Beteiligten im ganzen Verfahren einschließlich des Verteilungsverfahrens und	
	für die Tätigkeit im Verfahren über Anträge auf einstweilige Einstellung oder Beschränkung der Zwangsvollstreckung und einstweilige Einstellung des Verfahrens sowie für Verhandlungen zwischen Gläubiger und Schuldner mit dem Ziel der Aufhebung des Verfahrens.	

Übersicht

Mitwirkung im Verteilungsverfahren bzw. an einer außergerichtlichen Verteilung   3, 4
Anordnung der Zwangsverwaltung oder Zulassung des Beitritts   5
Vertretung im weiteren Verfahren einschließlich des Verteilungsverfahrens   6
Vertretung eines sonstigen Beteiligten   7
Einstweilige Einstellung oder Beschränkung der Zwangsvollstreckung   8

1 Der Unterabschnitt 4 ersetzt die Vorschriften des vierten Abschnitts der BRAGO (§§ 68-71 BRA-GO). Der Gesetzgeber möchte mit diesen Bestimmungen die neue Gebührenstruktur v. Verf.- und Terminsgeb. auf Verf. der Zwangsversteigerung und -verwaltung übertragen. Die auf 0,4 erhöhte Verfahrensgeb. verdient der RA jew. gesondert für die in Nr. 1-6 genannten Tätigkeiten. Zum Entstehen der Verfahrensgeb. allg. vgl. Vorbem. 3 VV RVG Anm. 3-7. Zusätzlich zu der Verfahrensgeb. kann der RA eine Einigungsgebühr nach Nr. 1003 VV RVG verdienen.

2 Nach § 105 ZVG leitet das Gericht das Verteilungsverfahren dadurch ein, dass es einen Termin zur Verteilung des Versteigerungserlöses bestimmt. Für die Vertretung des Mandanten im Zwangsversteigerungsverfahren bis zur Einleitung des Verteilungsverfahrens erhält der RA eine 0,4 Verfahrensgeb. nach Nr. 3311 VV RVG. Diese Regelung entspricht dem bisherigen § 68 Abs. 1 Nr. 1 BRAGO. Die Gebühr wird durch jede Tätigkeit des RA im Zwangsversteigerungsverfahren bis zur Terminsbestimmung ausgelöst. Hierunter fällt auch die Vorbereitung des Versteigerungstermins, nicht jedoch dessen Wahrnehmung. Hingegen wird die Teilnahme an einem bes. Verkündungstermin nach § 87 ZVG v. der Gebühr der Nr. 3311 Nr. 1 VV RVG abgegolten. Gleiches gilt für Tätigkeiten, mit welchen der RA den Versteigerungstermin vorbereitet (Beschaffung der Vollstreckungsklausel, des Notfrist- oder Rechtskraftzeugnisses etc.). Unerheblich ist, ob der RA umfangreiche Maßnahmen einleiten musste oder nur mit einer Einzelmaßnahme betraut war (Mock AGS 2004, 180; zum Entstehen der Gebühr ausführlich Riedel/Sußbauer Rn. 8 zu § 68 BRAGO mwN). Die **Verfahrensgebühr ermäßigt sich nicht**, wenn es nicht zur Durchführung des Zwangsversteigerungsverfahrens kommt (Hartmann Rn. 2 zu Nr. 3311 VV RVG). Im Gegensatz zum bisherigen Recht (2/10 Gebühr nach § 68 Abs. 2 BRAGO) erhält der RA die 0,4 Verfahrensgeb. auch dann, wenn er einen **am Verfahren nicht beteiligten Bieter** vertritt (Mock AGS 2004, 180). Mit dieser Gebührenerhöhung möchte der Gesetzgeber dem hohen Haftungsrisiko in diesem Verf. Rechnung tragen. Eine Auflistung der Tätigkeiten, die unter Nr. 3311 Nr. 1 VV RVG fallen, findet sich bei Schneider/Mock § 29 Rn. 5.

3 Nr. 3311 Nr. 2 VV RVG entspricht dem bisherigen § 68 Abs. 1 Nr. 3 BRAGO, wobei der RA nach der Neuregelung eine um 0,1 erhöhte Verfahrensgeb. für die Vertretung des Mandanten im Verteilungsverfahren (§§ 105ff. ZVG) bzw. für die Mitwirkung an einer außergerichtlichen Verteilung erhält. Im Verteilungsverfahren verdient der Anwalt die Verfahrensgeb. für jede Tätigkeit nach Anberaumung des Verteilungstermins (zB für die Einreichung der Berechnung der Ansprüche des Mandanten nach § 106 ZVG). Eine Teilnahme am Verteilungstermin ist nicht erforderlich. Die Gebühr nach Nr. 2 kann neben der nach Nr. 1 entstehen (Gerold/Schmidt Rn. 28 zu Nrn. 3311, 3312 VV RVG).

4 Nach § 143 ZVG findet die Verteilung des Versteigerungserlöses durch das Gericht nicht statt, wenn diesem durch öffentliche oder öffentlich beglaubigte Urkunden nachgewiesen wird, dass sich die Beteiligten über die Verteilung des Erlöses geeinigt haben. Hat der RA an dieser Einigung mitgewirkt, erhält er eine 0,4 Verfahrensgeb. nach Nr. 3311 Nr. 2 VV RVG. Gleiches gilt für die Mitwirkung des RA an einer außergerichtlichen Befriedigung des Berechtigten nach § 144 ZVG (Gerold/Schmidt Rn. 30 zu Nrn. 3311, 3312 VV RVG; Mock AGS 2004, 180). Wird im Rahmen der außergerichtlichen Verteilung ein Vergleich geschlossen, hat der RA bisher eine Vergleichsgebühr nach § 23 BRAGO verdient. Es erscheint fraglich, ob er für die Mitwirkung an einem Vergleich nunmehr eine Einigungsgebühr nach Nr. 1000 VV RVG verdienen kann. Es wird vertreten, dass für Vergleiche in der Zwangsvollstreckung nach Rechtskraft des Titels keine Einigungsgebühr nach Nr. 1000 VV RVG entsteht (Hansens RVGreport 2004, 115).

5 Die Zwangsverwaltung findet nach Maßgabe der §§ 146-161 ZVG statt. Sie wird grds. auf Antrag eines persönlichen oder dinglichen Gläubigers (vgl. aber § 172 ZVG) wg. eines Geldanspruchs eingeleitet. Für diesen Antrag erhält der RA nach Nr. 3311 Nr. 3 VV RVG eine 0,4 Verfahrensgeb. (bisher 3/10 Gebühr nach § 69 Abs. 1 Nr. 1 BRAGO). Dabei ist es unerheblich, ob der RA einen Gesamtauftrag hat oder nur eine Einzeltätigkeit ausführt (Köln JurBüro 1981, 54). Die gleiche Gebühr erhält der RA auch für den Antrag auf Zulassung des Beitritts. Diese entsteht, sobald der RA nach Auftragserteilung für den Mandanten tätig geworden ist, zB Informationen entgegen genommen hat. Kommt es sodann nicht zur Antragstellung, findet eine Ermäßigung der Gebühr nicht statt (Gerold/Schmidt Rn. 71 zu Nrn. 3311, 3312 VV RVG). Von der Verfahrensgeb. nach Nr. 3311 Nr. 3 VV RVG sind sämtliche Tätigkeiten des RA bis zur Anordnung der Zwangsverwaltung bzw. der Zulassung oder Ablehnung des Beitritts abgegolten. Ist die Zwangsversteigerung im zweiten Termin ergebnislos verlaufen, kann nach § 77 Abs. 2 ZVG beantragt werden, dass das Verf. als Zwangsverwaltung fortgesetzt wird. Für diese Tätigkeit verdient der RA ebenfalls eine 0,4 Verfahrensgeb. nach Nr. 3311 Nr. 3 VV RVG. Stellt er gleichzeitig den Antrag auf Zwangsversteigerung und Zwangsverwaltung, verdient er die Gebühren nach Nr. 3311 Nr. 1 sowie Nr. 3 VV RVG (Schneider/Mock § 29 Rn. 14).

6 Nach Nr. 3311 Nr. 4 VV RVG erhält der RA eine 0,4 Verfahrensgeb. im Verf. der Zwangsverwaltung für die Vertretung des Antragstellers im weiteren Verf. nach Anordnung der Zwangsverwaltung oder nach Zulassung des Beitritts einschl. des Verteilungsverfahrens. Diese Vorschrift entspricht § 69 Abs. 1 Nr. 2 BRAGO. Durch diese Gebühr wird die gesamte Tätigkeit des RA bis zur Aufhebung des Verf. abgegolten, wobei unerheblich ist, wie lange dieses dauert (Mock AGS 2004, 181). Vertritt der Anwalt seinen Mandanten im Verteilungsverfahren (oder mehreren), unterfällt diese Tätigkeit ebenfalls der Verfahrensgeb. nach Nr. 4. Neben der Gebühr nach Nr. 4 verdient der RA auch die Gebühr nach Nr. 3, sofern er für den Mandanten den Antrag auf Anordnung der Zwangsverwaltung stellt (vgl. iE Gerold/Schmidt Rn. 74 zu Nrn. 3311, 3312 VV RVG).

7 Für die Vertretung eines sonstigen Beteiligten (zB Schuldner, Berechtigte nach § 9 ZVG) im Verf. der Zwangsvollstreckung einschl. des Verteilungsverfahrens verdient der RA ebenfalls eine 0,4 Verfahrensgeb. (bisher § 69 Abs. 1 Nr. 2 BRAGO). Es handelt sich auch hier um eine Pauschgebühr mit der Folge, dass der Umfang der anwaltlichen Tätigkeit unerheblich ist (Mock AGS 2004, 181). Dies gilt auch für die Vertretung des Schuldners. Der RA kann nur die Gebühr der Nr. 5 verlangen und nicht etwa auch die Gebühr nach Nr. 3, selbst wenn er den Schuldner bzw. den sonstigen Beteiligten schon im Antragsverfahren vertreten hat. Vertritt der RA mehrere Beteiligte, erhöht sich die Gebühr für jeden weiteren AG um 0,3 gem. Nr. 1008 VV RVG (Riedel/Sußbauer Rn. 8 zu § 69 BRAGO).

8 Bisher verdiente der RA für Vollstreckungsschutzverfahren nach § 765a ZPO die Gebühren des § 57 BRAGO. Hingegen erhielt er für Vollstreckungsschutzverfahren nach den §§ 30aff., 180 Abs. 2 ZVG keine bes. Gebühren. Die diesbezügliche Tätigkeit wurde vielmehr nach § 68 Abs. 1 BRAGO durch die Verfahrensgeb. im Zwangsversteigerungsverfahren abgegolten. Diese unterschiedliche Vergütung hielt der Gesetzgeber nicht für sachgerecht. Aus diesem Grunde sieht Nr. 6 nunmehr einheitlich eine 0,4 Verfahrensgeb. für die Tätigkeit des RA im Verf. über Anträge auf einstweilige Einstellung oder Beschränkung der Zwangsvollstreckung und einstweilige Einstellung des Verf. sowie für Verhandlungen zw. Gläubiger und Schuldner mit den Ziel der Aufhebung des Verf. vor.

Nr.	Gebührentatbestand	Gebühr oder Satz der Gebühr nach § 13 RVG
3312	**Terminsgebühr** Die Gebühr entsteht nur für die Wahrnehmung eines Versteigerungstermins für einen Beteiligten. Im Übrigen entsteht im Verfahren der Zwangsversteigerung und der Zwangsverwaltung keine Terminsgebühr.	**0,4**

1 Für die **Wahrnehmung eines Versteigerungstermins** für einen Beteiligten erhält der RA wie bisher eine 0,4 Terminsgeb. (vgl. § 68 Abs. 1 Nr. 2 BRAGO) neben der Verfahrensgeb. Vertritt der RA seinen Mandanten in mehreren Verteilungsterminen, kann keine weitere Gebühr gefordert werden (Riedel/Sußbauer Rn. 9 zu § 68 BRAGO; so auch Mock AGS 2004, 181). Die Gebühr entsteht für die bloße Anwesenheit im Versteigerungstermin. Eine aktive Teilnahme ist nicht notwendig (Hartmann Rn. 1 zu Nr. 3312 VV RVG). Zum Entstehen der Terminsgeb. allgemein Vorbem. 3 VV RVG Anm. 9-12. Im Übrigen entsteht im Verf. der Zwangsversteigerung und der Zwangsverwaltung keine Terminsgeb.

2 Die Terminsgeb. entsteht durch die Teilnahme am Versteigerungstermin. Sie umfasst die **gesamte Tätigkeit** des RA wie das Stellen v. Anträgen, die Abgabe v. Erklärungen etc. Die **Vorbereitung** des Versteigerungstermins unterfällt der Terminsgeb. nicht. Insoweit entsteht eine Verfahrensgeb. nach Nr. 3311 Nr. 1 VV RVG (Riedel/Sußbauer Rn. 10 zu § 68 BRAGO).

Unterabschnitt 5. Insolvenzverfahren, Verteilungsverfahren nach der Schifffahrtsrechtlichen Verteilungsordnung

Vorbemerkung 3.3.5:

(1) Die Gebührenvorschriften gelten für die Verteilungsverfahren nach der SVertO, soweit dies ausdrücklich angeordnet ist.

(2) Bei der Vertretung mehrerer Gläubiger, die verschiedene Forderungen geltend machen, entstehen die Gebühren jeweils besonders.

(3) Für die Vertretung des ausländischen Insolvenzverwalters im Sekundärinsolvenzverfahren entstehen die gleichen Gebühren wie für die Vertretung des Schuldners.

Übersicht

Allgemeines	1
Verteilungsverfahren nach der SVertO	2, 3
Vertretung mehrerer Gläubiger	4
Ausländischer Insolvenzverwalter im Sekundärinsolvenzverfahren	5

1 Bisher wurden die Gebühren in Insolvenzverfahren und in schifffahrtsrechtlichen Verteilungsverfahren in den §§ 72-82 BRAGO geregelt. Nunmehr enthält Unterabschnitt 5 v. Teil 3 VV RVG die Vorschriften für (Sekundär-) Insolvenzverfahren sowie für das Verteilungsverfahren nach der SVertO. Im Gegensatz zu § 74 Abs. 1 BRAGO erhält der RA künftig für den Antrag auf Restschuldbefreiung keine bes. Gebühr. Dies hat der Gesetzgeber damit begründet, dass über diesen Antrag kein isoliertes Verf. stattfindet. In der Praxis wird der Restschuldbefreiungsantrag idR bereits mit dem Insolvenzantrag oder unverzüglich danach gestellt. Er bleibt während des gesamten Insolvenzverfahrens anhängig. Eine Entscheidung über den Antrag fällt regelmäßig erst kurz vor der Aufhebung des Insolvenzverfahrens. Eine Tätigkeit im Restschuldbefreiungsverfahren entfaltet der RA nur in den

Fällen, in welchen die beantragte Restschuldbefreiung versagt bzw. eine bereits gewährte widerrufen wird. In diesem Verf. verdient der RA eine 0,5 Verfahrensgeb. nach Nr. 3321 VV RVG.

2 Nach den §§ 486ff. HGB kann die Haftung des Reeders und der ihm gleichgestellten Personen für bestimmte Ansprüche durch ein gerichtl. Verteilungsverfahren beschränkt werden, in welchem die Gläubiger insolvenzähnlich befriedigt werden. Das Verf. richtet sich nach der SVertO. Es wird nach § 4 SVertO auf Antrag eingeleitet.

3 Nach Vorbem. 3.3.5 Abs. 1 VV RVG gelten für dieses Verteilungsverfahren grds. die Gebührenvorschriften des Unterabschnitts 5, soweit dies ausdrücklich angeordnet ist. Hierzu ist in den einzelnen Nummern des Unterabschnitts 5 VV RVG jew. vermerkt, ob die Gebühr auch für das Verteilungsverfahren nach der SVertO entsteht (vgl. Nr. 3313, 3314, 3317, 3320, 3322, 3323 VV RVG). Aus diesem Grunde dient Vorbem. 3.3.5 Abs. 1 VV RVG nur der Klarstellung.

4 Bei der Vertretung mehrerer Gläubiger, die verschiedene Forderungen geltend machen, entstehen die Gebühren des Unterabschnitts 5 jew. bes. Dies ist kein Widerspruch zu Nr. 1008 VV RVG, da diese Vorschrift eine Gebührenerhöhung nur für den Fall vorsieht, dass der RA mehrere Personen in derselben Angelegenheit vertritt. Eine Anrechnung bzw. Kappung findet nicht statt.

5 Vertritt der RA einen ausländischen Insolvenzverwalter im Sekundärinsolvenzverfahren, verdient er nach Vorbem. 3.3.5 Abs. 3 VV RVG die gleichen Gebühren wie für die Vertretung des Schuldners.

Nr.	Gebührentatbestand	Gebühr oder Satz der Gebühr nach § 13 RVG
3313	**Verfahrensgebühr für die Vertretung des Schuldners im Eröffnungsverfahren** Die Gebühr entsteht auch im Verteilungsverfahren nach der SVertO.	1,0

1 Vertritt der Rechtsanwalt einen Schuldner im Verf. über einen **Antrag auf Eröffnung des Insolvenzverfahrens**, erhält er hierfür eine 1,0 Verfahrensgeb., während für die Vertretung des Gläubigers nach Nr. 3314 VV RVG nur eine 0,5 Verfahrensgeb. entsteht. Diese Differenzierung ist gerechtfertigt, da die Vertretung des Schuldners eine wesentlich intensivere Einarbeitung in dessen Vermögensverhältnisse beansprucht als die Vertretung des Gläubigers im Eröffnungsverfahren (Mock AGS 2004, 182). Die Gebühr entsteht auch, wenn der Antrag v. einem Gläubiger gestellt wird (§ 13 Abs. 1 InsO) und der Anwalt den Schuldner in dem sich anschließenden Eröffnungsverfahren vertritt. Die Verfahrensgeb. nach Nr. 3313 VV RVG deckt die gesamte Vertretung des Schuldners im Eröffnungsverfahren ab, wie zB den Antrag nach § 13 InsO, die Mitwirkung an der Anhörung nach § 14 Abs. 2 InsO, die Vertretung des Schuldners im Rahmen der §§ 20 S. 2, 22 Abs. 3 S. 3 InsO usw (Riedel/Sußbauer Anm. 2 zu § 72 BRAGO). Endet der Auftrag des RA, der bereits Informationen entgegengenommen hat, bevor er einen Eröffnungsantrag stellen kann, kommt keine Ermäßigung der Verfahrensgeb. in Betracht (Gerold/Schmidt Rn. 57 zu Nrn. 3313-3323 VV RVG). Es ist auch unerheblich, ob der RA einen Auftrag für das gesamte Eröffnungsverfahren oder nur für eine Einzeltätigkeit im Rahmen des Eröffnungsverfahrens erhalten hat.

2 Der Anspruch auf die Verfahrensgeb. nach Nr. 3313 VV RVG **entsteht mit dem ersten Tätigwerden** des RA nach Auftragserteilung. Im Regelfall wird dies die Entgegennahme der Information sein (Gerold/Schmidt Rn. 55 zu Nrn. 3313-3323 VV RVG). Ansonsten gelten die allg. Regeln (Vorbem. 3 VV RVG Anm. 3ff.).

3 Für die Vertretung des Antrag stellenden oder eines anderen beteiligten Schuldners im **Eröffnungsverfahren nach der SVertO** (vgl. Vorbem. 3.3.5 VV RVG Anm. 2, 3) erhält der RA künftig eine 1,0 Verfahrensgeb. nach der Anm. zu Nr. 3313 VV RVG (bisher § 81 Abs. 1 S. 1 iVm § 72 Abs. 1 BRAGO).

Nr.	Gebührentatbestand	Gebühr oder Satz der Gebühr nach § 13 RVG
3314	**Verfahrensgebühr für die Vertretung des Gläubigers im Eröffnungsverfahren**	0,5
	Die Gebühr entsteht auch im Verteilungsverfahren nach der SVertO.	

Übersicht

Vertretung des Gläubigers im Eröffnungsverfahren	1
Entstehen der Gebühr	2
Verteilungsverfahren nach der SVertO	3
Vertretung mehrerer Gläubiger	4

1 Wie bisher nach § 72 Abs. 2 BRAGO erhält der RA für die Vertretung des Gläubigers im Eröffnungsverfahren eine 0,5 Verfahrensgeb. Damit hat der Gesetzgeber die Gebühr für die Vertretung des Gläubigers im Gegensatz zu der Gebühr für die Vertretung des Schuldners nicht angehoben. Diese Ungleichbehandlung wird damit begründet, dass die Tätigkeit als Vertreter eines Gläubigers mit einer anwaltl. Mitwirkung in der Zwangsvollstreckung zu vergleichen ist. Die im Gegensatz zum Vollstreckungsverfahren um 0,2 höhere Verfahrensgeb. für die Vertretung des Gläubigers im Eröffnungsverfahren rechtfertigt sich dadurch, dass im Insolvenzantrag sowohl die Forderung des Gläubigers als auch der Insolvenzgrund glaubhaft zu machen ist, so dass die anwaltl. Tätigkeit im Vergleich zum Vollstreckungsverfahren anspruchsvoller ist.

2 Für das Entstehen der Verfahrensgeb. ist es gleichgültig, wer den Eröffnungsantrag gestellt hat. Die Gebühr entsteht mit der ersten anwaltl. Tätigkeit nach Erhalt des Auftrags zur Vertretung im Eröffnungsverfahren; dies wird idR die Entgegennahme der Information sein (Gerold/Schmidt Rn. 55 zu Nrn. 3313-3323 VV RVG). IÜ gelten die allgemeinen Regeln (Vorbem. 3 VV RVG Anm. 3ff.). Von der Verfahrensgeb. der Nr. 3314 VV RVG sind alle anwaltl. Tätigkeiten im Rahmen des Eröffnungsverfahrens abgedeckt: die Stellung des Antrags (§§ 13, 14 InsO), die Mitwirkung in Zulassungsverfahren sowie bei den Ermittlungen nach Zulassung des Antrags bis hin zur Entgegennahme des Eröffnungsbeschlusses. Endet der Auftrag vorzeitig, ist eine Ermäßigung der Gebühr nicht vorgesehen (Gerold/Schmidt Rn. 57 zu Nrn. 3313-3323 VV RVG).

3 Vertritt der RA einen Gläubiger im Eröffnungsverfahren nach der SVertO (vgl. Vorbem. 3.3.5 VV RVG Anm. 2, 3), erhält er hierfür eine 0,5 Verfahrensgeb. nach Nr. 3314 VV RVG.

4 Vertritt der RA mehrere Gläubiger mit verschiedenen Forderungen, verdient er die Gebühren für jeden Auftrag gesondert (Vorbem. 3.3.5 Abs. 2 VV RVG Anm. 4).

Nr.	Gebührentatbestand	Gebühr oder Satz der Gebühr nach § 13 RVG
3315	**Tätigkeit auch im Verfahren über den Schuldenbereinigungs-plan:**	
	Die Verfahrensgebühr 3313 beträgt	1,5

1 Zusammen mit dem Antrag auf Eröffnung des Insolvenzverfahrens (§ 311 InsO) oder unverzüglich nach diesem Antrag muss der Schuldner, sofern er eine nat. Person ist, die keine oder nur eine geringfügige selbstst. wirtschaftl. Tätigkeit ausübt (§ 304 InsO), einen **Schuldenbereinigungsplan** vorlegen (§ 305 Abs. 1 Nr. 4 InsO). Dieses Dokument ist ein Vorschlag zu einer Art Vergleichsverf., mit welchem das Verbraucherinsolvenzverfahren abgewendet werden soll (§ 308 Abs. 1 S. 2 InsO). Vertritt der RA den Schuldner auch im gerichtl. Schuldenbereinigungsplanverfahren, erhöht sich die Verfahrensgeb. nach Nr. 3313 VV RVG auf 1,5 (bisher eine volle Gebühr nach § 72 Abs. 1 S. 2 BRAGO). Der Grund für diese Gebührenanhebung liegt darin, dass die zusätzl. Tätigkeit des RA im Schuldenbereinigungsverfahren arbeitsaufwändig ist. Der RA verdient die erhöhte Gebühr allerdings nur dann, wenn er den Schuldner sowohl im Eröffnungsverfahren als auch im Schuldenbereinigungsverfahren vertritt. In diesem Fall reicht jede Einzeltätigkeit im Schuldenbereinigungsverfahren, um die erhöhte Verfahrensgeb. entstehen zu lassen (Riedel/Sußbauer Rn. 3 zu § 72 BRAGO).

2 Die Gebühr nach Nr. 3315 VV RVG **entsteht mit der ersten anwaltlichen Tätigkeit** nach Erhalt des Auftrags, den Schuldner im Verf. über den Schuldenbereinigungsplan zu vertreten. Dies wird idR die Entgegennahme der Information sein. Im Übrigen gelten die allgemeinen Regeln (Vorbem. 3 VV RVG Anm. 3ff.). Die Gebühr deckt die gesamte Tätigkeit des RA in diesem Verf. ab: Ausarbeitung und Vorlage eines Schuldenbereinigungsplans (§ 305 Abs. 1 Nr. 4 InsO), evtl. die Ergänzung des Plans (§ 305 Abs. 3 InsO) bzw. dessen Änderung oder Ergänzung nach Stellungnahme des Gläubigers (§ 307 Abs. 3 InsO), Antrag auf Ersetzung der Zustimmung nach § 309 InsO usw. Vertritt der RA den Schuldner im Eröffnungsverfahren, lässt jede Einzeltätigkeit des RA im Schuldenbereinigungsplanverfahren die 1,5 Verfahrensgeb. entstehen.

Nr.	Gebührentatbestand	Gebühr oder Satz der Gebühr nach § 13 RVG
3316	**Tätigkeit auch im Verfahren über den Schuldenbereinigungsplan:** **Die Verfahrensgebühr 3314 beträgt**	1,0

1 Vertritt der RA der Gläubiger auch im gerichtl. **Schuldenbereinigungsplanverfahren**, erhöht sich die 0,5 Verfahrensgeb. der Nr. 3314 VV RG auf 1,0 (bisher 8/10 § 72 Abs. 2 S. 2 BRAGO), während der RA für die Vertretung des Schuldners in diesem Verf. nach Nr. 3315 VV RVG eine 1,5 Verfahrensgeb. erhält. Diese Differenzierung erklärt sich daraus, dass die Vertretung des Schuldners im Verf. über den Schuldenbereinigungsplan regelmäßig anspruchsvoller und arbeitsaufwändiger ist.

2 Die Gebühr nach Nr. 3316 VV RVG entsteht für **jede Tätigkeit des Rechtsanwalts** nach Erteilung des Auftrags, den Gläubiger im Verf. über den Schuldenbereinigungsplan zu vertreten: Entgegennahme der Information bzw. des Schuldenbereinigungsplans für den Gläubiger, Stellungnahme zum Schuldenbereinigungsplan (§ 307 Abs. 1 InsO), Stellungnahme zum Antrag des Schuldners nach § 309 InsO, Unterrichtung des Gläubigers über den Beschl. über die Annahme des Schuldenbereinigungsplans etc (vgl. iE Riedel/Sußbauer Rn. 6 zu § 72 BRAGO). Vertritt der RA den Gläubiger im Eröffnungsverfahren, lässt jede Einzeltätigkeit im Schuldenbereinigungsplanverfahren die 1,0 Verfahrensgeb. entstehen. Im Übrigen gelten die allgemeinen Regeln (Vorbem. 3 VV RVG Anm. 3ff.).

Nr.	Gebührentatbestand	Gebühr oder Satz der Gebühr nach § 13 RVG
3317	**Verfahrensgebühr für das Insolvenzverfahren** Die Gebühr entsteht auch im Verteilungsverfahren nach der SVertO.	1,0

1 Für seine Tätigkeit im Eröffnungsverfahren verdient der RA die Gebühren nach Nr. 3313, 3314 VV RVG. Dieses ist abgeschlossen, sobald das Insolvenzverfahren eröffnet wird. Wirkt der Anwalt im Auftrag des Mandanten auch im **Insolvenzverfahren** mit, erhält er zusätzl. eine 1,0 Verfahrensgeb.

nach Nr. 3317 VV RVG (Gerold/Schmidt Rn. 83 zu Nrn. 3313-3323 VV RVG; Mock AGS 2004, 182). Wird er erst nach Eröffnung des Insolvenzverfahrens tätig, verdient er nur die Gebühr nach Nr. 3317 VV RVG. Die Mitwirkung des RA im Insolvenzverfahren ist rechtl. und tatsächlich anspruchsvoller und aufwändiger als die Tätigkeit im früheren Konkurs-, Gesamtvollstreckungs- oder Vergleichsverfahren, womit sich die 1,0 Gebühr rechtfertigt.

2 Die **Verfahrensgebühr** nach Nr. 3317 VV RVG entsteht, sobald der RA nach Auftragserteilung im Rahmen des Insolvenzverfahrens tätig geworden ist, und zwar entweder für den Gläubiger oder aber für den Schuldner (Gerold/Schmidt Rn. 75 zu Nrn. 3313-3323 VV RVG). Allerdings ist der Gegenstandswert in beiden Fällen unterschiedlich geregelt (§ 28 Abs. 1 und 2 RVG). Es gelten die allg. Regeln (Vorbem. 3 VV RVG Anm. 3ff.). Die Verfahrensgeb. deckt die gesamte Tätigkeit des RA im Insolvenzverfahren ab. Der Gebühr unterfallen insbes. die Entgegennahme v. Informationen einschl. der Beratung des Mandanten, die Wahrnehmung v. Terminen einschl. der schriftlichen und mündl. Verhandlungen mit dem Insolvenzverwalter, sämtliche Vorbereitungs-, Neben- und Abwicklungstätigkeiten etc. (hierzu ausführlich Gerold/Schmidt Rn. 75ff. zu Nrn. 3313-3323 VV RVG). Der RA verdient die Gebühr auch für eine Einzeltätigkeit im Rahmen des Insolvenzverfahrens (Riedel/Sußbauer Rn. 2 zu § 73 BRAGO). Die Gebühr nach Nr. 3317 VV RVG umfasst auch die Tätigkeit des RA im Verteilungsverfahren nach §§ 187ff. InsO. Daneben kann eine Hebegebühr nach Nr. 1009 VV RVG entstehen (Riedel/Sußbauer Rn. 6 zu § 73 BRAGO). Die bloße Anmeldung einer Insolvenzforderung wird nicht nach Nr. 3317 VV RVG, sondern nach Nr. 3320 VV RVG vergütet (hierzu Mock AGS 2004, 182).

3 Für die Vertretung im **Verteilungsverfahren nach der SVertO** (vgl. hierzu Vorbem. 3.3.5 VV RVG Anm. 2, 3) erhält der RA eine 1,0 Verfahrensgeb. nach Nr. 3317 VV RVG (bisher eine halbe Gebühr nach §§ 81 Abs. 1 S. 1 iVm 73 BRAGO).

Nr.	Gebührentatbestand	Gebühr oder Satz der Gebühr nach § 13 RVG
3318	Verfahrensgebühr für das Verfahren über einen Insolvenzplan	1,0

1 Die Befriedigung der absonderungsberechtigten Gläubiger und der Insolvenzgläubiger, die Verwertung der Insolvenzmasse und deren Verteilung an die Beteiligten sowie die Haftung des Schuldners nach Beendigung des Insolvenzverfahrens können in einem **Insolvenzplan** abweichend v. den Vorschriften der InsO geregelt werden (§ 217 InsO). Zur Vorlage eines solchen Insolvenzplans an das Insolvenzgericht sind nach § 218 InsO sowohl der Insolvenzverwalter als auch der Schuldner berechtigt. Die Vorlage des Insolvenzplans durch den Schuldner kann mit dem Antrag auf Eröffnung des Insolvenzverfahrens verbunden werden. Nach Annahme des Insolvenzplans durch die Gläubiger (§§ 244-246 InsO) und der Zustimmung des Schuldners (§ 247 InsO) bedarf der Plan der Zustimmung durch das Insolvenzgericht (§ 248 InsO). Für die Vertretung eines Gläubigers bzw. des Schuldners in diesem Verf. erhält der RA nach Nr. 3318 VV RVG eine 1,0 Verfahrensgeb. (bisher ebenfalls eine volle Gebühr nach § 74 Abs. 1 S. 1 BRAGO). Vertritt der Anwalt hingegen den Schuldner, der den Plan vorgelegt hat, entsteht eine 3,0 Verfahrensgeb. (Nr. 3319 VV RVG Anm. 1).

2 Die **Verfahrensgebühr entsteht**, sobald der RA nach Auftragserteilung erstmals in dem Verf. über einen Insolvenzplan tätig wird. Es gelten die allg. Regeln (Vorbem. 3 VV RVG Anm. 3ff.). Die Gebühr deckt die gesamte Tätigkeit des RA in diesem Verf. bis zur Beendigung des Insolvenzplanverfahrens einschl. der Überwachung der Planerfüllung (str., vgl. die Nachweise bei Schneider/Mock § 30 Rn. 14) ab. Der RA verdient die Gebühr nach Nr. 3318 VV RVG auch für Einzeltätigkeiten. Auch die Klärung der Frage, ob gem. § 253 InsO ein Rechtsmittel eingelegt wird, wird v. dieser Verfahrensgeb. erfasst (Gerold/Schmidt Rn. 88 zu Nrn. 3313-3323 VV RVG). Legt der RA im Auftrag des Schuldners den Insolvenzplan zusammen mit dem Antrag auf Eröffnung des Insolvenzverfahrens vor (§ 218 Abs.

1 S. 2 InsO), kann die Gebühr der Nr. 3318 VV RVG bei entspr. Tätigkeit des RA schon vor Eröffnung des Insolvenzverfahrens entstehen und evtl. neben der Gebühr nach Nr. 3317 VV RVG verdient werden (Riedel/Sußbauer Anm. 2 zu § 74 BRAGO). Die Gebühr entsteht auch für die Vertretung des Insolvenzverwalters (Gerold/Schmidt Rn. 88 zu Nrn. 3313-3323 VV RVG) oder sonstiger Verfahrensbeteiligter. Sie kann neben etwaigen Gebühren des Unterabschnitts 5 verdient werden.

Nr.	Gebührentatbestand	Gebühr oder Satz der Gebühr nach § 13 RVG
3319	**Vertretung des Schuldners, der den Plan vorgelegt hat:**	
	Die Verfahrensgebühr 3318 beträgt	3,0

1 Für die Tätigkeit in dem Verf. über den Insolvenzplan erhält der RA eine 1,0 Verfahrensgeb. nach Nr. 3318. Diese Gebühr **erhöht sich auf 3,0** für den Fall, dass der RA den Schuldner vertritt, der den Plan vorgelegt hat. Dies entspricht der bisherigen Regelung in § 74 Abs. 1 S. 2 BRAGO. Die Gebührenerhöhung erfolgt vor dem Hintergrund, dass der RA bei der Vorlage und Durchsetzung des Plans regelmäßig einen erhöhten Arbeitsaufwand hat. Auf den tatsächlichen Umfang der anwaltl. Tätigkeit kommt es hingegen nicht an (Riedel/Sußbauer Rn. 2 zu § 74 BRAGO). So ist es insbes. nicht erforderlich, dass der RA den Plan ausgearbeitet hat. Er verdient die erhöhte Verfahrensgeb. auch, wenn der Schuldner den Plan ausgearbeitet und vorgelegt hat und der RA erst beauftragt wird, wenn ein Erörterungs- oder Abstimmungstermin anberaumt wird (Enders JurBüro 1999, 113, 117).

2 Hat der RA den Schuldner bereits im Eröffnungsverfahren vertreten, verdient er die Verfahrensgeb. nach Nr. 3319 VV RVG neben der Verfahrensgeb. nach Nr. 3313 VV RVG. Daneben fällt üblicherweise die Verfahrensgeb. nach Nr. 3317 VV RVG an (Gerold/Schmidt Rn. 90 zu Nrn. 3313-3323 VV RVG).

Nr.	Gebührentatbestand	Gebühr oder Satz der Gebühr nach § 13 RVG
3320	**Die Tätigkeit beschränkt sich auf die Anmeldung einer Insolvenzforderung:**	
	Die Verfahrensgebühr 3317 beträgt	0,5
	Die Gebühr entsteht auch im Verteilungsverfahren nach der SVertO.	

1 Beschränkt sich die Tätigkeit des RA in Form eines Einzelauftrags auf den Entwurf bzw. die **Anmeldung einer Insolvenzforderung** (§§ 28 Abs. 1, 174ff. InsO), erhält er hierfür eine 0,5 Verfahrensgeb. nach Nr. 3320 VV RVG (bisher eine 3/10 Gebühr nach § 75 BRAGO). Die Anhebung der Gebühr ist nach Auffassung des Gesetzgebers sachgerecht, da vor der Anmeldung der Insolvenzforderung anhand vorhandener Unterlagen geprüft werden muss, ob und in welcher Höhe eine Forderung besteht. Die Verfahrensgeb. nach Nr. 3320 VV RVG umfasst auch eine evtl. notwendig werdende Beratung. Der RA verdient die Gebühr auch, wenn er nur den Auftrag hat, die Anmeldung zu entwerfen und zu unterzeichnen (Riedel/Sußbauer Rn. 2 zu § 75 BRAGO). Erhält der RA hingegen den Auftrag, den Gläubiger allg. in dem Insolvenzverfahren □ zB auch nach Anmeldung der Insolvenzforderung □ zu vertreten, verdient er eine 1,0 Verfahrensgeb. nach Nr. 3317 VV RVG, mit welcher die Anmeldung der Forderung mit abgegolten ist (Gerold/Schmidt Rn. 95 zu Nrn. 3313-3323 VV RVG). Wegen ein und derselben Forderung kann der RA nie eine Gebühr nach Nr. 3317 VV RVG sowie zusätzl. nach Nr. 3320 VV RVG verdienen.

2 Für die Tätigkeit des RA im Verteilungsverfahren nach der **SVertO** (Vorbem. 3.3.5 VV RVG Anm. 2, 3) entsteht ebenfalls eine 0,5 Verfahrensgeb. (Gerold/Schmidt Rn. 98 zu Nrn. 3313-3323 VV RVG).

Nr.	Gebührentatbestand	Gebühr oder Satz der Gebühr nach § 13 RVG
3321	**Verfahrensgebühr für das Verfahren über einen Antrag auf Versagung oder Widerruf der Restschuldbefreiung**	0,5
	(1) Das Verfahren über mehrere gleichzeitig anhängige Anträge ist eine Angelegenheit.	
	(2) Die Gebühr entsteht auch gesondert, wenn der Antrag bereits vor Aufhebung des Insolvenzverfahrens gestellt wird.	

1 Nach § 303 InsO **widerruft** das Insolvenzgericht die Erteilung der Restschuldbefreiung, wenn sich nachträglich herausstellt, dass der Schuldner eine seiner Obliegenheiten (§§ 295, 296 InsO) vorsätzlich verletzt und dadurch die Befriedigung der Insolvenzgläubiger erheblich beeinträchtigt hat. Nach § 297 InsO **versagt** das Insolvenzgericht die Restschuldbefreiung auf Antrag eines Insolvenzgläubigers, wenn der Schuldner in dem Zeitraum zw. Schlusstermin und Aufhebung des Insolvenzverfahrens oder während der Laufzeit der Abtretungserklärung wg. einer Straftat nach den §§ 283 bis 283c StGB rechtskräftig verurteilt worden ist. Liegen die Voraussetzungen des § 296 Abs. 1 oder 2 S. 3 oder des § 297 InsO vor, versagt das Insolvenzgericht auf Antrag des Insolvenzgläubigers ebenfalls die Restschuldbefreiung (§ 300 Abs. 2 InsO). Vertritt der RA den antragsberechtigten Insolvenzgläubiger, verdient er in dem Verf. über den Antrag auf Versagung oder Widerruf der Restschuldbefreiung eine 0,5 Verfahrensgeb. (bisher § 74 Abs. 2 S. 1 BRAGO). Gleiches gilt, wenn er in diesem Verf. den Schuldner oder einen anderen Beteiligten (etwa den Treuhänder) vertritt (Gerold/Schmidt Rn. 103 zu Nrn. 3313-3323 VV RVG). Auf den Umfang der anwaltl. Tätigkeit kommt es nicht an. Die Verfahrensgeb. nach Nr. 3321 VV RVG deckt die gesamte Tätigkeit des RA in diesem Verf. ab.

2 Nach Nr. 3321 Abs. 1 VV RVG ist das Verf. über **mehrere gleichzeitig anhängige Anträge eine Angelegenheit.** Dies entspricht der bisherigen Regelung in § 74 Abs. 2 S. 2 Hs. 2 BRAGO.

3 Neu ist, dass die Verfahrensgeb. nach Nr. 3321 VV RVG auch dann gesondert anfällt, wenn der **Antrag vor Aufhebung** des Insolvenzverfahrens ☐ etwa im Schlusstermin ☐ gestellt wird. Nach § 74 Abs. 2 S. 1 BRAGO ist die gesonderte Gebühr nur entstanden, wenn der Antrag nach Aufhebung des Insolvenzverfahrens gestellt wird.

Nr.	Gebührentatbestand	Gebühr oder Satz der Gebühr nach § 13 RVG
3322	**Verfahrensgebühr für das Verfahren über Anträge auf Zulassung der Zwangsvollstreckung nach § 17 Abs. 4 SVertO**	0,5

1 Nach § 17 Abs. 4 SVertO kann das Gericht bereits vor der Einstellung des Verf. nach Abs. 1 die Zwangsvollstreckung wg. eines Anspruchs, mit dem der Gläubiger an dem Verf. teilnimmt, insoweit zulassen, wie dies zur Vollziehung eines Arrestes statthaft ist, wenn begründeter Anlass für die Annahme besteht, dass der Schuldner nicht innerhalb der bestimmten Frist den Mehrbetrag der Haftungssumme einzahlen oder die Sicherheit ergänzen oder leisten wird. Auf Grund einer solchen Anordnung kann nicht mehr vollstreckt werden, wenn der Mehrbetrag der Haftungssumme eingezahlt oder die Sicherheit ergänzt oder geleistet worden ist. In diesem Verf. verdient der RA eine 0,5 Verfahrensgeb. (bisher eine 3/10 Gebühr nach Nr. 81 Abs. 2 Nr. 3 BRAGO).

2 Die **0,5 Verfahrensgebühr** entsteht, sobald der RA den Auftrag zu einer Mitwirkung im Verf. nach § 17 Abs. 4 SVertO erhalten und in Ausführung dieses Auftrags tätig geworden ist. Die Gebühr nach Nr. 3322 VV RVG ist eine Sondergebühr, die neben den Gebühren für die Vertretung im Verteilungs-verfahren nach der SVertO (Nr. 3313, 3314, 3317 VV RVG) anfällt (Riedel/Sußbauer Rn. 8 zu § 81 BRAGO).

Nr.	Gebührentatbestand	Gebühr oder Satz der Gebühr nach § 13 RVG
3323	**Verfahrensgebühr für das Verfahren über Anträge auf Aufhe-bung von Vollstreckungsmaßregeln (§ 8 Abs. 5 und § 41 SVertO)**	0,5

1 Im Verf. über **Anträge auf Aufhebung von Vollstreckungsmaßregeln** (§ 8 Abs. 5, § 41 SVertO) erhält der RA eine 0,5 Verfahrensgeb. (bisher eine 3/10 Gebühr nach § 81 Abs. 2 Nr. 2 BRAGO; Gerold/Schmidt Rn. 108 zu Nrn. 3313-3323 VV RVG). Die Verfahrensgeb. entsteht, sobald der RA den Auftrag zu einer Mitwirkung in den genannten Verf. erhalten und in Ausführung dieses Auftrags tätig geworden ist. Die Gebühr nach Nr. 3323 VV RVG ist eine Sondergebühr, die neben den Gebühren für die Vertretung im Verteilungsverfahren nach der SVertO (Nr. 3313, 3314, 3317 VV RVG) anfällt (Riedel/Sußbauer Rn. 8 zu § 81 BRAGO).

2 Die Gebühr nach Nr. 3323 VV RVG verdient der RA nur für seine Tätigkeit in dem Verf. auf Aufhebung v. Vollstreckungsmaßregeln nach Anm. 1, nicht jedoch für das vorausgegangene Verf. auf Einstellung gem. § 8 Abs. 4 SVertO (Schneider/Mock § 30 Rn. 27).

Unterabschnitt 6. Sonstige besondere Verfahren

Vorbemerkung 3.3.6:
Die Terminsgebühr bestimmt sich nach Abschnitt 1, soweit in diesem Unterabschnitt nichts anderes bestimmt ist.

1 Im **Unterabschnitt 6** v. Teil 3 VV RVG werden die Gebühren für einige bes. Verf. geregelt (vgl. iE Nr. 3324 bis 3337 VV RVG). Soweit die Vorschriften eine ggü. der Prozessgebühr nach der BRAGO erhöhte Verfahrensgeb. vorsehen, ist dies zusätzl. zu den bei den einzelnen Vorschriften genannten Gründen durch den Wegfall der Beweisgebühr begründet.

2 Unterabschnitt 6 regelt für die genannten Verf. durchgängig die Höhe der Verfahrensgeb. (zu deren Entstehen Vorbem. 3 VV RVG Anm. 3ff.). Die Terminsgeb. (hierzu Vorbem. 3 VV RVG Anm. 9-12) entsteht in den in Nr. 3324 bis 3331 VV RVG genannten Verf. mit einem Wert v. 0,5 (vgl. Nr. 3332 VV RVG). Für die in den Nr. 3333 bis 3336 VV RVG genannten Verf. findet sich im Unterabschnitt 6 keine Festsetzung der Höhe der Terminsgeb. Insoweit legt die Anm. zur Vorbem. 3.3.6 VV RVG fest, dass sich die Terminsgeb. nach Abschnitt 1 richtet, soweit im Unterabschnitt 6 nichts anderes bestimmt ist.

Nr.	Gebührentatbestand	Gebühr oder Satz der Gebühr nach § 13 RVG
3324	Verfahrensgebühr für das Aufgebotsverfahren	1,0

1 Nr. 3324 VV RVG betrifft wie der vergleichbare § 45 BRAGO Aufgebotsverfahren nach den Vorschriften der §§ 946 bis 956, 959, 977 bis 1024 ZPO, für welche nach § 23 Nr. 2h GVG sachlich die Amtsgerichte zust. sind. Die Vorschrift gilt nur für Aufgebotsverfahren nach der ZPO und zwar unabhängig davon, ob sie nach Bundes- oder Landesrecht für das Aufgebotsverfahren gelten. Maßgebend ist, ob das Verf. nach den Vorschriften der ZPO durchgeführt wird (Gerold/Schmidt Rn. 1 zu Nr. 3324 VV RVG). In Betracht kommen zB Aufgebotsverfahren zum Zwecke der Ausschließung als Eigentümer eines Grundstücks nach § 927 BGB oder v. Nachlassgläubigern nach § 1970 BGB bzw. zum Zweck der Kraftloserklärung einer Urkunde (zB Wechsel, Aktien). **Nicht anwendbar** ist die Vorschrift auf Aufgebotsverfahren, in denen das Aufgebot nicht nach den Bestimmungen der ZPO und nicht vor den ordentlichen Gerichten stattfindet. Hierunter fallen zB Aufgebotsverfahren zwecks Todeserklärung nach dem Verschollenheitsgesetz, das Aufgebot v. Postsparkassenbüchern nach § 18 Postsparkassenordnung ua (vgl. iE Riedel/Sußbauer Anm. 2, 3 zu § 45 BRAGO).

2 Nach § 45 Abs. 1 BRAGO erhielt der RA 5/10 der vollen Gebühr als Prozessgebühr für den Antrag auf Erlass des Aufgebots, für den Antrag auf Anordnung der Zahlungssperre, wenn der Antrag vor dem Antrag auf Erlass des Aufgebots bestellt wird, sowie für die Wahrnehmung des Aufgebotstermine. Diese Unterscheidung nimmt das RVG nicht uw. Nach Nr. 3324 VV RV erhält der RA nunmehr für die Mitwirkung im Aufgebotsverfahren ausschließlich eine 1,0 Verfahrensgeb. Hierbei unterscheidet das Gesetz im Gegensatz zu der bisherigen Regelung nicht mehr dahingehend, ob der RA den Antragsteller oder eine andere am Verf. beteiligte Person vertritt (vgl. bisher § 45 Abs. 1, 2 BRAGO). Der RA erhält für seine Tätigkeit im Aufgebotsverfahren vielmehr einheitlich eine 1,0 Verfahrensgeb. Die Gebühr deckt sämtliche Tätigkeiten des RA im Aufgebotsverfahren ab. Sie entsteht, sobald der RA nach Erhalt des Auftrags in dessen Ausführung erstmals tätig geworden ist (zum Entstehen der Verfahrensgeb. allg. Vorbem. 3 VV RVG Anm. 3ff.). Vertritt der RA **mehrere Auftraggeber** in derselben Angelegenheit, erhöht sich die Verfahrensgeb. nach Nr. 1008 VV RVG für jede weitere Person um 0,3 bis auf maximal 2,0.

3 Für die **Wahrnehmung eines Aufgebotstermins** erhält der RA eine 0,5 **Terminsgebühr** nach Nr. 3332 VV RVG (Gerold/Schmidt Rn. 12 zu Nr. 3324 VV RVG). Diese Gebühr entsteht nur einmal, auch wenn mehrere Aufgebotstermine stattfinden.

Nr.	Gebührentatbestand	Gebühr oder Satz der Gebühr nach § 13 RVG
3325	**Verfahrensgebühr für Verfahren nach § 319 Abs. 6 AktG, auch i. V. m. § 327e Abs. 2 AktG, oder nach § 16 Abs. 3 UmwG**	0,75

1 Allgemeines. Soll eine Umwandlung durch Verschmelzung, eine Eingliederung nach § 319 AktG bzw. ein Übertragungsbeschluss in das HR bzw. Partnerschafts-, Genossenschafts- oder Vereinsregister eingetragen werden, haben die Vertretungsorgane zu erklären, dass eine Klage gg. die Wirksamkeit des entspr. Beschl. nicht oder nicht fristgemäß erhoben oder eine solche Klage rechtskräftig abgewiesen oder zurückgenommen worden ist. Kann eine solche Erklärung, zB weil eine Klage anhängig ist, nicht abgegeben werden, kann ein Gerichtsbeschluss erwirkt werden, dass die Klage gg. die Eingliederung (§ 319 Abs. 6 AktG), gg. die Wirksamkeit eines Übertragungsbeschlusses (§ 327e Abs. 2 AktG) bzw. gg. die Verschmelzung (§ 16 Abs. 3 UmwG) der Eintragung in das Register nicht entgegensteht. Der Beschl. setzt den Antrag eines Vertretungsorgans voraus. Er ist ggü. dem Klageverfahren ein selbstst. Verf.

2 Die Gebühren dieses Beschlussverfahrens regelt Nr. 3325 VV RVG. Die Vorschrift entspricht § 42 BRAGO, wurde aber durch § 327e Abs. 2 AktG ergänzt. In diesen Verf. verdient der RA eine **0,75 Verfahrensgebühr**, die ggü. der bisherigen Regelung um 0,25 erhöht worden ist. Diese Gebührenerhöhung ist durch den erheblichen Aufwand des RA in diesen Verf. bedingt, berücksichtigt aber gleichzeitig die geringere Bedeutung des Beschlussverfahrens ggü. dem Klageverfahren. Die Gebühr entsteht mit der ersten Tätigkeit nach Auftragserteilung (zum Entstehen der Verfahrensgeb. allg. Vorbem. 3 VV RVG Anm. 3ff.).

3 Der Beschl. kann in dringenden Fällen ohne mündl. Verhandlung ergehen. Findet eine mündl. Verhandlung statt, kann nach Nr. 3332 VV RVG eine **Terminsgebühr** entstehen.

Nr.	Gebührentatbestand	Gebühr oder Satz der Gebühr nach § 13 RVG
3326	Verfahrensgebühr für Verfahren vor den Gerichten für Arbeitssachen, wenn sich die Tätigkeit auf eine gerichtliche Entscheidung über die Bestimmung einer Frist (§ 102 Abs. 3 ArbGG), die Ablehnung eines Schiedsrichters (§ 103 Abs. 3 ArbGG) oder die Vornahme einer Beweisaufnahme oder einer Vereidigung (§ 106 Abs. 2 ArbGG) beschränkt	0,75

Übersicht

Allgemeines	1
Fristbestimmung nach § 102 Abs. 3 ArbGG	2
Schiedsrichterablehnung nach § 103 Abs. 3 ArbGG	3
Beweisaufnahme oder Vereidigung § 106 Abs. 2 ArbGG	4
Vorzeitige Beendigung des Auftrags	5

1 Nach Nr. 3326 VV RVG erhält der RA in bestimmten Verf. vor den Gerichten für Arbeitssachen (§§ 104ff. ArbGG) eine 0,75 Verfahrensgeb. Dies entspricht der bisherigen Regelung in § 62 Abs. 3 BRAGO, allerdings wurde die Gebühr um 0,25 erhöht. Diese Gebührenanhebung ist im Hinblick auf den erheblichen Aufwand des RA in den genannten Verf. gerechtfertigt. Die Gebühr verdient der RA nur dann, wenn er ausschließlich in einem der genannten Verf. und nicht als Prozessbev. der Partei vor dem ArbG tätig ist (Gerold/Schmidt Rn. 4 zu Nr. 3326 VV RVG). Ist er in der Hauptsache beauftragt, gehören die in Nr. 3326 VV RVG genannten Tätigkeiten gem. § 16 Nr. 11 RVG zur Angelegenheit.

2 Beruft sich in Rechtsstreitigkeiten vor dem ArbG eine Partei auf einen Schiedsvertrag, ist die Klage als unzulässig abzuweisen (Prozess hindernde Einrede), es sei denn, es liegt ein Fall v. Abs. 2 vor. Die Bestimmung der Frist in den Fällen des § 102 Abs. 2 Nr. 2, 3 ArbGG erfolgt auf Antrag des Kl. durch den Vorsitzenden des Arbeitsgerichts, welches für die Geltendmachung des Anspruchs zust. ist. Stellt der RA für den Kl. den Antrag nach Abs. 3, verdient er in diesem Verf. eine 0,75 Verfahrensgeb.

3 Mitglieder des Schiedsgerichts können aus denselben Gründen abgelehnt werden, die zur Ablehnung eines Richters berechtigen. Über die Ablehnung beschließt die Kammer des Arbeitsgerichts, das für die Geltendmachung des Anspruchs zust. wäre, und zwar nach Anhörung der Streitparteien und des abgelehnten Mitglieds des Schiedsgerichts. In diesem Verf. verdient der RA eine 0,75 Verfahrensgeb.

4 Ein Schiedsgericht kann zwar Beweise erheben, aber weder Zeugen noch Sachverständige vereidigen bzw. eidesstattliche Vers. entgegennehmen. Eine diesbezügliche Beweisaufnahme kann das Schiedsgericht durch das ArbG vornehmen lassen. Für die Mitwirkung an einer entspr. Beweisaufnahme oder Vereidigung erhält der RA ebenfalls eine 0,75 Verfahrensgeb.

5 Endet der Auftrag vorzeitig, erhält der RA nur eine 0,5 Verfahrensgeb. (vgl. iE Nr. 3337 VV RVG Anm. 2).

Nr.	Gebührentatbestand	Gebühr oder Satz der Gebühr nach § 13 RVG
3327	Verfahrensgebühr für gerichtliche Verfahren über die Bestellung eines Schiedsrichters oder Ersatzschiedsrichters, über die Ablehnung eines Schiedsrichters oder über die Beendigung des Schiedsrichteramts, zur Unterstützung bei der Beweisaufnahme oder bei der Vornahme sonstiger richterlicher Handlungen anlässlich eines schiedsrichterlichen Verfahrens	0,75

1 Die Vorschrift der Nr. 3327 VV RVG wurde durch das am 1. Januar 2005 in Kraft getretene Anhörungsrügengesetz (BGBl I S. 3320) neu gefasst. Es erfolgte jedoch lediglich eine rein redaktionelle Korrektur. Der Regelungsgehalt der Vorschrift wurde nicht modifiziert. Damit werden mit der Gebühr nach Nr. 3327 VV RVG nach wie vor bestimmte Einzeltätigkeiten des RA im schiedsrichterlichen Verf. abgegolten. Maßgebend ist, dass dieser ausschließlich mit den genannten Tätigkeiten betraut wird. Vertritt der RA einen der Beteiligten im schiedsrichterlichen Verf., erhält er für die Mitwirkung an den genannten Hilfsverrichtungen staatlicher Gerichte keine gesonderte Gebühr nach Nr. 3327 VV RVG (OLG Karlsruhe JurBüro 1975, 480; OLG Hamm JurBüro 1987, 1045). Die Vorschrift entspricht § 46 Abs. 4 BRAGO, allerdings wurde die Gebühr im Hinblick auf den erheblichen Arbeitsaufwand um 0,25 angehoben. Die Gebühr entsteht mit dem ersten Tätigwerden des RA nach Auftragserteilung (zum Entstehen der Verfahrensgeb. allg. Vorbem. 3 VV RVG Anm. 3ff.).

2 Der RA verdient die 0,75 Verfahrensgeb. für die **Mitwirkung** an gerichtl. Entscheidungen über die Bestellung eines (Ersatz-) Schiedsrichters (§§ 1034 Abs. 2, 1035 Abs. 3, 4, 1039 ZPO) bzw. dessen Ablehnung (§ 1037 Abs. 3 ZPO), über die Beendigung des Schiedsrichteramts (1038 Abs. 1 S. 2 ZPO) oder über die Vornahme der v. den Schiedsrichtern für erforderlich erachteten richterlichen Handlungen (1050 ZPO). Die **Tätigkeit des RA muss auf eine der genannten Tätigkeiten beschränkt** sein. Obwohl nach § 1063 Abs. 1 ZPO eine Entscheidung ohne mündl. Verhandlung möglich ist, kann das Gericht eine solche anordnen (Baumbach/Lauterbach Rn. 2 zu § 1063 ZPO). In diesem Fall kann der RA auch eine Terminsgeb. verdienen, vgl. iE Nr. 3332 VV RVG Anm. 1. Unerheblich ist es dabei, ob in dem Termin Anträge gestellt werden oder ob die Sache erörtert wird. Für das Entstehen der Terminsgebühr ist es ausreichend, wenn der Anwalt den Termin wahrnimmt (Gebauer/Schneider Nr. 3327 VV RVG Rn. 10).

3 Endet der Auftrag **vorzeitig**, erhält der RA nur eine 0,5 Verfahrensgeb. (vgl. Nr. 3337 VV RVG Anm. 2).

Nr.	Gebührentatbestand	Gebühr oder Satz der Gebühr nach § 13 RVG
3328	Verfahrensgebühr für Verfahren über die vorläufige Einstellung, Beschränkung oder Aufhebung der Zwangsvollstreckung	0,5
	Die Gebühr entsteht nur, wenn eine abgesonderte mündliche Verhandlung hierüber stattfindet. Wird der Antrag beim Vollstreckungsgericht und beim Prozessgericht gestellt, entsteht die Gebühr nur einmal.	

1 Die Vorschrift regelt die Gebühren, die entstehen, wenn der RA nach Erlass eines vollstreckbaren Titels die vorläufige Einstellung, Beschränkung oder Aufhebung der Zwangsvollstreckung beantragt. Diese Verf. gehören nach § 19 Abs. 1 S. 2 Nr. 11 RVG grds. zum Rechtszug. Aus diesem Grund entsteht die Gebühr nach der Anm. S. 1 zu Nr. 3328 VV RVG nur dann, wenn eine abgesonderte mündl. Verhandlung über die Anträge stattfindet. Ist dies der Fall, kann nach Nr. 3328 VV RVG eine **0,5 Verfahrensgebühr** im Einstellungsverfahren zusätzl. zu den im Hauptverfahren verdienten Gebühren berechnet werden, für die Teilnahme an der Verhandlung eine Terminsgeb. nach Nr. 3332 (Gerold/Schmidt Rn. 1 zu Nr. 3328 VV RVG). Diese Vorschrift entspricht § 49 Abs. 1 BRAGO; allerdings wurde die Gebühr um 0,2 erhöht. Maßgebend ist, dass über die genannten Ansprüche abgesondert mündl. verhandelt wird. Die Gebühr entsteht mit dem ersten Tätigwerden des RA nach Auftragserteilung (zum Entstehen der Verfahrensgeb. allg. Vorbem. 3 VV RVG Anm. 3ff.).

2 Nr. 3328 VV RVG enthält keine abschließende Aufzählung der unter die Vorschrift fallenden Verf. Aus diesem Grunde umfasst die Vorschrift alle Verf. über die **vorläufige Einstellung, Beschränkung oder Aufhebung der Zwangsvollstreckung** (vgl. zB § 707, 719, 769ff., 785f., 805, 810, 924 ZPO). Die Gebühren können damit auch bei einer Einstellung nach den §§ 707, 719 ZPO entstehen, was früher abgelehnt wurde (Riedel/Sußbauer Rn. 2 zu § 49 BRAGO). Streitig ist, ob die Vorschrift für die Fälle der §§ 570 Abs. 3, 732 Abs. 2 ZPO anzuwenden ist (zust. Gerold/Schmidt Rn. 7 zu Nr. 3328 VV RVG; abl. Riedel/Sußbauer Rn. 5 zu § 49 BRAGO).

3 Stellt der RA den **Antrag sowohl beim Vollstreckungs- als auch beim Prozessgericht**, erhält er nach der Anm. S. 2 zu Nr. 3328 VV RVG die Gebühr nur einmal. Dies entspricht der bisherigen Regelung in § 49 Abs. 1 S. 2 BRAGO.

Nr.	Gebührentatbestand	Gebühr oder Satz der Gebühr nach § 13 RVG
3329	Verfahrensgebühr für Verfahren auf Vollstreckbarerklärung der durch Rechtsmittelanträge nicht angefochtenen Teile eines Urteils (§§ 537, 558 ZPO)	0,5

1 Allgemeines. Ein nicht oder nicht unbedingt für vorläufig vollstreckbar erklärtes Urteil des ersten bzw. zweiten Rechtszugs kann, soweit es durch die Berufung bzw. Revision nicht angefochten wird, auf Antrag vom Berufungs- bzw. Revisionsgericht für vorläufig vollstreckbar erklärt werden (§§ 537, 558 ZPO). Die Entscheidung ist erst nach Ablauf der Berufungs- bzw. Revisionsbegründungsfrist zulässig. In diesem Verf. verdient der RA eine 0,5 Verfahrensgeb. (bisher 3/10 nach § 49 Abs. 2 BRAGO). Die Anhebung der Gebühr auf 0,5 trägt dem Aufwand des RA Rechnung. Die Gebühr entsteht mit dem ersten Tätigwerden des RA nach Auftragserteilung (zum Entstehen der Verfahrensgeb. allg. Vorbem. 3 VV RVG Anm. 3ff.).

2 Nach Nr. 3329 VV RVG erhält der RA aus dem Wert des nicht angefochtenen Teils des Urteils für den **Antrag** auf Vollstreckbarerklärung eine 0,5 Verfahrensgeb. nach Nr. 3329 VV RVG (Riedel/Sußbauer Rn. 16 zu § 49 BRAGO). Dies gilt allerdings nur für den nicht angefochtenen Teil des Urteils. Hat der RA zunächst gg. das ganze Urteil ein Rechtsmittel eingelegt und dieses dann später teilweise zurückgenommen, entsteht für den Antrag auf Vollstreckbarerklärung des nicht angefochtenen Teils keine Gebühr nach Nr. 3329 VV RVG (Gerold/Schmidt Rn. 3 zu Nr. 3329 VV RVG).

3 Das Gericht entscheidet über einen Antrag nach §§ 537, 558 ZPO durch Beschl., und zwar regelmäßig ohne mündl. Verhandlung (Waltermann NJW 1992, 159f.). Findet ausnahmsweise eine mündl. Verhandlung statt, kann der RA für die Mitwirkung an dieser eine 0,5 **Terminsgebühr** nach Nr. 3332 VV RVG verdienen. Nach bisherigem Recht war für dieses Verf. keine Verhandlungs- bzw. Erörterungsgebühr vorgesehen.

Nr.	Gebührentatbestand	Gebühr oder Satz der Gebühr nach § 13 RVG
3330	Verfahrensgebühr für Verfahren über eine Rüge wegen Verletzung des Anspruchs auf rechtliches Gehör	0,5

1 Mit dem am 1. Januar 2005 in Kraft getretenen **Anhörungsrügengesetz** (BGBl I S. 3320) wurde im Gebührentatbestand der Nr. 3330 VV RVG der Zusatz „(§ 321a ZPO)" gestrichen. Hintergrund dieser Gesetzesänderung ist die Tatsache, dass mit dem Anhörungsrügengesetz in diversen Verfahrensvorschriften die Anhörungsrüge eingeführt worden ist (ZPO, ArbGG, GBO, StPO, RPflG, FGO). Demzufolge wurde in § 19 Abs. 1 S. 2 Nr. 5 RVG die Angabe „§ 321a der Zivilprozessordnung" gestrichen und damit klargestellt, dass sämtliche Verf. wg. Verletzung des rechtlichen Gehörs zum Gebührentatbestand gehören und für den Prozess- bzw. Verfahrensbevollmächtigten keine besondere Gebühr auslösen (§ 19 RVG Anm. 8). Wird dieser ausschließlich im Verf. über eine Anhörungsrüge tätig, verdient er eine **0,5 Verfahrensgebühr** nach Nr. 3330 VV RVG. Die Gebühr entsteht mit dem ersten auftragsgemäßen Tätigwerden des RA (Vorbem. 3 VV RVG Anm. 3ff.). Sie wird bei vorzeitiger Erledigung nicht ermäßigt (Kroiß RVG-Letter 2004, 89).

2 Das Gericht prüft die Statthaftigkeit und Zulässigkeit der Rüge vAw (vgl. zB § 321a Abs. 4 ZPO). Soweit es das Gericht für erforderlich erachtet, kann es zu diesem Zweck eine **mündliche Verhandlung** anberaumen. Es ist aber nicht dazu verpflichtet (Baumbach/Lauterbach Rn. 45 zu § 321a ZPO). Nimmt der RA für seinen Mandanten an dieser teil, verdient er eine 0,5 Verfahrensgeb. nach Nr. 3332 VV RVG.

Nr.	Gebührentatbestand	Gebühr oder Satz der Gebühr nach § 13 RVG
3331	Verfahrensgebühr für das Verfahren über einen Antrag auf Abänderung eines Vollstreckungstitels nach § 655 Abs. 1 ZPO Der Wert bestimmt sich nach § 42 GKG.	0,5

Übersicht

Antrag auf Änderung eines Vollstreckungstitels nach § 655 Abs. 1 ZPO 1

Vorzeitige Beendigung des Auftrages 2

Gegenstandswert 3

Anrechnung 4

1 Nach § 655 Abs. 1 ZPO kann ein auf wiederkehrende **Unterhaltsleistungen** gerichteter Vollstreckungstitel, in dem ein Betrag der nach den §§ 1612b, 1612c BGB anzurechnenden Leistungen festgelegt ist, auf Antrag im vereinfachten Verf. durch Beschl. geändert werden, wenn sich ein für die Berechnung dieses Betrags maßgebender Umstand ändert. Für die Mitwirkung in diesem Verf. erhält der RA wie bisher (§ 44 Abs. 1 Nr. 2 BRAGO) eine 0,5 Verfahrensgeb. Diese entsteht, sobald der RA nach Auftragserhalt erstmals in dessen Ausführung tätig wird (vgl. Vorbem. 3 VV RVG Anm. 3ff.). Nach der Komm. zu § 44 BRAGO entsteht allerdings nur eine einzige Gebühr, selbst wenn eine mündl. Verhandlung stattfindet. Es ist davon auszugehen, dass dies nicht mehr gilt. Nach Nr. 3332 VV RVG kann der RA in den Nr. 3324 bis 3331 VV RVG genannten Fällen eine 0,5 Terminsgeb. verdienen. Findet mithin eine mündl. Verhandlung statt, an welcher der RA teilnimmt, muss er hierfür auch eine Terminsgeb. erhalten.

2 Nach § 44 Abs. 1 BRAGO war § 32 BRAGO anzuwenden, wonach der RA bei einer vorzeitigen Beendigung des Auftrags nur die halbe Prozessgebühr erhielt. Der RA sollte in diesem vereinfachten Verf. über den Unterhalt Minderjähriger jedoch zumindest eine 3/10 Gebühr erhalten. Eine entspr. Bezugnahme auf Nr. 3101 VV RVG fehlt. Dies kann ein redaktionelles Versehen des Gesetzgebers oder der Ausdruck seines Willens sein, dass sich künftig die Verfahrensgeb. der Nr. 3331 bei vorzeitiger Beendigung des Auftrags nicht ermäßigt.

3 Der Wert für die Bemessung der Gebühr bestimmt sich nach § 42 GKG nF.

4 Nach § 656 ZPO kann jede Partei im Wege der Klage eine Abänderung des nach § 655 ZPO ergangenen Beschl. verlangen. Nach Nr. 3100 Abs. 1 VV RVG wird die 0,5 Gebühr nach Nr. 3331 VV RVG auf die Verfahrensgeb. angerechnet, die im nachfolgenden Rechtsstreit entsteht (Nr. 3100 VV RVG Anm. 4).

Nr.	Gebührentatbestand	Gebühr oder Satz der Gebühr nach § 13 RVG
3332	**Terminsgebühr in den in Nummern 3324 bis 3331 genannten Verfahren**	0,5

1 Sofern in den Fällen der Nrn. 3324 bis 3331 VV RVG eine mündl. Verhandlung stattfindet, verdient der RA für die Mitwirkung an dieser eine **0,5 Terminsgebühr.** Diese Regelung entspricht dem bisherigen Recht für die Verhandlungs- bzw. Erörterungsgebühr (vgl. §§ 42, 62 Abs. 3, 46 Abs. 4, 49 Abs. 1, 55 BRAGO) mit der Ausnahme, dass die Gebühren nach § 49 Abs. 1 und § 55 BRAGO um jew. 0,2 erhöht wurden. Diese Gebührenerhöhung ist des Gesetzgebers gerechtfertigt, da eine unterschiedliche Behandlung der Verf. nicht sachgerecht erscheint. Für das Entstehen der Terminsgeb. gelten die allg. Grundsätze (Vorbem. 3 VV RVG Anm. 9-12).

2 Der RA verdient die 0,5 Terminsgeb. nach Nr. 3332 VV RVG für die Wahrnehmung eines Aufgebotstermins (Nr. 3324 VV RVG Anm. 3), für die Mitwirkung an einer mündl. Verhandlung im Verf. nach § 319 Abs. 6 AktG, auch iVm § 327e Abs. 2 AktG bzw. nach § 16 Abs. 3 UmwG (Nr. 3325 VV RVG Anm. 3) bzw. an einer Beweisaufnahme oder Vereidigung im Rahmen der Verf. der Nr. 3326 VV RVG (vgl. dort Anm. 4). Wird im Verf. nach Nr. 3327 VV RVG eine mündl. Verhandlung angeordnet, was fakultativ ist (Nr. 3327 VV RVG Anm. 2 mwN), verdient der RA ebenfalls eine 0,5 Terminsgeb. Findet im Verf. über die vorläufige Einstellung, Beschränkung oder Aufhebung der Zwangsvollstreckung eine abgesonderte mündl. Verhandlung statt, verdient der RA die 0,5 Terminsgeb., sofern er an dieser teilnimmt (Nr. 3328 VV RVG Anm. 1). Im Verf. auf Vollstreckbarerklärung der durch Rechtsmittelanträge nicht angefochtenen Teile eines Urteils nach §§ 537, 558 ZPO war nach bisherigem Recht keine Verhandlungs- bzw. Erörterungsgebühr vorgesehen. Nunmehr kann der RA bei Vorliegen der tatbestandsmäßigen Voraussetzungen eine 0,5 Terminsgeb. verdienen (Nr. 3329 VV RVG Anm. 3). Findet im Verf. über eine Rüge wg. Verletzung des Anspruchs auf rechtl. Gehör (Nr. 3330 VV RVG Anm. 1) eine mündl. Verhandlung statt, verdient der RA die 0,5 Terminsgeb., sofern die tatbestandsmäßigen Voraussetzungen hierfür vorliegen (Nr. 3330 VV RVG Anm. 2). Bisher verdiente der RA im Verf. über einen Antrag auf Abänderung eines Vollstreckungstitels nach § 655 Abs. 1 ZPO nur eine Gebühr, selbst wenn eine mündl. Verhandlung stattfand. Nr. 3332 VV RVG sieht nunmehr auch im Verf. nach Nr. 3331 VV RVG eine Terminsgeb. vor, die entsteht, wenn die tatbestandsmäßigen Voraussetzungen hierfür vorliegen (Nr. 3331 VV RVG Anm. 1).

Nr.	Gebührentatbestand	Gebühr oder Satz der Gebühr nach § 13 RVG
3333	**Verfahrensgebühr für ein Verteilungsverfahren außerhalb der Zwangsversteigerung und der Zwangsverwaltung** Der Wert bestimmt sich nach § 26 Nr. 1 und 2 RVG. Eine Terminsgebühr entsteht nicht.	0,4

Übersicht

Verfahrensgebühr	1
Anwendungsbereich	2
Keine Terminsgebühr	3
Vorzeitige Beendigung des Auftrags	4

1 Im Verteilungsverfahren außerhalb der Zwangsversteigerung und der Zwangsverwaltung verdient der RA eine 0,4 Verfahrensgeb. (bisher 3/10 gem. § 71 BRAGO). Die Anhebung der Gebühr um 0,1 entspricht dem nunmehr in Nr. 3311 VV RVG vorgesehenen Gebührenwert v. 0,4 für die Tätigkeit im Zwangsversteigerungs- bzw. Verwaltungsverfahren. Der Wert für die Bemessung der Gebühr bestimmt sich nach § 26 Nr. 1, 2 RVG. Sie entsteht nach den allg. Grundsätzen (Vorbem. 3 VV RVG Anm. 3ff.).

2 Verteilungsverfahren iSd Nr. 3333 VV RVG sind zB in Art. 53 Abs. 1 S. 2, 53a, 67 Abs. 2 EGBGB vorgesehen. Für diese Fälle richtet sich das Verf. nach den §§ 105ff. ZVG. Die in den folgenden Normen geregelten Verteilungsverfahren fallen ebenfalls unter die Vorschrift:
- § 75 Abs. 2 Flurbereinigungsgesetz idF v. 16.3.1976 (BGBl. I 546),
- § 55 Bundesleistungsgesetz idF v. 27.9.1961 (BGBl. I 1769, 1920),
- § 54 Abs. 3 Landbeschaffungsgesetz v. 23.2.1957 (BGBl. I 134) mit Ergänzungsgesetzen sowie
- § 119 BauGB idF 27.8.1997 (BGBl. I S. 2141, 1998 I S. 137), zuletzt geändert durch Art. 12 des Gesetzes v. 23.7.2002 (BGBl. I S. 2850). Vgl. iE Gerold/Schmidt Rn. 3ff. zu Nr. 3333 VV RVG.

3 Nach der Anm. zu Nr. 3333 VV RVG entsteht im Verteilungsverfahren außerhalb der Zwangsversteigerung und der Zwangsverwaltung keine Terminsgeb. Dies entspricht der bisherigen Rechtslage.

4 Endet der Auftrag vorzeitig, verringert sich die Verfahrensgeb. nicht (Nr. 3337 VV RVG Anm. 2).

Nr.	Gebührentatbestand	Gebühr oder Satz der Gebühr nach § 13 RVG
3334	**Verfahrensgebühr für Verfahren vor dem Prozessgericht oder dem Amtsgericht auf Bewilligung, Verlängerung oder Verkürzung einer Räumungsfrist (§§ 721, 794a ZPO), wenn das Verfahren mit dem Verfahren über die Hauptsache nicht verbunden ist**	1,0

Übersicht

Allgemeines	1
Nichtverbundene Verfahren	2
Gegenstandswert	3
Vorzeitige Beendigung des Auftrags	4

1 Das Verf. auf Bewilligung oder Verkürzung einer Räumungsfrist (§§ 721, 794a ZPO) gehört nach § 19 Abs. 1 RVG grds. zum Rechtszug und wird mit den dort verdienten Gebühren abgegolten. Wird es als selbstst. Räumungsfristverfahren getrennt v. der Hauptsache durchgeführt, erhält der RA eine 1,0 Verfahrensgeb. nach Nr. 3334 VV RVG sowie eine 1,2 Verfahrensgeb. nach Nr. 3104 VV RVG (anstatt einer 5/10 Gebühr nach § 50 BRAGO). Die Gebührenanhebung ist entspr. dem Grundgedanken erfolgt, der den Änderungen in Teil 3 VV RVG ggü. den §§ 31ff. BRAGO zugrunde liegt (Vorbem. 3.1 VV RVG Anm. 1). Sie soll auch den erheblichen Arbeitsaufwand des RA in diesen Verf. honorieren. Für das Entstehen der Gebühr gelten die allg. Grundsätze (Vorbem. 3 VV RVG Anm. 3ff.). Führt der RA für den Mandanten mehrere Räumungsfristverfahren, entstehen die Gebühren jew. gesondert, da verschiedene Angelegenheiten vorliegen (Schneider/Mock § 16 Rn. 33).

2 Ist das Verf. mit der Hauptsache verbunden, verdient der RA die Gebühr der Nr. 3334 nicht. Ein nichtverbundenes Verf. liegt vor, wenn nach Abschluss eines Vergleichs (§ 794a ZPO) bzw. nach Abschluss des Räumungsrechtsstreits (§ 721) die Bewilligung, Verkürzung oder Verlängerung der Räumungsfrist beantragt wird (LG Berlin JurBüro 1995, 530). Wird wg. der Räumungsfrist lediglich die Ergänzung oder Berichtigung des Urteils nach § 321 ZPO beantragt, liegt kein getrenntes Verf. vor, nur weil über den Antrag bes. entschieden wird (Riedel/Sußbauer Rn. 5 zu § 50 BRAGO). Die Ergänzung einer Entscheidung nach § 19 Abs. 1 S. 2 Nr. 6 RVG gehört vielmehr zum Rechtszug. Verf. nach § 765a ZPO fallen nicht unter die Nr. 3334 VV RVG (Gerold/Schmidt Rn. 12 zu Nr. 3334 VV RVG).

3 Der Gegenstandwert für die Bemessung der Gebühren richtet sich nach dem Interesse des Schuldners an der Bewilligung der Räumungsfrist. Dieses ist nach dem Mietzins für die begehrte Frist zu schätzen (Gerold/Schmidt Rn. 20 zu Nr. 3334 VV RVG; aA LG Stuttgart Rpfleger 1968, 62, wonach die Nutzungsentschädigung für drei Monate zugrunde gelegt wird). Wird die Verlängerung oder Verkürzung der Räumungsfrist beantragt, bemisst sich der Gegenstandwert ebenfalls nach dem Interesse des Antragstellers an der Fristbewilligung. Auch in diesem Fall wird der Mietzins für die begehrte Frist geschätzt (LG Kempten AnwBl 1968, 58).

4 Endet der Auftrag vorzeitig, erhält der RA nur eine 0,5 Verfahrensgeb. (vgl. iE Nr. 3337 VV RVG Anm. 2).

Nr.	Gebührentatbestand	Gebühr oder Satz der Gebühr nach § 13 RVG
3335	**Verfahrensgebühr für das Verfahren über die Prozesskosten- hilfe, soweit in Nummer 3336 nichts anderes bestimmt ist**	1,0
	(1) Im Verfahren über die Bewilligung der Prozesskostenhilfe oder die Aufhebung der Bewilligung nach § 124 Nr. 1 ZPO bestimmt sich der Gegenstandswert nach dem für die Hauptsache maßge- benden Wert; im Übrigen ist er nach dem Kosteninteresse nach billigem Ermessen zu bestimmen.	
	(2) Entsteht die Verfahrensgebühr auch für das Verfahren, für das die Prozesskostenhilfe beantragt worden ist, werden die Werte nicht zusammengerechnet.	

Übersicht

Vorzeitige Beendigung des Auftrags	4
Mehrere Verfahren über Prozesskostenhilfe	5

1 Wird der RA im Auftrag des Mandanten lediglich im Verf. über die PKH tätig, verdient er nach Nr. 3335 VV RVG eine 1,0 Verfahrensgeb. Im Gegensatz hierzu erhielt der RA bisher im Verf. über die PKH nach § 51 Abs. 1 S. 1 BRAGO nur fünf Zehntel der in § 31 BRAGO bestimmten Gebühren. Der Gesetzgeber hat diesen Gebührensatz auf das Doppelte angehoben. Hintergrund war die Überlegung, dass die für die Vorbereitung des Rechtsstreits entstehende Verfahrensgeb. nach Nr. 3100 VV RVG künftig mit einem Gebührensatz v. 1,3 vergütet wird. Damit kann die bisherige 5/10 Gebühr für das PKH-Verf. nicht aufrechterhalten bleiben. Muss doch der RA den Antrag auf Gewährung v. PKH wie eine Klage fertigen, wenn er nicht riskieren will, dass der Antrag wg. Aussichtslosigkeit abgewiesen wird. Die Gebühr erhöht sich nach Nr. 1008 VV RVG um 0,3 für jeden weiteren AG bis zur Maximalerhöhung v. 2,0, soweit der RA wg. desselben Gegenstandes **mehrere Auftraggeber** vertritt. Daneben kann der Anwalt eine **Terminsgebühr** nach Nr. 3104 VV RVG iVm Vorbem. 3.3.6 VV RVG verdienen. Ggf. kann eine 1,0 **Einigungsgebühr** nach Nr. 1003 VV entstehen. Der **Gegenstandswert** des Verf. über die Bewilligung der PKH bestimmt sich gem. Nr. 3335 Abs. 1 Hs. 1 VV RVG nach dem für die Hauptsache maßgebenden Wert. Diese Regelung entspricht dem bisherigen § 51 Abs. 2 BRAGO. Im Übrigen ist er nach dem Kosteninteresse nach billigem Ermessen zu bestimmen (Nr. 3335 Abs. 1 Hs. 2 VV RVG).

2 Wird PKH bewilligt und wird der RA im Hauptsacheverfahren als Prozessbev. tätig, bilden beide Verf. gem. § 16 Nr. 2 RVG dieselbe Angelegenheit mdF, dass die im PKH-Verf. entstandenen Gebühren in den Gebühren des Rechtsstreits aufgehen (nach § 15 Abs. 1 RVG erhält der RA die Vergütung nur einmal; Hergenröder RVGreport 2004, 369). Damit müssten nach § 22 Abs. 1 RVG die Werte beider Verf. zusammengerechnet werden, da sie trotz der Bestimmung in § 16 Nr. 2 RVG unterschiedliche Gegenstände bleiben. Hierzu bestimmt Nr. 3335 Abs. 2 VV RVG, dass eine **Wertaddition** nicht stattfindet, wenn der RA, der das PKH-Verf. betrieben hat, Prozessbev. wird. Dies rechtfertigt sich damit, dass der RA regelmäßig für den Antrag auf PKH und das spätere Verf. nur einen Schriftsatz fertigt, mit welchem er nach Bewilligung der PKH Klage erhebt. Wird der Antrag auf Bewilligung von PKH abgelehnt und aus diesem Grunde keine Klage erhoben, verbleibt es bei der Verfahrensgebühr nach Nr. 3335 VV RVG (Mayer/Kroiß Nr. 3335 VV RVG Rn. 9).

3 In der Praxis wird häufig dergestalt verfahren, dass der Klageentwurf zusammen mit dem Antrag auf Gewährung v. PKH eingereicht wird. Wird diese nicht in dem beantragten Umfang gewährt, wird das Gerichtsverfahren im Anschluss hieran auch nur in diesem Umfang betrieben. Hier entsteht für die Einreichung der Klageschrift in Höhe des geltend gemachten Betrags die Verfahrensgeb. der Nr. 3100 VV RVG. Auf diese wird die PKH-Gebühr aus dem letztendlich eingeklagten Betrag angerechnet. Der RA kann neben der Verfahrensgeb. nur noch den verbleibenden Rest der Verfahrensgeb. über das Verf. über die PKH nach Nr. 3335 VV RVG verlangen (Mayer/Kroiß Nr. 3335 VV RVG Rn. 10; Hergenröder RVGreport 2004, 369 mit Nachweisen zum Streitstand; vgl. hierzu ergänzend den Beschl. des OLG Düsseldorf v. 27.1.2005 ☐ RVG-Letter 2005, 47). Die Begrenzung nach § 15 Abs. 3 RVG ist zu beachten.

4 Endet der Auftrag vorzeitig, erhält der RA nur eine 0,5 Verfahrensgeb. (vgl. iE Nr. 3337 VV RVG Anm. 2; Hartmann Nr. 3335 VV RVG Rn. 10).

5 Mehrere Verf. über die Bewilligung der PKH (§ 118 ZPO), über deren Aufhebung (§ 124 ZPO) bzw. über die Abänderung der zu zahlenden Raten (§ 120 Abs. 4 ZPO) sind gebührenrechtlich nach § 16 Nr. 3 RVG dieselbe Angelegenheit. Damit verdient der RA die Gebühren nur einmal. Dies gilt dann nicht, wenn seit Erledigung eines PKH-Verf. zwei Kalenderjahre vergangen sind (§ 15 Abs. 5 RVG). Im **Beschwerdeverfahren** gg. eine Entscheidung über die Bewilligung, Aufhebung oder Abänderung v. PKH entsteht eine 0,5 Verfahrensgeb. nach Nr. 3500 VV RVG.

Nr.	Gebührentatbestand	Gebühr oder Satz der Gebühr nach § 13 RVG
3336	Verfahrensgebühr für das Verfahren über die Prozesskosten-hilfe vor Gerichten der Sozialgerichtsbarkeit, wenn in dem Verfahren, für das Prozesskostenhilfe beantragt wird, Be-tragsrahmengebühren entstehen (§ 3 RVG)	30,00 bis 320 EUR

1 Nach § 73a SGG kann für Rechtsstreitigkeiten in der Sozialgerichtsbarkeit in allen Instanzen PKH beantragt werden. Entstehen in dem Verf., für das PKH beantragt wird, Betragsrahmengeb. nach § 3 RVG, erhält der RA für das Verf. über die PKH vor den Gerichten der Sozialgerichtsbarkeit eine Verfahrensgeb. v. 30 bis 320 EUR. Sofern der RA Wertgeb. verdient, entsteht in diesen Verf. eine 1,0 Verfahrensgeb. nach Nr. 3335 VV RVG.

Nr.	Gebührentatbestand	Gebühr oder Satz der Gebühr nach § 13 RVG
3337	**Vorzeitige Beendigung des Auftrags im Falle der Nummern 3324 bis 3327, 3334 und 3335:** **Die Gebühren 3324 bis 3327, 3334 und 3335 betragen** Eine vorzeitige Beendigung liegt vor, wenn der Auftrag endigt, bevor der Rechtsanwalt den das Verfah-ren einleitenden Antrag oder einen Schriftsatz, der Sachanträge, Sachvortrag oder die Zurücknahme des Antrags enthält, einge-reicht oder bevor er für seine Partei einen gerichtlichen Termin wahrgenommen hat, oder soweit lediglich beantragt ist, eine Einigung der Parteien zu Protokoll zu nehmen.	0,5

1 Nr. 3337 VV RVG entspricht im Wesentlichen § 32 BRAGO. Demnach liegt eine **vorzeitige Beendigung** vor, wenn der Auftrag endet, bevor der RA den das Verf. einleitenden Antrag oder einen Schriftsatz, der Sachanträge oder die Zurücknahme des Antrags erhält, eingereicht oder bevor er für seine Partei einen gerichtl. Termin wahrgenommen hat. Eine vorzeitige Beendigung wird auch angenommen, wenn lediglich beantragt wird, eine Einigung der Parteien zu Protokoll zu nehmen. In diesem Fall entsteht die Gebühr selbst dann, wenn die geplante Einigung nach Antragstellung scheitert (Gerold/Schmidt Rn. 1 zu Nr. 3337 VV RVG, Rn. 100 zu Nr. 3101 VV RVG). Zum TB der vorzeitigen Beendigung des Auftrags und zu den Gründen für eine vorzeitige Beendigung vgl. Nr. 3101 VV RVG Anm. 1ff.

2 Bei vorzeitiger Beendigung des Auftrags erhält der RA in den genannten Fällen (Nr. 3324 bis 3327, 3334f.) eine **0,5 Verfahrensgebühr.** Dies entspricht dem Grundsatz, dass in den Fällen, in denen die Verfahrensgeb. größer als 0,5 ist, eine Ermäßigung für den Fall der vorzeitigen Beendigung des Mandats vorzusehen ist. Endet der Auftrag in den Fällen der Nr. 3328 bis 3331 sowie 3333 VV RVG vorzeitig, verringert sich die für die jew. Verf. vorgesehenen Verfahrensgeb. nicht.

Abschnitt 4. Einzeltätigkeiten

Vorbemerkung 3.4:

(1) Für in diesem Abschnitt genannte Tätigkeiten entsteht eine Terminsgebühr nur, wenn dies ausdrücklich bestimmt ist.

(2) Im Verfahren vor den Sozialgerichten, in denen Betragsrahmengebühren entstehen (§ 3 RVG), vermindern sich die in den Nummern 3400, 3401, 3405 und 3406 bestimmten Höchstbeträge auf die Hälfte, wenn eine Tätigkeit im Verwaltungsverfahren oder im weiteren, der Nachprüfung des Verwaltungsakts dienenden Verwaltungsverfahren vorausgegangen ist. Bei der Bemessung der Gebühren ist nicht zu berücksichtigen, dass der Umfang der Tätigkeit infolge der Tätigkeit im Verwaltungsverfahren oder im weiteren, der Nachprüfung des Verwaltungsakts dienenden Verwaltungsverfahren geringer ist.

1 Abschnitt 4 v. Teil 3 VV RVG fasst **bestimmte Einzeltätigkeiten** zusammen. Für diese entsteht nach Vorbem. 3.4 Abs. 1 VV RVG eine Terminsgeb. nur, wenn dies ausdrücklich bestimmt ist (vgl. Nr. 3402 VV RVG). Im Übrigen bemisst sich die Terminsgeb. nach Abschnitt 1 v. Teil 3 VV RVG und beträgt regelmäßig 1,2 nach Nr. 3104 VV RVG.

2 Vorbem. 3.4 Abs. 2 VV RVG sieht für Betragsrahmengeb. (§ 3 RVG) in **Verfahren vor Gerichten der Sozialgerichtsbarkeit** in den genannten Fällen eine Halbierung der Höchstbeträge der Gebühren der Nr. 3400, 3401, 3405, 3406 VV RVG vor, sofern eine Tätigkeit im Verwaltungsverfahren bzw. in dem der Nachprüfung des VA dienenden Verwaltungsverfahren vorausgegangen ist. Hinsichtlich der Bemessung der Gebühren bestimmt Vorbem. 3.4 Abs. 2 S. 2 VV RVG, dass nicht zu berücksichtigen ist, das die Arbeitsbelastung des RA infolge seiner vorprozessualen Tätigkeit geringer ist.

Nr.	Gebührentatbestand	Gebühr oder Satz der Gebühr nach § 13 RVG
3400	Der Auftrag beschränkt sich auf die Führung des Verkehrs der Partei mit dem Verfahrensbevollmächtigten: Verfahrensgebühr	in Höhe der dem Verfahrensbevoll-mächtigten zu-stehenden Verfah-rensgebühr, höch-stens 1,0, bei Betragsrahmen-gebühren höchs-tens 260,00 EUR
	Die gleiche Gebühr entsteht auch, wenn im Einverständnis mit dem Auftraggeber mit der Übersendung der Akten an den Rechts-anwalt des höheren Rechtszugs gutachterliche Äußerungen verbunden sind.	

Übersicht

1 Nr. 3400 VV RVG regelt den Gebührenanspruch des Verkehrsanwalts. Dieser vermittelt den Verkehr der Partei mit dem Prozessbev., ohne selbst Prozess- bzw. Unterbevollmächtigter zu sein. Er ist vielmehr selbst Bevollmächtigter der Partei und wird zB eingeschaltet, um den Prozessbev. der Partei zu informieren etc. Der **Auftrag an den Verkehrsanwalt** kann auch stillschweigend dergestalt erteilt werden, dass die Partei ihn über den Sachverhalt informiert und ihn um Mithilfe in einem an einem fremden Ort geführten Rechtsstreit bittet (Gerold/Schmidt Rn. 30 zu Nr. 3400 VV RVG). Erhält eine **überörtliche Sozietät** einen Prozessauftrag, entsteht die Gebühr der Nr. 3400 VV RVG nicht, wenn ein Mitglied der Sozietät zB in Stuttgart den Auftrag erhält und die notwendigen Informationen an ein anderes Mitglied der Sozietät zB in München übermittelt, welches sodann die Schriftsätze fertigt und die Termine wahrnimmt. Die Tätigkeit des RA in Stuttgart ist in diesem Fall durch die der Sozietät zustehenden Gebühren abgegolten (OLG Karlsruhe JurBüro 1995, 31; KG JurBüro 1996, 140; Brandenb. OLG MDR 1999, 635; aA OLG Düsseldorf NJW-RR 1995, 376). Ein Verkehrsanwalt kann auch im Wege der Prozesskostenhilfe beigeordnet werden, sofern die bes. Umstände es erfordern (hierzu ausführlich Rehberg/Xanke zu „Verkehrsanwalt" unter 5. mwN). Neben der Gebühr nach Nr. 3400 VV RVG können weitere Gebühren entstehen, zB eine **Einigungsgebühr** nach Nr. 1000ff. VV RVG oder die Gebühren nach Nr. 3401, 3402 VV RVG. Werden mehrere Auftraggeber vertreten, stellt sich die Frage, ob der Verkehrsanwalt pro AG eine 0,3 Gebühr gem. Nr. 1008 VV RVG zusätzlich zu der nach Nr. 3400 VV RVG gekappten Gebühr verlangen kann oder ob die Erhöhungsgebühren der Gebühr des Verfahrensbevollmächtigten vor der Kappung hinzuzurechnen sind (vgl. hierzu Wolf JurBüro 2004, 518). Da die Gebühren für jeden Anwalt eigenständig zu prüfen sind, sprechen die besseren Argumente für die erste Auffassung (ebenso Anm. 9 zu Nr. 1008 VV RVG).

2 Die Gebühr entsteht, sobald der Verkehrsanwalt im Auftrag der Partei den Kontakt zu dem Prozessbev. vermittelt bzw. nach Erhalt des Auftrags in irgendeiner Weise tätig geworden ist. Diese Tätigkeit kann bereits in der Entgegennahme der Information nach Auftragserteilung liegen (Gerold/Schmidt Rn. 39 zu Nr. 3400 VV RVG). Die Verfahrensgeb. nach Nr. 3400 VV RVG kann in sämtlichen Instanzen anfallen. Die Gebühr entsteht zB auch, wenn der Verkehrsanwalt den Auftrag erhält, einen Prozessbev. für die Partei zu bestellen (Düsseldorf MDR 1980, 768). Der **Gegenstandswert** der Verkehrsgebühr bestimmt sich nach dem der Prozessgebühr (Gerold/Schmidt Rn. 82 zu Nr. 3400 VV RVG).

3 Für die Führung des Verkehrs mit dem Verfahrensbevollmächtigten erhält der Verkehrsanwalt eine Verfahrensgeb. in der Höhe, wie sie der Prozessbev. beanspruchen kann. Sie entsteht jedoch höchstens mit einem Wert v. 1,0 bzw. bei Rahmengebühren (§ 14 RVG) iHv 260 EUR, und zwar im Gegensatz zur bisherigen Rechtslage auch in der zweiten Instanz. Die Gebührenbegrenzung wird damit begründet, dass der Verkehrsanwalt von dem Wegfall der Beweisgebühr nicht betroffen ist (Gerold/Schmidt Rn. 40 zu Nr. 3400 VV RVG).

4 Die Verkehrsgebühr vergütet die gesamte Tätigkeit des Verkehrsanwalts während des Gebührenrechtszugs (Entgegennahme der Information, Beratung der Partei, Verf. über PKH, Belehrung über mögliche Rechtsmittel, Übermittlung v. Vergleichsvorschlägen etc.). Erzielt der Verkehrsanwalt eine Einigung der Parteien, kann er neben der Verkehrsgebühr eine **Einigungsgebühr** nach Nr. 1000 VV RVG verdienen (Riedel/Sußbauer Rn. 27 zu § 52 BRAGO). Erhält der Verkehrsanwalt zusätzlich den Einzelauftrag, einen Termin iSd Vorbem. 3 Abs. 3 VV RVG wahrzunehmen, kann er eine Terminsgebühr nach Nr. 3401 VV RVG verdienen (Mayer RVG-Letter 2005, 38 mwN). Die Kosten des Verkehrsanwalts sind nach § 91 Abs. 1 ZPO erstattungsfähig, wenn seine Zuziehung zur zweckentsprechenden Rechtsverfolgung oder -verteidigung notwendig war (vgl. Riedel/Sußbauer Rn. 29ff. zu § 52 BRAGO mwN).

5 Endet der **Auftrag des Prozessbevollmächtigten** vorzeitig und verdient dieser nach Nr. 3101 VV RVG lediglich eine 0,8 Verfahrensgeb. (vgl. Nr. 3101 VV RVG Anm. 1), kann auch der Verkehrsanwalt nur eine 0,8 Verkehrsgebühr verlangen. Dies gilt selbst dann, wenn er umfangreiche Vorarbeiten erbracht hat (OLG Frankfurt JurBüro 1980, 879; OLG Stuttgart JurBüro 1976, 1667; aA OLG Düsseldorf JurBüro 1989, 1683). Endet der Auftrag des Verkehrsanwalts, bevor er den Prozessbev. beauftragt hat oder ihm ggü. tätig geworden ist, entsteht nach Nr. 3405 VV RVG höchstens eine 0,5 Verf.-bzw. eine Betragsgebühr iHv 130 EUR. Endet der Auftrag des Verkehrsanwalts zu einem späteren Zeitpunkt, ermäßigt sich die Verkehrsgebühr nicht (Riedel/Sußbauer Rn. 21 zu § 52 BRAGO).

6 Verbindet der RA im Einverständnis mit dem Mandanten die Übersendung v. Akten an den RA des höheren Rechtszugs mit **gutachterlichen Äußerungen**, erhält er die Gebühr der Nr. 3400 VV RVG (Mayer/Kroiß Rn. 3 zu Nr. 3400 VV RVG. Die Gebühr entsteht nur bei einer Aktenversendung an einen RA der Berufungs-, Revisions- oder Beschwerdeinstanz, sofern gleichzeitig eine gutachterliche Äußerung erfolgt.

7 In der Praxis ist es üblich, dass zw. dem Hauptprozessbevollmächtigten sowie dem Verkehrsanwalt die **Teilung der Gebühren** vereinbart wird. In diesem Fall ist die interne Vereinbarung zw. den Anwälten maßgebend. Vereinbaren die Anwälte die Teilung der „festsetzungsfähigen Gebühren", werden mangels gegenteiliger Anhaltspunkte sämtliche bei beiden beteiligten Anwaltskanzleien entstandenen Gebühren unabhängig von deren Erstattungsfähigkeit erfasst (AG Freiburg AGS 2004, 63).

Nr.	Gebührentatbestand	Gebühr oder Satz der Gebühr nach § 13 RVG
3401	Der Auftrag beschränkt sich auf die Vertretung in einem Termin im Sinne der Vorbemerkung 3 Abs. 3: Verfahrensgebühr	in Höhe der Hälfte der dem Verfahrensbevollmächtigten zustehenden Verfahrensgebühr

1 Nr. 3401 VV RVG regelt den Gebührenanspruch des Terminsvertreters (bisher § 53 BRAGO). Dieser vertritt die Partei an Stelle des Prozessbev. in der mündl. Verhandlung oder tritt neben ihm auf, weil er sich zB auf ein Sonderrechtsgebiet spezialisiert hat. Den **Auftrag** zur Terminsvertretung kann die Partei selbst oder aber zB der Prozessbev. erteilen. Ein Einverständnis der Partei ist gebührenrechtlich nicht mehr erforderlich (Hansens RVGreport 2004, 370; aA Rehberg/Xanke zu „Unterbevollmächtigter unter 4.1). Es sollte gleichwohl eingeholt werden, damit der Anwalt die Aufwendungen für den Terminsvertreter von der Mandantschaft ersetzt verlangen kann. Enders (JurBüro 2004, 631) schlägt vor, den Auftrag grds. „im Namen des Mandanten" zu erteilen, damit der Anwalt nicht persönlich für die Gebühren einstehen muss. Es ist nicht erforderlich, dass in der Angelegenheit ein Prozessbevollmächtigter tätig wird. Vielmehr kann die Partei selbst den Terminsvertreter beauftragen. Dieser erhält sodann die Hälfte der Gebühren, die hypothetisch dem Prozessbevollmächtigten zustehen würden (Hansens RVGreport 2004, 373). Maßgebend ist, dass es sich um die Vertretung in einem Termin iSd Vorbem. 3 Abs. 3 VV RVG handelt (Vorbem. 3 VV RVG Anm. 9). Für andere Termine gilt Nr. 3403 VV RVG (hierzu Hansens RVGreport 2004, 370). Die Gebühr entsteht auch, wenn der beauftragte RA lediglich an einem Ortstermin eines Sachverständigen teilnimmt, den das Gericht beauftragt hat (Schneider/Mock § 16 Rn. 146). Dies gilt nicht, wenn er sich an einem außergerichtlichen Einigungsgespräches beteiligt; diese sind keine Termine iSd Vorbem. 3 Abs. 3 VV RVG (Gerold/Schmidt Rn. 12 zu Nr. 3401 VV RVG). Eine Sonderform des Terminsvertreters ist der so genannte **Beweisanwalt**. Dieser ist ebenfalls nicht zum Prozessbevollmächtigten bestellt und vertritt die Partei ausschließlich in der Beweisaufnahme. Auch er verdient eine Gebühr gem. Nr. 3401 VV RVG (vgl. hierzu iE Rehberg/Xanke zu „Beweisanwalt" unter 1ff.). Werden **mehrere Auftraggeber** vertreten, stellt sich die Frage, ob der Terminsvertreter je AG eine 0,3 Gebühr gem. Nr. 1008 VV RVG zusätzlich zu der nach Nr. 3400 gekappten Gebühr verlangen kann oder ob die Erhöhungsgebühren der Gebühr des Verfahrensbevollmächtigten vor der Kappung hinzuzurechnen sind (vgl. hierzu Wolf JurBüro 2004, 518). Da die Gebühren für jeden Anwalt eigenständig zu prüfen sind, sprechen die besseren Argumente für die erste Auffassung (ebenso Anm. 9 zu Nr. 1008 VV RVG; Enders JurBüro 2005, 5).

2 Da der Terminsvertreter nur den Auftrag hat, die Partei in der mündl. Verhandlung zu vertreten, entsteht keine Verfahrensgeb. nach Nr. 3100 VV RVG. Aus diesem Grunde bestimmt Nr. 3401 VV RVG, dass der RA in diesem Falle eine halbierte Verfahrensgebühr erhält □ sozusagen als Vergütung für die Einarbeitung in den Streitstoff. Die Verfahrensgeb. entsteht mithin in der ersten Instanz iHv 0,65 und in der zweiten Instanz iHv 0,8 (eine tabellarische Übersicht über die jew. Höhe der Gebühr des Terminsvertreters sowie diverse Berechnungsbeispiele finden sich bei Hansens RVGreport 2004, 371 sowie bei Schneider AGS 2005, 98). Mayer (RVG-Letter 2005, 38) weist allerdings darauf hin, dass der Terminsvertreter nicht einfach die Hälfte der Gebühr des Verfahrensbevollmächtigten erhält, sondern aus dem reduzierten Rahmen die für ihn im Einzelfall angemessene Gebühr bestimmen kann. Die Gebührenhalbierung findet grds. auch bei Betragsrahmengebühren statt (Mayer aaO). Die **Verfahrensgebühr entsteht**, sobald der der RA nach Erhalt des Auftrags tätig geworden ist (zB die Akten eingesehen oder die Information entgegengenommen hat). Es gelten die allg. Grundsätze (Vorbem. 3 VV RVG Anm. 3ff.). Innerhalb desselben Rechtszuges erhält der Terminsvertreter nur eine Verfahrensgebühr, auch wenn er mehrere Termine wahrgenommen hat. Es gilt § 15 Abs. 2 S. 1 RVG (Hansens RVGreport 2004, 374; Schneider AGS 2005, 95). Vertritt der Terminsvertreter **mehrere Auftraggeber**, erhöht sich nach Nr. 1008 VV RVG die Gebühr bis zu einer Maximalerhöhung von 2,0 (Schneider AGS 2005, 94). Erledigt sich der Auftrag des RA vor der mündl. Verhandlung, erhält er die Verfahrensgeb., sofern er in Ausführung seines Auftrags bereits irgendwie tätig geworden ist, zB die Akten durchgesehen hat. Die Verfahrensgeb. beträgt in diesem Fall nach Nr. 3405 Nr. 2 VV RVG höchstens 0,5. Dies gilt auch für den Fall, dass das Gericht bereits einen Termin anberaumt hat und danach das Mandat endet (Enders JurBüro 2005, 2 mwN). Die **Erstattungspflicht** ist in § 91 Abs. 2 ZPO geregelt (vgl. etwa Baumbach/Lauterbach Rn. 39ff. zu § 91 ZPO). Nach BGH RVGreport 2004, 316f. gelten die Grundsätze für die Erstattungsfähigkeit der Mehrkosten des Unterbevollmächtigten, welche für die erste Instanz entwickelt worden sind, auch für die zweite Instanz. Wird der Terminsvertreter von der Partei später als Prozessbevollmächtigter beauftragt, verdient er nach § 15 Abs. 6 RVG die Gebühren nur einmal (Schneider AGS 2005, 96).

3 Neben der halbierten Verfahrensgeb. erhält der RA eine Terminsgeb. nach Nr. 3402 VV RVG. Da mit dem RVG die Beweisgebühr zum Wegfall gekommen ist (Vorbem. 3.1 VV RVG Anm. 1), war eine § 53 S. 3 BRAGO entspr. Regelung entbehrlich (Bischof/Jungbauer Teil 3 VV RVG S. 614). Erscheint eine Partei in dem Termin nicht oder ist sie nicht ordnungsgemäß vertreten oder wird lediglich ein Antrag auf Versäumnisurteil oder zur Prozess- oder Sachleitung gestellt, greift Nr. 3105 VV RVG. Wirkt der Terminsvertreter bei dem Abschluss eines Vergleichs mit, verdient er eine Einigungsgeb. gem. Nr. 1000 VV RVG. Hat auch der Hauptbevollmächtigte an der Einigung mitgewirkt, erhält er ebenfalls eine Einigungsgeb. (Gerold/Schmidt Rn. 20 zu Nr. 3401 VV RVG). Daneben kann eine halbe Verfahrensdifferenzgeb. nach Nr. 3101 Nr. 2 VV RVG entstehen, sofern der Hauptbevollmächtigte den Auftrag erhalten hat, eine Einigung über nicht rechtshängige Ansprüche protokollieren zu lassen und der Terminsbevollmächtigte diese Rechtshandlung für ihn vornimmt (hierzu etwa Enders JurBüro 2005, 2f. mit ausführlichen Berechnungsbeispielen). Besteht ein Auftrag an den Hauptbevollmächtigten nicht, ist der Terminsvertreter in diesem Fall Hauptbevollmächtigter und verdient eine 0,8 Verfahrensgeb. nach Nr. 3101 Nr. 2 VV RVG (Gerold/Schmidt Rn. 21 zu Nr. 3401 VV RVG; unklar Gebauer/Schneider Rn. 81 zu Nrn. 3401-3402 VV RVG, welche „unter Berücksichtigung des § 15 Abs. 3 RVG" grds. eine 0,4 Verfahrensgebühr nach Nrn. 3401, 3101 Nr. 2 VV RVG ansetzen wollen).

Nr.	Gebührentatbestand	Gebühr oder Satz der Gebühr nach § 13 RVG
3402	Terminsgebühr in dem in Nummer 3401 genannten Fall	in Höhe der einem Verfahrensbevoll- mächtigten zu- stehenden Ter- minsgebühr

1 Hat der RA lediglich den Auftrag, die Partei in einem Termin iSd Vorbem. 3 Abs. 3 VV RVG (hierzu Vorbem. 3 VV RVG Anm. 9) zu vertreten, erhält er neben der halbierten Verfahrensgeb. (Nr. 3401 VV RVG Anm. 2) eine **Terminsgebühr** in der Höhe, wie sie einem Verfahrensbevollmächtigten zusteht (vgl. die tabellarische Zusammenstellung der Terminsgebühren des Prozessbevollmächtigten sowie des Terminsvertreters nebst Berechnungsbeispielen bei Hansens RVGreport 2004, 375f.). Es gelten die allg. Grundsätze (Vorbem. 3 VV RVG Anm. 9-12). Endet der Auftrag, bevor der RA den Termin wahrgenommen hat, entsteht keine Terminsgeb. (Riedel/Sußbauer Rn. 8 zu § 53 BRAGO). Nimmt der RA mehrere Termine für die Partei wahr, entsteht die Terminsgeb. nur einmal (Gerold/Schmidt Rn. 7 zu Nr. 3402 VV RVG; Hansens RVGreport 2004, 377). Dies gilt selbst dann, wenn der RA getrennte Aufträge für die Terminswahrnehmung erhalten hat. Nicht notwendig ist, dass der Anwalt für die Partei verhandelt. Seine Anwesenheit im Termin verbunden mit der Bereitschaft, die Partei zu vertreten, reicht aus (Hansens RVGreport 2004, 375).

2 Die Terminsgeb. entsteht unter den **Voraussetzungen** der Nr. 3104 VV RVG (dort Anm. 1, 2). Sie deckt die gesamte Tätigkeit des Terminsvertreters im Verhandlungs-, Erörterungs-, Beweistermin oder in dem von dem Sachverständigen anberaumten Termin ab (Hansens RVGreport 2004, 375). Dies gilt auch für die ausschließliche Vertretung in einem Beweisaufnahmetermin (Rehberg/Xanke zu „Unterbevollmächtigter" unter 4.5). Auch eine Terminsgebühr nach dem Wert nichtrechtshängiger Ansprüche verdient der Anwalt, sofern er über solche Ansprüche im Gerichtstermin verhandelt (hierzu Enders JurBüro 2005, 6). Führt der Terminsvertreter **Besprechungen mit dem Gegner**, ist fraglich, ob in diesem Fall gem. Vorbem. 3 Abs. 3 VV RVG ebenfalls eine Terminsgebühr entsteht. Dies lehnen Hansens (RVGreport 2004, 370) sowie Gerold/Schmidt (Nr. 3401 VV RVG Rn. 9, 12) ab. Dem ist zuzustimmen, da die Nrn. 3401, 3402 VV RVG nur dann zur Anwendung kommen, wenn es sich um die Vertretung in einem Termin iSd Vorbem. 3 Abs. 3 VV RVG handelt. Eine außergerichtli- che Besprechung mit dem Ziel einer Einigung ist begrifflich kein Termin iSd genannten Vorschrift (so auch Enders JurBüro 2005, 6). Im Falle einer Einigung kann jedoch eine **Einigungsgebühr** nach Nr. 1000ff. VV RVG anfallen (Hansens RVGreport 2004, 377). War der Verhandlungsvertreter früher im gleichen Rechtsstreit Prozessbev., entsteht daneben nicht noch die Gebühr nach Nr. 3402 VV RVG. Die **Erstattungspflicht** richtet sich nach § 91 Abs. 2 ZPO (hierzu ausführlich Rehberg/Xanke zu „Unterbevollmächtigter" unter 4.7).

Nr.	Gebührentatbestand	Gebühr oder Satz der Gebühr nach § 13 RVG
3403	**Verfahrensgebühr für sonstige Einzeltätigkeiten, soweit in Nummer 3406 nicht anderes bestimmt ist**	0,8
	Die Gebühr entsteht für sonstige Tätigkeiten in einem gerichtlichen Verfahren, wenn der Rechtsanwalt nicht zum Prozess- oder Verfahrensbevollmächtigten bestellt ist, soweit in diesem Abschnitt nichts anderes bestimmt ist.	

Übersicht

1 Wird der nicht zum Verf.- oder Prozessbev. bestellte RA in einem gerichtl. Verf. mit der Vornahme sonstiger Tätigkeiten betraut, erhält er hierfür eine 0,8 Verfahrensgeb., soweit in diesem Abschnitt nichts anderes bestimmt ist (vgl. Nr. 3400, 3404, 3406 VV RVG). Die Vorschrift entspricht im Wesentlichen § 56 Abs. 1 BRAGO. Allerdings wurde die bisherige 5/10 Gebühr auf eine 0,8 Verfahrensgeb. erhöht, da der v. Nr. 3403 VV RVG erfasste Arbeitsaufwand des RA mit dem Aufwand eines Prozess- oder Verfahrensbevollmächtigten im Falle der Nr. 3101 VV RVG vergleichbar ist. In Verf. vor Gerichten der Sozialgerichtsbarkeit gilt Nr. 3406 VV RVG.

2 Nr. 3403 VV RVG ist auf Einzeltätigkeiten des RA im Gerichtsverfahren beschränkt. Erfasst werden Tätigkeiten, die mit den Gebühren eines Prozessbev. abgegolten werden würden, sofern dieser mit dem gesamten Tätigkeitskreis beauftragt worden wäre. Maßgebend ist, dass der RA nicht zum Prozessbevollmächtigten bestellt ist (Gerold/Schmidt Rn. 6 zu Nr. 3403 VV RVG). Nimmt zB der Prozessbev. des ersten Rechtszugs im Berufungsverfahren einen Sühnetermin vor, entsteht die Verfahrensgeb. der Nr. 3403 VV RVG.

3 Nr. 3403 VV RVG erfasst insbes. wie der bisherige § 56 Abs. 1 BRAGO die Einreichung, Anfertigung oder Unterzeichnung v. Schriftsätzen. Darunter werden allg. alle schriftlichen Eingaben verstanden. Sofern es sich um Schreiben einfacher Art handelt, sieht Nr. 3404 VV RVG eine 0,3 Verfahrensgeb. vor (Nr. 3404 VV RVG Anm. 1). Die Gebühr entsteht für jede der drei genannten Tätigkeiten, allerdings nur einmal, sofern der RA den Schriftsatz anfertigt, unterzeichnet und sodann bei Gericht einreicht. Abgedeckt v. der Verfahrensgeb. ist auch das weitere Tätigwerden des RA im Zusammenhang mit dem Einzelauftrag, wie zB die Entgegennahme der Information oder die Beratung des Mandanten (Riedel/Sußbauer Rn. 7 zu § 56 BRAGO). Reicht der RA einen v. dem Mandanten gefertigten Schriftsatz bei Gericht ein, entsteht dadurch die Verfahrensgeb. der Nr. 3403 VV RVG (Gerold/Schmidt Rn. 37 zu Nr. 3403 VV RVG). Die Gebühr erwächst zB auch dann, wenn der nicht zum Prozessbev. bestellte RA auftragsgemäß einen Schriftsatz mit einem Rechtsmittelverzicht bei Gericht einreicht (OLG Zweibrücken Rpfleger 1977, 112; KG JurBüro 1986, 1366) bzw. nach § 269 Abs. 3 ZPO die Klage zurücknimmt (OLG Zweibrücken JurBüro 1982, 84).

4 Darüber hinaus verdient der RA die 0,8 Verfahrensgeb. für die Wahrnehmung v. anderen als zur mündl. Verhandlung oder zur Beweisaufnahme bestimmten Terminen. In Betracht kommen zB Sühnetermine, die Teilnahme an einer Ortsbesichtigung, die ein Sachverständiger vornimmt (str.) oder Termine zur Parteianhörung nach § 141 ZPO (vgl. iE Gerold/Schmidt Rn. 28 zu Nr. 3403 VV RVG, Riedel/Sußbauer Rn. 11 zu § 56 BRAGO, jew. mwN). Die Gebühr umfasst auch Vorbesprechungen sowie Schriftwechsel.

5 Endet der Auftrag, bevor der RA einen Schriftsatz eingereicht oder einen Termin wahrgenommen hat, sah der bisherige § 56 Abs. 2 BRAGO eine Gebührenreduzierung vor. Nunmehr legt Nr. 3405 VV RVG fest, dass in den dort genannten Fällen die Gebühr höchstens mit einem Wert v. 0,5 entsteht (Nr. 3405 VV RVG Anm. 3).

Nr.	Gebührentatbestand	Gebühr oder Satz der Gebühr nach § 13 RVG
3404	**Der Auftrag beschränkt sich auf ein Schreiben einfacher Art:** **Die Gebühr 3403 beträgt** Die Gebühr entsteht insbesondere, wenn das Schreiben weder schwierige rechtliche Ausführungen noch größere sachliche Auseinandersetzungen enthält.	0,3

1 Beschränkt sich der Auftrag des RA auf Schreiben einfacher Art, die weder schwierige rechtl. Ausführungen noch größere sachliche Auseinandersetzungen enthalten, verdient der RA eine 0,3 Verfahrensgeb. Dies entspricht im Wesentlichen der bisherigen Regelung in § 56 Abs. 3 iVm § 120 Abs. 1 BRAGO, wonach eine 2/10 Gebühr vorgesehen war.

2 Schreiben einfacher Art sind zB Mahn- oder Kündigungsschreiben. Maßgebend ist, dass sich der Auftrag an den RA auf die **Fertigung eines einfachen Schreibens** beschränkt. Auch wenn der RA Schreiben solcher Art mehrfach fertigt, verdient er die 0,3 Verfahrensgeb. nur einmal, wenn die Schreiben die gleiche Angelegenheit betreffen (OLG München VersR 1974, 180). Die Gebühr entsteht, sobald der RA nach Auftragserteilung entspr. tätig geworden ist (vgl. allg. Vorbem. 3 VV RVG Anm. 3ff.).

Nr.	Gebührentatbestand	Gebühr oder Satz der Gebühr nach § 13 RVG
3405	**Endet der Auftrag** 1. **im Falle der Nummer 3400, bevor der Verfahrensbevollmächtigte beauftragt oder der Rechtsanwalt gegenüber dem Verfahrensbevollmächtigten tätig geworden ist,** 2. **im Falle der Nummer 3401, bevor der Termin begonnen hat:** **Die Gebühren 3400 und 3401 betragen** Im Falle der Nummer 3403 gilt die Vorschrift entsprechend.	höchstens 0,5, bei Betragsrahmengebühren höchstens 130,00 EUR

1 Nach Nr. 3400 VV RVG erhält der **Verkehrsanwalt** für seine Tätigkeit eine Verfahrensgeb. in der Höhe, wie sie dem Verfahrensbevollmächtigten zusteht, höchstens jedoch mit dem Wert v. 1,0. Bei Betragsrahmengeb. verdient der Verkehrsanwalt höchstens 260 EUR. **Endet der Auftrag** des Verkehrsanwalts, bevor der Verfahrensbevollmächtigte beauftragt oder der RA ggü. dem Verfahrensbevollmächtigten tätig geworden ist, entsteht die Verfahrensgeb. nach Nr. 3400 VV RVG höchstens mit einem Wert v. 0,5. Diese Regelung entspricht dem Grundsatz, dass Verfahrensgebühren mit einem niedrigeren Wert als 0,5 bei der vorzeitigen Beendigung des Mandats zu ermäßigen sind. Eine Betragsrahmengeb. entsteht höchstens mit einem Betrag v. 130 EUR. Endet der Auftrag des Verkehrsanwalts zu einem späteren Zeitpunkt, ermäßigt sich die Verkehrgebühr nicht.

2 Endet der Auftrag des **Terminsvertreters**, bevor der Termin begonnen hat, ermäßigen sich die Gebühren ebenfalls. Die Verfahrensgeb. entsteht in voller Höhe, sofern der RA in Ausführung seines Auftrags bereits irgendwie tätig geworden ist und zB die Akten durchgesehen hat (Nr. 3401 VV RVG Anm. 2).

3 Wird der nicht zum Verfahrensbevollmächtigten bestellte RA in einem gerichtl. Verf. mit der Vornahme **sonstiger Einzeltätigkeiten** betraut, erhält er hierfür eine 0,8 Verfahrensgeb., soweit in

Abschnitt 4 nichts anderes bestimmt ist (Nr. 3404 VV RVG Anm. 1). In den Fällen der Nr. 3405 VV RVG beträgt diese Gebühr höchstens 0,5, bei Betragsrahmengeb. höchstens 130 EUR.

Nr.	Gebührentatbestand	Gebühr oder Satz der Gebühr nach § 13 RVG
3406	**Verfahrensgebühr für sonstige Einzeltätigkeiten in Verfahren vor Gerichten der Sozialgerichtsbarkeit, wenn Betragsrahmengebühren entstehen (§ 3 RVG)** Die Anmerkung zu Nummer 3403 gilt entsprechend.	10,00 bis 200,00 EUR

Übersicht

1 Nr. 3406 VV RVG legt den Gebührenrahmen für Einzeltätigkeiten in Verf. vor Gerichten der Sozialgerichtsbarkeit fest, in denen der RA Betragsrahmengeb. erhält. Die Gebühr entsteht für sonstige Tätigkeiten in einem gerichtl. Verf. (vgl. ie Nr. 3403 VV RVG Anm. 2f.).

2 Maßgebend ist, dass der RA nicht zum Prozess- oder Verfahrensbevollmächtigten bestellt ist, soweit in Abschnitt 4 nichts anderes bestimmt ist. Es gilt iÜ das zu Nr. 3403 VV RVG Gesagte.

3 Nach § 3 Abs. 1 RVG entstehen vor den Gerichten der Sozialgerichtsbarkeit, in denen das GKG nicht anzuwenden ist, Betragsrahmengeb. Erhält der RA nur den Auftrag für die Vornahme einer Einzeltätigkeit, entsteht eine Betragsrahmengeb. v. 10 bis 200 EUR.

4 In Verf. vor den Sozialgerichten, in welchen Betragsrahmengeb. entstehen, betragen diese im Fall der Nr. 3406 VV RVG zw. 10 und 200 EUR. War der RA mit derselben Angelegenheit im Verwaltungsverfahren bereits vorbefasst, vermindern sich nach Vorbem. 3.4 Abs. 2 VV RVG die Gebühren auf die Hälfte.

Abschnitt 5. Beschwerde, Nichtzulassungsbeschwerde und Erinnerung

Vorbemerkung 3.5:
Die Gebühren nach diesem Abschnitt entstehen nicht in den in Vorbemerkung 3.1 Abs. 2 und Vorbemerkung 3.2.1 genannten Beschwerdeverfahren.

1 Abschnitt 5 v. Teil 3 VV RVG regelt den Gebührenanspruch des RA im Erinnerungsverfahren sowie im Verf. über die Beschwerde bzw. Nichtzulassungsbeschwerde. Eine entspr. Regelung fand sich bisher in ua §§ 61, 61a BRAGO. Zu den Beschwerden gehören auch Rechtsbeschwerden (§§ 574ff. ZPO).

2 Abschnitt 5 greift nicht für Beschwerdeverfahren, die in Vorbem. 3.1 Abs. 2 VV RVG und in Vorbem. 3.2.1 VV RVG geregelt sind. So bestimmen sich die Gebühren des RA für das Rechtsbeschwerdeverfahren (§ 1065 ZPO) nach Teil 3 Abschnitt 1 VV RVG. Dieses Verf. richtet sich gg. die in § 1062 Abs. 1 Nr. 2 und 4 ZPO genannten Entscheidungen (Vorbem. 3.1 VV RVG Anm. 11). Unterabschnitt 1 v. Abschnitt 2 des Teils 3 VV RVG unterstellt die in Abs. 1 Nr. 2-7 genannten Beschwerdeverfahren dem Geltungsbereich dieses Unterabschnitts (vgl. ie Vorbem. 3.2.1 VV RVG Anm. 3-9).

Nr.	Gebührentatbestand	Gebühr oder Satz der Gebühr nach § 13 RVG
3500	Verfahrensgebühr für Verfahren über die Beschwerde und die Erinnerung, soweit in diesem Abschnitt keine besonderen Gebühren bestimmt sind	0,5

Übersicht

0,5 Verfahrensgebühr	1-3
Abgeltungsbereich: Beschwerde und Erinnerung	4
Beschwerdeverfahren	5
Erinnerungsverfahren	6-8
Vorzeitige Beendigung des Auftrags	9
Gegenstandswert	10
Mehrere Auftraggeber	11
Terminsgebühr im Beschwerde- bzw. Erinnerungsverfahren	12

1 Nr. 3500 VV RVG ist die zentrale Vorschrift für alle Beschwerde- bzw. Erinnerungsverfahren. Sie legt die Höhe der dem RA zustehenden Verfahrensgeb. grds. auf 0,5 fest, soweit in den folgenden Gebührentatbeständen nichts Abweichendes bestimmt ist (vgl. zB Nr. 3502, 3504, 3506, 3508, 3510 VV RVG). Damit entspricht die Verfahrensgeb. hinsichtlich der Beschwerde und Erinnerung dem bisherigen Recht (§ 61 BRAGO). Im Falle der vorzeitigen Beendigung des Auftrags findet keine Reduzierung der Verfahrensgeb. der Nr. 3500 VV RVG statt. Legt der Anwalt zunächst Berufung ein und bezeichnet diese später vorsorglich als Beschwerde, entstehen für das gesamte Verf. nur die Gebühren eines Beschwerdeverfahrens, sofern das Gericht das Rechtsmittel als sofortige Beschwerde behandelt (Rehberg/Xanke zu „Beschwerden" unter 3.2.3.1 mwN).

2 Die Verfahrensgebühr entsteht, wenn der RA auftragsgemäß im Beschwerdeverfahren tätig wird. Hilft das Gericht des ersten Rechtszugs der Beschwerde ab oder erledigt sich diese anderweitig, verdient der RA gleichwohl die 0,5 Verfahrensgeb. (OVG Bremen JurBüro 1988, 605). Der Anwalt des Beschwerdegegners erhält für die bloße Entgegennahme des Beschwerdebeschlusses (zB weil diese als unzulässig verworfen worden ist), keine 0,5 Verfahrensgeb. Diese verdient er erst, wenn er auftragsgemäß in irgendeiner Form im Beschwerdeverfahren tätig geworden ist (LG Hannover JurBüro 1985, 1503; LG Köln JurBüro 2000, 581). Nach einer neueren Entscheidung des OLG Koblenz soll die Beschwerdegebühr allerdings bereits dadurch ausgelöst werden, dass der Anwalt des Beschwerdegegners die Beschwerdeschrift entgegennimmt und prüft (OLG Koblenz AGS 2004, 67). In einer Anm. zu dieser Entscheidung weist Schneider darauf hin, dass diese Ansicht zu weit gehe. Er ist der Auffassung, dass der Anwalt vor Entgegennahme der Beschwerdeschrift zunächst einen Auftrag für das Beschwerdeverfahren erhalten haben müsse (Schneider AGS 2004, 67f.).

3 Berät der RA den Mandanten über die Möglichkeit einer weiteren Beschwerde, ist diese Tätigkeit v. der Gebühr des Beschwerdeverfahrens umfasst. War der RA bisher nicht im Beschwerdeverfahren tätig, verdient er mit dieser Beratung die Verfahrensgeb. für das Verf. der weiteren Beschwerde (Gerold/Schmidt Rn. 19 zu Nrn. 3500-3518 VV RVG). Die Gebühr entsteht für einzelne Tätigkeiten (zB das Schreiben und Einreichen einer Beschwerdeschrift) sowie für die Tätigkeiten des RA im gesamten Beschwerdeverfahren (Riedel/Sußbauer Rn. 2 zu § 61 BRAGO). Wird ein mit „Berufung" überschriebener Rechtsmittelschriftsatz als Beschwerde behandelt, entstehen nur die Gebühren des Beschwerdeverfahrens (OLG Hamm Rpfleger 1972, 328).

4 § 61 BRAGO hat die Gebühren des RA im Beschwerdeverfahren sowie im Verf. über die Erinnerung gg. die Kostenfestsetzung und gg. den Kostenansatz geregelt. Im Gegensatz dazu erfasst Nr.

369

3500 VV RVG nunmehr alle Arten der Erinnerung (zB nach § 11 RPflG, §§ 573, 766 ZPO), auch soweit diese bisher § 55 BRAGO unterfielen. Für diese Verf. hat der RA bisher eine 3/10 Verfahrensgeb. verdient. Der Gesetzgeber sah sich zu dieser (geringen) Gebührenanhebung veranlasst, da es ihm nicht sachgerecht erschien, die Erinnerung gebührenrechtlich anders zu behandeln als die Beschwerde. Die Arbeit des RA bei der Vorbereitung und Einreichung einer Erinnerung ist vergleichbar mit der Tätigkeit im Beschwerdeverfahren.

5 Die Vorschrift gilt grds. für alle Beschwerdeverfahren mit Ausnahme der in der Anm. 2 zu Vorbem. 3.5 VV RVG genannten. Unerheblich ist, ob es sich um eine einfache oder sofortige Beschwerde, die erste oder eine weitere handelt (Gerold/Schmidt Rn. 4ff. zu Nrn. 3500-3518 RVG). Nach § 18 Nr. 5 RVG ist jedes Beschwerdeverfahren □ in derselben oder in mehreren Instanzen □ eine bes. Angelegenheit. Betreffen mehrere Beschwerdeverfahren indes denselben Gegenstand, so liegt nur eine Beschwerde vor, deren Gegenstandswert sich aus der Addition der einzelnen Teil-Beschwerdewerte errechnet (Rebberg/Xanke zu „Beschwerden" unter 3.2.3.7). Die weitere Beschwerde ist ein eigenständiges Beschwerdeverfahren, in dem die Gebühr erneut entsteht (Riedel/Sußbauer Rn. 5 zu § 61 BRAGO).

6 Nach § 19 Abs. 1 Nr. 13 RVG gehören die Kostenfestsetzung und die Einforderung der Vergütung zum Rechtszug (ausführlich Riedel/Sußbauer Rn. 18f. zu § 61 BRAGO). Für die Tätigkeit im Rahmen der Kostenfestsetzung erhält der RA mithin keine gesonderte Gebühr. Hingegen verdient er im bisher in § 61 Abs. 1 Nr. 2 BRAGO geregelten Erinnerungsverfahren gg. die Kostenfestsetzung und den Kostenansatz eine 0,5 Verfahrensgeb. Diese entsteht auch dann, wenn der Erinnerung abgeholfen wird (Mümmler JurBüro 1978, 821). Wird die Erinnerung hingegen auf einen zu hohen Streitwert gestützt, liegt hierin ein Antrag auf Änderung der Streitwertfestsetzung nach § 107 ZPO, der zum Rechtszug gehört (Düsseldorf JurBüro 1988, 1176). Ein Erinnerungsverfahren gegen einen Kostenansatz liegt zB vor, wenn der RA seinen AG als Zahlungspflichtigen in einem Verf. nach § 5 GKG gg. den Ansatz v. Gebühren und Auslagen des Gerichts vertritt (hierzu ausführlich Riedel/Sußbauer Rn. 20 zu § 61 BRAGO).

7 Unter den Geltungsbereich der Nr. 3500 VV RVG fallen auch die bisher in § 55 BRAGO geregelten Erinnerungsverfahren (vgl. oben Anm. 2). Das sind zB Erinnerungsverfahren auf Änderung der Entscheidung des beauftragten oder ersuchten Richters (§ 573 ZPO) bzw. des Rechtspflegers nach § 11 Abs. 2 RPflG (vgl. iE Riedel/Sußbauer Rn. 2ff. zu § 61 BRAGO mwN).

8 Vertritt der Rechtsanwalt in einem Erinnerungsverfahren den Gegner, verdient er die 0,5 Verfahrensgeb. bereits dann, wenn er den Erinnerungsschriftsatz entgegennimmt und auftragsgemäß prüft, ob auf diesen erwidert werden muss. Ein Schriftsatz muss nicht unbedingt eingereicht werden (KG JurBüro 1971, 530).

9 Nach Nr. 3503 VV RVG ermäßigt sich die 1,0 Verfahrensgeb. für das Verf. über die Rechtsbeschwerde nach § 574 ZPO bei einer vorzeitigen Beendigung des Auftrags auf 0,5 (Nr. 3503 VV RVG Anm. 1). Für die Gebühr nach Nr. 3500 VV RVG ist in diesem Fall keine Gebührenermäßigung vorgesehen. Dies entspricht dem Grundsatz, dass nur in den Fällen, in denen die Verfahrensgeb. höher als 0,5 ist, eine Ermäßigung für den Fall der vorzeitigen Beendigung des Mandats vorgesehen ist. Zur vorzeitigen Beendigung des Auftrags ausführlich Nr. 3101 VV RVG Anm. 2, 3.

10 Der Wert des Beschwerdegegenstandes entspricht nicht dem des Hauptverfahrens. Er ist vielmehr nach dem Interesse der Parteien an der Beschwerdeentscheidung zu schätzen (BGH NJW 1957, 424). Legt ein Zeuge Beschwerde gg. die Entscheidung ein, mit welcher über seine Aussageverweigerung nach § 387 ZPO entschieden worden ist, ist dessen Interesse an der Beschwerdeentscheidung maßgebend. Bei Beschwerden gg. die Ablehnung v. Sachverständigen oder Richtern ist der Wert nach freiem Ermessen zu schätzen (Gerold/Schmidt Rn. 24 zu Nrn. 3500-3518 VV RVG; vgl. hierzu ausführlich Riedel/Sußbauer Rn. 16 zu § 61 BRAGO). Im Erinnerungsverfahren entspricht der Gegenstandswert dem Betrag, der Grund für die Einlegung der Erinnerung war.

11 Vertritt der RA mehrere Auftraggeber wg. derselben Angelegenheit, erhöht sich die Verfahrensgeb. der Nr. 3500 VV RVG um 0,3 für jeden weiteren AG bis zu einer Maximalerhöhung v. 2,0 nach Nr. 1008 VV RVG.

12 Im Beschwerde- bzw. Erinnerungsverfahren kann zudem eine 0,5 Terminsgebühr nach Nr. 3513 VV RVG entstehen, sofern der Anwalt eine der in Vorbem. 3 Abs. 4 VV RVG genannten Tätigkeiten entfaltet (Hansens JurBüro 2004, 252).

Nr.	Gebührentatbestand	Gebühr oder Satz der Gebühr nach § 13 RVG
3501	Verfahrensgebühr für Verfahren vor den Gerichten der Sozialgerichtsbarkeit über die Beschwerde und die Erinnerung, wenn in den Verfahren Betragsrahmengebühren entstehen (§ 3 RVG), soweit in diesem Abschnitt keine besonderen Gebühren bestimmt sind	15,00 bis 160,00 EUR

1 Nach Nr. 3102 VV RVG erhält der RA für Verf. vor den Sozialgerichten, in denen nach § 3 RVG Betragsrahmengeb. entstehen, eine **Verfahrensgebühr** v. 40 bis 460 EUR. Handelt es sich um ein Beschwerde- oder Erinnerungsverfahren, entsteht eine reduzierte Gebühr v. 15 bis 160 EUR. Diese Gebühr entspricht der Wertgeb. in Nr. 3500 VV RVG. Dies gilt allerdings nur, soweit in Abschnitt 5 des Teils 3 VV RVG keine bes. Gebühren bestimmt sind. Verdient der RA im Verf. vor den Gerichten der Sozialgerichtsbarkeit **Wertgebühren**, entsteht eine Verfahrensgeb. nach Nr. 3500 VV RVG sowie uU eine Terminsgeb. nach Nr. 3513 VV RVG.

2 Findet im Beschwerdeverfahren ein Termin statt, verdient der RA eine **Terminsgebühr** nach Nr. 3515 VV RVG, sofern Betragsrahmengeb. nach § 3 RVG entstehen.

Nr.	Gebührentatbestand	Gebühr oder Satz der Gebühr nach § 13 RVG
3502	Verfahrensgebühr für das Verfahren über die Rechtsbeschwerde (§ 574 ZPO)	1,0

Übersicht

1 Das Gesetz zur Reform des Zivilprozesses v. 27.7.2001 (BGBl I S. 1887) hat zum 1.1.2002 die Rechtsbeschwerde vor dem BGH in die ZPO eingefügt (Baumbach/Lauterbach Rn. 1 Übers. zu § 574 ZPO). Die Rechtsbeschwerde wird binnen einer Notfrist v. einem Monat nach Zustellung des Beschl. durch Einreichen einer Beschwerdeschrift bei dem Rechtsmittelgericht eingelegt (§ 575 ZPO). Das Rechtsbeschwerdegericht prüft vAw die Statthaftigkeit der Rechtsbeschwerde (§ 574 ZPO), ob sie form- und fristgerecht eingelegt wurde und ob sie begründet ist (vgl. § 577 ZPO).

2 Da die BRAGO die Gebühren für die Rechtsbeschwerde nicht gesondert geregelt hatte, hat der RA im Verf. über die Rechtsbeschwerde gem. § 574 ZPO nach § 61 BRAGO eine 5/10 Beschwerdegebühr verdient. Eine Erhöhung dieser Gebühr nach § 11 Abs. 1 S. 4 oder 5 BRAGO fand nicht statt (aA BGH, Beschl. v. 30.1.2004 ☐ IXa ZB 153/03, der § 66 BRAGO analog anwenden will). Nr. 3502 VV RVG sieht nun für das Verf. über die Rechtsbeschwerde eine im Vergleich zu Nr. 3500 VV RVG verdoppelte Verfahrensgeb. vor. Diese soll dem für diese Verf. erhöhten Aufwand Rechnung tragen und vergütet die gesamte Tätigkeit des Anwalts im Verf. nach § 574 ZPO (Hartmann Rn. 3 zu Nrn. 3501-3504 VV RVG). Demgegenüber bestimmen sich die Gebühren für das Rechtsbeschwerdeverfahren gem. § 1065 ZPO nach Teil 3 Abschnitt 1 VV RVG (Vorbem. 3.1 Abs. 2 VV RVG).

3 Die Gebühr entsteht, sobald der RA nach Erhalt des Auftrags in dessen Erfüllung tätig geworden ist. Es gelten die allg. Grundsätze (Vorbem. 3 VV RVG Anm. 3ff.). Obwohl die Rechtsbeschwerde nach § 574 ZPO nur durch einen beim BGH zugelassenen Anwalt eingelegt werden kann (hierzu Gerold/Schmidt Rn. 6 zu Nrn. 3500-3518 VV RVG), beträgt die Verfahrensgebühr für das Verf. über die Rechtsbeschwerde nur 1,0. Eine Nr. 3508 VV RVG entspr. Regelung fehlt. Gleichwohl ist die Erhöhung der Gebühr auf 1,0 ein „Schritt in die richtige Richtung" (so ausdrücklich Bischof/Jungbauer Teil 3 VV RVG S. 623). Neben der Verfahrensgebühr kann eine Auslagenpauschale nach Nr. 7002 VV RVG geltend gemacht werden (Kroiß RVG-Letter 2004, 89).

4 Endet der Auftrag vorzeitig (hierzu Nr. 3201 VV RVG Anm. 1, 2), reduziert sich die Verfahrensgeb. nach Nr. 3503 VV RVG auf 0,5 (Nr. 3503 VV RVG Anm. 1).

5 Vertritt der RA im Verf. über die Rechtsbeschwerde mehrere AG, erhöht sich die Verfahrensgeb. nach Nr. 1008 VV RVG um 0,3 für jeden AG, sofern diese gemeinschaftlich am Verf. beteiligt sind. Die Höchstgrenze v. Nr. 1008 Abs. 3 VV RVG ist zu beachten.

Nr.	Gebührentatbestand	Gebühr oder Satz der Gebühr nach § 13 RVG
3503	**Vorzeitige Beendigung des Auftrags:** **Die Gebühr 3502 beträgt** Die Anmerkung zu Nummer 3201 ist entsprechend anzuwenden.	0,5

1 Im Verf. über die Rechtsbeschwerde nach § 574 ZPO (Nr. 3502 VV RVG) verdient der RA eine **1,0 Verfahrensgebühr**. Endet der Auftrag vorzeitig, ermäßigt sich die Gebühr auf 0,5. Dies entspricht dem Grundsatz, dass in den Fällen, in denen die Verfahrensgeb. höher als 0,5 ist, eine Ermäßigung für den Fall der vorzeitigen Beendigung des Mandats vorgesehen ist.

2 Nach der Anm. zu Nr. 3503 VV RVG gilt Nr. 3201 VV RVG entspr. Diese sieht eine Ermäßigung der Verfahrensgeb. im Berufungsverfahren für den Fall der **vorzeitigen Beendigung** des Auftrags vor. Auf die dortigen Ausführungen wird verwiesen (Nr. 3201 VV RVG Anm. 1, 2).

Nr.	Gebührentatbestand	Gebühr oder Satz der Gebühr nach § 13 RVG
3504	**Verfahrensgebühr für das Verfahren über die Beschwerde gegen die Nichtzulassung der Berufung, soweit in Nummer 3511 nichts anderes bestimmt ist** Die Gebühr wird auf die Verfahrensgebühr für ein nachfolgendes Berufungsverfahren angerechnet.	1,6

1 Nach § 145 SGG kann die Nichtzulassung der Berufung durch das SG durch Beschwerde angefochten werden. Diese ist bei dem LSG innerhalb eines Monats nach Zustellung des vollständigen Urteils schriftlich oder zur Niederschrift des Urkundsbeamten einzulegen. Für dieses Verf. enthalten die Nr. 3504, 3505 VV RVG bes. Vorschriften, die nur Anwendung finden, wenn der RA Wertgeb.

erhält. Entstehen nach § 3 RVG Betragsrahmengeb., gilt Nr. 3511 VV RVG. Die **Verfahrensgebühr beträgt 1,6.**

2 Das Verf. über die Beschwerde gg. die Nichtzulassung der Berufung ist ggü. dem Berufungsverfahren eine eigene gebührenrechtliche Angelegenheit (§ 15 Abs. 2 S. 2 RVG, bisher § 13 Abs. 2 S. 2 BRAGO). Damit erhält der RA für dieses Verf. gesonderte Gebühren. War das Verf. erfolgreich, wird das Beschwerdeverfahren nach § 145 Abs. 5 SGG als Berufungsverfahren fortgesetzt. Dieses stellt nach § 17 Nr. 9 RVG eine weitere Angelegenheit dar (bisher § 14 Abs. 2 S. 1 BRAGO). Nach der Anm. zu Nr. 3504 VV RVG wird die Gebühr für das Verf. über die Beschwerde gg. die Nichtzulassung der Berufung allerdings auf das nachfolgende Berufungsverfahren **angerechnet.**

3 Vertritt der RA in dem Verf. über die Beschwerde gg. die Nichtzulassung der Berufung **mehrere Auftraggeber,** so erhöht sich die 1,6 Verfahrensgeb. nach Nr. 1008 VV RVG um 0,3 für jeden AG, sofern diese gemeinschaftlich am Verf. beteiligt sind. Die Höchstgrenze nach Nr. 1008 Abs. 3 VV RVG ist zu beachten.

Nr.	Gebührentatbestand	Gebühr oder Satz der Gebühr nach § 13 RVG
3505	**Vorzeitige Beendigung des Auftrags:** **Die Gebühr 3504 beträgt** Die Anmerkung zu Nummer 3201 ist entsprechend anzuwenden.	**1,0**

1 Endet der Auftrag im Verf. über die Beschwerde gg. die Nichtzulassung der Berufung durch das SG (Nr. 3504 VV RVG) vorzeitig, **reduziert** sich die **Verfahrensgebühr auf 1,0.** Dies ist zB der Fall, wenn der RA den Auftrag hatte, eine Beschwerde gg. die Nichtzulassung der Berufung durch das SG einzulegen, der Mandant den Auftrag vor der Einlegung der Beschwerde indes zurückzieht.

2 Nach der Anm. zu Nr. 3505 VV RVG **gilt Nr. 3201 VV RVG entsprechend.** Diese Vorschrift regelt die vorzeitige Beendigung des Auftrags des RA, der für den Mandanten Berufung bzw. eine der in Vorbem. 3.2.1 Abs. 1 Nr. 2 bis 7 VV RVG genannten Beschwerden einlegen sollte. Auf die Komm. zu Vorbem. 3.2.1 VV RVG wird verwiesen.

Nr.	Gebührentatbestand	Gebühr oder Satz der Gebühr nach § 13 RVG
3506	**Verfahrensgebühr für das Verfahren über die Beschwerde gegen die Nichtzulassung der Revision, soweit in Nummer 3512 nichts anderes bestimmt ist** Die Gebühr wird auf die Verfahrensgebühr für ein nachfolgendes Revisionsverfahren angerechnet.	**1,6**

Übersicht

1 Im Verf. über die Beschwerde gg. die Nichtzulassung der Revision entsteht eine 1,6 Verfahrensgeb. Soweit im Verf. über die Beschwerde gg. die Nichtzulassung der Revision vor dem BSG Betragsrahmengeb. entstehen, verdient der RA eine Verfahrensgeb. v. 80 bis 800 EUR (Nr. 3512 VV RVG Anm. 1). Die Gebühr entspricht der Verfahrensgeb. nach Nr. 3200 VV RVG in Berufungs- und bestimmten Beschwerdeverfahren. Der notwendige BGH-Anwalt verdient gem. Nr. 3508 VV RVG eine 2,3 Verfahrensgeb. Für das Entstehen der Geb. gelten die allg. Grundsätze (Vorbem. 3 VV RVG Anm. 3ff.). Die Vorschrift entspricht dem bisherigen § 61a Abs. 1 Nr. 2 iVm § 32 Abs. 1 BRAGO. Eine 1,6 Verfahrensgeb. entsteht jew. in folgenden Beschwerdeverfahren:

2 § 544 ZPO regelt die **Anfechtung der Nichtzulassungsentscheidung** des Berufungsgerichts (§ 543 Abs. 1 Ziff. 1 ZPO). Nach dieser Vorschrift kann gg. die Nichtzulassung der Revision durch das Berufungsgericht binnen einer Notfrist v. einem Monat nach Zustellung des in vollständiger Form abgefassten Urteils Nichtzulassungsbeschwerde eingelegt werden. Wird der Beschwerde stattgegeben, wird das Beschwerdeverfahren als Revisionsverfahren fortgesetzt (§ 544 Abs. 6 ZPO). In diesem Fall wird die Verfahrensgeb. auf die im nachfolgenden Revisionsverfahren entstehende Gebühr angerechnet.

3 Nach § 72a ArbGG kann die **Nichtzulassung der Revision** durch das LAG selbst. durch Beschwerde angefochten werden, im Falle des § 72 Abs. 2 Nr. 1 ArbGG jedoch nur dann, wenn die Rechtssache Rechtsstreitigkeiten betrifft. Die Beschwerde ist beim Bundesarbeitsgericht innerhalb einer Notfrist v. einem Monat nach Zustellung des in vollständiger Form abgefassten Urteils schriftlich einzulegen. Das Bundesarbeitsgericht entscheidet durch Beschl., der ohne mündl. Verhandlung ergehen kann. Wird der Beschwerde stattgegeben, beginnt mit der Zustellung dieser Entscheidung der Lauf der Revisionsfrist (§ 72a Abs. 5 S. 7 ArbGG), sofern der Zulassungsbeschluss die nach § 9 Abs. 5 ArbGG erforderliche Rechtsmittelbelehrung enthält.

Das ArbG Koblenz ist zwischenzeitlich der Frage nachgegangen, ob der RA im Verfahren der Nichtzulassungsbeschwerde gem. § 72a ArbGG die Gebühr der Nr. 3506 VV RVG verdient. Es hat sich auf den Standpunkt gestellt, dass diese Vorschrift nur für die Nichtzulassungsbeschwerde gem. § 544 ZPO gelte und im Verfahren nach § 72a ArbGG lediglich eine 0,5 Verfahrensgebühr nach Nr. 3500 VV RVG verdient werde. Die Lit. ist hingegen einhellig der Auffassung, dass auch im Verfahren nach § 72a ArbGG eine 1,6 Verfahrensgeb. nach Nr. 3506 VV RVG bzw. eine 1,1 Verfahrensgeb. nach Nr. 3507 VV RVG verdient wird (vgl. die umfangreichen Nachweise bei Hansens RVGreport 2005, 107).

4 Nach § 133 VwGO kann die **Nichtzulassung der Revision** durch Beschwerde angefochten werden. Die Beschwerde ist bei dem Gericht, gg. dessen Urteil Revision eingelegt werden soll, innerhalb eines Monats nach Zustellung des vollständigen Urteils einzulegen. Die Beschwerde muss das angefochtene Urteil bezeichnen. Wird der Beschwerde nicht abgeholfen, entscheidet das BVerwG durch Beschl. Mit der Ablehnung der Beschwerde durch das BVerwG wird das Urteil rechtskräftig. Liegt ein Verfahrensmangel vor, auf dem die Entscheidung beruhen kann (§ 132 Abs. 2 Nr. 3 VwGO), kann das BVerwG in dem Beschl. das angefochtene Urteil aufheben und den Rechtsstreit zur anderweitigen Verhandlung und Entscheidung zurückverweisen.

5 Nach § 160a SGG kann die **Nichtzulassung der Revision** selbst. durch Beschwerde angefochten werden. Die Beschwerde ist bei dem BSG innerhalb eines Monats nach Zustellung des Urteils einzulegen. Das BSG entscheidet unter Zuziehung der ehrenamtlichen Richter durch Beschl. Mit der Ablehnung der Beschwerde durch das BSG wird das Urteil rechtskräftig. Wird der Beschwerde stattgegeben, so beginnt mit der Zustellung dieser Entscheidung der Lauf der Revisionsfrist (vgl. iE Meyer-Ladewig Rn. 17ff. zu § 160a SGG).

6 Nach § 116 FGO kann die **Nichtzulassung der Revision** durch Beschwerde angefochten werden. Diese ist innerhalb eines Monats nach Zustellung des vollständigen Urteils beim BFH einzulegen. Sie muss das angefochtene Urteil bezeichnen. Der BFH entscheidet über die Beschwerde durch Beschl. Mit der Ablehnung der Beschwerde durch den BFH wird das Urteil rechtskräftig. Wird der Beschwerde gg. die Nichtzulassung der Revision stattgegeben, so wird das Beschwerdeverfahren als Revisionsverfahren fortgesetzt, wenn nicht der BFH das angefochtene Urteil nach Abs. 6 aufhebt.

7 Das Verf. über die Beschwerde gg. die Nichtzulassung der Revision ist ggü. dem Berufungsverfahren eine **eigene gebührenrechtliche Angelegenheit** (§§ 17 Nr. 9, 15 Abs. 2 S. 2 RVG). Damit erhält der RA für dieses Verf. gesonderte Gebühren. Die Gebühr für das Verf. über die Beschwerde gg. die Nichtzulassung der Revision wird allerdings auf das nachfolgende Revisionsverfahren angerechnet (Anm. zu Nr. 3506 VV RVG) mit der Folge, dass der Anwalt □ anders als unter der Geltung der BRAGO □ für die Vertretung in beiden Verf. nur eine 1,6 Verfahrensgebühr berechnen kann (hierzu Hansens RVGreport 2004, 151). Hierdurch ergibt sich eine Verschlechterung für den Anwalt. Hat sich das Verfahren vorzeitig erledigt, erfolgt nur eine Anrechnung der Geb. gem. Nr. 3507 VV RVG (Hartmann Nr. 3506 VV RVG 5).

8 Vertritt der RA in dem Verf. über die Beschwerde gg. die Nichtzulassung der Revision **mehrere Auftraggeber**, so erhöht sich die 1,6 Verfahrensgeb. nach Nr. 1008 VV RVG um 0,3 für jeden AG, sofern diese gemeinschaftlich am Verf. beteiligt sind. Die Höchstgrenze nach Nr. 1008 Abs. 3 VV RVG ist zu beachten.

9 Im Falle der **vorzeitigen Beendigung** des Beschwerdeverfahrens hat die Vorschrift der Nr. 3507 VV RVG Vorrang (Hartmann Nr. 3506 VV RVG Rn. 1). Die Verfahrensgebühr reduziert sich auf 1,1.

Nr.	Gebührentatbestand	Gebühr oder Satz der Gebühr nach § 13 RVG
3507	**Vorzeitige Beendigung des Auftrags:** **Die Gebühr 3506 beträgt**	1,1
	Die Anmerkung zu Nummer 3201 ist entsprechend anzuwenden.	

1 Im Verf. über die Beschwerde gg. die Nichtzulassung der Revision (Nr. 3506 VV RVG) verdient der RA eine 1,6 Verfahrensgebühr. Endet der Auftrag vorzeitig, **ermäßigt** sich die **Gebühr auf 1,1**. Dies entspricht dem Grundsatz, dass in den Fällen, in denen die Verfahrensgeb. höher als 0,5 ist, eine Ermäßigung für den Fall der vorzeitigen Beendigung des Mandats vorgesehen ist.

2 Nach der Anm. zu Nr. 3507 VV RVG gilt die Nr. 3201 VV RVG entspr. Diese sieht eine Ermäßigung der Verfahrensgeb. im Berufungsverfahren für den Fall der vorzeitigen Beendigung des Auftrags vor. Zwecks Vermeidung v. Wiederholungen wird auf die dortigen Ausführungen verwiesen (Nr. 3201 VV RVG Anm. 1, 2).

Nr.	Gebührentatbestand	Gebühr oder Satz der Gebühr nach § 13 RVG
3508	**In dem Verfahren über die Beschwerde gegen die Nichtzulassung der Revision können sich die Parteien nur durch einen beim Bundesgerichtshof zugelassenen Rechtsanwalt vertreten lassen:** **Die Gebühr 3506 beträgt**	2,3

1 Allgemeines. In dem Verf. über die Beschwerde gg. die Nichtzulassung der Revision nach § 544 ZPO (vgl. iE Nr. 3506 VV RVG Anm. 2) erfolgt die Einlegung der Beschwerdeschrift beim BGH durch einen dort zugelassenen Anwalt (Baumbach/Lauterbach Rn. 7 zu § 544 ZPO). Dies entspricht der Vorschrift des § 78 Abs. 1 S. 4 ZPO, wonach sich die Parteien vor dem BGH durch einen bei diesem zugelassenen RA vertreten lassen müssen (hierzu Baumbach/Lauterbach Rn. 7 zu § 78 ZPO).

2 In diesem Verf. erhält der BGH-Anwalt anstelle der 1,6 Verfahrensgeb. nach Nr. 3506 VV RVG eine **erhöhte 2,3 Verfahrensgebühr.** Dies entspricht der bisherigen Regelung in § 11 Abs. 1 S. 5 BRAGO, wonach der RA, der die Parteien vor dem BGH vertritt, eine 20/10 Prozess-, nicht jedoch Verhandlungs- oder Beweisgebühr erhielt (Gerold/Schmidt, 15. Aufl., Rn. 10 zu § 11 BRAGO). Die erhöhte Gebühr nach Nr. 3508 VV RVG entsteht allerdings nur dann, wenn sich die Parteien zwingend durch einen beim BGH zugelassenen Anwalt vertreten lassen müssen. Übernimmt im Einzelfall ein BGH-Anwalt ohne ges. Verpflichtung die Vertretung, entsteht nur eine Gebühr nach Nr. 3506 VV RVG.

3 Vertritt der RA in dem Verf. über die Beschwerde gg. die Nichtzulassung der Revision **mehrere Auftraggeber,** so erhöht sich die 1,6 Verfahrensgeb. nach Nr. 1008 VV RVG um 0,3 für jeden AG, sofern diese gemeinschaftlich am Verf. beteiligt sind. Die Höchstgrenze nach Nr. 1008 Abs. 3 VV RVG ist zu beachten.

Nr.	Gebührentatbestand	Gebühr oder Satz der Gebühr nach § 13 RVG
3509	**Vorzeitige Beendigung des Auftrags, wenn sich die Parteien nur durch einen beim Bundesgerichtshof zugelassenen Rechtsanwalt vertreten lassen können:** **Die Gebühr 3506 beträgt** Die Anmerkung zu Nummer 3201 ist entsprechend anzuwenden.	1,8

1 Endet ein Verf. über die Beschwerde gg. die Nichtzulassung der Revision, in welchem sich die Parteien durch einen beim BGH zugelassenen Anwalt vertreten lassen müssen (Nr. 3508 VV RVG), vorzeitig, **reduziert** sich die **Verfahrensgebühr** des BGH-Anwalts auf 1,8.

2 Für die **vorzeitige Beendigung** des Auftrags gilt Nr. 3201 VV RVG, auf dessen Komm. verwiesen wird (Nr. 3201 VV RVG Anm. 1f.).

Nr.	Gebührentatbestand	Gebühr oder Satz der Gebühr nach § 13 RVG
3510	**Verfahrensgebühr für Beschwerdeverfahren vor dem Bundespatentgericht** **1. nach dem Patentgesetz, wenn sich die Beschwerde gegen einen Beschluss richtet,** **a) durch den die Vergütung bei Lizenzbereitschaftserklärung festgesetzt wird oder Zahlung der Vergütung an das Deutsche Patent- und Markenamt angeordnet wird,** **b) durch den eine Anordnung nach § 50 Abs. 1 des Patentgesetzes oder die Aufhebung dieser Anordnung erlassen wird,** **2. c) durch den die Anmeldung zurückgewiesen oder über**	

die Aufrechterhaltung, den Widerruf oder die Beschränkung des Patents entschieden wird,

3. nach dem Gebrauchsmustergesetz, wenn sich die Beschwerde gegen einen Beschluss richtet,

a) durch den die Anmeldung zurückgewiesen wird,

b) durch den über den Löschungsantrag entschieden wird,

4. nach dem Markengesetz, wenn sich die Beschwerde gegen einen Beschluss richtet,

a) durch den über die Anmeldung einer Marke, einen Widerspruch oder einen Antrag auf Löschung oder über die Erinnerung gegen einen solchen Beschluss entschieden worden ist oder

b) durch den ein Antrag auf Eintragung einer geographischen Angabe oder einer Ursprungsbezeichnung zurückgewiesen worden ist,

5. nach dem Halbleiterschutzgesetz, wenn sich die Beschwerde gegen einen Beschluss richtet,

a) durch den die Anmeldung zurückgewiesen wird,

b) durch den über den Löschungsantrag entschieden wird,

6. nach dem Geschmacksmustergesetz, wenn sich die Beschwerde gegen einen Beschluss richtet, durch den die Anmeldung eines Geschmacksmusters zurückgewiesen oder durch den über einen Löschungsantrag entschieden worden ist,

nach dem Sortenschutzgesetz, wenn sich die Beschwerde gegen einen Beschluss des Widerspruchsausschusses richtet   1,3

Übersicht

1 Im Beschwerdeverfahren vor dem Bundespatentgericht erhält der RA in den in Nr. 3510 VV RVG genannten Fällen eine 1,3 Verfahrensgeb. anstelle einer 10/10 Gebühr nach § 66 Abs. 2 BRAGO. Wie nach der bisherigen Rechtslage ist die Aufzählung abschließend. In den sonstigen Beschwerdeverfahren entsteht eine 0,5 Verfahrensgeb. nach Nr. 3500 VV RVG (Hartmann Rn. 9 zu Nr. 3510 VV RVG).

2 Nach Nr. 3510 Nr. 1 VV RVG verdient der RA die 1,3 Verfahrensgeb. in folgenden Beschwerdeverfahren nach dem PatG:

- § 23 Abs. 4 PatG: Festsetzung einer angemessenen Vergütung bei einer Lizenzbereitschaftserklärung bzw. Anordnung der Zahlung einer Vergütung an das Patentamt;
- § 50 Abs. 1, 2 PatG: Anordnung der Prüfungsstelle, dass die Veröffentlichung einer Erfindung, die ein Staatsgeheimnis ist, unterbleibt bzw. die Anordnung aufgehoben wird;
- 73 PatG: Die Anmeldung wird zurückgewiesen oder über die Aufrechterhaltung, den Widerruf oder die Beschränkung des Patents entschieden.

3 Nach Nr. 3510 Nr. 2 VVRVG erhält der RA die 1,3 Verfahrensgeb. in Beschwerdeverfahren nach dem GebrMG, soweit die Gebrauchsmusterstelle durch Beschl. über die Zurückweisung der Anmeldung eines Gebrauchsmusters oder über einen Löschungsantrag entscheidet und hiergegen nach § 18 GebrMG Beschwerde eingelegt wird.

4 Im Beschwerdeverfahren nach dem MarkenG verdient der RA die 1,3 Verfahrensgeb. durch die Einlegung einer Beschwerde gg. einen Beschl., durch den über die Anmeldung einer Marke (§§ 32ff. MarkenG), einen Widerspruch (§ 42 MarkenG) oder einen Antrag auf Löschung (§§ 53ff. MarkenG) oder über die Erinnerung gg. einen solchen Beschl. entschieden worden ist. Nr. 3510 Nr. 3b VV RVG betrifft § 130 Abs. 4 MarkenG.

5 Im Beschwerdeverfahren nach dem Halbleiterschutzgesetz verdient der RA die 1,3 Verfahrensgeb. für die Einlegung der Beschwerde gg. einen Beschl., durch den die Anmeldung zurückgewiesen oder über den Löschungsantrag entschieden worden ist (§ 4 Abs. 4 S. 3 Halbleiterschutzgesetz, § 18 Abs. 2 GebrMG).

6 Nr. 3510 Nr. 5 VV RVG betrifft die Beschwerde gg. einen Beschl., durch den die Anmeldung eines Geschmacksmusters zurückgewiesen (§§ 7ff. GeschmMG) oder über einen Löschungsantrag entschieden worden ist (Beschwerdeverfahren nach § 10a GeschmMG).

7 Nach § 34 SortSchG kann gg. Beschlüsse des Widerspruchsausschusses Beschwerde an das Patentgericht eingelegt werden. Auch in diesem Verf. verdient der RA eine 1,3 Verfahrensgeb.

8 Soweit in den genannten Beschwerdeverfahren eine mündl. Verhandlung stattfindet, erhält der RA nach Nr. 3516 VV RVG eine 1,2 Terminsgeb. (Nr. 3516 VV RVG Anm. 2).

Nr.	Gebührentatbestand	Gebühr oder Satz der Gebühr nach § 13 RVG
3511	**Verfahrensgebühr für das Verfahren über die Beschwerde gegen die Nichtzulassung der Berufung vor dem Landessozialgericht, wenn Betragsrahmengebühren entstehen (§ 3 RVG)** Die Gebühr wird auf die Verfahrensgebühr für ein nachfolgendes Berufungsverfahren angerechnet.	50,00 bis 570,00 EUR

Übersicht

Verfahrensgebühr	1
Anrechnung auf Verfahrensgebühr für ein nachfolgendes Berufungsverfahren	2
Mehrere Auftraggeber	3
Terminsgebühr	4

1 Nach § 145 SGG kann die Nichtzulassung der Berufung durch das SG durch Beschwerde angefochten werden. Diese ist bei dem LSG innerhalb eines Monats nach Zustellung des vollständigen Urteils schriftlich oder zur Niederschrift des Urkundsbeamten einzulegen. Für dieses Verf. enthalten die Nr. 3504, 3505 VV RVG bes. Vorschriften, die nur Anwendung finden, wenn der RA Wertgeb.

erhält. Entstehen hingegen Betragsrahmengeb. nach § 3 RVG, beträgt die Verfahrensgeb. zw. 50 und 570 EUR (Mittelgebühr 310 EUR).

2 Das Verf. über die Beschwerde gg. die Nichtzulassung der Berufung ist ggü. dem erstinstanzlichen Verf. eine eigene gebührenrechtliche Angelegenheit (§ 15 Abs. 2 S. 2 RVG, bisher § 13 Abs. 2 S. 2 BRAGO). Damit erhält der RA für dieses Verf. gesonderte Gebühren. War das Verf. erfolgreich, wird das Beschwerdeverfahren nach § 145 Abs. 5 SGG als Berufungsverfahren fortgesetzt. Dieses stellt nach § 17 Nr. 9 RVG eine weitere Angelegenheit dar (bisher § 14 Abs. 2 S. 1 BRAGO). Nach der Anm. zu Nr. 3511 VV RVG wird die Gebühr für das Verf. über die Beschwerde gg. die Nichtzulassung der Berufung allerdings auf das nachfolgende Berufungsverfahren angerechnet. Die vorzeitige Beendigung des Verf. ist im Rahmen der Gebührenbestimmung nach § 14 Abs. 1 RVG zu berücksichtigen. Eine gesonderte Regelung ist nicht vorgesehen.

3 Vertritt der RA in dem Verf. über die Beschwerde gg. die Nichtzulassung der Berufung mehrere AG, so erhöht sich die Verfahrensgeb. nach Nr. 1008 VV RVG um 30% für jeden AG, sofern diese gemeinschaftlich am Verf. beteiligt sind. Die Höchstgrenze nach Nr. 1008 Abs. 3 VV RVG ist zu beachten.

4 Findet im Verf. über die Beschwerde gg. die Nichtzulassung der Berufung vor dem LSG ein Termin zur mündl. Verhandlung statt, entsteht nach Nr. 3517 VV RVG eine Terminsgeb. iHv 12,50 bis 215 EUR.

Nr.	Gebührentatbestand	Gebühr oder Satz der Gebühr nach § 13 RVG
3512	**Verfahrensgebühr für das Verfahren über die Beschwerde gegen die Nichtzulassung der Revision vor dem Bundessozialgericht, wenn Betragsrahmengebühren entstehen (§ 3 RVG)**	**80,00 bis 800,00 EUR**
	Die Gebühr wird auf die Verfahrensgebühr für ein nachfolgendes Revisionsverfahren angerechnet.	

Übersicht

Verfahrensgebühr	1
Anrechnung auf die Verfahrensgebühr für das Revisionsverfahren	2
Mehrere Auftraggeber	3
Terminsgebühr	4

1 Nach § 160a SGG kann die Nichtzulassung der Revision selbstständig durch Beschwerde angefochten werden. Die Beschwerde ist bei dem BSG innerhalb eines Monats nach Zustellung des Urteils einzulegen. In diesem Verf. verdient der RA nach Nr. 3506 VV RVG eine 1,6 Verfahrensgeb. Sofern Betragsrahmengeb. entstehen (§ 3 RVG), beträgt die Verfahrensgeb. zw. 80 und 800 EUR.

2 Das Verf. über die Beschwerde gg. die Nichtzulassung der Revision ist ggü. dem Berufungsverfahren eine eigene gebührenrechtliche Angelegenheit (§ 15 Abs. 2 S. 2 RVG, bisher § 13 Abs. 2 S. 2 BRAGO). Damit erhält der RA für dieses Verf. gesonderte Gebühren. Wird der Beschwerde stattgegeben, so beginnt mit der Zustellung dieser Entscheidung der Lauf der Revisionsfrist (§ 160a Abs. 4 S. 5 SGG). Das Revisionsverfahren stellt nach § 17 Nr. 9 RVG eine weitere Angelegenheit dar (bisher § 14 Abs. 2 S. 1 BRAGO). Nach der Anm. zu Nr. 3512 VV RVG wird die Gebühr für das Verf. über die Beschwerde gg. die Nichtzulassung der Revision allerdings auf das nachfolgende Revisionsverfahren angerechnet. Die **vorzeitige Beendigung** des Verf. ist im Rahmen der Gebührenbestimmung nach § 14 Abs. 1 RVG zu berücksichtigen.

3 Vertritt der RA in dem Verf. über die Beschwerde gg. die Nichtzulassung der Berufung mehrere AG, so erhöht sich die Verfahrensgeb. nach Nr. 1008 VV RVG um 30% für jeden AG, sofern diese gemeinschaftlich am Verf. beteiligt sind. Die Höchstgrenze nach Nr. 1008 Abs. 3 VV RVG ist zu beachten.

4 Findet im Verf. über die Beschwerde gg. die Nichtzulassung der Revision vor dem BSG ein Termin zur mündl. Verhandlung statt, entsteht nach Nr. 3518 VV RVG eine Terminsgeb. iHv 20 bis 350 EUR.

Nr.	Gebührentatbestand	Gebühr oder Satz der Gebühr nach § 13 RVG
3513	Terminsgebühr in den in Nummer 3500 genannten Verfahren	0,5

1 Maßgebend für die Anwendung der Nr. 3513 VV RVG ist grds., dass das Gericht einen Termin zur **mündlichen Verhandlung** anberaumt, was im Beschwerderechtszug nicht vorgeschrieben ist (Riedel/Sußbauer Rn. 9 zu § 61 BRAGO). Im Regelfall entscheidet das Gericht in Beschwerde- bzw. Erinnerungsverfahren durch Beschluss ohne mündliche Verhandlung (Bischof/Jungbauer Teil 3 VV RVG S. 623). Sie kann auch entstehen, wenn der RA an Besprechungen mitwirkt, mit welchen das Verf. vermieden oder erledigt werden soll, ohne dass das Gericht an diesen teilnimmt (Hansens JurBüro 2004, 252). Ob in diesem Fall v. Seiten des Gerichts zuvor ein Verhandlungstermin anberaumt worden sein muss, wird die Rspr. zu klären haben (verneinend Mayer/Kroiß Nr. 3355-3518 VV RVG Rn. 1).

2 Entsprechend der bisherigen Regelung in § 61 BRAGO kann der RA im Beschwerde- bzw. Erinnerungsverfahren nach Nr. 3500 VV RVG eine **0,5 Terminsgebühr** verdienen. Diese entsteht nach den allg. Grundsätzen (Vorbem. 3 VV RVG Anm. 9-12). Unerheblich ist, ob im Termin streitig oder nicht streitig, nur zur Prozessleitung oder gar nicht verhandelt wird (Gerold/Schmidt Rn. 10 zu Nrn. 3500-3518 VV RVG).

Nr.	Gebührentatbestand	Gebühr oder Satz der Gebühr nach § 13 RVG
3514	Das Beschwerdegericht entscheidet über eine Beschwerde gegen die Zurückweisung des Antrags auf Anordnung eines Arrests oder Erlass einer einstweiligen Verfügung durch Urteil:	
	Die Gebühr 3513 beträgt	1,2

1 Entscheidet das Beschwerdegericht über eine Beschwerde gg. die Zurückweisung des Antrags auf Anordnung eines Arrestes oder Erlass einer einstweiligen Verfügung durch Urteil, verdient der RA eine **0,5 Beschwerdegebühr** nach Nr. 3500 VV RVG (bisher § 61 Abs. 1 Nr. 1 BRAGO).

2 Neben der Verfahrensgeb. kann der RA □ sofern die ges. Voraussetzungen vorliegen (hierzu Vorbem. 3 VV RVG Anm. 9) □ grds. eine 0,5 Terminsgeb. nach Nr. 3500, 3513 VV RVG verdienen. Streitig war bisher, ob es bei dieser Gebühr auch dann verbleibt, wenn das Gericht gem. § 922 Abs. 1 ZPO eine mündl. Verhandlung anordnet und durch Urteil entscheidet. Die hM stand insoweit auf dem Standpunkt, dass der RA für dieses Spruchverfahren nicht die 5/10 Gebühr nach § 61 Abs. 1 Nr. 1 BRAGO erhält, sondern eine volle 10/10 Gebühr nach § 31 BRAGO verdient (zum Streitstand Gerold/Schmidt, 15. Aufl., Rn. 16 zu § 40 BRAGO mwN; aA BGH AGS 2003, 161). Hierauf hat der Gesetzgeber reagiert und in Nr. 3514 VV RVG nunmehr vorgesehen, dass eine **1,2 Terminsgebühr** (vgl. Nr. 3104 VV RVG) entsteht, wenn das Gericht im Beschwerdeverfahren gg. die Zurückweisung des Antrags auf Anordnung eines Arrestes oder Erlass einer einstweiligen Verfügung durch Urteil entscheidet. Dies gilt nicht, wenn das Verf. mit einem Beschl. abgeschlossen wird.

Nr.	Gebührentatbestand	Gebühr oder Satz der Gebühr nach § 13 RVG
3515	Terminsgebühr in den in Nummer 3501 genannten Verfahren	15,00 bis 160,00 EUR

1 Allgemeines. Nach Nr. 3501 VV RVG erhält der RA in Beschwerde- und Erinnerungsverfahren vor den Gerichten der Sozialgerichtsbarkeit, sofern Betragsrahmengeb. entstehen (§ 3 RVG Anm. 2ff.), eine Verfahrensgeb. v. 15 bis 160 EUR (Mittelgebühr 87,50 EUR).

2 Findet im Beschwerdeverfahren vor den Gerichten der Sozialgerichtsbarkeit ein Termin zur mündl. Verhandlung statt, verdient der RA nach Nr. 3515 VV RVG eine **Terminsgebühr** v. 15 bis 160 EUR (Mittelgebühr 87,50 EUR), soweit in Teil 3 Abschnitt 5 VV RVG nichts anderes bestimmt ist. Die Terminsgeb. entsteht auch für die Mitwirkung an Besprechungen, mit welchen das Verf. vermieden oder erledigt werden soll, ohne dass das Gericht an diesen teilnimmt (Vorbem. 3 VV RVG Anm. 9).

Nr.	Gebührentatbestand	Gebühr oder Satz der Gebühr nach § 13 RVG
3516	Terminsgebühr in den in Nummer 3502, 3504, 3506 und 3510 genannten Verfahren	1,2

Übersicht

1 In den Verf. über die Beschwerde gg. die Nichtzulassung der Revision verdient der RA nach Nr. 3506 VV RVG eine 1,6 Verfahrensgeb., sofern es sich nicht um ein Beschwerdeverfahren vor dem BSG handelt, in welchem Betragsrahmengeb. (§ 3 RVG) entstehen. Findet in den Beschwerdeverfahren nach Nr. 3506 VV RVG eine mündl. Verhandlung statt, entsteht nach Nr. 3516 VV RVG eine **1,2 Terminsgebühr.** Die Höhe der Terminsgeb. entspricht der Terminsgeb. für das Rechtsmittelverfahren (Nr. 3202 VV RVG). Sie entsteht nach den allg. Grundsätzen (Vorbem. 3 VV RVG Anm. 9-12), kann also auch verdient werden, wenn der RA ohne Mitwirkung des Gerichts an Besprechungen zwecks Erledigung der Angelegenheit teilnimmt (Vorbem. 3 VV RVG Anm. 9).

2 In den **Beschwerdeverfahren vor dem Bundespatentgericht** nach Nr. 3510 VV RVG verdient der RA eine 1,3 Verfahrensgeb. In diesen Verf. kann nach Nr. 3516 VV RVG ebenfalls eine 1,2 Terminsgeb. erwachsen. Sie entsteht nach allg. Grundsätzen (Vorbem. 3 VV RVG Anm. 9-12).

3 Am 1. Januar 2005 ist das Anhörungsrügengesetz in Kraft getreten (BGBl S. 3220). Mit diesem Gesetz hat der Gesetzgeber auch Änderungen im RVG sowie im Vergütungsverzeichnis vorgenommen. Durch die Ergänzung in Nr. 3516 VV RVG wurde nun der Anwendungsbereich der 1,2 Terminsgebühr erheblich ausgeweitet. So sieht die geänderte Vorschrift vor, dass auch in den Fällen der Nr. 3502 VV RVG eine Terminsgebühr in der genannten Höhe entsteht. Insoweit handelt es sich um Verf. über eine Rechtsbeschwerde nach § 574 ZPO. Bisher bestand in der Lit. Uneinigkeit, ob in diesen Verf. überhaupt eine Terminsgebühr entstehen kann. Hansens/Braun/Schneider (Teil 7 Rn. 939) verneinten diese Frage. Enders (Rn. 1002) vertrat demgegenüber die Ansicht, dass im Verf. über die Rechtsbeschwerde nach § 574 ZPO eine 0,5 Terminsgebühr nach Nr. 3513 VV RVG entstehen können. Durch die erfolgte Gesetzesänderung besteht nunmehr Klarheit, dass in diesen Verf. eine 1,2 Terminsgebühr erwachsen kann.

4 Gleiches gilt für Verf. über die Beschwerde gg. die Nichtzulassung der Berufung, in welchen nach Nr. 3504 VV RVG eine 1,6 Verfahrensgebühr entsteht. Ob in diesen Verf. auch eine Terminsgebühr erwachsen kann, wurde von der Lit. nicht einhellig beantwortet. So stellte sich Schneider auf den Standpunkt, dass im Verf. über die Beschwerde gg. die Nichtzulassung der Berufung ☐ im Gegensatz zur Beschwerde gg. die Nichtzulassung der Revision (Nr. 3516 VV RVG) ☐ eine Terminsgebühr nicht vorgesehen sei (Gebauer/Schneider Nrn. 3504-3505 VV RVG Rn. 8). Enders (Rn. 1002) vertrag demgegenüber die Ansicht, dass in diesen Verf. eine 0,5 Terminsgebühr nach Nr. 3513 VV RVG entstehe. Durch die erfolgte Gesetzesänderung besteht nunmehr Klarheit dahingehend, dass auch in diesen Verf. eine 1,2 Terminsgebühr erwachsen kann. Dies ist auch möglich, wenn der Anwalt im Auftrag seines Mandanten ohne Beteiligung des Gerichts versucht, zwecks Vermeidung bzw. Erledigung des Verf. eine gütliche Einigung herbeizuführen (Vorbem. 3 VV RVG Anm. 9).

Nr.	Gebührentatbestand	Gebühr oder Satz der Gebühr nach § 13 RVG
3517	Terminsgebühr in den in Nummer 3511 genannten Verfahren	12,50 bis 215,00 EUR

1 Allgemeines. Nach § 145 SGG kann die Nichtzulassung der Berufung durch das SG durch Beschwerde angefochten werden. Diese ist bei dem LSG innerhalb eines Monats nach Zustellung des vollständigen Urteils schriftlich oder zur Niederschrift des Urkundsbeamten einzulegen. Für dieses Verf. erhält der RA nach Nr. 3504 VV RVG eine 1,6 Verfahrensgeb. Entstehen Betragsrahmengeb. nach § 3 RVG, beträgt die Verfahrensgeb. nach Nr. 3511 VV RVG zw. 50 und 570 EUR.

2 Findet ein Termin zur mündl. Verhandlung statt, verdient der RA in den in Nr. 3511 VV RVG genannten Verf. eine **Terminsgebühr** iHv 12,50 bis 215 EUR. Gleiches gilt, wenn der RA an einer Besprechung mitwirkt, mit welcher das Verf. vermieden oder erledigt werden soll, ohne dass das Gericht an dieser teilnimmt (Vorbem. 3 VV RVG Anm. 9).

3 Vertritt der RA in der mündl. Verhandlung **mehrere Auftraggeber**, erhöht sich die Terminsgeb. nicht, da Nr. 1008 VV RVG eine Erhöhung nur für die Verf.- oder Geschäftsgeb. vorsieht.

Nr.	Gebührentatbestand	Gebühr oder Satz der Gebühr nach § 13 RVG
3518	Terminsgebühr in den in Nummer 3512 genannten Verfahren	20,00 bis 350,00 EUR

1 Allgemeines. Nach § 160a SGG kann die Nichtzulassung der Revision selbst. durch Beschwerde angefochten werden. Diese ist innerhalb eines Monats nach Zustellung des Urteils beim BSG einzulegen. Für dieses Verf. erhält der RA eine Verfahrensgeb. nach Nr. 3506 VV RVG bzw. nach Nr. 3512 VV RVG, sofern Betragsrahmengeb. entstehen.

2 Findet im Falle der Nr. 3512 VV RVG ein Termin zur mündl. Verhandlung statt, verdient der RA eine **Terminsgebühr** v. 20 bis 350 EUR. Gleiches gilt, wenn er an einer Besprechung mitwirkt, mit welcher das Verf. vermieden oder erledigt werden soll, ohne dass das Gericht an dieser teilnimmt (Vorbem. 3 VV RVG Anm. 9).

3 Vertritt der RA in der mündl. Verhandlung **mehrere Auftraggeber**, erhöht sich die Terminsgeb. nicht, da Nr. 1008 VV RVG eine Gebührenerhöhung nur für die Verf.- oder Geschäftsgeb. vorsieht.

Teil 4. Strafsachen

Vorbemerkung 4:

(1) Für die Tätigkeit als Beistand oder Vertreter eines Privatklägers, eines Nebenklägers, eines Einziehungs- oder Nebenbeteiligten, eines Verletzten, eines Zeugen oder Sachverständigen und im Verfahren nach dem Strafrechtlichen Rehabilitierungsgesetz sind die Vorschriften entsprechend anzuwenden.

(2) Die Verfahrensgebühr entsteht für das Betreiben des Geschäfts einschließlich der Information.

(3) Die Terminsgebühr entsteht für die Teilnahme an gerichtlichen Terminen, soweit nichts anderes bestimmt ist. Der Rechtsanwalt erhält die Terminsgebühr auch, wenn er zu einem anberaumten Termin erscheint, dieser aber aus Gründen, die er nicht zu vertreten hat, nicht stattfindet. Dies gilt nicht, wenn er rechtzeitig von der Aufhebung oder Verlegung des Termins in Kenntnis gesetzt worden ist.

(4) Befindet sich der Beschuldigte nicht auf freiem Fuß, entsteht die Gebühr mit Zuschlag.

(5) Für folgende Tätigkeiten entstehen Gebühren nach den Vorschriften des Teils 3:

1. im Verfahren über die Erinnerung oder die Beschwerde gegen einen Kostenfestsetzungsbeschluss (§ 464b StPO) und im Verfahren über die Erinnerung gegen den Kostenansatz und im Verfahren über die Beschwerde gegen die Entscheidung über diese Erinnerung,

2. in der Zwangsvollstreckung aus Entscheidungen, die über einen aus der Straftat erwachsenen vermögensrechtlichen Anspruch oder die Erstattung von Kosten ergangen sind (§§ 406b, 464b StPO), für die Mitwirkung bei der Ausübung der Veröffentlichungsbefugnis und im Beschwerdeverfahren gegen eine dieser Entscheidungen.

Übersicht

1 Allgemeines. Der vierte Teil des Vergütungsverzeichnisses beinhaltet die Gebühren für sämtliche Tätigkeiten des RA in Strafsachen.

2 Das Vergütungssystem in Strafsachen wurde ggü. der BRAGO strukturell wesentlich geändert. Insbesondere wurde es stärker an die einzelnen Verfahrensabschnitte angepasst (Gesetzesbegründung zu Teil 4, BT-Drs 15/1971 S. 220). Als wesentliche **Änderung im Vergleich zur bisherigen Rechtslage** ist hervorzuheben, dass die strafrechtlichen Vergütungsvorschriften eine stärkere Gewichtung des Ermittlungsverfahrens vorsehen.

3 Die früher getroffene Unterscheidung hinsichtlich des Gebührentatbestandes zw. Gebühren des Wahlverteidigers und denen des gerichtl. bestellten oder beigeordneten RA fällt weg. In gleicher Weise gelten die Gebührentatbestände nunmehr sowohl für den Wahlverteidiger als auch für den bestellten Verteidiger. Lediglich die Höhe der Gebühren differiert.

4 Abs. 1 der Vorbem. 4 VV RVG erklärt die Vorschriften des vierten Teils des Vergütungsverzeichnisses auf bestimmte, der Strafverteidigung verwandte Tätigkeiten für **entsprechend anwendbar.** Diese werden in der Vorschrift iE aufgezählt. Namentlich finden die nachstehend (Anm. 5-11) kurz erläuterten Verf. Erwähnung.

5 Hierzu gehört zunächst die Tätigkeit als Beistand oder Vertreter eines Privatklägers. Das **Privatklageverfahren** ist in den §§ 374ff. StPO geregelt und beginnt mit einem Sühneversuch (§ 380 StPO); es schließt sich das gerichtl. Verf. nach §§ 381ff. StPO an.

6 Die Vertretung der Nebenklage ist in den §§ 395ff. StPO geregelt.

7 Das **Verfahren über Einziehungen und Vermögensbeschlagnahmen** regeln die §§ 430ff. StPO: Einziehungsbeteiligter ist, wer ein Recht an einem Einziehungsgegenstand geltend macht. Ihm steht es frei, sich durch einen RA oder eine andere hierzu geeignete Person vertreten zu lassen (§ 434 StPO). Nebenbeteiligter ist, wem bei Steuer- und Zollvergehen ein Recht an den Gegenständen, die der Einziehung unterliegen, zustehen kann. Ferner ist Nebenbeteiligter, wer einen Anspruch auf solche Gegenstände erheben kann. Nebenbeteiligt können schließlich auch die Personen sein, die v. einer Maßnahme nach § 375 Abs. 2 AO 1977 betroffen sind.

8 Die Befugnisse der **Verletzten**, die sich am Strafverfahren beteiligen können, ohne Nebenkläger zu sein, sind in den §§ 406d-406h StPO geregelt.

9 Auch der **Beistand eines Zeugen** erhält nunmehr eine Vergütung nach Teil 4 des VV RVG. Hierdurch wird die Tätigkeit als Zeugenbeistand der Tätigkeit als Verteidiger gleichgestellt. Der RA kann seinem konkreten Arbeitsaufwand durch Ausschöpfung des ihm zur Verfügung stehenden Gebührenrahmens Rechnung tragen. Bei der Bestimmung der Gebühr muss sich der RA als Beistand für einen Zeugen oder Sachverständigen an dem üblichen Aufwand eines Verteidigers in einem durchschnittlichen Verf. messen lassen (Gesetzesbegründung zu Teil 4 VV RVG, BT-Drs 15/1971 S. 220). Wird dem Anwalt allerdings nur die Vertretung eines Zeugen in einem Vernehmungstermin vom Zeugen als Mandanten übertragen, liegt lediglich eine Einzeltätigkeit vor. Die Vergütung erfolgt dann nach Nr. 4301 Nr. 4 VV RVG. Gleiches gilt für den in der Strafvollstreckung tätigen Anwalt (Burhoff RVG professionell 04, 52).

10 Gleiches wie für den Beistand des Zeugen gilt sinngemäß auch für den **Beistand des Sachverständigen** im Verf.

11 In **Verfahren nach dem Strafrechtlichen Rehabilitierungsgesetz** werden insbes. strafrechtliche Entscheidungen staatlicher deutscher Gerichte in der Zeit zw. dem 08.05.1945 und dem 02.10.1990 für rechtsstaatswidrig erklärt und deren Aufhebung geregelt.

12 Von der **Verfahrensgebühr** nach Abs. 2 der Vorbem. 4 VV RVG ist das Betreiben des Geschäfts einschl. der Information **abgegolten.** Die Verfahrensgeb. ist eine völlig neue Gebührenregelung. Eine vergleichbare Gebühr sah die BRAGO nicht vor. Die Gebühr deckt alle Tätigkeiten des RA ab, soweit Teil 4 des Vergütungsverzeichnisses hierfür keine bes. Gebühren vorsieht (Gesetzesbegründung zu Teil 4 VV RVG, BT-Drs 15/1971 S. 220). Als Beispiel für das Betreiben des Geschäfts wird in der Gesetzesbegründung die Vorbereitung der Hauptverhandlung genannt. Durch die Einführung der Verfahrensgeb. soll der Umfang der verschiedenen anwaltl. Tätigkeiten stärker aufwandsbezogen als bisher Berücksichtigung finden.

13 Die **Verfahrensgebühr entsteht**, sobald der Anwalt den Auftrag annimmt, in einem Strafverfahren oder einem vergleichbaren Verf. (vgl. Vorbem. 4 Abs. 1 VV RVG) tätig zu werden, also das Geschäft zu betreiben (Betriebsgebühr) und die diesbezüglichen Informationen entgegennimmt. Entscheidendes Kriterium hierfür ist der dem Anwalt erteilte Auftrag. Darauf, ob die Tätigkeit im späteren Verf. auch nach außen hin entfaltet wird, kommt es für die grds. Entstehung der Gebühr nicht an. Der Umfang der entfalteten Tätigkeit ist aber bei der Bemessung der Gebühr innerhalb des Betragsrahmens zu berücksichtigen.

14 Die **Verfahrensgebühr entsteht neben der Grundgebühr** Nr. 4100 VV RVG. Diese fällt für die Einarbeitung des beauftragten RA in den Rechtsfall an.

15 Durch die Bezeichnung als Verfahrensgeb. ist nunmehr eine **Synchronisierung mit dem zivilrechtlichen Verfahren** (vgl. Vorbem. 3 Abs. 2, Nr. 3100 VV RVG) gewährleistet.

16 Die **Verfahrensgebühr** entsteht je nach Rechtszug in **unterschiedlicher Höhe** (vgl. Nrn. 4106, 4124, 4130 VV RVG). Die Verfahrensgebühren in Teil 4 des Vergütungsverzeichnisses sind geringer als es die Gebühr nach § 83 BRAGO war. Die Anwendungsbereiche der Verfahrensgeb. und der Gebühr nach § 83 BRAGO sind allerdings nicht identisch. Im Abgeltungsbereich des bisherigen § 83 BRAGO fällt nunmehr neben der Verfahrensgeb. auch als allg. Gebühr die Grundgebühr nach Nr. 4100 VV RVG an, so dass nach der Addition keine Mindereinnahmen zu befürchten sind. Der Wahlanwalt bestimmt seine Gebühren im jew. vorgesehenen Gebührenrahmen nach den Kriterien des § 14 RVG. Diese bestehen in der Bedeutung der Angelegenheit, der Schwierigkeit der anwaltlichen Tätigkeit, den Einkommens- und Vermögensverhältnissen des Mandanten sowie dem grds. Haftungsrisiko (Hansen/Braun/Schneider Teil 14 Rdnr. 35).

17 Die Teilnahme an gerichtl. Terminen wird nunmehr durch eine **Terminsgebühr** honoriert (Vorbem. 4 Abs. 3 VV RVG).

18 **Gerichtliche Termine** sind im Wesentlichen **Termine zur Hauptverhandlung,** unabhängig davon, ob es sich um den ersten Termin, einen **Fortsetzungstermin** oder den **Neubeginn der Hauptverhandlung** handelt. Jedenfalls zählen hierzu **Termine vor dem beauftragten oder ersuchten Richter** zur Vernehmung v. Zeugen oder zur Anhörung v. Sachverständigen. Maßgeblich ist, dass der Termin gerichtl. angeordnet wurde.

19 Vorbem. 4 Abs. 3 S. 2 VV RVG stellt klar, dass die **Terminsgebühr auch dann entsteht, wenn ein Termin** anberaumt wurde, zu dem der RA auch erscheint, der Termin aber aus Gründen, die v. RA nicht zu vertreten sind, **nicht stattfindet,** zB weil Zeugen nicht erschienen sind oder das Gericht den Termin kurzfristig abgesetzt hat. In diesem Zusammenhang ist fraglich, in welchen Fällen der RA seine mangelnde Kenntnis zu vertreten hat. Er wird sich diesbezüglich ein Organisationsverschulden seines Büros entgegenhalten lassen müssen. Vom Anwalt kann aber zB nicht verlangt werden, ständig durch die Erreichbarkeit per Mobiltelefon eine Vorkehrung dafür zu schaffen, dass auf eine kurzfristige Terminsabsetzung reagiert werden kann.

20 Entsprechend ordnet Vorbem. 4 Abs. 3 S. 3 VV RVG an, dass eine **Terminsgebühr nicht entsteht**, wenn der Anwalt rechtzeitig vor der Aufhebung oder Verlegung des Termins in Kenntnis gesetzt worden ist. Rechtzeitig bedeutet in diesem Zusammenhang, dass die Information so zeitig in den Zugangsbereich des RA gelangt sein muss, dass er obj. die Möglichkeit hatte, anderweitig zu disponieren. Reist der RA etwa über mehrere Stunden mit der Bahn an, ist die Information 2 Stunden vor Beginn des Termins möglicherweise nicht rechtzeitig. Andererseits kann bei einem Kanzleisitz am Gerichtsort die fernmündliche Information 30 Minuten vor Terminsbeginn noch als rechtzeitig anzusehen sein.

21 In Vorb. 4 Abs. 4 VV RVG wird die Grundidee einer Gebührenerhöhung beziehungsweise eines **Gebührenaufschlags für die Verteidigung eines nicht auf freiem Fuß befindlichen Mandanten** aus § 83 Abs. 3 BRAGO fortgeführt. Auf die grds. entstehende Grund-, Verf.- oder Terminsgeb. wird ein jew. iE aufgeführter Zuschlag addiert. Die Gebühren mit Zuschlag stehen jew. unter einer gesonderten Nummer im VV, vgl. zB Nr. 4101 VV RVG.

22 Die jeweiligen Zuschlagsvorschriften stellen keine eigenständigen Gebührentatbestände dar. Der Zuschlag wirkt sich lediglich grds. dahingehend aus, dass die **höchste Betragsgebühr um 25% angehoben** wird (Wahlanwalt) bzw. die Festgebühr erhöht ausgewiesen wird (bestellter oder beigeordneter RA). Hierdurch wird dem Umstand Rechnung getragen, dass die Verteidigung eines inhaftierten Mandanten einen höheren zeitlichen Aufwand nach sich zieht (Gesetzesbegründung zu Teil 4 VV RVG, BT-Drs 15/1971 S. 221). Der Gebührenzuschlag ist obligatorisch und nicht nur fakultativ wie nach der bisherigen Regelung in der BRAGO.

23 Als Kompensation für den insgesamt höheren und erweiterten Gebührenrahmen bei inhaftierten Mandanten im Vergleich zur alten Regelung **fehlt eine dem früheren § 88 S. 3 BRAGO entsprechende Regelung**, die eine Gebührenerhöhung für den Fall vorsah, dass sich die Tätigkeit des RA auch auf die **Verteidigung gegen ein Fahrverbot oder die Entziehung der Fahrerlaubnis erstreckte**. Der Gesetzgeber hat die Notwendigkeit einer gesonderten Regelung etwa im Vergleich zur (ebenfalls fehlenden) Regelung einer Gebührenerhöhung bei einem Berufsverbot oder der Entziehung einer Konzession nicht mehr gesehen. Besonderem anwaltl. Aufwand kann dadurch Rechnung getragen werden, dass nach § 42 RVG eine Pauschalgebühr festgesetzt wird (Gesetzesbegründung zu Teil 4 VV RVG, BT-Drs 15/1971 S. 221).

24 Vorbem. 4 Abs. 5 VV RVG erklärt wg. der vergleichbaren Interessenlage die **Gebühren nach den Vorschriften des Teil 3 VV RVG bei bestimmten Verfahren für anwendbar**. Im einzelnen sind dies die Erinnerung und Beschwerde gg. einen Kostenfestsetzungsbeschluss nach § 464b StPO, das Verf. über die Erinnerung gg. den Kostenansatz und das evtl. nachfolgende Beschwerdeverfahren, vgl. §§ 19 Abs. 2, 66 GKG, im Zusammenhang mit der Zwangsvollstreckung aus Entscheidungen nach den §§ 406b, 464b StPO sowie dann, wenn der RA bei der Ausübung der Veröffentlichungsbefugnis tätig wird (vgl. § 7 UKlG).

Abschnitt 1. Gebühren des Verteidigers

Vorbemerkung 4.1:
(1) Dieser Abschnitt ist auch anzuwenden auf die Tätigkeit im Verfahren über die im Urteil vorbehaltene Sicherungsverwahrung und im Verfahren über die nachträgliche Anordnung der Sicherungsverwahrung.
(2) Durch die Gebühren wird die gesamte Tätigkeit als Verteidiger entgolten. Hierzu gehören auch Tätigkeiten im Rahmen des Täter-Opfer-Ausgleichs, soweit der Gegenstand nicht vermögensrechtlich ist.

Übersicht

1 Abs. 1 der Vorbem. 4.1 VV RVG legt den **Geltungsbereich Teil 4 Abschnitt 1** des VV fest (Gesetzesbegründung zu Teil 4 Abschnitt 1 VV RVG, BT-Drs 15/1971 S. 221). Der vierte Teil des Vergütungsverzeichnisses ist in insgesamt drei Abschnitte unterteilt. Während Abschnitt 1 die Gebühren des Verteidigers regelt, betrifft Abschnitt 2 die Gebühren in der Strafvollstreckung. Abschnitt 3 befasst sich mit den Gebühren für bestimmte Einzeltätigkeiten. Die Gebühren des Verteidigers bestimmen sich je nach Art der Tätigkeit. Ein Unterschied zw. Wahlverteidiger und Pflichtverteidiger wird bei der Vergütung dem Grunde nach nicht gemacht. Etwas anderes gilt für die Höhe der Vergütung. Der Pflichtverteidiger erhält Festgebühren, der Wahlverteidiger hingegen Betragsrahmengeb. Die Höhe der Gebühr bestimmt sich nach dem Einzelfall unter Berücksichtigung der Kriterien des § 14 RVG.

2 Der Abschnitt 1 des vierten Teils des Vergütungsverzeichnisses umfasst die **Gebühren für die gesamte Tätigkeit** des RA als Verteidiger (**Pauschgebühren**). Dazu gehört die Tätigkeit als Pflichtverteidiger und Wahlverteidiger. War der nach dem 1.7.2004 als Pflichtverteidiger beigeordnete Anwalt bereits zuvor als Wahlanwalt in der gleichen Sache tätig gewesen, so richten sich seine Gebühren nach RVG (OLG Schleswig Beschl. v. 30.11.2004 □ 1 Ws 132/04 = LNRO 2004, 26151; KG Beschl. v. 17.1.2005 □ (1) 2 StE 10/03 □ 2 (4/03) = LNRO 2005, 10069; Jungbauer JurBüro 2005, 32; aA LG Berlin, JurBüro 2005, 31). Auch für die Tätigkeit als Beistand, Vertreter eines Privatklägers, Nebenklägers, Einziehungs- oder Nebenbeteiligten, Verletzten, Zeugen oder Sachverständigen sowie im Verf. nach dem Strafrechtlichen Rehabilitierungsgesetz finden die Vorschriften des Abschnitts 1 nach der Verweisung in Vorbem. 4 Abs. 1 VV RVG Anwendung. Anders als nach der BRAGO werden die Vorschriften für die Gebühren des Verteidigers im Bußgeldverfahren nicht entspr. angewendet. Hierfür gelten die gesonderten Vorschriften des fünften Teils des Vergütungsverzeichnisses.

3 Die **gesamte Tätigkeit** des Verteidigers im Strafverfahren iSd Vorbem. 4.1 Abs. 2 umfasst das vorbereitende Verf., das gerichtl. Verf. in erster, zweiter und dritter Instanz und das Wiederaufnahmeverfahren. Auch die Tätigkeit in einem evtl. Beschwerdeverfahren wird durch die Gebühren in der Hauptsache mit abgegolten. Ist die Beschwerde allerdings alleiniger Gegenstand der Beauftragung, gilt die Gebühr für die Einzeltätigkeit, also hier Nr. 4300 ff. VV RVG, ansonsten Nr. 5300 ff. VV RVG, Nr. 6404 ff. VV RVG (Schneider, Fälle und Lösungen § 20 Rn. 3f.).

4 Aus § 19 Abs. 1 Nr. 10 RVG ergibt sich, dass die Einlegung v. Rechtsmitteln bei dem Gericht desselben Rechtszugs auch im Strafverfahren zum selben Rechtszug gehört. Die **Einlegung von Rechtsmitteln** ist deshalb mit den Verteidigergebühren abgegolten (Gesetzesbegründung zu Teil 4 Abschnitt 1 VV RVG, BT-Drs 15/1971 S. 222). Das gilt auch für Freiheitsentziehungs- und Unterbringungssachen (Bischof/Jungbauer § 19 RVG Rn. 57). Für einen neuen Verteidiger gehört dagegen auch die Einlegung eines Rechtmittels zum nächsten Rechtszug (Gesetzesbegründung zu Teil 4 Abschnitt 1 VV RVG, aaO). Von der Einlegung des Rechtsmittels abzugrenzen ist die spätere

Verteidigung selbst und die Begründung des Rechtsmittels im nächsten Rechtszug. Die Beratung über die Erfolgsaussichten eines noch einzulegenden Rechtsmittels unterfällt ebenfalls dem vorangegangenen Verf. und wird durch dessen Gebühren abgegolten (Gebauer/Schneider Vorbem. 4.1 VV RVG Rn. 36).

5 Etwas anderes gilt nur dann, wenn das **Rechtsmittel** zunächst eingelegt wurde und erst danach die Beratung über die Erfolgsaussichten erfolgt. Ebenso gehört die **Beratung** des Rechtsmittelgegners über die Aussichten des v. der Gegenseite (StA, Nebenkläger oder Privatkläger) eingelegten Rechtsmittels zur Rechtsmittelinstanz (Gerold/Schmidt, 15. Aufl., § 87 BRAGO Rn. 2).

6 Die **Gebühren** des Verteidigers **fallen** auch bei einer Tätigkeit in der identischen Angelegenheit **neu an,** wenn der ursprüngliche Auftrag seit mehr als zwei Kalenderjahren erledigt ist (§ 15 Abs. 5 S. 2 RVG).

7 Vorbem. 4.1 Abs. 1 VV RVG **erstreckt den Anwendungsbereich** und Abgeltungsbereich der Gebührenvorschriften des ersten Abschnitts auch auf das **Verfahren über die Sicherungsverwahrung** nach den §§ 66-67g StGB. Die Unterbringung in der Sicherungsverwahrung wird gem. § 66 StGB als Nebenfolge einer Verurteilung unter den dort genannten Voraussetzungen v. Gericht angeordnet. Der erste Abschnitt gilt sowohl, wenn die Sicherungsverwahrung im Urteil vorbehalten wurde (§ 66 a StGB), als auch dann, wenn die Sicherungsverwahrung nachträglich angeordnet wird (§ 66b StGB). Eigenständige Gebührenvorschriften für die genannten Verfahren fehlen dementsprechend.

8 Vorbem. Nr. 4.1 Abs. 2 S. 2 VV RVG stellt klar, dass v. den in Abschnitt 1 genannten **Verteidigergebühren** auch Tätigkeiten umfasst werden, die der Verteidiger **im Rahmen des Täter-Opfer-Ausgleichs** durchführt. Eigenständige Gebühren entstehen diesbezüglich somit nicht. Allerdings sind die Bemühungen des RA im Rahmen der Bemessung nach § 14 RVG bei der Ausfüllung des für die Gebühr als Verteidiger zur Verfügung stehenden Betragsrahmens erhöhend zu berücksichtigen.

9 Die Mitwirkung des RA im Verf. des Täter-Opfer-Ausgleichs kann zu einer **Einstellung des Verfahrens** vor der Hauptverhandlung führen. In diesem Fall entsteht die **zusätzliche Gebühr** der Nr. 4141 VV RVG in Höhe der Verfahrensgeb., die ansonsten entstanden wäre.

10 Vorbem. Nr. 4.1 Abs. 2 S. 2 VV RVG stellt klar, dass die Bereichsausnahme für die Tätigkeit in Verf. des Täter-Opfer-Ausgleichs dann nicht gilt, wenn dieser sich auf vermögensrechtliche Gegenstände bezieht. Hier ist zu prüfen, ob Gebühren der Nrn. 4142ff. VV RVG entstehen.

11 Gem. § 11 Abs. 1 S. 1 RVG besteht für den Verteidiger die Möglichkeit, die ihm zustehenden Gebühren festsetzen zu lassen. Diese Möglichkeit steht nicht nur dem Anwalt, sondern auch seinem Auftraggeber zu (Hansens ZAP Fach 24, 831). Der Verteidiger kann so einen Vollstreckungstitel über seine Gebühren schaffen. Zur Höhe der festzusetzenden Vergütung kann im Rahmen der Pauschvergütung ein Feststellungsverfahren nach § 42 RVG vorgeschaltet werden. Das Ergebnis dieses Verfahrens ist dann für die Festsetzung der Gebühren des Verteidigers bindend. Solange allerdings eine schriftliche Zustimmungserklärung des Mandanten zur Höhe der Gebühr nicht vorliegt, sind die im Bereich der sonstigen Verteidigung außerhalb der Pauschvergütung zu verdienenden Rahmengebühren lediglich mit der Mindestgebühr oder dem Mindestbetrag festsetzbar. Liegt eine solche Zustimmungserklärung zu höheren Gebühren als den Mindestgebühren vor, ist sie zeitgleich mit dem Festsetzungsantrag vorzulegen. Geschieht dies nicht, wird der Antrag als unzulässig abgelehnt, kann aber neu gestellt werden (Gebauer/Schneider § 11 RVG Rn. 95). Der Mandant kann gegen die beantragte Festsetzung Einwendungen erheben. Die Festsetzung wird abgelehnt, wenn die Einwendungen des Mandanten außerhalb des Gebührenrechts wurzeln (§ 11 Abs. 5 RVG). Nicht gehört wird der Mandant allerdings mit dem Einwand, er habe dem Anwalt keinen Auftrag erteilt, wenn dies offensichtlich aus der Luft gegriffen ist (OLG Koblenz JurBüro 2004, 592). Soweit eine Vergütungsfestsetzung möglich ist, fehlt einer Honorarklage des Rechtsanwalts das Rechtsschutzbedürfnis. Eine solche Klage wäre deshalb als unzulässig abzuweisen. Verteidigt sich aber der Beklagte mit außergebührenrechtlichen Einwendungen, wird die Klage nachträglich zulässig (Hansens ZAP Fach 24, 831).

Unterabschnitt 1. Allgemeine Gebühren

Nr.	Gebührentatbestand	Gebühr oder Satz der Gebühr nach § 13 oder § 49 RVG	
		Wahlanwalt	gerichtlich bestellter oder beigeordneter Rechtsanwalt
4100	Grundgebühr	30,00 bis 300,00 EUR	132,00 EUR
	(1) Die Gebühr entsteht für die erstmalige Einarbeitung in den Rechtsfall nur einmal, unabhängig davon, in welchem Verfahrensabschnitt sie erfolgt.		
	(2) Eine wegen derselben Tat oder Handlung bereits entstandene Gebühr 5100 ist anzurechnen.		

Übersicht

1 Die in Nr. 4100 VV RVG geregelte Grundgebühr macht deutlich, dass die Gebühren in Strafsachen nach dem RVG auf einer völlig anderen Systematik beruhen als nach der BRAGO. Die in Nr. 4100 VV RVG geregelte Grundgebühr für die Tätigkeit des Verteidigers in Strafsachen kennt keine Entsprechung in der früheren Rechtslage. Die Grundgebühr soll dem Verteidiger einmalig zustehen, unabhängig davon, in welchen Verfahrensabschnitten er tätig geworden ist (Gesetzesbegründung zu Nr. 4100 VV RVG, BT-Drs 15/1971 S. 222). Mit der Grundgebühr nach Nr. 4100 VV RVG hat der Gesetzgeber einen **Basistatbestand** geschaffen. Die Grundgebühr fällt v. ersten Moment anwaltl. Tätigkeit in Strafsachen an. Sie soll somit den Arbeitsaufwand honorieren, der einmalig schon mit der Übernahme des Mandats entsteht. Entsprechend ist der TB Nr. 4100 VV RVG auch bereits mit der Entgegennahme der Information erfüllt, umfasst aber auch das erste Gespräch mit dem Mandanten, die Beschaffung der ersten Information sowie die erste Akteneinsicht nach § 147 StPO (OLG Jena Beschl. v. 11.1.2005 - AR S 185/04 = LNRO 2005, 10041). Ist die Einarbeitung mit einem überdurchschnittlichen Aufwand verbunden, so ist es angemessen, die Grundgebühr zu verdoppeln (OLG Jena aaO.). Eine Grundgebühr nach Nr. 4100 VV RVG kann nicht entstehen, wenn der Verteidiger schon vor dem 1.7.2004 in der Rechtssache tätig war (Hansens/Braun/Schneider Teil 14 Rn. 338).

2 Die Gebühr fällt unmittelbar für die **Tätigkeit als Verteidiger** an (Vorbem. 4.1 Abs. 1 VV RVG). Nach Vorbem. 4 Abs. 1 VV RVG entsteht sie aber auch dann, wenn die Tätigkeit in Strafsachen als Beistand, Vertreter des Privatklägers oder Nebenklägers, des Einziehungs- oder Nebenbeteiligten, des Verletzten, des Zeugen oder Sachverständigen sowie im Verf. nach dem Strafrechtlichen Rehabilitierungsgesetz erfolgt. Die Gebühr entsteht bei der **erstmaligen Einarbeitung**. Diese beginnt mit der Entgegennahme der Information über die Rechtssache. In der Regel wird es der Betroffene sein, der Kontakt mit dem RA aufnimmt und ihm den Sachverhalt berichtet. Denkbar ist aber auch, dass die anwaltl. Einarbeitung dadurch erfolgt, dass dem RA die erste Information durch einen Dritten vermittelt wird. Die Gebühr entsteht nur einmal. Daran ändert sich auch nichts, wenn es im Laufe eines uU mehrinstanzlichen Verfahrens zum Anwaltswechsel kommt. In der Rechtsmittelinstanz entsteht die Gebühr also in der Regel nur dann, wenn der Verteidiger nicht bereits in der Vorinstanz tätig war (OLG Frankfurt NJW 2005, 377 = LNRO 2004, 24380).

3 Unter **Rechtsfall** iSd Nr. 4100 Abs. 1 VV RVG ist zunächst der gesamte Sachverhalt zu verstehen. Mit dem Begriff "Rechtsfall" soll kein neuer Terminus neben den Begriffen "Tat" oder "Handlung" eingeführt werden. Entscheidend ist der Gesamtvorwurf, der dem Betroffenen gemacht wird (Madert, AGS 2004, 377). Liegen verschiedene Angelegenheiten iSv § 17 RVG vor, wie etwa im Fall v. § 17 Nr. 12 RVG, fällt die Grundgebühr mehrfach an. Als Faustformel gilt: Jedes nicht miteinander verbundene Ermittlungsverfahren ist ein eigenständiger Fall (Burhoff Nr. 4100 VV RVG Rn. 17).

4 Der **Umfang der Einarbeitung** findet über § 14 RVG Berücksichtigung bei der Bemessung der Betragsrahmengeb. Wird der Anwalt erst in 2. oder 3. Instanz oder nach Zurückweisung oder Wiederaufnahme beauftragt, ist eine höhere Gebühr bis hin zur Höchstgebühr angemessen. Der zu sichtende Prozessstoff, die zu sichtenden Akten und die diesbezüglichen rechtl. Fragen machen eine erheblich umfangreichere Einarbeitung erforderlich als etwa bei einer umgehenden Einschaltung des Verteidigers unmittelbar nach Zugang eines Anhörungsschreibens (Schneider/Mock, § 25 Rn. 51).

5 Die Grundgebühr entsteht unabhängig v. Verfahrensabschnitt, in dem die Einarbeitung erfolgt. Hiermit wird dem Umstand Rechnung getragen, dass die Einarbeitung nicht nur dann erforderlich ist, wenn die Beauftragung in Ermittlungsverfahren erfolgt. Vielmehr fällt der gleiche, oft sogar ein höherer Aufwand an, wenn die Beauftragung in der Berufungsinstanz geschieht. Deshalb ist es nach Auffassung des Gesetzgebers sachgerecht, das **Entstehen der Grundgebühr vom Zeitpunkt des Tätigwerdens unabhängig** zu machen (Gesetzesbegründung zu Nr. 4100 VV RVG, BT-Drs 15/1971 S. 222). Entsprechend kommt es selbst dann zum Entstehen der Grundgebühr, wenn der zufällig im Sitzungssaal anwesende Rechtsanwalt zum Pflichtverteidiger bestellt wird (Hansens RVGreport 2004, 469, aA AG Koblenz, RVGreport 2004, 469).

6 Die Grundgebühr soll in ein und derselben Sache stets nur einmal anfallen. Dem trägt die Regelung in Nr. 4100 Abs. 2 VV RVG Rechnung. Sie bestimmt, dass dann, wenn der Tätigkeit in einer Strafsache bereits eine Tätigkeit in einem Bußgeldverfahren vorangegangen ist, die dort entstandene Grundgebühr nach Nr. 5100 VV RVG in voller Höhe auf die Grundgebühr nach Nr. 4100 VV RVG **angerechnet** wird. Im umgekehrten Fall bestimmt Nr. 5100 Abs. 2 VV RVG, das eine entsprechende Geb. erst gar nicht entsteht. Voraussetzung ist, dass die Tätigkeit wg. derselben Tat oder Handlung erfolgt. Kommt deshalb die StA im Rahmen ihrer Ermittlungen zu Ergebnissen, die eine Erweiterung des Tatvorwurfs nach Beendigung des verwaltungsbehördlichen Verf. nach sich ziehen, so führt dies dazu, dass die im Bußgeldverfahren entstandene Grundgebühr nach Nr. 5100 VV RG Anrechnung findet. Ein evtl. verminderter Einarbeitungsaufwand ist bei der Bemessung der Gebühren nach § 14 RVG zu berücksichtigen.

7 Die Grundgebühr entsteht nicht erneut, wenn ein **Verfahren abgetrennt** wird. Allerdings bleiben die beiden entstandenen Grundgebühren getrennter Verf. erhalten, auch wenn die Verf. nachträglich verbunden werden (Schneider/Mock § 25 Rn. 48; Schneider AGS 2004, 486).

8 Es ist praktisch nicht denkbar, dass die **Grundgebühr isoliert entsteht**, also als einzige Gebühr im Mandatsverhältnis abgerechnet werden kann. Die Grundgebühr fällt praktisch immer an (Hansens RVGreport 2004, 469). Etwas anderes würde nämlich voraussetzen, dass der an den Verteidiger gerichtete Auftrag darauf beschränkt ist, sich ausschließlich in die Sache einzuarbeiten □ ein fern liegender Gedanke. Da die Beauftragung des Anwalts vielmehr regelmäßig auf die Verteidigung in der Sache gerichtet ist, stellt die Grundgebühr also die Basis der Gebühren des Verteidigers dar und wird durch die weiteren Gebühren ergänzt. Beschränkt sich die Erteilung des Auftrags auf die Erteilung eines Rats, so bleibt es bei der Gebühr nach 2101 VV RVG. Ebenso wenig entsteht die Grundgebühr, wenn sich der Auftrag an den Anwalt darauf beschränkt, die Erfolgsaussichten einer - vom Mandanten selbst eingelegten - Berufung zu überprüfen. Hier entsteht lediglich die Gebühr nach Nr. 2002 VV RVG (Schneider, Fälle und Lösungen § 33 Rn. 5). Nach dem Wortlaut der Nr. 4100 Abs. 1 VV RVG ist davon auszugehen, dass die Grundgebühr die weitere Beschäftigung mit dem Rechtsfall nach der Einarbeitung voraussetzt. Gerade diese Tätigkeit fehlt aber bei der bloßen Beratung.

9 In Übergangsfällen, in denen der Anwalt schon **vor In-Kraft-Treten des RVG** für den Mandanten tätig war, stellt sich die Frage, ob auch die **Grundgebühr** anfällt. Die Grundgebühr soll die erstmalige Einarbeitung in die Sache vergüten, die in den genannten Fällen aber bereits stattgefunden hat, als es die Grundgebühr noch nicht gab. Nach einer Auffassung entsteht auch dann, wenn sich der Gebührenanspruch des Verteidigers für die Vorinstanz nach der BRAGO, für die weitere Instanz aber nach dem RVG richtet, die Grundgebühr der Nr. 4100 VV RVG. Dies soll jedenfalls dann gelten, wenn der Verteidiger zuvor als Wahlverteidiger tätig war und nunmehr zum Pflichtverteidiger bestellt wird (OLG Schleswig, Beschl. v. 30.11.2004 - 1 Ws 132/04 = LNRO 2004, 26151; OLG Frankfurt/M., Beschl. v. 9.3.2005 - 2 Ws 15/05; LG Dresden, Beschl. v. 23.02.2005 - 3 KLs 314 Js 51988/03; KG, Beschl. v. 17.1.2005 - (1) 2 StE 10/03 - 2 (4/03) = LNRO 2005, 10069; Jungbauer JurBüro 2005, 32). Soweit es hierdurch zu einer Besserstellung kommen kann, sei diese hinzunehmen, da ansonsten eine undurchschaubare Gemengelage zwischen BRAGO und RVG entstünde (OLG Frankfurt NJW 2005, 377 = LNRO 2004, 24380; Mayer/Kroiß § 61 RVG Rn. 4). Nach anderer Auffassung scheidet das Entstehen einer Grundgebühr aus, da deren tatbestandliche Voraussetzungen nicht vorliegen (Schneider RVGreport 2005, 93; Schneider AGS 2005, 70; vgl. auch LG Berlin JurBüro 2005, 31). Für die erste Auffassung spricht allerdings die Struktur des RVG. Sie sieht im Rahmen der Gesamtvergütung des Verteidigers in jedem Fall eine Grundgebühr vor, die je nach Zeitpunkt der Auftragserteilung anfällt. Das unbedingte Entstehen der Grundgebühr ist damit Bestandteil der gesetzgeberischen Intention bei der Tarifbemessung auch der übrigen Gebührentatbestände des RVG in Strafsachen. Die tatsächliche Höhe einer Geb. in Strafsachen kann immer nur in Relation dazu gesehen werden, dass gleichzeitig eine Grundgebühr entsteht oder bereits entstanden ist. Spricht man dem zuvor schon in erster Instanz tätigen RA im Fall der Beiordnung auch für die zweite Instanz, jetzt aber unter dem Regime des RVG, eine Grundgebühr zu, wird er deshalb nicht besser gestellt. Vielmehr würde er im umgekehrten Fall - ungerechtfertigt - schlechter gestellt. Auch beim Nebenklagevertreter kommt es für die Frage nach der Anwendung des richtigen Gebührenrechts auf den Zeitpunkt der gerichtlichen Bestellung an. Erfolgte diese nach dem 1.7.2004, so kann der Verteidiger nach dem RVG - und somit insbesondere die Gebühr nach Nr. 4100 VV RVG - abrechnen, auch wenn er bereits zuvor in der Sache tätig war (LG Berlin, Beschl. v. 4.2.2005 - (518) 70 Js 899/99 (48/04)).

Nr.	Gebührentatbestand	Gebühr oder Satz der Gebühr nach § 13 oder § 49 RVG	
		Wahlanwalt	gerichtlich bestellter oder beigeordneter Rechtsanwalt
4101	Gebühr 4100 mit Zuschlag	30,00 bis 375,00 EUR	162,00 EUR

Übersicht

Zuschlag auf die Grundgebühr	1
Grund der Inhaftierung unerheblich	2
Begriff der Inhaftierung	3
Abgeltungsbereich	4

1 Nr. 4101 VV RVG sieht vor, dass die **Grundgebühr** nach Nr. 4100 VV RVG mit einem **Zuschlag** zu versehen ist, wenn sich der Beschuldigte nicht auf freiem Fuß befindet (Vorbem. 4 Abs. 4 VV RVG). Nr. 4101 VV RVG begründet keinen eigenständigen Gebührentatbestand. Der obere Betragsrahmen des Nr. 4101 VV RVG ist ggü. Grundgebühr nach Nr. 4100 VV RVG erhöht, so dass auch die Spanne zw. unterem und oberem Betragsrahmen weiter ist. Die Festgebühren des Pflichtverteidigers erhöhen sich ebenfalls.

2 Die Grundgebühr mit Zuschlag setzt voraus, dass der Mandant nicht auf freiem Fuß ist. Es kommt nicht darauf an, ob der Mandant in der gleichen Sache inhaftiert ist, in der er v. RA vertreten wird. Die Haft kann also auch aus einer anderen Sache resultieren, die mit der Verteidigung gar nicht im Zusammenhang steht.

3 Der **Begriff der Inhaftierung** ist weit zu verstehen. Hierzu zählt auch eine Unterbringung nach § 47 Abs. 1 S. 1 JGG (LG Hagen AGS 2004, 71).

4 Die Grundgebühr deckt die gesamte Einarbeitung des RA in den Prozessstoff ab. Auf ihre Erhöhung nach Nr. 4101 VV RVG hat es deshalb keinen Einfluss, wenn der Beschuldigte zu Beginn der Verteidigung inhaftiert war, später aber frei kommt.

Nr.	Gebührentatbestand	Gebühr oder Satz der Gebühr nach § 13 oder § 49 RVG	
		Wahlanwalt	gerichtlich bestellter oder beigeordneter Rechtsanwalt
4102	Terminsgebühr für die Teilnahme an 1. richterlichen Vernehmungen und Augenscheinseinnahmen, 2. Vernehmungen durch die Staatsanwaltschaft oder eine andere Strafverfolgungsbehörde, 3. Terminen außerhalb der Hauptverhandlung, in denen über die Anordnung oder Fortdauer der Untersuchungshaft oder der einstweiligen Un-		

terbringung verhandelt wird, 4. **Verhandlungen im Rahmen des Täter-Opfer-Ausgleichs sowie** 5. **Sühneterminen nach § 380 StPO** Mehrere Termine an einem Tag gelten als ein Termin. Die Gebühr entsteht im vorbereitenden Verfahren und in jedem Rechtszug für die Teilnahme an jeweils bis zu drei Terminen einmal.	**30,00 bis 250,00 EUR**	**112,00 EUR**

Übersicht

1 In Nr. 4102 VV RVG ist für die Teilnahme des RA an unterschiedlichen Terminen außerhalb der Hauptverhandlung eine so genannte **Terminsgebühr** vorgesehen. Auch dies stellt eine Neuerung ggü. dem vorher geltenden Recht dar. Die Teilnahme an den in Nr. 4102 VV RVG genannten Terminen wurde bislang nicht durch eine bes. Gebühr vergütet. Die Aufzählung der Termine ist abschließend. Die Teilnahme an anderen als den dort genannten Terminen wird nach wie vor nicht vergütet (Gerold/Schmidt Nr. 4100□4105 VV RVG Rn. 88).

2 Die Stellung des Gebührentatbestands 4102 in Unterabschnitt 1 „Allgemeine Gebühren" v. Teil 4 des VV RVG stellt klar, dass die Terminsgeb. auch in allen gerichtl. Verfahrensabschnitten anfallen soll, wenn ein **gerichtliches Verfahren außerhalb der Hauptverhandlung** anhängig ist Hiervon umfasst ist zB insbes. die Teilnahme an kommissarischen Vernehmungen oder Haftprüfungsterminen (Gesetzesbegründung zu Nr. 4102 VV RVG, BT-Drs 15/1971 S. 222).

3 Die Anm. zu Nr. 4102 VV RVG sieht eine **Obergrenze** vor, bis zu der die Teilnahme an den dort genannten Terminen vergütet werden soll. Diese besteht in der Wahrnehmung v. 3 Terminen. Diese Obergrenze gilt separat für das vorbereitende Verf. und für jeden Rechtszug, da es sich dabei um verschiedene Angelegenheiten handelt. Der RA kann also zwei Terminsgebühren abrechnen, wenn einmal im vorbereitenden Verf. und später im gerichtl. Verf. eine richterliche Vernehmung stattfindet. Für bis zu 3 richterliche Vernehmungen im vorbereitenden Verf. fällt jedoch die Terminsgeb. nur einmal an. Das gilt auch dann, wenn Termine unterschiedliche Nummern der Liste in Nr. 4102 VV RVG betreffen. Findet deshalb im Vorverfahren eine Vernehmung durch die StA und später eine Inaugenscheinnahme durch den Richter statt, bleibt es bei einer Gebühr (Schneider/Mock § 25 Rn. 67).

4 Die **Mittelgebühr des Wahlanwalts** wird sich daran orientieren müssen, dass die Terminsgeb. für bis zu drei Termine konzipiert ist. Findet deshalb nur ein Termin statt, dürfte eine Gebühr im Bereich des unteren Drittels iSv § 14 RVG angemessen sein (Schneider/Mock, RVG § 25 Rn. 70).

5 Mit der genannten **Obergrenze** will der Gesetzgeber verhindern, dass Termine insbes. **im vorbereitenden Verfahren** lediglich aus Gebühreninteresse „provoziert" werden. Zu beachten ist auch, dass die StPO kein Recht des Verteidigers vorsieht, eine richterlich, polizeiliche oder staatsanwaltschaftliche Vernehmung zu beantragen. Eine solche kann lediglich angeregt werden, muss aber in diesem Fall nicht durchgeführt werden (Gesetzesbegründung zu Nr. 4102 VV RVG, BT-Drs 15/1971 S. 222) zu. Die Teilnahme an einer Haftprüfung ist schon deshalb begrenzt, weil § 118 Abs. 3 StPO einen Haftprüfungstermin lediglich alle zwei Monate vorsieht.

6 Nr. 4102 Abs. 1 VV RVG sieht die Entstehung einer Terminsgeb. vor, wenn der Verteidiger an einer **richterlichen Vernehmung oder Augenscheinseinnahme** teilnimmt. Die §§ 168c Abs. 1, 168d Abs. 1 StPO geben dem Verteidiger das Recht, bei der richterlichen Vernehmung oder Augenscheinseinnahme anwesend zu sein.

7 Die Nr. 2 der Nr. 4102 VV RVG sieht die Entstehung einer Terminsgeb. für die **Teilnahme** des RA an **Vernehmungen durch die Staatsanwaltschaft oder** einer anderen Strafverfolgungsbehörde □ gemeint ist die **Polizei** □ vor. Für die Vernehmung durch die StA gilt § 168c StPO, aus dem das Anwesenheitsrecht des Verteidigers folgt. Eine entspr. Regelung für eine Vernehmung bei der Polizei fehlt in der StPO. Dem Verteidiger kann aber die Teilnahme an der polizeilichen Vernehmung gestattet werden. Es ist gerechtfertigt, dem RA für die Teilnahme an der Vernehmung dann die Terminsgeb. zu gewähren (Gesetzesbegründung zu Nr. 4102 VV RVG, BT-Drs 15/1971 S. 223).

8 Eine Terminsgeb. nach Nr. 4102 Nr. 3 VV RVG entsteht, wenn in einem **Haftprüfungstermin** tatsächlich mündl. verhandelt wird. Es ist erforderlich, dass verhandelt wird, eine reine Verkündung des Haftbefehls im Termin genügt daher nicht (Gesetzesbegründung zu Nr. 4102 VV RVG, BT-Drs 15/1971 S. 223). Etwas anderes gilt aber dann, wenn die Verhandlung über die Fortdauer der Untersuchungshaft sich unmittelbar an die Verkündung des Haftbefehls anschließt; in diesem Fall entsteht die Terminsgeb. (Gesetzesbegründung aaO)

9 Auch Nr. 4102 Abs. 4 VV RVG sieht vor, dass im Rahmen eines **Täter-Opfer-Ausgleichs** tatsächlich verhandelt wird. Die Teilnahme an dem Termin ist erforderlich. Eine lediglich telefonische Teilnahme an einer kurzen Verhandlung soll nach dem Willen des Gesetzgebers ausdrücklich keine Terminsgeb. entstehen lassen. Nr. 4102 Nr. 5 VV RVG sieht auch für die Teilnahme an **Sühneterminen** gem. § 380 StPO vor, dass eine Terminsgeb. entsteht. Vor dem Hintergrund des häufig erheblichen zeitlichen Aufwands bei der Vorbereitung und der Durchführung eines solchen Termins ist die Entstehung einer separaten Gebühr angemessen. Durch die Anordnung einer Gebühr soll zudem ein Anreiz für die Teilnahme eines Verteidigers an einem Sühneversuch geschaffen werden, da dies häufig eine befriedigende Funktion erfüllt.

Nr.	Gebührentatbestand	Gebühr oder Satz der Gebühr nach § 13 oder § 49 RVG	
		Wahlanwalt	gerichtlich bestellter oder beigeordneter Rechtsanwalt
4103	Gebühr 4102 mit Zuschlag	30,00 bis 312,50 EUR	137,00 EUR

1 Nr. 4103 VV RVG sieht einen Zuschlag für den Fall vor, dass der Betroffene inhaftiert ist. Auf die Komm. zu Vorbem. 4 Abs. 4 (Anm. 21), Nr. 4101 Anm. 1ff. VV RVG wird verwiesen.

Unterabschnitt 2. Vorbereitendes Verfahren

Vorbemerkung 4.1.2:
Die Vorbereitung der Privatklage steht der Tätigkeit im vorbereitenden Verfahren gleich.

1 Vorbem. 4.1.2 VV RVG stellt ebenfalls eine Neuerung im Vergleich zur bislang geltenden Rechtslage dar. Die **Vorbereitung der Privatklage** wird der Tätigkeit im vorbereitenden Verf. gleichgestellt. Hierdurch wird dem Umstand Rechnung getragen, dass es im Privatklageverfahren zwar kein vorbereitendes Offizialverfahren gibt, gleichwohl aber eine vorbereitende Tätigkeit stattfindet. Diese ist abzugelten. Der früher bestehende Rechtsstreit zur Frage, ob auch die Tätigkeit in dem die Privatklage vorbereitenden Verf. eine Gebühr auslöst, ist damit entschieden (Gerold/Schmidt Nrn. 4100-4105 VV RVG Rn. 83). Es entsprach schon früher der hM, dem Privatklagevertreter im vorbereitenden Verf. eine Gebühr zuzusprechen. Dies erfolgte in Anlehnung an die Gebührenregelung für den Nebenklägervertreter. Es ist infolge der vergleichbaren Bedeutung der Mitwirkung im Verfahren kein Grund dafür ersichtlich, die einen Gebühr zuzusprechen, sie dem anderen aber nicht zu gewähren (Rehberg/Xanke „Privatklage" Nr. 2).

2 Unterabschnitt 2 des Teils 4 VV RVG regelt iÜ die Tätigkeit des Verteidigers im **Ermittlungsverfahren.**

Nr.	Gebührentatbestand	Gebühr oder Satz der Gebühr nach § 13 oder § 49 RVG	
		Wahlanwalt	**gerichtlich bestellter oder beigeordneter Rechtsanwalt**
4104	Verfahrensgebühr	30,00 bis 250,00 EUR	112,00 EUR
	Die Gebühr entsteht für eine Tätigkeit in dem Verfahren bis zum Eingang der Anklageschrift, des Antrags auf Erlass eines Strafbefehls bei Gericht oder im beschleunigten Verfahren bis zum Vortrag der Anklage, wenn diese nur mündlich erhoben wird.		

Übersicht

1 Nr. 4104 VV RVG regelt die dem Verteidiger im **Ermittlungsverfahren** zustehende **Verfahrensgebühr.** Die zeitliche Grenze der dem RA zustehenden Verfahrensgeb. wird abgesteckt. Die Regelung stellt klar, dass die Tätigkeit im Ermittlungsverfahren im Gegensatz zur früher geltenden Rechtslage eine eigene Angelegenheit isv § 15 RVG darstellt (Schneider/Mock § 25 Rn. 72). Nr. 4104 VV RVG kommt auch zur Anwendung, wenn ein Verteidiger im Strafbefehlsverfahren nach § 408b StPO zum Pflichtverteidiger bestellt wird (Meyer JurBüro 2005, 186; aa AG Koblenz RVG-Letter 2004, 142).

2 Neben der Verfahrensgeb. nach Nr. 4104 VV RVG steht dem RA die **Grundgebühr** nach Nr. 4100 VV RVG zu. Kommt es im Ermittlungsverfahren zur Teilnahme an Terminen gem. Nr. 4102 VV RVG, zieht dies eine **Terminsgebühr** in der dort genannten Höhe nach sich.

3 Das vorbereitende Verf. fängt **mit dem Beginn der Ermittlungen** wg. des Verdachts einer Straftat an. Wird zuvor v. der Verwaltungsbehörde wg. des Verdachts einer Ordnungswidrigkeit ermittelt, kommt es aber dann zur Abgabe an die StA, so beginnt das vorbereitende Verf. mit diesem Moment. Vom vorbereitenden Verf. umfasst ist die Ermittlungstätigkeit der StA wie auch der Polizei (Gerold/Schmidt Nr. 4104 VV RVG Rn. 81).

4 Das **vorbereitende Verfahren endet** iSv Nr. 4104 VV RVG mit Eingang der Anklageschrift bei Gericht. Dem gleichgestellt ist der Antrag auf Erlass eines Strafbefehls oder jegliche Anklageerhebung im beschleunigten Verf. (vgl. § 418 Abs. 3 S. 2 StPO).

5 Die Gebühr nach Nr. 4104 VV RVG entsteht auch dann, wenn **gleichzeitig** wg. **Verdachts einer Straftat** und einer **Ordnungswidrigkeit** ermittelt wird. Steht noch nicht fest, ob wg. einer Ordnungswidrigkeit oder einer Straftat ermittelt wird, gilt, dass iZw auch wg. des Verdachts einer Straftat ermittelt wird, so dass die Verfahrensgeb. nach Nr. 4104 VV RVG entsteht (Gebauer/Schneider Nr. 4104 VV RVG Rn. 5).

6 Ermittlungsverfahren in **verschiedenen Angelegenheiten** lassen die Verfahrensgeb. mehrmals entstehen.

7 Wird das **Verfahren eingestellt** und kommt es erst **nach Ablauf von zwei Kalenderjahren** zur **erneuten Aufnahme** des Verf., fällt die Verfahrensgeb. erneut an (§ 15 Abs. 5 S. 1 RVG).

Nr.	Gebührentatbestand	Gebühr oder Satz der Gebühr nach § 13 oder § 49 RVG	
		Wahlanwalt	gerichtlich bestellter oder beigeordneter Rechtsanwalt
4105	Gebühr 4104 mit Zuschlag	30,00 bis 312,50 EUR	137,00 EUR

1 Nr. 4105 VV RVG sieht einen Zuschlag für den Fall vor, dass der Betroffene inhaftiert ist. Auf die Komm. zu Vorbem. 4 Abs. 4 (Anm. 21), Nr. 4101 Anm. 1ff. VV RVG wird verwiesen.

Unterabschnitt 3. Gerichtliches Verfahren

Erster Rechtszug

Nr.	Gebührentatbestand	Gebühr oder Satz der Gebühr nach § 13 oder § 49 RVG	
		Wahlanwalt	gerichtlich bestellter oder beigeordneter Rechtsanwalt
4106	Verfahrensgebühr für den ersten Rechtszug vor dem Amtsgericht	30,00 bis 250,00 EUR	112,00 EUR

Übersicht

1 Unterabschnitt 3 regelt die Gebühren für das strafgerichtliche Verf. insgesamt. Die Gebühren im ersten Rechtszug sind je nach Ordnung des Gerichts der Höhe nach gestaffelt (vgl. Nrn. 4106, 4112 und 4118 VV RVG). In Nr. 4106 VV RVG wird die **Verfahrensgebühr** geregelt. Durch die Regelung einer Verfahrensgeb. jew. für die verschiedenen Rechtszüge (Nrn. 4106, 4124 und 4130 VV RVG) ergibt sich die Möglichkeit, die Verfahrensgeb. jew. in unterschiedlicher Höhe sowohl für den Wahlanwalt wie auch für den Pflichtverteidiger anzusetzen.

2 Nr. 4106 VV RVG bestimmt die Gebühr des RA für die Tätigkeit im **Verfahren vor dem Amtsgericht außerhalb der Hauptverhandlung.** Für die Hauptverhandlung selbst fällt die Terminsgeb. nach Nr. 4108 VV RVG an. Dabei kommt es nicht darauf an, in welchem Stadium des Verfahrens der Verteidiger tätig wird. Die Verfahrensgebühr entsteht unabhängig von der Aufnahme der Tätigkeit. Sie steht dem Verteidiger aber dann nicht zu, wenn er erst als zufällig anwesender Anwalt im Hauptverhandlungstermin zum Pflichtverteidiger bestellt wird und keine Tätigkeiten außerhalb der Hauptverhandlung durchgeführt werden (OLG Koblenz JurBüro 2005, 200; vgl. auch Schneider AGS 2004, 449, Anm. zu AG Koblenz AGS 2004, 448). Eine entsprechende Anwendung von Nr. 4106 VV RVG auf Tätigkeiten, die theoretisch auch außerhalb der Hauptverhandlung erbracht werden könnten, tatsächlich aber während des Termins erfolgen, scheidet aus (OLG Koblenz aaO ["Gebührenschinderei"]).

3 Die **Verfahrensgebühr entsteht** gem. Vorbem. 4. Abs. 2 VV RVG für das **Betreiben des Geschäfts** einschl. der Information. Abgedeckt sind somit insbes. Besprechungen mit dem Mandanten, mit Zeugen oder Sachverständigen wie das Abfassen v. Schriftsätzen und die Vorbereitung der Hauptverhandlung (Schneider/Mock § 25 Rn. 86; AG Koblenz JurBüro 2005, 33). Auch dann, wenn der zufällig im Sitzungssaal anwesende Rechtsanwalt zum Pflichtverteidiger bestellt wird, fällt eine Verfahrensgebühr an. Damit entsteht die Verfahrensgebühr neben der Grundgebühr praktisch immer (Hansens RVGreport 2004, 469, aA AG Koblenz RVGreport 2004, 469).

4 Wenn ein überdurchschnittlicher Einsatz des Anwalts erforderlich ist, kann die Festsetzung einer erhöhten Verfahrensgebühr im Verfahren nach den §§ 42, 51 RVG gerechtfertigt sein. Dies erfordert einen überdurchschnittlichen Vorbereitungsaufwand im Hinblick auf den Hauptverhandlungstermin. Das ist jedenfalls dann nicht der Fall, wenn der Angeklagte ankündigt, er werde die Schuldvorwürfe einräumen und man müsse deshalb keine Zeugen laden (OLG Jena Beschl. v. 11.1.2005 - AR S 185/04 = LNRO 2005, 10041).

5 Die Verfahrensgebühr entsteht nicht erneut, wenn ein Verf. abgetrennt wird. Allerdings bleiben die beiden bereits entstandenen Verfahrensgebühren getrennter Verf. erhalten, auch wenn die Verf. nachträglich verbunden werden (Schneider AGS 2004, 486).

Nr.	Gebührentatbestand	Gebühr oder Satz der Gebühr nach § 13 oder § 49 RVG	
		Wahlanwalt	gerichtlich bestellter oder beigeordneter Rechtsanwalt
4107	Gebühr 4106 mit Zuschlag	30,00 bis 312,50 EUR	137,00 EUR

1 Nr. 4107 VV RVG sieht einen Zuschlag für den Fall vor, dass der Betroffene inhaftiert ist. Auf die Komm. zu Vorbem. 4 Abs. 4 (Anm. 21), Nr. 4101 Anm. 1ff. VV RVG wird verwiesen.

Nr.	Gebührentatbestand	Gebühr oder Satz der Gebühr nach § 13 oder § 49 RVG	
		Wahlanwalt	gerichtlich bestellter oder beigeordneter Rechtsanwalt
4108	Terminsgebühr je Hauptverhandlungstag in den in Nummer 4106 genannten Verfahren	60,00 bis 400,00 EUR	184,00 EUR

Übersicht

Terminsgebühr im Verfahren vor dem Amtsgericht	1
Gebühr pro Tag	2
Terminsausfall	3
Keine Begrenzung	4
Höhe der Gebühr	5

1 Nr. 4108 VV RVG regelt die Entstehung der **Terminsgebühr** je Hauptverhandlungstag im Verfahren vor dem Amtsgericht **im ersten Rechtszug**. Nr. 4108 VV RVG bestimmt, dass der RA die Terminsgeb. pro Hauptverhandlungstag erhält. Die Terminsgeb. ist somit davon unabhängig, ob es sich um den ersten Hauptverhandlungstag oder um einen Fortsetzungstermin handelt (Gesetzesbegründung zu Nr. 4108, BT-Drs 15/1971 S. 224).

2 Die Terminsgeb. fällt **je Hauptverhandlungstag** an. Hierdurch ist klargestellt, dass die Gebühr nur einmal entsteht, wenn mehrere Hauptverhandlungstermine am gleichen Tag geführt werden (Schneider/Mock § 25 Rn. 93). Keine Geb. nach § 4108 VV RVG fällt an, wenn ein zufällig im Saal anwesender Verteidiger gem. § 408b StPO zum Pflichtverteidiger im Strafbefehlsverfahren bestellt wird. Hier entstehen die Geb. nach Nr. 4100, 4104 VV RVG (Meyer JurBüro 2005, 186; aA AG Koblenz RVG-Letter 2004, 142).

3 Gemäß Vorbem. 4 Abs. 3 S. 2 steht dem RA die Terminsgeb. auch dann zu, **wenn der** anberaumte **Termin nicht stattfindet**, er dies aber nicht zu vertreten hat und er nicht rechtzeitig vor Aufhebung oder Verlegung des Termins in Kenntnis gesetzt wurde.

4 Eine Begrenzung auf die Teilnahme an jew. bis zu 3 Terminen, (vgl. Nr. 4102 VV RVG aE) sehen weder die Nr. 4108 VV RVG (erster Rechtszug vor dem AG) noch Nr. 4114 VV RVG (erster Rechtszug vor der Strafkammer) oder Nr. 4120 VV RVG (erster Rechtszug vor dem OLG, Schwurgericht oder Strafkammer nach den §§ 74a und 74c GVG) vor.

5 Die Höhe der Gebühr orientiert sich an dem Mittelwert unter Berücksichtigung der Kriterien von § 14 RVG. Die Dauer der Hauptverhandlung von 30 Minuten soll lediglich den Ansatz einer Gebühr von € 180 bei ansonsten durchschnittlichen Kriterien des § 14 RVG rechtfertigen (AG Koblenz JurBüro 2005, 33). Dem ist nicht zu folgen, da die zeitliche Dauer der Hauptverhandlung nur einen Aspekt bei der Gebührenbemessung bedeuten kann und die übrigen Kriterien des § 14 RVG in gleichem Maße Berücksichtigung finden müssen; der Maßstab von § 14 RVG ist nicht nur auf die Verfahrensgebühr beschränkt.

Nr.	Gebührentatbestand	Gebühr oder Satz der Gebühr nach § 13 oder § 49 RVG	
		Wahlanwalt	gerichtlich bestellter oder beigeordneter Rechtsanwalt
4109	Gebühr 4108 mit Zuschlag	60,00 bis 500,00 EUR	224,00 EUR

1 Nr. 4109 VV RVG sieht einen Zuschlag für den Fall vor, dass der Betroffene inhaftiert ist. Auf die Komm. zu Vorbem. 4 Abs. 4 (Anm. 21), Nr. 4101 Anm. 1ff. VV RVG wird verwiesen.

2 Nr. 4109 VV RVG unterscheidet nicht zw. **erstem Hauptverhandlungstag und Folgetermin.** Der Verteidiger erhält die Gebühr aus dem erweiterten Rahmen für jeden Hauptverhandlungstag. Fortsetzungstermin und Hauptverhandlungstag werden gleichgestellt, der Grund für den Zuschlag ist der infolge der Inhaftierung oder einstweiligen Unterbringung des Mandanten erhöhte Zeitaufwand des Verteidigers, der bei einem Fortsetzungstermin genauso besteht wie beim ersten Hauptverhandlungstag (Gesetzesbegründung zu Nr. 4109, BT-Drs 15/1971 S. 224).

Nr.	Gebührentatbestand	Gebühr oder Satz der Gebühr nach § 13 oder § 49 RVG	
		Wahlanwalt	gerichtlich bestellter oder beigeordneter Rechtsanwalt
4110	Der gerichtlich bestellte oder beigeordnete Rechtsanwalt nimmt mehr als 5 und bis 8 Stunden an der Hauptverhandlung teil: Zusätzliche Gebühr neben der Gebühr 4108 oder 4109		92,00 EUR

Übersicht

Zuschlag für lange Dauer der Hauptverhandlung	1
Einfluss auf Wahlanwaltsvergütung	2
Honorierung besonderen Zeitaufwands	3
Bedeutung bei Pauschvergütung	4
Zusätzliche Gebühr	5

1 Nr. 4110 VV RVG gewährt einen **Zuschlag** für den Fall einer bes. **langen Dauer des Hauptverhandlungstermins.** Nr. 4110 VV RVG sieht dabei einen Termin zw. fünf und acht Stunden vor. Darüber hinausgehende Termine werden nach Nr. 4111 VV RVG bes. vergütet. Nr. 4110 VV RVG gilt wie Nr. 4111 VV RVG nur für den Pflichtverteidiger und nicht für den Wahlanwalt. Der Wahlanwalt hat die Möglichkeit, die zustehende Rahmengebühr über § 14 RVG entspr. anzupassen (Gesetzesbegründung zu Nr. 4110 VV RVG, BT-Drs 15/1971 S. 224). Zudem verfügt der Wahlanwalt über die Möglichkeit, eine entspr. Honorarvereinbarung mit seinem Mandanten zu treffen □ hierauf weist der Gesetzgeber in der amtlichen Begründung zu Nr. 4110 VV RVG ausdrücklich (!) hin (Gesetzesbegründung zu Nr. 4110 VV RVG, aaO).

2 Insoweit findet Nr. 4110 VV RVG **indirekt** doch **Anwendung auf die Vergütung des Wahlanwalts.** Denn der Gesetzgeber hat durch die Anhebung für den Pflichtverteidiger zu erkennen gegeben, dass bei einer bes. Dauer der Hauptverhandlung eine Anhebung der Gebühr angemessen sein soll. Dies hat in jedem Fall Berücksichtigung bei der Bemessung der zutr. Rahmengebühr zu finden. Es stellt sich aber auch die Frage, warum der Gesetzgeber dann nicht, wie beim Zuschlag bei inhaftierten Mandanten, diesen entspr. beziffert hat. Ein obj. Grund hierfür ist jedenfalls nicht erkennbar und wird auch v. Gesetzgeber in seiner Begründung nicht genannt.

3 In jedem Fall ist es angemessen, den **besonderen Zeitaufwand** der anwaltl. Tätigkeit zu honorieren. Durch den Ansatz einer zusätzlichen Vergütung soll dem Pflichtverteidiger die unbedingte Erfordernis erspart bleiben, eine Pauschvergütung für den bes. Umfang der Angelegenheit festsetzen zu lassen.

4 Umgekehrt bedeutet die ausdrückliche Festlegung eines Zuschlags für eine bes. Länge der Hauptverhandlung natürlich auch, dass im Rahmen der **Bemessung einer Pauschvergütung** das Zeitmoment jedenfalls nicht mehr dieselbe Gewichtung haben kann wie vor Inkrafttreten des RVG. Entsprechend geht auch der Gesetzgeber davon aus, dass Nr. 4110 VV RVG zu einer Verminderung der Fälle führen wird, in denen Pauschgebühren nach § 51 RVG festgesetzt werden müssen, zumal die zeitliche Grenze v. fünf bis acht Stunden der Rspr. der Oberlandesgerichte im Rahmen der Gewährung v. Pauschgebühren entspricht (Gesetzesbegründung zu Nr. 4110 VV RVG, BT-Drs 15/1971 S. 224). Eine Pauschgebühr ist nur dann festzusetzen, wenn die Sache besondere rechtliche oder tatsächliche Schwierigkeiten aufweist (OLG Jena Beschl. v. 11.1.2005 - AR S 185/04 = LNRO 2005, 10041).

5 Die Gebühr Nr. 4110 VV RVG fällt zusätzl. zu der Gebühr Nr. 4108 oder 4109 VV RVG an. Das bedeutet, dass auch die bereits erhöhte Gebühr nach Nr. 4109 VV RVG nochmals um den festen Gebührensatz v. Nr. 4110 VV RVG erhöht wird.

Nr.	Gebührentatbestand	Gebühr oder Satz der Gebühr nach § 13 oder § 49 RVG	
		Wahlanwalt	**gerichtlich bestellter oder beigeordneter Rechtsanwalt**
4111	Der gerichtlich bestellte oder beigeordnete Rechtsanwalt nimmt mehr als 8 Stunden an der Hauptverhandlung teil: Zusätzliche Gebühr neben der Gebühr 4108 oder 4109		**184,00 EUR**

1 Nr. 4111 VV RVG regelt die bes. Höhe einer zusätzl. Gebühr für den Pflichtverteidiger, falls dieser **länger als acht Stunden** an einer **Hauptverhandlung** teilnimmt. Dem Grunde nach kann auf die Komm. zu Nr. 4110 VV RVG verwiesen werden.

2 Durch den Wortlaut, dass die zusätzl. Gebühr „neben der Gebühr Nr. 4108 oder 4109 VV RVG" entsteht, wird klargestellt, dass die Gebühr **nicht kumulativ zur** Gebühr nach **Nr. 4110 VV RVG** gewährt wird.

3 Die **zeitliche Grenze** v. mehr als acht Stunden nimmt **Bezug auf die frühere Rechtsprechung** der Oberlandesgerichte zu § 99 BRAGO (Gesetzesbegründung zu Nr. 4111 VV RVG, BT-Drs 15/1971 S. 225).

Nr.	Gebührentatbestand	Gebühr oder Satz der Gebühr nach § 13 oder § 49 RVG	
		Wahlanwalt	gerichtlich bestellter oder beigeordneter Rechtsanwalt
4112	Verfahrensgebühr für den ersten Rechtszug vor der Strafkammer Die Gebühr entsteht auch für Verfahren vor der Jugendkammer, soweit sich die Gebühr nicht nach Nummer 4118 bestimmt, im Rehabilitierungsverfahren nach Abschnitt 2 StRehaG.	40,00 bis 270,00 EUR	124,00 EUR

1 Nr. 4112 VV RVG regelt die grds. **Verfahrensgebühr im ersten Rechtszug vor der Strafkammer**. Dies betrifft Verf. nach § 74 GVG. Verf. der Staatsschutzkammer (§ 74a GVG) und der Wirtschaftsstrafkammer (§74c GVG) werden nach Nr. 4118 VV RVG vergütet.

2 Die Gebühren entstehen in gleicher Höhe für das **Verfahren vor der Jugendkammer** nach § 74b GVG. Entscheidet diese allerdings in Sachen, die nach den allg. Vorschriften zur Zuständigkeit des Schwurgerichts gehören (vgl. § 74 Abs. 2 GVG) fällt die Gebühr nach Nr. 4118 VV RVG an.

3 Abschnitt 2 des Strafrechtlichen Rehabilitierungsgesetzes beschäftigt sich mit dem **Verfahren,** nach welchem Entscheidungen staatlicher deutscher Gerichte aus der Zeit v. 08.05.1945 bis 02.10.1990 **für rechtsstaatswidrig erklärt** und aufgehoben werden. Voraussetzung hierzu ist, dass die Entscheidung den Grundsätzen einer freiheitlichen, rechtsstaatlichen Ordnung widerspricht und hiermit unvereinbar ist (§ 1 StRehaG). Auf die Komm. zu Vorbem. 4 Anm. 4ff. VV RVG wird verwiesen.

Nr.	Gebührentatbestand	Gebühr oder Satz der Gebühr nach § 13 oder § 49 RVG	
		Wahlanwalt	gerichtlich bestellter oder beigeordneter Rechtsanwalt
4113	Gebühr 4112 mit Zuschlag	40,00 bis 337,50 EUR	151,00 EUR

1 Nr. 4113 VV RVG sieht einen Zuschlag für den Fall vor, dass der Betroffene inhaftiert ist. Auf die Komm. zu Vorbem. 4 Abs. 4 (Anm. 21), Nr. 4101 Anm. 1ff. VV RVG wird verwiesen.

Nr.	Gebührentatbestand	Gebühr oder Satz der Gebühr nach § 13 oder § 49 RVG	
		Wahlanwalt	gerichtlich bestellter oder beigeordneter Rechtsanwalt
4114	Terminsgebühr je Hauptverhandlungstag in den in Nummer 4112 genannten Verfahren	70,00 bis 470,00 EUR	216,00 EUR

1 Nr. 4114 VV RVG regelt die Höhe der **Terminsgebühr** je Hauptverhandlungstag **in einem Verfahren nach Nr. 4112 VV RVG**. Die Terminsgeb. ist im Vergleich zu Nr. 4108 VV RVG, was den Betragsrahmensatz angeht, geringfügig angehoben. Im Hinblick auf den Anfall der Gebühr iE wird auf die Komm. zu Nr. 4108 VV RVG sowie Vorbem. 4 Anm. 17ff. VV RVG verwiesen.

Nr.	Gebührentatbestand	Gebühr oder Satz der Gebühr nach § 13 oder § 49 RVG	
		Wahlanwalt	gerichtlich bestellter oder beigeordneter Rechtsanwalt
4115	Gebühr 4114 mit Zuschlag	70,00 bis 587,50 EUR	263,00 EUR

1 Nr. 4115 VV RVG sieht einen Zuschlag für den Fall vor, dass der Betroffene inhaftiert ist. Auf die Komm. zu Vorbem. 4 Abs. 4 (Anm. 21), Nr. 4101 Anm. 1ff. VV RVG wird verwiesen.

Nr.	Gebührentatbestand	Gebühr oder Satz der Gebühr nach § 13 oder § 49 RVG	
		Wahlanwalt	gerichtlich bestellter oder beigeordneter Rechtsanwalt
4116	Der gerichtlich bestellte oder beigeordnete Rechtsanwalt nimmt mehr als 5 und bis 8 Stunden an der Hauptverhandlung teil: Zusätzliche Gebühr neben der Gebühr 4114 oder 4115		108,00 EUR

1 Nr. 4116 VV RVG honoriert den zeitlichen Mehraufwand, soweit sich die Hauptverhandlung auf fünf bis acht Stunden erstreckt. Die zusätzl. Gebühr erhält jedoch nur der Pflichtverteidiger. Der Wahlanwalt kann die bes. Dauer der Hauptverhandlung im Rahmen der Bemessung nach § 14 RVG berücksichtigen. Im Einzelnen wird auf die Komm. zu Nr. 4110 VV RVG verwiesen.

Nr.	Gebührentatbestand	Gebühr oder Satz der Gebühr nach § 13 oder § 49 RVG	
		Wahlanwalt	gerichtlich bestellter oder beigeordneter Rechtsanwalt
4117	Der gerichtlich bestellte oder beigeordnete Rechtsanwalt nimmt mehr als 8 Stunden an der Hauptverhandlung teil: Zusätzliche Gebühr neben der Gebühr 4114 oder 4115		216,00 EUR

1 Nr. 4117 VV RVG honoriert den Aufwand des mehr als acht Stunden in der Hauptverhandlung tätigen Pflichtverteidigers gesondert. Auf die Komm. zu Nr. 4110, 4111 VV RVG wird verwiesen.

Nr.	Gebührentatbestand	Gebühr oder Satz der Gebühr nach § 13 oder § 49 RVG	
		Wahlanwalt	gerichtlich bestellter oder beigeordneter Rechtsanwalt
4118	Verfahrensgebühr für den ersten Rechtszug vor dem Oberlandesgericht, dem Schwurgericht oder der Strafkammer nach den §§ 74a und 74c GVG	80,00 bis 580,00 EUR	264,00 EUR
	Die Gebühr entsteht auch für Verfahren vor der Jugendkammer, soweit diese in Sachen entscheidet, die nach den allgemeinen Vorschriften zur Zuständigkeit des Schwurgerichts gehören.		

Übersicht

1 In Nr. 4118 VV RVG wird die **Gebühr des außerhalb der Hauptverhandlung** tätigen Verteidigers im ersten Rechtszug vor dem OLG, dem Schwurgericht oder den Strafkammern nach §§ 74a und 74c GVG geregelt.

2 Durch die Aufnahme der Verf. vor den **Staatsschutzkammern** und **Wirtschaftsstrafkammern** (§§ 74a, 74c GVG) hebt der Gesetzgeber den Umfang der dortigen Verf. bes. hervor und regelt eine **erhöhte Vergütung** für die Tätigkeit des Verteidigers vor dem Oberlandesgericht oder dem Schwurgericht. Diese abgestufte Bewertung der anwaltl. Tätigkeit trägt dem Umstand unterschiedlicher Anforderungen in der Verteidigung vor den Kammern nach §§ 74a und 74c GVG einerseits und der übrigen Strafkammern andererseits Rechnung.

3 Ähnlich werden Verf. vor den Jugendkammern, die bei einer Zuständigkeit der Strafkammer vor dem Schwurgericht verhandelt würden, dem höheren Gebührenvolumen der Verfahrensgeb. Nr. 4118 VV RVG zugeschlagen.

4 Hier wie dort machen **Schwierigkeit und Umfang** einen hohen Zeitaufwand des RA erforderlich, was eine **höhere Gebühr angemessen** erscheinen lässt. Dies hat Auswirkung auf die Bewilligung v. Pauschgebühren nach § 51 RVG. Da die bes. Schwierigkeit und der Umfang der Verf. bereits in der grds. Gebührenhöhe ihren Niederschlag gefunden haben, dürfte die Festsetzung einer Pauschgebühr nach §§ 42, 51 RVG nur unter ganz bes. Umständen erfolgreich versucht werden können.

Nr.	Gebührentatbestand	Gebühr oder Satz der Gebühr nach § 13 oder § 49 RVG	
		Wahlanwalt	gerichtlich bestellter oder beigeordneter Rechtsanwalt
4119	Gebühr 4118 mit Zuschlag	80,00 bis 725,00 EUR	322,00 EUR

1 Nr. 4119 VV RVG sieht einen **Zuschlag** für den Fall vor, dass der Betroffene **inhaftiert** ist. Auf die Komm. zu Vorbem. 4 Abs. 4 (Anm. 21), Nr. 4101 Anm. 1ff. VV RVG wird verwiesen.

Nr.	Gebührentatbestand	Gebühr oder Satz der Gebühr nach § 13 oder § 49 RVG	
		Wahlanwalt	gerichtlich bestellter oder beigeordneter Rechtsanwalt
4120	Terminsgebühr je Hauptverhandlungstag in den in Nummer 4118 genannten Verfahren	110,00 bis 780,00 EUR	356,00 EUR

1 Nr. 4120 VV RVG regelt das Entstehen einer Terminsgeb. je Hauptverhandlungstag in einem der in Nr. 4118 VV RVG genannten Verf. Im Einzelnen wird auf die Komm. zu Nr. 4108, Vorbem. 4 Anm. 17ff. VV RVG verwiesen.

Nr.	Gebührentatbestand	Gebühr oder Satz der Gebühr nach § 13 oder § 49 RVG	
		Wahlanwalt	gerichtlich bestellter oder beigeordneter Rechtsanwalt
4121	Gebühr 4120 mit Zuschlag	110,00 bis 975,00 EUR	434,00 EUR

1 Nr. 4121 VV RVG sieht einen **Zuschlag** für den Fall vor, dass der Betroffene **inhaftiert** ist. Auf die Komm. zu Vorbem. 4 Abs. 4 (Anm. 21), Nr. 4101 Anm. 1ff. VV RVG wird verwiesen.

Nr.	Gebührentatbestand	Gebühr oder Satz der Gebühr nach § 13 oder § 49 RVG	
		Wahlanwalt	gerichtlich bestellter oder beigeordneter Rechtsanwalt
4122	Der gerichtlich bestellte oder beigeordnete Rechtsanwalt nimmt mehr als 5 und bis 8 Stunden an der Hauptverhandlung teil: Zusätzliche Gebühr neben der Gebühr 4120 oder 4121		178,00 EUR

1 Nr. 4122 VV RVG honoriert den zeitlichen Mehraufwand, soweit sich die Hauptverhandlung auf fünf bis acht Stunden erstreckt. Die zusätzl. Gebühr erhält jedoch nur der Pflichtverteidiger. Der Wahlanwalt kann die bes. Dauer der Hauptverhandlung im Rahmen der Bemessung nach § 14 RVG berücksichtigen. Im Einzelnen wird auf die Komm. zu Nr. 4110 Anm. 1ff. VV RVG verwiesen.

Nr.	Gebührentatbestand	Gebühr oder Satz der Gebühr nach § 13 oder § 49 RVG	
		Wahlanwalt	gerichtlich bestellter oder beigeordneter Rechtsanwalt
4123	Der gerichtlich bestellte oder beigeordnete Rechtsanwalt nimmt mehr als 8 Stunden an der Hauptverhandlung teil: Zusätzliche Gebühr neben der Gebühr 4120 oder 4121		356,00 EUR

1 Nr. 4123 VV RVG honoriert den Aufwand des mehr als acht Stunden in dem Rahmen der Hauptverhandlung tätigen Pflichtverteidigers gesondert. Auf die Komm. zu Nr. 4110, 4111 VV RVG wird insoweit verwiesen.

Berufung

Nr.	Gebührentatbestand	Gebühr oder Satz der Gebühr nach § 13 oder § 49 RVG	
		Wahlanwalt	gerichtlich bestellter oder beigeordneter Rechtsanwalt
4124	Verfahrensgebühr für das Berufungsverfahren Die Gebühr entsteht auch für Beschwerdeverfahren nach § 13 StrRehaG.	70,00 bis 470,00 EUR	216,00 EUR

Übersicht

1 Nr. 4124 VV RVG regelt die **Verfahrensgebühr** für die Tätigkeit des Verteidigers im **Berufungsverfahren**. Entsprechend der Bedeutung und der Intensität der Tätigkeit des Anwalts im Verf. zweiter Instanz ist die ihm zustehende Gebühr im Vergleich zu den Gebühren der Nrn. 4106 und 4112 VV RVG angemessen erhöht.

2 Ergänzend für die Verfahrensgeb. im Berufungsverfahren gelten die übrigen **Vorschriften des Teil 4 Abschnitt 1 VV RVG sowie die Vorbemerkung 4**.

3 Wie im erstinstanzlichen Verf. gliedern sich die Gebühren im Berufungsverfahren in die Verfahrensgeb. und in die Terminsgeb. auf, was eine höhere Flexibilisierung der dem RA zustehenden Vergütung ermöglicht. Die **Tätigkeit** im Berufungsverfahren **beginnt** für den RA mit der Entgegennahme des Auftrags zur Einlegung der Berufung bzw. der ersten Tätigkeit für den Mandanten, nachdem die StA oder ein anderer Beteiligter gg. ein Urteil Berufung eingelegt hat.

4 War der Verteidiger noch nicht für den Mandanten tätig, so verdient er hiermit zugleich die **Grundgebühr** nach Nr. 4100 VV RVG.

5 War der RA bereits in erster Instanz für den Mandanten tätig, so zählt die **Einlegung der Berufung** gem. § 19 Nr. 10 RVG **noch zum Rechtszug**. Für den RA entsteht die Gebühr dann nach Nr. 4124 VV RVG erst mit der ersten Tätigkeit nach Einlegung des Rechtsmittels.

6 Das **Berufungsverfahren endet**, wenn das Verf. eingestellt wird, die Berufung zurückgenommen wird oder das Berufungsurteil ergeht. Rein gebührenrechtlich stellt auch die Einlegung der Revision die Beendigung des Berufungsverfahrens dar, denn die Einlegung der Revision gehört ebenfalls noch zur Berufungsinstanz (§ 19 Nr. 10 RVG).

7 Das **Beschwerdeverfahren nach Abschnitt 2 des StrRehaG** richtet sich gg. Entscheidungen in Rehabilitierungsverfahren unter den Voraussetzungen des § 13 StrRehaG. Über die Beschwerde entscheidet das OLG (§ 13 Abs. 3 StrRehaG).

Nr.	Gebührentatbestand	Gebühr oder Satz der Gebühr nach § 13 oder § 49 RVG	
		Wahlanwalt	**gerichtlich bestellter oder beigeordneter Rechtsanwalt**
4125	Gebühr 4124 mit Zuschlag	**70,00 bis 587,50 EUR**	**263,00 EUR**

1 Nr. 4125 VV RVG sieht einen **Zuschlag** für den Fall vor, dass der Betroffene **inhaftiert** ist. Auf die Komm. zu Vorbem. 4 Abs. 4 (Anm. 21), Nr. 4101 Anm. 1ff. VV RVG wird verwiesen.

Nr.	Gebührentatbestand	Gebühr oder Satz der Gebühr nach § 13 oder § 49 RVG	
		Wahlanwalt	gerichtlich bestellter oder beigeordneter Rechtsanwalt
4126	Terminsgebühr je Hauptverhandlungstag im Berufungsverfahren Die Gebühr entsteht auch für Beschwerdeverfahren nach § 13 StrRehaG.	70,00 bis 470,00 EUR	216,00 EUR

1 Nr. 4126 VV RVG regelt die Höhe der **Terminsgebühr** je Hauptverhandlungstag im **Berufungsverfahren**. Diese ist im Vergleich zur Hauptverhandlung im ersten Rechtszug vor dem AG oder der Strafkammer erhöht (vgl. die Vergütungshöhe in Nr. 4106 VV RVG und Nr. 4112 VV RVG). Materiell ergeben sich zu den dortigen Regelungen keine Änderungen, so dass auf die Komm. zu Vorbem. 4 Anm. 17ff., Nr. 4106 VV RVG verwiesen werden kann.

2 Hinsichtlich der **Terminsgebühr für das Beschwerdeverfahren** wird auf die Komm. zu Nr. 4124 VV RVG verwiesen.

3 Neben der Gebühr nach Nr. 4126 VV RVG ist im Berufungsverfahren auch die Entstehung v. **Terminsgebühren nach Nr. 4102 VV RVG** möglich.

Nr.	Gebührentatbestand	Gebühr oder Satz der Gebühr nach § 13 oder § 49 RVG	
		Wahlanwalt	gerichtlich bestellter oder beigeordneter Rechtsanwalt
4127	Gebühr 4126 mit Zuschlag	70,00 bis 587,50 EUR	263,00 EUR

1 Nr. 4127 VV RVG sieht einen **Zuschlag** für den Fall vor, dass der Betroffene **inhaftiert** ist. Auf die Komm. zu Vorbem. 4 Abs. 4 (Anm. 21), Nr. 4101 Anm. 1ff. VV RVG wird verwiesen.

Nr.	Gebührentatbestand	Gebühr oder Satz der Gebühr nach § 13 oder § 49 RVG	
		Wahlanwalt	gerichtlich bestellter oder beigeordneter Rechtsanwalt
4128	Der gerichtlich bestellte oder beigeordnete Rechtsanwalt nimmt mehr als 5 und bis 8 Stunden an der Hauptverhandlung teil: Zusätzliche Gebühr neben der Gebühr 4126 oder 4127		108,00 EUR

1 Nr. 4128 VV RVG honoriert den zeitlichen Mehraufwand, soweit sich die Hauptverhandlung auf fünf bis acht Stunden erstreckt. Die zusätzl. Gebühr erhält jedoch nur der Pflichtverteidiger. Der

Wahlanwalt kann die bes. Dauer der Hauptverhandlung im Rahmen der Bemessung nach § 14 RVG berücksichtigen. Im Einzelnen wird auf die Komm. zu Nr. 4110 VV RVG verwiesen.

Nr.	Gebührentatbestand	Gebühr oder Satz der Gebühr nach § 13 oder § 49 RVG	
		Wahlanwalt	gerichtlich bestellter oder beigeordneter Rechtsanwalt
4129	Der gerichtlich bestellte oder beigeordnete Rechtsanwalt nimmt mehr als 8 Stunden an der Hauptverhandlung teil: Zusätzliche Gebühr neben der Gebühr 4126 oder 4127		216,00 EUR

1 Nr. 4129 VV RVG honoriert den Aufwand des mehr als acht Stunden im Rahmen der Hauptverhandlung tätigen Pflichtverteidigers gesondert. Auf die Komm. zu den Nrn. 4110, 4111 VV RVG wird insoweit verwiesen.

Revision

Nr.	Gebührentatbestand	Gebühr oder Satz der Gebühr nach § 13 oder § 49 RVG	
		Wahlanwalt	gerichtlich bestellter oder beigeordneter Rechtsanwalt
4130	Verfahrensgebühr für das Revisionsverfahren	100,00 bis 930,00 EUR	412,00 EUR

Übersicht

1 Nr. 4130 VV RVG regelt die **Verfahrensgebühr** des im **Revisionsverfahren** tätig werdenden RA. Eine Unterscheidung nach der Tätigkeit vor dem OLG oder dem BGH wird, im Gegensatz zur früheren Rechtslage nach der BRAGO, nun nicht mehr getroffen. Revisionen vor dem OLG weisen regelmäßig den gleichen Schwierigkeitsgrad wie solche vor dem BGH auf, weshalb eine unterschiedliche Gebührenhöhe nicht gerechtfertigt ist (Gesetzesbegründung zu den Nrn. 4130 bis 4135 VV RVG, BT-Drs 15/1971 S. 226).

2 Wird der Verteidiger in dem vorliegenden Rechtsfall erstmals mit der Durchführung der Revision beauftragt, so fällt die **Grundgebühr nach Nr. 4100 VV RVG** an.

3 Das **Revisionsverfahren beginnt** mit der Beauftragung des RA, die Revision durchzuführen. War der RA schon im vorherigen Berufungsverfahren tätig, so beginnt die Tätigkeit im Revisionsverfahren erst mit der ersten Tätigkeit nach Revisionseinlegung, da diese noch zur vorherigen Instanz zählt (§ 19 Nr. 10 RVG). Das gilt auch bei einer Sprungrevision, wenn der Verteidiger in der ersten Instanz bereits tätig war (Schneider/Mock § 25 Rn. 125).

4 Die Tätigkeit im Revisionsverfahren beginnt daneben auch mit der ersten Tätigkeit, nachdem die StA oder ein anderer Beteiligter Revision eingelegt hat.

5 Das **Revisionsverfahren endet** damit, dass das Verf. eingestellt wird, ein Urteil ergeht oder die Anklage zurückgenommen wird.

6 Grundsätzlich zur Verfahrensgebühr wird verwiesen auf die Komm. zu Vorbem. 4 Anm. 12ff., Nr. 4106 VV RVG.

Nr.	Gebührentatbestand	Gebühr oder Satz der Gebühr nach § 13 oder § 49 RVG	
		Wahlanwalt	gerichtlich bestellter oder beigeordneter Rechtsanwalt
4131	Gebühr 4130 mit Zuschlag	100,00 bis 1162,50 EUR	505,00 EUR

1 Nr. 4131 VV RVG sieht einen **Zuschlag** für den Fall vor, dass der Betroffene **inhaftiert** ist. Auf die Komm. zu Vorbem. 4 Abs. 4 (Anm. 21), Nr. 4101 VV RVG wird verwiesen.

2 Dreh- und Angelpunkt der Tätigkeit in Revisionsverfahren ist die **Anfertigung der Revisionsschrift**. Der dem RA infolge der Inhaftierung oder Unterbringung des Mandanten entstehende Mehraufwand ist relativ begrenzt. Aus systematischen Gründen hält der Gesetzgeber trotzdem auch an der Zuschlagsregelung in der Revisionsinstanz fest (Gesetzesbegründung zu den Nrn. 4130 bis 4135 VV RVG, BT-Drs 15/1971 S. 226).

Nr.	Gebührentatbestand	Gebühr oder Satz der Gebühr nach § 13 oder § 49 RVG	
		Wahlanwalt	gerichtlich bestellter oder beigeordneter Rechtsanwalt
4132	Terminsgebühr je Hauptverhandlungstag im Revisionsverfahren	100,00 bis 470,00 EUR	228,00 EUR

1 Nr. 4132 VV RVG regelt die Höhe der **Terminsgebühr** je Hauptverhandlungstag **im Revisionsverfahren**. Die Terminsgeb. ist im Vergleich zum Berufungsverfahren sowohl für den Wahlanwalt wie auch den Pflichtverteidiger nur geringfügig angehoben. Schwerpunkt der anwaltl. Tätigkeit im Revisionsverfahren ist die Fertigung der Revisionsbegründung. Diese ist v. der Verfahrensgeb. abgegolten. Die Terminsgeb. spielt dagegen nur eine untergeordnete Rolle. Auch dem Termin im Revisionsverfahren kommt in der Praxis des Bundesgerichtshofes eine lediglich untergeordnete Rolle zu; Hauptverhandlungen werden im 15-20 Minutentakt terminiert. Dies rechtfertigt es, die Terminsgeb. nur in einem geringen Umfang ggü. den übrigen Verfahrensgebühren anzuheben (Gesetzesbegründung zu den Nrn. 4130-4135 VV RVG, BT-Drs 15/1971 S. 226). Das bedeutet aber umgekehrt auch, dass die geringe Dauer einer Revisionshauptverhandlung nicht noch einmal erheblich bei der

Bemessung der Terminsgebühr herangezogen werden kann. Die grundsätzlich geringe Dauer hat nämlich bereits allgemein bei der Bemessung des Rahmens Berücksichtigung gefunden (Burhoff RVG professionell 2004, 173).

2 Neben der Terminsgeb. Nr. 4132 VV RVG können im Revisionsverfahren eine oder mehrere Terminsgebühren der Nr. 4102 VV RVG anfallen. Dabei kann es sich aber allenfalls noch um Haftprüfungen nach Nr. 4102 Ziff. 3 VV RVG handeln (Burhoff RVG professionell 2004, 170).

3 Im Übrigen wird auf die Komm. zu Vorbem. 4 Anm. 12ff., Nr. 4108 VV RVG verwiesen.

Nr.	Gebührentatbestand	Gebühr oder Satz der Gebühr nach § 13 oder § 49 RVG	
		Wahlanwalt	gerichtlich bestellter oder beigeordneter Rechtsanwalt
4133	Gebühr 4132 mit Zuschlag	100,00 bis 587,50 EUR	275,00 EUR

1 Nr. 4133 VV RVG sieht einen Zuschlag für den Fall vor, dass der Betroffene inhaftiert ist. Auf die Komm. zu Vorbem. 4 Abs. 4 (Anm. 21), Nr. 4101 Anm. 1ff. VV RVG wird verwiesen.

2 Die Tatsache, dass die Hauptverhandlung im Revisionsverfahren eine untergeordnete Rolle im Vergleich zur Tätigkeit bei der Fertigung der Revisionsschrift spielt, die ihrerseits v. Nr. 4130 VV RVG vergütet wird, rechtfertigt es, eine lediglich geringe Gebührenanpassung im Vergleich zu den Terminsgebühren im Berufungsverfahren auch mit Zuschlag vorzusehen (Gesetzesbegründung zu den Nrn. 4130 bis 4135 VV RVG, BT-Drs 15/1971 S. 226).

Nr.	Gebührentatbestand	Gebühr oder Satz der Gebühr nach § 13 oder § 49 RVG	
		Wahlanwalt	gerichtlich bestellter oder beigeordneter Rechtsanwalt
4134	Der gerichtlich bestellte oder beigeordnete Rechtsanwalt nimmt mehr als 5 und bis 8 Stunden an der Hauptverhandlung teil: Zusätzliche Gebühr neben der Gebühr 4132 oder 4133		114,00 EUR

1 Nr. 4134 VV RVG honoriert den zeitlichen Mehraufwand, soweit sich die Hauptverhandlung auf fünf bis acht Stunden erstreckt. Die zusätzl. Gebühr erhält jedoch nur der Pflichtverteidiger. Der Wahlanwalt kann die bes. Dauer der Hauptverhandlung im Rahmen der Bemessung nach § 14 RVG berücksichtigen. Im Einzelnen wird auf die Komm. zu Nr. 4110 VV RVG verwiesen.

Nr.	Gebührentatbestand	Gebühr oder Satz der Gebühr nach § 13 oder § 49 RVG	
		Wahlanwalt	gerichtlich bestellter oder beigeordneter Rechtsanwalt
4135	Der gerichtlich bestellte oder beigeordnete Rechtsanwalt nimmt mehr als 8 Stunden an der Hauptverhandlung teil: Zusätzliche Gebühr neben der Gebühr 4132 oder 4133		228,00 EUR

1 Nr. 4135 VV RVG honoriert den Aufwand des mehr als acht Stunden im Rahmen der Hauptverhandlung tätigen Pflichtverteidigers gesondert. Auf die Komm. zu den Nrn. 4110, 4111 VV RVG wird insoweit verwiesen.

Unterabschnitt 4. Wiederaufnahmeverfahren

Vorbemerkung 4.1.4:
Eine Grundgebühr entsteht nicht.

Übersicht

Regelungsbereich	1
Geschäftsgebühr anstelle der Grundgebühr	2
Flexibilisierung der Gebühren	3
Spezialtatbestände	4

1 Vorbem. 4.1.4 bestimmt, dass die ansonsten im strafrechtlichen Verf. anfallende **Grundgebühr** (Nr. 4100 VV RVG), die für die erstmalige Einarbeitung in den Rechtsfall gewährt wird, **im Wiederaufnahmeverfahren** gerade **nicht entstehen** soll.

2 Die Grundgebühr wird ersetzt durch eine **Geschäftsgebühr** (Nr. 4136 VV RVG). Diese richtet sich im Unterschied zu der stets nach gleichem Betragsrahmen bzw. Pauschsatz anfallenden Grundgebühr nach der Höhe der Verfahrensgeb. für den ersten Rechtszug, vgl. iE die Komm. zu Nr. 4136 VV RVG.

3 Der Gesetzgeber hat eine **höhere Flexibilisierung** der Gebühren für das Wiederaufnahmeverfahren im Vergleich zum bisherigen Recht für erforderlich gehalten. Das Wiederaufnahmeverfahren gliedert sich in mehrere Verfahrensabschnitte. Diese erfordern unterschiedliche Tätigkeiten des RA. Eventuell sind eigene Ermittlungen, Zeugenanhörungen oder Gespräche mit Sachverständigen erforderlich. Soweit nach bisherigem Recht eine einfache Gebühr vorgesehen war, wurde der Umfang der Tätigkeit des RA hiervon nicht abgegolten. Bisher war der das Wiederaufnahmeverfahren begleitende RA deshalb häufig zum Abschluss einer Honorarvereinbarung gezwungen, wollte er kostendeckend oder gewinnbringend arbeiten (vgl. Gesetzesbegründung zu Teil 4 Abschnitt 1 Unterabschnitt 4 VV RVG, BT-Drs 15/1971 S. 227).

4 Zur Vermeidung dieses faktischen Zwangs sehen die in Unterabschnitt 4 vorgesehenen Vergütungsregelungen für das Wiederaufnahmeverfahren **Spezialtatbestände** vor. Dies ist sachdienlich, steht aber im Widerspruch zu der ☐ allerdings auf zivilrechtliche Streitigkeiten bezogenen ☐ Zielsetzung des RVG-Gesetzgebers, Honorarvereinbarungen zu fördern und so die Justiz zu entlasten (vgl. Gesetzesbegründung zu „Allgemeines" III 4, BT-Drs 15/1971 S. 147).

Nr.	Gebührentatbestand	Gebühr oder Satz der Gebühr nach § 13 oder § 49 RVG	
		Wahlanwalt	gerichtlich bestellter oder beigeordneter Rechtsanwalt
4136	Geschäftsgebühr für die Vorbereitung eines Antrags Die Gebühr entsteht auch, wenn von der Stellung eines Antrags abgeraten wird.	in Höhe der Verfahrensgebühr für den ersten Rechtszug	

Übersicht

1 In Nr. 4136 VV RVG wird die **Geschäftsgebühr** für die Vorbereitung eines Antrags im Wiederaufnahmeverfahren geregelt. Diese Geschäftsgebühr ersetzt die Grundgebühr nach Nr. 4100 VV RVG (vgl. die Komm. zu Vorbem. 4.1.4 VV RVG). Die sonst mit der Grundgebühr vergütete Tätigkeit in Gestalt der erstmaligen Einarbeitung in den Rechtsfall wird v. der Geschäftsgebühr mit umfasst. Die erstmalige Einarbeitung in den Rechtsfall ist Bestandteil der Vorbereitung eines Antrags. Die Gebühr entsteht mit der Entgegennahme der Erstinformation durch den Mandanten. Entsprechend steht die Gebühr dem beigeordneten Pflichtverteidiger nach der Entgegennahme der Erstinformation auch dann zu, wenn es später nicht mehr zur Anfertigung, Unterzeichnung, oder Einreichung eines Wiederaufnahmeantrags kommt (Rehberg/Xanke „Strafsachen" Nr. 7.2)

2 Durch den Verweis auf die **Höhe der Verfahrensgebühr** für den ersten Rechtszug **je nach Ordnung des Gerichts** findet eine Anpassung der Gebührenhöhe je nach Ordnung des Gerichts statt, das im ersten Rechtszug entscheiden hat. Je nachdem kommt somit eine Gebühr nach den Nrn. 4106, 4112 oder 4118 VV RVG zur Entstehung.

3 Ein weiterer Gebührentatbestand für die **Vertretung eines inhaftierten Mandanten** ist nicht erforderlich. Durch den Verweis auf die Verfahrensgeb. ist klargestellt, dass jew. ein Zuschlag nach den Nrn. 4107, 4113 oder 4119 VV RVG zu gewähren ist (Gesetzesbegründung zu Nr. 4136 VV RVG, BT-Drs 15/1971 S. 227).

4 Nr. 4136 VV RVG enthält klarstellend die Regelung, dass die **Gebühr auch dann** entsteht, wenn v. der Stellung eines Antrags **abgeraten** wird. Die Regelung ist erforderlich um eine ergebnisoffene Beratung durch den beauftragten RA zu ermöglichen. Auch dann, wenn dieser zu dem Ergebnis kommt, dass das Wiederaufnahmeverfahren keine Erfolgsaussichten bietet und deshalb davon abrät, es durchzuführen, liegen möglicherweise umfangreiche und schwierige Ermittlungen zugrunde. Im Übrigen dient die Gebühr der Entlastung der Justiz. Hierdurch wird vermieden, einen Anreiz zu schaffen, der Anwälte auf den Gedanken bringen könnte das Wiederaufnahmeverfahren jedenfalls zu beginnen, um die Gebühr nach Nr. 4136 VV RVG zu verdienen.

5 Nr. 4136 VV RVG findet **persönlich Anwendung** für den Verteidiger des Angeklagten, wenn dieser oder ein übriger Verteidiger das Wiederaufnahmeverfahren betreibt (§§ 359, 362, 390 Abs. 1 S. 2, 406c Abs. 1 StPO). Ebenso entsteht die Gebühr für den Vertreter des hinterbliebenen Angeklagten (§ 361 Abs. 2 StPO). Für den Vertreter des Privatklägers (§ 390 Abs. 2 StPO) sowie für den

Anwalt des Antragstellers im Adhäsionsverfahren. Der Vertreter des Nebenklägers kann eine Gebühr der Nrn. 4136ff. VV RVG nicht verdienen. Ein Wiederaufnahmeantrag des Nebenklägers ist in der StPO nicht vorgesehen (LG Münster NStZ 89, 588).

Nr.	Gebührentatbestand	Gebühr oder Satz der Gebühr nach § 13 oder § 49 RVG	
		Wahlanwalt	gerichtlich bestellter oder beigeordneter Rechtsanwalt
4137	Verfahrensgebühr für das Verfahren über die Zulässigkeit des Antrags	in Höhe der Verfahrensgebühr für den ersten Rechtszug	

1 Nr. 4137 VV RVG regelt die Entstehung einer **Verfahrensgebühr** beschränkt auf das Verf. über die Zulässigkeit des Antrags.

2 § 359 StPO stellt an die **Zulässigkeit eines Wiederaufnahmeantrags** strenge Anforderungen. Durch das Gericht wird daher vorab geklärt, ob der Antrag zulässig ist. Gegebenenfalls wird er dem Antragsgegner mit Bestimmung einer Erklärungsfrist zugestellt, § 368 Abs. 2 StPO. Andernfalls wird der Antrag als unzulässig verworfen, § 368 Abs. 1 StPO. Das Verf. bis zum über die Zulässigkeit entscheidenden Beschl. löst eine eigenständige Gebühr aus.

3 Die **Höhe der Gebühr** bestimmt sich nach der Verfahrensgeb. für den ersten Rechtszug, je nach der Ordnung des mit dem Wiederaufnahmeverfahren beschäftigten Gerichts. Insoweit wird auf die Komm. zu Nr. 4136 VV RVG verwiesen.

Nr.	Gebührentatbestand	Gebühr oder Satz der Gebühr nach § 13 oder § 49 RVG	
		Wahlanwalt	gerichtlich bestellter oder beigeordneter Rechtsanwalt
4138	Verfahrensgebühr für das weitere Verfahren	in Höhe der Verfahrensgebühr für den ersten Rechtszug	

1 Nr. 4138 VV RVG regelt eine weitere Gebühr für das sich an die Feststellung der Zulässigkeit des Wiederaufnahmeantrags anschließende Verf. (§ 368 Abs. 2 StPO). Die Verfahrensgeb. **entsteht mit der Zustellung an den Antragsgegner** gem. § 368 Abs. 2 StPO.

2 Vom **weiteren Verfahren** umfasst ist die Beweisaufnahme nach § 369 Abs. 1 StPO. Das weitere Verf. endet mit der Entscheidung nach § 370 StPO. Der Wiederaufnahmeantrag wird entweder als unbegründet verworfen, wenn die Beweisaufnahme zu Ungunsten des Antragstellers ausgeht (§ 370 Abs. 1 StPO), oder trifft dies nicht zu, wird gerichtl. die Wiederaufnahme des Verf. und eine erneute Hauptverhandlung angeordnet (§ 370 Abs. 2 StPO). Unter den Voraussetzungen des § 371 StPO wird der Verurteilte freigesprochen.

3 Die **Gebühr** richtet sich in der **Höhe** nach der Verfahrensgeb. im ersten Rechtszug. Insoweit wird auf die Komm. zu Nr. 4136 VV RVG verwiesen.

Nr.	Gebührentatbestand	Gebühr oder Satz der Gebühr nach § 13 oder § 49 RVG	
		Wahlanwalt	gerichtlich bestellter oder beigeordneter Rechtsanwalt
4139	Verfahrensgebühr für das Beschwerdeverfahren (§ 372 StPO)	in Höhe der Verfahrensgebühr für den ersten Rechtszug	

1 Nr. 4139 VV RVG regelt die **Verfahrensgebühr für das Beschwerdeverfahren**. Gegen Entscheidungen im Wiederaufnahmeverfahren steht dem Antragsteller die Befugnis zur sofortigen Beschwerde nach § 372 StPO zu. Hierbei entsteht eine eigene Gebühr. Die Begründung der Beschwerde im Wiederaufnahmeverfahren stellt bes. Anforderungen an den RA, weshalb die Anordnung einer Gebührengeb. sachgerecht ist (Gesetzesbegründung zu Nr. 4139 VV RVG, BT-Drs 15/1971 S. 227). Ferner wird hierdurch dem Umstand Rechnung getragen, dass das Wiederaufnahmeverfahren schon allein deshalb eine bes. Bedeutung besitzt, weil die hierin vorgebrachten Gründe zur Wiederaufnahme für weitere Verf. „verbraucht" sind (Gesetzesbegründung, aaO).

2 Im Beschwerdeverfahren **entsteht** eine **Gebühr** in Höhe der Verfahrensgeb. für den ersten Rechtszug. Insoweit wird auf die Komm. zu Nr. 4136 VV RVG verwiesen.

Nr.	Gebührentatbestand	Gebühr oder Satz der Gebühr nach § 13 oder § 49 RVG	
		Wahlanwalt	gerichtlich bestellter oder beigeordneter Rechtsanwalt
4140	Terminsgebühr für jeden Verhandlungstag	in Höhe der Terminsgebühr für den ersten Rechtszug	

1 Das Wiederaufnahmeverfahren sieht unter bestimmten Voraussetzungen die **Durchführung von Verhandlungen und Terminen** vor. Diese können zB in der Beweisaufnahme nach § 369 StPO stattfinden. Dafür fallen Terminsgebühren an.

2 Die **Höhe der Gebühr** richtet sich nach der Terminsgeb. für den jew. ersten Rechtszug. Es sind daher die Gebührentatbestände der Nrn. 4108, 4114 und 4120 VV RVG einschlägig. Diese können auch im Wiederaufnahmeverfahren jew. mit Zuschlag verdient werden. Der Zuschlag kann entweder darauf gründen, dass der Mandant sich nicht auf freiem Fuß befindet (Nrn. 4109, 4113 und 4121 VV RVG) oder aber auch darauf, dass der Termin lange andauert (Nrn. 4110, 4111, 4116, 4117, 4122, 4123 VV RVG), wenn ein Pflichtverteidiger tätig wird.

Unterabschnitt 5. Zusätzliche Gebühren

Nr.	Gebührentatbestand	Gebühr oder Satz der Gebühr nach § 13 oder § 49 RVG	
		Wahlanwalt	gerichtlich bestellter oder beigeordneter Rechtsanwalt
4141	Durch die anwaltliche Mitwirkung wird die Hauptverhandlung entbehrlich: Zusätzliche Gebühr	in Höhe der jeweiligen Verfahrens- gebühr (ohne Zuschlag)	
	(1) Die Gebühr entsteht, wenn		
	das Verfahren nicht nur vorläufig eingestellt wird oder		
	das Gericht beschließt, das Hauptverfahren nicht zu eröffnen oder		
	sich das gerichtliche Verfahren durch Rück- nahme des Einspruchs gegen den Strafbefehl, der Berufung oder der Revision des Angeklag- ten oder eines anderen Verfahrensbeteiligten erledigt; ist bereits ein Termin zur Hauptver- handlung bestimmt, entsteht die Gebühr nur, wenn der Einspruch, die Berufung oder die Revision früher als zwei Wochen vor Beginn des Tages, der für die Hauptverhandlung vorgese- hen war, zurückgenommen wird.		
	(2) Die Gebühr entsteht nicht, wenn eine auf die Förderung des Verfahrens gerichtete Tätigkeit nicht ersichtlich ist.		
	(3) Die Höhe der Gebühr richtet sich nach dem Rechtszug, in dem die Hauptverhandlung vermieden wurde. Für den Wahlanwalt bemisst sich die Gebühr nach der Rahmenmitte.		

Übersicht

Höhe der Gebühr 12
Höhe der Gebühr bei Einstellung im Vorverfahren 13

1 Nr. 4141 VV RVG stellt die Nachfolgeregelung des bisherigen § 84 Abs. 2 BRAGO dar. Durch Nr. 4141 VV RVG soll ein Anreiz geschaffen werden, die Hauptverhandlung entbehrlich zu machen. Hier wird dem Justizentlastungsgedanken, der das gesamte RVG kennzeichnet, Rechnung getragen. Nr. 4141 VV RVG honoriert **eine die Hauptverhandlung vermeidende Tätigkeit** des RA in den in Abs. 1 Nr. 1 bis 3 der Anm. genannten Fällen. Es entsteht eine **zusätzliche Gebühr**. Diese bemisst sich der Höhe nach an der jew. Verfahrensgeb. Im Gegensatz zur entspr. Regelung im Vergütungsbereich der Nrn. 4136 bis 4140 VV RVG wird jedoch klargestellt, dass dies ohne Zuschlag erfolgt. Die Verfahrensgeb. entsteht daher ohne Zuschläge, auch wenn der Mandant sich nicht auf freiem Fuß befindet. Die Frage nach einem Zuschlag für die überlange Hauptverhandlung stellt sich ohnehin nicht.

2 Abs. 1 Nr. 1 der Anm. zu Nr. 4141 VV RVG ordnet an, dass die **Gebühr entsteht**, wenn das **Verfahren nicht nur vorläufig eingestellt** wird. Die Einstellung des Verf. rechtfertigt die Zusatzgebühr in jedem Verfahrensstadium unterschiedslos, ob die Einstellung durch die StA oder das Gericht erfolgt (LG Darmstadt AGS 1996, 126). Nr. 4141 VV RVG findet somit auch dann Anwendung, wenn die Anklage oder der Antrag auf Erlass eines Strafbefehls v. der StA zurückgenommen wird und anschließend das Verf. nach § 170 Abs. 2 StPO eingestellt wird (AG Magdeburg Rpfleger 2000, 514; LG Zweibrücken JurBüro 2002, 307). Auf die Gebühr hat es keinen Einfluss, wenn sich an das (beendete) Strafverfahren ein OWi-Verfahren anschließt. Dort entstehen separate Gebühren. Allerdings fällt dort keine Grundgebühr mehr an, da bereits im Strafverfahren eine Grundgebühr entstanden ist, vgl. Nr. 5100 Anm. 2 VV RVG. Der Fall, das der Anwalt erst im Bußgeld-, und dann im Strafverfahren tätig ist gleich zu behandeln. (Burhoff, RVGreport 2004, 381; Madert, AGS 2004, 379).

3 Der **Zeitpunkt der Einstellung** ist unerheblich. Die Gebühr Nr. 4141 VV RVG kann selbst dann entstehen, wenn bereits eine oder mehrere Hauptverhandlungen stattgefunden haben. Entscheidend ist, dass durch die Einstellung weitere Hauptverhandlungen vermieden werden (Gebauer/Schneider Nr. 4141 VV RVG Rn. 30).

4 Das Verf. darf nicht nur vorläufig eingestellt werden. Das ist nicht mit einer endgültigen Einstellung gleichzusetzen. Entscheidend ist die **Sichtweise ex ante**, das bedeutet die Auffassung der Anklagebehörde oder des Gerichts zum Zeitpunkt der Einstellung. Wird ein Verf. später infolge neuer Ermittlungsergebnisse wieder aufgenommen, so ändert dies nichts an der Gebühr nach Nr. 4141 VV RVG, wenn es zuvor nach § 170 Abs. 2 StPO eingestellt worden war (LG Offenburg Rpfleger 1999, 38).

5 Nicht nur vorläufige Einstellungen finden statt in den Fällen der §§ 153, 153a, 153b, 153c, 154, 154d, 170 Abs. 2 S. 1, 206a, 206b und 383 Abs. 2 StPO. Vorläufige Einstellungen sind solche nach § 154d S. 1 StPO oder § 205 StPO. In diesen Fällen entsteht keine zusätzl. Gebühr. Eine Einstellung nach § 153a StPO löst ebenfalls vor Erfüllung der Auflage eine Gebühr aus; sie rechtfertigt aber in jedem Fall einen Kostenvorschuss im Umfang der Gebühr nach Nr. 4141 VV RVG, da v. der Erfüllung der Auflage ausgegangen werden kann.

6 Die Gebühr nach Nr. 4141 VV RVG entsteht weiterhin, wenn das **Gericht beschließt, das Hauptverfahren nicht zu eröffnen**, Abs. 1 Nr. 2 der Anm. zu Nr. 4141 VV RVG. Gemäß § 204 Abs. 1 StPO ist das Gericht aus tatsächlichen oder aus rechtl. Gründen dazu befugt zu beschließen, das Hauptverfahren zu eröffnen. Die Gebühr entsteht mit der Bekanntmachung des Ablehnungsbeschlusses nach § 204 Abs. 2 StPO. Das führt dazu, dass die zusätzl. Gebühr nach Nr. 4141 VV RVG zweimal entstehen kann, nämlich einerseits dann, wenn auf die Beschwerde der StA hin der abl. Beschl. nach § 204 StPO korrigiert wird, und andererseits, wenn anschließend das Verf. in der Hauptverhandlung eingestellt wird (Hartung/Römermann Teil 4 VV RVG Rn. 145, 157).

7 Abs. 1 Nr. 3 der Anm. zu Nr. 4141 VV RVG sieht das Entstehen der zusätzl. Gebühr im Falle der **Rücknahme des Einspruchs gegen den Strafbefehl, der Berufung oder der Revision** des Angeklagten oder eines anderen Verfahrensbeteiligten vor. Auch dies entspricht der früheren Rechtslage (§§ 84 Abs. 2, 85 Abs. 4 BRAGO). Hinzu kommt jedoch eine zusätzl. Gebühr für den Fall der Rücknahme der Revision. Auch hierdurch soll ein Anreiz zur Entlastung, in diesem Fall der Revisionsgerichte, geschaffen werden (Gesetzesbegründung zu Nr. 4141 VV RVG, BT-Drs 15/1971 S. 228).

8 Die Zusatzgebühr entsteht bei der **Rücknahme des Einspruchs gegen den Strafbefehl**, wenn entweder die Rücknahme durch den Verteidiger selbst erfolgt oder durch den Mandanten vorgenommen wird; in diesem Fall ist jedoch eine ursächliche Mitwirkung des Verteidigers erforderlich (vgl. unten Anm. 11).

9 Auch hinsichtlich der **Rücknahme der Berufung** kommt es nicht darauf an, v. wem diese erfolgt. Sie muss nicht v. vertretenen Mandanten zurückgenommen werden. Auch die Rücknahme durch die StA löst die zusätzl. Gebühr nach Nr. 4141 VV RVG aus.

10 Die Rücknahme muss **mindestens zwei Wochen vor Beginn** des Tages, an dem die **Hauptverhandlung** stattfinden sollte, erfolgen, sofern ein Termin bereits bestimmt worden war. Es ist keine zwingende Voraussetzung für das Entstehen der Befriedigungsgebühr, dass bereits ein Termin anberaumt war. Die in der Vorschrift genannte Frist bezieht sich nur auf den Fall, dass ein Termin bestimmt ist (Burhoff RVG professionell 2004, 170). Es gilt § 43 StPO. Soll die Hauptverhandlung zB an einem Mittwoch stattfinden, so muss der Einspruch spätestens an dem Dienstag zwei Wochen zuvor bei Gericht eingehen. Auf die Kenntnis v. Termin kommt es insoweit nicht an. Dagegen spricht der insoweit eindeutige Gesetzeswortlaut. Wiedereinsetzung bei Fristversäumung ist nicht möglich (hM, vgl. Hansens zu § 84 BRAGO Rn. 11; aA Hartmann Nr. 4141 VV RVG Rn. 6). Die Rücknahme vor einem Fortsetzungstermin führt nicht zur Entstehung der Zusatzgebühr; etwas anderes gilt aber im Fall v. § 229 Abs. 2 StPO (Nichteinhaltung der Frist v. 10 Tagen zur Fortsetzung der Hauptverhandlung) und im Fall der Zurückverweisung des Verf. durch ein Rechtsmittelgericht an das untergeordnete Gericht (§ 21 Abs. 1 RVG), da insoweit ein neuer Rechtszug beginnt (Hartung/Römermann Teil 4 VV RVG Rn. 153).

11 Abs. 2 der Anm. zu Nr. 4141 VV RVG regelt negativ, **wann die Gebühr nicht entsteht**, nämlich dann, wenn der RA keine auf die Förderung des Verf. gerichtete Tätigkeit entfaltet hat. Hierbei ist kein bes. strenger Maßstab anzulegen. Nach dem Wortlaut der Vorschrift ist eine Ursächlichkeit nicht erforderlich. Es genügt eine auf die Einstellung hinzielende, mitwirkende, begleitende Tätigkeit des Verteidigers, die als solche geeignet ist, das Verfahren in formeller, materiell-rechtlicher und prozessualer Hinsicht im Hinblick auf eine Erledigung zu fördern (OLG Düsseldorf AnwBl. 1999, 616; AG Hamburg AGS 2000, 28). Die Förderung muss nicht aus der Ermittlungsakte ersichtlich sein; die Tätigkeit des Verteidigers findet nämlich „denknotwendigerweise nicht in der Akte, sondern im Büro des Verteidigers statt" (AG Braunschweig AGS 2000, 54). So genügt zB die Beratung durch den Anwalt hinsichtlich der Reichweite des Aussageverweigerungsrechts und die diesbezügliche Mitteilung an die Ermittlungsbehörde, wenn das Verfahren daraufhin eingestellt wird (Gebauer/Schneider Nr. 4141 VV RVG Rn. 22.). Im Fall des Abs. 1 Nr. 1 der Anm. zu Nr. 4141 VV RVG genügt es, wenn der Verteidiger eine Einlassungsschrift, auch im Vorverfahren, zu den Akten gereicht hat. Die bloße Akteneinsichtnahme reicht aber nicht aus (Hansens/Braun/Schneider Teil 14 Rn. 543).

12 Klarstellend bestimmt Abs. 3 der Anm. zu Nr. 4141 VV RVG, dass die **Höhe der Vergütung** sich an der Verfahrensgebühr des vermiedenen Rechtszugs orientiert. Diesbezüglich ist die Rahmenmitte anzusetzen. Eine solche Regelung liegt auf der Hand, da die Intensität der Hauptverhandlung, ihre Schwierigkeit oder ihr bes. Umfang nicht überprüft werden kann. Diese Regelung lässt aber auch den Rückschluss darauf zu, dass mangels anderweitiger Anhaltspunkte stets in durchschnittlichen Verf. die Rahmenmitte für die Höhe der Vergütung anzusetzen ist. So stellt dies faktisch eine versteckte Festgebühr dar (Mayer/Kroiß Nr. 4141-4146 VV RVG Rn. 13). Es versteht sich, dass dies nur für den

Wahlanwalt gelten kann, nicht aber für den Pflichtverteidiger. Offen ist, ob und ggf. unter welchen Voraussetzungen ein höherer als der mittlere Gebührenrahmen angesetzt werden kann. Hier sollte eine entsprechende Anpassung möglich sein, wenn objektive Anhaltspunkte vorliegen, die im Rahmen des § 14 RVG die Gebührenhöhe nach oben oder unten beeinflussen würden (z.B. die überragende Bedeutung der Sache), und diese zwingend bei der Gebührenbemessung zum Tragen gekommen wären.

13 Unklarheiten verbleiben allerdings, wenn die **Einstellung** bereits **im vorbereitenden Verfahren** erfolgt. Hier findet keine Hauptverhandlung statt, sodass sie auch nicht vermieden werden kann. Nach einer Auffassung sollen deshalb Gebühren nach den Nrn. 4106, 4112, 4118 VV RVG für eine (fiktive) Hauptverhandlung vor dem jeweils zuständigen Strafgericht entstehen (Burhoff AGS 2004, 435). Nach anderer Auffassung ist bei Einstellung im vorbereitenden Verfahren immer auf die Gebühren nach Nr. 4104 VV RVG abzustellen (Schneider AGS 2004, 434). Den Vorzug verdient die erste Auffassung. Anknüpfungspunkt für die Höhe der Gebühr kann immer nur der Verfahrensabschnitt sein, der durch die Tätigkeit des Verteidigers vermieden worden ist. Dies betrifft die (hypothetische) nächste Verfahrensstufe nach der Einstellung, sodass es zur Heranziehung entweder der Gebühr nach Nr. 4106, 4112 oder 4118 VV RVG kommen muss.

Nr.	Gebührentatbestand	Gebühr oder Satz der Gebühr nach § 13 oder § 49 RVG	
		Wahlanwalt	gerichtlich bestellter oder beigeordneter Rechtsanwalt
4142	**Verfahrensgebühr bei Einziehung und verwandten Maßnahmen**	1,0	1,0
	(1) Die Gebühr entsteht für eine Tätigkeit für den Beschuldigten, die sich auf die Einziehung, dieser gleichstehende Rechtsfolgen (§ 442 StPO), die Abführung des Mehrerlöses oder auf eine diesen Zwecken dienende Beschlagnahme bezieht.		
	(2) Die Gebühr entsteht nicht, wenn der Gegenstandswert niedriger als 25,00 EUR ist.		
	(3) Die Gebühr entsteht für das Verfahren des ersten Rechtszugs einschließlich des vorbereitenden Verfahrens und für jeden weiteren Rechtszug.		

Übersicht

1 Wird der RA in einem **Einziehungsverfahren** oder im Rahmen **verwandter Maßnahmen** tätig, so verdient er eine Gebühr nach Nr. 4142 VV RVG. Verwandte Maßnahmen neben der Einziehung (§§ 74, 75 StGB, 7 WiStG) sind der Verfall, soweit er Strafcharakter besitzt (§§ 73 bis 73d StGB), die Unbrauchbarmachung (§ 74d StGB, §§ 98 Abs. 2, 110 UrhG), die Vernichtung (§§ 98 Abs. 1, 110 UrhG), die Abführung des Mehrerlöses (§§ 8, 10 WiStG) und die Beschlagnahme, mit der die Sicherung der vorgenannten Maßnahmen bezweckt wird (§§ 111b, 111c StPO). Die Besonderheit der **Verfahrensgebühr** Nr. 4142 VV RVG ist, dass diese eine **Wertgebühr** darstellt. Zum Zweck der Vereinfachung der Gebührenberechnung wurde die bisher in der BRAGO geltende Regelung aufgegeben, wonach der frühere Gebührenrahmen bis zu einem bestimmten Betrag überschritten werden konnte, wenn er wg. der Tätigkeit im Einziehungs- oder verwandten Verf. nicht ausreichte, um die Tätigkeit des Anwalts angemessen zu berücksichtigen (Gesetzesbegründung zu Nr. 4142 VV RVG, BT-Drs 15/1971 S. 228).

2 Die **Gebühr entsteht** unmittelbar durch die Tätigkeit für den Beschuldigten. Auf den Beistand oder den Vertreter des Privatklägers, Nebenklägers, Einziehungs- oder Nebenbeteiligten, Verletzten, Zeugen, Sachverständigen sowie im Verf. nach dem strafrechtlichen Rehabilitierungsgesetz findet Nr. 4142 VV RVG entspr. Anwendung (vgl. Vorbem. 4 Abs. 1. VV RVG). Soweit im Gesetz davon die Rede ist, dass sich die Tätigkeit des RA auf die Einziehung oder die verwandte Maßnahme beziehen muss, ist hierzu erforderlich, dass der RA sich um die Abwehr der Verurteilung bemüht; eine gesonderte, explizite Tätigkeit im Bezug auf die Einziehung oder ihr verwandte Maßnahmen ist hierfür nicht erforderlich (Hansens § 88 BRAGO Rn. 4). Es genügt, dass die Einziehung nach Lage der Sache in Betracht kommt. Die Einziehung muss nicht ausdrücklich beantragt worden sein (LG Berlin, Beschl. v. 1.3.2005 - 512 Qs 21/05). Die Gebühr kommt zur Entstehung, sobald sich die Tätigkeit des RA im vorbereitenden Verf. auf die Einziehung bezieht. Kommt es dann zu weiteren Instanzen, entsteht sie jew. gesondert. Keine Gebühr entsteht bei einer Tätigkeit im Zusammenhang mit der Beschlagnahme von Sachen, zB als Beweismittel (LG Berlin aaO).

3 Abs. 2 der Anm. zu Nr. 4142 VV RVG sieht eine **Bagatellgrenze** für den Fall vor, dass der Gegenstandswert niedriger als 25 EUR ist; ausgeklammert ist damit im Wesentlichen der Bereich der Einziehung geringwertiger Tatwerkzeuge (Gesetzesbegründung zu Nr. 4142 VV RVG, BT-Drs 15/1971 S. 228).

4 Die **Höhe der Verfahrensgebühr** beläuft sich auf 1,0. Für den Wahlverteidiger gilt die Gebührentabelle des § 13 RVG. Auf den Pflichtverteidiger findet die (ab einem Gegenstandswert über 3000 EUR ungünstigere) Gebührentabelle des § 49 RVG Anwendung. Die vorher geltende Regelung der BRAGO, die eine vergleichbare Gebühr für den Pflichtverteidiger nicht vorsah, wurde als ungerecht empfunden und wird durch die Regelung Nr. 4142 VV RVG aufgegeben (Gesetzesbegründung zu Nr. 4142 VV RVG, BT-Drs 15/1971 S. 228).

5 Nr. 4142 VV RVG stellt die Nachfolgeregelung zu § 88 BRAGO dar. Ein häufiger Anwendungsbereich wurde nicht übernommen: im Gegensatz zur früher geltenden Rechtslage entsteht **keine** gesondert ausgewiesene **Gebühr für eine Tätigkeit**, die sich auf ein **Fahrverbot oder die Entziehung der Fahrerlaubnis** erstreckt. Soweit dies früher eine Anhebung des Gebührenrahmens um bis zu 25 % rechtfertigte, ist die Regelung ersatzlos weggefallen.

6 Maßgeblich für die Höhe der Gebühr ist der **Gegenstandswert** (§ 2 RVG). Ausschlaggebend ist somit der Geldwert der eingezogenen Sache oder der Sache, auf die sich die anderweitige Maßnahme bezieht.

7 Im **Bußgeldverfahren** gilt Nr. 5116 VV RVG.

Nr.	Gebührentatbestand	Gebühr oder Satz der Gebühr nach § 13 oder § 49 RVG	
		Wahlanwalt	gerichtlich bestellter oder beigeordneter Rechtsanwalt
4143	Verfahrensgebühr für das erstinstanzliche Verfahren über vermögensrechtliche Ansprüche des Verletzten oder seines Erben	2,0	2,0
	(1) Die Gebühr entsteht auch, wenn der Anspruch erstmalig im Berufungsverfahren geltend gemacht wird.		
	(2) Die Gebühr wird zu einem Drittel auf die Verfahrensgebühr, die für einen bürgerlichen Rechtsstreit wegen desselben Anspruchs entsteht, angerechnet.		

Übersicht

1 Nr. 4143 VV RVG regelt eine bes. **Gebühr für die Vertretung des Verletzten oder seiner Erben** im strafrechtlichen Adhäsionsverfahren nach den §§ 403ff. StPO. Nr. 4143 VV RVG gilt gem. Vorbem. 4 Abs. 1 VV RVG auch, wenn der Beschuldigte im Verf. vor dem Strafgericht nach § 8 StrEG beantragt, dass auf eine Ersatzpflicht erkannt wird. Auf die Frage, ob der Anwalt neben der Vertretung im Adhäsionsverfahren auch im Strafverfahren für den Verletzen tätig ist, kommt es (im Gegensatz zum früher geltenden Recht) nicht an. Die Gebühren entstehen gegebenenfalls kumulativ (Gebauer/Schneider Nr. 4143 VV RVG Rn. 2).

2 Die §§ 403ff. StPO bestimmen zum **Adhäsionsverfahren**, dass der Verletzte oder sein Erbe gg. den Beschuldigten im Strafverfahren einen aus der Straftat erwachsenen vermögensrechtlichen Anspruch auch dann geltend machen können, wenn dieser an sich zur Zuständigkeit der ordentlichen Gerichte gehört und noch nicht anderweitig gerichtl. anhängig gemacht wurde (§ 403 Abs. 1 S. 1 StPO). Im Verf. vor dem AG kann dies ohne Streitwertgrenze erfolgen (§ 403 Abs. 1 S. 2 StPO).

3 Die **Gebühr entsteht** in dem Moment, in dem der RA den Auftrag, vermögensrechtliche Ansprüche im Strafverfahren geltend zu machen, entgegennimmt und v. Mandanten diesbezüglich informiert wird (Vorbem. 4 Abs. 2 VV RVG). Abs. 1 der Anm. zu Nr. 4143 VV RVG stellt klar, dass die Gebühr auch bei der erstmaligen Geltendmachung des Anspruchs im Berufungsverfahren anfällt.

4 Neben der Entstehung einer Verfahrensgeb. nach Nr. 4143 VV RVG kommt insbes. auch die Entstehung einer **Gebühr nach Nr. 1000 VV RVG** in Betracht, wenn die Parteien sich im Rahmen der Geltendmachung v. Ansprüchen des Verletzten über eine Entschädigung verständigen und einen diesbezüglichen Vertrag abschließen, an dem der RA mitwirkt. Die Einigungsgebühr fällt anrechnungsfrei neben der zusätzl. Verfahrensgeb. an (Hartung/Römermann Teil 4 VV RVG Rn. 172). Im

Verfahren über die Beschwerde nach einem Beschluss, mit dem von einer Entscheidung im Adhäsionsverfahren abgesehen wird (§ 406 Abs. 5 S. 2 StPO), entsteht die Gebühr nach Nr. 4145 VV RVG.

5 Nr. 4143 Abs. 2 VV RVG sieht eine **Anrechnung** vor, wenn neben der Geltendmachung v. Ansprüchen im Adhäsionsverfahren wg. desselben Anspruchs ein Zivilverfahren durchgeführt wird. Dies ist zB dann der Fall, wenn v. Strafrichter nach § 405 StPO nur über einen Teil der Forderungen entschieden wird, und iÜ v. Verletzten zivilrechtlich Klage erhoben wird, oder etwa dann, wenn das Verf. eingestellt wird und es nicht zur Entscheidung über die im Adhäsionsverfahren geltend gemachten Ansprüche kommt. Die Höhe der Anrechnung beläuft sich auf ein Drittel der Gebühr Nr. 4143 VV RVG. Die Anrechnung erfolgt ausschließlich **auf die Verfahrensgebühr im zivilrechtlichen Verfahren.** Eine Anrechnung auf die Terminsgeb. oder auf die Auslagen findet nicht statt (Hartung/Römermann Teil 4 VV RVG Rn. 176). Zur Anrechnung ist ferner erforderlich, dass der Anwalt im Zivilverfahren als Prozessbev. tätig wird. Die Anrechnung erfolgt dann nicht, wenn er lediglich als Korrespondenzanwalt, Terminvertreter oder Beweisanwalt in Erscheinung tritt (Hartmann Nr. 4143, 4144 VV RVG Rn. 16).

6 Soweit im Gesetzentwurf ursprünglich vorgesehen war, dass der **Verteidiger** die **Gebühr gesondert** erhält, hat dies keinen Eingang in die abschließende Gesetzesfassung gefunden. Auch der lediglich im Adhäsionsverfahren tätige RA hat deshalb eine Anrechnung der in einem bürgerlichen Rechtsstreit wg. desselben Anspruchs entstehenden Verfahrensgeb. hinzunehmen.

7 In **Übergangsfällen** bleibt es zunächst bei der Anwendung von § 89 BRAGO, wenn die Vertretung im Adhäsionsverfahren vor dem 1.7.2004 erfolgte. Werden daraufhin Ansprüche im zivilrechtlichen Verfahren weiterverfolgt, etwa weil das Strafverfahren eingestellt wurde, richten sich die hieraus resultierenden Gebühren nach dem RVG, sofern der unbedingte Auftrag zur Vertretung nach dem 1.7.2004 erteilt wurde. Die Gebühr im Adhäsionsverfahren sind dann zu 2/3 auf die sich anschließenden Gebühren im Zivilverfahren anzurechnen (§ 89 Abs. 2 S.1 BRAGO). Die Anrechnungsgrenze von Nr. 4143 Abs. 2 RVG findet keine Anwendung. Zu beachten bleibt allerdings § 89 Abs. 2 S. 2 BRAGO, der die Anrechnung auf 2/3 des dem Anwalt im Zivilverfahren zustehenden Gebührenanspruchs beschränkt (Schneider AGS 2005, 51). Maßgeblich für die Bestimmung der 2/3-Grenze ist dabei die Gebühr im Zivilprozess nach dem RVG.

Nr.	Gebührentatbestand	Gebühr oder Satz der Gebühr nach § 13 oder § 49 RVG	
		Wahlanwalt	gerichtlich bestellter oder beigeordneter Rechtsanwalt
4144	Verfahrensgebühr im Berufungs- und Revisionsverfahren über vermögensrechtliche Ansprüche des Verletzten oder seines Erben	2,5	2,5

1 Nr. 4144 VV RVG regelt die Höhe der Gebühr für den Fall, dass der RA in den **Rechtsmittelinstanzen** des Adhäsionsverfahrens tätig wird. Die diesbezügliche Gebühr beläuft sich auf 2,5 und bemisst sich nach § 13 bzw. § 49 RVG. Eine Anrechnung der Gebühr auf die Verfahrensgebühr wegen desselben Anspruchs im Zivilverfahren findet nicht statt (Gerold/Schmidt Nr. 4141☐4146 VV RVG Rn. 69).

2 Es ist **nicht erforderlich**, dass der Berufungsanwalt auch in der **ersten Instanz** tätig war (Burhoff Nr. 4144 VV RVG Rn. 5).

Nr.	Gebührentatbestand	Gebühr oder Satz der Gebühr nach § 13 oder § 49 RVG	
		Wahlanwalt	gerichtlich bestellter oder beigeordneter Rechtsanwalt
4145	Verfahrensgebühr für das Verfahren über die Beschwerde gegen den Beschluss, mit dem nach § 406 Abs. 5 Satz 2 StPO von einer Entscheidung abgesehen wird.	0,5	0,5

Übersicht

1 Mit Nr. 4145 VV RVG wurde im Zuge des am 01.09.2004 in Kraft tretenden Opferrechtsreformgesetzes ein **neuer Gebührentatbestand** eingeführt. Die bisherigen Nrn. 4145 und 4146 VV RVG sind nunmehr zu den Nrn. 4146 und 4147 geworden. Das Opferrechtsreformgesetz hat es sich zum Ziel gesetzt, die Rechtsposition des Verletzten im Strafverfahren zu stärken. Seine Informationsrechte sollen verbessert werden, die Belastung von Zeugen soll reduziert werden. Die Möglichkeit zur Schadenswiedergutmachung soll verbessert werden und ihre Durchsetzung verbessert in das Verfahren eingebunden werden (Ferber, NJW 2004, 2563).

2 Nr. 4145 VV RVG korrespondiert mit dem in § 406 StPO nF vorgesehenen **Verfahren zur Behandlung von Adhäsionsanträgen**. Das Gericht kann nach Maßgabe von § 406 Abs. 5 StPO nF von der Entscheidung über einen Antrag im Adhäsionsverfahren absehen. Hierauf sind die Beteiligten möglichst frühzeitig hinzuweisen. Hält das Gericht die Voraussetzungen zur Entscheidung im Adhäsionsverfahren für nicht gegeben, sieht es durch Beschluss von einer Entscheidung ab. Hiergegen steht dem Betroffenen die Beschwerde zu. Das Verfahren über die in Grenzen zulässige, sofortige Beschwerde regelt § 406a StPO nF Die in diesem Verfahren entstehende Gebühr bestimmt Nr. 4145 VV RVG. Sie regelt nur die Gebühr für die Vertretung des Verletzten nach einem Beschluss, nach dem von einer Entscheidung abgesehen wird. Nicht von Nr. 4145 VV RVG erfasst ist eine Anfechtung der dem Antrag statt gebenden Entscheidung durch den Angeklagten.

3 Die Gebühr entsteht mit der Aufnahme der Tätigkeit des Rechtsanwalts im Beschwerdeverfahren. Dies wird entweder die Entgegennahme der Information in dem Fall sein, in dem der Rechtsanwalt zuvor nicht für den Betroffenen im Verfahren tätig war, oder die Besprechung mit dem Betroffenen über die Durchführung des Beschwerdeverfahrens bzw. seine Erfolgsaussichten.

4 Nr. 4145 VV RVG stellt eine **Pauschgebühr** dar. Sie umfasst das gesamte Beschwerdeverfahren, von der Aufnahme der Tätigkeit über die Fertigung einer Beschwerdeschrift oder von Stellungnahmen bis zur gerichtlichen Entscheidung. Eine Differenzierung in der Höhe des Gebührensatzes zwischen Wahlanwalt und Pflichtverteidiger ist nicht vorgesehen.

5 Die **Verfahrensgebühr im Adhäsionsverfahren** bestimmt sich nach Nr. 4143 VV RVG. Die Entstehung weiterer Gebühren ist nicht möglich. Eine mündliche Verhandlung über die Beschwerde kommt nicht in Betracht, vgl. § 309 Abs. 1 StPO.

6 Eine **Anrechung** auf Gebühren im Zivilrechtsstreit, wie dies etwa in Nr. 4143 Abs. 2 VV RVG vorgesehen ist, **findet im Beschwerdeverfahren nicht statt.**

Nr.	Gebührentatbestand	Gebühr oder Satz der Gebühr nach § 13 oder § 49 RVG	
		Wahlanwalt	gerichtlich bestellter oder beigeordneter Rechtsanwalt
4146	Verfahrensgebühr für das Verfahren über einen Antrag auf gerichtliche Entscheidung oder über die Beschwerde gegen eine den Rechtszug beendende Entscheidung nach § 25 Abs. 1 Satz 3 bis 5, § 13 StrRehaG	1,5	1,5

Übersicht

1 Nr. 4146 VV RVG regelt die dem Anwalt zustehende **Gebühr**, wenn er im **Verfahren über soziale Ausgleichsleistungen** nach dem dritten Abschnitt des StrRehaG tätig ist.

2 Das **StrRehaG** sieht vor, dass eine **Kapitalentschädigung als soziale Ausgleichsleistung** gewährt werden kann (§§ 17, 19 StrRehaG). Zuständig für die Frage nach einer Kapitalentschädigung ist diejenige Landesjustizverwaltung, die die Rehabilitierungsgrundentscheidung getroffen hat (§ 25 StrRehaG). Im Verf. über diese Entscheidung entstehen für den anwaltl. Vertreter des Betroffenen Gebühren nach Teil 4 des VV RVG (Vorbem. 4 Abs. 1 VV RVG).

3 Die **Gebühr** nach Nr. 4146 VV RVG **entsteht**, soweit der anwaltl. Vertreter des Betroffenen im Fall v. Streitigkeiten über die Anwendung v. § 16 Abs. 2 StrRehaG sowie der §§ 17 und 19 StrRehaG den gem. § 25 Abs. 1 S. 3 bis 5 StrRehaG als Rechtsbehelf vorgesehenen Antrag auf gerichtl. Entscheidung stellt. Nur hierauf bezieht sich die Gebühr Nr. 4146 Nr. 1 VV RVG. Sämtliche sonstigen Verf. und Rechtsmittelverfahren werden durch die übrigen Gebühren des vierten Teils VV RVG abgegolten (Gebauer/Schneider Nr. 4146 VV RVG Rn. 3f.).

4 Die Verfahrensgeb. Nr. 4146 VV RVG ist eine **Pauschgebühr**. Sie deckt das komplette Verf. über den Antrag auf gerichtl. Entscheidung ab und tritt an die Stelle der Gebühren, die ansonsten anfallen würden (Nr. 2100ff. VV RVG). Von der Tätigkeit in Nr. 4146 VV RVG umfasst sind deshalb insbes.

der Antrag selbst, die Teilnahme an evtl. mündl. Verhandlungen, mündl. Erörterungen und/oder Beweisaufnahmen (Hansens § 96c BRAGO Rn. 2). Ob der Anwalt an evtl. Verhandlungen oder Erörterungen teilnimmt, ist deshalb unerheblich und hat keinen Einfluss auf die Gebührenhöhe (Burhoff Nr. 4146 VV RVG Rn. 6). Das entspricht der bisher geltenden Rechtslage. Dies war die ausdrückliche Intention des Gesetzgebers bei der Regelung v. Nr. 4146 VV RVG (Gesetzesbegründung zu Nr. 4145 VV RVG, BT-Drs 15/1971 S. 228).

5 Darüber hinausgehende, **weitere Vergütungstatbestände** können entstehen. Insbesondere betrifft dies die Einigungsgebühr nach Nr. 1000 VV RVG. Für das vorangegangene Verf. über soziale Ausgleichsleistungen kann der RA die in Teil 2 VV RVG vorgesehenen Gebühren geltend machen. Diese sind nicht zu verwechseln mit den Gebühren nach Teil 4 VV RVG für die Vertretung im Verf. über die strafrechtliche Rehabilitierung.

6 Eine **Anrechnung** zuvor im Verwaltungsverfahren entstandener Gebühren ist **nicht vorgesehen**. Ebenso wenig findet eine Reduzierung der Gebühr nach Nr. 4146 VV RVG statt, wenn der Auftrag vorzeitig endet (vgl. Nr. 3101 VV RVG).

7 Die **Vertretung mehrerer Auftraggeber** zieht eine Gebührenerhöhung nach § 7 Abs. 2 RVG nach sich. Muss die Entscheidung über eine soziale Ausgleichsleistung später im Wege der Zwangsvollstreckung beigetrieben werden, entstehen Gebühren nach Nr. 3309 VV RVG.

8 Gemäß § 25 Abs. 1 S. 3-5, § 13 StrRehaG steht dem Betroffenen die Möglichkeit zu, im Falle einer zu seinen Ungunsten ergehenden Entscheidung über den Antrag auf soziale Ausgleichsleistungen hiergegen **Beschwerde** einzulegen. Der RA, der den Betroffenen in diesem Verf. vertritt, erhält eine Verfahrensgeb. nach Nr. 4146 Nr. 2 VV RVG. Dieser Gebührentatbestand entsteht nur bei Beschwerden **gegen instanzbeendende Entscheidungen**. Bei Beschwerden gg. andere gerichtl. Maßnahmen finden die Gebührentatbestände der Nrn. 3500, 3513 VV RVG Anwendung.

9 Vertritt der Anwalt den Betroffenen **zunächst im Verfahren über den Antrag auf gerichtliche Entscheidung** und später im Beschwerdeverfahren, entsteht die Gebühr jew. neu.

10 Bei den Ansprüchen nach § 16 StrRehaG handelt es sich um vermögensrechtliche Ansprüche (Hartmann Nr. 4145 VV RVG Rn. 10). Es gelten die **allgemeinen Vorschriften zur Bewertung nach den §§ 22ff. RVG**; maßgebend ist das Interesse des AG, dass dieser mit dem Antrag auf gerichtl. Entscheidung verfolgt (Hansens § 96c BRAGO Rn. 4).

Nr.	Gebührentatbestand	Gebühr oder Satz der Gebühr nach § 13 oder § 49 RVG	
		Wahlanwalt	gerichtlich bestellter oder beigeordneter Rechtsanwalt
4147	Einigungsgebühr im Privatklageverfahren bezüglich des Strafanspruchs und des Kostenerstattungsanspruchs: Die Gebühr Nummer 1000 beträgt Für einen Vertrag über sonstige Ansprüche entsteht eine weitere Einigungsgebühr nach Teil 1.	20,00 bis 150,00 EUR	68,00 EUR

Übersicht

1 Nr. 4147 VV RVG trifft eine **Sonderregelung** über die **Höhe der Gebühr**, die für die Mitwirkung an einer **Einigung im Privatklageverfahren** verdient wird. Ausschlaggebend für die v. Gesetzgeber getroffene Regelung war der Umstand, dass zwar das Bedürfnis nach einer bes. Honorierung erfolgreicher Einigungsbemühungen auch im Privatklageverfahren besteht, dies jedoch nicht in die Tabellenstruktur des Teil 1 des VV RVG „hineinpasst" (Gesetzesbegründung zu Nr. 4146 VV RVG, BT-Drs 15/1971 S. 229). Die dortige Anordnung v. Wertgeb. ist ihrer Struktur nach mangels bes. Gegenstandswerts der Sache auf das Strafverfahren bzw. das Privatklageverfahren nicht anwendbar. Entsprechend wurde ein Betragsrahmen angeordnet.

2 Grundsätzlich bestehen zwei **Möglichkeiten**, um ein **Privatklageverfahren im Vergleichswege zu beenden**. Zum einen besteht die Möglichkeit, einen Vergleich über vermögensrechtliche Ansprüche abzuschließen. Zum anderen kann sich der Vergleich auf den Strafanspruch und den Kostenerstattungsanspruch beziehen.

3 Nur auf letzteren bezieht sich Nr. 4147 VV RVG als Modifikation der Gebühr nach Nr. 1000 VV RVG. Im ersteren Fall bleibt es bei der Regelung Nr. 1000 VV RVG.

4 Diese Einigung bzgl. des Strafanspruchs und des Kostenerstattungsanspruchs, der so genannte „Privatklagevergleich" bezieht sich auf die prozessuale, nicht auf die materielle Dispositionsberechtigung (Hansens, § 94 BRAGO Rn. 7). Nr. 4147 VV RVG betrifft nur den Privatklagevergleich. Nr. 4147 VV RVG bedingt eine vertragliche Einigung zw. Privatkläger und Beschuldigtem. Die bloße Zurücknahme der Privatklage durch den Privatkläger, auch bei Zustimmung durch den Beschuldigten gem. § 21 Abs. 1 S. 2 StPO, genügt hierfür nicht. Zwar ist ein beiderseitiges Nachgeben nicht erforderlich, die Privatklage muss aber durch die v. den Verfahrensbeteiligten vereinbarte Regelung in dem Sinne verbraucht sein, dass eine sachliche Entscheidung über die Privatklage nicht mehr möglich ist (Riedel/Sußbauer § 94 BRAGO Rn. 14).

4a Kommt es zu einer Einigung der Parteien sowohl über vermögensrechtliche Ansprüche als auch über den Strafanspruch und den Kostenerstattungsanspruch, so entstehen kumulativ die Gebühren nach Nr. 1000 (mit einem Gebührensatz von 1,5, soweit vorher keine Rechtshängigkeit gegeben war) und nach Nr. 4147 VV RVG (Hartung/Römermann Teil 4 VV RVG Rn. 187). Weiterhin entsteht in diesem Fall die Geschäftsgebühr nach Nr. 2400 VV RVG. Beide Gebühren errechnen sich aus dem Wert der mitverglichenen zivilrechtlichen Ansprüche.

5 Die Gebühr fällt nur an, wenn ein **Privatklageverfahren anhängig** ist.

6 Nr. 4147 VV RVG aE verweist insbes. auf die **Einigungsgebühr** nach Nr. 1000 VV RVG und stellt klar, dass die Einigung über vermögensrechtliche Ansprüche und die Gebühr nach Nr. 4147 VV RVG **kumulativ** entstehen können.

Abschnitt 2. Gebühren in der Strafvollstreckung

Vorbemerkung 4.2:
Im Verfahren über die Beschwerde gegen die Entscheidung in der Hauptsache entstehen die Gebühren besonders.

Übersicht

1 Teil 4 Abschnitt 2 VV RVG trifft eine **vollständige Neuregelung** der **Gebühren** des RA als Verteidiger **in der Strafvollstreckung.** Soweit bislang die Tätigkeit des RA im Strafvollstreckungsverfahren durch eine Gebühr nach § 91 Nr.1 oder Nr. 2 BRAGO honoriert wurde, hat dies in der Praxis unangemessen niedrige Gebühren nach sich gezogen. Mündliche Verhandlungen im Zusammenhang mit der Entlassung und der damit verbundene, zT hohe Zeitaufwand wurden nicht honoriert. Während der Wahlanwalt dies nur durch den Abschluss einer Honorarvereinbarung kompensieren konnte, war der Pflichtverteidiger auf die Festsetzung einer Pauschvergütung unter Berücksichtigung dieses Mehraufwandes angewiesen. Dies hat der Gesetzgeber für unzureichend gehalten und zum Anlass genommen, die in der Strafvollstreckung entstehenden Gebühren explizit und gesondert zu regeln. Dies zumal die Festsetzung einer Pauschvergütung einen Rückgriff auf die Regelung nach § 91 BRAGO voraussetzte, was wiederum die Gefahr des Überschreitens der Höchstgebühr des Wahlverteidigers nach sich zog (Gesetzesbegründung zu Teil 4 Abschnitt 2 VV RVG, BT-Drs 15/1971 S. 229).

2 Entsprechend findet sich in Teil 4 Abschnitt 2 VV RVG eine **an die Struktur der strafverfahrensrechtlichen Gebühren** angelehnte Regelung für das Verf. in der Strafvollstreckung.

3 Eine **Grundgebühr** entsteht im Strafvollstreckungsverfahren nicht. Dies ergibt sich aus der systematischen Stellung eines eigenen Gebührenabschnitts. Der Rückgriff auf die Gebührentatbestände der Nrn. 4100 bis 4113 VV RVG ist insofern nicht möglich.

4 Gemäß Vorbem. 4.2 VV RVG entstehen die Gebühren des zweiten Abschnitts im Beschwerdeverfahren gg. eine Entscheidung in der Hauptsache bes. Der Gesetzgeber hat davon abgesehen, hierzu bes. Gebührentatbestände in das Vergütungsverzeichnis aufzunehmen. Dem Strafvollstreckungsverfahren kommt aber bes. Bedeutung und Tragweite für den Mandanten zu. Dies gilt in der Hauptsache, wie auch in der Beschwerdeinstanz. Auch hier entsteht häufig ein erheblicher Zeitaufwand; es ist denkbar, dass weitere Sachverständigengutachten eingeholt werden müssen und erneute Anhörungen stattfinden (Gesetzesbegründung zu Teil 4 Abschnitt 2 VV RVG, BT-Drs 15/1971 S. 229). Diesem Umstand trägt die gesonderte Regelung in Vorbem. 4.2 VV RVG Rechnung.

Nr.	Gebührentatbestand	Gebühr oder Satz der Gebühr nach § 13 oder § 49 RVG	
		Wahlanwalt	**gerichtlich bestellter oder beigeordneter Rechtsanwalt**
4200	Verfahrensgebühr als Verteidiger für ein Verfahren über 1. die Erledigung oder Aussetzung der Maßregel der Unterbringung a) in der Sicherungsverwahrung, b) in einem psychiatrischen Krankenhaus oder c) in einer Entziehungsanstalt,		

2. die Aussetzung des Restes einer zeitigen Freiheitsstrafe oder einer lebenslangen Freiheitsstrafe oder		
3. den Widerruf einer Strafaussetzung zur Bewährung oder den Widerruf der Aussetzung einer Maßregel der Besserung und Sicherung zur Bewährung	50,00 bis 560,00 EUR	244,00 EUR

Übersicht

1 Nr. 4200 VV RVG setzt die Absicht des Gesetzgebers um, **spezielle Gebührentatbestände** für die Tätigkeit des Verteidigers **im Strafvollstreckungsverfahren** zu schaffen und so eine dem Umfang der Tätigkeit angemessene Vergütung zu regeln. Nr. 4200 VV RVG ordnet eine Verfahrensgeb. für drei verschiedene Tätigkeitsbereiche des Verteidigers in der Strafvollstreckung an. Nr. 1 beschäftigt sich mit Unterbringungsmaßregeln. In Nr. 2 geht es um die Strafaussetzung einer Reststrafe. Nr. 3 hat den Widerruf einer Strafaussetzung oder der Aussetzung einer Maßregel zum Gegenstand. Alle sonstigen Verf. der Strafvollstreckung werden nach dem (geringeren) Betragsrahmen des Auffangtatbestandes der Nr. 4204 VV RVG vergütet. Nr. 4200 VV RVG honoriert damit den idR höheren Zeitaufwand des Verteidigers im Vergleich zu den übrigen Verf. in den in Nr. 4200 VV RVG genannten Fällen (Gesetzesbegründung zu Nr. 4200 VV RVG, BT-Drs 15/1971 S. 229).

2 Nr. 4200 VV RVG stellt eine **Verfahrensgebühr** iSd Vorbem. 4 Abs. 2 VV RVG dar. Die Gebühr entsteht deshalb mit der Entgegennahme der auf den Abschluss des Anwaltsvertrages gerichteten Informationen über den Rechtsfall durch den betroffenen AG.

3 Infolge der in Abschnitt 2 Teil 4 VV RVG getroffenen, abschließenden Regelung entsteht **keine Grundgebühr** für die erstmalige Einarbeitung iSv Nr. 4100 VV RVG.

4 In Nr. 4200 Abs. 1 VV RVG ist die dem Verteidiger zustehende Gebühr für das **Verfahren über die Erledigung oder Aussetzung bestimmter Unterbringungsmaßregeln** geregelt. Maßregeln freiheitsentziehender Art sind in den §§ 63 bis 67g StGB geregelt. § 67b StGB sieht vor, dass eine Unterbringungsmaßregel analog den Vorschriften zur Aussetzung der Strafe auf Bewährung ausgesetzt werden kann, wenn Umstände vorliegen, die eine solche Aussetzung rechtfertigen. An die Stelle der Maßregel tritt dann Führungsaufsicht nach den §§ 68ff. StGB. Ebenso hat eine obligatorische Überprüfung der Maßregel vor ihrem Antritt zu erfolgen, wenn zuvor eine Freiheitsstrafe zu vollziehen ist (§ 67c StGB). Ebenfalls kommt eine Aussetzung unter den Voraussetzungen des § 67c Abs. 2 S. 4 StGB in Betracht. § 67c Abs. 2 S. 5 StGB bestimmt, dass eine Erledigung der Maßregel erklärt werden muss, wenn der Zweck der Maßregel erreicht worden ist. Das gleiche gilt nach § 67d Abs. 3 S. 1 und Abs. 4 StGB. Nach § 67e StGB ist eine jederzeitige Prüfung der Aussetzung der Unterbringungsmaßregel zur Bewährung möglich. Die Vergütung des Rechtsanwalts, der dem Untergebrachten in diesem Überprüfungsverfahren beigeordnet ist, wird nach Nr. 4200 VV RVG berechnet und richtet sich nicht nach den Vorschriften für Einzeltätigkeiten gem. Teil 4 Abschnitt 3 VV RVG (OLG Schleswig Beschl. v. 06.01.2005 □ 1 Ws 443/04). Das gilt auch dann, wenn das Verfahren erkennbar nur der Feststellung der Fortdauer der Unterbringung dienen sollte (KG Beschl.

v. 31.01.2005 □ 5 Ws 4/05). Nach Ablauf der in § 67 Abs. 2 StGB vorgesehenen Fristen hat die gerichtl. Überprüfung obligatorisch zu erfolgen.

5 Die Voraussetzungen der **Aussetzung eines Strafrestes** bei zeitiger Freiheitsstrafe sind in § 57 StGB geregelt. Die Voraussetzungen für die Aussetzung des Strafrestes bei lebenslanger Freiheitsstrafe regeln die §§ 57a, 57b StGB.

6 Soweit unter der Voraussetzung der §§ 56 bis 56e StGB die Voraussetzungen einer Aussetzung der Strafe zur Bewährung geregelt sind, bestimmt § 57f StGB, wann und unter welchen Voraussetzungen die **Strafaussetzung zur Bewährung widerrufen** werden muss. Das gleiche gilt im Fall des Widerrufs der Aussetzung einer Maßregel unter den Voraussetzungen des § 67g StGB. Da es sich hierbei ebenfalls um eine Maßregel der Sicherung und Besserung handelt (§ 61 Nr. 6 StGB), fällt die Tätigkeit des anwaltl. Vertreters im Verf. wg. des Widerrufs der Aussetzung und Erledigung des Berufsverbots nach § 70b StGB in den Anwendungsbereich v. Nr. 4200 Abs. 3 VV RVG.

Nr.	Gebührentatbestand	Gebühr oder Satz der Gebühr nach § 13 oder § 49 RVG	
		Wahlanwalt	gerichtlich bestellter oder beigeordneter Rechtsanwalt
4201	Gebühr 4200 mit Zuschlag	50,00 bis 700,00 EUR	300,00 EUR

1 Die Gebühr Nr. 4201 VV RVG sieht einen Zuschlag auf die Gebühr Nr. 4200 VV RVG für den □ häufig vorkommenden □ Fall vor, dass der **Vertretene sich nicht auf freiem** Fuß befindet (vgl. Vorbem. 4 Abs. 2 VV RVG). Da die Gebührentatbestände der Nr. 4200 VV RVG sich vorwiegend mit freiheitsentziehenden Maßnahmen, sei es in Form einer Maßregel oder sei es in Form der Haft, beschäftigen, wird die Gebühr Nr. 4200 VV RVG in aller Regel mit einem Zuschlag zu versehen sein.

2 Im Übrigen wird auf die Komm. zu Vorbem. 4 Anm. 12ff., Nr. 4101 VV RVG verwiesen.

Nr.	Gebührentatbestand	Gebühr oder Satz der Gebühr nach § 13 oder § 49 RVG	
		Wahlanwalt	gerichtlich bestellter oder beigeordneter Rechtsanwalt
4202	Terminsgebühr in den in Nummer 4200 genannten Verfahren	50,00 bis 250,00 EUR	120,00 EUR

1 Nr. 4202 VV RVG sieht eine **Terminsgebühr** in den in Nr. 4200 genannten Verf. iHv 50□250 EUR vor. Nach der Begründung des Gesetzesentwurfs war vorgesehen, dass die Gebühren für die Wahrnehmung eines gerichtl. Termins in gleicher Höhe wie die Verfahrensgeb. anfallen (Gesetzesbegründung zu Nr. 4202 und 4203 VV RVG, BT-Drs 15/1971 S. 229). Warum der Gesetzgeber dies nicht in die Tat umgesetzt hat und keinen Gebührenrahmen v. 50□560 EUR für den Wahlverteidiger bzw. eine Gebühr v. 244 EUR für den Pflichtverteidiger angeordnet hat, ist unklar. Es handelt sich hierbei möglicherweise um ein gesetzgeberisches Versehen (Hartung/Römermann, Teil 4 VV RVG Rn. 199). In Kraft getreten ist das RVG jedenfalls mit dem Gebührenrahmen 50□250 EUR für den Wahlanwalt und 120 EUR als Pauschgebühr für den gerichtl. bestellten oder beigeordneten RA. Zutreffend dürfte es aber sein, die Höhe der Terminsgebühr entsprechend anzupassen (Hansens/Braun/Schneider Teil 14 Rn. 936). Es ist Aufgabe des Gesetzgebers, sein Versehen ggf. redaktionell zu beseitigen.

2 Im Übrigen wird auf die Komm. zu Vorbem. 4 Anm. 17, Nr. 4102 VV RVG verwiesen.

Nr.	Gebührentatbestand	Gebühr oder Satz der Gebühr nach § 13 oder § 49 RVG	
		Wahlanwalt	**gerichtlich bestellter oder beigeordneter Rechtsanwalt**
4203	**Gebühr 4202 mit Zuschlag**	**50,00 bis 312,50 EUR**	**145,00 EUR**

1 Nr. 4203 VV RVG sieht einen Gebührenzuschlag für die Terminsgeb. vor, die in einem Verf. nach Nr. 4200 VV RVG entsteht, wenn der Betroffene sich nicht auf freiem Fuß befindet. Abgesehen davon, dass dies in den in Nr. 4200 VV RVG genannten Verf. der Regelfall sein dürfte, wird iÜ auf die Komm. zu Vorbem. 4 Abs. 4 (Anm. 21), Nr. 4101 VV RVG verwiesen. Zur Höhe der Gebühr und dem darin liegenden offensichtlichen Versehen des Gesetzgebers vgl. die Komm. zu Nr. 4202 VV RVG Anm. 1.

Nr.	Gebührentatbestand	Gebühr oder Satz der Gebühr nach § 13 oder § 49 RVG	
		Wahlanwalt	**gerichtlich bestellter oder beigeordneter Rechtsanwalt**
4204	**Verfahrensgebühr für sonstige Verfahren in der Strafvollstreckung**	**20,00 bis 250,00 EUR**	**108,00 EUR**

1 Nr. 4204 VV RVG sieht die **Gebühren für sämtliche sonstigen Tätigkeiten** des Verteidigers im Rahmen der Strafvollstreckung vor. Da die übrigen, nicht in Nr. 4200 VV RVG genannten Strafvollstreckungsverfahren nicht deren Bedeutung erreichen, ist ein erheblich geringerer Gebührenrahmen, bzw. eine erheblich darunter liegende Pauschgebühr vorgesehen.

2 Eine solche sonstige Tätigkeit im Strafvollstreckungsverfahren kann zB darin bestehen, Zahlungserleichterungen nach § 42 StGB für den Verurteilten zu beantragen, den Verurteilten bei der Ableistung v. Zusagen iSd § 56c StGB zu beraten und zu vertreten oder ihn in Verf. zur Änderung bzw. Aufhebung gerichtl. Entscheidungen nach den §§ 56b bis 56d StGB zu vertreten (§ 56e StGB). Ebenso verdient der anwaltl. Vertreter eine Gebühr nach Nr. 4202 VV RVG im Verf. über die Verurteilung zu der vorbehaltenen Strafe nach den §§ 59b, 56f StGB im Zusammenhang mit einer zuvor ausgesprochenen Verwarnung mit Strafvorbehalt.

Nr.	Gebührentatbestand	Gebühr oder Satz der Gebühr nach § 13 oder § 49 RVG	
		Wahlanwalt	**gerichtlich bestellter oder beigeordneter Rechtsanwalt**
4205	**Gebühr 4204 mit Zuschlag**	**20,00 bis 312,50 EUR**	**133,00 EUR**

1 Nr. 4205 VV RVG sieht einen Zuschlag für den Fall vor, dass der Betroffene inhaftiert ist. Auf die Komm. zu Vorbem. 4 Abs. 4 (Anm. 21), Nr. 4101 VV RVG wird verwiesen.

Nr.	Gebührentatbestand	Gebühr oder Satz der Gebühr nach § 13 oder § 49 RVG	
		Wahlanwalt	gerichtlich bestellter oder beigeordneter Rechtsanwalt
4206	Terminsgebühr für sonstige Verfahren	20,00 bis 250,00 EUR	108,00 EUR

1 Nr. 4206 VV RVG sieht korrespondierend zu Nr. 4204 VV RVG eine **Terminsgebühr** für den Fall vor, dass es **in einem sonstigen Strafvollstreckungsverfahren** außerhalb der in Nr. 4200 VV RVG genannten Tatbestände zu einem gerichtl. Termin kommt. Auf die Komm. zu Vorbem. 4 Anm. 17ff., Nr. 4100 VV RVG wird iÜ verwiesen.

2 Eine **Gebührenerhöhung** für Termine über fünf oder über acht Stunden ist **nicht vorgesehen**.

Nr.	Gebührentatbestand	Gebühr oder Satz der Gebühr nach § 13 oder § 49 RVG	
		Wahlanwalt	gerichtlich bestellter oder beigeordneter Rechtsanwalt
4207	Gebühr 4206 mit Zuschlag	20,00 bis 312,50 EUR	133,00 EUR

1 Nr. 4207 VV RVG sieht einen Zuschlag für den Fall vor, dass der Betroffene inhaftiert ist. Auf die Komm. zu Vorbem. 4 Abs. 4, Nr. 4101 VV RVG wird verwiesen.

Abschnitt 3. Einzeltätigkeiten

Vorbemerkung 4.3:
(1) Die Gebühren entstehen für einzelne Tätigkeiten, ohne dass dem Rechtsanwalt sonst die Verteidigung oder Vertretung übertragen ist.
(2) Beschränkt sich die Tätigkeit des Rechtsanwalts auf die Geltendmachung oder Abwehr eines aus der Straftat erwachsenen vermögensrechtlichen Anspruchs im Strafverfahren, so erhält er die Gebühren nach den Nummern 4143 bis 4145.
(3) Die Gebühr entsteht für jede der genannten Tätigkeiten gesondert, soweit nichts anderes bestimmt ist. § 15 RVG bleibt unberührt. Das Beschwerdeverfahren gilt als besondere Angelegenheit.
(4) Wird dem Rechtsanwalt die Verteidigung oder die Vertretung für das Verfahren übertragen, werden die nach diesem Abschnitt entstandenen Gebühren auf die für die Verteidigung oder Vertretung entstehenden Gebühren angerechnet.

Übersicht

1 Teil 4 Abschnitt 3 VV RVG regelt in der Art eines „**Auffangabschnitts**" die dem RA zustehende Vergütung für bestimmte Tätigkeiten unter der Voraussetzung, dass der Rechtsanwalt im Übrigen mit der Verteidigung oder Vertretung im Strafverfahren nicht beauftragt wurde. Terminsgebühren entstehen im Zusammenhang mit Tätigkeiten des dritten Abschnitts nur, wenn dies ausdrücklich geregelt ist, vgl. etwa Nr. 4301 Nr. 4 VV RVG. Für die ausschließlich anfallenden Verfahrensgebühren gelten die allgemeinen Regeln (Burhoff RVG professionell 2004, 52). Sie decken die komplette Tätigkeit des Anwalts in den im dritten Abschnitt genannten Fällen ab. Die Gebühren der Nrn. 4300 bis 4304 sind nicht anwendbar, wenn dem Rechtsanwalt die volle Verteidigung des Beschuldigten oder die Vertretung eines anderen Beteiligten übertragen worden ist. Seine Gebühren werden in vollem Umfang durch diejenigen des Abschnitts 1 und Abschnitts 2 Teil 4 VV RVG abgedeckt. Das bezieht sich aber nur auf den jeweiligen Verfahrensabschnitt. Werden deshalb in der zweiten Instanz Tätigkeiten nach Teil 4 Abschnitt 3 VV RVG ausgeführt, so werden diese nach dem jeweiligen Gebührentatbestand des Dritten Abschnitts vergütet, unabhängig davon, ob der RA in erster Instanz bereits tätig war (Schneider/Mock § 25 Rn. 266).

2 Gebühren nach Teil 4 Abschnitt 3 VV RVG setzen voraus, dass der **Rechtsanwalt weder Verteidiger noch sonstiger Vertreter des Betroffenen** ist. Ist er es zunächst nicht und erfüllt einen Gebührentatbestand nach Teil 4 Abschnitt 3 VV RVG, wird aber dann später Vollverteidiger oder -vertreter, so findet die Anrechnungsvorschrift Vorbem. 4.3 Abs. 4 VV RVG Anwendung. Die im Abschnitt 3 entstandenen Gebühren werden dann auf die späteren Gebührentatbestände in voller Höhe angerechnet.

3 Keine Anrechnung findet statt, wenn der anwaltliche Vertreter **mehrere Einzeltätigkeiten** nach dem dritten Abschnitt durchführt. Dies wird von Vorbem. 4.3 Abs. 3 VV RVG gesondert geregelt. Das bedeutet nicht nur, dass im gleichen Rechtszug alle Gebühren der in Abschnitt 3 bezeichneten Tätigkeit verdient werden können. Darüber hinaus können auch mehrere Gebühren für gleichartige Geschäfte entstehen, wenn voneinander getrennte Einzelaufträge vorliegen (Gerold/Schmidt Vorbem. 4.3 VV RVG Rn. 74).

4 Maßgeblich für die Bestimmung, ob der RA als Vollverteidiger tätig wird (Gebühren nach Teil 4 Abschnitt 1 und 2 VV RVG), oder nur punktuell für einzelne Tätigkeiten abrechnen kann (Teil 4 Abschnitt 3 VV RVG), ist der **Inhalt des Anwaltsvertrags** zwischen RA und Mandant bzw. der Umfang der gerichtlichen Bestellung (Riedel/Sußbauer Vor § 83 BRAGO Rn. 11).

5 Gem. Vorbem. 4.3 Abs. 3 S. 2 VV RVG bleibt die Bestimmung des § 15 RVG unberührt. Dies führt zum einen dazu, dass die **vorzeitige Erledigung** der Angelegenheit oder des Auftrags **keinen Einfluss auf die Höhe bereits entstandener Gebühren** hat, § 15 Abs. 4 RVG. Die Abrechnung einer vollen Gebühr kommt deshalb auch dann in Betracht, wenn durch erledigende Ereignisse die Durchführung des Auftrags durch den RA nicht mehr möglich ist.

6 Vorbem. 4.3 Abs. 3 S. 2 VV RVG iVm § 15 Abs. 5 RVG bewirkt zum anderen, dass durch den Auftrag, in einer Angelegenheit weiter tätig zu sein, keine höhere Gebühr entstehen darf, als entstanden wäre, wenn der Auftrag von vornherein in diesem Umfang erteilt worden wäre. Vorbem. 4.3 Abs. 3 S. 2 VV RVG iVm § 15 Abs. 6 RVG bewirkt, dass die Verfahrensgebühr eines potenziellen Vollverteidigers die **Höchstgrenze** der Gebühren eines iE nach Abschnitt 3 zu vergütenden RA darstellt (Hartung/Römermann Teil 4 VV RVG Rn. 210).

7 Vorbem. 4.3 Abs. 2 VV RVG verweist für die Einzeltätigkeit des RA bei der Geltendmachung bzw. Abwehr eines aus der Straftat erwachsenen vermögensrechtlichen Anspruchs im Strafverfahren auf die Gebührentatbestände Nrn. 4143 bis 4145 VV RVG. Hierdurch wird dem Umstand Rechnung getragen, dass der Wert der diesbezüglichen Tätigkeit sich am Gegenstandswert orientiert, weshalb auf die vergleichbaren, **Wertgebühren** anordnenden Vergütungstatbestände Nr. 4143 bis 4145 VV RVG verwiesen werden kann. Vorbem. 4.3 Abs. 2 VV RVG stellt klar, dass die Gebühren nach Nr. 4143 bis 4145 VV RVG auch dann entstehen, wenn sich die Tätigkeit des Rechtsanwalts auf die Vertretung im Adhäsionsverfahren alleine beschränkt. Wegen der übrigen Einzelheiten wird auf die Komm. zu Nr. 4143, Nr. 4144 und Nr. 4145 verwiesen.

8 Vorbem. 4.3 Abs. 3 S. 2 VV RVG enthält die Klarstellung, dass auch das **Beschwerdeverfahren eine besondere Angelegenheit** darstellt.

Nr.	Gebührentatbestand	Gebühr oder Satz der Gebühr nach § 13 oder § 49 RVG	
		Wahlanwalt	gerichtlich bestellter oder beigeordneter Rechtsanwalt
4300	**Verfahrensgebühr für die Anfertigung oder Unterzeichnung einer Schrift** **1. zur Begründung der Revision,** **2. zur Erklärung auf die von dem Staatsanwalt, Privatkläger oder Nebenkläger eingelegte Revision oder** **3. in Verfahren nach den §§ 57a und 67e StGB** Neben der Gebühr für die Begründung der Revision entsteht für die Einlegung der Revision keine besondere Gebühr.	50,00 bis 560,00 EUR	244,00 EUR

Übersicht

1 Nr. 4300 VV RVG regelt die Höhe der Gebühren für die **isolierten Tätigkeiten** einer Revisionsbegründung, einer Erwiderung auf eine Revisionsbegründung, für eine Tätigkeit im Verf. über die Aussetzung des Strafrestes bei lebenslanger Freiheitsstrafe (§ 57a StGB) und im Verf. über die Überprüfung der weiteren Vollstreckungen einer Unterbringung nach § 67e StGB. Durch Nr. 4300 VV

RVG ist klargestellt, dass die dort aufgeführten Einzeltätigkeiten eigene Angelegenheiten iSv § 15 RVG sind. Lediglich in dem Fall, dass die Revision eingelegt und daneben begründet wird, stellen beide Tätigkeiten keine einzelnen Tätigkeiten dar, sondern es entsteht nur eine Gebühr (Anm. zu Nr. 4300 VV RVG).

2 Die Gebühren der jew. unterschiedlichen Verf. der Nrn. 1 bis 3 entstehen **unterschiedslos, ob** ein diesbezüglicher **Schriftsatz angefertigt oder lediglich unterzeichnet** wird. Für die bloße Anfertigung eines Schriftsatzes genügt es, einen diesbezüglichen Entwurf zu fertigen. Für die Entstehung der Gebühr ist unerheblich, ob der Entwurf später eingereicht wird oder im Entwurfsstadium verbleibt. Auch muss der Schriftsatz weder unterzeichnet noch im Original ausgefertigt oder auf dem Briefkopf des Anwalts gefertigt werden. Es genügt, dass der Anwalt dem AG eine Vorlage zu Verfügung stellt, damit dieser selbst oder ein anderer Anwalt den Antrag ausfertigen und unterzeichnen kann (Gebauer/Schneider Nr. 4300 VV RVG Rn. 4).

3 Es ist ausreichend, dass der Schriftsatz v. Anwalt **angefertigt oder unterzeichnet** wurde. Wird der Schriftsatz angefertigt und unterzeichnet, verbleibt es nat. bei der einfachen Gebühr nach Nr. 4300 VV RVG. Es ist nicht nötig, dass der Anwalt den Schriftsatz auch angefertigt hat (Burhoff Nr. 4300 VV RVG Rn. 12). Zur „Unterzeichnung" eines Schriftsatzes genügt dessen bloße Gegenzeichnung.

4 Die an die **Revisionsbegründung** zu stellenden Anforderungen ergeben sich aus den §§ 344 und 345 StPO. Es ist umstritten, ob zur Entstehung der Gebühr Nr. 4300 VV RVG erforderlich ist, dass der Revisionsbegründungsschriftsatz auch äußerlich den Anforderungen genügt. Nach einer Auffassung ist dies bei äußerlichen Mängeln nicht der Fall, während bei sachlichen Mängeln keine Zweifel am Entstehen der Gebühr bestehen sollen (Gerold/Schmidt Nrn. 4300-4304 VV RVG Rn. 17). Nach der Gegenauffassung kommt es nicht darauf an, ob der Schriftsatz äußerlich den Anforderungen einer Revisionsbegründung entspricht (Gebauer/Schneider Nr. 4300 VV RVG Rn 4, Hartung/Römermann, Teil 4 VV RVG Rn. 217). Letztgenannte Auffassung verdient den Vorzug. Entscheidend ist alleine der Auftrag, der dem Anwalt erteilt wurde. Äußere, formale Anforderungen können hierauf keinen Einfluss haben. Es ist allerdings zu beachten, dass eine den äußeren Anforderungen nicht gerecht werdende Revisionsbegründungsschrift evtl. einen Schadenersatzanspruch des Mandanten auslösen kann.

5 Ausreichend für die Revisionsbegründung kann die **Erklärung** sein, dass die **Revision auf die Verletzung materiellen Rechts gestützt** wird. Nur diese Erklärung genügt deshalb, um den vollen Gebührentatbestand auszulösen; der geringe Aufwand wäre insoweit im Rahmen der Gebührenbestimmung nach § 14 RVG zu berücksichtigen.

6 Nr. 4300 Nr. 2 VV RVG begründet einen Gebührenanspruch des RA, wenn sich der Auftrag darauf bezieht, eine **Revisionserwiderung** anzufertigen. Die so genannte Gegenerklärung regelt § 347 Abs. 1 S. 2 StPO.

7 Nr. 4300 Nr. 3 VV RVG regelt, erstmals durch das RVG eingeführt, ausdrücklich die Vergütung der Tätigkeit eines anwaltl. Vertreters im Verf. über die Aussetzung des Strafrestes bei lebenslanger Freiheitsstrafe nach § 57a StGB und im Zusammenhang mit der gerichtl. Überprüfung, ob die weitere Vollstreckung einer Unterbringung des Betroffenen zur Bewährung auszusetzen ist (§ 67e StGB). Das **Verfahren zur Aussetzung des Strafrestes oder der Unterbringung** setzt eine umfangreiche Tätigkeit des Anwalts voraus. Es ist eine eingehende Befassung mit der Schwere der Schuld des Verurteilten, mit seiner Persönlichkeit, mit seiner Führung und Haltung während der Inhaftierung oder Unterbringung und mit der Zukunftsprognose erforderlich. Schon dieser Zeitaufwand rechtfertigt es regelmäßig, die Voraussetzungen zur Bewilligung einer Pauschalgebühr nach den §§ 42, 51 RVG aus anwaltl. Sicht zu überprüfen und einen diesbezüglichen Antrag in Erwägung zu ziehen (Hartung/Römermann Teil 4 VV RVG Rn. 223). Die Verfahrensgebühr entsteht isoliert für das Anfertigen einer Schrift in den genannten Verfahren. Alle anderen Tätigkeiten werden jedenfalls durch Nr. 4301 Nr. 6 VV RVG abgegolten, soweit nicht eine andere Vorschrift greift (Burhoff RVG professionell 2004, 52).

Nr.	Gebührentatbestand	Gebühr oder Satz der Gebühr nach § 13 oder § 49 RVG	
		Wahlanwalt	gerichtlich bestellter oder beigeordneter Rechtsanwalt
4301	Verfahrensgebühr für 1. die Anfertigung oder Unterzeichnung einer Privatklage, 2. die Anfertigung oder Unterzeichnung einer Schrift zur Rechtfertigung der Berufung oder zur Beantwortung der von dem Staatsanwalt, Privatkläger oder Nebenkläger eingelegten Berufung, 3. die Führung des Verkehrs mit dem Verteidiger, 4. die Beistandsleistung für den Beschuldigten bei einer richterlichen Vernehmung, einer Vernehmung durch die Staatsanwaltschaft oder eine andere Strafverfolgungsbehörde oder in einer Hauptverhandlung, einer mündlichen Anhörung oder bei einer Augenscheinseinnahme, 5. die Beistandsleistung im Verfahren zur gerichtlichen Erzwingung der Anklage (§ 172 Abs. 2 bis 4, § 173 StPO) oder 6. sonstige Tätigkeiten in der Strafvollstreckung Neben der Gebühr für die Rechtfertigung der Berufung entsteht für die Einlegung der Berufung keine besondere Gebühr.	35,00 bis 385,00 EUR	168,00 EUR

Übersicht

1 Nr. 4301 VV RVG regelt die **Gebühren für weitere**, nicht in Nr. 4300 VV RVG genannte **Tätigkeiten**, die idR mit einem im Vergleich zu Nr. 4300 VV RVG **geringeren Tätigkeitsaufwand** einhergehen und deswegen im Vergleich zu dieser Vorschrift geringer vergütet werden.

2 Soweit in Nr. 4301 VV RVG sowohl die Anfertigung als auch die Unterzeichnung eines Schriftsatzes eine Gebühr nach sich ziehen, wird wg. dieser TB-Merkmale auf die Komm. zu Nr. 4300 Anm. 2 und 3 VV RVG verwiesen.

3 Die in Nr. 4301 VV RVG bestimmte Verfahrensgeb. für die Anfertigung oder Unterzeichnung einer Privatklage bezieht sich isoliert nur auf den an den anwaltl. Vertreter gerichteten **Auftrag**, einen solchen **Schriftsatz anzufertigen** bzw. zu unterzeichnen. Für die Vertretung in kompletten Privatklageverfahren finden gem. Vorbem. 4 Abs. 1 VV RVG die Gebühren des Abschnitts 1 des Teil 4 VV RVG entspr. Anwendung, bis hin zur Einigungsgebühr als zusätzl. Gebühr nach Nr. 4146 VV RVG. Das Privatklageverfahren ist in den §§ 374ff. StPO geregelt. Nr. 4301 Nr. 1 VV RVG betrifft isoliert die Klageerhebung nach § 381 StPO.

4 In Nr. 4301 Nr. 2 VV RVG ist die dem RA zustehende Gebühr für den Fall geregelt, dass ihm v. dem Mandanten die Anfertigung oder Unterzeichnung einer **Berufungsbegründungsschrift oder einer Berufungserwiderung** anvertraut wurde. In Nr. 4301 VV RVG aE ist klargestellt, dass keine Gebühr für die Einlegung der Berufung entsteht, wenn daneben der Auftrag zur Berufungsbegründung erteilt wird. Insoweit stellen Berufungseinlegung und Berufungsbegründung eine Angelegenheit dar.

5 Eine Verfahrensgebühr nach Nr. 4301 VV RVG entsteht ferner **für** den **Verkehrsanwalt**, der zur Herstellung und Aufrechterhaltung des Kontakts zw. Mandant und Verteidiger eingeschaltet wird. Die Gebühr entsteht auch dann, wenn der Verkehrsanwalt den Kontakt zum Vertreter des Privatklägers, Nebenklägers oder sonstigem Beteiligten iSd Vorbem. 4 Abs. 1 VV RVG herstellt und aufrecht erhält.

6 Nr. 4301 Nr. 4 VV RVG regelt die dem RA zustehende Gebühr, wenn er einem Betroffenen bei einer Vernehmung, mündl. Verhandlung oder Augenscheinseinnahme **außerhalb der Hauptverhandlung Beistand leistet**. Die Gebühr entsteht bei der Beistandsleistung für den Beschuldigten wie für den übrigen Beteiligten nach Vorbem. 4 Abs. 1 VV RVG. Auch im Rahmen einer Beistandsleistung in der Hauptverhandlung entsteht die Gebühr Nr. 4301 Nr. 4 VV RVG, wenn der Auftrag hierauf beschränkt und dem Anwalt nicht die Verteidigung im Ganzen übertragen wurde. Nr. 4301 Nr. 4 VV RVG kommt auch zur Anwendung, wenn im Rahmen einer Verkehrsanwaltstätigkeit iSv Nr. 4301 Nr. 3 VV RVG die Wahrnehmung eines Termins erforderlich wird. Vorbem. 4 Abs. 3 VV RVG findet auf Nr. 4301 Nr. 4 VV RVG keine Anwendung. Hier gilt § 15 Abs. 4 RVG.

7 Wie oft die Gebühr Nr. 4301 Nr. 4 VV RVG anfällt, richtet sich nach dem Auftrag, der dem Verteidiger erteilt wurde. Umfasst der Auftrag die Wahrnehmung mehrerer Termine, so entsteht die Gebühr nur einmal. Die Mehrarbeit wird im Rahmen v. § 14 RVG berücksichtigt. Erfolgt jew. die **erneute Beauftragung** zur Wahrnehmung eines selbstständigen Termins, so entsteht die Gebühr unter Berücksichtung der Obergrenze des § 15 Abs. 6 RVG jew. neu (Gebauer/Schneider Nr. 4301 VV RVG Rn. 20).

8 Nr. 4301 Nr. 5 VV RVG regelt die Gebühr des RA, der v. Mandanten damit beauftragt wurde, **Beistand im Klageerzwingungsverfahren** nach § 172 StPO zu leisten. Das Klageerzwingungsverfahren kann der Betroffene durchführen, wenn das Verf. gg. den v. ihm Beschuldigten nach § 170 Abs. 2 StPO eingestellt und die hierauf gerichtete Beschwerde zurückgewiesen wurde. Für das Klageerzwingungsverfahren gilt Anwaltszwang, § 172 Abs. 3 StPO.

9 Ist der RA damit beauftragt **Beistand beim Verfahren über die Beschwerde gegen die Verfahrenseinstellung** zu leisten, so richtet sich seine Gebühr nach Nr. 3402 Nr. 2 VV RVG. Der anschließende Auftrag zur Durchführung des Klageerzwingungsverfahrens stellt eine eigene Angelegenheit dar; beide Gebühren können deshalb nebeneinander entstehen. Die Vergütung hierfür findet jedoch ihre Obergrenze mit § 15 Abs. 6 RVG in der Vergütung, die dem mit der Vertretung des Verletzten im Ermittlungsverfahren und vorbereitenden Verf. beauftragten RA zusteht.

10 Nr. 4301 Abs. 6 VV RVG bestimmt die Höhe der **Gebühren für sonstige Tätigkeiten in der Strafvollstreckung.** Die Vorschrift findet dann Anwendung, wenn der Auftrag an den RA isoliert dahingehend lautet, den Mandanten im Rahmen der Strafvollstreckung zu vertreten. Zu denken wäre insoweit beispielsweise an die Anfertigung eines Ratenzahlungsgesuchs nach § 42 StGB, § 459a StPO oder an Gesuche auf Strafaufschub oder Unterbrechung nach den §§ 455-456 StPO. Keine bloße Einzeltätigkeit, sondern vielmehr eine die Gebühr nach Nr. 4200 VV RVG auslösende Tätigkeit stellt es dar, wenn der Verteidiger im Überprüfungsverfahren nach § 67e StGB für den Untergebrachten als Beigeordneter tätig wird (OLG Schleswig Beschl. v. 06.01.2005 □ 1 Ws 443/04), auch wenn das Verfahren erkennbar nur der Feststellung der Fortdauer der Unterbringung dienen sollte (KG Beschl. v. 31.01.2005 □ 5 Ws 4/05).

Nr.	Gebührentatbestand	Gebühr oder Satz der Gebühr nach § 13 oder § 49 RVG	
		Wahlanwalt	gerichtlich bestellter oder beigeordneter Rechtsanwalt
4302	Verfahrensgebühr für 1. die Einlegung eines Rechtsmittels, 2. die Anfertigung oder Unterzeichnung anderer Anträge, Gesuche oder Erklärungen oder 3. eine andere nicht in Nummer 4300 oder 4301 erwähnte Beistandsleistung	20,00 bis 250,00 EUR	108,00 EUR

Übersicht

Verfahrensgebühr für die Einlegung eines Rechtsmittels	1
Rechtsmittel	2
Andere Anträge, Gesuche oder Erklärungen	3
Andere Einzeltätigkeiten	4

1 Nr. 4302 VV RVG regelt die dem Verteidiger zustehende **Verfahrensgebühr für** die bloße **Einlegung eines Rechtsmittels** sowie als Auffangtatbestand die dem Anwalt zustehenden Gebühren bei Anfertigung oder Unterzeichnung nicht in den Nrn. 4300, 4301 VV RVG aufgeführter Schriftsätze oder anderer Beistandsleistungen.

2 Rechtsmittel iSv Nr. 4302 VV RVG sind Berufung, Revision sowie Einspruch gg. einen Strafbefehl und die Beschwerde. War der RA zuvor bereits Verteidiger in dem Verf., dass dem Rechtsmittel vorausgegangen ist, so gehört das Rechtsmittel zur Instanz und wird mit den dortigen Gebühren abgegolten (§ 19 Abs. 1 Nr. 10 RVG). Die Einlegung bedeutet die bloße Erklärung, dass das Rechtsmittel eingelegt wird. Die Gebühr entsteht somit auch dann, wenn keine Begründung und kein konkreter Rechtsmittelantrag gestellt werden. Kommt es anschließend durch den Verteidiger zur Begründung des Rechtsmittels, so entsteht keine gesonderte Gebühr nach Nr. 4302 VV RVG. Vielmehr entstehen die Gebühren der Nrn. 4300 bzw. 4301 VV RVG jew. gesondert.

3 Die anderen **Anträge, Gesuche oder Erklärungen** (Nr. 4302 Nr. 2 VV RVG) beinhalten die Strafanzeige, den Strafantrag, die Rücknahme v. Rechtsmitteln, Anträge, die für den inhaftierten Mandanten ggü. der JVA gestellt werden, einzelne Beweisanträge oder die Anschlusserklärung für den Nebenkläger. Von größter Relevanz in der Praxis dürfte die Strafanzeige sein (KG JurBüro 1982, 1251).

4 Nr. 4302 Nr. 3 VV RVG regelt als Auffangtatbestand das Entstehen einer Gebühr für sämtliche **anderen Einzeltätigkeiten** des RA, soweit nicht iÜ ein Gebührentatbestand erfüllt ist.

Nr.	Gebührentatbestand	Gebühr oder Satz der Gebühr nach § 13 oder § 49 RVG	
		Wahlanwalt	gerichtlich bestellter oder beigeordneter Rechtsanwalt
4303	**Verfahrensgebühr für die Vertretung in einer Gnadensache**	**25,00 bis 250,00 EUR**	**110,00 EUR**
	Der Rechtsanwalt erhält die Gebühr auch, wenn ihm die Verteidigung übertragen war.		

1 Nr. 4303 VV RVG stellt klar, dass die **Vertretung** des Betroffenen **in einer Gnadensache** eine **gesonderte Angelegenheit** darstellt, die einen eigenständigen Gebührenanspruch auslöst. Das gilt nach der Anm. zu Nr. 4303 VV RVG auch dann, wenn der RA den Betroffenen zuvor in der Strafsache verteidigt hat. Die Entstehung der Gebühr setzt voraus, dass das Verf. vor einer Gnadenstelle stattfindet. Maßgeblich sind die jew. Gnadenordnungen des Bundes und der Länder. Die Gebühr deckt die gesamte Tätigkeit des RA in einer Gnadensache ab. Sie beginnt mit dem Auftrag, in der Gnadeninstanz tätig zu werden, und entsteht mit der Entgegennahme der Information (Vorb. 4 Abs. 2 VV RVG). Die Gnadensache endet mit der Entscheidung der Gnadenbehörde (Gerold/Schmidt Nrn. 4300-4304 VV RVG Rn. 5).

2 Von einer Tätigkeit in einer Gnadensache **zu unterscheiden** sind die Tätigkeit im Hinblick auf die Einstellung des Verf., Anträge auf Erleichterungen im Strafvollstreckungsverfahren oder Anträge auf Tilgung v. Eintragungen im Strafregister oder auf die Anordnung beschränkter Auskunft (Schneider/Mock § 25 Rn. 290). Ebenfalls nicht unter Nr. 4303 VV RVG fällt die Vertretung des Betroffenen bei der Anfechtung der Gnadenentscheidung im Verwaltungsweg. Hierfür gelten die allg. Vorschriften für die Vertretung im Verwaltungsverfahren.

3 Fraglich ist die gebührenrechtl. Behandlung des **Beschwerdeverfahrens**. Während v. einer Ansicht angenommen wird, dass ein evtl. Beschwerdeverfahren durch die Gebühr Nr. 4303 VV RVG abgegolten ist und § 15 Abs. 2 RVG insoweit keine Anwendung findet (Schneider/Mock § 25 Rn. 294), ist der Gegenmeinung zu folgen, die angesichts des eindeutigen Wortlauts der Vorbem. 4.3 Abs. 2 S. 3 VV RVG das Beschwerdeverf. als gesonderte Angelegenheit ansieht, die eine eigenständige Gebühr nach sich zieht (Hartung/Römermann Teil 4 VV RVG Rn. 255).

Nr.	Gebührentatbestand	Gebühr oder Satz der Gebühr nach § 13 oder § 49 RVG	
		Wahlanwalt	gerichtlich bestellter oder beigeordneter Rechtsanwalt
4304	**Gebühr für den als Kontaktperson beigeordneten Rechtsanwalt (§ 34a EGGVG)**		**3000,00 EUR**

Übersicht

1 Nr. 4304 VV RVG regelt die Höhe der Vergütung, die der als Kontaktperson beigeordnete Rechtsanwalt erhält. Die Beiordnung erfolgt nach § 34a EGGVG durch den Präsidenten des Landgerichts, in dessen Bezirk die Justizvollzugsanstalt liegt. Als Kontaktperson in Frage kommen nur RA, sofern sie nicht zuvor als Verteidiger in dem Fall tätig waren. Auf die Beiordnung hat der Gefangene weder dem Grunde nach, noch was die Person des beigeordneten RA betrifft, Einfluss.

2 Die Gebühr entsteht mit der ersten Tätigkeit des RA. Ihm steht das Recht zu, gem. § 47 RVG einen Vorschuss zu verlangen.

3 Bei bes. umfangreichen und schwierigen Tätigkeiten kommt die Bewilligung einer Pauschgebühr nach § 51 RVG in Betracht.

4 Ein Zuschlag für die Vertretung des inhaftierten Mandanten ist nicht vorgesehen.

5 Bei vorzeitiger Erledigung des Auftrags findet § 15 Abs. 4 RVG Anwendung.

Teil 5. Bußgeldsachen

Vorbemerkung 5:

(1) Für die Tätigkeit als Beistand oder Vertreter eines Einziehungs- oder Nebenbeteiligten, eines Zeugen oder eines Sachverständigen in einem Verfahren, für das sich die Gebühren nach diesem Teil bestimmen, entstehen die gleichen Gebühren wie für einen Verteidiger in diesem Verfahren.

(2) Die Verfahrensgebühr entsteht für das Betreiben des Geschäfts einschließlich der Information.

(3) Die Terminsgebühr entsteht für die Teilnahme an gerichtlichen Terminen, soweit nichts anderes bestimmt ist. Der Rechtsanwalt erhält die Terminsgebühr auch, wenn er zu einem anberaumten Termin erscheint, dieser aber aus Gründen, die er nicht zu vertreten hat, nicht stattfindet. Dies gilt nicht, wenn er rechtzeitig von der Aufhebung oder Verlegung des Termins in Kenntnis gesetzt worden ist.

(4) Für folgende Tätigkeiten entstehen Gebühren nach den Vorschriften des Teils 3:

1. **für das Verfahren über die Erinnerung oder die Beschwerde gegen einen Kostenfestsetzungsbeschluss, für das Verfahren über die Erinnerung gegen den Kostenansatz, für das Verfahren über die Beschwerde gegen die Entscheidung über diese Erinnerung und für Verfahren über den Antrag auf gerichtliche Entscheidung gegen einen Kostenfestsetzungsbescheid und den Ansatz der Gebühren und Auslagen (§ 108 OWiG),**

2. **in der Zwangsvollstreckung aus Entscheidungen, die über die Erstattung von Kosten ergangen sind, und für das Beschwerdeverfahren gegen die gerichtliche Entscheidung nach Nummer 1.**

Übersicht

1 Im fünften Teil des Vergütungsverzeichnisses RVG ist die **Vergütung** des Anwalts in **Bußgeldsachen** geregelt. Anders als nach der bisherigen Rechtslage unterliegt die Vergütung in Bußgeldsachen einer gesonderten Regelung. Nach der BRAGO orientierten sich die Gebühren des Verteidigers in Bußgeldsachen bisher über die Verweisung in § 105 BRAGO an denjenigen des Verteidigers in Strafsachen.

2 Die grds. **Gebührenstruktur** läuft parallel zu derjenigen für das Strafverfahren. Bei der Gebührenhöhe wird nunmehr nach der zu erwartenden Buße gestaffelt. Bußgeldverfahren mit einer Geldbuße v. weniger als 40 EUR ☐ der Punktegrenze für eine Eintragung in das Verkehrszentralregister ☐ sollen im Ergebnis geringer als nach der BRAGO vergütet werden. Bei Bußgeldverfahren mit Geldbußen bis 5000 EUR soll in etwa das Niveau der BRAGO beibehalten werden. Bußgeldverfahren, deren höhere Bedeutung sich durch ein Bußgeld v. mehr als 5000 EUR ausdrückt, sollen höher als nach der BRAGO vergütet werden (Gesetzesbegründung zu Teil 5, BT-Drs 15/1971 S. 230). Die Gebühren für den Wahlverteidiger in Bußgeldsachen sind Betragsrahmengeb., diejenigen des gerichtl. bestellten oder beigeordneten RA Festgebühren. Bei der Bemessung der Gebühren des Wahlanwalts ist § 14 RVG zu berücksichtigen. Dabei ist grds. v. Mittelwert der jew. Gebührenrahmens auszugehen (Hansens § 12 BRAGO Rn. 3; Burhoff Vorbem. 5 VV RVG Rn. 19). Auch in Bußgeldverfahren ist auf jeden Fall immer die Mittelgebühr angemessen. Das gilt insbesondere auch für Verkehrsordnungswidrigkeiten (Burhoff, RVGreport 2004, 382). Je nach Bedeutung der Angelegenheit, Umfang und Schwierigkeit der Tätigkeit und den Vermögensverhältnissen des AG kann es gerechtfertigt sein, v. Mittelwert abzuweichen (Schneider, ZAP Fach 24, Seite 431). Das wird beispielsweise der Fall sein, wo es im Bußgeldverfahren auch um die Entziehung der Fahrerlaubnis geht. Dieser früher in § 88 Satz 3 BRAGO geregelte Fall wird im RVG nämlich nicht mehr ausdrücklich angesprochen (Madert, AGS 2004, 376). Die Höhe der Geldbuße kann jedenfalls in diesem Zusammenhang keine Rolle spielen: ihre Bedeutung erschöpft sich in der Festlegung der Höhe des Betragsrahmens ("gebührenrechtliches Doppelverwertungsverbot", vgl. Burhoff Vorbem. 5 VV RVG Rn. 19).

3 Auch in Bezug auf den gleichen Sachverhalt stehen **Straf- und Bußgeldverfahren** als **zwei verschiedene Angelegenheiten** nebeneinander. § 17 Nr. 10 RVG regelt, dass das strafrechtliche Ermittlungsverfahren sowie das nach dessen Einstellung sich anschließende Bußgeldverfahren verschiedene Angelegenheiten darstellen. Umgekehrt gilt gleiches, was sich aus der Anrechnungsvorschrift in Anm. 2 zu Nr. 4100 VV RVG ergibt (Schneider/Mock § 26 Rn. 13).

4 Vorbem. 5 Abs. 1 VV RVG regelt, dass dem Anwalt als **Beistand oder Vertreter des Einziehungs- oder Nebenbeteiligten** die gleichen Gebühren wie einem Verteidiger im gleichen Verf. zustehen. Die Anordnung v. Einziehung und Verfall im Bußgeldverfahren und damit die Stellung des Einziehungs- oder Nebenbeteiligten regelt § 87 OWiG.

5 Ebenso entstehen die gleichen Gebühren wie für einen Verteidiger für den **Beistand des Zeugen oder des Sachverständigen** im Bußgeldverfahren. Eine solche Regelung findet sich erstmals im RVG.

6 Vorbem. 5 Abs. 2 VV RVG entspricht wortgleich der Regelung in Vorbem. 4 Abs. 2 VV RVG für das Strafverfahren. Insoweit wird auf die dortige Komm. der **Verfahrensgebühr** (Anm. 12ff.) verwiesen.

7 Vorbem. 5 Abs. 3 VV RVG entspricht ebenfalls exakt der Regelung über die **Terminsgebühr** in Vorbem. 4 Anm. 17ff. VV RVG, so dass auch insoweit nach dorthin verwiesen werden kann.

8 Vorbem. 5 Abs. 4 VV RVG enthält eine **Verweisung auf** die **Vorschriften des dritten Teils** VV RVG. Zur Anwendung kommt insoweit der Gebührentatbestand Nr. 3500 VV RVG. Für die Verf. über die Erinnerung oder Beschwerde gg. einen Kostenfestsetzungsbeschluss, das Verf. über die Erinnerung gg. den Kostenansatz und das Verf. über die Beschwerde gg. die Entscheidung über diese Erinnerung gelten keine Abweichungen zur Regelung in Vorbem. 4 Anm. 24 VV RVG, so dass auf die dortige Komm. verwiesen werden kann.

9 Hinzu tritt die entspr. Anwendung v. Nr. 3500 VV RVG (Verf. über den Antrag auf gerichtl. Entscheidung über einen Kostenfestsetzungsbescheid) und den Ansatz der Gebühren und Auslagen nach § 108 OWiG. Dies betrifft **Bußgeldverfahren**, die **vor der Verwaltungsbehörde** enden. Auch insoweit hat eine Entscheidung über die Kosten zu ergehen. Gemäß § 106 OWiG erfolgt die Festsetzung durch die Verwaltungsbehörde. Gegen diese Kostenfestsetzung ist der Antrag auf gerichtl. Entscheidung statthaft, § 108 Abs. 1 S. 1 aE OWiG.

10 Vorbem. 5 Abs. 4 Nr. 2 VV RVG bestimmt ferner das Entstehen v. **Gebühren nach Nr. 3500 VV RVG** im Verf. der Zwangsvollstreckung aus Kostenbescheiden. Weiterhin entsteht die Gebühr nach Nr. 3500 VV RVG in dem Fall, dass die gerichtl. Entscheidung nach § 108 Abs. 1 S. 1, 62 OWiG, wie in § 108 Abs. 1 S. 2 Hs. 2 OWiG vorgesehen, mit der sofortigen Beschwerde angegriffen wird.

Abschnitt 1. Gebühren des Verteidigers

Vorbemerkung 5.1:

(1) Durch die Gebühren wird die gesamte Tätigkeit als Verteidiger entgolten.

(2) Hängt die Höhe der Gebühren von der Höhe der Geldbuße ab, ist die zum Zeitpunkt des Entstehens der Gebühr zuletzt festgesetzte Geldbuße maßgebend. Ist eine Geldbuße nicht festgesetzt, richtet sich die Höhe der Gebühren im Verfahren vor der Verwaltungsbehörde nach dem mittleren Betrag der in der Bußgeldvorschrift angedrohten Geldbuße. Sind in einer Rechtsvorschrift Regelsätze bestimmt, sind diese maßgebend. Mehrere Geldbußen sind zusammenzurechnen.

Übersicht

Abgeltungsbereich	1
Gebühren für die gesamte Tätigkeit	2
Gebührenrahmen	3
Bußgeld noch nicht festgesetzt	4
Höhe der Geldbuße wird später festgesetzt	5
Mehrere Geldbußen	6
Höhe der Geldbuße wird später heraufgesetzt	7

1 Vorbem. 5.1 VV RVG stellt den **Umfang des Abgeltungsbereichs** der Gebühren klar. Ferner bestimmt sie, v. welcher Geldbuße bei der Bestimmung des Gebührenrahmens auszugehen ist, wenn die Geldbuße noch nicht festgesetzt wurde.

2 Vorbem. 5.1 Abs. 1 VV RVG entspricht der Regelung in Vorbem. 4.1 Abs. 2 S. 1 VV RVG, so dass auf die dortige Komm. (Anm. 3) verwiesen werden kann. Zu beachten ist, dass nach § 19 Abs. 1 S. 2

Nr. 10 RVG die Einlegung eines Rechtsmittels beim Gericht desselben Rechtszugs in Bußgeldverfahren zum Rechtszug gehört und ebenfalls v. der Verfahrensgeb. abgegolten ist.

3 Vorbem. 5.1 Abs. 2 VV RVG legt die Kriterien zur Bestimmung der Geldbuße fest, nach der sich die **Höhe des Gebührenrahmens** bestimmt. Der Gebührenrahmen orientiert sich an der Höhe des festgesetzten oder zu erwartenden Bußgeldes. Der zu wählende Gebührenrahmen unterscheidet sich je nachdem, ob eine Geldbuße im Moment, in dem der Verteidiger beauftragt wird, schon festgesetzt wurde oder nicht. Wurde bereits eine Geldbuße festgesetzt, ist v. ihrer Höhe bei der Feststellung des Gebührenrahmens auszugehen.

4 Ist das **Bußgeld noch nicht festgesetzt**, wenn zB die Verteidigung schon im Verfahren vor der Verwaltungsbehörde beginnt, so ist weiter zu unterscheiden. Existiert für die Festlegung des Bußgeldes ein in einer Rechtsvorschrift festgelegter Regelsatz, (z. B. nach der Bußgeldkatalogverordnung in Straßenverkehrssachen), so dient die hiernach zu erwartende Geldbuße als Grundlage für die Festlegung des Gebührenrahmens. Fehlt auch eine solche Regelsatzbestimmung, dann bestimmt sich der Gebührenrahmen nach dem Mittelwert der in der Bußgeldvorschrift angedrohten Geldbuße (Burhoff, RVGreport 2004, 383). Der Mittelwert errechnet sich nach der Formel: Mindestsatz + Höchstsatz ./. 2 (Madert, AGS 2004, 376).

5 Wird **später die Höhe der Geldbuße festgesetzt**, so hat dies auf die Festlegung des Gebührenrahmens keinen Einfluss mehr. Allenfalls kann dies über § 14 RVG einen Anhaltspunkt für die wirtschaftl. Bedeutung der Angelegenheit für den Mandanten darstellen. Allerdings dient die festgesetzte Geldbuße wiederum als Grundlage zur Festlegung des Gebührenrahmens in einem sich evtl. anschließenden gerichtl. Verf.

6 Die Höhe der Gesamtgeldbuße ist auch maßgebend, wenn mehrere Verstöße geahndet werden und **mehrere Geldbußen** verhängt werden. In diesem Fall werden gem. Vorbem. 5.1 Abs. 2 S. 3 RVG die Geldbußen addiert (Madert AGS 2004, 376).

7 Wird die Geldbuße später so heraufgesetzt, dass eine nächsthöhere Gebührenstufe erreicht wird, wird dies nicht von Vorbem. 5.1. Abs. 2 VV RVG erfasst. In diesem Fall hat eine Anpassung der (ursprünglichen) Gebühr unter Berücksichtigung von § 14 RVG zu erfolgen. Angemessen ist eine Anhebung um 30%. Diese Möglichkeit steht allerdings nur dem Wahlverteidiger zu (Burhoff, RVG-Report 2004, 384).

Unterabschnitt 1. Allgemeine Gebühr

Nr.	Gebührentatbestand	Gebühr oder Satz der Gebühr nach § 13 oder § 49 RVG	
		Wahlanwalt	gerichtlich bestellter oder beigeordneter Rechtsanwalt
5100	Grundgebühr (1) Die Gebühr entsteht für die erstmalige Einarbeitung in den Rechtsfall nur einmal, unabhängig davon, in welchem Verfahrensabschnitt sie erfolgt. (2) Die Gebühr entsteht nicht, wenn in einem vorangegangenen Strafverfahren für dieselbe Handlung oder Tat die Gebühr 4100 entstanden ist.	20,00 bis 150,00 EUR	68,00 EUR

Übersicht

1 Auch die Tätigkeit des Verteidigers im Bußgeldverfahren ist v. der Gebührentrias Grundgebühr ☐ Verfahrensgeb. ☐Terminsgeb., insoweit analog der Tätigkeit im Strafverfahren ☐ geprägt. Nr. 5100 VV RVG regelt die dem Verteidiger zustehende **Grundgebühr im Bußgeldverfahren**. Die Grundgebühr dient dazu, den Einarbeitungsaufwand des Verteidigers, den dieser benötigt, wenn er sich erstmals mit dem Rechtsfall beschäftigt, angemessen zu honorieren.

2 Die Gebühr ist v. der Sache her identisch mit der Gebühr Nr. 4100 VV RVG. Insoweit wird hinsichtlich des Entstehens der Gebühr auf die dortige Komm. (Anm. 1ff.) **verwiesen**.

3 Nr. 5100 Abs. 2 VV RVG ordnet als **Ausnahme** vom Geltungsbereich der Vorschrift an, dass im Fall einer **zuvor im Strafverfahren** nach Nr. 4100 VV RVG entstandenen Grundgebühr **keine gesonderte Grundgebühr für das Bußgeldverfahren entsteht**. Hierdurch wird nochmals der Charakter der Tätigkeit im Bußgeldverfahren als eigene Angelegenheit iSv § 17 RVG (vgl. Hartmann § 17 RVG Rn. 37) unterstrichen. Im Ergebnis soll jedoch die Grundgebühr auch im Verhältnis zw. Strafverfahren und Bußgeldverfahren nur einmal verdient werden. Hat der RA sich bereits im Strafverfahren in die Rechtssache eingearbeitet und ist deshalb die Grundgebühr dort nach Nr. 4100 VV RVG entstanden, so entsteht die Grundgebühr nach Nr. 5100 VV RVG erst gar nicht, wenn das Verf. zB v. der StA eingestellt und zur weiteren Bearbeitung an die Verwaltungsbehörde weitergeleitet wird. Voraussetzung ist, dass die Grundgebühr in einer Tätigkeit für dieselbe Handlung oder Tat entsteht. Maßgeblich hierfür ist der strafprozessuale Tatbegriff (§ 264 StPO). Nach ihrem Wortlaut findet die Vorschrift Nr. 5100 Abs. 2 VV RVG auch nur dann Anwendung, wenn der Verteidiger bereits zuvor in einem dieselbe Handlung betr. Strafverfahren tätig gewesen ist. Im umgekehrten Fall (Tätigkeit im Bußgeldverfahren, anschließende Tätigkeit im Strafverfahren wg. derselben Tat) greift die Anrechnungsvorschrift Nr. 4100 Abs. 2 VV RVG. Die unterschiedliche Regelung (Nicht-Entstehung/Anrechnung) zu den Grundgebühren der Nrn. 4100 VV RVG und 5100 VV RVG wirkt sich bei der Bemessung der Pauschale Nr. 7002 VV RVG aus, da nur im Fall der Anrechnung nach Nr. 4100 VV RVG die (de facto entfallende) Geb. bei der Berechnung der Höhe der Pauschale als Bemessungsgrundlage hinzugerechnet wird.

4 Im Gegensatz zu den Gebühren im Strafverfahren ist für das Bußgeldverfahren **keine allgemeine Terminsgebühr** für die Teilnahme an Terminen in Unterabschnitt 1 („Allgemeine Gebühr") des ersten Abschnitts im fünften Teil des VV RVG vorgesehen. Kommt es im Rahmen des Verf. vor der Verwaltungsbehörde zur Wahrnehmung eines Termins durch den Verteidiger, entstehen die Gebühren Nr. 5102 beziehungsweise Nr. 5104 oder 5106 VV RVG. Im gerichtl. Bußgeldverfahren finden regelmäßig keine außergerichtlichen Termine statt.

Unterabschnitt 2. Verfahren vor der Verwaltungsbehörde

Vorbemerkung 5.1.2:

(1) Zu dem Verfahren vor der Verwaltungsbehörde gehört auch das Verwarnungsverfahren und das Zwischenverfahren (§ 69 OWiG) bis zum Eingang der Akten bei Gericht.

(2) Die Terminsgebühr entsteht für die Teilnahme an Vernehmungen vor der Polizei oder der Verwaltungsbehörde.

Übersicht

1 Vorbem. 5.1.2 VV RVG regelt generell den gebührenrechtlichen Umfang des im Unterabschnitt 2 geregelten **Verfahrens vor der Verwaltungsbehörde**. Beginn und Ende des Verf. vor der Verwaltungsbehörde werden festgelegt (Vorbem. 5.1.2 Abs. 1 VV RVG). Ferner wird klargestellt, wann eine Terminsgeb. (auch) entsteht (Vorbem. 5.1.2 Abs. 2 VV RVG).

2 Das Verf. vor der Verwaltungsbehörde kann auf drei verschiedene Arten beginnen. Zum einen **beginnt das Verfahren** dann, wenn Polizei, Verwaltungsbehörde oder StA eine Ordnungswidrigkeitenanzeige eingeht. Weiterhin stellt die Aufnahme der Ermittlungen vAw durch Polizei, Verwaltungsbehörde oder StA den Beginn des Verwaltungsverfahrens dar. Schließlich beginnt das verwaltungsbehördliche Verf. auch dann, wenn gem. § 43 OWiG ein Strafverfahren v. der StA an die Verwaltungsbehörde abgegeben wird.

3 Der **Einspruch gegen den Bußgeldbescheid** der Verwaltungsbehörde zählt zum Verf. vor der Verwaltungsbehörde. Gesonderte Gebühren sind hierfür nicht vorgesehen.

4 Auch das sich anschließende **Zwischenverfahren vor der Staatsanwaltschaft** zählt, wie Vorbem. 5.1.2 Abs. 1 VV RVG klarstellt, bis zum Eingang der Akten bei Gericht zum Verwaltungsverfahren.

5 Das **Verfahren vor der Verwaltungsbehörde endet** mit der Einstellung des Verf. durch die Verwaltungsbehörde oder StA (§§ 47 Abs. 1, 69 Abs. 4 OWiG), mit der Abgabe des Verf. an die StA, wenn die Tat weiter als Straftat verfolgt werden soll (§ 41 OWiG), wenn das Verf. durch die StA zur weiteren Verfolgung als Straftat übernommen wird (§ 42 OWiG), mit Zustellung des Bußgeldbescheides, wenn kein Einspruch eingelegt wird, der Einspruch vor Eingang der Akten beim AG zurückgenommen wird oder wenn die Akten beim AG eingehen.

6 Vorbem. 5.1.2 Abs. 2 VV RVG hat **klarstellende Funktion**. Sie ist notwendig, da gem. Vorbem. 5 Abs. 3 S. 1 VV RVG die Terminsgeb. grds. nur für die Teilnahme an gerichtl. Terminen entsteht, soweit nichts anderes bestimmt ist. Eine solche andere Regelung stellt die Vorbem. 5.1.2 VV RVG dar. Hieraus folgt, dass die Terminsgeb. auch entsteht, wenn der RA z. B. an richterlichen Zeugenvernehmungen nach § 48 OWiG teilnimmt.

Nr.	Gebührentatbestand	Gebühr oder Satz der Gebühr nach § 13 oder § 49 RVG	
		Wahlanwalt	gerichtlich bestellter oder beigeordneter Rechtsanwalt
5101	Verfahrensgebühr bei einer Geldbuße von weniger als 40,00 EUR	10,00 bis 100,00 EUR	44,00 EUR

1 In Nr. 5101 VV RVG ist die Höhe der Verfahrensgeb. für das Verf. vor der Verwaltungsbehörde geregelt, wenn die **Geldbuße weniger als 40 EUR** beträgt.

2 Maßgeblich für die Beantwortung der Frage, **wie hoch die Geldbuße** ist, ist die Regelung der Vorbem. 5.1 Abs. 2 VV RVG. Auf die dortige Komm. (Anm. 3ff.) wird verwiesen.

3 Die **Gebührenhöhe** fällt im Vergleich zur Vorgängerregelung der BRAGO, entspr. der geringeren Bedeutung v. Bußgeldern unterhalb der Punktegrenze für Eintragungen in das Verkehrszentralregister, niedriger aus.

Nr.	Gebührentatbestand	Gebühr oder Satz der Gebühr nach § 13 oder § 49 RVG	
		Wahlanwalt	gerichtlich bestellter oder beigeordneter Rechtsanwalt
5102	Terminsgebühr für jeden Tag, an dem ein Termin in den in Nummer 5101 genannten Verfahren stattfindet	10,00 bis 100,00 EUR	44,00 EUR

1 Nr. 5102 VV RVG regelt die **Terminsgebühr** für die Wahrnehmung v. Terminen in den Verf., in denen eine **Geldbuße von weniger als 40 EUR** in Rede steht (Nr. 5101 VV RVG). Gemäß Vorbem. 5.1.2 Abs. 2 VV RVG entsteht die Terminsgeb. auch für die Teilnahme an Vernehmungen vor der Polizei- oder Verwaltungsbehörde.

2 Die Wahrnehmung eines Termins führt auch in einem Verf., in dem eine Geldbuße v. weniger als 40 EUR droht, zu **höheren Gebühren als im Geltungsbereich der BRAGO**. Bei Ansatz des Mittelwerts entstehen Nettogebühren iHv 210 EUR (Grundgebühr Nr. 5100 VV RVG, Verfahrensgeb. Nr. 5101 VV RVG, Terminsgeb. Nr. 5102 VV RVG, Auslagenpauschale Nr. 7002 VV RVG).

Nr.	Gebührentatbestand	Gebühr oder Satz der Gebühr nach § 13 oder § 49 RVG	
		Wahlanwalt	gerichtlich bestellter oder beigeordneter Rechtsanwalt
5103	Verfahrensgebühr bei einer Geldbuße von 40,00 EUR bis 5000,00 EUR	20,00 bis 250,00 EUR	108,00 EUR

1 Nr. 5103 VV RVG regelt die Gebührenhöhe der Verfahrensgeb., wenn die **Geldbuße zwischen 40 und 5000 EUR** liegt.

2 Den **Umfang des Verfahrens** regelt Vorbem. 5.1.2 Abs. 1 VV RVG (s. dort Anm. 1ff.).

3 Woran sich die zur Bemessung der Gebühren zu Grunde liegende Geldbuße orientiert, bestimmt Vorbem. 5.1 Abs. 2 VV RVG (s. dort Anm. 3ff.).

Nr.	Gebührentatbestand	Gebühr oder Satz der Gebühr nach § 13 oder § 49 RVG	
		Wahlanwalt	gerichtlich bestellter oder beigeordneter Rechtsanwalt
5104	Terminsgebühr für jeden Tag, an dem ein Termin in den in Nummer 5103 genannten Verfahren stattfindet	20,00 bis 250,00 EUR	108,00 EUR

1 Nr. 5104 VV RVG passt die Gebührenhöhe für **Termine** an, die in einem Verf. der Größenordnung v. Nr. 5103 VV RVG (**Geldbuße zwischen 40 und 5000 EUR**) stattfinden.

2 Vorbem. 5.1.2 VV RVG ordnet an, dass die Terminsgeb. auch für die Teilnahme an Vernehmungen vor der Polizei- und Verwaltungsbehörde entsteht.

Nr.	Gebührentatbestand	Gebühr oder Satz der Gebühr nach § 13 oder § 49 RVG	
		Wahlanwalt	gerichtlich bestellter oder beigeordneter Rechtsanwalt
5105	Verfahrensgebühr bei einer Geldbuße von mehr als 5000,00 EUR	30,00 bis 250,00 EUR	112,00 EUR

1 Nr. 5105 VV RVG regelt die Verfahrensgebühr bei einer Geldbuße, die höher liegt als 5000 EUR.

2 Den **Umfang des Verfahrens** regelt Vorbem. 5.1.2 Abs. 1 VV RVG.

3 Woran sich die zur Bemessung der Gebühren zugrunde liegende Geldbuße orientiert, bestimmt Vorbem. 5.1 (Anm. 2ff.) VV RVG.

Nr.	Gebührentatbestand	Gebühr oder Satz der Gebühr nach § 13 oder § 49 RVG	
		Wahlanwalt	gerichtlich bestellter oder beigeordneter Rechtsanwalt
5106	Terminsgebühr für jeden Tag, an dem ein Termin in den in Nummer 5105 genannten Verfahren stattfindet	30,00 bis 250,00 EUR	112,00 EUR

1 Nr. 5106 VV RVG passt die Gebührenhöhe für **Termine** an, die in einem Verf. der Größenordnung Nr. 5105 VV RVG (**Geldbuße von mehr als 5000 EUR**) stattfinden.

2 Vorbem. 5.1.2 VV RVG ordnet an, dass die Terminsgeb. auch für die Teilnahme an Vernehmungen vor der Polizei- und Verwaltungsbehörde entsteht.

Unterabschnitt 3. Verfahren vor dem Amtsgericht

Vorbemerkung 5.1.3

(1) Die Terminsgebühr entsteht auch für die Teilnahme an gerichtlichen Terminen außerhalb der Hauptverhandlung.

(2) Die Gebühren dieses Abschnitts entstehen für das Wiederaufnahmeverfahren einschließlich seiner Vorbereitung gesondert; die Verfahrensgebühr entsteht auch, wenn vor der Stellung eines Wiederaufnahmeantrags abgeraten wird.

Übersicht

1 Vorbem. 5.1.3 VV RVG macht **allgemeine Vorgaben für das Verfahren vor dem Amtsgericht**, die für die Nrn. 5107 bis 5112 VV RVG gelten. Es wird eine klarstellende Regelung für die Entstehung von Terminsgebühren getroffen. Weiterhin wird der Anwendungsbereich des Teil 5 Abschnitt 1 Unterabschnitt 3 VV RVG auch auf das Wiederaufnahmeverfahren erstreckt und die Entstehung der Verfahrensgebühr auch im Fall des Abratens von der Stellung eines Wiederaufnahmeantrages angeordnet.

2 **Unterabschnitt 3 bezieht sich auf das gerichtliche Verfahren in Bußgeldsachen.** Dieses erstreckt sich vom Eingang der Akten bei Gericht nach Einspruch des Betroffenen gegen den Bußgeldbescheid und Abgabe der Akten an die Verwaltungsbehörde über die Staatsanwaltschaft an das Amtsgericht (§ 69 Abs. 3 OWiG) bis zu der Beendigung des amtsgerichtlichen Verfahrens durch Einstellung (§ 47 Abs. 2 OWiG), Verwerfung des Einspruchs als unzulässig (§ 70 Abs. 1 OWiG) oder Entscheidung des Gerichts durch Beschluss oder Urteil (§§ 71ff. OWiG). Das Verfahren vor dem Amtsgericht schließt sich unmittelbar an das Zwischenverfahren nach § 69 OWiG an (Vorbem. 5.1.2 Abs. 1 VV RVG).

3 Legt der Verteidiger gegen die verfahrensbeendende Entscheidung des Gerichts durch Urteil Rechtsbeschwerde ein, so **zählt** die **Einlegung der Rechtsbeschwerde** nach § 19 Abs. 1 Nr. 10 RVG **noch zum Rechtszug**.

4 Nach Vorbem. 5.1.3 VV RVG entsteht die **Terminsgebühr auch für gerichtliche Termine außerhalb der Hauptverhandlung.** Hierbei kommen insbesondere richterliche Vernehmungen und Augenscheinseinnahmen in Betracht.

5 Nach Vorbem. 5.1.3 Abs. 2 VV RVG stellt die **Vorbereitung und Durchführung eines Wiederaufnahmeverfahrens** gemäß § 85 OWiG eine eigenständige Angelegenheit im Sinne von § 15 Abs. 1 RVG dar. Die Gebühren nach den Nr. 5107 bis 5112 VV RVG fallen gesondert an. Das gilt für die Verfahrensgebühr auch dann, wenn der Rechtsanwalt davon abrät, einen Wiederaufnahmeantrag zu stellen. Insoweit orientiert sich Vorbem. 5.1.3 Abs. 2 VV RVG an Nr. 4136 VV RVG, wenngleich sich die dortige Regelung auf die Entstehung der Geschäftsgebühr bezieht. Das Ergebnis bleibt gleich.

Nr.	Gebührentatbestand	Gebühr oder Satz der Gebühr nach § 13 oder § 49 RVG	
		Wahlanwalt	gerichtlich bestellter oder beigeordneter Rechtsanwalt
5107	**Verfahrensgebühr bei einer Geldbuße von weniger als 40,00 EUR**	**10,00 bis 100,00 EUR**	**44,00 EUR**

Übersicht

1 Nr. 5107 VV RVG regelt die Höhe der **Verfahrensgebühr im Bußgeldverfahren vor dem Amtsgericht**, wenn eine Geldbuße v. weniger als 40 EUR in Rede steht.

2 Die **Verfahrensgebühr entsteht** mit der auf die Erteilung des Auftrags an den Anwalt verbundenen Informationsweitergabe durch den Mandanten (Vorbem. 5 Abs. 2 VV RVG).

3 Die **Höhe der** für die Gebühren **maßgeblichen Geldbuße** bestimmt sich nach der zum Zeitpunkt der Auftragserteilung festgesetzten Gebühr (Vorbem. 5.1 Abs. 2 VV RVG). Hieran ändert sich auch nichts, wenn die Geldbuße im amtsgerichtlichen Verf. modifiziert wird.

4 Die Gebühr nach Nr. 5107 VV RVG entsteht auch im **Wiederaufnahmeverfahren** (Vorbem. 5.1.3 Abs. 2 VV RVG).

5 Die Gebühr nach Nr. 5107 VV RVG entsteht auch dann, wenn der RA **von der Stellung eines Wiederaufnahmeantrags abrät** (Vorbem. 5.1.3 Abs. 2 Hs. 2 VV RVG).

Nr.	Gebührentatbestand	Gebühr oder Satz der Gebühr nach § 13 oder § 49 RVG	
		Wahlanwalt	gerichtlich bestellter oder beigeordneter Rechtsanwalt
5108	Terminsgebühr je Hauptverhandlungstag in den in Nummer 5107 genannten Verfahren	20,00 bis 200,00 EUR	88,00 EUR

Übersicht

Terminsgebühr pro Hauptverhandlungstag	1
Entstehung der Gebühr	2
Terminsgebühr außerhalb der Hauptverhandlung	3
Höhe der maßgeblichen Geldbuße	4
Voraussetzungen der Terminsgebühr	5

1 Nr. 5108 VV RVG regelt die **Höhe der Terminsgebühr pro Hauptverhandlungstag** bei einem Verf. in der Größenordnung der Nr. 5107 VV RVG (Geldbuße unter 40 EUR).

2 Die **Terminsgebühr entsteht** unmittelbar für die Teilnahme an der Hauptverhandlung (Vorbem. 5 Abs. 3 VV RVG).

3 Gemäß Vorbem. 5.1.3 Abs. 1 VV RVG entsteht die **Terminsgebühr** auch bei der Teilnahme an gerichtl. Terminen **außerhalb der Hauptverhandlung**, zB bei der Teilnahme an richterlichen Vernehmungen oder Augenscheinseinnahmen.

4 Die für die **Höhe** der Gebühr **maßgebliche Geldbuße** wird gem. Vorbem. 5.1 VV RVG nach der zuletzt festgesetzten Geldbuße bemessen, auch wenn es im amtsgerichtlichen Verf. schließlich zu einer Veränderung der Geldbuße kommt.

5 Im Übrigen wird auf die Komm. zu Vorbem. 4 Abs. 3 VV RVG (Anm. 17ff.) **verwiesen**.

Nr.	Gebührentatbestand	Gebühr oder Satz der Gebühr nach § 13 oder § 49 RVG	
		Wahlanwalt	gerichtlich bestellter oder beigeordneter Rechtsanwalt
5109	Verfahrensgebühr bei einer Geldbuße von 40,00 EUR bis 5000,00 EUR	20,00 bis 250,00 EUR	108,00 EUR

1 Nr. 5109 VV RVG regelt die Höhe der Verfahrensgeb. bei einer **Geldbuße zwischen 40 und 5000 EUR**. Zur Einordnung entscheidend ist die zuletzt festgesetzte Geldbuße (Vorbem. 5.1 Abs. 2 VV RVG).

2 Im Übrigen wird auf die Komm. zu Nr. 5107 VV RVG **verwiesen**.

Nr.	Gebührentatbestand	Gebühr oder Satz der Gebühr nach § 13 oder § 49 RVG	
		Wahlanwalt	gerichtlich bestellter oder beigeordneter Rechtsanwalt
5110	Terminsgebühr je Hauptverhandlungstag in den in Nummer 5109 genannten Verfahren	30,00 bis 400,00 EUR	172,00 EUR

1 Nr. 5110 VV RVG regelt die **Terminsgebühr** je Hauptverhandlungstag bei einem Verf., in dem eine Geldbuße zw. 40 und 5000 EUR in Rede steht. Die Höhe der Geldbuße bestimmt sich nach Vorbem. 5.1 Abs. 2 VV RVG (dort Anm. 2ff.).

2 Im Übrigen wird auf die Komm. zu Nr. 5108 VV RVG **verwiesen**.

Nr.	Gebührentatbestand	Gebühr oder Satz der Gebühr nach § 13 oder § 49 RVG	
		Wahlanwalt	gerichtlich bestellter oder beigeordneter Rechtsanwalt
5111	Verfahrensgebühr bei einer Geldbuße von mehr als 5000,00 EUR	40,00 bis 300,00 EUR	136,00 EUR

1 Nr. 5111 VV RVG bestimmt die **Höhe der Verfahrensgebühr**, wenn ein Bußgeldbescheid der gerichtl. Überprüfung unterzogen wird, der eine Geldbuße v. mehr als 5000,00 EUR vorsieht. Maßgeblich ist die Höhe der zuletzt festgesetzten Gebühr (Vorbem. 5.1 Abs. 2 VV RVG). Hieran ändert sich auch nichts, wenn sich im Ergebnis aus dem amtsgerichtl. Verf. ergibt, dass die Geldbuße nicht oder nicht in der festgesetzten Höhe verhängt bleibt.

2 Im Übrigen wird auf die Komm. zu Nr. 5107 VV RVG **verwiesen**.

Nr.	Gebührentatbestand	Gebühr oder Satz der Gebühr nach § 13 oder § 49 RVG	
		Wahlanwalt	gerichtlich bestellter oder beigeordneter Rechtsanwalt
5112	Terminsgebühr je Hauptverhandlungstag in den in Nummer 5111 genannten Verfahren	70,00 bis 470,00 EUR	216,00 EUR

1 Nr. 5112 VV RVG regelt die **Terminsgebühr je Hauptverhandlungstag** bei einem Verf., in dem eine Geldbuße über 5000 EUR in Rede steht. Die Höhe der Geldbuße bestimmt sich nach Vorbem. 5.1 Abs. 2 VV RVG (dort Anm. 2ff.).

2 Im Übrigen wird auf die Komm. zu Nr. 5108 VV RVG **verwiesen**.

Unterabschnitt 4. Verfahren über die Rechtsbeschwerde

Nr.	Gebührentatbestand	Gebühr oder Satz der Gebühr nach § 13 oder § 49 RVG	
		Wahlanwalt	gerichtlich bestellter oder beigeordneter Rechtsanwalt
5113	Verfahrensgebühr	70,00 bis 470,00 EUR	216,00 EUR

Übersicht

1 Nr. 5113 VV RVG ordnet eine **einheitliche Verfahrensgebühr für das Rechtsbeschwerdeverfahren** an. Anders als im übrigen Bußgeldverfahren wird hier die Gebühr nicht mehr nach der Höhe der verhängten Geldbuße gestaffelt. Legt der bereits im Verf. vor dem AG tätige Verteidiger Rechtsbeschwerde ein, so zählt diese noch zu dem gerichtl. Verf. vor dem AG (§ 19 Abs. 1 Nr. 10 RVG) und löst keine gesonderte Gebühr aus. Das Verf. über die Rechtsbeschwerde beginnt für den bereits erstinstanzlich tätigen RA erst mit der weiteren Tätigkeit in der Rechtsbeschwerdeinstanz.

2 War der Verteidiger noch nicht in der ersten Instanz tätig, so stellt bereits die **Entgegennahme der Information**, die aus Sicht des Mandanten auf die Erteilung des Auftrags, Rechtsbeschwerde einzulegen, gerichtet ist, die **erste Tätigkeit** im Rechtsbeschwerdeverfahren dar und **löst die Gebühr** Nr. 5113 VV RVG aus (Vorbem. 5 Abs. 2, Nr. 5113 VV RVG).

3 Gemäß § 21 Abs. 1 RVG ist das **weitere Verfahren vor dem Amtsgericht eine neue Angelegenheit,** wenn durch das Rechtsbeschwerdegericht das Urteil des Amtsgerichts aufgehoben und die Sache zurückverwiesen wird. In diesem Fall entstehen sämtliche Gebühren für das Verf. vor dem AG erneut. Dies gilt nicht für die Grundgebühr. Eine Anwendung der Anrechnungsvorschrift Vorbem. 3 Abs. 6 VV RVG scheidet, auch analog, aus.

4 Als **weitere Gebühr** neben der Verfahrensgeb. verdient der RA, der in der Rechtsbeschwerdeinstanz erstmals für den Mandanten tätig wird, die **Grundgebühr Nr. 5100 VV RVG**. War der Verteidiger schon in erster Instanz tätig, so entsteht die Gebühr nicht erneut.

5 Neben der Gebühr Nr. 5113 VV RVG kann der RA ferner als **zusätzliche Gebühr** die Gebühr nach Nr. 5115 VV RVG für den Fall der Erledigung des Verf. unter seiner Mitwirkung und die Gebühr nach Nr. 5116 VV RVG für die Vertretung bei Einziehung oder verwandten Maßnahmen als zusätzl. Gebühr verdienen.

Nr.	Gebührentatbestand	Gebühr oder Satz der Gebühr nach § 13 oder § 49 RVG	
		Wahlanwalt	gerichtlich bestellter oder beigeordneter Rechtsanwalt
5114	Terminsgebühr je Hauptverhandlungstag	70,00 bis 470,00 EUR	216,00 EUR

1 Nr. 5114 VV RVG bestimmt die **Höhe der Terminsgebühr** im Verf. über die **Rechtsbeschwerde** in gleicher Höhe wie die Verfahrensgeb. (vgl. Nr. 5113 VV RVG).

2 Eine Vorschrift vergleichbar mit Vorbem. 5.1.3 VV RVG enthält der Unterabschnitt 4 des Abschnitts 1 im Teil 5 des VV RVG nicht, so dass die Teilnahme an **gerichtlichen Terminen außerhalb der Hauptverhandlung keine Gebühr** auslösen würde.

3 Für den Fall der kurzfristigen **Absetzung des Termins** gilt Vorbem. 5 Abs. 3 VV RVG. Auf die Komm. zu Vorbem. 5 Abs. 3 VV RVG (dort Anm. 7) wird insoweit verwiesen.

Unterabschnitt 5. Zusätzliche Gebühren

Nr.	Gebührentatbestand	Gebühr oder Satz der Gebühr nach § 13 oder § 49 RVG	
		Wahlanwalt	gerichtlich bestellter oder beigeordneter Rechtsanwalt
5115	Durch die anwaltliche Mitwirkung wird das Verfahren vor der Verwaltungsbehörde erledigt oder die Hauptverhandlung entbehrlich: Zusätzliche Gebühr (1) Die Gebühr entsteht, wenn 1. das Verfahren nicht nur vorläufig eingestellt wird oder 2. der Einspruch gegen den Bußgeldbescheid zurückgenommen wird oder	in Höhe der jeweiligen Verfahrensgebühr	

3. der Bußgeldbescheid nach Einspruch von der Verwaltungsbehörde zurückgenommen und gegen einen neuen Bußgeldbescheid kein Einspruch eingelegt wird oder

4. sich das gerichtliche Verfahren durch Rücknahme des Einspruchs gegen den Bußgeldbescheid oder der Rechtsbeschwerde des Betroffenen oder eines anderen Verfahrensbeteiligten erledigt; ist bereits ein Termin zur Hauptverhandlung bestimmt, entsteht die Gebühr nur, wenn der Einspruch oder die Rechtsbeschwerde früher als zwei Wochen vor Beginn des Tages, der für die Hauptverhandlung vorgesehen war, zurückgenommen wird, oder

5. das Gericht nach § 72 Abs. 1 Satz 1 OWiG durch Beschluss entscheidet.

(2) Die Gebühr entsteht nicht, wenn eine auf die Förderung des Verfahrens gerichtete Tätigkeit nicht ersichtlich ist.

(3) Die Höhe der Gebühr richtet sich nach dem Rechtszug, in dem die Hauptverhandlung vermieden wurde. Für den Wahlanwalt bemisst sich die Gebühr nach der Rahmenmitte.

Übersicht

1 Nr. 5115 VV RVG ordnet an, dass der Verteidiger eine **besondere Gebühr** in Höhe der jew. Verfahrensgeb. erhält, wenn das **Verfahren** vor der Verwaltungsbehörde sich durch die anwaltl. Mitwirkung **erledigt oder** die **Hauptverhandlung entbehrlich** wird.

2 Die Gebühr entsteht in **Höhe der jeweiligen Verfahrensgebühr**, je nachdem, in welchem Verfahrensabschnitt, bzw. in welcher Instanz die Erledigung erfolgt. Maßgeblich ist für den Wahlanwalt immer die Mittelgebühr der Anm. Abs. 3 S. 2 zu Nr. 5115 VV RVG. Wird also beispielsweise ein Bußgeldverfahren durch Rücknahme durch die Verwaltungsbehörde nach Einspruch erledigt und wird gg. einen neuen Bußgeldbescheid kein Einspruch eingelegt, so entsteht die Erledigungsgebühr nach den Nrn. 5115, 5105 VV RVG iHv 140 EUR als zusätzl. Gebühr, wenn der RA als Wahlanwalt tätig war. Eine Gebührenbemessung nach § 14 Abs. 1 RVG findet nicht statt (Schneider/Mock § 26 Rn. 76).

3 Im **vorbereitenden Verfahren** vor der Verwaltungsbehörde kommen drei verschiedene **Entstehungstatbestände** für die zusätzl. Gebühr Nr. 5115 VV RVG in Betracht. Zum einen entsteht die Gebühr, wenn das Verf. nicht nur vorläufig eingestellt wird (Anm. Abs. 1 Nr. 1 zu Nr. 5115 VV RVG), ferner, wenn der Einspruch gg. den Bußgeldbescheid noch vor Eingang der Akten bei Gericht ggü. der Verwaltungsbehörde oder der StA zurückgenommen wird (Anm. Abs. 1 Nr. 2 zu Nr. 5115 VV RVG) oder schließlich, wenn der Bußgeldbescheid v. der Verwaltungsbehörde zurückgenommen wird, nachdem Einspruch eingelegt wurde. Erlässt die Verwaltungsbehörde danach einen neuen Bußgeldbescheid, setzt das Entstehen der zusätzl. Gebühr voraus, dass gg. diesen neuen Bußgeldbescheid kein Einspruch eingelegt wird. Dem steht es gleich, wenn gg. den neuen Bußgeldbescheid zwar zunächst Einspruch eingelegt wurde, das Verf. aber anschließend nicht nur vorläufig eingestellt wird oder der Einspruch anschließend vor Eingang der Akten bei Gericht zurückgenommen wird (Anm. Abs. 1 Nr. 3 zu Nr. 5115, ggf. iVm Anm. Abs. 1 Nr. 1, 2 zu Nr. 5115 VV RVG). Im Ergebnis ist festzuhalten, dass die Einstellung oder Zurücknahme des Einspruchs im Bußgeldverfahren vor der Verwaltungsbehörde einen zusätzl. Gebührenanspruch begründet.

4 Im **gerichtlichen Verfahren** ergeben sich ebenfalls drei Möglichkeiten für den Verteidiger, die zusätzl. Gebühr Nr. 5115 VV RVG zu verdienen. Zum einen ist es der Fall, wenn das Verf. nicht nur vorläufig eingestellt wird (Anm. Abs. 1 Nr. 1 zu Nr. 5115 VV RVG), zum anderen, wenn der Einspruch gg. den Bußgeldbescheid zurückgenommen wird (Anm. Abs. 1 Nr. 4 Hs. 1 zu Nr. 5115 VV RVG), schließlich, wenn das Gericht gem. § 72 Abs. 1 S. 1 OWiG durch Beschl. entscheidet.

4a Die Erledigung muss unter Mitwirkung des Verteidigers erfolgen. Daran sind keine überspannten Anforderungen zu stellen. Es genügt jede Tätigkeit des Verteidigers, die zur Förderung der Verfahrenseinstellung geeignet ist (OLG Düsseldorf Rpfleger 1999, 149; AG Hamburg AGS 2000, 28). Schon die Empfehlung des Verteidigers, der Betroffene möge sich auf sein Aussageverweigerungsrecht berufen, reicht hierzu aus, wenn das Verfahren daraufhin eingestellt wird (AG Bremen AGS 2003, 29, vgl. auch Anm. 11 zu Nr. 4141 VV RVG).

5 Das Entstehen der zusätzl. Gebühr für den Fall der Rücknahme des Einspruchs (Anm. Abs. 1 Nr. 4 zu Nr. 5115 VV RVG) setzt voraus, dass die **Rücknahme früher als zwei Wochen** vor dem Tag der **Hauptverhandlung** erfolgt. Es gilt § 43 StPO. Soll die Hauptverhandlung zB an einem Mittwoch stattfinden, so muss der Einspruch spätestens an dem Dienstag zwei Wochen zuvor bei Gericht eingehen.

6 Eine **Entscheidung des Gerichts durch Beschluss** (§ 72 OWiG) kann nur nach vorheriger Zustimmung des Betroffenen und der StA erfolgen. Durch die Beschlussentscheidung wird die Hauptverhandlung entbehrlich, was das Entstehen der zusätzl. Gebühr rechtfertigt. Die Formulierung in Anm. Abs. 1 Nr. 6 zu Nr. 5115 VV RVG ist an sich nicht nötig. Wirkt der Anwalt auf die Zustimmung des Betroffenen zur Entscheidung durch Beschl. hin, so verdient er die zusätzl. Gebühr bereits grds. nach der Formulierung des Gebührentatbestandes. Der Fall wird jedoch zur Klarstellung ausdrücklich in Anm. Abs. 1 Nr. 5 zu Nr. 5115 VV RVG genannt (Gesetzesbegründung zu Nr. 5115 VV RVG, BT-Drs 15/1971 S. 231).

7 Im **Rechtsbeschwerdeverfahren** entsteht die zusätzliche Gebühr zunächst dann, wenn das Verf. nicht nur vorläufig eingestellt wird (Anm. Abs. 1 Nr. 1 zu Nr. 5115 VV RVG). Dies ergibt sich aus Anm. Abs. 3 zu Nr. 5115 VV RVG, der vorsieht, dass die Höhe der Gebühr sich nach dem Rechtszug richtet, in dem die Hauptverhandlung vermieden wurde. Diese Regelung würde keinen Sinn machen, wenn sie sich nur auf das amtsgerichtliche Verf. beziehen würde. Die Gebühr fällt auch dann an, wenn ein Termin zur Hauptverhandlung im Moment der Rücknahme noch nicht anberaumt war. Steht der Termin schon fest, muss allerdings die Zwei-Wochen-Regelung beachtet werden (Burhoff, RVGreport 2004, 385).

Nr.	Gebührentatbestand	Gebühr oder Satz der Gebühr nach § 13 oder § 49 RVG	
		Wahlanwalt	gerichtlich bestellter oder beigeordneter Rechtsanwalt
5116	**Verfahrensgebühr bei Einziehung und verwandten Maßnahmen** (1) Die Gebühr entsteht für eine Tätigkeit für den Betroffenen, die sich auf die Einziehung oder dieser gleichstehende Rechtsfolgen (§ 46 Abs. 1 OWiG, § 442 StPO) oder auf eine diesen Zwecken dienende Beschlagnahme bezieht. (2) Die Gebühr entsteht nicht, wenn der Gegenstandswert niedriger als 25,00 EUR ist. (3) Die Gebühr entsteht nur einmal für das Verfahren vor der Verwaltungsbehörde und dem Amtsgericht. Im Rechtsbeschwerdeverfahren entsteht die Gebühr besonders.	1,0	1,0

Übersicht

1 Nr. 5116 VV RVG regelt die Entstehung einer **Verfahrensgebühr** für die Tätigkeit des RA **im Einziehungsverfahren oder bei verwandten Maßnahmen**. Die Gebühr ist als Wertgeb. ausgestaltet. Ihre Höhe bestimmt sich damit nach § 13 RVG. Angeordnet ist, dass für die Tätigkeit ein Satz iHv 1,0 Anwendung findet.

2 Maßgeblich ist der **Wert des Gegenstandes**, auf den sich die Einziehung oder verwandte Maßnahme erstreckt. Das Entstehen einer Gebühr scheidet aus, wenn dieser Wert unter 25 EUR liegt (Anm. Abs. 2 zu Nr. 5116 VV RVG).

3 Das Verf. über die Einziehung v. Gegenständen nach den §§ 430ff. StPO findet über § 46 Abs. 1 OWiG auch **Anwendung im Ordnungswidrigkeitenverfahren**.

4 Die Gebühr **entsteht als zusätzliche Gebühr.** In Anm. Abs. 3 zu Nr. 5116 VV RVG ist festgelegt, dass sie nur einmal entsteht, wenn sich nach einem vorherigen Verf. vor der Verwaltungsbehörde ein Verf. vor dem AG anschließt. Auch wenn der Verteidiger als Vertreter zunächst nur im amtsgerichtl. Verf. tätig ist, fällt die zusätzl. Gebühr an. Der Grund hierfür liegt darin, dass die Einziehung oder verwandte Maßnahme nur einmal angeordnet werden kann (Hartung/Römermann Teil 5 VV RVG Rn. 39). Im Rechtsbeschwerdeverfahren entsteht die Gebühr bes., was bedeutet, dass sie nochmals als zusätzl. Gebühr entsteht, auch wenn sie schon vor der Verwaltungsbehörde oder in erster Instanz angefallen war.

Abschnitt 2. Einzeltätigkeiten

Nr.	Gebührentatbestand	Gebühr oder Satz der Gebühr nach § 13 oder § 49 RVG	
		Wahlanwalt	gerichtlich bestellter oder beigeordneter Rechtsanwalt
5200	Verfahrensgebühr	10,00 bis 100,00 EUR	44,00 EUR
	(1) Die Gebühr entsteht für einzelne Tätigkeiten, ohne dass dem Rechtsanwalt sonst die Verteidigung übertragen ist. (2) Die Gebühr entsteht für jede Tätigkeit gesondert, soweit nichts anderes bestimmt ist. § 15 RVG bleibt unberührt. (3) Wird dem Rechtsanwalt die Verteidigung für das Verfahren übertragen, werden die nach dieser Nummer entstandenen Gebühren auf die für die Verteidigung entstehenden Gebühren angerechnet. (4) Der Rechtsanwalt erhält die Gebühr für die Vertretung in der Vollstreckung und in einer Gnadensache auch, wenn ihm die Verteidigung übertragen war.		

Übersicht

1 Nr. 5200 VV RVG regelt die dem RA zustehenden Gebühren, wenn dieser nur mit **einzelnen Maßnahmen**, nicht aber mit der Vertretung in einem gesamten Verf. oder bestimmten Verfahrensabschnitten **beauftragt wurde**. Ausnahme bildet nur die Vertretung in einer Gnadensache oder in der Zwangsvollstreckung. Hier erhält die Gebühr Nr. 5200 VV RVG den Charakter einer zusätzl. Gebühr. Die Gebühr fällt nämlich auch dann an, wenn dem RA die Verteidigung in dem der Vollstreckung oder der Gnadensache vorausgehenden Verf. übertragen war (Anm. Abs. 4 zu Nr. 5200 VV RVG).

2 Im Übrigen stellt Nr. 5200 VV RVG einen **Auffangtatbestand** dar. Die Gebühr entsteht zum einen, wenn der Auftrag dahingehend lautet, isolierte Tätigkeiten aus dem Gebührenkatalog des Abschnitts 1 im fünften Teil des VV RVG auszuführen und ausdrücklich dem Anwalt die Verteidigung nicht anvertraut wurde. Zum anderen dient Nr. 5200 VV RVG dazu, alle in Betracht kommenden Tätigkeiten in einem Bußgeldverfahren, die außerhalb der Verteidigung liegen, zu honorieren.

3 Die **Gebühr entsteht** gesondert für jeden einzelnen Auftrag (Anm. Abs. 2 zu Nr. 5200 VV RVG). Gemäß § 15 Abs. 6 RVG darf allerdings die Summe der einzelnen Gebühren das Gebührenvolumen nicht überschreiten, das ein RA erhalten würde, der v. vornherein mit der vollständigen Tätigkeit beauftragt worden wäre. Gemäß dem Verweis in Nr. 5200 VV RVG ist es gem. § 15 Abs. 4 RVG ohne Bedeutung, wenn die Angelegenheit vorzeitig erledigt oder der Auftrag vorzeitig beendet wird.

4 Wird der RA v. Mandanten mit der vollständigen Vertretung im Bußgeldverfahren beauftragt, in dem er zuvor einzelne Tätigkeiten erbracht und abgerechnet hat, so finden die Gebühren, die für die einzelnen Tätigkeiten verdient wurden, **Anrechnung** auf diejenigen im späteren Bußgeldverfahren (Anm. Abs. 3 zu Nr. 5200 VV RVG). Das setzt allerdings voraus, dass dieselbe Angelegenheit betroffen ist. Eine vorhergegangene Einzeltätigkeit kann, wenn sie insgesamt zu einer Mehrtätigkeit führt, beim Wahlverteidiger im Rahmen der Gebührenfestsetzung nach § 14 RVG Berücksichtigung finden.

Teil 6. Sonstige Verfahren

Vorbemerkung 6:

(1) Für die Tätigkeit als Beistand für einen Zeugen oder Sachverständigen in einem Verfahren, für das sich die Gebühren nach diesem Teil bestimmen, entstehen die gleichen Gebühren wie für einen Verfahrensbevollmächtigten in diesem Verfahren.

(2) Die Verfahrensgebühr entsteht für das Betreiben des Geschäfts einschließlich der Information.

(3) Die Terminsgebühr entsteht für die Teilnahme an gerichtlichen Terminen, soweit nichts anderes bestimmt ist. Der Rechtsanwalt erhält die Terminsgebühr auch, wenn er zu einem anberaumten Termin erscheint, dieser aber aus Gründen, die er nicht zu vertreten hat, nicht stattfindet. Dies gilt nicht, wenn er rechtzeitig von der Aufhebung oder Verlegung des Termins in Kenntnis gesetzt worden ist.

Übersicht

1 Allgemeines. „Dieser Teil fasst die sonstigen Verfahren zusammen, die nach den für das Strafverfahren geltenden Gebührengrundsätzen behandelt werden sollen." ☐ dies leitet die Begründung des Gesetzgebers für den 6. Teil des VV zum RVG ein. Dieser fasst im Wesentlichen die Regelungen zusammen, die zuvor im Neunten und Zehnten Abschnitt der BRAGO (§§ 106-112) zu finden waren. Hierzu gehören das Verf. nach dem Gesetz über die Internationale Rechtshilfe in Strafsachen (IRG) und das Gesetz über die Zusammenarbeit mit dem Internationalen Strafgerichtshof (IStGHG; Abschnitt 1), Disziplinarverfahren und berufsgerichtliche Verf. wg. der Verletzung einer Berufspflicht (Abschnitt 2), gerichtl. Verf. bei Freiheitsentziehung und in Unterbringungssachen (Abschnitt 3) sowie bes. Verf. nach der WBO und Einzeltätigkeiten (Abschnitt 4).

2 Wird der RA als **Beistand für einen Zeugen oder Sachverständigen** in einem Verf. tätig, für welches sich die Gebühren nach diesem Teil bestimmen, erhält er die gleichen Gebühren wie ein Verfahrensbevollmächtigter in diesen Verf. Dies entspricht der für Teil 4 VV RVG in Vorbem. 4 getroffenen Regelung. Dass der RA die gleichen Gebühren erhalten soll, bedeutet jedoch nicht, dass die Gebührenhöhe identisch wäre. Vielmehr ist diese gem. § 14 Abs. 1 RVG entspr. dem tatsächlichen Aufwand und der tatsächlichen Schwierigkeit und Bedeutung der Sache zu bemessen (Gebauer/Schneider Rn. 1 zu Vorbem. 6 VV RVG).

3 Die Anwendungsbereiche der **Verfahrensgebühr** und der **Terminsgebühr** definieren die Abs. 2 und 3 der Vorbem. 6 VV RVG neu. Die Verfahrensgeb. entsteht nunmehr für das Betreiben des Geschäfts einschl. der Information, wird also schon durch das Entgegennehmen der Information ausgelöst (Gebauer/Schneider Rn. 2 zu Vorbem. 6 VV RVG), während die Terminsgeb. idR für die

Teilnahme an gerichtl. Terminen entsteht. Anders als bei der Terminsgebühr des Teil 3 VV RVG (vgl. hierzu Anm. 9 zu Vorbem. 3 VV RVG) genügt die bloße Teilnahme an einer Besprechung hier nicht, auch wenn es nicht zu einer Verhandlung kommen muss (Gebauer/Schneider Rn. 3 zu Vorbem. 6 VV RVG).

4 Der RA erhält die Terminsgeb. immer dann, wenn er zum anberaumten Termin erscheint, auch wenn dieser aus Gründen, die er nicht zu vertreten hat, nicht stattfindet, es sei denn, er wurde hiervon rechtzeitig in Kenntnis gesetzt. **Rechtzeitig** bedeutet in diesem Zusammenhang, dass die Information so früh in den Zugangsbereich des RA gelangt sein muss, dass er obj. die Möglichkeit hatte, anderweitig zu disponieren.

Abschnitt 1. Verfahren nach dem Gesetz über die internationale Rechtshilfe in Strafsachen und Verfahren nach dem IStGH-Gesetz

		Gebühr	
Nr.	Gebührentatbestand	Wahlverteidiger oder Verfahrens- bevollmächtigter	gerichtlich bestellter oder beigeordneter Rechtsanwalt
6100	Verfahrensgebühr	80,00 bis 580,00 EUR	264,00 EUR

Übersicht

1 Allgemeines. Dieser Abschnitt übernimmt lt. Gesetzesbegründung (BT-Drs 15/1971 S. 231) inhaltl. die Regelung des § 106 BRAGO über Verf. nach dem Gesetz über die internationale Rechtshilfe in Strafsachen (IRG) und passt sie an die geänderte Gebührenstruktur in Strafsachen an. Die Verfahrensgeb. wird ergänzt durch die Terminsgeb. Nr. 6101 VV RVG. Weitere Gebühren sind für die Verf. nach dem IRG und dem IStGHG nicht vorgesehen. Insbesondere ist nach der Begründung (aaO) anders als sonst in Strafsachen **keine Grundgebühr** vorgesehen. Die Nrn. 6100 und 6101 VV RVG sind insoweit abschließend.

2 Das **IRG** regelt die Auslieferung v. Ausländern an das Ausland zur Strafverfolgung bzw. -vollstreckung, die Durchlieferung v. Ausländern durch das Gebiet der Bundesrepublik, Rechtshilfe durch Vollstreckung ausl. Erkenntnisse etc. Das **IStGHG** regelt die Zusammenarbeit mit dem Internationalen Strafgerichtshof und ergänzt insoweit die deutsche Strafgerichtsbarkeit. Zu den Verf. nach IRG und IStGHG iE s. Gebauer/Schneider Rn. 5-7 zu Nr. 6100-6101 VV RVG.

3 Anders als die BRAGO (iVm dem IRG) definiert Abschnitt 1 nicht eindeutig, welche Tätigkeiten des RA v. der Verf.- und Terminsgeb. iE abgedeckt sein sollen. Vorbem. 6 Abs. 2 stellt klar, dass die Verfahrensgeb. für das Betreiben des Geschäfts einschl. der Information entsteht. Da die Nrn. 6100, 6101 aber insoweit abschließend sind (vgl. Anm. 1), also keine weitere Gebühr entstehen kann, muss die **gesamte Beistandsleistung**, soweit sie nicht unter Nr. 6101 fällt, als Gebühren auslösend betrachtet werden. Dies geht auch mit der Gesetzesbegründung konform, nach der Abschnitt 1 die Regelung des § 106 BRAGO übernimmt (vgl. Anm. 1). Zu demselben Ergebnis (mit anderer Begründung) kommt auch Hartung/Römermann Rn. 6, 7 zu Teil 6 VV RVG.

Wird der RA nicht als Gesamtvertreter bestellt, sondern nur für Einzeltätigkeiten, gilt Nr. 6404 VV RVG.

4 Die **Mittelgebühr** der Verfahrensgeb. beträgt 330 EUR. Der gerichtl. bestellte oder beigeordnete RA erhält 264 EUR.

5 Wird der RA als **Beistand für einen Zeugen oder Sachverständigen** in einem Verf. tätig, für das sich die Gebühren nach diesem Teil bestimmen, erhält er nach Vorbem. 6 Abs. 1 VV RVG die gleichen Gebühren wie ein Verfahrensbevollmächtigter in diesen Verf. (vgl. Anm. 2 zu Vorbem. 6 VV RVG).

6 Sind die im 1. Abschnitt festgelegten **Gebühren** des Wahlanwalts wg. des bes. Umfangs oder der bes. Schwierigkeit **nicht zumutbar**, so kann der RA nach § 42 RVG beantragen, dass eine **Pauschgebühr** für das ganze Verf. oder einzelne Verfahrensabschnitte v. zust. OLG festgesetzt wird (vgl. Komm. zu § 42 RVG). Gleiches gilt nach § 52 RVG für den gerichtl. bestellten oder beigeordneten RA (vgl. Komm. zu § 52 RVG).

7 Über die Regelung in § 77 IRG iVm §§ 467, 467a StPO hinaus kommt eine **Kostenerstattung** nicht in Betracht (vgl. Gebauer/Schneider Rn. 28 zu Nrn. 6100, 6101 VV RVG mwN).

Nr.	Gebührentatbestand	Gebühr	
		Wahlverteidiger oder Verfahrensbevollmächtigter	**gerichtlich bestellter oder beigeordneter Rechtsanwalt**
6101	Terminsgebühr je Verhandlungstag	110,00 bis 780,00 EUR	356,00 EUR

Übersicht

1 Allgemeines. Die Terminsgeb. für Verf. nach dem IRG oder dem IStGHG entsteht gem. Vorbem. 6 Abs. 3 für die Teilnahme am gerichtl. Termin, soweit nichts anderes bestimmt ist. Die Art des Termins ist dabei unerheblich; es kommt nur darauf an, dass es sich um einen vom Gericht anberaumten Termin handelt. Die Terminsgebühr entsteht für jeden Verhandlungstag neu.

2 Die **Mittelgebühr** der Terminsgeb. beträgt 445 EUR; der gerichtl. bestellte oder beigeordnete RA erhält 356 EUR.

3 Wird der RA als **Beistand für einen Zeugen oder Sachverständigen** in einem Verf. tätig, für das sich die Gebühren nach diesem Teil bestimmen, erhält er nach Vorbem. 6 Abs. 1 VV RVG die gleichen Gebühren wie ein Verfahrensbevollmächtigter in diesen Verf.

4 Zu der Möglichkeit, eine **Pauschgebühr** wg. der Unzumutbarkeit der in Nr. 6101 VV RVG bestimmten Gebühr zu beantragen vgl. Anm. 5 zu Nr. 6100 VV RVG.

5 Zur Terminsgeb. bei **Nichtstattfinden eines anberaumten Termins** vgl. Vorbem. 6 Anm. 4.

6 Zur **Kostenerstattung** vgl. Anm. 7 zu Nr. 6100 VV RVG.

Abschnitt 2. Disziplinarverfahren, berufsgerichtliche Verfahren wegen der Verletzung einer Berufspflicht

Vorbemerkung 6.2:
(1) Durch die Gebühren wird die gesamte Tätigkeit im Verfahren abgegolten.
(2) Für die Vertretung gegenüber der Aufsichtsbehörde außerhalb eines Disziplinarverfahrens entstehen Gebühren nach Teil 2.
(3) Für folgende Tätigkeiten entstehen Gebühren nach Teil 3:
1. für das Verfahren über die Erinnerung oder die Beschwerde gegen einen Kostenfestsetzungsbeschluss, für das Verfahren über die Erinnerung gegen den Kostenansatz und für das Verfahren über die Beschwerde gegen die Entscheidung über diese Erinnerung,
2. in der Zwangsvollstreckung aus einer Entscheidung, die über die Erstattung von Kosten ergangen ist, und für das Beschwerdeverfahren gegen diese Entscheidung.

Übersicht

1 Allgemeines. Abschnitt 2 übernimmt inhaltl. die Regelung des § 110 BRAGO über berufsgerichtliche Verf. und passt sie für das gesamte berufsrechtliche Verf. an die geänderte Gebührenstruktur in Strafsachen an, wobei die Verfahrensgeb. der Verfahrensgeb. für den jew. Rechtszug in Strafsachen entsprechen soll. Die Gebühren für die zweite und dritte Instanz sollen unabhängig davon entstehen, ob es sich um eine Berufung, Revision oder Beschwerde gg. eine den Rechtszug beendende Entscheidung handelt. Die Höhe der Gebühren entspricht der für das Strafverfahren, in erster Instanz der für das Strafverfahren vor dem AG, vorgesehenen Gebührenhöhe (Gesetzesbegründung BT-Drs 15/1971 S. 231).

Der **Anwendungsbereich** der Vorschriften des 2. Abschnitts VV RVG schließt neben der Vergütung bei berufsgerichtl. Verf. wg. der Verletzung einer Berufspflicht auch die zuvor in § 109 BRAGO geregelte Vergütung im Disziplinarverfahren ein.

2 Durch die Gebühren des 2. Abschnitts Teil 6 VV RVG wird die **gesamte Tätigkeit** im Verf. abgegolten. Denkbar wäre aber daneben das Entstehen einer Erledigungsgebühr nach Nr. 1002 VV RVG, die in jedem Verf. neben den Gebühren der Teile 2-6 VV RVG entstehen kann.

3 Abschnitt 2 gilt nur für Tätigkeiten innerhalb eines Disziplinarverfahrens. Die Vertretung ggü. einer Aufsichtsbehörde **außerhalb eines Disziplinarverfahrens** löst gem. Abs. 2 der Vorbem. 6.2 VV RVG Gebührenansprüche nach Teil 2 VV RVG aus. In Betracht kommen kann insoweit die außergerichtl. Vertretung ggü. Rechts- und Fachaufsichtsbehörden (Gebauer/Schneider Rn. 20 zu Vorbem.

6.2 VV RVG). Maßgeblicher Zeitpunkt für die Abgrenzung der Tätigkeit außerhalb eines Disziplinarverf. von der Tätigkeit im Rahmen des Verf. ist der **Beginn des Verfahrens** (s. dazu unten Anm. 6). In bestimmten Kostensachen (Abs. 3) entstehen Gebühren nach Teil 3 VV RVG (ausführlich hierzu Gebauer/Schneider Rn. 24-41 zu Vorbem. 6.2 VV RVG).

4 Disziplinarverfahren können zB sein

- Verfahren nach dem BDG (vor Inkrafttreten des BDG: BDO),
- Verfahren nach den Disziplinarordnungen der Länder,
- Verfahren nach der WDO (spezielle Regelung in Teil 6 Abschnitt 4 VV RVG),
- Verfahren nach §§ 61ff. DRiG und den Richtergesetzen der Länder,
- Verfahren nach §§ 95ff. BNotO.

Nicht in den Anwendungsbereich des zweiten Abschnitts des Teil 6 VV RVG fallen zB Verf. vor akademischen Disziplinarbehörden und disziplinarische Verf., die von öffentlichen Religionsgemeinschaften durchgeführt werden, denn diese beruhen nicht auf staatlich gesetztem Recht (Hartung/Römermann Rn. 20 zu Teil 6 VV RVG, Gerold/Schmidt Rn. 21 zu VV 6200-6216; Mayer/Kroiß Rn. 2 zu Nr. 6200-6216 VV RVG).

Die Gebührentatbestände des zweiten Abschnitts sind gleichfalls **nicht anwendbar** für das Einspruchsverfahren nach Erteilung einer Rüge durch den Vorstand der RAK nach § 74 Abs. 5 BRAO sowie in vergleichbaren Fällen nach § 63 Abs. 5 WPO und § 81 Abs. 5 StBerG; hier erhält der RA die Geschäftsgeb. nach den Nrn. 2400-2402 VV RVG (Hartung/Römermann Rn. 21 zu Teil 6 VV RVG; Gebauer/Schneider Rn. 16 zu Vorbem. 6.2).

5 Berufsgerichtliche Verfahren wg. der Verletzung einer Berufspflicht iSd Vorbem. 6.2 sind nur solche, die vor aufgrund Bundes- oder Landesgesetz eingerichteten Gerichten einschl. Ehrengerichten abgehalten werden (Gebauer/Schneider Rn. 11 zu Vorbem. 6.2 VV RVG). Ausreichend ist dabei, dass diese Gerichte als Spruchkörper auftreten und nach einem justizförmigen Verf. entscheiden (Gebauer/Schneider Rn. 12 zu Vorbem. 6.2 VV RVG mit Beispielen und mwN). Es seien □ nicht abschließend □ genannt die Berufsgerichte für:

- **Rechtsanwälte** nach §§ 92ff., 106ff. BRAO,
- Ärzte, Zahnärzte, Apotheker, Tierärzte (aufgrd. Landesrechts errichtet),
- Wirtschaftsprüfer und vereidigte Buchprüfer nach §§ 72ff., 130 WPO,
- Steuerberater und Steuerbevollmächtigte nach §§ 95ff. StBerG,
- Architekten (aufgrd. Landesrechts errichtet).

Kein Berufsgericht idS sind solche Gerichte, deren Arbeit auf einer Satzung und nicht auf Gesetz beruht.

Berufsgerichtliche Verf., die **nicht die Verletzung einer Berufspflicht** betreffen, fallen nicht unter den zweiten Abschnitt des Teil 6 VV RVG (vgl. iE Gebauer/Schneider Rn. 14-16 zu Vorbem. 6.2 VV RVG).

6 Der **Beginn des Disziplinarverfahrens** ist maßgeblicher Zeitpunkt für die Abgrenzung nach Abs. 2 der Vorbem. Der RA kann nur für solche Tätigkeiten Gebühren nach Teil 2 verdienen, die er vor dem Beginn des (behördl.) Disziplinarverf. erbracht hat. Das behördl. Disziplinarverf. beginnt gem. § 17 BDG, wenn zureichende tatsächliche Anhaltspunkte dafür vorliegen, dass der Verdacht eines Dienstvergehens gerechtfertigt ist und der Dienstvorgesetzte daher das Disziplinarverf. einleitet, oder gem. § 18 BDG, wenn es auf Antrag des Beamten, der sich von dem Verdacht eines Dienstvergehens befreien möchte, vom Dienstvorgesetzten eingeleitet wird. Auch die Einleitung **disziplinarrechtlicher Vorermittlungen** markiert den Beginn des Disziplinarverf. im gebührenrechtl. Sinne (vgl. Gebauer/Schneider Rn. 21 zu Vorbem. 6.2 VV RVG).

Der **Beginn des berufsgerichtlichen Verfahrens** im gebührenrechtlichen Sinne kann durch verschiedene Handlungen ausgelöst werden, etwa die Antragstellung auf Entscheidung durch das Anwaltsgericht gem. § 74a Abs. 1 BRAO durch den RA, die Einreichung einer Anschuldigungsschrift durch die Generalstaatsanwaltschaft (§ 120 BRAO), durch die Stellung des Antrags durch den beschuldigten RA bei dem Anwaltsgerichtshof gem. § 123 Abs. 2 S. 2 BRAO oder den Antrag des Vorstands der RAK auf gerichtl. Entscheidung beim Anwaltsgerichtshof, wenn die StA dem Antrag auf Einleitung eines anwaltsgerichtlichen Verf. nicht nachkommt bzw. keine Entschließung trifft (§ 122 BRAO; Aufstellung bei Hartung/Römermann Rn. 22 zu Teil 6 VV RVG).

7 Die Feststellung einer **Pauschgebühr nach § 42 RVG** anstelle der in Abschnitt 2 bestimmten Gebühren ist nicht möglich, da disziplinar- und berufsgerichtliche Verf. in der Aufzählung in § 42 Abs. 1 RVG nicht genannt werden (aA Hartung/Römermann Rn. 31 zu Teil 6 VV RVG).

Unterabschnitt 1. Allgemeine Gebühren

Nr.	Gebührentatbestand	Gebühr	
		Wahlverteidiger oder Verfahrensbevollmächtigter	gerichtlich bestellter oder beigeordneter Rechtsanwalt
6200	Grundgebühr Die Gebühr entsteht für die erstmalige Einarbeitung in den Rechtsfall nur einmal, unabhängig davon, in welchem Verfahrensabschnitt sie erfolgt.	30,00 bis 300,00 EUR	132,00 EUR

1 Allgemeines. Der RA erhält unabhängig davon, wann er sich in den Rechtsfall einarbeitet, einmal die Grundgebühr der Nr. 6200 VV RVG. Die Terminsgeb. aus Nr. 6201 VV RVG entsteht zusätzl. Über die Ausschöpfung des Gebührenrahmens von 30-300 EUR kann der RA unabhängig von der Ordnung des Gerichts eine im Einzelfall angemessene Gebühr erzielen.

2 Die **Mittelgebühr** des RA als Wahlverteidiger oder Verfahrensbevollmächtigter beträgt 165 EUR. Der gerichtl. bestellte oder beigeordnete RA erhält 132 EUR.

Nr.	Gebührentatbestand	Gebühr	
		Wahlverteidiger oder Verfahrensbevollmächtigter	gerichtlich bestellter oder beigeordneter Rechtsanwalt
6201	Terminsgebühr für jeden Tag, an dem ein Termin stattfindet Die Gebühr entsteht für die Teilnahme an außergerichtlichen Anhörungsterminen und außergerichtlichen Terminen zur Beweiserhebung.	30,00 bis 312,50 EUR	137,00 EUR

1 Die **Terminsgebühr** entsteht für jeden Tag neu, an dem ein Termin stattfindet, auch für die Teilnahme an außergerichtlichen Anhörungsterminen und außergerichtlichen Terminen zur Beweiserhebung.

2 Die **Mittelgebühr** des RA als Wahlverteidiger oder Verfahrensbevollmächtigter beträgt 171,25 EUR. Der gerichtl. bestellte oder beigeordnete RA erhält 137 EUR.

Unterabschnitt 2. Außergerichtliches Verfahren

Nr.	Gebührentatbestand	Gebühr	
		Wahlverteidiger oder Verfahrensbevollmächtigter	gerichtlich bestellter oder beigeordneter Rechtsanwalt
6202	Verfahrensgebühr	30,00 bis 250,00 EUR	112,00 EUR
	(1) Die Gebühr entsteht gesondert für eine Tätigkeit in einem dem gerichtlichen Verfahren vorausgehenden und der Überprüfung der Verwaltungsentscheidung dienenden weiteren außergerichtlichen Verfahren. (2) Die Gebühr entsteht für eine Tätigkeit in dem Verfahren bis zum Eingang des Antrags oder der Anschuldigungsschrift bei Gericht.		

1 Allgemeines. Anders als bisher erhält der RA nach Abs. 1 der Anm. die Gebühr gesondert für eine Tätigkeit in einem dem gerichtl. Verf. vorausgehenden und der Überprüfung der Verwaltungsentscheidung dienenden weiteren außergerichtlichen Verf. Dies entspricht der für das Verwaltungsverfahren in Teil 2 Abschnitt 4 VV RVG vorgeschlagenen Systematik. Die in Abs. 3 der Vorbem. zu diesem Abschnitt vorgesehene Anrechnung wird jedoch für diese Verf. nicht übernommen, weil der durch die Tätigkeit in dem früheren Verfahrensabschnitt ersparte Aufwand bei der Bestimmung der Gebühr innerhalb des Rahmens berücksichtigt werden kann (Gesetzesbegründung zu Nr. 6202 BT-Drs 15/1971 S. 231).

2 Die Gebühr kann gem. der Anm. Abs. 2 nur entstehen, **bevor ein Antrag oder eine Anschuldigungsschrift** bei Gericht eingegangen ist, denn mit dem Beginn des gerichtl. Verf., für das Gebühren nach Maßgabe des Unterabschnitts 3 des 2. Abschnitts des 6. Teils VV RVG entstehen, infolge des Eingangs einer der og Schriften endet das außergerichtliche Verf. Die Anm. Abs. 2 bestimmt zugleich den Abgeltungsbereich der Gebühr.

3 Die Gebühr ist unter Berücksichtigung des § 14 RVG vom Wahlverteidiger oder Verfahrensbevollmächtigten zu bestimmen. Die **Mittelgebühr** beträgt 140 EUR; der gerichtl. bestellte oder beigeordnete RA kann 112 EUR fordern.

Unterabschnitt 3. Gerichtliches Verfahren

Erster Rechtszug

Vorbemerkung 6.2.3:
Die nachfolgenden Gebühren entstehen für das Wiederaufnahmeverfahren einschließlich seiner Vorbereitung gesondert.

Übersicht

461

1 Allgemeines. Unterabschnitt 3 des 2. Abschnitts regelt die Gebühren im gerichtl. Disziplinarverf. und im berufsgerichtl. Verf. wg. der Verletzung einer Berufspflicht. Es werden in diesem Unterabschnitt die Gebühren für den ersten, zweiten und dritten Rechtszug bestimmt; die Vorbem. 6.2.3 VV RVG betrifft jedoch nur den ersten Rechtszug.

2 Für das Wiederaufnahmeverf. einschließlich seiner Vorbereitung entstehen die für den ersten Rechtszug festgelegten Gebühren der Nrn. 6203-6206 VV RVG gesondert. Sie gelten die **gesamte Tätigkeit des Rechtsanwalts im Wiederaufnahmeverfahren** ab (Gebauer/Schneider Rn. 3 zu Vorbem. 6.2.3 VV RVG). Zur Höhe der Gebühr vgl. die Komm. zu Nr. 6203-6206 VV RVG.

3 Die Grundgebühr für die Einarbeitung in den Rechtsfall aus **Nr. 6200 VV RVG** kann für das Wiederaufnahmeverf. nicht entstehen, weil Vorbem. 6.2.3 VV RVG insoweit abschließend die Vergütung festlegt.

4 Die Gebühr **Nr. 6216 VV RVG** entsteht im Wiederaufnahmeverf. nicht gesondert.

Nr.	Gebührentatbestand	Gebühr	
		Wahlverteidiger oder Verfahrensbevollmächtigter	**gerichtlich bestellter oder beigeordneter Rechtsanwalt**
6203	Verfahrensgebühr	40,00 bis 270,00 EUR	124,00 EUR

1 Allgemeines. Die Verfahrensgeb. gilt die Tätigkeit des RA außerhalb der Hauptverhandlung oder einer mündl. Verhandlung ab; daneben entstehen die Grundgebühr nach Nr. 6200 VV RVG sowie ggf. die Terminsgeb. nach Nr. 6204 VV RVG gesondert. Auch die Entstehung der Zusatzgebühr nach Nr. 6216 VV RVG ist möglich. Die Verfahrensgeb beträgt im ersten Rechtszug 40-270 EUR; die Mittelgebühr 155 EUR. Der gerichtl. bestellte oder beigeordnete RA erhält 124 EUR.

Nr.	Gebührentatbestand	Gebühr	
		Wahlverteidiger oder Verfahrensbevollmächtigter	**gerichtlich bestellter oder beigeordneter Rechtsanwalt**
6204	Terminsgebühr je Verhandlungstag	70,00 bis 470,00 EUR	216,00 EUR

1 Die **Terminsgebühr** je Verhandlungstag im ersten Rechtszug beträgt 70-470 EUR; die Mittelgebühr mithin 270 EUR. Der gerichtl. bestellte oder beigeordnete RA erhält 216 EUR.

2 Zur Terminsgebühr bei **Nichtstattfinden eines anberaumten Termins** vgl. Vorbem. 6 Anm. 4.

Nr.	Gebührentatbestand	Gebühr	
		Wahlverteidiger oder Verfahrensbevollmächtigter	**gerichtlich bestellter oder beigeordneter Rechtsanwalt**
6205	Der gerichtlich bestellte Rechtsanwalt nimmt		

mehr als 5 und bis 8 Stunden an der Hauptverhandlung teil: Zusätzliche Gebühr neben der Gebühr 6204	108,00 EUR

1 Allgemeines. Nimmt der gerichtl. bestellte RA im ersten Rechtszug mehr als 5, aber nicht mehr als 8 Stunden an der Hauptverhandlung teil, erhält er neben der Festgebühr der Nr. 6204 eine zusätzl. Gebühr iHv 108 EUR. Die zusätzl. Gebühr soll einen Ausgleich dafür schaffen, dass der gerichtl. bestellte RA nicht wie der Wahlverteidiger oder Verfahrensbevollmächtigte über die Bestimmung des Rahmens der Gebühr dem zeitlich höheren Aufwand Rechnung tragen kann.

2 Durch den Verweis auf Nr. 6204 ist klargestellt, dass der RA die zusätzl. Gebühr für **jeden Tag der Hauptverhandlung, an dem die Verhandlungsdauer zwischen 5 und 8 Stunden** liegt, fordern kann. Nr. 6205 und Nr. 6206 VV RVG können nur **alternativ** zur Anwendung kommen.

Nr.	Gebührentatbestand	Gebühr	
		Wahlverteidiger oder Verfahrensbevollmächtigter	gerichtlich bestellter oder beigeordneter Rechtsanwalt
6206	Der gerichtlich bestellte Rechtsanwalt nimmt mehr als 8 Stunden an der Hauptverhandlung teil: Zusätzliche Gebühr neben der Gebühr 6204		216,00 EUR

1 Allgemeines. Nimmt der gerichtl. bestellte RA im ersten Rechtszug mehr als 8 Stunden an der Hauptverhandlung teil, erhält er neben der Festgebühr der Nr. 6204 eine zusätzl. Gebühr iHv 216 EUR. Dies schafft einen Ausgleich dafür, dass der gerichtl. bestellte RA nicht wie der Wahlverteidiger oder Verfahrensbevollmächtigte über die Bestimmung des Rahmens der Gebühr dem zeitlich höheren Aufwand Rechnung tragen kann.

2 Der Verweis auf Nr. 6204 VV RVG stellt klar, dass der RA die zusätzl. Gebühr **für jeden Tag der Hauptverhandlung, an dem die Verhandlungsdauer über 8 Stunden beträgt**, fordern kann.

3 Nr. 6205 und Nr. 6206 VV RVG können je Tag der Hauptverhandlung nur **alternativ** zur Anwendung kommen.

Zweiter Rechtszug

Nr.	Gebührentatbestand	Gebühr	
		Wahlverteidiger oder Verfahrensbevollmächtigter	gerichtlich bestellter oder beigeordneter Rechtsanwalt
6207	Verfahrensgebühr	70,00 bis 470,00 EUR	216,00 EUR

1 Die Verfahrensgeb. gilt auch im zweiten Rechtszug die **gesamte Tätigkeit** des RA außerhalb einer Hauptverhandlung oder mündl. Verhandlung ab.

2 Sie beträgt 70-470 EUR; die Mittelgebühr liegt bei 270 EUR. Die konkrete **Höhe** bestimmt der RA nach § 14 RVG. Der gerichtl. bestellte oder beigeordnete RA erhält 216 EUR.

3 Neben der Verfahrensgeb. kann die Grundgebühr **Nr. 6200 VV RVG** entstehen, soweit sie nicht schon zuvor entstanden ist; für die Wahrnehmung von gerichtl. Terminen erhält der RA Gebühren nach **Nr. 6208-6210 VV RVG**. Möglich ist auch die Entstehung der Zusatzgebühr nach **Nr. 6216 VV RVG**.

Nr.	Gebührentatbestand	Gebühr	
		Wahlverteidiger oder Verfahrensbevollmächtigter	**gerichtlich bestellter oder beigeordneter Rechtsanwalt**
6208	Terminsgebühr je Verhandlungstag	70,00 bis 470,00 EUR	216,00 EUR

1 Die Terminsgeb. im zweiten Rechtszug beträgt je Verhandlungstag wie auch im ersten Rechtszug 70-470 EUR; die **Mittelgebühr** der Terminsgeb. beträgt mithin 270 EUR. Der gerichtl. bestellte oder beigeordnete RA erhält 216 EUR.

2 Zur Terminsgeb. bei **Nichtstattfinden eines anberaumten Termins** vgl. Vorbem. 6 Anm. 4.

Nr.	Gebührentatbestand	Gebühr	
		Wahlverteidiger oder Verfahrensbevollmächtigter	**gerichtlich bestellter oder beigeordneter Rechtsanwalt**
6209	Der gerichtlich bestellte Rechtsanwalt nimmt mehr als 5 und bis 8 Stunden an der Hauptverhandlung teil: Zusätzliche Gebühr neben der Gebühr 6208		108,00 EUR

1 Allgemeines. Nimmt der gerichtl. bestellte RA im zweiten Rechtszug mehr als 5, aber nicht mehr als 8 Stunden an der Hauptverhandlung teil, erhält er wie im ersten Rechtszug neben der Festgebühr der Nr. 6208 VV RVG eine zusätzl. Gebühr iHv 108 EUR. Die zusätzl. Gebühr soll ausgleichen, dass der gerichtl. bestellte RA nicht wie der Wahlverteidiger oder Verfahrensbevollmächtigte über die Bestimmung des Rahmens der Gebühr dem zeitlich höheren Aufwand Rechnung tragen kann.

2 Die Bezugnahme auf Nr. 6208 stellt klar, dass der RA die zusätzliche Gebühr **für jeden Tag der Hauptverhandlung, an dem die Verhandlungsdauer zwischen 5 und 8 Stunden liegt**, fordern kann. Nr. 6209 und Nr. 6210 VV RVG können nur alternativ zur Anwendung kommen.

Nr.	Gebührentatbestand	Gebühr	
		Wahlverteidiger oder Verfahrensbevollmächtigter	**gerichtlich bestellter oder beigeordneter Rechtsanwalt**
6210	Der gerichtlich bestellte Rechtsanwalt nimmt mehr als 8 Stunden an der Hauptverhandlung teil: Zusätzliche Gebühr neben der Gebühr 6208		216,00 EUR

1 Nimmt der gerichtl. bestellte RA im zweiten Rechtszug mehr als 8 Stunden an der Hauptverhandlung teil, erhält er neben der Festgebühr der Nr. 6208 wie im ersten Rechtszug eine zusätzl. Gebühr iHv 216 EUR zum Ausgleich dafür, dass er nicht wie der Wahlverteidiger oder Verfahrensbevollmächtigte über die Bestimmung des Rahmens der Gebühr dem zeitlich höheren Aufwand Rechnung tragen kann.

2 Die Bezugnahme auf Nr. 6208 stellt klar, dass der RA die **zusätzliche Gebühr für jeden Tag der Hauptverhandlung, an dem die Verhandlungsdauer über 8 Stunden beträgt,** fordern kann. Nr. 6209 und Nr. 6210 VV RVG können nur alternativ entstehen.

Dritter Rechtszug

Nr.	Gebührentatbestand	Gebühr	
		Wahlverteidiger oder Verfahrensbevollmächtigter	gerichtlich bestellter oder beigeordneter Rechtsanwalt
6211	Verfahrensgebühr	100,00 bis 930,00 EUR	412,00 EUR

1 Die Verfahrensgeb. im dritten Rechtszug, die die Tätigkeit des RA außerhalb der Hauptverhandlung oder einer mündl. Verhandlung honoriert, beträgt 100-930 EUR; die **Mittelgebühr** liegt bei 515 EUR. Der gerichtl. bestellte oder beigeordnete RA erhält 412 EUR.

2 Neben der Verfahrensgeb. kann die Grundgebühr Nr. 6200 VV RVG entstehen, soweit sie nicht schon zuvor entstanden ist; für die Wahrnehmung gerichtl. Termine erhält der RA Gebühren nach Nr. 6212-6214 VV RVG.

Nr.	Gebührentatbestand	Gebühr	
		Wahlverteidiger oder Verfahrensbevollmächtigter	gerichtlich bestellter oder beigeordneter Rechtsanwalt
6212	Terminsgebühr je Verhandlungstag	100,00 bis 470,00 EUR	228,00 EUR

1 Die Terminsgeb. je Verhandlungstag ist im dritten Rechtszug ggü. dem ersten und zweiten Rechtszug erhöht; der untere Rahmen liegt bei 100 EUR statt 40 EUR. Daraus ergibt sich eine **Mittelgebühr** iHv 285 EUR. Der gerichtl. bestellte oder beigeordnete RA kann 228 EUR fordern.

2 Zur Terminsgeb. bei **Nichtstattfinden eines anberaumten Termins** vgl. Vorbem. 6 Anm. 4.

Nr.	Gebührentatbestand	Gebühr	
		Wahlverteidiger oder Verfahrens- bevollmächtigter	gerichtlich bestellter oder beigeordneter Rechtsanwalt
6213	Der gerichtlich bestellte Rechtsanwalt nimmt mehr als 5 und bis 8 Stunden an der Haupt- verhandlung teil: Zusätzliche Gebühr neben der Gebühr 6212		114,00 EUR

1 Allgemeines. Nimmt der gerichtl. bestellte RA im dritten Rechtszug mehr als 5, aber nicht mehr als 8 Stunden an der Hauptverhandlung teil, erhält er neben der Festgebühr der Nr. 6212 VV RVG eine (ggü. dem ersten und zweiten Rechtszug leicht erhöhte) zusätzl. Gebühr v. 114 EUR. Die zusätzl. Gebühr schafft einen Ausgleich dafür, dass der gerichtl. bestellte RA nicht wie der Wahlverteidiger oder Verfahrensbevollmächtigte über die Bestimmung des Rahmens der Gebühr dem zeitlich höheren Aufwand Rechnung tragen kann.

2 Die Bezugnahme auf Nr. 6212 stellt klar, dass der RA die **zusätzliche Gebühr für jeden Tag der Hauptverhandlung, an dem die Verhandlungsdauer zwischen 5 und 8 Stunden liegt,** fordern kann. Nr. 6213 und Nr. 6214 VV RVG können nur alternativ zur Anwendung kommen.

Nr.	Gebührentatbestand	Gebühr	
		Wahlverteidiger oder Verfahrens- bevollmächtigter	gerichtlich bestellter oder beigeordneter Rechtsanwalt
6214	Der gerichtlich bestellte Rechtsanwalt nimmt mehr als 8 Stunden an der Hauptverhand- lung teil: Zusätzliche Gebühr neben der Gebühr 6212		228,00 EUR

1 Der gerichtl. bestellte RA, der im dritten Rechtszug mehr als 8 Stunden an der Hauptverhandlung teilnimmt, erhält neben der Festgebühr der Nr. 6212 eine im Vergleich zum ersten Rechtszug leicht **erhöhte** zusätzl. Gebühr iHv 228 EUR, weil er nicht wie der Wahlverteidiger oder Verfahrensbevoll- mächtigte über die Bestimmung des Rahmens der Gebühr dem zeitlich höheren Aufwand Rechnung tragen kann.

2 Der Verweis auf Nr. 6212 stellt klar, dass der RA die **zusätzliche Gebühr für jeden Tag der Hauptverhandlung, an dem die Verhandlungsdauer über 8 Stunden beträgt,** fordern kann. Die Gebühren aus Nr. 6213 und Nr. 6214 VV RVG können nur alternativ entstehen.

Nr.	Gebührentatbestand	Gebühr	
		Wahlverteidiger oder Verfahrens- bevollmächtigter	gerichtlich bestellter oder beigeordneter Rechtsanwalt
6215	Verfahrensgebühr für das Verfahren über die Beschwerde gegen die Nichtzulassung der Revision	60,00 bis 930,00 EUR	396,00 EUR

1 Allgemeines. Für das Verf. über die Beschwerde gg. die Nichtzulassung der Revision ist eine bes. Verfahrensgeb. vorgesehen, die niedriger als die Verfahrensgeb. für das Revisionsverfahren ist. Nach § 17 Nr. 9 RVG bilden das Revisionsverfahren und das Verf. über die Beschwerde gg. ihre Nichtzulassung verschiedene Angelegenheiten. Dies entspricht der Regelung in § 109 Abs. 5 BRAGO iVm § 14 Abs. 2 S. 1 BRAGO (BT-Drs 15/1971 S. 231). Die Verfahrensgeb. gilt die gesamte Tätigkeit des RA (Betreiben des Geschäfts einschließlich der Information) ab.

2 Die Gebühr ist mit 60-930 bzw. 396 EUR ist tatsächlich nur wenig geringer als die Verfahrensgeb. im Revisionsverfahren (Nr. 4130 VV RVG: 100-930 EUR bzw. 412 EUR). Die **Mittelgebühr** beträgt 495 EUR.

Unterabschnitt 4. Zusatzgebühr

Nr.	Gebührentatbestand	Gebühr	
		Wahlverteidiger oder Verfahrensbevollmächtigter	**gerichtlich bestellter oder beigeordneter Rechtsanwalt**
6216	**Durch die anwaltliche Mitwirkung wird die mündliche Verhandlung entbehrlich: Zusätzliche Gebühr** (1) Die Gebühr entsteht, wenn eine gerichtliche Entscheidung mit Zustimmung der Beteiligten ohne mündliche Verhandlung ergeht oder einer beabsichtigten Entscheidung ohne Hauptverhandlungstermin nicht widersprochen wird. (2) Die Gebühr entsteht nicht, wenn eine auf die Förderung des Verfahrens gerichtete Tätigkeit nicht ersichtlich ist. (3) Die Höhe der Gebühr richtet sich nach dem Rechtszug, in dem die Hauptverhandlung vermieden wurde. Für den Wahlanwalt bemisst sich die Gebühr nach der Rahmenmitte.	in Höhe der jeweiligen Verfahrensgebühr	

1 Allgemeines. Vergleichbar den Regelungen in anderen Verf. soll die bes. Bemühung des RA honoriert werden, die eine mündl. Verhandlung im gerichtl. Verf. entbehrlich macht. In Betracht kommen insbes. die Fälle des § 59 BDG und des § 102 WDO (BT-Drs 15/1971 S. 231). Nr. 6216 VV RVG perpetuiert den Grundgedanken des § 84 Abs. 2 BRAGO. Es soll ein Ausgleich dafür geschaffen werden, dass der RA aufgrund seiner eigenen Bemühungen die Terminsgeb. nicht fordern kann. Gleichzeitig soll zur Entlastung der Gerichte ein Anreiz geschaffen werden, auf die Entbehrlichkeit der mündl. Verhandlung hinzuwirken.

2 Die zusätzl. Gebühr setzt voraus, dass die **Entscheidung im Einverständnis der Beteiligten ohne mündliche (Haupt-) Verhandlung** ergeht. Die Zustimmung iSd Anm. Abs. 1 1. Alt. muss ausdrücklich erfolgen, während es für die 2. Regelungsalternative ausreicht, wenn der beabsichtigten Entscheidung ohne Hauptverhandlung nicht ausdrücklich widersprochen wird.

3 Die **Höhe der Zusatzgebühr** richtet sich nach der jew. **Verfahrensgebühr** in dem Rechtszug, in dem die Hauptverhandlung vermieden werden konnte, und zwar gem. der Anm. Abs. 3 jew. nach der Rahmenmitte. Sie beträgt für den Wahlanwalt im ersten Rechtszug 155 EUR, im zweiten Rechtszug

270 EUR und im dritten Rechtszug 515 EUR und für den gerichtl. bestellten oder beigeordneten RA im ersten Rechtszug 124 EUR, im zweiten Rechtszug 216 EUR und im dritten Rechtszug 412 EUR.

Abschnitt 3. Gerichtliche Verfahren bei Freiheitsentziehung und in Unterbringungssachen

Nr.	Gebührentatbestand	Wahlverteidiger oder Verfahrensbevollmächtigter	gerichtlich bestellter oder beigeordneter Rechtsanwalt
		Gebühr	
6300	**Verfahrensgebühr bei erstmaliger Freiheitsentziehung nach dem Gesetz über das gerichtliche Verfahren bei Freiheitsentziehungen und bei Unterbringungsmaßnahmen nach § 70 Abs. 1 FGG** Die Gebühr entsteht für jeden Rechtszug.	**30,00 bis 400,00 EUR**	**172,00 EUR**

Übersicht

1 Allgemeines. In Abschnitt 3 des 6. Teils VV RVG sollen die Regelungen aus § 112 BRAGO für das Verf. bei Freiheitsentziehungen nach dem Gesetz über das gerichtl. Verf. in Freiheitsentziehungen (FEVG), welches die Freiheitsentziehung in Ausführung des Art. 104 Abs. 2 GG regelt, und für das Verf. bei Unterbringungsmaßnahmen nach § 70 Abs. 1 FGG im Wesentlichen übernommen werden. Die Gebühren wurden lediglich an die wirtschaftl. Entwicklung angepasst (Gesetzesbegründung BT-Drs 15/1971 S. 231).

2 Der Anwendungsbereich des Dritten Abschnitts ist □ wie auch schon der des § 112 BRAGO □ genau abzugrenzen (vgl. Gerold/Schmidt Rn. 7ff. zu Nr. 6300 VV RVG). Der Abschnitt kommt dem Wortlaut nach im gerichtl. Verf. über die erstmalige Freiheitsentziehung nach dem FEVG sowie bei Unterbringungsmaßnahmen nach § 70 Abs. 1 FGG zur Anwendung. Voraussetzung ist, dass das ordentliche Gericht im Verf. der freiwilligen Gerichtsbarkeit aufgrund bundesrechtlicher (FEVG) oder landesrechtlicher (Unterbringungsgesetze der Länder) Regelungen über Freiheitsentziehungen entscheidet (LG Marburg JurBüro 2000, 74). Auch für die Tätigkeit im Abschiebungsverfahren einschl. der Abschiebehaft erhält der RA eine Vergütung nach diesem Abschnitt (Gerold/Schmidt Rn. 3 a. E. zu Nr. 6300 VV RVG).

3 Ausschluss der Anwendung. Soweit das VV RVG speziellere Gebührennormen enthält, gehen diese den Nrn. 6300-6303 VV RVG vor. Insbesondere nicht unter die Nrn. 6300ff. VV RVG fallen Tätigkeiten in Strafsachen, soweit der RA in Haftprüfungsterminen, Haftbeschwerdeverfahren oder Verf. nach § 81 StPO (Einweisung in ein psych. Krankenhaus zur Begutachtung des psychischen

Zustands bzw. der strafrechtlichen Verantwortlichkeit eines Beschuldigten) tätig wird. Hier kann der RA Gebühren nach Nr. 4102f. VV RVG fordern, weshalb für die Anwendung der Regeln des 3. Abschnitts des 6. Teils kein Raum bleibt. Gleiches gilt für die Überprüfung der Unterbringung nach § 67e StGB, ohne dass dem RA sonst die Verteidigung oder Vertretung übertragen ist (Nr. 4300 Nr. 3 VV RVG).

4 Nr. 6300 (und auch Nr. 6301) VV RVG kommt im so genannten **Anordnungsverfahren**, also bei erstmaliger Freiheitsentziehung nach dem FEVG bzw. erstmaliger Unterbringung nach § 70 Abs. 1 FGG zur Anwendung. Davon zu unterscheiden ist das Verf. über die Fortdauer der Freiheitsentziehung bzw. Unterbringung, in dem Gebühren nur nach den Nrn. 6302, 6303 VV RVG entstehen.

5 Die **Verfahrensgebühr** entsteht für das Betreiben des Geschäfts einschl. der Information (Vorbem. 6 Abs. 2). Der Rahmen der Gebühr beträgt für den Wahlverteidiger oder den Verfahrensbevollmächtigten 30-400 EUR; die Mittelgebühr hat mithin eine Höhe v. 215 EUR. Der gerichtl. bestellte oder beigeordnete RA erhält 172 EUR.

6 Die Verfahrensgeb. entsteht ☐ wie schon bisher ☐ in **jedem Rechtszug neu**.

7 Richtet sich das Unterbringungsverfahren gg. **mehrere Betroffene**, erfordert jede Unterbringung eine gesonderte Prüfung. Es handelt sich dann um mehrere Angelegenheiten (Gebauer/Schneider Rn. 20 mwN zu Nr. 6300-6303 VV RVG). Vertritt der Anwalt **mehrere Auftraggeber** in demselben Verf., kommt Nr. 1008 VV RVG zur Anwendung; die Gebühren erhöhen sich also um 30 % je AG (Schneider/Mock § 27 Rn. 44) bis zur Obergrenze der Anm. Abs. 3 zu Nr. 1008 VV RVG.

Nr.	Gebührentatbestand	Gebühr	
		Wahlverteidiger oder Verfahrens- bevollmächtigter	**gerichtlich bestellter oder beigeordneter Rechtsanwalt**
6301	**Terminsgebühr in den Fällen der Nummer 6300** Die Gebühr entsteht für die Teilnahme an gerichtlichen Terminen.	**30,00 bis 400,00 EUR**	**172,00 EUR**

Übersicht

1 Allgemeines. Nr. 6301 VV RVG betrifft ☐ wie aus der Verweisung auf Nr. 6300 VV RVG hervorgeht ☐ ausschließlich das so genannte **Anordnungsverfahren**, bei dem eine Freiheit entziehende Maßnahme nach dem FEVG erstmalig verhängt wird bzw. über eine erstmalige Unterbringung nach § 70 Abs. 1 FGG entschieden wird. Bei Verf. über die Fortdauer der Freiheitsentziehung kommen allein die Nrn. 6302, 6303 VV RVG zur Anwendung. Zum Anwendungsbereich iÜ vgl. Anm. 2, 3 zu Nr. 6300 VV RVG.

2 Die Terminsgeb. entsteht für die **bloße Teilnahme** am gerichtl. Termin. Es ist nicht erforderlich, dass der RA darüber hinaus bei dem Termin tätig wird.

3 Durch die Verweisung auf Nr. 6300 VV RVG ist klargestellt, dass auch die Terminsgeb. **in jedem Rechtszug neu** entsteht.

4 Der Betragsrahmen der **Gebühr** beträgt 30-400 EUR; die Mittelgebühr hat demnach eine Höhe v. 215 EUR. Der gerichtl. bestellte oder beigeordnete RA erhält 172 EUR. Die Feststellung einer Pauschgebühr nach § 42 oder § 51 RVG ist nicht möglich, da die Verf. des 3. Abschnitts v. Teil 6 VV RVG dort nicht aufgeführt werden.

5 Zur Gebühr bei **mehreren Betroffenen** oder **mehreren Auftraggebern** s. Anm. 7 zu Nr. 6300 VV RVG.

Nr.	Gebührentatbestand	Gebühr	
		Wahlverteidiger oder Verfahrens- bevollmächtigter	**gerichtlich bestellter oder beigeordneter Rechtsanwalt**
6302	**Verfahrensgebühr in sonstigen Fällen**	**20,00 bis 250,00 EUR**	**108,00 EUR**
	Die Gebühr entsteht für jeden Rechtszug des Verfahrens über die Fortdauer der Freiheitsent- ziehung und über Anträge auf Aufhebung der Freiheitsentziehung sowie des Verfahrens über die Aufhebung oder Verlängerung einer Unter- bringungsmaßnahme nach § 70i FGG.		

1 Allgemeines. Die Gebühren Nr. 6302 und 6303 VV RVG entstehen im **Verfahren über die Fortdauer** der Freiheitsentziehung oder Unterbringung; im Anordnungsverfahren können nur die Nrn. 6300 und 6301 zur Anwendung kommen. Hintergrund ist die Bestimmung in § 9 Abs. 1 FEVG, dass bereits bei der Anordnung der Freiheitsentziehung eine Frist v. nicht mehr als einem Jahr festzulegen ist, vor deren Ablauf das Gericht über die Fortdauer der Freiheitsentziehung vAw zu entscheiden hat. Entfällt der Grund für die Freiheitsentziehung schon vor Ablauf der Frist, muss das Gericht auf Antrag auch schon vorher die Anordnung aufheben (§ 10 Abs. 1 FEVG).

2 Der Betragsrahmen der Gebühr beträgt 20-250 EUR; die **Mittelgebühr** liegt bei 135 EUR. Der gerichtl. bestellte oder beigeordnete RA erhält 108 EUR. Die Feststellung einer Pauschgebühr nach §§ 42, 51 RVG ist nicht möglich, da die Gebühren des Dritten Abschnitts des 6. Teils VV RVG dort nicht aufgeführt sind.

3 Die Gebühr entsteht in jedem Rechtszug des Verf. neu. Vertritt der RA **mehrere Betroffene**, handelt es sich um verschiedene Angelegenheiten (Schneider/Mock § 27 Rn. 48, 44). Vertritt er dagegen **mehrere Auftraggeber** gemeinschaftlich, ist Nr. 1008 VV RVG anzuwenden; der Gebüh- renrahmen erhöht sich um 30% (Schneider/Mock § 27 Rn. 49).

Nr.	Gebührentatbestand	Gebühr	
		Wahlverteidiger oder Verfahrens- bevollmächtigter	**gerichtlich bestellter oder beigeordneter Rechtsanwalt**
6303	**Terminsgebühr in den Fällen der Nummer 6302**	**20,00 bis 250,00 EUR**	**108,00 EUR**
	Die Gebühr entsteht für die Teilnahme an gerichtlichen Terminen.		

Übersicht

1 Allgemeines. Wie auch Nr. 6302 VV RVG gilt Nr. 6303 VV RVG nicht im Anordnungsverfahren (dazu Nrn. 6300, 6301 VV RVG), sondern nur im Verf. über die Fortdauer der Unterbringung oder Freiheitsentziehung.

2 Die Gebühr entsteht für die **bloße Teilnahme** am gerichtl. Termin; eine darüber hinaus gehende Mitwirkung des RA ist nicht erforderlich.

3 Durch die Verweisung auf Nr. 6302 VV RVG ist klargestellt, dass auch die Terminsgeb. **in jedem Rechtszug neu** entsteht.

4 Der Betragsrahmen der Gebühr liegt zw. 20 und 250 EUR; die **Mittelgebühr** beträgt mithin 135 EUR. Der gerichtl. bestellte oder beigeordnete RA erhält 108 EUR. Die Festsetzung einer Pauschgebühr nach §§ 42 oder 51 RVG ist nicht möglich.

5 Zur Gebühr bei **mehreren Betroffenen** oder **mehreren Auftraggebern** s. Anm. 7 zu Nr. 6300 VV RVG.

Abschnitt 4. Besondere Verfahren und Einzeltätigkeiten

Vorbemerkung 6.4:
Die Gebühren nach diesem Abschnitt entstehen in Verfahren
1. **auf gerichtliche Entscheidung nach der WBO, auch i. V. m. § 42 WDO,**
2. **auf Abänderung oder Neubewilligung eines Unterhaltsbeitrags,**
3. **vor dem Dienstvorgesetzten über die nachträgliche Aufhebung einer Disziplinarmaßnahme und**
4. **auf gerichtliche Entscheidung über die nachträgliche Aufhebung einer Disziplinarmaßnahme.**

1 Allgemeines. Im 4. Abschnitt des 6. Teils werden die restlichen „besonderen" Verfahren und Einzeltätigkeiten, für die der RA Betragsrahmengeb. erhält, geregelt (BT-Drs 15/1971 S. 231). Die Aufzählung in Vorbem. 6.4 ist insoweit abschließend. Die hier geregelten Verf. waren zuvor in § 109a (Nr. 1) bzw. § 109 Abs. 6, 7 BRAGO geregelt.

2 Eine **Grundgebühr** ist nicht vorgesehen. Die Bestimmung v. Gebühren für einen bestellten RA ist entbehrlich, weil eine gerichtl. Bestellung entspr. § 90 WDO im gerichtl. Antragsverfahren nach der WBO nicht möglich ist. Die Bestimmungen über die PKH finden im Verf. nach der WBO nach hM keine Anwendung. Dies gilt auch für Beschwerden der Soldaten gg. Disziplinarmaßnahmen sowie gg. Entscheidungen des Disziplinarvorgesetzten, weil für diese Beschwerden nach § 42 WDO ebenfalls die Vorschriften der WBO anzuwenden sind (BT-Drs 15/1971 S. 231).

Nr.	Gebührentatbestand	Gebühr	
		Wahlverteidiger oder Verfahrensbevollmächtigter	gerichtlich bestellter oder beigeordneter Rechtsanwalt
6400	Verfahrensgebühr für das Verfahren auf gerichtliche Entscheidung nach der WBO vor dem Truppendienstgericht	70,00 bis 570,00 EUR	

1 Allgemeines. Das Verf. auf gerichtl. Entscheidung nach der WBO vor dem Truppendienstgericht entspricht dem Verf. nach § 109a 1. Alt. BRAGO. Der Soldat kann sich gem. § 1 WBO beschweren, wenn er sich unrichtig behandelt oder durch pflichtwidriges Verhalten v. Kameraden verletzt glaubt. Ist der Beschwerdebescheid nach § 12 WBO abl. und führt auch die weitere Beschwerde nach § 16 WBO nicht zur Abhilfe, kann der Soldat nach § 17 WBO die Entscheidung des Truppendienstgerichts beantragen. Bis zum Antrag auf Entscheidung des Truppendienstgerichts handelt es sich um ein außergerichtliches Verf., für das die Gebührenvorschriften dieses Abschnitts nicht gelten; der RA kann dann die Geschäftsgeb. Nr. 2400ff. VV RVG fordern (Hartung/Römermann Rn. 55 zu Teil 6 VV RVG; Gebauer/Schneider Rn. 4 zu Vorbem. 6.4 VV RVG).

Gegen Entscheidungen oder Maßnahmen des Bundesministers der Verteidigung einschl. der Entscheidungen über Beschwerden oder weitere Beschwerden kann der Beschwerdeführer gem. § 21 Abs. 1 WBO unmittelbar die Entscheidung des BVerwG beantragen. Die Gebühren bei Verf. vor dem BVerwG sind in Nr. 6402, 6403 geregelt.

2 Der Betragsrahmen liegt bei 70-570 EUR; die **Mittelgebühr** beträgt mithin 320 EUR. Gebühren für den gerichtl. bestellten oder beigeordneten RA regelt dieser Abschnitt nicht, weil eine gerichtl. Bestellung entspr. § 90 WDO im gerichtl. Antragsverfahren nach der WBO nicht möglich ist. Eine Grundgebühr ist gleichfalls nicht vorgesehen. Der RA erhält die Gebühr in jeder Instanz.

Nr.	Gebührentatbestand	Gebühr	
		Wahlverteidiger oder Verfahrensbevollmächtigter	gerichtlich bestellter oder beigeordneter Rechtsanwalt
6401	Terminsgebühr je Verhandlungstag in den in Nummer 6400 genannten Verfahren	70,00 bis 570,00 EUR	

1 Allgemeines. Das Truppendienstgericht entscheidet gem. § 18 Abs. 2 S. 2 WBO idR ohne mündl. Verhandlung, kann diese jedoch anberaumen, wenn es dies für erforderlich hält.

2 Der Wahlverteidiger oder Verfahrensbevollmächtigte erhält für jeden Verhandlungstag eine Betragsrahmengeb. v. 70-570 EUR; die **Mittelgebühr** beträgt 320 EUR. Zu Gebühren für den gerichtl. bestellten oder beigeordneten RA s. Anm. 2 zu Nr. 6400 VV RVG.

Nr.	Gebührentatbestand	Gebühr	
		Wahlverteidiger oder Verfahrens- bevollmächtigter	gerichtlich bestellter oder beigeordneter Rechtsanwalt
6402	Verfahrensgebühr für das Verfahren auf gerichtliche Entscheidung nach der WBO vor dem Bundesverwaltungsgericht	85,00 bis 665,00 EUR	

1 Allgemeines. Nr. 6402 VV RVG entspricht dem alten § 109a 2. Alt. BRAGO. Gegen Entscheidungen oder Maßnahmen des Bundesministers der Verteidigung einschl. der Entscheidungen über Beschwerden oder weitere Beschwerden kann der Beschwerdeführer im Beschwerdeverfahren nach der WBO gem. § 21 Abs. 1 WBO unmittelbar die Entscheidung des BVerwG beantragen.

2 Die Verfahrensgeb. für den Wahlverteidiger oder Verfahrensbevollmächtigten beträgt 85-665 EUR; die **Mittelgebühr** liegt bei 375 EUR. Der RA erhält die Gebühr in jedem Rechtszug. Zu Gebühren für den gerichtl. bestellten oder beigeordneten RA s. Anm. 2 zu Nr. 6400 VV RVG.

Nr.	Gebührentatbestand	Gebühr	
		Wahlverteidiger oder Verfahrens- bevollmächtigter	gerichtlich bestellter oder beigeordneter Rechtsanwalt
6403	Terminsgebühr je Verhandlungstag in den in Nummer 6402 genannten Verfahren	85,00 bis 665,00 EUR	

1 Allgemeines. Zum Verf. nach der WBO vor dem BVerwG s. Anm. 1 zu Nr. 6402 VV RVG.

2 Die Terminsgeb. entsteht für jeden Verhandlungstag vor dem BVerwG iHv 85-665 EUR. Die **Mittelgebühr** beträgt 375 EUR. Zu Gebühren für den gerichtl. bestellten oder beigeordneten RA s. Anm. 2 zu Nr. 6400 VV RVG.

Nr.	Gebührentatbestand	Gebühr	
		Wahlverteidiger oder Verfahrens- bevollmächtigter	gerichtlich bestellter oder beigeordneter Rechtsanwalt
6404	Verfahrensgebühr für die übrigen Verfahren und für Einzeltätigkeiten	20,00 bis 250,00	108,00 EUR
	(1) Für eine Einzeltätigkeit entsteht die Gebühr, wenn dem Rechtsanwalt nicht die Verteidigung oder Vertretung übertragen ist.		
	(2) Die Gebühr entsteht für jede einzelne Tätigkeit gesondert, soweit nichts anderes bestimmt ist. § 15 RVG bleibt unberührt.		
	(3) Wird dem Rechtsanwalt die Verteidigung oder Vertretung für das Verfahren übertragen, werden die nach dieser Nummer entstandenen		

Gebühren auf die für die Verteidigung oder Vertretung entstehenden Gebühren angerechnet.

1 Nr. 6404 VV RVG fasst die in Vorbem. 6.4 genannten Verf., soweit diese nicht unter Nr. 6400-6403 VV RVG fallen, sowie Einzeltätigkeiten des 4. Abschnitts des 6. Teils VV RVG zusammen und bestimmt einen einheitlichen Betragsrahmen bzw. einen einheitlichen Festbetrag. In den **Anwendungsbereich** der Vorschrift fallen iE das Verf. auf Abänderung oder Neubewilligung eines Unterhaltsbeitrags, das Verf. vor dem Dienstvorgesetzten über die nachträgliche Aufhebung einer Disziplinarmaßnahme und das Verf. auf gerichtl. Entscheidung über die nachträgliche Aufhebung einer Disziplinarmaßnahme.

2 Ist der RA in Verf. nach dem 6. Teil VV RVG nur mit **Einzeltätigkeiten** beauftragt, kann er nur die Vergütung nach Nr. 6404 VV RVG fordern; diese dann allerdings für jede Einzeltätigkeit gesondert. Hierzu gehören insbes. die in § 112 Abs. 3 BRAGO genannten Tätigkeiten: Einlegung eines Rechtsmittels, Anfertigung oder Unterzeichnung eines Antrags, Gesuchs oder einer Erklärung oder eine sonstige Beistandsleistung. § 15 Abs. 6 RVG, der bestimmt, dass die Summe der Gebühren für mehrere Einzeltätigkeiten nicht den Betrag übersteigen darf, den ein mit der ganzen Angelegenheit beauftragter RA erhielte, ist anzuwenden. Wird dem RA später die Verteidigung oder Vertretung im gesamten Verf. übertragen, werden die Gebühren für die Einzeltätigkeiten angerechnet.

3 Der Wahlverteidiger oder Verfahrensbevollmächtigte erhält 20-250 EUR; die **Mittelgebühr** beträgt 135 EUR. Der gerichtl. bestellte oder beigeordnete RA erhält 108 EUR.

Teil 7. Auslagen

Vorbemerkung 7:

(1) Mit den Gebühren werden auch die allgemeinen Geschäftskosten entgolten. Soweit nachfolgend nichts anderes bestimmt ist, kann der Rechtsanwalt Ersatz der entstandenen Aufwendungen (§ 675 i. V. m. § 670 BGB) verlangen.

(2) Eine Geschäftsreise liegt vor, wenn das Reiseziel außerhalb der Gemeinde liegt, in der sich die Kanzlei oder die Wohnung des Rechtsanwalts befindet.

(3) Dient eine Reise mehreren Geschäften, sind die entstandenen Auslagen nach den Nummern 7003 bis 7006 nach dem Verhältnis der Kosten zu verteilen, die bei gesonderter Ausführung der einzelnen Geschäfte entstanden wären. Ein Rechtsanwalt, der seine Kanzlei an einen anderen Ort verlegt, kann bei Fortführung eines ihm vorher erteilten Auftrags Auslagen nach den Nummern 7003 bis 7006 nur insoweit verlangen, als sie auch von seiner bisherigen Kanzlei aus entstanden wären.

Übersicht

1 Allgemeines. Die Vergütung des RA setzt sich gem. § 1 Abs. 1 S. 1 RVG aus **Gebühren und Auslagen** zusammen. Vorbem. 7 VV RVG bestimmt, dass mit den Gebühren grds. auch die **allgemeinen Geschäftskosten** entgolten sind, womit die Regelung des § 25 Abs. 1 BRAGO (dort hieß es noch „Geschäftsunkosten") perpetuiert wird. Die allg. Geschäftskosten sind die Kosten, die für die allg. Unterhaltung des Geschäftsbetriebs des RA entstehen. Hierzu gehören insbes. die Miet-, Einrichtungs- und Unterhaltskosten für die Kanzleiräume, Anschaffung und Unterhalt bzw. Leasingkosten für Kopierer, EDV-, Telefon-, Telefaxanlagen und Internetanschluss, Grundgebühren für Informationsdienste sowie Mitgliedsbeiträge bei einer Kreditauskunft, Büromaterial einschließl. der gängigen Formulare, Gehälter und Sozialabgaben der Angestellten, allg. Fortbildungskosten und Fachliteratur. Auch Kammerbeiträge und allg. berufsbedingte Vers. zählen zu den allg. Geschäftskosten, letztere jedoch nur, soweit sie nicht unter Nr. 7007 VV RVG fallen.

Die allg. Geschäftskosten kann der RA nicht ☐ auch nicht anteilig ☐ v. seinem AG fordern. Zur Bezifferung der Auslagen in der Vergütungsberechnung vgl. Komm. zu § 10 RVG Anm. 8.

2 Die **Auslagen**, die der RA nach dem 7. Teil VV RVG v. AG fordern kann, unterscheiden sich v. den allg. Geschäftskosten dadurch, dass sie **anlässlich des konkreten Einzelfalls** v. RA gemacht wurden und ohne den Auftrag nicht angefallen wären. Die Auslagen unterfallen in die im VV zum RVG selbst geregelten Fälle ☐ Nrn. 7000-7008 VV RVG ☐ sowie die so genannten „bes. Geschäftskosten", die der RA wie schon bisher (vgl. Begr. BT-Drs 15/1971 S. 231) v. AG Aufwendungsersatz nach §§ 675 Abs. 1 iVm 670 BGB aus dem geschlossenen Geschäftsbesorgungsvertrag verlangen kann. Dass auch die bes. Geschäftskosten Auslagen iSd 7. Teils des RVG sind, ergibt sich aus der systematischen Stellung des Verweises. Allerdings sind die Nrn. 7000-7008 VV RVG ggü. dem Aufwendungsersatz die speziellere Regelung. Folgerichtig bestimmt Vorbem. 7 Abs. 1 S. 2 1. Hs., dass Aufwendungsersatz nach dem BGB nur in Frage kommt, soweit die Nrn. 7000-7008 VV RVG keine Regelung treffen.

3 Soweit im 7. Teil des VV zum RVG keine bes. Regelung getroffen ist, kann der RA **Aufwendungsersatz** nach §§ 675 Abs. 1 iVm 670 BGB verlangen. Gem. **§ 670 BGB** (Ersatz v. Aufwendungen) ist Voraussetzung für das Entstehen des Ersatzanspruchs, dass der RA die gemachten Aufwendungen für erforderlich halten durfte. Maßgeblich für die Beurteilung ist der Zeitpunkt, zu dem die Aufwendungen getätigt wurden; dem RA darf nicht über eine Betrachtung ex post die Berücksichtigung v. Umständen abverlangt werden, die ihm nicht bekannt waren und auch nicht bekannt sein mussten. Die obj. Erforderlichkeit kann mithin nicht gefordert werden; umgekehrt durfte der RA aber für die sachgemäße Ausführung des Auftrags obj. erforderliche Aufwendungen in jedem Fall auch für erforderlich halten.

Der RA kann den Aufwendungsersatz gg. den AG im Wege der Vergütungsfestsetzung (vgl. § 11 RVG) festsetzen lassen (vgl. § 1 RVG Anm. 2).

4 IE können als **Aufwendungen** über §§ 675 Abs. 1, 670 BGB zB ersatzfähig sein

- Kosten für die Einholung von Auskünften (zB aus dem HR, GB, EMA; auch Detekteikosten; da diese schnell sehr hoch werden können, empfiehlt sich aber vor Beauftragung einer Detektei die Rücksprache mit dem AG ☐ im günstigsten Falle sollte der AG selbst die Detektei beauftragen),

- zur Beweissicherung angefertigte Fotos,
- Zeitungsanzeigen und sonstige Kosten zur Ermittlung von Zeugen,
- Übersetzungskosten,
- vom RA vorgestreckte Vorschüsse auf Gerichtskosten und Sicherheitsleistungen,
- vom RA verauslagte Gerichtsvollzieherkosten,
- die Aktenversendungspauschale nach Nr. 9003 KV GKG (ganz hM; vgl. Mayer/Kroiß Rn. 11 zu Nrn. 7000-7002 VV; Bischof/Jungbauer Teil 7 S. 692; Hansens/Braun/Schneider Rn. 83 zu Teil 18; Schneider AGS 2004, 4 mwN),
- besonders angefallene Verpackungs- und Versendungskosten, zB für Speditionen, soweit sie nicht unter Nr. 7001 VV RVG fallen.

5 Mit Vorbem. 7 Abs. 2 VV RVG wurde die **Legaldefinition der Geschäftsreise** des RA aus § 28 Abs. 1 S. 2 BRAGO wörtlich übernommen. Für eine geänderte Auslegung der Begriffe besteht kein Anlass. Danach liegt eine Geschäftsreise vor, wenn das Reiseziel außerhalb der Gemeinde liegt, in der sich die Kanzlei oder die Wohnung des RA befindet. Es kommt nur darauf an, dass der RA sich an einen Ort außerhalb der politischen Gemeindegrenze seines Wohn- oder Kanzleisitzes begibt. Faktoren wie Reiseentfernung oder Dauer des Aufenthalts können nicht berücksichtigt werden. Wie bei großen Entfernungen keine Geschäftsreise vorliegt, solange das Ziel noch in derselben Gemeinde belegen ist, gilt im Umkehrschluss auch, dass eine kurze Fahrt in den Nachbarort durchaus eine Geschäftsreise sein kann, sobald dieser Ort einer anderen Gemeinde angehört. Fahrtkosten innerhalb der Gemeinde können als allg. Geschäftskosten nicht abgerechnet werden.

6 § 27 Abs. 1 S. 1 BRAO bestimmt, dass der RA an dem Ort des Gerichts, an dem er zugelassen ist, seine Kanzlei einrichten muss. Von der Kanzleipflicht können nach Maßgabe des § 29 Abs. 1 BRAO von der Landesjustizverwaltung Ausnahmen erteilt werden. In diesem Fall ist für die Frage, ob eine Geschäftsreise vorliegt, ausschließlich der Ort der Wohnung maßgebend. Liegen Wohn- und Kanzleisitz nicht am selben Ort, können keine Reisekosten für Fahrten vom **Wohnort** verlangt werden. Liegt der Wohnort am Ort des Gerichts, können gleichfalls keine Reisekosten abgerechnet werden. Weitere Ausnahmen von § 27 Abs. 1 BRAO ergeben sich aus § 23 und § 27 Abs. 2 BRAO. Gem. § 23 BRAO ist der bei einem Amtsgericht zugelassene RA auf seinen Antrag hin zugleich bei dem LG zuzulassen, in dessen Bezirk das Amtsgericht seinen Sitz hat. Demzufolge kann er, wenn Amts- und Landgericht nicht in derselben Gemeinde liegen, den Sitz der Kanzlei in einer anderen Gemeinde haben. § 27 Abs. 2 BRAO gestattet dem bei einem AG zugelassenen RA, seine Kanzlei statt am Ort des Gerichts an einem anderen Ort in dessen Bezirk einzurichten. In diesem Fällen ist der tatsächliche Sitz der Kanzlei maßgebend für die Frage, ob eine Geschäftsreise vorliegt (vgl. auch Mayer/Kroiß Rn. 6, 7 zu Vorbem. 7 Abs. 1, 2 VV RVG). Entsprechendes gilt im Falle einer **Doppelzulassung** des RA; hier ist gleichfalls nur auf den tatsächlichen Sitz der Kanzlei des RA (bzw. seiner Wohnung) abzustellen (Mayer/Kroiß Rn. 8 zu Vorbem. 7 Abs. 1, 2 VV RVG).

Reisen zu auswärtigen Zweigstellen oder Abteilungen eines Gerichts sind Geschäftsreisen, soweit das Reiseziel nicht in der Gemeinde liegt, in der der RA seine Kanzlei seine Kanzlei bzw. seinen Wohnsitz hat. Gleiches gilt, wenn der RA, dessen Kanzleisitz bei einer Zweigstelle liegt, die in einer anderen Gemeinde belegene Hauptstelle eines Gerichts aufsucht (Mayer/Kroiß Rn. 9 zu Vorbem. 7 Abs. 1, 2 VV RVG mwN).

7 Geschäftsreisen in eigener Sache iSd § 91 Abs. 2 S. 3 ZPO (bisher: S. 4) kann der RA weiterhin abrechnen.

8 Auf den **Zweck** der Geschäftsreise kommt es für die Ersatzfähigkeit der Auslagen nur insoweit an, als diese der Ausführung des Auftrags dienen muss. Hierfür genügt es gem. § 670 BGB, wenn der RA die Reise zur sachgerechten Wahrnehmung des übertragenen Mandats **für erforderlich halten durfte** oder der AG mit der Reise einverstanden war. Ist bei Auftragserteilung absehbar, dass Geschäftsreisen in nicht unerheblichem Umfang erforderlich sein werden, ist dem Anwalt eine entspr., möglichst detaillierte Vereinbarung mit dem Mandanten zu empfehlen.

9 In den Fällen des 8. Abschnitts des RVG (**beigeordneter oder bestellter Rechtsanwalt**) sind die einschränkenden §§ 46, 47 RVG zu beachten. Hier können die Reisekosten nur abgerechnet werden, wenn sie zur sachgemäßen Durchführung (obj.) erforderlich waren. Hat das Gericht nach § 46 Abs. 2 RVG die Notwendigkeit einer Reise ☐ für das Kostenfestsetzungsverfahren bindend ☐ festgestellt, ist die Erstattung der Kosten gewiss. In allen anderen Fällen muss sich der RA darüber im Klaren sein, dass er die Reisekosten möglicherweise nicht ersetzt bekommt. Zu den Einzelheiten vgl. die Kommentierung zu § 46 (Auslagen des beigeordneten oder bestellten RA) und § 47 RVG (Vorschuss beim beigeordneten oder bestellten RA).

10 Vorbem. 7 Abs. 3 S. 1 VV RVG ☐ die **Geschäftsreise dient mehreren Geschäften** ☐ entspricht der alten Regelung in § 29 BRAGO. Über Nr. 7006 VV RVG werden jetzt nicht mehr nur Reisekosten und Abwesenheitsgelder, sondern auch sonstige **Auslagen** einer Reise erfasst. Voraussetzung ist, dass die Reise mehreren **fremden** Geschäften dient (vgl. Mayer/Kroiß Rn. 3 zu Vorbem. 7 Abs. 3 VV RVG mwN). Handelt es sich lediglich um mehrere AG in derselben Angelegenheit, sind die Auslagen entspr. § 7 RVG zu teilen. Der Begriff des Geschäfts ist synonym zum Begriff der Angelegenheit iSd §§ 16ff. RVG zu verstehen.

11 Durch die gleichzeitige Reisetätigkeit in mehreren Geschäften entstandene **Mehrkosten** kann der RA nicht als Auslagen v. seinem AG fordern. Die Vorschrift dient ausschließlich der Vereinfachung der Abrechnung sowie der Kostenminimierung zu Gunsten der AG. Darüber hinaus fehlt es für die Mehrkosten hier bereits an der Erforderlichkeit iSd § 670 BGB.

Entstehen infolge der Reisetätigkeit in mehreren Geschäften Kosten, die bei Einzelreisen nicht entstanden wären (zB Übernachtungskosten für Übernachtungen zwischen zwei auswärtigen Terminen für verschiedene Geschäfte), und werden gleichzeitig andere Kosten (zB Reisekosten) eingespart, kann jedoch die Differenz bis zur Höhe der fiktiven Kosten der Einzelreisen eingefordert werden (vgl. Mayer/Kroiß Rn. 12 zu Vorbem. 7 Abs. 3 VV RVG).

12 Vorbem. 7 Abs. 3 S. VV RVG schreibt für die Kosten der mehreren Geschäften dienenden Reise die **verhältnismäßige Teilung** vor. Im Wege der verhältnismäßigen Teilung wird durch die Gegenüberstellung der tatsächlich entstandenen Kosten mit den fiktiven Kosten gesonderter Geschäftsreisen ermittelt, welcher Anteil auf jeden einzelnen der verschiedenen AG entfällt. Betragen etwa die Gesamtkosten einer Reise, auf der drei Geschäfte erledigt wurden, 120 EUR, während die fiktiven Kosten einzelner Reisen für Geschäft A 60 EUR, für Geschäft B 80 EUR und für Geschäft C 100 EUR betragen hätten, ist der Kostenanteil der einzelnen Geschäfte nach dem Berechnungsschlüssel [fiktive Kosten der gesonderten Geschäftsreise x tatsächliche Kosten der Geschäftsreise / fiktive Kosten aller zusammen erledigten Einzelreisen] zu ermitteln:

Für Geschäft A:

$$\frac{60 \times 120}{240} = 30 \text{ EUR}$$

Für Geschäft B:

$$\frac{80 \times 120}{240} = 40 \text{ EUR}$$

Für Geschäft C:

$$\frac{100 \times 120}{240} = 50 \text{ EUR}$$

Im Beispielsfall ergibt sich also für Geschäft A ein Anteil iHv 30 EUR, auf den AG für Geschäft B entfallen 40 EUR, und Geschäft C schlägt mit 50 EUR zu Buche.

13 Erledigt der RA auf der Geschäftsreise sowohl RA- als auch **Notargeschäfte** (vgl. § 153 KostO), werden die Kosten nach den gleichen Grundsätzen geteilt.

14 Der AG **haftet** dem RA unstreitig für die Reisekosten, die nach dem Berechnungsschlüssel (s. Anm. 12) **anteilig** auf ihn entfallen. Str. war schon unter der Geltung der BRAGO (dort: § 29), ob er darüber hinaus auch für den überschießenden Anteil haftet, den er bei gesonderter Geschäftsreise schulden würde. § 7 Abs. 2 S. 1 RVG kann hier nicht mdF zur Anwendung kommen, dass der AG die Gebühren und Auslagen schuldet, die er schulden würde, wenn der RA nur in seinem Auftrag tätig geworden wäre, da wg. § 7 Abs. 1 RVG ausschließlich die Fälle erfasst werden, in denen der RA in derselben Angelegenheit für mehrere AG tätig wird. Es bleibt daher bei der Haftung des AG für den auf ihn entfallenden Anteil an den tatsächlich entstandenen Kosten der Geschäftsreise.

15 Abs. 3 S. 2 der Vorbem. 7 bezweckt wie auch die Vorgängerregelung § 30 BRAGO den Schutz des AG vor allein im Organisationsbereich des RA begründeten Kosten. Die Auslagen iSd Nrn. 7003 bis 7006 VV RVG, die infolge der **Verlegung der Kanzlei** des RA entstehen, sind nicht ersatzfähig. Soweit durch die Verlegung des Kanzleisitzes Reisekosten gespart werden, kommt dies dem AG zugute. Eine Verrechnung der ersparten mit den zusätzl. entstandenen Auslagen kommt wg. der nach dem Wortlaut („nur insoweit") und dem Schutzzweck gebotenen engen Auslegung der Norm nicht in Frage. Möglich ist aber eine Vereinbarung mit dem AG darüber, dass dieser die Mehrkosten zu tragen hat, die infolge der Kanzleiverlegung entstehen. Diese Kosten sind dann jedoch nicht erstattungsfähig (Goebel/Gottwald Rn. 4 zu Vorbem. 7 VV RVG).

16 Der Begriff des **Zeitpunktes der Auftragserteilung** ist dagegen weit zu verstehen. Es kommt nicht auf die unbedingte Erteilung des Auftrags an, sondern auf den Zeitpunkt der ersten Konsultation in der Angelegenheit, weil es dem AG nicht zuzumuten ist, nach dem Entstehen v. Kosten etwa für ein erstes Beratungsgespräch noch den RA zu wechseln. Ggf. hat der RA den AG zeitig auf die geplante Verlegung der Kanzlei hinzuweisen.

17 Die Auslagentatbestände im 7. Teil des VV regeln ausschließlich die Kostentragung im **Innenverhältnis** zw. AG und RA und nicht die **Kostenerstattung** durch einen Dritten. Diese wird in den jew. Verfahrensordnungen geregelt. In der Praxis kommen die Regelungen der §§ 91ff. **ZPO** ☐ insbes. § 91 Abs. 2 S. 1 ZPO ☐ am häufigsten zur Anwendung, wonach die ges. Gebühren und Auslagen des RA der obsiegenden Partei in allen Prozessen zu erstatten sind. Hiernach erstattungsfähig sind jew. die ges. Gebühren, keinesfalls eine zw. AG und RA vereinbarte höhere Vergütung. Zu beachten ist, dass mit dem KostRMoG § 91 Abs. 2 S. 2 aF aufgehoben wurde, der bestimmte, dass Mehrkosten, die dadurch entstanden, dass der bei dem Prozessgericht zugelassene RA seinen Wohnsitz bzw. seine Kanzlei nicht an dem Ort des Prozessgerichts hatte, nicht zu erstatten waren (zu den Motiven des Gesetzgebers für die Streichung vgl. BT-Drs 15/1971 S. 233). Zur Kostenerstattung bei Verlegung des Kanzleisitzes vgl. Anm. 15.
Weitere Regelungen im Bereich anderer Verfahrensordnungen zur Kostenerst. sind:

- Bundesverfassungsgericht: § 34a BVerfGG
- Finanzgerichtsbarkeit: § 139 FGO
- Freiwillige Gerichtsbarkeit: § 13a FGG
- Sozialgerichtsbarkeit: §§ 193, 197a SGG
- Strafprozess: § 464b StPO ☐ mit Verweisung auf §§ 103ff. ZPO in S. 3
- Verwaltungsgerichtsbarkeit: § 162 VwGO,
- in arbeitsgerichtlichen Rechtsstreitigkeiten sind die Reisekosten des auswärtigen RA erstattungsfähig, wenn dieser seinen Sitz am Wohnort der Partei hat (iE vgl. Mayer/Kroiß Rn. 38ff. zu Vorbem. 7 Abs. 1, 2).

18 Reisekosten eines RA sind nach OLG München (MDR 2004, 540 = AGS 2004, 150f. mit Anm. N. Schneider) nicht vermeidbar und damit **erstattungsfähig** iSd § 91 ZPO, wenn der Kläger die Rücknahme der Klage erst am späten Nachmittag des Tages vor dem auswärtigen Termin zur mündlichen Verhandlung (hier: Termin in München bei Kanzleisitz in Düsseldorf) mitteilt. Wenn ein Termin zur mündlichen Verhandlung auf den Vormittag anberaumt ist, sei es nicht missbräuchlich, von Düsseldorf nach München am Vortag anzureisen. Diese ☐ noch zur BRAGO getroffene Entscheidung ☐

behält ihre Gültigkeit auch unter der Geltung des RVG. Erhält der zum Termin erschienene RA ☐ wie in Vorbem. 4, 5 und 6 VV RVG jeweils in Abs. 3 S. 2, 3 geregelt ☐ in den Fällen, in denen die Verhandlung aus Gründen, die der RA nicht zu vertreten hat, nicht stattfindet, die Terminsgebühr, so muss dies auch für seine Reisekosten gelten, wenn das Nichtstattfinden des Termins auf dem Verhalten des AG beruht. Der RA ist keinesfalls gehalten, zu Terminen erst „in letzter Sekunde" anzureisen (mit dem Risiko, den Termin zu versäumen!), falls es sich der AG noch anders überlegt.

19 Die **Erstattung von Reisekosten** beschäftigt regelmäßig die Gerichte. Reisekosten sind dann notwendige Kosten iSd § 91 Abs. 1 ZPO, wenn eine Partei in der konkreten Lage die die Kosten verursachende Reise vernünftigerweise als sachdienlich ansehen darf (BAG AGS 2004, 364).

20 Beauftragt eine Partei einen **nicht am Gerichtsort zugelassenen Rechtsanwalt**, sind die Mehrkosten idR erstattungsfähig, wenn es sich um einen in der Nähe des Wohnortes der Partei ansässigen RA handelt (LAG Kiel AGS 2004, 363). Eine an einem auswärtigen Gericht klagende oder verklagte Partei kann grds. zur zweckentsprechenden Rechtsverfolgung oder ☐ verteidigung einen in der Nähe ihres Wohn- oder Geschäftsortes ansässigen RA heranziehen; handelt es sich um schwierige und höchstrichterlich noch nicht geklärte Fragen, kann dies sogar gelten, wenn die Partei eine eigene Rechtsabteilung unterhält (BGH AGS 2004, 358 m. Anm. und mwN v. Madert).

21 Der BGH hält die Kosten eines **Unterbevollmächtigten**, der für einen nicht am Gerichtsort ansässigen Prozessbevollmächtigten die Vertretung in der mündl. Verhandlung übernommen hat, für erstattungsfähig, soweit diese Kosten die fiktiven (und erstattungsfähigen) Reisekosten des Prozessbevollmächtigten nicht wesentlich übersteigen. Dies gilt auch, wenn der Prozessbevollmächtigte nicht am Wohnort der Partei niedergelassen ist, sondern nur in dessen Nähe (BGH, Beschl. v. 14.09.2004, RVG-Letter 2004, 138, RVGreport 2004, 473).

Nr.	Auslagentatbestand	Höhe
7000	**Pauschale für die Herstellung und Überlassung von Dokumenten:**	
	1. für Ablichtungen und Ausdrucke	
	a) aus Behörden- und Gerichtsakten, soweit deren Herstellung zur sachgemäßen Bearbeitung der Rechtssache geboten war,	
	b) zur Zustellung oder Mitteilung an Gegner oder Beteiligte und Verfahrensbevollmächtigte aufgrund einer Rechtsvorschrift oder nach Aufforderung durch das Gericht, die Behörde oder die sonst das Verfahren führende Stelle, soweit hierfür mehr als 100 Seiten zu fertigen waren,	
	c) zur notwendigen Unterrichtung des Auftraggebers, soweit hierfür mehr als 100 Seiten zu fertigen waren,	
	d) in sonstigen Fällen nur, wenn sie im Einverständnis mit dem Auftraggeber zusätzlich, auch zur Unterrichtung Dritter, angefertigt worden sind:	
	für die ersten 50 abzurechnenden Seiten je Seite	0,50 EUR
	für jede weitere Seite	0,15 EUR
	2. für die Überlassung von elektronisch gespeicherten Dateien anstelle der in Nummer 1 Buchstabe d genannten Ablichtungen und Ausdrucke:	
	je Datei	2,50 EUR

> Die Höhe der Dokumentenpauschale nach Nummer 1 ist in derselben Angelegenheit und in gerichtlichen Verfahren in demselben Rechtszug einheitlich zu berechnen.

Übersicht

1 Allgemeines. Der Regelungsgegenstand v. Nr. 7000 VV RVG, die **Dokumentenpauschale**, entspricht § 27 BRAGO. Allerdings hat der Inhalt durch das KostRMoG einige Änderungen erfahren, wenn es auch in der Gesetzesbegründung (BT-Drs 15/1971 S. 231f.) heißt, dass die vorgeschlagene Regelung im Wesentlichen § 27 BRAGO entspreche. Als grundlegende Verbesserung wird dort die Aufgabe der dynamischen Verweisung auf die gerichtl. Dokumentenpauschale nach dem GKG zu Gunsten einer anwenderfreundlicheren konkreten Bezifferung der Beträge genannt. Diese Abkoppelung ging jedoch nicht mit einer Erhöhung der Beträge aus Nr. 9000 KV GKG einher, sondern die seit 10 Jahren geltenden Sätze des GKG wurden unverändert übernommen.

Allgemein ist dem RA zu empfehlen, eine Vergütungsvereinbarung mit dem AG zu treffen, in der ggf. auch ein abweichender Pauschsatz für gefertigte Dokumente festgelegt wird. Ist zum Zeitpunkt der Vergütungsvereinbarung noch nicht abzusehen, wie viele Ablichtungen oder Ausdrucke zu fertigen sind, kann ein fester Betrag für jede gefertigte Kopie vereinbart werden; dies ist aber wg. des damit verbundenen Zählaufwands nur in Ausnahmefällen empfehlenswert. IdR dürfte die Festlegung eines konkreten Betrags praktischer sein.

2 Grds. sind mit den Gebühren des RA auch die **allgemeinen Geschäftskosten** entgolten (vgl. Anm. 1). Hierzu gehören nach dem Willen des Gesetzgebers auch die Kosten für die Anfertigung v. Ablichtungen oder Ausdrucken aus elektronischen Akten (BT-Drs 15/1971 S. 232). Nur soweit Nr. 7000 VV RVG eine Pauschale für die Herstellung und Überlassung v. Dokumenten vorsieht, findet dieser Grundsatz seine Grenzen. Ablichtungen oder Ausdrucke, die nicht unter Nr. 7000 VV RVG fallen, können dem AG auch nicht über §§ 675 Abs. 1, 670 BGB in Rechnung gestellt werden.

Daraus folgt auch, dass ☐ wie bisher ☐ die Fertigung v. Kopien aus **anderen als Behörden- und Gerichtsakten** ebenso wie die Fertigung v. **Urschriften** mit den allg. Geschäftskosten entgolten ist (Mayer/Kroiß Rn. 4 zu Nrn. 7000-7002 VV). Auch die Ablichtung v. aus Behörden- oder Gerichtsakten gefertigten Kopien für den AG fällt unter die allg. Geschäftskosten (vgl. zur BRAGO OLG Düsseldorf AnwBl 2002, 251).

3 Die Dokumentenpauschale kann für die **Herstellung und Überlassung** von Ablichtungen und Ausdrucken nach Nr. 1 entstehen. Anders als noch bei § 27 Abs. 1 BRAGO werden handschriftliche **Abschriften** dem Wortlaut nach nicht mehr erfasst (Hansens/Braun/Schneider Rn. 24 zu Teil 18), was ihrer schwindenden praktischen Bedeutung Rechnung trägt. Soweit vereinzelt dennoch gefordert wird, Abschriften den Ablichtungen gleichzustellen, zumal diese viel mehr Mühe verursachten (Hartmann Rn. 4 aEzu Nr. 7000 VV RVG), ist dem entgegenzuhalten, dass der AG dadurch schlechter gestellt werden könnte, weil eine handschriftliche Seite wesentlich weniger Zeichen umfasst als eine gedruckte, der AG also evtl. für mehr Seiten zahlen muss oder möglicherweise die Grenze von 100 Seiten in Nr. 1b) und 1c), ab der die Pauschale anfällt, überhaupt erst erreicht wird. Schon um unnötige Streitigkeiten mit dem AG um nur wenige Cent (und die Vergeudung seiner kostbaren Arbeitszeit) zu vermeiden, ist der RA gut beraten, keine handschriftlichen Abschriften zu fertigen und abzurechnen. Dennoch darf der Begriff der **Ablichtung** iÜ nicht in einem zu engen Sinne verstanden werden. Er umfasst nach ganz hM (Hartung/Römermann Rn. 23 zu Teil 7 VV RVG, Gebauer/Schneider Rn. 12 zu Nr. 7000 VV RVG, Gerold/Schmidt Rn. 11, 14ff. zu Nr. 7000 VV RVG, Hansens/Braun/Schneider aaO) nicht nur Fotokopien, sondern ☐ über den Wortsinn hinaus ☐ auch auf anderem technischen Wege, zB mittels Scanner und Drucker oder Telefax, hergestellte Duplikate. Durch das JKomG vom 22. März 2005 (BGBl. I S. 837) wurde Nr. 7000 VV RVG mit Wirkung zum 1. April 2005 dahingehend geändert, dass auch **Ausdrucke** ausdrücklich die Dokumentenpauschale auslösen können. Dies war für weitere Ausdrucke von Schriftsätzen auch zuvor schon unstr. der Fall (vgl. zB Gerold/Schmidt Rn. 12 zu Nr. 7000 VV RVG); die Änderung durch das JKomG bezweckt lediglich die Anpassung an die veränderten Gegebenheiten infolge des nun möglichen elektronischen Aktenverkehrs mit den Gerichten sowie der Führung elektronischer Gerichtsakten. In der Begründung zum Regierungsentwurf (unter www.bmj.de/media/archive/726.pdf S. 140) heißt es hierzu: "Ferner soll die Herstellung und Überlassung von Ausdrucken aus elektronisch gespeicherten Dateien, insbesondere aus elektronisch geführten Akten, in die Vorschriften zur Dokumentenpauschale einbezogen werden. Die Pauschale soll unter den gleichen Voraussetzungen anfallen wie bei auf herkömmliche Weise erstellten Ablichtungen. Gleichzeitig sollen Ausdrucke elektronisch gespeicherter Dateien den Ablichtungen gleichgestellt werden."
Die Voraussetzungen für den Ersatz der Auslagen sind abhängig v. Verwendungszweck und Anlass der Fertigung unterschiedlich geregelt.

4 Nach **Nr. 1a**, die § 27 Abs. 1 Nr. 1 BRAGO entspricht, fällt die Pauschale für Ablichtungen oder Ausdrucke aus Behörden- und Gerichtsakten an, wenn deren Herstellung **zur sachgemäßen und zügigen Bearbeitung der Rechtssache geboten** war. Die Beurteilung der Frage des Gebotenseins steht im **Ermessen** des RA (Gebauer/Schneider Rn. 16 zu Nr. 7000 VV RVG). Bei der Nachprüfung der korrekten Ermessensausübung kommt es auf den Beurteilungshorizont des RA zur Zeit der Fertigung an (Gebauer/Schneider aaO). Steht danach fest, dass der RA sein Ermessen falsch ausgeübt hat, kommt eine Kürzung der Pauschale in Betracht, sofern es sich nicht um nur unwesentliche Beträge handelt.
Grundsätzlich dürfte das **Gebotensein** zu bejahen sein, wenn dem RA das Schriftstück zur Bearbeitung des Falls ständig zur Einsicht zur Verfügung stehen muss (Hansens/Braun/Schneider Rn. 37 zu Teil 18). Dies trifft zumindest auf die wesentlichen Inhalte der Akte zu. Ist dies zum Zeitpunkt der Fertigung der Ablichtungen oder Ausdrucke noch nicht zu beurteilen, darf der RA Seiten auch vorsorglich kopieren, um im Eventualfall ☐ durchaus auch im Interesse des AG ☐ das erforderliche Material zur Verfügung zu haben. Dies darf allerdings nicht zum Kopieren oder Ausdrucken ganzer

Akten ohne vorherige Prüfung (= Ermessensausübung) führen. Zwar muss nicht jede einzelne Seite eingehend geprüft werden ☐ dies würde einen völlig unverhältnismäßigen Zeitaufwand des RA verursachen ☐, jedoch kann für die Ablichtung bzw. den Ausdruck v. Aktenteilen ohne erkennbaren Informationswert kein Ersatz verlangt werden (so auch Mayer/Kroiß Rn. 5 zu Nrn. 7000-7002 VV RVG). Stehen die fraglichen Akten dem RA nur kurze Zeit zur Verfügung, kann an die Ermessensausübung ein weniger strenger Maßstab anzulegen sein (AG Wuppertal StraFo 1999, 285).

5 Letztlich kann die Frage, wann die Fertigung einer Ablichtung oder eines Ausdrucks geboten war, nur im **Einzelfall** entschieden werden. Hierzu gab es schon unter der Geltung der BRAGO umfangreiche Lit. und Rspr., die ihre Gültigkeit angesichts der wörtlichen Übernahme des § 27 Abs. 1 S. 1 nicht verloren hat. Generell kann der Anwalt nicht auf mehrmalige Akteneinsicht anstelle der Fertigung v. Kopien verwiesen werden, da der hiervon verursachte Aufwand in keinem Verhältnis zu den ersparten Aufwendungen steht und überdies die Bearbeitung der Angelegenheit verzögern würde. Gleiches gilt für die Fertigung handschriftlicher Notizen, wenn es sich nicht um ganz einfach gelagerte Fälle handelt, bei denen die wesentlichen Informationen sich auf wenige Sätze beschränken. IE gilt (weitere Beispiele bei Hartmann Rn. 8ff. zu Nr. 7000 VV RVG):

- im **Zivilrechtsstreit** ist die Ablichtung oder der Ausdruck von Gerichtsakten idR nicht erforderlich, weil der Prozessbevollmächtigte aufgrund der Zustellungsvorschriften der ZPO über die Gerichtskorrespondenz, mithin über den wesentlichen Inhalt der Akte, informiert ist. Soweit dies nicht der Fall ist (zB im Falle des späteren Beitritts oder wenn der RA erst in 2. Instanz vertritt und Kenntnis der Akten aus 1. Instanz benötigt), kann das Fertigen von Ablichtungen oder Ausdrucken aber durchaus geboten sein;

- im **Strafverfahren**, in dem der RA nicht automatisch über die Ermittlungen der StA und des Gerichts informiert wird, wird idR die Fertigung eines Aktenauszugs angemessen und geboten sein, soweit es nicht um ganz einfach gelagerte Fälle geht, in denen einige wenige handschriftliche Notizen ausreichend sind. Um den AG sachgerecht verteidigen zu können, ist der Verteidiger auf eine möglichst lückenlose Kenntnis des Ermittlungsstands angewiesen (vgl. Gebauer/Schneider Rn. 25 zu Nr. 7000 VV RVG) ☐ die kleinliche Bemängelung einzelner Seiten, die sich im Nachhinein möglicherweise als überflüssig herausgestellt haben, ist hier ganz unangemessen. Kosten für die Fertigung eines vollständigen Aktenauszugs für den Angeklagten sind gem. § 467 Abs. 1 StPO zu erstatten. Voraussetzung ist, dass die Erstellung des Aktenauszugs für die Verteidigung erforderlich war. Dies soll nach LG Landshut (JurBüro 2004, 26) bei gravierenden Straftaten wg. der Bedeutung der Sache für den Angeklagten idR der Fall sein, weil dem Beschuldigten ermöglicht werden müsse, sich aus der Akte selbst über den ihm gemachten Vorwurf zu informieren (vgl. auch Gebauer/Schneider Rn. 26 zu Nr. 7000 VV RVG);

- im **verwaltungsgerichtlichen Verfahren** wird es gleichfalls idR erforderlich sein, sich aus den Akten Ablichtungen oder Ausdrucke anzufertigen, insbesondere in umfangreichen Verfahren mit vielen Beteiligten, wie sie zB im öffentlichen Baurecht häufig vorkommen;

- zu den Akten gehören ☐ insbesondere in Verwaltungssachen ☐ auch vom Gericht angelegte und zu den Verfahren beigezogene **Sammlungen von Dokumenten** (OVG Bremen AnwBl 88, 253 = JurBüro 88, 872).

6 7000 Nr. 1b VV RVG entspricht systematisch § 27 Abs. 1 Nr. 2 BRAGO. Die Regelung wurde jedoch wesentlich modifiziert. Es kommt nunmehr nur noch auf die **Anzahl der erforderlichen Seiten** an, während das Kriterium der Anzahl der Gegner, Beteiligten oder Verfahrensbevollmächtigten aufgegeben wurde. In BT-Drs 15/1971 S. 232 heißt es dazu, mit der Neufassung werde ein „sachgerechterer und in den meisten Fällen auch höherer Auslagenersatz als bisher bezweckt", denn ob ein „Ersatz wg. erhöhten Aufwands angezeigt" scheine, ergebe sich ausschließlich aus der Anzahl der zu fertigenden Seiten. Ein im Vergleich zum durchschnittlich gelagerten Fall erhöhter Aufwand liegt erst dann vor, wenn **mehr als 100 Seiten** anzufertigen waren ☐ eine darunter liegende Anzahl ist mit den allg. Geschäftskosten abgegolten (vgl. Anm. 2), so dass insoweit ein Ersatz nicht in Frage kommt.

Das Kriterium der Anzahl der Seiten scheint indes für die Praxis kaum geeignet. Anders als die Anzahl der Gegner, Beteiligten oder Verfahrensbevollmächtigten, die sich ohne große Schwierigkeiten ermitteln ließ, ist die Anzahl der Seiten nur mit erhöhtem Aufwand feststellbar, zumal zw. Ablichtungen und Ausdrucken, die nach Nr. b und c abrechenbar sind, und nicht abzurechnenden Kopien unterschieden werden muss. Die **Dokumentation** dürfte idR nur gelingen, wenn nach jedem Kopier- oder Druckvorgang sogleich Anzahl und rechtl. Einordnung vermerkt werden. Ergibt sich der Abrechnung, dass die Anzahl der Seiten nicht überschreitet, war auch der mit der Dokumentation verbundene Aufwand umsonst.

7 Die Ablichtungen oder Ausdrucke nach Nr. 1b müssen zur **Zustellung oder Mitteilung an Gegner oder Beteiligte und Verfahrensbevollmächtigte** hergestellt worden sein. Voraussetzung für die Abrechenbarkeit der Ablichtungen oder Ausdrucke ist, dass sie im Rahmen eines behördlichen oder gerichtl. Verf. gefertigt wurden □die Berechnung v. Seiten, die außerhalb eines gerichtl. oder behördlichen Verf. gefertigt wurden, ist ausgeschlossen. Zu Ablichtungen oder Ausdrucken, die zur Unterrichtung des AG gefertigt wurden vgl. Anm. 10.

8 Beteiligter iSd Nr. 1b ist, wer keinen Verfahrensgegner hat, soweit er nicht im Lager des AG steht (vgl. Gebauer/Schneider Rn. 32 zu Nr. 7000 VV RVG, Gerold/Schmidt Rn. 45f. zu Nr. 7000 VV RVG). Beteiligte können aber auch zB Beigeladene, Nebenklagevertreter, Streithelfer oder Beteiligte eines Verwaltungsverfahrens sein.

9 Die Ablichtungen oder Ausdrucke müssen entweder **aufgrund Rechtsvorschrift** oder **nach Aufforderung** durch das Gericht, die Behörde oder die sonst das Verf. führende Stelle gefertigt worden sein. Entsprechende Rechtsvorschriften finden sich in den verschiedenen Verfahrensordnungen, etwa in §§ 64 Abs. 2 S. 1, 77 Abs. 1 S. 3 FGO, §§ 87b Abs. 2 Nr. 2, 86 Abs. 5 VwGO und in § 253 Abs. 5 ZPO. Die **beglaubigte Abschrift**, die regelmäßig (nebst Anlagen) den Schriftsätzen an das Gericht beigefügt wird, ist nicht aufgrund einer Rechtsvorschrift zu erstellen, da sie in § 133 Abs. 1 ZPO nicht explizit genannt wird (Gerold/Schmidt Rn. 53 zu Nr. 7000 VV RVG). Vgl. zu der Frage, welche Abschriften vom RA aufgrund allgem. „fester Übung" angefertigt werden und daher nicht abgerechnet werden können Bischof/Jungbauer Teil 7 VV RVG S. 696 mwN sowie Hansens/Braun/Schneider Rn. 48 zu Teil 18. Die Tatbestandsalternative der Aufforderung wurde ggü. der alten Regelung, die nur die Aufforderung durch das Gericht kannte, erweitert, so dass nun auch eine Aufforderung durch eine Behörde oder sonstige das Verf. führende Stelle ausreichend ist, um die gefertigten Seiten abrechnen zu können. Ob diese tatsächlich erst **nach** der Aufforderung gefertigt wurden, ist unerheblich; für eine Ungleichbehandlung gibt es keinen sachlichen Grund. Es kommt ausschließlich darauf an, dass die Aufforderung überhaupt ergangen ist.

10 Die **Unterrichtung des AG** iSd **Nr. 7000 Nr. 1c VV RVG** durch v. RA hergestellte Ablichtungen oder Ausdrucke muss **notwendig** sein. Dies ist immer anzunehmen, wenn der AG selbst Entscheidungen treffen muss und hierzu die erforderlichen Informationen v. RA erhält; des Weiteren, wenn Erklärungen abgegeben oder Beweismittel hereingereicht werden müssen. Die Unterrichtung des AG ist auch dann notwendig, wenn wesentliche Informationen zum Fortgang des Verf. mitgeteilt werden. Im Interesse der vertrauensvollen Zusammenarbeit darf auch die Unterrichtung des AG über weniger bedeutsame Ereignisse als notwendig erachtet werden. Auch hier muss der RA, ähnlich wie bei der Beurteilung der Frage des Gebotenseins der Herstellung v. Ablichtungen oder Ausdrucken, **Ermessen** (vgl. Anm. 4) ausüben. Im Interesse eines schnellen und reibungslosen Verfahrensablaufs sind an die Notwendigkeit der Unterrichtung keinesfalls zu strenge Anforderungen zu stellen. Wurden Ablichtungen oder Ausdrucke zur Unterrichtung des AG auf dessen Aufforderung hin gefertigt, fällt dies unter Nr. 7000 Nr. 1d VV RVG (vgl. Anm. 13).

11 Auch für Nr. 1c gilt, dass der RA die Pauschale nur abrechnen kann, soweit **mehr als 100 Seiten** zu fertigen waren. Insoweit wird auf Anm. 6 verwiesen.

12 Aus der systematischen Trennung der Ablichtungen oder Ausdrucke zur Zustellung oder Mitteilung an Gegner oder Beteiligte und Verfahrensbevollm. einerseits (Nr. 1b) und zur Unterrichtung des

AG andererseits (Nr. 1c) ergibt sich, dass die Seiten jew. **gesondert zu zählen** sind, soweit es sich um nur eine Angelegenheit handelt. Nur wenn die unter **einen Buchstaben** fallenden Seiten die Grenze v. 100 Stück überschreiten, kann die Dokumentenpauschale insoweit in Betracht kommen (so auch Schneider/Mock, § 7 Rn. 8; Gebauer/Schneider Rn. 60 zu Nr. 7000 VV RVG; N. Schneider AGS 2004, 4). Ob die Auffassung von Schneider (aaO), der in Sonderfällen die Seiten zusammenrechnen will, von den Gerichten anerkannt wird, wird abzuwarten bleiben.

Von der Trennung der Seiten, die Nr. 1b und denen, die Nr. 1c unterfallen, bei der **Zählung** zur Klärung der Frage, ob die Mindestanzahl von 100 jeweils überschritten ist, muss die Frage unterschieden werden, ob die ersten 50 abzurechnenden Seiten (also die 101. bis 150.), die je mit 0,50 EUR zu Buche schlagen, ebenfalls nach den einzelnen Buchst. getrennt gerechnet werden müssen. Handelt es sich um **eine Angelegenheit** bzw. um **denselben Rechtszug im gerichtlichen Verfahren**, ist nach der Anm. zu Nr. 7000 VV RVG die **Höhe der Dokumentenpauschale** nach Nr. 1 **einheitlich zu berechnen** (Gerold/Schmidt Rn. 8, 110 zu Nr. 7000 VV RVG). Demnach ist, nachdem die Menge der überhaupt abzurechnenden Seiten durch gesonderte Zählung ermittelt worden ist, über diese einheitlich abzurechnen, dh die erhöhte Pauschale von 0,50 EUR fällt je Angelegenheit nur einmal für höchstens 50 Seiten an (vgl. Gerold/Schmidt aaO). Etwas anderes gilt im Falle von getrennten Angelegenheiten (vgl. Anm. 17).

13 Nr. 7000 Nr. 1d VV RVG entspricht der alten Regelung in § 27 Abs. 1 Nr. 4 BRAGO. Abzurechnen sind nur Seiten, die mit Einverständnis des AG v. RA **zusätzlich** gefertigt wurden. Nicht zusätzl. gefertigt und daher auch nicht gesondert zu honorieren sind Seiten, die unter die Nrn. 1a-c VV RVG fallen sowie solche, die zur üblichen ordentlichen Geschäftstätigkeit des RA gehören (BVerfG NJW 1996, 382). Zusätzlichkeit liegt zB vor bei weiteren Kopien oder Ausdrucken für den AG oder für Dritte, etwa zur Unterrichtung v. Vers., nicht beteiligten Behörden, die im Interesse am Ausgang des Rechtsstreits haben oder dem Arbeitgeber des AG (weitere Fallbeispiele bei Hartmann, Rn. 28ff. zu Nr. 7000 VV RVG, Gebauer/Schneider Rn. 42 zu Nr. 7000 VV RVG, Mayer/Kroiß Rn. 8 zu Nrn. 7000-7002 VV).

14 Für die **ersten 50 abzurechnenden Seiten** (also die 101. bis 150. bei Nr. 1b und 1c) können je 0,50 EUR geltend gemacht werden. Das Wort „abzurechnenden" wurde nachträglich in den Entwurf des KostRMoG eingefügt, hat jedoch lediglich klarstellende Funktion (vgl. BT-Drs 15/2487 S. 144 ☐ dort ist unzutreffend v. 101. bis 151. Ablichtung die Rede, was 51 Stück entspräche). Jede **weitere Seite** ist dann nur noch mit 0,15 EUR abzurechnen. Die Kosten sind unabhängig v. Format, Größe, Zeitaufwand und den tatsächlichen Herstellungskosten zu ersetzen (aA Hartung/Römermann, der eine DIN-A 4 Seite als Standard festlegt und zB bei DIN-A 3 die Kosten verdoppeln will ☐ wie Hansens in Hansens/Braun/Schneider Rn. 29 zu Teil 18 zutr. bemerkt, dürfte der RA in der Praxis günstiger fahren, wenn er großformatige Kopien zB in Bausachen in Kopiergeschäften anfertigen lässt und die Kosten gem. §§ 675, 670 BGB ersetzen lässt).

15 Für die **Überlassung elektronisch gespeicherter Dateien iSd Nr. 7000 Nr. 2 VV RVG** kann nur dann die Pauschale iHv 2,50 EUR abgerechnet werden, wenn die Tatbestandsvoraussetzungen der Nr. 7000 Nr. 1d gegeben sind. Soweit die Tatbestandsvoraussetzungen der Nrn. 1a-c VV RVG vorliegen, kann Nr. 7000 Nr. 2 VV RVG nicht zur Anwendung kommen, weil die Dateien dann nicht **anstelle** der in Nr. 1d gefertigten Seiten überlassen wurden. Damit wird die Übersendung von Schriftsätzen per E-Mail an den gegnerischen Anwalt vom Anwendungsbereich der Nr. 7000 VV RVG ausgenommen; diese wird v. den allg. Geschäftskosten abgegolten (Gerold/Schmidt Rn. 6 zu Nr. 7000 VV RVG).

Im ursprünglichen Regierungsentwurf (BT-Drs 15/1971 S. 119) sollte die Pauschale für die Überlassung v. Dateien auch bei Überlassung anstelle der in Nr. 1b und 1c genannten Ablichtungen möglich sein. Hiervon wurde abgesehen, „weil in Fällen, in denen die Dokumentenpauschale v. der Anzahl der zu fertigenden Kopien abhängt (Nummer 1 Buchstaben b und c die Einführung eines Auslagentatbestandes bei Überlassung elektronisch gespeicherter Dateien nicht sachgerecht" (BT-Drs

15/2487 S. 144) erschien, da die Seitenzahl auf den v. dem Anwalt zu erbringenden Aufwand keinen Einfluss habe.

Zu den **Tatbestandsvoraussetzungen** iÜ (Einverständnis des AG, Zusätzlichkeit) s. oben Anm. 13.

16 Die Pauschale fällt je überlassener **Datei** an. Eine Datei ist eine Sammlung v. Daten, die unter einem Dateinamen zusammengefasst und auf einem Datenträger gespeichert sind (Irlbeck zu: Datei). Werden mehrere Einzeldateien in einer Datei zusammengefasst, zB als .zip-file, um den Versand zu vereinfachen, handelt es sich bei natürlicher Betrachtungsweise dennoch um eine **Mehrheit in sich abgeschlossener Dateien**, die auch entspr. abzurechnen sind. IZw ist der RA dennoch gut beraten, zB einzelne Schriftsätze auch als einzelne Dateien zu versenden. Auf die Art des Datenträgers kommt es nicht an; denkbar ist zB die Überlassung v. Daten, die auf Diskette, CD-ROM, DVD-ROM, Magnetband oder einem USB-Stick gespeichert sind. Die Entwicklung weiterer Speichermedien durch die Industrie ist zu erwarten; auch für diese gilt das oben Gesagte. Die Überlassung als Anhang (attachment) einer E-Mail genügt ebenfalls. Auch wenn der RA die Daten auf einem v. AG zur Verfügung gestellten Datenträger speichert, wird die Dokumentenpauschale fällig, denn diese soll □ zumindest auch □ den Aufwand vergüten, den der RA hatte (vgl. BT-Drs 15/2487 S. 144, wo in diesem Zusammenhang auf den Aufwand des Anwalts abgestellt wird). Auf das Datenformat □ zB .doc-Datei für Microsoft Word, .rtf, .pdf, .lit, .xls, .pps, .ppt, Datenbankformate etc. □ kommt es gleichfalls nicht an. Da die Pauschale nur anfällt, wenn die Dateien im Einverständnis mit dem AG gefertigt wurden, ist es auch unerheblich, ob dieser die überlassenen Daten □ speziell im vorliegenden Dateiformat □ im konkreten Fall verwenden kann. Dies sollte der RA aber vorher klären, um Unstimmigkeiten zu vermeiden.

17 Nr. 7000 VV RVG bestimmt schließlich, dass die **Höhe der Dokumentenpauschale** nach Nr. 1 in derselben Angelegenheit (vgl. zum gebührenrechtlichen Begriff der Angelegenheit Anm. 6ff. zu § 15 RVG) und im gerichtl. Verf. in demselben Rechtszug **einheitlich zu berechnen** ist. Der Sinn der Regelung entspricht der Vorgängernorm § 27 Abs. 2 BRAGO. Mit ihr wird klargestellt, dass für jede gebührenrechtlich selbstst. Angelegenheit im gerichtl. Verf. für jeden Rechtszug jew. die ersten 50 abzurechnenden Seiten mit 0,50 EUR berechnet werden können und erst die darüber hinausgehenden Seiten mit nur 0,15 EUR. Zur Berechnung der Höhe der Dokumentenpauschale innerhalb derselben Angelegenheit s. Anm. 12.

18 Zur **Haftung mehrerer Auftraggeber** für die Dokumentenpauschale vgl. Anm. 20 zu § 7.

19 Im Zuge der **Kostenerstattung** ist auf die **Notwendigkeit** der Ablichtungen oder Ausdrucke iSd § 91 Abs. 1 ZPO abzustellen (vgl. Gerold/Schmidt Rn. 10 zu Vorbem. 7 VV RVG). IdR wird der zur Kostentragung verpflichtete Unterlegene weniger erstatten müssen als der AG des RA (vgl. Gerold/Schmidt Rn. 115ff. zu Nr. 7000 VV RVG). Zur Erstattungspflicht der Staatskasse bei PKH und Pflichtverteidigung s. Komm. zu § 46.

Nr.	Auslagentatbestand	Höhe
7001	**Entgelte für Post- und Telekommunikationsdienstleistungen** Für die durch die Geltendmachung der Vergütung entstehenden Entgelte kann kein Ersatz verlangt werden.	**in voller Höhe**

Übersicht

1 Allgemeines. Die Kosten für **Post- und Telekommunikationsdienstleistungen** iSv Nr. 7001 VV RVG gehören zu den Auslagen, die ausdrücklich nicht zu den nicht ersatzfähigen allgemeinen Geschäftskosten zählen. Der RA kann diese daher gesondert in Rechnung stellen. Wichtig ist dabei die randscharfe Abgrenzung zu den nicht ersatzfähigen allg. Geschäftskosten. Grundsätzlich gilt, dass allg. Geschäftskosten solche sind, die auch ohne den konkreten Auftrag entstanden wären. So können etwa die Kosten der Einrichtung und Unterhaltung v. Fernsprechanlagen, Telefax oder einen Internetanschluss (Gerold/Schmidt Rn. 3 zu Vorbem. 7 und Rn. 7 zu Nr. 7001, 7002 VV RVG) oder Kosten für Online-Informationsdienste oder JURIS (Hartmann Rn. 4 zu Vorbem. 7 VV RVG) nicht als Post- und Telekommunikationsdienstleistungen abgerechnet werden (sehr wohl aber konkret entstandene Online-Verbindungskosten). Die Aktenversendungspauschale nach Nr. 9003 KV GKG iHv derzeit 12 EUR ist nach §§ 675 Abs. 2, 670 BGB abzurechnen (vgl. Komm. zu Vorbem. 7 VV RVG Anm. 4)

Ob auch die bes. Kosten für **Eil- und Botensendungen** als Entgelte für Post- und Telekommunikationsdienstleistungen abgerechnet werden können, bleibt, wie schon unter der Geltung der BRAGO, str. (dafür: Hartmann Rn. 1 zu Nr. 7001, 7002 VV RVG; dagegen: Gerold/Schmidt Rn. 8 zu Nr. 7001, 7002 VV RVG; Gebauer/Schneider Rn. 4 zu Nr. 7001, 7002 VV RVG; Riedel/Sußbauer Rn. 2 zu § 26 BRAGO für die Beförderung mit Paketdiensten; Hansens/Braun/Schneider Rn. 82 zu Teil 18). Es wird vertreten, diese Kosten seien, soweit der RA sie für notwendig halten durfte, nach §§ 675, 670 BGB zu erstatten, da es sich nicht um Portokosten handele. Es ist allerdings nicht einsehbar, warum angesichts der Öffnung des Marktes für Post- und Telekommunikationsleistungen nur solche Kosten abrechenbar sein sollen, die v. der Telekom erbracht oder für die ausdrücklich „Porti" in Rechnung gestellt werden. Vielmehr muss auf die Art der Leistung abgestellt werden. Sind diese mit denen der Post vergleichbar, müssen auch die Kosten gleich behandelt werden. Selbstverständlich gilt hier für den RA das Gebot der Kostenminimierung ☐ soweit die Kosten nicht notwendig waren, kann für sie auch kein Ersatz verlangt werden. Der RA ist daher gehalten, ein günstiges Angebot zu wählen, wenn ihm auch eine dezidierte Marktanalyse nicht abverlangt werden kann. Auch die Schnelligkeit eines Anbieters mag, insbes. bei Fristen, den Ausschlag geben, ihm den Auftrag zu erteilen ☐ durchaus iSd AG.

2 Die Nrn. 7001 und 7002 VV RVG gewähren dem RA ein **Wahlrecht**: Er kann sich gem. Nr. 7002 VV RVG aussuchen, ob er die Pauschale iHv jetzt 20% der Gebühren ☐ höchstens jedoch 20 EUR (dies gilt nach Aufgabe der vormaligen Schlechterstellung auch in Strafsachen und Bußgeldverfahren) ☐ gem. Nr. 7002 VV RVG geltend macht oder aber die Einzelabrechnung nach Nr. 7001 VV RVG wählt, bei der er die Kosten für Post- und Telekommunikationsdienstleistungen in voller Höhe abrechnen kann. Einzelheiten zum Wahlrecht bei Anm. 5, 6 zu Nr. 7002 VV RVG.

3 Schließen RA und AG eine **Vergütungsvereinbarung**, wird idR davon auszugehen sein, dass damit auch die Entgelte für Post- und Telekommunikationsdienstleistungen mit abgegolten sein sollen, wenn keine ausdrückliche Regelung getroffen ist. Dies sollte der RA bei der Festlegung der Höhe seiner Vergütung bedenken. Sind die Kosten für diese oder andere Auslagen zu diesem Zeitpunkt noch nicht abzusehen, ist es uU ratsam zu vereinbaren, dass diese gesondert abgerechnet werden.

4 Werden die entstandenen Kosten einzeln abgerechnet, so genügt gem. § 10 Abs. 2 S. 2 RVG die **Angabe des Gesamtbetrags.** Allerdings darf der RA bei der Berechnung nicht einzelne Posten pauschalieren. Es sind auch in jedem Fall nur die konkret entstandenen Kosten abrechenbar. Da der RA im Gebührenrechtsstreit für die Entstehung der Kosten nach den allg. Grundsätzen darlegungs-

und beweispflichtig ist, empfiehlt es sich, v. Anfang an die anfallenden Entgelte zu erfassen und in der Akte zu notieren, wenn nicht v. vornherein feststeht, dass die Pauschale nach Nr. 7002 VV RVG gefordert werden wird. Die Dokumentation kann zB in einem Postausgangsbuch erfolgen, das bei Kanzleisoftware idR schon integriert ist.

5 Auslagen werden gem. § 2 Abs. 2 S. 2 RVG **nicht gerundet**.

6 Für die **Kostenerstattung bei Einzelabrechnung** kommt es auf die Notwendigkeit der abgerechneten Entgelte an. Bis zur Höhe der Pauschale sind die Entgelte in jedem Falle als notwendig anzusehen (Gerold/Schmidt Rn. 44 zu Nr. 7001, 7002 VV RVG) und damit erstattungsfähig. Nach § 104 Abs. 2 S. 2 ZPO genügt für Beträge über dem Pauschbetrag grds. die Versicherung des RA, dass die Entgelte entstanden seien. Die Versicherung muss v. demjenigen RA abgegeben werden, bei dem die Kosten entstanden sind (zB Verkehrsanwalt, Terminsvertreter). Wird nicht die Entstehung, sondern die Notwendigkeit der angefallenen Entgelte v. Gegner angezweifelt, muss die Erforderlichkeit iE dargelegt werden (Gerold/Schmidt Rn. 47 zu Nr. 7001, 7002 VV RVG). Die bisher zu § 26 BRAGO ergangene Rspr. (Aufstellung bei Gerold/Schmidt aaO) lässt aber erkennen, dass die Notwendigkeit erst dann ernstlich anzuzweifeln ist, wenn die Kosten im Verhältnis zu der Angelegenheit ganz unangemessen erscheinen.

7 Entgelte, die durch die **Geltendmachung der Vergütung** entstehen, sind nicht ersatzfähig, da sie nicht zur Angelegenheit im gebührenrechtlichen Sinne zählen. Unter Geltendmachung ist hierbei nicht die gerichtl. Durchsetzung zu verstehen, sondern in erster Linie die Erteilung der Vergütungsberechnung.

Nr.	Auslagentatbestand	Höhe
7002	**Pauschale für Entgelte für Post- und Telekommunikations-dienstleistungen** Die Pauschale kann in jeder Angelegenheit anstelle der tatsächlichen Auslagen nach 7001 gefordert werden.	**20 % der Gebühren** ☐ **höchstens 20,00 EUR**

Übersicht

1 Allgemeines. Nr. 7002 VV RVG gibt dem RA das Recht, nach seiner Wahl anstelle der tatsächlichen Auslagen nach Nr. 7001 VV RVG die Pauschale für Entgelte für Post- und Telekommunikationsdienstleistungen iHv 20 % der Gebühren ☐ höchstens jedoch 20 EUR ☐ v. AG zu fordern. Nr. 7001 VV RVG löst iVm Nr. 7002 VV RVG die alte Regelung in § 26 BRAGO zu Entgelten für Post- und Telekommunikationsdienstleistungen ab. Die Höhe des Pauschsatzes wurde ggü. der alten Regelung um 5 % erhöht; der Höchstsatz beträgt nun ☐ unter Aufgabe der Schlechterstellung in Strafsachen und Bußgeldverfahren ☐ einheitlich 20 EUR. Die Höhe der Pauschale ist auf der Grundlage der Gebühren **ohne Berücksichtigung eventueller Anrechnungen** zu ermitteln (Gerold/Schmidt Rn. 40f. zu Nr. 7001, 7002 VV RVG, Gebauer/Schneider Rn. 31ff. zu Nrn. 7001, 7002

VV RVG, beide mit ausf. Darstellung von Gegenmeinungen und Berechnungsbeispielen; wohl auch Hansens in RVGreport 2004, 470, 471 aE). Dies gilt auch für den Fall, dass im Rahmen von Beratungshilfe (Nrn. 2601ff. VV RVG) die Pauschale für Entgelte für Post- und Telekommunikationsleistungen anfällt, da kein Grund ersichtlich ist, den Beratungshilfe leistenden Anwalt insoweit schlechter zu stellen (Gebauer/Schneider Rn. 15 zu VV 2601).

2 Wurden überhaupt **keine Entgelte** für Post- und Telekommunikationsdienstleistungen **verauslagt**, kann der RA den Pauschsatz nicht abrechnen, weil dieser nur **anstelle** tatsächlich entstandener Auslagen gefordert werden darf. Dies kann zB bei einem Erstberatungsgespräch der Fall sein (Nr. 2102 VV RVG). Wird das Beratungsergebnis schriftlich niedergelegt und dem AG übersandt, genügt dies aber bereits zur Verwirklichung des Auslagentatbestands (Mayer/Kroiß Rn. 14 zu Nrn. 7000-7002 VV).

3 Haben RA und AG eine **Vergütungsvereinbarung** getroffen, wird die vereinbarte Vergütung idR ☐ wenn nicht ausdrücklich eine abweichende Vereinbarung getroffen wurde ☐ die Entgelte für Post- und Telekommunikationsdienstleistungen mit abgelten (vgl. Anm. 3 zu Nr. 7001 VV RVG).

4 Die Pauschale kann für **jede selbstständige Angelegenheit** im gebührenrechtlichen Sinne anstelle der tatsächlichen Auslagen neu gefordert werden (Gerold/Schmidt Rn. 16ff. zu Nr. 7001, 7002 VV RVG). Eine gebührenrechtliche Angelegenheit umfasst nach § 15 Abs. 1 RVG die gesamte Tätigkeit des RA v. der Erteilung des Mandats an bis zur Erledigung der Angelegenheit. Gem. § 15 Abs. 2 RVG ist der RA darüber hinaus berechtigt, die Gebühren bei gerichtl. Verf. innerhalb einer Angelegenheit für jeden **Rechtszug** neu zu fordern.

Zu der Frage, wann **verschiedene Angelegenheiten** vorliegen, gab es schon unter der Geltung der BRAGO umfangreiche Rspr. (vgl. zB Gerold/Schmidt Rn. 5ff. zu § 26 BRAGO). Viele der vormals gerichtl. entschiedenen Fragen dürften durch die **§§ 16ff. RVG** Klärung erfahren haben. So ist etwa in § 16 Nr. 4 RVG klargestellt, dass eine Scheidungssache und die Folgesachen **eine** Angelegenheit im gebührenrechtlichen Sinne bilden. Keine ausdrückliche Regelung trifft das Gesetz zu der Frage, ob das zum VU führende Verf. und ein nachfolgendes Einspruchsverf. eine Angelegenheit sind. Damit ist davon auszugehen, dass es sich um **eine** Angelegenheit im gebührenrechtl. Sinne handelt, da die Aufzählung in § 17 RVG, wann verschiedene Angelegenheiten vorliegen, abschließend ist (Gesetzesbegr. BT-Drs 15/1971, 191; vgl. Komm. zu § 17 Anm. 1). Zu weiteren Einzelheiten vgl. die Komm. zu §§ 16ff. RVG.

Die die **Hebegebühr** nach Nr. 1009 VV RVG auslösende Tätigkeit des RA löst ☐ ggf. ☐ jeweils eine gesonderte Pauschale aus (vgl. Gerold/Schmidt Rn. 29 zu Nr. 7001, 7002 VV RVG; Gebauer/Schneider Rn. 50 zu Nr. 1009 VV RVG).

Zu der Frage, wann ein **neuer Rechtszug** iSd § 15 Abs. 2 RVG vorliegt vgl. die Komm. zu §§ 19-21 RVG. Auch für eine „bes. Angelegenheit" iSd § 18 RVG kann jew. die Pauschale neu gefordert werden.

Soweit das VV die **Anrechnung** bestimmt, betrifft dies immer nur die Gebühren und nicht die Auslagen (vgl. Gerold/Schmidt Rn. 39 zu Nr. 7001, 7002 VV RVG). Insoweit ist daher nicht auf den gebührenrechtlichen Begriff der Angelegenheit abzustellen. Die Postentgeltpauschale ist auf der Grundlage der **vor** Gebührenanrechnung angefallenen Gebühren zu ermitteln.

Wird im Verlauf einer gebührenrechtlichen Angelegenheit ein **Anwaltswechsel** notwendig, kann der Pauschsatz mehrfach anfallen (Hartmann Rn. 7 zu Nr. 7001, 7002 VV RVG). Dies gilt nicht, wenn verschiedene Mitglieder einer Anwaltssozietät für den AG tätig werden.

Bei der **Verbindung mehrerer Verfahren** sind die Auslagenpauschalen jeweils bereits in den anfänglich getrennten Verf. entstanden und können durch die Verbindung nicht mehr zum Wegfall kommen (Schneider in AGS 2004, 486).

5 Das **Wahlrecht** steht dem RA in jeder Angelegenheit, in der Gebühren erneut entstehen, und hier wiederum in jedem Rechtszug zu. Der RA ist nicht verpflichtet, für ein Mandat, das verschiedene Angelegenheiten umfasst, sein Wahlrecht einheitlich auszuüben. Vielmehr muss er, da er für jede

Angelegenheit und jeden Rechtszug die Auslagen jew. fordern kann, auch jedes Mal das Wahlrecht haben. Dies ergibt sich schon aus dem Zweck der Norm, die Abrechnung für den RA zu vereinfachen, was beim Zwang zur einheitlichen Ausübung entfiele (vgl. Gerold/Schmidt Rn. 12 zu Nr. 7001, 7002 VV RVG).

6 Die Frage, ob es durch die Ausübung zu einem **Verbrauch des Wahlrechts** für die jew. Angelegenheit bzw. den Rechtszug kommt, war schon unter der Geltung der BRAGO str. und stellt sich weiterhin (für Verbrauch des Wahlrechts durch erstmalige Ausübung: Hartmann Rn. 5 zu Nr. 7001, 7002 VV RVG, dagegen Gerold/Schmidt Rn. 13 zu Nr. 7001, 7002 VV RVG mit der ☐ zutr. ☐ Einschränkung, dass noch keine nicht mehr abänderbare Entscheidung über die erstattenden Auslagen ergangen sein und die nochmalige Ausübung des Wahlrechts nicht gg. Treu und Glauben verstoßen darf, Hansens/Braun/Schneider Rn. 90f. zu Teil 18, Gebauer/Schneider Rn. 40 zu Nr. 7001, 7002 VV RVG, alle mwN, OLG Stuttgart NJW 1970, 287). Die Ansicht, das Wahlrecht werde durch seine Ausübung in jedem Falle verbraucht, weil mit dem gewählten Pauschsatz gerade auch eine etwaige Abweichung der tatsächlichen Kosten v. der Pauschale nach oben wie nach unten abgegolten sein solle (Hartmann aaO), überzeugt indes nicht. Es kommt in diesem Zusammenhang nämlich nicht entscheidend auf den Zweck der Pauschale, sondern auf den Zweck des Wahlrechts an. Dieses soll dem RA ermöglichen, seine Auslagen für Post- und Telekommunikationsentgelte in angemessener Höhe v. AG zu fordern. Die Pauschale dient hierbei lediglich der Vereinfachung der Abrechnung zu Gunsten des RA, soll jedoch nicht den AG vor Nachforderungen des RA schützen (vgl. BT-Drs IV/2955 S. 7). Es ist auch nicht einsehbar, weshalb der RA tatsächlich für seinen AG gemachte Aufwendungen nicht erstattet bekommen sollte.

7 Auch der im Wege der **PKH** oder anderweitig **beigeordnete Rechtsanwalt oder Pflichtverteidiger** kann den Pauschsatz gem. Nr. 7002 VV RVG nach seiner Wahl aus der Staats- oder Landeskasse fordern. Die Pauschale berechnet sich auf der Grundlage der ges. Gebühren und nicht auf der Grundlage der niedrigeren Gebühren nach Abschnitt 8 RVG und Teil 2 Abschn. 6 VV RVG bzw. den Gebühren für den beigeordneten oder gerichtl. bestellten Anwalt nach dem VV RVG. Dies findet seine Berechtigung darin, dass dem PKH-Anwalt oder dem beigeordneten RA grds. dieselben Kosten für Post- und Telekommunikationsdienstleistungen entstehen können wie dem Wahlanwalt (vgl. hierzu Gerold/Schmidt Rn. 36 zu Nr. 7001, 7002 VV RVG; Riedel/Sußbauer Rn. 8 zu § 26 BRAGO mwN).

Auch für die **Beratungshilfe** kann der Pauschsatz gefordert werden (außer bei Nr. 2600 VV RVG), vorausgesetzt, es sind Auslagen entstanden (vgl. Anm. 2). In Vorbem. 2.6 heißt es lediglich „Im Rahmen der BerHi entstehen **Gebühren** ausschließlich nach diesem Abschnitt."; während für den anderen Bestandteil der Vergütung des RA, den **Auslagen**, diese Ausschließlichkeit nicht bestimmt wird. Folglich kann hier Teil 7 VV RVG zur Anwendung kommen; der RA kann den Pauschsatz fordern (vgl. Anm. 7 zu Nr. 2601 VV RVG). Dies entspricht auch der alten Regelung in § 133 S. 2 BRAGO. Über die Höhe des Pauschsatzes trifft das RVG keine ausdrückliche Bestimmung. Dies legt den Schluss nah, dass auf die früher in § 133 S. 2 BRAGO festgelegte Beschränkung verzichtet werden soll, wonach die Höhe des Pauschsatzes auf der Grundlage der (niedrigeren) Beratungshilfegebühren zu berechnen war. Schließlich sind die Kosten, die dem RA entstehen, auch hier nicht geringer.

Die Beschränkung des Umfangs der Erstattung der Auslagen durch § 46 Abs. 1 RVG auf die zur sachgemäßen Durchführung des Auftrags erforderlichen Auslagen hat hierauf insoweit keinen Einfluss, als die Auslagen bis zur Höhe der Kappungsgrenze des Pauschsatzes idR als erforderlich anzusehen sein werden.

8 Die Pauschale erleichtert die Abrechnung insbes. dann, wenn die angefallenen Kosten nur gering sind. Dies sollte den RA aber nicht verleiten, mit Blick auf die Pauschale auf die **Dokumentation** der tatsächlich entstandenen Kosten zu verzichten, da bei Auftragserteilung selten schon absehbar ist, wie die Kosten sich entwickeln werden. Nur wenn es v. vornherein als sicher gelten kann, dass die Kosten ganz gering bleiben werden oder wenn eine Vergütungsvereinbarung getroffen wurde, die die

Auslagen pauschal erfasst, ist die Dokumentation der Auslagen nicht erforderlich. Die Dokumentation kann zB in einem Postausgangsbuch erfolgen, das bei Kanzleisoftware idR schon integriert ist.
9 Für die **Kostenerstattung** gilt, dass die Pauschale grds. voll erstattungsfähig ist. Bei höheren Kosten (Einzelabrechnung) kommt es auf die Notwendigkeit an, vgl. Anm. 6 zu Nr. 7001 VV RVG. Für den Fall der Vertretung des AG sowohl im Mahn- als auch im sich anschließenden Streitverfahren hat sich der BGH (RVGreport 2004, 347) auf den Standpunkt gestellt, dass die Pauschale zweimal anfällt, da es sich um verschiedene Angelegenheiten handelt, und folgerichtig auch zweimal zu erstatten sei.

Nr.	Auslagentatbestand	Höhe
7003	**Fahrtkosten für eine Geschäftsreise bei Benutzung eines eigenen Kraftfahrzeugs für jeden gefahrenen Kilometer**	0,30 EUR
	Mit den Fahrtkosten sind die Anschaffungs-, Unterhaltungs- und Betriebskosten sowie die Abnutzung des Kraftfahrzeugs abgegolten.	

Übersicht

1 Allgemeines. Der RA kann v. AG die anlässlich einer Geschäftsreise (zum Begriff der Geschäftsreise Anm. 5 zu Vorbem. 7 VV RVG) entstandenen Fahrtkosten (Nrn. 7003, 7004 VV RVG), ggf. ein Tage- und Abwesenheitsgeld (Nr. 7005 VV RVG) sowie sonstige Auslagen, soweit diese angemessen sind (Nr. 7006 RVG), fordern. Reisekosten, die im Rahmen von Tätigkeiten anfallen, die der RA nicht in seiner Eigenschaft als Anwalt, sondern zB als Vormund, Betreuer oder Verfahrenspfleger ausführt und die § 1 Abs. 2 RVG unterfallen, können nicht nach Nr. 7003 VV RVG abgerechnet werden.
Übernachtungskosten werden, anders als noch in § 28 Abs. 1 S. 1 BRAGO, in den Nrn. 7003-7006 VV RVG nicht ausdrücklich genannt, fallen aber als sonstige Auslagen unter Nr. 7006 VV RVG (vgl. BT-Drs 15/1971 S. 232, Anm. 2, 3 zu Nr. 7006 VV RVG).

2 Der RA darf grds. **selbst entscheiden**, welches Verkehrsmittel er benutzt, dh die durch die Benutzung des eigenen Kfz entstandenen Kosten sind grds. als **notwendig** anzusehen, selbst wenn die Benutzung eines anderen Verkehrsmittels günstiger wäre (Gerold/Schmidt Rn. 33f. zu Nr. 7003-7007 VV RVG mwN). Allerdings kann der RA in Fällen, in denen sich die Verwendung des eigenen Pkw wegen unverhältnismäßig höherer Kosten und des Fehlens eines sachlichen Grundes als **missbräuchlich** darstellt, nur die angemessenen Kosten eines anderen (günstigeren) Verkehrsmittels v. AG fordern (OLG Koblenz JurBüro 1975, 348, OLG HH MDR 1968, 504; BFHE 107, 97 = BStBl. II 73,23).

3 Für die Benutzung eines eigenen **Kraftfahrzeugs** für die Geschäftsreise kann der RA pauschal 0,30 EUR (bisher nach § 28 Abs. 2 Nr. 1 BRAGO: 0,27 EUR ☐ eine Erhöhung um ganze 3 Cent!) je gefahrenen Kilometer v. AG fordern. Der Begriff des Kfz ist iSd § 1 Abs. 2 StVG zu verstehen, wonach als Kraftfahrzeuge solche Landfahrzeuge gelten, die durch Maschinenkraft bewegt werden, ohne an Bahngleise gebunden zu sein, also auch Motorräder, Mopeds oder Mofas. Der gegenteiligen Ansicht (vgl. Riedel/Sußbauer Rn. 6 zu § 28 BRAGO), wonach nur die Benutzung eines Kraftwagens den Gebührentatbestand auslösen soll, weil der Gesetzgeber dies als allgem. üblich ansehe, kann angesichts der insoweit unverändert ins RVG übernommenen Formulierung nicht gefolgt werden. Zu Fuß oder mit dem Fahrrad zurückgelegte Wege unterfallen nicht der Nr. 7003 VV RVG; insoweit kommt keine Entschädigung in Betracht.

4 Es muss sich um ein **eigenes Fahrzeug** des RA handeln, dh er muss Eigentümer oder Halter sein. Benutzt der RA zB einen Leihwagen, kommt nur die konkrete Abrechnung der tatsächlich entstandenen Kosten in Betracht (Mayer/Kroiß Rn. 5 zu Nr. 7003 VV mwN).

5 Die Pauschale soll für **jeden gefahrenen Kilometer** gezahlt werden. Maßgeblich ist die tatsächlich zurückgelegte Wegstrecke (Hin- und Rückweg) und nicht eine fiktive Entfernung, etwa die Luftlinie oder der kürzeste Weg über eine schlechte Wegstrecke. Grds. ist der RA gehalten, den kürzesten Weg zu wählen; ist dieser nicht zweckmäßig, ist aber auch die Wahl eines anderen Weges (zB Autobahn statt Landstraße, Umweg, um einen Stau zu umfahren usw) zulässig (Mayer/Kroiß Rn. 10 zu Nr. 7003 VV mwN). Die Entfernung wird v. der Kanzlei bis zum Ort des Geschäfts (zB Gerichtsgebäude) gemessen (Riedel/Sußbauer Rn. 7 zu § 28 BRAGO). Es zählt jeder angefangene Kilometer.

6 Mit der Pauschale sind die **Anschaffungs-, Unterhalts- und Betriebskosten** sowie die **Abnutzung des Kraftfahrzeugs abgegolten**. Eine ausdrückliche Regelung zu der Frage zu schaffen, ob und wie **Parkgebühren, Fährkosten, Brückengelder** uÄ zu behandeln sind, hat der Gesetzgeber dagegen versäumt. Dies war schon früher str. und schließlich durch die Aufnahme einer eindeutigen Regelung in § 28 Abs. 2 Nr. 1 BRAGO klargestellt worden. Da in der Anm. zu Nr. 7003 VV RVG diese Kosten nicht genannt werden, ist davon auszugehen, dass sie v. der Pauschale nicht abgegolten sein sollen. Für diese Auslegung spricht auch, dass es in BT-Drs 15/1971 S. 232 zu Nr. 7003-7006 VV RVG heißt, diese übernähmen „inhaltl. die Regelungen aus § 28 BRAGO". Dies deutet darauf hin, dass der Gesetzgeber nicht beabsichtigte, eine insoweit abweichende Regelung zu treffen. Vor der Aufnahme der entspr. Regelung in § 28 BRAGO zeigte sich auch schon deutlich eine Tendenz der Rspr., diese Kosten als ersatzfähig zu betrachten. Nichts anderes kann nun dem RVG gelten. Zu den Einzelheiten s. Anm. 2 zu Nr. 7006 VV RVG.

7 Die **Erstattungsfähigkeit** der Reisekosten richtet sich nach § 91 Abs. 2 ZPO.

Nr.	Auslagentatbestand	Höhe
7004	**Fahrtkosten für eine Geschäftsreise bei Benutzung eines anderen Verkehrsmittels, soweit sie angemessen sind**	**in voller Höhe**

Übersicht

Grundsatz   1

Höhe   2

Angemessenheit bei Bus- oder Bahnfahrt   3

Angemessenheit von Taxikosten   4

Angemessenheit von Flugreisen   5

Kostenerstattung   6

1 Grundsatz. Verwendet der RA einen geliehenen bzw. gemieteten PKW oder ein anderes Verkehrsmittel, kommt es für die Frage, ob er die aufgewendeten Kosten v. seinem AG fordern kann, anders als beim eigenen PKW auf die **Angemessenheit** der Kosten an. Die Frage der Angemessenheit war schon unter der Geltung der BRAGO Gegenstand zahlreicher Gerichtsentscheidungen und wird auch weiterhin im **Einzelfall** zu bewerten sein. Entscheidendes Kriterium ist wie bisher, welche Aufwendungen der RA zum Zeitpunkt der Geschäftsreise nach pflichtgemäßem Ermessen für erforderlich halten durfte. Die hierzu noch unter der BRAGO ergangene Rspr. behält dabei grds. ihre Gültigkeit.

2 Sind die Kosten angemessen, können sie in voller Höhe v. AG gefordert werden. Eine ☐ wie auch immer geartete ☐ Pauschalierung ist nicht möglich (Riedel/Sußbauer Rn. 10 zu § 28 BRAGO); es können immer nur die **tatsächlich entstandenen Kosten** geltend gemacht werden. Auch **fiktive Kosten** kann der RA grds. nicht v. AG fordern. Eine Ausnahme gilt, wenn der RA ein wg. hoher Kosten nicht angemessenes Verkehrsmittel benutzt hat (zB Flugzeug), ein anderes (zB Bahn) aber zu angemessenen Kosten hätte benutzen können. In diesem Fall können die Kosten des teureren Verkehrsmittel bis zur Höhe der fiktiven Kosten des angemessenen Verkehrsmittels verlangt werden (vgl. Gebauer/Schneider Rn. 38 zu Nr. 7003-7006 VV RVG).

3 Nach hM sind die Kosten einer **Bus- oder Bahnfahrt** stets angemessen; der RA ist nicht verpflichtet, sein eigenes Kfz zu benutzen. Angemessen ist stets die Benutzung der 1. Klasse (VG Freiburg AnwBl. 1996, 589 mwN, Gerold/Schmidt Rn. 43 zu Nr. 7001, 7002 VV RVG; aA ua Hartung/Römermann Rn. 56 zu Nr. 7004 VV RVG: nur bei längeren Strecken; ebenso Gebauer/Schneider Rn. 20 zu Nr. 7003-7006 VV RVG). Der RA muss die Möglichkeit zur Erlangung einer Ermäßigung nutzen (Spartarife der Bahn etc.), ohne jedoch zu intensiver Nachforschung verpflichtet zu sein. Er ist auch nicht verpflichtet, sich bes. frühzeitig um eine Buchung zu kümmern, um Frühbuchertarife zu nutzen (vgl. BVerwG JurBüro 1989, 1456).

Muss der RA eine Fahrkarte nachlösen und fällt hierfür ein **Zuschlag** an, kann er diesen nur dann dem AG in Rechnung stellen, wenn er ohne eigenes Verschulden gehindert war, die Fahrkarte rechtzeitig zu lösen (Mayer/Kroiß Rn. 8 zu Nr. 7004 VV RVG).

Bei Verwendung einer **Bahncard** kann der RA nur die entspr. ermäßigten (= tatsächlichen) Fahrtkosten fordern. Ob auch anteilige Kosten für die Anschaffung der Bahncard gefordert werden können, ist str. Die hM sieht diese Kosten als ☐ nicht ersatzfähige ☐ allg. Geschäftskosten an (LAG Kiel AGS 2004, 365 m. Anm. N. Schneider, Hansens/Braun/Schneider Rn. 129 zu Teil 18; Mayer/Kroiß Rn. 7 zu Nr. 7004 VV RVG mwN). Zutr. weist das OLG Celle (MDR 2004, 144) darauf hin, dass die genaue Feststellung der **anteiligen Kosten** der Bahncard nicht möglich sei; auch ein pauschaler Aufschlag auf den Fahrpreis wird hier abgelehnt (obwohl der Erstattungspflichtige damit immer noch besser stehen könnte als ohne Verwendung der Bahncard!). Ein anderer Ansatz will die anteiligen Kosten schätzen und sofort abrechnen lassen (OLG Koblenz Rpfleger 1994, 85) Dies sei durchaus im Interesse des AG, weil dieser nicht mit Nachforderungen belastet werde und immer noch günstiger fahre, als wenn der RA auf die Bahncard ganz verzichte (Gebauer/Schneider Rn. 22 zu Nr. 7003-7006 VV RVG). Eine weitere Meinung verlangt vom RA, zunächst den Anteil seiner privaten Reisen auszuscheiden und sodann die anteiligen Kosten zu ermitteln (LG Würzburg AGS 1999, 53 m. Anm. Madert). Dieser Weg scheint aber kaum praktikabel. Wegen der Ungewissheit der Erstattung und der Schwierigkeiten in der Abrechnung dürfte die Verwendung einer Bahncard für den RA idR wenig lohnend sein. Denkbar wäre aber eine Vereinbarung isd § 4, wonach der AG anteilig an den Kosten beteiligt wird, etwa indem er die Hälfte des Differenzbetrags der Fahrtkosten trägt.

4 Taxikosten können bei kürzeren Strecken abgerechnet werden, etwa für die Anreise zum Bahnhof oder Flughafen. Bei längeren Strecken dürfte es jedoch idR an der Angemessenheit fehlen. Str. ist, ob Fahrten am Ankunftsort ☐ zB v. Bahnhof oder Flughafen zum Gericht und zurück ☐ unter Nr. 7004 VV RVG fallen oder mit dem Tage- und Abwesenheitsgeld entgolten sind (so Riedel/Sußbauer Rn. 10 zu § 28 BRAGO). Dagegen spricht die Höhe des Tage- und Abwesenheitsgeldes, welches einen Ausgleich für die reisebedingten Mehrkosten, zB Verpflegungsmehraufwand, des RA schaffen soll. Erhält der RA zB bei einer Dauer der Reise unter vier Stunden 20 EUR, kann er sich davon nicht angemessen verpflegen **und** zwei Taxifahrten (Hin- und Rückfahrt) bestreiten. Es gibt auch keinen sachlichen Grund dafür, die Taxikosten am Ankunftsort anders zu behandeln als die am Sitz des RA.

Im Gegenteil kann der RA gerade an einem Ort, an dem er nicht ansässig ist, nicht auf die Benutzung des öffentlichen Nahverkehrs verwiesen werden (vgl. LG Berlin JurBüro 1999, 526).

5 Kosten für **Flugreisen** ☐ soweit diese nicht bereits günstiger oder zumindest nur genauso teuer sind wie Reisen mit anderen Verkehrsmitteln ☐ sind anders als die Kosten einer Bus- oder Bahnfahrt nur angemessen, wenn sich hierdurch für den RA eine bes. Zeitersparnis ergibt (LG Leipzig JurBüro 2001, 586). Dies ist insbes. der Fall, wenn er dadurch in die Lage versetzt wird, am Terminstag an- und wieder abzureisen (vgl. Hartung/Römermann Rn. 56 zu Nr. 7004 VV RVG mwN, Gebauer/Schneider Rn. 25 zu Nr. 7003-7006 VV RVG) oder überhaupt nur so in der Lage ist, einen Termin wahrzunehmen. Eine Zeitersparnis von vier Stunden durch den Flug wird aber bereits als ausreichend angesehen (LG Leipzig aaO mwN). Neben der Gegenüberstellung der reinen Reisedauer im Verhältnis zu den jeweils entstehenden Kosten kann auch die Art der Verbindung von Bedeutung sein. So hat das LG Freiburg (NJW 2003, 3359) entschieden, dass eine Anreise mit dem Flugzeug angemessen sei, wenn der RA andernfalls in den beiden Nächten vor und nach einem auswärtigen Termin mit der Bahn reisen müsste und dabei mehrmaliges Umsteigen jeweils mit einer Wartezeit erforderlich wäre. Dies sei ☐ auch schon im Hinblick auf die am Tage zu leistende anspruchsvolle Arbeit ☐ nicht zumutbar. Eine Verpflichtung, so genannte Spar- oder Billigflüge in Anspruch zu nehmen, besteht nicht (BVerwG JurBüro 1989, 1456), zumal hierfür meist eine frühe Buchung erforderlich ist, der RA aber auch kurzfristig noch entscheiden können muss, an einem Termin nicht teilzunehmen. Grds. ist nur die Economy Class angemessen; bei längeren Flügen kann auch die Businessclass angemessen sein (Gebauer/Schneider Rn. 26 zu Nr. 7003-7006 VV RVG). IZw ist hier eine Vergütungsvereinbarung empfehlenswert.

6 Die **Erstattungsfähigkeit** der Reisekosten richtet sich nach § 91 Abs. 2 ZPO.

Nr.	Auslagentatbestand	Höhe
7005	**Tage- und Abwesenheitsgeld bei einer Geschäftsreise**	
	1. von nicht mehr als vier Stunden	**20,00 EUR**
	2. von mehr als vier bis acht Stunden	**35,00 EUR**
	3. von mehr als acht Stunden	**60,00 EUR**
	Bei Auslandsreisen kann zu diesen Beträgen ein Zuschlag von 50 % berechnet werden.	

Übersicht

1 Allgemeines. Das Tage- und Abwesenheitsgeld soll die dem RA durch eine Geschäftsreise entstehenden Mehrkosten, insbes. den Verpflegungsmehraufwand, pauschal ausgleichen. Wegen des Pauschalcharakters kann der RA Kosten, die die in Nr. 7005 genannten Beträge übersteigen, nicht v. AG verlangen. Denkbar ist aber eine Regelung in einer Vergütungsvereinbarung. Das Tage- und Abwesenheitsgeld wurde geg. der alten Regelung in § 28 Abs. 3 BRAGO geringfügig erhöht und beträgt jetzt bei einer Reisedauer v. bis zu vier Stunden 20 EUR, bis zu acht Stunden 35 EUR und ab acht Stunden 60 EUR. Es ist **kalendertäglich neu** zu berechnen.

2 Die **Dauer der Geschäftsreise** entspricht der Zeit, die der RA v. seiner Kanzlei entfernt verbringt. Sie schließt ggf. die Einnahme einer Mahlzeit (zu den dafür üblichen Tageszeiten) mit ein, wenn dem

RA längeres Zuwarten mit dem Essen nicht zugemutet werden kann (VG Stuttgart AnwBl. 1984, 562 und AnwBl. 1984, 323).

3 Zu Fahrtkosten am Reiseort vgl. Anm. 4 zu Nr. 7004 VV RVG. Zu **Übernachtungskosten** vgl. Anm. 3 zu Nr. 7006 RVG.

4 Bei **Auslandsreisen** kann ein **Zuschlag** v. 50 % berechnet werden. Der RA muss hier aber trotz des Wortlauts kein (gerichtl. nachprüfbares) Ermessen zu der Frage ausüben, ob die Erhebung des Zuschlags angemessen ist, sondern kann den Zuschlag in jedem Fall fordern, denn dieser dient gerade dem (pauschalierten) Ausgleich des durch den Auslandsaufenthalt erhöhten Aufwands (Gerold/Schmidt Rn. 60 zu Nr. 7003-7007 VV RVG, Goebel/Gottwald Rn. 5 zu Nr. 7005 VV RVG, Hansens/Braun/Schneider Rn. 156 zu Teil 18; aA Mayer/Kroiß Rn. 9 zu Nr. 7005 VV). Bei einem Auslandsaufenthalt unter vier Stunden beträgt das Tage- und Abwesenheitsgeld 30 EUR, bei einer Dauer v. vier bis acht Stunden 52,50 EUR, bei mehr als acht Stunden 90 EUR.

5 Die **Kostenerstattung** richtet sich nach § 91 Abs. 2 ZPO.

Nr.	Auslagentatbestand	Höhe
7006	**Sonstige Auslagen anlässlich einer Geschäftsreise, soweit sie angemessen sind**	**in voller Höhe**

Übersicht

1 Allgemeines. Nr. 7006 VV RVG ist ggü. der Vorbem. 7 Abs. 1 S. 2 VV RVG die speziellere Regelung, soweit Auslagen anlässlich einer Geschäftsreise des RA entstanden sind. Alle sonstigen Auslagen anlässlich einer Geschäftsreise kann der RA daher gem. Nr. 7006 VV RVG in voller Höhe v. AG verlangen, soweit sie angemessen sind und nicht unter die Nrn. 7003-7005 VV RVG fallen. Nach Nr. 7006 VV RVG nicht angemessene Auslagen kann der RA auch nicht über Vorbem. 7 Abs. 1 S. 2 VV RVG iVm §§ 675, 670 BGB verlangen. Der RA kann nur die tatsächlich verauslagten Kosten verlangen; Pauschalierungen oder die Berechnung fiktiver Kosten sind nicht zulässig.

2 Sonstige Auslagen iSd Nr. 7006 VV RVG sind insbes. die v. Gesetzgeber in der Begründung (BT-Drs 15/1971 S. 232) ausdrücklich genannten **Übernachtungskosten.** Welche Kosten der RA daneben noch v. AG ersetzt verlangen kann, war unter der Geltung der BRAGO lange Zeit str., bis der Gesetzgeber durch die eindeutige Regelung mit § 28 Abs. 2 Nr. 1 BRAGO Klarheit schuf. Der Wortlaut dieser Regelung wurde jedoch nicht übernommen. Allerdings heißt es in der Begründung (BT-Drs aaO), die Nrn. 7003-7006 VV RVG übernähmen „inhaltl. die Regelungen aus § 28 BRAGO". Damit wird wohl davon auszugehen sein, dass Nr. 7006 VV RVG idS auszulegen ist und unter die sonstigen Auslagen weiterhin **Parkgebühren, Brückengeld, Fährkosten, Autobahnbenutzungsgebühren,** die Kosten unterwegs notwendig gewordener **Telefonate, Gepäckaufbewahrung, -beförderung und -versicherung, Reservierungsgebühren** etc. fallen. Str. ist die Behandlung von **Flugunfallversicherungen** (vgl. Mayer/Kroiß Rn. 2 zu Nr. 7006 VV mwN; Gebauer/Schneider Rn. 26 zu Nr. 7003-7006 VV RVG mwN); hier ist insoweit Vorsicht geboten. **Trinkgelder** werden idR den mit dem Tage- und Abwesenheitsgeld abgegoltenen Verpflegungskosten zuzurechen sein.

3 Als **angemessen** sind solche sonstigen Auslagen anzusehen, die der RA nach pflichtgemäßem Ermessen für erforderlich halten durfte. Letztlich wird hier im **Einzelfall** zu entscheiden sein.

Übernachtungskosten sind immer angemessen, wenn sich ein auswärtiger Termin über mehrere Tage erstreckt und die Heimreise nicht nur ganz kurz ist. Sie sind auch dann angemessen, wenn der RA ohne die Übernachtung seine Reise vor 6 Uhr früh antreten bzw. nach 22 Uhr abends zurückreisen müsste (Gebauer/Schneider Rn. 33 zu Nr. 7003-7006 VV RVG mwN). Abgerechnet werden dürfen nur die reinen Übernachtungskosten, weil die Kosten für Abendessen und Frühstück schon mit dem Tage- und Abwesenheitsgeld abgegolten sind (Gebauer/Schneider Rn. 34 zu Nr. 7003-7006 VV RVG; Mayer/Kroiß Rn. 5 zu Nr. 7006 VV für Frühstückskosten). Die Angemessenheit der Höhe der Übernachtungskosten kann entspr. § 14 Abs. 1 RVG beurteilt werden. Dabei ist die Übernachtung im Luxushotel grds. nicht geboten. Im Zweifel empfiehlt sich, wenn Reisetätigkeit bei Auftragsannahme schon absehbar ist, immer eine Vergütungsvereinbarung, die auch die Übernahme v. Reise- und Übernachtungskosten durch den AG regeln sollte. Bei den Übernachtungskosten gilt eine **Ausnahme** v. Verbot der fiktiven Abrechnung: Wurden durch die □ für sich genommen nicht angemessene Übernachtung □ Fahrtkosten erspart, können die Übernachtungskosten bis zur Höhe der fiktiven (angemessenen) □ Fahrtkosten gefordert werden (Gebauer/Schneider Rn. 38 zu Nr. 7003-7006 VV RVG).

4 Die **Kostenerstattung** richtet sich nach § 91 Abs. 2 ZPO.

Nr.	Auslagentatbestand	Höhe
7007	**Im Einzelfall gezahlte Prämie für eine Haftpflichtversicherung für Vermögensschäden, soweit die Prämie auf Haftungsbeträge von mehr als 30 Millionen EUR entfällt**	**in voller Höhe**
	Soweit sich aus der Rechnung des Versicherers nichts anderes ergibt, ist von der Gesamtprämie der Betrag zu erstatten, der sich aus dem Verhältnis der 30 Millionen EUR übersteigenden Versicherungssumme zu der Gesamtversicherungssumme ergibt.	

Übersicht

1 Allgemeines. Die Einführung der Regelung zur Erstattung v. Prämien für eine Haftpflichtversicherung steht im Zusammenhang mit der Einführung einer allg. Wertgrenze in § 22 Abs. 2 RVG iHv 30 Mio. EUR. Der Tatsache, dass der Kappung des Gegenstandswertes und damit der Vergütungshöhe des RA keine Begrenzung seiner Haftung gegenübersteht, soll mit Nr. 7007 VV RVG zugunsten des RA Rechnung getragen werden, indem er v. den Aufwendungen für die Haftpflichtversicherung, die zur Vers. solcher Risiken entstehen, denen keine entspr. Vergütung gegenübersteht, entlastet wird (vgl. Gesetzesbegründung BT-Drs 15/1971 S. 232, 194f.).

2 Voraussetzung für die Anwendbarkeit v. Nr. 7007 VV RVG ist, dass der **Wert** des Gegenstands **30 Mio EUR** übersteigt. Bei mehreren AG erhöht sich der maßgebliche Haftungsbetrag entspr.

3 Der RA kann v. AG den **Anteil der Prämie** für die Haftpflichtversicherung fordern, der auf Haftungsbeträge über 30 Mio EUR entfällt. Enthält die Rechnung des Versicherers □ was zunächst idR der Fall sein wird □ insoweit keine Aufschlüsselung, ist der Betrag anzusetzen, der dem Verhältnis der 30 Mio EUR übersteigenden Versicherungssumme zu der Gesamtversicherungssumme entspricht.

Beispiel: Bei einem versicherten Risiko iHv bis zu 100 Mio EUR zahlt der RA 8.000 EUR Prämie. Die Differenz der versicherten Haftungsbeträge zu 30 Mio. EUR beträgt 70 Mio EUR; dies entspricht 70%. Es können also 70% der Prämie iHv 8.000 EUR = 5.600 EUR als Auslage nach Nr. 7007 VV RVG gefordert werden.

Um derartige Zahlenakrobatik zu umgehen, kann der Versicherer um eine Aufschlüsselung gebeten werden (dies kann aber, je nach Gewichtung des Versicherers, dazu führen, dass der Betrag, den der RA ansetzen kann, geringer ausfällt).

Einen **Abschlag** dafür, dass der Wert des Gegenstands den insgesamt abgesicherten Betrag nicht erreicht, sieht der Gesetzgeber nicht vor. Vielmehr kann der errechnete oder v. der Vers. angegebene Differenzbetrag gem. Nr. 7007 VV RVG in voller Höhe fordern; insoweit liegt hier eine Pauschalierung der Auslagen des RA vor. Beträgt im vorherigen Beispiel der Wert der Angelegenheit 40 Mio EUR, so verringert sich der Betrag, den der RA v. AG fordern kann, also nicht anteilig. Auch gibt es keine Begrenzung dahingehend, wie oft der RA den Anteil der Prämie fordern kann. Selbst wenn der Gesamtbetrag (in mehreren Angelegenheiten) die Höhe der zu zahlenden Prämie übersteigt, kann der RA die Nr. 7007 VV RVG mehrfach anwenden.

4 Die Abrechnung **fiktiver Kosten** kommt nicht in Betracht (vgl. auch N. Schneider AGS 2004, 7).

5 Die **Kostenerstattung** richtet sich nach § 91 Abs. 2 ZPO.

Nr.	Auslagentatbestand	Höhe
7008	**Umsatzsteuer auf die Vergütung**	**in voller Höhe**
	Dies gilt nicht, wenn die Umsatzsteuer nach § 19 Abs. 1 UStG unerhoben bleibt.	

Übersicht

1 Allgemeines. Nr. 7008 VV RVG entspricht der Regelung in § 25 Abs. 2 BRAGO (vgl. BT-Drs 15/1971 S. 232). Der RA kann wie bisher die nach § 1 UStG auf die Vergütung geleistete USt v. AG in voller Höhe fordern. Ist der RA als **Kleinunternehmer** iSv § 19 Abs. 1 UStG v. der Umsatzsteuerpflicht befreit, kann er diese nicht ☐ auch keinen fiktiven Betrag ☐ v. AG fordern. Allerdings kann der RA nach § 19 Abs. 2 UStG auf die Anwendung des Abs. 1 verzichten. In diesem Falle tritt die Umsatzsteuerpflicht des RA mdF ein, dass er die USt v. AG fordern kann.

2 Die **Höhe der Umsatzsteuer** beträgt gem. § 12 Abs. 1 UStG idR **16 %**. Im Einzelfall kann auch der reduzierte Satz der USt nach § 12 Abs. 2 Nr. 7c UStG iHv **7 %** gelten, wenn die Leistung des RA in einem nach § 2 Abs. 1 Nr. 1 UrhG geschützten Werk **und** der Einräumung eines Rechts zur Nutzung an diesem Werk für den AG besteht (vgl. BMF DB 1982, 569, 572). Ein solcher urheberrechtlicher Schutz für die Arbeit des RA kann bei der Erstellung v. wiss. Rechtsgutachten vorliegen, wenn es sich dabei um eine persönliche geistige Schöpfung iSd § 2 Abs. 2 UrhG handelt. Dies setzt voraus, dass das Werk durch Inhalt, die Form oder die spezielle Art der Verbindung v. Inhalt und Form etwas Neues und Eigentümliches darstellt (BT-Drs 4/270 S. 38; vgl. hierzu zB Möhring/Nicolini § 2 UrhG Rn. 44ff.). Dafür kann es durchaus ausreichen, wenn der RA verschiedene Lehrmeinungen oder den Stand der Rspr. sichtet und, bezogen auf die konkrete Angelegenheit, zusammenfasst und auswertet. Beim Ansatz des reduzierten Steuersatzes ist Vorsicht geboten; verlangt der RA irrtümlich nur 7 %, obwohl 16 % anzusetzen wären, sind gleichwohl 16 % an das FinA abzuführen. Im Zweifelsfall empfiehlt sich eine Rückfrage beim zust. FinA.

3 Gegenstand der Steuerpflicht ist die gesamte Vergütung des RA. Maßgeblich für Nr. 7008 VV RVG ist der auf die gesamte Vergütung, gem. § 1 Abs. 1 RVG also Gebühren und Auslagen, v. RA tatsächlich entrichtete Betrag mit Ausnahme der so genannten durchlaufenden Posten. Dies sind solche Beträge, die der RA im Namen und für Rechnung des AG vereinnahmt oder verausgabt, etwa Gerichtskostenvorschüsse oder Zeugengebühren. Auch v. AG zu zahlende Verzugszinsen sind nicht umsatzsteuerpflichtig.

Nur der **inländische Umsatz** ist steuerpflichtig. Grds. gilt das Umsatzsteuerrecht des Leistungsortes; dies ist gem. § 3a Abs. 1 S. 1 UStG idR der Sitz der Kanzlei des RA. Hiervon können im Einzelfall Ausnahmen gelten (vgl. Aufzählung bei Hartung/Römermann Rn. 63 zu Teil 7 VV RVG).

4 Wird der RA **in eigener Sache** tätig, kommt es für die Umsatzsteuerpflicht darauf an, ob es sich um eine **berufliche oder private Angelegenheit** handelt. Betrifft die Tätigkeit ein Innengeschäft aus der beruflichen Tätigkeit des RA (Klage auf Zahlung der Vergütung gg. AG), entsteht keine USt. Betrifft die Angelegenheit dagegen ein Außengeschäft des RA, welches nur seinen privaten Lebensbereich berührt, so fällt die Steuer an (vgl. OLG Hamburg JurBüro 1986, 873, OFD Düsseldorf AnwBl 1982, 193, Hartung/Römermann Rn. 67 zu Teil 7 VV RVG mwN; Riedel/Sußbauer Rn. 11 zu § 25 BRAGO). Die USt wird v. den tatsächlichen Kosten erhoben. Zur **Erstattungsfähigkeit** bei Tätigkeit in eigener Sache su Anm. 9.

5 Trifft der RA mit dem AG eine **Vergütungsvereinbarung**, ist str., ob die USt zusätzl. zu der vereinbarten Vergütung gefordert werden kann oder beim Fehlen einer entspr. Vereinbarung bereits in dem vereinbarten Betrag enthalten ist. Die überwiegende Ansicht tendiert dazu, dass die USt ohne gesonderte Vereinbarung nicht zusätzl. v. AG gefordert werden kann. Der RA sollte dies entweder schon bei der Höhe der Vergütung berücksichtigen oder eine entspr. Vereinbarung treffen.

6 Die USt wird nach hM mit der Vergütung **fällig** (OLG Düsseldorf MDR 1983, 142, OLG Frankfurt Rpfleger 1983, 41, OLG Koblenz JurBüro 1999, 304).

7 Gem. § 14 Abs. 4 Nr. 4 UStG müssen die Rechnungen des RA mit einer (fortlaufenden) **Rechnungsnummer** versehen sein. Rechnungen im steuerlichen Sinne sind grds. nur solche, die der RA dem eigenen AG stellt. Alle sonstigen Abrechnungen (zB Kostenfestsetzungsanträge nach §§ 103ff. ZPO außer bei eigenen Gebührenklagen des RA, Abrechnungen an die Rechtsschutzversicherung des AG oder die Berufshaftpflichtversicherung des Anspruchsgegners etc.) sind keine Rechnungen im steuerlichen Sinne und dürfen daher keine Rechnungsnr. enthalten. Eine Rechnungsnr. enthalten dürfen

- alle Rechnungen an den Mandanten/Gebührenschuldner, auch wenn sich diese ausschließlich auf die Erstattung verauslagter Kosten (Gerichtskosten, Gerichtsvollziehergebühren) beziehen; letzteres muss aber kenntlich gemacht sein,
- alle Erstattungsanträge betr. PKH, BerHi, Pflichtverteidigergebühren,
- Kostenfestsetzungsanträge gem. §§ 103ff. ZPO in Gebührenklagen gegen den eigenen AG.

Ist der Rechnungsadressat nicht zum Vorsteuerabzug berechtigt, muss die Rechnung keine Rechnungsnr. enthalten. Daher dürfen Abrechnungen über Kostenerstattungsansprüche wg. BerHi oder PKH eine Rechnungsnr. enthalten, müssen dies aber nicht, weil die Landeskassen nicht zum Vorsteuerabzug berechtigt sind.

8 Sonstige **Pflichtangaben auf Rechnungen** ergeben sich aus § 14 Abs. 4 UStG iVm § 31 UStDV. Dazu gehören neben der Rechnungsnr. der vollständige Namen und die vollständige Anschrift des

RA und des Rechnungsempfängers, die Steuernr. oder die v. Bundesamt für Finanzen erteilte USt-Identifikationsnr. des Ausstellers, das Ausstellungsdatum, die Art der Leistung ☐ insofern sind die Angaben nach § 10 Abs. 2 RVG ausreichend (vgl. hierzu Komm. zu § 10 RVG Anm. 1) ☐, der Zeitpunkt der Leistung, das nach Steuersätzen aufgeschlüsselte Entgelt, der anzuwendende Steuersatz sowie der auf das Entgelt entfallende Steuerbetrag.

Auf die in § 14 Abs. 4 S. 1 UStG neu eingefügte Nr. 9, die in den Fällen des § 14b Abs. 1 S. 5 UStG eine Hinweispflicht des Rechnungsausstellers bzgl. einer Aufbewahrungspflicht des Leistungsempfängers bestimmt, sei hingewiesen.

Entspricht die Rechnung nicht den Erfordernissen des UStG, ist der Vorsteuerabzug zu versagen, was im Falle einer Betriebsprüfung durch das FinA erhebliche Steuernachzahlungen zur Folge haben kann (ausführlich hierzu Block AGS 2004, 416).

Bei Kleinbetragsrechnungen unter 100 EUR gelten gem. § 33 UStDV andere Regelungen. Hier sind lediglich der vollständige Namen und die vollständige Anschrift des leistenden Unternehmers, das Ausstellungsdatum, Umfang und Art der Leistung und das Entgelt und der darauf entfallenden Steuerbetrag für die Lieferung oder sonstige Leistung in einer Summe sowie der anzuwendende Steuersatz oder im Fall einer Steuerbefreiung ein Hinweis darauf, dass für die Lieferung oder sonstige Leistung eine Steuerbefreiung gilt, erforderlich.

9 Die USt ist auch im Rahmen der **Kostenerstattung** zu berücksichtigen. Dies gilt auch, wenn sich der RA in **eigener Sache** vertritt (OLG Düsseldorf RVG-Letter 2004, 140 noch zur BRAGO; insoweit hat sich die Rechtslage nicht geändert). Ist der (obsiegende) AG zum **Vorsteuerabzug** berechtigt, muss die unterlegene Partei die auf die Vergütung des RA anfallende USt allerdings nicht erstatten, denn sie kann die dem RA geschuldete USt im Wege des Vorsteuerabzugs geltend machen. Die **Beweislast** dafür, dass der obsiegende RA zum Vorsteuerabzug berechtigt sei, soll nach OLG Düsseldorf (RVG-Letter 2004, 140) der Gegenpartei obliegen. Bei Geltendmachung eines eigenen Unterlassungsspruchs eines RA gg einen anderen RA wegen berufswidriger Werbung besteht im Rahmen der Kostenerstattung kein Anspruch auf Zahlung von USt (BGH RVG-Letter 2005, 20).

Anlage 2 (zu § 13 Abs. 1)

Gegenstandswert bis ... EUR	Gebühr ... EUR	Gegenstandswert bis ... EUR	Gebühr ... EUR
300	25	40000	902
600	45	45000	974
900	65	50000	1046
1200	85	65000	1123
1500	105	80000	1200
2000	133	95000	1277
2500	161	110000	1354
3000	189	125000	1431
3500	217	140000	1508
4000	245	155000	1585
4500	273	170000	1662
5000	301	185000	1739
6000	338	200000	1816
7000	375	230000	1934
8000	412	260000	2052
9000	449	290000	2170
10000	486	320000	2288
13000	526	350000	2406
16000	566	380000	2524
19000	606	410000	2642
22000	646	440000	2760
25000	686	470000	2878
30000	758	500000	2996
35000	830		

Abkürzungsverzeichnis

aA	andere Ansicht
aaO	am angegebenen Ort
abl.	ablehnend
Abs.	Absatz
aE	am Ende
aF	alte Fassung
AG	Amtsgericht, Auftraggeber
AGS	Anwaltsgebühren Spezial
AktG	Aktiengesetz
allg.	allgemein
Alt.	Alternative
Anm.	Anmerkung
AnwBl	Anwaltsblatt
AO	Abgabenordnung
ArbG	Arbeitsgericht
ArbGG	Arbeitsgerichtsgesetz
AsylVfG	Asylverfahrensgesetz
AuslG	Ausländergesetz
AuslGebV	Ausländergebührenverordnung
AVAG	Anerkennungs- und Vollstreckungsausführungsgesetz
BauGB	Baugesetzbuch
BayObLG	Bayerisches Oberlandesgericht
BayObLGSt	Entscheidungen des Bayerischen Obersten Landesgerichts in Strafsachen
BayObLGZ	Entscheidungen des Bayerischen Obersten Landesgerichts in Zivilsachen
BayVerfGH	Bayerischer Verfassungsgerichtshof
BayVGH	Bayerischer Verfassungsgerichtshof
BB	Der Betriebsberater
BDG	Bundesdisziplinargesetz
BDO	Bundesdisziplinarordnung
Bekl.	Beklagter
BerHG	Beratungshilfegesetz
BerHi	Beratungshilfe
bes.	besondere/r/s
Beschl.	Beschluss

Abkürzungsverzeichnis

betr.	betreffend
BGB	Bürgerliches Gesetzbuch
BGBl.	Bundesgesetzblatt
BGH	Bundesgerichtshof
BGHZ	Entscheidungen des Bundesgerichtshofs in Zivilsachen
BMF	Bundesministerium der Finanzen
BNotO	Bundesnotarordnung
BORA	Berufsordnung der Rechtsanwälte
BRAGO	Bundesgebührenordnung für Rechtsanwälte
BRAK-Mitt	BRAK-Mitteilungen
BRAO	Bundesrechtsanwaltsordnung
BSG	Bundessozialgericht
BSHG	Bundessozialhilfegesetz
BT-Drs	Bundestags-Drucksache
BVerfG	Bundesverfassungsgericht
BVerfGE	Amtliche Sammlung der Entscheidungen des BVerfG
BVerfGG	Bundesverfassungsgerichtsgesetz
BVerwG	Bundesverwaltungsgericht
BVerwGE	Amtliche Sammlung der Entscheidungen des BVerwG
BVormVG	Gesetz über die Vergütung von Berufsvormündern
bzgl.	bezüglich
DAR	Deutsches Autorecht
DB	Der Betrieb
ders.	derselbe
DGVZ	Deutsche Gerichtsvollzieher-Zeitung
dh	das heißt
DNotZ	Deutsche Notarzeitschrift
DRiG	Deutsches Richtergesetz
DVBl	Deutsches Verwaltungsblatt
EFG	Entscheidungen der Finanzgerichte
EGBGB	Einführungsgesetz zum Bürgerlichen Gesetzbuch
EGH	Entscheidungen des Ehrengerichtshofs
EGV	Vertrag zur Gründung der Europäischen Gemeinschaft
einschl.	einschließlich
EMA	Einwohnermeldeamt
entspr.	entsprechend
EStG	Einkommensteuergesetz
EStG-DV	Einkommensteuergesetz-Durchführungsverordnung

EuGH	Gerichtshof der Europäischen Gemeinschaften
evtl.	eventuell
FamRZ	Zeitschrift für das gesamte Familienrecht
FEVG	Gesetz über das gerichtliche Verfahren bei Freiheitsentziehungen
FG	Finanzgericht
FGG	Gesetz über die Angelegenheiten der freiwilligen Gerichtsbarkeit
FGO	Finanzgerichtsordnung
FinA	Finanzamt
FuR	Familie und Recht
GB	Grundbuch
GbR	Gesellschaft bürgerlichen Rechts
-geb.; Geb.	-gebühr/en; Gebühr/en
GebrMG	Gebrauchsmustergesetz
gem.	gemäß
ges.	gesetzlich
GeschmMG	Geschmacksmustergesetz
GG	Grundgesetz
gg.	gegen
ggf.	gegebenenfalls
ggü.	gegenüber
GKG	Gerichtskostengesetz
Grds.	Grundsätze/n
grds.	grundsätzlich
Grdz	Grundzüge
GRUR	Gewerblicher Rechtsschutz und Urheberrecht
GVG	Gerichtsverfassungsgesetz
GWB	Gesetz gegen Wettbewerbsbeschränkungen
HGB	Handelsgesetzbuch
hM	herrschende Meinung
HR	Handelsregister
Hs.	Halbsatz
iA	im Allgemeinen
idF	in der Fassung
idR	in der Regel
idS	in diesem Sinne
iE	im Einzelnen

Abkürzungsverzeichnis

iHv	in Höhe von
InsO	Insolvenzordnung
InsVV	Insolvenzrechtliche Vergütungsverordnung
IRG	Gesetz über die internationale Rechtshilfe in Strafsachen
isd	im Sinne der
IStGHG, IStGH-Gesetz	Gesetz über die Zusammenarbeit mit dem Internationalen Strafgerichtshof
iSv	im Sinne von
iÜ	im Übrigen
iVm	in Verbindung mit
izw	im Zweifel
jew.	jeweils/jeweilig
JGG	Jugendgerichtsgesetz
JKomG	Justizkommunikationsgesetz
JMBl	Justizministerialblatt
jur.	juristisch
JurBüro	Das Juristische Büro (vor 1960: Das Büro)
JVA	Justizvollzugsanstalt
JVBl	Justizverwaltungsblatt
JVEG	Justizvergütungs- und Entschädigungsgesetz
KG	Kammergericht; Kommanditgesellschaft
Kl.	Kläger
Komm.	Kommentar, Kommentierung
KostO	Kostenordnung
KostRMoG	Kostenrechtsmodernisierungsgesetz
LAG	Landesarbeitsgericht
LG	Landgericht
Lit.	Literatur
LNRO	LexisNexis Recht Online
LSG	Landessozialgericht
MarkenG	Markengesetz
MB	Mahnbescheid
mdF	mit der Folge
MDR	Monatsschrift für Deutsches Recht
Mio.	Million, Millionen

mwN	mit weiteren Nachweisen
nat.	natürlich
NdsRpfl	Niedersächsische Rechtspflege
nF	neue Fassung
NJW	Neue Juristische Wochenschrift
NJW-RR	NJW-Rechtsprechungsreport Zivilrecht
NStZ	Neue Zeitschrift für Strafrecht
oÄ	oder Ähnliches
obj.	objektiv
OFD	Oberfinanzdirektion
og	oben genannte/n
OLGR	OLG-Report (getrennt für jedes OLG)
ör	öffentlich-rechtlich
OVG	Oberverwaltungsgericht
OWiG	Ordnungswidrigkeitengesetz
PartG	Partnerschaftsgesellschaft
PatG	Patentgesetz
PKH	Prozesskostenhilfe
Prozessbev.	Prozessbevollmächtigter
RA	Rechtsanwalt
RAK	Rechtsanwaltskammer
Rn.	Randnummer
Rpfleger	Der Deutsche Rechtspfleger
RPflG	Rechtspflegergesetz
Rspr.	Rechtsprechung
S.	Satz; Seite
SG	Sozialgericht
SGb	Die Sozialgerichtsbarkeit
SGB I	Sozialgesetzbuch Erstes Buch
SGG	Sozialgerichtsgesetz
SigG	Signaturgesetz
SortSchG	Sortenschutzgesetz
SpruchG	Spruchverfahrensgesetz
StA	Staatsanwalt/Staatsanwaltschaft
StB	Steuerberater

Abkürzungsverzeichnis

StBerG	Steuerberatungsgesetz
StBGebV	Steuerberatergebührenverordnung
StGB	Strafgesetzbuch
StGHG	Gesetz über den Staatsgerichtshof
StPO	Strafprozessordnung
str.	streitig
StraFo	Strafverteidiger Forum
StrEG	Strafverfolgungsentschädigungsgesetz
StrRehaG	Strafrechtliches Rehabilitierungsgesetz
StV	Strafverteidiger [Zeitschrift]
StVG	Straßenverkehrsgesetz
StVollzG	Strafvollzugsgesetz
su	siehe unten
subj.	subjektiv
SVertO	Schifffahrtsrechtliche Verteilungsordnung
TB	Tatbestand
ua	unter anderem
UmwG	Umwandlungsgesetz
UrhG	Urheberrechtsgesetz
UrhWahrnG	Urheberrechtswahrnehmungsgesetz
Urt.	Urteil
USt	Umsatzsteuer
UStDV	Umsatzsteuer-Durchführungsverordnung
UStG	Umsatzsteuergesetz
uU	unter Umständen
v.	vom, von
VA	Verwaltungsakt
vAw	von Amts wegen
Verf.; verf.	Verfahren; -verfahren
VerfGG Hamburg	Gesetz über das Hamburgische Verfassungsgericht
Vers.; -vers.	Versicherung; -versicherung
VersR	Zeitschrift für Versicherungsrecht
VG	Verwaltungsgericht
VGH	Verwaltungsgerichtshof
vgl.	vergleiche
VO	Verordnung

Vorbem.	Vorbemerkung
VU	Versäumnisurteil
VV	Vergütungsverzeichnis
VwGO	Verwaltungsgerichtsordnung
WBO	Wehrbeschwerdeordnung
WDO	Wehrdisziplinarordnung
WEG	Wohnungseigentumsgesetz; Wohnungseigentümergemeinschaft
wg.	wegen
WiStG	Wirtschaftsstrafgesetz
WM	Zeitschrift für Wirtschaft- und Bankrecht; Wertpapiermitteilungen
WpHG	Wertpapierhandelsgesetz
WPO	Wirtschaftsprüferordnung
WpÜG	Wertpapiererwerbs- und Übernahmegesetz
ZAP	Zeitschrift für die Anwaltspraxis
zB	zum Beispiel
ZfS	Zeitschrift für Schadensrecht
Ziff.	Ziffer
ZIP	Zeitschrift für Wirtschaftsrecht und Insolvenzpraxis
ZMR	Zeitschrift für Miet- und Raumrecht
ZPO	Zivilprozessordnung
zT	zum Teil
zus.	zusammen
zust.	zuständig, zustimmend
zutr.	zutreffend
zw.	zwischen
zzgl.	zuzüglich

Literaturverzeichnis

Baumbach/Lauterbach	Baumbach/ Lauterbach/ Albers/ Hartmann, Zivilprozessordnung, Kommentar, 63. Aufl. 2005
Bischof/Jungbauer	Bischof, Hans Helmut/ Jungbauer, Sabine/ Podlech-Trappmann, Bernd, Kompaktkommentar RVG, 1. Aufl. 2004
Braun	Anton Braun, Gebührenabrechnung nach dem neuen RVG, 2004
Burhoff	Burhoff, Detlef, RVG Straf- und Bußgeldsachen, 2004
Burhoff/Kindermann	Burhoff, Detlef/ Kindermann, Edith, Rechtsanwaltsvergütungsgesetz, 1. Aufl. 2004
Dörner/Ebert/Eckert	Schulze, Reiner/ Dörner, Heinrich/ Ebert, Ina/ Eckert, Jörn/ Hoeren, Thomas/ Kemper, Rainer/ Saenger, Ingo/ Schulte-Nölke, Hans/ Staudinger, Ansgar, BGB □ Bürgerliches Gesetzbuch, Handkommentar, 3. Aufl. 2003
Eckert	Walter Ludwig Eckert, Steuerberatergebührenverordnung, 4. Aufl. 2003
Enders	Enders, Horst-Reiner, RVG für Anfänger, 12. Aufl. 2004
Ernst	Ernst, Jürgen F., Rechtsanwaltsvergütungsgesetz, Kommentar, 2005
Gebauer/Schneider	Anwaltkommentar zum Rechtsanwaltsvergütungsgesetz, hrsg. v. Christoph Gebauer und Norbert Schneider, 2. Aufl. 2004 (soweit die Kommentierung zur BRAGO zitiert wird, ist die 1. Aufl., 2002, gemeint)
Gerold/Schmidt	Gerold/ Schmidt/ v. Eicken/ Madert/ Müller-Rabe, Rechtsanwaltsvergütungsgesetz, Kommentar, 16. Aufl. 2004 (soweit die Kommentierung zur BRAGO zitiert wird, ist die 15. Aufl., 2002, gemeint)
Göttlich/Mümmler	Bundesgebührenordnung für Rechtsanwälte, Kommentar, 20. Aufl. 2001
Haft/Schlieffen	Handbuch Mediation, 2002
Hansens	Bundesrechtsanwaltsgebührenordnung, Kommentar, 8. Aufl. 1995
Hansens/Braun/Schneider	Hansens, Heinz/ Braun, Anton/ Schneider, Norbert: Praxis des Vergütungsrechts, 1. Aufl. 2004
Hartmann	Peter Hartmann, Kostengesetze, Kommentar, 35. Aufl. 2005 (soweit die Kommentierung zur BRAGO zitiert wird, ist die 33. Aufl. 2004 gemeint)
Hartung/Römermann	Praxiskommentar zum Rechtsanwaltsvergütungsgesetz, 1. Aufl. 2004
Henssler/Prütting	Bundesrechtsanwaltsordnung, Kommentar, 1997

Literaturverzeichnis

Irlbeck	Thomas Irlbeck, Computerlexikon, 4. Aufl. 2002
Kalthoener/Büttner	Kalthoener/ Büttner/ Wrobel-Sachs, Prozesskostenhilfe und Beratungshilfe, 3. Aufl. 2003
Korintenberg/Lappe	Korintenberg/ Lappe/ Bengel/ Reimann, Kostenordnung, Kommentar, 16. Aufl. 2005
KostRsp BRAGO	Nachschlagewerk zur Kostenrechtsprechung, begründet von Tschischgale, Luetgebrune, Lappe
Leipold	Klaus Leipold, Anwaltsvergütung in Strafsachen, 2004
Markl/Meyer	Gerichtskostengesetz mit Gerichtsvollzieherkostengesetz, Kommentar, 5. Aufl. 2003
Marx	Marx, Reinhard: Kommentar zum Asylverfahrensgesetz, 5. Aufl. 2003
Mayer/Kroiß	Mayer, Hans Jochem/ Kroiß, Ludwig (Hrsg.), Handkommentar zum Rechtsanwaltsvergütungsgesetz, 1. Aufl. 2004
Meyer-Ladewig	Meyer-Ladewig, Jens: Sozialgerichtsgesetz. Kommentar. 7. Aufl. 2002
Möhring/Nicolini	Kommentar zum Urheberrechtsgesetz, 2. Aufl. 2000
Palandt	Kommentar zum BGB, 63. Aufl. 2004
Rehberg/Xanke	Kommentar zum Rechtsanwaltsvergütungsgesetz, 1. Aufl. 2004
Riedel/Sußbauer	Bundesgebührenordnung für Rechtsanwälte, Kommentar, 8. Aufl. 2000
Schneider, Fälle und Lösungen	Schneider, Norbert; Fälle und Lösungen zum RVG, 2005
Schneider/Herget	Streitwertkommentar für den Zivilprozess, 11. Aufl. 1997
Schneider/Mock	Das neue Gebührenrecht für Anwälte, Deutscher AnwaltVerlag 2004
Schumann/Geißinger	Kommentar zur Bundesgebührenordnung für Rechtsanwälte, 2. Aufl. 1972
Zöller	Zöller, Richard: Zivilprozessordnung, Kommentar, 25. Aufl. 2005

Stichwortverzeichnis

Fette Zahlen = §§, magere Zahlen = Anmerkungsnummern

Stichwortverzeichnis

Stichwortverzeichnis

Q

R

S

Stichwortverzeichnis

Terminsgebühr, Bußgeldsachen

Terminsgebühr, Strafsachen

Terminsvertreter

U

Übergangsrecht

Übernachtungskosten *siehe unter* Geschäftsreise

Umfang der anwaltlichen Tätigkeit

Umsatzsteuer

Unfallregulierung, außergerichtliche

ungerechtfertigte Bereicherung

Unterbevollmächtigter

Unterbringung

Unterbringungsmaßregeln

Unterhalt Minderjähriger, vereinfachtes und str. Verf.

UrhWahrnG, Verf. nach § 15 Abs. 4

Stichwortverzeichnis

Stichwortverzeichnis